AF889475

Railway Recruitment Boards (RRBs)

RPF/RPSF

सब इंस्पेक्टर

पुरुष/महिला

ऑनलाइन लिखित
परीक्षा

Railway Recruitment Boards (RRBs)

RPF/RPSF

सब इंस्पेक्टर

पुरूष/महिला

ऑनलाइन लिखित परीक्षा

लेखक
प्रदीप श्रीवास्तव, संजीव दीक्षित
सुशील सिंह

arihant
SUCCESS AND NOTHING LESS

arihant
SUCCESS AND NOTHING LESS

अरिहन्त पब्लिकेशन्स (इण्डिया) लिमिटेड

卐 **रजि. कार्यालय**

'रामछाया' 4577/15, अग्रवाल रोड, दरिया गंज, नई दिल्ली- 110002
फोन: 011-47630600, 43518550

मुख्य कार्यालय

कालिन्दी, टी०पी० नगर, मेरठ (यूपी)– 250002
फोन: 0121-7156203, 7156204

卐 **शाखा कार्यालय**

आगरा, अहमदाबाद, बरेली, बंगलुरु, चेन्नई, दिल्ली, गुवाहाटी, हैदराबाद, जयपुर, झाँसी, कोलकाता, लखनऊ, नागपुर तथा पुणे

卐 **मूल्य** ₹ 335.00

PO No : TXT-XX-XXXXXXX-X-XX

PUBLISHED BY ARIHANT PUBLICATIONS (INDIA) LTD.

'अरिहन्त' की पुस्तकों के बारे में अधिक जानकारी के लिए हमारी वेबसाइट **www.arihantbooks.com** पर लॉग इन करें या **info@arihantbooks.com** पर सम्पर्क करें।

Follow us on...

विषय-सूची

पाठ्यक्रम

कुल अवधि 90 मिनट **प्रश्नों की संख्या 120**

A. सामान्य ज्ञान (50 अंक)– प्रश्नों का उद्देश्य उनके आस–पास के परिवेश और समाज के लिए आवेदन के अभ्यर्थी की सामान्य जागरूकता का परीक्षण करना होगा; वर्तमान घटनाओं के ज्ञान और रोजमर्रा के अवलोकनों और अनुभवों के ऐसे मामलों का परीक्षण करने के लिए जिसकी किसी भी शिक्षित व्यक्ति में उम्मीद की जा सकती हैं। इस परीक्षा में भारतीय इतिहास, कला और संस्कृति, भूगोल, अर्थशास्त्र, समान्य राजनीति, राजनीति, भारतीय संविधान, खेल, सामान्य विज्ञान इत्यादि से सम्बन्धित प्रश्न भी शामिल होंगे।

B. अंकगणित (35 अंक)– संख्याओं, पूर्ण संख्याओं, दशमलव और अंशों और संख्याओं, मौलिक अंकगणितीय परिचालन, प्रतिशत, अनुपात और समानुपात, औसत, ब्याज, लाभ और हानि, छूट, तालिका और ग्राफ का उपयोग, मेंसुरेशन, समय और दूरी, अनुपात और समानुपात इत्यादि।

C. सामान्य बुद्धि और तर्क (35 अंक)– समानता, समानताएँ और अंतर, स्थानिक दृश्ता स्थानिक अभिविन्यास, समस्या निवारण विश्लेषण, निर्णय लेने, दृश्य स्मृति, भेदभाव अवलोकन, रिश्ते की अवधारणाओं, अंकगणितीय त्रक, मौखिक और आकृति वर्गीकरण, अंकगणित पर प्रश्न संख्या शृंखला कोडिंग और डिकोडिंग, स्टेटमेंट निष्कर्ष, शब्दावली तर्क आदि।

नोट परीक्षा का स्तर दसवीं/मैट्रिक का होगा। अभ्यर्थियों को सभी प्रश्नों का उत्तर देना अपेक्षित है और प्रत्येक सही उत्तर के लिए 01 अंक दिया जाएगा। प्रत्येक गलत उत्तर के लिए 1/3 अंक काटे जाएँगेा उत्तर न दिए गए प्रश्नों के लिए कोई अंक न दिया/काटा जाएगा।

करेण्ट अफेयर्स

करेण्ट अफेयर्स

▪ राष्ट्रीय ▪ अन्तर्राष्ट्रीय ▪ खेल परिदृश्य ▪ अन्तर्राष्ट्रीय ▪ नवीनतम कौन-क्या?

राष्ट्रीय

वाइब्रेंट गुजरात समिट 2024

- 10 जनवरी, 2024 को प्रधानमन्त्री नरेन्द्र मोदी ने गुजरात के गाँधीनगर जिले महात्मा मंदिर के कन्वेंशन सेण्टर में 'वाइब्रेंट गुजरात समिट' का आयोजन किया।
- 10-12 जनवरी तक चलने वाले इस समिट की थीम 'गेटवे टू द फ्यूचर' रखी गई है।
- यह इस सम्मेलन का 10वाँ संस्करण है।

आदित्य-L1 मिशन सफलतापूर्वक कक्षा में स्थापित

- 6 जनवरी, 2024 को भारतीय अन्तरिक्ष अनुसन्धान संगठन से सूर्य मिशन 'आदित्य-L1' उपग्रह को 'लैग्रेन्ज पाइण्ट-1' की हेलो आर्बिट में सफलतापूर्वक स्थापित किया।
- लैग्रेन्ज पांइट-1 पृथ्वी से लगभग 1.5 मिलियन किमी दूर स्थित है।
- इस मिशन का प्राथमिक उद्देश्य सौर वायुमण्डल में विशेष रूप से क्रोमोस्फीयर व कोरोना का अध्ययन करना है।

XPOSAT का सफल परीक्षण

भारतीय अन्तरिक्ष अनुसन्धान संगठन (ISRO) ने 1 जनवरी, 2024 को श्रीहरिकोटा (आन्ध्र प्रदेश) स्थित सतीश धवन अन्तरिक्ष केन्द्र से PSLV-C58 रॉकेट द्वारा एक्स-रे पोलरिमीटर सैटेलाइट (XPOSAT) को सफलतापूर्वक लॉन्च किया। इसके साथ दस अन्य वैज्ञानिक पेलोड भी लॉन्च किए गए। यह मिशन आकाशीय स्रोतो से ब्रह्माण्डीय एक्स-रे के ध्रुवीकरण का अध्ययन करने के लिए भारत का पहला समर्पित प्रयास है। इसके लॉन्च के बाद, भारत अमेरिका के बाद हमारी आकाशगंगा में ब्लेक होल और न्यूट्रॉन तारों का अध्ययन करने के लिए एक विशेष खगोल विज्ञान वेधशाला भेजने वाला दुनिया का दूसरा देश बन गया है।

बालिकाओं के लिए पहले पूर्ण सैनिक स्कूल का उद्घाटन

रक्षा मन्त्री राजनाथ सिंह ने 1 जनवरी, 2024 को उत्तर प्रदेश में मथुरा के वृन्दावन में बालिकाओं के लिए पहले पूर्ण सैनिक स्कूल का उद्घाटन किया। इस स्कूल में 870 बालिका विद्यार्थियों को शिक्षा एवं प्रशिक्षण प्रदान किया जाएगा। इस विद्यालय का उद्घाटन सभी राज्यों व केन्द्रशासित प्रदेशों में गैर-सरकारी संगठनों/निजी/राज्य सरकारी विद्यालयों के साथ साझेदारी के अन्तर्गत 100 नए सैनिक स्कूलों की स्थापना की पहल के तहत् किया गया। इसे 'संविद गुरुकुलम बालिका सैनिक स्कूल' नाम दिया गया है।

16वें वित्त आयोग का गठन

केन्द्र सरकार ने 31 दिसम्बर, 2023 को 16वें वित्त आयोग के गठन की अधिसूचना जारी की। नीति आयोग के पूर्व उपाध्यक्ष प्रोफेसर **डॉ. अरविन्द पनगढ़िया** इसके अध्यक्ष होंगे। ऋत्विक रंजनम पाण्डे को आयोग का सचिव नियुक्त किया गया है। यह आयोग 1 अप्रैल, 2026 से शुरू होने वाले पाँच वर्षों की अवधि को कवर करते हुए 31 अक्टूबर, 2025 तक अपनी रिपोर्ट उपलब्ध कराएगा।

सूरत में देश का पहला 6-लेन स्टील स्लैग आधारित रोड

गुजरात के सूरत में 13 दिसम्बर, 2023 को देश की पहली 6-लेन स्टील स्लैग आधारित सड़क का निर्माण किया गया। स्टील स्लैग का उत्पादन इस्पात उत्पादन के दौरान लौह-अयस्क से प्राप्त ठोस अपशिष्ट के रूप में किया जाता है। स्लैग रोड के निर्माण से सरकार द्वारा चलाए जा रहे 'वेस्ट टू वेल्थ' और 'स्वच्छ भारत मिशन' दोनों अभियानों में मदद मिलेगी।

केन्द्र सरकार द्वारा गुजरात और हिमाचल प्रदेश के लिए वित्तीय सहायता को मंजूरी

केन्द्र सरकार ने 12 दिसम्बर, 2023 को चक्रवाती तूफान बिपरजॉय से बुरी तरह प्रभावित गुजरात को ₹ 338 करोड़ से अधिक की वित्तीय सहायता देने को मंजूरी दे दी। गृह मन्त्रालय ने हिमाचल प्रदेश के लिए 'नेशनल डिजास्टर रिस्पोंस फण्ड' (NDRF) से लगभग ₹ 634 करोड़ की अतिरिक्त वित्तीय सहायता को मंजूरी दी। हिमाचल प्रदेश इस वर्ष (2023) दक्षिण-पश्चिम मानसून के दौरान बाढ़, बादल फटने और भूस्खलन के कारण गम्भीर रूप से प्रभावित हुआ था।

विकसित भारत @ 2047 युवाओं की आवाज पहल

11 दिसम्बर, 2023 को पीएम नरेन्द्र मोदी ने वीडियो कॉन्फ्रेन्सिंग के माध्यम से विकसित भारत @ 2047 युवाओं की आवाज पहल का शुभारम्भ किया। इस दूरदर्शी पहल का उद्देश्य भारत के युवाओं को देश की योजनाओं, प्राथमिकताओं व लक्ष्यों को आकार देने में सक्रिय रूप से शामिल करना है।

इस पहल का मुख्य दृष्टिकोण भारत की स्वतन्त्रता के 100वें वर्ष के अक्सर पर वर्ष 2047 तक एक विकसित राष्ट्र के रूप में बदलना है।

गुजरात का गरबा अमूर्त सांस्कृतिक विरासत के रूप में मान्यता प्राप्त

7 दिसम्बर, 2023 को जीवन्त व सांस्कृतिक रूप से समृद्ध नृत्य शैली गुजरात का गरबा को यूनेस्को द्वारा मानवता की अमूर्त सांस्कृतिक विरासत (ICH) के रूप में मान्यता प्रदान की गई।

यह मान्यता 5-9 दिस्मबर, 2023 तक बोत्सवाना में आयोजित अमूर्त सांस्कृति विरासत की सुरक्षा के लिए अन्तर सरकारी समिति की 18वीं बैठक के दौरान प्रदान की गई। यह नृत्य सामाजिक व लैंगिक समावेशिता को बढ़ावा देने वाली एक एकीकृत नृत्य शैली की भूमिका को प्रदर्शित करता है।

राष्ट्रीय अपराध रिकॉर्ड ब्यूरो (एनसीआरबी)-2022 रिपोर्ट जारी

5 दिसम्बर, 2023 को राष्ट्रीय अपराध रिकॉर्ड ब्यूरो (एनसीआरवी) 2022 की रिपोर्ट जारी की गई। इस रिपोर्ट के तहत वर्ष 2022 में भारत में कुल 5824946 संज्ञेय अपराध दर्ज किए गए जिसमें से 3561379 आईपीसी अपराध व 2263567 विशेष एवं अपराध शामिल है।

देश में अपराध दर वर्ष 2021 में 445.9 से घटकर वर्ष 2022 में 422.2 हो गई है। देश में सर्वाधिक अपराध रिपोर्ट दर्ज करने वाले राज्य/केन्द्रशासित प्रदेश केरल (96%) पुदुचेरी (91.3%) पश्चिम बंगाल (90.6%) रहे।

4th आसियान इण्डिया ग्रासरूट इनोवेशन फोरम 2023

29 नवम्बर, 2023 को भारत व आसियान देशों ने आसियान इण्डिया ग्रासरूट इनोवेशन फोरम (AIGIF) के चौथे संस्करण का शुभारम्भ किया।

यह एक वार्षिक कार्यक्रम है जो भारत व आसियान के बीच सहयोग को बढ़ावा देने व सम्बन्धों को गहरा करने के लिए डिजाइन किया गया है।

इस कार्यक्रम का उद्देश्य विज्ञान, प्रौद्योगिकी व नवाचार में सहयोग के माध्यम से भारत व आसियान देशों को बीच सम्बन्धों को मजबूत करना है।

भारत-ऑस्ट्रेलिया 2 प्लस 2 वार्ता आयोजित

रक्षा मन्त्री राजनाथ सिंह ने 20 नवम्बर, 2023 को नई दिल्ली में ऑस्ट्रेलियाई उप प्रधानमन्त्री रिचर्ड मार्ल्स के साथ दूसरी भारत-ऑस्ट्रेलिया 2 प्लस 2 मन्त्रिस्तरीय वार्ता की सह-अध्यक्षता की। विदेश मन्त्री डॉ. एस. जयशंकर और विदेश मन्त्री सुश्री पेनी वोंग भी बैठक में उपस्थित थे।

बैठक के दौरान, दोनों देशों ने आपसी हित के व्यापक मुद्दों पर चर्चा की।

संयुक्त सैन्य अभ्यास KAZIND-2023

ओटार (कजाकिस्तान) में 29 अक्टूबर से 11 नवम्बर, 2023 तक संयुक्त सैन्य अभ्यास KAZIND-2023 का सातवां संस्करण आयोजित किया गया। इस संयुक्त सैन्य अभ्यास में भारतीय सेना और भारतीय वायु सेना की टुकड़ी में 120 कर्मियों ने भाग लिया।

भारतीय सेना की टुकड़ी में डोगरा रेजिमेण्ट की एक बटालियन के नेतृत्व में 90 जवान शामिल थे।

डिजिटल विज्ञापन नीति, 2023 को मंजूरी

सूचना और प्रसारण मन्त्रालय ने 10 नवम्बर, 2023 को डिजिटल विज्ञापन नीति, 2023 को मंजूरी दे दी। इसका उद्देश्य केन्द्रीय संचार ब्यूरो (CBC) को सक्षम और सशक्त

बनाना है, जो डिजिटल मीडिया स्पेस में अभियान चलाने के लिए भारत सरकार की विज्ञापन शाखा है।

यह नीति CBC को OTT और वीडियो ऑन डिमाण्ड स्पेस में एजेन्सियों और संगठनों को सूचीबद्ध करने में सक्षम बनाएगी।

ग्वालियर व कोझीकोड UNESCO क्रिएटिव सिटीज नेटवर्क में शामिल

भारत के ग्वालियर और कोझीकोड शहर 9 नवम्बर, 2023 को उन 55 नए शहरों में शामिल हो गए जिन्हें UNESCO क्रिएटिव सिटीज नेटवर्क (UCCN) में सम्मिलित किया गया है।

कोझीकोड UNESCO द्वारा 'साहित्य का शहर' का प्रतिष्ठित खिताब प्राप्त करने वाला भारत का पहला शहर है। वर्ष 2015 में वाराणसी के बाद ग्वालियर UNESCO द्वारा 'संगीत का शहर' के रूप में नामित होने वाला भारत का दूसरा शहर है।

धान की नई किस्म 'पूसा-2090' विकसित

भारतीय कृषि अनुसंधान संस्थान (IARI), दिल्ली ने 9 नवम्बर, 2023 को पूसा-2090 नामक एक उच्च उपज वाली छोटी अवधि की धान की किस्म विकसित करने की जानकारी दी।

पूसा-2090 किस्म केवल 120-125 दिनों में पककर तैयार हो जाती है, जबकि पूसा-44 को परिपक्व होने में 155-160 दिन लगते हैं।

धान की यह नई किस्म किसानों को अगली फसल के लिए अपने खेतों को तैयार करने के लिए लगभग 30 दिनों का समय देगी।

भारत द्वारा 'प्रलय' का सफल परीक्षण

भारत ने 7 नवम्बर, 2023 को ओडिशा के तट से प्रलय स्ट्रेटेजिक बैलिस्टिक मिसाइल का सफल परीक्षण किया। परीक्षण ने एक महत्वपूर्ण मील का पत्थर चिह्नित किया क्योंकि मिसाइल ने लगभग 500 किमी की अपनी पूरी सीमा को कवर किया, अपनी परिचालन क्षमताओं को प्रभावी ढंग से प्रदर्शित किया।

यह एक कैनिस्टरयुक्त सामरिक, सतह से सतह पर, कम दूरी की बैलिस्टिक मिसाइल (SRBM) है। इसे रक्षा अनुसंधान एवं विकास संगठन (DRDO) ने विकसित किया है।

महादेव ऐप प्रतिबन्धित

इलेक्ट्रॉनिक्स और सूचना प्रौद्योगिकी मन्त्रालय ने 5 नवम्बर, 2023 को महादेव बुक और रेड्डीनाप्रेस्टोप्रो सहित 22 अवैध सट्टेबाजी ऐप और वेबसाइटों को ब्लॉक कर दिया।

मन्त्रालय ने यह कदम प्रवर्तन निदेशालय (ED) की सिफारिश पर उठाया है। ED ने छत्तीसगढ़ में महादेव बुक पर जांच और उसके बाद छापे के बाद अवैध सट्टेबाजी ऐप को प्रतिबंधित करने के लिए केन्द्र से सिफारिश की।

वर्ल्ड फूड इण्डिया 2023 का आयोजन

प्रधानमन्त्री नरेन्द्र मोदी ने 3 नवम्बर, 2023 को नई दिल्ली में 'वर्ल्ड फूड इण्डिया 2023' के दूसरे संस्करण का उद्घाटन किया। इस आयोजन का उद्देश्य भारत को 'दुनिया के खाद्य केन्द्र' के रूप में प्रदर्शित करना और वर्ष 2023 को बाजरा के अन्तर्राष्ट्रीय वर्ष के रूप में मनाना है।

प्रधानमन्त्री ने इस आयोजन में एक लाख से अधिक स्वयं सहायता समूहों (SHGs) के सदस्यों को सीड कैपिटल सहायता वितरित की।

भारतीय दानदाताओं की रिपोर्ट जारी

एडेलगिव हुरुन इण्डिया फिलैनथ्रॉपी लिस्ट 2023 को 1 नवम्बर, 2023 को जारी किया गया। HCL टेक्नोलॉजीज के संस्थापक और चेयरमैन शिव नाडर भारत के सबसे बड़े परोपकारी हैं और वह हर दिन 5.6 करोड़ रुपये (2042 करोड़ रुपये) का दान देते हैं। शिव नाडर के बाद विप्रो प्रमुख अजीम प्रेमजी (1774 करोड़ रुपये दान में), मुकेश अंबानी और कुमार मंगलम बिड़ला हैं।

'मेरा युवा भारत' प्लेटफ़ॉर्म लॉन्च

प्रधानमन्त्री नरेन्द्र मोदी ने 31 अक्टूबर, 2023 को राष्ट्रीय एकता दिवस पर कर्तव्य पथ पर देश के युवाओं के लिए 'मेरा युवा भारत (MY भारत)' मंच लॉन्च किया।

इस महत्वपूर्ण पहल का उद्देश्य देश के युवाओं को सशक्त बनाना और उनका उत्थान करना है। मेरा युवा भारत (MY भारत) भौतिक और डिजिटल तत्वों को सहज रूप से सम्मिश्रण करते हुए एक 'फिजिटल प्लेटफ़ॉर्म' के रूप में कार्य करता है।

भारत में आईफोन का निर्माण करेगा टाटा समूह

टाटा समूह एप्पल के आईफोन का निर्माण करने वाली देश की पहली भारतीय कम्पनी बनने जा रही है। इस सम्बन्ध में 29 अक्टूबर, 2023 को घोषणा की गई। टाटा ग्रुप ने हाल ही में आईफोन मैन्युफैक्चरिंग कम्पनी 'विस्ट्रॉन' के बेंगलुरु संयन्त्र को भारत में खरीदने का फैसला किया है। यह सौदा लगभग ₹ 1000 करोड़ में हुआ है। आईफोन का प्रोडक्शन 2.5 साल में शुरू हो जाएगा।

अर्बन मोबिलिटी इण्डिया सम्मेलन और प्रदर्शनी 2023 का आयोजन

केन्द्रीय आवासन और शहरी कार्य मन्त्री हरदीप सिंह पुरी ने 27 अक्टूबर, 2023 को नई दिल्ली में 16वें अर्बन मोबिलिटी इण्डिया भारत सम्मेलन और प्रदर्शनी 2023 का उद्घाटन किया।

सम्मेलन का विषय 'एकीकृत और लचीला शहरी परिवहन' था। यह सम्मेलन शहरों में कुशल, उच्च गुणवत्ता, एकीकृत और लचीली शहरी परिवहन प्रणालियों के डिजाइन और कार्यान्वियन पर केन्द्रित था।

भारत का पहला घरेलू-निर्मित संदर्भ ईंधन लॉन्च

पेट्रोलियम और प्राकृतिक गैस मन्त्री हरदीप सिंह पुरी ने 26 अक्टूबर, 2023 को नई दिल्ली में भारत का पहला घरेलू-निर्मित संदर्भ ईंधन लॉन्च किया। संदर्भ ईंधन का उपयोग इंजन विकसित करने और उनके प्रदर्शन का आकलन करने के लिए किया जाता है। इससे पहले, भारत विशेष रूप से अन्य देशों से इसका आयात करता था।

'नमो शेतकारी महासम्मान निधि योजना' का शुभारम्भ

प्रधानमन्त्री नरेन्द्र मोदी ने 26 अक्टूबर, 2023 को महाराष्ट्र के अहमदनगर जिले के शिरडी में 'नमो शेतकरी महासम्मान निधि योजना' का शुभारम्भ किया। इससे महाराष्ट्र में प्रधानमन्त्री किसान सम्मान निधि योजना के तहत पंजीकृत 86 लाख से अधिक लोगों को लाभ होगा। यह योजना लाभार्थियों को प्रति वर्ष 6000 रुपये की अतिरिक्त राशि प्रदान करेगी।

भारतीय बैंकों के लिए दो पूर्णकालिक निदेशक अनिवार्य

भारतीय रिज़र्व बैंक (RBI) ने 25 अक्टूबर, 2023 को भारतीय बैंकों के लिए एक महत्वपूर्ण आवश्यकता पेश की, जिसमें कहा गया कि अब उनके बोर्ड में कम-से-कम दो पूर्णकालिक निदेशक (WTD) होने चाहिए।

यह अधिदेश प्रबन्ध निदेशक और मुख्य कार्यकारी अधिकारी (MD & CEO) पद तक विस्तारित है। इस कदम का उद्देश्य बैंकों को बैंकिंग क्षेत्र के भीतर बढ़ती जटिलता को नेविगेट करने और उभरती चुनौतियों से प्रभावी ढंग से निपटने में मदद करना है।

NCERT की आगामी पुस्तकों में 'इण्डिया' की जगह होगा 'भारत'

राष्ट्रीय शैक्षिक अनुसन्धान और प्रशिक्षण परिषद (NCERT) ने 24 अक्टूबर, 2023 को देश भर की सभी पाठ्यपुस्तकों में 'इण्डिया' शब्द को 'भारत' से बदलने के लिए अपनी मंजूरी दे दी।

इस सिफारिश के पीछे का विचार राष्ट्र की समृद्ध विरासत को स्वीकार करते हुए 'भारत' नाम के ऐतिहासिक और सांस्कृतिक महत्व पर जोर देना है। इस परिवर्तन का उद्देश्य भारत के ऐतिहासिक विकास की अधिक सूक्ष्म और व्यापक समझ प्रदान करना है।

2024 में सबसे तेजी से बढ़ती प्रमुख अर्थव्यवस्था बना रहेगा भारत

वित्त मन्त्रालय द्वारा 23 अक्टूबर, 2023 को जारी समीक्षा रिपोर्ट के अनुसार, भारत वित्त वर्ष 2024 में दुनिया की सबसे तेजी से बढ़ती प्रमुख अर्थव्यवस्था बना रहेगा।

रिपोर्ट के अनुसार, औद्योगिक उत्पादन सूचकांक ने इस वर्ष अगस्त में दोहरे अंकों की वृद्धि दर्ज की है जो पिछले 14 माह में सबसे अधिक है। रिपोर्ट में कहा गया है कि स्थिर राजस्व वृद्धि के साथ सरकार की राजकोषीय स्थिति मजबूत बनी हुई है।

अमेरिका है भारत का सबसे बड़ा व्यापारिक भागीदार

संयुक्त राज्य अमेरिका निर्यात व आयात में गिरावट के बावजूद, 22 अक्टूबर, 2023 को वित्त वर्ष 2023-24 की पहली छमाही के दौरान भारत के सबसे बड़े व्यापारिक भागीदार के रूप में उभरा।

हालाँकि, इसी अवधि के दौरान भारत और चीन के बीच व्यापार में गिरावट आई। अप्रैल-सितम्बर 2023 में अमेरिका को निर्यात घटकर $ 38.28 अरब रह गया, जो एक वर्ष पहले $ 41.49 अरब था।

गगनयान TV-D1 मिशन लॉन्च

ISRO के गगनयान कार्यक्रम के लिए डिजाइन किए गए परीक्षण वाहन-D1 (TV-D1) ने 21 अक्टूबर, 2023 को आन्ध्र प्रदेश के श्रीहरिकोटा द्वीप से सफलतापूर्वक उड़ान भरी।

TV-D1 लॉन्च का उद्देश्य कई महत्वपूर्ण मिशन उद्देश्यों को प्राप्त करना था, जिससे भारत अन्तरिक्ष में मनुष्यों को भेजने के अपने सपने को साकार करने के करीब आ गया है।

इस परीक्षण में वाहन मौजूदा तरल प्रणोदन प्रौद्योगिकी का उपयोग किया गया और इसमें इसमें थ्रॉटलेबल और पुन: आरम्भ करने योग्य L110 विकास इंजन सहित नवाचार शामिल थे।

भारत का पहला RRTS लॉन्च

प्रधानमन्त्री नरेन्द्र मोदी ने 20 अक्टूबर, 2023 को उत्तर प्रदेश के गाजियाबाद में साहिबाबाद रैपिडएक्स स्टेशन पर दिल्ली-गाजियाबाद-मेरठ RRTS कॉरिडोर के प्राथमिकता खण्ड का उद्घाटन किया।

उन्होंने साहिबाबाद से दुहाई डिपो को जोड़ने वाली नमो भारत रैपिडएक्स ट्रेन को भी हरी झंडी दिखाई, जो भारत में क्षेत्रीय रैपिड ट्रांजिट सिस्टम (RRTS) के शुभारम्भ को चिह्नित करती है।

180 किमी/घण्टा की उल्लेखनीय डिजाइन गति के साथ, RRTS का उद्देश्य हर 15 मिनट में इंटरसिटी आवागमन के लिए हाई-स्पीड ट्रेनें प्रदान करना है।

भारतीय नौसेना को मिला तीसरा गाइडेड मिसाइल डिस्ट्रॉयर

अत्याधुनिक स्टील्थ गाइडेड मिसाइल विध्वंसक 'यार्ड 12706 (इम्फाल)' को आधिकारिक तौर पर 20 अक्टूबर, 2023 को भारतीय नौसेना को हस्तान्तरित कर दिया गया।

इम्फाल प्रोजेक्ट 15B का तीसरा पोत है जिसे मझगांव डॉक शिपबिल्डर्स लिमिटेड (MDL) में बनाया गया है।

यह भारतीय नौसेना के युद्धपोत डिजाइन ब्यूरो (WDB) द्वारा डिजाइन किया गया है और MDL द्वारा निर्मित स्वदेशी जहाज निर्माण में भारत के कौशल के प्रतीक के रूप में खड़ा है।

सीवर में होने वाली मौतों व विकलांगता के लिए मुआवजा अनिवार्य

भारत के सर्वोच्च न्यायालय ने 20 अक्टूबर, 2023 को देश में सीवर मौतों के मुद्दे पर कड़ा रुख अपनाया।

सीवर सफाई के कारण स्थायी विकलांगता का शिकार होने वाले लोगों के लिए मुआवजे की राशि ₹ 30 लाख और मृतकों के परिजनों के लिए ₹ 20 लाख निर्धारित की गई है। इसके अतिरिक्त, यदि कोई सफाईकर्मी अन्य विकलांगों को बनाए रखता है, तो वे मुआवजे में ₹ 10 लाख तक प्राप्त करने के हकदार होंगे।

अमृत काल विजन 2047 का उद्घाटन

प्रधानमन्त्री नरेन्द्र मोदी ने 17 अक्टूबर, 2023 को वीडियो कॉन्फ्रेंसिंग के माध्यम से मुम्बई में ग्लोबल मैरीटाइम इंडिया समिट (GMIS) 2023 के तीसरे संस्करण का उद्घाटन किया।

कार्यक्रम के दौरान, उन्होंने ₹ 23000 करोड़ की 21 परियोजनाओं को राष्ट्र को समर्पित किया और 'अमृत काल विजन 2047-भारतीय समुद्री नीली अर्थव्यवस्था के लिए एक रणनीतिक खाका' का अनावरण किया।

इन पहलों का उद्देश्य बंदरगाह सुविधाओं को बढ़ाना, टिकाऊ प्रथाओं को बढ़ावा देना और समुद्री क्षेत्र में अन्तर्राष्ट्रीय सहयोग को प्रोत्साहित करना है।

'अपना चन्द्रयान' वेब पोर्टल लॉन्च

केन्द्रीय शिक्षा और कौशल विकास और उद्यमिता मंत्री धर्मेंद्र प्रधान ने 17 अक्टूबर, 2023 को 'अपना चंद्रयान' नामक एक वेब पोर्टल का अनावरण किया। यह वेब पोर्टल, शिक्षा मंत्रालय के स्कूल शिक्षा और साक्षरता विभाग के तहत राष्ट्रीय शैक्षिक अनुसंधान और प्रशिक्षण परिषद (NCERT) द्वारा विकसित किया गया है।

इसका उद्देश्य मिशन चन्द्रयान-3 से सम्बन्धित गतिविधि-आधारित सहायता सामग्री (क्विज़, पहेलियाँ, रंगीन पुस्तकें, पहेली पहेलियाँ) प्रदान करना है।

व्यापार योग्य ग्रीन क्रेडिट कार्यक्रम की शुरूआत

केन्द्र सरकार ने 16 अक्टूबर, 2023 को एक राष्ट्रीय ग्रीन क्रेडिट कार्यक्रम शुरू किया, जो बाजार-आधारित तन्त्र के माध्यम से पर्यावरण के अनुकूल कार्यों को प्रोत्साहित करता है। इस कार्यक्रम का उद्देश्य बाजार आधारित प्रोत्साहनों के माध्यम से सकारात्मक पर्यावरणीय योगदान को प्रोत्साहित करना है। कार्यक्रम पर्यावरणीय कार्यों को प्रोत्साहित करने के लिए ग्रीन क्रेडिट के लिए एक प्रतिस्पर्धी बाजार-आधारित दृष्टिकोण को बढ़ावा देता है।

राइट्स लिमिटेड को 'नवरत्न' का दर्जा

रेल मन्त्रालय के तहत एक प्रमुख केंद्रीय सार्वजनिक क्षेत्र उद्यम (CPSE) राइट्स लिमिटेड ने 13 अक्टूबर, 2023 को प्रतिष्ठित 'नवरत्न' का दर्जा प्राप्त किया। इसके साथ ही राइट्स लिमिटेड यह गौरव प्राप्त करने वाला भारत का 16वाँ CPSE बन गया है। नवरत्न का दर्जा प्राप्त करना देश की वृद्धि और विकास में इसके योगदान को स्वीकार करता है।

भारत ने शुरू किया 'ऑपरेशन अजय'

भारत ने 11 अक्टूबर, 2023 को अपने नागरिकों की, जो वापस आना चाहते हैं, इजरायल से वापसी की सुविधा के लिए ऑपरेशन अजय शुरू किया। विदेश मंत्री डॉ. एस जयशंकर के अनुसार, सरकार विदेशों में भारतीय नागरिकों की सुरक्षा और कल्याण के लिए पूरी तरह से प्रतिबद्ध है। भारत सरकार ने इजरायल और फिलिस्तीन में चल रहे घटनाक्रमों के मद्देनजर स्थिति की निगरानी करने और अपने नागरिकों को सहायता प्रदान करने के लिए नई दिल्ली में 24 घण्टे काम करने वाला नियन्त्रण कक्ष स्थापित किया है।

भारत के 100 सबसे अमीर लोगों की फोर्ब्स सूची 2023

मुकेश अंबानी ने 11 अक्टूबर, 2023 को भारत के 100 सबसे अमीर लोगों की फोर्ब्स सूची 2023 में पहला स्थान प्राप्त किया। भारत के 100 सबसे अमीर लोगों की कुल सम्पत्ति इस वर्ष (2023) $ 799 अरब पर स्थिर रही। अंबानी के बाद गौतम अडानी ($ 68 अरब), शिव नादर ($ 29.3 अरब), सावित्री जिंदल ($ 24 अरब), राधाकिशन दमानी ($ 23 अरब), साइरस पूनावाला ($ 20.7 अरब) और हिन्दुजा परिवार ($ 20 अरब) का नम्बर आता है।

पाँच राज्यों में विधानसभा चुनाव की घोषणा

भारत निर्वाचन आयोग ने 9 अक्टूबर, 2023 को मिजोरम, छत्तीसगढ़, मध्य प्रदेश, राजस्थान और तेलंगाना राज्यों के लिए चुनाव कार्यक्रम की घोषणा की। इन पाँच राज्यों में विधानसभा चुनाव 7 से 30 नवम्बर, 2023 के बीच होंगे। इन पाँच राज्यों में 679 विधानसभा सीटें हैं, जिनमें 16 करोड़ मतदाता हैं और लगभग 60 लाख पहली बार मतदाता हैं जो इन चुनावों में भाग लेंगे।

भारत AIBD के अध्यक्ष के रूप में पुनर्निर्वाचित

भारत को 6 अक्टूबर, 2023 को प्रतिष्ठित अन्तर्राष्ट्रीय संगठन एशिया-पैसिफिक इंस्टीट्यूट फॉर ब्रॉडकास्टिंग डेवलपमेंट (AIBD) जनरल कॉन्फ्रेन्स (GC) का नेतृत्व करने के लिए लगातार तीसरे कार्यकाल के लिए अध्यक्ष के रूप में फिर से चुना गया।

भारत इससे पहले वर्ष 2018-21 और वर्ष 2021-23 तक AIBD GC के अध्यक्ष के रूप में दो कार्यकाल पूरा कर चुका है। UNESCO के तत्वाधान में वर्ष 1977 में स्थापित AIBD, एक अद्वितीय क्षेत्रीय अन्तर-सरकारी संगठन है, जिसमें वर्तमान में 44 देशों के 92 सदस्य संगठन हैं।

मध्य प्रदेश में सरकारी नौकरियों में महिलाओं के लिए 35% आरक्षण

मध्य प्रदेश सरकार ने 5 अक्टूबर, 2023 को वन विभाग को छोड़कर अन्य सभी भर्ती में महिलाओं के लिए 35% आरक्षण प्रदान करने के लिए एक अधिसूचना जारी की।

सरकार ने राज्य में महिलाओं के लिए 35% आरक्षण प्रदान करने के लिए मध्य प्रदेश सिविल सेवा (महिलाओं की नियुक्ति के लिए विशेष प्रावधान) नियम, 1997 में संशोधन प्रस्तुत किया है। मध्य प्रदेश पंचायतों और शहरी निकायों के चुनावों में महिलाओं के लिए 50% आरक्षण शुरू करने वाला पहला राज्य था।

'राष्ट्रीय हल्दी बोर्ड' का गठन

भारत सरकार ने 4 अक्टूबर, 2023 को राष्ट्रीय हल्दी बोर्ड के गठन की अधिसूचना जारी की। राष्ट्रीय हल्दी बोर्ड देश में हल्दी और हल्दी उत्पादों के विकास और वृद्धि पर ध्यान केन्द्रित करेगा।

राष्ट्रीय हल्दी बोर्ड हल्दी से सम्बन्धित मामलों पर नेतृत्व प्रदान करेगा, प्रयासों को बढ़ाएगा और हल्दी क्षेत्र के विकास और वृद्धि में मसाला बोर्ड और अन्य सरकारी एजेंसियों के साथ अधिक समन्वय की सुविधा प्रदान करेगा।

'PM विश्वकर्मा' योजना की शुरूआत

प्रधानमन्त्री नरेन्द्र मोदी ने 17 सितम्बर, 2023 को नई दिल्ली में केन्द्रीय क्षेत्र की 'PM विश्वकर्मा' योजना का आधिकारिक तौर पर शुभारम्भ किया।

भारत के केन्द्रीय मन्त्रिमण्डल ने पारम्परिक कारीगरों और कारीगरों या 'विश्वकर्मा' को अपना व्यवसाय बढ़ाने के लिए एण्ड-टू-एण्ड समर्थन के लिए पूरे भारत में PM विश्वकर्मा योजना को लागू करने के लिए 16 अगस्त, 2023 को अपनी मंजूरी दे दी थी।

इस योजना के तहत पारम्परिक कारीगरों और शिल्पकारों के लिए प्रशिक्षण, प्रौद्योगिकी, ऋण और बाजार सहायता के प्रावधान किए गए हैं ताकि उनके प्रयास को गति दी जा सके।

भारत अन्तर्राष्ट्रीय सम्मेलन और एक्सपो सेण्टर का शुभारम्भ

प्रधानमन्त्री नरेन्द्र मोदी ने 17 सितम्बर, 2023 को द्वारका (नई दिल्ली) में 'यशोभूमि' के रूप में जाने जाने वाले इण्डिया इण्टरनेशनल कन्वेंशन एण्ड एक्सपो सेंटर (IICC) के चरण 1 का अनावरण किया।

8.9 लाख वर्ग मीटर से अधिक के कुल परियोजना क्षेत्र और 1.8 लाख वर्ग मीटर से अधिक के कुल निर्मित क्षेत्र में निर्मित, IICC दुनिया के सबसे बड़े MICE (बैठकें, प्रोत्साहन, सम्मेलन और प्रदर्शनी) सुविधाओं में से एक है, और देश में सबसे बड़ा LED मीडिया केन्द्र है।

यह भारत मण्डपम के बाद प्रदर्शनियों और सम्मेलनों के लिए विश्व स्तरीय बुनियादी ढाँचे के साथ देश में दूसरा सम्मेलन केन्द्र है।

खान और खनिज संशोधन विधेयक 2023 पारित

भारतीय संसद द्वारा 2 अगस्त, 2023 को खान और खनिज (विकास और विनियमन) संशोधन विधेयक 2023 पारित किया गया।

यह निजी क्षेत्र को लिथियम सहित 12 परमाणु खनिजों में से 6 के साथ-साथ सोने और चाँदी जैसे गहरे खनिजों के लिए खनन कार्य करने में सक्षम बनाता है।

अमेजन इण्डिया द्वारा पहला फ्लोटिंग स्टोर लॉन्च

अमेजन इण्डिया ने 1 अगस्त, 2023 को श्रीनगर, कश्मीर में डल झील पर अपना पहला फ्लोटिंग स्टोर लॉन्च किया। यह ग्राहकों को विश्वसनीय और सुविधाजनक वितरण सेवाएँ प्रदान करने के लिए कम्पनी के समर्पण के अनुरूप है।

यह स्टोर अमेजन इण्डिया के 'आई हैव स्पेस' डिलीवरी प्रोग्राम का एक अभिन्न हिस्सा है।

प्रधानमन्त्री मोदी द्वारा 'यूरिया गोल्ड' का शुभारम्भ

प्रधानमन्त्री मोदी ने 1 अगस्त, 2023 को राजस्थान की अपनी यात्रा के दौरान 'यूरिया गोल्ड' नामक एक नए प्रकार के यूरिया का शुभारम्भ किया। यूरिया गोल्ड को सल्फर लेपित यूरिया (SCU) के रूप में भी जाना जाता है।

यह सल्फर के साथ लेपित है, जो मिट्टी की गुणवत्ता को बढ़ा सकता है और किसानों के खर्च को कम कर सकता है।

यह यूरिया की एक नई किस्म है जिसके लिए कम खेत की आवश्यकता होती है और फसल की गुणवत्ता में सुधार होता है।

ISRO द्वारा छह सह-यात्री उपग्रहों का प्रक्षेपण

भारतीय अन्तरिक्ष अनुसंधान संगठन (ISRO) ने 30 जुलाई, 2023 को श्रीहरिकोटा के सतीश धवन अन्तरिक्ष केन्द्र के पहले लॉन्च पैड से PSLV-C56 रॉकेट लॉन्च किया।

PSLV-C56 मिशन सिंगापुर के एक DS-SAR उपग्रह के साथ 6 सह-यात्री उपग्रहों को ले गया।

3600 किग्रा वजनी DS-SAR उपग्रह को सिंगापुर सरकार का प्रतिनिधित्व करने वाले DSTA और ST इन्जीनियरिंग द्वारा विकसित किया गया है।

'मेरी माटी मेरा देश' अभियान की घोषणा

प्रधानमन्त्री नरेन्द्र मोदी ने 30 जुलाई, 2023 को स्वतन्त्रता दिवस के लिए 'मेरी माटी मेरा देश' अभियान शुरू करने की घोषणा की।

इसका उद्देश्य देश के शहीद बहादुरों का सम्मान करना है। 'मेरी माटी मेरा देश' के अभियान के दौरान अमृत कलश यात्रा भी निकाली जाएगी। यह 'अमृत कलश यात्रा' देश के गाँवों और विभिन्न कोनों से 7500 कलशों में मिट्टी लेकर दिल्ली पहुँचेगी।

IFSC के माध्यम से विदेशी एक्सचेंज पर सूची बनाने की अनुमति

वित्तमन्त्री निर्मला सीतारमण ने 29 जुलाई, 2023 को घोषणा की कि भारतीय कम्पनियाँ अब विदेशी एक्सचेन्जों के साथ-साथ IFSC एक्सचेन्ज (अहमदाबाद) में भी सीधे लिस्टिंग के लिए जा सकती हैं।

सार्वजनिक और निजी स्वामित्व वाली भारतीय कम्पनियाँ अब गुजरात इण्टरनेशनल फिन-टेक सिटी में अन्तर्राष्ट्रीय वित्तीय सेवा केन्द्र (IFSC) पर अपने शेयरों को सूचीबद्ध कर सकती हैं।

अखिल भारतीय शिक्षा समागम 2023 का आयोजन

प्रधानमन्त्री नरेन्द्र मोदी ने 29 जुलाई, 2023 को दिल्ली के भारत मण्डपम में 'अखिल भारतीय शिक्षा समागम 2023' का उद्घाटन किया। यह कार्यक्रम राष्ट्रीय शिक्षा नीति 2020 के शुभारम्भ की तीसरी वर्षगाँठ के साथ मेल खाता है।

प्रधानमन्त्री मोदी ने PM श्री योजना के तहत धन की पहली किस्त भी जारी की। 6207 स्कूलों को पहली किस्त मिली है जिसमें कुल ₹ 6.30 अरब की राशि दी गई है। उन्होंने 12 भारतीय भाषाओं में अनूदित शिक्षा और कौशल पाठ्यक्रम की पुस्तकों का भी विमोचन किया।

अखिल भारतीय बाघ अनुमान 2022 रिपोर्ट

भारत सरकार ने 29 जुलाई, 2023 को कॉर्बेट टाइगर रिजर्व में मनाए गए वैश्विक बाघ दिवस के अवसर पर, 'बाघों की स्थिति रिपोर्ट 2022' जारी की। भारत में बाघों की संख्या वर्ष 2018 में 2967 से बढ़कर वर्ष 2022 में 3682 हो गई है, जो 6% की वार्षिक वृद्धि है।

बाघों की आबादी की ऊपरी सीमा 3925 और औसत संख्या 3682 बाघ होने का अनुमान है। इसके साथ, भारत वर्तमान में विश्व की जंगली बाघ आबादी का लगभग 75% है।

सेमीकॉन इण्डिया 2023 का आयोजन

प्रधानमन्त्री नरेन्द्र मोदी ने 28 जुलाई, 2023 को गाँधीनगर (गुजरात) में सेमीकॉन इण्डिया 2023 का उद्घाटन किया। यह विशेषज्ञों के नेतृत्व वाली चर्चाओं के साथ भारत के सेमीकण्डक्टर क्षेत्र में निवेश के अवसरों पर केन्द्रित है। सम्मेलन का विषय 'भारत के सेमीकण्डक्टर पारिस्थितिकी तन्त्र को उत्प्रेरित करना' है। सम्मेलन का उद्देश्य भारत की अर्धचालक रणनीति और नीति का प्रदर्शन करना है।

सात उत्पादों को मिला GI टैग

चेन्नई में भौगोलिक संकेतक रजिस्ट्री ने भारत के विभिन्न क्षेत्रों के 7 उत्पादों को भौगोलिक संकेत (GI) टैग दिया, जिसमें राजस्थान के चार उत्पाद शामिल हैं। GI टैग से सम्मानित उत्पादों में जलेसर धातु शिल्प' (UP का एक धातु शिल्प), 'गोवा मनकुरद आम', 'गोयन बेबिंका', 'उदयपुर कोफ्तगारी धातु शिल्प', 'बीकानेर काशीदकारी शिल्प', 'जोधपुर बंधेज शिल्प' और 'बीकानेर उस्ता कला शिल्प' शामिल हैं।

'मेरा गाँव मेरी धरोहर' पहल की शुरुआत

केन्द्रीय गृहमन्त्री अमित शाह ने 26 जुलाई, 2023 को आजादी का अमृत महोत्सव के हिस्से के रूप में एक अनूठी पहल 'मेरा गाँव मेरी धरोहर' (MGMD) शुरू की। यह राष्ट्रीय सांस्कृतिक मानचित्रण मिशन के तहत संस्कृति मन्त्रालय की एक अखिल भारतीय पहल है। संस्कृति मन्त्रालय ने इन्दिरा गाँधी राष्ट्रीय कला केन्द्र (IGNCA) के सहयोग से राष्ट्रीय सांस्कृतिक मानचित्रण मिशन के तहत MGMD परियोजना शुरू की।

संसद द्वारा संविधान (ST) आदेश (5वाँ संशोधन) विधेयक पारित

संसद ने 25 जुलाई, 2023 को संविधान (अनुसूचित जनजाति) आदेश (पाँचवाँ संशोधन) विधेयक 2022 पारित किया। विधेयक में संविधान (अनुसूचित जनजाति) आदेश 1950 में संशोधन करने का प्रयास किया गया है।

विधेयक में छत्तीसगढ़ में अनुसूचित जनजाति (ST) की सूची में धनुहार, धनुवार, कोण्ड, कोन्ध, किसान, सौंरा, सौंबरा और बिंझिया समुदायों को शामिल किया गया है।

भारत द्वारा गैर-बासमती सफेद चावल के निर्यात पर प्रतिबन्ध

भारत ने 25 जुलाई, 2023 को देश के भीतर खुदरा कीमतों में अस्थिरता को स्थिर करने के लिए गैर-बासमती सफेद चावल के निर्यात पर प्रतिबन्ध लगा दिया। यह निर्णय खाद्य और उपभोक्ता मामलों के मन्त्रालय द्वारा लिया गया था।

यह प्रतिबन्ध 'गैर-बासमती सफेद चावल' के सभी निर्यातों पर लागू होता है। भारत का यह फैसला महत्वपूर्ण है क्योंकि वह विश्व का प्रमुख चावल निर्यातक है। प्रतिबन्ध से छूट उन देशों को दी जाएगी जो सफेद चावल के निर्यात का अनुरोध करते हैं।

भारत का पहला मत्स्य पालन अटल इनक्यूबेशन केन्द्र

केरल मत्स्य पालन और महासागर अध्ययन विश्वविद्यालय (KUFOS) मत्स्य पालन में भारत का पहला अटल इनक्यूबेशन केन्द्र (AIC) स्थापित करेगा। नीति आयोग से ₹ 10 करोड़ का अनुदान प्राप्त करने के बाद 25 जुलाई, 2023 को इसकी घोषणा की गई है। नीति आयोग ने मत्स्य पालन क्षेत्र में नवाचार और उद्यमिता को बढ़ावा देने के लिए KUFOS को अनुदान प्रदान किया।

'भरत मण्डपम' का उद्घाटन

प्रधानमन्त्री नरेन्द्र मोदी ने 23 जुलाई, 2023 को नई दिल्ली के प्रगति मैदान में भारत मण्डपम नामक अंतर्राष्ट्रीय प्रदर्शनी-सह-सम्मेलन केन्द्र (IECC) परिसर का उद्घाटन किया।

यह स्मारकीय परियोजना, लगभग ₹ 2700 करोड़ की अनुमानित लागत पर एक राष्ट्रीय प्रयास के रूप में विकसित की गई है। इसका उद्देश्य भारत को एक वैश्विक व्यापार गंतव्य के रूप में प्रदर्शित करना और बढ़ावा देना है।

भारत का पहला प्राइवेट हिल स्टेशन 'लवासा'

भारत के पहले प्राइवेट हिल स्टेशन लवासा को 23 जुलाई, 2023 को डार्विन प्लेटफॉर्म इन्फ्रास्ट्रक्चर को ₹ 1.8 हजार करोड़ में बेचा गया। नेशनल कम्पनी लॉ ट्रिब्यूनल (NCLT) की मंजूरी के बाद इसकी बिक्री की गई है।

इसका उद्देश्य ₹ 6642 करोड़ की कुल दावा राशि के साथ पर्यावरण मंजूरी प्राप्त करने के अधीन पाँच वर्ष के भीतर तैयार घरों की डिलीवरी सुनिश्चित करना है। लवासा हिल स्टेशन पुणे के पास पश्चिमी घाट के भीतर सुरम्य मुलशी घाटी में स्थित है।

नवीन पटनायक बने भारत में दूसरे सबसे लम्बे समय तक सेवा करने वाले मुख्यमन्त्री

ओडिशा के नवीन पटनायक 23 जुलाई, 2023 को पश्चिम बंगाल के ज्योति बसु की जगह देश में दूसरे सबसे लम्बे समय तक सेवा करने वाले मुख्यमन्त्री बने।

सिक्किम के पूर्व मुख्यमन्त्री पवन कुमार चामलिंग के नाम अभी भी देश में सबसे लम्बे समय तक मुख्यमन्त्री रहने का रिकॉर्ड है।वह 12 दिसम्बर, 1994 से 27 मई, 2019 तक 24 वर्ष से अधिक समय तक हिमालयी राज्य के मुख्यमन्त्री रहे।

एक्सप्रेस-वे और राष्ट्रीय राजमार्गों पर संकेत चिह्न हेतु दिशा-निर्दीशश

केन्द्र सरकार ने 21 जुलाई, 2023 को यात्रियों की सुरक्षा बढ़ाने के लिए एक्सप्रेस-वे और राष्ट्रीय राजमार्गों पर संकेतक लगाने के दिशा-निर्देश जारी किए। नये दिशा-निर्देश को केन्द्रीय सड़क परिवहन एवं राजमार्ग मन्त्री नितिन गडकरी ने मंजूरी दी है।

यह वाहन चालकों को बेहतर दृश्यता और मार्गदर्शन प्रदान करने के लिए सर्वोत्तम प्रथाओं और विश्व मानकों को शामिल करके सड़क सुरक्षा को और बेहतर बनाने पर केन्द्रित है।

जापान द्वारा भारत के साथ सेमीकण्डक्टर समझौते पर हस्ताक्षर

भारत और जापान ने वैश्विक आपूर्ति श्रृंखला में अपनी साझेदारी और लचीलेपन को मजबूत करने, सेमीकण्डक्टर पारिस्थितिकी तन्त्र को संयुक्त रूप से विकसित करने के लिए एक समझौते पर 20 जुलाई, 2023 को हस्ताक्षर किए।

जापान भारत के साथ सेमीकण्डक्टर समझौते पर हस्ताक्षर करने वाला दूसरा QUAD सहयोगी बना।

पारम्परिक दवाओं पर भारत और ASEAN सम्मेलन

नई दिल्ली ने 20 जुलाई, 2023 को विज्ञान भवन, नई दिल्ली में पारम्परिक दवाओं पर भारत-ASEAN सम्मेलन की मेजबानी की। यह लगभग 10 वर्षों के अन्तराल के बाद आयोजित किया जाता है।

सम्मेलन का उद्देश्य पारम्परिक दवाओं के विषय पर विचार-मंथन सत्र और विचार साझा करने की सुविधा प्रदान करना है।

आयुष मन्त्रालय ने विदेश मन्त्रालय और ASEAN में भारतीय मिशन के सहयोग से भारत के इस सम्मेलन का आयोजन किया।

केन्द्रीय मन्त्री द्वारा 'भारत दाल' लॉन्च

केन्द्रीय मन्त्री पीयूष गोयल ने 19 जुलाई, 2023 को सस्ती कीमतों पर 'भारत दाल' ब्रैण्ड नाम के तहत सब्सिडी वाली चना दाल की बिक्री शुरू की।

सब्सिडी वाली चना दाल का उद्देश्य उपभोक्ताओं को सस्ती कीमतों पर दाल उपलब्ध कराना है। सरकार के चने के स्टॉक को वितरण के लिए चना दाल में बदल दिया जाता है।

सूरत में बनी विश्व की सबसे बड़ी ऑफिस बिल्डिंग

सूरत डायमण्ड बोर्स ने 19 जुलाई, 2023 को विश्व के सबसे बड़े कार्यालय परिसर के रूप में अमेरिकी सुरक्षा विभाग के पेंटागन कार्यालय परिसर को पीछे छोड़ दिया।

सूरत डायमण्ड बोर्स के पूर्णतः कार्य करने से हीरा उद्योग की गतिशीलता और विकास को बढावा मिलेगा।

यह एक्सचेंज व्यापार, नवाचार और सहयोग के केन्द्र के रूप में काम करेगा, इससे देश की अर्थव्यवस्था को मजबूती मिलेगी और 1.5 लाख से अधिक रोजगार के अवसर उत्पन्न होंगे। सूरत डायमण्ड बोर्स 21 नवम्बर, 2023 से काम करना शुरू कर देगा।

CRCS–सहारा रिफण्ड पोर्टल की शुरुआत

केन्द्रीय गृह और सहकारिता मन्त्री अमित शाह ने 18 जुलाई, 2023 को दिल्ली में CRCS -सहारा रिफण्ड पोर्टल का शुभारम्भ किया।

इस पोर्टल का उद्देश्य सहारा समूह से जुड़े करोड़ों जमाकर्ताओं को अपना पैसा वापस लेने में मदद करना है।

CRCS सहारा रिफण्ड पोर्टल सहारा समूह की सहकारी समितियों के करोड़ों जमाकर्ताओं के लिए रिफण्ड प्रक्रिया को सुविधाजनक बनाने के लिए भारत सरकार द्वारा शुरू किया गया एक मंच है।

एक्सपोर्ट प्रिपेयर्डनेस इण्डेक्स 2022 रिपोर्ट जारी

नीति आयोग ने भारत के राज्यों/केन्द्रशासित प्रदेशों के लिए 'एक्सपोर्ट प्रिपेयर्डनेस इण्डेक्स (EPI) 2022' का तीसरा संस्करण 17 जुलाई, 2023 को जारी किया। सूचकांक के तीसरे संस्करण में तमिलनाडु ने कुल 80.89 अंक के साथ शीर्ष स्थान हासिल किया। महाराष्ट्र 78.20 अंक के साथ दूसरे और कर्नाटक 76.36 अंक के साथ तीसरे स्थान पर रहा। तटीय राज्यों की रैंकिंग में इसके बाद आन्ध्र प्रदेश (59.27), ओडिशा, पश्चिम बंगाल और केरल का स्थान रहा।

नेशनल मल्टीडायमेन्शनल पॉवर्टी इण्डेक्स 2023 जारी

नीति आयोग द्वारा 17 जुलाई, 2023 को जारी नेशनल मल्टीडायमेन्शनल पॉवर्टी इण्डेक्स ए प्रोग्रेस रिव्यू 2023' रिपोर्ट के अनुसार, वर्ष 2015-16 और 2019-21 के बीच, भारत में 13.5 करोड़ लोगों ने पाँच वर्षों की अवधि में सफलतापूर्वक स्वयं को बहुआयामी गरीबी से बाहर निकाला है।

रिपोर्ट भारत में बहुआयामी रूप से गरीब व्यक्तियों की संख्या में बड़ी गिरावट पर प्रकाश डालती है, जो वर्ष 2015-16 में 24.85% से बढ़कर वर्ष 2019-21 में 14.96% हो गई, जो 9.89% अंकों की उल्लेखनीय कमी दर्शाती है।

भारत और मलेशिया भारतीय रुपए में व्यापार करने पर सहमत

भारत और मलेशिया ने भारतीय रुपए में व्यापार करने पर सहमति जताई है। इस तन्त्र से भारत-मलेशिया द्विपक्षीय व्यापार में वृद्धि होने की उम्मीद है, जो कि वर्ष 2021-22 के दौरान $ 19.4 बिलियन का था।

सिंगापुर और इण्डोनेशिया के बाद मलेशिया ASEAN क्षेत्र में भारत का तीसरा सबसे बड़ा व्यापारिक भागीदार है। इनका भारत के साथ द्विपक्षीय व्यापार क्रमशः $ 30.1 बिलियन और $ 26.1 बिलियन का है।

अन्तर्राष्ट्रीय

BRICS में पाँच नए सदस्य

अक्टूबर 2024 में रूस में होने वाले आगामी BRICS शिखर सम्मेलन में पाँच नए सदस्य देशों को शामिल किया जाएगा। इस सम्बन्ध में 1 जनवरी, 2024 को जानकारी दी गई। अब BRICS समूह में इसके मूल संस्थापक पाँच देशों (ब्राजील, रूस, भारत, चीन और साउथ अफ्रीका) के अतिरिक्त पाँच नए देशों को शामिल किया जा रहा है।

यह पाँच नए देश हैं- मिस्र, इथियोपिया, ईरान, सऊदी अरब और संयुक्त अरब अमीरात (UAE)।

अर्जेंटीना के नए राष्ट्रपति चुने गए 'जेवियर माइली'

अर्जेंटीना में 19 नवम्बर, 2023 को दक्षिणपंथी स्वतंत्रतावादी जेवियर माइली को देश का नया राष्ट्रपति चुना गया।

यह कदम तीन अंकों की मुश्वस्फीति, बढ़ती मंदी और बढ़ती गरीबी से प्रभावित अर्थव्यवस्था को ठीक करने के लिए कट्टरपंथी विचारों वाले एक बाहरी व्यक्ति पर विश्वास करता है।

राष्ट्रपति चुनाव में 97.6% वोटों के साथ, माइली को 55.8% और अर्थव्यवस्था मन्त्री सर्जियो मासा को 44.2% वोट मिले।

मोहम्मद मुइज़्ज़ू बने मालदीव के 8वें राष्ट्रपति

डॉ. मोहम्मद मुइज़्ज़ू ने 17 नवम्बर, 2023 को मालदीव गणराज्य के आठवें राष्ट्रपति के रूप में शपथ ली। उपराष्ट्रपति हुसैन मोहम्मद लतीफ ने भी पद की शपथ ली। मालदीव के मुख्य न्यायाधीश अहमद मुतासिम अदनान ने उन्हें पद और गोपनीयता की शपथ दिलाई।

डॉ. मुइज़्ज़ू ने सितंबर 2023 में हुए चुनाव में निवर्तमान राष्ट्रपति इब्राहिम मोहम्मद सोलिह को हराया था।

अमेरिका द्वारा चिकनगुनिया के पहले टीके को मंजूरी

US FDA ने 13 नवम्बर, 2023 को वाल्नेवा द्वारा विकसित दुनिया के पहले चिकनगुनिया टीके, 'Ixchiq' को मंजूरी दे दी।

एक खुराक में दिए जाने वाले Ixchiq में चिकनगुनिया वायरस का एक जीवित, कमजोर संस्करण होता है, जो टीकों के लिए मानक दृष्टिकोण का पालन करता है।

बुखार और गम्भीर जोड़ों के दर्द का कारण बनने वाला वायरस, आमतौर पर अफ्रीका, दक्षिण पूर्व एशिया और अमेरिका के कुछ हिस्सों के उष्णकटिबंधीय और उपोष्णकटिबंधीय क्षेत्रों में पाया जाता है।

पुर्तगाल के प्रधानमन्त्री ने दिया इस्तीफा

पुर्तगाल के प्रधानमन्त्री एंटोनियो कोस्टा ने 9 नवम्बर, 2023 को अपना पद छोड़ दिया।

उन्होंने अपने ऊपर लगे भ्रष्टाचार के आरोपों के बाद त्याग-पत्र दे दिया है।

घटनाओं का यह मोड़ उनके चीफ ऑफ स्टाफ विक्टर एस्कारिया की गिरफ्तारी के बाद हुआ।

एंटोनियो कोस्टा वर्ष 2015 में पुर्तगाल के प्रधानमन्त्री बने थे।

सबसे पुराने ब्लैक होल की खोज

शोधकर्ताओं ने एक ग्राउंडब्रैकिंग खोज में अब तक के सबसे प्राचीन ब्लैक होल की पहचान की है। इस सम्बन्ध में 7 नवम्बर, 2023 को जानकारी दी गई। यह खगोलीय विशालकाय ब्लैक होल बिग बैंग के दौरान ब्रह्मांड के जन्म के केवल 470 मिलियन वर्ष बाद अस्तित्व में आया।

यह खोज NASA के जेम्स वेब स्पेस टेलीस्कोप और चंद्र एक्स-रे वेधशाला के संयुक्त प्रयासों के माध्यम से सम्भव हुई।

वैश्विक TB रिपोर्ट 2023 जारी

विश्व स्वास्थ्य संगठन (WHO) ने 7 नवम्बर, 2023 को अपनी वैश्विक TB रिपोर्ट 2023 जारी की। WHO ने वर्ष 2015 के बाद से वर्ष 2022 में क्षय रोग (TB) की घटनाओं में 16% की कमी और TB मृत्यु दर में 18% की कमी लाने में भारत की सफलता को स्वीकार किया है।

भारत की तीव्र केस डिटेक्शन रणनीतियों के परिणामस्वरूप वर्ष 2022 में मामलों की सबसे अधिक अधिसूचना हुई है, जिसके दौरान 24.22 लाख से अधिक TB मामलों को अधिसूचित किया गया था।

चीन की बेल्ट एण्ड रोड पहल से बाहर निकलेगा फिलिपीन्स

फिलिपीन्स ने 4 नवम्बर, 2023 को चीन के बेल्ट एण्ड रोड इनिशिएटिव से बाहर निकलने की घोषणा की है।

पश्चिम और जापान के प्रतियोगियों के पक्ष में फिलिपीन परिवहन विभाग द्वारा प्रमुख बुनियादी ढांचा परियोजनाओं की पूर्ण समाप्ति की घोषणा की गई है।

इससे फिलिपीन-चीन संबंधों में एक नया निम्न बिंदु आ गया है, जो बीजिंग समर्थक रोड्रिगो दुतेर्ते राष्ट्रपति पद के दौरान छह साल के गर्मजोशी भरे जुड़ाव से काफी उलट है।

मलेशिया के 17वें राजा होंगे 'सुल्तान इब्राहिम'

मलेशिया में 29 अक्टूबर, 2023 को आधिकारिक तौर पर घोषणा की गई कि दक्षिणी राज्य जोहोर के 'सुल्तान इब्राहिम इस्कंदर' देश के अगले और 17वें राजा होंगे।

इस पद पर शाह अल-सुल्तान अब्दुल्ला की जगह लेने वाले इब्राहिम इस्कंदर की नियुक्ति 31 जनवरी, 2024 से प्रभावी होगी। मलेशिया में राजा इस्लाम के प्रमुख और अपने सशस्त्र बलों के कमांडर-इन-चीफ के रूप में कार्य करता है।

कतर में 8 भारतीयों को मौत की सजा

कतर की एक निचली अदालत ने 27 अक्टूबर, 2023 को आठ पूर्व भारतीय नौसैनिकों को मौत की सजा सुनाई है। ये पूर्व भारतीय नौसेना अधिकारी कतर के 'दहरा ग्लोबल टेक्नोलॉजीज एंड कंसल्टिंग सर्विसेज' में काम करते थे।

अल जज़ीरा की रिपोर्ट के अनुसार, भारतीय नौसेना के इन आठ पूर्व अधिकारियों पर इजरायल के लिए पनडुब्बी कार्यक्रम पर जासूसी करने का आरोप है। इन पर कतर की पनडुब्बी परियोजनाओं से संबंधित आंकड़े इजरायल को देने का आरोप है।

श्रीलंका द्वारा 7 देशों के लिए मुफ्त वीजा की घोषणा

श्रीलंका ने 24 अक्टूबर, 2023 को भारत सहित सात देशों के पर्यटकों के लिए वीजा शुल्क माफ करके एक महत्वपूर्ण कदम उठाया। अन्य छह देश चीन, रूस, थाईलैंड, इंडोनेशिया, मलेशिया और जापान हैं।

यह नीति 31 मार्च, 2024 तक प्रभावी रहेगी। इस कदम का उद्देश्य अधिक आगंतुकों को आकर्षित करना और देश को हाल की आर्थिक चुनौतियों से उबरने में मदद करना है।

दक्षिण कोरिया, अमेरिका और जापान का संयुक्त हवाई अभ्यास

दक्षिण कोरिया, संयुक्त राज्य अमेरिका और जापान ने 22 अक्टूबर, 2023 को अपना पहला संयुक्त हवाई अभ्यास किया। इसका उद्देश्य उत्तर कोरिया द्वारा बढ़ते मिसाइल और परमाणु खतरों के खिलाफ रक्षा सहयोग और तैयारियों को मजबूत करना है।

इस अभ्यास में परमाणु हथियार ले जाने में सक्षम एक अमेरिकी B-52 बमवर्षक विमान भी शामिल था और इसे कोरियाई प्रायद्वीप के दक्षिण में आसमान में आयोजित किया गया था।

इजरायल-हमास संघर्ष

इजरायल-हमास युद्ध में 25 अक्टूबर 2023 तक कम-से-कम 6546 लोग मारे जा चुके हैं। हमास के नेतृत्व वाले फिलिस्तीनी आतंकवादी समूहों और इजराइल के बीच सशस्त्र संघर्ष 7 अक्टूबर, 2023 को शुरू हुआ था।

वर्ष 1973 के योम किप्पुर युद्ध की शुरुआत के ठीक 50 साल बाद, शेमिनी एत्ज़ेरेट यहूदी अवकाश की सुबह यह संघर्ष शुरू हुआ।

वर्ष 1948 में लड़े गए अरब-इजरायल युद्ध के बाद, यह इजरायल बनाम फिलिस्तीन संघर्ष पहला प्रत्यक्ष इजरायल गाजा संघर्ष है जो इजरायल की सीमाओं के भीतर लड़ा जा रहा है।

बाफिन द्वीप में मिला हीलियम-3 का उच्च स्तर

जर्नल 'नेचर' में 21 अक्टूबर, 2023 को प्रकाशित एक अध्ययन ने कनाडा के बाफिन द्वीप पर चट्टानों में हीलियम-3 के उच्च स्तर के साक्ष्य की सूचना दी। यह पेचीदा सम्भावना उठाता है कि पृथ्वी का कोर लीक हो सकता है। इस खोज का पृथ्वी की संरचना की हमारी समझ के लिए महत्वपूर्ण प्रभाव है और मुख्य सामग्री का अध्ययन करने का एक अनूठा अवसर प्रदान करता है, जो पहले कभी नहीं किया गया है।

अंटार्कटिका के पिघलते आइस शेल्फ ने बढ़ाई चिन्ता

जर्नल 'साइंस एडवांसेज' में 15 अक्टूबर, 2023 को प्रकाशित एक अध्ययन ने अंटार्कटिका की आइस शेल्फ की खतरनाक स्थिति पर प्रकाश डाला है। शोध से पता चलता है कि अंटार्कटिका के आसपास की 162 आइस शेल्फ में से 71 ने वर्ष 1997 से 2021 तक महासागरों में 7.5 ट्रिलियन मीट्रिक टन पिघला हुआ पानी छोड़ा है।

यह अध्ययन अंटार्कटिका के पश्चिमी और पूर्वी किनारों पर आइस शेल्फ के बीच एक स्पष्ट विभाजन दिखाता है।

वियतनाम में टैगोर की प्रतिमा का अनावरण

भारत के विदेश मन्त्री एस. जयशंकर ने 15 अक्टूबर, 2023 को वियतनाम के बाक निन्ह शहर में नोबेल पुरस्कार विजेता लेखक और कवि रवीन्द्रनाथ टैगोर की आवक्ष प्रतिमा का उद्घाटन किया।

भारत और वियतनाम बौद्ध धर्म में निहित एक स्थायी सम्बन्ध बना रहे हैं। भारत और वियतनाम के बीच ऐतिहासिक और सांस्कृतिक सम्बन्ध इन दोनों देशों के बीच सम्बन्धों को मजबूत करना जारी रखते हैं।

ग्लोबल हंगर इण्डेक्स 2023 जारी

भारत को 12 अक्टूबर, 2023 को जारी ग्लोबल हंगर इण्डेक्स (GHI) 2023 में 125 देशों में से 111वें स्थान पर रखा गया है, जो वर्ष 2022 में अपने 107वें स्थान से गिरावट को दर्शाता है।

GHI 2023 रिपोर्ट के अनुसार, बेलारूस, बोस्निया एण्ड हर्जेगोविना, चिली, चीन शीर्ष रैंक वाले देशों (यानी, भूख का निम्न स्तर) में हैं और यमन, मेडागास्कर, मध्य अफ्रीकी गणराज्य सबसे नीचे हैं।

कुवैत का जीवाश्म ईंधन उत्पादन को बढ़ावा

कुवैत के तेल मन्त्री ने 9 अक्टूबर, 2023 को देश की जीवाश्म ईंधन उत्पादन क्षमताओं को बढ़ाने के उद्देश्य से एक साहसिक रणनीति का अनावरण किया।

इस रणनीति में दुर्रा गैस क्षेत्र की तैयारी भी शामिल है, जिसे स्वामित्व के दावों पर ईरान के साथ विवाद के बीच सऊदी अरब के साथ संयुक्त रूप से साझा किया जाता है।

कुवैत पेट्रोलियम कॉर्पोरेशन (KPC) का प्राथमिक उद्देश्य वर्ष 2035 तक अपनी समग्र तेल उत्पादन क्षमता को 4 मिलियन बैरल प्रति दिन (B/D) तक बढ़ाना है।

न्यू जर्सी में सबसे बड़ा हिन्दू मन्दिर

रॉबिन्सविले, न्यू जर्सी (USA) में 8 अक्टूबर, 2023 को प्रमुख स्वामी महाराज द्वारा बनाए गए सबसे बड़े हिन्दू मन्दिर, BAPS स्वामीनारायण अक्षरधाम का उद्घाटन किया गया।

मन्दिर का फ्रण्ट इटली से प्राप्त संगमरमर की चार अलग-अलग किस्मों और बुल्गारिया से चूना पत्थर के साथ तैयार किया गया है। मंदिर की लंबाई 255 फीट, चौड़ाई 345 फीट और ऊँचाई 191 फीट है, जो 183 एकड़ में फैला हुआ है।

ग्रीनवाशिंग से लड़ने के लिए नए मानक को मंजूरी

यूरोपीय संसद के सदस्यों (MEPS) ने 7 अक्टूबर, 2023 को 'यूरोपीय ग्रीन बॉन्ड' लेबल के उपयोग के लिए एक नया स्वैच्छिक मानक अपनाया, जो दुनिया में अपनी तरह का पहला है। यह विनियमन जारीकर्ताओं के लिए एक समान मानक निर्धारित करता है जो अपने बांड के विपणन के लिए पदनाम 'यूरोपीय ग्रीन बॉन्ड' (EuGB) का उपयोग करना चाहते हैं। मानक निवेशकों को अधिक टिकाऊ प्रौद्योगिकियों और व्यवसायों में अपने पैसे को अधिक आत्मविश्वास से निर्देशित करने में सक्षम बनाएंगे।

THE वर्ल्ड यूनिवर्सिटी रैंकिंग 2024 जारी

टाइम्स हायर एजुकेशन (THE) ने 1 अक्टूबर, 2023 को वर्ल्ड यूनिवर्सिटी रैंकिंग का 20वाँ संस्करण जारी किया। THE वर्ल्ड यूनिवर्सिटी रैंकिंग 2024 में 108 देशों और क्षेत्रों के 1904 विश्वविद्यालयों को शामिल किया गया है। यूनिवर्सिटी ऑफ़ ऑक्सफोर्ड लगातार आठवें वर्ष रैंकिंग में सबसे ऊपर है।

भारतीय विज्ञान संस्थान (IISc) बैंगलोर को भारतीय विश्वविद्यालयों में शीर्ष पर सूचीबद्ध किया गया है, और समग्र सूची में 201-250 के बीच स्थान दिया गया है।

वैश्विक तम्बाकू महामारी 2023 पर WHO की रिपोर्ट

तम्बाकू नियन्त्रण पर WHO की नई रिपोर्ट 2 अगस्त, 2023 को जारी हुई जिसमें वैश्विक प्रगति पर प्रकाश डाला गया है, जिसमें सशक्तिकरण उपायों का कार्यान्वयन शामिल है।

रिपोर्ट के अनुसार, विश्व में, आज 300 मिलियन कम धूम्रपान करने वालों के साथ, धूम्रपान का प्रसार 22.8% (2007) से घटकर 17% (2021) हो गया।

WHO ने विशेष रूप से युवाओं के लिए एक सुरक्षित विकल्प के रूप में ई-सिगरेट के आक्रामक प्रचार के खिलाफ चेतावनी दी।

UNESCO द्वारा स्कूलों में स्मार्टफोन पर वैश्विक प्रतिबन्ध लगाने का आग्रह

संयुक्त राष्ट्र एजेन्सी UNESCO ने 30 जुलाई, 2023 को मानव-केन्द्रित शिक्षा दृष्टिकोण को बढ़ावा देने के लिए स्कूलों में स्मार्टफोन पर वैश्विक प्रतिबन्ध लगाने का आग्रह किया।

रिपोर्ट स्कूलों में स्मार्टफोन पर दुनिया भर में प्रतिबन्ध का समर्थन करती है जहाँ प्रौद्योगिकी एकीकरण सीखने के परिणामों में सुधार नहीं करता है।

स्पेन में लोकप्रिय पार्टी की जीत

स्पेन की कन्जर्वेटिव पॉपुलर पार्टी (PP) ने 24 जुलाई, 2023 को चुनाव जीता। PP बहुत बड़ी जीत हासिल करने और समाजवादी प्रधानमन्त्री पेड्रो सांचेज को हटाने के लिए मजबूर करने की अपनी उम्मीदों से पीछे रह गया।

इसके बजाय, उम्मीदवार अल्बर्टो नुनेज फीजू के नेतृत्व वाली पार्टी ने अधिकांश अभियान सर्वेक्षणों की अपेक्षाओं से कम प्रदर्शन किया।

नए प्रधानमन्त्री के नाम पर मतदान तभी होगा जब सांसदों को नई काँग्रेस ऑफ डेप्युटीज में शामिल किया जाएगा।

रूस में लिंग परिवर्तन और ट्रांसजेण्डर विवाह पर प्रतिबन्ध

रूसी राष्ट्रपति व्लादिमीर पुतिन ने 24 जुलाई, 2023 को नए कानून पर हस्ताक्षर किए, जो रूस में LGBTQ + समुदाय को महत्वपूर्ण रूप से प्रभावित करता है।

संसद के दोनों सदनों द्वारा सर्वसम्मति से पारित कानून में लिंग परिवर्तन पर व्यापक प्रतिबन्ध शामिल है। किसी व्यक्ति के लिंग को बदलने और आधिकारिक दस्तावेजों या सार्वजनिक रिकॉर्ड पर सेक्स बदलने के उद्देश्य से चिकित्सा हस्तक्षेप सख्ती से निषिद्ध है।नया कानून केवल जन्मजात विसंगतियों के इलाज के लिए चिकित्सा हस्तक्षेप की अनुमति देता है।

ट्विटर द्वारा नए लोगो 'एक्स' लॉन्च

लोकप्रिय सोशल मीडिया प्लेटफॉर्म ट्विटर ने बड़े पैमाने पर रिब्रॉण्डिंग प्रयास के हिस्से के रूप में 23 जुलाई, 2023 को एक नया लोगो 'एक्स' लॉन्च किया।

नीले रंग के पक्षी के लोगो को 'एक्स' से बदल दिया गया है, जिसे अब वेबसाइट पर प्रमुखता से दिखाया गया है।

यह लोगो परिवर्तन वर्ष 2022 में एलन मस्क द्वारा ट्विटर का अधिग्रहण करने के बाद से नवीनतम महत्वपूर्ण अपडेट का प्रतिनिधित्व करता है।

अर्जेण्टीना द्वारा HAL के साथ LOI का अनुबन्ध

अर्जेण्टीना के रक्षा मन्त्रालय ने 21 जुलाई, 2023 को हिंदुस्तान एयरोनॉटिक्स लिमिटेड (HAL) के साथ एक आशय-पत्र (LOI) पर हस्ताक्षर किए हैं।

इसका उद्देश्य अपने सशस्त्र बलों के लिए हल्के और मध्यम उपयोगिता वाले हेलीकॉप्टरों की खरीद करना है।

वर्ष 2019 के बाद से, भारत और अर्जेण्टीना ने अपने सम्बन्धों को रणनीतिक साझेदारी के स्तर तक बढ़ाया है। इस साझेदारी के हिस्से के रूप में, रक्षा सहयोग पर एक समझौता ज्ञापन प्रभावी रहा है।

खोजा गया 3000 वर्ष पुराना 'कोंडोर का मार्ग'

पेरू में पुरातत्वविदों ने 13 जुलाई, 2023 को चाविन डी हुआंटार पुरातात्विक स्थल पर एक रोमांचक खोज की। पुरातत्वविदों ने 3000 वर्ष पुराने एक सील मार्ग की खोज की है, जिसे 'कोंडोर का मार्ग' कहा जाता है।

यह लीमा, पेरू के उत्तर-पूर्व में लगभग 190 मील (306 किमी) की दूरी पर स्थित एक पुरातात्विक स्थल है। साइट चाविन संस्कृति का एक महत्वपूर्ण केन्द्र था, जो लगभग 1500-550 ईसा पूर्व में पनपा था।

ट्यूनिकेट की एक नई जीवाश्म प्रजाति की खोज

शोधकर्ताओं ने 13 जुलाई, 2023 को मेगासाइफन थायलाकोस नामक ट्यूनिकेट की एक नई जीवाश्म प्रजाति की खोज की। मेगासाइफन थायलाकोस जीवाश्म लगभग 500 मिलिगन नर्ष पुराना है।

खोज से पता चलता है कि आधुनिक ट्यूनिकेट बॉडी प्लान कैम्ब्रियन विस्फोट के तुरन्त बाद स्थापित किया गया था। ट्यूनिकेट्स, जिसे आमतौर पर समुद्री धारा के रूप में जाना जाता है, समुद्री जानवरों का एक समूह है।

UAE को मिला एशिया-प्रशान्त मनी लॉण्ड्रिंग पर पर्यवेक्षक का दर्जा

संयुक्त अरब अमीरात (UAE) 13 जुलाई, 2023 को मनी लॉण्ड्रिंग पर एशिया/प्रशान्त समूह (APG) में पर्यवेक्षक का दर्जा प्राप्त करने वाला पहला अरब देश बन गया है।

यह फाइनेंशियल एक्शन टॉस्क फोर्स (FATF) के समान एक क्षेत्रीय निकाय है। UAE APG के पूर्ण सत्र में एक पर्यवेक्षक के रूप में भाग ले रहा है, जो वर्तमान में वैंकूवर, कनाडा में हो रहा है।

ग्लोबल मल्टीडायमेन्शनल पॉवर्टी इण्डेक्स 2023

ग्लोबल MPI 2023 को संयुक्त राष्ट्र विकास कार्यक्रम (UNDP) और ऑक्सफोर्ड पॉवर्टी एण्ड ह्यूमन डेवलपमेण्ट इनिशिएटिव (OPHI) द्वारा 11 जुलाई, 2023 को जारी किया गया।

इण्डेक्स के अनुसार, भारत सहित 25 देशों ने 15 वर्षों के भीतर अपने ग्लोबल MPI मूल्यों को सफलतापूर्वक आधा कर दिया, यह दर्शाता है कि तेजी से प्रगति संभव है। इन देशों में कम्बोडिया, चीन, कांगो, होंडुरास, भारत, इण्डोनेशिया, मोरक्को, सर्बिया और वियतनाम शामिल हैं।

महिला सशक्तीकरण और वैश्विक लैंगिक समानता पर सूचकांक जारी

संयुक्त राष्ट्र महिला-UNDP की संयुक्त रिपोर्ट में महिला सशक्तीकरण सूचकांक (WEI) और वैश्विक लैंगिक समानता सूचकांक (GGPI) से जुड़े आँकड़े 20 जुलाई, 2023 को साझा किए गए हैं।

इन दोनों ही सूचकांकों में भारत को पिछड़े देशों की सूची में रखा गया है। रिपोर्ट में बताया गया है कि वर्ष 2022 में केवल 24.9% महिलाओं ने माध्यमिक या उच्चतर शिक्षा हासिल की थी, जबकि पुरुषों में यह आँकड़ा 38.6% दर्ज किया गया।

QS बेस्ट स्टूडेण्ट सिटीज रैंकिंग जारी

वैश्विक उच्च शिक्षा विशेषज्ञ QS क्वाक्वेरेली साइमण्ड्स ने QS बेस्ट स्टूडेण्ट सिटीज़ का 11वाँ संस्करण 20 जुलाई, 2023 को जारी किया है। जिसमें 26 नई प्रविष्टियों सहित 160 प्रमुख शैक्षिक स्थलों की तुलना की गई है।

विश्वभर में छात्रों के लिए लंदन पहले स्थान पर है, जिसे सबसे ज्यादा छात्रों से प्रतिक्रिया मिली है। वहीं, जर्मनी और ऑस्ट्रेलिया के भी 2-2 शहरों ने टॉप-10 में जगह बनाई है। इसके अतिरिक्त कनाडा और USA के 3-3 शहरों ने टॉप-20 में जगह बनाई।

हेनले पासपोर्ट इण्डेक्स 2023 जारी

लन्दन स्थित वैश्विक नागरिकता और निवास सलाहकार फर्म हेनले एण्ड पार्टनर्स द्वारा

17 जुलाई, 2023 को हेनले पासपोर्ट इण्डेक्स ने नई रैंकिंग जारी की। नवीनतम रिपोर्ट के अनुसार, सिंगापुर ने विश्व के सबसे शक्तिशाली पासपोर्ट के मामले में जापान की जगह ले ली है। तीन यूरोपीय देश अर्थात् जर्मनी, इटली और स्पेन सूचकांक में अब दूसरे स्थान पर हैं।

EU और न्यूजीलैण्ड द्वारा मुक्त व्यापार समझौते पर हस्ताक्षर

न्यूजीलैण्ड और यूरोपीय संघ (EU) ने 10 जुलाई, 2023 को मुक्त व्यापार समझौते (FTA) पर हस्ताक्षर किए। यह न्यूजीलैण्ड को चौथे सबसे बड़े व्यापारिक साझेदार के रूप में महत्वपूर्ण नयी व्यापार पहुँच उपलब्ध कराएगा। दोनों पक्ष इस समझौते से एक दशक के भीतर द्विपक्षीय व्यापार में 30% तक वृद्धि की उम्मीद कर रहे हैं।

खेल परिदृश्य

क्रिकेट

ICC विश्व कप 2023

भारत ने 5 अक्टूबर से 19 नवम्बर, 2023 तक ICC पुरुष क्रिकेट विश्व कप के 13वें संस्करण की मेजबानी की। इसके फाइनल में ऑस्ट्रेलिया ने भारत को 6 विकेट से हराकर खिताब अपने नाम किया।

ऑस्ट्रेलिया ने छठी बार यह खिताब जीता है। भारतीय क्रिकेटर विराट कोहली को 'प्लेयर ऑफ द टूर्नामेंट' का पुरस्कार मिला। यह पहला पुरुष क्रिकेट विश्व कप था जिसकी मेजबानी पूरी तरह से भारत ने की थी।

सैयद मुश्ताक अली ट्रॉफी 2023

पंजाब ने 6 नवम्बर, 2023 को बड़ौदा को 20 रन से हराकर अपना पहला सैयद मुश्ताक अली ट्रॉफी खिताब जीत लिया।

अभिषेक शर्मा (पंजाब) को इस टूर्नामेंट में 'प्लेयर ऑफ द सीरीज' चुना गया। यह सैयद मुश्ताक अली ट्रॉफी का 16वां संस्करण था, जो भारत में आयोजित एक ट्वेंटी-20 क्रिकेट प्रतियोगिता थी।

ईरानी कप 2023-24

राजकोट (गुजरात) के सौराष्ट्र क्रिकेट एसोसिएशन (SCA) स्टेडियम में 3 अक्टूबर, 2023 को शेष भारत ने सौराष्ट्र को हराकर ईरानी कप 2023-24 जीत लिया। शेष भारत ने सौराष्ट्र को 175 रन से हराकर अपना 31वाँ ईरानी कप खिताब जीता।

सौरभ कुमार (शेष भारत) को 'प्लेयर ऑफ द मैच' के रूप में नामित किया गया। ईरानी कप 2023-24 इस घरेलू क्रिकेट प्रतियोगिता का 60वाँ संस्करण था।

एशिया कप 2023

पाकिस्तान और श्रीलंका में 30 अगस्त से 17 सितम्बर, 2023 के बीच पुरुषों के एशिया कप क्रिकेट टूर्नामेंट का 16वाँ संस्करण आयोजित किया गया। भारत ने फाइनल में श्रीलंका को 10 विकेट से हराकर रिकॉर्ड आठवीं बार एशिया कप का खिताब जीत लिया।

फाइनल मैच के लिए प्लेयर ऑफ द मैच का पुरस्कार भारत के तेज गेंदबाज मोहम्मद सिराज को दिया गया। भारतीय स्पिन गेंदबाज कुलदीप यादव को 'प्लेयर ऑफ द सीरीज' का पुरस्कार दिया गया।

ACC मेन इमर्जिंग टीम एशिया कप 2023

पाकिस्तान की क्रिकेट टीम ने 23 जुलाई, 2023 को फाइनल में भारत A को हराकर एशियाई क्रिकेट परिषद (ACC) मेन इमर्जिंग टीम एशिया कप 2023 जीता। यह टूर्नामेण्ट आर. प्रेमदासा स्टेडियम, कोलम्बो (श्रीलंका) में आयोजित किया गया था।

इस टूर्नामेण्ट में पाकिस्तान की लगातार दूसरी जीत है, इससे पहले उसने ढाका, बांग्लादेश में बांग्लादेश के खिलाफ वर्ष 2019 के फाइनल में कप जीता था।

दलीप ट्रॉफी 2023

दक्षिण क्षेत्र ने 16 जुलाई, 2023 को बेंगलुरु (कर्नाटक) में पश्चिम क्षेत्र को 75 रन से शिकस्त देकर दलीप ट्रॉफी क्रिकेट टूर्नामेण्ट का खिताब जीता।

पश्चिम क्षेत्र ने 298 रन के लक्ष्य का पीछा करते हुए 5वें दिन 222 रन बनाकर आउट हो गई। दक्षिण क्षेत्र की तरफ से बाएँ हाथ के स्पिनर साई किशोर और तेज गेंदबाज वासुकी कौशिक ने 4-4 विकेट लिए। दक्षिण क्षेत्र ने 14वीं बार दलीप ट्रॉफी का खिताब जीता है।

IPL 2023

चेन्नई सुपर किंग्स (CSK) ने 29 मई, 2023 को मुम्बई इण्डियन्स के एक रिकॉर्ड की बराबरी करते हुए अपना पाँचवाँ इण्डियन प्रीमियर लीग (IPL) खिताब जीता।

प्रमुख पुरस्कार विजेता और पुरस्कार राशि

पुरस्कार	विजेता	पुरस्कार राशि
विजेता	चेन्नई सुपर किंग्स (CSK)	₹ 20 करोड़
उप-विजेता	गुजरात टाइटन्स (GT)	₹ 12.5 करोड़
MVP ऑफ द सीजन	शुभमन गिल (GT)	₹ 10 लाख
पर्पल कैप (सर्वाधिक विकेट)	मोहम्मद शामी (GT)	₹ 10 लाख
ऑरेन्ज कैप (सर्वाधिक रन)	शुभमन गिल (GT)	₹ 10 लाख

बहु-खेल स्पर्धा

37वें राष्ट्रीय खेल 2023

गोवा राज्य में 25 अक्टूबर से 9 नवम्बर, 2023 तक भारत के 37वें राष्ट्रीय खेल आयोजित किए गए। महाराष्ट्र ने राष्ट्रीय खेलों में शुरू से ही अपना दबदबा कायम रखा और अपना पहला स्थान बरकरार रखा। महाराष्ट्र ने 80 स्वर्ण सहित कुल 228 पदक जीते।

सेना खेल नियंत्रण बोर्ड 66 स्वर्ण पदक सहित कुल 126 पदकों के साथ पदक तालिका में दूसरे स्थान पर रहा। जबकि हरियाणा 62 स्वर्ण पदक सहित कुल 192 पदकों के साथ तीसरे स्थान पर रहा। सर्वश्रेष्ठ महिला एथलीट ट्रॉफी 'प्रणति नाइक' और 'संयुक्ता केट' को दी गई जबकि सर्वश्रेष्ठ पुरुष एथलीट ट्रॉफी 'श्रीहरि नटराज' को दी गई।

एशियन पैरा गेम्स 2022

हांग्जो (चीन) में 22-28 अक्टूबर, 2023 तक एशियाई दिव्यांग एथलीटों के लिए एशियन पैरा गेम्स 2022 आयोजित किए गए।

एशियन पैरा गेम्स 2022 का आधिकारिक प्रतीक 'एवर फॉरवर्ड' था। जबकि आधिकारिक आदर्श वाक्य 'हाट्र्स मीट, ड्रीम्स शाइन' था।

पदक तालिका में टॉप-5

देश	G	S	B	कुल
चीन	214	167	140	521
ईरान	44	46	41	131
जापान	42	49	59	150
दक्षिण कोरिया	30	33	40	103
भारत	29	31	51	111

एशियन गेम्स 2023

हांगझोउ (चीन) में 23 सितम्बर से 8 अक्टूबर, 2023 तक 19वें एशियाई खेलों का आयोजन किया गया।

इन खेलों में कुल 45 ओलम्पिक खेलों और 61 विषयों में 45 देशों और क्षेत्रों के 11000 से अधिक एथलीटों ने भाग लिया।

भारत ने 28 स्वर्ण, 38 रजत और 41 कांस्य सहित कुल 107 पदकों के साथ पदक तालिका में चौथा स्थान प्राप्त कर शानदार प्रदर्शन किया।

चीन कुल 382 पदक (200 स्वर्ण, 111 रजत और 71 कांस्य) के साथ पदक तालिका में पहले स्थान पर रहा। जापान दूसरे स्थान (186 पदक) पर रहा, जबकि कोरिया गणराज्य को तीसरा स्थान (190 पदक) मिला।

स्पेशल ओलम्पिक वर्ल्ड गेम्स 2023

16वें स्पेशल ओलम्पिक वर्ल्ड गेम्स का आयोजन 17-24 जून, 2023 तक बर्लिन (जर्मनी) में किया गया। यह पहली बार है जब जर्मनी ने स्पेशल ओलम्पिक वर्ल्ड गेम्स की मेजबानी की है।

भारत ने 202 पदक (76 स्वर्ण, 75 रजत और 51 कांस्य) जीतकर अपने स्पेशल ओलम्पिक गेम्स का समापन किया।

टेनिस

पेरिस मास्टर्स 2023

पेरिस (फ्रांस) में 30 अक्टूबर से 5 नवम्बर, 2023 तक पेरिस मास्टर्स टेनिस टूर्नामेंट 2023 का आयोजन किया गया। सर्बियाई खिलाड़ी नोवाक जोकोविच ने फाइनल में ग्रिगोर दिमित्रोव को हराकर पुरुष एकल का खिताब जीता। टूर्नामेंट के इतिहास में किसी अन्य खिलाड़ी ने इसे तीन से अधिक बार नहीं जीता है।

इस जीत के साथ ही उन्होंने मास्टर्स 1000 के इतिहास में सर्वश्रेष्ठ जीत प्रतिशत के मामले में राफेल नडाल को पीछे छोड़ दिया।

टाम्परे ओपन 2023

टाम्परे ओपन 2023 का आयोजन 17-23 जुलाई, 2023 के बीच फिनलैण्ड के टाम्परे में हुआ था। इसमें सुमित नागल ने यह ATP चैलेंजर पुरुष एकल खिताब जीता। यह उनका चौथा ATP चैलेंजर टूर खिताब है। 25 वर्षीय भारतीय टेनिस खिलाड़ी, नागल ने चेक गणराज्य के डालीबोर स्वेरासिना को हराया।

विम्बलडन 2023

स्पेन के कार्लोस अल्कैराज ने 17 जुलाई, 2023 को पुरुष एकल वर्ग में चार बार के चैम्पियन नोवाक जोकोविच को हराकर विम्बलडन खिताब 2023 हासिल किया।

मार्केटा वोंद्रोसोवा महिला एकल चैम्पियनशिप जीतने वाली पहली गैर-वरीयता प्राप्त खिलाड़ी बनीं। फाइनल में मार्केटा वोंद्रोसोवा ने ओन्स जाबेउर को हराया, जो पिछले वर्ष के टूर्नामेण्ट में उप-विजेता रही थी।

बार्सिलोना ओपन 2023

कार्लोस अल्काराज (स्पेन) ने 23 अप्रैल, 2023 को ग्रीस के स्टेफानोस सितसिपास को हराकर 2023 बार्सिलोना ओपन 2023 में पुरुष एकल खिताब जीता। यह उनका लगातार दूसरा खिताब है, उन्होंने इससे पहले 2022 में यह खिताब जीता था।

फुटबॉल

CONCACAF गोल्ड कप 2023

सेण्टियागो गिमनेज ने 17 जुलाई, 2023 को 88वें मिनट में गोल किए जिसकी बदौलत मैक्सिको ने पनामा को 1-0 से हराया। इस प्रकार मैक्सिको ने रिकॉर्ड 9वीं बार CONCACAF गोल्ड कप फुटबॉल टूर्नामेण्ट का खिताब जीता। टूर्नामेण्ट में मैक्सिको के खिलाफ सिर्फ 2 गोल हुए।

SAFF चैम्पियनशिप 2023

मेजबान भारत ने 4 जुलाई, 2023 को कुवैत को पैनल्टी शूटआउट में 5-4 से हराकर 9वीं बार SAFF फुटबॉल चैम्पियनशिप जीत ली। खिताबी मैच बेंगलुरु के श्री कांतीरवा स्टेडियम में खेला गया।

यह भारत का कुल नौवाँ और लगातार दूसरा सैफ चैम्पियनशिप खिताब है। भारत ने इससे पहले खिताब वर्ष 1993, 1997, 1999, 2005, 2009, 2011, 2015 और 2021 में जीते हैं।

एथलेटिक्स

शिकागो मैराथन 2023

केन्या के केल्विन किप्टम ने 8 अक्टूबर, 2023 को शिकागो मैराथन 2023 को 2 घण्टे और 35 सेकण्ड के समय के साथ जीतकर पुरुषों का विश्व रिकॉर्ड तोड़ दिया।

इथियोपिया में जन्मी नीदरलैण्ड की 30 वर्षीय धाविका 'सिफान हसन' ने 2 घण्टे, 13 मिनट और 44 सेकण्ड में शिकागो मैराथन जीतकर महिला खिताब जीता।

एशियन चैम्पियनशिप 2023

थाईलैण्ड के बैंकॉक में स्थित सुफाचलासाई नेशनल स्टेडियम में एशियन एथलेटिक्स चैम्पियनशिप 2023 का आयोजन 12-16 जुलाई, 2023 तक हुआ।

इस पाँच दिवसीय इवेण्ट में भारतीय एथलीटों ने कुल 27 पदक जीते जिसमें 6 स्वर्ण, 12 रजत और 9 कांस्य पदक शामिल थे। पदक तालिका में भारत, जापान और चीन के बाद तीसरे स्थान पर रहा।

लुसाने डायमण्ड लीग 2023

भारत के स्टार भाला फैंक एथलीट नीरज चोपड़ा ने 1 जुलाई, 2023 को 87.66 मीटर के सर्वश्रेष्ठ थ्रो के साथ लुसाने डायमण्ड लीग का खिताब जीता।

जर्मनी के जूलियन वेबर 87.03 मीटर के सर्वश्रेष्ठ थ्रो के साथ दूसरे स्थान पर रहे। जबकि चेक गणराज्य के जाकुब वाड्लेक 86.13 मीटर के थ्रो के साथ तीसरे स्थान पर रहे।

कबड्डी

एशियन चैम्पियनशिप 2023

भारत एशियन कबड्डी चैम्पियनशिप 2023 के फाइनल में ईरान को 42-32 के स्कोर से 30 जून, 2023 को हराकर विजयी हुआ। इस चैम्पियनशिप का आयोजन बुसान, कोरिया में किया गया था।

नौवें संस्करण में भारत को इस जीत ने अब तक का कुल आठवाँ खिताब दिलवाया। भारत ने लीग चरण के समापन में अपराजित रहकर 5 मैचों की अंकतालिका में शीर्ष स्थान हासिल किया।

शतरंज

सुपर GM शतरंज टूर्नामेण्ट 2023

17 वर्षीय भारतीय ग्रैण्डमास्टर आर. प्रागनानन्दा ने 20 जुलाई, 2023 को सुपर GM शतरंज टूर्नामेण्ट वर्ष 2023 में शानदार जीत हासिल की।

आर. प्रागनानन्दा ने हंगरी में आयोजित वी गेजा हेटेनयी मेमोरियल सुपर GM शतरंज टूर्नामेण्ट 2023 का टाइटल जीता है। आर. प्रागनानन्दा ने 6.5 अंक अर्जित कर 10-खिलाड़ियों की प्रतियोगिता में पहला स्थान हासिल किया।

सुपरबेट रैपिड एण्ड ब्लिट्ज पोलैण्ड 2023

विश्व शतरंज चैम्पियन मैग्नस कार्लसन ने 26 मई, 2023 को सुपरबेट रैपिड एण्ड ब्लिट्ज पोलैण्ड 2023 जीता। यह पोलिश यहूदियों के इतिहास में ग्रैण्ड शतरंज टूर (GCT) का दूसरा चरण है।

हॉकी

सुल्तान जोहोर कप 2023

भारतीय जूनियर पुरुष हॉकी टीम ने 6 नवम्बर, 2023 को मलेशिया के जोहोर में सुल्तान जोहोर कप 2023 में कांस्य पदक हासिल किया। जर्मनी ने पेनल्टी शूटआउट में ऑस्ट्रेलिया को 3-1 से हराकर 11 साल के इंतजार के बाद दूसरी बार सुल्तान जोहोर कप का खिताब जीता।

भारत की जूनियर पुरुष हॉकी टीम इससे पहले वर्ष 2013 और 2014 में दो बार प्रतिष्ठित जोहोर बाहरू कप जीत चुकी है।

महिला एशियन चैम्पियन्स ट्रॉफी 2023

रांची (झारखण्ड) में 27 अक्टूबर से 5 नवम्बर, 2023 तक महिला हॉकी एशियन चैम्पियन्स ट्रॉफी का सातवां संस्करण आयोजित किया गया।

इसके फाइनल में भारत ने जापान को 4-0 से हराकर खिताब जीत लिया।

चीन ने दक्षिण कोरिया को 2-1 से हराकर तीसरा स्थान हासिल किया। यह भारत का दूसरा एशियन चैम्पियन्स ट्रॉफी खिताब था, जिसमें पहला वर्ष 2016 में आया था।

टोर्नियो डेल सेण्टेनारियो 2023

भारतीय महिला हॉकी टीम ने 30 जुलाई, 2023 को बार्सिलोना केटेरासा में टोर्नियो डेल सेण्टेनारियो 2023 का खिताब जीता।

भारतीय महिला हॉकी टीम इस टूर्नामेण्ट में मेजबान स्पेन को 3-0 से हराकर विजयी हुई।

भारत ने चार मैचों में आठ अंक के साथ शीर्ष स्थान हासिल किया जबकि स्पेन और इंग्लैण्ड दोनों ने चार-चार अंक हासिल किए।

FIH हॉकी प्रो लीग 2022-23

नीदरलैण्ड्स की पुरुष हॉकी टीम ने बेल्जियम के एण्टवर्प में आयोजित 4 जुलाई, 2023 को फाइनल में बेल्जियम को हराकर फेडरेशन इण्टरनेशनल डी हॉकी (FIH) प्रो लीग 2022-23 का चौथा संस्करण जीता।

नीदरलैण्ड्स मेन्स पुरुषों की प्रतियोगिता में दो बार खिताब जीतने वाली पहली टीम बन गई।

उन्होंने वर्ष 2021-22 सीजन में अपना पहला खिताब जीता।

मेन्स जूनियर एशिया कप 2023

भारतीय हॉकी टीम ने 1 जून, 2023 को ओमान के सलालाह में सुल्तान कबूस यूथ कॉम्प्लेक्स स्टेडियम में मैन जूनियर एशिया कप के फाइनल में अपने प्रतिद्वन्द्वी पाकिस्तान को 2-1 से हराया। इस खिताबी जीत के साथ ही भारत मैन जूनियर एशिया कप के इतिहास में सबसे सफल देश बन गया है।

शूटिंग

ISSF जूनियर वर्ल्ड चैम्पियनशिप 2023

ISSF जूनियर वर्ल्ड चैम्पियनशिप 2023 में दक्षिण कोरिया में 16-24 जुलाई, 2023 तक आयोजित की जाएगी। भारत ने ISSF जूनियर वर्ल्ड चैम्पियनशिप के तीसरे संस्करण में दूसरा स्थान हासिल किया।

भारत को प्रभावशाली प्रदर्शन से इस चैम्पियनशिप में 6 स्वर्ण, 6 रजत और 5 कांस्य सहित कुल 17 पदक मिले।

टेबल टेनिस

अल्टीमेट टेबल टेनिस 2023

गोवा चैलेंजर्स ने 30 जुलाई, 2023 को अल्टीमेट टेबल टेनिस सीजन 4 का खिताब जीतने के लिए गत चैम्पियन चेन्नई लायन्स पर 8-7 से सनसनीखेज जीत हासिल की।

फ्रेंचाइजी आधारित इस लीग का प्रचार नीरज बजाज और वीता दानी ने भारतीय टेबल टेनिस महासंघ (TTFI) के तत्वावधान में किया।

तीरन्दाजी

विश्व युवा चैम्पियनशिप 2023

विश्व तीरंदाजी युवा चैम्पियनशिप, 2023 आयरलैण्ड के लिमरिक में 3-9 जुलाई, 2023 तक आयोजित की गई। भारत ने सबसे अधिक 11 पदक जीतकर चैम्पियनशिप में दूसरा स्थान हासिल किया।

कोरिया 6 स्वर्ण और 4 रजत सहित कुल 10 पदकों के साथ पहले स्थान पर रहा। भारत 6 स्वर्ण, 1 रजत और 4 कांस्य सहित कुल 11 पदकों के साथ दूसरे स्थान पर रहा।

फॉर्मूला-वन

ब्रिटिश ग्रां प्री 2023

रेडबुल ड्राइवर मैक्स वेरस्टैपेन ने 9 जुलाई, 2023 को ब्रिटिश ग्रां प्री जीता। मैकलेरन के ड्राइवर लैण्डो नॉरिस दूसरे स्थान पर और मर्सिडीज के ड्राइवर लुईस हैमिल्टन तीसरे स्थान पर रहे। यह F1 वर्ल्ड चैम्पियनशिप 2023 का 74वाँ सीजन है।

मैक्स वेरस्टैपेन ने रेडबुल टीम के लिए रिकॉर्ड 11वीं लगातार जीत हासिल की और लगातार छठी रेस में जीत हासिल की।

मोनाको ग्रां प्री 2023

मोनाको ग्रां प्री 2023 एक फॉर्मूला वन मोटर रेस 28 मई, 2023 को आयोजित की गई। रेस पोलसिटर मैक्स वर्स्टापेन (रेड बुल के ड्राइवर) ने जीती।

सर्जियो पेरेज (स्पेन) दूसरे और फर्नांडो अलोंसो (फ्रांस) इस रेस में तीसरे स्थान पर रहे। यह जीत वर्स्टापेन के सीजन की चौथी जीत थी।

बैडमिण्टन

आबू धाबी मास्टर्स 2023

आबू धाबी (UAE) में 17 से 22 अक्टूबर, 2023 तक आबू धाबी मास्टर्स बैडमिंटन टूर्नामेंट 2023 आयोजित हुआ। 16 वर्षीय उन्नति हुड्डा (भारत) ने महिला एकल में 20 वर्षीय सामिया इमाद फारूकी (भारत) को हराया और यह उनका दूसरा BWF सुपर 100 विश्व टूर खिताब है। डेनमार्क के मैड्स क्रिस्टोफरसेन ने अबू धाबी मास्टर्स 2023 में पुरुष एकल जीता। भारतीय जोड़ी तनीषा क्रैस्टो और अश्विनी पोनप्पा ने इस टूर्नामेंट में महिला युगल और मलेशिया की गोह सेजे फेई और नूर इजुद्दीन ने पुरुष युगल जीता।

कनाडा ओपन 2023

कनाडा ओपन एक बैडमिण्टन टूर्नामेण्ट है जो 4-9 जुलाई, 2023 तक कैलगरी, कनाडा मे हुआ। लक्ष्य सेन ने कनाडा ओपन 2023 में पुरुष एकल का खिताब जीत लिया।

सेन ने वर्ल्ड नम्बर-10 खिलाड़ी चीन की ली शी फेंग को हराकर कनाडा ओपन जीता है। लक्ष्य का इस सत्र में यह दूसरा BWF विश्व टूर खिताब है।

मलेशिया मास्टर्स 2023

मलेशिया मास्टर्स 2023 मलेशिया के कुआलालम्पुर में 23-28 मई, 2023 तक खेली गई। भारत के शटलर एचएस प्रणय ने इस बैडमिण्टन चैम्पियनशिप में गोल्ड मेडल जीता।

प्रणय ने चीन के वांग होंगयांग को तीन गेम में हराकर फाइनल जीता। स्वर्ण पहली बार पुरुष एकल में हासिल हुआ। वहीं, महिला एकल में भारत ने तीन बार स्वर्ण जीता था। पीवी सिन्धु ने 2 बार और साइना नेहवाल ने 1 बार चैम्पियनशिप जीती थी।

साइकिलिंग

टूर डी फ्रांस 2023

जम्बो-विस्मा के डेनमार्क के जोनास विंगेगार्ड ने 26 जुलाई, 2023 को पेरिस (फ्रांस) में चैम्प्स-एलिसिस पर लगातार दूसरे वर्ष टूर डी फ्रांस का 110वाँ संस्करण जीता। विंगेगार्ड ने 2020-2021 के चैम्पियन स्लोवेनिया के तादेज पोगाकर से 7 मिनट 29 सेकण्ड आगे 21-दिवसीय दौड़ के बाद फिनिश लाइन पार की।

गोल्फ

द ओपन 2023

ओपन चैम्पियनशिप 2023 एक गोल्फ टूर्नामेण्ट है जो 20 से 23 जुलाई, 2023 तक रॉयल लिवरपूल गोल्फ क्लब में होयलेक, मर्सीसाइड, इंग्लैण्ड में खेला गया। ब्रायन हरमन ने अपनी पहला करियर ओपन चैम्पियनशिप जीती। यह हरमन के करियर की पहली बड़ी चैम्पियनशिप थी और 6 वर्ष में उनकी पहली PGA टूर जीत थी।

अन्तर्राष्ट्रीय

राष्ट्रीय

राष्ट्रीय खेल पुरस्कार 2023

भारत के युवा मामले और खेल मन्त्रालय ने 20 दिसम्बर, 2023 को राष्ट्रीय खेल पुरस्कार 2023 के विजेताओं की घोषणा की। इन विजेताओं को 9 जनवरी, 2024 को राष्ट्रपति भवन में भारत की राष्ट्रपति द्वारा सम्मानित किया जाएगा। पुरस्कार विजेताओं की सूची निम्नलिखित हैं

मेजर ध्यानचन्द खेल रत्न पुरस्कार

सात्विक साईराज रंकीरेड्डी और चिराग शेट्टी (बैडमिण्टन)।

अर्जुन पुरस्कार

ओजस प्रवीण देवताले (तीरंदाजी), अदिति स्वामी (तीरंदाजी), एम श्रीशंकर (एथलेटिक्स), पारुल चौधरी (एथलेटिक्स), मोहम्मद हुसामुद्दीन (मुक्केबाजी), आर वैशाली (शतरंज), मोहम्मद शमी (क्रिकेट), अनुश अग्रवाल (घुड़सवारी), दिव्यकृति सिंह (घुड़सवारी ड्रेसेज), दीक्षा डागर (गोल्फ), कृष्ण बहादुर पाठक (हॉकी), पुखरामबम सुशीला चानू (हॉकी), पवन कुमार (कबड्डी), रितु नेगी (कबड्डी), नसरीन (खो-खो) पिंकी (लॉन बाउल्स), ऐश्वर्या प्रताप सिंह तोमर (शूटिंग), ईशा सिंह (शूटिंग), हरिन्दर पाल सिंह सन्धू (स्क्वैश), अहिका मुखर्जी (टेबल टैनिस), सुनील कुमार (कुश्ती), अंतिम पघाल (कुश्ती), नाओरेम रोशिबिना देवी (वुशु), शीतल देवी (पैरा तीरंदाजी), इलूरी अजय कुमार रेड्डी (ब्लाइंड क्रिकेट), प्राची यादव (पैरा कैनोइंग)।

द्रोणाचार्य पुरस्कार

गणेश प्रभाकरन (मलखंब), महावीर सैनी (पैरा एथ्लेटिक्स), ललित कुमार (कुश्ती), आरबी रमेश (शतरंज) शिवेंद्र सिंह (हॉकी)।

द्रोणाचार्य पुरस्कार लाइफटाइम कैटेगरी

जसकीरत सिंह ग्रेवाल (गोल्फ), भास्करन ई (कबड्डी), जयंत कुमार पुशीलाल (टेबल टेनिस)।

ध्यानचंद लाइफटाइम पुरस्कार

कविता (कबड्डी), मंजूषा कंवर (बैडमिण्टन) विनीत कुमार शर्मा (हॉकी)।

साहित्य के लिए JCB पुरस्कार 2023

तमिल लेखक पेरुमल मुरुगन के उपन्यास 'फायर बर्ड', जिसका जननी कन्नन द्वारा अंग्रेजी में कुशलतापूर्वक अनुवाद किया गया है, 19 नवम्बर, 2023 को साहित्य के लिए JCB पुरस्कार 2023 में विजेता बनकर उभरा।

पेरुमल मुरुगन ने 12 उपन्यासों, लघु कथाओं के छह संग्रहों, कविता के छह संकलनों और कई गैर-कथा पुस्तकों के साथ साहित्य में एक महत्वपूर्ण छाप छोड़ी है।

वैश्विक जिम्मेदार पर्यटन पुरस्कार

केरल को 6 नवम्बर, 2023 को वैश्विक जिम्मेदार पर्यटन पुरस्कार से सम्मानित किया गया है। यह पुरस्कार राज्य के जिम्मेदार पर्यटन मिशन द्वारा राज्य द्वारा सफलतापूर्वक प्रचारित अपनी स्थायी और महिला-समावेशी पहल के लिए दिया गया है। केरल को 'बेस्ट फॉर लोकल सोर्सिंग-क्राफ्ट एंड फूड' श्रेणी में यह पुरस्कार मिला है।

दादासाहेब फाल्के पुरस्कार 2021

राष्ट्रपति मुर्मू द्वारा 17 अक्टूबर, 2023 को दिग्गज अभिनेत्री वहीदा रहमान को भारतीय सिनेमा में उत्कृष्ट योगदान के लिए दादासाहेब फाल्के पुरस्कार से सम्मानित किया गया।

उन्होंने 90 से अधिक फिल्मों में काम किया है और उन्हें भारत के नागरिक पुरस्कारों, १९७२ में पद्म श्री और २०११ में पद्म भूषण, से सम्मानित किया जा चुका है।

सरस्वती सम्मान 2022

तमिल लेखक शिवशंकरी को 12 अक्टूबर, 2023 को उनके संस्मरणों की पुस्तक 'सूर्य वन्सम' के लिए 'सरस्वती सम्मान 2022' से सम्मानित किया गया।

सूर्य वन्सम दो खंडों में संस्मरणों की एक पुस्तक है। सुश्री शिवशंकरी का जन्म वर्ष 1942 में हुआ था और उनका साहित्यिक करियर पांच दशक से अधिक का है। उन्होंने 36 उपन्यास, 48 उपन्यास, 150 लघु कथाएँ, पांच यात्रा वृत्तांत, निबन्धों के सात संग्रह और तीन आत्मकथाएँ लिखी हैं।

लोकमान्य तिलक पुरस्कार 2023

प्रधानमन्त्री नरेन्द्र मोदी को इस वर्ष प्रतिष्ठित लोकमान्य तिलक पुरस्कार से सम्मानित किया जाएगा। यह पुरस्कार ट्रस्ट के अध्यक्ष दीपक तिलक के हाथों 1 अगस्त, 2023 को लोकमान्य तिलक की पुण्यतिथि पर प्रदान किया जाएगा।

तिलक स्मारक ट्रस्ट के अध्यक्ष दीपक तिलक और रोहित तिलक ने पुणे में एक संवाददाता सम्मेलन में इस सम्बन्ध में आधिकारिक घोषणा की।

भूमि सम्मान 2023

भारतीय राष्ट्रपति द्रौपदी मुर्मू ने 18 जुलाई, 2023 को नई दिल्ली स्थित विज्ञान भवन में केन्द्रीय ग्रामीण विकास मन्त्रालय द्वारा आयोजित एक समारोह में 'भूमि सम्मान' 2023 प्रदान किए। नई दिल्ली स्थित विज्ञान भवन में आयोजित भूमि सम्मान-2023 के समारोह में ओडिशा, मध्य प्रदेश, गुजरात, बिहार, असम, छत्तीसगढ़, झारखण्ड, त्रिपुरा और पश्चिम बंगाल के नौ सचिवों सहित कुल 68 जिलों की टीम के अधिकारियों को सम्मानित किया गया।

AIFF पुरस्कार 2022-23

अखिल भारतीय फुटबॉल महासंघ (AIFF) ने कार्यकारी समिति के बाद अपने वार्षिक पुरस्कारों के विजेताओं की घोषणा 4 जुलाई, 2023 को की।

सैफ चैम्पियनशिप में भारतीय टीम के अभिन्न सदस्य ब्लू टाइगर्स के विंगर लालियांजुआला छांगटे को 'मैन सीनियर एथलीट ऑफ द ईयर' चुना गया, जबकि साइप्रस में अपोलोन के लिए खेलने वाली मनीषा कल्याण को 'बेस्ट वुमेन एथलीट ऑफ द ईयर' के पुरस्कार से सम्मानित किया गया है।

बाल साहित्य पुरस्कार और युवा पुरस्कार

साहित्य अकादमी ने इस वर्ष के लिए बाल साहित्य पुरस्कार और युवा पुरस्कार प्राप्तकर्ताओं की घोषणा 24 जून, 2023 को कर दी।

साहित्य अकादमी के अध्यक्ष माधव कौशिक की अध्यक्षता में अकादमी के कार्यकारी मण्डल की बैठक में सूची जारी की गई, जिसमें 22 बाल साहित्यकार और 20 युवा साहित्यकार पुरस्कार शामिल हैं।

बच्चों की प्रसिद्ध लेखिका सुधा मूर्ति को उनकी कहानियों के संग्रह 'ग्रैण्डपेरेण्ट्स बैग ऑफ स्टोरीज' के लिए बाल साहित्य पुरस्कार के लिए चुना गया है।

अन्तर्राष्ट्रीय

बैलन डी'ओर 2023

पेरिस (फ्रांस) में 1 नवम्बर, 2023 को अर्जेंटीना के कप्तान लियोनेल मेसी ने दुनिया के सर्वश्रेष्ठ खिलाड़ी के लिए रिकॉर्ड आठवां बैलन डी'ओर जीता।

बैलन डी'ओर पुरस्कार फुटबॉल के क्षेत्र में दिया जाने वाला सबसे प्रतिष्ठित पुरस्कार है। महिला बैलन डी'ओर पुरस्कार स्पेन की ऐताना बोनामती को दिया गया है। याचिन ट्रॉफी सर्वश्रेष्ठ पुरुष गोलकीपर को दी जाती है जो अर्जेंटीना के एमिलियानो मार्टिनेज को दी गई।

नोबेल प्राइज 2023

सभी छह श्रेणियों में नोबेल प्राइज 2023 के विजेताओं की घोषणा 3-9 अक्टूबर, 2023 तक की गई थी। *विजेताओं की सूची इस प्रकार है*

वर्ग	विजेता	इस उपलब्धि के लिए
अर्थशास्त्र	क्लाउडिया गोल्डिन (USA)	महिलाओं के श्रम बाजार परिणामों की हमारी समझ को उन्नत करने के लिए
शान्ति	नरगेस मोहम्मदी (ईरान)	ईरान में महिलाओं के उत्पीड़न के खिलाफ उनकी लड़ाई और सभी के लिए मानवाधिकारों और स्वतन्त्रता को बढ़ावा देने के लिए उनकी लड़ाई के लिए
साहित्य	जॉन फॉसे (नॉर्वे)	अपने अभिनव नाटकों और गद्य के लिए जो अकथनीय को आवाज देते हैं
रसायन विज्ञान	मौंगी जी. बावेंडी (फ्रांस), लुई ई. ब्रुस (USA) और अलेक्सी आई. एकिमोव (पूर्व USSR)	क्वांटम डॉट्स की खोज और संश्लेषण के लिए
भौतिक विज्ञान	पियरे एगोस्टिनी (USA), फेरेंक क्रॉस (जर्मनी) और ऐनी एल. हुइलियर (फ्रांस)	प्रयोगात्मक तरीकों के लिए जो पदार्थ में इलेक्ट्रॉन गतिशीलता के अध्ययन के लिए प्रकाश के एटोसेकंड पल्स उत्पन्न करते हैं।
फिजियोलॉजी या चिकित्सा	कैटेलिन करिको (हंगरी) और ड्रियू वीसमैन (USA)	न्यूक्लियोसाइड बेस संशोधनों से सम्बन्धित उनकी खोजों के लिए जो COVID-19 के खिलाफ प्रभावी mRNA टीकों के विकास को सक्षम करते हैं

UNWTO सर्वश्रेष्ठ पर्यटन गाँव 2023

गुजरात के धोरडो गाँव ने 20 अक्टूबर, 2023 को विश्व पर्यटन संगठन (UNWTO) द्वारा घोषित शीर्ष 54 पर्यटन गाँवों की सूची में एक स्थान अर्जित करके वैश्विक प्रशंसा प्राप्त की। धोरडो गाँव ने एक प्रमुख पर्यटन स्थल के रूप में वैश्विक मंच पर अपना स्थान अर्जित करने के लिए एक लम्बा सफर तय किया है।

ICC प्लेयर ऑफ द मंथ

भारत के शुभमन गिल और श्रीलंका की चामरी अटापट्टू को 13 अक्टूबर, 2023 को सितम्बर 2023 के लिए ICC प्लेयर ऑफ द मंथ घोषित किया गया। भारत के ट्रॉफी जीतने वाले एशिया कप अभियान और उसके बाद ऑस्ट्रेलिया के खिलाफ एकदिवसीय श्रृंखला के दौरान शुभमन गिल की उल्लेखनीय रन-स्कोरिंग उपलब्धियों ने उन्हें यह प्रतिष्ठित सम्मान दिलाया।

SASTRA रामानुजन पुरस्कार 2023

गणितज्ञ रुईक्सियांग झांग को गणित में उनके उत्कृष्ट योगदान के लिए SASTRA रामानुजन पुरस्कार 2023 से सम्मानित किया जाएगा। झांग कैलिफोर्निया विश्वविद्यालय, बर्कले (USA) में सहायक प्रोफेसर हैं। झांग का काम गणित के विभिन्न क्षेत्रों में फैला हुआ है, जिसमें विश्लेषणात्मक संख्या सिद्धान्त, संयोजन, यूक्लिडियन हार्मोनिक विश्लेषण और ज्यामिति शामिल हैं।

माइल्स फ्रैंकलिन साहित्यिक पुरस्कार 2023

शंकरी चन्द्रन को 27 जुलाई, 2023 को वर्ष 2023 में प्रतिष्ठित माइल्स फ्रैंकलिन साहित्यिक पुरस्कार से सम्मानित किया गया।

श्रीलंका में जन्मे ऑस्ट्रेलियाई लेखक को 'चाय के समय में दालचीनी गार्डन' उपन्यास के लिए सम्मानित किया गया। पुस्तक चन्द्रन का तीसरा प्रकाशित उपन्यास है, जो एक लेखक के रूप में उनके विकास और समर्पण को दर्शाता है।

UNESCO का एशिया प्रशान्त सांस्कृतिक विरासत पुरस्कार

मुम्बई के भायखला रेलवे स्टेशन को 24 जुलाई, 2023 को UNESCO का एशिया प्रशान्त सांस्कृतिक विरासत पुरस्कार मिला। भायखला रेलवे स्टेशन मुम्बई उप-नगरीय रेलवे की मध्य लाइन पर रेलवे स्टेशन है। इसे सबसे पुराने रेलवे स्टेशनों में से एक माना जाता है जो अभी भी परिचालन में है।

प्वॉइण्ट ऑफ लाइट पुरस्कार 2023

भारतीय मूल की सात वर्ष की एक बच्ची मोक्ष रॉय को पर्यावरण की मदद करने में उसके उत्कृष्ट प्रयासों के लिए ब्रिटिश प्रधानमन्त्री का प्वॉइण्ट ऑफ लाइट पुरस्कार 19 जुलाई, 2023 को मिला।

मोक्ष रॉय ने माइक्रोप्लास्टिक प्रदूषण के खिलाफ संयुक्त राष्ट्र स्थिरता पहल के लिए स्वेच्छा से काम करना शुरू कर दिया, जब वह केवल 3 वर्ष की थी। वह अब विश्व की सबसे कम आयु की स्थिरता वकील के रूप में मान्यता प्राप्त है।

पेन पिण्टर प्राइज 2023

प्रसिद्ध ब्रिटिश कवि और लेखक माइकल रोसेन को 6 जुलाई, 2023 को उनके साहित्यिक योगदान के लिए प्रतिष्ठित पेन पिण्टर अवार्ड, 2023 से सम्मानित किया गया। वह अपने काम और प्रदर्शन के माध्यम से कविता को बच्चों के लिए सुलभ बनाने के लिए जाने जाते हैं।

इण्टरनेशनल बुकर प्राइज 2023

बल्गेरियाई लेखक जॉर्जी गोस्पोडिनोव ने 25 मई, 2023 को अपने उपन्यास 'टाइम शेल्टर' के लिए अन्तर्राष्ट्रीय बुकर पुरस्कार 2023 जीता।

उपन्यास का अंग्रेजी में अनुवाद एंजेला रोडेल द्वारा किया गया था और यह अन्तर्राष्ट्रीय बुकर पुरस्कार जीतने वाला पहला बल्गेरियाई उपन्यास है।

लॉरियस स्पोर्ट्समैन ऑफ द ईयर 2023

लियोनेल मेसी को 8 मई, 2023 को पेरिस में आयोजित एक समारोह में लॉरियस स्पोर्ट्समैन ऑफ द ईयर पुरस्कार से सम्मानित किया गया था।

विजेताओं की सूची

श्रेणी	विजेता
वर्ल्ड स्पोर्ट्समैन ऑफ द ईयर अवार्ड	लियोनेल मेसी
वर्ल्ड स्पोर्ट्सवुमन ऑफ द ईयर अवार्ड	शेली-एन फ्रेजर-प्रीस
वर्ल्ड टीम ऑफ द ईयर अवार्ड	अर्जेण्टीना मैन फुटबॉल टीम
वर्ल्ड ब्रेकथ्रू ऑफ द ईयर अवार्ड	कार्लोस अल्काराज
वर्ल्ड कमबैक ऑफ द ईयर अवार्ड	क्रिश्चियन एरिक्सन
विकलांगता पुरस्कार के साथ वर्ल्ड स्पोर्ट्सपर्सन ऑफ द ईयर	कैथरीन डेब्रूनर
वर्ल्ड एक्शन स्पोर्ट्सपर्सन ऑफ द ईयर	एलीन गु
लॉरियस स्पोर्ट फॉर गुड अवार्ड	TeamUp

पुलित्जर प्राइज 2023

पुलित्जर पुरस्कार 2023 विजेताओं की घोषणा 8 मई, 2023 को की गई थी, जिसमें 15 श्रेणियों में पत्रकारिता के लिए 20 पुरस्कार शामिल थे। पुलित्जर को सर्वोच्च सम्मान माना जाता है जो एक अमेरिकी- आधारित पत्रकार या संगठन द्वारा दिया जाता है।

बुक्स, ड्रामा एण्ड म्यूजिक

फिक्शन (उपन्यास)	बारबरा किंगसोल्वर (हार्पर) द्वारा 'डीमन कॉपरहेड'
फिक्शन (उपन्यास)	हर्नान डिगाज द्वारा 'ट्रस्ट' (रिवरहेड बुक्स)

जर्नलिज्म

ब्रेकिंग न्यूज रिपोर्टिंग	लॉस एन्जिलिस टाइम्स के कर्मचारी
खोजी रिपोर्टिंग	द वॉल स्ट्रीट जर्नल के कर्मचारी

कान्स फिल्म फेस्टिवल 2023 पुरस्कार

कान्स फिल्म फेस्टिवल 2023 पुरस्कार विजेताओं की सूची 27 मई, 2023 को घोषित की गई। यह सिनेमा का 76वाँ वार्षिक उत्सव है।

76वें कान्स फिल्म फेस्टिवल के विजेता

पाल्मे डी' ऑर 'एनाटॉमी ऑफ ए कॉल' – 'जस्टिन ट्रायल' द्वारा निर्देशित

ग्राण्ड प्रिक्स 'द जोन ऑफ इण्टरेस्ट' – जोनाथन ग्लेजर द्वारा निर्देशित

बेस्ट डायरेक्टर 'ट्रान अन हंग' – 'ला पेशन डी डोडिन बुफेण्ट (द पॉट एयू-फ्यू)' के लिए

नवीनतम कौन-क्या

राष्ट्रपति	द्रौपदी मुर्मू
उप-राष्ट्रपति	जगदीप धनखड़
प्रधानमन्त्री	नरेन्द्र मोदी

कैबिनेट मन्त्री

नाम	पोर्टफोलियो
राजनाथ सिंह	रक्षा
अमित शाह	गृह; सहकारिता
नितिन गडकरी	सड़क परिवहन एवं राजमार्ग
निर्मला सीतारमण	वित्त; कॉर्पोरेट कार्य
एस. जयशंकर	विदेश
अर्जुन मुण्डा	जनजातीय कार्य; कृषि एवं किसान कल्याण
स्मृति जुबिन ईरानी	महिला एवं बाल विकास; अल्पसंख्यक कार्य
पीयूष गोयल	वाणिज्य एवं उद्योग; उपभोक्ता कार्य, खाद्य एवं सार्वजनिक वितरण; वस्त्र
धर्मेन्द्र प्रधान	शिक्षा; कौशल विकास और उद्यमिता
प्रल्हाद जोशी	संसदीय कार्य; कोयला; खनन
नारायण तातू राणे	सूक्ष्म, लघु और मध्यम उद्यम
सर्बानन्द सोनोवाल	पत्तन, पोती परिवहन और जलमार्ग; आयुष
वीरेन्द्र कुमार	सामाजिक न्याय और अधिकारिता
गिरिराज सिंह	ग्रामीण विकास; पंचायती राज
ज्योतिरादित्य सिन्धिया	नागरिक उड्डयन; इस्पात
अश्विनी वैष्णव	रेलवे; संचार; इलेक्ट्रॉनिक्स और सूचना प्रौद्योगिकी
पशुपति कुमार पारस	खाद्य प्रसंस्करण उद्योग
गजेन्द्र सिंह शेखावत	जल शक्ति
किरेन रिजिजू	पृथ्वी विज्ञान
राजकुमार सिंह	विद्युत; नवीन और नवीकरणीय ऊर्जा
हरदीप सिंह पुरी	पेट्रोलियम और प्राकृतिक गैस; आवासन और शहरी कार्य
मनसुख मण्डाविया	स्वास्थ्य और परिवार कल्याण; रसायन और उर्वरक
महेन्द्र नाथ पाण्डेय	भारी उद्योग
भूपेन्दर यादव	पर्यावरण, वन और जलवायु परिवर्तन; श्रम और रोजगार
पुरुषोत्तम रूपाला	मत्स्य पालन, पशुपालन और डेयरी
जी. किशन रेड्डी	संस्कृति; पर्यटन; पूर्वोत्तर क्षेत्र विकास
अनुराग सिंह ठाकुर	सूचना एवं प्रसारण; युवा कार्यक्रम व खेल

राज्य मन्त्री (स्वतन्त्र प्रभार)

नाम	पोर्टफोलियो
राव इन्द्रजीत सिंह	सांख्यिकी और कार्यक्रम कार्यान्वयन (स्वतन्त्र प्रभार); योजना (स्वतन्त्र प्रभार); कॉर्पोरेट कार्य
जितेन्द्र सिंह	विज्ञान एवं प्रौद्योगिकी (स्वतन्त्र प्रभार); प्रधानमन्त्री कार्यालय; कार्मिक, लोक शिकायत एवं पेन्शन; परमाणु ऊर्जा विभाग; अन्तरिक्ष विभाग
अर्जुन राम मेघवाल	विधि एवं न्याय (स्वतन्त्र प्रभार); संसदीय कार्य; संस्कृति

राज्य मन्त्री

नाम	पोर्टफोलियो
श्रीपद येसो नाइक	पत्तन, पोत परिवहन और जलमार्ग; पर्यटन
फग्गनसिंह कुलस्ते	इस्पात; ग्रामीण विकास
प्रहलाद सिंह पटेल	जल शक्ति; खाद्य प्रसंस्करण उद्योग
अश्विनी कुमार चौबे	उपभोक्ता कार्य, खाद्य एवं सार्वजनिक वितरण; पर्यावरण, वन और जलवायु परिवर्तन
जनरल (सेनि.) वीके सिंह	सड़क परिवहन एवं राजमार्ग; नागरिक उड्डयन
कृष्ण पाल	विद्युत; भारी उद्योग
दानवे रावसाहेब दादाराव	रेलवे; कोयला; खनन
रामदास अठावले	सामाजिक न्याय एवं अधिकारिता
साध्वी निरंजन ज्योति	उपभोक्ता कार्य, खाद्य एवं सार्वजनिक वितरण; ग्रामीण विकास
संजीव कुमार बालियान	मत्स्य पालन, पशुपालन व डेयरी
नित्यानन्द राय	गृह
पंकज चौधरी	वित्त
अनुप्रिया सिंह पटेल	वाणिज्य एवं उद्योग
एसपी सिंह बघेल	स्वास्थ्य एवं परिवार कल्याण
शोभा करांदलाजे	कृषि एवं किसान कल्याण; खाद्य प्रसंस्करण उद्योग
भानु प्रताप सिंह वर्मा	सूक्ष्म, लघु और मध्यम उद्यम
राजीव चन्द्रशेखर	कौशल विकास एवं उद्यमिता; इलेक्ट्रॉनिक्स एवं सूचना प्रौद्योगिकी; जल शक्ति
दर्शना विक्रम जरदोश	वस्त्र; रेलवे
वी. मुरलीधरन	विदेश; संसदीय कार्य
मीनाक्षी लेखी	संस्कृति
सोम प्रकाश	वाणिज्य एवं उद्योग
रामेश्वर तेली	श्रम और रोजगार; पेट्रोलियम और प्राकृतिक गैस
कैलाश चौधरी	कृषि एवं किसान कल्याण
अन्नपूर्णा देवी	शिक्षा
ए. नारायणस्वामी	सामाजिक न्याय एवं अधिकारिता
कौशल किशोर	आवासन और शहरी कार्य
अजय भट्ट	रक्षा; पर्यटन
बीएल वर्मा	पूर्वोत्तर क्षेत्र विकास; सहकारिता
अजय कुमार	गृह
देवुसिंह चौहान	संचार
भगवन्त खुबा	नवीन और नवीकरणीय ऊर्जा; रसायन और उर्वरक
कपिल मोरेश्वर पाटिल	पंचायती राज
प्रतिमा भौमिक	सामाजिक न्याय एवं अधिकारिता
सुभाष सरकार	शिक्षा
भागवत किशनराव कराड	वित्त
राजकुमार रंजन सिंह	शिक्षा; विदेश
भारती प्रवीण पवार	स्वास्थ्य एवं परिवार कल्याण; जनजातीय कार्य
शान्तनु ठाकुर	पत्तन, पोत परिवहन और जलमार्ग
बिश्वेश्वर टुडू	जनजातीय कार्य; जल शक्ति
मुंजापारा महेन्द्रभाई	महिला एवं बाल विकास; आयुष
जॉन बारला	अल्पसंख्यक कार्य
एल. मुरुगन	मत्स्य पालन, पशुपालन और डेयरी; सूचना एवं प्रसारण
निसिथ प्रमाणिक	गृह; युवा कार्यक्रम और खेल

राज्यपाल एवं मुख्यमन्त्री

राज्य	राज्यपाल	मुख्यमन्त्री
आन्ध्र प्रदेश	एस. अब्दुल नजीर	जगनमोहन रेड्डी
गोवा	पीएस श्रीधरन पिल्लई	प्रमोद सावन्त
अरुणाचल प्रदेश	केटी परनाइक	पेमा खाण्डू
असम	गुलाब चन्द कटारिया	हेमन्त बिस्वा सरमा
गुजरात	आचार्य देव व्रत	भूपेन्द्र पटेल
कर्नाटक	थावरचन्द गहलोत	सिद्धारमैया
केरल	आरिफ मोहम्मद खान	पी. विजयन
महाराष्ट्र	रमेश बैस	एकनाथ शिन्दे
मणिपुर	अनुसूइया उइके	एन. बिरेन सिंह
मेघालय	फागू चौहान	कोनराड संगमा
मिजोरम	हरि बाबू कम्भमपति	लालदुहोमा
नागालैण्ड	ला गणेशन	नेफियू रियो
ओडिशा	रघुबर दास	नवीन पटनायक
सिक्किम	लक्ष्मण प्रसाद आचार्य	प्रेम सिंह तमांग
तमिलनाडु	आरएन रवि	एमके स्टालिन
त्रिपुरा	इन्द्र सेन रेड्डी नल्लू	माणिक साहा
उत्तराखण्ड	गुरमीत सिंह	पुष्कर सिंह धामी
प. बंगाल	सीवी आनन्द बोस	ममता बनर्जी
राजस्थान	कलराज मिश्र	भजनलाल शर्मा
उत्तर प्रदेश	आनन्दीबेन पटेल	योगी आदित्यनाथ
बिहार	राजेन्द्र विश्वनाथ अर्लेकर	नीतीश कुमार
पंजाब	बनवारीलाल पुरोहित	भगवन्त मान
छत्तीसगढ़	बिश्वभूषण हरिचन्दन	विष्णुदेव साय
हिमाचल प्रदेश	शिव प्रताप शुक्ला	सुखविन्दर सिंह सुक्खू
हरियाणा	बण्डारू दत्तात्रेय	मनोहर लाल खट्टर
मध्य प्रदेश	मंगूभाई छगनभाई पटेल	डॉ. मोहन यादव
तेलंगाना	तमिलिसाई सुन्दरराजन	ए. रेवन्त रेड्डी
झारखण्ड	सीपी राधाकृष्णन	हेमन्त सोरेन

संघीय प्रदेशों का प्रशासन

संघीय प्रदेश	मुख्यमन्त्री	उप-राज्यपाल/ प्रशासक
जम्मू-कश्मीर	–	मनोज सिन्हा (उप-राज्यपाल)
लद्दाख	–	बीडी मिश्रा (उप-राज्यपाल)
चण्डीगढ़	–	बनवारीलाल पुरोहित (प्रशासक)
पुदुचेरी	एन. रंगास्वामी	तमिलिसाई सौन्दरराजन (उप-राज्यपाल)
अण्डमान-निकोबार द्वीपसमूह		देवेन्द्र कुमार जोशी (उप-राज्यपाल)
दादरा व नगर हवेली तथा दमन व दीव		प्रफुल्ल पटेल (प्रशासक)
लक्षद्वीप	–	प्रफुल्ल पटेल (प्रशासक)
दिल्ली	अरविन्द केजरीवाल	विनय कुमार सक्सेना (उप-राज्यपाल)

संवैधानिक प्रमुख

पद	व्यक्तित्व
अध्यक्ष, लोकसभा	ओम बिड़ला
उप-सभापति, राज्यसभा	हरिवंश नारायण सिंह
नियन्त्रक एवं महालेखा परीक्षक	गिरीश चन्द्र मुर्मू
अध्यक्ष, 16वाँ वित्त आयोग	अरविन्द पनगढ़िया
अध्यक्ष, राष्ट्रीय अनुसूचित जाति आयोग	विजय सांपला
अध्यक्ष, राष्ट्रीय महिला आयोग	रेखा शर्मा
अध्यक्ष, राष्ट्रीय मानवाधिकार आयोग	अरुण कुमार मिश्रा
अध्यक्ष, संघ लोक सेवा आयोग	मनोज सोनी

सशस्त्र सेनाओं के प्रमुख

पद	व्यक्तित्व
चीफ ऑफ डिफेन्स स्टाफ (CDS)	अनिल चौहान
थल सेनाध्यक्ष	मनोज पाण्डे
नौसेनाध्यक्ष	आर. हरि कुमार
वायु सेनाध्यक्ष	वीआर चौधरी

न्यायिक प्रमुख

पद	व्यक्तित्व
सर्वोच्च न्यायालय के मुख्य न्यायाधीश	डीवाई चन्द्रचूड़
लोकपाल अध्यक्ष (कार्यकारी)	प्रदीप कुमार मोहन्ती
अटॉर्नी जनरल	आर. वेंकटरमणी
सॉलिसिटर जनरल	तुषार मेहता

राष्ट्रीय संस्थाओं/संगठनों के प्रमुख

पद	व्यक्तित्व
मुख्य चुनाव आयुक्त	राजीव कुमार
मुख्य सूचना आयुक्त	हीरालाल सामरिया
निदेशक, केन्द्रीय अन्वेषण ब्यूरो	प्रवीण सूद
निदेशक, इण्टेलीजेन्स ब्यूरो	तपन कुमार डेका
निदेशक, रिसर्च एण्ड एनालिसिस विंग	रवि सिन्हा
निदेशक, NTRI	अनिल धस्माना
अध्यक्ष, राष्ट्रीय अन्वेषण अभिकरण (NIA)	दिनकर गुप्ता
अध्यक्ष, रेलवे बोर्ड	जया वर्मा सिन्हा
अध्यक्ष, ISRO	एस. सोमनाथ
अध्यक्ष, परमाणु ऊर्जा नियामक बोर्ड (AERB)	डीके शुक्ला
गवर्नर, भारतीय रिजर्व बैंक	शक्तिकान्त दास
अध्यक्ष, केन्द्रीय अप्रत्यक्ष कर एवं सीमा शुल्क बोर्ड (CBIC)	संजय कुमार अग्रवाल
अध्यक्ष, केन्द्रीय प्रत्यक्ष कर बोर्ड	नितिन गुप्ता
अध्यक्ष, भारतीय प्रतिभूति एवं विनियामक बोर्ड (SEBI)	माधबी पुरी बुच
अध्यक्ष, केन्द्रीय फिल्म प्रमाणन बोर्ड (CBFC)	प्रसून जोशी
अध्यक्ष, केन्द्रीय माध्यमिक शिक्षा बोर्ड (CBSE)	निधि छिब्बर
निदेशक, राष्ट्रीय शैक्षिक अनुसन्धान और प्रशिक्षण परिषद् (NCERT)	दिनेश प्रसाद सकलानी
अध्यक्ष, विश्वविद्यालय अनुदान आयोग (UGC)	एम. जगदीश कुमार
उपाध्यक्ष, नीति आयोग	सुमन बेरी
चेयरमैन, भारतीय जीवन बीमा निगम (LIC)	सिद्धार्थ मोहंती
अध्यक्ष, राष्ट्रीय कृषि और ग्रामीण विकास बैंक (NABARD)	शाजी केवी
MD, राष्ट्रीय आवास बैंक (NHB)	सारदा कुमार होटा
अध्यक्ष, ASSOCHAM	सुमन्त सिन्हा
अध्यक्ष, भारतीय उद्योग परिसंघ (CII)	संजीव बजाज

अन्तर्राष्ट्रीय संस्थाओं/संगठनों के प्रमुख

पद	व्यक्तित्व
महासचिव, UNO	एण्टोनियो गुटेरेस (पुर्तगाल)
महासचिव, SAARC	मो. गुलाम सरवर (बांग्लादेश)
अध्यक्ष, संयुक्त राष्ट्र महासभा (UNGA)	डेनिस फ्रांसिस (ट्रिनीडाड एण्ड टोबैगो)
महानिदेशक, WHO	ट्रेडोस एधानॉम घेब्रेयेसस (इथियोपिया)
महानिदेशक, WTO	न्गोजी ओकोन्जो-इवेला (नाइजीरिया)
महासचिव, UNCTAD	रेबेका ग्रिनस्पैन (कोस्टा रिका)
महानिदेशक, IAEA	राफेल ग्रॉसी (अर्जेण्टीना)
महानिदेशक, UNESCO	ऑद्रेय आजूले (फ्रांस)
महानिदेशक, IMF	क्रिस्टलिना जॉर्जिएवा (बल्गारिया)
अध्यक्ष, वर्ल्ड बैंक	अजय बांगा (USA)
अध्यक्ष, NDB	डिल्मा रौजेफ (ब्राजील)
अध्यक्ष, ECB	क्रिस्टीन लगार्डीश (फ्रांस)
महानिदेशक, ILO	गिल्बर्ट होंग्बो (टोगो)
महानिदेशक, UNICEF	कैथरीन रसेल (USA)

करेण्ट शूटर्स

1. किसने हाल ही में जनरल ऑफिसर कमांडिंग के रूप में 'चेतक कोर' की कमान सम्भाली?
(a) संजीव राय (b) विजय वर्मा
(c) नागेन्द्र सिंह (d) अभय सिंह

2. हाल ही में राजस्थान का नया मुख्य सचिव किसे नियुक्त किया गया है?
(a) अभय सिंह (b) सुधांश पन्त
(c) राजीव कुमार (d) विजय वर्मा

3. पावर ग्रिड कॉर्पोरेशन के नए अध्यक्ष और प्रबन्ध निदेशक के रूप में किसे नियुक्त किया गया है?
(a) रवीन्द्र कुमार त्यागी (b) राहुल उपाध्याय
(c) श्रीकान्त कांदिकुप्पा (d) राजीव कुमार

4. कोच्चि-लक्षद्वीप द्वीप समूह सबमरीन ऑप्टिकल फाइबर कनेक्शन का उद्घाटन किसने किया?
(a) द्रौपदी मुर्मू (b) पीएम नरेन्द्र मोदी
(c) अमित शाह (d) योगी आदित्यनाथ

5. किस राज्य सरकार ने एक नई ई-गवर्नेंश पहल 'K-स्मार्ट' को लॉन्च किया है?
(a) तमिलनाडु (b) मध्य प्रदेश
(c) केरल (d) ओडिशा

6. कांगो लोकतान्त्रिक गणराज्य के नए राष्ट्रपति के रूप में चुने गए हैं
(a) फेलिक्स त्सेसीकेदी
(b) मोइज़ कटुम्बी
(c) मार्टिन फायुलू
(d) जो बाइडेन

7. पीएम विश्वकर्मा योजना (PMVY) को लागू करने वाला पहला केन्द्र शासित प्रदेश बन गया
(a) जम्मू-कश्मीर (b) नई दिल्ली
(c) लद्दाख (d) गुवाहाटी

8. ISCC-प्लस प्रमाणन प्राप्त करने वाली भारत की पहली कम्पनी बन गई?
(a) अडानी ग्रुप (b) रिलायन्स इण्डस्ट्रीज
(c) टाटा ग्रुप (d) अंशल ग्रुप

9. 4 जनवरी, 2024 को कठुआ में स्टार्टअप एक्सपो का उद्घाटन करेंगे?
(a) जगदीप धनखड़ (b) द्रौपदी मुर्मू
(c) नरेन्द्र मोदी (d) अमित शाह

10. भारतीय विदेश सेवा के किस वरिष्ठ अधिकारी ने विदेश मन्त्रालय के प्रवक्ता के रूप में कार्यभार सम्भाला?
(a) अभय सिंह (b) अरिन्दम बागची
(c) रणधीर जयसवाल (d) राजनाथ सिंह

11. हाल ही में देश का पहला कन्या सैनिक स्कूल उत्तर प्रदेश के किस शहर में खोला गया है?
(a) वाराणसी (b) वृन्दावन
(c) लखनऊ (d) प्रयागराज

12. अग्निशमन सेवा, नागरिक सुरक्षा और होम गार्ड के महानिदेशक के रूप में किसे नियुक्त किया गया है?
(a) विनय सागर (b) विवेक श्रीवास्तव
(c) अभिषेक सिंह (d) प्रणव राय

13. संयुक्त राष्ट्र सुरक्षा परिषद् द्वारा अफगानिस्तान में शान्ति के लिए किसे विशेष दूत बनाया गया है?
(a) नरेन्द्र मोदी (b) एस जयशंकर
(c) हामिद करजई (d) आदित्यनाथ योगी

14. किसने हाल ही में नौसेना में 'चीफ ऑफ़ मैटरियल' का पदभार ग्रहण किया है?
(a) किरण देशमुख (b) बी शिवकुमार
(c) अभिनव सेन गुप्ता (d) इनमें से कोई नहीं

15. एम. एस. स्वामीनाथन पुरस्कार से सम्मानित किसे किया गया?
(a) प्रो. विनय कुमार पाठक
(b) प्रो. बी. आर. कम्बोज
(c) प्रो. माण्डवी सिंह
(d) उपरोक्त में से कोई नहीं

16. वर्ष 2024 BRICS की अध्यक्षता किस देश ने ग्रहण की है?
(a) सऊदी अरब
(b) मिस्र
(c) रूस
(d) दक्षिण अफ्रीका

17. हाल ही में नीति आयोग के पूर्व उपाध्यक्ष को 16वें वित्त आयोग का चेयरमैन बनाया गया है?
(a) सुमन बेरी
(b) डॉ. वी. के सारस्वत
(c) अरविन्द पनगढ़िया
(d) उपरोक्त में से कोई नहीं

18. दक्षिणी नौसेना कमान के 30वें फ्लैग ऑफिसर कमांडिंग-इन-चीफ के रूप में पदभार सम्भाला
(a) मनीष शर्मा
(b) वी श्रीनिवास
(c) कुणाल राजकुमार
(d) अमित गोयल

19. हाल ही में '82वें भारतीय इतिहास कांग्रेस' का आयोजन किस राज्य में किया गया?
(a) तेलंगाना (b) तमिलनाडु
(c) केरल (d) मध्य प्रदेश

20. किस राज्य के 108 स्थानों पर एक साथ सामूहिक सूर्य नमस्कार करने का गिनीज रिकॉर्ड बनाया है?
(a) गुजरात (b) मध्य प्रदेश
(c) महाराष्ट्र (d) इनमें से कोई नहीं

21. भारत और किस देश के बीच संयुक्त सैन्य अभ्यास 'डेजर्ट साइक्लोन 2024' 2 जनवरी से 15 जनवरी तक राजस्थान में आयोजित किया जाएगा?
(a) फ्रांस
(b) संयुक्त अरब अमीरात
(c) रूस
(d) चीन

22. ध्रुवीय उपग्रह प्रक्षेपण यान PSLV-C58 पर X-रे पोलारिमीटर सैटेलाइट (XPoSat) को सफलतापूर्वक लॉन्च किया है?
(a) NASA द्वारा (b) jaxa द्वारा
(c) ISRO द्वारा (d) NACA द्वारा

23. हाल ही में किसने ने FIDE विश्व रैपिड शतरंज चैम्पियनशिप 2023 का खिताब जीता है?
(a) डी मुकेश (b) आर. प्रज्ञानन्द
(c) मैग्नस कार्लसन (d) इनमें से कोई नहीं

24. हाल ही में पहला 'स्नेक पार्क' (Snake Park) कहाँ खोला जाएगा?
(a) लखनऊ (UP) (b) कोटा (राजस्थान)
(c) इन्दौर (MP) (d) इनमें से कोई नहीं

25. इलाहाबाद हाईकोर्ट के मुख्य न्यायाधीश बने हैं
(a) अरुण भंसाली
(b) मुकेश यादव
(c) नवनीत सिंह
(d) उपरोक्त में से कोई नहीं

26. हाल ही में चीन का रक्षा मन्त्री नियुक्त किया गया है?
(a) डोंग जून (b) ली शांगफू
(c) 'a' और 'b' दोनों (d) इनमें से कोई नहीं

27. किस राज्य में कार्बी युवा महोत्सव 2024 का आयोजन किया जाएगा
(a) मध्य प्रदेश (b) महाराष्ट्र
(c) असम (d) इनमें से कोई नहीं

28. किसको सीएनएन बिजनेस का 'सीईओर ऑफ द ईयर' चुना गया है?
(a) सत्या नडेला (b) सुन्दर पिचाई
(c) टीम कुक (d) इनमें से कोई नहीं

29. केन्द्रीय औद्योगिक सुरक्षा बल (CISF) का महानिदेशक नियुक्त किया?
(a) राहुल रसगोत्रा
(b) अनीश दयाल सिंह
(c) नीना सिंह
(d) उपरोक्त में से कोई नहीं

30. नए टेनिस बॉल टी-10 क्रिकेट टूर्नामेंट का नाम क्या है?
(a) ISPL
(b) WPL
(c) 'a' और 'b' दोनों नहीं
(d) इनमें से कोई नहीं

31. संयुक्त रूप से 'ब्रेकिंग द मोल्ड : रीइमेजिनिंग इण्डियाज इकोनॉमिक फ्यूचर' नामक पुस्तक लिखी हैं
(a) रघुराम राजन
(b) रोहित लाम्बा
(c) 'a' और 'b' दोनों
(d) इनमें से कोई नहीं

32. किसी राज्य में स्वच्छ ऊर्जा स्रोतों का समर्थन करने के उद्देश्य से ग्रीन हाइड्रोजन नीति बनेगी
(a) गुजरात
(b) उत्तर प्रदेश
(c) असम
(d) उपरोक्त में से कोई नहीं

33. किस अभिनेता को 'सोना स्पोर्ट्स नेटवर्क' ने अपना फुटबॉल का ब्राण्ड एम्बेसेडर नियुक्त किया है?
(a) कार्तिक आर्यन (b) शाहरूख खान
(c) ऋतिक रोशन (d) अक्षय कुमार

34. SEBI ने किसको BSE के अध्यक्ष के रूप में नियुक्त करने की मंजूरी दी है?
(a) दीपक मिश्रा (b) मनोरंजन मिश्रा
(c) प्रमोद अग्रवाल (d) इनमें से कोई नहीं

35. किस राज्य की हाईकोर्ट में देश की पहली लाइव सुनवाई हुई?
(a) केरल (b) उत्तर प्रदेश
(c) मध्य प्रदेश (d) इनमें से कोई नहीं

36. हाल ही में किस एअरपोर्ट के 12 को विश्व स्तर पर शीर्ष सुन्दर एअरपोर्ट के रूप में मान्यता मिली है?
(a) जयपुर एअरपोट
(b) बेंगलुरु एअरपोर्ट
(c) नई दिल्ली एअरपोर्ट
(d) उपरोक्त में से कोई नहीं

37. हाल ही में UNESCO ने कहाँ के रामबाग गेट और प्राचीर को पुरस्कृत किया है?
(a) अमृतसर (b) जयपुर
(c) वाराणसी (d) इनमें से कोई नहीं

38. राष्ट्रीय उपभोक्ता दिवस कब मनाया जाता है?
(a) 15 अक्टूबर (b) 15 मार्च
(c) 24 दिसम्बर (d) इनमें से कोई नहीं

39. 1 जनवरी, 2024 से किस राज्य में 'मिशन जाँच @75 डेज' लॉन्च किया गया?
(a) उत्तर प्रदेश (b) बिहार
(c) मध्य प्रदेश (d) इनमें से कोई नहीं

40. 'इण्डिया स्किल्स रिपोर्ट 2024 के अनुसार भारत में काम करने के लिए सबसे पसन्दीदा राज्य कौन-सा बना?
(a) केरल (b) तमिलनाडु
(c) आन्ध्र प्रदेश (d) इनमें से कोई नहीं

41. हाल ही में किस को भारतीय कुश्ती महासंघ (WF) का अध्यक्ष चुना गया है?
(a) ब्रजभूषण शरण (b) संजय सिंह
(c) प्रमोद शर्मा (d) इनमें से कोई नहीं

42. चेन्नई ग्रैंड मास्टर्स 2023 का खिताब जीता?
(a) पेंटाला हरिकृष्णा (b) अर्जुन एरिगैसी
(c) डोम्माराजू गुकेश (d) इनमें से कोई नहीं

43. खेलो इण्डिया यूथ गेम्स के लोगों और शुभंकर का अनावरण किया?
(a) अनुराग ठाकुर
(b) योगी आदित्यनाथ
(c) विश्वनाथन आनन्द
(d) उपरोक्त में से कोई नहीं

44. किसी देश के राष्ट्रपति को भारत के गणतन्त्र दिवस 2024 के लिए आमन्त्रित किया गया?
(a) फ्रांस (b) रूस
(c) मिस्र (d) इनमें से कोई नहीं

45. किस राज्य के खण्डवा जिले में 'जल महोत्सव 2023' का 8वाँ संस्करण शुरू हुआ है?
(a) असम (b) मध्य प्रदेश
(c) राजस्थान (d) इनमें से कोई नहीं

46. हाल ही में किसने बोधगया में 'अन्तर्राष्ट्रीय संघ फोरम' का उद्घाटन किया है?
(a) दलाई लामा (b) नीतीश कुमार
(c) द्रौपदी मुर्मू (d) इनमें से कोई नहीं

47. ACC ने NHSRCL के निदेशक (कार्य) के रूप में किसकी नियुक्ति को मंजूरी दे दी है?
(a) प्रमोद शर्मा (b) दिनेश खारा
(c) दीपेश नन्दा (d) इनमें से कोई नहीं

48. किसी को औद्योगिक जल उपयोग दक्षता'' श्रेणी के तहत FICCI जल पुरस्कार 2023 का 11वाँ संस्करण प्राप्त हुआ?
(a) NTPC कान्ति (b) टाटा समूह
(c) एस्सार समूह (d) इनमें से कोई नहीं

49. किसे हाल ही में भूटान के प्रतिष्ठित नेशनल ऑर्डर ऑफ मेरिट गोल्ड मेडल से सम्मानित किया गया?
(a) एस जयशंकर
(b) पूनम खेत्रपाल सिंह
(c) ममता बनर्जी
(d) उपरोक्त में से कोई नहीं

50. मेजर ध्यानचन्द खेल रत्न पुरस्कार 2023 से किसे सम्मानित किया जाएगा?
(a) चिराग चन्द्रशेखर शेट्टी
(b) रंकीरेड्डी सात्विक साई राज
(c) 'a' और 'b' दोनों को
(d) उपरोक्त में से कोई नहीं

51. ISRO ने PSLV-C 56 रॉकेट के साथ किस देश के सात उपग्राहों का प्रक्षेपण किया?
(a) सिंगापुर (b) श्रीलंका
(c) अर्जेंटीना (d) कम्बोडिया

52. प्रतिष्ठित पक्षी लोगो को बदलने के बाद ट्विटर का नया लोगो क्या है?
(a) एल्फाबेट 'X' (b) रॉकेट
(c) टेस्ला कार (d) चैट X

53. कौन-सी कम्पनी जूपिटर-3 नामक दुनिया के सबसे बड़े निजी स्वामित्व वाले उपग्रह को लॉन्च करने की तैयारी कर रही है?
(a) Space X (b) वर्जिन गैलेक्टिक
(c) ब्लू ओरिजिन (d) बोइंग

54. उभरती प्रौद्योगिकियों को बढ़ावा देने के लिए 'इण्डिया AI' ने किसके साथ समझौता ज्ञापन पर हस्ताक्षर किए हैं?
(a) Space X (b) गूगल
(c) लक्ष्य (d) माइक्रोसॉफ्ट

55. किस कंपनी ने यूरोपीय संघ, ब्राजील और अन्य देशों में चैट GPT प्रतिद्वंद्वी Bard लॉन्च किया है?
(a) गूगल (b) माइक्रोसॉफ्ट
(c) ऐप्पल (d) नोकिया

56. DPDP विधेयक का विस्तार क्या है, जिसे हाल ही में मन्त्रिमण्डल द्वारा मंजूरी दी गई थी?
(a) डिजिटल पर्सनल डेटा प्रोटेक्शन विधेयक
(b) डबल पर्सनल डेटा प्रोटेक्शन विधेयक
(c) डायरेक्ट पर्सनल डेटा प्रोटेक्शन विधेयक
(d) डिपलोमैटिक पर्सनल डेटा प्रोटेक्शन विधेयक

57. इण्टरनेट रैंसमवेयर वायरस का नाम क्या है, जिसके बारे में CERT-In ने एक एडवाइजरी जारी की?
(a) अगाटा (b) अकीरा
(c) ऐरा (d) अलीमा

58. नई दिल्ली में 'भारत 6G एलायंस' किसने शुरू किया?
(a) नरेंद्र मोदी (b) अमित शाह
(c) अश्विनी वैष्णव (d) एस. जयशंकर

59. सही कथन का चयन करें :
1. AI फॉर गुड ग्लोबल समिट जिनेवा में आयोजित।
2. अंतर्राष्ट्रीय दूरसंचार संघ ने AI फॉर गुड ग्लोबल शिखर सम्मेलन की मेजबानी की।

निम्न कथन में कौन-सा कथन सही है?
(a) केवल 1 (b) केवल 2
(c) 1 और 2 दोनों (d) इनमें से कोई नहीं

60. किस केंद्रीय मंत्री ने अंबाला में कैंटीन स्टोर डिपार्टमेंट डिपो के नए परिसर का उद्घाटन किया?
(a) राजनाथ सिंह (b) अमित शाह
(c) पीयूष गोयल (d) अजय भट्ट

61. भारतीय नौसेना ने कोच्चि में किस देश के साथ 11 दिवसीय सैन्य अभ्यास किया?
(a) संयुक्त राज्य अमेरिका
(b) जापान
(c) फ्रांस
(d) जर्मनी

62. भारत ने किस देश को युद्धपोत 'INS कृपाण' सौंपा है?
(a) श्रीलंका (b) इंडोनेशिया
(c) मालदीव्स (d) वियतनाम

63. रक्षा मंत्रालय ने INS-शंकुश के लाइफ सर्टिफिकेशन (MRLC) के साथ मीडियम रेफिट के लिए किस कंपनी के साथ एक अनुबंध में प्रवेश किया?
(a) मझगांव डॉक शिपबिल्डर्स
(b) हिंदुस्तान एयरोनॉटिक्स लिमिटेड
(c) भारत इलेक्ट्रॉनिक्स लिमिटेड
(d) रक्षा अनुसंधान और विकास संगठन

64. कौन-सा भारतीय सशस्त्र बल 'तरंग शक्ति बहुराष्ट्रीय वायु अभ्यास' का मेजबान है?
(a) भारतीय सेना
(b) भारतीय नौसेना
(c) भारतीय वायु सेना
(d) भारतीय तटरक्षक बल

65. नोमेडिक एलिफेण्ट भारत और किस देश के बीच एक सैन्य अभ्यास है?
(a) बांग्लादेश (b) मंगोलिया
(c) श्रीलंका (d) फ्रांस

66. किस फॉर्मूला वन ड्राइवर ने लगातार 8वीं बार बेल्जियम ग्रैंड प्रिक्स खिताब जीता?
(a) सर्जियो पेरेज़ (b) चार्ल्स लेक्लर
(c) मैक्स वर्स्टापेन (d) डैनियल रिकियार्डो

67. किस देश ने दक्षिण एशियाई फुटबॉल फेडरेशन चैम्पियनशिप 2023 का खिताब जीता?
(a) भारत (b) कुवैत
(c) पाकिस्तान (d) सऊदी अरब

68. विंबलडन ग्रैंड स्लैम जीतने वाली पहली गैर-वरीयता प्राप्त महिला खिलाड़ी कौन बन गई हैं?
(a) मार्किता वॉनड्रोसोवा (b) सेरेना विलियम्स
(c) सानिया मिर्जा (d) सीह सु-वेई

69. इंग्लैंड के किस क्रिकेटर ने हाल ही में अन्तर्राष्ट्रीय क्रिकेट से संन्यास ले लिया?
(a) जेम्स एंडरसन (b) मोईन अली
(c) जोफ्रा आर्चर (d) स्टुअर्ट ब्रॉड

70. श्रीलंका एथलेटिक्स राष्ट्रीय चैंपियनशिप में भारत ने कितने पदक जीते?
(a) 10 (b) 11 (c) 13 (d) 14

71. जर्मनी में हॉकी टूर्नामेंट के लिए जूनियर भारतीय हॉकी टीम के कप्तान के रूप में किसे नियुक्त किया गया है?
(a) अभिषेक सिन्हा (b) जलज सक्सेना
(c) उत्तम सिंह (d) बॉबी सिंह धामी

72. ISSF जूनियर शूटिंग वर्ल्ड चैम्पियनशिप की 50 मीटर पिस्टल स्पर्धा में किसने स्वर्ण पदक जीता?
(a) कमलजीत (b) सौरभ चौधरी
(c) ऋतुराज सिंह (d) विजय कुमार

73. जून के महीने के लिए ICC पुरुषों का 'प्लेयर ऑफ द मंथ' किसे नामित किया गया है?
(a) वानिन्दु हसरंगा
(b) शुभमन गिल
(c) विराट कोहली
(d) हैरी ब्रूक

74. किस भारतीय ग्रैण्डमास्टर ने हंगरी में सुपर GM शतरंज टूर्नामेण्ट जीता?
(a) विश्वनाथन आनंद (b) अधिबान भास्करन
(c) परिमन नेगी (d) आर. प्रागनानंद

75. अन्तर्राष्ट्रीय क्रिकेट में 500 मैच खेलने वाले 10वें क्रिकेटर कौन बन गए हैं?
(a) रोहित शर्मा (b) विराट कोहली
(c) स्टीव स्मिथ (d) रविंद्र जडेजा

76. किस भारतीय जोड़ी ने कोरिया ओपन में पुरुष युगल स्वर्ण पदक जीता?
(a) सात्विकसाईराज और चिराग शेट्टी
(b) लक्ष्य सेन और बीसाई प्रणीत
(c) सात्विकसाईराज और पारुपल्ली कश्यप
(d) पारुपल्ली कश्यप और चिराग शेट्टी

77. किस भारतीय ने विश्व युवा बधिर बैडमिंटन चैम्पियनशिप में स्वर्ण पदक जीता है?
(a) श्रेयांशी (b) गौरांशी
(c) गुंजा कुमारी (d) रेखा वर्मा

78. युवा विश्व तीरंदाजी चैंपियनशिप के रिकर्व वर्ग में स्वर्ण जीतने वाले पहले भारतीय कौन बन गए हैं?
(a) पार्थ सालुंखे (b) राम भाषा
(c) अतनु दास (d) जयंत तालुकदार

79. किस फॉर्मूला 1 रेसर ने ब्रिटिश ग्रैंड प्रिक्स खिताब जीता है?
(a) लैंडो नॉरिस (b) मैक्स वर्स्टापेन
(c) लुईस हैमिल्टन (d) जाइल्स रिचर्ड्स

80. किस भारतीय बैडमिंटन खिलाड़ी ने कनाडा ओपन का खिताब जीता है?
(a) पारुपल्ली कश्यप (b) श्रीकांत किदाम्बी
(c) लक्ष्य सेन (d) बीसाई प्रणीत

81. सही कथन का चयन करें :
1. लालियांजुआला चांग्ते को AIFF मेन्स प्लेयर्स ऑफ द ईयर 2023 नामित किया गया है।
2. मनीषा कल्याण को वर्ष की सर्वश्रेष्ठ महिला फुटबॉलर का पुरस्कार मिला।
(a) केवल 1 (b) केवल 2
(c) 1 और 2 दोनों (d) इनमें से कोई नहीं

82. बास्केटबॉल फेडरेशन ऑफ इंडिया के अध्यक्ष के रूप में किसे नियुक्त किया गया है?
(a) रिया सिंह (b) अर्जुन मोहंती
(c) आधव अर्जुन (d) अजय सिन्हा

83. फीफा महिला फुटबॉल विश्व कप 2023 की मेजबानी कौन-सा देश कर रहा है?
(a) ब्राजील और अर्जेंटीना
(b) अमेरिका और कनाडा
(c) ऑस्ट्रेलिया और न्यूजीलैंड
(d) अर्जेंटीना और अमेरिका

84. किस भारतीय-अमेरिकी को अमेरिकी वित्त एजेंसी के उपमुख्य कार्यकारी अधिकारी के रूप में नियुक्त किया गया है?
(a) सौम्या स्वामीनाथन (b) प्रीति टंडन
(c) निशा बिस्वाल (d) गीता गोपीनाथ

85. खबरों में नजर आने वाले फांगनॉन कोन्याक किस राज्य/केंद्रशासित प्रदेश से संसद सदस्य हैं?
(a) नागालैण्ड (b) मणिपुर
(c) अरुणाचल प्रदेश (d) सिक्किम

86. बैंक ऑफ बड़ौदा के नए CEO और MD के रूप में किसे नियुक्त किया गया है?
(a) संजीव चड्ढा (b) देबदत्त चंद
(c) अखिल सिन्हा (d) रवि मनोहर

87. कांग्रेस नेता ओमन चांडी का निधन हो गया है, वह किस राज्य के पूर्व मुख्यमंत्री थे?
(a) तमिलनाडु (b) आंध्र प्रदेश
(c) तेलंगाना (d) केरल

88. भारतीय पुरुष क्रिकेट टीम के मुख्य चयनकर्ता के रूप में किसे नियुक्त किया गया है?
(a) सौरव गांगुली (b) वीरेंद्र सहवाग
(c) अजीत अगरकर (d) वेंकटेश प्रसाद

89. बॉम्बे उच्च न्यायालय के मुख्य न्यायाधीश के रूप में किसे नियुक्त किया गया है?
(a) धीरज सिंह ठाकुर
(b) देवेंद्र कुमार उपाध्याय
(c) विनय कुमार सिंह
(d) सतीश चंद्र रावत

90. भारत में दूसरे सबसे लंबे समय तक सेवा करने वाले मुख्यमंत्री कौन बन गए हैं?
(a) नीतीश कुमार (b) योगी आदित्य नाथ
(c) ममता बनर्जी (d) नवीन पटनायक

91. जीवन बीमा निगम के नए प्रबंध निदेशक के रूप में किसे नियुक्त किया गया है?
(a) विवेक सिन्हा (b) सतपाल भानु
(c) मुदित चौहान (d) किशन कुमार

92. सही कथन का चयन कीजिए
1. न्यायमूर्ति एपी साही को NCDRC का नया अध्यक्ष नियुक्त किया गया है।
2. NCDRC 1988 में स्थापित एक अर्ध-न्यायिक आयोग है।
(a) केवल 1 (b) केवल 2
(c) 1 और 2 दोनों (d) इनमें से कोई नहीं

93. भारतीय तटरक्षक बल के 25वें महानिदेशक के रूप में किसे नामित किया गया है?
(a) रंजन गोगोई (b) डीजी राकेश पाल
(c) अनिल चौहान (d) मनोज पांडे

94. पुणे में लोकमान्य तिलक राष्ट्रीय पुरस्कार से किसे सम्मानित किया गया था?
(a) द्रौपदी मुर्मू (b) नरेंद्र मोदी
(c) राजनाथ सिंह (d) धर्मेंद्र प्रधान

95. किस मन्त्रालय ने GEM पोर्टल के माध्यम से खरीद के लिए 'सर्वश्रेष्ठ सगाई' पुरस्कार जीता है?
(a) कोयला मंत्रालय (b) गृह मंत्रालय
(c) कृषि मंत्रालय (d) स्वास्थ्य मंत्रालय

96. भूमि सम्मान पुरस्कार किस योजना के कार्यान्वयन से जुड़ा हुआ है?
(a) लैण्ड रिकॉर्ड मॉर्डेनाइजेशन प्रोग्राम
(b) स्वच्छ भारत मिशन
(c) PM किसान योजना
(d) PM फसल बीमा योजना

97. भायखला रेलवे स्टेशन को UNESCO द्वारा सम्मानित किया गया है, भारत का सबसे पुराना रेलवे स्टेशन, किस राज्य/केंद्रशासित प्रदेश में है?
(a) महाराष्ट्र
(b) नई दिल्ली
(c) पश्चिम बंगाल
(d) गुजरात

98. 'डॉ. एपीजे अब्दुल कलाम: मेमोरीज नेवर डाई' नामक एक नई पुस्तक का विमोचन किया गया। इस पुस्तक के लेखक कौन हैं?
(a) रूपा पाई (b) वाईएस राजन
(c) केकी दादीसेथ (d) शांतनु गुप्ता

99. 'प्रधानमंत्री कैसे निर्णय लेते हैं' नामक एक नई पुस्तक का विमोचन किया गया है। इस पुस्तक के लेखक कौन हैं?
(a) वाईएस राजन
(b) केकी दादीसेथ
(c) नीरजा चौधरी
(d) शांतनु गुप्ता

100. 'टाइम एट सिनामोन गार्डन' उपन्यास के लेखक कौन हैं?
(a) वाईएस राजन
(b) नीरजा चौधरी
(c) शांतनु गुप्ता
(d) शंकरी चंद्रन

उत्तरमाला

1. (c)	**2.** (b)	**3.** (a)	**4.** (b)	**5.** (c)
6. (a)	**7.** (a)	**8.** (b)	**9.** (a)	**10.** (c)
11. (b)	**12.** (b)	**13.** (c)	**14.** (a)	**15.** (b)
16. (c)	**17.** (c)	**18.** (b)	**19.** (a)	**20.** (a)
21. (b)	**22.** (c)	**23.** (c)	**24.** (b)	**25.** (a)
26. (a)	**27.** (c)	**28.** (a)	**29.** (c)	**30.** (a)
31. (c)	**32.** (b)	**33.** (a)	**34.** (c)	**35.** (c)
36. (b)	**37.** (a)	**38.** (c)	**39.** (a)	**40.** (a)
41. (b)	**42.** (c)	**43.** (a)	**44.** (a)	**45.** (b)
46. (a)	**47.** (a)	**48.** (a)	**49.** (b)	**50.** (c)
51. (a)	**52.** (a)	**53.** (a)	**54.** (c)	**55.** (a)
56. (a)	**57.** (b)	**58.** (c)	**59.** (c)	**60.** (d)
61. (a)	**62.** (d)	**63.** (a)	**64.** (c)	**65.** (b)
66. (c)	**67.** (a)	**68.** (a)	**69.** (d)	**70.** (d)
71. (c)	**72.** (a)	**73.** (a)	**74.** (d)	**75.** (b)
76. (a)	**77.** (b)	**78.** (a)	**79.** (b)	**80.** (c)
81. (c)	**82.** (c)	**83.** (c)	**84.** (c)	**85.** (a)
86. (b)	**87.** (d)	**88.** (c)	**89.** (b)	**90.** (d)
91. (b)	**92.** (c)	**93.** (b)	**94.** (b)	**95.** (a)
96. (a)	**97.** (a)	**98.** (b)	**99.** (c)	**100.** (d)

सॉल्वड पेपर 2019

RPF/RPSF

सब इंस्पेक्टर भर्ती परीक्षा सॉल्वड पेपर 2019

5 जनवरी 2019

1. उद्योग आधार मेमोरैण्डम योजना का मुख्य उद्देश्य ········ है।
   (a) उद्यमशीलता में तेजी लाने और स्टार्ट-अप को बढ़ावा देना
   (b) भावी नौकरी तलाशने वालों और नियोक्ताओं के बीच सम्बन्ध बनाने की सुविधा देना
   (c) व्यवसाय करने में आसानी को बढ़ावा देना
   (d) प्रौद्योगिकी और उद्भवन केन्द्रों का एक नेटवर्क सेट करना
2. ट्रान्स-साइबेरियाई रेलवे सेण्ट पीटर्सबर्ग को ········ से जोड़ता है।
   (a) कैलिनिनग्राद (b) वोल्गोग्राद
   (c) सोची (d) व्लादिवोस्तोक
3. महमूद बेगदा किस क्षेत्रीय साम्राज्य के प्रसिद्ध सुल्तान थे?
   (a) जौनपुर (b) मालवा
   (c) गुजरात (d) बंगाल
4. वस्तु एवं सेवा कर (जीएसटी) के सम्बन्ध में कौन-सा सही नहीं है?
   (a) अन्तर्राज्यीय और सेवाओं के लेन-देन पर एकीकृत जीएसटी लगाया जाएगा।
   (b) विशेष महत्त्व के घोषित सामान की अवधारणा समाप्त कर दी गई।
   (c) राजस्व के नुकसान के लिए राज्यों को पाँच वर्ष के लिए मुआवजा मिलेगा।
   (d) जीएसटी, वैट (VAT) विधि द्वारा एकत्र किया जाएगा।
5. गतिज श्यानता की इकाई क्या है?
   (a) कैंण्डेला (b) पॉइज
   (c) वाट (d) पास्कल
6. निम्नलिखित महाद्वीपों में से कौन-सा 'द डार्क महाद्वीप' नाम से भी जाना जाता है?
   (a) ऑस्ट्रेलिया (b) अफ्रीका
   (c) यूरोप (d) एशिया
7. पहाड़ियों की निचली सतह और घाटियों की रेती में मिट्टी के रूप में जमा खनिज क्या कहलाते हैं?
   (a) लोड डिपाजिट (b) प्लेसर डिपाजिट
   (c) वेन डिपाजिट (d) लेयर्ड डिपाजिट
8. ग्रीनलैण्ड निम्नलिखित में से किस महाद्वीप के अन्तर्गत आता है?
   (a) उत्तरी अमेरिका (b) एशिया
   (c) यूरोप (d) अण्टार्कटिका
9. आधुनिक ओलम्पिक खेल कितने दिनों के लिए आयोजित किए जाते हैं?
   (a) 16 दिन (b) 30 दिन
   (c) 45 दिन (d) 21 दिन
10. बीहड़ (Ravines) आमतौर पर भारत के किस नदी बेसिन में पाए जाते हैं?
    (a) पेरियार (b) चम्बल (c) कावेरी (d) वैगई
11. दुनिया में सबसे ज्यादा वर्षा वाला स्थान निम्नलिखित में से कौन-सा है?
    (a) करौप्पा नदी (b) ठेक्कड़ी
    (c) अनाइमुडी (d) मौसिनराम
12. केन्द्र और राज्य के सम्बन्धों के निर्धारण के लिए बनाए गए प्रथम तीन सदस्यीय आयोग की अध्यक्षता किसने की?
    (a) वीरप्पा मोइली (b) एम. एम. पुँछी
    (c) पी.वी. राजमन्नर (d) आर.एस. सरकारिया
13. 'रिले' शब्द ········ से सम्बन्धित है।
    (a) थ्रोइंग (b) रनिंग
    (c) फेन्सिंग (d) वेटलिफ्टिंग
14. वर्तमान में भारतीय संविधान में कितनी भाषाएँ स्वीकृत हैं?
    (a) 21 (b) 24 (c) 26 (d) 22
15. निम्नलिखित में से कौन-सा राज्य हर वर्ष हॉर्नबिल त्योहार मनाता है?
    (a) मणिपुर (b) नागालैण्ड
    (c) असम (d) सिक्किम
16. किस अनुच्छेद में वित्त आयोग को अर्द्ध-न्यायिक निकाय के रूप में स्थापित करने का प्रावधान है?
    (a) अनुच्छेद-300 (b) अनुच्छेद-280
    (c) अनुच्छेद-101 (d) अनुच्छेद-279
17. नीति (NITI) आयोग के अध्यक्ष कौन हैं?
    (a) प्रधानमन्त्री (b) वित्त सचिव
    (c) कैबिनेट सचिव (d) वित्तमन्त्री
18. प्रसिद्ध पुस्तक कामसूत्र किसने लिखी थी?
    (a) कालिदास (b) वासुमित्र
    (c) महाकश्यप (d) वात्स्यायन

19. एक्स-रे की खोज किसने की?
(a) जोहान विल्हेम रिटर (b) विल्हेम कॉनराड रोयेंत्जेन
(c) एण्टोनी हेनरी बेकुरल (d) आइजैक न्यूटन

20. एक बड़ी सजा को हल्की सजा में परिवर्तित करना कहलाता है
(a) लघुकरण (b) क्षमता
(c) मोहलत (d) दण्ड विराम

21. कार्बन के द्वारा अन्य कार्बन परमाणुओं के साथ सह-संयोजक बन्धन बनाने की विशेषता क्या कहलाती है?
(a) इलेक्ट्रोनेशन (b) आयनीकरण
(c) इलेक्ट्रोलिसिस (d) शृंखलन

22. पहली अन्तर-राज्यीय परिषद् का गठन कब हुआ था?
(a) वर्ष 1993 (b) वर्ष 1990
(c) वर्ष 1991 (d) वर्ष 1997

23. निम्नलिखित में से किस राज्य में लेपाक्षि मन्दिर स्थित है?
(a) केरल (b) कर्नाटक
(c) आन्ध्र प्रदेश (d) तमिलनाडु

24. दिए गए विकल्पों में से कौन-सा एक व्यक्तिगत खेल नहीं है?
(a) लम्बी कूद (b) स्प्रिण्ट
(c) मैराथन (d) खो-खो

25. 'जय जवान जय किसान' का नारा किसने दिया?
(a) सरदार वल्लभभाई पटेल (b) इन्दिरा गाँधी
(c) जावाहरलाल नेहरू (d) लाल बहादुर शास्त्री

26. भारत ने किस वित्तीय वर्ष में आईएमएफ (IMF) के साथ विस्तारित निधि सुविधा समझौते पर हस्ताक्षर किए?
(a) 2011-12 (b) 1981-82
(c) 1991-92 (d) 2001-02

27. एक घटना है, जिसमें पेरुवियन तटीय प्रदेश से गर्म समुद्री लहरें बहती हैं, उसे कहा जाता है
(a) हिन्द महासागर द्विध्रुव (b) एल नीनो
(c) मैडेन-जूलियन ऑसीलेशन (d) ला नीना

28. प्रसिद्ध खिलाड़ी खशाबा जाधव किस खेल से सम्बन्धित हैं?
(a) निशानेबाजी (b) कुश्ती
(c) हॉकी (d) भारोत्तोलन

29. पृथ्वी के घूर्णन के कारण उत्पन्न आभासी बल को कहा जाता है
(a) गतिज बल (b) कोरिओलिस बल
(c) दाब प्रवण बल (d) गुरुत्वाकर्षण बल

30. एण्टीबायोटिक युक्त क्लोरीन, जो सूक्ष्मजीवों युक्त मिट्टी द्वारा उत्पादित होता है और जो टाइफाइड बुखार के इलाज के लिए प्रभावी है, उसका नाम क्या है?
(a) क्लोरोक्विन (b) क्लोराम्फेनिकोल
(c) क्लोरोजिन (d) क्लोरोएथेनोल

31. टेबल टेनिस से जुड़ा अन्तर्राष्ट्रीय-शासी निकाय कौन-सा है?
(a) AILA (b) ITTF (c) FITT (d) APTT

32. भूमध्य सागर का प्रकाश स्तम्भ है
(a) रेनियर (b) स्ट्राम्बोली
(c) एटना (d) सिसिली

33. अधिग्रहण और नागरिकता को समाप्त करने के सम्बन्ध में कोई भी प्रावधान बनाने की शक्ति किसके पास है?
(a) राष्ट्रपति (b) प्रधानमन्त्री
(c) मन्त्रिमण्डल (d) संसद

34. प्रशासनिक सुधार आयोग की प्रारम्भ में अध्यक्षता ······ के द्वारा की गई थी।
(a) मोरारजी देसाई (b) वीरप्पा मोइली
(c) हनुमंथय्या (d) पी.वी. राजमन्नर

35. जीवों की वह घटना क्या है, जिसमें मादा जननकोष गर्भाधान के बिना नए जीव बनाने के लिए विकसित होता है?
(a) जेनोगेमी (b) पार्थिनोजेनेसिस (c) मोनोगेमी (d) सिंगेमी

36. सीधी रेखा के सापेक्ष वस्तुओं की गति को क्या कहा जाता है?
(a) एकसमान गति (b) अनुप्रस्थ गति
(c) विस्थापन गति (d) सीधी रेखीय गति

37. राष्ट्रीय विकास परिषद् के अध्यक्ष कौन हैं?
(a) प्रधानमन्त्री (b) राष्ट्रपति
(c) वित्तमन्त्री (d) केन्द्रीय गृहमन्त्री

38. हड़प्पा सभ्यता के कस्बों को ········ पैटर्न में रखा गया था।
(a) सर्कुलर ग्रिड (b) रेक्टेंगुलर ग्रिड
(c) स्क्वायर ग्रिड (d) रेडियल ग्रिड

39. नीति (NITI) आयोग के अनुसार, भारत सरकार ने कब तक किसानों की आय को दोगुना करने की योजना बनाई है?
(a) 2022 (b) 2025 (c) 2024 (d) 2020

40. ताप के स्थानान्तरण को किस उपकरण से मापा जाता है?
(a) हाइड्रोमीटर (b) मैनोमीटर
(c) कैलोरीमीटर (d) गैल्वोनोमीटर

41. किस अनुच्छेद के तहत् संसद राज्य या केन्द्रशासित प्रदेश के भीतर आवास को रोजगार के लिए एक शर्त निर्धारित कर सकती है?
(a) अनुच्छेद-26 (b) अनुच्छेद-15
(c) अनुच्छेद-19 (d) अनुच्छेद-16

42. 'महायान' शब्द किस धर्म से सम्बन्धित है
(a) जैन (b) बौद्ध (c) शैव (d) सिख

43. मधुमक्खी के छत्ते के रख-रखाव को किस नाम से जाना जाता है?
(a) एपीकल्चर (b) एवीकल्चर
(c) हॉर्टिकल्चर (d) एग्रीकल्चर

44. लोथल का प्राचीन हड़प्पा शहर किस राज्य में स्थित है?
(a) उत्तर प्रदेश (b) पंजाब (c) गुजरात (d) राजस्थान

45. हिण्डोला महल और जहाज महल किस क्षेत्रीय वास्तुकला शैली से सम्बन्धित हैं?
(a) माण्डू क्षेत्र (b) गुजरात क्षेत्र
(c) कश्मीर क्षेत्र (d) बंगाल क्षेत्र

46. पेरीप्लेनेटा अमरीकाना का साधारण नाम क्या है?
(a) अमेरिकन मेंढक (b) अमेरिकन कॉकरोच
(c) अमेरिकन फ्लैटवर्म (d) अमेरिकन केंचुआ

47. राष्ट्रपति का अध्यादेश········जारी किया जा सकता है।
(a) समान सीमाओं वाले प्रावधानों पर संसदीय अधिनियम के रूप में
(b) राष्ट्रपति को विशेष रूप से उल्लेख किए गए प्रावधानों पर
(c) संविधान के किसी भी प्रावधान पर
(d) उपरोक्त में से कोई नहीं

48. भारत में चिश्ती सम्प्रदाय किसने स्थापित किया?
(a) मोइनुद्दीन चिश्ती
(b) ख्वाजा निजामुद्दीन औलिया
(c) ख्वाजा सलीम चिश्ती
(d) ख्वाजा कुतुबुद्दीन बख्तियार काकी

49. इनमें से कौन-सा भारत का एक प्रमुख चाय उत्पादक क्षेत्र नहीं है?
(a) असम हिल्स (b) दार्जिलिंग हिल्स
(c) कश्मीर वैली (d) नीलगिरि हिल्स

50. खेलों में, डेकाथलॉन में कितनी प्रतिस्पर्द्धाएँ होती हैं?
(a) 3 (b) 8
(c) 10 (d) 5

51. इस प्रश्न में एक गद्यांश और उससे सम्बन्धित एक कथन दिया गया है। गद्यांश को ध्यानपूर्वक पढ़िए और उसके आधार पर कथन की समीक्षा कीजिए।

पुणे म्युनिसिपल कॉरपोरेशन (पीएमसी) और महाराष्ट्र मेट्रो रेल कॉरपोरेशन (महाराष्ट्र-मेट्रो) ने नेशनल मोनुमेण्ट अथॉरिटी (एनएमए) के अनुसार आगा खान पैलेस की रक्षा के लिए अहमदनगर रोड पर मेट्रो परियोजना के संरेखण को बदलने का फैसला किया, तो अब परियोजना की लागत सिविल कार्य के लिए ₹ 50 करोड़ तक बढ़ जाएगी और कॉरिडोर की लम्बाई 900 मी तक बढ़ जाएगी।

मेट्रो के अधिकारी अतुल गाडगील और प्रकाश वाघमारे ने मीडिया के लोगों को शुक्रवार को इस निर्णय की जानकारी दी। ''आगा खान पैलेस के पास मेट्रो कॉरिडोर में कुछ बदलाव होंगे और मार्ग की। लम्बाई अब 900 मी तक बढ़ जाएगी'', मेट्रो अधिकारी ने इसकी पुष्टि की पीएमसी को अभी नियोजित मार्ग के लिए अन्तिम मंजूरी देना बाकी है।

कथन मेट्रो परियोजना का निर्माण लगभग ₹ 50 करोड़ तक होगा।
निम्न विकल्पों में से एक उपयुक्त विकल्प चुनें।
(a) कथन निश्चित रूप से सत्य है
(b) कथन सम्भवतः सत्य है
(c) कथन निर्धारित नहीं किया जा सकता है
(d) कथन निश्चित रूप से गलत है

52. प्रश्नचिह्न को उस विकल्प के साथ बदलें, जो पहली जोड़ी पर लागू तर्क का अनुसरण करता है।
Plant : Seed :: Flower : ?
(a) Beautiful (b) Bud
(c) Green (d) Taste

53. सही विकल्प चुनें जो दी गई छवि के पैटर्न को पूरा करेगा।

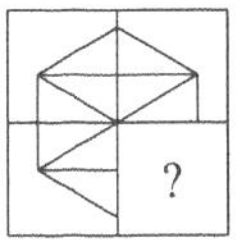

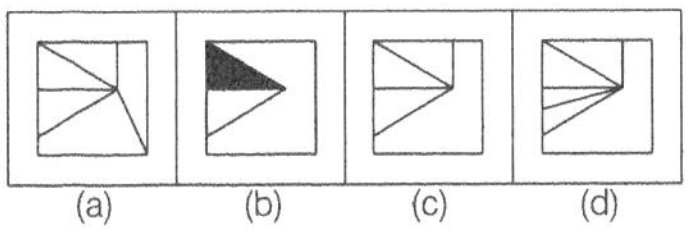

(a) (b) (c) (d)

54. शृंखला में अगली संख्या चुनें।
15, 20, 40, 45, 90, ?
(a) 93 (b) 92
(c) 94 (d) 95

55. इस प्रश्न में तीन कथन और उनसे सम्बन्धित तीन निष्कर्ष दिए गए हैं, आपको कथनों में दी गई बातों को सत्य मानते हुए दोनों निष्कर्षों पर एक साथ विचार करना है और यह निश्चित करना है कि कथनों में दी गई जानकारी से किसी उचित सन्देह से परे कौन-सा निष्कर्ष तर्कसंगत है?

कथन कुछ गेहूँ, चाय हैं।
कुछ चाय, चावल हैं।
सभी चावल, करी हैं।

निष्कर्ष I कुछ करी चाय हैं।
II कुछ करी गेहूँ हैं।
III सभी चावल चाय हैं।
(a) केवल निष्कर्ष I तर्कसंगत है
(b) केवल निष्कर्ष II और III तर्कसंगत है
(c) केवल निष्कर्ष I और III तर्कसंगत है
(d) या तो निष्कर्ष II या III तर्कसंगत है

निर्देश (प्र.सं. 56) *दी गई सूचना को ध्यान से पढ़ें और दिए गए प्रश्न का उत्तर दें।*

8 व्यक्ति M, N, O, P, Q, R, S और T वृत्ताकार मेज के चारों तरफ बाहर की ओर मुँह किए बैठे हैं (जरूरी नहीं कि उसी क्रम में) इस तरह से कि उनमें से प्रत्येक के बीच समान दूरी है। इनमें से 5 पुरुष और 3 महिलाएँ हैं। कोई भी दो महिला एकसाथ नहीं बैठी हैं।
(i) M, जो पुरुष है, S के विपरीत बैठा है।
(ii) T और N पड़ोसी हैं।
(iii) N, O के दाएँ से तीसरे स्थान पर बैठा है, जो एक महिला हैं।
(iv) M, ना तो O का पड़ोसी है और ना ही N का पड़ोसी है।
(v) एक व्यक्ति, S और N के बीच में बैठा है।
(vi) P, M की पड़ोसी नहीं है, लेकिन R के विपरीत बैठी है।

56. निम्न में से किस विकल्प में पुरुषों की एक जोड़ी है?
(a) RO (b) TS
(c) NP (d) QM

57. शृंखला में अगली संख्या चुनें।
52, 53, 57, 66, 82, ?
(a) 109 (b) 114
(c) 107 (d) 112

58. दिए हुए चित्रों के अनुसार पासे की प्रत्येक सतह पर 6 अक्षर A, B, C, D, E और F अंकित है। जिस सतह पर E अक्षर अंकित है, उसके विपरीत वाली सतह पर कौन-सा अक्षर अंकित होगा?

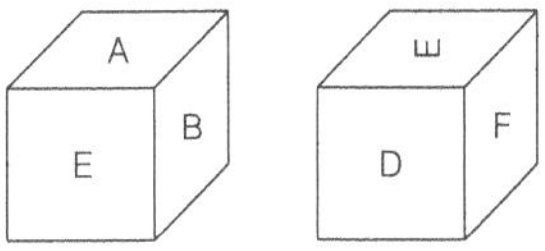

(a) C (b) A
(c) F (d) B

59. दी गई शृंखला में आगे आने वाले उपयुक्त चित्र का चयन विकल्पों से कीजिए।

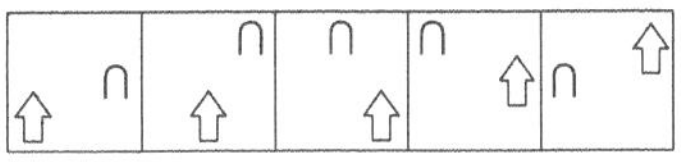

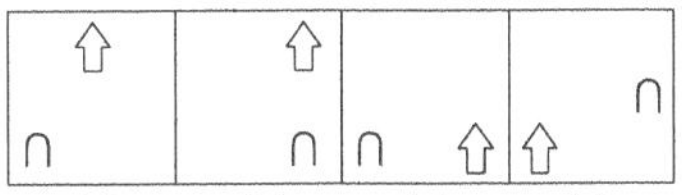

(a) (b) (c) (d)

60. निम्नलिखित तर्क को पढ़ें और दिए गए प्रश्न का उत्तर दें।

A @ B मतलब A, B का पति है।

A # B मतलब A, B की पत्नी है।

A $ B मतलब A, B का बेटा है।

A % B मतलब A, B की बेटी है।

समीकरण X%Y@ Z %W में, X के पिता W से कैसे सम्बन्धित है?

(a) दामाद (b) कजिन
(c) पिता (d) नेफ्यू

61. प्रश्नचिह्न को उस विकल्प के साथ बदलें, जो पहली जोड़ी पर लागू तर्क का अनुसरण करता है।

Television : Electricity :: Car : ?

(a) Tyre (b) Fuel (c) Brake (d) Water

निर्देश (प्र. सं. 62 और 63) *दी गई सूचना को ध्यान से पढ़ें और दिए गए प्रश्नों का उत्तर दें।*

8 व्यक्ति M, N, O, P, Q, R, S और T वृत्ताकार मेज के गिर्द बाहर की ओर मुँह किए बैठे हैं (जरूरी नहीं कि उसी क्रम में) इस तरह से कि उनमें से प्रत्येक के बीच समान दूरी है। इनमें से 5 पुरुष और 3 महिलाएँ हैं। कोई भी दो महिला एक साथ नहीं बैठी हैं।

(i) M, जो पुरुष है, S के विपरीत बैठा है।
(ii) T और N पड़ोसी हैं।
(iii) N, O के दाएँ से तीसरे स्थान पर बैठा है जो एक महिला हैं।
(iv) M, ना तो O का पड़ोसी है ना ही N का पड़ोसी है।
(v) एक व्यक्ति S और N के बीच में बैठा है।
(vi) P, M की पड़ोसी नहीं है, लेकिन R के विपरीत बैठी है।

62. N के बाएँ से गिनते हुए S और N के बीच कितने लोग बैठे हैं?

(a) 3 (b) 4
(c) 5 (d) 1

63. व्यवस्था के सम्बन्ध में, निम्नलिखित में से कौन-सा कथन गलत है?

(a) R, S के दाएँ से तीसरे स्थान पर बैठा है
(b) S और P पड़ोसी हैं
(c) Q और N एक-दूसरे के विपरीत बैठे हैं
(d) S और N महिलाएँ हैं

64. इस प्रश्न में एक कथन और उनसे सम्बन्धित दो निष्कर्ष I और II के रूप में दिए गए हैं, आपको कथनों में दी गई बातों को सत्य मानते हुए, दोनों निष्कर्षों पर एक साथ विचार करना है और यह निश्चित करना है, कि कथनों में दी गई जानकारी का किसी उचित सन्देह से परे कौन-सा निष्कर्ष तर्कसंगत है?

कथन प्रत्येक सोमवार, एक कार्य दिवस है। आज एक कार्य दिवस है।

निष्कर्ष

I. आज सोमवार है।

II. केवल सोमवार एक कार्य दिवस है।

निम्नलिखित विकल्पों में से सही चुनें।

(A) केवल निष्कर्ष I तर्कसंगत है
(B) केवल निष्कर्ष II तर्कसंगत है
(C) या तो निष्कर्ष I या तो II तर्कसंगत है
(D) न तो निष्कर्ष I और न ही II तर्कसंगत है
(E) निष्कर्ष I और II दोनों तर्कसंगत है

(a) B (b) E (c) A (d) D

65. इस प्रश्न में एक गद्यांश और उससे सम्बन्धित एक कथन दिया गया है। गद्यांश को ध्यानपूर्वक पढ़िए और उसके आधार पर कथन की समीक्षा कीजिए।

पुणे म्युनिसिपल कॉरपोरेशन (पीएमसी) और महाराष्ट्र मेट्रो रेल कॉरपोरेशन (महाराष्ट्र-मेट्रो) ने नेशनल मोनुमेण्ट अथॉरिटी (एनएमए) के अनुसार आगा खान पैलेस की रक्षा के लिए अहमदनगर रोड पर मेट्रो परियोजना के संरेखण को बदलने का फैसला किया, तो अब परियोजना की लागत सिविल कार्य के लिए ₹ 50 करोड़ तक बढ़ जाएगी और कॉरिडोर की लम्बाई 900 मी तक बढ़ जाएगी।

मेट्रो के अधिकारी अतुल गाडगील और प्रकाश वाघमारे ने मीडिया के लोगों को शुक्रवार को इस निर्णय की जानकारी दी। "आगा खान पैलेस के पास मेट्रो कॉरिडोर में कुछ बदलाव होंगे और मार्ग की लम्बाई अब 900 मी तक बढ़ जाएगी", मेट्रो अधिकारी ने इसकी पुष्टि की। पीएमसी को अभी नियोजित मार्ग के लिए अन्तिम मंजूरी देना बाकी है।

कथन पुणे म्युनिसिपल कॉरपोरेशन (पीएमसी) ने महाराष्ट्र-मेट्रो द्वारा सुझाए गए संरेखण परिवर्तनों को मंजूरी दे दी है।

निम्न विकल्पों में से एक उपयुक्त विकल्प चुनें।

(a) कथन निश्चित रूप से सत्य है।
(b) कथन सम्भवतः सत्य है।
(c) कथन निर्धारित नहीं किया जा सकता है।
(d) कथन निश्चित रूप से गलत है।

66. दिए गए चित्र में कितने वर्ग हैं?

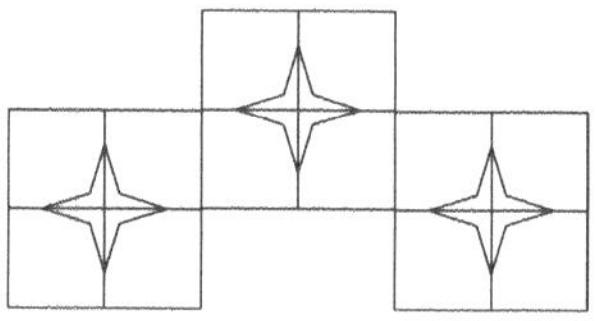

(a) 8 (b) 15
(c) 13 (d) 10

67. एक निश्चित कोड भाषा में, यदि BROKE को UEKHN लिखा जाता है, तो उसी कोड भाषा में, MIXER को कैसे लिखा जाएगा?

(a) LPAUH
(b) LPTUH
(c) MQSVI
(d) MQUVI

68. इस प्रश्न में सम्बन्ध दर्शाने वाले, तीन कथन दिए गए हैं, उनके बाद तीन निष्कर्ष I, II और III दिए गए है। कथनों को सत्य मानते हुए यह निश्चित कीजिए कि कथनों के सम्बन्ध में कौन-सा/से निष्कर्ष पूर्णतः सत्य है/हैं।

कथन

$C \leq U < E$; $C = O > M \geq T$; $M = A > L$

निष्कर्ष

I. $E > M$ II. $C \geq T$

II. $L > T$

(a) केवल निष्कर्ष III सत्य हैं
(b) सभी निष्कर्ष सत्य हैं
(c) केवल निष्कर्ष I सत्य है
(d) निष्कर्ष I और II दोनों सत्य है

69. दिए गए विकल्पों में से सही विकल्प चुनें, जो एक पूर्ण वर्ग बना सकते हैं। (5 छवियों में से 3 नीचे दी गई हैं)

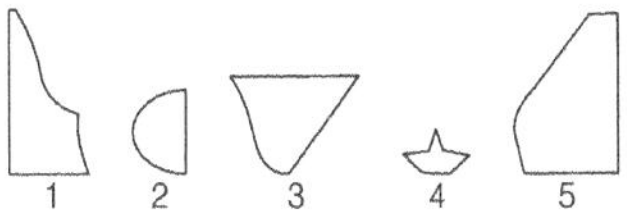

(a) 1, 3, 5 (b) 1, 2, 3
(c) 1, 4, 5 (d) 2, 3, 4

70. निम्नलिखित पाँच में से चार एक निश्चित तरीके से समान है, इसलिए एक समूह बनाते हैं। इनमें से कौन-सा जो एक समूह से सम्बन्धित नहीं है?

Q, M, I, S, T

(a) T (b) S
(c) Q (d) M

71. प्रश्नचिह्न को उस विकल्प के साथ बदलें, जो पहली जोड़ी पर लागू तर्क का अनुसरण करता है।

Q : H :: S : ?

(a) J (b) A
(c) F (d) M

72. एक निश्चित कोड भाषा में, यदि ANNOY को ZMMLB लिखा जाता है, तो उसी कोड भाषा में, SOUND को कैसे लिखा जाएगा?

(a) HFLMW (b) HLFMW
(c) HLFWN (d) HLFWM

73. कीर्ति की ग्रैण्डमदर, विवेक की माता के पति, मनीष की माँ हैं। वीनू, कीर्ति के पिता हैं। कीर्ति की माँ, विवेक से कैसे सम्बन्धित है?

(a) ग्रैण्डमदर (b) आण्ट
(c) माँ (d) कजिन

74. दी गई आकृति से कितने समकोण त्रिभुज बनाए जा सकते हैं?

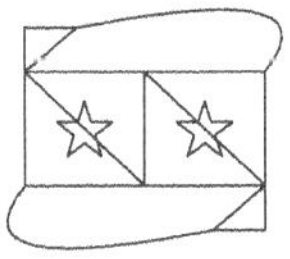

(a) 5 (b) 4
(c) 3 (d) 6

75. यदि एक दर्पण छायांकित रेखा पर रखा गया है, तो निम्न में से कौन-सा विकल्प, दी गई आकृति की सही छवि है?

PIGGLET |

(a) TƎ⅃ƏƏIP (b) ⊥Ǝ⅃ƆƆIꟼ
(c) TƎ⅃ƏƏIꟼ (d) ЬIƆƆΓE⊥

76. इस प्रश्न में कथन में विभिन्न तत्त्वों के बीच सम्बन्ध दिखाया गया है। कथन के बाद दो निष्कर्ष दिए गए है।

कथन $M \leq N < O \geq P < Q$

निष्कर्ष

1. $M \geq P$ 2. $O > M$

निम्नलिखित विकल्पों में से सही विकल्प चुनें।

(A) केवल निष्कर्ष I तर्कसंगत है
(B) केवल निष्कर्ष II तर्कसंगत है
(C) या तो निष्कर्ष I या तो II तर्कसंगत है
(D) ना तो निष्कर्ष I और न ही II तर्कसंगत है
(E) निष्कर्ष I और II दोनों तर्कसंगत है

(a) C (b) D
(c) A (d) B

77. इस प्रश्न में दो कथन और उनसे सम्बन्धित दो निष्कर्ष I और II के रूप में दिए गए हैं, आपको कथनों में दी गई बातों को सत्य मानते हुए, दोनों निष्कर्षों पर एक साथ विचार करना है और यह निश्चित करना है, कि कथनों में दी गई जानकारी का किसी उचित सन्देह से परे कौन-सा निष्कर्ष तर्कसंगत है?

कथन सभी सागौन बरगद हैं।
सभी बरगद लकड़ी हैं।

निष्कर्ष I. सभी लकड़ी, सागौन हैं।
II. कुछ बरगद, सागौन हैं।

निम्नलिखित विकल्पों में से उचित विकल्प चुनें।

(A) केवल निष्कर्ष I तर्कसंगत है
(B) केवल निष्कर्ष II तर्कसंगत है
(C) या तो निष्कर्ष I या निष्कर्ष II तर्कसंगत है
(D) ना तो निष्कर्ष I ना ही II तर्कसंगत है
(E) I और II दोनों निष्कर्ष तर्कसंगत है

(a) C (b) E
(c) B (d) A

78. निम्नलिखित श्रेणी में पाँच समूह में से चार समूह एक निश्चित तरीके से समान है इसलिए एक समूह बनाते हैं। इनमें से कौन-सा समूह ऐसा है, जो इस समूह से सम्बन्धित नहीं है?

RNJ, LHD, KGC, MIE, PKF

(a) PKF (b) RNJ
(c) KGC (d) LHD

79. दिए गए विकल्पों में से, दिए गए प्रश्न का सही जल प्रतिबिम्ब चुनें।

HINDI

(a) HIИDI (b) IDИIH
(c) HINꓷI (d) HIИꓷI

80. शृंखला में अगली संख्या चुनें।

61, 63, 66, 71, 78, ?

(a) 98 (b) 89
(c) 90 (d) 80

81. प्रश्नचिह्न को उस विकल्प के साथ बदलें, जो पहली जोड़ी पर लागू तर्क का अनुसरण करता है।

2018 : 22 : : 2022 : ?

(a) 14 (b) 12
(c) 16 (d) 10

82. निम्नलिखित पाँच में से चार एक निश्चित तरीके से समान है, इसलिए एक समूह बनाते हैं, इनमें से कौन-सा समूह है, जो इस समूह से सम्बन्धित नहीं है?

Liquid, Concrete, Solution, Fluid, Juice

(a) Juice
(b) Solution
(c) Concrete
(d) Fluid

83. दिए हुए चित्र में कितनी सीधी रेखाएँ हैं?

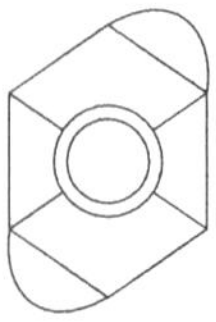

(a) 14 (b) 10
(c) 12 (d) 16

84. श्रृंखला में अगली संख्या चुनें।
16, 33, 68, 139, 282, ?
(a) 569 (b) 560
(c) 585 (d) 570

85. एक लड़की को दर्शाते हुए एक महिला कहती है कि "वह मेरे दामाद की पत्नी की बेटी के भाई की बेटी है।" तो वह महिला, उस लड़की से कैसे सम्बन्धित है?
(a) माता (b) ग्रेट ग्रैण्डमदर
(c) आण्ट (d) ग्रैण्डमदर

86. यद एक वृत्त की त्रिज्या 19 गुना कर दी जाती है, तो इसकी परिधि, पिछली परिधि की कितनी गुना हो जाएगी?
(a) 20 (b) 19
(c) 21 (d) 18

87. किसी वस्तु को ₹ 440 में बेचने पर उसी वस्तु को ₹ 1000 में बेचने पर प्राप्त लाभ के 60% की हानि होती है। उस वस्तु का क्रय मूल्य ज्ञात कीजिए। (₹ में)
(a) 650 (b) 680
(c) 660 (d) 670

88. दो संख्याओं का गुणनफल बताओ, जिनका, LCM 9017 और HCF 1 है।
(a) 9015 (b) 9011
(c) 9017 (d) 9013

89. 84 लीटर के मिश्रण में, दूध और पानी का अनुपात 3 : 4 है। यदि यह अनुपात बदलकर 3 : 5 हो जाता है, तो मिश्रण में मिलाए जाने वाले अतिरिक्त पानी की मात्रा (लीटर में) बताएँ।
(a) 11 (b) 13
(c) 14 (d) 12

90. मार्टिन ने अपने वेतन का 13% दृष्टिहीन लोगों के लिए काम करने वाले संस्थान को दान किया, अपने वेतन का 12% अनाथालय को, अपने वेतन का 14% शारीरिक रूप से विकलांग लोगों के लिए काम करने वाली संस्थान को और अपने वेतन का 16% चिकित्सकीय सहायता करने वाली संस्थान को। वेतन की बची हुई राशि ₹ 42750 को मासिक खर्च के लिए बैंक में जमा किया। अनाथालय में दान की गई राशि ज्ञात करें।
(a) ₹ 14400 (b) ₹ 13400
(c) ₹ 11400 (d) ₹ 12400

निर्देश (प्र.सं. 91) *निम्न बार ग्राफ का अध्ययन कीजिए और उसके आधार पर प्रश्न का उत्तर दीजिए।*

एक पब्लिशिंग कम्पनी की पाँच शाखाओं की दो क्रमागत वर्षों 2010 और 2011 में हुई पुस्तकों की बिक्री (हजार में) दी गई है।

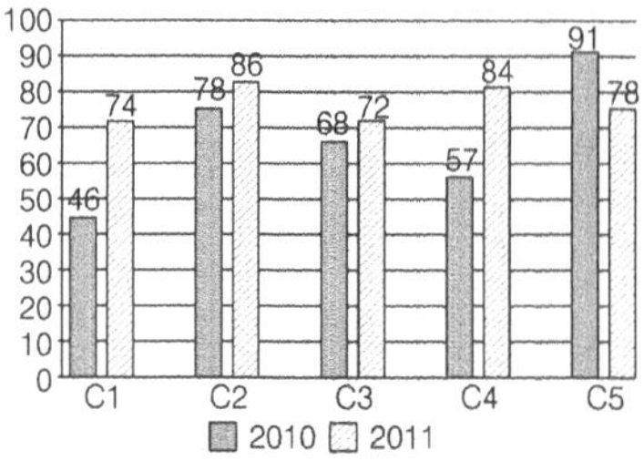

91. वर्ष 2010 में, सभी शाखाओं की बिक्री का औसत (हजार में) ज्ञात कीजिए।
(a) 72 (b) 68
(c) 66 (d) 74

92. एक व्यक्ति साइकिल से 15 किमी/घण्टा की गति से छात्रावास से कॉलेज जाता है और 4.5 मिनट की देरी से पहुँचता है। यदि वह 20 किमी/घण्टा की तेज गति से साइकिल चलाता है, तो 4.5 मिनट पहले पहुँच जाता है। छात्रावास और कॉलेज के बीच की दूरी बताइए। (किमी में)
(a) 8 (b) 6
(c) 9 (d) 7

93. एक बॉक्स में तीन अलग-अलग प्रकार के पुराने सिक्के 3:5:7 के अनुपात में हैं, पुराने सिक्कों के मूल्य क्रमशः ₹ 1, ₹ 5 और ₹ 10 है। यदि बॉक्स में रखे सिक्कों की कुल कीमत ₹ 686 है, तो ₹ 10 के पुराने सिक्कों की संख्या बताइए।
(a) 48 (b) 51
(c) 50 (d) 49

94. ₹ 7600 की राशि 8% की वार्षिक दर से साधारण ब्याज पर निवेश की जाती है। यदि 5 वर्ष बाद राशि निकाली गई और कुल राशि की आधी राशि शेयर बाजार में निवेश कर दी गई, तो बची हुई राशि बताइए।
(a) ₹ 5420 (b) ₹ 5220
(c) ₹ 5210 (d) ₹ 5320

निर्देश (प्र.सं. 95) *निम्न बार ग्राफ का अध्ययन कीजिए और उसके आधार पर प्रश्न का उत्तर दीजिए।*

एक पब्लिशिंग कम्पनी की पाँच शाखाओं की दो क्रमागत वर्षों 2010 और 2011 में हुई पुस्तकों की बिक्री (हजार में) दी गई है।

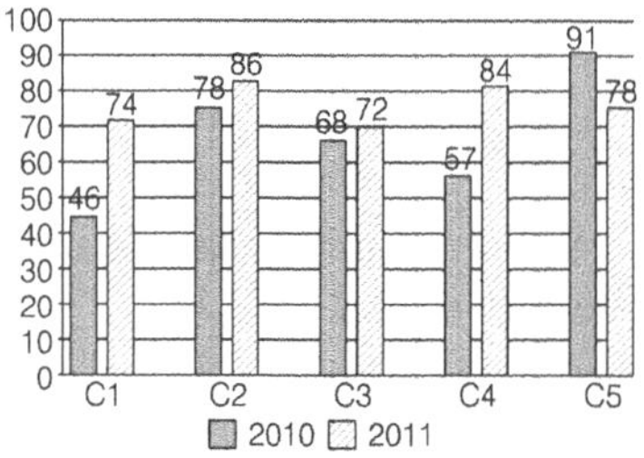

95. शाखा C2 की दोनों वर्षों में हुई कुल बिक्री और शाखा C4 की दोनों वर्षों में हुई कुल बिक्री का अनुपात ज्ञात कीजिए।
(a) 163 : 140 (b) 161 : 138
(c) 164 : 141 (d) 162 : 139

96. जब कोई संख्या 119 से विभाजित होती है, तो शेषफल 10 बचता है। उसी संख्या को, जब 17 से विभाजित किया जाए, तो शेषफल क्या होगा?
(a) 7 (b) 9
(c) 8 (d) 10

97. हल करें,
$(324)^2 \times 72 \div (18)^5 \times 1021 = ?$
(a) 4054 (b) 4064
(c) 4074 (d) 4084

98. 375 ! में अनुगामी शून्य (trailing zeros) बताएँ।
(a) 93 (b) 94
(c) 92 (d) 91

99. एक दुकानदार किसी वस्तु के क्रय मूल्य में 46% की बढ़ोत्तरी करके उस पर मूल्य अंकित करने के पश्चात्, उसकी बिक्री के लिए अंकित मूल्य पर 46% की छूट देता है, तो उसे होने वाले कुल प्रतिशत लाभ/हानि को ज्ञात कीजिए।
(a) 21.16% लाभ (b) 20.04% हानि
(c) 20.04% लाभ (d) 21.16% हानि

100. शीशे के वर्ग के टुकड़े का सम्पूर्ण क्षेत्रफल 1444 सेमी^{2} है, जोकि एक मेज के ऊपर रखा गया है। मेज और काँच के टुकड़े की धार के बीच की चौड़ाई 9 सेमी है। मेज की लम्बाई बताएँ (सेमी में)।
(a) 54 (b) 58
(c) 52 (d) 56

101. 204 मी लम्बे पुल को पार करने में एक ट्रेन 57 सेकण्ड का समय लेती है। यदि वही ट्रेन एक संकेत बोर्ड को पार करने के लिए 23 सेकण्ड का समय लेती है, तो ट्रेन की लम्बाई बताइए (मी में)।
(a) 138 (b) 128
(c) 118 (d) 148

102. कोई राशि चक्रवृद्धि ब्याज की दर से 4 वर्ष में स्वंय की तिगुनी हो जाती है, कितने वर्ष में ये स्वंय की 2187 गुनी हो जाएगी?
(a) 22 (b) 26
(c) 28 (d) 24

103. एक व्यक्ति एक समबाहु त्रिभुजाकार मैदान की सतह पर 16 किमी/घण्टा, 24 किमी/घण्टा और 12 किमी/घण्टा की गति से यात्रा करता है। सम्पूर्ण यात्रा की औसत गति ज्ञात कीजिए (किमी/घण्टा में)।
(a) 16 (b) 17
(c) 15 (d) 18

104. एक दुकानदान एक उत्पाद को ₹ 2367 में बेचता है और 12.5% लाभ कमाता है, उस राशि को बताएँ जो उत्पाद के क्रय मूल्य के आधे के बराबर है (₹ में)।
(a) ₹ 1052 (b) ₹ 1062
(c) ₹ 1042 (d) ₹ 1032

105. आमिर ने 4 बच्चों के बीच में 875 उपहार बाँटे। पहले बच्चे का हिस्सा दूसरे बच्चे के हिस्से का दोगुना, तीसरे बच्चे के हिस्से का तिगुना और चौथे बच्चे के हिस्से के चार गुना के बराबर है। पहले और दूसरे बच्चे द्वारा प्राप्त कुल उपहारों का योग बताएँ।
(a) 610 (b) 630
(c) 620 (d) 640

106. एक उपहार बॉक्स में 10 चूड़ियाँ हैं। पहली 4 चूड़ियों का औसत वजन 57 ग्राम और शेष बची 6 चूड़ियों का औसत वजन 58 ग्राम हैं। सभी चूड़ियों का औसत वजन बताएँ। (ग्राम में)
(a) 57.4 (b) 57.2
(c) 57.6 (d) 57.8

107. एक बॉक्स में रखी 71 नोटबुक का औसत वजन 7.1 किग्रा है। जब बॉक्स में एक नई नोटबुक रखी जाती है, तो औसत वजन 7.2 किग्रा हो जाता है। नई नोटबुक का वजन बताएँ (किग्रा में)।
(a) 14.3 (b) 14.6
(c) 14.4 (d) 14.5

108. एक बल्ब उत्पादक कम्पनी ने कुल उत्पाद का 13% उत्पाद दोषपूर्ण पाया। यदि गैर दोषपूर्ण उत्पादों की कुल संख्या 4959 हो, तो कुल दोषपूर्ण उत्पादों की संख्या बताएँ।
(a) 751 (b) 731
(c) 741 (d) 761

109. x का मान ज्ञात करें।
$$\frac{2}{5}x + \frac{3}{10}x - \frac{3}{5}x = 531$$
(a) 5210 (b) 5410
(c) 5310 (d) 5510

110. विमल ने फ्रेन्च में 80 में से 72 अंक प्राप्त किए, अंग्रेजी में 100 में से 91, स्पेनिश में 70 में से 63 और जापानी में 50 में से 44 प्राप्त किए। उसके द्वारा प्राप्त किया गया कुल प्रतिशत क्या था?
(a) 70% (b) 100%
(c) 80% (d) 90%

111. शीला अपनी सामान्य गति के (20/21) वीं गति से चलकर, एक निश्चित दूरी सामान्य गति में लगने वाले समय से 6 मिनट अधिक में तय कर पाती है। उसके द्वारा निश्चित दूरी तय करने में लगने वाले सामान्य समय की गणना कीजिए।
(a) 130 मिनट (b) 120 मिनट
(c) 140 मिनट (d) 150 मिनट

112. $26\sqrt{3}$ सेमी विकर्ण वाले घन को पिघलाकर घनाभ बनाने पर उसकी ऊँचाई कितनी होगी, यदि घनाभ की लम्बाई घन की भुजा के बराबर है और घनाभ की चौड़ाई 13 सेमी है?
(a) 52 सेमी (b) 54 सेमी
(c) 53 सेमी (d) 55 सेमी

113. x का मान ज्ञात करें।
$\sqrt{441} \div 21 + \sqrt{484} = 1 \times x$
(a) 26 (b) 25
(c) 23 (d) 24

114. कक्षा में उपस्थित छात्रों में 378 मोबाइलों को एक समान रूप से कितने प्रकार से बाँटा जा सकता है?
(a) 18 (b) 16 (c) 14 (d) 12

115. एक अंग्रेजी मूल की कम्पनी की एक सहयोगी परियोजना में 629 पुरुष और 629 महिला कर्मचारी है। सभी कर्मचारियों के द्वारा अटेण्ड की गई कॉल का औसत 72 कॉल प्रतिदिन है। एक पुरुष कर्मचारी द्वारा प्रतिदिन औसतन 72 कॉल अटेण्ड की जाती हैं। महिला कर्मचारी द्वारा प्रतिदिन अटेण्ड की जाने वाली कॉल का औसत क्या होगा?
(a) 72 (b) 74 (c) 71 (d) 73

116. स्टेशन मास्टर निर्णय करता है, कि आयताकार डिजिटल बोर्ड की लम्बाई 4% बढ़ा दी जाए और चौड़ाई 6% घटा दी जाए। क्षेत्रफल में हुए कुल परिवर्तन का पता करें।

(a) 1.24% कमी (b) 2.24% वृद्धि
(c) 2.24% कमी (d) 1.24% वृद्धि

117. चक्रवृद्धि ब्याज और साधारण ब्याज पर 2 वर्षों के लिए निवेश की गई समान राशि पर अर्जित ब्याज के बीच का अन्तर ₹ 76 है। यदि ब्याज दर 4% वार्षिक हो, तो निवेशित राशि की गणना कीजिए।

(a) ₹ 51500 (b) ₹ 47500
(c) ₹ 48500 (d) ₹ 49500

118. हल करें।

$15.73 + 13.25 + 16.73 - 28.64 = 3 \times ?$

(a) 5.69 (b) 5.49
(c) 5.59 (d) 5.79

निर्देश (प्र.सं. 119) *निम्न बार ग्राफ का अध्ययन कीजिए और उसके आधार पर प्रश्न का उत्तर दीजिए।*

एक पब्लिशिंग कम्पनी की पाँच शाखाओं की दो क्रमागत वर्षों 2010 और 2011 में हुई पुस्तकों की बिक्री (हजार में) दी गई है।

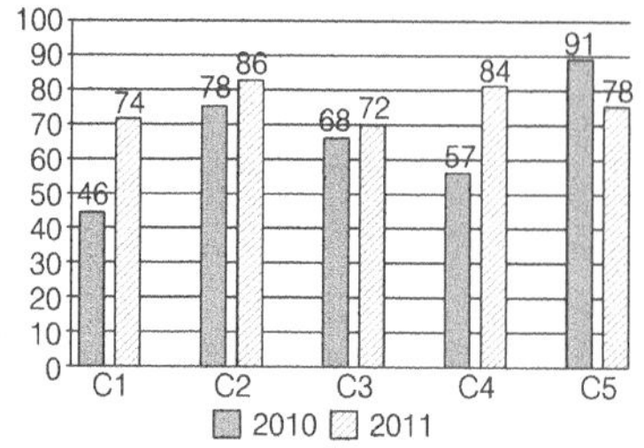

119. दोनों वर्षों में कम्पनी की शाखाओं C1, C3 और C5 की मिलाकर कुल बिक्री (हजार में) ज्ञात कीजिए।

(a) ₹ 439 (b) ₹ 419
(c) ₹ 429 (d) ₹ 409

120. हमीद, क्लीमेण्ट और गणेश के वेतन का अनुपात क्रमशः 3:5:7 है। यदि गणेश को हमीद से ₹ 892 ज्यादा मिल रहे है, क्लीमेण्ट का वेतन क्या है? (₹ में)

(a) 1145
(b) 1115
(c) 1125
(d) 1135

उत्तरमाला

1	(c)	2	(d)	3	(c)	4	(b)	5	(b)	6	(b)	7	(b)	8	(a)	9	(a)	10	(b)
11	(d)	12	(d)	13	(b)	14	(d)	15	(b)	16	(b)	17	(a)	18	(d)	19	(b)	20	(a)
21	(d)	22	(b)	23	(c)	24	(d)	25	(d)	26	(b)	27	(b)	28	(b)	29	(b)	30	(b)
31	(b)	32	(b)	33	(d)	34	(a)	35	(b)	36	(d)	37	(a)	38	(b)	39	(a)	40	(c)
41	(d)	42	(b)	43	(a)	44	(c)	45	(a)	46	(b)	47	(a)	48	(a)	49	(c)	50	(c)
51	(a)	52	(b)	53	(c)	54	(d)	55	(a)	56	(d)	57	(c)	58	(a)	59	(a)	60	(a)
61	(b)	62	(d)	63	(a)	64	(d)	65	(d)	66	(b)	67	(b)	68	(c)	69	(a)	70	(a)
71	(a)	72	(a)	73	(b)	74	(d)	75	(c)	76	(b)	77	(c)	78	(a)	79	(a)	80	(b)
81	(b)	82	(c)	83	(b)	84	(a)	85	(b)	86	(b)	87	(a)	88	(c)	89	(d)	90	(c)
91	(b)	92	(c)	93	(d)	94	(d)	95	(c)	96	(d)	97	(d)	98	(a)	99	(d)	100	(d)
101	(a)	102	(c)	103	(a)	104	(a)	105	(b)	106	(c)	107	(a)	108	(c)	109	(c)	110	(d)
111	(b)	112	(a)	113	(c)	114	(b)	115	(a)	116	(c)	117	(b)	118	(a)	119	(c)	120	(b)

संकेत एवं हल

1. (c) उद्योग आधार मेमोरैण्डम योजना का मुख्य उद्देश्य व्यवसाय करने में आसानी को बढ़ावा देना है। सामान्यतः यह एक ऐसी प्रक्रिया है, जिसके अन्तर्गत कोई व्यक्ति केवल एक पृष्ठ का फॉर्म भरकर अपने उद्योग को पंजीकृत करा सकता है। इसमें ऑनलाइन पंजीकरण की सुविधा निशुल्क है। यह योजना सूक्ष्म, लघु एवं मध्यम उद्योग (MSME) विभाग द्वारा क्रियान्वित की जा रही है।

2. (d) ट्रान्स-साइबेरियाई रेलवे रूस का सबसे बड़ा तथा विश्व का दूसरा सबसे बड़ा रेलमार्ग है, जो सेण्ट पीटर्सबर्ग को व्लादिवोस्तोक से जोड़ता है। इस रेलवे की कुल लम्बाई 9200 किलोमीटर (5716 मील) है।

3. (c) महमूद बेगदा (महमूद शाह प्रथम) क्षेत्रीय साम्राज्य गुजरात के प्रसिद्ध सुल्तान थे। इनकी राजधानी चम्पानेर थी। इसने जूनागढ़ एवं पावागढ़ के किलों पर आक्रमण कर उस पर अपना अधिकार किया, जिससे इनका नाम 'बेगड़ा' पड़ा। यह खाने का बहुत शौकीन था।

4. (b) 1 जुलाई, 2017 से लागू हुआ वस्तु एवं सेवा कर (जीएसटी) अन्तर्राज्यीय वस्तु एवं सेवाओं के लेन-देन पर लगाया जाता है तथा वैट (VAT) विधि द्वारा एकत्रित किया जाता है। इससे पूरे देश में एक वस्तु के ऊपर जीएसटी की दर एक ही होती है। इसके तहत राज्यों को राजस्व नुकसान के लिए पाँच वर्षों के लिए मुआवजे का प्रावधान किया गया है।

उल्लेखनीय है कि विश्व में सर्वप्रथम फ्रांस ने वर्ष 1954 में जीएसटी लागू किया था।

5. (b) गतिज श्यानता की इकाई पॉइज है। इसका नाम जीन लियोनार्ड मैरी पोइजुइले के नाम पर रखा गया है। पॉइज का प्रतीक (P) है।

6. (b) अफ्रीका महाद्वीप को 'द डार्क महाद्वीप' के नाम से भी जाना जाता है। यह विश्व का दूसरा सबसे बड़ा (प्रथम-एशिया) महाद्वीप है, जो जिब्राल्टर जलसन्धि द्वारा यूरोप से पृथक् होता है। अफ्रीका एकमात्र ऐसा महाद्वीप है, जिससे कर्क वृत्त, मकर वृत्त एवं विषुवत् वृत्त तीनों होकर गुजरते हैं।

7. (b) पहाड़ियों की निचली सतह और घाटियों की रेती में मिट्टी के रूप में जमा खनिज प्लेसर डिपाजिट कहलाते हैं। यह मूल्यवान खनिजों का एक प्राकृतिक संचय है, जिसका निर्माण तलछटी प्रक्रियाओं के दौरान गुरुत्वाकर्षण प्रभाव से होता है। सोने के निष्कर्षण में प्लेसर खनन का महत्त्वपूर्ण योगदान होता है।

8. (a) ग्रीनलैण्ड उत्तरी अमेरिका महाद्वीप के अन्तर्गत आता है। यह क्षेत्रफल के अनुसार, विश्व का 12वाँ सबसे बड़ा देश है। इसका अधिकांश भाग वर्ष भर बर्फ से ढ़का रहता है।

9. (a) आधुनिक ओलम्पिक खेलों का प्रारम्भ 1896 ई. में फ्रांस के बैरोन पियरे डि कोबार्टिन के प्रयासों से यूनान के एथेन्स शहर में हुआ था। इनका आयोजन प्रति चार वर्ष के अन्तराल पर 16 दिन के लिए होता है।

10. (b) बीहड़ (Ravines) सामान्यतः चम्बल नदी के बेसिन में पाए जाते हैं। ये उत्तर प्रदेश, मध्य प्रदेश एवं राजस्थान राज्यों में विस्तृत हैं। चम्बल का यह क्षेत्र अत्यधिक मृदा कटाव एवं निम्न कृषि उत्पादन वाला है।

11. (d) दुनिया का सबसे अधिक वर्षा वाला स्थान मौसिनराम (मेघालय) है। यहाँ 1221 सेमी वर्षा होती है। यह विश्व के सर्वाधिक नम स्थानों में से एक है।

12. (d) 1893 ई. में केन्द्र एवं राज्य के सम्बन्धों के निर्धारण के लिए बनाए गए प्रथम तीन सदस्यीय आयोग की अध्यक्षता आर.एस. सरकारिया ने की थी। वी.शिवरामन एवं एम.आर.सेन इस आयोग के दो अन्य सदस्य थे। इस आयोग का प्रमुख कार्य केन्द्र एवं राज्य सरकार के मध्य सभी व्यवस्थाओं एवं कार्य पद्धतियों का परीक्षण करने तथा इससे सम्बन्धित उचित परिवर्तन व प्रमाणिक सिफारिश प्रदान करना था।

13. (b) 'रिले' शब्द रनिंग (दौड़) से सम्बन्धित है। यह एक दौड़ प्रतियोगिता है, जिसमें एक टीम के सदस्य बारी-बारी से भाग लेते हुए रेसकोर्स के कुछ हिस्सों को पूरा करते हैं। ओलम्पिक में रिले के निम्न तीन मानक होते हैं

(i) 4×100 मीटर फ्रीस्टाइल रिले

(ii) 4×200 मीटर फ्रीस्टाइल रिले

(iii) 4×100 मीटर मेडले रिले

14. (d) वर्तमान में भारतीय संविधान की 8वीं अनुसूची में 22 भाषाएँ स्वीकृत हैं। मूल रूप से 8वीं अनुसूची में 14 भाषाएँ थीं, जबकि 21वें संविधान संशोधन, 1967 द्वारा सिंधी को, 71वें संविधान संशोधन, 1992 द्वारा कोंकणी, मणिपुरी एवं नेपाली को तथा 92वें संविधान संशोधन, 2003 द्वारा मैथिली, बोडो, डोगरी एवं सन्थाली को शामिल किया गया।

15. (b) हॉर्नबिल त्योहार प्रतिवर्ष नागालैण्ड में मनाया जाता है। इसका आयोजन राज्य पर्यटन, कला एवं संस्कृति विभाग, नागालैण्ड द्वारा कराया जाता है। इस त्योहार को मनाने का मुख्य उद्देश्य नागा जनजातियों को परस्पर परिचित कराने व देश एवं विश्व में नागा समाज एवं संस्कृति का प्रसार करना है।

16. (b) संविधान के अनुच्छेद-280 में वित्त आयोग को अर्द्ध-न्यायिक निकाय के रूप में स्थापित करने का प्रावधान है। वित्त आयोग में राष्ट्रपति द्वारा एक अध्यक्ष एवं चार अन्य सदस्य नियुक्त किए जाते हैं। प्रथम वित्त आयोग के अध्यक्ष के.सी. नियोगी थे, जबकि वर्तमान में इसके अध्यक्ष एन.के.सिंह हैं।

17. (a) राष्ट्रीय भारत परिवर्तन संस्थान (NITI) का गठन 1 जनवरी, 2015 में किया गया था। इसके अध्यक्ष प्रधानमन्त्री हैं। यह आयोग पंचवर्षीय योजनाओं के स्वरूप के सम्बन्ध में परामर्श देता है।

18. (d) प्रसिद्ध पुस्तक कामसूत्र के रचयिता वात्स्यायन थे। यह विश्व की प्रथम यौन संहिता है, जिसमें यौन प्रेम के मनोशारीरिक सिद्धान्तों एवं प्रयोगों की विस्तृत चर्चा की गई है।

19. (b) एक्स-रे की खोज 1895 ई. में विल्हेम कॉनराड रोयेंत्जेन ने की थी, जबकि हेनरी बेकुरल ने 1896 ई. में रेडियो एक्टिवता तथा न्यूटन ने 1687 ई. में गति विषयक नियम की खोज की थी।

20. (a) एक बड़ी सजा को हल्की (लघु) सजा में परिवर्तित करना लघुकरण कहलाता है। संविधान के अनुच्छेद-72 के तहत राष्ट्रपति को किसी अपराध में दोषी पाए गए किसी व्यक्ति को दण्ड के क्षमा करने, उसका प्रतिलम्बन, परिहार एवं लघुकरण की शक्ति प्राप्त है।

21. (d) कार्बन के द्वारा अन्य कार्बन परमाणुओं के साथ सह-संयोजक बन्धन बनाने की विशेषता 'श्रृंखलन' कहलाती है।

22. (b) पहली अन्तर-राज्यीय परिषद् का गठन वर्ष 1990 में सरकारिया आयोग की संस्तुति पर किया गया था। इस अन्तर-राज्यीय परिषद् को राज्यों के मध्य उत्पन्न विवादों की जाँच करने, परामर्श देने तथा सभी राज्यों एवं केन्द्र के समान हित वाले विषयों की जाँच कर विचार-विमर्श करने का अधिकार है।

23. (c) लेपाक्षि मन्दिर आन्ध्र प्रदेश राज्य में स्थित है। इस मन्दिर का निर्माण 1530 ई. में दो भाईयों विरूपन्न नायक एवं विरन्ना द्वारा कराया गया था, जो अच्युत देवराय के शासनकाल में विजयनगर साम्राज्य के गर्वनर थे।

यह मन्दिर भगवान शिव के उग्र स्वरूप वीरभद्र को समर्पित है।

24. (d) खो-खो व्यक्तिगत खेल नहीं है, यह एक सामूहिक खेल है, जिसकी दोनों टीमों में 9-9 खिलाड़ी होते हैं, जबकि लम्बी कूद, स्प्रिण्ट एवं मैराथन व्यक्तिगत खेलों के उदाहरण हैं।

25. (d) 'जय जवान जय किसान' का नारा भारत के दूसरे प्रधानमन्त्री लाल बहादुर शास्त्री (1964-1966) द्वारा दिया गया था, जबकि सरदार वल्लभभाई पटेल का प्रसिद्ध नारा 'एक भारत श्रेष्ठ भारत', इन्दिरा गाँधी का 'गरीबी हटाओ' एवं जवाहरलाल नेहरू का 'आराम हराम है' था।

26. (b) भारत ने वित्तीय वर्ष 1981-82 में अन्तर्राष्ट्रीय मुद्रा कोष (IMF) के साथ विस्तारित निधि सुविधा समझौते पर हस्ताक्षर किए थे।

27. (b) पेरुवियन तटीय प्रदेश से गर्म समुद्री लहरें बहने की घटना एल नीनो कहलाती है। एल नीनो एक जटिल मौसमी घटना है, जो पूर्वी 360 कटिबन्धीय प्रशान्त महासागरीय क्षेत्र में समुद्र के तापमान में भिन्नता के कारण घटित होती है।

28. (b) प्रसिद्ध खिलाड़ी खशाबा जाधव कुश्ती से सम्बन्धित हैं। इन्होंने वर्ष 1952 के ग्रीष्मकालीन ओलम्पिक में कांस्य पदक जीता था। ये ओलम्पिक में व्यक्तिगत पदक जीतने वाले स्वतन्त्र भारत के पहले एथलीट थे।

29. (b) पृथ्वी के घूर्णन के कारण उत्पन्न आभासी बल को कोरिओलिस बल कहा जाता है। इस बल के प्रभाव का सर्वप्रथम वर्णन फ्रांसीसी वैज्ञानिक ने 1844 ई. में किया था। इस बल के प्रभाव से ही उत्तरी गोलार्द्ध में पवनें दाहिनी ओर तथा दक्षिणी गोलार्द्ध में अपने बायीं ओर मुड़ जाती हैं।

30. (b) क्लोराम्फेनिकोल एक एण्टीबायोटिक युक्त क्लोरीन है, जो सूक्ष्मजीवों युक्त द्वारा उत्पादित होता है और टाइफाइड बुखार के इलाज के लिए प्रभावी है।

31. (b) टेबल टेनिस से सम्बन्धित अन्तर्राष्ट्रीय-शासी निकाय अन्तर्राष्ट्रीय टेबल टेनिस महासंघ (ITTF) है। इसका मुख्यालय लौसने, स्विट्जरलैण्ड में स्थित है। इस आयोग के सदस्य बनने वाले भारत के प्रथम खिलाड़ी शरत कमल हैं।

32. (b) स्ट्राम्बोली ज्वालामुखी को भूमध्य सागर का प्रकाश स्तम्भ कहा जाता है।

33. (d) संसद को अधिग्रहण और नागरिकता को समाप्त करने के सम्बन्ध में प्रावधान बनाने एवं उसे लागू करने की शक्ति प्राप्त है।

34. (a) प्रथम प्रशासनिक सुधार आयोग का गठन 5 जनवरी, 1966 को किया गया था। इसके अध्यक्ष मोरारजी देसाई थे। बाद में मोरारजी देसाई के केन्द्रीय मन्त्रिपरिषद् में सम्मिलित होने के पश्चात् इसकी अध्यक्षता के. हनुमंथय्य ने की थी।

35. (b) जीवों की वह घटना पार्थिनोजेनेसिस कहलाती है, जिसमें मादा जननकोष गर्भाधान के बिना नए जीव बनाने के लिए विकसित होता है।

36. (d) सीधी रेखा के सापेक्ष वस्तुओं की गति को सीधी रेखीय गति कहा जाता है।

37. (a) राष्ट्रीय विकास परिषद् का गठन 6 अगस्त, 1952 को किया गया था। इसके अध्यक्ष प्रधानमन्त्री हैं, जबकि सभी राज्यों के मुख्यमन्त्री एवं नीति आयोग के सभी सदस्य इसके पदेन सदस्य होते हैं। राष्ट्रीय विकास परिषद् का मुख्य कार्य केन्द्र राज्य सरकार व नीति आयोग के मध्य सेतु की भाँति कार्य करना है। यह नीति आयोग की संस्तुतियों पर अपनी राय देता है।

38. (b) हड़प्पा (सिन्धु) सभ्यता विश्व की प्राचीन सभ्यताओं में से एक है, जिसकी खोज वर्ष 1921 में रायबहादुर दयाराम साहनी ने की थी। इस सभ्यता के कस्बों को रेक्टेंगुलर ग्रिड पैटर्न में रखा गया था, जिसमें घरों के दरवाजें और खिड़कियाँ सड़क की ओर न खुलकर पिछवाड़े की ओर खुलते थे।

39. (a) नीति (NITI) आयोग के अनुसार सरकार ने वर्ष 2022 तक किसानों की आय को दोगुना करने की योजना बनाई थी। इसके तहत प्रधानमन्त्री श्री नरेन्द्र मोदी ने किसानों की आय बढ़ाने हेतु चार पहलुओं का उल्लेख किया, जिनमें कच्चे माल की लागत कम करना, उपज का उचित मूल्य सुनिश्चित करना, फसलों की बर्बादी को रोकना एवं आमदनी के वैकल्पिक स्रोत सृजित करना शामिल था।

40. (c) ताप के स्थानान्तरण को कैलोरीमीटर द्वारा मापा जाता है, जबकि हाइड्रोमीटर द्वारा द्रवों का आपेक्षिक घनत्व, मैनोमीटर द्वारा गैस का दबाव एवं गैल्वोनोमीटर द्वारा छोटे विद्युत परिपथों में विद्युत धारा की दिशा एवं मात्रा मापी जाती है।

41. (d) अनुच्छेद-16 के तहत संसद राज्य या केन्द्रशासित प्रदेश के भीतर आवास को रोजगार के लिए एक शर्त निर्धारित कर सकती है। संविधान के इस अनुच्छेद में सार्वजनिक पदों पर अवसर की समानता से सम्बन्धित प्रावधान किया गया है।

42. (b) 'महायान' शब्द बौद्ध धर्म से सम्बन्धित है। ई. की प्रथम शताब्दी में आयोजित चतुर्थ बौद्ध संगीति में बौद्ध धर्म दो भागों हीनयान एवं महायान में विभाजित हो गया था। बौद्ध धर्म के महायान सम्प्रदाय के आदर्श बोधिसत्व हैं, जो दूसरों के कल्याण को प्राथमिकता देते हुए अपने निर्माण में विलम्ब करते हैं।

43. (a) मधुमक्खी के छत्ते के रख-रखाव को एपीकल्चर के नाम से जाना जाता है।

44. (c) प्राचीन हड़प्पा शहर लोथल गुजरात के अहमदाबाद जिले में भोगवा नदी के किनारे स्थित है। इसकी खोज वर्ष 1954 में रंगनाथ राव ने की थी। लोथल सिन्धु सभ्यता का एकमात्र ऐसा शहर है, जिसके घरों व खिड़कियों के दरवाजे मुख्य सड़क की ओर खुलते थे।

45. (a) हिण्डोला महल और जहाज महल माण्डू क्षेत्रीय वास्तुकला शैली से सम्बन्धित हैं। माण्डू वास्तुकला मध्यकालीन प्रान्तीय शैली की कला एवं वास्तुकला की एक प्रसिद्ध शैली है, जिसमें निर्मित प्रमुख स्मारक हिण्डोला महल, जहाज महल, रानी रूपमती का दोहरा मण्डप, बाज बहादुर का महल, होशंगाबाद का मकबरा एंव माण्डू की जामा मस्जिद आदि हैं।

46. (b) पेरीप्लेनेटा अमरीकाना का साधारण नाम अमेरिकन कॉकरोच है। यह कॉकरोच की सबसे बड़ी प्रजाति है, जिसे एक कीट माना जाता है। इसका जीवन चक्र लगभग 700 दिन है। लाल-भूरे रंग के ये कॉकरोच लगभग 4 सेमी (1.6 इंच) लम्बे होते हैं।

47. (a) राष्ट्रपति का अध्यादेश समान सीमाओं वाले प्रावधानों पर संसदीय अधिनियम के रूप में जारी किया जा सकता है। भारतीय संविधान के अनुच्छेद-123 के तहत राष्ट्रपति के अध्यादेश जारी करने सम्बन्धित प्रावधान किया गया है। राष्ट्रपति द्वारा जारी अध्यादेश का प्रभाव संसद के अधिनियम के समान ही होता है।

48. (a) भारत में चिश्ती सम्प्रदाय की स्थापना मोइनुद्दीन चिश्ती ने की थी। ये 1192 ई. में मुहम्मद गोरी के साथ भारत आए। इन्होंने अजमेर को चिश्ती सम्प्रदाय का मुख्य केन्द्र बनाया। इनकी दरगाह अजमेर में स्थित है। चिश्ती सम्प्रदाय के अन्य प्रमुख सन्त बाबा फरीद, बख्तियार काकी एवं शेख बुरहानुद्दीन थे।

49. (c) कश्मीर वैली भारत का प्रमुख चाय उत्पादक क्षेत्र नहीं है। यह एक गहरा एवं विषम बेसिन है, जो पीर पंजाल एवं हिमालय पर्वत शृंखला के पश्चिम के मध्य स्थित औसतन 1600 मीटर की ऊँचाई पर विस्तृत है।

50. (c) खेलो में, डेकाथलॉन में 10 प्रतिस्पर्द्धाएँ होती हैं। इनमें प्रथम दिन में 100 मीटर दौड़, लॉन्ग जम्प, शॉट पुट, हाई जम्प एवं 400 मीटर दौड़ का आयोजन होता है, जबकि दूसरे दिन 110 मीटर बाधा दौड़, डिस्कस, पोल वॉल्ट, जैवलिन एवं 1500 मीटर दौड़ का आयोजन किया जाता है। इस प्रकार डेकाथलॉन में कुल 4 ट्रैक प्रतिस्पर्द्धा एवं 6 फील्ड प्रतिस्पर्द्धा होती हैं।

51. (a) चूँकि गद्यांश में स्पष्ट रूप से कहा गया है कि मेट्रो परियोजना का संरेखण बदलने पर उसकी लागत ₹50 करोड़ तक बढ़ जायेगी।

इसलिए मैट्रो परियोजना का निर्माण लगभग ₹ 50 करोड़ तक होगा! यह कथन निश्चित रूप से सत्य है।

52. (b) जिस प्रकार, Seed (बीज) से Plant (पौधा) उगता है। उसी प्रकार, Bud (कली) से Flower (फूल) बनता है।

53. (c)

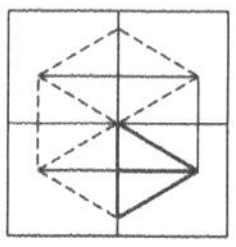

अतः विकल्प (c) की आकृति, छवि के पैटर्न को पूरा करेगी।

54. (d) दी गई शृंखला का क्रम निम्नवत् है

15, 20, 40, 45, 90, 95
+5 ×2 +5 ×2 +5

∴ ? = 95

55. (a) दिए गए कथनों के अनुसार वेन आरेख बनाने पर,

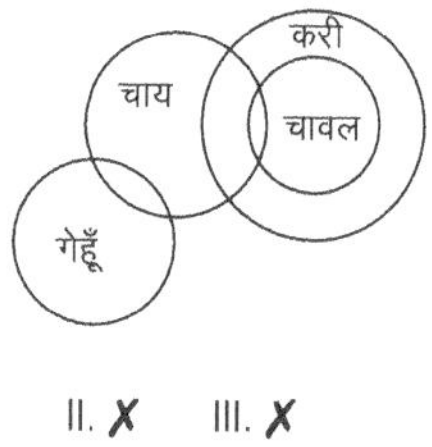

निष्कर्ष I. ✓ II. ✗ III. ✗

अतः केवल निष्कर्ष I तर्कसंगत है।

56. (d) दी गई सूचना के आधार पर,

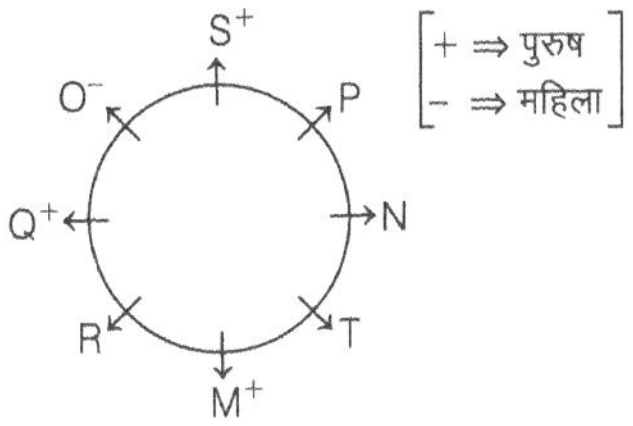

अतः उपरोक्त से स्पष्ट होता हैं कि QM पुरुषों की जोड़ी हैं।

57. (c) दी गई श्रृंखला का क्रम निम्नलिखित है

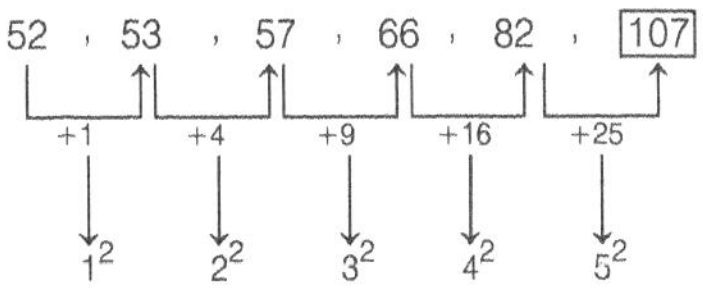

∴ ? = 107

58. (a) ∵ दोनों पासों में एक सतह (E) उभयनिष्ठ है।

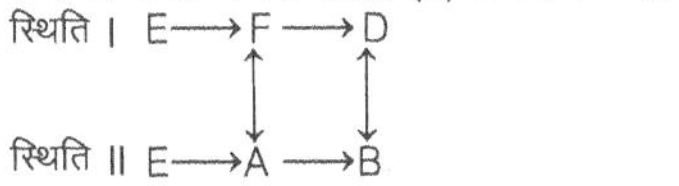

अतः जिस सतह पर E अक्षर अंकित है, उसके विपरीत सतह पर C अक्षर अंकित होगा।

59. (a) दी गई आकृति श्रृंखला में '⇧' तथा '∩' वामावर्त दिशा में 1/2 स्थान आगे बढ़ रहे हैं

अतः दी गई श्रृंखला में विकल्प (a) की आकृति आगे आने वाली उपयुक्त आकृति होगी।

60. (a) दी गई जानकारी के अनुसार,

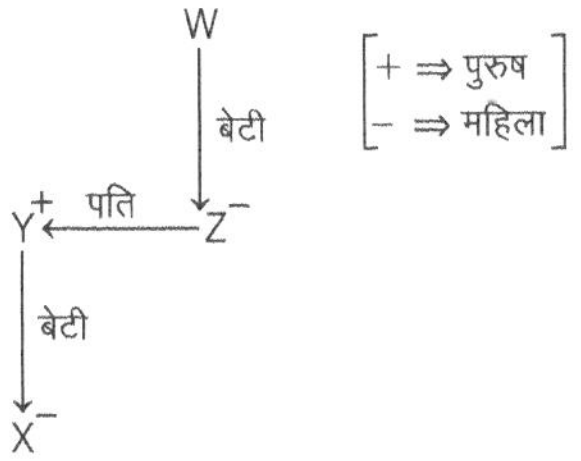

अतः उपरोक्त से स्पष्ट होता है कि X के पिता W के दामाद हैं।

61. (b) जिस प्रकार 'Television', Electricity से चलता है उसी प्रकार 'Car', Fuel से चलती है।

62. (d) दी गई जानकारी के अनुसार,

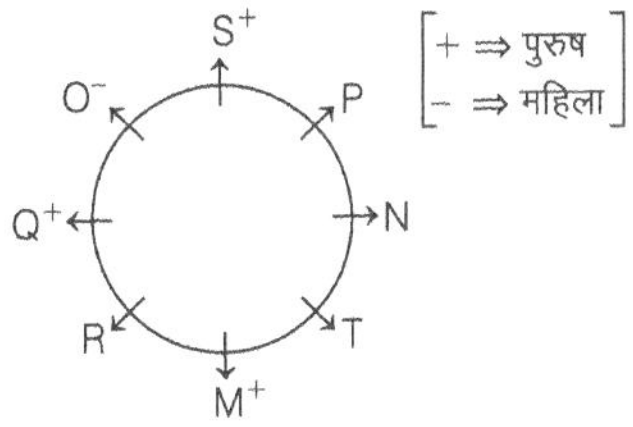

अतः उपरोक्त से स्पष्ट होता है कि S और N के बीच 1 व्यक्ति बैठा हैं।

63. (a) दी गई जानकारी के अनुसार,

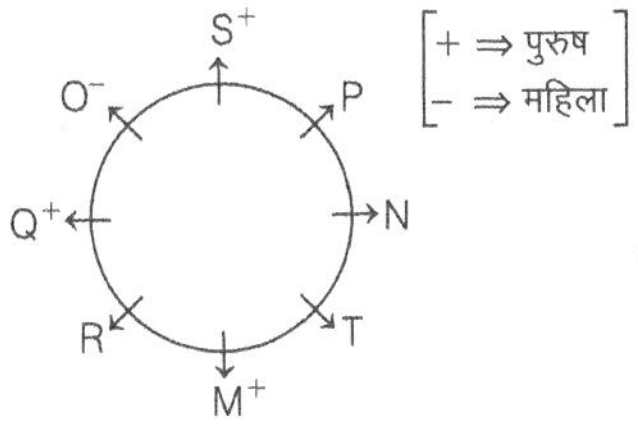

उपरोक्त से स्पष्ट होता है कि R, S के दाएँ से पाँचवें स्थान पर बैठा हैं।

अतः विकल्प (a) का कथन गलत है।

64. (d) चूँकि प्रत्येक सोमवार एक कार्य दिवस होता है तथा आज एक कार्य दिवस है।

इसलिए आज का दिन कोई भी दिन हो सकता है अतः हम निश्चित रूप से नहीं कह सकते हैं कि आज सोमवार है।

तथा हम यह भी निश्चित रूप से नहीं कह सकते हैं कि केवल सोमवार ही एक कार्य दिवस है।

अतः न तो निष्कर्ष I और न ही निष्कर्ष II तर्कसंगत है।

65. (d) दिए गए गद्यांश में स्पष्ट कहा गया है कि पीएमसी को अभी नियोजित मार्ग के लिए अन्तिम मंजूरी देना बाकी है। अतः पीएमसी ने महाराष्ट्र-मेट्रो द्वारा सुझाए गए संरेखण परिवर्तनों को मंजूरी दे दी हैं। यह कथन निश्चित रूप से गलत है।

66. (b)

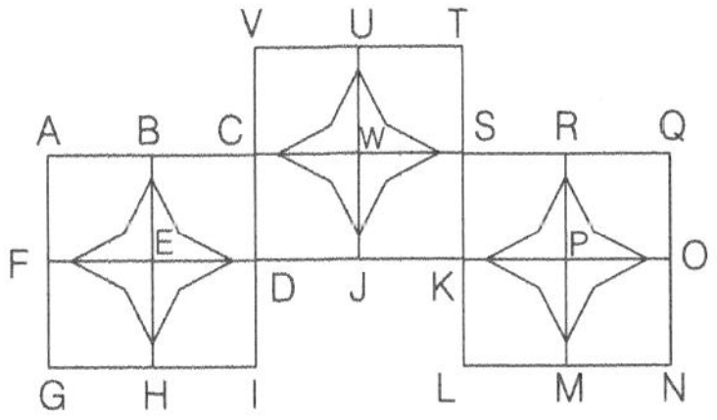

दिए गए चित्र में वर्ग इस प्रकार हैं,

ABEF, BCED, DEIH, EHGF, ACIG, CWUV, WSTU, CWJD, WSJK, VTKD, SRPK, RQOP, PONM, PMLK, SQNL

अतः वर्गो की संख्या = 15

67. (b) जिस प्रकार,

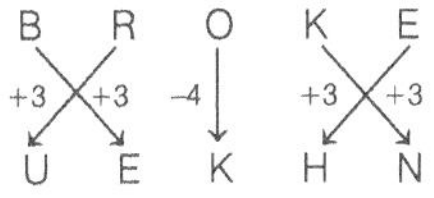

उसी प्रकार,

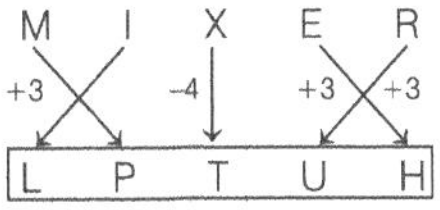

68. (c) दिए गए कथन,

C ≤ U < E; C = O > M ≥ T; M = A > L

∴ M < O = C ≤ U < E

और C > M = A > L

निष्कर्ष I. E > M ✓

II. C > T ✗

III. L ≥ T ✗

अतः केवल निष्कर्ष I सही है।

69. (a) दी गयी छवियों में से छवि-1, 3 और 5 से हम एक पूर्ण वर्ग बना सकते हैं।

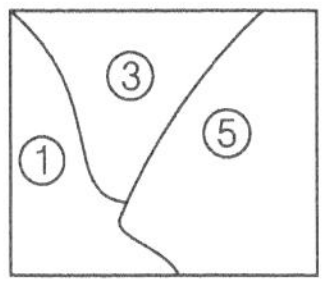

अतः विकल्प (a) सही उत्तर हैं।

70. (a) Q ⟶ 17

M ⟶ 13

I ⟶ 9

S ⟶ 19

T ⟶ 20

अतः T समूह से सम्बन्धित नहीं है क्योंकि अन्य सभी अक्षरों के स्थानीय मान विषम संख्या हैं जबकि T का स्थानीय मान सम संख्या है।

71. (a) जिस प्रकार,

Q $\xrightarrow{-9}$ H

उसी प्रकार,

S $\xrightarrow{-9}$ J

72. (a) जिस प्रकार,

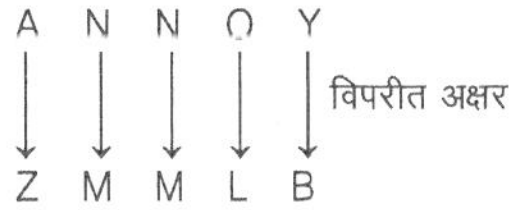

उसी प्रकार,

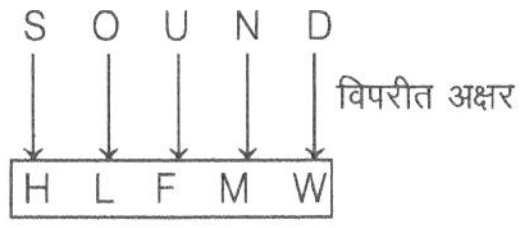

∴ ? = J

73. (b) प्रश्नानुसार,

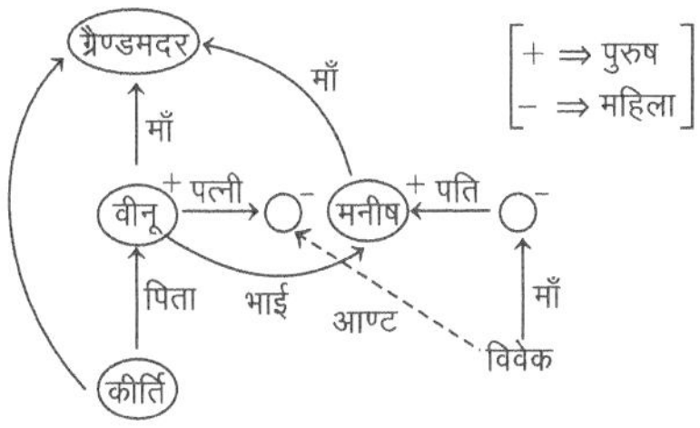

उपरोक्त से स्पष्ट होता है कि कीर्ति की माँ विवेक की आण्ट है।

74. (d)

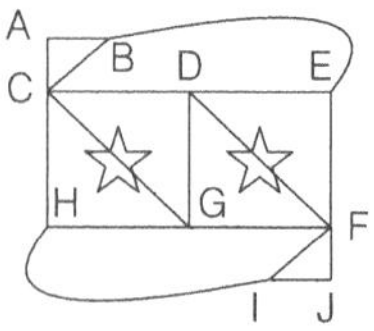

दी गई आकृति में समकोण त्रिभुज इस प्रकार हैं,
ABC, CDG, CHG, DEF, DGF, IFJ
अतः त्रिभुजों की संख्या = 6

75. (c)

PIGGLET | PIGGLET (दर्पण प्रतिबिम्ब)

अतः दी गई आकृति का सही दर्पण प्रतिबिम्ब विकल्प (c) की आकृति है।

76. (b) **कथन** $M \le N < O \ge P < Q$

निष्कर्ष I. $M \ge P$ ✗

II. $O > M$ ✓

अतः केवल निष्कर्ष II तर्कसंगत है।

77. (c) दिए गए कथनों के अनुसार वेन आरेख बनाने पर,

निष्कर्ष I. ✗

II. ✓

अतः केवल निष्कर्ष II तर्क संगत हैं।

78. (a)

R $\xrightarrow{-4}$ N $\xrightarrow{-4}$ J, L $\xrightarrow{-4}$ H $\xrightarrow{-4}$ D

K $\xrightarrow{-4}$ G $\xrightarrow{-4}$ C, M $\xrightarrow{-4}$ I $\xrightarrow{-4}$ E

लेकिन, P $\xrightarrow{-5}$ K $\xrightarrow{-5}$ F

अतः PKF समूह से सम्बन्धित नहीं है।

79. (a)

HINDI
HINDI (जल प्रतिबिम्ब)

अतः दी गई आकृति का सही जल प्रतिबिम्ब विकल्प (a) की आकृति हैं।

80. (b) दी गई श्रृंखला का क्रम निम्नवत् है

61 $\xrightarrow{+2}$ 63 $\xrightarrow{+3}$ 66 $\xrightarrow{+5}$ 71 $\xrightarrow{+7}$ 78 $\xrightarrow{+11}$ **89**

तर्क क्रमागत अभाज्य संख्या जोड़ी गई हैं।

81. (b) जिस प्रकार,

$2018 \Rightarrow 2+0+1+8 = 11$

$\Rightarrow \quad 11 \times 2 = 22$

उसी प्रकार,

$2022 \Rightarrow 2+0+2+2 = 6$

$\Rightarrow \quad 6 \times 2 = \boxed{12}$

82. (c) Concrete के अतिरिक्त अन्य सभी शब्द द्रव है जबकि Concrete एक ठोस है।
अतः Concrete समूह से सम्बन्धित नहीं हैं।

83. (b) दी गई आकृति में सीधी रेखाओं की संख्या इस प्रकार हैं,

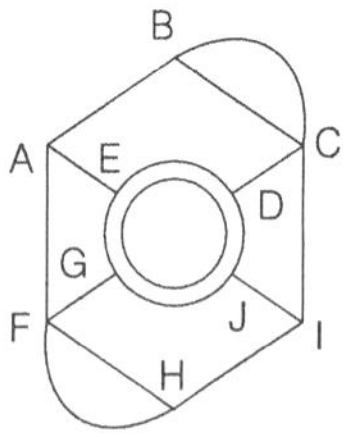

AB, BC, CD, CI, IJ, IH, HF, FG, FA, AE
अतः सीधी रेखाओं की संख्या = 10

84. (a) दी गई श्रृंखला का क्रम निम्नवत् है,

16 $\xrightarrow{\times 2+1}$ 33 $\xrightarrow{\times 2+2}$ 68 $\xrightarrow{\times 2+3}$ 139 $\xrightarrow{\times 2+4}$ 282 $\xrightarrow{\times 2+5}$ **569**

$\therefore ? = 569$

85. (b) प्रश्नानुसार,

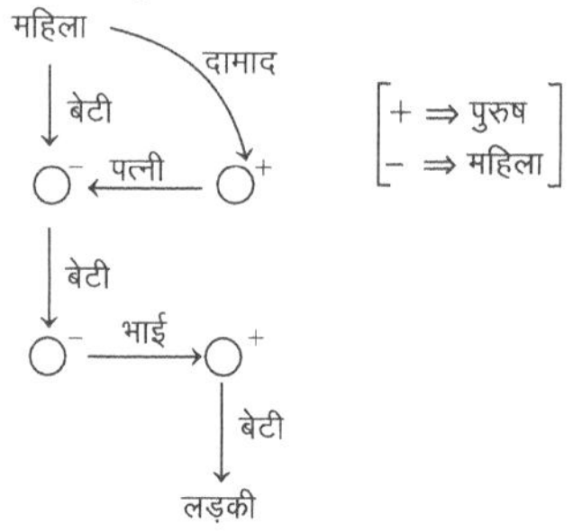

अतः उपरोक्त से स्पष्ट होता है कि महिला, लड़की की ग्रेट ग्रैण्डमदर हैं।

86. (b) हम जानते हैं,
वृत्त की परिधि त्रिज्या के अनुक्रमानुपाती होती है।
अतः वृत्त की त्रिज्या को 19 गुना करने पर वृत्त की परिधि 19 गुना हो जाएगी।

87. (a) माना वस्तु का क्रय मूल्य = ₹x

प्रश्नानुसार,

$$x - 440 = \frac{(1000 - x) \times 60}{100}$$

$\Rightarrow \quad 10x - 4400 = 6000 - 6x$

$\Rightarrow \quad 16x = 6000 + 4400$

$\Rightarrow \quad x = \frac{10400}{16} = ₹650$

अतः वस्तु का क्रय मूल्य ₹650 है।

88. (c) हम जानते हैं, कि

दो संख्याओं का गुणनफल $= HCF \times LCM$

$= 1 \times 9017$

$= 9017$

89. (d) मिश्रण में पानी की शुरूआती मात्रा

$= \frac{84 \times 4}{7} = 48$ लीटर

तथा मिश्रण में पानी की अन्तिम मात्रा $= \frac{84 \times 5}{7}$

$= 60$ लीटर

अतः अतिरिक्त पानी की मात्रा $= 60 - 48$

$= 12$ लीटर

90. (c) माना मार्टिन का कुल वेतन = ₹x

तथा मार्टिन का कुल खर्च $= 13 + 12 + 14 + 16$

$= 55\%$

$\therefore$ शेष वेतन $= 100 - 55 = 45\%$

प्रश्नानुसार,

$$\frac{45x}{100} = 42750$$

$\Rightarrow \quad x = \frac{42750 \times 100}{45} = ₹95000$

अतः अनाथालय में दान की हुई राशि

$= \frac{95000 \times 12}{100}$

$= ₹11400$

91. (b) दिए गए बार ग्राफ के अनुसार,

अभीष्ट औसत $= \frac{46 + 78 + 68 + 57 + 91}{5}$

$= \frac{340}{5} = 68$

92. (c) हम जानते हैं,

$$D = \frac{S_1 S_2}{S_1 \sim S_2} \times T$$

$\therefore$ अभीष्ट दूरी $= \frac{15 \times 20}{5} \times \frac{(4.5 + 4.5)}{60}$

$= \frac{15 \times 20 \times 9}{5 \times 60} = 9$ किमी

93. (d) माना ₹1, ₹5 और ₹10 के सिक्कों की संख्या क्रमशः $3x$, $5x$ और $7x$ हैं।

प्रश्नानुसार,

$3x \times 1 + 5x \times 5 + 7x \times 10 = 686$

$\Rightarrow \quad 98x = 686$

$\Rightarrow \quad x = \frac{686}{98} = 7$

$\therefore$ ₹10 के सिक्कों की संख्या $= 7x$

$= 7 \times 7 = 49$

94. (d) दिया है,

मूलधन (P) = ₹7600

दर $(R) = 8\%$

समय $(T) = 5$ वर्ष

तब, $SI = \frac{PRT}{100} = \frac{7600 \times 8 \times 5}{100}$

$= ₹3040$

$\therefore$ कुल राशि $= 7600 + 3040$

$= ₹10640$

अतः बची राशि $= \frac{10640}{2} = ₹5320$

95. (c) शाखा C2 में कुल बिक्री $= 78 + 86 = 164$

शाखा C4 में कुल बिक्री $= 57 + 84 = 141$

अतः अभीष्ट अनुपात $= 164 : 141$

96. (d) यदि 119, 17 से पूर्णतः विभाजित है तो संख्या को 119 से विभाजित करने पर जो शेषफल बचता हैं वही शेषफल बचेगा। संख्या को 17 से विभाजित किया जाए। तो अभीष्ट शेषफल = 10

97. (d) $(324)^2 \times 72 \div (18)^5 \times 1021$

$= \frac{324 \times 324 \times 72 \times 1021}{18 \times 18 \times 18 \times 18 \times 18}$

$= \frac{324 \times 324 \times 72 \times 1021}{324 \times 324 \times 18}$

$= 4 \times 1021 = 4084$

98. (a) प्रश्नानुसार,

$\frac{375}{5} = 75$

$\Rightarrow \frac{75}{5} = 15$

$\Rightarrow \frac{15}{5} = 3$

अतः अभीष्ट अनुगामी शून्यों की संख्या

$= 75 + 15 + 3 = 93$

99. (d) अभीष्ट हानि % $= \frac{46 \times 46}{100}$

$= 21.16\%$

100. (d) दिया है,

शीशे का क्षेत्रफल = 1444 सेमी^{2}

$\therefore$ शीशे की लम्बाई $= \sqrt{1444}$

= 38 सेमी

अतः मेज की अभीष्ट लम्बाई

$= 38 + 9 \times 2$

= 56 सेमी

101. (a) प्रश्नानुसार,

ट्रेन की चाल $= \frac{\text{दूरी}}{\text{समय}} = \frac{204}{57 - 23} = 6$ मी/से

अतः ट्रेन की लम्बाई $= 23 \times 6$

= 138 मी

102. (c) $\because 2187 = (3)^7$

$\because (3)^1 \rightarrow 4$ वर्ष

$\therefore (3)^7 \rightarrow 4 \times 7 = 28$ वर्ष

अतः 28 वर्ष में कोई राशि स्वयं की 2187 गुनी हो जाएगी।

103. (a) माना समबाहु त्रिभुज की एक भुजा की लम्बाई = 16, 24, 12 का LCM

= 48 किमी

$\therefore$ पहली भुजा की दूरी को तय करने में लगा समय $= \frac{48}{16} = 3$ घण्टे

दूसरी भुजा की दूरी को तय करने में लगा समय

$= \frac{48}{24} = 2$ घण्टे

तीसरी भुजा की दूरी तय करने में लगा समय

$= \frac{48}{12} = 4$ घण्टे

$\therefore$ औसत चाल $= \frac{\text{कुल दूरी}}{\text{कुल समय}}$

$= \frac{48 \times 3}{3 + 2 + 4}$

= 16 किमी/घण्टा

104. (a) दिया हैं,

उत्पाद का विक्रय मूल्य = ₹2367

लाभ = 12.5%

अतः उत्पाद का क्रय मूल्य $= \frac{2367}{112.5} \times 100$

= ₹ 2104

अभीष्ट राशि $= \frac{2104}{2} =$ ₹ 1052

105. (b) माना चौथे बच्चे के उपहारों की संख्या

$= a$

$\therefore$ पहले बच्चे के उपहारों की संख्या $= 4a$

दूसरे बच्चे के उपहारों की संख्या $= 2a$

तथा तीसरे बच्चे के उपहारों की संख्या $= \frac{4a}{3}$

प्रश्नानुसार,

$4a + 2a + \frac{4a}{3} + a = 875$

$25a = 875 \times 3$

$\therefore a = \frac{875 \times 3}{25} = 105$

अतः पहले और दूसरे बच्चे द्वारा प्राप्त उपहारों का योग $= 4a + 2a$

$= 6 \times 105$

$= 630$

106. (c) पहली 4 चूड़ियों के वजन का योग

$= 57 \times 4$

= 228 ग्राम

शेष 6 चूड़ियों के वजन का योग $= 58 \times 6$

= 348 ग्राम

$\therefore$ अभीष्ट औसत $= \frac{348 + 228}{10} = \frac{576}{10}$

= 57.6 ग्राम

107. (a) 71 नोटबुकों का कुल वजन $= 7.1 \times 71$

= 504.1 किग्रा

72 नोटबुकों का कुल वजन $= 7.2 \times 72$

= 518.4 किग्रा

अतः नई नोटबुक का वजन $= 518.4 - 504.1$

= 14.3 किग्रा

108. (c) माना कुल उत्पाद = 100%

दोषपूर्ण उत्पाद = 13%

$\therefore$ गैर दोषपूर्ण उत्पाद $= 100 - 13$

= 87%

$\because 87\% \rightarrow 4959$

$\therefore 13\% \rightarrow \frac{4959}{87} \times 13$

= 741

अतः कुल दोषपूर्ण उत्पादों की संख्या 741 है।

109. (c) दिया है,

$\frac{2}{5}x + \frac{3}{10}x - \frac{3}{5}x = 531$

$\Rightarrow \frac{4x + 3x - 6x}{10} = 531$

$\therefore x = 5310$

110. (d) कुल अंक $= 80 + 100 + 70 + 50$

$= 300$

विमल द्वारा प्राप्त किए गए कुल अंक

$= 72 + 91 + 63 + 44 = 270$

अतः अभीष्ट प्रतिशत $= \frac{270}{300} \times 100$

= 90%

111. (b) हम जानते हैं,

चाल $\propto \frac{1}{\text{समय}}$

चाल $\rightarrow 21 : 20$

समय $\rightarrow 20 : 21$

$\because$ 1 इकाई $\rightarrow$ 6 मिनट

$\therefore$ 20 इकाई $\rightarrow 6 \times 20 = 120$ मिनट

अतः सामान्य समय 120 मिनट है।

112. (a) हम जानते हैं,

घन का विकर्ण $= \sqrt{3} \times$ भुजा

$\therefore$ घन की भुजा $= \frac{26\sqrt{3}}{\sqrt{3}} = 26$ सेमी

$\therefore$ घन का आयतन $= 26 \times 26 \times 26$ सेमी^{3}

दिया है, घनाभ की लम्बाई, घन की भुजा के बराबर है

$\therefore$ घनाभ का आयतन = लम्बाई × चौड़ाई × ऊँचाई

$\Rightarrow 26 \times 26 \times 26 = 26 \times 13 \times$ ऊँचाई

अतः घनाभ की ऊँचाई $= \frac{26 \times 26 \times 26}{26 \times 13}$

= 52 सेमी

113. (c) दिया है,

$$\sqrt{441} \div 21 + \sqrt{484} = 1 \times x$$

$$\therefore \quad x = 21 \div 21 + 22$$

$$= 1 + 22 = 23$$

114. (b) $378 = 2 \times 3 \times 3 \times 3 \times 7$

$$= 2^1 \times 3^3 \times 7^1$$

$\therefore$ तरीकों की अभीष्ट संख्या

= गुणनखण्डों की संख्या

$$= (1+1) \times (3+1) \times (1+1)$$

$$= 2 \times 4 \times 2$$

$$= 16$$

115. (a) कुल कॉलो की संख्या

$$= 72 \times (629 + 629)$$

$$= 2 \times 72 \times 629$$

पुरुषों के द्वारा अटेण्ड कुल कॉल $= 72 \times 629$

$\therefore$ महिलाओं के द्वारा अटेण्ड कुल कॉल

$$= 2 \times 72 \times 629 - 72 \times 629$$

$$= 72 \times 629 \, (2 - 1)$$

$$= 72 \times 629$$

अतः अभीष्ट औसत $= \dfrac{72 \times 629}{629} = 72$

116. (c) हम जानते हैं,

क्षेत्रफल में परिवर्तन $= \left[\pm a \pm b + \dfrac{\pm a \times \pm b}{100} \right]$

यहाँ, $a = +4\%, b = -6\%$

अतः अभीष्ट परिवर्तन $= 4 - 6 + \dfrac{4 \times (-6)}{100}$

$$= -2 - 0.24$$

$$= -2.24\%$$

अतः क्षेत्रफल में 2.24% की कमी हुई।

117. (b) हम जानते हैं,

$$D = P\left(\frac{R}{100}\right)^2$$

यहाँ, $D = ₹76, R = 4\%$

$$\therefore \quad 76 = P\left(\frac{4}{100}\right)^2$$

$$P = 76 \times 25 \times 25$$

$$= ₹47500$$

अतः निवेश की गई राशि ₹47500 हैं।

118. (a) दिया है,

$$15.73 + 13.25 + 16.73 - 28.64 = 3 \times ?$$

$$\Rightarrow \quad 45.71 - 28.64 = 3 \times ?$$

$$\Rightarrow \quad 17.07 = 3 \times ?$$

$$? = \frac{17.07}{3} = 5.69$$

119. (c) दोनों वर्षों में कम्पनी की शाखाओं C1, C3 और C5 की कुल बिक्री

$$= 46 + 74 + 68 + 72 + 91 + 78$$

$$= 429$$

120. (b) माना हमीद, क्लीमेण्ट और गणेश का वेतन क्रमशः $3x$, $5x$ और $7x$ हैं।

प्रश्नानुसार,

$$7x - 3x = 892$$

$$x = \frac{892}{4}$$

$$= 223$$

अतः क्लीमेण्ट का वेतन $= 5x$

$$= 5 \times 223$$

$$= ₹1115$$

RPF/RPSF

सामान्य जागरूकता

अध्याय 1

भारतीय इतिहास
INDIAN HISTORY

प्राचीन भारत

- भारतीय उपमहाद्वीप को प्राचीन काल में भारतवर्ष के नाम से जाना जाता था, जो तीनों ओर से समुद्रों से घिरा हुआ था।
- वर्तमान में भारत, पाकिस्तान, बांग्लादेश, नेपाल, भूटान, मालद्वीव और श्रीलंका को सम्मिलित रूप से भारतीय उपमहाद्वीप कहा जाता है।
- भारत का प्राचीन नाम 'भारतवर्ष' सर्वप्रथम पाणिनि की अष्टाध्यायी में मिलता है, यहाँ के मूल निवासियों को 'भरत' की सन्तान कहा गया।
- यूनानियों में भारत को 'इण्डिया' तथा मध्यकालीन मुस्लिम शासकों ने 'हिन्दुस्तान' के नाम से सम्बोधित किया है।

ऐतिहासिक स्रोत

प्राचीन भारतीय इतिहास को जानने के लिए ऐतिहासिक स्रोतों की आवश्यकता पड़ती है, जिनको हम मुख्यतः तीन भागों में बाँटते हैं, *इनका विवरण निम्नलिखित है*

प्राचीन भारतीय इतिहास के स्रोत

साहित्यिक स्त्रोत	पुरातात्विक स्त्रोत	विदेशी वृत्तान्त
धार्मिक साहित्य	**अभिलेख/शिलालेख**	**यूनान-रोम के लेखक**
वेद (ऋग्वेद, सामवेद, यजुर्वेद, अथर्ववेद)	बोगाज कोई अभिलेख (एशिया माइनर, 1400 ईसा पूर्व)	हेरोडोटस (इतिहास का पिता) की पुस्तक हिस्टोरिका
वेदांग (शिक्षा, कल्प, ज्योतिष, व्याकरण निरुक्त तथा छन्द)	बेसनगर का गरूड़ स्तम्भ (होलियोडोरस द्वारा निर्मित)	निर्याकस, अनेसिक्रिटस, एरिस्टोबुलस (तीनों सिकन्दर के साथ भारत आए थे)
उपनिषद् (गुरु के समीप बैठकर शिक्षा प्राप्त करना)	हाथीगुम्फा अभिलेख (खारवेल)	मेगास्थनीज (इण्डिका)
अरण्यक, पुराण, रामायण, महाभारत	जूनागढ़ अभिलेख (रुद्रदामन)	पेरिप्लस ऑफ द एरिथ्रियन सी (अज्ञात) ज्योग्राफी (मौलमी), प्लीनी (नेचुरल हिस्ट्री)
बौद्ध ग्रन्थ (त्रिपिटक, दीपवंश, महावंश मिलिन्दपन्हो, कथावस्तु)	**सिक्के**	**चीनी लेखक**
जैन ग्रन्थ (आगम, परिशिष्टपर्वन, आचरांगसूत्र, कल्पसूत्र, भगवती सूत्र)	आहत सिक्के (पंचमार्क) कार्षापण, पण (मौर्यकालीन) दीनार (गुप्तकालीन) हिन्द यूनानी स्वर्ण सिक्के समुद्रगुप्त के वीणा वाले सिक्के	फाह्यान (फ्यो-क्यो-की) ह्वेनसांग (सी-यू-की) इत्सिंग संयुगन
धर्मनिरपेक्ष साहित्य	**स्मारक/भवन**	**अरबी लेखक**
अर्थशास्त्र (कौटिल्य), अष्टाध्यायी (पाणिनि) राजतरंगिणी (कल्हण), हर्षचरित (बाणभट्ट) विक्रमांकदेव चरित (विल्हण) मृच्छकटिकम (शुद्रक), कथासरित्सागर (सामदेव), गार्गी संहिता (कात्यायन) दशरथकुमार चरित्र (दण्डी), गौड वॉहो (वाकपति)	स्तूप (बौद्ध धर्म), बराबर की गुफाएँ (आजीवक), अंकोरवाट मन्दिर (कम्बोडिया), वृहत स्नानागार (मोहनजोदड़ो) **मूर्ति कला/चित्रकला** गन्धार कला की मूर्तियाँ, यक्षिणी की मूर्ति (मौर्यकाल), अजन्ता की गुफा चित्रकारी, ऐलोरा की चित्रकारी	सुलेमान (3वीं शताब्दी में भारत आया) अलमसूदी (राष्ट्रकूट शासकों का विवरण) अलबरूनी (किताब-उल-हिन्द)

प्राक्-इतिहास

- *प्राक्-इतिहास को मुख्य तीन भागों में बाँटा जाता है*
  (i) प्रागैतिहासिक काल (जिस काल की अध्ययन सामग्री उपलब्ध नहीं है।)
  (ii) आद्य-ऐतिहासिक काल (जिस काल की अध्ययन सामग्री को पढ़ा नहीं जा सका है।)
  (iii) ऐतिहासिक काल (जिस काल की प्रचुर अध्ययन सामग्री उपलब्ध है।)
- प्रागैतिहासिक काल को पुरापाषाण, मध्यपाषाण तथा नव-पाषाण काल में विभाजित किया जाता है।
- होमो सैपियन्स (ज्ञानी मानव) का आविर्भाव तीस-चालीस हजार वर्ष पूर्व माना जाता है।
- पश्चिमोत्तर भारत के सोहन घाटी क्षेत्र से पुरापाषाण के साक्ष्य प्राप्त हुए हैं।
- मानव द्वारा प्रथम पालतू पशु कुत्ता था, जिसे मध्यपाषाण काल में पालतू बनाया गया। इसका साक्ष्य आदमगढ़ एवं बागोरट से मिला है।
- आग की जानकारी मानव को पुरापाषण काल से ही थी, किन्तु इसका प्रयोग नवपाषाण काल से प्रारम्भ हुआ।
- कृषि एवं पहिए का आविष्कार नव-पाषाण काल में प्रारम्भ हुआ। मेहरगढ़ से कृषि का प्राचीनतम साक्ष्य प्राप्त हुआ है।
- मनुष्य ने 'ताँबा' धातु का प्रयोग सर्वप्रथम प्रारम्भ किया। मनुष्य द्वारा बनाया गया पहला औजार 'कुल्हाड़ी' था।
- भारत में पाषाणकालीन सभ्यता का अनुसन्धान सर्वप्रथम रॉबर्ट ब्रूस फूट ने 1863 ई. में प्रारम्भ किया।
- सिन्धु घाटी सभ्यता को आद्य-ऐतिहासिक काल तथा उसके बाद के घटनाक्रम का ऐतिहासिक काल के अन्तर्गत अध्ययन किया जाता है।

सिन्धु घाटी सभ्यता

- सिन्धु घाटी सभ्यता आद्य-ऐतिहासिक काल की कांस्ययुगीन सभ्यता है। इसे भारतीय उपमहाद्वीप में प्रथम नगरीय सभ्यता का गौरव प्राप्त है।
- कार्बन डेटिंग पद्धति के अनुसार, इसका कालक्रम 2350 ई. से 1750 ई. पू. माना जाता है।
- सिन्धु घाटी सभ्यता का विस्तार उत्तर में मांडा (जम्मू-कश्मीर, चिनाव नदी), दक्षिण में दैमाबाद (महाराष्ट्र, प्रवरा नदी), पूरब में आलमगीरपुर (मेरठ, हिण्डन नदी) तथा पश्चिम में सुत्कागेंडोर (बलूचिस्तान, दाश्क नदी) तक है।
- मोहनजोदड़ो, हड़प्पा, बनावली, धौलावीरा, राखीगढ़ी एवं कालीबंगा इस सभ्यता के 6 बड़े नगर थे।
- सिन्धु घाटी सभ्यता की प्रमुख विषेशता इसकी नगर निर्माण योजना है। नगर, ग्रिडपद्धति पर बसे थे तथा सड़कें एक-दूसरे को समकोण पर काटती थीं?

नगर नियोजन

- मोहनजोदड़ो से प्राप्त वृहत स्नानागार एक प्रमुख स्मारक है, जिसके मध्य में एक स्थान कुण्ड है, जो 11.88 मीटर लम्बा, 7.01 मीटर चौड़ा एवं 2.43 मीटर गहरा है।
- यहाँ घरों के दरवाजे और खिड़कियाँ मुख्य सड़क की ओर न खुलकर पीछे की ओर खुलते थे। अपवाद लोथल नगर के घरों के दरवाजे मुख्य सड़क की ओर खुलते थे।

समाज

- सिन्धु सभ्यता का समाज मातृसत्तात्मक था। समाज चार वर्गों विद्वान्, योद्धा, व्यापारी और शिल्पकार में बँटा था। जुआ खेलना, शिकार, नृत्य-संगीत आदि मनोरंजन के मुख्य साधन थे।
- समाज में शवों को जलाने एवं दफनाने की प्रथा प्रचलित थी। यहाँ पर्दा-प्रथा एवं वेश्यावृत्ति प्रचालित थी।

धर्म

- सिन्धु सभ्यता के लोग प्रकृति पूजक थे एवं मातृशक्ति में विश्वास करते थे। मातृदेवी एवं पशुपति शिव की पूजा की प्रधानता थी।
- लिंग-योनि पूजा प्रचालित थी। लोग अन्ध-विश्वास तथा जादू-टोना में विश्वास करते थे। एकशृंगी पशु पवित्र था।
- अग्नि कुण्ड का साक्ष्य कालीबंगा से प्राप्त हुआ है। 'स्वास्तिक' चिह्न हड़प्पा सभ्यता की देन है।
- सिन्धु सभ्यता को लिपि भावचित्रात्मक है। यह लिपि दायीं से बायीं ओर लिखी जाती थी। जब लेख में एक से अधिक पंक्तियाँ हो, तो पहली पंक्ति दायीं से बायीं और दूसरी बायीं से दायीं ओर लिखी जाती थी।

अर्थव्यवस्था

- इस सभ्यता में कृषि अर्थव्यवस्था का मुख्य आधार थी। गेहूँ, जौ, मटर, कपास प्रमुख फसल थी। कपास को सिण्डॉन कहा जाता था।
- माप-तौल के मानकीकरण को स्थापित किया था। फुट तथा क्यूबिक की जानकारी लोगों को थी। माप के लिए दशमलव प्रणाली की प्रयोग किया जाता था।
- सिन्धु सभ्यता में वस्तु-विनियम प्रणाली प्रचलित थी। तौल की इकाई सम्भवत: 16 के अनुपात में थी।
- मेसोपोटामिया के साक्ष्यों में हड़प्पा स्थलों के लिए 'मेलूहा' शब्द का प्रयोग किया गया है। आन्तरिक तथा विदेशी व्यापार प्रचलन में था।
- आन्तरिक व्यापार के अन्तर्गत सोना कर्नाटक से, ताँबा खेतड़ी (राजस्थान) से, सीसा राजस्थान से गोमेद सौराष्ट्र (गुजरात) से मंगाया जाता था।
- इस सभ्यता से सेलखड़ी की आयाताकार मुहरे सर्वाधिक प्राप्त हुई हैं। जिन पर लेख लिखा गया है। इसकी लिपि को अभी तक पढ़ा नहीं जा सका है।

सिन्धु घाटी सभ्यता का पतन

- सिन्धु घाटी सभ्यता को पतन के लिए मार्टियर ह्वीलर ने आर्य आक्रमण, मार्शल ने बाढ़, आरेल स्टाइन ने जलवायु परिवर्तन, एस. आर. साहनी ने जल प्लावन को जिम्मेदार माना है।

सिन्धु घाटी सभ्यता के प्रमुख स्थल

स्थल	खोजकर्ता/वर्ष	भौगोलिक स्थिति	प्राप्त साक्ष्य
हड़प्पा	दयाराम साहनी, 1921	रावी नदी मोण्टगोमरी (पाकिस्तान)	कब्रिस्तान R-37 श्रमिक निवास, सोलह भट्ठियाँ कांसे की इक्का गाड़ी, दर्पण, मन्जूषा, धोती पहने मूर्ति
मोहनजोदड़ो	राखालदास बनर्जी, 1922	सिन्धु नदी, लरकाना (पाकिस्तान)	कांसे की नग्न मूर्ति, स्नानागर, अन्नागार कुम्हारा के छः भट्ठे, सूती कपड़ा, दाढ़ी वाला साधु, हाथी का कपाल खण्ड, शतरंज को गोलियाँ

स्थल	खोजकर्ता/वर्ष	भौगोलिक स्थिति	प्राप्त साक्ष्य
सुत्कागेण्डोर	आर. एल. स्टाइन और जॉर्ज डेल्स, 1927	दाश्क नदी, बलूचिस्तान (पाकिस्तान)	मिट्टी से बनी चूड़ियाँ, ताँबे की कुल्हाड़ी, राख से भरा बर्तन, व्यापारिक चौकी
चन्हूदड़ो	एन. जी मजूमदार, 1931	सिन्धु नदी, सिन्ध (पाकिस्तान)	मनके का कारखाना, लिपिस्टिक, मुहर निर्माण केन्द्र, मिट्टी को बनी बैलगाड़ी का प्रतिरूप, कांसे की खिलौना गाड़ी
कालीबंगा	अमलानन्द घोष, 1953/60 ई.	घग्घर, राजस्थान	हल द्वारा जुते खेत, अग्निकुण्ड, अलंकृत ईंट, बेलनाकार मुहर, मिट्टी का हल, भूकम्प का साक्ष्य
लोथल	रंगनाथ राव, 1957	भोगवा नदी, गुजरात	सोने का मनका, मनका बनाने का कारखाना, गोदीवाडा (बन्दरगाह), युग्म शवाधान, धान की खेती
धौलावीरा	पी. बी. लाल, 1959 आर एस विस्ट 1930-31	खदिर वेत नदी, कच्छ गुजरात	खेल का मैदान, सबसे बड़ा अभिलेख पत्थर की बनी नेवले की मूर्ति, तीन भागों में विभाजित एकमात्र शहर
राखीगढ़ी	सूरजभान, 1963	घग्घर नदी, हरियाणा	प्राक्-हड़प्पा एवं परिपक्व हड़प्पा के साक्ष्य भारत में सभ्यता का सबसे बडा स्थल, चबूतरे पर बनी अग्निवेदिका।
बनावली	आर. एस. विष्ट, 1973 ई.	रंगोई नदी, हरियाणा	मिट्टी से बने हल का प्रतिरूप, मिट्टी के मनके, मछली पकड़ने की बंशी, सुव्यवस्थित अपवहन तन्त्र का अभाव, स्वर्णपट्ट
कुणाल	एस. आर. राव, 1994	सरस्वती नदी, हिसार हरियाणा	चाँदी के दो मुकुट

वैदिक काल

- सिन्धु घाटी सभ्यता के पतन के पश्चात् भारतीय उपमहाद्वीप में वैदिक काल का आगमन हुआ। इसका कालक्रम 1500 ई. पू. से 600 ई. पू. माना जाता है।
- वैदिक काल को ऋग्वैदिक काल (1500-1000 ई. पू.) तथा उत्तर वैदिक काल (1000-600 ई. पू.) में विभाजित किया जाता है।
- वैदिक संस्कृति के संस्थापक आर्यों को माना जाता है। आर्य शब्द का अर्थ होता है- श्रेष्ठ, उत्तम, अभिजात्य, कुलीन आदि।
- ईरानी पुस्तक जेन्दावेस्ता तथा बोगजकोई अभिलेख में आर्यों को ईरान का बताया गया। मैक्स मूलर ने आर्यों को मध्य एशिया का निवासी कहा है।

ऋग्वैदिक काल

- इस काल की जानकारी का मुख्य स्रोत ऋग्वेद है। आर्यों ने जिस विस्तृत क्षेत्र का निर्माण किया, उसे सप्त सैन्धव प्रदेश कहा गया।
- इस क्षेत्र में सात नदियाँ सिन्धु, सतलज, रावी, चिनाब, झेलम, व्यास तथा सरस्वती प्रवाहित होती थीं। इस क्षेत्र को ब्रह्मावर्त भी कहा जाता था।

सामाजिक जीवन

- ऋग्वैदिक समाज पितृसतात्मक था। परिवार के मुखिया को कुलप कहा जाता था। पिता परिवार का मुखिया होता था।
- महिलाओं को शिक्षा प्राप्त करने अधिकार था। अपाला, सिक्ता, घोषा, विश्ववारा, लोपामुद्रा इस काल की विदुषी महिलाएँ थीं।
- ऋग्वेद के पुरुषसूक्त में चार वर्णों-ब्राह्मण, क्षत्रिय, वैश्य तथा शुद्र की चर्चा मिलती है।
- समाज में सती-प्रथा का प्रचलन नहीं था। लम्बे समय तक विवाह न करने वाली महिलाओं को **अमाजू** कहा जाता था।

राजनीतिक जीवन

- राजनीतिक व्यवस्था की संरचना कबीलाई थी। सम्पूर्ण कबीला जन कहलाता था तथा कबीले का प्रधान राजन होता था।
- सभा, समिति, विदथ जनप्रतिनिधि संस्थाएँ थीं। अधिकारियों को सामूहिक रूप से रत्निन कहा जाता था।
- सभा समाज के विशिष्ट जनों की संस्था की। विदथ आर्यों की सर्वाधिक प्राचीन संस्था थी।

धार्मिक जीवन

- ऋग्वैदिक काल में इन्द्र महत्त्वपूर्ण देवता थे, इन्हें ऋग्वेद में पुरन्दर कहा गया है। इन्द्र के लिए ऋग्वेद में 250 सूक्त हैं। वरुण की ऋतस्थगोपा कहा गया है।
- ऋग्वेद में सर्वाधिक पवित्र नदी सरस्वती को 'नदीतमा' कहा गया है। 'सत्यमेव जयते' मुण्डकोपनिषद से तथा 'असतो मा सद्गमय' ऋग्वेद से लिया गया है।
- इस काल में मारूत (आँधी-तूफान के देवता) कौ (आकाश का देवता) सोम (वनस्पति देवता), पूषन (पशुओं का देवता) प्रमुख देवता थे।

आर्थिक जीवन

- गाय को मुद्रा के परिचायक के रूप में जाना जाता था। इसे अथन्या (न मारने योग्य) माना जाता था।
- सम्पत्ति की गणना रचि अर्थात् मवेशियों के रूप में की जाती थी। कृषि के लिए ऊर्दर, धान्य तथा वपन्ति, जैसे शब्दों का प्रयोग होता था।
- जुते हुए खेत को 'उर्वरा', पशुचारण योग्य भूमि को 'खिल्य', हल को 'सीट' हल रेखन को 'सीता' कहा जाता था।
- वस्तु विनिगय प्रणाली प्रचलित थी, निष्क तथा शतमान नामक सिक्कों का प्रचलन था।
- इस काल की प्रमुख नदियों के वर्तमान नाम इस प्रकार हैं—कुम्र-कुर्रम वितस्ता-झेलम, अस्किनी-चिनाब, परूणीजी-रावी, शतुद्रि-सतुलज, विपाशा-व्यास।

उत्तर वैदिक काल

- इस काल की जानकारी के मुख्य स्रोत यजुर्वेद, सामवेद तथा अथर्ववेद है। इस काल में आर्य पंजाब से कुरुक्षेत्र अर्थात् गंगा-यमुना दोआब में फैल गए थे।
- उत्तर वैदिक आर्यों ने जिस विस्तृत क्षेत्र पर निवास किया उन्हें आर्यवर्त की संज्ञा दी गई।

सामाजिक जीवन

- इस काल में महिलाओं की स्थिति में गिरावट आई। इन्हें 'सभा' की सदस्या से वंचित कर दिया गया। पुत्री जन्म को अच्छा नहीं माना जाने लगा।
- छान्दोग्य उपनिषद् में ब्रह्मचर्य, गृहस्थ तथा वानप्रस्थ नामक तीन आश्रमों की जानकारी मिलती है।

- त्रैत्तिरीय ब्राह्मण के अनुसार, इस काल में ब्राह्मण सूत का, क्षत्रिय सन का और वैश्य ऊन का यज्ञोपवीत धारण करते थे।
- व्रात्य तथा निषाद नामक अनार्य जातियों की चर्चा उत्तर वैदिक ग्रन्थों में मिलती है।

राजनीतिक जीवन

- इस काल में राजा का पद वंशानुगत होने लगा। ऋग्वैदिक कबीला 'जन' जनपद में बदल गया।
- इस काल में विदेह के जनक, कैकेय के अश्वपति, काशी के अजातशत्रु और पांचाल के प्रवाहण जवालि प्रमुख दार्शनिक राजा हुए।
- इस काल में पूर्व के राजा को सम्राट, पश्चिम के राजा को स्वराट, उत्तर के राजा को विराट तथा दक्षिण के राजा को योज कहा जाता था।

धार्मिक जीवन

- उत्तर वैदिक काल में इन्द्र के स्थान पर प्रजापति सर्वाधिक प्रिय देवता बन गए। विष्णु को मनुष्य जाति के दु:खों का अन्त करने वाला माना गया।
- यज्ञ तथा बलि की पद्धति उत्तर वैदिक धर्म का मूल आधार बन गया। विभिन्न कर्मकाण्डों तथा अन्धविश्वासों का विस्तार हुआ।
- इस काल में पूषन शुद्रों के देवता के रूप में प्रचलित हुए। पंच महायज्ञ (ब्रह्म, देव, पितृ, नृयज्ञ, भूत) का प्रचलन आरम्भ हुआ।
- इस काल में ही षड्दर्शन-सांख्य (कपिल), योग (पतंजलि) न्याय (गौतम), पूर्व-मीसांसा (जैमिनी), उत्तर मीसांसा (बदरायण) तथा वैशेषिक (कणाद) की उत्पत्ति हुई।

आर्थिक जीवन

- उत्तर वैदिक काल में ही सर्वप्रथम लोहे का साक्ष्य 1000 ई. पू. में उत्तर प्रदेश के अतरंजीखेडा से प्राप्त हुआ।
- इस काल में निष्क, शतमान जैसे सिक्कों को चर्चा मिलती है। वणिक संघों—गण तथा श्रेष्ठिन के अस्तित्व में आने की सूचना मिलती है।
- वाट की मूलभूत इकाई सम्भवत: कृष्णल था। दतिका तथा गुंजा तौल की इकाई थी।
- भागदुध नामक अधिकारी का कार्य कर संग्रह करना था। संगृहित कोषाध्यक्ष होता था। इस काल में चित्रित धूसर मृद्भाण्ड बनाए जाने लगे।
- आय का मुख्य स्रोत कृषि था। काठक संहिता में 24 बैलों द्वारा खींचे जाने वाले हलों का उल्लेख मिलता है।

वैदिक साहित्य

वेद

- **ऋग्वेद** सबसे प्राचीन वेद है। इसमें 10 मण्डल तथा 1028 सूक्त हैं। दशराज्ञ युद्ध की चर्चा, 10वें मण्डल के पुरुषसूक्त में चार वर्णों की चर्चा, गायत्री मन्त्र का उल्लेख।
- **सामवेद** इसमें संकलित मन्त्रों का उल्लेख देवताओं की स्तुति के लिए किया गया है। इसे भारतीय संगीत का मूल कहा जाता है।
- **यजुर्वेद** इसकी रचना पद्य तथा गद्य दोनों में हुई है। यह कर्मकाण्ड प्रधान ग्रन्थ है।
- **अथर्ववेद** इसमें ब्रह्म ज्ञान, औषिध प्रयोग, रोग-निवारण, तन्त्र-मन्त्र आदि का उल्लेख है।

उपनिषद्

- इनका शब्दिक अर्थ उस विद्या से है, जो गुरु के समीप बैठकर एकान्त में सीखी जाती है। इसमें आत्मा और ब्रह्म के सम्बन्ध में दार्शनिक चिन्तन का वर्णन है।
- उपनिषदों की संख्या 108 है। इन्हें वेदान्त भी कहा जाता है।

वेदांग

- वेदों के अर्थ को समझने तथा सूक्तियों के सही उच्चारण के लिए वेदांगों की रचना की गई थी।
- वेदांगों को संख्या छ: है।
- इनके नाम हैं—शिक्षा, कल्प, व्याकरण, निरूक्त छन्द एवं ज्योतिष।

स्मृति

- स्मृति साहित्य के अन्तर्गत अध्ययन किया जाता है।
- मनु-स्मृति सबसे प्राचीन स्मृति ग्रन्थ है।
- कालान्तर में याज्ञवल्कय स्मृति, ओशनष स्मृति, देवल स्मृति की रचना हुई।

पुराण

- पुराणों की संख्या 18 है। इसमें मुख्य मत्स्य, वायु, वामन, मार्कण्डेय तथा विष्णु है।
- पुराणों के संकलन का श्रेय वेदव्यास को हैं।
- मत्स्य पुराण सर्वाधिक प्राचीन है। इसमें विष्णु के दस अवतारों की चर्चा है।

धार्मिक आन्दोलन

- छठी शताब्दी ई. पू. सम्पूर्ण विश्व में धार्मिक आन्दोलनों की शताब्दी के रूप में जानी जाती है।
- इस समय यूनान में हेराक्लिज, ईरान में जरथुष्ट, चीन में कन्फ्यूशियस तथा भारत में जैन तथा बौद्ध धर्म अस्तित्व में आए।
- जैन तथा बौद्ध धर्म ने वैदिक धर्म की यज्ञ-बलि एवं कार्मकाण्डों का विरोध किया तथा ब्राह्मणवादी श्रेष्ठता को चुनौती दी।

जैन धर्म

- जैन धर्म की स्थापना ऋषभदेव ने की थी। जैन धार्मिक विचार के अनुसार जैनों के 24तीर्थंकर हुए। ऋषभदेव प्रथम तीर्थंकर थे।
- जैन धर्म के 23वें तीर्थंकर पार्श्वनाथ थे। वे काशी नरेश अश्वसेन के पुत्र थे। पार्श्वनाथ का निर्वाण सम्मेद शिखर पर हुआ था।
- जैन धर्म के वास्तविक संस्थापक महावीर स्वामी थे। महावीर स्वामी 24वें व अन्तिम तीर्थंकर थे।

महावीर स्वामी

जन्म	540 ई. पू., कुण्डग्राम (वैशाली)
पिता	सिद्धार्थ (ज्ञातृक क्षत्रिय कुल)
माता	त्रिशला (लिच्छवि शासक चेटक की बहन)
पत्नी	यशोदा
गृह त्याग	30 वर्ष की उम्र में
कैवल्य प्राप्ति	42 वर्ष की उम्र में (ऋजुपालिका नदी के किनारे)
निर्वाण	72 वर्ष की उम्र में 468 ई. पू. (पावापुरी)
अन्य नाम	जिन, निर्ग्रन्थ, अर्हत, कैवलिन
प्रतीक चिह्न	सिंह
प्रथम उपदेश	राजगृह

जैन दर्शन तथा सिद्धान्त

- जैन धर्म के 23वें तीर्थंकर पार्श्वनाथ ने सत्य, अहिंसा, अपरिग्रह तथा अस्तेय (चोरी न करना) के सिद्धान्त का प्रतिपादन किया था। महावीर ने इसमें 5वाँ सिद्धान्त ब्रह्मचर्य जोड़ा।
- जैन धर्म में स्यादवाद का दर्शन है, जिसमें सात सत्य शामिल किए गए हैं। इसे अनेकान्तवाद भी कहा जाता था।
- जैन धर्म के त्रिरत्न दर्शन के अनुसार, मोक्ष के लिए तीन तत्त्वों का होना जरूरी है। ये हैं-सम्यक दर्शन, सम्यक ज्ञान तथा सम्यक आयरण।
- इस धर्म में कर्म तथा पुनर्जन्म पर विश्वास है। ईश्वर की मान्यता नहीं है, पर आत्मा की मान्यता है।
- जैन धर्म ने अपने आध्यात्मिक विचारों को सांख्य दर्शन से ग्रहण किया।

जैन संघ तथा संगीतियाँ

- महावीर ने समस्त अनुयायियों को 11 गणों में विभक्त किया तथा प्रत्येक गण पर एक गणधर की नियुक्ति की।
- जैन संघ दो भागों में विभाजित हुआ-दिगम्बर (भद्रबाहु के समर्थक) तथा श्वेताम्बर (स्थूलभद्र के समर्थक)।
- श्वेताम्बर सफेद वस्त्र धारण करते थे, जबकि दिगम्बर बिना वस्त्रों के जीवन व्यतीत करते थे।
- जैन धर्म में दो संगीतियाँ हुईं—प्रथम संगीति 322 से 298 ई. पू. में पाटलिपुत्र में स्थूल भद्र की अध्यक्षता में आयोजित हुआ तथा दूसरी संगीति 512 ई. में बल्लभी में देर्वार्या क्षमाश्रवण की अध्यक्षता में आयोजित हुआ।

जैन साहित्य

- जैन साहित्यों को आगम कहा जाता है। इनकी रचना प्राकृत भाषा में हुई। इसमें 12 अंक, 12 उपांग, 10 प्रकीर्ण, 6 छेदसूत्र, 4 मूल सूत्र शामिल हैं।
- जैन तीर्थंकरों का जीवनचरित भद्रबाहु रचित कल्पसूत्र में है। आचरांग सूत्र में जैन भिक्षुओं के आचार नियम का वर्णन है।

बौद्ध धर्म

बौद्ध धर्म का विकास छठी शताब्दी ईसा पूर्व के समकालीन धर्मों में हुआ बौद्ध धर्म के संस्थापक गौतम बुद्ध थे।

गौतम बुद्ध

जन्म	563 ई. पू. लुम्बिनी (कपिलवस्तु)
पिता	शुद्धोधन (शाक्य गण के प्रधान)
माता	महामाया (कोलियगण की राजकुमारी)
पत्नी	यशोधरा
गृह त्याग	29 वर्ष की उम्र में (महाभिनिष्क्रमण)
ज्ञान प्राप्ति	35 वर्ष की उम्र में (निरंजना नदी के किनारे, बोधगया)
महा परिनिर्वाण	80 वर्ष की उम्र में, 483 ई. पू. (कुशीनारा)
प्रथम उपदेश	सारनाथ (धर्मचक्रप्रवर्तन)
अनुयायी शासक	बिम्बिसार, प्रसेनजित, अजातशत्रु, अनाथपिण्डक

बौद्ध दर्शन तथा सिद्धान्त

- बौद्ध धर्म मूलतः अनीश्वरवादी है। इसमें आत्मा की परिकल्पना भी नहीं है। यह पुनर्जन्म को मान्यता देता है।
- बुद्ध ने सांसारिक दु:खों के सम्बन्ध में चार आर्य सत्यों का उपदेश दिया है। ये हैं—
  1. दु:ख 2. दु:ख समुदाय 3. दु:ख निरोध
  4. दु:ख निरोधगामिनी प्रतिपदा।
- इन सांसारिक दु:खों से मुक्ति हेतु बुद्ध ने अष्टांगिक मार्ग का प्रतिपादन किया अर्थात् जीवन-मरण के चक्र से मुक्त हो जाना।
- बुद्ध ने मध्यम मार्ग (मध्यमा-प्रतिपद) का उपदेश दिया तथा नैतिकता पर बल दिया। कर्म के सिद्धान्त के साथ-साथ सत्य एवं अहिंसा को प्रमुखता दी।
- बौद्ध दर्शन का मूल आधार दु:खों के कारण-चक्र से निवृति है। इसे प्रतीत्यसमुत्पाद कहा गया है।

बौद्ध संघ

- बौद्ध संघ में भिक्षुओं के प्रवेश को 'उपसम्पदा' कहा जाता था। गृहस्थ जीवन में रहकर बौद्ध धर्म को मानने वाले को 'उपासक' कहा जाता था।
- आनन्द के कहने पर महात्मा बुद्ध ने महिलाओं को संघ में प्रवेश की अनुमति दी थी।
- कालान्तर में बौद्ध सम्प्रदाय हीनयान तथा महायान में विभाजित हो गया। हीनयान महात्मा बुद्ध के दर्शन तथा सिद्धान्तों में विश्वास करने वाला सम्प्रदाय था, जबकि महायान बोधिसत्व के जीवन तथा सिद्धान्तों में विश्वास रखते थे।

बौद्ध ग्रन्थ

- अधिकांश बौद्ध ग्रन्थों की रचना पालि भाषा में हुई है। बौद्ध ग्रन्थों में सबसे महत्त्वपूर्ण **त्रिपिटक** है।
- सुत्तपिटक, विनय पिटक तथा अभिधम्म-पिटक को सम्मलित रूप से त्रिपिटक कहा जाता है।
- दीपवंश तथा महावंश अन्य महत्त्वपूर्ण रचनाएँ हैं, जिसमें बौद्ध दर्शन तथा सिद्धान्तों की चर्चा मिलती है।

बौद्ध संगीतियाँ

संगीति	समय	स्थान	शासक	अध्यक्ष
प्रथम बौद्ध संगीति	483 ई. पू.	राजगृह	अजातशत्रु	गहाकरराप
द्वितीय बौद्ध संगीति	383 ई. पू.	वैशाली	कालाशोक	सर्वकामिनी
तृतीय बौद्ध संगीति	250 ई. पू.	पाटलिपुत्र	अशोक	मोग्गलिपुत्र तिस्स
चतुर्थ बौद्ध संगीति	प्रथम सदी ई.	कुण्डलवन (कश्मीर)	कनिष्क	वसुमित

अन्य धार्मिक सम्प्रदाय

सम्प्रदाय	संस्थापक
आजीवक	मक्खलिपुत्र गोशाल
घोर अक्रियावादी	पूरण कश्यप
भौतिकवादी	अजित केशकम्बलिन
नियतिवादी	पकुद्य कच्चायन
अनिश्चयवादी	संजय वेट्ठिलपुत्र

महाजनपद काल

- उत्तर वैदिक काल में 'जनपद' छठी शताब्दी ई. पू. में 'महाजनपद' में परिवर्तित हो गए। इनकी संख्या 16 थी।

- बौद्ध ग्रन्थ अंगुत्तर निकाय में पहली बार 16 महाजनपदों की चर्चा मिलती है। जैन ग्रन्थ 'भगवती सूत्र' में भी 16 महाजनपदों की चर्चा है।

सोलह महाजनपद

महाजनपद	राजधानी	वर्तमान क्षेत्र
मगध	गिरिव्रज/राजगृह	पटना, शाहाबाद (बिहार)
अंग	चम्पा	भागलपुर, मुंगेर (बिहार)
काशी	वाराणसी	बनारस के आसपास (उ.प्र.)
वत्स	कौशाम्बी	इलाहाबाद के आसपास (उ.प्र.)
वज्जि	वैशाली	वैशाली (बिहार)
कोसल	श्रावस्ती	अवध (उ.प्र.)
अवन्ति	उत्तरी अवन्ति–उज्जैन दक्षिण अवन्ति–महिष्मती	दक्षिण पश्चिम (मध्य प्रदेश)
मल्ल	कुशीनारा	देवरिया (उ.प्र.)
पांचाल	अहिच्छत्र/काम्पिल्य	बरेली, बदायूँ, (उ.प्र.)
चेदि	शक्तिमती	बुदेलखण्ड (उ.प्र.)
कुरु	हस्तिनापुर	दिल्ली, मेरठ, हरियाणा के कुछ क्षेत्र
मत्स्य	विराटनगर	जयपुर, भरतपुर, अलवर
कम्बोज	राजपुर	रोजरी, हजारा क्षेत्र (पाकिस्तान)
शूरसेन	मथुरा	ब्रजमण्डल क्षेत्र (उ.प्र.)
अश्मक	पोतन	द. भारत
गान्धार	तक्षशिला	पकिस्तान का उत्तरी क्षेत्र

मगध साम्राज्य का उत्कर्ष

- महाजनपद काल में मगध ने अपनी शक्ति का विस्तार किया तथा उत्तर भारत में मगध साम्राज्य की स्थापना हुई।
- मगध साम्राज्य पर कुल मिलाकर तीन वंशों हर्यंक वंश, शिशुनाग वंश तथा नन्द वंश ने शासन किया।

हर्यंक वंश (544–412 ई.पू.)

- बिम्बिसार हर्यंक वंश (544-492 ई. पू.) का संस्थापक था। उसका उपनाम श्रेणिक था तथा इसकी राजधानी गिरिव्रज (राजगृह) थी।
- बिम्बिसार ने मद्र, कोसल, लिच्छवि तथा गान्धार से वैवाहिक सम्बन्ध स्थापित किए। वह महात्मा बुद्ध का समकालीन था। जीवक इसका राजवैद्य था।
- अजातशत्रु (492-460 ई. पू.) ने अपने पिता बिम्बिसार की हत्या कर सिंहासन प्राप्त किया था। अत: इसे पितृहंता भी कहा जाता था।
- अजातशत्रु ने रथमूसल तथा महाशिलाकण्टक जैसे हथियारों का प्रयोग युद्ध में किया। उदायिन (460-44 ई.पू.) अजातशत्रु का पुत्र था, इसने पाटलिपुत्र नगर की स्थापना की थी।

शिशुनाग वंश (412-344 ई.पू.)

- शिशुनाग (412-394 ई.पू.) ने हर्यंक वंश के अन्तिम शासक नागदशक की हत्या कर शिशुनाग वंश की स्थापना की थी।
- शिशुनाग का उत्तराधिकारी कालाशोक हुआ। इसके समय में द्वितीय बौद्ध संगीति का आयोजन वैशाली में हुआ था।

नन्द वंश (344-324/23 ई.पू.)

- नन्द वंश की स्थापना महापद्मनन्द ने की थी। इसे 'एकराट भी कहा जाता है। पुराणों में महापद्मनन्द को 'सर्वक्षत्रान्तक' क्षत्रियों को नाश करने वाला कहा गया है।
- धनानन्द नन्द वंश का अन्तिम शासक था। ग्रीक लेखकों ने इसे अग्रमीज एवं जैन्द्रमीज कहा है।
- धनानन्द के शासन काल में ही मकदूनिया के शासक सिकन्दर ने 326 ई. पू. में भारत पर आक्रमण किया था।

मौर्य साम्राज्य

नन्द वंश के अन्तिम शासक धनानन्द को पराजित कर चन्द्रगुप्त मौर्य ने मौर्य साम्राज्य की स्थापना 322 ई. पू. में की थी।

चन्द्रगुप्त मौर्य (322-398 ई.पू.)

- चन्द्रगुप्त को स्ट्रोबो तथा जस्टिन ने सैण्ड्रोकोटस और एरियन तथा प्लूटार्क ने 'एण्ड्रोकोटस' नाम से सम्बोधित किया है।
- चन्द्रगुप्त ने 305 ई. पू. में सिकन्दर ने सेनापति सेल्यूकस निकेटर को पराजित कर एरिया, अराकोसिया, जेड्रोसिया एवं पेरीपेनिसदाई का क्षेत्र प्राप्त किया था।
- सेल्यूकस ने अपने पुत्री का विवाह चन्द्रगुप्त मौर्य से किया तथा अपने राजदूत मेगस्थनीज को उसके दरबार में भेजा।
- मेगस्थनीज 5 वर्ष तथा पाटलिपुत्र में रहा तथा 'इण्डिका' नामक पुस्तक की रचना की।
- चन्द्रगुप्त मौर्य जैन धर्म का अनुयायी था। 298 ई. पू. में इसकी मृत्यु श्रावणवेलगोला (कर्नाटक) में उपवास द्वारा हो गई।

बिन्दुसार (298-273 ई.पू.)

- बिन्दुसार चन्द्रगुप्त का उत्तराधिकारी था। वह आजीवक सम्प्रदाय का अनुयायी तथा अमित्रघात के नाम से जाना जाता था।
- स्ट्रेनों के अनुसार सीरियन नरेश एन्टियोकस ने बिन्दुसार के दरबार में डाइमेकस नामक राजदूत भेजा।
- एथोनियस के अनुसार, बिन्दुसार ने सीरिया के शासक एन्टियोकस-I से मदिरा, सूखे अंजीर एवं एक दार्शनिक भेजने की प्रार्थना की थी।

अशोक (273-276 ई.पू.)

- अशोक बिन्दुसार का उत्तराधिकारी था। चार पर्षों तक उत्तराधिकार के संघर्ष के पश्चात् 269 ई. पू. में वास्तविक रूप से राजगद्दी पर बैठा।
- शासक बनने के पूर्व अशोक अवन्ति का राज्यपाल था। मास्की तथा गुर्जरा अभिलेख में इसका वास्तविक नाम 'अशोक' मिलता है।
- राज्याभिषेक के 9वें वर्ष अर्थात् 261 ई.पू. में अशोक ने कलिंग पर आक्रमण किया। कलिंग युद्ध के पश्चात् उसने युद्ध विजय की जगह धम्म विजय को अपनाया तथा उपगुप्त नामक बौद्ध भिक्षु से बौद्ध धर्म की दीक्षा ली।
- अशोक ने शासक के 10वें वर्ष में बोधगया तथा 20 वें वर्ष में लुम्बिनी की यात्रा की। 13वें वर्ष में उसने धम्ममहामात्र नामक अधिकारियों की नियुक्ति की।
- अशोक के अभिलेख ब्राह्मी, ग्रीक, अरमाइक तथा खरोष्ठी लिपि में उत्कीर्ण हैं। 1837 ई. में जेम्स प्रिंसेप ने अशोक के अभिलेखों को पढ़ने में सफलता प्राप्त की।
- 14 शिलालेखों के अतिरिक्त अशोक ने 13 लघु शिलालेख, 7 लघु शिलालेख, 7 स्तम्भ अभिलेख उत्कीर्ण करवाया।

मौर्य प्रशासन

- कौटिल्य ने अर्थशास्त्र में राज्य के सप्तांग सिद्धान्त के अन्तर्गत राज्य, राजा, मन्त्री, मित्र, कोष, सेना तथा दुर्ग को राज्य के लिए आवश्यक अंग माना।
- मौर्य प्रशासन में राजा सर्वोच्च अधिकारी होता था, मन्त्रिसभा तथा मन्त्रिपरिषद् राजा को सहायता देते थे।
- मौर्य प्रशासन में शीर्षस्थ अधिकारियों को तीर्थ कहा जाता था, इनकी संख्या 18 थी।
- 'संस्था' तथा 'संचरा' गुप्त चर व्यवस्था के अंग थे।
- राज्य की आय का मुख्य स्रोत भू-राजस्व था। यह कुल उपज का 2/6 होता था।
- राजकीय टकसाल के अधिकारी को 'लक्षणाध्यक्ष' कहा जाता था। मुद्राओं के परीक्षण का अधिकारी रूपदर्शक था।

मौर्योत्तर काल

मौर्य साम्राज्य के पतन के पश्चात् सत्ता के केन्द्रीकरण का ह्रास हुआ। इसके परिणाम स्वरूप इस काल में अनेक छोटे-छोटे देशी एवं विदेशी राज्य स्थापित हुए। इनका वर्णन निम्नलिखित है—

देशी शासक वंश	विदेशी शासक वंश
शुंग वंश	**शक वंश**
इस वंश की स्थापना पुष्यमित्र शुंग ने 185 ई. पू. में अन्तिम मौर्य शासक बृहद्रथ की हत्या कर दी थी।	इस मूलतः सीरदरया के उत्तर में निवास करने वाली एक खानाबदोश तथा बर्बर जाति थी। इन्होंने लगभग 165 ई. पू. में भारत में प्रवेश किया।
पुष्यमित्र शुंग ने भरहुत स्तूप का निर्माण करवाया तथा विदिशा को अपनी राजधानी बनाया। अयोध्या शिलालेख के अनुसार इसने पतंजलि के नेतृत्व में दो अश्वमेध यज्ञ करवाए।	शकों की कुल पाँच शाखाएँ थीं-पहली शाखा ने अफगानिस्तान, दूसरी शाखा ने पंजाब, तीसरी शाखा ने मथुरा, चौथी शाखा ने पश्चिमी भारत एवं पाँचवीं शाखा ने उत्तर दक्कन पर प्रभुत्व स्थापित किया।
शुंग वंश के 9वें शासक भागवत (भागभद्र) के शासनकाल में यवन राजदूत हेलियोडोरस ने भागवत धर्म ग्रहण कर विदिशा (बेसनगर) में गरुड़ स्तम्भ की स्थापना की।	रूद्र दामन इस वंश का सबसे प्रतापी शासक था। इसने सुदुदर्शन झील का जीर्णोद्धार करवाया तथा संस्कृत भाषा का सबसे लम्बा अभिलेख 'गिरनार अभिलेख' बनवाया।
कण्व वंश	**पहलव वंश**
शुगवंश के अन्तिम शासक देवभूति की हत्या कर वासुदेव ने 75 ई. पू. में कण्व वंश की स्थापना की।	पहलव/पार्कियन मुख्यतः सीस्तान तथा आरकोसिया के निवासी थे। इस वंश का वास्तविक संस्थापक मिथेडेट्स प्रथम था।
पुराणों के अनुसार, कण्व वंश का शासन 45 वर्षों तक रहा। सुशर्मा इसका अन्तिम शासक था।	भारत में इस वंश का पहला शासक माउस था। गोण्डो, फर्नीज इसका सबसे महान् शासक था, जिसका उल्लेख 'तख्ते वही' अभिलेख में मिलता है।
सातवाहन वंश	**कुषाण वंश**
इस वंश की स्थापना सिमुक ने अन्तिम कण्व शासक सुशर्मा की हत्या कर दी थी। सातवाहन शासकों ने अपनी राजधानी प्रतिष्ठान (महाराष्ट्र) में स्थापित की।	पल्लव के बाद कुषाण भारत आए जो यू-ची कबीले से सम्बन्धित थे। कुजुल कडफिसेस ने 15 ई. में कुषाण वंश की स्थापना की। उसका उत्तराधिकारी विम कडफिसेस था।
सातवाहन शासक वशिष्ठीपुत्र पुलुमावी के सिक्कों पर दो पतवार वाले जहाज का चित्रण है।	यह शेव मत अनुयायी था, इसके सिक्के पर शिव-नन्दी तथा त्रिशूल की आकृतियाँ मिलती हैं।
इस काल में हाल ने गाथा सप्तशतकी तथा गुणाढ्य के वृहतकथा नामक पुस्तक की रचना की।	भारत में सर्वप्रथम सोने के सिक्के विम कडफिसस द्वारा ही चलाए गए थे।
सातवाहन शासकों ने चाँदी, ताँबे, सीसा, पोटीन और कांस्य की मुद्राओं का प्रचलन किया।	कनिष्क (78 ई.) सर्वाधिक शक्तिशाली शासक था, इसकी राजधानी पुरूषपुर (पेशावर) थी। इसने शक-संवत् चलाया।
ब्राह्मणों को भूमि-अनुदान देने की प्रथा का आरम्भ सातवाहन शासकों दे ही सर्वप्रथम किया।	बौद्ध धर्म की चौथी बौद्ध-संगीति कनिष्क के काल में कुण्डलवन (कश्मीर) में हुई।
इनका समाज मातृसत्तात्मक था।	गांधार तथा मथुरा शैली का विकास कनिष्क के काल में ही हुआ। वासुदेव इस वंश का अन्तिम शासक था।

संगम काल

- संगम से तात्पर्य दक्षिण भारत में आयोजित होने वाले तमिल कवियों के संघ या मण्डल से है। इसका आयोजन पाण्ड्य राजाओं के संरक्षण में हुआ।
- संगम काल में तीन तमिल संगमों का आयोजन किया गया था। **पहला** संगम अगस्त ऋषि की अध्यक्षता में मदुरै में, दूसरा तोलकाप्पियर की अध्यक्षता में अवलैव/कपाट पुरम के तथा तीसरा नक्कीटर की अध्यक्षता में मदुरै में, आयोजित हुआ था।
- इस काल में मुरुगन देवता की उपासन सर्वाधिक होती थी। इस काल में मुख्य रूप से चोल, चेर तथा पाण्ड्य राजवंशों ने शासन किया।

चेर

- उदायिन-जरेल (130 ई.) इस वंश का प्रथम शासक था। चेर वंश का प्रतीक चिह्न धनुष था।
- उदायिन जरेल को लाल चेर के नाम से जाना जाता है। इसने 'पत्तिनी' या 'कण्णगी' पूजा को प्रारम्भ कराया।

चोल

- यह प्राचीनतम संगमकालीन राज्य था। इसका प्रथम उल्लेख कात्यायन ने किया है। चोलों का प्रतीक चिह्न बाघ था।
- कारिकाल (190 ई.) इस वंश का सबसे महान् शासक था। इसने वेण्णि का युद्ध जीता था। कारिकाल की चर्चा शिलप्पादिकारम् तथा पट्टिनप्पालै जैसे ग्रन्थों में मिलती है।

पाण्ड्य

- पाण्ड्य राजवंश की प्रथम चर्चा मेगस्थनीज ने अपनी पुस्तक इण्डिका में किया है। इसका राज्य चिह्न मछली तथा राजधानी मदुरै था।
- इस वंश के महानतम शासक नेण्डुगेलियन ने रोमन सम्राट आगस्टस के दरबार में अपना दूत भेजा था।

गुप्त साम्राज्य

- मौर्योत्तर काल के पश्चात् गुप्त साम्राज्य के रूप में एक केन्द्रीयकृत सत्ता अस्तित्व में आई। प्राचीन भारतीय इतिहास में गुप्तकाल को स्वर्णकाल कहा जाता है।
- गुप्त वंश की स्थापना श्रीगुप्त ने 275 ई. में की थी, किन्तु इस वंश का वास्तविक संस्थापक चन्द्रगुप्त प्रथम था।

चन्द्रगुप्त प्रथम

- चन्द्रगुप्त प्रथम (319-336 ई.) 'महाराजाधिराज' की उपाधि धारण करने वाला प्रथम गुप्त शासक था।
- चन्द्रगुप्त प्रथम ने 319 ई. में गुप्त सम्वत् की स्थापना की थी। इसने लिच्छवि राजकुमारी कुमार देवी से विवाह किया था।

समुन्द्रगुप्त

- समुद्रगुप्त (335-375 ई.) चन्द्रगुप्त का उत्तराधिकारी था, इसको लिच्छवि दौहित्र भी कहा जाता है।
- वी. ए. स्मिथ ने समुन्द्रगुप्त को 'भारतीय नेपोलियन' कहा। इसका दरबारी कवि हरिषेण था, जिसने इलाहाबाद के प्रयाग-प्रशस्ति लेख में समुद्रगुप्त के विषयों का वर्णन किया।
- समुद्रगुप्त ने सैन्य विजय के बाद अश्वमेधकर्ता की उपाधि धारण की। उसने 'कविराज' नाम से कई कविताएँ भी लिखीं।
- समुद्रगुप्त ने उत्तर भारत के नौ शासकों की पराजित किया। पराजित राजाओं में अच्छुत, नागसेन तथा गणपतिनाग प्रमुख थे।
- समुद्रगुप्त के सिक्कों पर व्यघ्रपकराक्रम, अप्रप्तिरथ, पराक्रमांक आदि उपाधियाँ मिलती हैं। एक सिक्के पर उसे वीणा बजाते हुए दिखाया गया है।

चन्द्रगुप्त विक्रमादित्य

- चन्द्रगुप्त विक्रमादित्य (380-412 ई.) के शासनकाल में गुप्तों की प्रथम राजधानी पाटलिपुत्र तथा द्वितीय राजधानी उज्जयिनी थी।
- चीनी यात्री, फाह्यान इसके शासनकाल में भारत आया था। इसने विक्रमांक, परमभागवत उपाधि धारण की थी।
- इसके दरबार के नवरत्नों में कालिदास, धनवन्तरि, क्षपणक, अमरसिंह, शंकु, बेतालभट्ट घटकर्पर वाराहमिहिर, वारुचि शामिल थे।

कुमारगुप्त

- कुमारगुप्त (412-454 ई.) गुप्त शासकों में सर्वाधिक अभिलेख बनाने वाला शासक था। इसके काल में हूणों का आक्रमण हुआ था।
- इसके शासक काल में नालन्दा विश्वविद्यालय (बिहार) की स्थापना हुई थी। कुमारगुप्त वैष्णव अनुयायी था तथा इसने महेन्द्रादित्य की उपाधि धारण की थी।

स्कन्द गुप्त

- स्कन्द गुप्त (454-467 ई.) गुप्त वंश का अन्तिम प्रतापी शासक था। इसने मौर्यों द्वारा निर्मित सुदर्शन झील का जीर्णोद्धार करवाया था।
- 455 ई. में स्कन्दगुप्त ने हूणों को पराजित किया। हुणों के आक्रमण से भारत की सुरक्षा करने का श्रेय स्कन्दगुप्त को है।

गुप्तकालीन प्रशासन

- गुप्तकालीन प्रशासन के शीर्ष पर राजा होता था। वह परमेश्वर, महाराजाधिराज, पद्मभट्टारक आदि उपाधियाँ धारण करता था।
- गुप्त प्रशासन में सबसे बड़ी प्रादेशिक इकाई देश थी, जिसके अधिकारी को **कोप्ता** कहा जाता था। दूसरी प्रोदशिक इकाई भूमि थी, जिसका अधिकारी **उपरिक** कहलाते थे।
- भूमि के नीचे विषय नामक प्रशासनिक ईकाई होती थी, जिसके प्रभुत्व विषयपति कहलाते थे।
- पुलिस विभाग का मुख्य अधिकारी दण्डपाशिक तथा साधारण कर्मचारियों को भाट एवं याट कहलाते थे।
- प्रशासन की सबसे छोटी इकाई ग्राम थी। ग्रामों, समूहों की छोटी इकाई को पेठ कहा जाता था। गुप्तकाल में आय का मुख्य स्रोत भू-राजस्व कुल उत्पादन का 1/4 से 1/6 भाग तक हुआ करता था।

गुप्तकालीन समाज तथा धर्म

- इस काल में वर्ण-व्यवस्था के अन्तर्गत वैश्यों की सामाजिक स्थिति में गिरावट एवं शुद्रों की स्थिति में सुधार हुआ।
- सती प्रथा का सर्वप्रथम प्रमाण (510 ई.) भानुगुप्त के एरण अभिलेख से मिलता है। फाह्यान ने समाज में अस्पृश्यता का उल्लेख किया है।
- गुप्त शासक वैष्णव थे। इस काल में ही सर्वप्रथम मन्दिर का निर्माण प्रारम्भ हुआ। गुप्त सिक्कों पर विष्णु के वाहन गरुड़ की आकृति चित्रित मिलती है।

गुप्तकालीन कला, साहित्य एवं विज्ञान

- इस काल में मूर्तिकला, चित्रकला, वास्तुकला, संगीत एवं नाट्यकला के क्षेत्र में अत्यधिक उन्नति हुई।
- देवगढ़ का दशावतार मन्दिर, तिगवा का विष्णु मन्दिर, नाचना कुठार का पार्वती मन्दिर इस काल के वास्तुकला के अप्रतिम उदाहरण हैं।
- अजन्ता की 16, 17 और 19 गुफा के चित्र एवं बाघ इसकी समय चित्रित किए गए, जो चित्रकला के सर्वोत्तम उदाहरण है।
- इस काल में विष्णु शर्मा ने पंचतन्त्र, भारवि ने किरातार्जुनीय, अमर सिंह ने अमरकोष, कामन्दक ने नीतिसार की रचना की।
- कालिदास इस काल के सर्वश्रेष्ठ कवि थे। उन्होंने मेघदूतम्, ऋतुसंहार, मालविकाग्निमित्रम, रघुवंश, अभिज्ञान शाकुन्तलम्, आदि पुस्तकों की रचना।
- गुप्तकाल में गणित, पदार्थ विज्ञान, धातु विज्ञान, रसायन विज्ञान, ज्योति विज्ञान तथा चिकित्सा विज्ञान की बहुत उन्नति हुई।
- दशमलव तथा शून्य का अन्वेषण गुप्त काल में ही हुआ। आर्यभट्ट ने 'सूर्य सिद्धान्त' नामक ग्रन्थ की रचना की।
- वराहमिहिर ने 'वृहत संहिता' तथा ब्रह्मगुप्त ने 'ब्रह्मसिद्धान्त' में खगोलशास्त्र को वर्णित किया।

गुप्तोत्तर काल

- भारतीय उपमहाद्वीप में गुप्त वंश के पतन के बाद बहुराज्यीय व्यवस्था कायम हुई। पुष्यभूति वंश, मैत्रक वंश, गौड वंश, पल्लव वंश, चालुक्य वंश आदि प्रमुख रूप से शामिल हैं।

पुष्यभूति वंश

- इस वंश की स्थापना 'पुष्यभूति' नामक व्यक्ति ने की थी। इसकी राजधानी थानेश्वर थी। प्रभाकर वर्ध्दन इसका प्रथम, प्रभावशाली शासक हुआ। इसने परमभट्टारक और महाराजाधिराज जैसे उपाधियों धारण की थी।
- हर्षवर्द्धन इस वंश का सबसे महान् शासक था। 16 वर्ष की अवस्था में वह 606 ई. में शासक बना था।
- हर्षवर्द्धन ने गौड़ शासक शशांक को पराजित करके कन्नौज पर अधिकार कर लिया था तथा उसे अपनी राजधानी बनाया।
- हर्ष तथा चालुक्य शासक पुलकेशिन द्वितीय के बीच नर्मदा नदी के तट पर युद्ध हुआ, जिसमें संभवत: हर्ष की पराजय हुई थी।
- हर्ष एक महान् लेखक भी था। उसने प्रियदर्शिका, नागानन्द एवं रत्नावली नामक तीन पुस्तकों की रचना की थी।

- चीनी यात्री ह्वेनसांग हर्षवर्द्धन के शासककाल में भारत आया। ह्वेनसांग को यात्रियों का राजकुमार, नीति का पण्डित तथा शाक्यमुनि भी कहा जाता है।

गुप्तोत्तर कालीन प्रमुख राजवंश

उत्तर भारतीय राजवंश | **दक्षिण भारतीय राजवंश**

गुर्जर प्रतिहार वंश

- नागभट्ट-I (मालवा का शासक) को इस वंश का संस्थापक माना जाता है। इसका कार्यकाल 730-756 ई. था।
- मिहिर भोज (836-885 ई.) इस वंश का सर्वाधिक महत्त्वपूर्ण शासक था। उसने 'आदिवराह' और 'प्रयागधिराज' की उपाधि धारण की थी।

पल्लव वंश

- इस वंश का संस्थापक सिंहविष्ण, (575-600 ई.) था। इसकी राजधानी काँची पुरम (तमिलानाडु) में थी। किरातार्जुनीयम के लेखक भारवि इसी के दरबार में रहता था।
- महाबलीपुरम् एकाश्म मन्दिर जिन्हें रथ कहा गया है, का निर्माण पल्लव राजा नरसिंह वर्मन प्रथम ने करवाया था।
- काँची के कैलाशनाथ मन्दिर में पल्लव राजाओं और रानियों की आदमकद मूर्तियाँ लगी हैं।

गहड़वाल वंश

- चन्द्रदेव इस वंश का संस्थापक था। गहड़वाल शासक जयचन्द पृथ्वीराज चौहान के समकालीन था।
- जयचन्द चन्दावार के युद्ध (1194 ई.) में मु गोरी से पराजित हो गया था।

- प्रसिद्ध वैष्णव सन्त तिरुमगई अलवार नन्दिवर्मन द्वितीय के समकालीन था।

परमार वंश

- उपेन्द्रराज इस वंश का संस्थापक था। भोज (1000-1055 ई.) सबसे महान् शासक था, उसने कविराज को उपाधि धारण की।

राष्ट्रकूट वंश

- इस वंश का संस्थापक दन्तिदुर्ग (752 ई.) था। इसकी राजधानी मान्यखेत थी। कृष्ण प्रथम, ध्रुव, गोविन्द तृतीय, अमोघवर्ष, कृष्ण-II, इन्द्र-III एवं कृष्ण-III इसके प्रमुख शासक थे।
- ऐलोरा के प्रसिद्ध कैलाश मन्दिर का निर्माण कृष्ण प्रथम ने करवाया था।

चन्देल वंश

- नन्नुक ने इस वंश की स्थापना 831 ई. में की थी। इसकी राजधानी खजुराहो थी।
- **चन्देल** शासक **धंग** ने गंगा-यमुना के संगम में शिव की आराधना करते हुए अपने शरीर का त्याग किया था।
- आल्हा-उदल नामक दो सेनानायक चन्देल शासक परमर्दिदेव के दरबार में रहते थे।

- ध्रुव राष्ट्रकूट वंश का पहला शासक था, जिसने कन्नौज पर अधिकार करने हेतु त्रिपक्षीय संघर्ष में भाग लिया था।
- एलोरा एवं एलिफेण्टा गुहामन्दिरों का निर्माण राष्ट्रकूटों के समय ही हुआ।

चौहान वंश

- वासुदेव इस वंश का संस्थापक था। इसकी प्रारम्भिक राजधानी अहिच्छ थी।
- पृथ्वी राज चौहान इस वंश का महान् शासक था। इसने तराइन के प्रथम युद्ध (1191 ई.) में गोरी को पराजित किया तथा तराइन के द्वितीय युद्ध (1192 ई.) में उससे पराजित हो गया।

चालुक्य वंश (कल्याणी)

- कल्याणी के चालुक्य वंश की स्थापना तैलप-II ने की थी। इसकी राजधानी मान्यखेत थी।
- विल्हण एवं विज्ञानेश्वर विक्रमादित्य-VI के दरबार में रहते थे।
- कल्याणी के अलावा वातापी एवं वेंगी में भी चालुक्य वंश की अन्य शाखाएँ विद्यमान थीं।

कश्मीर के वंश

- कश्मीर में कार्कोट, उत्पल, तथा लोहार प्रमुख राजवंश थे।
- कार्कोट शासक ललितादित्य मुक्तापीड (724-760) ने कश्मीर में मार्तंड सूर्य मन्दिर का निर्माण कराया था।

चोल वंश

- इस वंश के संस्थापक विजयालय (850-87 ई.) थे। इसकी राजधानी तंजौर थी।
- विजयालय ने नर केसरी की उपाधि धारण की ओर निशुम्भसूदिनी देवी का मन्दिर बनवाया।

पाल वंश

- इस वंश का संस्थापाक गोपाल (750-770 ई.) था। इस वंश के शासक धर्मपाल ने विक्रमशिला विश्वविद्यालय (भागलपुर) की स्थापना करवाई।

- राजराज प्रथम ने श्रीलंका पर आक्रमण किया। इसने तंजौर में राजराजेश्वर का शिव मन्दिर बनाया।
- चोल प्रशासन अपने स्थानीय स्वशासन के लिए जाना जाता है।

✓ अति महत्त्वपूर्ण प्रश्न

1 सर्वप्रथम किस ग्रन्थ में भारत का प्राचीन नाम 'भारतवर्ष' का उल्लेख मिलता है?
(a) अंगुत्तर निकाय (b) अर्थशास्त्र
(c) अष्टाध्यायी (d) इण्डिका

2 यूनानी आक्रमणकारियों ने भारत को किस नाम से सम्बोधित किया?
(a) इण्डिका (b) इण्डिया
(c) इण्डिकॉन (d) इण्डस

3 प्राचीन भारतीय इतिहास को जानने हेतु ऐतिहासिक स्रोतों को कितने भागों में विभाजित किया जाता है?
(a) तीन (b) चार (c) सात (d) नौ

4 निम्नलिखित में से कौन एक वेदांग का अंग नहीं है?
(a) शिक्षा (b) कल्प (c) निरुक्त (d) पाठ्य

5 धर्मनिरपेक्ष साहित्य राजतरंगिणी की रचना किसने की थी?
(a) कौटिल्य (b) विल्हण (c) कल्हण (d) शुद्रक

6 किस पुराण में मौर्य वंश के सम्बन्ध में अधिक ऐतिहासिक जानकारी प्राप्त होती है?
(a) मत्स्यपुराण (b) वायुपुराण
(c) भागवतपुराण (d) विष्णुपुराण

7 बौद्ध ग्रन्थ त्रिपिटक के किस भाग में बुद्ध के धर्मोपदेशक का उल्लेख मिलता है?
(a) सूत्तपिटक (b) विनयपिटक
(c) अभिधम्म पिटक (d) 'a' और 'b' दोनों में

8 बेसनगर स्थित गरुड़ स्तम्भ का निर्माण किसने करवाया था?
(a) मिमाण्डर (b) हेलियोडोरस
(c) कनिष्क (d) पुष्यमित्र शुंग

9 किस अभिलेख में सर्वप्रथम सती प्रथा होने का उल्लेख मिलता है?
(a) जूनागढ़ अभिलेख (b) नासिक अभिलेख
(c) हाथी गुफा अभिलेख (d) एरण अभिलेख

10 मेगस्थनीज किसके शासनकाल में भारत आया था?
(a) चन्द्रगुप्त मौर्य (b) बिन्दुसार
(c) धनानन्द (d) अशोक

11 चानी लेखक फाह्यिान ने किसके शासनकाल में भारत की यात्रा की थी?
(a) चन्द्रगुप्त प्रथम (b) चन्द्रगुप्त द्वितीय
(c) समुन्द्रगुप्त (d) भानुगुप्त

12 ह्वेगसांग की यात्रा के समय नालन्दा विश्वविद्यालय का कुलपति कौन था?
(a) आदित्य भद्र (b) बालभद्र (c) शीलभद्र (d) चन्द्रभद्र

13 किताब-उल-हिन्द की रचना किसने की थी?
(a) अलमसूदी (b) इब्नबतूता (c) तारानाथ (d) अलबरुनी

14 प्राचीनतम आहत सिक्के को साहित्य में क्या कहा जाता था?
(a) काषार्पण (b) पण्य (c) दीनार (d) स्वार्षण

15 पूर्वपाषाण युग में मानव की जीविका का मुख्य आधार क्या था?
(a) कृषि (b) व्यापार (c) शिकार (d) लेखन

16 पश्चिमोत्तर भारत के किस नदी घाटी क्षेत्र में पुरा पाषाण के साक्ष्य प्राप्त हुए हैं?
(a) सिन्धु (b) झेलम (c) रावी (d) सोहना

17 ज्ञानी मानव (होमोसैपियन्स) का आविर्भाव इस धरती पर कब हुआ?
(a) 10 से 20 हजार वर्ष पूर्व (b) 20 से 30 हजार वर्ष पूर्व
(c) 30 से 40 हजार वर्ष पूर्व (d) 40 से 50 हजार वर्ष पूर्व

18 कृषि का प्राचीनतम साक्ष्य कहाँ से प्राप्त हुआ है?
(a) कोल्डिहवा (b) मेहरगढ़ (c) कालीबंगा (d) देवपाड़ा

19 मनुष्य ने सर्वप्रथम किस धातु का प्रयोग प्रारम्भ किया?
(a) चाँदी (b) ताँबा (c) लोहा (d) स्वर्ण

20 भारत में पुरापाषाण कालीन औजारों की खोज किसने की थी?
(a) रॉर्बट क्लाइव (b) आर. डी. साहनी
(c) रार्बट ब्रुस फुट (d) रिजले

21 कृषि एवं पहिए का आविष्कार किस काल की देन माना जाता है?
(a) पुरापाषाण काल (b) मध्यपाषाण काल
(c) नवपाषाण काल (d) अभिनूतन काल

22 कार्बन डेटिंग पद्धति के अनुसार सिन्धु घाटी सभ्यता का काल माना जाता है
(a) 2350 ई. पू. से 1750 ई.पू. (b) 2150 ई. पू. से 1550 ई.पू.
(c) 1850 ई. पू. से 1250 ई.पू. (d) 1750 ई. पू. से 1180 ई.पू.

23 स्वतन्त्रता प्राप्ति के बाद भारत के किस राज्य में हड़प्पा संस्कृति के सर्वाधिक स्थल खोजे गए?
(a) हरियाणा (b) राजस्थान (c) गुजरात (d) महाराष्ट्र

24 सिन्धु घाटी सभ्यता के किस स्थान पर वृहत स्नानागार के अवशेष मिले हैं?
(a) लोथल (b) कालीबंगा (c) सुरकोटड़ा (d) मोहनजोदड़ो

25 सिन्धु घाटी सभ्यता काल में कौन-सी लिपि सर्वाधिक प्रचलित थी?
(a) कीलाक्षर लिपि (b) भावचित्रात्मक लिपि
(c) देवनागरी लिपि (d) आरमाइक लिपि

26 सिन्धु घाटी सभ्यता के किस स्थान पर सर्वप्रथम चावल के साक्ष्य प्राप्त हुए हैं?
(a) सुरकोटड़ा (b) कालीबंगा (c) लोथल (d) चन्हूदड़ो

27 सिन्धु घाटी सभ्यता की मुख्य फसलें निम्नलिखित में कौन-सी थीं?
(a) गेहूँ एवं मक्का (b) गेहूँ एवं धान
(c) धान एवं मक्का (d) गेहूँ एवं जौ

28 मेसोपोटामिया के साक्ष्यों में हड़प्पा स्थलों के लिए किस शब्द का प्रयोग किया गया है?
(a) दृसद्धति (b) सुवस्तु (c) मेलूहा (d) परूषणी

29 हड़प्पा संस्कृति का शासन किस वर्ग के हाथों में सीमित था?
(a) कृषक वर्ग (b) वणिक वर्ग
(c) अभिजात वर्ग (d) सामान्य वर्ग

30 सिन्धु घाटी सभ्यता के लोग किसे उर्वरता की देवी मानकर उसकी पूजा करते थे?
(a) गाय (b) धरती (c) स्वास्तिक (d) मछली

31 सिन्धु घाटी सभ्यता काल में मनका बनाने का कारखाना कहाँ स्थिल था?
(a) कालीबंगा (b) धौलावीरा (c) लोथल (d) राखीगढ़ी

32 सिन्धु घाटी सभ्यता के किस स्थान पर हल द्वारा जुते हुए खेतों के उल्लेख मिले हैं?
(a) चन्हूदड़ो (b) लोथल (c) बनावली (d) कालीबंगा

33 हड़प्पा संस्कृति में आग में पकी हुई मिट्टी को क्या कहा जाता था?
(a) लेमलेटा (b) टेराकोटा (c) लैटेराइट (d) रायोलाइट

34 किस इतिहासकार का मानना था कि जलवायु परिवर्तन के कारण सिन्धु घाटी सभ्यता का पतन हुआ?
(a) मार्शल (b) आरेल स्टाइन
(c) एम.आर.साहनी (d) ह्वीलर

35 सिन्धु घाटी सभ्यता के पतन हेतु किसे एक प्रभावी कारण माना गया है?
(a) जलवायु परिवर्तन (b) आग
(c) बाढ़ (d) भूकम्प

36 हड़प्पाकालीन किस स्थल पर पूर्णत: किलेबन्दी का प्रमाण मिला है?
(a) चन्हूदड़ो (b) लोथल (c) धौलावीरा (d) कालीबंगा

37 मैक्समूलर ने आर्यों का मूल स्थान कहाँ बताया था?
(a) पश्चिम एशिया (b) पूर्व एशिया
(c) मध्य एशिया (d) उत्तर एशिया

38 आर्यों द्वारा विकसित वैदिक सभ्यता का स्वरूप कैसा था?
(a) नगरीय सभ्यता (b) ग्रामीण सभ्यता
(c) मिश्रित सभ्यता (d) अल्पविकसित सभ्यता

39 ऋग्वैदिक काल में परिवार के मुखिया को क्या कहा जाता था?
(a) विशपति (b) राजन (c) कुलप (d) पितामह

40 ऋग्वेद के किस सूक्त में चार प्रमुख वर्णों का उल्लेख मिलता है?
(a) देवसूक्त (b) कल्पसूक्त (c) कुलसूक्त (d) पुरुषसूक्त

41 लम्बे समय तक विवाह नहीं करने वाली महिलाओं को ऋग्वैदिक काल में कहा जाता था
(a) रूपाजीव (b) देवरूपा (c) अमाजू (d) रत्नी

42 ऋग्वैदिक काल में 'अधिकारियों' के समूह को क्या कहा जाता था?
(a) क्षत्रप समूह (b) ईशान (c) रत्निन (d) विशिष्ट जन

43 राजा को सलाह देने वाली प्रमुख संस्था क्या कहलाती थी?
(a) सभा एवं समुदाय (b) जनसमूह एवं समुदाय
(c) सभा एवं समिति (d) समिति एवं समुदाय

44 ऋग्वैदिक काल में पशुचारण योग्य भूमि को कहा जाता था
(a) उर्वरा (b) चारागाह (c) रिवल्य (d) स्रोता

45 ऋग्वेद के किस मण्डल में दसराल युद्ध का उल्लेख मिलता है?
(a) 7वें मण्डल में (b) 8वें मण्डल में
(c) 9वें मण्डल में (d) 10वें मण्डल में

46 उत्तर वैदिक काल में प्रचलित मुद्रा की इकाईयाँ थीं
(a) पण्य एवं शतमान (b) शतमान एवं निष्क
(c) निष्क एवं कर्षाणन (d) कर्षापण एवं शतनाम

47 उत्तर वैदिक काल का सबसे लोकप्रिय देवता कौन था?
(a) इन्द्र (b) मरूत (c) प्रजापति (d) वरुण

48 सत्यमेव जयते किस उपनिषद् से लिया गया है?
(a) बृहदारण्यक उपनिषद् (b) छान्दोग्य उपनिषद्
(c) श्वेताश्वर उपनिषद् (d) मुण्डकोष उपनिषद्

49 निम्न में से किस वेद में देवताओं के स्तुति हेतु मन्त्रों को संकलित किया गया है?
(a) ऋग्वेद (b) सामवेद (c) यजुर्वेद (d) अथर्ववेद

50 किस पुराण को सर्वाधिक प्राचीन पुराण माना जाता है?
(a) विष्णुपुराण (b) मत्स्यपुराण (c) वायुपुराण (d) गरुड़पुराण

51 उत्तर वैदिक काल में लोहे के साक्ष्य का उल्लेख सर्वप्रथम कहाँ से प्राप्त होता है?
(a) आलमगीरपुर (b) बहावलपुर
(c) अतरंजीखेड़ा (d) कौशाम्बी

52 गायत्री मन्त्र का सम्बन्ध निम्नलिखित में से किस ग्रन्थ से है?
(a) ऋग्वेद (b) सामवेद
(c) मुण्डकोपनिषद् (d) अंगुत्तर निकाय

53 किस स्मृति ग्रन्थ को सर्वाधिक प्राचीन माना जाता है?
(a) याज्ञवल्कय स्मृति (b) ओशनम् स्मृति
(c) मनुस्मृति (d) देवल स्मृति

54 जैन धर्म के प्रथम तीर्थंकर कौन थे?
(a) पार्श्वनाथ (b) ऋषभदेव (c) अरिष्टनेमी (d) महावीर

55 किस जैन तीर्थंकर का निर्वाण सम्मेद शिखर पर हुआ था?
(a) ऋषभदेव (b) अजितनाथ (c) पार्श्वनाथ (d) महावीर

56 जैन धर्म के अन्तिम तीर्थंकर महावीर ने अपना पहला उपदेश कहाँ दिया था?
(a) पाटलिपुत्र (b) पावापुरी (c) वल्लभी (d) राजगृह

57 जैन तीर्थंकरों के जीवन चरित्र पर आधारित ग्रन्थ कल्पसूत्र की रचना किसने की थी?
(a) हेमचन्द्र सूरी (b) अमोघवर्ष
(c) भद्रबाहु (d) क्षमाश्रवण

58 जैन साहित्यों को मूलत: किस नाम से जाना जाता है?
(a) प्रगम (b) कल्प (c) आगम (d) सांख्य दर्शन

59 गौतम बुद्ध ने अपना पहला उपदेश कहाँ दिया था?
(a) सारनाथ (b) कौशल (c) वैशाली (d) कौशाम्बी

60 बुद्ध ने निम्नलिखित में से किस स्थान पर सबसे अधिक उपदेश दिए?
(a) सारनाथ (b) श्रावस्ती (c) वैशाली (d) बोधगया

61 प्रथम बौद्ध संहिता का आयोजन किसके शासनकाल में हुआ था?
(a) कालाशोक (b) अजातशत्रु (c) अशोक (d) कनिष्क

62 किस बौद्ध संगीति आयोजन के बाद बौद्ध धर्म हीनयान एवं महायान दो भागों में विभाजित हो गया?
(a) प्रथम बौद्ध संगीति (b) द्वितीय बौद्ध संगीति
(c) तृतीय बौद्ध संगीति (d) चतुर्थ बौद्ध संगीति

63 आजीवक सम्प्रदाय के संस्थापक कौन थे?
(a) संजय वेट्ठलिपुत्र (b) आचार्य अजित
(c) मक्खली पुत्र गौशाल (d) पूरण कश्यप

64 लिंगायत किस सम्प्रदाय का अंग माना जाता है?
(a) वैष्णव सम्प्रदाय (b) रूद्र सम्प्रदाय
(c) सनक सम्प्रदाय (d) शैव सम्प्रदाय

65 किस बौद्ध ग्रन्थ में 16 महाजनपदों का उल्लेख मिलता है?
(a) सूतपिटक (b) विनयपिटक
(c) अभिधम्मपिटक (d) अंगुत्तर निकाय

66 पाटलिपुत्र नगर की स्थापना किसने की थी?
(a) अजातशत्रु (b) बिम्बिसार (c) उदायिन (d) नागदशक

67 पुराणों में मगध साम्राज्य के किस शासक को 'सर्वक्षत्रान्तक' क्षत्रियों का नाश करने वाला कहा गया है?
(a) बिम्बिसार (b) अजातशत्रु
(c) महापद्मनन्द (d) धनानन्द

68 मगध साम्राज्य के किस शासक को "पितृहंता" कहा जाता है?
(a) अजातशत्रु (b) चन्द्रगुप्त मौर्य
(c) महापद्मनन्द (d) धनान्द

69 सीरियाई राजदूत डाइमेकस किसके शासनकाल में भारत आया था?
(a) चन्द्रगुप्त मौर्य (b) बिन्दुसार
(c) अशोक (d) धनानन्द

70 अशोक के अभिलेख किन लिपियों में उत्कीर्ण हैं?
(a) ब्राहमी (b) अरामाइक (c) खरोष्ठी (d) ये सभी

71 मौर्य प्रशासन में शीर्ष अधिकारियों को क्या कहा जाता था?
(a) तीर्थ (b) मन्त्रिमण्डल (c) विषयक (d) संस्था

72 द्वितीय बौद्ध संगीति का आयोजन कहाँ किया गया था?
(a) राजगृह (b) पाटलिपुत्र (c) वैशाली (d) श्रीनगर

73 सिकन्दर के आक्रमण के समय मगध साम्राज्य का शासक कौन था?
(a) पद्मनन्द (b) धनानन्द (c) कालाशोक (d) चन्द्रगुप्त मौर्य

74 कलिंग युद्ध के बाद अशोक ने किस बौद्ध भिक्षु से बौद्ध धर्म की दीक्षा ली थी?
(a) नागसेन (b) भानुगुप्त (c) पुरुगुप्त (d) उपगुप्त

75 शासन के कितने वर्षों के बाद अशोक ने बोधगया की यात्रा की थी?
(a) 10वें वर्ष (b) 12वें वर्ष (c) 13वें वर्ष (d) 15वें वर्ष

76 अशोक के अभिलेखों को सर्वप्रथम किसने पढ़ा था?
(a) मैक्समूलर (b) जेम्स प्रिंसेप
(c) कर्नल टाड (d) डी. आर. साहनी

77 मौर्य शासनकाल के दौरान भूराजस्व की दर निर्धारित थी
(a) $\frac{1}{2}$ भाग (b) $\frac{1}{4}$ भाग (c) $\frac{1}{6}$ भाग (d) $\frac{1}{8}$ भाग

78 राजकीय टकसाल के अधिकारी को क्या कहा जाता था?
(a) टकसाल अध्यक्ष (b) मुद्राणय अध्यक्ष
(c) लक्षणाध्यक्ष (d) कर्षाणाध्यक्ष

79 भरहूत स्तूप का निर्माण किसने करवाया था?
(a) अशोक (b) पुष्यमित्रशुंग (c) देवभूमि (d) सुशर्मा

80 सुदर्शन झील का जीर्णोद्धार किस शक शासक ने करवाया था?
(a) मियाण्डर (b) रुद्रदामन
(c) मिथेडेट्स (d) कुजुलकडफिसेस

81 गान्धार एवं मथुरा शैली का विकास किसके शासनकाल में सर्वाधिक हुआ?
(a) रुद्रदामन (b) वाशिष्ठीपुत्र पुलुमावी
(c) कनिष्क (d) मियान्डर

82 दक्षिण के चेर वंश का प्रतीक था
(a) मछली (b) मण्डप
(c) धनुष (d) तलवार

83 प्राचीन चोल वंश के संस्थापक किसे माना जाता है?
(a) कारिकाल (b) विजयालय
(c) राजेन्द्र प्रथम (d) कुलोतुंग

84 किस पाण्ड्य शासन ने रोमन सम्राट आगस्टस के दरबार में अपना दूत भेजा था?
(a) जेमजेलियन (b) नेण्डुजेलियन
(c) तोलकाप्तिचट (d) नक्कीरर

85 पाण्ड्य राजवंश की राजधानी कहाँ थी?
(a) कावेरीपट्टनम् (b) कपाटपुरम्
(c) मदुरै (d) तन्जौर

86 गुप्त साम्राज्य का वास्तविक संस्थापक किसे कहा जाता है?
(a) श्रीगुप्त (b) चाणक्य
(c) चन्द्रगुप्त प्रथम (d) चन्द्रगुप्त द्वितीय

87 किस गुप्त शासक को भारत का नेपोलियन कहाँ जाता है?
(a) चन्द्रगुप्त प्रथम (b) समुद्रगुप्त
(c) चन्द्रगुप्त द्वितीय (d) कुमारगुप्त

88 किस गुप्त शासन ने गुप्त साम्राज्य की राजधानी पाटलिपुत्र से उज्जयिनी बनाई थी?
(a) समुद्रगुप्त (b) चन्द्रगुप्त द्वितीय
(c) कुमारगुप्त (d) स्कन्दगुप्त

89 इलाहाबाद स्थित "प्रयाग प्रशस्ति लेख" की रचना किसने की?
(a) फह्यान (b) जगनिक
(c) हरिषेण (d) अमर सिंह

90 हूणों के आक्रमण से भारत की सुरक्षा करने का श्रेय किस गुप्त शासन को जाता है?
(a) समुद्रगुप्त (b) चन्द्रगुप्त द्वितीय
(c) कुमार गुप्त (d) स्कन्दगुप्त

91 गुप्त काल में पंचतन्त्र की रचना किसने की थी?
(a) अमर सिंह (b) कामन्दक (c) कालिदास (d) विष्णु शर्मा

92 "सूर्य सिद्धान्त" नामक ग्रन्थ की रचना किसने की?
(a) भारवि (b) वराहमिहिर (c) आर्यभट्ट (d) ब्रह्मगुप्त

93 निम्नलिखित में से कौन-एक स्थापत्य कला गुप्तकाल में निर्मित नहीं है?
(a) तिगवा का विष्णु मन्दिर (b) दशावतार मन्दिर, देवगढ़
(c) खजुराहो का मन्दिर (d) बाघ एवं अजन्ता गुफा चित्रण

94 गुप्तकाल के किस अभिलेख में सती प्रथा का उल्लेख मिलता है?
(a) जूनागढ़ अभिलेख (b) हाथीगुफा अभिलेख
(c) मन्दसौर अभिलेख (d) ऐरण अभिलेख

95 हर्षवर्द्धन ने किस शासक को पराजित कर कन्नौज पर अधिकार किया था?
(a) पुष्यमित्रशुंग (b) नरसिंहवर्मन द्वितीय
(c) शशांक (d) उपेन्द्रराज

96 निम्न में से कौन एक रचना स्वयं हर्षवर्द्धन की नहीं है?
(a) प्रियदर्शिका (b) नागानन्द (c) रत्नावली (d) हर्षचरित

97 कश्मीर के मार्तण्ड सूर्य मन्दिर का निर्माण किसने करवाया था?
(a) जैनुल आबादीन (b) ललितादित्य मुक्तापिण्ड
(c) अशोक (d) रानी दीद्दा

98 एलोरा के प्रसिद्ध कैलाश मन्दिर का निर्माण किस राष्ट्रकूट शासक ने करवाया था?
(a) कृष्ण प्रथम (b) ध्रुव
(c) गोविन्द तृतीय (d) अमोघवर्ष

99 दक्षिण भारत के किस साम्राज्य में सर्वप्रथम स्थानीय स्वशासन प्रणाली प्रारम्भ हुई?
(a) पल्लव शासन काल में (b) राष्ट्रकूट शासन काल में
(c) चोल शासन काल में
(d) चालुक्य (कल्याणी) शासन काल में

100 महाबलीपुरम स्थित एकाश्म मन्दिर (रथ मन्दिर) का निर्माण किसने करवाया था?
(a) सिंहविष्णु (b) नरसिंहवर्मन प्रथम
(c) महेन्द्रवर्मन प्रथम (d) नरसिंहवर्मन द्वितीय

उत्तरमाला

1	(c)	2	(b)	3	(a)	4	(d)	5	(c)	6	(d)	7	(a)	8	(b)	9	(d)	10	(a)
12	(b)	12	(c)	13	(d)	14	(a)	15	(c)	16	(d)	17	(c)	18	(b)	19	(b)	20	(c)
21	(c)	22	(a)	23	(c)	24	(d)	25	(b)	26	(c)	27	(d)	28	(c)	29	(b)	30	(b)
31	(c)	32	(d)	33	(b)	34	(b)	35	(c)	36	(d)	37	(c)	38	(b)	39	(c)	40	(d)
41	(c)	42	(c)	43	(c)	44	(c)	45	(a)	46	(b)	47	(c)	48	(d)	49	(b)	50	(b)
51	(c)	52	(a)	53	(c)	54	(b)	55	(c)	56	(d)	57	(c)	58	(c)	59	(a)	60	(b)
61	(b)	62	(d)	63	(c)	64	(d)	65	(d)	66	(c)	67	(c)	68	(a)	69	(b)	70	(d)
71	(a)	72	(c)	73	(b)	74	(d)	75	(a)	76	(b)	77	(c)	78	(c)	79	(b)	80	(b)
81	(c)	82	(c)	83	(a)	84	(b)	85	(c)	86	(c)	87	(b)	88	(b)	89	(c)	90	(d)
91	(d)	92	(c)	93	(c)	94	(d)	95	(c)	96	(d)	97	(b)	98	(a)	99	(c)	100	(b)

मध्यकालीन भारत

भारत पर अरब आक्रमण

- भारत पर मुहम्मद-बिन-कासिम ने 712 ई. में पहला अरब आक्रमण किया था। यह आक्रमण दाहिर (सिन्ध का राजा) के शासन काल में हुआ था।
- भारत पर अरब आक्रमण का मुख्य उद्देश्य धन लूटना था। इस आक्रमण की जानकारी 'चचनामा' नामक पुस्तक में मिलती है।

भारत पर तुर्कों का आक्रमण

- अलप्तगीन (गजनवी वंश का संस्थापक) का दामाद सुबुक्तगीन प्रथम तुर्क था, जिसने हिन्दूशाही शासक जयपाल को पराजित किया था।
- सुबुक्तगीन के पुत्र महमूद गजनवी ने भारत पर 17 बार (1000 से 1027 ई. के बीच) आक्रमण किया था।
- गुजरात के सोमनाथ मन्दिर पर (1025 ई.) किया गया आक्रमण गजनवी का सबसे महत्त्वपूर्ण आक्रमण था। भीम-I उस समय गुजरात का शासक था।
- अलबरूनी (किताबुल हिन्द के लेखक), फिरदौसी (शहनामा के लेखक) तथा उत्बी गजनवी के दरबारी कवि थे।

मुहम्मद गौरी का आक्रमण

- मुहम्मद गौरी ने 1175 ई. में प्रथम आक्रमण मुल्तान पर किया और भारत पर तुर्क राज्य की स्थापना की।
- मुहम्मद गौरी 1191 ई. में तराइन के प्रथम युद्ध में पृथ्वीराज चौहान से पराजित हो गया तथा 1192 ई. के तराइन के द्वितीय युद्ध में पृथ्वीराज चौहान को पराजित कर दिया।
- 1194 ई. के चन्दावर के युद्ध में उसने जयचन्द को पराजित किया। गौरी के सिक्कों पर एक ओर कलमा तथा दूसरी ओर लक्ष्मी की आकृति अंकित थी।
- 1206 ई. में गौरी की मृत्यु हो गई। मृत्यु से पहले उसने भारतीय साम्राज्य का स्वामी अपने गुलाम कुतुबुद्दीन ऐबक को बनाया था।

सल्तनत काल

गुलामवंश (1206-2010 ई.)

- गुलाम वंश की स्थापना 1206 ई. में कुतुबुद्दीन ऐबक ने की थी। उसने लाहौर को अपनी राजधानी बनाया था।
- ऐबक ने मलिक व सिपहसलाह की उपाधि धारण की थी। उसे 'लाख बख्श' भी कहा जाता है।
- ऐबक ने कुतुबमीनार की नींव रखवायी थी। 1210 ई. में चौगान (पोलो) खेलते हुए उसकी मृत्यु हो गई थी।
- दिल्ली सल्तनत का वास्तविक संस्थापक इल्तुतमिश था। उसने 1229 ई. में बगदाद के अब्बासी खलीफा से मान्यता प्राप्त की थी।
- इसने अपनी राजधानी लाहौर की जगह दिल्ली को बनाया तथा तुर्क-ए-चहलगानी नामक संगठन की स्थापना की।
- इल्तुतमिश ने चाँदी का 'टंका' तथा ताँबे का 'जीतल' नामक सिक्का चलवाया तथा 'न्याय का घण्टा' लगवाया था। साथ ही कुतुबमीनार का निर्माण पूरा करवाया।
- ख्वारिज्म के शासक जलालुद्दीन मंगबरनी को अपने यहाँ शरण न देकर इल्तुतमिश ने अपने साम्राज्य को चंगेज खाँ (मंगोल आक्रमण) के आक्रमण से बचाया था।
- इल्तुतमिश के बाद उसका पुत्र रुकनुद्दीन फिरोज गद्दी पर बैठा। वह एक अयोग्य शासक था। इसको हटाकर रजिया सुल्तान 1240 ई. में प्रथम मुस्लिम शासिका बन गई।
- रजिया ने पर्दा प्रथा का त्यागकर पुरुषों की तरह चोगा (काबा) एवं कुलाह (टोपी) पहनाना शुरू कर दिया।
- रजिया ने अल्तुनिया से विवाह किया तथा जलालुद्दीन याकूत को अमीर-ए-आखूर (अस्तबल का प्रमुख) नियुक्त किया था।
- 13 अक्टूबर, 1240 को रजिया की हत्या डाकुओं ने कैथल के पास कर दी थी।
- रजिया के बाद बहरामशाह शासक हुआ। उसने नायब-ए-मामरियकात का पद सृजन किया तथा एख्तियारुद्दीन ऐतगीन को इस पद पर नियुक्त किया।
- 1241 ई. में पहली बार दिल्ली सल्तनत को 'मंगोलों' का आक्रमण झेलना पड़ा। 1242 ई. में इसकी मृत्यु हो गई।
- अलाउद्दीन मसूदशाह (1242-1246 ई.), तथा नासिरुद्दीन महमूद (1246-65 ई.) सुल्तान हुए। नासिरुद्दीन महमूद ऐसा सुल्तान था, जो टोपी सीकर अपना जीवन-निर्वाह करता था।
- बलबन 1266 ई. में ग्यासुद्दीन बलबन के नाम से सुल्तान बना। यह तुर्क-ए-चहलगानी का सदस्य रहा था।
- बलबन ने जिल्ले-इलाही एवं नियावते-खुदाई की उपाधि धारण की तथा राजदरबार में सजदा एवं पैबोस की प्रथा की शुरुआत की।
- बलबन ने 'लौह एवं रक्त' की नीति का पालन किया। इसने पारसी त्योहार 'नवरोज' को मनाना आरम्भ किया।
- बलबन 'दीवान-ए-अर्ज' की स्थापना की थी। इसके दरबार में अमीर खुसरो तथा अमीर हसन रहते थे।
- गुलाम वंश का अन्तिम शासक शम्सुद्दीन कैमुर्स था।

खिलजी वंश (1290-1320 ई.)

- जलालुद्दीन फिरोज खिलजी ने 1290 ई. में खिलजी वंश की स्थापना की तथा किलोखरी को अपनी राजधानी बनाया।
- अलाउद्दीन खिलजी ने अपने चाचा जलालुद्दीन खिलजी की हत्या कर 1296 ई. में सुलतान बना। इसके बचपन का नाम अली तथा गुरशास्य था।
- अलाउद्दीन खिलजी ने 1301 ई. में रणथम्भौर के शासक हम्मीर देव को पराजित किया। अमीर खुसरों ने यहाँ 'जौहर-प्रथा' का वर्णन किया है।
- इसने 1303 ई. में चित्तौड़ के शासक राणा रतनसिंह को पराजित किया। रानी पद्मावती के जौहर की कथा यहीं से जुड़ी हुई है।
- अलाउद्दीन खिलजी ने सैन्य क्षेत्र में स्थायी सेना का गठन, नकद वेतन तथा दाग एवं हुलिया प्रणाली लागू किया।
- इसने भू-राजस्व की दर को बढ़ाकर उपज का $\frac{1}{2}$ भाग कर दिया, साथ ही खम्स (लूट का धन) में सुल्तान का हिस्सा $\frac{1}{4}$ भाग के स्थान पर $\frac{3}{4}$ भाग कर दिया।
- सैनिक आवश्यकताओं को पूरा करने के लिए अलाउद्दीन ने बाजार नियन्त्रण प्रणाली को लागू किया। इसके लिए दीवान-ए-रियासत, शहना-ए-मण्डी, बरीद तथा मुनहियान का सृजन किया गया।

- अलाउद्दीन खिलजी के शासनकाल में मंगोलों का सर्वाधिक आक्रमण हुआ था। इसने सिकन्दर-ए-सानी की उपाधि धारण की थी।
- मलिक काफूर को अलाउद्दीन ने दक्षिण के अभियान पर भेजा था।
- अलाउद्दीन ने जमेयत खाना मस्जिद, अलाई दरवाजा, सीरी का किला तथा हजार खम्भा महल का निर्माण करवाया था।
- मुबारक खिलजी (1316-1320 ई.) अलाउद्दीन खिलजी का उत्तराधिकारी हुआ। इसने स्वयं को खलीफा घोषित किया।
- मुबारक खिलजी कभी-कभी दरबार में स्त्रियों के वस्त्र पहनकर आ जाता था। इसे नग्न स्त्री-पुरुष की संगत पसन्द थी।

तुगलक वंश (1320-1398 ई.)

- ग्यासुद्दीन तुगलक (1320-25 ई.) ने तुगलक वंश की स्थापना 1320 ई. में किया। वह प्रथम सुल्तान था, जिसने डाक-व्यवस्था शुरू की थी।
- इसने दिल्ली के समीप स्थित पहाड़ियों पर तुगलकाबाद नामक नगर की स्थापना की थी। इसी नगर में उसने रोमन शैली में छप्पनकोट नामक दुर्ग बनाया था।
- बंगाल अभियान से लौटते समय 1325 ई. में ग्यासुद्दीन तुगलक की मृत्यु जूना खाँ द्वारा निर्मित लकड़ी के महल में दबकर हो गई।
- निजामुद्दीन औलिया ने इससे कहा था—"हनुज दिल्ली दूर अस्त" (दिल्ली अभी दूर है)।
- जूना खाँ मुहम्मद-बिन-तुगलक (1325-51 ई.) के नाम से सुल्तान बना। दिल्ली के सुल्तानों में वह सर्वाधिक शिक्षित, विद्वान् एवं योग्य था।
- बरनी के अनुसार, मुहम्मद-बिन-तुगलक की पाँच योजनाओं का उल्लेख किया है- (i) दोआब में कर वृद्धि (ii) राजधानी परिवर्तन (iii) सांकेतिक मुद्रा का प्रचलन (iv) खुरासान अभियान (v) कराचिल अभियान।
- इब्नबतूता (मोरक्को यात्री) ने **रेहला** नामक पुस्तक में मुहम्मद-बिन- तुगलक के समय को घटनाओं का वर्णन किया है।
- वह पहला सुल्तान था, जिसने होली में भाग लिया था। इसने जिन प्रथा सूरी नामक जैन साधु से विचार-विमर्श किया था।
- मुहम्मद-बिन-तुगलक की मृत्यु 20 मार्च, 1351 को सिन्ध जाते समय बट्टा के निकट गोडाल में हो गई।
- इसकी मृत्यु पर बदाँयूनी ने लिखा कि "अन्ततः प्रजा को राजा से और राजा को प्रजा से मुक्ति मिल गई।"
- मुहम्मद-बिन-तुगलक की मृत्यु के बाद फिरोज तुगलक (1351-88 ई.) सुल्तान बना। इसने दो बार (पहला बट्ट, दूसरा दिल्ली) अपना राज्याभिषेक करवाया था।
- फिरोज तुगलक ने राजस्व व्यवस्था के अन्तर्गत 24 कष्टदायक करों को समाप्त-खराज (लगान), खुम्स (युद्ध में लूट का माल), जजिया तथा जकात नामक कर को लागू किया।
- फिरोज ने 5 बड़ी नहरों का निर्माण करवाया था तथा ब्राह्मणों से जजिया कर वसूल किया।
- इसके शासनकाल में दासों की संख्या सर्वाधिक (लगभग-1,80,000) थी। दासों की देखभाल के लिए दीवान-ए-बन्दगान की स्थापना की गई।
- बंगाल अभियान से लौटते हुए जौनपुर नगर की स्थापना की। उसने फिरोजपुर, फिरोजाबाद, हिसार फिरोजा जैसे नगरों का निर्माण करवाया।
- चिकित्सा के लिए अलग विभाग 'दार-उल-सफा' की स्थापना की। गरीबों को खैरात बाँटने के लिए दीवान-ए-खैरात विभाग बनाया।
- फिरोज तुगलक ने चाँदी एवं ताँबे के मिश्रण से निर्मित अद्धा एवं विख नामक भारी सिक्का चलाया।
- तुगलक वंश का अन्तिम शासक नासिरुद्दीन महमूद तुगलक था। इसके शासनकाल में तैमूरलंग ने 1398 ई. में दिल्ली पर आक्रमण किया था।

सैय्यद वंश (1414-1451 ई.)

- खिज्र खाँ ने 1414 ई. में सैय्यद वंश की स्थापना की। उसने रैयत-ए-आला की उपाधि धारण की। यह तैमूर का सेनापति था।
- खिज्र खाँ की मृत्यु (1421 ई.) के बाद उसका पुत्र मुबारक खाँ 'शाह' की उपाधि के साथ सुल्तान बना।
- चाहिया बिन अहमद सरहिन्दी की पुस्तक 'तारीख-ए-मुबारक' शाही इसी से सम्बन्धित है।
- मुबारक शाह ने मुबारकाबाद (यमुना के किनारे) नामक नगर की स्थापना की। इस वंश का अन्तिम शासक अलाउद्दीन आलम शाह था।

लोदी वंश (1451-1526 ई.)

- बहलोल लोदी (1451-89 ई.) के द्वारा लोदी वंश की स्थापना के साथ ही दिल्ली में प्रथम अफगान राज्य की शुरुआत हुई।
- बहलोल लोदी ने 'बहलोल' नामक सिक्का चलवाया तथा 'मयनद-ए-अली' की उपाधि धारण की।
- सिकन्दर लोदी (1489-1517 ई.) सुल्तान सिकन्दरशाह लोदी के लाभ से सुल्तान बना।
- 1504 ई. में उसने आगरा शहर की स्थापना की तथा इसे अपनी दूसरी राजधानी बनाया।
- सिकन्दर लोदी 'गुलरुखी' के उपनाम से कविताएँ लिखता था। उसने मापन का नया पैमाना 'गजे-सिकन्दरी' की शुरुआत की थी।
- इसके शासनकाल में फरहंगे सिकन्दरी (आयुर्वेद ग्रन्थ) तथा लज्जत-ए-सिकन्दरी (गान विद्या से सम्बन्धित) नामक पुस्तक की रचना हुई।
- सिकन्दर लोदी की मृत्यु (1517 ई.) के पश्चात् उसका पुत्र इब्राहिम लोदी (1517-1526 ई.) दिल्ली के सिंहासन पर बैठा।
- इब्राहिम लोदी एवं राणा सांगा के मध्य 1517-18 ई. में घटोली का युद्ध हुआ। इस युद्ध में इब्राहिम पराजित हो गया।
- पानीपत के प्रथम युद्ध (1526 ई.) में बाबर ने इब्राहिम लोदी को पराजित कर मुगल वंश की नींव रखी।

दिल्ली सल्तनत का प्रशासन

प्रमुख विभाग	सम्बन्धित कार्य
दीवान-ए-विजारत	वित्त विभाग
दीवान-ए-वकूफ	व्यय विभाग
दीवान-ए-मुस्तखराज	भू-राजस्व विभाग
दीवान-ए-कोही	कृषि विभाग
दीवान-ए-इंशा	पत्राचार विभाग
दीवान-ए-अर्ज	सैन्य विभाग
दीवान-ए-रिसालत	निदेश विभाग

प्रमुख अधिकारी	विभाग
आरिज-ए-मुमालिक	सैन्य विभाग
वरीद-ए-मुमालिक	गुप्तचर विभाग
सद्र-उस-सुदूर	धार्मिक विभाग
अमीर-ए-आखूर	अश्वशाला विभाग
सर-ए-जानदार	अंगरक्षक विभाग
अमीर-ए-हाजिब	दरबारी शिष्टाचार अधिकारी

इक्ता व्यवस्था

- यह सल्तनत काल की एक प्रशासनिक अनुदान व्यवस्था थी, जिसके अन्तर्गत राजस्व और प्रशासनिक अधिकार दिए जाते थे।
- 'इक्ता' प्राप्त करने वाला इक्तेदार या मुक्ति या बली कहलाता था। यह वंशानुगत न होकर हस्तान्तरणीय थी।
- दिल्ली सल्तनत के अन्तर्गत इक्ता व्यवस्था की शुरुआत इल्तुतमिश ने की। फिरोजशाह तुगलक ने इक्तेदारों को वंशानुगत बना दिया था।

भक्ति एवं सूफी आन्दोलन

भक्ति आन्दोलन

- भक्ति आन्दोलन हिन्दुओं का सुधारवादी आन्दोलन था। इसमें ईश्वर के प्रति असीम भक्ति, ईश्वर की एकता तथा सभी धर्मों की समानता की बात कही गई।
- इसकी शुरुआत मुख्यरुप से दक्षिण भारत में हुई। इस आन्दोलन के प्रथम प्रचारक शंकराचार्य माने जाते हैं।
- भक्ति आन्दोलन के विभिन्न प्रणेता को निम्नलिखित रूप में देखा जा सकता है

दक्षिण भारत	उत्तर भारत
शंकराचार्य इन्होंने अद्वैतवाद नामक दर्शन का प्रतिपादन किया। इन्होने मण्डनमिश्र की पत्नी 'भारती' से शास्त्रार्थ किया तथा चार पीठों की स्थापना की।	**रामानन्द** ये रामानुज के शिष्य थे। ये पहले सन्त थे, जिन्होंने हिन्दी में सन्देश दिया। कबीर, धन्ना, रैदास, सेन, आदि इनके प्रमुख शिष्य थे।
रामानुजाचार्य इन्होंने 'विशिष्टताद्वैत' नामक दर्शन का प्रतिपादन किया था। इन्हें दक्षिण में विष्णु का अवतार माना जाता है।	**कबीर** ये सिकन्दर लोदी के समकालीन थे। बीजक, साखी, सबद, रेखताल इनकी प्रमुख रचनाएँ हैं। इन्होंने ईश्वर के निराकार एवं निर्गुण रूप की आराधना की।
निम्बाकाचार्य इन्होंने 'द्वैताद्वैतवाद' नामक दर्शन का प्रतिपादन किया था। इनका सम्बन्ध सनक सम्प्रदाय से था।	**गुरुनानक** इनका जन्म तलवण्डी में हुआ था। ये बाबर तथा इब्राहिम लोदी के समकालीन थे। इन्होंने सिख धर्म की स्थापना की।
माध्वाचार्य इन्होंने 'द्वैतवाद' नामक दर्शन का प्रतिपादन किया। ये ब्रह्म सम्प्रदाय से सम्बन्धित थे।	**दादूदयाल** इन्होंने ब्रह्म या परमब्रह्म की स्थापना की। इन्होंने षड्दर्शन को अस्वीकार कर निपख मार्ग का अनुमोदन किया।
वल्लभाचार्य इन्होंने 'शुद्धाद्वैतवाद' नामक दर्शन का प्रतिपादन किया था। इनका मूल नाम विष्णु स्वामी था। ये रूद्र सम्प्रदाय से सम्बन्धित थे।	**नरसिंह मेहता** इन्होंने गाँधीजी के प्रिय भजन 'वैष्णव जण ....' की रचना की थी। इनका कार्यक्षेत्र गुजरात था।
ज्ञानदेव ये महाराष्ट्र के प्रमुख सन्त थे। इनके अलावा नामदेव, एकनाथ, तुकाराम, रामदास आदि महाराष्ट्र के प्रमुख सन्त थे।	**रैदास** ये जाति से चमार थे। गुरुग्रन्थ साहिब में इनके तीस से अधिक भजन संकलित हैं।

सूफी आन्दोलन

- मुस्लिम रहस्यवादी आन्दोलन सूफीवाद या सूफी मत के रूप में जाना जाता है। इसके आध्यात्मिक प्रवर्तक को 'पीर' तथा शिष्य को मुरीद कहते हैं।
- सूफी मत में प्रत्येक 'पीर' अपना एक अनुचर नामांकित करता था, जिसे वली कहा जाता था। सूफियों के आश्रम को खानकाह कहलाते थे।
- सूफी मत से सम्बन्धित प्रमुख सिलसिलों का वर्णन निम्नलिखित है

सूफी सिलसिले/ सम्प्रदाय	प्रवर्तक	मुख्य बातें
चिश्ती सम्प्रदाय	मुईनुद्दीन चिश्ती	इसका मुख्य केन्द्र अजमेर था। ख्वाजा कुतुबुद्दीन बख्तियार काकी तथा बाबा फरीद प्रमुख सन्त थे। निजामुद्दीन औलिया (1238-1325 ई.) को महबूब-ए-इलाही कहा गया।
सुहरावर्दी	शिहाबुद्दीन सुहरावर्दी	इसका मुख्यालय मुल्तान था। बहाउद्दीन जकारिया, जलालुद्दीन तबरीजी, हमीद्दीन नागौरी प्रमुख सन्त थे। बहाउद्दीन जकारिया को इल्तुतमिश ने शेल-उल-इस्लाम की उपाधि दी थी।
कादिरी	अब्दुल कादिर जिलानी	भारत में इसकी शुरुआत मुहम्मद जिलानी के की थी। शेख मीर मुहम्मदरमियाँ मीर, मुल्तान शाह बदख्शी मुहम्मद गौस प्रमुख सन्त थे।
शत्तारी	शाह अब्दुला सत्तारी	भारत में ग्वालियर मुख्य केन्द्र था। मुहम्मद गौस प्रमुख सन्त थे। तान सेन मुहम्मद गौस से प्रभावित था।
फिरदौसी	बद्रुद्दीन	मुख्य केन्द्र बिहार था। इसे शरीफुद्दीन चाहया ने लाकेप्रिय बनाया।
नक्शबन्दी	ख्वाजा बाकी बिल्लाह	शेख अहमद सरहिन्दी सिलसिले के प्रमुख सन्त थे। ये अकबर एवं जहाँगीर के समकालीन थे।

मुगल साम्राज्य

बाबर वंश (1526-1530 ई.)

- बाबर का जन्म फरगाना के शासक उमरशेख मिर्जा के घर 14 फरवरी, 1483 को हुआ था। वह पिता की ओर से तैमूर का पाँचवाँ तथा माता की ओर से चंगेज खाँ का 14वाँ वंशज था।
- 8 जून, 1494 में बाबर शासक बना। उसने 1507 ई. में 'पादशाह' की उपाधि धारण की।
- पंजाब के गवर्नर दौलत खाँ लोदी ने बाबर को भारत पर आक्रमण करने के लिए आमन्त्रित किया था।
- बाबर द्वारा भारत पर किया गया प्रथम अभियान 1519 ई. में युसुफ जाई जाति के बिसय था।
- बाबर ने पानीपत के प्रथम युद्ध (1526 ई.) में इब्राहिम लोदी को पराजित कर भारत में मुगल वंश की स्थापना की। इस युद्ध में बाबर ने तुगगामा पद्धति का प्रयोग किया था।
- खानवा के युद्ध (1526 ई.) में बाबर ने राणा सांगा को पराजित कर गाजी की उपाधि ली। इस युद्ध को उसने जेहाद कहा था। चन्देरी के युद्ध (1528 ई.) में बाबर ने मेदिनीराय को पराजित किया।
- घाघरा के युद्ध (1529 ई.) में बाबर ने अफगान शासक महमूद लोदी को पराजित किया।
- बाबर ने तुर्की भाषा में अपनी आत्मकथा 'तुजुक-ए-बाबरी' की रचना की। इसको 'मुबईयान' नामक पद्य शैली का जन्मदाता माना जाता है।

- बाबर की मृत्यु 26 दिसम्बर, 1530 को आगरा में हुई थी। इसके शव को आरामबाग में दफनाया गया बाद में उसे काबुल में दफ़नाया गया।

हुमायूँ (1530-40 ई. 1555-56 ई.)

- हुमायूँ (बाबर का पुत्र) 29 दिसम्बर, 1530 को 23 वर्ष की आयु में आगरा में बादशाह बना।
- हुमायूँ ने राज्याभिषेक के बाद अपना राज्य अपने तीन भाइयों (कामरान, अस्करी, हिन्दाल) में बाँट दिया, जो राजनीतिक दृष्टि से उसकी सबसे बड़ी भूल थी।
- हुमायूँ के शासनकाल को दो चरणों में प्रथम (1530-1540 ई.) तथा द्वितीय (1555-1556 ई.) बाँटा जाता है।
- चौसा के युद्ध (1539 ई.) में शेर खाँ ने हुमायूँ को पराजित कर दिया था। बिलग्राम का युद्ध (कन्नौज का युद्ध) में हुमायू शेर खाँ द्वारा पराजित हुआ तथा शेर खाँ ने आगरा एवं दिल्ली पर कब्जा कर लिया।
- अपने निर्वासन काल के दौरान हुमायूँ राणा वीरसाल के महल में शरण ली थी।
- 1555 ई. में हुमायूँ ने सरहिन्द के युद्ध में सिकन्दर शाह सूरी को पराजित कर पुनः दिल्ली की गद्दी पर बैठा था।
- हुमायूँ ने 1533 ई. में दिल्ली में दीन पनाह नगर की स्थापना की थी। वह ज्योतिष में विश्वास करता था। सप्ताह के सात दिनों में सात विभिन्न रंग के कपड़े पहनता था।
- हुमायूँ की बहन गुलबदन वेगम ने हुमायूँनामा की रचना की थी।
- 1 जनवरी, 1556 को दीनपनाह भवन में स्थित पुस्तकालय की सीढ़ियों से गिरने के कारण हुमायूँ की मृत्यु हो गई।
- इसका मकबरा दिल्ली में स्थित है, जिसका निर्माण हाजी बेगम ने करवाया था।
- लेनपूल ने हुमायूँ की मृत्यु पर कहा था कि "हुमायूँ जीवन भर लड़खड़ाता रहा और लड़खड़ाते हुए अपने जान दे दी।"।

सूर वंश (1540-1555 ई.)

- सूर वंश की स्थापना शेरशाह सूरी ने 1540 ई. में की थी। इसके बचपन का नाम फरीद खाँ था।
- शेरशाह की बहादुरी से प्रसन्न होकर बिहार के अफ़गान सुल्तान मुहम्मद बहार खाँ लोहानी ने उसे शेर खाँ की उपाधि प्रदान की थी।
- शेरशाह का जन्म 1472 ई. में बजवाड़ा (होशियारपुर) में हुआ था। इसके पिता जौनपुर राज्य के अन्तर्गत सासाराम के जमींदार थे।
- शेरशाह की मृत्यु कालिंजर के किले को जीतने के क्रम में 22 मई, 1545 को 'उक्का' नामक एक आग्नेयास्त्र को चलाने के दौरान हो गई।
- शेरशाह का मकबरा सासाराम में स्थित है। शेरशाह ने ग्रैंड ट्रंक रोड, रोहताशगढ़ का किला, किला-ए-कुहना (दिल्ली) का निर्माण करवाया था।
- शेरशाह ने भूमि की माप के लिए 32 अंकवाला सिकन्दरी गज एवं सन की डण्डी का प्रयोग किया था।
- उसने 178 ग्रेन चाँदी का रूपया एवं 380 ग्रेन ताँबे के दाम चलवाया। वह $\frac{1}{3}$ भाग लगान के रूप में वसूल करता था।

विजयनगर साम्राज्य

विजयनगर साम्राज्य की स्थापना हरिहर एवं बुक्का नामक दो भाइयों ने अपने गुरु विद्यारण्य की सहायता से 1336 ई. में की थी। इस साम्राज्य के अन्तर्गत निम्नलिखित राजवंशों ने शासन किया।

विजयनगर साम्राज्य के वंश

संगम वंश (1336-1485 ई.)	**सालुव वंश** (1485-1505 ई.)	**तुलुव वंश** (1505-1550 ई.)	**अरविडु वंश** (1570-17वीं शताब्दी)
हरिहर तथा बुक्का ने अपने पिता संगम के नाम पर इस वंश का नाम संगम वंश रखा।	सालुव वंश की स्थापना नरसिंह सालुव ने की थी।	तुलुव वंश की स्थापना वीर नरसिंह ने की थी।	1570 ई. में तिरुमल ने तुलुव वंश के अन्तिम शासक सदाशिव को अपदस्थ करके अरविडु वंश की स्थापना की
बुक्का प्रथम से वेदमार्ग प्रतिष्ठापक की उपाधि धारण की।	नरसिंह सालुव चन्द्रगिरि का जागीरदार था।	कृष्णदेव राय (1509-1529 ई.) इस वंश का सबसे महान् शासक था।	वेंकट द्वितीय को विजयनगर साम्राज्य का अन्तिम महान् शासक माना जाता है।
हरिहर-II ने महाराजाधिराज की उपाधि धारण की।	कुछ इतिहासकारों ने उसे सिंहासन का अपहर्ता कहा है।	बाबर ने अपने आत्मकथा तुजुक-ए-बाबरी में कृष्णदेव राय को भारत का सर्वाधिक शक्तिशाली शासक बताया था।	वेंकट द्वितीय का स्पेन के फिलिप तृतीय से सीधा पत्र व्यवहार था। 1598 ई. में उसने ईसाई पादरियों का अपने दरबार में स्वागत किया था।
निकोलो काण्टी (इटली) देवराय प्रथम के दरबार में आया था।	1490 ई. में नरसिंह सालुव की मृत्यु हो गई।	डॉमिगो पायस (पुर्तगाल) इसके शासनकाल में आया था।	अरविडु वंश यद्यपि सत्रहवीं शताब्दी के मध्य तक जीवित रही, लेकिन विजयनगर के अधिकतर नायकों ने अपनी स्वतन्त्रता घोषित कर दी थी।
देवराय-II को म्माडिदेव राय भी कहा जाता है।	उसने अपने सेना नायक नरसा नायक को अपने अल्पकस्क पुत्रों का संरक्षक बनाया था।	इसके दरबार में अष्ट-दिग्गज (तेलुगू के श्रेष्ठ कवि) रहते थे।	
अब्दुल रज्जाक (फारस) देवराय-II के काल में आया था।	नरसा नायक ने इम्माडि नरसिंह को गद्दी पर बैठाया तथा राज्य का वास्तविक नायक बन गया।	कृष्णदेव राय ने आन्ध्र-भोज, अभिनव भोज, आन्ध्र पितामाह की उपाधि धारण की थी तथा 'अमुक्तमाल्याह' (तेलुगू) नामक पुस्तक लिखा था।	
फरिश्ता के अनुसार देवराय-II ने अपनी सेना में 2 हजार मुसलमानों को भर्ती किया था।	1503 ई. में नरसा नायक के पुत्र वीर नर सिंह ने इम्माडि नरसिंह की हत्या कर दी।	तेनालीराम कृष्णदेव राय के दरबार में रहता था।	

बहमनी साम्राज्य

- अलाउद्दीन बहमानशाह ने 1347 ई. में बहमनी साम्राज्य की स्थापना की तथ गुलबर्गा को अपनी राजधानी बनाया।
- शिहाबुद्दीन अहमद (1422-1446 ई.) न्याय एवं धर्मनिष्ठा के कारण सन्त या 'वली' कहलाता था।
- अलाउद्दीन हुमायूँ शाह को अपनी क्रूरता के कारण 'जालिम' तथा आलस्य के कारण 'दक्कन का नीरो' कहा जाता है।
- शम्सुद्दीन मुहम्मद तृतीय (1463-83 ई.) के शासनकाल में रूसी यानी निकितिन ने बहमनी साम्राज्य की यात्रा की थी।

1538 ई. में बहमनी शासक कलीमुल्ला की मृत्यु के बाद बहमनी साम्राज्य पाँच मुस्लिम राज्यों में विभक्त हो गया, जो निम्नलिखित हैं—

राज्य	राजधानी	संस्थापक	वंश
अहमदनगर	अहमदनगर	मलिक अहमद	निजामशाही
बरार	एलिचपुर	फतेहउल्लाह इमादशाह	इमादशाही
बीजापुर	नौरसपुर	युसूफ आदिल शाह	आदिलशाही
गोलगुण्डा	गोलकुण्डा	कुलीकुतुबशाह	कुतुबशाही
बीदर	वीदर	अमीर अली बरीद	बरीदशाही

अन्य प्रान्तीय स्वतन्त्र राज्य

कश्मीर

- 1301 ई. में सुहादेव ने कश्मीर में स्वतन्त्र हिन्दू राज्य की स्थापना की। 1339 ई में शाहमीर 'शम्सुद्दीनशाह' ने कश्मीर में पहला मुस्लिम शासक बना।
- कश्मीर का शासक सिकन्दर धर्मान्ध शासक था। उसने बुतशिकन की उपाधि धारण की थी। उसके समय तैमूरलंग ने 1398 ई. में कश्मीर पर आक्रमण किया था।

गुजरात

- 1407 ई. में जफर खाँ ने मुजफ्फरशाह की उपाधि के साथ स्वतन्त्र राज्य गुजरात की स्थापना की।
- अहमदशाह ने असावल के निकट साबरमती नदी के किनारे अहमदाबाद नामक नगर बसाया तथा पाटन से राजधानी हटाकर अहमदाबाद को राजधानी बनाया।
- महमूद बेगडा गुजरात का सबसे प्रसिद्ध शासक था। इसने गिरनार के निकट मुस्तफाबाद नामक नगर और चम्पानेर के निकट मुहमदाबाद नामक नगर बसाया।
- अकबर ने 1572 ई. में गुजरात को मुगल साम्राज्य में मिला लिया।

खानदेश

- 1382 ई. में फिरोजशाह तुगलक के सूबेदार मलिक अहमद राजा फारूकी ने नर्मदा और ताप्ती के बीच खानदेश की स्थापना की।
- बुरहानपुर खानदेश की राजधानी थी तथा असीरगढ़ को सैनिक मुख्यालय बनाया गया था।
- अकबर ने 1601 ई. में खानदेश को मुगल साम्राज्य में मिला लिया।

मेवाड़

- 1303 ई. में अलाउद्दीन खिलजी ने मेवाड़ के गुहिलौत राजवंश के शासक राणा रतनसिंह को पराजित कर मेवाड़ को दिल्ली सल्तनत में मिला दिया।
- गुहिलौत वंश की एक शाखा सिसोदिया वंश के हमीर देश ने मुहम्मद तुगलक को पराजित कर सम्पूर्ण मेवाड़ को स्वतन्त्र कर दिया।
- वर्ष 1448 में राणाकुम्भा ने चित्तौड़ में 'विजय-स्तम्भ' की स्थापना की थी।
- मेवाड़ की राजधानी चितौड़गढ़ थी। मुगल शासक जहाँगीर के शासनकाल में मेवाड़ को मुगल साम्राज्य में मिला लिया गया।
- 1420 ई. में शाही खाँ (जैन-उल-अबीदीन) कश्मीर का शासक बना। उसने राजतरंगिणी तथा महाभारत का फारसी में अनुवाद करवाया।
- उसने कश्मीर में जजिया तथा गौ-हत्या पर प्रतिबन्ध लगा दिया। इसकी धार्मिक उदारता के कारण इसे 'कश्मीर का अकबर' कहा जाता है।

जौनपुर

- फिरोजशाह तुगलक ने अपने भाई जौना खाँ की याद में इसकी स्थापना की थी। सांस्कृतिक उन्नति के कारण जौनपुर को 'पूर्व का सिराज' कहा जाता है।
- स्वतन्त्र जौनपुर राज्य की स्थापना जौनपुर के सूबेदार 'मलिक सरवार' द्वारा की गई, इसे 'मलिक-उस-शर्क' की उपाधि दी गई।
- इब्राहिम शाह शर्की (1402-1440 ई.) इस वंश का महान् शासक था। इसने जौनपुर में अटाला मस्जिद का निर्माण करवाया था।

बंगाल

- मुहम्मद बिन तुगलक के काल में 1338 ई. में अलाउद्दीन अली शाह ने बंगाल को एक स्वतन्त्र राज्य बनाया।
- हाजी इलियास (1345 ई.) शम्सुद्दीन इलियास शाह के नाम से बंगाल का शासक बना।
- बंगाल के शासक सिकन्दरशाह ने 1368 ई. में पाण्डुआ में अदीना मस्जिद का निर्माण करवाया।
- अलाउद्दीन हुसैनशाह ने बंगाल में 'सत्यपीर' नामक आन्दोलन चलाया था। इसे कृष्ण का अवतार माना जाता था।
- यह वैष्णव सन्त चैतन्य महाप्रभु के समकालीन था। 'श्रीकृष्ण-विजय' की रचना मालाधर वसु (गुणराज खाँ) ने इसी के काल में की।
- बाबर के आक्रमण के समय 'नसरत शाह' बंगाल का शासक था। 1538 ई. में शेरशाह ने बंगाल पर अधिकार कर लिया।
- शेरशाह ने कबूलियत, पर्दा-प्रथा एवं डाक-प्रथा का प्रचलन आरम्भ करवाया।
- अब्बास खान शेरवानी ने 'तारीख-ए-शेरशाही' की रचना की थी।
- शेरशाह ने बंगाल को 19 सरकारों में बाँटा था तथा वहाँ एक असैन्य अधिकारी 'आमीर-ए-बंगाल' नियुक्त किया था।
- मलिक मुहम्मद जायसी, शेरशाह के समकालीन था। उसने पद्मावत की रचना की थी।

अकबर (1556-1605 ई.)

- अकबर का जन्म 15 अक्टूबर, 1542 को अमरकोट के शासक राणा वीरसाल के महल में हुआ था। इसकी माता का नाम हमीदा बानू बेगम था।
- अकबर का राज्याभिषेक 14 फरवरी, 1556 को पंजाब के कलानौर नामक स्थान पर बैरम खाँ (1556-1560 ई.) के संरक्षण में हुआ था।

- बैरम खाँ की सहायता से अकबर ने पानीपत के द्वितीय युद्ध (1556 ई.) में हेमू विक्रमादित्य को पराजित किया। बैरम खाँ की हत्या मुबारक खाँ व्यक्ति ने कर दी थी।
- अकबर ने अपने पहले स्वतन्त्र सैन्य अभियान में मालवा के शासक बाजबहादुर को पराजित किया था।
- 18 जून, 1576 में हल्दीघाटी का युद्ध अकबर और मेवाड़ के शासक महाराणा प्रताप के बीच हुआ था। इसमें अकबर विजयी हुआ।
- गुजरात-विजय के दौरान अकबर सर्वप्रथम पुर्तगालियों से मिला और यहीं उसने सर्वप्रथम समुद्र को देखा।
- अकबर 1560 से 1562 ई. तक माहम अनगा के प्रभाव में रहा। इस समय के शासन को पर्दा शासन कहा जाता है।
- 1571 ई. में अकबर ने आगरा से 36 किमी दूर फतेहपुर सीकरी नामक नगर की स्थापना की तथा गुजरात विजय के उपलक्ष्य में बुलन्द दरवाजा का निर्माण करवाया।
- 1582 ई. में अकबर ने सभी धर्मों के उत्तर सिद्धान्तों को लेकर तौहीद-ए-इलाही या दीन-ए-इलाही (1582 ई.) नामक नए धर्म की स्थापना की।
- अकबर के दरबार में नवरत्न के नाम से प्रसिद्ध नौ व्यक्तियों में बीरबल (दीन-ए-इलाही को स्वीकार करने वाला प्रथम हिन्दू मानसिंह, फैजी, टोडरमल, अब्दुर्रहीम खानखाना, अबुल फजल (अकबरनामा के लेखक), तानसेन, हकीम मुकाम, मुल्ला दो प्याजा शामिल थे।
- अकबर के महत्त्वपूर्ण कार्यों में दास प्रथा का अन्त (1562 ई.), तीर्थयात्रा कर समाप्त (1563 ई.), जजिया कर समाप्त (1564 ई.), इबादतखाने की स्थापना (1575 ई.) मजहर की घोषणा (1579 ई.), इलाही संवत् की शुरुआत (1583 ई.) आदि प्रमुख रूप से शामिल हैं।
- अकबर ने जैन धर्म के जैनाचार्य हरिविजय सूरी को जगतगुरु की उपाधि, अब्दुस्समद को शीरी कमल की उपाधि तथा मुहम्मद हुसैन कश्मीरी को जड़ी कलम की उपाधि दिया।
- पंचतन्त्र का फारसी भाषा में अनुवाद अबुल फजल ने अनवर-ए-सादात नाम से तथा मौलान हुसैन फैज ने 'यार-ए-दानिश' नाम से किया।
- अकबर के काल में स्थापत्य के क्षेत्र की महत्त्वपूर्ण कृतियों में हुमायूँ का मकबरा (दिल्ली), लालकिला (आगरा), शाही महल, दीवाने खास, पंचमहल, बुलन्द दरवाजा, इलाहाबाद का किला आदि प्रमुख रूप से शामिल हैं।
- अकबर की मृत्यु 16 अक्टूबर, 1605 में हुई। इसे आगरा के निकट सिकन्दरा में दफनाया गया।

जहाँगीर (1605-1627 ई.)

- अकबर का उत्तराधिकारी जहाँगीर हुआ। उसके बचपन का नाम सलीम था, जो 3 नवम्बर, 1605 को नुरूद्दीन मुहम्मद जहाँगीर बादशाही गाजी की उपाधि धारण कर बादशाह बना।
- जहाँगीर को **न्याय की जंजीर** के लिए याद किया जाता है। यह जंजीर सोने की बनी थी। फरियादी इस जंजीर को खींचकर न्याय की गुहार लगाते थे।
- जहाँगीर ने 1611 ई. में शेर-ए-अफगान (अली कुली खाँ) की विधवा मेहरून्निसाँ से विवाह किया, जो बाद में नूरजहाँ के नाम से प्रसिद्ध हुई।
- जहाँगीर ने सिखों के पाँचवें गुरु, गुरु अर्जुनदेव को शहजादा खुसरो की सहायता करने के कारण फाँसी की सजा दी थी।
- जहाँगीर ने ग्यासबेग को 'इतमाद-उद-द्दोला ' की उपाधि दी थी। नूरजहाँ को माँ अस्मत बेगम ने गुलाब से इत्र निकालने की विधि का इजाद किया था।
- मलिक अम्बर (अहमदनगर का वजीर) के विरुद्ध सफलता से खुश होकर जहाँगीर ने खुर्रम को शाहजहाँ की उपाधि प्रदान की थी।
- जहाँगीर के काल में ही कन्धार (1622 ई.) मुगलों के हाथ से निकल कर शाह अब्बास के हाथों में चला गया।
- जहाँगीर ने फारसी भाषा में अपनी आत्मकथा 'तुजुक-ए-जहाँगीरी' की रचना की थी।
- जहाँगीर का काल चित्रकला का स्वर्ण काल माना जाता है। प्रसिद्ध चित्रकार उस्ताद मंसूर तथा अबुल हसन को जहाँगीर ने क्रमशः नादिर-उल-अस्र' तथा 'नादिर-उज-जमा' की उपाधि दी थी।
- इसके शासनकाल में कैप्टन हॉकिन्स, सर टॉमस रॉ, विलियम फिंच एवं एडवर्ड टैरी (यूरोपीय सभी) भारत आए थे। जहाँगीर ने हॉकिन्स को 400 का मनसब दिया था।
- 1627 ई. में जहाँगीर की मृत्यु हो गई। इसके मकबरे का निर्माण नूरजहाँ ने लाहौर के निकट शाहदरा में करवाया था।

शाहजहाँ (1627-1658 ई.)

- शाहजहाँ का जन्म 5 जनवरी, 1592 को जोधपुर के शासक उदयसिंह की पुत्री जगत गोसाईं के गर्भ से हुआ था। इसके बचपन का नाम खुर्रम था।
- इसका विवाह नूरजहाँ के भाई आसफ खाँ की पुत्री अर्जुमन्दबानो बेगम से हुआ, जो मुमताज महल के नाम से प्रसिद्ध हुई।
- शाहजहाँ ने मुमताज को मलिका-ए-जमानी की उपाधि प्रदान की तथा उसकी याद में आगरा में ताजमहल का निर्माण करवाया। ताजमहल का मुख्य वास्तुकार उस्ताद अहमद लाहौरी था।
- स्थापत्य काल के तेज से हुए निर्माण के आधार पर शाहजहाँ के शासनकाल को स्वर्णकाल माना जाता है।
- दिल्ली का लालकिला, आगरा की मोती मस्जिद, दिल्ली की जामा मस्जिद, इसके काल की प्रमुख कृतियाँ हैं।
- शाहजहाँ ने 1638 ई. में अपनी राजधानी को आगरा से दिल्ली लाने के लिए यमुना नदी के दाहिने तट पर शाहजहाँनाबाद को नींव रखी थी।
- शाहजहाँ ने संगीतज्ञ लाल खाँ को गुण समन्दर की उपाधि दी थी। मुहम्मद फकीर एवं मीर हासिम इसके दरबार में प्रमुख चित्रकार थे।
- मयूर सिंहासन का निर्माण शाहजहाँ ने करवाया था। इसका मुख्य कलाकार बादल खाँ था।
- शाहजहाँ के पुत्रों में दारा शिकोह विद्वान् था। उसने भगवतगीता, योगवशिष्ठ, उपनिषद् एवं रामायण का अनुवाद फारसी में किया था।
- दारा शिकोह ने सर्र-ए-अकबर के नाम से उपनिषदों का फारसी में अनुवाद करवाया था।
- शाहजहाँ के पुत्रों के बीच उत्तराधिकार का युद्ध 1657 ई. में शुरू हुआ। इस युद्ध में औरंगजेब की जीत हुई।
- औरंगजेब ने 18 जून, 1658 में अपने पिता शाहजहाँ को बन्दी बना कर आगरे के किले में कैद किया।
- 1666 ई. में शाहजहाँ की मृत्यु 8 वर्ष कैद में रहने के बाद हो गई।

औरंगजेब (1658-1707 ई.)

- औरंगजेब का जन्म 3 नवम्बर, 1618 को उज्जैन के दोहद नामक स्थान पर हुआ था। बादशाह बनने से पहले वह दक्कन का गवर्नर था।
- औरंगजेब वर्ष 1658 में आलमगीर के नाम से सिंहासन पर बैठा उसने दो बार अपना राज्याभिषेक करवाया था। इसे **जिन्दा पीर** भी कहा जाता है।
- औरंगजेब ने झरोखा-दर्शन और नौरोज मनाने पर रोक लगा दी। इसने 1679 ई. में जजिया कर पुनः लागू करवाया।
- औरंगजेब ने दिल्ली में सिखों के नौवें गुरु, गुरू तेगबहादुर की हत्या करवा दी थी।
- जय सिंह (औरंगजेब का सेनापति) एवं शिवाजी के बीच 22 जून, 1665 को पुरन्दर की सन्धि हुई थी।
- औरंगजेब ने 1679 ई. को बीवी का मकबरा का निर्माण औरंगाबाद (महाराष्ट्र) में करवाया।
- 1686 ई. में बीजापुर एवं 1697 ई. में गोलकुण्डा को औरंगजेब ने मुगल साम्राज्य में मिला लिया। इसके समय सूबों की संख्या 20 थी।
- औरंगजेब के समय में जाट विद्रोह (गोकुल एवं राजराम के नेतृत्व में 1669 ई.), सतनामी विद्रोह (1672 ई.), सिख विद्रोह (1675 ई.) एवं राजपूत विद्रोह (1678 ई.) हुए।
- औरंगजेब की मृत्यु 1707 ई. में हुई। इसे दौलताबाद में स्थित फकीर बुरहानुद्दीन की कब्र के अहाते में दफनाया गया।

उत्तरकालीन मुगल सम्राट

शासक	कार्यकाल	विशेष तथ्य
बहादुरशाह प्रथम	1707-1712 ई.	इसे 'शाहे बेखबर' भी कहा जाता है। यह गुरु गोविन्द सिंह का समकालीन था।
जहाँदार शाह	1712-1713 ई.	इसे 'लम्पट मूर्ख' भी कहा जाता है। इसने सवाई राजा मानसिंह को 'मिर्जा' को उपाधि दी थी।
फर्रुखशियर	1713-1719 ई.	इसे 'घृणित कायर' भी कहा जाता है। इसने जजिया तथा तीर्थयात्रा कर समाप्त कर दिया था।
मुहम्मदशाह	1717-1748 ई.	इसे 'रंगीजा बादशाह' भी कहा जाता है। इसके काल में नादिरशाह (1739 ई.) का भारत पर आक्रमण हुआ था।
अहमदशाह	1748-1754 ई.	इसके शासनकाल में अहमदशाह अब्दाली (1748 ई.) ने भारत पर आक्रमण किया। इसने 'विला-ए-आलम' की उपाधि धारण की थी।
आलमगीर द्वितीय	1754-1759 ई.	यह अपने वजीर इमादुलमुस्क का कठपुतली शासक था।
शाहआलम द्वितीय	1759-1806 ई.	इसके शासनकाल में बक्सर का युद्ध (1764 ई.) तक इलाहाबाद की सन्धि (1765 ई.) हुआ था।
अकबर द्वितीय	1806-1837 ई.	यह अंग्रेजों के संरक्षण में बनने वाला प्रथम मुगल बादशाह था।
बहादुरशाह जफर	1837-1858 ई.	1857 का सिपाही विद्रोह इसी के शासनकाल में हुआ था।

मुगल कालीन प्रशासन

- मुगल प्रशासन एक केन्द्रीकृत प्रशासन था, जिसके शीर्ष पर बादशाह होता था। औरंगजेब के समय सूबों की संख्या 20 थी। सूबे के प्रमुख को निजाम या सिपहसालार कहा जाता था।
- सेना के प्रधान को मीरबख्शी कहा जाता था। मीरबख्शी द्वारा सरखत नाम के पत्र पर हस्ताक्षर के बाद ही सेना को हर महीने वेतन मिल जाता था।
- अकबर ने 'मनसबदारी प्रथा' का आरम्भ किया, जो मंगोलों की सैन्य प्रणाली से लिया गया था।
- मनसबदारी व्यवस्था जात से व्यक्ति के वेतन एवं प्रतिष्ठा का ज्ञान होता था। सवार पद से घुड़सवार दस्तों की संख्या का ज्ञान होता था।
- सद्र-उस-सुदूर धार्मिक मामलों से सम्बन्धित अधिकारी था। मुहतसिब जनता के नैतिक आचरणों का निरीक्षण करता था।
- मुगलकाल से भूमि को खालसा, जागीर तथा मदद-ए-माश तीन प्रकार में बाँटा जाता था।
- अकबर के द्वारा करोड़ी नामक अधिकारी की नियुक्ति 1573 ई. में की गई थी। 1580 ई. में उसने 'दहसाला' नाम की नवीन कर प्रणाली प्रारम्भ की।
- 1570-71 ई. में टोडरमल ने खालसा भूमि पर भू-राजस्व की नवीन प्रणाली जब्ती प्रारम्भ की। इसके अन्तर्गत तखशीस और तहसील कर निर्धारण को दो श्रेणियाँ थीं।
- मुगल कालीन अर्थव्यवस्था का आधार चाँदी का रूपया था। सबसे बड़ा सिक्का शंसब सोना का था। ताँबे का 'दाम' भी प्रचलित था। एक रूपया में 40 दाम होते थे।

मराठों का उत्कर्ष

मुगल साम्राज्य के विघटन के दौरान भारत के अनेक स्वतन्त्र राज्यों की स्थापना प्रारम्भ हो गई। समकालीन स्वतन्त्र राज्यों में मराठा राज्य सर्वाधिक शक्तिशाली बनकर उभरा।

शिवाजी

- शिवाजी के नेतृत्व में 17वीं शताब्दी के उत्तरार्द्ध में भारत में मराठा शक्ति का उदय हुआ। इनका जन्म 1627 ई. में पूना के शिवनेर किले के शाहजी भोंसले (पिता) तथा जीजाबाई (माता) के यहाँ हुआ था।
- शिवाजी का विवाह सालबाई निम्बालकर से हुआ था। दादा कोण्डदेव उनके संरक्षक तथा समर्थ रामदास आध्यात्मिक गुरु थे।
- 1644 ई. में शिवाजी ने सर्वप्रथम तोरण नामक किले पर अधिकार किया तथा 1656 ई. में रायगढ़ को अपनी राजधानी बनाया।
- राजा जयसिंह ने शिवाजी को पुरन्दर की सन्धि (1665 ई.) करने पर विवश किया, जिसमें शिवाजी के काली दुर्ग मुगलों के पास चले गए।
- 1674 ई. में शिवाजी ने रायगढ़ के दुर्ग में महाराष्ट्र के स्वतन्त्र शासक के रूप में अपना राज्याभिषेक करवाया तथा **छत्रपति** को उपाधि ग्रहण की।
- शिवाजी के प्रशासन में आठ मन्त्रियों की एक परिषद् थी, जिसे 'अष्ट-प्रधान' कहते थे। इसमें पेशवा (प्रधानमन्त्री), अमात्य/मजूमदार (वित मन्त्री), सुमन्त (विदेश मन्त्री), चिटनिस (पत्र व्यवहार), वाकियानवीस (गुप्तचर विभाग), सर-ए-नौबत (सैन्य प्रबन्धक), पण्डित राव (धार्मिक मामले) तथा न्यायाधीश (न्याय) शामिल थे।
- शिवाजी की आय का मुख्य स्रोत चौथ एवं सरदेशमुखी था। चौथ $\frac{1}{4}$ तथा सरदेश मुखी $\frac{1}{10}$ वसूल किया जाता था।
- शिवाजी के नियमित घुड़सवार सैनिक को पागा या बरगीर एवं अस्थायी घुड़सवार सैनिक को सिलहदार कहा जाता था।
- शिवाजी की मृत्यु 12 अप्रैल, 1680 को हो गई।

शिवाजी के उत्तराधिकारी

शिवाजी की मृत्यु के पश्चात् निम्नलिखित शासकों ने मराठा साम्राज्य की बागडोर सम्भाली।

- शाम्भाजी (1680-1689 ई.) शम्भाजी ने हिन्दी एवं संस्कृत के विद्वान् कलश को अपना सलाहकार बनाया था।
- राजाराम (1689-1700 ई.) राजाराम ने अपने को शाहू का प्रतिनिधि माना तथा कभी गद्दी पर नहीं बैठा।
- शाहू (1707-1748 ई.) शाहू ने खेड़ा के युद्ध (1707 ई.) में भाग लिया था।

पेशवा के अन्तर्गत मराठा साम्राज्य

- बालाजी विश्वनाथ (1720 ई.) इसने मराठों और मुगलों के बीच स्थायी समझौते की व्यवस्था की।
- बाजीराव प्रथम (1720-1740 ई.) यह उत्तर की ओर आक्रमण करने वाला प्रथम पेशवा था।
- बालाजी बाजीराव (1740-1761 ई.) संगोली की सन्धि (1750 ई.) इसी के काल में हुई थी।
- माधवराव (1761-1772 ई.) इसने पानीपत के तृतीय युद्ध में भाग लिया था।

सिख शक्ति का उदय

मुगल कालीन भारत में सिख शक्ति के उदय का श्रेय गुरुनानक को जाता था। इस धर्म के अनुयायियों को सिख कहा जाता है। इस धर्म के अन्तर्गत निम्नलिखित 10 गुरु हुए

गुरु	कार्यकाल	विशेष तथ्य
गुरुनानक	(1469-1539 ई.)	सिख धर्म के संस्थापक, लंगर व्यवस्था की शुरुआत, संगत सभा की स्थापना
गुरु अंगद	(1539-1552 ई.)	गुरुमुखी लिपि के जनक
गुरु अमरदास	(1552-1574 ई.)	धर्म प्रसार हेतु 22 गद्दियों की स्थापना, विवाह पद्धति 'लवन' का प्रचलन।
गुरु रामदास	(1574-1581 ई.)	अमृतसर नामक जलाशय की स्थापना, अमृतसर शहर की स्थापना (1577 ई.)
गुरु अर्जुनदेव	(1581-1606 ई.)	श्री हरमन्दिर साहिब स्वर्ण मन्दिर की नींव रखी, गुरु ग्रन्थ साहब का संकलन
गुरु हरगोविन्द	(1606-1644 ई.)	अकाल तख्त की स्थापना, सिखों को सैनिक जाति में बदला।
गुरु हरराय	(1644-1661 ई.)	मुगलों के उत्तराधिकार युद्ध में शामिल।
गुरु हरकिशन	(1661-1664 ई.)	अल्पवयस्क अवस्था में चेचक से मृत्यु
गुरु तेगबहादुर	(1664-1675 ई.)	औरंगजेब (मुगल बादशाह) द्वारा रविशगंज (दिल्ली) में हत्या।
गुरु गोविन्द सिंह	(1675-1708 ई.)	अन्तिम गुरु (जन्म स्थान पटना), खालसा पन्थ की स्थापना, पाहुल प्रणाली की शुरुआत, पंच ककार (केश, कंघा, कृपाण, कच्छ, कड़ा) की अनिवार्य, कृष्णावतार तथा 'जफरनामा' की रचना।

✓ अति महत्त्वपूर्ण प्रश्न

1 भारत पर पहला अरब आक्रमण किसने किया था?
(a) अल-हजाज (b) कुतुबुददीन ऐबक
(c) इल्तुतमिश (d) मुहम्मद बिन कासिम

2 भारत पर अरब आक्रमण की जानकारी किस पुस्तक से प्राप्त होती है?
(a) चचनामा (b) रिहला
(c) तारीखे-फिरोजशाही (d) फुतुहस्सलाती-नइसामी

3 गुजरात के सोमनाथ मन्दिर पर गजनवी के आक्रमण के समय वहाँ का शासक कौन था?
(a) पृथ्वीराज चौहान (b) भीम-II
(c) भीम-I (d) जयपाल

4 निम्न में से कौन किबात-उल-हिन्द का लेखक है?
(a) फिरदौसी (b) अलबरूनी
(c) अबुल फजल (d) इसामी

5 1194 ई. में चन्दावर के युद्ध में मुहम्मद गौरी ने किसे पराजित किया था?
(a) पृथ्वीराज चौहान (b) भीम-I
(c) जयचन्द (d) दाहिर

6 निम्न में से किस शासक को 'लाखबख्श' की उपाधि दी गई थी?
(a) इल्तुतलमिश (b) बलबन
(c) अलाउद्दीन खिलजी (d) कुतुबुददीन ऐबक

7 निम्न में से किस शासक ने तुर्क-ए-चहलगानी नामक संगठन की स्थापना की थी?
(a) मुहम्मद गौरी (b) कुतुबुद्दीन ऐबक
(c) इल्तुतमिश (d) बलबन

8 निम्न में से किस सुल्तान ने जमालुद्दीन याकूत को अमीर-ए-आखूर नियुक्त किया था?
(a) इल्तुतमिश (b) रजिया
(c) बलबन (d) ऐबक

9 निम्न में से किस सुल्तान ने नायब-ए-मामलिकात का पद सृजन किया था?
(a) बहरामशाह (b) बलबन
(c) इल्तुतमिश (d) ऐबक

10 दिल्ली सल्तनत के किस सुल्तान के पारसी त्यौहार 'नवरोज' को मनाना आरम्भ किया था?
(a) ऐबक (b) अलाउद्दीन खिलजी
(c) बलबन (d) ऐबक

11 सल्तनत कालीन किस सुल्तान ने 'किलोखरी को अपनी राजधानी बनाया था?
(a) जलालुद्दीन खिलजी (b) अलाउद्दीन खिलजी
(c) मुहम्मद बिन तुगलक (d) इल्तुतमिश

12 अलाउद्दीन खिलजी ने सैन्य सुधार के अन्तर्गत कौन-सा महत्त्वपूर्ण कदम उठाया था?
(a) इक्ता व्यवस्था की शुरुआत
(b) दाग एवं हुलिया प्रणाली की शुरुआत
(c) मनसबदारी व्यवस्था की शुरुआत
(d) नौरोज की शुरुआत

13 अलाउद्दीन खिलजी के शासन काल में किस विदेशी आकान्ताओं का आक्रमण सर्वाधिक हुआ था?
(a) मंगोलों का (b) अरबों का
(c) यू-ची कबीले का (d) पुर्तगालियों का

14 प्रशासन के अन्तर्गत 'बाजार नियन्त्रण प्रणाली' के प्रारम्भ का श्रेय किसे जाता है?
(a) मुहम्मद-बिन-तुगलक (b) जलालुद्दीन खिलजी
(c) अलाउद्दीन खिलजी (d) बलबन

15 निम्न में से किस सुल्तान ने डाक-व्यवस्था शुरू की थी?
(a) ग्यासुद्दीन तुगलक (b) मुहममद बिन तुगलक
(c) अलाउद्दीन खिलजी (d) पिरोजशाह तुगलक

16 जूना खाँ के नाम से किस सुल्तान को जाना जाता है?
(a) ग्यासुददीन तुगलक (b) बलबन
(c) मुहम्मद बिन तुगलक (d) फिरोजशाह तुगलक

17 निम्न में से किस सुल्तान ने दीवान-ए-बन्दगान की स्थापना की थी?
(a) इल्तुतमिश (b) अलाउद्दीन खिलजी
(c) सिकन्दर लोदी (d) फिरोजशाह तुगलक

18 सैय्यद वंश की स्थापना किसने की थी?
(a) खिज्र खाँ (b) मुबारक शाह
(c) अलाउद्दीन आलम शाह (d) सिकन्दर शाह

19 निम्न में से कौन-सा शासक 'गुलरुखी' के उपनाम से कविताएँ लिखता था?
(a) इब्राहिम लोदी (b) अकबर
(c) सिकन्दर लोदी (d) बहलोल लोदी

20 बाबर ने इब्राहिम लोदी को किस युद्ध में पराजित किया था?
(a) खानवा के युद्ध में (b) पानीपत के प्रथम युद्ध में
(c) पानीपत के द्वितीय युद्ध में (d) घग्गर के युद्ध में

21 निम्न में से किस सुल्तान ने इक्तेदारी को वंशानुगत बना दिया था?
(a) इल्तुतमिश (b) बलबन
(c) फिरोजशाह तुगलक (d) अलाउद्दीन खिलजी

22 दीवान-ए-विजारत नामक संस्था का कार्य किससे सम्बन्धित था?
(a) कृषि विभाग (b) वित्त विभाग
(c) अश्वशाला विभाग (d) अंगरक्षक विभाग

23 दीवान-ए-इंशा नामक संस्था का कार्य किससे सम्बन्धित था?
(a) सैन्य विभाग (b) विदेश विभाग
(c) कृषि विभाग (d) पत्राचार विभाग

24 वरीद-ए-मुमालिक नामक संस्था का कार्य किससे सम्बन्धित था?
(a) सैन्य विभाग (b) धार्मिक विभाग
(c) अंगरक्षक विभाग (d) गुप्तचर विभाग

25 भक्ति आन्दोलन का प्रथम प्रचारक कौन था?
(a) शंकराचार्य (b) रामानुजाचार्य
(c) निम्बकाचार्य (d) बल्लभाचार्य

26 विशिष्टता द्वैतवाद नामक दर्शन का प्रतिपादन किसने किया था?
(a) कबीर (b) शंकराचार्य
(c) रामानुजाचार्य (d) ज्ञानदेव

27 द्वैतवाद नामक दर्शन का प्रतिपादन किसने किया था?
(a) रामानुजाचार्य (b) निम्बाकाचार्य
(c) माध्वाचार्य (d) ज्ञानदेव

28 'बीजक' नामक पुस्तक की रचना किसने की थी?
(a) रामानन्द (b) कबीर (c) गुरुनानक (d) दादूदयाल

29 गुरुनानक निम्न में से किस सुल्तान के समकालीन थे?
(a) सिकन्दर लोदी (b) इब्राहिम लोदी
(c) बहलोल लोदी (d) ऐबक

30 चिश्ती सम्प्रदाय का प्रवर्तक कौन था?
(a) अब्दुल कादिर जिलानी (b) बररुददीन
(c) मुईनुद्दीन चिश्ती (d) ख्वाजा बाही विल्लाह

31 चन्देरी के युद्ध में बाबर ने किसे पराजित किया था?
(a) राणा सांगा (b) मेदिनीराय
(c) इब्राहिम लोदी (d) दाहिर

32 बाबर ने किस भाषा में अपनी आत्मकथा 'तुजुक-ए-बाबरी' की रचना की?
(a) फारसी (b) प्राकृत
(c) तुर्की (d) इनमें से कोई नहीं

33 चौसा का युद्ध किसके मध्य हुआ था?
(a) शेरखाँ-हुमायूँ (b) शेरखाँ-बाबर
(c) हुमायूँ-मोदिनीराय (d) बाबर-राणा सांगा

34 दिल्ली में दीनपनाह नामक नगर की स्थापना किसने की थी?
(a) बाबर (b) अकबर
(c) हुमायूँ (d) जहाँगीर

35 हुमायूँ के मकबरे का निर्माण किसने करवाया था?
(a) हाजी बेगम (b) जहाँगीर
(c) शाहजहाँ (d) इनमें से कोई नहीं

36 शेरशाह का मकबरा कहाँ स्थित है?
(a) दिल्ली (b) पटना (c) सासाराम (d) औरंगाबाद

37 निम्न में से किस शासक ने सिकन्दरी गज का प्रयोग किया था?
(a) सिकन्दर लोदी (b) शेरशाह
(c) अकबर (d) बाबर

38 निम्न में से किस शासक ने रुपया एवं दाम चलाया था?
(a) शेरशाह (b) अकबर
(c) अलाउद्दीन खिलजी (d) जहाँगीर

39 विजयनगर की स्थापना किसने की थी?
(a) हरिहर एवं बुक्का (b) नरसिंह
(c) देवराय II (d) अब्दुल रज्जाक

40 अब्दुल रज्जाक किसके शासन काल में भारत आया था?
(a) हरिहर एवं बुक्का (b) देवराय I
(c) देवराय II (d) नरसिंह

41 सालुव वंश की स्थापना किसने की थी?
(a) नरसिंह सालुव (b) वीर नरसिंह
(c) कृष्णदेव राय (d) देवराय I

42 तुलुव वंश की स्थापना किसने की थी?
(a) वीर नरसिंह (b) कृष्णदेव राय
(c) देवराय I (d) इनमें से कोई नहीं

43 डोमिगो पायस किसके शासन काल में भारत आया था?
(a) वीर नरसिंह (b) देवराय I
(c) कृष्ण देवराय (d) नरसिंह सालुव

44 अमुक्तमाल्याद नामक पुस्तक की रचना किसने की थी?
(a) हरिहर प्रथम (b) कृष्णदेव राय
(c) देवराय I (d) वीर नरसिंह

45 अरविडु वंश की स्थापना किसने की थी?
(a) तिरुमल (b) सदाशिव
(c) वेंकट द्वितीय (d) वीर नरसिंह

46 अलाउद्दीन बहमान शाह ने बहमनी साम्राज्य की राजधानी किसे बनाया था?
(a) नौरसपुर (b) वीदर
(c) गोलकुण्डा (d) गुलबर्गा

47 निम्न में से किस शासक को ''दक्कन का नीरो'' कहा जाता था?
(a) अलाउददीन बहमन शाह (b) शहाबुददीन अहमद
(c) अलाउद्दीन हुमायूँ शाह (d) मुहम्मद तृतीय

48 निम्न में से किसके शासन काल में तैमूर लंग ने कश्मीर पर आक्रमण किया था?
(a) मलिक अहमद (b) सिकन्दर (वुत शिकन)
(c) कलीमुल्ला (d) कनिष्क

49 अहमदाबाद नामक नगर की स्थापना किस शासक ने की थी?
(a) महमूद बेगडा (b) अहमदशाह
(c) मलिक अहमद (d) रतन सिंह

50 निम्न में से किस मुगल शासक के शासनकाल में मेवाड़ को मुगल साम्राज्य में मिला लिया था?
(a) हुमायूँ (b) अकबर
(c) जहाँगीर (d) शाहजहाँ

51 जौनपुर में अटाला मस्जिद का निर्माण किसने करवाया था?
(a) फिरोजशाह तुगलक (b) अकबर
(c) शाहजहाँ (d) इब्राहिम शाह शर्की

52 बंगाल के किस शासक ने पाण्डुआ में अदीना मस्जिद का निर्माण करवाया था?
(a) सिकन्दरशाह (b) अलाउद्दीन हुसैनशाह
(c) शमसुद्दीन इलियास (d) इनमें से कोई नहीं

53 बंगाल में सत्यपीर नामक आन्दोलन किसने चलाया था?
(a) शमसुद्दीन इलियास
(b) सिकन्दर शाह
(c) अलाउद्दीन हुसैनशाह
(d) इनमें से कोई नहीं

54 पानीपत का द्वितीय युद्ध किसके मध्य हुआ था?
(a) बाबर-इब्राहिम लोदी (b) अकबर-हेमू
(c) हुमायूँ-शेरशाह (d) अकबर-इब्राहिम लोदी

55 अबुल फजल ने निम्नलिखित में से किस पुस्तक की रचना की है?
(a) बाबरनामा (b) अकबरनामा
(c) किताब-उल-हिन्द (d) तुजुक-ए-बावरी

56 पंचतन्त्र का फारसी भाषा में अनुवाद यार-ए-दानिश नाम से किसने किया था?
(a) अबुल फजल (b) मौलाना हुसैन फैज
(c) हसन निजामी (d) अमीर खुसरो

57 'न्याय की जंजीर' किस मुगल बादशाह के द्वारा लगवाया गया था?
(a) बाबर (b) हुमायूँ (c) अकबर (d) जहाँगीर

58 जहाँगीर ने किस भाषा में अपनी आत्मकथा तुजुक-ए-जहाँगीर की रचना की थी?
(a) तुर्की (b) अरबी
(c) फारसी (d) उर्दू

59 निम्न में से किस मुगल शासक के काल को स्वर्ण काल माना जाता है?
(a) हुमायूँ (b) अकबर
(c) शाहजहाँ (d) जहाँगीर

60 मुहम्मद फकीर एवं मीर हामिस किसके दरबार में प्रमुख चित्रकार थे?
(a) बाबर (b) हुमायूँ (c) शाहजहाँ (d) अकबर

61 निम्न में से किसने शेर-ए-अकबर के नाम से उपनिषदों का फारसी में अनुवाद करवाया था?
(a) बाबर (b) दादरा शिकोह
(c) शाहजहाँ (d) अकबर

62 निम्न में से किस शासक ने मयूर सिंहासन का निर्माण करवाया था?
(a) अकबर (b) शाहजहाँ (c) जहाँगीर (d) हुमायूँ

63 सिखों के 9वें गुरु, गुरु तेगबहादुर की हत्या किस मुगल शासक ने करवा दी थी?
(a) दारा शिकोह (b) औरंगजेब
(c) जहाँदार शाह (d) फरूर्खशियर

64 सद्र-उस-सुदूर नामक अधिकारी किससे सम्बन्धित है?
(a) पत्राचार से (b) सैन्य मामलों से
(c) धार्मिक मामलों से (d) इनमें से कोई नहीं

65 मुगल भू-राजस्व प्रणाली में 'जब्ती प्रणाली' की शुरुआत किसने की थी?
(a) बीरबल (b) मानसिंह
(c) टोडरमल (d) जयसिंह

66 निम्न में से किसके मध्य पुरन्दर की सन्धि हुई थी?
(a) जयसिंह-शिवाजी (b) जयसिंह-शम्भाजी
(c) बालाजी विश्वनाथ-जहाँगीर (d) इनमें से कोई नहीं

67 गुरुमुखी लिपि का जनक किसे कहा जाता है?
(a) गुरु नानक (b) गुरु अंगद
(c) गुरु रामदास (d) गुरु अर्जुनदेव

68 निम्न में से किसने अकाल तख्त की स्थापना किसने की थी?
(a) गुरु गोविन्द सिंह (b) गुरु हरकिशन
(c) अमरदास (d) गुरुनानक

69 मराठा प्रशासन में वाकियानवीस का सम्बन्ध किससे था?
(a) गुप्तचर विभाग (b) वित्त मन्त्री
(c) विदेश मन्त्री (d) सैन्य प्रबन्धक

70 निम्न में से किस मराठा शासक ने हिन्दी एवं संस्कृत के विद्वान् कलश को अपना सलाहकार बनाया था?
(a) राजाराम (b) शाहू
(c) शम्भाजी (d) शिवाजी

उत्तरमाला

1 (d)	2 (a)	3 (c)	4 (b)	5 (c)	6 (b)	7 (c)	8 (b)	9 (a)	10 (c)
12 (a)	12 (b)	13 (a)	14 (c)	15 (a)	16 (c)	17 (d)	18 (a)	19 (c)	20 (b)
21 (c)	22 (b)	23 (d)	24 (d)	25 (a)	26 (c)	27 (c)	28 (b)	29 (b)	30 (c)
31 (b)	32 (c)	33 (a)	34 (c)	35 (a)	36 (c)	37 (b)	38 (a)	39 (a)	40 (c)
41 (a)	42 (a)	43 (c)	44 (b)	45 (a)	46 (d)	47 (b)	48 (b)	49 (b)	50 (c)
51 (d)	52 (a)	53 (c)	54 (b)	55 (b)	56 (b)	57 (d)	58 (c)	59 (d)	60 (c)
61 (b)	62 (b)	63 (b)	64 (c)	65 (c)	66 (a)	67 (b)	68 (a)	69 (a)	70 (c)

आधुनिक भारत

यूरोपीय कम्पनियों का आगमन

अपना औपनिवेशिक हित साधने के लिए विभिन्न यूरोपीय देशों की विभिन्न कम्पनियों का भारत आगमन आधुनिक भारत की एक महत्त्वपूर्ण घटना है। भारत में यूरोपीय कम्पनियों के आगमन का क्रम इस प्रकार है—
पुर्तगाली-डच-अंग्रेज-डेन-फ्रांसीसी

पुर्तगाली

- वास्को-डि-गामा पहला यूरोपीय व्यापारी था, जो समुद्री मार्ग से 1948 ई. में भारत के बन्दरगाह पर पहुँचा था।
- पुर्तगालियों ने 1503 ई. में कोचीन में अपनी प्रथम व्यापारिक कोठी स्थापित की। पुर्तगाली कम्पनी का नाम 'एस्तादों-द-इण्डिया' था।
- फ्रासिस्को-डी-अल्मेडा (1505-1509 ई.) भारत में प्रथम पुर्तगाली गवर्नर था। इसने भारत में 'ब्लू वाटर पॉलिसी' की शुरुआत की थी।
- आल्फांसी-डी-अल्बुकर्क (1509 ई.) को भारत में पुर्तगाली साम्राज्य का वास्तविक संस्थापक माना जाता है।
- पुर्तगाली वायसराय नान्हू-डी-कुन्हा (1529-38 ई.) ने 1530 ई. में कोचीन की जगह गोवा को अपनी राजधानी बनाया।
- पुर्तगाली भारत में सबसे पहले आए और सबसे अन्त में भारत से गए। 1961 ई. में भारत ने गोवा को पुर्तगालियों से आजाद करवाया।

डच

- भारत आने वाला प्रथम डच नागरिक करानेलिस-डी-हस्तमान था, जो 1596 ई. में भारत आया था।
- डच ईस्ट इण्डिया कम्पनी की स्थापना 1602 ई. में हुई थी। भारत में डचों की पहली फैक्ट्री 1605 ई. में मसूलीपट्टनम में स्थापित हुई।
- डचों ने पुलीकट (1610 ई.), चिनसुरा (1653 ई.), कोचीन (1663 ई.) सूरत (1616 ई.), नागपट्टनम (1658 ई.), बालासोर (1658 ई.) में भी फैक्ट्री स्थापित की।
- 1639 ई. में डचों ने गोवा पर आक्रमण किया। 1641 ई. में मलक्का पर नियन्त्रण के बाद 1658 ई. में लंका पर अधिकार किया।
- डचों ने पुलीकट में अपने स्वर्ण निर्मित 'पैगोडा' सिक्के का प्रचलन कराया।
- 1759 ई. में बेदारा की लड़ाई में अंग्रेजों के हाथों पराजित होने के बाद डच कम्पनी का नियन्त्रण भारतीय क्षेत्रों से समाप्त हो गया।

अंग्रेज

- जॉन मिल्डेनहाल थल मार्ग से भारत आने वाला प्रथम ब्रिटिश यात्री था। यह 1599 ई. में भारत आया था।
- ब्रिटिश ईस्ट इण्डिया कम्पनी की स्थापना 1600 ई. में हुई थी। 1609 ई. में अंग्रेज यात्री कैप्टन हॉकिन्स जेम्स प्रथम का राजदूत बनकर जहाँगीर के दरबार में आया था।
- 1615 ई. में ब्रिटिश ईस्ट इण्डिया कम्पनी ने सर टॉमस रो को जहाँगीर के दरबार में व्यापारिक केन्द्र स्थापित करने को स्वीकृति लेने भेजा।
- भारत में अंग्रेजों ने अपनी पहली फैक्ट्री सूरत में 1608 ई. में खोली। दक्षिण भारत में अंग्रेजों की पहली फैक्ट्री 1611 ई. में मसूलीपट्टनम में खोली।
- बंगाल के नवाब सिराजुद्दौला को प्लासी के युद्ध (23 जून, 1757) में पराजित कर अंग्रेजों ने राजनीतिक शक्ति के रूप में अपना वर्चस्व स्थापित किया।
- बक्सर के युद्ध (1764 ई.) तथा इलाहाबाद की सन्धि (1765 ई.) के बाद ईस्ट इण्डिया कम्पनी का भारतीय साम्राज्य पर प्रभुत्व स्थापित हो गया।

डेनिस

- डेनमार्क की व्यापारिक कम्पनी का गठन 1616 ई. में हुआ था। इस कम्पनी ने त्रेंकोबार (तमिलनाडु) तथा सेरामपुर(बंगाल) में अपनी फैक्ट्रियाँ स्थापित कीं।
- 1868 ई. में डेनिस कम्पनी ने निकोबार द्वीप पर अपने अधिकार अंग्रेजों को बेच दिए तथा भारतीय क्षेत्र से उनका नियन्त्रण समाप्त हो गया।

फ्रांसीसी

- फ्रांसीसी सम्राट लुई चौदहवें के शासनकाल में (1664 ई.) फ्रेंच ईस्ट इण्डिया कम्पनी की स्थापना हुई।
- भारत में फ्रांसीसियों की प्रथम फैक्ट्री फ्रेको केरो द्वारा वर्ष 1668 ई. में **सूरत** में स्थापित की गई थी।
- 1674 ई. में फ्रांसिस मार्टिन ने पाण्डिचेरी की स्थापना की थी। 1731 ई. में डुप्ले भारत में फ्रेंच गवर्नर बनकर आया।
- प्रथम कर्नाटक युद्ध (1746-48 ई.) अंग्रेजों व फ्राँसीसियों के बीच ऑस्ट्रिया के उत्तराधिकार के सम्बन्ध में लड़ा गया था।
- 1748 ई. में यूरोप में हुए 'एक्स-ला-शैपल' की सन्धि के साथ ही इंग्लैण्ड और फ्रांस के बीच प्रथम कर्नाटक युद्ध का अन्त हो गया।
- दूसरा कर्नाटक युद्ध (1749-1754 ई.) में फ्रांसीसी गवर्नर डुप्ले की द्वारा हुई। पाण्डिचेरी की सन्धि से इस युद्ध का विराम हुआ।
- तृतीय कर्नाटक युद्ध (1756-1763 ई.) पेरिस की सन्धि के साथ समाप्त हुआ था।
- 1760 ई. में सर आयरकूट के नेतृत्व में अंग्रेजों ने वाण्डीवाश के युद्ध में फ्रांसीसियों को पराजित कर दिया।

भारत पर अंग्रेजी शासन की स्थापना और विस्तार

अंग्रेजों ने ईस्ट इण्डिया कम्पनी के माध्यम से आर्थिक विस्तार के साथ-साथ राजनीतिक विस्तार करने में सफल हुए। इसकी शुरुआत सर्वप्रथम बंगाल से हुई, जो धीरे-धीरे सम्पूर्ण भारत में बदल गया।

बंगाल

- बंगाल मुगलकाल के दौरान सबसे पहले स्वतन्त्र हुआ और सबसे पहले ब्रिटिश शासन के अधीन हो गया।
- प्लासी का युद्ध (23 जून, 1757) में राबर्ट क्लाइन ने बंगाल के नवाब सिराजुददौला को पराजित कर दिया।
- इस युद्ध के पश्चात् अंग्रेजों ने बंगाल में 'दस्तक' का दुरुपयोग प्रारम्भ कर दिया। इस कारण मीर कासिम को अपनी राजधानी मुर्शिदाबाद के स्थान पर मुंगरे स्थानान्तरित करनी पड़ी।
- बक्सर के युद्ध (22 अक्टूबर, 1764) में अंग्रेजों ने मीर कासिम, शुजाउद्दौला (अवध का नवाब) और शाह आलम द्वितीय (मुगल बादशाह) संयुक्त सेना को पराजित किया।
- इलाहाबाद की सन्धि (1765 ई.) के पश्चात् अंग्रेजों में दीवानी और फौजदारी दोनों का अधिकार प्राप्त हो गया।
- बंगाल में 'द्वैधशासन' (1765-1772 ई.) को शुरुआत हुई, जिसे वारेन हेस्टिंग्स ने 1772 ई. में समाप्त कर दिया।

मैसूर

अंग्रेजों ने मैसूर राज्य के साथ निम्नलिखित युद्ध किए

युद्ध	वर्ष	विशेष तथ्य
प्रथम आंग्ल-मैसूर युद्ध	1767-69 ई.	हैदर अली ने अंग्रेजों को पराजित कर 'मद्रास की सन्धि' की।
द्वितीय आंग्ल-मैसूर युद्ध	1780-84 ई.	सर आयर कूट ने हैदर अली को पराजित किया। इस युद्ध में मंगलौर की सन्धि हुई थी।
तृतीय आंग्ल-मैसूर युद्ध	1790-92 ई.	टीपू सुल्तान की पराजय हुई। इस युद्ध में श्रीरंगपट्टनम की सन्धि (1792 ई.) हुई।
चतुर्थ आंग्ल-मैसूर युद्ध	1799 ई.	इस युद्ध में टीपू सुल्तान की मृत्यु हो गई।

मराठों एवं सिखों के साथ अंग्रेजों के युद्ध

युद्ध	वर्ष	विशेष तथ्य
प्रथम आंग्ल-मराठा	1775-1782 ई.	इसकी शुरुआत सूरत की सन्धि (1775 ई.) से हुई थी। इस युद्ध के दौरान पुरन्दर की सन्धि (1776 ई.) तथा बंडगाँव की सन्धि (1779 ई.) हुई थी।
द्वितीय आंग्ल-मराठा	1803-06 ई.	इस युद्ध के दौरान देवगाँव की सन्धि (1803 ई.), सुर्जी-अर्जन गांव की सन्धि (1803 ई.) तथा राजपुर घाट की सन्धि (1805 ई.) हुई थी।
तृतीय आंग्ल-मराठा	1817-1818 ई.	इस युद्ध के दौरान ग्वालियर की सन्धि (1817 ई.), पूना की सन्धि (1817 ई.) तथा मंदसौर की सन्धि (1818 ई.) हुई थी।
प्रथम आंग्ल-सिख	1845-46 ई.	इस युद्ध के दौरान लाहौर की सन्धि (1846 ई.) तथा मैरोवाल की सन्धि (1846 ई.) करने हुई थी।
द्वितीय आंग्ल-सिख	1848-49 ई.	इस युद्ध के बाद अंग्रेजों ने पंजाब राज्य का विलय अपने साम्राज्य में कर दिया।

अंग्रेजों की भू-राजस्व नीतियाँ

अंग्रेजों ने भारत में अपने साम्राज्य की स्थापना के क्रम में अनेक भू-राज्य नीतियों का अनुपालन किया। इनका वर्णन निम्नलिखित है

स्थायी/इस्तमरारी/जमींदारी बन्दोबस्त

- लार्ड कार्नवालिस के द्वारा इसकी शुरुआत 1793 ई. में की गई। यह व्यवस्था बंगाल, बिहार, मद्रास, उडीसा, बनारस आदि में लागू थी।
- स्थाई बन्दोबस्त ब्रिटिश भारत के कुल क्षेत्र के 19% भू-भाग पर लागू था। इसके अन्तर्गत जमींदारों की कुल राजस्व का 10/11 भाग राज्य को तथा 1/10 भाग स्वयं रखना पड़ता था।

रैयतवाड़ी बन्दोबस्त

- इस बन्दोबस्त की शुरुआत सर्वप्रथम तमिलनाडु के बारामहल (1792) ई. में की गई थी। थॉमस मुनरो और कैप्टन रीड को इसका जनक माना जाता है।
- यह व्यवस्था तमिलनाडु, मद्रास, बम्बई, प्रेसीडेंसी, असम सहित कुल ब्रिटिश भारत के 51% भाग पर लागू थे।

महालवाडी बन्दोबस्त

- यह व्यवस्था 1822 ई. में गंगा की घाटी, उत्तरी-पश्चिमी प्रान्तों, मध्य भारत के कुछ भागों तथा पंजाब में लागू की गई।
- इसके अन्तर्गत सामूहिक रूप से गाँव के स्वामी (महाल) से बन्दोबस्त किया जाता था। यह व्यवस्था ब्रिटिश भारत के 30% भू-भाग पर लागू थी।

1857 का विद्रोह

- 29 मार्च, 1857 को मंगल पाण्डे ने 34 वीं नेटिव इन्फेण्ट्री बैरकपुर छावनी में चर्बी लगे कारतूस के मुद्दे पर विद्रोह कर दिया।
- 10 मई, 1857 ई. को मेरठ के सिपाहियों ने विद्रोह कर दिया और पैदल मार्च करते हुए 11 मई, 1857 में दिल्ली पहुँचे। उन्होंने बहादुर शाह जफर को बादशाह घोषित किया।
- अंग्रेजों द्वारा इस विद्रोह को क्रूरतापूर्वक दबा दिया गया। बहादुरशाह जफर को गिरफ्तार कर रंगून (बर्मा) भेजा दिया गया।
- **बी.डी. सावरकर** ने इस विद्रोह को 'प्रथम स्वतन्त्रता संग्राम' डिजराइली ने 'राष्ट्रीय विद्रोह', लॉरेन्स एवं सीले ने 'सिपाही विद्रोह' तथा टी.आर.होम्स ने 'बर्बरता तथा सभ्यता के बीच युद्ध' कहा है।
- 1857 ई. के विद्रोह पर एस. एन. सेन ने 1857 ई. बी.डी. सावरकर ने 'फर्स्ट वार ऑफ इण्डियन इण्डिपेण्डेन्स' तथा अशोक मेहता ने 'द ग्रेट रिवेलियन' नामक पुस्तक लिखी है।
- 1857 ई. के विद्रोह में ब्रिटिश सेना के भारतीय सिपाहियों से अवध के सिपाहियों ने सर्वाधिक संख्या में भाग लिया था।
- 1857 ई. के विद्रोह के दमन के पश्चात् 1 नवम्बर, 1858 को इलाहाबाद में लार्ड केनिंग (तत्कालिक वायसराय) ने महारानी की उद्घोषणा को पढ़ा।
- महारानी की उदघोषणा के आधार पर 1858 ई. के एक्ट के अन्तर्गत भारत के शासन को ईस्ट इण्डिया कम्पनी के हाथों से लेकर ब्रिटिश सम्राट की दे दिया गया।

1857 ई. के प्रमुख केन्द्र

विद्रोह का केन्द्र	नेतृत्व कर्ता	दमनकर्ता	विशेष तथ्य
दिल्ली	बहादुर शाह जफर एवं बख्त खां	निकलसन एवं हडसन	यहाँ विद्रोह 17 मई, को आरम्भ हुआ तथा 21 सितम्बर, 1857 को समाप्त हुआ।
कानपुर	नाना साहब (धुन्धू पन्त एवं तात्याँ टोपे (रामचन्द्र पाण्डुरंग)	कैम्पबेल	यहाँ विद्रोह 5 जून को आरम्भ हुआ तथ 6 सितम्बर, 1857 को समाप्त हुआ।
लखनऊ	बेगम हजरत महल	कैम्पबेल एवं हेनरी लारेंस	यहाँ विद्रोह 4 जून, 1857 को आरम्भ हुआ तथा मार्च, 1858 को समाप्त हुआ।
झाँसी	रानी लक्ष्मीबाई	ह्यूरोज	यहाँ विद्रोह 4 जून, 1857 को आरम्भ हुआ तथा 3 अप्रैल, 1858 को समाप्त हुआ।
इलाहाबाद	लियाकत अली	कर्नल नील	यहाँ विद्रोह जून, 1857 को आरम्भ हुआ तथा 1858 को समाप्त हुआ।
जगदीशपुर (बिहार)	कुँवर सिंह	विलियम टेलर एवं विन्सेट आयर	यहाँ विद्रोह 12 जून, 1857 को आरम्भ हुआ था दिसम्बर, 1858 को समाप्त हुआ।
बरेली	खान बहादुर खाँ	कैम्पबेल	यहाँ विद्रोह जून, 1857 को आरम्भ हुआ तथा 1858 को समाप्त हुआ।
फैजाबाद	मौलवी अमहदुल्ला	कैम्पबेल	यहाँ विद्रोह जनू, 1857 को आरम्भ हुआ तथा 1858 को समाप्त हुआ।

ब्रिटिश काल में हुए प्रमुख विद्रोह

विद्रोह/आयोजन	समय	विशेष तथ्य
सन्यासी विद्रोह	(1736-1800 ई.)	यह विद्रोह बिहार और बंगाल के क्षेत्र में हुआ था। केना सरकार इसके प्रमुख नेता थे। बंकिम चन्द्र चटर्जी के उपन्यास 'आनन्द मठ' में इस विद्रोह का उल्लेख है।
फकीर विद्रोह	(1776-77 ई.)	इस विद्रोह का नेतृत्वकर्ता मजनूशाह था। इसका क्षेत्र बंगाल था।
चुआर विद्रोह	(1766-1816 ई.)	इस विद्रोह का नेतृत्वकर्ता जगन्नाथ था। इसका क्षेत्र बंगाल और बिहार था। भू-राजस्व में वृद्धि इसका प्रमुख कारण था।
रामोसी विद्रोह	(1822-1829 ई.)	इस विद्रोह का नेता चितर सिंह तथा क्षेत्र पश्चिमी घाट था।
पागलपंथी विद्रोह	(1825-1827 ई.)	इस विद्रोह का नेता टीपूशाह तथा क्षेत्र असम था।
कोल विद्रोह	(1831-1832 ई.)	इस विद्रोह का नेता बुधु भगत तथा क्षेत्र राँची, सिंहभूम, हजारीबाग, पलामू था।
संथाल विद्रोह	(1855-1856 ई.)	इस विद्रोह के प्रमुख नेता सिद्ध तथा कान्हू थे। इसका क्षेत्र भागलपुर से राजमहल पहाड़ियों के बीच था।
नील विद्रोह	(1859-60 ई.)	दीनबन्धु मिश्र के उपन्यास 'नील दर्पण' में इस विद्रोह का वर्णन है। इसके प्रमुख नेता तिरुत सिंह तथा क्षेत्र बंगाल एवं बिहार था।
पावना विद्रोह	(1873-76 ई.)	इस विद्रोह के प्रमुख नेता ईशानचन्द्र राय एवं शंभूपाल तथा इसका क्षेत्र पावना (बंगाल) था।
मुंडा विद्रोह	(1893-1900 ई.)	इस विद्रोह के प्रमुख नेता बिरसा मुंडा थे। यह खुँटकट्टी प्रथा के विरोध में झारखण्ड में प्रारम्भ हुआ था।
ताना भगत आन्दोलन	(1914-15 ई.)	इस आन्दोलन के प्रमुख नेता जतरा भगत तथा बलराम भगत थे। इसका क्षेत्र छोटानागपुर क्षेत्र था।
मोपला विद्रोह	(1920-22 ई.)	इस विद्रोह के प्रमुख नेता अली मुसलियार तथा क्षेत्र मालावार था।
तेभागा आन्दोलन	(1946 ई.)	इस आन्दोलन के प्रमुख नेता कम्पाराम तथा भवन सिंह थे। इसका क्षेत्र बंगाल था।

भारतीय राष्ट्रीय आन्दोलन

भारतीय राष्ट्रीय आन्दोलन की शुरुआत कांग्रेस की स्थापना (1885 ई.) से माना जाता है। यह आन्दोलन 1947 ई. में भारत की आजादी के साथ समाप्त हुआ।

भारतीय राष्ट्रीय कांग्रेस

- इसकी स्थापना 1885 ई. में सेवानिवत ब्रिटिश अधिकारी ए.ओ.ह्यूम के द्वारा की गई थी। पहले इसका नाम 'इण्डियन नेशनल यूनियन' था। दादा भाई नौरोजी ने इस संस्था का नाम 'इण्डियन नेशनल कांग्रेस' कर दिया।
- भारतीय राष्ट्रीय कांग्रेस का पहला अधिवेशन दिसम्बर, 1885 में बम्बई के गोकुलधाम तेजपाल संस्कृत महाविद्यालय में हुआ।
- प्रथम सम्मेलन की अध्यक्षता व्योमेश चन्द्र बनर्जी ने की थी। इनमें कुल 72 प्रतिनिधियों ने भाग लिया था।
- कांग्रेस में 1885-1905 ई. तक उदारवादी नेताओं का वर्चस्व रहा। इसमें दादाभाई नौरोजी, सुरेन्द्रनाथ बनर्जी, फिरोजशाह मेहता, गोपाल कृष्ण गोखले आदि प्रमुख थे।
- कांग्रेस में 1905-1919 ई. तक उग्रवादी नेताओं का वर्चस्व कायम हो गया। इसमें बाल गंगाधर तिलक, विपिन चन्द्र पाल, लाला लाजपत राय शामिल थे।
- उदारवादी नेता संवैधानिक तरीके से भारत में सुधारों की माँग करते थे, जबकि उग्रवादी नेता स्वराज की माँग को मुख्य मुद्दा बनाना चाहते थे।
- लार्ड डफरिन ने कांग्रेस को 'सूक्ष्मदर्शी संस्था' कहा था, जबकि कर्जन ने कहा था—''कांग्रेस अपने पतन की ओर लड़खड़ाती हुई जा रही है।''
- लैण्ड होल्डर्स सोसाइटी (1838 ई.), ब्रिटिश इण्डियन एसोसिएशन (1851 ई.) ईस्ट इण्डियन एसोसिएशन (1866 ई.) , इण्डिया एसोसिएशन (1876 ई.) कांग्रेस से पूर्व की संस्थाएँ थी।

बंगाल का विभाजन तथा स्वदेशी आन्दोलन

- लॉर्ड कर्जन द्वारा 20 जुलाई, 1905 को बंगाल विभाजन को घोषणा की गई जो 16 अक्टूबर, 1905 से प्रभावी हो गया।
- बंगाल विभाजन के विरोध में स्वदेशी आन्दोलन 7 अगस्त, 1905 से प्रारम्भ हुआ। 16 अक्टूबर, 1905 को शोक दिवस एवं रक्षाबन्धन दिवस के रूप में मनाया गया।
- कृष्ण कुमार मिश्र के पत्र संजीवनी ने वर्ष 1905 से सर्वप्रथम स्वदेशी आन्दोलन का विचार प्रस्तुत किया गया था।
- कांग्रेस के 1906 के कलकत्ता अधिवेशन को अध्यक्षता करते हुए दादाभाई नौरोजी ने पहली बार स्वराज्य की माँग प्रस्तुत की।
- स्वदेशी आन्दोलन के दौरान रविन्द्रनाथ टैगोर ने 'आमार सोनार बांगला' नामक गीत लिखा था, जो बाद में बांग्लादेश का राष्ट्रीय गीत बनना।

मुस्लिम लीग का गठन तथा कांग्रेस का विभाजन

- सलीमुल्ला खाँ एवं आगा खाँ के नेतृत्व में 1906 ई. में मुस्लिम लीग (ढाका) की स्थापना हुई।
- मुस्लिम लीग के प्रथम अध्यक्ष 'वकार-उल-मुल्क मुश्ताक हुसैन' थे। नवाब सलीमुल्ला खाँ इसके संस्थापक अध्यक्ष थे।
- स्वदेशी आन्दोलन चलाने के तरीके को लेकर कांग्रेस 1907 में सूरत अधिवेशन में उग्रवादी (गरम दल) एवं उदारवादी (नरम दल) में विभाजित हो गई।
- कांग्रेस के सूरत अधिवेशन (1907 ई.) को अध्यक्षता रासबिहारी बोस ने की थी।

राजधानी परिवर्तन

- ब्रिटेन के सम्राट जॉर्ज पंचम का 1911 ई. में दिल्ली आगमन हुआ, जिसके स्वागत में भव्य दिल्ली दरबार का आयोजन किया गया।
- इस आयोजन में बंगाल विभाजन रद्द करके राजधानी को कलकत्ता से दिल्ली स्थानान्तरित करने की घोषणा हुई। 1 अप्रैल, 1912 को दिल्ली राजधानी बन गई।

कामागाटामारू प्रकारण

- यह 1914 ई. में कनाडा में भारतीयों के प्रवेश से सम्बन्धित विवाद था।
- भारत में गुरुदीप सिंह ने कामागटामारू जहाज पर 376 यात्रियों को लेकर कनाडा की ओर प्रस्थान किया, परन्तु कनाडा सरकार ने उतरने से मना कर दिया।

लखनऊ समझौता

- 1916 ई. में मुस्लिम लीग तथा कांग्रेस का संयुक्त अधिकवेशन लखनऊ में हुआ। इसकी अध्यक्षता अम्बिका चरण मजूमदार ने की।
- इस अधिवेशन में उग्रवादियों (गरम दल के नेता) को पुन: कांग्रेस में शामिल किया गया तथा मुस्लिम लीग एवं कांग्रेस के मध्य लखनऊ समझौता हुआ।
- लखनऊ समझौते के द्वारा कांग्रेस ने पहली बार मुसलमानों के लिए पृथक् निर्वाचन मण्डल की माँग औपचारिक रूप से स्वीकार कर लिया गया।

होमरूल लीग आन्दोलन

- भारत में सबसे पहले होमरूल लीग की स्थापना 28 अप्रैल, 1916 में बाल गंगाधर तिलक ने बेलगाँव (पूना) में की। इसके अध्यक्ष जोसेफ बेपरिस्टा थे।
- सितम्बर, 1916 में ऐनी बेसेण्ट ने अखिल भारतीय होमरूल लीग का गठन (मद्रास में) किया। जॉर्ज अरूण्डेल इसके सचिव थे।
- ऐनी बेसेण्ट के सहयोगियों में वी.पी. वाडिया तथा सी.पी.रामास्वामी अय्यर शामिल थे।
- गोपाल कृष्ण गोखले द्वारा स्थापित 'सर्वेण्ट ऑफ इण्डिया सोसयटी' के सदस्यों को लीग में प्रवेश की अनुमति नहीं थी।

चम्पारण, खेड़ा और अहमदाबाद सत्याग्रह

- चम्पारण सत्याग्रह (1917 ई.) भारत में गाँधी जी का प्रथम सत्याग्रह था, जो बिहार के चम्पारण नामक स्थान में प्रारम्भ हुआ था।
- चम्पारण में नील के किसानों की स्थिति तिनकठिया प्रथा के कारण खराब थी। जिसके अन्तर्गत 3/20 के हिस्से पर नील को खेती करना अनिवार्य था।
- गाँधी जी और चम्पारण में उनके सहयोगियों राजेन्द्र प्रसाद, जे.वी. कृपलानी, महादेव देसाई, अनुग्रह नारायण सिंह आदि के कारण इस प्रथा का अन्त हो गया।
- खेड़ा सत्याग्रह (1918 ई.) की शुरुआत गाँधी जी ने किसानों को उनकी समस्याओं (कर वृद्धि) से निजात के लिए किया था। सरदार वल्लभ भाई पटेल तथा इन्दुलाल याज्ञनिक इनके मुख्य सहयोगी थे।
- अहमदाबाद सत्याग्रह (1918 ई.) मिल-मजदूरों और मिल मालिकों के बीच बोनस के मुद्दे को लेकर गाँधी जी द्वारा प्रारम्भ किया गया था।

रौलेट एक्ट तथा जलियाँवाला बाग हत्याकाण्ड

- 1919 ई. में ब्रिटिश सरकार ने रौलेट एक्ट पारित किया, जिसमें प्रावधान था कि बिना किसी प्रमाण के संदिग्ध के खिलाफ कार्यवाही की जा सकती थी।
- भारतीय नेताओं ने इसे काला कानून माना तथा 6 अप्रैल, 1919 को इसके विरोध में देश में काफी हड़ताल किया गया।
- रौलेट एक्ट के विरोध के कारण पंजाब के लोकप्रिय नेता सैफुद्दीन किचलू तथा सत्यापाल को गिरफ्तार किया गया था।
- इस गिरफ्तारी के विरोध में 13 अप्रैल, 1919 को अमृतसर के जलियाँवाला में एक जनसभा आयोजित की गई। जिस पर जनरल डायर ने गोलियाँ चलवा दी। इसमें सैकड़ों लोग मारे गए। इसे जालियाँवाला बाग हत्याकाण्ड के नाम से जाना जाता है।
- जलियाँवाला बाग हत्याकाण्ड की जाँच हेतु सरकार ने हण्टर समिति नियुक्ति की, जिसके सदस्य थे- लॉर्ड हण्टर, जास्टिस रेस्किन, मिस्टर राइस, जॉर्ज वैरो टॉमस स्मिथ, चिमन शीतलवाड, साहबजादा सुल्तान अहमद तथा जगतनारायण।

खिलाफत आन्दोलन

- खिलाफत आन्दोलन (1920 ई.) की शुरूआत तुर्की के खलीफा पद की समाप्ति के विरोध में हुई थी।
- 17 अक्टूबर, 1919 को अखिल भारतीय स्तर पर खिलाफत कमेटी का गठन किया गया। 1919 ई. में मोहम्मद अली तथा शौकत अली ने अखिल भारतीय खिलाफत कमेटी का गठन किया।
- 1919 ई. में दिल्ली में आयोजित अखिल भारतीय खिलाफत कमेटी के अधिवेशन में गाँधी जी ने भाग लिया और अध्यक्ष बने।

असहयोग आन्दोलन

- 1920 ई. में लाला लाजपत राज्य की अध्यक्षता में हुए कलकत्ता अधिवेशन में असहयोग आन्दोलन का प्रस्ताव पारित किया गया और कांग्रेस के नागपुर अधिवेशन में इसकी पुष्टि कर दी।
- 5 फरवरी, 1922 की चौरी-चौरा में आन्दोलनकारियों द्वारा पुलिस स्टेशन को जलाए जाने के बाद गाँधी जी ने असहयोग आन्दोलन को स्थागित कर दिया।

स्वराज पार्टी

- असहयोग आन्दोलन के स्थगन के बाद मोतीलाल नेहरू, सी.आर. दास तथा एन.सी.केलकर ने इलाहाबाद में स्वराज पार्टी (1923 ई.) का गठन किया।
- 1925 ई. में विट्ठल भाई पटेल का सेण्ट्रल लेजिस्लेटिव असेम्बली का अध्यक्ष चुना जाना स्वराजियों को एक महत्त्वपूर्ण उपलब्धि थी।

साइमन कमीशन

- 8 नवम्बर, 1927 को साइमन कमीशन का गठन किया गया। इस कमीशन के सभी 7 सदस्य ब्रिटिश थे।
- इस कमीशन का उद्देश्य 1919 ई. के अधिनियम के व्यावहारिक सफलता का पता लगना था। एक भी भारतीय सदस्य न होने के कारण इसका विरोध किया गया।
- लाहौर में इस कमीशन का विरोध करते हुए लाठी से घायल हो जाने के कारण 1928 ई. में लाला लाजपत राय का निधन हो गया।

नेहरू रिपोर्ट तथा जिन्ना रिपोर्ट

- मोतीलाल नेहरू की अध्यक्षता में गठित समिति ने 28 अगस्त, 1928 को रिपोर्ट प्रस्तुत की। इस रिपोर्ट को नेहरू रिपोर्ट कहा जाता है।
- नेहरू रिपोर्ट में डोमिनियन स्टेट्स केन्द्र में द्विसदनात्मक व्यवस्था तथा प्रान्तीय स्वायत्तता को स्वीकृति दी गई।
- नेहरू रिपोर्ट के समानान्तर जिन्ना ने एक 14-सूत्री फॉर्मूला तैयार किया, जिसे **जिन्ना रिपोर्ट** (1928 ई.) कहा जाता है।
- इस रिपोर्ट में पृथक् निर्वाचक के स्थान पर केन्द्रीय सदन में 1/3 स्थान तथा पंजाब और बंगाल में 50% आरक्षण मुसलमानों को देने की बात रखी गई।

बारदोली सत्याग्रह (1928 ई.)

- गुजरात के बारदोली में किसानों पर 30% अतिरिक्त लगान वृद्धि की गई थी। बल्लभ भाई पटेल के नेतृत्व में किसानों ने इसका विरोध किया।
- सरकार ने 30% लगान वृद्धि को वापस लिया तथा इस वृद्धि को 6.03% रहने दिया।
- बारदोली सत्याग्रह की सफलता के बाद यहाँ की महिलाओं ने बल्लभ भाई पटेल को 'सरदार' की उपाधि दी थी।

लाहौर अधिवेशन

- 1929 ई. में लाहौर में कांग्रेस के वार्षिक अधिवेशन में, जिसकी अध्यक्षता जवाहरलाल नेहरू ने की, पूर्ण स्वराज की माँग की गई।
- 31 दिसम्बर, 1929 को रावी नदी के तट पर तिरंगा झण्डा फहराया गया तथा 26 जनवरी, 1930 को स्वतन्त्रता दिवस मनाने का प्रस्ताव पारित किया गया।

दाण्डी मार्च तथा सविनय अवज्ञा आन्दोलन

- 12 मार्च, 1930 को गाँधा जी ने 78 अनुयायियों के साथ जिसमे बेव मिलर (अमेरिकी पत्रकार) भी था, साबरमती आश्रम से दाण्डी तट का यात्रा की।
- 6 अप्रैल, 1930 को दाण्डी पहुँच कर गाँधी जी ने नमक कानून तोड़कर सविनय अवज्ञा आन्दोलन का आरम्भ किया।
- सविनय अवज्ञा आन्दोलन के दौरान गढ़वाल रेजीमेण्ट की टुकड़ी ने पेशावर में निहत्थी भीड़ पर गोली चलाने से इनकार कर दिया था।

गाँधी-इरविन समझौता

- 5 मार्च, 1931 को गाँधी जी तथा तत्कालीन वायसराय लार्ड इर्विन के बीच यह समझौता हुआ था। इसके दिल्ली समझौता भी कहा जाता है।
- इस समझौते के सम्बन्ध में कराई अधिवेशन (29 मार्च, 1931 अध्यक्ष बल्लभ भाई पटेल) में काँग्रेस ने मौलिक अधिकारों एवं राष्ट्रीय आर्थिक कार्यक्रम से सम्बन्धित एक प्रस्ताव पारित किया।

गोलमेज सम्मेलन

- प्रथम गोलमेज सम्मेलन (1930 ई.) का उद्घाटन ब्रिटिश सम्राट जार्ज पंचम तथा अध्यक्षता ब्रिटिश प्रधानमन्त्री रैम्जे मैक डोनाल्ड ने की थी। इसमें कांग्रेस ने भाग नहीं लिया था।
- द्वितीय गोलमेज सम्मेलन (1931 ई.) में गाँधी जी ने कांग्रेस के प्रतिनिधि के रूप में भाग लिया था। साम्प्रदायिक मतभेद के कारण यह सम्मेलन असफल हुआ।
- तृतीय गोलमेज सम्मेलन (1932 ई.) में 1935 ई. के भारत शासन अधिनियम की रूप प्रस्तुत की गई। कांग्रेस ने इसका बहिष्कार किया।
- तीनों गोलमेज सम्मेलनों में भाग लेने वाले एक मात्र प्रतिनिधि बाबा साहेब भीम राव अम्बेडकर थे।

साम्प्रदायिक पंचाट एवं पूना समझौता

- 16 अगस्त, 1932 को तत्कालीन ब्रिटिश प्रधानमन्त्री रैम्जे मैक्डोनाल्ड ने साम्प्रदायिक पंचाट की घोषणा की थी।
- इसमें मुसलमानों, सिखों, भारतीय ईसाइयों के साथ दलित वर्गों के लिए पृथक् निर्वाचन की बात कही गई।
- पूना पैक्ट (26 सितम्बर, 1932) गाँधी जी बी. आर. अम्बेडकर के बीच हुआ था। इसमें दलितों के लिए 71 स्थान की जगह सुरक्षित स्थानों की संख्या 148 कर दिया गया।

क्रान्तिकारी राष्ट्रवादी आन्दोलन

भारत में क्रान्तिकारी राष्ट्रवादी आन्दोलन को दो चरणों में बाँटा जाता है, जिनका वर्णन निम्नलिखित है

क्रान्तिकारी गतिविधियों का पहला चरण (1905-1915 ई.)

- 1857 ई. में महाराष्ट्र के पूना में दामोदर चापेकर तथा बालकृष्ण चापेकर द्वारा प्लेग कमिश्नर रैंड एवं एम्हर्स्ट की हत्या को प्रथम क्रान्तिकारी घटना माना जाता है।
- वर्ष 1912 ने रासबिहारी बोस ने लॉर्ड हार्डिंग पर बम फेंका। इस घटना को दिल्ली षड्यन्त्र कहा जाता है।
- दूसर चरण में विदेशों में भी अनेक क्रान्तिकारी घटनाएँ हुई। 1907 ई. में जर्मनी के स्टूटगार्ड में मैडम भीकाजी कामा ने भारतीय तिरंगा फहराया।
- मदन लाल ढींगरा ने 1909 ई. में लन्दन में कर्जन वाइली की हत्या की दी।
- 1 नवम्बर, 1913 में लाला हरदयाल के नेतृत्व में सैन-फ्रांसिस्को (अमेरिका) में 'गदर पार्टी' की स्थापना हुई।

क्रान्तिकारी गतिविधयों का दूसरा चरण (1905-1915 ई.)

- अक्टूबर, 1924 में चन्द्रशेखर आजाद की अध्यक्षता में 'हिन्दुस्तान रिपब्लिक एसोसिएशन' की स्थापना हुई।
- इस संस्था के सदस्यों ने 3 अगस्त, 1925 को लखनऊ के निकट काकोरी स्टेशन पर सरकारी खजाने को लूट लिया।
- चन्द्रशेखर आजाद तथा भगत सिंह के नेतृत्व में 1928 ई. में हिन्दुस्तान सोशलिस्ट रिपब्लिकन एसोसिएशन की स्थापना दिल्ली में की गई।
- 23 मार्च, 1931 को भगत सिंह, सुखदेव और राजगुरू को लाहौर जेल में फाँसी दे दी गई।
- बंगाल में सूर्यसेन ने 1930 ई. में इण्डियन रिपब्लिकन आर्मी का गठन किया। यह संस्था चटगाँव में क्रियाशील थी।

अगस्त प्रस्ताव तथा व्यक्तिगत सत्याग्रह

- 8 अगस्त, 1940 को तत्कालीन वायसराय लॉर्ड लिनलिथगो ने अगस्त प्रस्ताव की घोषण की।
- जिसे अस्वीकार करते हुए अक्टूबर, 1940 में महात्मा गाँधी द्वारा पवनार (महाराष्ट्र) में व्यक्तिगत सत्याग्रह प्रारम्भ किया गया।

पाकिस्तान की माँग

- 23 मार्च, 1940 में मुस्लिम लीग के लाहौर अधिवेशन की अध्यक्षता करते हुए मुहम्मद अली जिन्ना ने द्विराष्ट्र सिद्धान्त प्रस्तुत किया, साथ ही पाकिस्तान राज्य की माँग से सम्बन्धित प्रस्ताव पारित किया।
- 'पाकिस्तान' शब्द का जनक कैम्ब्रिज विश्वविद्यालय में पढ़ने वाला छात्र रहमत अली चौधरी था।

क्रिप्स मिशन

- क्रिप्स मिशन 1942 में भारत आया। इसका उद्देश्य भारत को ब्रिटेन के पक्ष में द्वितीय विश्वयुद्ध में शामिल करना था।
- युद्ध के उपरान्त भारत की डोमिनियन स्टेट्स देने की बात स्वीकार की गई। गाँधी जी ने इसे 'पोस्टडेटेड चेक' कहा था।

भारत छोड़ो आन्दोलन

- अगस्त प्रस्ताव तथा क्रिप्स मिशन की असफलता के बाद 1942 में भारत छोड़ो आन्दोलन प्रारम्भ हुआ।
- 8 अगस्त, 1942 को बम्बई के ग्वालिया टैंक में कांग्रेस का अधिवेशन आयोजित किया गया। इसमें भारत छोड़ो प्रस्ताव पारित किया गया।
- इस आन्दोलन में गांधी जी ने 'करो या मरो' का नारा दिया। गांधी जी को 'ऑपरेशन जीरो आवर के तहत्' गिरफ्तार कर पूना के आगा खाँ महल में रखा गया।
- भारत छोड़ो आन्दोलन के दौरान बंगाल में जातीय सरकार (1942 ई.) सतारा तथा वलिया में समानान्तर सरकारों की स्थापना हुई।

राजगोपालाचारी फॉर्मूला

देश की साम्प्रदायिक समस्या के समाधान के लिए 10 जुलाई, 1944 को गांधी जी स्वीकृति से चक्रवर्ती राजगोपालाचारी ने कांग्रेस तथा मुस्लिम लोग के समझौते की योजना प्रस्तुत की, जिसे राजगोपालाचारी फॉर्मूला कहा जाता है।

आजाद हिन्द फौज

- आजाद हिन्द फौज की प्रथम डिविजन का गठन मोहन सिंह द्वारा 1 सितम्बर, 1942 को यिका गया।
- आजाद हिन्द फौज की सफलतापूर्वक स्थापना का श्रेय रासबिहारी बोस को है। सुभाष चन्द्र बोस 1943 ई. में सर्वोच्च सेनापति बने।
- जापान 8 नवम्बर, 1943 को अण्डमान तथा निकोबार द्वीप सुभाष चन्द्र बोस को सौंप दिए। सुभाष चन्द्र बोस ने अण्डमान का नाम 'शहीद द्वीप' तथा निकोबार का 'स्वराज द्वीप' रखा।
- आजाद हिन्द फौज के अधिकारियों पी.के. सहगल, गुरुदयाल ढिल्लन तथा शाहनवाज खाँ पर राजद्रोह का मामला दिल्ली के लाल किले में चला।
- स्वतंत्रता संघर्ष के दौरान सुभाष चन्द्र बोस ने नाजी जर्मनी में 'फ्री इण्डियन लीजन' नामक सेना का गठन किया था।

वेवेल योजना तथा शिमला सम्मेलन

- जून, 1945 में वेवेल योजना प्रस्तुत की गई। इस प्रस्ताव में वायसराय की कार्यकारिणी परिषद् को पुनर्गठित किया गया, जिसमें सभी दलों को प्रतिनिधित्व देने की बात कही गई।
- वेवेल योजना पर विचार-विमर्श करने के लिए शिमला में 25 जून, 1945 ई. शिमला सम्मेलन का आयोजन किया गया।

नौ सेना विद्रोह

- नौसेना विद्रोह बम्बई में आई.एन.एस. तलवार नामक जहाज के सैनिकों के द्वारा 19 फरवरी, 1946 को किया गया।
- 25 फरवरी, 1946 को सरदार बल्लभाई पटेल के दबाव में नौ सैनिकों ने आत्म समर्पण कर दिया।

कैबिनेट मिशन

- 15 फरवरी, 1946 को भारतीय संविधान सभा की स्थापना के लिए कैबिनेट मिशन भारत भेजा गया।
- कैबिनेट मिशन 24 मार्च, 1946 को दिल्ली पहुँचा इसके तीन सदस्य स्टेनफोर्ड क्रिप्स, पैथिक लारेन्स तथा ए.वी. एलेक्जेण्डर थे।
- मुस्लिम लीग ने कैबिनेट मिशन योजना को अस्वीकृति दी तथा 16 अगस्त, 1946 को प्रत्यक्ष कार्यवाही दिवस मनाया।

अंतरिम सरकार का गठन

- जवाहरलाल नेहरू के नेतृत्व में 2 सितम्बर, 1946 को अन्तरिक्ष सरकार के अन्तर्गत 11 सदस्यों के मन्त्रीपद की शपथ ली।
- 9 दिसम्बर, 1946 को दिल्ली में डॉ. राजेन्द्र प्रसाद की अध्यक्षता में संविधान सभा की पहली बैठक का आयोजन किया गया।
- 20 फरवरी, 1947 को ब्रिटिश प्रधानमन्त्री एटली ने घोषणा की जून, 1948 से पहले भारतीयों को सत्ता हस्तान्तरित कर दी जाएगी।

माउण्टबेटन योजना

- 22 मार्च, 1947 को लॉर्ड माउण्टवेटन को भारत का वायसराय बनाया गया।
- 3 जून, 1947 को उसने भारत विभाजन सम्बन्धी प्रस्ताव रखा, जिसे माउण्टबेटन प्लान कहा जाता है।
- 4 जुलाई, 1947 को माउण्टबेटन प्लान पर आधरित 'भारतीय स्वतन्त्रता विधेयक' ब्रिटिश संसद में पेश किया गया, जो 18 जुलाई, 1947 को पारित हुआ।
- 'भारतीय स्वतन्त्रता विधेयक के अनुसार, 15 अगस्त, 1947 को हिन्दुस्तान का विभाजन पर 'भारत' तथा 'पाकिस्तान' नामक दो स्वतंत्र देशों का गठन किया गया।

ब्रिटिश काल में शिक्षा का विकास

प्रमुख आयोग/समिति

वर्ष	आयोग/समिति	अध्यक्ष/संस्थापक
1854	वुड डिस्पैच	चार्ल्स वुड
1882	हण्टर कमीशन	डब्ल्यू.डब्ल्यू. हण्टर
1902	रैले कमीशन	थामस रैले
1917	सैडलर आयोग	माइकल सैडलर
1929	हार्टौग समिति	फिलिप हार्टौग
1937	वर्धा योजना	महात्मा गांधी
1944	सार्जेण्ट योजना	सर जॉन सार्जेण्ट

प्रमुख समाचार-पत्र/पत्रिकाएँ

समाचार-पत्र/पत्रिका	वर्ष	प्रकाशक/ सम्पादक/ विशेष तथ्य
द बंगाल गजट	1780 ई.	जेम्स ऑगस्टस हिक्की (भारत का प्रथम समाचार-पत्र)
मद्रास कुरियर	1784 ई.	मद्रास से प्रकाशित होने वाला प्रथम समाचार-पत्र
बॉम्बे हेराल्ड	1789 ई.	बम्बई से प्रकाशित होने वाला प्रथम समाचार-पत्र
समाचार दर्पण	1818 ई.	विलियम कैरी, प्रथम बांग्ला साप्ताहिक समाचार-पत्र
रस्त गोफ्तार	1851 ई.	दादा भाई नौराजी, गुजराती पाक्षिक
मिरात-उल-अखबार	1822 ई.	राजाराम मोहन राय, प्रथम फारसी पत्रिका
हिन्दू पैट्रियट	1853 ई.	गिरीश चन्द्र घोष, बाद में हरिश्चन्द्र मुखर्जी इसके सम्पादक बने।
सोम प्रकाश	1858 ई.	द्वारकानाथ विद्याभूषण, प्रथम बंगला राजनीतिक समाचार-पत्र
मद्रास मेल	1868 ई.	भारत में प्रथम सांध्य समाचार-पत्र
अमृत बाजार पत्रिका	1868 ई.	शिशिर कुमार घोष, बंगला समाचार-पत्र
स्टेट्स मैन	1875 ई.	रॉबर्ट नाइट, भारतीय प्रेस द्वारा ऑफ इण्डिगा कहे जाते थे।
हिन्दू	1878 ई.	जी. एस. अय्यर एवं वीर राधवाचारी, अंग्रेजी समाचार-पत्र
ट्रिब्यून	1881 ई.	दयाल सिंह मजीठिया
केसरी एवं मराठा	1881 ई.	'बाल गंगाधर तिलक, केसरी-मराठी भाषा, मराठा, अंग्रेज भाषा
न्यू इण्डिया	1915 ई.	ऐनी बेसेण्ट
यंग इण्डिया	1919 ई.	महात्मा गांधी
हरिजन	1933 ई.	महात्मा गांधी

प्रमुख सामाजिक-धार्मिक सुधार आन्दोलन/संगठन

संस्था	वर्ष	संस्थापक	विशेष तथ्य
ब्रह्म समाज	1828 ई.	राजा राममोहन राय	राजा राममोहन राय को आधुनिक भारत का जन्मदाता कहा जाता है। ब्रह्म समाज जाति प्रथा, सती प्रथा तथा मूर्तिपूजा का विरोध करता है।
रहनुमाई मजदायान सभा	1851 ई.	फरदोनजी दादाभाई नौरोजी	इसकी स्थापना पारसी धर्मसुधार के लिए किया गया था। इस सभा के द्वारा राफ्त-गोफ्तार नामक पत्रिका का प्रकाशन किया।
देवबन्द आन्दोलन	1867 ई.	मुहम्मद कासिम ननौतबी, रशीद अहमद गंगोही	यह आन्दोलन पाश्चात्य शिक्षा तथा पाश्चात्य संस्कृतिका पूर्णतः विरोधी था।
प्रार्थना समाज	1867 ई.	महादेव गोविन्द रानाडे, आत्माराम पाण्डुरंग	इसकी स्थापना मुम्बई में हुई थी। दलित जाति मण्डल तथा दक्कन शिक्षा सभा इसके प्रमुख अंग थे।
आर्य समाज	1875 ई.	स्वामी दयानन्द सरस्वती	• दयानन्द सरस्वती ने 'वेदों की ओर लौटो' का नारा दिया। • आर्य समाज ने मूर्तिपूजा, बहुदेववाद, पशुबलि, कर्मकाण्ड, अन्धविश्वासों का विरोध किया। दयानन्द ने 'सत्यार्थ प्रकाश' नामक पुस्तक लिखी।
रामकृष्ण मिशन	1896 ई.	स्वामी विवेकानन्द	विवेकानन्द ने 1893 ई. में शिकागो के धर्म सम्मेलन में हिन्दू धर्म तथा दर्शन पर भाषण दिया।
थियोसोफिकल सोसायटी	1875 ई.	मैडम ब्लावत्स्की तथा कर्नल आल्काट	भारत में ऐनी बेसेण्ट ने इसकी लोकप्रियता बढ़ाई। इसका मुख्य उद्देश्य प्राचीन हिन्दुवाद को पुनः स्थापित करना था।
अहमदिया आन्दोलन	1889 ई.	मिर्जा ग़ुलाम अहमद	मिर्जा ग़ुलाम ने 'बराहीन-ए-अहमदिया' नामक पुस्तक लिखी। यह आन्दोलन बहुविवाह विरोधी था।
अलीगढ़ आन्दोलन	1875 ई.	सर सैय्यद अहमद खाँ	इन्होंने अलीगढ़ में एंग्लो मुस्लिम स्कूल की स्थापना की, जो बाद में मुस्लिम विश्वविद्यालय के रूप में जाना गया।
सर्वेट्स ऑफ इण्डियन सोसायटी	1905 ई.	गोपाल कृष्ण गोखले	इसकी स्थापना पुणे में हुई थी। यह समाज सुधार से जुडी संस्था थी।
सत्यशोधक समाज	1873 ई.	ज्योतिबा फुले	फुले 1872 ई. में 'गुलामगिरी' की रचना की। यह समाज दलित मुक्ति से सम्बन्धित था।

कांग्रेस के प्रमुख अधिवेशन

अधिवेशन/स्थान	अध्यक्ष	विशेष तथ्य
पहला (1885) बम्बई	व्योमेश चन्द्र बनर्जी	गोकुलदास तेजपाल महाविद्यालय में आयोजित सम्मेलन में 72 प्रतिनिधियों ने भाग लिया था।
दूसरा (1886) कलकत्ता	दादाभाई नौरोजी	नेशनल कॉन्फ्रेन्स और भारतीय राष्ट्रीय कांग्रेस का विलय
तीसरा (1887) मद्रास	बदरुद्दीन तैय्यब	प्रथम मुस्लिम अध्यक्ष
चौथा (1888) इलाहाबाद	जॉर्ज यूले	प्रथम अंग्रेज अध्यक्ष
6वाँ (1890) कलकत्ता	फिरोजशाह मेहता	कादम्बिनी गांगुली (प्रथम जातक) ने संबोधित किया।
12वाँ (1896) कलकत्ता	रहमतुल्ला सयानी	'वन्देमातरम्' का गान हुआ
21वाँ (1905) बनारस	गोपाल कृष्ण गोखले	'बंगाल विभाजन की आलोचना, स्वेदशी आन्दोलन का समर्थन
22वाँ (1906) कलकत्ता	दादा भाई नौरोजी	'स्वराज' की घोषणा

अधिवेशन/स्थान	अध्यक्ष	विशेष तथ्य
23वाँ (1907) सूरत	रास बिहारी बोस	कांग्रेस का विभाजन
32वाँ (1916) लखनऊ	अम्बिकाचरण मजूमदार	कांग्रेस और मुस्लिम लीग में समझौता। नरमदल और गरमदल का एकीकरण
33वाँ (1917) कलकत्ता	एनी बेसेण्ट	प्रथम महिला अध्यक्ष
36वाँ (1920) नागपुर	वी राघवचारी	असहयोग आन्दोलन का अनुमोदन
40वाँ (1924) बेलगाँव	महात्मा गाँधी	एकमात्र अधिवेशन जिसकी अध्यक्षता गाँधी जी ने की थी।
41वाँ (1925) कानपुर	सरोजिनी नायडू	प्रथम भारतीय महिला अध्यक्ष
49वाँ (1936) फैजपुर	जवाहर लाल नेहरू	प्रथम अधिवेशन जो गाँव में सम्पन्न हुआ।
51वाँ (1938) हरिपुरा	सुभाष चन्द्र बोस	राष्ट्रीय नियोजन समिति
52वाँ (1939) त्रिपुरी	सुभाष चन्द्र बोस	सुभाष चन्द्र बोस के इस्तीफा देने के बाद राजेन्द्र प्रसाद अध्यक्ष बने।
54वाँ (1946) मेरठ	आचार्य जे.बी. कृपलानी	आजादी के समय जे.बी. कृपलानी ही कांग्रेस के अध्यक्ष थे।

भारत में गवर्नर/ गवर्नर जनरल/ वायसराय

नाम	कार्यकाल	विशेष तथ्य
क्लाइव	1757-1760 1765-1767 ई.	बंगाल का प्रथम गवर्नर, इलाहाबाद की सन्धि सोसाइटी फार ट्रेड' की स्थापना
वॉरेन हेस्टिंग्स	1772-1785 ई.	बंगाल में द्वैघ शासन प्रणाली की समाप्ति (1772) नन्दकुमार की फाँसी, दस्तक पर प्रतिबन्ध।
लॉर्ड कार्नवालिस	1786-1793 ई.	स्थायी भूमि बन्दोबस्त प्रणाली की शुरुआत, भारतीय नागरिक सेवा का जनक, रेवन्यू बोर्ड की स्थापना
जान शेर	1793-1798 ई.	खुर्दा का युद्ध, राज्यों के प्रति तटस्थता की नीति
लॉर्ड वेलेजली	1788-1805 ई.	सहायक संधि प्रणाली की शुरुआत, बेसिन को सन्धि
सर जॉर्ज वार्लो	1805-1807 ई.	बल्लौर के सिपाही विद्रोह
लॉर्ड मिण्टो प्रथम	1807-1813 ई.	अमृतसर की सन्धि
लॉर्ड हेस्टिंग्स	1813-1823 ई.	पिण्डारियों का दमन, प्रथम आंग्ल-नेपाल युद्ध
लॉर्ड एमहर्स्ट	1823-1828 ई.	प्रथम आंग्ल-वर्मा युद्ध, बैरकपुर छावनी में विद्रोह
लॉर्ड-विलियम बैंटिक	1828-1833 ई.	सती प्रथा का अन्त (1829 ई.) ठगी प्रथा की समाप्ति (1830 ई.) नरबली प्रथा का अन्त (1833 ई.)
चार्ल्स मेटकॉफ	1835-1836 ई.	समाचार-पत्रों पर से प्रतिबन्ध हटा, इसे समाचार-पत्रों का मुक्तिदाता कहा गया।
लॉर्ड ऑकलैण्ड	1836-1842 ई.	प्रथम आंग्ल-अफगान युद्ध (1838-42 ई.)
लॉर्ड एलेनबरो	1842-1844 ई.	'कुशल अकर्मण्यता की नीति'
लॉर्ड हार्डिंग	1844-1848 ई.	प्रथम आंग्ल-सिख युद्ध (1845-46 ई.) लाहौर पर अंग्रेजी कब्जा
लॉर्ड डलहौजी	1848-1850 ई.	व्यपगत के सिद्धान्त की शुरुआत, प्रथम विद्युत तार की शुरुआत, डाक-टिकटों का प्रचलन, सार्वजनिक निर्माण विभाग तथा लोक सेवा विभाग की स्थापना।
लॉर्ड कैनिंग (अन्तिम गवर्नर- जनरल प्रथम वायसराय)	1856-62 ई.	1857 ई. का विद्रोह, बंगाल काश्तकारी अधिनियम, भारतीय दण्ड संहिता एवं उच्च न्यायालय अधिनियम अस्तित्व में आए।
लॉर्ड एल्गिन	1862-63 ई.	वहाबी आन्दोलन
सर जॉन लॉरेन्स	1864-69 ई.	भूटान से युद्ध, भारत एवं यूरोप के मध्य प्रथम समुद्री टेलीग्राफ सेवा का प्रारम्भ (1865 ई.) अफगानिस्तान में अहस्तक्षेप नीति।
लॉर्ड मेयो	1869-92 ई.	वित्तीय विकेन्द्रीकरण, कृषि एवं वाणिज्य विभाग की स्थापना, पहली अनियमित जनगणना (1871)
लॉर्ड नॉर्थब्रुक	1872-76 ई.	कूका आन्दोलन का दमन, आयात कर कम किया एवं निर्यात कर समाप्त किया।
लॉर्ड लिटन (साहित्यिक नाम-ओवन मैरिडिथ)	1876-80 ई.	दिल्ली दरबार (1877 ई. विक्टोरिया भारत की महारानी घोषित), सिविल सेवा में अधिकतम आयु 21 वर्ष से घटाकर 19 वर्ष रिचर्ड स्ट्रेची की अध्यक्षता में अकाल आयोग का गठन, वर्नाकुलर प्रेस एक्ट (1878 ई.)
लॉर्ड रिपन	1880-84 ई.	नियमित जनगणना की शुरुआत (1818 ई.) इल्बर्ट बिल, 1883 (जातीय भेदभाव के आधार पर न्यायिक अयोग्यता को दूर करने का प्रस्ताव)
लॉर्ड डफरिन	1884-88 ई.	भारतीय राष्ट्रीय कांग्रेस की स्थापना (1885 ई.) तृतीय आंग्ल-बर्मा युद्ध (1885-88 ई.)

नाम	कार्यकाल	विशेष तथ्य
लॉर्ड लैन्सडाउन	1888-94 ई.	भारत परिषद् अधिनियम (1892 ई.) डूरण्ड आयोग का गठन (उद्देश्य-भारत-अफगानिस्तान सीमा निर्धारण)
लॉर्ड एल्गिन द्वितीय	1894-99 ई.	आंग्ल-रूस सन्धि, 1895 ई. (ऑक्सारा नदी, ब्रिटिश साम्राज्य की उत्तरी सीमा निर्धारित) उत्तर प्रदेश, बिहार, पंजाब एवं मध्य प्रदेश में भयंकर अकाल
लॉर्ड कर्जन	1899-1905 ई.	एण्ड्रयू फ्रेजर की अध्यक्षता में पुलिस आयोग का गठन (1902 ई.), पुरातत्व विभाग की स्थापना (1904 ई.) बंगाल विभाजन (1905 ई.)
लॉर्ड मिण्टो द्वितीय	1905-1910 ई.	जर्मनी के खतरे से बचाव हेतु आंग्ल-रूस सन्धि 1907 ई. मुस्लिम लीग का गठन, मार्ले मिण्टो एक्ट
लार्ड हॉर्डिंग द्वितीय	1910-16 ई.	दिल्ली दरबार 1911 ई. राजधानी दिल्ली स्थानान्तरित, बंगाल विभाजन रद्द
लॉर्ड चेम्सफोर्ड	1916-21 ई.	महिला विश्वविद्यालय की स्थापना (पूना 1917 ई.) माण्टेग्यू-चेम्सफोर्ड सुधार, 1919 जलियाँवाला बाग काण्ड, रौलेक्ट एक्ट
लॉर्ड रीडिंग	1921-26 ई.	प्रिन्स वेल्स की भारत यात्रा (1921 ई.), स्वराज पार्टी का गठन (1923 ई.)
लॉर्ड इरविन	1926-31 ई.	साइमन कमीशन का भारत आगमन, कांग्रेस का लाहौर अधिवेशन (1929 ई.), सविनय अवज्ञा आन्दोलन का प्रारम्भ (1930 ई.), प्रथम गोलमेज सम्मेलन, गाँधा-इरविन समझौता (1931 ई.)
लॉर्ड बिलिंगटन	1931-36 ई.	द्वितीय गोलमेज सम्मेलन (1931 ई.) कम्युनल अवार्ड (1932 ई.), पूना पैक्ट (सितम्बर, 1932) भारत सरकार अधिनियम 1935
लॉर्ड लिनलिथगो	1936-44 ई.	प्रान्तीय चुनाव (1937 ई.) की शुरुआत द्वितीय विश्वयुद्ध विरोध में कांग्रेसी मन्त्रिमण्डल का इस्तीफा।
लॉर्ड वेवेल	1944-47 ई.	शिमला सम्मेलन (1945 ई.) कैबिनेट मिशन का भारत आगमन
लॉर्ड माउण्टबेटन (अन्तिम 1947 ई. ब्रिटिश वायसराय)	1947 ई.	माउण्टबेटन योजना (3 जून, 1947) भारतीय स्वतन्त्रता अधिनियम, 1947

✓ अति महत्त्वपूर्ण प्रश्न

1 किस यूरोपीय कम्पनी का आगमन भारत में सबसे पहले हुआ था?
(a) ब्रिटिश (b) फ्रेंच (c) डच (d) पुर्तगाली

2 वर्ष 1498 ई. में वास्को डि गामा भारत में कहाँ उतरा था?
(a) बम्बई (b) गोवा (c) कालीकट (d) कोचीन

3 पुर्तगालियों ने 1503 ई. में भारत के किस स्थान पर अपनी प्रथम व्यापारी कोठी स्थापित की थी?
(a) कालीकट (b) कोचीन (c) सूरत (d) बम्बई

4 निम्न में से किस पुर्तगाली गवर्नर ने भारत में 'ब्लू वाटर पॉलिसी' की शुरुआत की थी?
(a) फ्रांसिस्को डी अल्मीडा (b) वास्को-डि-गामा
(c) नान्हू डी कुन्हा (d) अल्बुकर्क

5 भारत में पुर्तगाली साम्राज्य का वास्तविक संस्थापक किसे माना जाता है?
(a) वास्को-डि-गामा (b) अल्बुकर्क
(c) नान्हू-डी-कुन्हा (d) अल्मीडा

6 डच ईस्ट इण्डिया कम्पनी की स्थापना कब हुई थी?
(a) 1600 ई. (b) 1601 ई.
(c) 1602 ई. (d) 1603 ई.

7 भारत में डचों की पहली फैक्ट्री 1605 ई. में कहाँ स्थापित हुई थी?
(a) सूरत (b) मसूलीपट्टनम
(c) कोचीन (d) पुलीकट

8 डचों ने निम्न में से किस स्थान पर स्वर्ण निर्मित 'पैगोडा सिक्के' का प्रचलन कराया था?
(a) कोचीन (b) पुलीकट
(c) कलकत्ता (d) इनमें से कोई नहीं

9 1759 ई. में बेदारा की लड़ाई किसके मध्य हुई थी?
(a) पुर्तगाली-डच (b) डच-फ्रांसीसी
(c) डच-अंग्रेज (d) अंग्रेज-पुर्तगाली

10 थल मार्ग से भारत आने वाला प्रथम ब्रिटिश यात्री कौन था?
(a) हॉकिन्स (b) जेम्स प्रथम
(c) टामस रो (d) जॉन मिल्डेनहाल

11 भारत में अंग्रेजों ने अपनी पहली फैक्ट्री कहाँ पर खोली थी?
(a) कालीकट (b) सूरत (c) कलकत्ता (d) नागपुर

12 निम्न में से कौन-सा सही सुमेलित नहीं है?
(a) प्लासी का युद्ध-1757 ई. (b) बक्सर का युद्ध 1764 ई.
(c) इलाहाबाद की सन्धि-1760 ई.
(d) उपरोक्त में कोई नहीं

13 डेनमार्क की व्यापारिक कम्पनी का गठन कब हुआ था?
(a) 1616 ई. (b) 1614 ई. (c) 1621 ई. (d) 1650 ई.

14 फ्रेंच ईस्ट इण्डिया कम्पनी की स्थापना कब हुई थी?
(a) 1620 ई. (b) 1664 ई. (c) 1684 ई. (d) 1764 ई.

15 भारत में फ्रांसीसियों की प्रथम फैक्ट्री कहाँ स्थापित की गई थी?
(a) मसूलीपट्टनम (b) कोचीन
(c) सूरत (d) मद्रास

16 निम्न में से किस सन्धि के बाद प्रथम कर्नाटक युद्ध का अन्त हुआ था?
(a) एक्स-ला-शैपाल की सन्धि (b) पाण्डिचेरी की सन्धि
(c) पेरिस की सन्धि (d) इनमें से कोई नहीं

17 वाण्डीवाश का युद्ध किसके मध्य हुआ था?
(a) पुर्तगाली-अंग्रेज (b) फ्रांसीसी-अंग्रेज
(c) अंग्रेज-डच (d) फ्रांसीसी-पुर्तगाली

18 प्लासी के युद्ध में राबर्ट क्लाइव ने किसे पराजित किया था?
(a) मीर कासिम (b) मीर जाफर
(c) सिराजुद्दौला (d) शुजाउद्दौला

19 बक्सर के युद्ध में अंग्रेजों ने किसे पराजित किया था?
(a) मीर कासिम (b) मीर जाफर
(c) शुजाउद्दौला (d) ये सभी

20 बंगाल में द्वैध शासन की समाप्ति किसने की थी?
(a) वॉरेन हेस्टिंग्स (b) क्लाइव
(c) बैंटिंक (d) डलहौजी

21 द्वितीय आंग्ल-मैसूर युद्ध में हैदरअली को किसने पराजित किया था?
(a) क्लाइव (b) बैंटिंक
(c) कार्नवालिस (d) सर आयर कूट

22 सूची I को सूची II से सुमेलित काजिए

	सूची I	सूची II
A.	सूरत की सन्धि	1. 1775 ई.
B.	पुरन्दर की सन्धि	2. 1776 ई.
C.	बड़गाँव की सन्धि	3. 1779 ई.
D.	देवगाँव की सन्धि	4. 1803 ई.

कूट

	A	B	C	D		A	B	C	D
(a)	1	2	3	4	(b)	2	3	1	4
(c)	4	2	1	3	(d)	1	4	3	2

23 पूना की सन्धि कब हुई थी?
(a) 1803 ई. (b) 1808 ई.
(c) 1817 ई. (d) 1818 ई.

24 प्रथम आंग्ल-सिख युद्ध के पश्चात् निम्न में से कौन-सी सन्धि हुई थी?
(a) ग्वालियर की सन्धि (b) पूना की सन्धि
(c) लाहौर की सन्धि (d) मन्दसौर की सन्धि

25 निम्न में से किस युद्ध के बाद अंग्रेजों ने पंजाब राज्य का विलय अपने साम्राज्य में कर लिया था?
(a) प्रथम आंग्ल-मराठा युद्ध (b) द्वितीय आंग्ल-मराठा युद्ध
(c) प्रथम आंग्ल-सिख युद्ध (d) द्वितीय आंग्ल-सिख युद्ध

26 इस्तरारी जमींदारी बन्दोबस्त की शुरुआत किसने की थी?
(a) क्लाइव (b) मुनरो (c) रीड (d) कार्नवालिस

27 स्थायी बन्दोबस्त भारत में किन भागों में लागू किया गया था?
(a) बंगाल (b) बिहार (c) मद्रास (d) ये सभी

28 भारत में रैयतवाड़ी बन्दोबस्त की शुरुआत सर्वप्रथम कहाँ की गई थी?
(a) तमिलनाडु (b) बम्बई (c) असम (d) बिहार

29 रैयतवाड़ी बन्दोबस्त व्यवस्था का जनक किसे माना जाता है?
(a) मुनरो (b) कार्नवालिस (c) क्लाइव (d) बैंटिक

30 मंगल पाण्डे कहाँ के विप्लव से जुड़े हैं?
(a) बैरकपुर (b) मेरठ
(c) दिल्ली (d) इनमें से कोई नहीं

31 1857 की क्रान्ति सर्वप्रथम कहाँ से प्रारम्भ हुई?
(a) लखनऊ (b) झाँसी (c) मेरठ (d) कानपुर

32 1857 ई. के स्वतन्त्रता संग्राम से सम्बन्धित पहली घटना थी
(a) कानपुर में विद्रोह और नाना साहब का नेतृत्व सम्भालना
(b) बेगम हजरत महल द्वारा अवध का नेतृत्व
(c) सैनिकों का दिल्ली के लाल किले पर पहुँचना
(d) झाँसी की रानी का विद्रोह

33 1857 ई. के विद्रोह के पश्चात् बहादुर शाह जफर को अंग्रेजों द्वारा गिरफ्तार कर कहाँ भेज दिया था?
(a) अण्डमान (b) लक्षद्वीप (c) लखनऊ (d) रंगून

34 निम्न में से किसने 1857 ई. के विद्रोह को 'प्रथम स्वतन्त्रता संग्राम' कहाँ था?
(a) बी.डी. सावरकर (b) डिजराइली
(c) लॉरेन्स (d) सीले

35 निम्न में से किसने 1857 ई. के विद्रोह को सिपाही विद्रोह कहाँ था?
(a) डलहौजी (b) लॉरेन्स (c) होम्स (d) डिजराइली

36 'द ग्रेट रिवेलियन' नामक पुस्तक का लेखक कौन है?
(a) एस.एन. से (b) बी.डी. सावरकर
(c) विपिन चन्द्र (d) अशोक मेहता

37 'फर्स्ट वार ऑफ इण्डियन इण्डिपेण्डेन्स' नामक पुस्तक का लेखक कौन है?
(a) बी.डी. सावरकर (b) बी.जी. तिलक
(c) महात्मा गाँधी (d) जवाहर लाल नेहरू

38 1857 ई. के विद्रोह के समय ब्रिटिश भारत का गवर्नर-जनरल कौन था?
(a) डलहौजी (b) कैनिंग (c) कार्नवालिस (d) कर्जन

39 निम्न में से किस एक्ट के अन्तर्गत भारत के शासन को ईस्ट इण्डिया कम्पनी के हाथों से लेकर ब्रिटिश सम्राट को दे दिया गया था?
(a) 1773 का एक्ट (b) 1833 का एक्ट
(c) 1858 का एक्ट (d) 1862 का एक्ट

40 दिल्ली में 1857 ई. के विद्रोह का नेतृत्व किसने किया था?
(a) नाना साहब (b) लियाकत अली
(c) कुँवरसिंह (d) बहादुर शाह जफर

41 1857 ई. का विद्रोह लखनऊ में किसके नेतृत्व में आगे बढ़ा?
(a) बेगम हजरत महल (b) तात्या टोपे
(c) रानी लक्ष्मीबाई (d) नाना साहब

42 रानी लक्ष्मीबाई को अन्तिम युद्ध में सामना करना पड़ा।
(a) गछ (b) ह्यूरोज (c) नील (d) हैवलॉक

43 निम्न में से कौन इलाहाबाद में 1857 ई. के संग्राम का नेता था?
(a) नाना साहेब (b) अजीयुल्ला
(c) तात्याँ टोपे (d) लियाकत अली

44 1857 ई. के संघर्ष में भाग लेने वाले सिपाहियों की सर्वाधिक संख्या थी
(a) बंगाल से (b) अवध से (c) बिहार से (d) राजस्थान से

45 निम्न में से किसे रामचन्द्र पांडुरंग के नाम से भी जाना जाता था?
(a) नाना साहब (b) कुँअरसिंह (c) तात्याँ टोपे (d) मंगलपाण्डे

46 कुँअर सिंह, 1857 ई. के विद्रोह के एक प्रमुख नायक थे। वह निम्नलिखित में किससे सम्बद्ध थे?
(a) बिहार (b) मध्य प्रदेश (c) राजस्थान (d) उत्तर प्रदेश

47 1857 का विद्रोह फैजाबाद में किसके नेतृत्व में हुआ था?
(a) खान बहादुर खाँ (b) नाना साहब
(c) मौलवी अहमदुल्ला (d) लक्ष्मीबाई

48 बंकिमचन्द्र चटर्जी के प्रसिद्ध उपन्यास 'आनन्द मठ' का कथानक आधारित है
(a) चुआर विद्रोह
(b) रंगपुर तथा दिनाजपुर के विद्रोह पर
(c) विष्णुपुर तथा वीरभूमि में हुए विद्रोह पर
(d) संयासी विद्रोह पर

49 फकीर विद्रोह का नेतृत्व निम्न में से किसने किया था?
(a) जगन्नाथ (b) मजनूशाह (c) टीपू शाह (d) चितर सिंह

50 पागलपंथी विद्रोह किस क्षेत्र में हुआ था?
(a) असम (b) बिहार (c) महाराष्ट्र (d) राजस्थान

51 निम्न में से कौन रामोली विद्रोह को नेता था?
(a) बूद्यो भगत (b) टीपू शाह (c) चितर सिंह (d) बिरसा मुंडा

52 रामोसी विद्रोह सही रूप में किस भौगोलिक इलाके में हुआ था?
(a) पश्चिमी भारत (b) पूर्वी घाट
(c) पूर्वी भारत (d) पश्चिमी घाट

53 कोल विद्रोह का नेतृत्व किसने किया?
(a) बुधु भगत (b) सुर्गा (c) सिगराय (d) जतरा भगत

54 निम्नलिखित में से किसने संथाल विद्रोह का नेतृत्व किया था?
(a) जयपाल सिंह (b) तारा सिंह
(c) शिबू सोरेन (d) सिद्धू एवं कान्हू

55 निम्न में से कौन-सा विद्रोह खूंटकुट्टी प्रथा के विरोध में झारखण्ड में प्रारम्भ हुआ था?
(a) संथाल विद्रोह (b) मुंडा विद्रोह
(c) कोल विद्रोह (d) पावना विद्रोह

56 'नील दर्पण' नाटक का लेखक कौन था?
(a) शरत चन्द्र चटर्जी (b) तारानाथ घोष
(c) दीनबन्धु मित्र (d) बंकिमचन्द्र चटर्जी

57 1857 ई. के विद्रोह के ठीक बाद बंगाल में निम्नलिखित में से कौन-सा विप्लव हुआ?
(a) संयासी विद्रोह (b) सन्थाल विद्रोह
(c) नील उपद्रव (d) पावना विद्रोह

58 मोपला आन्दोलन वर्ष 1920-22 कहाँ हुआ था?
(a) तेलंगाना (b) मालाबार (c) मराठावाड़ा (d) विदर्भ

59 निम्नलिखित में से कौन-सा सही सुमेलित नहीं है?
(a) मोपला विद्रोह-केरल (b) तेभागा आन्दोलन-बंगाल
(c) संथाल विद्रोह-भागलपुर (d) चुआर विद्रोह-मध्य प्रदेश

60 निम्नलिखित युग्मों में कौन-सा सुमेलित नहीं है?
(a) मुंडा-बिरसा (b) संथाल-कान्हू
(c) पावना-शंभूपाल (d) मोपला-जगन्नाथ

61 भारतीय राष्ट्रीय कांग्रेस की स्थापना की थी
(a) ए.ओ. ह्यूम ने (b) महात्मा गाँधी ने
(c) सच्चिदानन्द सिन्हा (d) इनमें से कोई नहीं

62 भारतीय राष्ट्रीय कांग्रेस के प्रथम अधिवेशन में कितने प्रतिनिधियों ने भाग लिया?
(a) 52 (b) 62 (c) 72 (d) 82

63 निम्न में से किसने कांग्रेस को 'सूक्ष्मदर्शी संस्था' कहाँ था?
(a) कर्जन (b) डलहौजी (c) कैनिंग (d) डफरिन

64 निम्नलिखित में से किसने कहाँ था कि "कांग्रेस अपने पतन की ओर लड़खड़ाती हुई जा रही है।"
(a) कैनिंग (b) डलहौजी (c) कर्जन (d) बैंटिंक

65 लैण्ड होल्डर्स सोसायटी की स्थापना कब हुई थी?
(a) 1838 ई. (b) 1851 ई. (c) 1866 ई. (d) 1876 ई.

66 इण्डिया एसोसिएशन की स्थापना कब हुई थी?
(a) 1851 ई. (b) 1866 ई. (c) 1876 ई. (d) 1886 ई.

67 निम्न में से कौन उग्रपन्थी नहीं था?
(a) बाल गंगाधर तिलक (b) विपिन चन्द्रपाल
(c) गोपाल कृष्ण गोखले (d) लाला लाजपत राय

68 राष्ट्रीय आन्दोलन में निम्न में से किसको नरमदलीय के तौर पर नहीं जाना जाता था?
(a) भगत सिंह (b) दादाभाई नौरोजी
(c) सुरेन्द्रनाथ बनर्जी (d) फिरोजशाह मेहता

69 बंगाल विभाजन विरोधी आन्दोलन का प्रारम्भ किस तिथि से हुआ था?
(a) 20 जुलाई, 1905 (b) 7 अगस्त, 1905
(c) 16 अक्टूबर, 1905 (d) 7 नवम्बर, 1905

70 बंगाल विभाजन के विरोध में निम्न में से कब शोक दिवस मनाया गया था?
(a) 16 अक्टूबर, 1905 (b) 16 अगस्त, 1905
(c) 16 नवम्बर, 1905 (d) 16 दिसम्बर, 1905

71 संजीवनी नामक पत्र की रचना किसने की थी?
(a) कृष्ण कुमार मित्र (b) तिलक
(c) लाजपत राय (d) महात्मा गाँधी

72 पहली बार स्वराज की माँग किसने दी थी?
(a) महात्मा गांधी (b) गोपालकृष्ण गोखले
(c) भगत सिंह (d) दादाभाई नौरोजी

73 कांग्रेस के 1906 के कलकत्ता अधिवेशन की अध्यक्षता किसने की थी?
(a) अरबिन्द घोष (b) मोतीलाल नेहरू
(c) दादाभाई नौरोजी (d) इनमें से कोई नहीं

74 निम्न में से किसके नेतृत्व में 1906 ई. में मुस्लिम लीग की स्थापना हुई थी?
(a) सलीमुल्ला खाँ (b) आगा खाँ
(c) 'a' और 'b' दोनों (d) इनमें से कोई नहीं

75 भारतीय कांग्रेस कहाँ पर उदारवादियों एवं उग्रवादियों दो भागों में विभाजित हो गई?
(a) सूरत अधिवेशन, 1907 (b) लाहौर अधिवेशन, 1909
(c) कलकत्ता अधिवेशन, 1911 (d) कराची अधिवेशन, 1913

76 किस वर्ष भारत की राजधानी कलकत्ता से दिल्ली स्थानान्तरित की गई?
(a) वर्ष 1901 (b) वर्ष 1905 (c) वर्ष 1911 (d) वर्ष 1912

77 1916 में भारतीय राष्ट्रीय कांग्रेस के लखनऊ अधिवेशन की अध्यक्षता की थी?
(a) एनी बेसेण्ट ने (b) लाला लाजपत राय ने
(c) मोतीलाल नेहरू ने (d) ए.सी. मजूमदार ने

78 कांग्रेस के 1916 के लखनऊ अधिवेशन में कौन-सा मुख्य दूरगामी परिणाम वाला निर्णय लिया गया था?
(a) मुस्लिम लीग की पृथक् निर्वाचन क्षेत्र की माँग स्वीकार की
(b) कांग्रेस और मुस्लिम लीग का अस्थायी विलय हो गया।
(c) कांग्रेस का अध्यक्ष एक मुस्लिम व्यक्ति चुना गया।
(d) उपरोक्त में से कोई नहीं

79 निम्नलिखित में से कौन 1916 के लखनऊ के कांगेस अधिवेशन के विषय में असत्य है?
(a) अंबिका चरण मजूमदार ने इसकी अध्यक्षता नहीं की थी
(b) इस अधिवेशन में उदारवादियों और उग्रवादियों के बीच पुन: मेल स्थापित हुआ था
(c) महात्मा गांधी पहली बार चम्पारण के किसानों की समस्याओं से अवगत कराए गए
(d) उपरोक्त में से कोई नहीं

80 भारत में सबसे पहले होमरूल लीग की स्थापना किसने की थी?
(a) बाल गंगाधर तिलक (b) ऐनी बेसेण्ट
(c) गोपाल कृष्ण गोखले (d) रामास्वामी अय्यर

81 निम्नलिखित में से कौन होमरूल आन्दोलन से नहीं जुड़ा था?
(a) सी.आर.दास (b) रामास्वामी अय्यर
(c) वी.पी. वाडिया (d) बी.जी. तिलक

82 निम्न में से किसके द्वारा सर्वेण्ट ऑफ इण्डिया सोसायटी की स्थापना की गई थी?
(a) महात्मा गाँधी (b) जवाहरलाल नेहरू
(c) मोतीलाल नेहरू (d) गोपाल कृष्ण गोखले

83 खेड़ा सत्याग्रह (1918 ई.) में गांधी जी के प्रमुख सहयोगी कौन था?
(a) सरदार वल्लभ भाई पटेल (b) इन्दुलाल याज्ञनिक
(c) 'a' और 'b' दोनों (d) इनमें से कोई नहीं

84 महात्मा गांधी के राजनीतिक जीवन की निम्नलिखित घटनाओं का कालक्रम क्या है?
1. चम्पारन 2. अहमदाबाद मिल हड़ताल
3. खेड़ा 4. असहयोग आन्दोलन
नीचे दिए हुए कूटों से उत्तर का चयन कीजिए
(a) 2, 4, 3, 1 (b) 1, 2, 3, 4
(c) 4, 3, 2, 1 (d) 3, 4, 2, 1

85 निम्नलिखित सत्याग्रहों में से किसका नेतृत्व महात्मा गाँधी ने नहीं किया था?
(a) चम्पारन (b) खेड़ा
(c) अहमदाबाद सत्याग्रह (d) बारदोली

86 रौलेक्ट एक्ट का लक्ष्य था
(a) युद्ध प्रयासों को अनिवार्य आर्थिक समर्थन
(b) बिना मुकदमा चलाए बन्दी बनाना और मुकदमों की सुनवाई संक्षिप्त प्रक्रिया द्वारा
(c) खिलाफत आन्दोलन का दमन
(d) प्रेस स्वतन्त्रता पर प्रतिबन्ध लगाना

87 रौलेक्ट एक्ट भारत में लागू किया गया था
(a) 1909 में (b) 1919 में (c) 1930 में (d) 1942 में

88 कौन-सी महत्त्वपूर्ण घटना जलियाँवाला बाग नरसंहार के तुरन्त पूर्व घटी थी?
(a) असहयोग आन्दोलन (b) रौलेट एक्ट का बनना
(c) साम्प्रदायिक (d) साइमन कमीशन का आना

89 काफी संख्या में लोग अमृतसर के जलियाँवाला बाग में 13 अप्रैल, 1919 को एकत्रित हुए थे, गिरफ्तारी के विरोध में।
(a) स्वामी श्रद्धानन्द और मजहरुल हक
(b) मदनमोहन मालवीय और मोहम्मद अली जिन्ना
(c) महात्मा गांधी और अब्दुल कलाम आजाद
(d) डॉ. सैफुद्दीन किचलू और डॉ. सत्यपाल

90 हण्टर आयोग की नियुक्ति की गई थी
(a) छाली कोठरी घटना के बाद
(b) जलियाँवाला बाग हत्याकाण्ड के बाद
(c) 1857 के विद्रोह के बाद
(d) बंगाल के विभाजन के बाद

91 निम्नलिखित घटनाओं का सही क्रम नीचे दिए गए कूट से ज्ञात कीजिए
1. जलियाँवाला बाग नरसंहार
2. डॉ. सत्यपाल का बन्दी बनाया जाना
3. 1919 का अमृतसर कांग्रेस का अधिवेशन
कूट
(a) 2, 1, 3 (b) 1, 2, 3 (c) 2, 3, 1 (d) 3, 2, 1

92 1919 ई. में अखिल भारतीय खिलाफत सम्मेलन का अध्यक्ष किसे चुना गया?
(a) महात्मा गाँधी (b) मुहम्मद अली जिन्ना
(c) मौलाना शौकत अली (d) मोतीलाल नेहरू

93 निम्नलिखित में से किसने खिलाफत आन्दोलन को प्रारम्भ किया था? नीचे दिए गए कूट से सही उत्तर का चयन कीजिए।
1. शकिल अली 2. मुहम्मद अली
3. शरीयतुल्ला 4. अबुल कलाम आजाद
कूट
(a) 1 और 2 (b) 1, 3 और 4 (c) 1, 2 और 3 (d) 1, 2, 3, 4

94 1920 ई. में किसकी अध्यक्षता में हुए कलकत्ता अधिवेशन में असहयोग आन्दोलन का प्रस्ताव पारित किया गया था?
(a) महात्मा गाँधी (b) लाला लाजपत राय
(c) मुहम्मद अली (d) शौकत अली

95 निम्नलिखित में से कौन चौरी-चौरा काण्ड की वास्तविक तिथि है?
(a) 5 फरवरी 1922 (b) 4 फरवरी, 1922
(c) 2 फरवरी 1922 (d) 6 फरवरी 1922

96 किस घटना के कारण गांधी जी ने असहयोग आन्दोलन वापस लिया था?
(a) काकोरी काण्ड (b) चौरी-चौरा काण्ड
(c) जलियाँवाला बाग काण्ड (d) मुजफ्फनगर काण्ड

97 स्वराज दल की स्थापना किसने की?
(a) तिलक एवं चितरंजन दास (b) गांधी एवं मोतीलाल नेहरू
(c) गाँधी एवं तिलक
(d) चितरंजन दास एवं मोतीलाल नेहरू

98 स्वराज पार्टी का गठन कब हुआ था?
(a) 1920 ई. (b) 1921 ई. (c) 1922 ई. (d) 1923 ई.

99 1925 ई. में निम्न में से किसे सेण्ट्रल लेजिस्लेटिव असेम्बली का अध्यक्ष चुना गया था?
(a) मोतीलाल नेहरू (b) सी. आर. दास
(c) एन.सी. केलकर (d) विठ्ठल भाई पटेल

100 साइमन कमीशन भारत किस वर्ष आया?
(a) 1927 ई. (b) 1928 ई. (c) 1929 ई. (d) 1931 ई.

101 भारतीयों ने साइमन कमीशन का बहिष्कार किया था, क्योंकि
(a) इसे भारत विभाजन हेतु बनाया गया था
(b) इसमें लेबर पार्टी का प्रतिनिधि नहीं था
(c) इसका कोई सदस्य भारतीय नहीं था
(d) जनरल डायर इसके अध्यक्ष थे

102 निम्न में से किसने गुजरात में बारदोली सत्याग्रह का नेतृत्व किया था?
(a) वल्लभ भाई पटेल (b) महात्मा गांधी
(c) जवाहरलाल नेहरू (d) तिलक

103 'पूर्ण स्वराज' का प्रस्ताव लाहौर कांग्रेस में पारित किया गया, वर्ष
(a) 1919 में (b) 1929 में
(c)1939 में (d) 1942 में

104 निम्नलिखित में से किस एक ने भारतीय राष्ट्रीय कांग्रेस के उस अधिवेशन की अध्यक्षता की थी जिसमें पूर्ण स्वराज का प्रस्ताव पारित हुआ था?
(a) दादाभाई नौरोजी (b) जवाहर लाल नेहरू
(c) लाला लाजपत राय (d) सुरेन्द्र नाथ बनर्जी

105 गांधी जी के दाण्डी मार्च के सन्दर्भ में निम्नलिखित में से कौन-सा कथन असत्य है?
(a) यह साबरमती आश्रम से दाण्डी ग्राम तक मार्च था
(b) नमक कर का विरोध करना इसका विशेष प्रयोजन था
(c) समुद्र के किनारे पहुँचकर गांधी ने नमक बनाया था
(d) यह पूरी तरह से पैदल मार्च था

106 गांधी इरविन समझौते पर हस्ताक्षर हुए
(a) 1931 ई. में (b) 1935 ई. में
(c) 1942 ई. में (d) 1919 ई. में

107 द्वितीय गोलमेज सम्मेलन में कांग्रेस का प्रतिनिधित्व किसने किया?
(a) जवाहरलाल नेहरू (b) मोतीलाल नेहरू
(c) अबुल कलाम आजाद (d) महात्मा गाँधी

108 निम्नलिखित में से किसने साम्प्रदायिक अधिनिर्णय
(a) रैम्जे मैकडोनाल्ड (b) स्टेनले बॉल्डविन
(c) नेविल चैम्बरलेन (d) विंस्टन चर्चिल

109 1907 ई. में जर्मनी के स्टुगार्ड में निम्न में से किसने भारतीय तिरंगा फहराया था?
(a) महात्मा गाँधी (b) भीकाजी कामा
(c) हरदयाल (d) महेन्द्र प्रताप

110 निम्न में से किसने इण्डियन रिपब्लिकन आर्मी का गठन किया था?
(a) सूर्यसेन (b) भगत सिंह (c) चन्द्रशेखर (d) बटुकेश्वर दत्त

111 अगस्त प्रस्ताव के समय भारत का वायसराय कौन था?
(a) वेवेल (b) माण्डटबेटन
(c) लिनलिथगो (d) इनमें से कोई नहीं

112 पाकिस्तान की माँग 1940 के लाहौन अधिवेशन में मुस्लिम लीग ने किसकी अध्यक्षता में की?
(a) मुहम्मद अली जिन्ना (b) लियाकत अली
(c) हजरत हसन (d) फिरदौस रज्जा

113 भारत छोड़ो आन्दोलन का प्रस्ताव कांग्रेस के किस अधिवेशन में पारित किया गया?
(a) सूरत (b) रामगढ़
(c) ग्वालिया टैंक (d) राँची

114 आजाद हिन्द फौज के प्रथम डिविजन की स्थापना मोहन सिंह द्वारा कब की गई?
(a) 1 सितम्बर, 1942 (b) 5 सितम्बर, 1942
(c) 10 अक्टूबर, 1942 (d) 5 जून, 1942

115 फरवरी, 1946 में नौसेना विद्रोह को शान्त कराने में किसकी भूमिका थी?
(a) सरदार पटेल (b) मुहम्मद अली जिन्ना
(c) 'a' और 'b' दोनों (d) इनमें से कोई नहीं

उत्तरमाला

1 (d)	2 (c)	3 (b)	4 (a)	5 (b)	6 (c)	7 (b)	8 (b)	9 (c)	10 (d)
11 (b)	12 (c)	13 (a)	14 (b)	15 (c)	16 (a)	17 (b)	18 (c)	19 (d)	20 (a)
21 (d)	22 (a)	23 (a)	24 (c)	25 (c)	26 (d)	27 (d)	28 (a)	29 (a)	30 (a)
31 (c)	32 (c)	33 (d)	34 (a)	35 (b)	36 (d)	37 (a)	38 (b)	39 (c)	40 (d)
41 (a)	42 (b)	43 (d)	44 (b)	45 (c)	46 (a)	47 (c)	48 (d)	49 (b)	50 (a)
51 (c)	52 (d)	53 (a)	54 (d)	55 (b)	56 (c)	57 (c)	58 (b)	59 (d)	60 (d)
61 (a)	62 (c)	63 (d)	64 (c)	65 (a)	66 (c)	67 (c)	68 (a)	69 (b)	70 (a)
71 (a)	72 (d)	73 (c)	74 (c)	75 (a)	76 (c)	77 (d)	78 (a)	79 (a)	80 (a)
81 (a)	82 (d)	83 (c)	84 (b)	85 (d)	86 (b)	87 (b)	88 (b)	89 (d)	90 (b)
91 (a)	92 (a)	93 (a)	94 (b)	95 (a)	96 (b)	97 (d)	98 (d)	99 (d)	100 (b)
101 (c)	102 (a)	103 (b)	104 (b)	105 (d)	106 (a)	107 (d)	108 (a)	109 (b)	110 (a)
111 (a)	112 (a)	113 (c)	114 (a)	115 (c)					

अध्याय 2

भारत एवं विश्व का भूगोल

GEOGRAPHY OF INDIA AND WORLD

विश्व का भूगोल

ब्रह्माण्ड

- सामान्य रूप से पृथ्वी ग्रहों, उपग्रहों, सौरमण्डल, तारों एवं आकाशगंगाओं के सम्मिलित पुंज को ब्राह्मण्ड कहा जाता है। ब्रह्माण्ड वस्तुतः सूक्ष्मतम अणुओं से लेकर महाकाय आकाशगंगाओं का सम्मिलित रूप होता है।
- ब्रह्माण्ड की उत्पत्ति के सम्बन्ध में तीन सिद्धान्त प्रचलित हैं, पहला महाविस्फोट सिद्धान्त, दूसरा साम्यावस्था या सतत सृविट सिद्धान्त तथा तीसरा दोलन सिद्धान्त प्रचलित है।
- इन सभी सिद्धान्तों में महाविस्फोट सिद्धान्त सर्वाधिक मान्य सिद्धान्त है, जिसे विस्तारित ब्रह्माण्ड परिकल्पना कहा जाता है। इस सिद्धान्त के अनुसार ब्रह्माण्ड की उत्पत्ति एक बड़े विस्फोट से हुई है, जो 15 अरब वर्ष पहले घटित हुई थी।
- महाविस्फोट सिद्धान्त जिसे बिग बैंग थ्योरी भी कहा जाता है का प्रतिपादन ऐन जॉर्ज लैमेन्टेयर ने किया था।
- वर्ष 1929 में एडविन हब्बल ने डॉप्लर सिद्धान्त के आधार पर यह प्रमाण दिया कि ब्रह्माण्ड का विस्तार हो रहा है तथा इसके प्रमाण के लिए उन्होंने रेड शिफ्ट की घटना को प्रतिपादित किया।
- ब्रह्माण्ड के रहस्यों को जानने के लिए वर्ष 2010 में यूरोपियन सेण्टर फॉर न्यूकिलर रिसर्च (CERN) ने जेनेवा में लॉर्ज हैड्न कोलाइडर (LHG) नामक महाप्रयोग किया। हिग्स बोसॉन जिसे गॉड पार्टिकल के नाम से जाना जाता है उसमें ब्रह्माण्ड की उत्पत्ति के रहस्य घिरे होने का अनुमान लगाया गया है।
- वैज्ञानिकों के अनुसार, ब्रह्माण्ड में ऐसे पदार्थों की मौजूदगी है, जो अदृश्य है और ब्रह्माण्ड का 90–95% द्रव्यमान इसी अदृश्य पदार्थ के कारण है, जिसे वैज्ञानिकों ने डार्क मैटर का नाम दिया है।

विभिन्न खगोलीय पिण्ड

- आकाश में दिखाई पड़ने वाले अनेक पिण्ड जैसे- तारे- आकाशगंगा ग्रह, उपग्रह, क्षुद्रग्रह धूमकेतु इत्यादि खगोलीय पिण्ड कहलाते हैं।
- आकाशगंगा तारों का एक विशाल पुंज है, जिनकी संख्या ब्रह्माण्ड में लगभग 100 अरब के आसपास है एवं प्रत्येक आकाशगंगा में अरबों तारे हैं। इसका आकार सर्पिल, दीर्घवृत्तीय तथा अनियमित होता है।
- तारों का ऐसा समूह जो धुँधला दिखाई पड़ता है तथा जो तारे के निर्माण प्रक्रिया की शुरूआत का गैसपुंज है, मंदाकिनी कहलाता है। हमारी पृथ्वी की मन्दाकिनी को दुधमेखला या आकाशगंगा कहते हैं।
- मंगल एवं बृहस्पति ग्रह के मध्य पाए जाने वाले छोटे आकाशीय पिण्ड जो सूर्य की परिक्रमा करते हैं, क्षुद्रग्रह कहलाते हैं। फोर वेस्टा एकमात्र क्षुद्रग्रह है, जिसे नंगी आँखों से देखा जा सकता है।
- धूमकेतु (Lomet) सौरमण्डल में विद्यमान गैस एवं धूम का संग्रह युक्त छोटे-छोटे अरबों पिण्ड होते हैं जो चमकदार होते हैं तथा यह तभी दिखाई देते हैं, जब वह सूर्य की ओर अग्रसर होते हैं।
- हैली नामक धूमकेतु या पुच्छलतारा का परिक्रमण काल 76 वर्ष का है तथा वह अन्तिम बार वर्ष 1980 ई. में दिखाई दिया था।

सौरमण्डल

- सूर्य की परिक्रमा करने वाले विभिन्न ग्रह, क्षुद्रग्रह, धूमकेतु, उल्काएँ उपग्रह तथा आकाशीय पिण्डों के परिवार को सौरमण्डल कहते हैं आकार तथा संरचना की दृष्टि से सौरमण्डल के ग्रहों को दो भागों में विभक्त किया गया है- आन्तरिक ग्रह एवं बाह्य ग्रह। आन्तरिक ग्रहों के अन्तर्गत बुध, शुक्र पृथ्वी एवं मंगल हैं, जबकि बाह्य ग्रहों के अन्तर्गत बृहस्पति, शनि, अरुण एवं वरुण हैं। सूर्य की उम्र लगभग 5 बिलियन वर्ष है। एवं इसके प्रकाश को पृथ्वी तक पहुँचने में लगभग 8 मिनट 16.6 सेकण्ड का समय लगता है।

- सूर्य से निकलने वाले सौर ज्वाला को उत्तरी ध्रुव पर औरोरा बोरियालिस और दक्षिणी ध्रुव पर औरोरा ऑस्ट्रेलिस कहते हैं।
- सूर्य सौरमण्डल वर्ष का सबसे प्रमुख सदस्य है जिसकी आयु लगभग 46,000 मिलियन वर्ष है, जो हाइड्रोजन एवं हीलियम गैस से बना है, सूर्य में ऊर्जा की उत्पत्ति नाभिकीय संलयन के द्वारा होती है।

ग्रह

- वे खगोलीय पिण्ड जो सूर्य के चारों ओर एक निश्चित पथ पर एक समान गति से अपनी गुरुत्वाकर्षण बल के अधीन परिक्रमा करते हैं ग्रह कहलाते है।
- वर्तमान में सूर्य के 8 उपग्रह हैं, क्योंकि प्राग सम्मेलन 2006 में यम (pluto) को ग्रह की श्रेणी से निकालकर बौने ग्रह की श्रेणी में रख दिया गया है।
- बुध, सूर्य के सबसे नजदीक का ग्रह है एवं इसका सौरमण्डल में सर्वाधिक कक्षीय गति है, जहाँ दिन अति गर्म व रातें बर्फीली होती हैं।
- शुक्र पृथ्वी का निकटतम, सबसे चमकीला एवं सबसे गर्म ग्रह है, जिसे साँझ का तारा या भोर का तारा कहा जाता है। यह दक्षिणावर्त्त घूर्णन करता है तथा इसे पृथ्वी का भी ग्रह कहते हैं।
- शुक्र घनत्व, आकार एवं व्यास में पृथ्वी के समान है तथा बुध के समान इसके पास भी कोई उपग्रह नहीं है।
- सौरमण्डल का सबसे बड़ा ग्रह बृहस्पति है एवं गैनीमेड उसका सबसे बड़ा उपग्रह है। बृहस्पति के वायुमण्डल में मुख्य रूप सें मीथेन, अमोनिया व हाइड्रोजन गैस पाई जाती है। सौरमण्डल में सर्वाधिक उपग्रह बृहस्पति ग्रह के है।
- मंगल ग्रह को लाल ग्रह कहा जाता है, जो आयरन ऑक्साइड के कारण होता है। इसका अक्ष पृथ्वी के समान ही अपने अक्ष पर 25° झुका है, जिसके कारण यहाँ ऋतु परिवर्तन होता है।
- मंगल अपनी धुरी पर 24 घण्टे में एक चक्कर पूरा करता है, इसके दिन का मान एवं अक्ष का झुकाव पृथ्वी के समान है।
- फोबोस एवं डिमोस मंगलग्रह के दो उपग्रह हैं।
- शनि आकार में दूसरा सबसे बड़ा ग्रह है, उस ग्रह के चारों ओर वलय मौजूद है, जिनकी संख्या सात है। दूसरा सबसे बड़ा उपग्रह टाइटन है, जो सौरमडण्ल का दूसरा सबसे बड़ा उपग्रह है।
- अरुण आकार में तीसरा सबसे बड़ा ग्रह है जो अपने अक्ष पर पूर्व से पश्चिम की ओर घूमता है, यहाँ सूर्योदय पश्चिम की ओर एवं सूर्यास्त पूरब की ओर होता है।
- अरुण को लेटा हुआ ग्रह भी कहते हैं।
- वरुण की खोज सन् 1846 ई. में जर्मन खगोलज्ञ जहॉन गाले ने की थी। यह हरे रंग का ग्रह है तथा इसके चारों ओर अति शीतल मीथेन का बादल छाया हुआ रहता है।

पृथ्वी

- यह सौरमण्डल का एकमात्र ग्रह है, जिस पर जीवन का अस्तित्व है। इसका एक मात्र उपग्रह चन्द्रमा है। पृथ्वी का विषुवतीय व्यास 12,756 किमी और ध्रुवीय व्यास 12,714 किमी है।
- पृथ्वी अपने अक्ष पर $23\frac{1}{2}°$ झुकी हुई है तथा अपने अक्ष पर पश्चिम से पूर्व 1610 km/n की चाल से 23 घंटे 56 मिनट और 4 सेकण्ड में एक चक्कर लगाती है। पृथ्वी की इस गति को घूर्णन या दैनिक गति कहते हैं, जिसके कारण दिन-रात होता है।
- पृथ्वी को सूर्य की एक परिक्रमा करने में लगा समय सौर वर्ष कहा जाता है एवं पृथ्वी को सूर्य की एक परिक्रमा पूरी करने में 365 दिन 5 घंटे 48 मिनट 46 सेकण्ड का समय लगता है।
- पृथ्वी पर ऋतु परिवर्तन, इसकी अक्ष पर झुके होने के कारण तथा सूर्य के सापेक्ष इसकी स्थिति में परिवर्तन यानी वार्षिक गति के कारण होता है। वार्षिक गति के कारण ही पृथ्वी पर दिन-रात छोटे बड़े होते हैं।
- पृथ्वी की दैनिक गति (घूर्णन) के कारण दिन-रात होते हैं।
- पृथ्वी की वार्षिक गति या परिक्रमण तथा अपने अक्ष पर झुकाव के कारण दिन-रात बड़े, छोटे होते हैं तथा ऋतु परिवर्तन की घटना होती है।
- पृथ्वी एवं सूर्य के बीच की दूरी 3 जनवरी को सबसे कम होती है, इस घटना को उपसौर कहते हैं। इसके विपरीत जब 4 जुलाई को पृथ्वी एवं सूर्य के बीच की दूरी सबसे अधिक होती है, तब उसे अपसौर कहते हैं।

चन्द्रमा

- चन्द्रमा पृथ्वी का एकमात्र प्राकृतिक उपग्रह है, जो सौर प्रणाली का पाँचवाँ सबसे बड़ा उपग्रह है, जिसे जीवाश्म ग्रह की उपमा भी दी जाती है।
- चन्द्रमा की सतह और उसकी आन्तरिक स्थिति का अध्ययन करने वाला विज्ञान सेलेनोलॉजी कहलाता है।
- चन्द्रमा की भूपर्पटी पर प्रचुर मात्रा में पाया जाने वाला तत्त्व ऑक्सीजन तथा सिलिकेट है।
- चन्द्रमा का भार पृथ्वी की तुलना में 1/81.3 होने से चन्द्रमा का पलायन वेग कम है। फलतः चन्द्रमा पर भारी गैसों का अभाव होने से चन्द्रमा पर वायुमण्डल नहीं पाए जाते हैं एवं वायुमण्डल के अभाव के कारण चन्द्रमा पर मौसमी तत्त्व, जैसे- बादल, वर्षा तथा कुहासा आदि का अभाव पाया जाता है।
- चन्द्रमा एवं पृथ्वी के बीच की औसत दूरी 3, 84,403 किमी है तथा इसके प्रकाश को पृथ्वी तक पहुँचने में 1.34 सेकण्ड का समय लगता है।
- चन्द्रमा के परिभ्रमण एवं परिक्रमण काल की अवधि बराबर होने के कारण (27 दिन 8 घण्टा) 'हमें सदैव चन्द्रमा का एक ही भाग दिखाई देता है।'
- जब चन्द्रमा पृथ्वी के सबसे निकट होता है, तो वह स्थिति सुपर मून या पेरिजी फुल मून कहलाता है एवम् जब एक कैलेण्डर माह में दो पूर्णिमाएँ हों, तो दूसरी पूर्णिमा का चाँद ब्लूमून कहलाता है।
- जब किसी विशेष वर्ष में दो या अधिक माह ब्लू मून के होते हैं, तो वह **मून ईयर** कहा जाता है। वर्ष 2018 ब्लू मून ईयर होगा।

दिन तथा रात की अवधि

- पृथ्वी पर दिन तथा रात की अवधि सूर्य के चारों ओर पृथ्वी के घूर्णन का परिणाम है। सूर्य के उत्तरायण (Cancer Sankranti) और दक्षिणायन की सीमा को संक्रान्ति कहते हैं।
- 21 जून को सूर्य कर्क रेखा पर लम्बवत चमकता है, उसे कर्क संक्रान्ति (Cancer Sankranti) कहते हैं। इन दिन उत्तरी गोलार्द्ध में सबसे बड़ा दिन होता है। इसके विपरीत 22 दिसम्बर को सूर्य मकर रेखा पर लम्बवत् होता है, उसे मकर संक्रांति (Caprion Sankranti) कहते हैं तथा इसी दिन दक्षिणी गोलार्द्ध में सबसे बड़ा दिन होता है।
- पृथ्वी की वह स्थिति जब सूर्य की किरणें विषुवत् रेखा पर लम्बवत् पड़ती हैं और सर्वत्र दिन एवं रात बराबर होते हैं, यही कारण है की 23 सितम्बर को शरद विषुव एवं 21 मार्च को वसंत विषुव कहते हैं।

सूर्य ग्रहण

जब सूर्य व पृथ्वी के बीच चन्द्रमा आ जाता है, तो पृथ्वी के जिन क्षेत्रों में चन्द्रमा सूर्य को ढक लेता है, वहाँ सूर्यग्रहण (Solar Eclipse) होता है। सूर्य ग्रहण अमावस्या के दिन होता है। सूर्य, ग्रहण के दौरान सूर्य चन्द्रमा तथा पृथ्वी एक सीधी रेखा में आ जाते हैं।

चन्द्र ग्रहण

जब सूर्य और चन्द्रमा के बीच पृथ्वी आ जाती है, तो सूर्य की पूरी रोशनी चन्द्रमा पर नहीं पड़ती है, तो उसे चन्द्रग्रहण (Lunar Eclipse) कहते हैं। चन्द्रग्रहण हमेशा पूर्णिमा की रात्रि में होता है।

पृथ्वी पर स्थित रेखाएँ और कटिबन्ध

- पृथ्वी के चारों ओर पूर्व से पश्चिम दिशा में खींची गई काल्पनिक रेखा को अक्षांश रेखा कहते हैं, जो भूमध्य रेखा से एकसमान कोणीय दूरी वाले स्थानों को मिलाती है।
- पृथ्वी के बीचों-बीच O° आक्षाश को भूमध्य रेखा या विषुवत् रेखा कहते हैं, जिसके उत्तर में स्थित क्षेत्र उत्तरी गोलार्द्ध एवं दक्षिण का क्षेत्र दक्षिणी गोलार्द्ध कहलाता है।
- दो आक्षांशों के बीच की दूरी 111 किमी. होती है, जिसकी संख्या 179 है।
- भूमध्य रेखा के उत्तर में स्थित $23\frac{1}{2}°$ अक्षांश को कर्क रेखा एवं $23\frac{1}{2}°$ दक्षिण में स्थित अक्षांश रेखा को मकर रेखा कहते हैं।
- पृथ्वी पर स्थित उत्तरी तथा दक्षिण ध्रुव को मिलाने वाली काल्पनिक रेखाओं को देशान्तर रेखा कहते हैं जो ग्रीनविच रेखा से किसी स्थान की कोणात्मक दूरी पर होती है।
- दो देशान्तर रेखाओं के बीच की दूरी 111.32 किमी है तथा एक देशान्तर से दूसरे देशान्तर के बीच जाने में 4 मिनट का समय लगता है।
- पृथ्वी पर देशान्तर रेखाओं के आधार पर ही समय का निर्धारण किया जाता है, क्योंकि एक देशान्तर के अन्तर पर चार मिनट का अन्तर होता है।
- पृथ्वी के पश्चिम से पूरब की ओर घूमने के कारण ग्रीनविच से पूरब की ओर बढ़ने पर प्रत्येक देशान्तर पर 4 मिनट का समय बढ़ जाता है तथा पश्चिम जाने पर 4 मिनट घट जाता है।
- 180° देशान्तर को अन्तर्राष्ट्रीय तिथि रेखा (IDL) कहते हैं। इस रेखा के दोनों ओर तिथियों में एक दिन का अन्तर होता है। यह रेखा प्रशान्त महासागर में उत्तर से दक्षिण तक फैली है।
- अन्तर्राष्ट्रीय तिथि रेखा के पूर्व से पश्चिम की ओर यात्रा करने या पार करने पर एक दिन घटता है तथा पश्चिम से पूर्व की ओर यात्रा करने पर एक दिन बढ़ जाता है।
- इस रेखा का निर्धारण 1884 ई. में वॉशिंगटन में सम्पन्न इण्टरनेशनल मेरीडियन में किया गया था, यह रेखा बेरिंग जल सन्धि के समानान्तर स्थित है।
- ब्रिटेन के ग्रीनविच से गुजरने वाली देशान्तर रेखा (O°) को प्रधान मध्याह्न रेखा कहते हैं। इस रेखा के आधार पर विश्व को 24 समय जोनो में बाँटा गया है।
- प्रत्येक देश का मानक समय ग्रीनविच मीन टाइम से आधा घंटे के गुणक के अन्तर पर निर्धारित किया जाता है। भारत का मानक समय निर्धारण इलाहाबाद स्थित मिर्जापुर का $82\frac{1}{2}°$ देशान्तर रेखा है, जो ग्रीनविच मीन टाइम से $5\frac{1}{2}$ घंटा आगे है।

पृथ्वी पर स्थित कटिबन्ध

उष्ण कटिबन्ध O° से 30° उत्तर एवं दक्षिण का क्षेत्र।
उपोष्ण कटिबन्ध– 30° से 45° उत्तरी एवं दक्षिणी अक्षांश का क्षेत्र।
शीतोष्ण कटिबन्ध –45°–65° उत्तरी एवं दक्षिणी अक्षांश के बीच का क्षेत्र
ध्रुवीय कटिबन्ध – 65°–90° उत्तरी एवं दक्षिणी अक्षांश के बीच का क्षेत्र

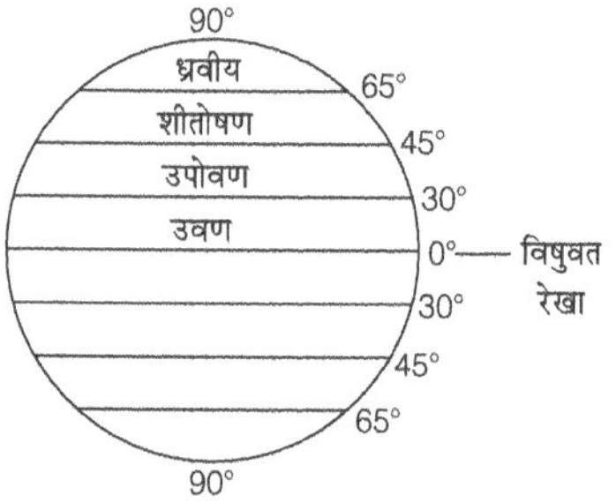

पृथ्वी की आन्तरिक संरचना

- पृथ्वी की आन्तरिक संरचना की जानकारी हमें अप्राकृतिक तथा प्राकृतिक स्रोतों से प्राप्त होती है, अप्राकृतिक स्रोतों में घनत्व, दवाब तथा तापमान जैसे तत्त्व शामिल हैं, जबकि प्राकृतिक स्रोतों में मुख्य रूप से ज्वालामुखी उद्गार तथा भूकम्पीय तरंगों को शामिल किया जाता है।
- पृथ्वी का घनत्व 5.5 ग्राम सेमी$^{-3}$ है, जिसका संभावित कारण पृथ्वी के आन्तरिक भाग को भारी पदार्थों लोहा एवं निकेल से बना हुआ माना जाता है।

पृथ्वी के अन्दर के हिस्से को तीन भागों में बाँटा जाता है
1. भू-पर्पटी (Crust) 2. आवरण (Mantle) एवं 3. केन्द्रीय भाग (Core)

- पृथ्वी के ऊपरी भाग को भू-पर्पटी (Crust) कहते हैं, जिसकी गहराई O–30 किमी तक होती है एवं यह ग्रेनाइट तथा बेसाल्ट चट्टानों से बनी होती है। कर्स्ट का औसत घनत्व 2.7 ग्राम/सेमी^{3} है।
- भू-पर्पटी में पाए जाने वाले मुख्य खनिजों में ऑक्सीजन (46.60%) सिलिकन (27.72%) तथा एल्युमीनियम (8.13%) हैं।
- पृथ्वी के अन्दर 30 किमी से 2900 किमी तक का क्षेत्र मैटल कहलाता है, जो मुख्यत: बेसाल्ट चट्टानों से बना होता है एवं यह पृथ्वी के कुल आयतन का 83% भाग घेरे हुए है, जिसका औसत घनत्व 3.5 ग्राम किमी है।
- क्रोड पृथ्वी का अन्तरतम भाग है, जो आन्तरिक कोड तथा बाह्य क्रोड में बँटा होता है, यह 2900 किमी – 5150 किमी तक फैला है। दूसरा घनत्व 13 ग्राम/सेमी^{2} है।

रासायनिक संगठन के आधार पर पृथ्वी की परतों का वर्गीकरण

- रासायनिक संगठनों के आधार पर पृथ्वी को तीन भागों में बाँटा जाता है- सियाल, सीमा तथा नीफे।
- सियाल, अवसादी चट्टानों के नीचे पाई जाती है तथा इसकी रचना सिलिका (si) तथा एल्युमीनियम (Al) से हुई है। यह परत अम्लीय प्रकृति की ग्रेनाइट शैलों से बनी होती है। सीमा, परत सियाल के नीचे की परत होती है, जो सिलिका (si) एवं मैग्नीशियम (mg) से बनी होती है। बेसाल्ट से बनी यह चट्टानें क्षारीय प्रकृति की होती हैं।
- पृथ्वी के नीचे सबसे आन्तरिक परत को नीफे कहते हैं, जिसमें निकिल (ni) तथा लोहे (Fe) की प्रधानता होती है। पृथ्वी के आन्तरिक भाग में लोहे की उपस्थिति ही पृथ्वी की चुम्बकीय शक्ति को प्रमाणित करती है।
- पृथ्वी की बाह्य सतह को चार मुख्य भागों 1. स्थल मण्डल, 2. जलमण्डल, 3. वायुमण्डल तथा 4. जैवमण्डल में बाँटा जाता है।

ज्वालामुखी

- ज्वालामुखी भू-पटल पर घटने वाली वह प्राकृतिक घटना है, जिसमें प्राकृतिक छिद्र या दरार से होकर पृथ्वी के अन्दर का पिघला लावा, राख, भाप तथा अन्य गैसें बाहर आती हैं। इसमें सर्वाधिक मात्रा में निकलने वाली गैसों में वाष्प का प्रतिशत सर्वाधिक होता है।
- सक्रियता के आधार पर ज्वालामुखी को तीन भागों में बाँटा गया है। 1. सक्रिय ज्वालामुखी, 2. प्रसुप्त ज्वालामुखी, 3. शान्त ज्वालामुखी।

ज्वालामुखी के प्रकार

प्रकार	अवस्थिति	परिभाषा
सक्रिय ज्वालामुखी	इटली का एटना, स्ट्राम्बोली (लेपारी द्वीप) कोटोपैक्सी (इक्वाडोर), वैरन द्वीप (अण्डमान ओजसडेल सालाडो (अजेण्टीना), किलायू (अमेरिका)	वैसे ज्वालामुखी जिनमें अकसर उद्गार होता रहता है।
प्रसुप्त ज्वालामुखी	विसूवियस (इटली), फ्यूजीयामा (जापान), काकाटाओ (इण्डोनेशिया), नारकोंडम (अण्डमान निकोबार)	वैसे ज्वालामुखी जिसमें निकट अतीत में उद्गार नहीं हुआ है।
शान्त ज्वालामुखी	कोह सुल्तान एवं देववंद (ईरान) पोपा (म्यांमार), किलीमंजारो (अफ्रीका) चिम्बाराजो (दक्षिण अमेरिका), एकांकागुआ (एण्डीज)	वैसा ज्वालामुखी जिसमें ऐतिहासिंक काल से कोई उद्गार नहीं हुआ है और न ही उद्गार की कोई सम्भावना नहीं है।

- स्ट्राम्बोली भूमध्य सागर में लिपारी द्वीप पर अवस्थित है, जिसमें से सदा गैस निकलती रहती है, और आसपास का भाग प्रकाशित रहता है उस कारण इसे भूमध्य सागर का प्रकाश स्तम्भ कहते हैं।
- कुल सक्रिय ज्वालामुखी का अधिकांश प्रशान्त महासागर के तटीय भाग में पाया जाता है। प्रशान्त महासागर के परिमेखला को 'अग्नि वलय' या (Fire Ring of the Pacific) भी कहते हैं।
- ऑस्ट्रेलिया महाद्वीप में एक भी ज्वालामुखी नहीं है, जबकि सबसे अधिक सक्रिय ज्वालामुखी अमेरिका एवं एशिया महाद्वीप के तटों पर स्थित है।
- विश्व का सबसे ऊँचा ज्वालामुखी पर्वत कोटापैक्सी, इक्वाडोर में है तथा विश्व की सबसे ऊँचाई पर स्थित शान्त ज्वालामुखी एकाकागुआ एण्डीज पर्वतमाला पर स्थित है।

चट्टान

- पृथ्वी की सम्पूर्ण बाह्य परत जिस पर महाद्वीप एवं महासागर स्थित हैं स्थलमण्डल कहलाता है तथा पृथ्वी के सम्पूर्ण भू-क्षेत्रफल व जल क्षेत्रफल का अनुपात 3:7 का है।
- पृथ्वी की सतह के कठोर भाग को चट्टान कहते हैं, जो पृथ्वी की बाहरी परत की संरचना की मूलभूत इकाई है।
- गहराई में वृद्धि के अनुसार महाद्वीपीय भूपटल की विभिन्न परतों का सही क्रम है—परतदार चट्टान- ग्रेनाइट चट्टान—बेसाल्ट
- बनावट/ उत्पत्ति के आधार पर चट्टानों को तीन भागों में विभाजित किया गया है। आग्नेय, अवसादी और कायान्तरित (रूपान्तरित) चट्टान।
- आग्नेय चट्टानों (Igneaes Rocks) का निर्माण ज्वालामुखी उद्गार के समय निकलने वाले लावा के पृथ्वी के अन्दर या बाहर ठण्डा होकर जमने से होता है; जैसे- ग्रेनाइट बेसाल्ट, पेग्मेटाइट, कायनाइट, डायोराइट।
- आन्तरिक आग्नेय चट्टानों में डाइक, सिल, लैकोलिथ, बैथोलिथ, लैपोलिथ, फैकोलिथ प्रमुख हैं।
- आग्नेय चट्टानें स्थूल, परतरहित एवं जीवाश्म रहित होती हैं, जिसमें लोहा तथा मैग्नीशियम युक्त सिलिकेट खनिज अधिक मात्रा में पाया जाता है।
- बेसाल्ट चट्टानों में लोहे की मात्रा सर्वाधिक होती है तथा इस चट्टान से काली मिट्टी का निर्माण होता है।
- **अवसादी या परतदार चट्टान** (Sedim entary Rock) आग्नेय और रूपान्तरित चट्टानों में दबाव या रासायनिक प्रतिक्रिया तथा अन्य कारणों के द्वारा होने वाले क्षरण से निर्मित होता है; जैसे-बलुआ पत्थर, चूना पत्थर, स्लेट, कांग्लोपरेट, नमक चट्टान तथा शेलखड़ी आदि। इन चट्टानों में जीवाश्मों के अलावा खनिज तेल तथा लौह अयस्क फास्फेट, कोयला सीमेण्ट बनाने वाली चट्टानें पाई जाती हैं।
- अत्यधिक ताप, दाब एवं रासायनिक प्रक्रिया के परिणामस्वरूप कायान्तरित (Metamorphic Rock) चट्टानों का निर्माण होता है, जिसकी पहचान उनकी कठोरता, घनी संरचना होती है।

चट्टानों का प्रमुख कायान्तरण

मूल चट्टान	मूल चट्टानों के नाम	कायान्तरित चट्टान
आग्नेय	ग्रेनाइट, बेसाल्ट ग्रेबो	नीस एम्फीबोलाइट सर्पेण्टाइन
परतदार	बालू पत्थर, चूना पत्थर, डोलामाइट, शैल, कोयला	क्वाट्र्ज संगमरमर, संगमरमर, स्लेट ग्रेफाइट, हीरा
रूपान्तरित	स्लेट शिस्ट	शिस्ट फायलाइट

स्थलाकृति निर्माण

पर्वत

उत्पत्ति के आधार पर पर्वत चार प्रकार के होते हैं

1. ब्लॉक पर्वत 2. अवशिष्ट पर्वत 3. संचित पर्वत 4. वलित पर्वत

	ब्लॉक पर्वत	अवशिष्ट पर्वत	संचित पर्वत	वलित पर्वत
निर्माण	जब चट्टानों में स्थित भ्रंश के कारण मध्य भाग नीचे धँस जाए तथा अगल-बगल का भाग ऊँचा उठ जाए, तो ऐसे पर्वत का निर्माण होता है।	चट्टानों के अपरदन के परिणामस्वरूप ऐसे पर्वतों का निर्माण होता है।	भू-पटल पर बालू, मिट्टी कंकर लावा के जमा होने से निर्मित पर्वत	पृथ्वी की आन्तरिक शक्तियों द्वारा चट्टानों पर लगने वाले बल से इन पर्वतों का निर्माण होता हैं।
प्रमुख पर्वतों के नाम	वास्जेस (फ्रांस), ब्लैक फारेस्ट (जर्मनी), साल्ट रैज (पाकिस्तान), सिएश नेवदा (कैलिफोर्निया)	गैसा एवं वूटे (अमेरिका) विंध्याचल, सतपुड़ा, नीलगिरी, पारसनाथ राजमहल (भारत) सीयरा (स्पैन)	रेगिस्तान में बनने वाले बालू स्तूप	हिमालय, आल्पस यूराल, रॉकीज एण्डीज गुरुशिखर (माया सबसे पुराना वलित पर्वत है)।

भूकम्प

- पृथ्वी के भू-पृष्ठ पर होने वाले आकस्मिक कंपन जो प्राकृतिक एवं मानवीय कारणों से उत्पन्न होते हैं, भूकम्प कहलाते हैं, प्राकृतिक कारणों में ज्वालामुखी क्रिया, विवर्तनिक अस्थिरता, वलन भ्रंशन को शामिल किया जाता है।
- जिस जगह से भूकम्पीय तरंगें उत्पन्न होती हैं उसे भूकम्प मूल (Focus) कहते हैं तथा जहाँ सबसे पहले भूकम्पीय लहरों का अनुभव किया जाता है, उसे भूकम्प केन्द्र (Epi-Center) कहते हैं।

- गहराई के आधार पर भूकम्पों को तीन वर्गों में बाँटा गया है

सामान्य भूकम्प	0-50 k.m
मध्यवर्ती भूकम्प	50-250 k.m
गहरे या पातालीय भूकम्प	250-700 k.m

- भूकम्प उत्पत्ति के पश्चात् मूलरूप तीन प्रकार की भूकम्पीय तरंगों की उत्पत्ति होती है।

भूकम्पीय तरंगें	विशेषता
प्राथमिक तरंगें अथवा लम्वात्मक तरंगें (P-waves)	प्रत्येक माध्यम से गुजरती हैं सभी तरंगों में सर्वाधिक तेज (लगभग 8 km/s) किसी भी जगह पहुँचने वाली तरंगों में सबसे पहले पहुँचती है।
द्वितीय तरंगें/S-waves	सिर्फ ठोस माध्यम में गमन करती हैं। इन्हें अनुप्रस्थ तरंग भी कहा जाता है। तरल माध्यम में लुप्त हो जाती हैं।
सतही अथवा L- तरंगें	इन्हें धरातलीय तरंग भी कहा जाता है। इनकी खोज H. D Love ने की थी। यह तरंगें ठोस, तरल, गैस तीनों माध्यम से गुजरती हैं। यह सर्वाधिक विनाशकारी तरंगें होती हैं।

- भूकम्पीय तरंगों को मापने के लिए रिक्टर स्केल का प्रयोग किया जाता है एवं भूकम्पीय तरंगों की तीव्रता को मापने वाले यंत्र को सीस्मोग्राफ कहा जाता है।
- विश्व में सर्वाधिक भूकम्प प्रशान्त महासागरीय तटीय पेटी के क्षेत्र में आते हैं।

वायुमण्डलीय दाब, पवन एवं वायुराशियाँ

- पृथ्वी की एक निश्चित इकाई या क्षेत्रफल पर वायुमण्डल की सभी परतों द्वारा पड़ने वाले दबाव को वायुमण्डलीय दाब कहते हैं, जिसे बैरोमीटर से मापा जाता है तथा इसकी इकाई मिलीबार होती है।
- बैरोमीटर के पठन में तेजी से गिरावट तूफानी मौसम का संकेत होता है, जबकि पठन का पहले गिरना फिर धीरे-धीरे बढ़ना वर्षा की स्थिति का द्योतक होता है।

वायुदाब पेटियाँ	विशेषता
भूमध्य रेखीय निम्न दाब पेटी	भूमध्य रेखा से 5° उत्तर से 5° दक्षिण स्थित पेटी। संवहनीय धाराएँ बहती हैं। सूर्य लम्बवत चमकता है। क्षैतिज पवनों के अभाव के कारण डोलड्रम का क्षेत्र कहलाता है।
उंपोष्ण उच्चदाब पेटी	विस्तार 30°-35° अक्षांशों के बीच। यहाँ वर्षभर तापमान ऊँचा रहता है। यह पेटी अश्व अक्षांश कहलाती है।
उपध्रुवीय निम्न वायुदाब पेटी	60 – 65° के बीच का क्षेत्र। पृथ्वी की घूर्णन गति के कारण यहाँ से वायु बाहर की ओर फैलकर स्थानान्तरित हो जाती है। अतः वायु वायुदाब कम हो जाता है।
ध्रुवीय उच्च वायुदाब पेटी	65°-90° के बीच स्थित क्षेत्र।

पवनें

- क्षैतिज दिशा में उच्चदाब से निम्नदाब की ओर चलने वाली वायु पवन कहलाती है, जो पृथ्वी की घूर्णन गति के कारण कोरियोलिस बल के प्रभाव में अपने पथ से विक्षेपित हो जाती है।
- कोरियोलिस बल के कारण उत्तरी गोलार्द्ध में पवनें दाईं ओर तथा दक्षिणी गोलार्द्ध में अपने बाईं ओर मुड़ जाती हैं। इस घटना को फेरेल का नियम भी कहा जाता है।

पवनों का वर्गीकरण

1. प्रचलित पवन 2. मौसमी पवन/ सामयिक पवन 3. स्थानीय पवन

- प्रचलित पवनें साल भर निश्चित दिशा में प्रवाहित होने वाली होती हैं। इन्हें प्रचलित, स्थायी, सनातनी, ग्रहीय या भूमण्डलीय पवनों के नाम से भी जाना जाता है। प्रमुख प्रचलित पवनें व्यापारिक पवन, पछुआ पवन तथा ध्रुवीय पवनों के रूप में जानी जाती हैं।
- 30° अक्षांशों के निकट स्थित उपोष्ण (अश्व अक्षांश) उच्चदाब पेटियों से निम्न अक्षांशों तक स्थायी रूप से चलने वाली पवनें व्यापारिक पवनें कहलाती हैं।
- दोनों गोलार्द्धों में उपोष्ण उच्च वायुदाब कटिबन्धों से उपध्रुवीय निम्न वायुदाब कटिबन्धों की ओर चलने वाली स्थानीय हवा पछुआ पवन कहलाती है, जो 40°-65° दक्षिणी अक्षांशों के बीच ज्यादा पाई जाती है, जिसे 40° अक्षांश पर गरजता चालीसा, 50° के पास प्रचण्ड पचासा तथा 60° पर चीखता साठा कहा जाता है।
- मौसम और समय परिवर्तन के साथ जिन पवनों की दिशा में परिवर्तन हो जाता है, उन्हें सामायिक पवन कहते हैं; जैसे- मानसूनी पवन, स्थल, समुद्री समीर।
- मौसम के अनुसार पवनों की दिशा में परिवर्तन को मानसून कहा जाता है। जिसकी उत्पत्ति कर्क और मकर रेखाओं के निकट होती है।
- शीतकालीन मानसून पवनें स्थल से समुद्र की ओर चलती हैं तथा वर्षा नहीं करती है, इस मानसून से तमिलनाडु के तटीय क्षेत्रों में वर्षा होती है।
- रात्रि में हवाएँ स्थल से जल की ओर चलने लगती हैं, जिसे स्थलीय समीर तथा दिन में समुद्र से स्थल की ओर हवाएँ चलती हैं, जिसे समुद्री समीर कहते हैं।

स्थानीय पवनें

- किसी स्थान विशेष में प्रचलित हवाओं के विपरीत चलने वाली विशेष प्रकार की हवाओं को स्थानीय हवाएँ कहा जाता है। ये अपनी प्रकृति में गर्म तथा ठण्डीं होती हैं।
- **गर्म स्थानीय पवन** चिनुक (USA), फॉन (आल्पस पर्वत स्विट्जरलैण्ड), हरमट्टन (सहारा रेगिस्तान), सिरॉको, खमसिन (मिश्र), गिवली (लीवीया) सिरॉको (इटली) स्मिूम (अरब रेगिस्तान), ब्रिक फिल्डर (ऑस्ट्रेलिया), नारवेस्टर (न्यूजीलैण्ड), साण्टा आना (द. कैलिफोर्निया), लू (उत्तरी भारत)।
- **ठण्डी स्थानीय पवन** मिस्ट्रल (स्पेन, फ्रांस), बोरा (एडियाट्रिक), पुर्गा (टुण्ड्रा प्रदेश), पोनेण्टी (द. अफ्रीका), वाइज (द. फ्रांस), बुरान (रूस)।

जेट-प्रवाह

- क्षोभमण्डल की ऊपरी परत में बहुत तीव्र गति से चलने वाली विसर्पी पवन प्रवाह को जेट प्रवाह कहते हैं। यह 7.5-15 किमी की ऊँचाई पर पश्चिम से पूर्व की ओर प्रवाहित होती है, जो उसी गोलार्द्ध में अधिक शक्ति के साथ बहती है।
- जेट प्रवाह वायुमण्डलीय विक्षोभों, चक्रवातों, प्रतिचक्रवातों, तूफानी और वर्षा को उत्पन्न करने में सहायक होता है।

चक्रवात

- चक्रवात निम्न वायुदाव के केन्द्र होते हैं, जिसमें हवाएँ उच्चदाव से क्षेत्र से निम्नदाब की ओर तेजी से चलती हैं, जिसमें वायु की दिशा उत्तरी गोलार्द्ध में दायीं ओर (clock wise) तथा दक्षिणी गोलार्द्ध में बायीं ओर (Anti clock wise) होती है।
- यह उष्णकटिबन्धीय तथा शीतोष्ण कटिबन्धीय प्रकार के होते हैं प्रमुख उष्ण कटिबन्धीय चक्रवातों में प्रमुख हैं।
- टायफून (द. चीन सागर), चक्रवात (हिन्द महासागर), विली विली (ऑस्ट्रेलिया) टौरनेडो (O, S, A), हरीकेन (कैरेवियन द्वीप समूह)
- प्रतिचक्रवात में उच्चदाब के क्षेत्र से यानी केन्द्र से परिधि स्थित निम्न दाब की ओर तेज हवाएँ चलती हैं। इस घटना में मौसम साफ हो जाता है।

महासागरीय जलधाराएँ

- महासागरों की सतह पर एक निश्चित दिशा में बहुत अधिक दूर तक बहने वाले जल को महासागरीय धारा कहते हैं, जो दो प्रकार की होती हैं, गर्म जलधारा और ठण्ठी जल धारा।
- भूमध्य सागर से ध्रुवों की ओर चलने वाली धाराएँ गर्मजल धारा तथा ध्रुवों से विषुवत् रेखा की ओर चलने वाली धाराएँ ठण्डी जलधारा कहलाती हैं, जो करियोलिस बल के प्रभाव के कारण उत्तरी गोलार्द्ध में दाहिनी ओर दक्षिणी गोलार्द्ध में बाईं ओर मुड़ जाती हैं।
- महासागरीय धाराओं की उत्पत्ति के प्रमुख कारणों में पृथ्वी की घूर्णन गति, तापमान में भिन्नता, घनत्व में अन्तर, वायुदाब एवं पवनें सागर की लवणता तथा तट रेखा का आकार प्रमुख भूमिका निभाता है।

	गर्म जल धारा	ठण्ठी जलधारा
प्रशान्त महासागर	क्यूरोसीवो, अलास्का, सुशीया, उ. विषुवत्रेखीय, एलनीनों, पूर्वी ऑस्ट्रेलिया	क्यूराइल, कैलीफोर्निया, हम्बोल्ट, पेरूवियन, अण्टार्कटिका
अटलांटिक महासागर	गल्फस्ट्रीट्, फ्लोरिडा, ब्राजील, इरमिंजर, उत्तरी विषुवत्रेखीय, गिनी,	लेब्राडोर, बेंगुएला, कनारी, पूर्वी ग्रीनलैण्ड, अण्टार्कटिका, फॉकलैण्ड,
हिन्द महासागर	दक्षिण विषुवत् रेखीय जलधारा मोजाम्बिक की जलधारा अगुलहास की जलधारा	पश्चिम ऑस्ट्रेलिया

- गर्म एवं ठण्डी जलधारा का मिलन स्थल प्लैंक्टन नामक घास के लिए उपयुक्त जलवायु उत्पन्न करता है तथा प्लैंक्टन घास मछलियों का मुख्य आहार होता है। इसलिए न्यूफाउण्डलैंड के समीप स्थित ग्रैण्ड बैंक प्रमुख मत्स्य उद्योग का क्षेत्र है।

वायुमण्डल

- वायुमण्डल अनेक गैसों का मिश्रण होता है, जिसमें गैसों के अतिरिक्त जलवाष्प तथा धूल के कण उपस्थित होते हैं और ये पृथ्वी को चारों ओर से घेरने वाले वायु का विस्तृत फैलाव होता है।
- वायुमण्डल में आयतन के अनुसार विभिन्न गैसों का मिश्रण होता है, जिसका संघटन निम्न है

वायुमण्डल का संघटन

गैस	वायु में मौजूद प्रतिशत
नाइट्रोजन	78%
ऑक्सीजन	21%
ऑर्गन	0.93%
कार्बन डाईऑक्साइड	0.03%
नियोन	0.0018%
हीलियम	0.0005%
ओजोन	0.0001%

- नाइट्रोजन की उपस्थिति के कारण ही वायुदाब पवनों की शक्ति तथा प्रकाश के परावर्तन का आभास होता है, यह रंगहीन गंधहीन तथा स्वादहीन गैस है, जो आग पर नियन्त्रण रखने में सहायक होती है।
- ऑक्सीजन गैसं के अभाव में ईंजन जलाना सम्भव नही हैं यह वायुमण्डल में 64 किमी ऊँचाई तक पाई जाती है।
- कार्बन डाई-ऑक्साइड, सबसे भारी गैस है, जो वायुमण्डल की निचली परत में पाई जाती है तथा सूर्य से आने वाली विकिरण (लघु तरंगों) के लिए पारदर्शी तथा पृथ्वी से विकरित दीर्घ तरंगों के लिए अपारदर्शी होती है।
- ओजान गैस सूर्य से आने वाली परागबैंगनी किरणों को सोखती है तथा 10-50 किमी तक पाई जाती है।
- वायुमण्डल में उपस्थित जलवाष्य के संघनन से बादल, वर्षा, कुहरा, ओस, तुषार बनता है।
- पृथ्वी के ताप को बनाए रखने के लिए कार्बन डाईऑक्साइड एवं जलवाष्प सर्वाधिक उत्तरदाई होता है।

वायुमण्डल की संरचना

वायुमण्डल की परत	ऊँचाई	परतों की विशेषता
क्षोम मण्डल (Troposphere)	8-18 किमी	ध्रुवों पर सबसे कम तथा विषुवत् रेखा पर सर्वाधिक ऊँचाई तापमान में प्रति 165 मी. पर 1°C की गिरावट तथा सभी वायुमण्डलीय घटनाएँ बादल, आँधी, वर्षा के लिए जिम्मेदार।
समताप मण्डल (Stratosphore)	18-32 किमी	इसमें ताप समान रहता है तथा सभी मौसमी घटनाएँ नहीं पाई जाती हैं। वायुयान उड़ाने हेतु आदर्श दशा।
ओजोन मण्डल	32-60 किमी	समताप मण्डल में पाई जाती है। पराबैंगनी किरणों से पृथ्वी की सुरक्षा। ओजोन परत नापने की इकाई डाब्सन। ऊँचाई के साथ तापमान बढ़ता है।
आयन मण्डल	60-640 किमी	उसकी तीन परतें D.E.F पाई जाती है। पृथ्वी से प्रेषित रेडियो तरंगों को परावर्तित करती है। इस मण्डल से पृथ्वी पर रेडियो, टेलीविजन, टेलीफोन, रडार का संचालन सम्भव होता है।
वाह्यमण्डल	640 किमी से ऊपर	हाइड्रोजन और हीलियम की प्रधानता होती है। औरोरा आस्ट्रालिस और औरौरा बोरियालिस इस मण्डल की प्रमुख घटना है। इन्हें उत्तर ध्रुवीय प्रकाश तथा दक्षिण ध्रुवीय प्रकाश कहा जाता है।

- वायुमण्डल को रासायनिक संगठन के आधार पर सममण्डल तथा विषमण्डल में विभाजित किया जाता है।
- सममण्डल की रचना मुख्य रूप से ऑक्सीजन तथा नाइट्रोजन से हुई है।
- तापमान के आधार पर इसे क्षोभमण्डल, समतापमण्डल तथा मध्यमण्डल कहते हैं।
- विषम मण्डल की ऊँचाई 90 किमी से 10.000 किमी तक पाई जाती है। इसमें आण्विक नाइट्रोजन परत, आण्विक ऑक्सीजन परत, हीलियम परत पाई जाती है।

विश्व के प्रमुख रेगिस्तान

रेगिस्तान	देश	रेगिस्तान	देश
सहारा	उत्तरी अफ्रीका चाड, लीबिया, माली	गोबी	चीन, मंगोलिया
	मिस्र- ट्यूनीशिया	पैटागोनिया	अर्जेण्टीना
		ग्रेट विक्टोरिया	ऑस्ट्रेलिया
अरेबियन	अरब प्रायद्वीप	ग्रेट सैण्डी	ऑस्ट्रेलिया
कालाहारी	बोत्सवाना	सोनोरन	U.S.A, मैक्सिको
टकला मकान	सीक्यांग (चीन)	नामिन	द. अफ्रीका (नामीविया)
कराकुम	तुर्कमेनिस्तान	थार	उ. पश्चिमी भारत, पाकिस्तान
आटाकामा	उत्तरी चिली	दस्ते-ए- लुट	पूर्वी ईरान
काजिलकुम	उज्बेकिस्तान, कजाकिस्तान	गिब्सन	ऑस्ट्रेलिया

नदियों के किनारे बसे विश्व के प्रमुख नगर

नगर	नदी	नगर	नदी
आस्वान (मिस्र)	नील	शिकागो (अमेरिका)	शिकागो
बगदाद (इराक)	टाइग्रिस	वाशिंगटन	पोटोमेक
वारसा (पोलैण्ड)	विरुचुला	बुडापेस्ट (हंगरी)	डेन्यूब
सेंट लुईस (अमेरिका)	मिसीसिपी	सिडनी (ऑस्ट्रेलिया)	डार्लिंग
बर्लिन (जर्मनी)	स्प्री	मैड्रिड (स्पेन)	मैजेनसेस

नगर	नदी	नगर	नदी
पेरिस (फ्रांस)	सीन	ओटावा (कनाडा)	सैंट लॉरेंस
बोन (जर्मनी)	राइन	हैम्बर्ग (जर्मनी)	एल्ब
ब्यूनस आयर्स (अर्जेण्टीना)	लाप्लाटा	न्यूयॉर्क	हडसन
खारतूम (सूडान)	नील	शंघाई (चीन)	यांगटिसीक्यांग
अंकारा (टर्की)	किजिल	रंगून (म्यांमार)	इरावदी
लीवरपुल (इंग्लैण्ड)	मर्सी	बसरा (इराक)	दजला और फरात
स्टालिनग्राड (रूस)	वोल्गा	रोम (इटली)	टाइबर

विश्व के प्रमुख भौगोलिक उपनाम

उपनाम	स्थान
भारत का बगीचा	बंगलुरु (भारत)
मोतियों का द्वीप	बहरीन
विश्व की जन्नत	पेरिस (फ्रांस)
प्लेग्राउंड ऑफ यूरोप	स्विट्जरलैण्ड
सूर्योदय का देश	जापान
लैण्ड ऑफ थण्डरवोल्ट	भूटान
पर्ल ऑफ दी औरियण्ट	सिंगापुर
शुगर बाउल आफॅ द बर्ल्ड	क्यूबा
सात टापुओं का नगर	मुम्बई
सात पहाड़ियों का नगर	रोम
लैण्ड ऑफ व्हाइट एलीफैण्ट	थाइलैण्ड
लैण्ड ऑफ द गोल्डन फ्लीस	ऑस्ट्रेलिया
होली लैण्ड	जेरूसलम (इजरायल)
पवन चक्कियों की भूमि	नीदरलैण्ड
स्वर्णिम पैगोडा का देश	म्यांमार
कॉकपिट ऑफ यूरोप	बेल्जियम
सिटी ऑफ गोल्डन गेट	सेनफ्रान्सिस्को
अन्ध महाद्वीप	अफ्रीका
पूर्व का मैनचेस्टर	ओसाका (जापान)
एण्टीलीज का मोती	क्यूबा
हिन्द महासागर का मोती	श्रीलंका
चीन का शोक	ह्वांगहो नदी (पीली नदी)
भूमध्य सागर का द्वार	जिब्राल्टर
संसार की छत	पामीर का पठार
लिली का देश	कनाडा
लैंड ऑफ कंगारू	ऑस्ट्रेलिया
लैंड ऑफ थाउलैण्ड लैक्स	फिनलैण्ड
सुकुमार फूलों का देश	जापान
आँसुओं का प्रवेश द्वार	बाब- अल- मंडव
संसार का रोटी का भण्डार	प्रेयरीज ऑफ नॉर्थ अमेरिका

विश्व के प्रमुख औद्योगिक नगर

नगर	उद्योग	नगर	उद्योग
वेलिंगटन	डेयरी उद्योग	डेट्रायट	ऑटोमोबाइल
नागोया	जहाज निर्माण, सूती वस्त्र	ग्लासगो	जहाज निर्माण
ढाका	कालीन उद्योग	चेलियाबिंस्क	लोहा इस्पात
वेलफास्ट	जहाज निर्माण	कंशास	मांस उद्योग
बर्मिंघम	लोहा इस्पात	कीव	इन्जीनियरिंग उद्योग
हवाना	सिगार	मैनचेस्टर	सूती वस्त्र उद्योग
कोबे	लोहा इस्पात	फिलाडेल्फिया	लोकोमोटिव
प्लेमाउथ	जहाज निर्माण	सिएटल	वायुयान निर्माण
एसेन	लोहा इस्पात	मुल्तान	मिट्टी का बर्तन
शेफील्ट	कैंची, छुरी	म्यूनिख (जर्मनी) ओसाका	लेंस निर्माण सूती वस्त्रः लोहा इस्पात

भिन्न-भिन्न कारकों द्वारा निर्मित स्थलाकृति

भूमिगत जल द्वारा निर्मित स्थलाकृति	उत्सुत कुआँ, गीजर, घोल रंध्र, डोलाइन, कार्स्ट, झील, युवाला, पोलिए, स्टेक्लक्टाइट, स्टेलेग्माइट, लैपीज
सागरीय जल द्वारा निर्मित स्थलाकृति	सर्फ, वेलाचंली, तंगरिका, पुलिन, हुक, लूप, टोम्बोलो
हिमनद द्वारा निर्मित स्थलाकृति	सर्क, टार्न, अरेट, हार्न, नुनाटक, फियोर्ड, ड्रमलिन, केमएस्कर
पवन द्वारा निर्मित स्थलाकृति	ज्युगेन, यारडंग, इनसेलबर्ग, छत्रक प्लेया, लैगून, बरखान, लोएस
समुद्री तरंग द्वारा निर्मित स्थलाकृति	समुद्री भृगु, लैगून झील, रिया तट स्टैक, डाल्मेशियन

वनों के प्रकार

	नाम	क्षेत्र	विशेषता	पाए जाने वाले वृक्ष
1	उष्ण कटिबन्धीय सदाबहार वन	अमेजन, मलेशिया, म्यांमार, कम्बोडिया, इण्डोनेशिया आदि	वर्षा 200 सेमी चौड़ी पत्ती वाले वन	महोगनी, आबनूस, शीशम, मैंग्रोव
2	उष्णकटिबन्धीय मानसून वन	म्यांमार, थाइलैण्ड, उत्तरी ऑस्ट्रेलिया पूर्वी जावा	10°-30° अक्षांशों के बीच साल में एक बार पत्तियाँ गिराती हैं।	टीक, बाँस, साल, चन्दन बबूल, युकेलिप्टस
3	शीतोष्ण सदाबहार वन	चीन, दक्षिणी जापान नटाल तट, USA	साल भर वर्षा शीतकाल में तापमान 10°C से अधिक	वांज, कपूर, चीड़ अखरोट, हिकोरी, आयरन वुड
4	भूमध्य सागरीय वन	द. पश्चिमी ऑस्ट्रेलिया मध्य चिली, कैलिफोर्निया		वांज, युकेलिप्टस चैपरेल
5	विषुवत् रेखीय वन	विषुवत् रेखीय क्षेत्रों में	वृक्ष एवं झाड़ियों का मिश्रण होता हैं	जैतून, कॉर्क तथा ओक।

घास का मैदान

	घास का मैदान	देश
उष्ण कटिबंधीय घास भूमि	सवाना	अफ्रीका
	कम्पोज	ब्राजील
	लानोस	वेनुजुएला
	पार्कलैण्ड	मध्य अफ्रीका
शीतोष्ण कटिबन्धीय घास भूमि	प्रेयरी	संयुक्त राज्य अमेरिका व कनाडा
	पम्पास	अर्जेण्टिना
	वेल्ड	दक्षिण अफ्रीका
	डाउन्स	आस्ट्रेलिया
	स्टेपी	मध्य एशिया

विश्व के प्रमुख पर्वत शिखर

पर्वत शिखर	देश	पर्वत शिखर	देश
एवरेस्ट	नेपाल	गोसांइथान	चीन
गेशरब्रम	पाकिस्तान	नन्दा देवी	भारत
के-2 (गाडविन ऑस्टीन)	भारत	राकापोशी	पाकिस्तान
कंचनजंघा	नेपाल-भारत	कामेंट	भारत-चीन
अन्नपूर्णा	नेपाल	लहात्सें 1	नेपाल
नामचावर्वे	चीन	मकालू	नेपाल-चीन
गुर्लमान्धाता	चीन	तिरिचमीर	पाकिस्तान
धौलागिरी	नेपाल		

विश्व के प्रमुख जलप्रपात

जलप्रताप	देश
एंजिल	वेनूजुएला (दक्षिण अमेरिका)
योसेमाइट	कैलिफोर्निया (उत्तरी अमेरिका)
द मडलिफोसेन	नॉर्वे (यूरोप)
तुगेला	दक्षिण अफ्रीका (द. अफ्रीका)
कुकवेनन	वेनेजुएला (दक्षिण अमेरिका)
विक्टोरिया	जिम्बाम्बे एवं जाम्बिया की सीमा पर (दक्षिण अफ्रीका)
जोग गरसोप्पा	भारत (भारत)
नियाग्रा	कनाडा एवं अमेरिका की सीमा पर (उ. अमेरिका)

- एंजिल, जलप्रपात कैरो नदी पर एवं नियाग्रा जलप्रपात सेंट लॉरेंस नदी पर है।
- जोग जलप्रपात शरावती नदी पर स्थित है, इसे महात्मा गाँधी जलप्रपात भी कहते हैं।

विश्व की प्रमुख जनजातियाँ

जनजाति	सम्बन्धित देश	जनजाति	सम्बन्धित देश
रेड इण्डियन	उ. अमेरिका (कनाडा)	पिग्मीज	कांगो बेसिन
एस्कीमो	ग्रीनलैंड कनाडा	खिरगीज	मध्य एशिया
माओरी	न्यूजीलैण्ड	वेछास	श्रीलंका
बुशमैन	कालाहारी, वोत्सवाना	यूकाधिर	साइबेरिया
सेमांग	मलेशिया	जुलु	नेटाल प्रान्त
नीग्रो	मध्य एशिया	तार्तार	साइबेरिया
मसाई	पूर्वी अफ्रीका	पायुआन्स	न्यू गिनी
बोरो	ब्राजील	यादू	टुण्ड्रा प्रदेश

विश्व के महासागर

	गहरा स्थान	मीटर
प्रशान्त महासागर	मेरियाना गर्त	11.022
अटलाण्टिक महासागर	ब्यूरिटो रिको गर्त	8.392
हिन्द महासागर	सुण्डा गर्त	8.152
आर्कटिक महासागर	यूरेशियन बेसिन	5.450
अण्टार्कटिका महासागर	अप्राप्त	

विश्व के प्रमुख जलडमरू मध्य

जलडमरू मध्य	सम्बन्धित सागर	भू-भाग
पाक जलडमरू	बंगाल की खाड़ी एवं अरब सागर	भारत एवं श्रीलंका
वेरिंग जलडमरू	आर्कटिक एवं बेरिंग सागर	अलास्का एवं रूस
डोबर जलडमरू	उत्तरी सागर एवं अटलाण्टिक	ब्रिटेन एवं फ्रांस
जिब्राल्टर जलडमरू	भूमध्य एवं सागर	यूरोप एवं अफ्रीका (मोरक्को)
मलस्का जलडमरू	जावा सागर एवं बंगाल की खाड़ी	मलाया एवं सुमात्रा

विश्व की प्रमुख नहरें

नाम	स्थान	स्थिति
सू नहर	यूएसए	सुपीरियर झील को ह्यूरोन से जोड़ती है।
ईरी नहर	यूएसए	ईरी झील और मिशिगन झील को जोड़ती है।
गोटा नहर	स्वीडन	स्टॉकहोम और गेटेनवर्ग के बीच
कील नहर	जर्मनी	उत्तरी सागर और बाल्टिक सागर के बीच
स्वेज नहर	मिस्र	लाल सागर एवं भूमध्य सागर के बीच
पनामा नहर	पनामा	कैरीबियन सागर और प्रशान्त महासागर के बीच
वोल्गा डान नहर	रूस	रोस्टोव व स्टालिनग्राड के बीच

विश्व की प्रमुख झीलें

झील का नाम	सम्बन्धित क्षेत्र
कैस्पियन सागर	रूस, कजाकिस्तान, तुर्कमेनिस्तान, ईरान
सुपीरियल झील	अमेरिका तथा कनाडा
विक्टोरिया झील	केन्या, युगाल्डा, तंजानिया
ह्यूरोन झील	संयुक्त राज्य अमेरिका
बैकाल झील	रूस
ग्रेट स्लैव झील	कनाडा
मिशिगन झील	संयुक्त राज्य अमेरिका
ईरी झील	संयुक्त राज्य अमेरिका तथा कनाडा
टीटीकाका झील	पेरू- बोलिविया
अलास्का झील	कनाडा

- विश्व की सबसे गहरी झील रूस में स्थित बैकाल झील है।
- कैस्पियन सागर विश्व की सबसे बड़ी खारे पानी की झील है।
- मीठे जल वाली सबसे बड़ी झील सुपीरियर झील हैं।

विश्व की प्रमुख नदियाँ

नाम	उद्‌गम स्थान	गिरने का स्थान
नील	विक्टोरिया झील	भूमध्य सागर
अमेजन	एण्डीज पर्वत	अटलाण्टिक महासागर
यांगटिसी क्यांग	तिब्बत का पठार	चीन सागर
मिसीसिपी-मिसौरी	रेड रौक (मोंटाना)	मैक्सिको की खाड़ी
नाइजर	गिनी	गिनी की खाड़ी
कांगों	लुआलुवा व लुआपुला संगम	अटलाण्टिक महासागर
वोल्गा	ब्लडाई पठार, रूस	कैस्पियन सागर
मैकेंजी	ग्रेट स्लेव झील	व्यफोर्ट सागर
सेंट लारेंस	ऑण्टोरियो झील	सेंट लारेंस की खाड़ी
ब्रह्मपुत्र	मानसरोवर झील	अरब सागर
डेन्यूब	ब्लैक फॉरेस्ट (जर्मनी)	काला सागर
डार्लिंग	ऑस्ट्रेलिया	मर्रे नदी
आमू-दरिया	निकोलस श्रेणी (पामीर)	अरल सागर
इरावदी	माली और नामी नदी का संगम	बंगाल की खाड़ी
टिगरिस	टॉरस पर्वत (टर्की)	रात-अल-अरब
सिंधु	मानसरोवर झील के पास	अरब सागर
कोलरैडो	ग्रैंड कण्ट्री	कैलिफोर्निया की खाड़ी
यूराल	द. यूराल पर्वत	कैस्पियन सागर

- कांगों या जायरे नदी विषुवत रेखा को दो बार काटती है।
- लिम्पोपो नदी मकर रेखा को दो बार काटती है।
- माही (भारत) कर्क रेखा को दो बार काटती है।
- मिसीसिपी-मिसौरी नदी विश्व का सबसे बड़ा नदी तन्त्र बनाती है।

विश्व के भूआवेष्ठित या स्थलरूद्ध देश

- भू- आवेष्ठित वे देश हैं, जिसमें समुद्री तट रेखा नहीं पाई जाती और जो चारों ओर से अन्य देशों की भौगोलिक सीमाओं से घिरे रहते हैं।
- एशिया में अफगानिस्तान, नेपाल, मंगोलिया तथा लाओस एवं यूरोप में ऑस्ट्रिया, चेक गणराज्य, स्लोवाक गणराज्य, लक्जमबर्ग, स्विट्जरलैंड, हंगरी, तजाकिस्तान, प्रमुख भू-आवेष्ठित देश हैं।
- द. अमेरिका में पराग्वे, बोलीविया तथा अफ्रीका में वोरसवाना, बुरुण्डी, चाड, लेसोथो, मलाबी, माली, नाइजर, जिम्बॉम्बे, लुआण्डा, स्विट्जरलैण्ड, युगाण्डा तथा जाम्बिया प्रमुख भू-आवेष्ठित देश हैं।

- कजाकिस्तान, विश्व का सबसे बड़ा भू-आवेष्ठित देश है तथा लिचेंस्टाइन व उज्बेकिस्तान दोहरे भू-आवेष्ठित देश हैं।

अन्तराष्ट्रीय सीमाएँ

मैकमोहन रेखा	भारत एवं चीन के मध्य।
49वीं समानान्तर रेखा	यूएसए एवं कनाडा के बीच।
38वीं समानान्तर रेखा	उत्तरी एवं दक्षिणी कोरिया के नीचे
17वीं समानान्तर रेखा	उत्तरी एवं दक्षिणी वियतनाम
मैगीनॉट रेखा	जर्मन एवं फ्रांस
हिण्डनबर्ग रेखा	जर्मन एवं पोलैण्ड के बीच
रेडक्लिफ रेखा	भारत एवं पाकिस्तान के बीच

विश्व के महाद्वीप

- विश्व कुल सात महादेशों में बँटा है—एशिया, यूरोप, उत्तरी अमेरिका दक्षिणी अमेरिका, अफ्रीका, ऑस्ट्रेलिया, अण्टार्कटिका। इन महादेशों में एशिया, यूरोप और उत्तरी अमेरिका उत्तरी गोलार्द्ध में तथा ऑस्ट्रोलिया एवं अण्टार्कटिका दक्षिणी गोलार्द्ध में है।
- क्षेत्रफल के अनुसार, घटते क्रम में महादेशों की स्थिति इस प्रकार हैं — एशिया — अफ्रीका — उत्तरी अमेरिका — दक्षिणी अमेरिका — अण्टार्कटिका — यूरोप — ऑस्ट्रेलिया।
- महाद्वीपों की उत्पत्ति के सम्बन्ध में ए वेगनर ने महाद्वीपीय विस्थापन का सिद्धान्त दिया था, जिसके अनुसार पूर्व में सारे महाद्वीप एक थे, जिसे पैंजिया कहा जाता था, जो बड़े सागर पैन्थालासा से घिरा हुआ था। परन्तु कालान्तर में पैंजिया के दो हिस्से हो गए जिसमें उत्तरी भाग लॉरेशिया तथा दक्षिणी भाग गोण्डवाना लैण्ड कहलाता है। भारत गोण्डवाना लैण्ड का ही भाग है।

एशिया

संसार का सबसे बड़ा महाद्वीप जो विश्व के 30% क्षेत्रफल पर फैला है। जिससे होकर तीन प्रमुख अक्षांशीय वृत्त विषुवत्, कर्क एवं आर्कटिक गुजरता है।

लाल सागर और स्वेज नहर एशियाको अफ्रीका से अलग करता है एवं बेरिंग जलसन्धि एशिया को उत्तरी अमेरिका से अलग करती है। इस महाद्वीप में तीन प्रमुख प्रायद्वीप हैं अरब प्रायद्वीप, दक्कन का प्रायद्वीप व इंडोचीन का प्रायद्वीप, अरब प्रायद्वीप विश्व का सबसे बड़ा प्रायद्वीप है।

एशिया में क्षेत्रफल की दृष्टि से सबसे बड़ा देश चीन तथा सबसे छोटा देश मालदीव है तथा सर्वाधिक जनसंख्या घनत्व वाला देश सिंगापुर है।

- एशिया में सबसे लम्बी नदी यांग्सी तथा अधिकतम गहराई मृत सागर की है एवं फिलीपीन्स द्वीप समूह के पास विश्व का सबसे गहरा गर्त प्रशान्त महासागर में मेरियाना गर्त है।
- विश्व को सबसे बड़ी झील बैकाल झील इसी महादेश में स्थित है
- एशिया में विश्व का सबसे लम्बा रेलवे प्लेटफॉर्म हुबली जंक्शन (कर्नाटक) भारत में स्थित है एवं सर्वाधिक डाकघर वाला देश भी भारत में है।
- एशिया का सबसे गर्म स्थान मोहनजोदड़ो (पाकिस्तान) तथा सबसे ठंडा स्थान बर्खोयान्सक (साइबेरिया) है, जहाँ तापमान क्रमशः 53.5°C तथा – 69°C मिलता है।
- एशिया का सबसे बड़ा रेलमार्ग ट्रांस - साइबेरियन रेल मार्ग है, जो लेनिनग्राड से ब्लाडीवोस्टक तक जाता है तथा इसकी लं. 9.4381 सेमी है।

यूरोप

- एशिया तथा यूरोप को काकेशस एवं यूराल पर्वत अलग करता है। इस महाद्वीप को प्रायद्वीयों का प्रायद्वीप भी कहा जाता है, जो सातों महादेशों में सिर्फ ऑस्ट्रेलिया से बड़ा है।
- इस महाद्वीप का सर्वोच्च शिखर एलवुर्ज (रूस) में स्थित है तथा यहाँ की सर्वाधिक महत्त्वपूर्ण नदी डेन्यूब है, जो काला सागर में गिरती है तथा इसके तट पर वुडापेस्ट, वुखारेस्ट, वियाना और वेलग्रेड बन्दरगाह स्थित है। यूरोप की सबसे लम्बी नदी वोल्गा नदी है।
- इटली को यूरोप का भारत कहा जाता है, क्योंकि यह भी भारत की ही तरह प्रधान देश है तथा हिमालय की तरह आल्पस पर्वत है।
- यूरोप के यूक्रेन गणराज्य विश्व का प्रमुख गेहूँ उत्पादक क्षेत्र है, जो विश्व में अन्न भण्डार या रोटी की डलिया कहलाता है।
- स्विट्जरलैण्ड को यूरोप का खेल का मैदान कहा जाता है एवं पो नदी को इटली की गंगा के नाम से जाना जाता है।
- यूरोप में स्थित जॉर्जिया, आर्मेनिया व अजरबेजान को संयुक्त रूप से काकेशस राज्य कहा जाता है।
- फ्रांस, यूरोप का एक मात्र देश है, जो खाद्यान्न उत्पादन में आत्मनिर्भर है, इसे किसानों का देश एवं समुद्रों की रानी भी कहते हैं।
- विश्व का सबसे लम्बा भूमिगत रेलमार्ग लंदन एवं पेरिस को जोड़ता है।
- यूरोप का सबसे महत्त्वपूर्ण रेलमार्ग ओरिएण्ट रेलमार्ग है, जो फ्रांस के पेरिस नगर से टर्की के कस्तुनतुनिया नगर के मध्य तक जाती है।

उत्तरी अमेरिका

- उत्तरी अमेरिका विश्व का तीसरा बड़ा महाद्वीप है, जिसकी खोज 1492 ई. में कोलम्बस द्वारा की गई थी। अतः इसे नई दुनिया कहा जाता है। इसकी खोज अमेरिगो वेसपुस्सी ने की थी।
- पनामा नहर उत्तरी अमेरिका तथा दक्षिणी अमेरिका को जोड़ती है, जिससे अन्ध तथा प्रशान्त महासागरों के बीच जहाजों का यातायात सुगम हो गया है।
- उ. अमेरिका के पूर्वी तट पर न्यूफाउण्डलैण्ड के द. पश्चिमी भाग को ग्राण्ड बैंक कहते हैं, जो मत्स्य पालन का प्रमुख केन्द्र है।
- संयुक्त राज्य अमेरिका के शीतोष्ण घास के मैदान प्रेयरी कहलाते हैं।
- कनाडा का माण्ट्रियल कागज उद्योग के लिए विश्व प्रसिद्ध है तथा कनाडा यूरेनियम का सबसे बड़ा उत्पादक एवं निर्यातक देश है।

सबसे बड़ी लोहे की खान	मेसानी खान
ताँबे की खान	एरीजोना
सोने की प्रसिद्ध खान	होमस्टेक खान (दक्षिण डकोटा राज्य)

- USA के दक्षिणी कैलिफोर्निया में स्थित मृतक घाटी, अभिनति घाटी का उदाहरण है।
- विश्व में गेहूँ की मंडी के नाम से विख्यात नगर विनिपेग (कनाडा) है तथा सॉफ्टवेयर और कम्प्युटर उद्योग के लिए सैनफ्रांसिस्को में सिलिकन वैली, विश्व विख्यात है।
- उत्तरी अमेरिका में स्थित सुपीरियर झील विश्व की सबसे बड़ी ताजे जल की झील है।
- संयुक्त राज्य अमेरिका के मोंटाना राज्य की बूटे की खान विश्व की सबसे बड़ी ताँबे की खान है।

दक्षिणी अमेरिका

- प्रशान्त और अटलाण्टिक महासागर के बीच अवस्थित यह महाद्वीप पनामा जल-सन्धि द्वारा उत्तरी अमेरिका से मिला हुआ है तथा इस महाद्वीप के दक्षिणी भाग में टैराडेल फ्यूगो नामक द्वीप है, जो मुख्य भूमि से मैगलन जलसन्धि द्वारा अलग होता है।
- भूमध्य रेखा पर स्थित दक्षिणी अमेरिका के देश हैं- इक्वाडोर कोलम्बिया एवं ब्राजील।
- द. अमेरिका में पेरू बोलीविया सीमा पर विश्व की सबसे अधिक ऊँची नौकायन झील टिटिकाका है, जो वोलिविया पठार पर स्थित है।
- दक्षिणी अमेरिका के ब्राजील में बहने वाली अमेजन नदी विश्व में अपवाह क्षेत्र की दृष्टि से प्रथम नदी है, जो इस महादेश की सबसे लम्बी नदी है। अमेजन वेसिन के लोगों का मुख्य आहार मेनियोक है, जिसे कसावा भी कहते हैं।
- वेनेजुएला में कैरो नदी (ओटीनिको नदी की सहायक) पर स्थित एंजिल नामक झरना विश्व का सबसे ऊँचा झरना है।
- द. अमेरिका के वर्षा वन का स्थानीय नाम सेलवास है तथा एण्डीज के पूर्वी ढ़लानों के वनों को मोंटाना कहते हैं।
- द. अमेरिका के अर्जेण्टीना में विस्तृत घास के मैदान को पम्पास कहते हैं जो अर्जेण्टीना का हृदय भी कहा जाता है।
- द. अमेरिका का ब्राजील विश्व में सर्वाधिक कॉफी उत्पत्ति करने वाला देश है तथा ब्राजील के कहवा के बागों को फजेंडा कहते हैं।
- चिली का चुकीकामाता ताँबा खान दक्षिण अमेरिका के एण्डीज पर्वत पर 3000 मी की ऊँचाई पर है, इसे विश्व की ताँबा की राजधानी भी कहा जाता है।
- एण्डीज पर्वत की सबसे ऊँची चोटी एकांकागुआ है। एण्डीज विश्व की सबसे लम्बी पर्वतमाला है। एण्डीज के उत्तर पश्चिम में आटाकामा मरुस्थल है।
- दक्षिण अमेरिका का उष्ण मरुस्थल पेंटोगोनिया है एवं ब्राजील का सान्टोस बन्दरगाह कॉफी बन्दरगाह के नाम से जाना जाता है।
- दक्षिणी अमेरिका के पश्चिमी तटवर्ती क्षेत्रों में समुद्री पक्षियों से प्राप्त खाद को ग्वानो कहते हैं, जो फॉस्फोरस का समृद्ध स्रोत होता है।

अफ्रीका

- विश्व का दूसरा सबसे बड़ा महाद्वीप अफ्रीका है, जो जिब्राल्टर जलसन्धि द्वारा यूरोप से पृथक् होता है। यह एक मात्र ऐसा महाद्वीप है, जिससे होकर विषुवत् वृत्, कर्क, वृत् और मकर वृत गुजरता है।
- अफ्रीका की सबसे बड़ी झील विक्टोरिया से होकर विषुवत् रेखा से गुजरती है और उससे विश्व की सबसे लम्बी नदी नील निकलती है, जो भूमध्यसागर में गिरती है।
- अफ्रीका में बुशमैन (कालाहारी), पिग्मी (कांगो बेसिन), बद्दू (सहारा मरुस्थल), में मिलने वाली प्रमुख आदिम जातियाँ हैं। सहारा में पाई जाने वाली तुआरंग जनजाति विदेशी है।
- अफ्रीका की कांगो नदी विषुवत् रेखा को और लिम्पोपो नदी मकर रेखा को दो बार काटती है।
- अफ्रीका का सबसे लम्बा रेलमार्ग केप काहिरा रेलमार्ग है, जो दक्षिण अफ्रीका गणराज्य के केपटाउन नगर से मिस्र के काहिरा नगर तक जाता है।
- मिस्र में स्वेज नहर जो लाल सागर को भूमध्य सागर से मिलाती है का निर्माण 1869 ई. में किया गया जिसकी लम्बाई 168 मी है एवं मिस्र द्वारा 1956 ई. में इसका राष्ट्रीयकरण किया गया। इसके दक्षिणी छोर पर पोर्ट स्वेज एवं उत्तरी छोर पर पोर्ट सईद पत्तन है।
- उत्तरी अफ्रीका में विश्व का सबसे विशाल मरुस्थल सहारा स्थित है। चाड झील इस मरुस्थल में स्थित प्रमुख झील है।
- कालाहारी मरुस्थल इसी महाद्वीप में स्थित है।
- दक्षिण अफ्रीका के 6 देशों, अंगोला, वोत्सवाना, मोजाम्बिक, तंजानिया जाम्बिया और जिम्वाम्बे का फ्रन्टलाइन स्टेट्स कहा जाता है।
- ऑफ अफ्रीका, अफ्रीका के पूर्वी भाग को कहा जाता है। इसमें मुख्य रूप में इथियोपिया, सोमालिया एवं जिबूती शामिल हैं।
- जाम्बिया में जेबेंजी नदी पर निर्मित करीव बाँध से अफ्रीका में सबसे अधिक विद्युत पैदा की जाती है।
- द. अफ्रीका के जोहान्सबर्ग को स्वर्णनगर तथा किम्बरले को हीरों का नगर कहा जाता है।
- मिस्र के किसान फवेलाह कहलाते हैं।
- भूमध्य रेखा पर स्थित अफ्रीका महाद्वीप के देश हैं—गैबोन, कांगो गणतन्त्र, युगाण्डा, कीनिया तथा सोमालिया।
- किलिमंजारों के पूर्वी ढलानों पर कहवा की कृषि छग्गा जनजाति द्वारा की जाती है।

ऑस्ट्रेलिया

- यह सबसे छोटा महाद्वीप है, जो दक्षिणी गोलार्द्ध में स्थित है। मकर वृत्त इसके मध्य से गुजरता है। इसे द्वीपीय महाद्वीप भी कहते हैं। इस महाद्वीप की खोज ऐनेल तस्मान और कप्तान कुक ने की थी।
- ऑस्ट्रेलिया और न्यूगिनी के बीच टॉरेन्स जलसन्धि है एवं ऑस्ट्रेलिया के मूल निवासी एवोर्जिन्स कहलाते हैं।
- ऑस्ट्रेलिया की प्रमुख पर्वत श्रृंखला ग्रेट डिवाइडिंग रेंज है तथा इस पर्वत श्रेणी और महाद्वीप का सर्वोच्च शिखर कोस्यूस्को है।
- ऑस्ट्रेलिया में विश्व प्रसिद्ध सोने की खाने कालगूर्ली और कूलगार्डी हैं तथा विश्व प्रसिद्ध मैरिनो ऊन का प्रमुख उत्पादक देश है।
- ऑस्ट्रेलिया में भेड़ पालन केन्द्रों पर काम करने वाले मजदूरों को जेकारू कहते हैं।
- ऑस्ट्रेलिया का सबसे लम्बा रेलमार्ग औस्ट्रेलियाई ट्रांस कौण्टीनेन्टल रेलमार्ग है, जो पर्थ से सिडनी के मध्य स्थित है।
- ऑस्ट्रेलिया के क्वींसलैण्ड राज्य के उत्तरपूर्वी तट के साथ-साथ समुद्र में एक प्रवाह भित्ति है, जिसे ग्रेट बेरियर रीफ कहते हैं। इस प्रवाल भित्ति का निर्माण प्रवाह नामक छोटे-छोटे जीवों के अस्थि पंजरों के लगातार जमाव से हुआ है।
- इस महाद्वीप का प्रमुख मरुस्थल है-गिब्सन और विक्टोरिया है।
- ऑस्ट्रेलिया महाद्वीप को द लैण्ड ऑफ गोल्डेन फ्लीस, लैण्ड ऑफ कंगारू एवं प्यासी भूमि का देश कहा जाता है।
- ऑस्ट्रेलिया के दक्षिण-पूर्व में स्थित न्यूजीलैण्ड को दक्षिण का ब्रिटेन कहा जाता है।

अण्टार्कटिका

- अण्टार्कटिका की भूमि तीन महासागरों हिन्द महासागर, प्रशान्त महासागर और अटलाण्टिक महासागर से घिरी है। इन महासागरों के दक्षिणी छोर को दक्षिणी महासागर या अण्टार्कटिक महासागर कहते हैं।
- इसे श्वेत महाद्वीप भी कहा जाता है।
- दक्षिणी ध्रुव पर पहुँचने वाला प्रथम व्यक्ति नॉर्वे का एमंडसन था।
- शीत ऋतु और ग्रीष्म ऋतु में महाद्वीप का अलग-अलग आकार होने के कारण इसे गतिशील महाद्वीप भी कहा जाता है।

- इस महाद्वीप में रॉस सागर तथा वेडल सागर दो खाड़ियाँ हैं तथा यहाँ की सर्वोच्च चोटी विंसन मासिफ है।
- भारत ने अपना अण्टार्कटिक अभियान 1981-82 ई. में प्रारम्भ किया तथा भारत का पहला अण्टार्कटिका अभियान दल डॉ. सईद जहूर कासिम के नेतृत्व में 9 जून वर्ष 1982 ई. को शुरू हुआ।
- भारत ने अण्टार्कटिक में अपना पहला शोध केन्द्र दक्षिणी गंगोत्री 1983 ई. में स्थापित किया।
- 1989 ई. में दूसरे भारतीय शोध केन्द्र मैत्री की स्थापना हुई।
- लार्सन हिल्स में भारत ने अपना तीसरे अनुसान्धान केन्द्र भारती की स्थापना की है।

✓ अति महत्त्वपूर्ण प्रश्न

1 क्षेत्रफल के दृष्टिकोण से विश्व का सबसे बड़ा भू-आवेष्ठित देश निम्नलिखित में कौन-सा है?
(a) चाड (b) मंगोलिया
(c) कजाकिस्तान (d) नाइजर

2 दक्षिण पूर्व एशिया का एकमात्र देश जो भू-आवेष्ठित है।
(a) लाओस (b) कम्बोडिया (c) थाइलैण्ड (d) वियतनाम

3 49वीं समानान्तर रेखा किन दो देशों के मध्य अन्तर्राष्ट्रीय सीमा रेखा बनाती है?
(a) संयुक्त राज्य अमेरिका कनाडा
(b) कनाडा रूस
(c) संयुक्त राज्य अमेरिका मैक्सिको
(d) मैक्सिको होण्डुरास

4 जर्मनी और पोलैण्ड के बीच बनने वाली अन्तर्राष्ट्रीय सीमा रेखा को क्या कहा जाता है?
(a) मैगीनॉट रेखा (b) हिण्डनवर्ग रेखा
(c) रेडक्लिफ रेखा (d) 38वीं समानान्तर रेखा

5 वैश्विक स्तर पर किस देश का जन घनत्व सबसे अधिक है?
(a) बांग्लादेश (b) मॉरीशस (c) सिंगापुर (d) बेल्जियम

6 महाद्वीपों की उत्पत्ति के सम्बन्ध में महाद्वीपीय विस्थापन सिद्धान्त का प्रतिपादन किसने किया था?
(a) वेगनर (b) कोबर (c) जेम्स जीन्स (d) जैफ्रिज

7 क्षेत्रफल की दृष्टि से एशियाई महाद्वीप का सबसे छोटा देश कौन-सा है?
(a) मॉरीशस (b) मालदीव (c) बहरीन (d) ब्रूनेई

8 एशियाई महाद्वीप में प्रवाहित होने वाली सबसे लम्बी नदी कौन-सी है?
(a) ब्रह्मपुत्र (b) सिन्धु
(c) मेकांग (d) यांग्टिसीक्यांग

9 एशिया महाद्वीप का सबसे लम्बा रेलमार्ग ट्रांस-साइबेरियन रेलमार्ग किन दो नगरों को जोड़ता है?
(a) स्टालिनग्राड से ब्लाडीबोस्टक (b) लेनिनग्राड से चिलियाबिंस्क
(c) लेनिनग्राड से ब्लाडीबोस्टक (d) इर्कुटस्क से ब्लाडीबोस्टक

10 'लैण्ड ऑफ व्हाइट एलीफैन्ट' किस देश का भौगोलिक उपनाम है?
(a) लाओस (b) कम्बोडिया
(c) थाइलैण्ड (d) म्यांमार

11 यूरोपीय महाद्वीप के किस देश में पवन चक्कियों का निर्माण सर्वाधिक हुआ है?
(a) जर्मनी (b) डेनमार्क (c) स्पेन (d) नीदरलैण्ड

12 कनाडा का कौन सा नगर 'गेहूँ की मण्डी' के लिए विश्व प्रसिद्ध है?
(a) बैंकुवर (b) मॉन्ट्रियाल (c) विनिपेग (d) टोरन्टों

13 क्षेत्रफल के आधार पर विश्व का सबसे बड़ा प्रायद्वीप निम्नलिखित में से कौन है?
(a) भारतीय प्रायद्वीप (b) सिनाई प्रायद्वीप
(c) कमचटका प्रायद्वीप (d) अरब प्रायद्वीप

14 यूरोपीय महाद्वीप की सबसे लम्बी नदी कौन-सी है?
(a) राइन (b) वोल्गा (c) यूराल (d) डैन्यूब

15 खाद्यान्न उत्पादन के मामले में यूरोपीय महाद्वीप का एक देश, जिसे किसानों का देश भी कहा जाता है।
(a) जर्मनी (b) फ्रांस (c) पोलैण्ड (d) इटली

16 यूरोप में स्थित कॉकेशस राज्यों की श्रेणी में किसे शामिल नहीं किया जाता है?
(a) आर्मेनिया (b) जॉर्जिया (c) लाटिविया (d) अजरबैजान

17 उत्तरी अमेरिका महाद्वीप की खोज सर्वप्रथम किसने की थी?
(a) अमेरिगो वेसपुस्सी (b) मैगलेन
(c) कोलम्बस (d) जेम्स कुक

18 सॉफ्ट वेयर एवं कम्प्यूटर उद्योग के लिए विख्यात सिलिकन वैली किस नगर में स्थित है?
(a) सिएटल (b) लॉस एंजेल्स
(c) सेनफ्रांसिस्को (d) सन डियगो

19 निम्नलिखित में कौन-सा लैटिन अमेरिकी देश भूमध्य रेखा पर स्थित नहीं है?
(a) ब्राजील (b) इक्वेडोर (c) कोलम्बिया (d) पराग्वे

20 अमेजन बेसिन क्षेत्र में निवास करने वाले लोगों का मुख्य आहार क्या है?
(a) भेरबे माटा (b) कोकोआ (c) मेनियोक (d) चावल

21 ब्राजील में कहवा उत्पादन करने वाले विस्तृत बागानों को क्या कहा जाता है?
(a) कॉफी वेल्ट (b) काफा प्रान्त
(c) फजेण्डा (d) मोण्टाना

22 विश्व की ताँबा राजधानी के रूप में विख्यात चुक्वीगामांटा ताँबा खान किस देश में स्थित है?
(a) पेरू (b) चीली (c) बोलीविया (d) सूरीनाम

23 ब्राजील के किस बन्दरगाह से कहवा का सर्वाधिक निर्यात् होता है, इसे कॉफी बन्दरगाह भी कहा जाता है?
(a) रियोडिजेनेरियो (b) बाहिया ब्लैका
(c) सेण्टॉस (d) रायोग्रैण्डे

24 अफ्रीका महाद्वीप किस जलसन्धि द्वारा यूरोपीय महाद्वीप से अलग होता है?
(a) जिब्राल्टर जलसन्धि (b) बेरिंग जलसन्धि
(c) बासफोरस जलसन्धि (d) मैगलेन जलसन्धि

25 सहारा रेगिस्तान में पाई जाने वाली कौन-सी जनजाति विदेश मूल की मानी जाती है?
(a) हमेटी (b) समेटी (c) तुआरेग (d) बद्दू

26 स्वेज नहर के दक्षिणी छोर पर स्थित बन्दरगाह नगर निम्नलिखित में कौन है?
(a) पोर्टस्वेज (b) काहिरा (c) आस्वान (d) पोर्ट सईद

27 स्वेज नहर किन दो सागरों को आपस में जोड़ती है?
(a) लाल सागर एवं अरब सागर
(b) भूमध्य सागर एवं लाल सागर
(c) भूमध्य सागर एवं फारस की खाड़ी
(d) लाल सागर एवं फारस की खाड़ी

28 हार्न ऑफ अफ्रीका में कौन-एक शामिल देश नहीं है?
(a) सोमालिया (b) जिबूटी (c) इथियोपिया (d) दक्षिणी सूडान

29 अफ्रीका महाद्वीप में सर्वाधिक जलविद्युत उत्पादित करने वाली परियोजना करीबा बाँध परियोजना किस नदी पर स्थित है?
(a) लिम्पोपो (b) जाम्बेजी (c) कांगो (d) नाइजर

30 दक्षिण अफ्रीका के किस नगर को स्वर्ण नगरी के नाम से जाना जाता है?
(a) केपटाउन (b) जोहान्सबर्ग (c) ट्रांसवाल (d) किम्बरले

31 अफ्रीका के पूर्वी भाग में स्थित किलिमंजारो पर्वत के पूर्वी ढलानों के सहारे किस जनजाति द्वारा कहवा की खेती की जाती है?
(a) हमेटी (b) छग्गा (c) मसाई (d) बद्दू

32 अफ्रीका महाद्वीप के कितने देशों से विषुवतीय रेखा गुजरती है?
(a) 3 (b) 5 (c) 7 (d) 9

33 निम्नलिखित में से कौन-सा अफ्रीकी देश भूमध्य रेखा पर स्थित नहीं है?
(a) कैमरून (b) युगाण्डा (c) केनिया (d) सोमालिया

34 ऑस्ट्रेलिया और न्यूगिनी को पृथक् करने वाली जलसन्धि कहलाती है
(a) डारडेलन जलसन्धि (b) मोलक्का जलसन्धि
(c) टॉरस जलसन्धि (d) कूक जलसन्धि

35 ऑस्ट्रेलियाई मूल निवासी एबोर्जिन्स, देश के किस भाग में निवास करते हैं?
(a) उत्तरी ऑस्ट्रेलिया में (b) पूर्वी ऑस्ट्रेलिया में
(c) दक्षिण-पूर्व-मध्य भाग में (d) पश्चिमी आस्ट्रेलिया में

36 ऑस्ट्रेलिया के किस बन्दरगाह नगर से ऊन का सर्वाधिक निर्यात किया जाता है?
(a) पर्थ (b) सिडनी (c) एडिलेड (d) मेलबोर्न

37 ऑस्ट्रेलिया महाद्वीप का सबसे लम्बा रेलमार्ग ट्रांस कॉण्टीनेण्टल किन दो नगरों को जोड़ता है?
(a) पर्थ से एडिलेड (b) पर्थ से कैनबेरा
(c) पर्थ से सिडनी (d) पर्थ से ब्रिसबेन

38 ऑस्ट्रेलिया में भेड़ पालन केन्द्रों पर कार्य करने वाले मजदूरों को क्या कहा जाता है?
(a) जेकारू (b) लम्बरजैक (c) फल्लाह (d) जेम्बो

39 निम्नलिखित में से किस देश को दक्षिण का ब्रिटेन कहा जाता है?
(a) तुवालु (b) फिजी (c) न्यूगिनी (d) न्यूजीलैण्ड

40 न्यूजीलैण्ड की राजधानी वेलिंगटन किस उद्योग के लिए प्रसिद्ध है?
(a) जलयान उद्योंग (b) डेयरी उद्योग
(c) लौह इस्पात उद्योग (d) मांस उद्योग

41 दक्षिणी ध्रुव पर पहुँचने वाला प्रथम व्यक्ति एमंडसन किस देश का नागरिक था?
(a) नॉर्वे (b) स्वीडन (c) आइसलैण्ड (d) आयरलैण्ड

42 अण्टार्कटिका महाद्वीप को गतिशील महाद्वीप भी कहा जाता है, क्योंकि—
(a) यह महासागर के ऊपर निरन्तर तैरता है
(b) शीत एवं ग्रीष्म ऋतु में इसके आकार बदलते रहते हैं
(c) प्लेट विवर्तनिकी के कारण यह उत्तर पश्चिम की ओर खिसक रहा है
(d) अपने ही स्थान पर ऊपर-नीचे करता है

43 अण्टार्कटिका महाद्वीप में भारत ने अपना पहला शोध केन्द्र दक्षिण गंगोत्री कब स्थापित किया?
(a) वर्ष 1979 (b) वर्ष 1981 (c) वर्ष 1983 (d) वर्ष 1985

44 वर्ष 1989 में, अण्टार्कटिका महाद्वीप में भारत द्वारा स्थापित किए गए दूसरे शोध केन्द्र का नाम क्या था?
(a) पूर्वी गंगोत्री (b) यमुनोत्री (c) भारती (d) मैत्री

45 अण्टार्कटिका महाद्वीप के लार्सन हिल्स में भारत द्वारा स्थापित तीसरे अनुसन्धान केन्द्र का नाम है।
(a) भारती (b) भास्कर (c) प्रगति (d) अभियान

46 फ्रांस की राजधानी पेरिस किस नदी के किनारे स्थित है?
(a) विस्चुला (b) सीन (c) राइन (d) डैन्यूब

47 यूरोप के किस देश का भौगोलिक उपनाम "ब्लेग्राउण्ड ऑफ यूरोप" है?
(a) बेल्जियम (b) स्पेन
(c) स्विट्जरलैण्ड (d) फ्रांस

48 निम्नलिखित में किसे 'सात पहाड़ियों का नगर' कहा जाता है?
(a) पेरिस (b) मैड्रिड
(c) एमस्टर्डम (d) रोम

49 अमेरिकी नगर डेट्रायट किस उद्योग के लिए प्रसिद्ध है?
(a) जहाज निर्माण (b) सूती वस्त्र निर्माण
(c) ऑटो मोबाइल (d) वायुमान निर्माण

50 किस जलसन्धि को आँसुओं का प्रवेश द्वारा कहा जाता है?
(a) होर्मुज जलसन्धि (b) बासफोरस जलसन्धि
(c) बाब-एल मंडेब जलसन्धि (d) कूक जलसन्धि

51 मध्य अफ्रीका में पाए जाने वाले उष्णकटिबन्धीय घास के मैदानी भाग को क्या कहा जाता है?
(a) पम्पास (b) लानोस (c) पार्कलैण्ड (d) केम्पोज

52 ऑस्ट्रेलिया के दक्षिण-पूर्वी भाग में स्थित शीतोष्ण युक्त घास के मैदानी भाग को क्या कहा जाता है?
(a) वेल्ड (b) पम्पास (c) स्टेपी (d) डाउन्स

53 विश्व का सबसे ऊँचा जलप्रपात ऐन्जिल जलप्रपात किस देश में स्थित है?
(a) पेरू (b) कोलम्बिया (c) वेनेजुएला (d) सुरीनाम

54 विश्व का सबसे शुष्कतम मरुस्थल निम्नलिखित में किसे माना जाता है?
(a) कालाहारी (b) आटाकामा (c) सोनोरान (d) पैंटागोनिया

55 निम्नलिखित में से कौन-एक शीतोष्ण मरुस्थल का उदाहरण है?
(a) सोनोरान (b) थार (c) पैंटागोनिया (d) काराकुम

56 माओरी जनजाति के लोग किस देश के मूल निवासी माने जाते हैं?
(a) ऑस्ट्रेलिया (b) न्यूजीलैण्ड (c) न्यूगिनी (d) मलेशिया

57 अफ्रीका के कालाहारी मरुस्थलीय क्षेत्र में कौन-सी जनजाति मुख्य रूप से निवास करती है?
(a) पिग्मी (b) बन्तु (c) बुशमैन (d) मसाई

58 विश्व के सर्वाधिक व्यस्त नहर की उपमा किसे दी गई है?
(a) सू नहर (b) स्वेज नहर (c) पनामा नहर (d) कील नहर

59 सर्वाधिक ऊँचाई पर स्थित "टिटिकाका झील किन दो देशों के मध्य स्थित है?"
(a) पेरू- चीली (b) पेरू - बोलीविया
(c) चीली - बोलीविया (d) पेरू - ऊरुग्वे

60 बैकाल झील के बाद विश्व की दूसरी सबसे गहरी झील निम्नलिखित में से कौन है?
(a) टैंगानिका (b) विक्टोरिया
(c) तोबा लेक (d) अथबस्का

61 विश्व की सबसे लम्बी नदी नील का उद्गम केन्द्र किस झील को माना जाता है?
(a) टाना लेक (b) टैंगानिका लेक
(c) विक्टोरिया लेक (d) चाड लेक

62 मध्य एशिया की दो प्रमुख नदियाँ आमू दरिया और सिर दरिया अपना जल कहाँ गिराती हैं।
(a) कैस्पियन सागर (b) काला सागर
(c) अरल सागर (d) श्वेत सागर

63 विश्व प्रसिद्ध नियाग्रा जलप्रपात किस नदी पर स्थित है?
(a) मिसीसिपी (b) मैकेंजी (c) कोलोरैण्डो (d) सेण्ट लॉरेन्स

64 पनामा नहर पर किस देश का आधिपत्य है?
(a) अमेरिका (b) मैक्सिको (c) पनामा (d) ग्वाटेमाल

65 आर्थिक दृष्टि से विश्व की सर्वाधिक व्यस्तम नदी की संज्ञा किसे दी गई है?
(a) सेन्टलॉरेन्स (b) राइन (c) डैन्यूब (d) वोल्गा

66 किस कैरीबियन द्वीपीय देश को एण्टीलीज का मोती कहा जाता है?
(a) जमैका (b) हैती
(c) क्यूबा (d) डोमनिकन गणराज्य

67 किस दक्षिण एशियाई देश को 'लैब्ड ऑफ थण्डरवोल्ट' के नाम से जाना जाता है?
(a) नेपाल (b) मालदीव
(c) श्रीलंका (d) भूटान

68 संसार का 'रोटी का भण्डार' किस गेहूँ उत्पादन क्षेत्र के लिए प्रयुक्त किया जाता है?
(a) स्टेपीज क्षेत्र (b) डाउन्स क्षेत्र
(c) प्रेयरीज क्षेत्र (d) पम्पास क्षेत्र

69 अमेरिका के पश्चिमी तट पर स्थित सिएटल नगर किस उद्योग के लिए प्रसिद्ध है?
(a) जलयान उद्योग (b) इन्जीनियरिंग उद्योग
(c) वायुयान उद्योग (d) सूती वस्त्र उद्योग

70 मध्य चीली में किस प्रकार के वनों का विस्तार सबसे अधिक है?
(a) विषुवतीय सदाबहार वन (b) शीतोष्ण सदाबहार वन
(c) उष्णकटिबन्धीय शुष्क वन (d) भूमध्यसागरीय वन

71 हिमालय पर्वत श्रेणी का प्रमुख पर्वत शिखर "राकापोषी" किस देश में स्थित है?
(a) नेपाल (b) भारत
(c) पाकिस्तान (d) भूटान

72 कम वर्षा के कारण किस मरुस्थलीय प्रदेश में नाज्का नामक स्थलाकृति का निर्माण होता है?
(a) टकला मकान मरुस्थल (b) नामिन मरुस्थल
(c) दस्त-ए-लुत (d) आटाकामा

73 अफ्रीकी महाद्वीपीय में प्रवाहित होने वाली कौन-एक नदी मकर रेखा को दो बार काटती (क्रास करती) है?
(a) नाइजर नदी (b) जाम्बेजी नदी
(c) ऑरेन्ज नदी (d) लिम्पोपो नदी

74 सेमांग एवं सेकाई निम्नलिखित में से किस देश के मूल निवासी माने जाते हैं?
(a) थाईलैण्ड (b) मलेशिया
(c) न्यूगिनी (d) इण्डोनेशिया

75 "हिन्द महासागर का मोती" किस देश का भौगोलिक उपनाम है?
(a) श्रीलंका (b) मॉरीशस
(c) मालदीव (d) लकादीव

76 किस खाड़ी देश को मोतियों का द्वीप के नाम से भी जाना जाता है?
(a) कतर (b) बहरीन (c) कुवैत (d) यू.ए.ई.

77 नीदरलैण्ड में समुद्र तल से नीचे स्थित निम्न भूमि क्षेत्र को किस नाम से जाना जाता है?
(a) वेटलैण्ड (b) वाटरलैण्ड (c) पोल्डर (d) लोअर लैण्ड

78 किस यूरोपीय देश के द्वारा हीरे का सर्वाधिक आयात किया जाता है?
(a) नीदरलैण्ड (b) इटली (c) साइप्रस (d) बेल्जियम

79 ''ग्लासगो'' नगर किस उद्योग के लिए विश्व प्रसिद्ध है?
(a) लौह इस्पात उद्योग (b) वायुयान उद्योग
(c) जलयान उद्योग (d) डेयरी उद्योग

80 दस्त-ए-लुत एवं दस्त-ए-काविर मरुस्थल निम्नलिखित में से किस देश में स्थित है?
(a) सऊदी अरब (b) ईरान
(c) इराक (d) जॉर्डन सीरिया

81 सर्वाधिक ऊँचाई के कारण किस पठार को संसार की छत कहा जाता है?
(a) पामीर का पठार (b) कोलम्बिया का पठार
(c) कोलोरैण्डो का पठार (d) बोलिविया का पठार

82 विश्व का सबसे ऊँचा एन्जिल जलप्रपात किस नदी पर स्थित है?
(a) अमेजन (b) कैरो (c) ऑरेंज (d) मडीरा

83 मिसीसिपी और मिसौरी दो प्रमुख नदियाँ अमेरिका के किस नगर में आपस में मिल जाती हैं?
(a) ह्यूस्टन (b) मिमामी (c) सेन्ट लुइस (d) बुफैलो

84 प्रमुख ऐतिहासिक नगर रोम किस नदी के किनारे बसा है?
(a) राइन (b) रीन (c) गो (d) टाइबर

85 'सिटी ऑफ गोल्डन गेट' के नाम से कौन-सा अमेरिकी नगर प्रसिद्ध है?
(a) फिलाडेल्फिया (b) सेन्फ्रांसिसको
(c) बोस्टन (d) न्यूयार्क

86 फिलाडेल्फिया किस उद्योग के संकेन्द्रण के लिए विश्व प्रसिद्ध माना जाता है?
(a) वायुयान निर्माण उद्योग (b) लौह-इस्पात उद्योग
(c) लोकोमोटिव उद्योग (d) जहाज निर्माण

87 यूरेनियम का सर्वाधिक उत्पादन करने वाला देश निम्नलिखित में कौन है?
(a) कनाडा (b) ऑस्ट्रेलिया
(c) कजाकिस्तान (d) दक्षिण अफ्रीका

88 अमेजन बेसिन में वर्षा वनों को किस स्थानीय नाम से जाना जाता है?
(a) लैनॉस (b) कैपॉस (c) सेल्वास (d) मोंटाना

89 शिकागों किस झील के किनारे अवस्थित है?
(a) सुपीरियर (b) मिशिगन (c) ईरी (d) ह्यूरॉन

90 मीठे पानी की सबसे बड़ी झील निम्नलिखित में से कौन है?
(a) अथबस्का (b) सुपीरियर
(c) वूलर (d) ताँबा

91 कनाडा की प्रमुख नदी मैकेन्जी नदी जो उत्तर की ओर प्रवाहित होती है, किस झील से निकलती है?
(a) ग्रेट बीयर (b) ग्रेट स्लेव (c) विनीपेग (d) अथबस्का

92 यूरोपीय महाद्वीप की सबसे लम्बी नदी वोल्गा अपना जल किसमें समाहित करती है?
(a) काला सागर (b) कैस्पियन सागर
(c) ब्यूफोर्ट सागर (d) अरल सागर

93 यूरोप और एशिया महाद्वीप को पृथक् करने वाली पर्वत श्रेणी है।
(a) कॉकेशस (b) पिनाइन (c) एटलस (d) यूराल

94 किस अफ्रीकी देश की सीमा विक्टोरिया झील से संलग्न नहीं है?
(a) तंजानिया (b) मोजाम्बिक
(c) युगाण्डा (d) केन्या

95 न्यूयॉर्क नगर किस नदी के किनारे अवस्थित है?
(a) पोटामैक (b) डेलावेयर
(c) हडसन (d) रियोग्राण्डे

96 'पर्ल ऑफ दी ऑरियण्ट' निम्नलिखित में से किस देश का भौगोलिक उपनाम है?
(a) दक्षिण कोरिया (b) सिंगापुर
(c) जापान (d) जावा

97 ''प्यासी भूमि का देश के नाम से किसे जाना जाता है?''
(a) ऑस्ट्रेलिया को (b) सहारा क्षेत्र को
(c) मंगोलिया को (d) अरब मरुस्थल को

98 विश्व का सबसे गहरा गर्त मेरियाना प्रशान्त महासागर में किस देश के पास स्थित है?
(a) ताइवान (b) जापान
(c) फिलिपीन्स (d) दक्षिण कोरिया

99 विश्व का सबसे लम्बा भूमिगत रेल मार्ग कारा किन दो नगरों को जोड़ता है?
(a) इस्ताम्बुल एथेन्स
(b) पेरिस बेलफास्ट
(c) पेरिस लन्दन
(d) पेरिस रॉटरडम

100 यूरोपीय महाद्वीप के किस देश को लपटों की भूमि वाला देश कहा जाता है?
(a) आर्मेनिया (b) अजरबैजान (c) रोमानिया (d) जॉर्जिया

101 ब्रह्माण्ड की उत्पत्ति से सम्बन्धित बिग-बैंग सिद्धान्त का प्रतिपादन किसने किया था?
(a) ऐब जार्ज लैमेन्टर (b) एडविन हब्बल
(c) डॉप्लर (d) अल्बर्ट आईन्सटीन

102 एडिवन हब्बल के किस सिद्धान्त ने यह प्रमाणित किया कि ब्रह्माण्ड का निरन्तर विस्तार हो रहा है?
(a) महाविस्पोट सिद्धान्त (b) डॉप्लर सिद्धान्त
(c) लॉर्ज हैड्रोन कोलाइजर सिद्धान्त
(d) साम्यावस्था सिद्धान्त

103 क्षुद्रग्रह किन दो ग्रहों के बीच पाए जाते हैं?
(a) शुक्र एवं पृथ्वी (b) बृहस्पति एवं शनि
(c) बुध एवं शुक्र (d) मंगल एवं बृहस्पति

104 कौन-सा एकमात्र क्षुद्र ऐसा है, जिसे नंगी आँखों से देखा जा सकता है?
(a) सुमेकर लेवी 9 (b) कैसिनी
(c) हैलियो (d) फोरवेस्टा

105 मन्दाकिनी क्या होता है?
(a) यह तारों का समूह है (b) छोटे क्षुद्र ग्रहों का समूह
(c) गैस और धूमकणों के बादल (d) आकाश गंगाओं का समूह

106 सौर मण्डल में कौन-कौन शमिल हैं?
(a) सूर्य (b) विभिन्न ग्रह एवं उपग्रह
(c) क्षुद्रग्रह, धूमकेतु, उल्का (d) उपरोक्त सभी

107 सूर्य में ऊर्जा की उत्पति का माध्यम क्या है?
(a) नाभिकीय विखण्डन (b) नाभिकीय संलयन
(c) सौर ज्वाला (d) अरोरा ऑस्ट्रेलिस

108 पृथ्वी के आन्तरिक ग्रह जिन्हे पार्थिव ग्रह कहते हैं?
(a) बुध (b) शुक्र (c) पृथ्वी (d) शनि

109 सूर्य की उम्र लगभग कितने वर्ष है?
(a) 5 बिलियन (b) 6 बिलियन (c) 4 बिलियन (d) 7 बिलियन

110 सूर्य के प्रकाश को पृथ्वी तक पहुँचने में कितना समय लगता है?
(a) 6 मिनट 16 सेकण्ड (b) 7 मिनट 16 सेकण्ड
(c) 8 मिनट 16 सेकण्ड (d) 9 मिनट 16 सेकण्ड

111 सूर्य से निकलने वाली सौर ज्वाला को उत्तरी ध्रुव पर क्या कहते हैं?
(a) अरौरा बोरियालिस (b) अरोरा आस्ट्रेलिस
(c) सौर कलंक (d) रेड शिफ्ट

112 हैली नामक धूमकेतु या पुच्छल तारे का परिभ्रमण काल कितने वर्ष का है?
(a) 74 वर्ष (b) 75 वर्ष
(c) 76 वर्ष (d) 77 वर्ष

113 पृथ्वी अपने अक्ष पर कितने डिग्री झुकी हुई है?
(a) $22\frac{1}{2}°$ (b) $23\frac{1}{2}°$ (c) $24\frac{1}{2}°$ (d) $25\frac{1}{2}°$

114 पृथ्वी पर दो अक्षांशों के बीच की दूरी कितनी है?
(a) 111 किमी (b) 121 किमी
(c) 131 किमी (d) 141 किमी

115 कितने डिग्री देशान्तर को अन्तर्राष्ट्रीय तिथि रेखा कहते हैं?
(a) 145° (b) 165° (c) 175° (d) 180°

116 पृथ्वी का औसत धनत्व कितना है?
(a) 4.5 (b) 5
(c) 5.5 (d) 6

117 निम्नलिखित ज्वालामुखियों में से कौन एक सक्रिय ज्वालामुखी है?
(a) पोपा (म्यांमार) (b) किलीमंजारो (अफ्रीका)
(c) क्राकाताओं (इण्डोनेशिया) (d) एटना (इटली)

118 निम्नलिखित ज्वालामुखियों में से कौन भू-मध्य सागर में लिपारी द्वीप पर स्थित है?
(a) कोटापैक्सी (b) स्ट्रामबोली (c) विसूवियस (d) किलीमंजारो

119 चट्टानों के अपरदन के फलस्वरूप किस प्रकार के पर्वत का निर्माण होता है?
(a) ब्लॉक पर्वत (b) अवशिष्ट पर्वत
(c) संचित पर्वत (d) वलित पर्वत

120 हिमालय, आल्पस और यूराल किस प्रकार के पर्वतों के उदाहरण हैं?
(a) संचित पर्वत (b) अवशिष्ट पर्वत
(c) वलित पर्वत (d) ब्लॉक पर्वत

121 वह स्थान जहाँ से भू-कम्पीय तरंगों की उत्पत्ति होती है, कहलाती है?
(a) भूकम्प मूल (b) भूकम्प केन्द्र
(c) अधिकेन्द्र (d) इनमें से कोई नही

122 भूकम्पीय तरंगों को मापने के लिए किस स्केल का प्रयोग किया जाता है?
(a) रिक्टर स्केल (b) मरकेली स्केल
(c) एल्टोमीटर (d) एनोमोमीटर

123 किस महाद्वीप में एक भी ज्वालामुखी नहीं है?
(a) अफ्रीका (b) यूरोप (c) द. अमेरिका (d) ऑस्ट्रेलिया

124 बालू पत्थर कायान्तरित होकर क्या बनता है?
(a) संगममर (b) क्वाट्जीइट
(c) प्लेट (d) हीरा

125 विश्व में सर्वाधिक भूकम्प किस पेटी में आते हैं?
(a) अण्टलाटिक पेटी (b) हिन्दमहासागर पेटी
(c) प्रशान्त पेटी (d) अण्टार्कटिका पेटी

126 वायुमण्डलीय दाब का मापन किस यन्त्र के द्वारा किया जाती है?
(a) हाइड्रोमीटर (b) हाइग्रोमीटर (c) रेडियोमीटर (d) बैरोमीटर

127 बैरोमीटर द्वारा वायुदाब मापन के समय पारे का अचानक नीचे को आना किस मौसमी गतिविधियों का संकेत है?
(a) मौसम साफ रहने की सम्भावना
(b) मूसलाधार बारिश की सम्भावना
(c) तूफान आने की सम्भावना
(d) तापमान में वृद्धि होने की सम्भावना

128 भूमध्य रेखा से 50° उत्तर एवं 5° दक्षिण में स्थित दाब पेटी क्षेत्र को क्या कहा जाता है?
(a) अश्व अक्षांश क्षेत्र (b) डोलड्रम क्षेत्र
(c) पोल्डर क्षेत्र (d) भूमध्यरेखी चक्षु

129 उपोष्ण उच्च दाब पेटी को अन्य किस प्रचलित नाम से जाना जाता है?
(a) अश्व अक्षांश क्षेत्र (b) डोलड्रम
(c) अयनवर्ती क्षेत्र (d) ट्रेड विण्ड जोन

130 उपध्रुवीय निम्न वायुदाब पेटी के निर्माण के लिए निम्नलिखित में कौन एक कारक जिम्मेदार है?
(a) घूर्णन गति (b) परिक्रमण गति
(c) ज्वारीय शक्ति (d) गुरुत्वाकर्षण बल

उत्तरमाला

1 (c)	2 (a)	3 (a)	4 (b)	5 (c)	6 (a)	7 (b)	8 (d)	9 (c)	10 (c)
11 (d)	12 (c)	13 (d)	14 (b)	15 (b)	16 (c)	17 (a)	18 (c)	19 (d)	20 (c)
21 (c)	22 (b)	23 (c)	24 (a)	25 (c)	26 (a)	27 (b)	28 (d)	29 (b)	30 (b)
31 (b)	32 (b)	33 (a)	34 (c)	35 (d)	36 (b)	37 (c)	38 (a)	39 (d)	40 (b)
41 (a)	42 (b)	43 (c)	44 (d)	45 (a)	46 (b)	47 (c)	48 (d)	49 (c)	50 (c)
51 (c)	52 (d)	53 (c)	54 (b)	55 (c)	56 (b)	57 (c)	58 (d)	59 (b)	60 (a)
61 (c)	62 (c)	63 (d)	64 (c)	65 (b)	66 (c)	67 (d)	68 (c)	69 (c)	70 (d)
71 (c)	72 (d)	73 (d)	74 (b)	75 (a)	76 (b)	77 (c)	78 (d)	79 (c)	80 (c)
81 (b)	82 (c)	83 (c)	84 (d)	85 (b)	86 (c)	87 (a)	88 (c)	89 (b)	90 (b)
91 (b)	92 (b)	93 (d)	94 (b)	95 (c)	96 (b)	97 (a)	98 (c)	99 (c)	100 (b)
101 (a)	102 (b)	103 (d)	104 (d)	105 (a)	106 (d)	107 (b)	108 (d)	109 (a)	110 (c)
111 (a)	112 (c)	113 (b)	114 (a)	115 (d)	116 (c)	117 (d)	118 (b)	119 (b)	120 (c)
121 (a)	122 (a)	123 (d)	124 (b)	125 (c)	126 (d)	127 (c)	128 (b)	129 (a)	130 (a)

भारत का भूगोल

भौतिक भूगोल

- भारत, उत्तर-पूर्वी गोलार्द्ध में स्थित क्षेत्रफल के हिसाब से विश्व का सातवाँ बड़ा देश है जिसका अक्षांशीय और देशान्तरीय विस्तार क्रमश: 8°4′ से 37°6′ तथा 68° 7′ से 97°25′ तक है।
- भारत का कुल क्षेत्रफल 32 लाख 87 हजार 263 किमी^{2} है एवं उत्तर से दक्षिण में इसका विस्तार 3,214 किमी है जबकी पूरब से पश्चिम में भारत 2,933 किमी तक फैला है।
- भारत विश्व के कुल क्षेत्रफल का 2.43%, जबकि इसकी जनसंख्या सम्पूर्ण विश्व की जनसंख्या का 17.5% है।
- भारत के समुद्र तट की लम्बाई 7516.6 किमी है जबकी मुख्य भूमि की तटीय लम्बाई 6100 किमी है, भारतीय राज्यों में गुजरात राज्य की तट रेखा सर्वाधिक लम्बी (1600 किमी) है। भारत के कुल 9 राज्य समुद्री तट रेखा से लगे हैं।
- भारत का सबसे दक्षिणी बिन्दु इन्दिरा प्वॉइण्ट है जो निकोबार द्वीप समूह में स्थित है जिसे पहले पिगमेलियन प्वॉइण्ट के नाम से जाना जाता था।
- भारत का सबसे उत्तरी बिन्दु इन्दिरा कॉल जम्मू-कश्मीर राज्य में है, जबकि पश्चिमी बिन्दु सरक्रीक (गुजरात) व पूर्वी बिन्दु वालांगू (अरुणाचल प्रदेश) में है।
- भारत की स्थलीय सीमा की लम्बाई 15,200 किमी है तथा भारत की सबसे लम्बी स्थलीय सीमा बांग्लादेश के साथ तथा सबसे छोटी सीमा-रेखा अफगानिस्तान के साथ है।

भारत की सीमा

भारत की सीमाओं से कुल 7 देश लगे हैं, *जो इस प्रकार हैं*

बांग्लादेश, चीन, पाकिस्तान, नेपाल, म्यांमार, भूटान, अफगानिस्तान हैं

- भारत एवं चीन के बीच 1914 में शिमला में मैकमोहन रेखा का निर्धारण किया गया था।
- भारत और पाकिस्तान के बीच 1896 ई. में सर डूरण्ड द्वारा सीमा-रेखा का निर्धारण किया गया था, परन्तु वर्तमान में यह रेखा अफगानिस्तान एवं पाकिस्तान के बीच सीमा-रेखा बनाती है तथा भारत एवं पाकिस्तान के बीच रेडक्लिफ रेखा 15 अगस्त, 1947 से मान्य हैं।
- श्रीलंका तथा भारत पाक जल-सन्धि तथा मन्नार की खाड़ी द्वारा अलग होता है। श्रीलंका भारत का निकटतम समुद्री पड़ोसी देश है तथा इसके पश्चात् इण्डोनेशिया सर्वाधिक निकटतम है।

भारत से गुजरने वाली प्रमुख रेखाएँ

- भारत का मानक समय इलाहाबाद के निकट मिर्जापुर से गुजरने वाली $82\frac{1}{2}°$ पूर्वी देशान्तर रेखा को माना गया है, जो भारत के 5 राज्यों उत्तर प्रदेश, मध्य प्रदेश, छत्तीसगढ़, ओडिसा, आन्ध्र प्रदेश से होकर गुजरती है।
- $23\frac{1}{2}°$ उत्तरी अक्षांश अर्थात् कर्क रेखा भारत के 8 राज्यों जिनमें राजस्थान, गुजरात, मध्य प्रदेश, छत्तीसगढ़, झारखण्ड, पश्चिम बंग, त्रिपुरा तथा मिजोरम से गुजरती है।
- पृथ्वी की चुम्बकीय विषुवत् रेखा दक्षिण भारत में त्रिवेन्द्रम से गुजरती है।

अन्तर्राष्ट्रीय स्थलीय सीमाओं पर स्थित भारतीय राज्य

देश	सीमा पर स्थित भारतीय राज्य
चीन	जम्मू-कश्मीर, उत्तराखण्ड, सिक्किम, अरुणाचल प्रदेश, हिमाचल प्रदेश
पाकिस्तान	गुजरात, पंजाब, जम्मू-कश्मीर, राजस्थान
नेपाल	उत्तर प्रदेश, बिहार, पश्चिम बंग, सिक्किम, उत्तराखण्ड
बांग्लादेश	पश्चिम बंग, असोम, मेघालय, त्रिपुरा, मिजोरम
म्यांमार	अरुणाचल प्रदेश, नागालैण्ड, मणिपुर, मिजोरम
भूटान	सिक्किम, पश्चिम बंग, असोम, अरुणाचल प्रदेश।

भारत में स्थित प्रमुख विभाजक रेखा

विभाजक	विभाजित क्षेत्र
8° चैनल	मालद्वीव व मिनिकॉय
9° चैनल	कावरत्ती व मिनिकॉय
10° चैनल	अण्डमान व निकोबार
ग्रैण्ड चैनल	इण्डोनेशिया और भारत
पाक खाड़ी	भारत व श्रीलंका
कोको स्ट्रेट	कोको द्वीप व उत्तरी अण्डमान
लक्षद्वीप सागर	लक्षद्वीप व मालाबार

भारतीय भू-आकृति

- भारत के क्षेत्रफल का 11% भाग पर्वतीय, 18% पहाड़ी, 28% पठारी एवं 43% मैदानी भाग स्थित हैं।
- भौतिक रचना तथा धरातल के स्वरूप के अनुसार, भारत को पाँच भागों में बाँटा गया है

1. उत्तरी पर्वतीय भाग
2. विशाल मैदान
3. प्रायद्वीपीय पठार
4. मरुस्थलीय प्रदेश
5. समुद्रतटीय मैदान

पर्वतीय क्षेत्र को चार भागों में बाँटा गया है

ट्रांस हिमालय क्षेत्र	काराकोरम, लद्दाख, जॉस्कर, K-2 (गॉडविन आस्टिन) काराकोरम की सर्वोच्च चोटी K2 है, जो भारत की सबसे ऊँची चोटी है।
हिमाद्रि/सर्वोच्च/वृहद् हिमालय	हिमालय की सबसे ऊँची चोटी। औसत ऊँचाई 6,000 मी है। एवरेस्ट इसी हिमालय का भाग है। कंचनजंघा, नंगापर्वत, नन्दादेवी, कॉमेट व नामचाबरवा।
हिमाचल श्रेणी/लघु/ मध्य हिमालय	पीरपंजाल, धौलाधर, मसूरी, नागटीबा एवं महाभारत श्रेणी पाई जाती है। गुलमर्ग, सोनमर्ग, बुग्याल, पयार के साथ-साथ शिमला, कुल्लू मनाली, मसूरी, दार्जिलिंग इसी हिमालय का भाग है।
शिवालिक /निम्न/बाह्य हिमालय	हिमालय का नवीनतम भाग है। इस हिमालय में काठमाण्डू घाटी दून या द्वार जैसे देहरादून, हरिद्वार यही स्थित है। शिवालिक का निचला भाग तराई कहलाता है।

- प्रायद्वीपीय पर्वत क्षेत्रों में अरावली, विन्ध्याचल, पश्चिमी घाट या सह्याद्रि श्रेणी शामिल है।
- अरावली भारत की सबसे प्राचीन पर्वत श्रेणी है, जो उत्तर-पश्चिम में स्थित है तथा इसकी सर्वोच्च चोटी गुरु-शिखर है, जो माउण्ट आबू की पहाड़ी पर स्थित है।
- सतपुड़ा ब्लॉक पर्वत का उदाहरण है, जिसके दोनों ओर नर्मदा तथा ताप्ती की भू-भ्रंश घाटियाँ स्थित हैं। सर्वोच्च चोटी धूपगढ़ी है।
- मैकाल पहाड़ी का सर्वोच्च शिखर अमरकण्टक है, जहाँ से नर्मदा एवं सोन नदी निकलती है।
- पश्चिमी घाट पर्वत का विस्तार ताप्ती नदी से लेकर कन्याकुमारी तक है, इस पर्वत को सह्याद्रि भी कहा जाता है एवं यह दो भागों उत्तरी सह्याद्रि एवं दक्षिणी सह्याद्रि में बँटा हुआ है।
- उत्तरी सह्याद्रि की सर्वोच्च चोटी कालसूबाई तथा दक्षिणी सह्याद्रि का सर्वोच्च शिखर केन्द्रेमुख है।

इस श्रेणी में चार प्रमुख दर्रे हैं

दर्रा	ऊँचाई	स्थिति
थाल घाट	580 मी	नासिक एवं मुम्बई के बीच
भोर घाट	630 मी	मुम्बई एवं पूणे के बीच
पाल घाट	305 मी	कोयम्बटूर एवं कोचीन के बीच
शेनकोटा	280 मी	तिरुअन्नतपुरम एवं मदुरै के बीच

- नीलगिरि की पहाड़ी तमिलनाडु में है, यह एक ब्लॉक पर्वत है जिसकी सबसे ऊँची चोटी डोडाबेट्टा (2637 मी) है, जो दक्षिण भारत की दूसरी सबसे ऊँची चोटी है, भारत का प्रसिद्ध क्षेत्र उटकमण्ड इसी पहाड़ी पर है।
- दक्षिण भारत का सर्वोच्च शिखर या चोटी अनाईमुडी हैं जो अन्नामलाई की चोटी है इसी के दक्षिण में कार्डेमम की पहाड़ी (केरल) में हैं।
- तमिलनाडु स्थित नीलगिरि के दक्षिण भाग में पाल घाट है जो पश्चिम एवं पूर्वी घाट का मिलन स्थल है।

भारत के तटीय क्षेत्र

- भारत का दक्षिणी भाग पूर्वी तट एवं पश्चिमी तट पर स्थित है।
- पूर्वी तट को तीन भागों में बाँटा गया है पहला कोरोमण्डल तट जो कन्याकुमारी से कृष्णा डेल्टा तक फैला है, दूसरा कृष्णा डेल्टा से गोदावरी डेल्टा तक का क्षेत्र गोलकुण्डा तट एवं गोदावरी से उत्तरी तटीय भाग को उत्तरी सरकार तट कहते हैं।
- पूर्वी तट पर पारादीप (ओडिशा), कोलकाता (प. बंगाल), विशाखापत्तनम (आन्ध्र प्रदेश), चेन्नई, तूतीकोरीन, एन्नौर (तमिलनाडु) स्थित है।
- भारत का पश्चिमी तट भी तीन भागों में बँटा है जो गुजरात से गोवा तक कोंकण तट, गोवा से कर्नाटक (बंगलुरू) तक कन्नड़ तट तथा बंगलुरू से कन्याकुमारी तक मालावार तट कहलाता है।
- पश्चिमी तट पर काण्डला (गुजरात), मुम्बई (महाराष्ट्र), मार्मागोवा (गोवा), बंगलुरू (कर्नाटक), कोच्चि (केरल), न्हावाशोवा (महाराष्ट्र) है।

द्वीप समूह

- अण्डमान निकोबार द्वीप समूह बंगाल की खाड़ी में स्थित है जो 247 छोटे-छोटे द्वीपों का समूह है, इसी द्वीप समूह में सैडल पीक नामक पर्वत चोटी है।
- लक्षद्वीप समूह अरब सागर में स्थित है जिसमें कुल 36 द्वीप हैं तथा यह प्रवाल निर्मित द्वीप समूह है।
- भारत में बैरन तथा नारकोण्डा नामक दो प्रसिद्ध ज्वालामुखी द्वीप हैं, बैरन द्वीप (अण्डमान एवं निकोबार द्वीप) एक सक्रिय ज्वालामुखी है।
- नारकोण्डम दो सुषुप्त ज्वालामुखी है।

उत्तर भारत का विशाल मैदान

- इसे सिन्धु-गंगा-ब्रह्मपुत्र का मैदान भी कहा जाता है इसका विस्तार लगभग 3200 किमी तक है एवं चौड़ाई 150 से 300 किमी है जिसका निर्माण जलोढ़ अवसादों से हुआ है।
- इस मैदान को धरातलीय स्वरूप से आधार पर चार भागों भाबर, तराई, बांगर, खादर में बाँटा गया है।
- भाबर प्रदेश का निर्माण हिमालय द्वारा लाई गई बजरी (कंकड़) पत्थर के निक्षेपण के द्वारा हुआ है। इस क्षेत्र में नदियाँ लुप्त हो जाती हैं।
- भाबर के दक्षिण में तराई का क्षेत्र पाया जाता है जो दलदली क्षेत्र होता है तथा यहाँ भाबर में विलुप्त नदियाँ दोबारा प्रकट होती हैं।
- नदियों द्वारा बहाकर लाई गई पुरानी जलोढ़ मिट्टी को बांगर कहते हैं, जबकी नई जलोढ़ मिट्टी को खादर मिट्टी कहते हैं।

भारत के प्रमुख दर्रे

राज्य	स्थित दर्रा
जम्मू-कश्मीर	बनिहाल, पीरपन्जाल, जोजिला, काराकोरम, बुर्जिल
हिमाचल प्रदेश	शिपकीला, रोहतांग, बड़ालाचा
उत्तराखण्ड	लिपुलेख, माना, नीति
सिक्किम	नाथूला, जैलेप्ला
अरुणाचल प्रदेश	बोमडिला, यांग्याप, दिफू
मणिपुर	तुजु

भारत की जलवायु

- भारत में मानसूनी जलवायु पाई जाती है जिस पर अक्षांशीय विस्तार, समुद्र से दूरी, उच्चावच, हिमालय पर्वत का व्यापक प्रभाव पड़ता है।
- भारत में मुख्य रूप से चार ऋतुएँ पाई जाती हैं जो मुख्यत: मानसूनी पवनों द्वारा समय-समय पर अपनी दिशा परिवर्तन के कारण होता है।

अवधि

शीत ऋतु	15 दिसम्बर - 15 मार्च
ग्रीष्म ऋतु	15 मार्च - 15 जून
वर्षा ऋतु	15 जून- 15 सितम्बर
शरद ऋतु	15 सितम्बर- 15 दिसम्बर

- जाड़े के दिनों में जनवरी-फरवरी में तमिलनाडु के तटों पर या कोटोमण्डल तट पर वर्षा लौटती हुई मानसून या उत्तर-पूर्वी मानसून के कारण होती है।
- ग्रीष्म ऋतु में चलने वाली तीव्र आर्द्र हवाओं को पूर्वी भारत में नार्वेस्टर एवं बंगाल में काल वैशाखी के नाम से जबकि कर्नाटक में इसे चेरी ब्लास्म (कॉफी वर्षा) भी कहा जाता हैं।
- आम की फसल के लिए लाभदायक होने के कारण इसे केरल में आम्र-वर्षा कहते हैं।
- भारत में अधिकांश वर्षा दक्षिण-पश्चिम मानसून के द्वारा होती है जो भारत की प्रायद्वीपीय आकृति के कारण दो शाखाओं में विभाजित हो जाता है
  1. अरब सागर की शाखा 2. बंगाल की खाड़ी की शाखा
- अरब सागर की शाखा सबसे पहले केरल में जून के प्रथम सप्ताह में आता है पश्चिम घाट से टकराकर केरल में भारी वर्षा कराता है।
- गारो खासी एवं जयन्तियाँ पहाड़ियों पर बंगाल की खाड़ी से आने वाली हवाएँ अधिक वर्षा लाती हैं, जिसके कारण यहाँ स्थित मासिनराम (मेघालय) विश्व में सर्वाधिक वर्षा प्राप्त करता है।
- मानसून की अरब शाखा बंगाल की खाड़ी के अपेक्षा तीन गुना अधिक वर्षा कराती है।
- तमिलनाडु पश्चिम घाट के पर्वत दृष्टि छाया क्षेत्र में पड़ता है। अत: यहाँ दक्षिण-पश्चिम मानसून द्वारा काफी कम वर्षा होती हैं यहाँ वर्षा उत्तर-पूर्वी मानसून से होती है।
- शरद ऋतु को मानसून का प्रत्यावर्त्तन का काल कहा जाता है। इसी ऋतु में बंगाल की खाड़ी एवं अरब सागर में उष्णकटिबन्धीय चक्रवातों की उत्पत्ति होती है।

भारत की प्रमुख झीलें

राज्य	झील	विशेषता
उड़ीसा	चिल्का	खारे पानी की लैगून झील
राजस्थान	साम्भर झील	सर्वाधिक खारा झील
जम्मूकश्मीर	वुलर झील	सबसे बड़ी मीठे पानी की झील
सिक्किम	चोलामू झील	सर्वाधिक ऊँचाई पर स्थित झील
महाराष्ट्र	लोनार झील	ज्वालामुखी उद्गार से निर्गित झील।
मणिपुर	लोकटक झील	पूर्वोत्तर में मीठे पानी की झील केवुललामजाओ नामक तैरता हुआ पार्क है।
केरल	बेम्बनाद झील	पश्चिमी तट पर, लैगून झील
	गोविन्द बल्लभ पन्त सागर	रिहन्द नदी पर, भारत की सबसे बड़ी कृत्रिम झील
राजस्थान	राणा प्रताप सागर	चम्बल नदी पर
मध्य प्रदेश	जवाहर सागर	चम्बल नदी पर

राज्य	झील
जम्मूकश्मीर	डल, वूलर, वेरीनाग, मानस बल, शेषनाग, अनन्तनाग
उत्तराखण्ड	सातताल, नैनीताल, राकासताल, मालाताल, देवताल, नौकुछियाताल
राजस्थान	राजसमन्द झील, पिछौला, साम्भर, जयसमन्द, फतेहसागर, डीडवाना
आन्ध्र प्रदेश	कोलरू झील
केरल	बेम्बनाड, अष्टमुदी, पेरियार

भारत की नदियाँ

- भारत में नदियों का विभाजन हिमालयी नदी तथा प्रायद्वीपीय अपवाह तन्त्र में बाँटा गया है।
- सिन्धु तन्त्र विश्व के विशालतम नदी तन्त्रों में से है तथा उसकी सहायक नदियों में सतलज, झेलम, चिनाव, रावी, व्यास, जास्कर, गोमल इत्यादि नदी हैं।
- सिन्धु में बायीं ओर से मिलने वाली नदियों में पंजाब की पाँच नदियाँ सतलज, व्यास, रावी, चिनाब और झेलम सबसे प्रमुख हैं।
- सिन्धु नदी का उद्भव तिब्बत के मानसरोवर झील के निकट चेमायंगडुंग ग्लेशियर से होता है।
- चिनाव, सिन्धु की सहायक नदी हैं जिसे हिमाचल प्रदेश में 'चन्द्रभागा' के नाम से जाना जाता है।

गंगा नदी तन्त्र

- उत्तराखण्ड के उत्तरकाशी जिले में गोमुख के निकट गंगोत्री हिमानी से गंगा का उद्गम हुआ है जो उद्गम के स्थान पर भागीरथी के नाम से जाना जाता है।
- गंगा नदी का नाम गंगा देवप्रयाग के बाद पड़ता है जहाँ अलकनन्दा एवं भागीरथी आपस में मिलती हैं।
- गंगा नदी, बांग्लादेश में पद्यमा के नाम से जानी जाती है।
- ब्रह्मपुत्र, नदी को बांग्लादेश में जमुना के नाम से जाना जाता है।
- गंगा की प्रमुख सहायक नदियों में सोन, घाघरा, कोसी, यमुना, दामोदर, गण्डक है।

ब्रह्मपुत्र तन्त्र

- ब्रह्मपुत्र नदी (तिब्बत में साँगपों या साँपू) मानसरोवर झील के निकट चोमयुंगडुंग हिमनद से निकलती है। इसका अपवाह तन्त्र तीन देशों तिब्बत, भारत एवं बांग्लादेश में है।
- पासी घाट के निकट दिवांग तथा लोहिन के मिलने के बाद इसका नाम ब्रह्मपुत्र हो जाता है।
- इसकी प्रमुख सहायक नदियों में सुबनसिरी, मानस, पगलादिया, कपिली, जिया भरेली, धन श्री प्रमुख हैं।
- बंगाल की खाड़ी में गिरने वाली प्रमुख नदी—महानदी (उड़ीसा), ब्रह्माजी, वैतरणी, स्वर्ण रेखा (छोटानागपुर पठार, राँची), गोदावरी, कृष्णा कावेरी, पेन्नार, ताम्रपर्णी नामक नदियाँ हैं।
- अरब सागर में गिरने वाली प्रमुख नदियों में नर्मदा, तापी (ताप्ती), साबरमती, माही, लूनी, घग्घर प्रमुख नदी हैं।

प्रायद्वीपीय अपवाह तन्त्र

- गोदावरी, प्रायद्वीपीय भारत की सबसे लम्बी नदी है जो महाराष्ट्र, आन्ध्र प्रदेश तथा मध्य प्रदेश से प्रवाहित होती है, तथा इसकी सहायक नदियों में प्रणाहिता, पूर्णा, पेनगंगा, वर्धा, वेनगंगा, इन्द्रावती है।

- कृष्णा, महाबलेश्वर से निकलकर महाराष्ट्र, कर्नाटक, आन्ध्र प्रदेश से प्रवाहित होती हुई बंगाल की खाड़ी में गिरती है जिसकी सहायक नदियों में कोयना, वर्णा, पंचगंगा, दूधगंगा, घाटप्रभा, मालप्रभा, भीमा, तुंगभद्रा और मूसा प्रमुख है।
- कावेरी नदी, कर्नाटक के कुर्ग जिले में ब्रह्मगिरि पहाड़ी से निकलती है तथा केरल, कर्नाटक एवं तमिलनाडु से प्रवाहित होती है, इसे 'दक्षिण की गंगा' के नाम से जाना जाता है जिसकी प्रमुख सहायक नदियों में शिमसा हेमावर्ती, कबबीनी है।
- नर्मदा का उद्गम अमरकण्टक से होता है तथा यह विन्ध्यांचल एवं सतपुड़ा के बीच भ्रंश घाटी होकर बहती है। यह नदी जबलपुर के नीचे भेड़ाघाट के पास कपिलधारा (धुँधाधर) जलप्रपात का निर्माण करती है।

नदी	उद्गम	संगम मुहाना	विशेषता
ताप्ती	बैतूल जिला (म. प्र.) के मुतताई के पास से,	सूरत के निकट खम्भात की खाड़ी	यह एश्च्युरी बनाता है।
महानदी	छत्तीसगढ़ के रायपुर जिले में सिहावा के समीप	बंगाल की खाड़ी	ब्राह्मणी एवं वैतरणी इसकी सहायक नदियाँ हैं।
लूनी	अजमेर जिले में स्थित नाग पहाड़ (अरावली पर्वत)	कच्छ का रण	यह खारी नदी हैं तथा कच्छ का रण में लुप्त हो जाती हैं।
सतलज	मानसरोवर झील के समीप राकसताल के निकट	चिनाब नदी	शिवालिक को काट कर पंजाब में प्रवेश
यमुना	बन्दरपूँछ पहाड़ी (यमुनोत्री हिमानी)	प्रयाग (इलाहाबाद) में गंगा नदी	चम्बल, केन, बेतवा इसकी प्रमुख सहायक नदी हैं
चम्बल	म. प्र. के मऊ के समीप जावा पाव पहाड़ी	इटावा (उ. प्र.) यमुना नदी	गहरे खड्ढों का निर्माण
कोसी	गोसाइथान चोटी के उत्तर में	कारागोला के दक्षिण-पश्चिम गंगा नदी	इसकी मुख्य धारा अरुण नदी है।
सोन	अमरकण्टक	पटना के समीप गंगा नदी	यह नर्मदा के समीप उद्गम करती है तथा दक्षिण से आकर गंगा में मिलती है।
गण्डक	नेपाल	पटना के समीप गंगा नदी	नेपाल में शालीग्रामी तथा मैदानी भाग में नारायणी के नाम से जानी जाती है।
तुंगभद्रा	कर्नाटक में प. घाट पहाड़	कृष्णा नदी	
झेलम	बेरीनाग (कश्मीर) के समीप शेषनाग झील	चिनाब नदी	

- सिन्धु भारत में केवल जम्मू-कश्मीर राज्य से होकर बहती है तथा इस नदी का जल 1960 के भारत-पाकिस्तान सिन्धु जल समझौते से विभाजित होता है।
- प्रायद्वीपीय नदियों का लम्बाई के अनुसार घटते क्रम में—गोदावरी, कृष्णा, नर्मदा, महानदी, कावेरी एवं ताप्ती है।

नदियों के किनारे बसे प्रमुख नगर

नगर	नदियाँ	नगर	नदियाँ
आगरा	यमुना	बद्रीनाथ	अलकनन्दा
अयोध्या	सरयू	कलकत्ता	हुगली
इलाहाबाद	गंगा, यमुना	लखनऊ	गोमती
कोटा	चम्बल	कानपुर	गंगा
फिरोजपुर	सतलज	दिल्ली	यमुना
डिब्रूगढ़	ब्रह्मपुत्र	जबलपुर	नर्मदा नदी
अहमदाबाद	सावरमती	हैदराबाद	मूसी
श्रीनगर	झेलम	वाराणसी	गंगा
विजयवाड़ा	कृष्णा	जौनपुर	गोमती
नासिक	गोदावरी	मथुरा	यमुना
उज्जैन	क्षिप्रा नदी	श्रीरंगपट्टनम	कावेरी

भारत के प्रमुख जलप्रपात

जलप्रपात	स्थिति	राज्य
जोग या गरसोप्पा	शरावती नदी	कर्नाटक
येन	नर्मदा नदी	
शिवसमुद्रम	कावेरी नदी	कर्नाटक
गोकक	गोकक नदी	कर्नाटक
पायकारा	नीलगिरि	तमिलनाडु
चूलिया	चम्बल नदी	राजस्थान
पुनासा	चम्बल नदी	राजस्थान
बिहार	टोंस नदी	उत्तर प्रदेश (बुन्देलखण्ड)
धुआँधार	नर्मदा नदी	म. प्र.
टुण्डरू	स्वर्णरेखा नदी	राँची

भारत के खनिज

खनिज पदार्थ	राज्य	राज्यों में उत्पादन क्षेत्र
लौह अयस्क	ओडिशा	सोनाई, व वयोंझर, मयूरभंज
	झारखण्ड	सिंहभूम, हजारीबाग, पलामू, धनबाद
	छत्तीसगढ़	बस्तर, दुर्ग, रायगढ़, बिलासपुर
	कर्नाटक	बेलारी, चिकमंगलूर
कोयला	झारखण्ड	घनबाद, सिंहभूम, गिरिडीह
	प. बंगाल	रानीगंज, आसनसोल
	छत्तीसगढ़	रायगढ़
	ओडिशा	देसगढ़, तलचर
	अरुणाचल प्रदेश	नामचिक, नामरूप
ताँबा	झारखण्ड	सिंहभूम, हजारीबाग
	राजस्थान	खेतड़ी, झूँझनु, भीलवाड़ा, सिरोही
	कर्नाटक	चीतल, दुर्ग, हासन
	म. प्रदेश	बालाघाट
अभ्रक	आन्ध्र प्रदेश	नेल्लोर
	झारखण्ड	पलामू
	गुजरात	खेड़ा
	म. प्र.	कटनी, बालाघाट, जबलपुर
बॉक्साइड	ओडिशा	
	झारखण्ड	कोडरमा, हजारीबाग
	बिहार	गया, मुंगेर

खनिज पदार्थ	राज्य	राज्यों में उत्पादन क्षेत्र
	महाराष्ट्र	नागपुर, भण्डारा, रत्नागिरि
पेट्रोलियम	असम	डिग्बोई, सूरमा घाटी
	गुजरात	खम्भात, अंकलेश्वर
	महाराष्ट्र	बाम्बे हाई
यूरेनियम	झारखण्ड	राँची, हजारीबाग, सिंहभूम
जस्ता	राजस्थान	उदयपुर
	ओडिशा	
	जम्मूकश्मीर	

भारत की मिट्टी

मिट्टी के नाम	क्षेत्र	मुख्य विशेषता
जलोढ़	गंगा, यमुना दोआब क्षेत्र	पोटाश की बहुलता, नाइट्रोजन, फॉस्फोरस, ह्यूमस की कमी बांगर, खादर दो प्रकार की होती है। गेहूँ, धान, मक्का, तिलहन, दलहन का उत्पादन
काली मिट्टी/ रेगुर मिट्टी	गुजरात, महाराष्ट्र, मध्य प्रदेश उड़ीसा के पश्चिमी क्षेत्र, तमिलनाडु	बेसाल्ट चट्टानों से निर्माण, आयरन, चूना एल्युमीनियम की प्रधानता, जीवांश की उपस्थिति काली कपासी मिट्टी कहा जाता है। कपास की खेती के लिए उपयुक्त
लाल मिट्टी	आन्ध्र प्रदेश, म. प्रदेश का पूर्वी भाग छोटानागपुर का पठारी क्षेत्र, महाराष्ट्र तमिलनाडु, कर्नाटक	अम्लीय युक्त, नाइट्रोजन फॉस्फोरस की कमी मिट्टी का लाल रंग लौह ऑक्साइड की उपस्थिति के कारण कपास, गेहूँ, दाले तथा मोटे अनाजों की कृषि होती है।
लैटेराइट मिट्टी	केरल, महाराष्ट्र, असोम	आर्द्रता एवं शुष्कता से चट्टानों में हुआ क्रमिक निक्षालन से निर्माण, आयरन एवं सिलिका की बहुलता इलायची की खेती के लिए उपर्युक्त, काजू तथा बागानी खेती।

भारत में सिंचाई

भारत में सिंचाई परियोजना को तीन भागों में बाँटा गया है

- वृहद् सिंचाई परियोजना—10,000 हेक्टेयर से अधिक कृषि योग्य भूमि
- मध्यम सिंचाई परियोजना—2,000-10,000 हेक्टेयर कृषि योग्य भूमि
- लघु सिंचाई परियोजना—2000 हेक्टेयर से कम कृषि योग्य भूमि
- भारत में कुल सिंचित क्षेत्र का 37% बड़ी एवं मध्यम सिंचाई परियोजना के अधीन तथा 63% छोटी सिंचाई योजनाओं के अधीन है।
- सर्वाधिक सिंचाई भारत में कुआँ एवं नलकूप से 55.9% होती है।
- भारत में कुंआ और नलकूप सिंचाई का प्रमुख साधन है तथा भारत के कुल शुद्ध बोये गए क्षेत्र के लगभग 33% भाग पर सिंचाई सुविधा उपलब्ध है।
- प्रायद्वीपीय भारत में सिंचाई का प्रमुख साधन तालाब है। तालाब द्वारा सर्वाधिक सिंचाई तमिलनाडु में होती है।

भारत की कृषि

- भारत के कुल क्षेत्रफल का लगभग 51% भाग पर कृषि की जाती है तथा देश की लगभग 2/3 जनसंख्या का निर्वाह कृषि से होता है।
- भारत में कृषि राज्य सूची का विषय है।

भारत की प्रमुख फसलें

खाद्यान्न फसलें—चावल, गेहूँ, मक्का, दालें, ज्वार, बाजरा, रागी, जौ

व्यवसायिक फसलें—गन्ना, तिलहन, सरसों, मूँगफली, तिल, फल, रबड़, सब्जी

पेय फसल—चाय, कहवा, तम्बाकू

रेशेदार फसल—कपास, जूट, सन, पटुआ, मेस्टा

फसल और उनके प्रमुख उत्पादक क्षेत्र

फसल	प्रमुख उत्पादक क्षेत्र
सेब	हिमाचल प्रदेश, जम्मू-कश्मीर
केला	महाराष्ट्र, गुजरात, तमिलनाडु, केरल
काली मिर्च	केरल, कर्नाटक, तमिलनाडु
काजू	कर्नाटक, सिक्किम, केरल, तमिलनाडु
केसर	जम्मू-कश्मीर
इलायची	कर्नाटक, सिक्किम, केरल, तमिलनाडु
लौंग	केरल
सन्तरा	महाराष्ट्र, कर्नाटक, तमिलनाडु, मेघालय, सिक्किम

- भारत विश्व में चावल उत्पादन में विश्व में दूसरा एवं गेहूँ उत्पादन में भी विश्व में दूसरा स्थान रखता है।
- भारत में हरित क्रान्ति की शुरुआत 1967-68 में डॉ. स्वामीनाथन के प्रयासों से हुई थी, जिसमें खाद्यान्न उत्पादन बढ़ाना मूल उद्देश्य था।
- हरित क्रान्ति का सबसे अधिक प्रभाव गेहूँ और चावल पर पड़ा।
- प्रथम हरित क्रान्ति के पश्चात् 1983-84 में द्वितीय हरित क्रान्ति की शुरुआत की गई जो अधिक अनाज उत्पादन, निवेश एवं कृषकों को दी जाने वाली सेवाओं के विस्तार से सम्बन्धित था।
- ऋतुओं के आधार पर भारत में फसलों को रबी, खरीफ तथा जायद तीन भागों में बाँटा गया है।
- गेहूँ, जौ, चना, मटर, सरसों, आलू रबी की फसलों में शामिल हैं तथा खरीफ फसलों में धान, गन्ना, तिलहन, ज्वार, बाजरा, मक्का, अरहर शामिल हैं।
- राई, उड़द, मूँग, तरबूज, खरबूजा, ककड़ी, खीरा ये जायद फसले हैं।

भारत की बहुउद्देशीय परियोजना

परियोजना	नदी	सम्बन्धित राज्य
भाखड़ा नांगल	सतलुज	पंजाब, हरियाणा, हिमाचल प्रदेश, राजस्थान
दामोदर घाटी	दामोदर	झारखण्ड, पश्चिम बंगाल
हीराकुण्ड	महानदी	ओडिशा
चम्बल	चम्बल	राजस्थान, मध्य प्रदेश
तुंगभद्रा	तुगभंद्रा	तेलंगाना, कर्नाटक
माताटीला	बेतवा	उत्तर प्रदेश, मध्य प्रदेश
सरदार सरोवर	नर्मदा	म. प्र., महाराष्ट्र, गुजरात, राजस्थान
इडुक्की	पेरियार	केरल
दुलहस्ती	चिनाब	जम्मू-कश्मीर
स्वर्ण रेखा	स्वर्ण रेखा	ओडिशा, झारखण्ड
शिव समुद्रम	कावेरी	कर्नाटक

परियोजना	नदी	सम्बन्धित राज्य
महानदी	महानदी	ओडिशा
सतलुज	चिनाब	जम्मू-कश्मीर
शरावती	शरावती	कर्नाटक
बगलहिहार	चिनाब	जम्मू-कश्मीर
तुलबुल	झेलम	जम्मू-कश्मीर
सरहिन्द	सतलुज	हरियाणा
वाणसागर	सोन	बिहार, उत्तर प्रदेश, मध्य प्रदेश
भीमा परियोजना	पवना	महाराष्ट्र
जायकावाड़ी	गोदावरी	महाराष्ट्र
सलाल	चिनाब	जम्मू-कश्मीर
नाथपा-झाकरी	सतलुज	हिमाचल प्रदेश

भारत के उद्योग

लौह इस्पात उद्योग

- देश में पहला लौह इस्पात कारखाना स्थापित 1874 ई. में बराकर नदी के किनारे कुल्टी नामक स्थान पर किया गया था तथा इसके पश्चात् बड़े पैमाने पर 1907 ई. में स्वर्ण रेखा नदी घाटी में साकची नामक स्थान पर जमशेद जी टाटा द्वारा स्थापित किया गया था।
- स्वतन्त्रता पूर्व भारतीय लौह इस्पात कम्पनी (1918), मैसूर आयरन एण्ड स्टील वर्क्स (1923) तथा स्टील कॉरपोरेशन ऑफ बंगाल (1937) की स्थापना की गई थी।

स्वतन्त्रता पश्चात् स्थापित लौह इस्पात उद्योग

लौह इस्पात उद्योग	वर्ष	अवस्थिति	सहयोगी देश
भिलाई इस्पात संयन्त्र	1955	भिलाई	सोवियत संघ
हिन्दुस्तान स्टील लिमिटेड राउरकेला	1955	ओडिशा (राउरकेला)	पश्चित जर्मनी
हिन्दुस्तान स्टील लिमिटेड दुर्गापुर	1956	पश्चिम बंगाल (दुर्गापुर)	ब्रिटेन
बोकारो स्टील प्लाण्ट	1968	झारखण्ड (बोकारो)	सोवियत संघ
सलेय इस्पात संयन्त्र		सलेम (तमिलनाडु)	

एल्युमीनियम उद्योग

- पहला कारखाना 1937 में पं. बंगाल में जे. के. नगर में स्थापित किया गया था।
- 1938 में चार कारखाने तत्कालीन बिहार राज्य के मुरी, केरल के अल्वाय, पश्चिम बंगाल के वेलूर तथा ओडिशा के हीराकुण्ड में स्थापित किए गए।
- हिन्दुस्तान एल्युमीनियम कार्पोरेशन (हिण्डाल्को) की स्थापना तत्कालीन मध्य प्रदेश के कोरबा नामक स्थान पर की गई थी, वर्तमान में यह छत्तीसगढ़ में है।

सूती वस्त्र उद्योग

- 1818 में कलकत्ता में फोर्ट ग्लास्टर में सूती वस्त की आधुनिक मिल की स्थापना की थी।
- 1854 में कवास जी डावर द्वारा पहला सफल कारखाना खोला गया।
- मुम्बई को भारत के सूती वस्त्रों की राजधानी कहा जाता है जबकि कानपुर को उत्तर-भारत का मैनचेस्टर कहा जाता है।
- कोयम्बटूर को दक्षिण भारत का मैनचेस्टर एवं अहमदाबाद को भारत का **बोस्टन** कहा जाता है।

कुछ अन्य महत्त्वपूर्ण उद्योग

उद्योग	वर्ष	स्थापना	महत्त्वपूर्ण स्थान
जूट उद्योग	1859	रिशरा में	पं. बंगाल-टीटागढ़, रिशरा, शिवपुर, बिहार, पूर्णिया, कटिहार, सहरसा, दरभंगा, उ.प्र- कानपुर, सहजनवाँ
चीनी उद्योग	1903		उ.प्र.- देवरिया, पड़रौना, गोरखपुर, सिसवाँ, बलरामपुर, गोण्डा, बुलन्दशहर बिहार-मोतिहारी, सुगौली, चनपटिया, नटकटियागंज, पदौरा, सासामूसा, मोतीपुर, दरभंगा, चम्पारण
कागज उद्योग	1879	लखनऊ	मध्य प्रदेश का नेपानगर अखबारी कागज तथा होशंगाबाद में नोट छापने का कारखाना हैं। पं. बंगाल टीटागढ, रानीगंज, कोलकात्ता गुजरात-पापी, सूरत, बड़ोदरा

रेल उपकरण उद्योग

- 26 जनवरी, 1950 को चितरंजन (पं. बंगाल) में चितरंजन लोकोमोटिव वर्क्स के नाम से हुआ था।
- 1952 में चेन्नई के समीप पेराम्बूर में रेल डिब्बा बनाने का कारखाना स्थापित हुआ।
- पंजाब में कपूरथला में इंटीग्रल कोच फैक्ट्री, रायबरेली (उ. प्र.) कचरापारा (पं. बंगाल) में रेलवे कोच फैक्ट्री की स्थापना की जा रही है।
- बिहार के मढ़ौरा में डीजल इंजन व मधेपुरा में विद्युत इंजन कारखाना लगाया जा रहा है।

रासायनिक उद्योग

- 1906 में तमिलनाडु के रानीपेट में फॉस्फेट उर्वरक का पहला कारखाना लगाया गया था।
- 1947 में अमोनियम सल्फेट का पहला कारखाना केरल के अल्वाय में खोला गया।
- 1951 में सिन्दरी में भारतीय उर्वरक निगम की स्थापना की गई थी।
- उत्तर प्रदेश के शाहजहाँपुर एवं जगदीशपुर में गैस आधारित उर्वरक कारखाना स्थापित किया गया है।

जलयान निर्माण उद्योग

जलयान निर्माण का पहला कारखाना 1941 ई. में सिन्धिया स्टील नेवीगेशन कम्पनी द्वारा विशाखापत्तनम में स्थापित किया गया था,

सार्वजनिक क्षेत्र की अन्य इकाइयाँ निम्न हैं

गार्डेनरीच वर्कशॉप लिमिटेड—कोलकात्ता (पं. बंगाल)

गोवा शिपयार्ड लिमिटेड—गोवा

मझगाँव डाक लिमिटेड—मुम्बई (महाराष्ट्र)

रेशम उद्योग

- भारत में शहतूत, एरी, तसर एवं मूँगा सभी चार किस्मों की रेशम का उत्पादन होता है।
- मूँगा रेशम के उत्पादन में भारत को एकाधिकार प्राप्त हैं।

- भारत में कर्नाटक सर्वाधिक कच्चे रेशम का उत्पादन करता है।
- गैर-शहतूती रेशम मुख्यत: असम, बिहार और मध्य प्रदेश में उत्पादित होता है।
- प्रमुख रेशम उद्योग केन्द्र

बिहार—भागलपुर, गया, पटना

उत्तर प्रदेश—मिर्जापुर, वाराणसी, शाहजहाँपुर

तमिलनाडु—सलेम, तन्जौर, कोयम्बटूर, तिरुचिरापल्ली

गुजरात—अहमदाबाद, सूरत, भावनगर, पोरबन्दर

पं. बंगाल—मुर्शिदाबाद, चौबीस परगना

भारत में परिवहन

सड़क परिवहन

- भारत की सड़क प्रणाली विश्व की दूसरी बड़ी सड़क प्रणाली है जिसमें राष्ट्रीय राजमार्गों की लम्बाई देश की कुल सड़कों की लम्बाई का मात्र 2% है परन्तु राष्ट्रीय राजमार्ग कुल सड़क यातायात का 40% भाग वहन करता है।
- भारत में सड़क परिवहन को राष्ट्रीय राजमार्ग के राज्यों के राज्यमार्ग तथा अन्य सड़कों में विभजित है।
- भारत का सबसे लम्बा राष्ट्रीय राजमार्ग 44 है जो जम्मू-कश्मीर से तमिलनाडु के कन्याकुमारी तक जाता हैं।
- राष्ट्रीय राजमार्ग संख्या 1 तथा 2 को सम्मिलित रूप से ग्राण्ड ट्रंक रोड कहा जाता है।
- भारत का सबसे छोटा राष्ट्रीय राजमार्ग 548 व 118 जिनकी लम्बाई 5-5 किमी है। जो केरल के बेम्बनाद झील में स्थित वेलिंगटन द्वीप में है।
- स्वर्णिम चतुर्भुज योजना 5846 किमी लम्बा है जो चार महानगरों दिल्ली, मुम्बई, चेन्नई तथा कोलकाता को जोड़ता हैं।
- राष्ट्रीय राजमार्ग विकास कार्यक्रम के अन्तर्गत बनने वाली उत्तर-दक्षिण गलियारा से श्रीनगर को कन्याकुमारी से तथा पूर्व-पश्चिम गलियारा से सिलचर से पोरबन्दर को जोड़ता है। यह गलियारा एक-दूसरे को झाँसी में काटता है। इस गलियारा की लम्बाई 7,522 किमी है।
- भारत में सड़कों को सर्वाधिक पनत्व केरल में तथा सबसे कम जम्मू कश्मीर में है।
- जवाहर सुरंग, राष्ट्रीय राजमार्ग संख्या 1A में जम्मू-कश्मीर में स्थित है।
- विश्व की सबसे ऊँची सड़क उमलिंग-ला सड़क मार्ग है।
- भारत में सड़कों की कुल लम्बाई की दृष्टि से महाराष्ट्र, प्रथम स्थान पर है।
- प्रधानमन्त्री ग्राम सड़क योजना के अन्तर्गत 500 आबादी वाले सभी गाँवों को बारहमासी सड़कों से जोड़ने का लक्ष्य बनाया गया है।

रेल परिवहन

- भारतीय रेल परिवहन विश्व की दूसरी तथा एशिया की सबसे बड़ी रेल व्यवस्था है जिसकी शुरुआत 1853 में लॉर्ड डलहौजी के काल में मुम्बई से थाणे के बीच हुई थी।
- भारतीय रेलवे बोर्ड की स्थापना मार्च 1905 ई. में की गई थी एवं भारतीय रेल का राष्ट्रीयकरण 1950 ई. में हुआ था।
- भारतीय रेल प्रशासन तथा प्रबन्ध की जिम्मेदारी रेलवे बोर्ड पर है तथा भारत में रेलवे को 18 मण्डलों में बाँटा गया है।
- रेल वित्त को 1924-25 के बाद एटवर्थ कमेटी की सिफारिश पर सामान्य राजस्व से अलग किया गया, परन्तु 2017 के बजट में दोबारा रेल वित्त को सामान्य वित्त में मिला लिया गया।
- भारत में पहली मेट्रो रेल सेवा कोलकाता में दमदम से टॉलीगंज तक कुल 16.45 किमी तक चली थी।
- दिल्ली मेट्रो सेवा 25 दिसम्बर, 2002 को तीस हजारी से शाहदरा के बीच जापान व कोरिया की सहायता से शुरू हुआ था।
- बंगलुरू मेट्रो की शुरुआत 20 अक्टूबर, 2011 को नम्मा मेट्रो के नाम से तथा 2014 में मुम्बई मेट्रो की शुरुआत की गई है।
- सर्वाधिक तेज गति से चलने वाली रेलगाड़ी—गतिमान एक्सप्रेस 160 किमी/घण्टा (निजामुद्दीन से आगरा)
- सर्वाधिक दूरी तय करने वाली रेलगाड़ी—विवेक एक्सप्रेस (4286 किमी) डिब्रूगढ़ से कन्याकुमारी।
- कोंकण रेलवे परियोजना के तहत् रोहा (महाराष्ट्र) से मंगलौर (कर्नाटक) के बीच 760 किमी लम्बे रेलमार्ग का निर्माण किया गया है। यह रेलमार्ग महाराष्ट्र, गोवा, कर्नाटक राज्यों से होकर गुजरता है।

जल परिवहन

- *देश के जलमार्गों को दो भागों में बाँटा गया है,* आन्तरिक अथवा अन्तर्देशीय जल परिवहन एवं जहाजरानी परिवहन, अन्तर्देशीय जलमार्गों के विकास के लिए 1986 में आन्तरिक जल परिवहन प्राधिकरण का गठन किया गया था।
- आन्तरिक जलमार्गों के अन्तर्गत 1986 में हल्दिया (कोलकाता) से इलाहाबाद (उत्तर प्रदेश) को राष्ट्रीय जलमार्ग संख्या-1 घोषित किया गया है।
- भारत में 13 बड़े तथा 185 छोटे एवं मंझोले बन्दरगाह हैं।
- भारत में प्रमुख बन्दरगाहों में कोच्चि (केरल), विशाखापत्तनम (आन्ध्र प्रदेश), पारादीप (उड़ीसा), तूतीकोरीन (तमिलनाडु) मार्मागोवा (गोवा), काण्डला (गुजरात), न्यू मंगलुरू (कर्नाटक), न्हावाशोवा (महाराष्ट्र) एन्नौर (तमिलनाडु) है।

प्रमुख बन्दरगाहों से सम्बन्धित तथ्य

बन्दरगाह	तथ्य
मुम्बई	देश का सबसे बड़ा बन्दरगाह
विशाखापत्तनम	सर्वश्रेष्ठ प्राकृतिक बन्दरगाह (बंगाल की खाड़ी) सबसे गहरा बन्दरगाह
काण्डला	ज्वारीय बन्दरगाह, मुत्र व्यापार क्षेत्र वाला
चेन्नई	कृत्रिम बन्दरगाह, भारत का सबसे प्राचीन बन्दरगाह है।
दाहेज (गुजरात)	रासायनिक बन्दरगाह
कलकाता	नदीय बन्दरगाह

भारत के राष्ट्रीय जलमार्ग

	राजमार्ग	स्थान	किमी
1.	राष्ट्रीय जलमार्ग सं. 01	इलाहाबाद से हल्दिया (1986)	1620
2.	राष्ट्रीय जलमार्ग सं. 02	सादिया से घुबरी (1988)	891
3.	राष्ट्रीय जलमार्ग सं. 03	कोब्लम से कोहापुरम (1991)	168
4.	राष्ट्रीय जलमार्ग सं. 04	काकीनाड़ा से पुदुचेरी (2008)	1028
5.	राष्ट्रीय जलमार्ग सं. 05	तलचर (उड़ीसा) से धमरा (2008)	623
6.	राष्ट्रीय जलमार्ग सं. 06	तखीमपुर से भाँगा (बराक नदी)	121

वायु परिवहन

- भारत में वायु परिवहन की शुरुआत 1911 ई. में इलाहाबाद से नैनी के बीच डाक सेवा के रूप में शुरू किया गया।
- 1933 ई. में इण्डियन नेशनल एयरवेज कम्पनी की स्थापना हुई तथा 1953 ई. में भारतीय विमान निगम तथा एयर इण्डिया की स्थापना हुई।
- 1981 में देश में घरेलू उड़ान के लिए मेघदूत नामक निगम की स्थापना की गई थी।
- 31 मार्च, 2007 को इण्डियन एयरलाइन्स व एयर इण्डिया का आपस में विलय कर दिया गया तथा इसका मुख्यालय मुम्बई में स्थापित किया गया।
- ग्रीनफिल्ड हवाई अड्डा ऐसे हवाई अड्डे से दूर नए स्थल पर बिलकुल नवीन हवाई अड्डा स्थापित किया गया।
- ग्रीनफील्ड हवाई अड्डा वैसे हवाई अड्डे बनाया जाता हैं।
- इन्दिरा गांधी राष्ट्रीय उड़ान अकादमी एक स्वात्त संस्था है, जो फुर्सतगंज, रायबरेली, उत्तर प्रदेश में है। यह पायलटों को प्रशिक्षण देता है।
- भारतीय विमानपत्तनम प्राधिकारण का गठन 1 अप्रैल, 1995 को किया गया था।

खनिज	राज्य	क्षेत्र
चाँदी	राजस्थान	जावर खान
	कर्नाटक	चित्र दुर्ग, बेलारी
	आन्ध्र प्रदेश	कुडघा, गुण्टुर
	झारखण्ड	सन्यालपरगना, सिंहभूम
थोरियम	राजस्थान	पाली, भीलवाड़ा
टिन	छत्तीसगढ़	बस्तर (सम्पूर्ण भण्डार एवं उत्पादन)

- मुम्बई हाई की खोज 1965 में की गई थी तथा ONGC द्वारा यहाँ तेल का उत्पादन 1974 में शुरू किया गया था।
- विश्व में लौह उत्पादन में भारत का स्थान चौथा एवं कोयला उत्पादन में तीसरा स्थान है।
- भारत बॉक्साइड खनिज के क्षेत्र में आत्मनिर्भर है तथा भारत में बॉक्साइड का उत्पादन सबसे अधिक ओडिशा में होता है।
- देश के कुल स्वर्ण उत्पादन का 96% भाग अकेले कर्नाटक राज्य द्वारा उत्पादित होता है।
- राजस्थान चाँदी उत्पादन में प्रथम स्थान रखता है।
- विश्व का सबसे बड़ा थोरियम निर्माता देश भारत है।
- लिग्नाइट का सर्वाधिक भण्डार तमिलनाडु में है।

भारत की प्रमुख जनजातियाँ

- भारत की 15वीं जनगणना 2011 के अनुसार, भारत में अनुसूचित जनजाति की संख्या देश की कुल जनसंख्या का 8.6% है जिसमें सर्वाधिक अनुसूचित जनजाति जनसंख्या मध्य प्रदेश में पाई जाती है।
- प्रतिशता के आधार पर सर्वाधिक अनुसूचित जनजाति मिजोरम 94.4%) में पाई जाती है जबकि हरियाणा एवं पंजाब में कोई भी अनुसूचित जनजाति निवास नहीं करती है।

भारत की प्रमुख जनजातियों का विवरण

राज्य	जनजातियाँ
नागालैण्ड	नागा, नबुई नागा, कोन्यक
मणिपुर	कूकी, मैठी
मेघालय	गारो, खासी, मिकिर एवं जयन्तियाँ
मिजोरम	लाखार, पावी, मीजो
अरुणाचल प्रदेश	मोपा, डाफ्ला, आपातानी, मेजी मिश्मी, मिनयोग
सिक्किम	लेरचा, लिम्बू
छत्तीसगढ	कवरढ़ा, मुरिया
मध्य प्रदेश	भील लम्बाड़ी, मूरिया, बैगा, मुण्डा, कोल, कमार
झारखण्ड	सन्थाल, हो मुण्डा, बिरहोर, कोरबा, केला असूर
राजस्थान	मीणा, भील गरसिया, बंजारा, कोली, खारी, कलबेला
हिमाचल प्रदेश	गद्दी, किन्नौर, जदा, बकरावल, गुज्जर, गद्दी
जम्मू-कश्मीर	बकरावल, गुज्जर
उत्तराखण्ड	थारू, भोटिया, खस, बुक्सा जौनसारी, रानी, शौक
गुजरात	भील, बंजारा, कोली, डबला
आन्ध्र प्रदेश	चैचू, कौढ़स, सवारा, बंजारा, लंबाडा
अण्डमान निकोबार	अडण्मानी, निकोबारी, सैटलीज, औजे, जारवा
असोम	गारो, खासी, जयन्तियाँ, लुशाई, मीरी
महाराष्ट्र	वार्ली, बंजारा, भील, कोली।

भारत के प्रमुख भौगोलिक उपनाम

कोयला नगरी	धनबाद	क्वीन ऑफ डेकन	पुणे
पाँच नदियों की भूमि	पंजाब	मसालों का बगीचा	केरल
सात टापुओं का नगर	मुम्बई	पूर्व का पेरिस	जयपुर
फलोधान का स्वर्ग	सिक्किम	त्योहारों का नगर	मदुरै
डायमण्ड हार्बर	कोलकाता	बगीचों का शहर	कपूरथला
भारत का प्रवेश द्वार	मुम्बई	ब्लु माउण्टेन	नीलगिरि की पहाड़ियाँ
मन्दिरों घाटों का नगर	वाराणसी	एशिया की अण्डों की टोकरी	आन्ध्र प्रदेश
राजस्थान का गौरव	चित्तौड़गढ़	अरब सागर की रानी	कोच्चि
गुलाबी नगर	जयपुर	ताला नगरी	अलीगढ़
झीलों का नगर	श्रीनगर	राष्ट्रीय राजमार्गों का चौराहा	कानपुर
इलेक्ट्रॉनिक नगर	बंगलुरू	जुड़वाँ नगर	हैदराबाद-सिकन्दराबाद

भारत के प्रमुख वन्य जीव अभयारण्य

राज्य	वन्य जीव अभयारण्य
झारखण्ड	पलागू (बेतला), दाल्मा, हजारीबाग
गुजरात	गिर, नल सरोवर
राजस्थान	घानी पक्षीबिहार, रणथम्मौर कुम्भलगढ़
कर्नाटक	भद्रा, बाँदीपुर, सोमेश्वर, तुंगभद्रा
तेलंगाना	पाखाल वन्य जीव, कावला वन्य जीव अभयारण
असम	मानस, काजीरंगा (एक सींग वाले गैण्डे)
तमिलनाडु	वेदान्तगल, इन्दिरा गाँधी, मुदुमलाई
केरल	पेरियार, पराम्बिकुलम
जम्मू-कश्मीर	डाचीगम, किश्तवाड, हेमीस
महाराष्ट्र	पेंच, तंसा, बोरीवली
पंजाब	अबोहर
उत्तर प्रदेश	चन्द्रप्रभा, दुधवा
हिमाचल प्रदेश	रोहिला राष्ट्रीय उद्यान
मेघालय	नौगर वाइलेम अभ्यारण्य
मणिपुर	कीबुल लामजाओं राष्ट्रीय उद्यान
हरियाणा	सुल्तानपुर झील अभ्यारण्य
अरुणाचल	परबुई वन्य जीव

भारत के प्रमुख अभयारण्य

राज्य	बाघ अभयारण्य	राज्य	बाघ अभयारण्य
असम	काजीरांगा, मानस नेसेरी	अरूणाचल प्रदेश	नामदफा, पाकुई
कर्नाटक	बाँदीपुर, नागरहोल, भद्रा दान्देली-अंशी, नीलगिरि रंगनाथ	छत्तीसगढ़	इन्द्रावती, अचानकमार उदन्ती सीतानदी
आन्ध्र प्रदेश	श्री नागार्जुन सागर, श्री सैलम	केरल	पेरियार, पारम्बिकुलम
मध्य प्रदेश (टाइगर स्टेट)	बाँधवागढ, सतपुड़ा, कान्हा, पन्ना, पेंच, संजय डुबरी	महाराष्ट्र	मेलघाट, पैच, तडोब-मंघरी, सह्याद्री, नवेगांव नागरिरा बोर
तमिलनाडु	कालकड-मुन्दथुोई अन्नामलाई मृदुमलाई, सत्यमंगलम	ओडिशा	सिमलीपाल सतकोशियो
पं. बंगाल	बुक्सा सुन्दरवन	राजस्थान	रणथभमौर, सरिस्का मुकुन्द्रा पहाड़ी
बिहार	वाल्मीकि नगर	उत्तराखण्ड	जिम कार्बेट

✓ अति महत्त्वपूर्ण प्रश्न

1 भारत के कुल क्षेत्रफल का कितने प्रतिशत भाग मैदानी है?
(a) 11% भाग (b) 18% भाग (c) 28% भाग (d) 43% भाग

2 भौतिक रचना तथा धरातल के स्वरूप के आधार पर भारत को कितने भागों में बाँटा गया हैं?
(a) चार भाग (b) पाँच भाग
(c) छः भाग (d) सात भाग

3 भारत की सबसे ऊँची चोटी K-2 (गाडविन आस्टिन) किस पर्वत शृंखला का भाग है?
(a) कराकोरम (b) लद्दाख
(c) जास्कर (d) पीरपंजाल

4 विश्व की सबसे ऊँची चोटी हिमालय किस श्रेणी का भाग है?
(a) ट्रांस हिमालय (b) हिमाद्री हिमालय
(c) हिमाचल हिमालय (d) शिवालिक हिमालय

5 भारत में हिमालय की सबसे ऊँची चोटी कौन-सी है?
(a) नन्दादेवी (b) नामचाबरवा
(c) कंचनजंघा (d) ऐवरेस्ट

6 विश्व की सबसे ऊँची पर्वत चोटी एवरेस्ट किस देश में अवस्थित है?
(a) भारत (b) भूटान
(c) चीन (d) नेपाल

7 निम्नलिखित में से कौन-सी पर्वत शृंखला हिमालय का नवीनतम् भाग है?
(a) ट्रांस हिमालय क्षेत्र (b) वृहद् हिमालय
(c) हिमाचल हिमालय (d) शिवालिक हिमालय

8 शिवालिक का निचला भाग क्या कहलाता है?
(a) भाबर (b) खादर (c) तराई (d) बांगर

9 शिमला, कुल्लु, मनाली, मसूरी, दार्जिलिंग आदि प्रसिद्ध पर्यटक स्थल किस हिमालय क्षेत्र के भाग हैं
(a) हिमाचल हिमालय (b) शिवालिक हिमालय
(c) हिमाद्री हिमालय (d) ट्रांस हिमालय

10 वृहद् हिमालय की औसत ऊँचाई कितनी है?
(a) 5000 मी (b) 6000 मी
(c) 6500 मी (d) 7000 मी

11 निम्नलिखित में से कौन-सी पर्वत श्रेणी भारत की सबसे पुरानी पर्वत श्रेणी है?
(a) हिमालय (b) पश्चिमी घाट
(c) पूर्वी घाट (d) अरावली श्रेणी

12 अरावली पर्वत श्रेणी की सबसे ऊँची चोटी कौन-सी है?
(a) गुरु शिखर (b) धूपगढ़
(c) कलसूबाई (d) दोदाबेटा

13 निम्नलिखित में से कौन-सी पर्वत शृंखला ब्लॉक पर्वत का उदाहरण है?
(a) अरावली (b) सतपुड़ा
(c) हिमालय (d) पश्चिमी घाट

14 सतपुड़ा श्रेणी की सबसे ऊँची चोटी कौन-सी है?
(a) गुरु शिखर (b) दोदाबेटा
(c) धूपगढ़ (d) कल सुबाई

15 अमरकंटक किस पहाड़ी की सर्वोच्च शिखर है?
(a) सतपुड़ा (b) मैकाल
(c) नीलगिरि (d) शिवालिक

16 सोन एवं नर्मदा नदी का उद्गम स्थल कहाँ है?
(a) अमरकंटक (b) धूपगढ़ (c) गुरु शिखर (d) कलसूबाई

17 पश्चिमी घाट का विस्तार कहाँ से तक हैं?
(a) नर्मदा से गोवा तक
(b) ताप्ती नदी से कन्याकुमारी तक
(c) सूरत से कोच्चि तक
(d) नासिक से कन्याकुमारी तक

18 नासिक एवं मुम्बई के बीच कौन-सा दर्रा स्थित है?
(a) थाल घाट (b) भोर घाट
(c) पाल घाट (d) सेनकोट्टा

19 भोर घाट किन दो शहरों को जोड़ता है?
(a) तिरुवन्तपुरम एवं मदुरै (b) कोयम्बटूर एवं कोचीन
(c) नासिक एवं मुम्बई (d) मुम्बई एवं पुणे

20 कोयम्बटूर एवं कोचीन के बीच स्थित पाल घाट की ऊँचाई क्या है?
(a) 580 मी (b) 630 मी
(c) 305 मी (d) 280 मी

21 नीलगिरि की पहाड़ी भारत के किस राज्य में स्थित हैं?
(a) आंध्र प्रदेश (b) कर्नाटक
(c) केरल (d) तमिलनाडु

22 नीलगिरि की सबसे ऊँची चोटी दोदाबेटा की ऊँचाई कितनी है?
(a) 2435 मी (b) 2565 मी
(c) 2637 मी (d) 2737 मी

23 दक्षिण भारत का सर्वोच्च शिखर कौन-सा हैं?
(a) डोडाबेटा (b) अनाईमुदी
(c) कलसुबाई (d) कुदरेमुख

24 कन्याकुमारी से कृष्णा डेल्टा तक के बीच का क्षेत्र कौन-सा तट कहलाता है?
(a) कोरोमण्डल तट (b) गोलकुण्डा तट
(c) उत्तरी सरकार (d) मालाबार तट

25 पूर्वी तट पर स्थित पाराद्वीप बन्दरगाह किस राज्य में स्थित हैं?
(a) पश्चिम बंगाल (b) उड़ीसा
(c) आन्ध्र प्रदेश (d) तमिलनाडु

26 भारत के पश्चिमी तट पर स्थित गुजरात से गोवा तक के तट को किस नाम से जाना जाता है?
(a) मालाबार तट (b) कोंकण तट
(c) कन्नड़ तट (d) कोरोमण्डल तट

27 अण्डमान-निकोबार द्वीप समूह की सबसे ऊँची चोटी कौन-सी है?
(a) माउण्ट हैरियट (b) बैरन
(c) माउण्ट मैककिनले (d) सैडल पीक

28 भारत का एक मात्र सक्रिय ज्वालामुखी किस द्वीप पर स्थित है?
(a) नारकोण्डम (b) लिटिल अण्डमान
(c) साऊथ अण्डमान (d) बैरन

29 उत्तरी भारत के विशाल मैदान का कौन-सा भाग कंकर-पत्थरों के निक्षेप से निर्मित हुआ है?
(a) खादर (b) बांगर (c) भाबर (d) तराई

30 नदियों द्वारा बहाकर लाई गई जलोढ़ मिट्टी को क्या कहते हैं?
(a) खादर (b) बांगर (c) भाबर (d) तराई

31 ''बनिहाल'' दर्रा भारत के किस राज्य में स्थित है?
(a) हिमाचल प्रदेश (b) उत्तराखण्ड
(c) सिक्किम (d) जम्मू कश्मीर

32 मान, नीति, लिपुलेख दर्रे भारत के किस राज्य में अवस्थित हैं?
(a) सिक्किम (b) मणिपुर
(c) उत्तराखण्ड (d) हिमाचल प्रदेश

33 जाड़े के दिनों में तामिलनाडु के तटों पर वर्षा किस कारण से होती है?
(a) मानसून (b) लौटता मानसून
(c) पश्चिमी विक्षोभ (d) चक्रवात

34 ग्रीष्म ऋतु में चलने वाली तीव्र आर्द हवाओं को बंगाल में किस नाम से जाना जाता है?
(a) काल वैशाखी (b) काफी वर्षा
(c) नार्वेस्टर (d) आम्र वर्षा

35 भारत में अधिकांश वर्षा किसके द्वारा होती है?
(a) उत्तरी-पूर्वी मानसून (b) पश्चिमी विक्षोभ
(c) उष्णकटिबन्धीय चक्रवात
(d) दक्षिण-पश्चिम मानसून

36 मानसून भारत में सबसे पहले किस राज्य में प्रवेश करता है?
(a) तमिलनाडु (b) महाराष्ट्र
(c) केरल (d) उड़ीसा

37 भारत की मीठे पानी की झील ''वुलर झील'' भारत के किस राज्य में स्थित है?
(a) जम्मू-कश्मीर (b) सिक्किम
(c) मणिपुर (d) राजस्थान

38 केबुललामझाओ नामक तैरता हुआ पार्क जो 'लोकटक झील' में अवस्थित है, भारत के किस राज्य में है?
(a) केरल (b) मणिपुर
(c) सिक्किम (d) मिजोरम

39 भारत की सबसे बड़ी कृत्रिम झील कौन-सी है?
(a) राणा प्रताप सागर (b) जवाहर सागर
(c) गोविन्द वल्लभ पन्त सागर (d) गाँधी सागर

40 'कोलेरू झील' भारत के किस राज्य में स्थित है?
(a) आंध्र प्रदेश (b) केरल
(c) महाराष्ट्र (d) तेलंगाना

41 क्षेत्रफल के हिसाब से भारत का विश्व में कौन-सा स्थान है?
(a) पाँचवा (b) सातवाँ
(c) आठवाँ (d) दसवाँ

42 विश्व के कुल क्षेत्रफल का कितना प्रतिशत भाग भारत का है?
(a) 2.43% (b) 3.43% (c) 3.73% (d) 4.21%

43 भारत के किस राज्य की तट रेखा सर्वाधिक लम्बी है?
(a) आन्ध्र प्रदेश (b) तमिलनाडु
(c) गुजरात (d) महाराष्ट्र

44 भारत की सबसे उत्तरी बिन्दु का नाम क्या है?
(a) सियाचिन (b) इन्दिरा कौल
(c) कारगिल (d) इन्दिरा प्वॉइन्ट

45 भारत की सबसे लम्बी स्थलीय सीमा किस देश के साथ है?
(a) पाकिस्तान (b) चीन
(c) म्यांमार (d) बांग्लादेश

46 भारत की स्थलीय सीमा कितने देशों से लगी है?
(a) पाँच (b) छ:
(c) सात (d) आठ

47 'डूरण्ड लाइन' किन दो देशों के बीच स्थित है?
(a) भारत-चीन (b) भारत-पाक
(c) भारत-अफगानिस्तान (d) भारत-बांग्लादेश

48 कर्क रेखा भारत के कितने राज्यों से होकर गुजरती है?
(a) सात राज्य (b) आठ राज्य
(c) नौ-राज्य (d) दस राज्य

49 पृथ्वी की चुंबकीय रेखा कहाँ से गुजरती है?
(a) कन्याकुमारी (b) विशाखापट्टनम
(c) त्रिवेन्द्रम (d) कोच्चि

50 पाक जल सन्धि किन दो देशों के बीच स्थित हैं?
(a) भारत-श्रीलंका (b) भारत-मालदीव
(c) भारत-बांग्लादेश (d) भारत-इण्डोनेशिया

51 निम्न में से किस राज्य की सीमा चीन से नहीं मिलती?
(a) गुजरात (b) सिक्किम
(c) अरुणाचल प्रदेश (d) उत्तराखण्ड

52 म्यांमार की सीमा किस भारतीय राज्य से मिलती है?
(a) पश्चिम बंगाल (b) आसाम
(c) त्रिपुरा (d) मिजोरम

53 10° चैनल निम्न में से किसे अलग करता है?
(a) कावारती व मिनिकॉय (b) अण्डमान व निकोबार
(c) इण्डोनेशिया और भारत (d) लक्षयद्वीप व मालाबार

54 कोको जलसन्धि किन दो क्षेत्रों को विभाजित करती है?
(a) कोको द्वीप व कार निकोबार को
(b) कोको द्वीप व मध्य अण्डमान को
(c) कोको द्वीप व ग्रेट निकोबार को
(d) कोको द्वीप व उत्तरी अण्डमान को

55 सन् 1818 में किस स्थान पर सर्वप्रथम सूती वस्त्र की आधुनिक मिल स्थापित की गई?
(a) कोलकाता (b) बम्बई
(c) अहमदाबाद (d) कानपुर

56 उत्तर-भारत का मैनचेस्टर किस शहर को कहा जाता है?
(a) कानपुर (b) दिल्ली
(c) कोलकाता (d) अमृतसर

57 मध्य प्रदेश का नेपानगर क्यों प्रसिद्ध है?
(a) जूट उद्योग (b) चीनी उद्योग
(c) कागज उद्योग (d) रेल उपकरण

58 वर्ष 1906 में भारत में फास्फेट उर्वरक का पहला कारखाना कहाँ स्थापित किया गया?
(a) हैदराबाद के बेगमपेट (b) तमिलनाडु के रानीपेट
(c) उत्तर प्रदेश के कानपुर (d) गुजरात का सूरत

59 जलयान निर्माण का पहला कारखाना वर्ष 1941 में सिन्धिया स्वीम नेवीगेशन कम्पनी द्वारा कहाँ स्थापित किया गया?
(a) सूरत (b) पाराद्वीप
(c) विशाखापट्टनम् (d) गोवा

60 सार्वजनिक क्षेत्र की कम्पनी गार्डनरीच वर्कशाप लिमिटेड कहाँ स्थित है?
(a) कोलकाता (b) मुम्बई
(c) चेन्नई (d) कोच्चि

61 भारत का कौन-सा राज्य कच्चे रेशम का सर्वाधिक उत्पादन करता है?
(a) आन्ध्र प्रदेश (b) कर्नाटक
(c) तमिलनाडु (d) बिहार

62 भारत में राष्ट्रीय राजमार्गों की कुल लम्बाई देश की कुल सड़कों का कितना प्रतिशत है?
(a) 2% (b) 4% (c) 6% (d) 8%

63 देश का सबसे लम्बा राष्ट्रीय राजमार्ग जो श्रीनगर से कन्याकुमारी को जोड़ता है, कौन-सा है?
(a) NH 40 (b) NH 42
(c) NH 44 (d) NH 46

64 भारत का सबसे छोटा राष्ट्रीय राजमार्ग कौन-सा है?
(a) 45-A (b) 46-A (c) 47-A (d) 48-A

65 स्वर्णिम चतुर्भुज योजना जो भारत के चार महानगरों दिल्ली, मुम्बई, चेन्नई और कोलकाता को आपस में जोड़ती हैं की कुल लम्बाई कितनी है?
(a) 5646 किमी (b) 5760 किमी
(c) 5846 किमी (d) 5860 किमी

66 भारत में सड़कों का सर्वाधिक घनत्व किस राज्य में है?
(a) तमिलनाडु (b) आन्ध्र प्रदेश
(c) महाराष्ट्र (d) केरल

67 भारत में सड़कों की कुल लम्बाई की दृष्टि से कौन-सा राज्य प्रथम स्थान पर है?
(a) उत्तर प्रदेश (b) महाराष्ट्र
(c) आन्ध्र प्रदेश (d) तमिलनाडु

68 भारत में रेल का राष्ट्रीयकरण किस वर्ष हुआ?
(a) वर्ष 1950 (b) वर्ष 1951
(c) वर्ष 1952 (d) वर्ष 1953

69 भारत की सबसे तेज गति से चलने वाली रेलगाड़ी कौन सी है?
(a) राजधानी एक्सप्रेस (b) तेजस एक्सप्रेस
(c) गतिमान एक्सप्रेस (d) विवेक एक्सप्रेस

70 भारत की सबसे लम्बी दूरी तय करने वाली ट्रेन कौन-सी है?
(a) हिमसागर एक्सप्रेस (b) कालका मेल
(c) गतिमान एक्सप्रेस (d) विवेक एक्सप्रेस

71 भारत में आन्तरिक जल परिवहन प्राधिकरण का गठन किस वर्ष किया गया?
(a) वर्ष 1985 (b) वर्ष 1986
(c) वर्ष 1987 (d) वर्ष 1988

72 देश का सबसे बड़ा बन्दरगाह कौन-सा है?
(a) विशाखापट्टनम (b) कांडला
(c) चेन्नई (d) मुम्बई

73 भारत का राष्ट्रीय जलमार्ग संख्या 1 कहाँ से कहाँ तक है?
(a) इलाहाबाद से हल्दिया
(b) सादिया से धुबरी
(c) काकीनाडा से पुदुचेरी
(d) कोल्लम से कोड़ापुरम

74 "पोटाश की बहुलता" किस प्रकार की मिट्टी की विशेषता है?
(a) काली मिट्टी (b) लाल मिट्टी
(c) जलोढ़ मिट्टी (d) लैटराइट मिट्टी

75 कपास की खेती के लिए कौन-सी मिट्टी उपयुक्त होती हैं?
(a) जलोढ़ मिट्टी (b) काली मिट्टी
(c) लाल मिट्टी (d) लैटराइट मिट्टी

76 प्रायद्वीपीय भारत में सिंचाई का प्रमुख साधन क्या है?
(a) कुँआ (b) नहर (c) बाँध (d) तलाब

77 भारत में हरित क्रान्ति का सर्वाधिक प्रभाव किस फसल पर पड़ा था?
(a) गेहूँ और चावल (b) मोटे अनाज
(c) दलहन (d) पशुपालन

78 भाखड़ा नांगल बाँध किस नदी पर अवस्थित है?
(a) महानदी (b) सतलज
(c) नर्मदा (d) कावेरी

79 बगलिहार परियोजना किस नदी पर है?
(a) झेलम (b) चिनाब (c) सोन (d) चम्बल

80 भिलाई इस्पात संयत्र की स्थापना किस देश के सहयोग से की गई थी?
(a) पश्चिमी जर्मनी (b) ब्रिटेन
(c) सोवियत संघ (d) कनाडा

81 भारत में एल्युमीनियम उद्योग का पहला कारखाना कहाँ स्थापित किया गया?
(a) मध्य प्रदेश का कोरबा
(b) ओडिशा का हीराकुड
(c) पश्चिम बंगाल का जे. के. नगर
(d) पश्चिम बंगाल के वेलूर

82 विश्व में लौह उत्पादन में भारत का कौन-सा स्थान है?
(a) पहला (b) दूसरा (c) तीसरा (d) चौथा

83 भारत में बॉक्साइड का सर्वाधिक उत्पादन कौन-सा राज्य करता है?
(a) कर्नाटक (b) ओडिशा
(c) राजस्थान (d) तमिलनाडु

84 भारत में सर्वाधिक अनुसूचित जनजाति जनसंख्या किस राज्य में पाई जाती हैं?
(a) छत्तीसगढ़ (b) उत्तर-प्रदेश
(c) मध्य प्रदेश (d) हरियाणा

85 प्रतिशत के आधार पर सर्वाधिक अनुसूचित जनजाति किस राज्य में पाई जाती है?
(a) त्रिपुरा (b) मिजोरम
(c) नागालैण्ड (d) मणिपुर

86 कूकी जनजाति भारत के किस राज्य में पाई जाती है?
(a) नागालैण्ड (b) मेघालय
(c) सिक्किम (d) मणिपुर

87 बकरवाल और गुजरवाल जनजातियाँ भारत के किस राज्य में पाई जाती है?
(a) जम्मू एवं कश्मीर (b) उत्तराखण्ड
(c) गुजरात (d) राजस्थान

88 भारत का कौन-सा शहर सात टापुओं का नगर कहलाता है?
(a) पंजाब (b) मुम्बई
(c) कोलकाता (d) जमशेदपुर

89 पूर्व का पेरिस किस नगर को कहा जाता है?
(a) केरल (b) कन्नौज (c) जयपुर (d) कोच्ची

90 मन्दिरों का नगर भारत का कौन-सा शहर है?
(a) वाराणसी (b) कन्नौज
(c) एलोरा (d) इलाहाबाद

91 निम्नलिखित में से कौन-सी जनजाति भारत के सिक्किम राज्य में पाई जाती है?
(a) मीणा (b) गारो
(c) धारू (d) लेप्चा

92 भारत के किस राज्य में एक भी अनुसूचित जनजाति निवास नहीं करती?
(a) पश्चिम बंगाल (b) हरियाणा
(c) राजस्थान (d) केरल

93 किस शहर को अरब सागर की रानी कहा जाता है?
(a) चेन्नई (b) कोच्चि
(c) नेगपट्टनम (d) गोवा

94 सर्वाधिक सोने का उत्पादन करने वाला राज्य कौन-सा है?
(a) आन्ध्र प्रदेश (b) मध्य प्रदेश
(c) कर्नाटक (d) तमिलनाडु

95 कोयला उत्पादन में भारत का विश्व में कौन-सा स्थान है?
(a) तीसरा (b) चौथा (c) पाँचवाँ (d) छठा

96 भारत का कौन-सा राज्य चाँदी के उत्पादन में प्रथम स्थान रखता है?
(a) छत्तीसगढ (b) झारखण्ड
(c) राजस्थान (d) कर्नाटक

97 चिनाव किसकी सहायक नदीं है?
(a) गंगा (b) सिन्धु
(c) ब्रह्मपुत्र (d) कावेरी

98 शरावती नदी पर स्थित जोग जलप्रपात भारत के किस राज्य में स्थित है?
(a) तमिलनाडु (b) केरल
(c) कर्नाटक (d) गोवा

99 राजस्थान स्थित खेतरी की खान किस धातु के उत्पादन हेतु प्रसिद्ध है?
(a) ताँबा (b) अभ्रक
(c) यूरेनियम (d) जस्ता

100 हैदराबाद किस नदी के किनारे बसा है?
(a) कावेरी (b) कृष्णा
(c) गोदावरी (d) मूसी

101 झेलम, व्यास, जास्कर, गोमल आदि नदियाँ किस नदी की सहायक नदियाँ हैं?
(a) ब्रह्मपुत्र (b) सिन्धु
(c) गंगा (d) गोदावरी

102 भारत की कौन-सी नदी हिमाचल प्रदेश में ''चन्द्रभागा'' के नाम से जानी जाती है?
(a) सतलज (b) सिन्धु
(c) व्यास (d) चिनाब

103 गंगा नदी अपने उद्गम स्थल पर किस नाम से जानी जाती है?
(a) भागीरथी (b) पद्मा
(c) अलकनन्दा (d) जमुना

104 गंगा नदी, बांग्लादेश में किस नाम से जानी जाती है?
(a) सांगपो (b) भागीरथी
(c) पद्मा (d) जमुना

105 दामोदर और गण्डक नदियाँ किस नदी की सहायक नदी हैं?
(a) सोन नदी (b) ब्रह्मपुत्र नदी
(c) सिन्धु नदी (d) गंगा नदी

106 निम्नलिखित नदियों में से कौन-सी नदी तिब्बत में "सांगपो" के नाम से जानी जाती है?
(a) सतलज नदी (b) ब्रह्मपुत्र नदी
(c) गंगा नदी (d) चिनाब नदी

107 पासी घाट के निकट किन दो नदियों के मिलने से बह्मपुत्र नदी का उद्‌गम होता है?
(a) दिबांग तथा लोहित
(b) मानस तथा सुबनसिरी
(c) दिबांग तथा धन श्री
(d) मानस तथा लोहित

108 निम्नलिखित में से कौन-सी नदी अरब सागर में गिरती है?
(a) गोदावरी (b) महानदी
(c) कावेरी (d) नर्मदा

109 प्रायद्वीपीय भारत की सबसे लम्बी नदी कौन-सी है?
(a) गंगा (b) कावेरी
(c) गोदावरी (d) कृष्णा

110 पेनगंगा, वेनगंगा एवं प्राणहित्ता किस नदी की सहायक नदियाँ हैं?
(a) गोदावरी (b) कृष्णा
(c) ब्रह्मपुत्र (d) कावेरी

111 कावेरी नदी का उद्‌गम स्थल निम्न में से क्या है?
(a) नासिक का त्रियम्बक पठार
(b) कर्नाटक की ब्रह्मगिरि पहाड़ी
(c) सहयाद्री की महाबलेश्वर पहाडी
(d) विंध्याचल का अमरकंटक

112 अमरकंटक की पहाड़ी से किस नदी का उद्‌गम होता है?
(a) ताप्ती (b) यमुना (c) नर्मदा (d) गोदावरी

113 निम्नलिखित में से कौन-सी नदी एश्चुएरी बनाती है?
(a) महानदी (b) सतलज
(c) चम्बल (d) ताप्ती

114 चम्बल, सिन्ध, बेतवा, केन किस नदी की सहायक नदी हैं?
(a) सोन (b) गण्डक
(c) यमुना (d) झेलम

115 कौन-सी नदी नेपाल में शालीग्राम के नाम से जानी जाती है?
(a) कोसी (b) सोन
(c) गण्डक (d) ब्रह्मपुत्र

116 कौन-सा राज्य भारत में केसर की खेती हेतु प्रसिद्ध है?
(a) जम्मू एवं कश्मीर (b) केरल
(c) पंजाब (d) हरियाणा

117 भारत में हरित-क्रान्ति की शुरुआत किस वर्ष हुई?
(a) वर्ष 1965-66 (b) वर्ष 1966-67
(c) वर्ष 1967-68 (d) वर्ष 1968-69

118 धुआँधार जल प्रपात किस नदी पर स्थित है?
(a) कृष्णा (b) गोदावरी
(c) शरावती (d) नर्मदा

119 तालाब द्वारा सर्वाधिक सिंचाई भारत के किस राज्य में होती है?
(a) केरल (b) आन्ध्र प्रदेश
(c) तमिलनाडु (d) उड़ीसा

120 लौंग के उत्पादन हेतु भारत का कौन-सा राज्य प्रसिद्ध है?
(a) केरल (b) कर्नाटक
(c) गुजरात (d) तमिलनाडु

उत्तरमाला

1	(d)	2	(b)	3	(a)	4	(b)	5	(c)	6	(d)	7	(d)	8	(c)	9	(a)	10	(b)
11	(d)	12	(a)	13	(b)	14	(c)	15	(b)	16	(a)	17	(b)	18	(a)	19	(d)	20	(c)
21	(d)	22	(c)	23	(b)	24	(a)	25	(b)	26	(b)	27	(d)	28	(d)	29	(c)	30	(b)
31	(d)	32	(c)	33	(b)	34	(a)	35	(d)	36	(c)	37	(a)	38	(b)	39	(c)	40	(a)
41	(b)	42	(a)	43	(c)	44	(b)	45	(d)	46	(c)	47	(c)	48	(b)	49	(c)	50	(a)
51	(a)	52	(d)	53	(b)	54	(d)	55	(a)	56	(a)	57	(c)	58	(b)	59	(c)	60	(a)
61	(b)	62	(a)	63	(c)	64	(c)	65	(c)	66	(d)	67	(b)	68	(a)	69	(c)	70	(d)
71	(b)	72	(d)	73	(a)	74	(c)	75	(b)	76	(d)	77	(a)	78	(b)	79	(b)	80	(c)
81	(c)	82	(d)	83	(b)	84	(c)	85	(b)	86	(d)	87	(a)	88	(b)	89	(c)	90	(a)
91	(d)	92	(b)	93	(b)	94	(c)	95	(a)	96	(c)	97	(b)	98	(c)	99	(a)	100	(d)
101	(b)	102	(d)	103	(a)	104	(c)	105	(d)	106	(b)	107	(a)	108	(d)	109	(c)	110	(a)
111	(b)	112	(c)	113	(d)	114	(c)	115	(c)	116	(a)	117	(b)	118	(d)	119	(c)	120	(a)

पर्यावरण और पारिस्थितिकी

- पर्यावरण सभी जैविक तथा अजैविक तत्त्वों का सम्मिश्रण है, जिसके मुख्य रूप से तीन घटक होते हैं- भौतिक, जैविक तथा ऊर्जा संघटक
- भौतिक संघटकों के अन्तर्गत स्थल, वायु, जल शामिल है तथा जैविक संघटक में सभी जीवित प्राणी एवं पादपों को शामिल किया जाता है
- पर्यावरण के जैविक एवं अजैविक तत्त्वों को परस्पर क्रियाशीलता से पारिस्थितिकी की रचना होती है, इस शब्द का प्रयोग सर्वप्रथम अर्नेस्ट हेकेल ने 1869 ई. में किया था।
- पारिस्थितिकी तन्त्र का सर्वप्रथम प्रयोग ए जी टांसले ने 1935 में किया था।
- पारिस्थितिकी तन्त्र के प्रमुख घटकों में उत्पादक, उपभोक्ता तथा अपघटक शामिल हैं, जो मूल रूप से जैविक घटक होते हैं।
- उत्पादक स्वपोषी हरे पौधे होते हैं जो प्रकाश की उपस्थिति में प्रकाश संश्लेषण द्वारा अपना भोजन स्वयं बनाते हैं, जबकि उपभोक्ता वर्ग में वे जीव शामिल हैं, जो उत्पादकों का प्रत्यक्ष एवं अप्रत्यक्ष रूप से भक्षण करते हैं, जिनमें-प्राथमिक, द्वितीयक एवं तृतीयक उपभोक्ता शामिल है।
  प्राथमिक उपभोक्ता शाकाहारी जीव - गाय, हिरण, खरगोश
  द्वितीयक उपभोक्ता मांसाहारी जीव - बिजली, लोमड़ी मेढ़क
  तृतीयक उपभोक्ता शाकाहारी + मांसाहारी - शेर, बाज, गिद्ध
- अपघटक या मृतजीवी अन्य परपोषी जीव हैं, जिनमें प्रमुख रूप से बैक्टीरिया तथा कवक शामिल हैं, जो पोषण के लिए मृत कार्बनिक पदार्थ या अपरद पर निर्भर करते हैं।
- अपघटक मरे हुए उपभोक्ताओं को साधारण भौतिक तत्त्वों में विघटित कर देते हैं।

जैव विविधता

जैव विविधता से तात्पर्य किसी विशेष क्षेत्र के समस्त जीव जातियों एवं पारितन्त्रों के संग्रह से है अर्थात् किसी क्षेत्र में उपस्थित जीवों की विभिन्न प्रजातियों की संख्या उस क्षेत्र की जैव विविधता कहलाती है।

- भारत में जैव विविधता के दो प्रमुख स्थल हैं जो हॉटस्पॉट के रूप में जाने जाते है—1. पूर्वी हिमालय, 2. पश्चिमी घाट
- हॉट स्पॉट वैसे क्षेत्र होते हैं जहाँ पर जैव विविधता अत्यधिक होती है तथा घास का खतरा भी अधिक होता है, इसका प्रतिपादन वर्ष 1988 में नार्मन मायर्स ने किया था।
- भारत विश्व के 12 सर्वाधिक जैवविविधता वाले देशों में आता है।

जैव विविधता ह्रास के कारण

आवासों का विखण्डन, विदेशी जातियों का आगमन, जलवायु, परिवर्तन, अतिदोहन, प्राकृतिक आपदा, स्थानान्तरित कृषि, इत्यादि।

जैव विविधता संरक्षण

- जैव विविधता संरक्षण के लिए मुख्य रूप से इन सीटू (insitu) या स्वस्थाने तथा एक्स सीटू (Ex-Sitw) पर-स्थाने पद्धति का उपयोग किया जाता हैं।
- स्व-स्थाने संरक्षण के अंतर्गत राष्ट्रीय उद्यान, वन्यजीव अभयारण्य, जैव मण्डलीय आरक्षित क्षेत्र, पवित्र वन, झीलें तथा उपवन हैं।
- पर-स्थाने संरक्षण में वनस्पति उद्यान, चिड़ियाघर, संरक्षण स्थल जीव बैंक, DNA बैंक आदि शामिल हैं।

- यूनियन फॉर कंजरवेशन ऑफ नेचर एण्ड नेचुरल रिसोर्सिस (IUCN) दुर्लभ जातियों के संरक्षण एवं प्रकृति और प्राकृतिक सम्पदाओं को संरक्षण करता है।
- IUCN विश्व संरक्षण संघ भी कहलाता है जिसका मुख्यालय गलेण्ड, स्विट्जरलैण्ड में है। यह वर्ष 1978 में पौधों पर व वर्ष 1988 में जन्तुओं पर रेड-डाटा वुक्स का प्रकाशन करता है।

विभिन्न जैव विविधता सम्बन्धी सम्मेलन

विश्व विरासत सन्धि	1972
रामसर समझौता	1971
जैवविविधता सन्धि	1992
कार्टाजेना प्रोटोकॉल	2000
नागोआ प्रोटोकॉल	2010
कोप-11	2012
कोप-12	2014
कोप-13	2016
कोप-14	2018
कोप-15	2022
कोप-16	2024 (प्रस्तावित)

यूनेस्को द्वारा मान्यता प्राप्त 9 जैवमण्डल क्षेत्र

नाम	राज्य	वर्ष
नीलगिरि	तमिलनाडु, केरल, कर्नाटक	2000
मन्नार की खाड़ी	तमिलनाडु	2001
सुन्दरवन	पश्चिम बंगाल	2001
नन्दा देवी	उत्तराखण्ड	2004
नोकरेक	मेघालय	2009
पंचमढ़ी	मध्य प्रदेश	2009
सिमलीपाल	ओडिशा	2009
अचानक कमार अमरकटक	छत्तीसगढ़, मध्य प्रदेश	2012
निकोबार द्वीप	अण्डमान एवं निकोबार द्वीप समूह	2013
अगस्त्यमलाई	केरल व तमिलनाडु	2016
कंचनजंगा	सिक्किम	2018
पन्ना	मध्य प्रदेश	2020

रामसर सम्मेलन

- ईरान के रामसर शहर में 2 फरवरी, 1971 में आर्द्र भूमि के संरक्षण एवं विकास के लिए एक समझौता किया गया था, जिसे रामसर सम्मेलन कहा जाता है। इस समझौते को 1 फरवरी, 1982 को लागू किया गया था।

संकटग्रस्त प्रजातियाँ

सरीसृप	घड़ियाल, कछुआ, आदि।
पक्षी	ग्रेट इण्डियन वस्टर्ड, साइवेरियन क्रेन आदि।
मांसाहारी	भेड़िया, लोमड़ी, भालू, रेड पाण्डा, बाघ, तेंदुआ, सुनहरी बिल्ली।
वनमानुष गिष्बन	मकाउ, नीलगिरि, लंगूर, सुनहरा बंदर आदि।
पौधे फूल	रोडोडैण्ड्रोन, राउवॉल्फिया सर्पेण्टाइना आदि।

भारत में जीव जन्तुओं के संरक्षण की परियोजनाएँ

योजना	वर्ष	विशेषता
प्रोजेक्ट टाइगर	1973	बाघ संरक्षण
हंगुल परियोजना	1970	कश्मीरी हंगुल का संरक्षण
मगरमच्छ प्रजनन एवं संरक्षण	1975	मगरमच्छ संरक्षण
प्रोजेक्ट एलीफेंट	1992	हाथी संरक्षण
लाल पाण्डा परियोजना	1996	पूर्वी हिमालय क्षेत्र के लाल पाण्डा संरक्षण हेतु
इण्डियन राइनों विजन 2000	2005	एक सींग वाले गैण्डों का संरक्षण
save (सेव)	2009	गिद्ध संरक्षण
हिम तेंदुआ	2011	हिमालयी राज्यों में तेंदुआ संरक्षण हेतु
प्रोजेक्ट चीता	2022	भारत में 70 वर्ष बाद चीतों की वापसी

प्रमुख पर्यावरण सम्मेलन

सम्मेलन	वर्ष	स्थान	विशेषता
संयुक्त राष्ट्र मानवीय पर्यावरण सम्मेलन	1972	स्टॉक होम (स्वीडन)	5 जून को पर्यावरण दिवस मनाने की घोषणा
मॉण्ट्रियल प्रोटोकॉल	1987	मॉण्ट्रियल	ओजोन परत सुरक्षा
पृथ्वी शिखर सम्मलेन	1992	रियो डि जेनेरियों	सतत विकास, तथा पर्यावरण संरक्षण के मुद्दों पर निर्णय
क्योटो प्रोटोकॉल	1997	क्योटो (जापान)	ग्रीन हाउस गैसों का उत्सर्जन कम करना
जोहान्सबर्ग सम्मेलन	2002	जोहान्सबर्ग	पृथ्वी 10 के नाम से जाना जाता है
कोपेनहेगेन सम्मेलन	2009	डेनमार्क	2012 में क्योटो के स्थान पर नई सन्धि का मसौदा तैयार
कानकुन सम्मेलन	2010	मैक्सिको	Green elimate tund बनाया गया
पेरिस सम्मेलन	2015	फ्रांस	कार्बन उत्सर्जन लक्ष्यों हेतु कानूनी रूप से बाध्यकारी सन्धि
कोटोविस सम्मेलन	2018	पोलैण्ड	पेरिस जलवायु समझौते को लागू करने पर सहमति
शर्म-अलशेख सम्मेलन	2022	मिस्र	वैश्विक जलवायु समझौते पर सहमति
दुबई सम्मेलन	2023	यूएई	जीवाश्म ईंधन को कम करने की सहमति

प्रदूषण

- वायु जल या भूमि के भौतिक, रासायनिक या जैविक गुणों में होने वाले ऐसे अनचाहे परिवर्तन जो मनुष्य एवं अन्य जीवधारियों एवं उनकी जीवन परिस्थितियों तथा औद्योगिक प्रक्रियाओं एवं सांस्कृतिक उपलब्धियों के लिए हानिकारक हों, प्रदूषण कहलाते हैं।
- अनिम्नीकरण प्रदूषण वैसे प्रदूषक होते हैं जो सूक्ष्म जीवों के द्वारा अपघटित नहीं होते हैं; जैसे— एल्युमीनियम के वर्त्तन, पारे के यौगिक, डीडीटी, काँच, आर्सेनिक तथा प्लास्टिक।
- निम्नकरणीय प्रदूषक वैसे प्रदूषक होते है जो सूक्ष्म जीवों के द्वारा विघटित हो जाते हैं; जैसे—घरेलू वाहित मल कपड़ा, कागज, कूड़ा-करकट आदि।
- प्रदूषण के तीन मुख्य प्रकार होते हैं—वायु प्रदूषण- जल प्रदूषण, ध्वनि प्रदूषण। इसके अलावा मृदा प्रदूषण, रेडियोंधर्मी प्रदूषण भी प्रमुख रूप हैं।

प्रदूषण का नाम	कारक	पड़ने वाले प्रभाव
वायु प्रदूषण	जीवाश्म ईंधनों से उत्पन्न गैसें, CO_2, CO, SO_2 NO_2, CH_4 का उत्पादन, कोयला दहन	श्वसन नेत्र, ब्रान्काइटिस, आँखों में जलन, दमा, फेफडे, का कैंसर
जल प्रदूषण	घरेलू अपशिष्ट, औद्योगिक अपशिष्ट, कीटनाशकों का प्रयोग, तेल रिसाव	हेपेटाइटिस, मिनीमाता, इटाई-इटाई, ब्लैक फुट (आर्सेनिक) ब्लूबेबी सिण्ड्रोय नाइट्रेट, फ्लोरोसिस (फ्लोरायड), हैजा, दस्त, पेचिस
ध्वनि प्रदूषण	प्राकृतिक तथा मानवीय प्रभावों से उत्पन्न अधिक ध्वनि	उच्च रक्तचाप, माइग्रेन, चिड़चिड़ापन, अनिद्रा, पेट का अल्सर, श्रृवण शक्ति कम हो जाना
रेडियो धर्मी प्रदूषण	रेडियोंधर्मी विकिरण जैसे यूरेनियम, थेरियम, ल्लूटोनियम	ट्यूमर, कैंसर, अस्थि कैंसर

भूमण्डलीय तापन

- वैश्विक तापमान में हुई वृद्धि यानी पृथ्वी के वायुमण्डल के ताप का सामान्य से अधिक हो जाना भूमण्डलीय तापन है। इसका कारण यह है कि सूर्य से आने वाली लघु तरंगें पृथ्वी के वायुमण्डल में प्रवेश तो कर जाती है परन्तु विभिन्न गैसों; जैसे –, OO_2, CH_4 के सान्द्रण के कारण परावर्तित नहीं हो पाती हैं, इसी कारण पृथ्वी का तापमान बढ़ने लगता है।

ग्रीन हाउस प्रभाव के कारण पृथ्वी के तापमान में वृद्धि होती हैं

- **हरित ग्रह प्रभाव** ग्रीन हाउस प्रभाव वह प्रक्रिया है, जिसमें ग्रीन हाउस गैसें; जैसे—जलवाष्प, कार्बन डाइऑक्साइड, मीथेन, ओजोन, नाइट्रस ऑक्साइड आदि। सूर्य से आने वाले लघु विकिरणों को तो पृथ्वी पर आने देती है, किन्तु पृथ्वी से वापस लौटने वाले दीर्घ विकिरणों को अवशोषित कर लेती है, यही प्रक्रिया ग्रीन हाउस कहलाती है।
- **अम्लीय वर्षा** वायुमण्डल में सल्फर डाइऑक्साइड, नाइट्रोजन के ऑक्साइड, क्लोरीन व फ्लोरीन इत्यादि पदार्थो। के मिलने से वर्षा में अम्ल की मात्रा बढ़ने से होने वाली वर्षा अम्लीय वर्षा कहलाती है। इसमें वर्षा में जल का PH मान 5 से नीचे आ जाता है।
- **ओजोन क्षरण** ओजोन परत समताप मण्डल में 15-30 किमी की ऊँचाई पर अवस्थित होती है, जिसके क्षरण के लिए मुख्य रूप से क्लोरोफ्लोरो कार्बन, कार्बन टेट्राक्लोराइड, मिथाइल ब्रोमाइड, मिथाइल क्लोरोफॉर्म, हैलोन्स, रेफ्रीजेरेटर, एयर कण्डीशनर, स्प्रे मुख्य रूप से जिम्मेदार है।

✓ अति महत्त्वपूर्ण प्रश्न

1 पर्यावरण के तीन घटकों में से किसे एक प्रमुख घटक के रूप में शामिल नहीं किया जाता है?
(a) भौतिक (b) जैविक
(c) अजैविक (d) उर्जा संघटक

2 पर्यावरण के जैविक एवं अजैविक तत्त्वों की परस्पर क्रियाशीलता से किसकी रचना होती है?
(a) पारिस्थितिकी (b) पारिस्थितिकी तन्त्र
(c) बायोम (d) पारिस्थितिकी पिरामीड

3 पारिस्थितिकी शब्द का प्रयोग सर्वप्रथम किसने किया था?
(a) बैरोज (b) अर्नेस्ट हैकल
(c) ओडम (d) डटन

4 पारिस्थितिकी तन्त्र का प्रयोग सर्वप्रथम किस पर्यावरणविद् ने किया था?
(a) हैकल (b) ओडम
(c) बैरोज (d) टांसले

5 लोमड़ी एवं मेढ़क को किस श्रेणी के उपभोक्ता वर्ग में शामिल किया जाता है?
(a) प्राथमिक उपभोक्ता (b) द्वितीयक उपभोक्ता
(c) तृतीयक उपभोक्ता (d) अपघटक या मृतजीवी

6 निम्नलिखित में से कौन-एक अपघटक या मृतजीवी जीव है, जो पोषण हेतु मृत कार्बनिक पदार्थ पर निर्भर रहते हैं?
(a) अमीबा (b) हाइड्रा
(c) कवक (d) सिलेनटरेटा

7 किसी क्षेत्र में उपस्थित जीवों की विभिन्न प्रजातियों की संख्या क्या कहलाती है?
(a) जैव भार (b) जैव विविधता
(c) बायो मास (d) जैवमण्डल

8 वैसे क्षेत्र जहाँ जैव विविधता अधिक होती है एवं ह्रास होने का खतरा भी अधिक होता है, उन क्षेत्र को कहा जाता है
(a) डेंजर जोन (b) फायर रिंग जोन
(c) हॉट स्पॉट (d) हॉट टेम्पर्ड जोन

9 जैव विविधता के सम्बन्ध में हॉट स्पॉट शब्द का प्रयोग सर्वप्रथम किसने किया था?
(a) नार्मन मायर्स (b) हैकल
(c) बकल (d) ओडम

10 निम्नलिखित में से कौन-सा एक कारण जैवविविधता ह्रास के लिए जिम्मेदार नहीं माना जाता है?
(a) जलवायु परिवर्तन (b) कंटूर कृषि
(c) स्थानान्तरित कृषि (d) प्राकृतिक आपदा

11 जैव विविधता संरक्षण के सन्दर्भ में निम्नलिखित में से कौन एक स्व-स्थाने संरक्षण के अन्तर्गत आता है?
(a) जीव बैंक (b) संरक्षण स्थल
(c) वन्यजीव अभयारण्य (d) चिड़ियाघर

12 जैव विविधता संरक्षण के सम्बन्ध में कौन-एक पर स्थाने संरक्षण उपाय के अन्तर्गत आता है?
(a) वनस्पति उद्यान की स्थापना (b) राष्ट्रीय उद्यान
(c) वन्यजीव अभयारण्य (d) उपवन क्षेत्र

13 यूनियन फॉर कंजरवेशन ऑफ नेचर एण्ड नेचुरल रिसोर्सिंग (विश्व संरक्षण संघ) का मुख्यालय कहाँ स्थित है?
(a) जेनेवा (b) गलेण्ड (c) बर्न (d) पेरिस

14 विश्व संरक्षण संघ द्वारा संकटग्रस्त जीव-जन्तुओं पर रेड डाटा बुक्स सर्वप्रथम कब प्रकाशित किया गया?
(a) वर्ष 1978 (b) वर्ष 1982
(c) वर्ष 1988 (d) वर्ष 1993

15 वर्ष 1972 में प्रथम विश्व पर्यावरण सम्मेलन का आयोजन कहाँ किया गया था?
(a) रियो डि जेनेरियों (b) क्योटो
(c) जोहान्सवर्ग (d) स्टॉकहोम

16 भारत के किस जैव मण्डल क्षेत्र को सर्वप्रथम यूनेस्कों द्वारा वर्ल्ड हेरिटेज सेण्टर के रूप में मान्यता दी गई थी?
(a) नन्दा देवी जैव मण्डल क्षेत्र
(b) नॉकरेक जैव मण्डल क्षेत्र
(c) नीलगिरि जैव मण्डल क्षेत्र
(d) सिमली पॉल जैव मण्डल क्षेत्र

17 आर्द्र भूमि के संरक्षण एवं विकास हेतु एक प्रभावी नीति का क्रियान्वयन किस सम्मेलन के दौरान किया गया था?
(a) रामसर सम्मेलन (1971)
(b) मॉण्ट्रियाल सम्मेलन (1987)
(c) रियो सम्मेलन (1992)
(d) क्योटो सम्मेलन (1997)

18 भारत में बाघों के संरक्षण हेतु किस वर्ष "प्रोजेक्ट टाइगर" योजना की शुरुआत की गई?
(a) 1973 (b) 1978 (c) 1981 (d) 1992

19 भारत के किस क्षेत्र में लाल पाण्डा के संरक्षण हेतु "लाल पाण्डा योजना" की शुरुआत की गई है?
(a) पश्चिमी हिमालय क्षेत्र में
(b) मध्य हिमालय क्षेत्र में
(c) पूर्वी हिमालय क्षेत्र में
(d) पश्चिमी घाट पर्वतीय क्षेत्र में

20 निम्नलिखित में से किस वनस्पति को संकट ग्रस्त प्रजातियों की श्रेणी में नहीं रखा जाता है?
(a) रोरोडैण्ड्रोन (b) सउवॉल्फिया
(c) सर्पेण्टाइना (d) रोजोफरोरा

21 किस जानवर को वर्ल्ड वाइल्ड फण्ड फॉर नेचर का आधिकारिक प्रतीक माना जाता है?
(a) बाघ (b) हिरण
(c) पाण्डा (d) लंगूर

22 भारतीय उपमहाद्वीप के जल में पाए जाने वाली समुद्री कछुओं की पाँच प्रजातियों में से कौन-सी सबसे अधिक आबादी वाली प्रजाति है?
(a) लोगर हेड (b) केनेटस रिडले
(c) फलैट बेक (d) ओलिव रिडले

23 निम्नलिखित में से किस वन्य जीव अभयारण्य में एक सींग वाले गैण्डों का विशेष संरक्षण किया जाता है?
(a) मानस वन्यजीव अभयारण्य
(b) काजीरंगा वन्य जीव अभयारण्य
(c) कीबुल लाम जाओ वन्य जीव अभयारण्य
(d) परवुई वन्य जीव अभयारण्य

24 किस पर्यावरण सम्मेलन के मौके पर जैव विविधता सन्धि की गई थी?
(a) स्टॉकहोम सम्मेलन (b) मॉण्ट्रियाल सम्मेलन
(c) रियो सम्मेलन (d) जोहान्सवर्ग सम्मेलन

25 सिमली पॉल जैव मण्डल क्षेत्र का सम्बन्ध किस राज्य से है?
(a) ओडिशा (b) झारखण्ड
(c) तेलंगाना (d) कर्नाटक

26 वर्तमान समय में भारत में कुल कितने बाघ संरक्षण केन्द्र स्थित है?
(a) 42 (b) 47
(c) 50 (d) 54

27 इन्दिरा गांधी वन्य जीव अभयारण्य किस राज्य में स्थित है?
(a) राजस्थान (b) तमिलनाडु
(c) कर्नाटक (d) आन्ध्र प्रदेश

28 नल सरोवर पक्षी उधान का सम्बन्ध निम्नलिखित में से किस राज्य से है?
(a) महाराष्ट्र (b) गुजरात
(c) हरियाणा (d) पंजाब

29 तादोवा बाघ संरक्षण स्थल निम्नलिखित में से किस राज्य में स्थित है?
(a) तेलंगाना (b) आन्ध्र प्रदेश
(c) महाराष्ट्र (d) छत्तीसगढ़

30 वर्तमान में किस राज्य में बाघों की संख्या सर्वाधिक है?
(a) मध्य प्रदेश (b) पश्चिम बंगाल
(c) महाराष्ट्र (d) कर्नाटक

31 किस पर्यावरणीय सम्मेलन के पश्चात् विश्व पर्यावरण दिवस मनाने की घोषणा की गई थी?
(a) स्टॉकहोम सम्मेलन (b) रियो डि जेनेरियों सम्मेलन
(c) क्योटो सम्मेलन (d) कोपेनहेगेन सम्मेलन

32 वर्ष 1987 का मॉण्ट्रियाल समझौते का सम्बन्ध पर्यावरणीय संकट से सम्बन्धित था?
(a) ग्रीन हाउस गैसों का उत्सर्जन (b) ओजोन परत रिक्तिकरण
(c) जैव विविधता का ह्रस (d) जलवायु परिवर्तन

33 किस पर्यावरण सम्मेलन को पृथ्वी सम्मेलन भी कहा गया, जिसमें सतत विकास, संसाधनों के संरक्षण व जल संकट पर व्यापक चर्चा हुई तथा एजेण्डा 21 के मसौदें तैयार हुए?
(a) जोहान्सवर्ग सम्मलेन (b) क्योटो सम्मेलन
(c) पेरिस सम्मेलन (d) रियो सम्मेलन

34 निम्नलिखित में से किस सम्मेलन कि दौरान पर्यावरण संरक्षण हेतु "ग्रीन क्लाइमेट फंड" बनाया गया था?
(a) जोहान्सवर्ग सम्मेलन (b) कानकुन सम्मेलन
(c) पेरिस सम्मेलन (d) बर्लिन सम्मेलन

35 ग्रीन हाउस गैसों के उत्सर्जन को कम करने के सन्दर्भ में तैयार किया गया कौन-सा प्रोटोकॉल प्रभावी माना जाता है?
(a) क्योटो प्रोटोकॉल (b) नागोया प्रोटोकॉल
(c) हेलसिंकी प्रोटोकॉल (d) बॉन प्रोटोकॉल

36 निम्नलिखित में से कौन-एक जल-प्रदूषण से होने वाली बीमारी नहीं है?
(a) ब्लूबेबी सिण्ड्रोम (b) ब्रान्काइटिस
(c) मिनीमाता (d) दस्त

37 मीठे जल में किस रासायन की मात्रा बढ़ने या घुल जाने से मिनीमाता नामक बीमारी होती है?
(a) नाइट्रेट (b) आर्सेनिक (c) पारा (d) फ्लोरायड

38 जल में घुला कौन-सा रासायनिक पदार्थ ब्लैक फुट बीमारी के लिए जिम्मेदार माना जाता है?
(a) क्लोरीन (b) फ्लोरायड
(c) पारा (d) आर्सेनिक

39 निम्नलिखित में से किसे ग्रीन हाउस गैसों की श्रेणी में नहीं रखा जाता है?
(a) जलवाष्प (b) नाइट्रोजन
(c) सल्फर डाई ऑक्साइड (d) मिथाइल क्लोरोफार्म

40 उच्च रक्तचाप के लिए सबसे अधिक जिम्मेदार किसे माना जाता है?
(a) वायु प्रदूषण (b) जल प्रदूषण
(c) ध्वनि प्रदूषण (d) मृदा प्रदूषण

41 यकृत सम्बन्धित घातक बीमारी हेपेटाइटिस बी की होने की सम्भावना बढ़ जाती है।
(a) जल प्रदूषण के कारण (b) ध्वनि प्रदूषण के कारण
(c) वायु प्रदूषण के कारण (d) रेडियोधर्मी प्रदूषण के कारण

42 निम्नलिखित में से कौन रासायनिक तत्त्व अम्लीय वर्षा के लिए जिम्मेदार नहीं माना जाता है?
(a) नाइट्रोजन ऑक्साइड (b) सल्फर डाईऑक्साइड
(c) क्लोरो फ्लोरो कार्बन (d) फ्लोरीन

43 ओजोन परत वायुमण्डल के किस मण्डल में उपस्थित रहती है?
(a) क्षोभ मण्डल (b) समताप मण्डल
(c) मध्यम मण्डल (d) ताप मण्डल

44 समताप मण्डल में ओजोन परत की ऊँचाई कितने किलोमीटर तक पाई जाती है?
(a) 10-15 किमी की ऊँचाई तक
(b) 15-30 किमी की ऊँचाई तक
(c) 30-40 किमी की ऊँचाई तक
(d) 40-55 किमी की ऊँचाई तक

45 निम्नलिखित में कौन-एक गैस ओजोन क्षरण के लिए जिम्मेदार नहीं माना जाता है?
(a) कार्बन टेट्राक्लोराइड (b) मिथाइल ब्रोमाइड
(c) मिथाइल ऑक्सोसायनाइड (d) मिथाइल क्लोरोफॉर्म

46 निम्नलिखित में कौन एक देश अम्लीय वर्षा से सबसे अधिक प्रभावित रहा है?
(a) जर्मनी (b) हंगरी (c) पोलैण्ड (d) नॉर्वे

47 ओजोन परत की मोटाई किस यन्त्र की सहायता से मापी जाती है?
(a) पाइरेलियोमीटर (b) रेडियोमीटर
(c) डॉब्सन स्पेक्ट्रोफोटोमीटर (d) ग्लावैनोमीटर

48 निम्नलिखित में से कौन-सा एक क्षेत्र मीथेन उत्सर्जन का प्रमुख केन्द्र माना जाता है?
(a) दक्षिण एशिया
(b) मध्य-पूर्व एशिया
(c) दक्षिण-पूर्वी एशिया
(d) उत्तरी एशिया, साइबेरिया क्षेत्र

49 सर्वप्रथम किस स्थान पर ओजोन रिक्तिकरण के व्यापक प्रमाण मिले थे?
(a) प्रशान्त महासागर के ऊपर
(b) अटलाण्टिक महासागर के ऊपर
(c) आर्कटिक सागर के ऊपर
(d) अटार्कण्टिका महाद्वीप के ऊपर

50 संयुक्त राष्ट्र के सभी देशों ने वर्ष 1987 में निर्मित मॉण्ट्रियाल प्रोटोकॉल की पुष्टि किस वर्ष की?
(a) 16 सितम्बर, 1992
(b) 16 सितम्बर, 1997
(c) 16 सितम्बर, 2002
(d) 16 सितम्बर, 2009

उत्तरमाला

1	(c)	2	(a)	3	(b)	4	(d)	5	(b)	6	(c)	7	(b)	8	(c)	9	(a)	10	(b)
11	(c)	12	(a)	13	(b)	14	(c)	15	(d)	16	(c)	17	(a)	18	(a)	19	(c)	20	(d)
21	(c)	22	(d)	23	(b)	24	(c)	25	(a)	26	(a)	27	(b)	28	(b)	29	(c)	30	(d)
31	(a)	32	(b)	33	(d)	34	(b)	35	(a)	36	(b)	37	(c)	38	(d)	39	(b)	40	(c)
41	(a)	42	(c)	43	(b)	44	(b)	45	(c)	46	(d)	47	(c)	48	(c)	49	(d)	50	(d)

अध्याय 3

भारतीय राजव्यवस्था

INDIAN POLITY

भारतीय संविधान की ऐतिहासिक पृष्ठभूमि

वर्तमान भारतीय संविधान का निर्माण एक संविधान सभा द्वारा हुआ, परन्तु संविधान सभा के निर्माण से पूर्व ईस्ट इण्डिया कम्पनी तथा ब्रिटिश सरकार ने निम्नलिखित अधिनियम पारित किए, जो संविधान का आधार बनें

ब्रिटिश सरकार द्वारा पारित अधिनियम	प्रमुख तथ्य
1773 का रेग्यूलेटिंग एक्ट	इस एक्ट के तहत् मद्रास एवं बम्बई प्रेसीडेंसी को कलकत्ता के अधीन किया गया तथा कलकत्ता में सुप्रीम कोर्ट की स्थापना सन् 1773 में की गई। जिसके प्रथम न्यायधीश एलिजा एम्पे था। इस एक्ट के तहत् बनने वाले प्रथम गवर्नर जनरल लॉर्ड वॉरेन हेस्टिंग्स थे।
1781 का एक्ट ऑफ सेटलमेंट	इसके अनुसार कलकत्ता की सरकार को बंगाल, बिहार और उड़ीसा के लिए भी विधि बनाने का प्राधिकार प्रदान किया गया।
1813 का चार्टर अधिनियम	कम्पनी का भारत के साथ व्यापार करने का एकाधिकार समाप्त कर दिया गया, परन्तु चीन के साथ व्यापार एवं पूर्वी देशों के साथ चाय के व्यापार को बनाए रखा गया।
1833 का चार्टर अधिनियम	कम्पनी के व्यापारिक अधिकार पूर्णतः समाप्त कर दिए गए। बंगाल के गवर्नर-जनरल को भारत का गवर्नर-जनरल कहा जाने लगा।
1853 का चार्टर अधिनियम	प्रतियोगिता परीक्षा के आयोजन की शुरुआत की गई।
1858 का भारत शासन अधिनियम	• भारत का शासन कम्पनी से लेकर ब्रिटिश क्राउन के हाथों में सौंपा गया। • भारतीय मामलों पर ब्रिटिश संसद का सीधा नियन्त्रण स्थापित किया गया। • भारत के गवर्नर-जनरल का नाम वायसराय कर दिया गया।
1861 का भारत परिषद् अधिनियम	• लॉर्ड कैनिंग द्वारा विभागीय प्रणाली की शुरुआत हुई। • गवर्नर जनरल को अध्यादेश जारी करने की शक्ति प्रदान की गई।

अधिनियम

पारित अधिनियम	प्रमुख तथ्य
शाही उपाधि अधिनियम, 1876	• इस अधिनियम द्वारा 28 अप्रैल, 1876 को महारानी विक्टोरिया को भारत की साम्राज्ञी घोषित किया गया।
1892 का भारत परिषद् अधिनियम	• अप्रत्यक्ष चुनाव प्रणाली की शुरुआत • बजट पर भारतीयों को बहस करने का अधिकार प्रदान किया गया।
1909 का भारत परिषद् अधिनियम	• इसे मार्ले-मिण्टो सुधार के नाम से जाना जाता है। • मुस्लिमों के लिए पृथक् निर्वाचन की व्यवस्था की गई।
1919 का भारत शासन अधिनियम	• इसे मॉण्टेग्यू चैम्सफोर्ड सुधार के नाम से जाना जाता है। • केन्द्र में द्विसदनात्मक विधायिका की स्थापना की गई। • प्रान्तों में द्वैध शासन की स्थापना की गई। • प्रान्तों विषयों को दो उपवर्गों आरक्षित एवं हस्तान्तरित में बाँटा गया। • पहली बार महिलाओं को वोट देने का अधिकार मिला।
1935 का भारत शासन अधिनियम	केन्द्र में द्वैध शासन की स्थापना की गई। • प्रान्तों में द्वैध शासन का अन्त कर दिया गया। • संघीय न्यायालय की व्यवस्था की गई। • भारतीय रिजर्व बैंक की स्थापना 1 अप्रैल 1935 को की गई।

संविधान का निर्माण

- भारतीय संविधान का निर्माण 1946 में गठित कैबिनेट मिशन योजना के प्रावधानों के आधार पर किया गया।
- **भारतीय संविधान सभा का प्रारूप**
- सदस्यों की कुल संख्या - 389

- प्रान्तों के सदस्यों की संख्या - 292
- देशी रियासतों के सदस्यों की संख्या - 93
- कमिश्नरी सदस्यों की संख्या - 4
- प्रत्येक प्रान्त और देशी रियासतों में सीटों का आवण्टन उनकी जनसंख्या के अनुपात के आधार पर किया गया था।
- सामान्यत: 10 लाख की जनसंख्या के लिए 1 सीट का प्रावधान था।
- संविधान सभा की प्रथम बैठक 9 दिसम्बर, 1946 को हुई। जिसकी अस्थाई अध्यक्षता डॉ. सच्चिदानन्द सिन्हा ने की थी।
- संविधान सभा की दूसरी बैठक 11 दिसम्बर, 1946 को हुई, जिसके स्थाई अध्यक्ष डॉ. राजेन्द्र प्रसाद को नियुक्त किया गया था।
- संविधान सभा की प्रथम बैठक का मुस्लिम लीग ने बहिष्कार किया था।

संविधान सभा के प्रारूप समिति का स्वरूप

प्रारूप समिति का गठन	19 अगस्त, 1947
अध्यक्ष	डॉ. भीमराव अम्बेडकर
कुल सदस्यों की संख्या	सात (7)
सदस्यों के नाम	• डॉ. अम्बेडकर, एन. गोपालास्वामी आयंगर, अल्लादि कृष्णा स्वामी अय्यर, के. एम. मुंशी, मो. सादुल्ला, डी.पी. खेतान, एन., माधवराय • डी. पी. खेतान की 1948 में मृत्यु के पश्चात् टी. टी. कृष्णामाचारी को सदस्य बनाया गया

- संविधान सभा के संवैधानिक सलाहकार बी. एन. राव को नियुक्त किया गया था।
- संविधान को तैयार करने में 2 वर्ष 11 महीने और 18 दिन का समय लगा।

भारती संविधान के स्रोत

भारत के संविधान के निर्माण में कई अन्य देशों के संविधान से भी सहायता ली गई थी, जो निम्न हैं

संविधान के स्रोत	भारतीय संविधान में अपनाए गए तत्त्व
फ्रांसीसी संविधान	गणतन्त्र
संयुक्त राज्य अमेरिका	मौलिक अधिकार, न्यायिक पुनरावलोकन, संविधान की सर्वोच्चता, महाभियोग, वित्तीय आपात, राष्ट्रपति के अधिकार एवं कार्य
ऑस्ट्रेलियाई	प्रस्तावना की भाषा, समवर्ती सूची केन्द्र-राज्य सम्बन्ध
दक्षिण अफ्रीका का संविधान	संशोधन प्रणाली
आयरलैण्ड	नीति-निर्देशक सिद्धान्त, राष्ट्रपति द्वारा राज्य सभा में मनोनयन
कनाडा	संघीय व्यवस्था, अवशिष्ट शक्ति, संघ-राज्य के बीच शक्ति विभाजन
जापान	विधि द्वारा स्थापित प्रक्रिया
ब्रिटेन	संसदात्मक शासन प्रणाली, एकल नागरिकता, विधि निर्माण प्रक्रिया
रूस	मौलिक कर्त्तव्यों का प्रावधान

भारतीय संविधान पर सबसे अधिक प्रभाव भारतीय शासन अधिनियम 1935 का है।

भारतीय संविधान के 395 अनुच्छेदों में से लगभग 250 अनुच्छेद 1935 के अधिनियम से लगभग शामिल किए गए हैं।

निर्मित संविधान से सम्बन्धित प्रमुख तथ्य

- संविधान को तैयार करने में 2 वर्ष 11 महीने और 18 दिन का समय लगा।
- 26 नवम्बर, 1949 को भारतीय संविधान को अंगीकृत किया गया।
- 26 जनवरी, 1950 को भारतीय संविधान को लागू किया गया।
- स्वतन्त्रता से पूर्व 26 जनवरी, 1930 को सम्पूर्ण भारत में स्वाधीनता दिवस के रूप में मनाया गया था, यही कारण था कि 26 जनवरी, 1950 को भारतीय संविधान को लागू किया गया तथा भारत में गणतन्त्र दिवस मनाया गया।
- मूल भारतीय संविधान में 395 अनुच्छेद, 22 भाग तथा 5 अनुसूचियाँ थीं।

संविधान सभा की प्रमुख समितियाँ

समिति	अध्यक्ष
संचालन समिति	डॉ. राजेन्द्र प्रसाद
संघीय संविधान समिति	पंडित जवाहर लाल नेहरू
संघ शक्ति समिति	पंडित जवाहर लाल नेहरू
प्रारूप समिति	डॉ. भीमराव अम्बेडकर
राष्ट्रध्वज सम्बन्धी तदर्थ समिति	डॉ. राजेन्द्र प्रसाद
मौलिक अधिकारों एवं अल्पसंख्यकों सम्बन्धी परामर्श समिति	सरदार वल्लभ भाई पटेल
प्रान्तीय संविधान समिति	सरदार वल्लभ भाई पटेल

अन्य प्रमुख तथ्य

- हैदराबाद एक ऐसी देशी रियासत थी, जिसके प्रतिनिधि संविधान सभा में सम्मिलित नहीं हुए थे।
- संविधान सभा में अनुसूचित जनजाति के 33 तथा महिला सदस्यों की संख्या 15 थी।
- 22 जुलाई, 1947 को संविधान सभा द्वारा राष्ट्रीय ध्वज अपनाया गया।
- 24 जनवरी, 1950 को राष्ट्रीय गान एवं राष्ट्रीय गीत को अपनाया।
- संविधान के जनक डॉ. भीमराव अम्बेडकर को माना जाता है।
- उद्देश्य प्रस्ताव नेहरू ने 13 दिसम्बर, 1946 को प्रस्तुत किया था, जिसके पश्चात् संविधान निर्माण का कार्य प्रारम्भ हुआ।
- संविधान निर्माण के दौरान संविधान का तीन बार वाचन हुआ था।

संविधान की प्रस्तावना की मुख्य विशेषताएँ

- नेहरू द्वारा प्रस्तुत उद्देश्य प्रस्ताव, संविधान की प्रस्तावना में शामिल है।
- 22 जनवरी, 1947 को इसे सर्व सम्मति से पास किया गया।
- 13 दिसम्बर, 1946 को जवाहर लाल नेहरू ने संविधान सभा में उद्देश्य प्रस्ताव प्रस्तुत किया।
- प्रस्तावना की शुरुआत में लिखित शब्द 'हम भारत के लोग' भारतीय जनता की सर्वोच्च सम्प्रभुता की व्याख्या करते हैं।
- केशवानन्द भारत बनाम केरल राज्य वाद वर्ष 1973 के अनुसार, प्रस्तावना को संविधान का अंग माना गया है।
- केशवानन्द भारती वाद में ही सर्वोच्च न्यायालय ने मूल ढाँचे का सिद्धान्त दिया एवं प्रस्तावना को मूल ढाँचे का भाग माना।
- संविधान की प्रस्तावना में 42वें संविधान संशोधन अधिनियम, 1976 के द्वारा समाजवादी, पंथनिरपेक्ष और राष्ट्र की अखण्डता शब्द जोड़े गए।
- संविधान की प्रस्तावना को 'संविधान की कुंजी' कहा गया है।

संविधान की मुख्य विशेषताएँ

भारत का संविधान विश्व का सबसे बड़ा, लिखित, कठोर तथा लचीले का मिश्रण, के साथ-साथ सम्पूर्ण प्रभुत्व सम्पन्न तथा मौलिक अधिकारों का प्रदाता है। इसके अतिरिक्त, लोकतन्त्रात्मक, गणतन्त्रातमक राज्य, धर्म-निरपेक्षता, समाजवादी व्यवस्था के साथ-साथ एकल नागरिकता तथा सार्वजनिक एवं वयस्क मताधिकार की व्यवस्था भारतीय संविधान की मुख्य विशेषताओं में से शामिल है।

मूल अधिकार

भारतीय संविधान के भाग - 3 में अनुच्छेद 12-35 तक मौलिक अधिकार का उल्लेख किया गया है।

ये वैसे अधिकार हैं जो व्यक्तियों के सर्वांगीण विकास के लिए आवश्यक है। मूल संविधान में कुल सात मौलिक अधिकारों का उल्लेख था। वर्तमान में मूल अधिकारों की संख्या अब केवल 6 हैं, जो निम्न है

प्राप्त मौलिक अधिकार	सम्बन्धित अनुच्छेद
समता का अधिकार	अनुच्छेद (14-18)
स्वतन्त्रता का अधिकार	अनुच्छेद (19-22)
शोषण के विरुद्ध अधिकार	अनुच्छेद (23-24)
धार्मिक स्वतन्त्रता का अधिकार	अनुच्छेद (25-28)
संस्कृति एवं शिक्षा सम्बन्धी अधिकार	अनुच्छेद (29-30)
संवैधानिक उपचारों का अधिकार	अनुच्छेद (32-35)

- मूल संविधान में सम्पत्ति के अधिकार को भी मौलिक अधिकारों की श्रेणी में रखा गया था, परन्तु 44वें संविधान संशोधन अधिनियम, 1978 द्वारा सम्पत्ति के अधिकार को मूल अधिकारों की श्रेणी से निकालकर कानूनी अधिकार का दर्जा दे दिया गया।
- वर्तमान में सम्पत्ति का अधिकार अनुच्छेद 300 (क) के अन्तर्गत एक विधिक अधिकार है।
- अनुच्छेद 32 संवैधानिक उपचारों के अधिकारों से सम्बन्धित है। डॉ. अम्बेडकर ने इस अनुच्छेद को 'संविधान की आत्मा' कहा है।
- किसी नागरिक के मौलिक अधिकारों का हनन होने पर कोई भी व्यक्ति अनु. 32 के तहत् सर्वोच्च न्यायालय एव अनुच्छेद 226 के तहत उच्च न्यायालय की शरण ले सकता है।
- न्यायालय मौलिक अधिकारों के हनन पर पाँच प्रकार के रिट जारी कर अधिकारों की रक्षा करता है, जो निम्न हैं,
- बन्दी प्रत्यक्षीकरण, परमादेश, उत्प्रेक्षण, प्रतिषेध, अधिकार पृच्छा
- संविधान का अनुच्छेद 19 (1) (क) विचार एवं अभिव्यक्ति की स्वतन्त्रता से सम्बन्धित है तथा इसी अनुच्छेद के तहत प्रेस की स्वतन्त्रता का उदय हुआ।
- संविधान का अनुच्छेद 21 के तहत् मेनका गाँधी बनाम भारत संघ के मामले से जीवन के अधिकार की संकल्पना का उदय हुआ।
- निजता का अधिकार अनु. 21 से सम्बन्धित है।
- अनु. 20 एवं 21 को किसी भी परिस्थिति में स्थगित नहीं किया जा सकता है।
- मूल अधिकारों का संरक्षण उच्चतम न्यायालय है।
- अनुच्छेद 15, 16, 19, 29 एवं 30 में वर्णित मौलिक अधिकार केवल नागरिकों को प्राप्त हैं।
- 97वाँ संविधान संशोधन विधेयक 2011 द्वारा सरकारी समिति बनाने की स्वतन्त्रता को अनुच्छेद 19(1) (ग) में मौलिक अधिकारों को शामिल किया गया है।

राज्य के नीति-निदेशक तत्त्व

- संविधान के भाग IV (4) के अनुच्छेद 36-51 तक राज्य के लिए नीति निदेशक सिद्धान्तों का उल्लेख किया गया है।
- इसे निदेशक सिद्धान्तों का उद्देश्य आर्थिक एवं सामाजिक लोकतन्त्र के द्वारा कल्याणकारी राज्य की स्थापना करना है।
- निदेशक सिद्धान्तों की प्रकृति न्याय योग्य नहीं है। अतः इसे न्यायालय द्वारा प्रवर्तनीय नहीं कराया जा सकता है।
- कुछ प्रमुख निदेशक सिद्धान्तों से सम्बन्धित अनुच्छेद

अनु. - 40 - ग्राम पंचायतों का गठन

अनु. - 44 - समान नागरिक संहिता

अनु. - 48 - पर्यावरण का संरक्षण, संवर्द्धन और वन्य जीवों की रक्षा।

अनु. - 50 - कार्यपालिका एवं न्यायपालिका का पृथक्करण

अनु. - 51 - अन्तर्राष्ट्रीय शान्ति और सुरक्षा की अभिवृद्धि

मौलिक कर्त्तव्य

- भारत के संविधान में मौलिक कर्त्तव्यों को सरदार स्वर्ण सिंह समिति की अनुशंसा कर 42वें संविधान संशोधन (वर्ष 1976) के द्वारा संविधान में जोड़ा गया।
- इसे भाग 4 (क) में अनुच्छेद 51(क) के तहत रखा गया।
- मौलिक कर्त्तव्यों की संख्या कुल ग्यारह है।
- प्रारम्भ में इनकी संख्या 10 थी, 11वाँ मौलिक कर्त्तव्य वर्ष 2002 में 86वें संविधान संशोधन अधिनियम द्वारा जोड़ा गया।
- 86वें संविधान संशोधन के द्वारा माता-पिता या संरक्षक द्वारा 6-14 वर्ष के बच्चों हेतु प्राथमिक शिक्षा प्रदान करना मौलिक कर्त्तव्यों में शामिल किया गया है।

संघीय कार्यपालिका

- भारत में संसदीय शासन प्रणाली को अपनाया गया है, जिसमें संघ की कार्यपालिका का नाममात्र का प्रधान राष्ट्रपति होता है तथा प्रधानमन्त्री तथा मन्त्रिमण्डल नास्तविक कार्यपालिका होते हैं।
- भारतीय संघ की कार्यपालिका शक्ति राष्ट्रपति में निहित है।

राष्ट्रपति (अनुच्छेद-52)

- भारत का राष्ट्रपति देश का प्रथम नागरिक होने के साथ-साथ देश का संवैधानिक प्रधान होता है।
- भारत का कोई भी नागरिक जो 35 वर्ष की आयु पूरी कर चुका हो एवं लोकसभा का सदस्य बनने के योग्यता रखता हो वह राष्ट्रपति पद के योग्य होगा।
- राष्ट्रपति का निर्वाचन आनुपातिक प्रतिनिधित्व प्रणाली द्वारा एकल संक्रमणीय मतदान द्वारा अप्रत्यक्ष रूप से होता है।
- राष्ट्रपति के निर्वाचन में संसद के दोनों सदनों के निर्वाचित सदस्य, राज्य विधानसभाओं के निर्वाचित सदस्यों के अलावा पाण्डिचेरी तथा दिल्ली विधानसभा के निर्वाचित सदस्य शामिल होते हैं।
- राष्ट्रपति पद की उम्मीदवारी के लिए निर्वाचक मण्डल के 50 सदस्य प्रस्तावक तथा 50 सदस्य अनुमोदक होते हैं।
- राष्ट्रपति के पद की अवधि 5 वर्ष होती है एवं पद की रिक्ति होने पर छः महीने के अन्दर उसका पद भरा जाना आवश्यक होता है।

- राष्ट्रपति के निर्वाचन से सम्बन्धित किसी भी विवाद का निपटारा उच्चतम न्यायालय द्वारा किया जाता है।
- राष्ट्रपति को संविधान के अतिक्रमण करने के आधार पर अनुच्छेद-61 के तहत महाभियोग की प्रक्रिया द्वारा हटाने का प्रावधान है।
- महाभियोग चलाने से 14 दिन पहले राष्ट्रपति को लिखित सूचना दी जाएगी तथा इसका प्रारम्भ संसद के किसी भी सदन में किया जा सकता है।

राष्ट्रपति की शक्तियाँ

- **कार्यपालिका शक्ति** संवैधानिक पदों; जैसे—प्रधानमन्त्री, नियन्त्रक महालेखा-परीक्षक, राज्यपाल, चुनाव आयुक्तों, संघीय लोक सेवा आयोग के अध्यक्षों की नियुक्ति इत्यादि।
- **विधायी शक्ति** संसद का सत्र आहूत करना, सत्रावसान के अतिरिक्त संसद की प्रथम और अन्तिम बैठक का संबोधन के साथ-साथ धन-विधेयक, साधारण विधेयक को सहमति प्रदान करना एवं दोनों सदनों की संयुक्त बैठक बुलाना शामिल है।
- इन सबके अतिरिक्त संसद सदस्यों में लोकसभा में 2 आंग्ल भारतीय (अनु 331) तथा राज्यसभा में 12 सदस्यों का मनोनयन करता है।
- अनु 123 के तहत राष्ट्रपति को अध्यादेश जारी करने की शक्ति प्राप्त है।
- अनुच्छेद 72 के तहत राष्ट्रपति को किसी अपराध के लिए दोषी ठहराए गए एक किसी व्यक्ति के दण्ड को क्षमा, प्रविलम्बन, परिहार एवं लघुकरण की शक्ति प्राप्त है।
- राष्ट्रपति सैन्य बलों का प्रधान होता है।
- राष्ट्रपति को तीन आपातकालीन शक्तियाँ प्रदान की गई है—
  1. अनुच्छेद 352 → राष्ट्रीय आपात
  2. अनुच्छेद 356 → राज्यों में राष्ट्रपति शासन
  3. अनुच्छेद 360 → वित्तीय आपात
- राष्ट्रपति अनुच्छेद 143 के तहत उच्चतम न्यायालय से सार्वजनिक महत्त्व के विषय पर परामर्श ले सकता है।

अति महत्त्वपूर्ण प्वाइंटस

- डॉ. राजेन्द्र प्रसाद दो बार राष्ट्रपति निर्वाचित हुए थे।
- नीलम संजीव रेड्डी, निर्विरोध चुने जाने वाले राष्ट्रपति थे।
- भारत की प्रथम महिला राष्ट्रपति प्रतिभादेवी सिंह पाटिल थीं।
- डॉ. जाकिर हुसैन देश के पहले अल्पसंख्यक राष्ट्रपति थे।
- के. आर. नारायणन देश के पहले दलित राष्ट्रपति थे।

उपराष्ट्रपति (अनुच्छेद-63)

- उपराष्ट्रपति राज्यसभा का पदेन सभापति होता है, परन्तु वह राज्यसभा का सदस्य नहीं होता है।
- उपराष्ट्रपति के निर्वाचन में संसद के दोनों सदनों के निर्वाचित सदस्यों द्वारा बने निर्वाचन मण्डल द्वारा होता है एवं चुनाव की पद्धति आनुपातिक प्रतिनिधित्व की एकल संक्रमणीय प्रणाली द्वारा की जाती है।
- उपराष्ट्रपति का कार्यकाल 5 वर्ष का होता है, परन्तु अपनी पदविधि के समाप्ति से पहले भी वह अपना त्याग-पत्र दे सकता है।
- राष्ट्रपति की अनुपस्थिति में उपराष्ट्रपति, राष्ट्रपति के कर्त्तव्यों का निर्वहन करता है।
- भारत के पहले उपराष्ट्रपति डॉ. एस. राधा कृष्णन थे। कृष्णकान्त ऐसे उपराष्ट्रपति थे, जिनकी मृत्यु पद पर रहते हुए हुई थी।
- उपराष्ट्रपति को हटाने का प्रस्ताव केवल राज्यसभा में प्रस्तावित किया जा सकता है। तत्पश्चात लोकसभा उस पर अपनी सहमति देता है।

प्रधानमन्त्री एवं मन्त्रिपरिषद्

- भारतीय संविधान के अनुच्छेद 74 के अनुसार, राष्ट्रपति को उसके कार्यों में सहायता और सलाह के लिए एक मन्त्रिपरिषद् की व्यवस्था की गई है।
- राष्ट्रपति को 44वाँ संविधान संशोधन के अनुसार, मन्त्रिपरिषद् के निर्देशों के अनुसार कार्य करना आवश्यक कर दिया गया है।
- संविधान के अनुच्छेद 74 के अनुसार, प्रधानमन्त्री की नियुक्ति राष्ट्रपति करता है।
- मन्त्रिपरिषद् के अन्य मन्त्रियों की नियुक्ति राष्ट्रपति प्रधानमन्त्री की सलाह पर करता है।
- मन्त्रिपरिषद् सामूहिक रूप से लोकसभा के प्रति तथा व्यक्तिगत रूप से राष्ट्रपति के प्रति उत्तरदायी होता है।
- लोकसभा में अगर किसी एक मन्त्री के विरुद्ध अविश्वास का प्रस्ताव पारित हो जाता है, तो पूरी मन्त्रिमण्डल को त्याग-पत्र देना पड़ता है।
- 91वें संविधान संशोघन (2003) के अनुसार, मन्त्रिपरिषद् के सदस्यों की संख्या लोकसभा के कुल सदस्यों की संख्या का 15% तय की गई है।
- मन्त्री तीन प्रकार के होते हैं

1. कैबिनेट मन्त्री 2. राज्य मन्त्री 3. उपमन्त्री

- मन्त्रिमण्डल का निर्माण प्रधानमन्त्री एवं कैबिनेट को मिलाकर किया जाता है।

प्रधानमन्त्री

- लोकसभा में बहुमत प्राप्त दल का नेता प्रधानमन्त्री होता है।
- प्रधानमन्त्री की सलाह/सिफारिश पर राष्ट्रपति संसद के सत्र को आहत, विघटित, सत्रावसान कर सकता है।
- प्रधानमन्त्री नीति आयोग, राष्ट्रीय विकास परिषद्, राष्ट्रीय एकता परिषद्, अन्तर्राष्ट्रीय परिषद की अध्यक्षता के साथ राष्ट्रपति एवं मन्त्रिपरिषद् के बीच संवाद का कार्य करता है।
- प्रधानमन्त्री मन्त्रिपरिषद् का प्रमुख होता है। अत: इसकी मृत्यु, त्याग-पत्र की स्थिति में मन्त्रिपरिषद् स्वयं ही विघटित हो जाती है।
- प्रधानमन्त्री के रूप में सबसे लम्बा कार्यकाल पं. जवाहर लाल नेहरू का था।
- प्रथम गैर कांग्रेसी प्रधानमन्त्री मोरार जी देसाई थे।
- विश्वनाथ प्रताप सिंह, अविश्वास प्रस्ताव द्वारा हटाए जाने वाले पहले प्रधानमन्त्री थे।
- चरण सिंह कभी भी लोकसभा में उपस्थित नहीं होने वाले प्रधानमन्त्री थे।
- कैबिनेट मन्त्रियों में सबसे बड़ा कार्यकाल जगजीवन राम का था।
- भारत के पहले उप प्रधानमन्त्री सरदार वल्लभ भाई पटेल थे।
- लाल बहादुर शास्त्री की मृत्यु 11 जनवरी, 1966 को ताशकंद में हुई थी।

संसद की महत्त्वपूर्ण समितियाँ

- संसद अपने कार्यों के सम्पादन के लिए कई प्रकार की समितियों का निर्माण करती है, जिनमें तदर्थ तथा स्थाई समिति प्रमुख है।
- तदर्थ समिति अस्थाई स्वरूप की होती है तथा इसका उद्देश्य किसी विशेष कार्यों को सम्पन्न करना होता है।

संसद की प्रमुख समितियों का संक्षिप्त विवरण

समिति	कुल सदस्य संख्या	लोकसभा से सदस्य	राज्यसभा से सदस्य	समिति के कार्य
प्राक्कलन समिति	30	30	—	यह सरकार को वित्तीय नीतियों के सम्बन्ध में सुझाव देता है।
विशेषाधिकार समिति	15	10	5	यह संसद के किसी सदन या अध्यक्ष द्वारा विशेषाधिकार उल्लंघन से सम्बन्धित प्रेषित मामलों का परीक्षण करता है।
लोक लेखा समिति	22	15	7	यह सरकार के व्यय और नियन्त्रक एवं महालेखा परीक्षक के प्रतिवेदन पर विचार-विमर्श करता है।
सार्वजनिक उपक्रम समिति	22	15	7	यह सार्वजनिक उपक्रमों के लेखा की समीक्षा एवं संवीक्षा करता है।

भारत का नियन्त्रक एवं महालेखा परीक्षण (अनुच्छेद 148-151)

- नियन्त्रक एवं महालेखा परीक्षक की नियुक्ति राष्ट्रपति करता है।
- इसकी पद अवधि 6 वर्ष या 65 वर्ष की आयु इसमें से जो पहले हो होती है।
- यह सार्वजनिक धन का संरक्षक होता है।
- भारत तथा प्रत्येक राज्य एवं प्रत्येक संघ राज्य क्षेत्र की संचित निधि से किए गए सभी व्यय विधि के अनुसार खर्च किए गए हैं या नहीं इस बात की जाँच करता है।

भारत सरकार की विधियाँ

(i) **भारत की संचित निधि [अनुच्छेद 266(1)]**

भारत सरकार को प्राप्त सभी राजस्व (सीमा शुल्क, उत्पाद शुल्क, आयकर आदि) इसमें शामिल होते हैं। राष्ट्रपति के वेतन-भत्ते, राज्यसभा, लोकसभा के सभापति तथा अध्यक्ष के अलावा CAG सर्वोच्च न्यायालय के न्यायधीश का वेतन, भत्ता, पेंशन इस पर भारित है।

(ii) **भारत की आकस्मिक निधि (अनुच्छेद - 267)**

यह निधि भारत की आकस्मिकता अधिनियम 1950 द्वारा गठित की गई है। यह निधि राष्ट्रपति के नियन्त्रण में होती है।

इससे धन निकासी के लिए संसद की पूर्व अनुमति आवश्यक है।

(iii) **लोक लेखा निधि अनुच्छेद - 266(2)**

वैसे धन जिसे भारत सरकार कर एकत्रीकरण से प्राप्त आय/उगाहे गए ऋण के अलावा एकत्र करे भारत की लोकनिधि कहलाती है। इसमें कर्मचारी भविष्य निधि के धन भी शामिल होते हैं।

यह धन कार्यपालिका के अधीन निधि है।

भारत का महान्यायवादी (अनुच्छेद 76)

- भारत का महान्यायवादी भारत सरकार का मुख्य कानूनी सलाहकार तथा भारतीय उच्चतम न्यायालय में सरकार का प्रमुख वकील होता है।
- महान्यायवादी संसद का सदस्य नहीं होता है, परन्तु वह सदन की कार्यवाही में भाग ले सकता है, परन्तु उसे मत देने का अधिकार नहीं है।
- महान्यायवादी की नियुक्ति राष्ट्रपति करता है।
- महान्यायवादी को भारत के राज्य-क्षेत्र के सभी न्यायालयों में सुनवाई का अधिकार है।

राज्य कार्यपालिका

- भारतीय संविधान के परिसंघीय शासन वाली व्यवस्था में संघ और राज्यों के लिए अलग-अलग प्रशासनिक प्रणालियों की व्यवस्था की गई है।
- राज्य कार्यपालिका का प्रमुख राज्यपाल होता है।
- राज्य की कार्यपालिका में राज्यपाल, मुख्यमन्त्री, मन्त्रिपरिषद् और राज्य के महाधिवक्ता (एडवोकेट जनरल) शामिल होते हैं।

राज्यपाल (अनुच्छेद 153)

- संविधान के अनुसार, प्रत्येक राज्य में एक राज्यपाल होगा, परन्तु दो या दो से अधिक राज्यों के लिए भी एक ही राज्यपाल का प्रावधान भी संविधान में किया गया है।
- कोई भी व्यक्ति जो भारत का नागरिक हो एवं 35 वर्ष की आयु पूर्ण कर चुका है तथा राज्य विधानसभा के सदस्य बनने की योग्यता के साथ लाभ का पद नहीं रखता हो, वह राज्यपाल के पद के लिए योग्य होगा।
- राज्यपाल की नियुक्ति राष्ट्रपति द्वारा 5 वर्षों की अवधि के लिए की जाती है, परन्तु वह राष्ट्रपति के प्रसादपर्यन्त कार्य करता है।
- राज्यपाल अपने पद की शपथ उच्च न्यायालय के मुख्य न्यायाधीश अथवा वरिष्ठतम न्यायाधीश के सम्मुख लेता है।

राज्यपाल की शक्तियाँ तथा अधिकार

- अनुच्छेद-154 के अनुसार राज्यपाल अपनी शक्तियों का प्रयोग स्वयं या अपने अधीनस्थ पदाधिकारियों के माध्यम से कार्य करेगा।
- राज्यपाल अपने कार्यपालिका सम्बन्धी शक्तियों के अन्तर्गत मुख्यमन्त्री, तथा मन्त्रिपरिषद् के सदस्यों की नियुक्ति के अलावा उच्च न्यायालय के न्यायधीश की नियुक्ति में राष्ट्रपति को सलाह देता है।
- राष्ट्रपति शासन के दौरान राज्यपाल केन्द्र सरकार के अभिकर्ता के रूप में कार्य करता है।
- यह विश्वविद्यालय का कुलाधिपति होता है।

विधायी अधिकार विधानसभा सत्र को आहूत करना, सत्रावसान व विघटन करना, संयुक्त अधिवेशनों को सम्बोधित करना, आंग्ल-भारतीय समुदायों के एक सदस्य का विधानसभा में मनोनयन (अनुच्छेद - 333) करने का अधिकार है।

न्यायिक अधिकार राज्यपाल को राष्ट्रपति के अनुसार ही किसी दण्ड को क्षमा, उसका प्रबिलम्बन, विराम या परिहार करने का अधिकार है।

राज्यपाल को मृत्युदण्ड के मामले में क्षमा प्रदान करने का अधिकार नहीं है।

आपात शक्ति अगर राज्यपाल को यह समाधान हो जाए की राज्य का शासन संविधान के उपबन्धों के अनुसार नहीं चलाया जा सकता है, तो वह राष्ट्रपति से राज्य में राष्ट्रपति शासन (356) लगाने की अनुशंसा कर सकता है।

अन्य अधिकार

- राज्य विधानमण्डल का सत्र नहीं चलने पर राज्यपाल को ऐसे विषयों जिस पर तत्काल कार्यवाही की आवश्यकता है, पर अध्यादेश जारी करने का अधिकार प्राप्त है। (अनुच्छेद-213)
- राज्यपाल किसी भी विधेयक को राष्ट्रपति के लिए आरक्षित कर सकता है।
- विधानसभा में धन-विधेयक राज्यपाल की पूर्व अनुमति से ही पेश किया जा सकता है।
- राज्य विधान परिषद् (जिस राज्य में गठित हो) की कुल सदस्य संख्या के $\frac{1}{6}$ भाग के सदस्यों की नियुक्ति वैसे लोगों में से करता है, जो साहित्य, विज्ञान, कला, समाज-सेवा एवं सहकारी आन्दोलनों के क्षेत्र से जुड़े हुए हों।
- धन विधेयक के अतिरिक्त किसी भी विधेयक को पुन: विचार के लिए राज्य विधानमण्डल के पास भेज सकता है।

नोट *दिल्ली, पाण्डिचेरी, अण्डमान-निकोबार के राज्यपाल को उपराज्यपाल तथा दादर एवं नागर हवेली, लक्षद्वीप, दमन तथा दीव के राज्यपाल, प्रशासक कहे जाते हैं।*

भारतीय संसद का गठन

- भारत की सर्वोच्च विधि निर्माण संस्था संसद है।
- संसद का गठन राष्ट्रपति, राज्यसभा तथा लोकसभा से मिलकर बनता है। (अनुच्छेद-79)
- संसद के दो सदन हैं, जिसमें उच्च सदन को राज्यसभा तथा निम्न सदन को लोकसभा के नाम से जाना जाता है।

राज्य सभा

- सदस्य संख्या-250 (अधिकतम), जिनमें 238 सदस्य निर्वाचित एवं 12 मनोनीत सदस्य होते हैं।
- मनोनीत सदस्य कला, विज्ञान, साहित्य, समाज-सेवा, सहकारिता के क्षेत्र में विशेष ज्ञान एवं अनुभव वाले होते हैं।
- उम्र सीमा 30 वर्ष (न्यूनतम)
- कार्यकाल 6 वर्ष
- राज्यसभा एक अस्थाई सदन है, जो कभी भंग नहीं होता है बल्कि इसके एक तिहाई सदस्य प्रति दो वर्ष पर सेवा निवृत हो जाते थे।
- राज्यसभा का सभापति, भारत का उपराष्ट्रपति होता है।
- अनुच्छेद-249 के अनुसार, यदि राज्यसभा उपस्थित तथा मत देने वाले सदस्यों के दो-तिहाई से अगर प्रस्ताव पारित करती है, तो संघ राज्य सूची में उल्लिखित राष्ट्रीय विषय पर कानून बना सकती है।
- अनुच्छेद-312 के अनुसार, राज्यसभा को अखिल भारतीय सेवाओं के सृजन का अधिकार है।
- राज्यसभा धन-विधेयक को अधिकतम 14 दिन तक रोक सकती है।
- राज्यसभा का पहली बार गठन 3 अप्रैल, 1952 को किया गया तथा इसकी पहली बैठक 13 मई, 1952 को हुई थी।
- दिल्ली एवं पाण्डिचेरी केन्द्रशासित प्रदेशों को ही केवल राज्य सभा में प्रतिनिधित्व प्राप्त है।

लोकसभा

लोकसभा संसद का निम्न एवं अस्थाई सदन है।

लोकसभा की सदस्य संख्या

- कुल संख्या - 552 (अधिकतम निर्धारित)
- राज्यों से - 530 सदस्य
- संघ शासित क्षेत्रों से - 20 सदस्य
- एंग्लो-इण्डियन - 2 सदस्य (मनोनीत)
- वर्तमान में लोकसभा मे 545 सदस्य हैं, जिनमें 530 सदस्य राज्यों से, 13 सदस्य संघ राज्य क्षेत्रों से तथा 2 एंग्लो-इण्डियन हैं।
- लोकसभा के सदस्यों का चुनाव प्रत्यक्ष रूप से वयस्क मताधिकार के आधार पर गुप्त मतदान द्वारा होता है। (18 वर्ष), 61 वें संविधान संशोधन (वर्ष 1989) से मतदान की आयु 18 वर्ष की गई है।
- लोकसभा का कार्यकाल 5 वर्षों का होता है, परन्तु प्रधानमन्त्री की सिफारिश पर राष्ट्रपति द्वारा इसे समय से पहले भी भंग किया जा सकता है।
- आपातकाल (अनुच्छेद-352) लागू होने पर संसद विधि बनाकर इसके कार्यकाल को एक बार में एक वर्ष के लिए बढ़ा सकती है। (वर्ष 1976 में दो बार बढ़ाया गया)
- लोकसभा सदस्य बनने हेतु न्यूनतम आयु 25 वर्ष है।
- 2001 के 84वें संविधान संशोधन विधेयक के अनुसार लोकसभा एवं विधानसभाओं की सीटों की संख्या वर्ष 2026 तक यथावत रखने का प्रावधान किया गया है।
- लोकसभा की दो बैठकों के बीच छ: माह से अधिक का अन्तर नहीं होना चाहिए।
- लोकसभा की गणपूर्ति या कोरम कुल सदस्य संख्या का 10वाँ $\left(\frac{1}{10}\right)$ भाग है।

  धन-विधेयक के सम्बन्ध में लोकसभा का निर्णय अन्तिम होता है।

संसद का संयुक्त अधिवेशन

- संविधान के अनुच्छेद-108 में संसद के संयुक्त अधिवेशन की व्यवस्था है।
- संयुक्त अधिवेशन सिर्फ साधारण विधेयक के सम्बन्ध में ही लाया जा सकता है।
- संयुक्त अधिवेशन को बुलाने का अधिकार राष्ट्रपति के पास है।
- संयुक्त अधिवेशन की अध्यक्षता लोकसभा अध्यक्ष के द्वारा की जाती है।
- अभी तक तीन संयुक्त अधिवेशन बुलाया गया है; जैसे—
  1. वर्ष 1961 में दहेज प्रतिबन्ध विधेयक
  2. वर्ष 1978 में बैंकिंग सेवा आयोग
  3. वर्ष 2002 में आतंकवाद निवारक विधेयक (पोटा)
- धन-विधेयक तथा संविधान संशोधन विधेयक के मुद्दों पर संयुक्त अधिवेशन नहीं बुलाया जाता है।

अति महत्त्वपूर्ण प्वाइंटस

- लोकसभा की अध्यक्षता लोकसभा अध्यक्ष द्वारा की जाती है, जिसकी नियुक्ति लोकसभा के सदस्यों द्वारा की जाती है।
- लोकसभा अध्यक्ष द्वारा धन-विधेयक को प्रमाणित किया जाता है।
- संसद सदस्यों की योग्यता एवं अयोग्यता से सम्बन्धित प्रश्न का निर्णय चुनाव आयोग की सलाह से राष्ट्रपति करता है।
- यदि कोई संसद सदस्य 60 दिनों की अवधि से अधिक समय के लिए सदन के सभी अधिवेशनों से अनुपस्थित रहता है, तो सदन उसकी सदस्यता समाप्त कर सकता है।
- संसद में विरोधी दल के नेता को लोकसभा में मान्यता के लिए उस दल को कुल सदस्य संख्या के 10% स्थान प्राप्त होना चाहिए।
- संसद में धन-विधेयक केवल लोकसभा में पेश किया जाता है।
- प्रथम लोकसभा का कार्यकाल 17 अप्रैल, 1952 में 4 अप्रैल, 1957 तक रहा।
- प्रथम लोकसभा अध्यक्ष श्री जी. जी. मावलंकर एवं उपाध्यक्ष अनन्तशयनम् थे।
- आम चुनावों के पश्चात् लोकसभा की प्रथम बैठक में राष्ट्रपति लोकसभा के सबसे वरिष्ठ सदस्य को प्रोटेम स्पीकर नियुक्त करता है, जो नव-निर्वाचित सदस्यों को शपथ दिलाता है तथा स्पीकर का चुनाव करता है।
- संसद में लोकसभा में विपक्ष द्वारा सरकार (मन्त्रिपरिषद्) के विरुद्ध अविश्वास प्रस्ताव पेश करती है, जिसके लिए कम-से-कम 50 सदस्यों का समर्थन आवश्यक है।

राज्य विधानमण्डल

- राज्य विधानमण्डल का गठन राज्यपाल, विधानसभा एवं विधानपरिषद् के सम्मिलित रूप से होता है।
- राज्य विधानमण्डल एक सदनीय या दो सदनीय भी हो सकता है।
- एक सदनीय विधानमण्डल का गठन राज्यपाल तथा विधानसभा से मिलकर तथा द्विसदनीय का गठन राज्यपाल, विधानसभा एवं विधानपरिषद् से मिलकर होता है।
- विधानपरिषद् को उच्च सदन एवं विधानसभा को निम्न सदन कहा जाता है।

विधानपरिषद्

- अगर राज्य की विधानसभा अपने कुल सदस्यों के पूर्ण बहुमत तथा उपस्थित एवं मतदान करने वाले सदस्यों के दो-तिहाई बहुमत से प्रस्ताव पारित करें, तो संसद उस राज्य में विधानपरिषद् की स्थापना या उत्सादन कर सकती है।
- वर्तमान में केवल छ: राज्यों उत्तर प्रदेश, महाराष्ट्र, बिहार, कर्नाटक, आन्ध्र प्रदेश, तेलंगाना में विधानपरिषदें विद्यमान हैं।
- विधानपरिषद् की कुल सदस्य, उस राज्य की विधानसभा के कुल सदस्यों की संख्या की एक-तिहाई से अधिक नहीं हो सकती है।
- विधानपरिषद् के सदस्यों की कुल संख्या 40 से कम नहीं हो सकती है। (अपवादस्वरूप जम्मू-कश्मीर में 30 है।)
- विधानपरिषद् के सदस्य बनने के लिए न्यूनतम आयु 30 वर्ष है।
- विधानपरिषद् के सदस्यों का कार्यकाल 6 वर्ष का होता है, परन्तु हर दूसरे वर्ष एक-तिहाई सदस्य अवकाश ग्रहण करते हैं।
- इसके सदस्यों का निर्वाचन आनुपातिक प्रतिनिधित्व की एकल संक्रमणीय मत पद्धति द्वारा होता है।

विधानसभा

- विधानसभा के सदस्यों की संख्या न्यूनतम 60 तथा अधिकतम 500 होती है।
- विधानसभा सदस्य बनने के लिए न्यूनतम आयु 25 वर्ष है।
- इसका कार्यकाल 5 वर्ष का होता है, परन्तु पाँच वर्ष से पहले भी राज्यपाल इसे विघटित कर सकता है।
- विधानसभा में अनुसूचित जातियों और जनजातियों के लिए जनसंख्या के आधार पर स्थानों का आरक्षण किया गया है।
- विधानसभा के सदस्य, विधानसभा के अध्यक्ष एवं उपाध्यक्ष का चुनाव करते हैं, जो विधानसभा के कार्य संचालन के लिए जिम्मेदार होता है।
- कौन-सा विधेयक धन-विधेयक होगा, इसका निर्णय विधानसभा अध्यक्ष ही करता है।
- विधानसभा बैठकों के लिए गणपूर्ति की संख्या कुल सदस्य संख्या का $\frac{1}{10}$ होनी आवश्यक है।
- सर्वाधिक विधानसभा सीटों की संख्या उत्तर प्रदेश (403) तथा न्यूनतम पुडुचेरी में (30) में है। राज्य का मन्त्रिपरिषद् सामूहिक रूप से विधानसभा के प्रति उत्तरदायी होता है।
- राष्ट्रीय राजधानी क्षेत्र दिल्ली एवं पुडुचेरी का चुनाव पश्चात् मुख्यमन्त्री की नियुक्ति राष्ट्रपति द्वारा होती है और मुख्यमन्त्री राष्ट्रपति के प्रति उत्तरदायी होता है।
- राज्य में मुख्यमन्त्री की नियुक्ति राज्यपाल द्वारा की जाती है।
- विधानसभा में बहुमत प्राप्त दल का नेता मुख्यमन्त्री के रूप में नियुक्त किया जाता है।
- कोई भी धन-विधेयक विधानसभा में ही प्रस्तुत किया जाता है।

स्थानीय स्वशासन

- भारत में स्थानीय स्वशासन का जनक लॉर्ड रिपन को माना जाता है।
- सर्वप्रथम लॉर्ड रिपन ने 1882 ई. में स्थानीय स्वशासन की शुरुआत की थी।
- स्वतन्त्रता के पश्चात् भारत में लोकतांत्रिक विकेन्द्रीकरण की स्थापना हेतु वर्ष 1952 में सामुदायिक विकास कार्यक्रम की शुरूआत की गई।
- इसके पश्चात् वर्ष 1957 में श्री बलवन्त राय मेहता की अध्यक्षता में एक समिति का गठन किया गया।
- मेहता समिति की सिफारिश पर भारत में त्रिस्तरीय पंचायती राजव्यवस्था की स्थापना की गई, जिसमें सबसे निचले स्तर पर ग्राम पंचायत, मध्यवर्ती स्तर (प्रखण्ड स्तर) पर पंचायत समिति और सर्वोच्च स्तर (जिला स्तर) पर जिला परिषद् की स्थापना का प्रावधान था।
- पंचायती राज्य का शुभारम्भ 2 अक्टूबर, 1959 को भारत के प्रथम प्रधानमन्त्री जवाहर लाल नेहरू द्वारा राजस्थान राज्य के नागौर जिले से की गई।
- पंचायती राज्य व्यवस्था पर वर्ष 1977 में अशोक मेहता समिति की स्थापना की गई थी, जिसने द्विस्तरीय पंचायती राज्य व्यवस्था की सिफारिश की थी।
- पंचायती राज्य पर बनी अन्य समितियों में पी. वी. के राय समिति (वर्ष 1985), एल. एम. सिंघवी समिति (वर्ष 1986) का भी गठन किया गया था।
- संविधान के भाग-9 अनुसूची-II में अनुच्छेद-243 में पंचायती राज, व्यवस्था का प्रावधान किया गया है।
- पंचायती राजव्यवस्था को संवैधानिक मान्यता 24 अप्रैल, 1993 को 73 वाँ संविधान संशोधन अधिनियम लागू किया गया।
- 73वें संविधान संशोधन के बाद पंचायती राज अधिनियम का निर्णय करने वाला प्रथम राज्य कर्नाटक है।

- पंचायतों में अनुच्छेद-243-D के तहत महिलाओं को 33% आरक्षण का प्रावधान किया गया है, परन्तु अगस्त, 2009 में पंचायती राज में महिलाओं को 50% आरक्षण को कैबिनेट में मंजूरी प्रदान की है।
- जिसके पश्चात् बिहार, हिमाचल प्रदेश, मध्य प्रदेश एवं उत्तराखण्ड में महिला आरक्षण 50% कर दिया गया।
- बिहार भारत का पहला राज्य है जिसने पंचायती राजव्यवस्था में महिलाओं को 50% आरक्षण दिया है।
- पंचायत का कार्यकाल 5 वर्ष होता है तथा सदस्य के निर्वाचन की न्यूनतम आयु 21 वर्ष है।
- 73वें संविधान संशोधन द्वारा पंचायतों के लिए राज्य निर्वाचन आयोग का गठन किया गया है।
- 11वीं अनुसूची में कुल 29 विषय रखे गए हैं।

नगरीय स्थानीय सरकार

- संविधान का 74वाँ संविधान संशोधन नगरपालिकाओं से सम्बन्धित है।
- नगरपालिकाओं को 12वीं अनुसूची में वर्णित कुल 18 विषयों पर विधि बनाने की शक्ति प्रदान की गई है।
- भारत में सर्वप्रथम 1888 ई. में मुम्बई में नगर निगम की स्थापना की गई थी।
- नगरपालिका में महिला आरक्षण $\frac{1}{3}$ भाग है।
- नगर निगमों का कार्यकाल 5 वर्षों का होता है।
- 74वाँ संशोधन द्वारा प्रत्येक जिला स्तर पर जिला योजना समिति तथा महानगर में महानगर योजना समिति के गठन का प्रावधान है।

भारत की न्यायपालिका

- जिसके सर्वोच्च शिखर पर भारत का उच्चतम न्यायालय है
- भारत की न्यायिक व्यवस्था इकहरी तथा एकीकृत है।
- भारतीय संविधान के अनुच्छेद 124 में भारत के उच्चतम न्यायालय की स्थापना की व्यवस्था की गई है।
- वर्तमान उच्चतम न्यायालय की व्यवस्था 28 जनवरी, 1950 को की गई थी।
- मूल संविधान में उच्चतम न्यायालय के न्यायाधीशों की संख्या 8 थी, जो समय-समय पर बढ़ाई गई तथा वर्तमान में इसकी संख्या 31 हो गई है।
- उच्चतम न्यायालय के न्यायाधीशों की नियुक्ति राष्ट्रपति द्वारा की जाती है। उनकी नियुक्ति के लिए कोई नयूनतम उम्र सीमा का निर्धारण नहीं किया गया है, परन्तु वे 65 वर्ष की आयु तक पद पर बने रहते हैं।
- उच्चतम न्यायालय के न्यायाधीश को साबित कदाचार तथा असमर्थता के आधार पर संसद के विशेष बहुमत से पारित प्रस्ताव के आधार पर राष्ट्रपति द्वारा हटाया जाता है। (महाभियोग की प्रक्रिया द्वारा)
- भारत में पहली बार महाभियोग जस्टिस पी. रामास्वामी पर 1993 में चलाया गया था।
- कोलकाता हाइकोर्ट के न्यायाधीश सौमित्र सेन पर भी महाभियोग चलाने की सिफारिश की गई थी।
- उच्चतम न्यायालय को आरम्भिक, अपीलीय, परामर्शदात्री (अनुच्छेद 143) अधिकार प्राप्त है। सर्वोच्च न्यायालय एक अभिलेख न्यायालय है।
- अनुच्छेद-32 के तहत सर्वोच्च न्यायालय को मौलिक अधिकारों के संरक्षण हेतु रिट जारी करने की शक्ति प्राप्त है।
- संविधान के अनुच्छेद 143 के अनुसार सर्वोच्च न्यायालय को राष्ट्रपति को परामर्श देने की शक्ति प्राप्त है।

उच्च न्यायालय

- अनुच्छेद 214 के अनुसार प्रत्येक राज्य का एक उच्च न्यायालय होगा।
- संसद को दो या दो से अधिक राज्यों या किसी संघ-राज्य क्षेत्र के लिए एक उच्च न्यायालय के गठन की शक्ति प्राप्त है। (अनुच्छेद - 231)
- भारत में वर्तमान में 25 उच्च न्यायालय हैं।
- उच्च न्यायालय के न्यायाधीशों के अवकाश ग्रहण करने की उम्र सीमा 62 वर्ष है, इससे पहले वे अपना त्यागपत्र राष्ट्रपति को सौंप सकते हैं।
- उच्च न्यायालय के न्यायाधीशों की नियुक्ति राष्ट्रपति के द्वारा उस राज्य के मुख्य न्यायाधीश से परामर्श के द्वारा की जाती है।
- राष्ट्रपति आवश्यकतानुसार किसी भी उच्च न्यायालय के न्यायाधीशों की संख्या में वृद्धि कर सकता है या अतिरिक्त न्यायाधीशों की नियुक्ति कर सकता है।
- उच्च न्यायालय एक अभिलेख न्यायालय होता है, इसके निर्णय अधिकारिक माने जाते हैं।
- उच्च न्यायालय अनुच्छेद-226 के तहत मौलिक अधिकारों की रक्षा करता है।

लोक अदालत

- भारत में लोक अदालतों का गठन विधिय सेवा प्राधिकरण अधिनियम 1987 के तहत किया गया।
- लोक अदालत के निर्णय के विरुद्ध अपील नहीं की जा सकती है।
- भारत की न्याय व्यवस्था में लोकहित मुकदमा (PIL) भारत के मुख्य न्यायमूर्ति पी. एन. भगवती की देन है।
- उच्चतम न्यायालय में संविधान के निर्वाचन में सम्बन्धित मामलों की सुनवाई करने के लिए न्यायाधीशों की संख्या कम से कम पाँच होनी चाहिए।

भारत के राष्ट्रीय प्रतीक

राष्ट्रीय प्रतीक	मुख्य तथ्य
राष्ट्रीय प्रतीक	• भारत का राष्ट्रीय प्रतीक सारनाथ स्थित अशोक स्तम्भ है। • इस पर मुण्डकोपनिषद् से लिया गया प्रसिद्ध वाक्य 'सत्यमेव जयते' लिखा है।
राष्ट्रीय ध्वज	• भारत की संविधान सभा ने इस ध्वज को 22 जुलाई, 1947 को अपनाया। • ध्वज की लम्बाई चौड़ाई का अनुपात 3 : 2 है। • तिरंगे में बना चक्र, अशोक स्तम्भ से लिया गया है। • केसरिया रंग जगृति, शौर्य तथा त्याग का, सफेद रंग सत्य एवं पवित्रता का एवं हरा रंग जीवन-समृद्धि का प्रतीक है। • संविधान के अनुच्छेद 19(1) (अ) के अधीन राष्ट्रीय ध्वज फहराना नागरिकों का मूल अधिकार है। • राष्ट्रीय ध्वज को संविधान सभा में हंसा मेहता द्वारा प्रस्तुत किया गया था। • भारतीय ध्वज संहिता-2002 सभी व्यक्तियों को राष्ट्रीय ध्वज के प्रदर्शन का अधिकार है।

राष्ट्रीय प्रतीक	मुख्य तथ्य
राष्ट्रगान	• रचनाकार : रवीन्द्रनाथ ठाकुर, अवधि-52 (संक्षिप्त अवधि-20 सेकण्ड) • संविधान सभा द्वारा 24 जनवरी, 1950 को स्वीकृत • प्रथम गायन-27 दिसम्बर, 1911 कोलकाता अधिवेशन • इसका अंग्रेजी अनुवाद 1919 में 'Morning song of India' के नाम से किया गया। • राष्ट्रगान का वर्तमान धुन बनाने का श्रेय कैप्टन रामसिंह ठाकुर (INA सिपाही) को जाता है।
राष्ट्रीय गीत	• बंकिमचन्द्र चटर्जी द्वारा वन्दे मातरम् की रचना आनन्दमठ में की गई थी। • वन्दे मातरम् को राष्ट्र गीत के रूप में 26 जनवरी, 1950 को स्वीकार किया गया। • सर्वप्रथम 1896 ई. में भारतीय राष्ट्रीय कांग्रेस के अधिवेशन में गाया गया था।
राष्ट्रीय कैलेण्डर	• भारत का राष्ट्रीय कैलेण्डर (ग्रिगेरियन) शक सम्वत् आधारित है। • 22 मार्च, 1957 को इसे अपनाया गया।
राष्ट्रीय पुष्प	• कमल • वैज्ञानिक नाम : *नैलम्बो न्यूसिफेरा*
राष्ट्रीय पक्षी	• मयूर • वैज्ञानिक नाम : *पावो क्रिस्टेटस*
राष्ट्रीय पशु	• बाघ • वैज्ञानिक नाम पैंथर टाइग्रिस लिन्नाभस
राष्ट्रीय फल	• आम • वै. नाम : *मेजिंफेरा इण्डिका*
राष्ट्रीय वृक्ष	• बरगद • वै. नाम : *फाइकस वेंधालेंसिस*
राष्ट्रीय नदी	• गंगा • 4 नवम्बर, 2008 में घोषित
राष्ट्रीय जलीय जीव	• गंगा डॉल्फिन • वै. नाम : *प्लाटानिस्टा गैगेंटिका* • 5 अक्टूबर, 2009 से घोषित
राष्ट्रीय विरासत पशु	• हाथी • वै. नाम: एलिफास इण्डिका

केन्द्र–राज्य सम्बन्ध

- भारत में केन्द्र-राज्य सम्बन्ध संघवाद से प्रेरित है तथा संघवाद की इस प्रणाली को कनाडा के संविधान से लिया गया है।
- संविधान की सातवीं अनुसूची में केन्द्र एवं राज्य के बीच शक्तियों का बँटवारा तीन सूचियों–संघ सूची, राज्य सूची तथा समवर्ती सूची के आधार पर किया गया है।
- संघ सूची का कानून बनाने का एकमात्र अधिकार संसद का है; इसमें कुल 100 विषय हैं, जो राष्ट्रीय महत्त्व के हैं; जैसे-रक्षा, विदेशी मामले डाक तार, रेल, वायु आदि। (मूल रूप से 97 विषय)
- राज्य सूची के विषयों पर कानून बनाने का अधिकार राज्य विधान मण्डल का है, जिसमें कुल 61 विषय हैं; जैसे–वन, कृषि, लोक व्यवस्था, पुलिस, लोक व्यवस्था, स्थानीय शासन आदि (मूलत: - 66 विषय)।
- समवर्ती सूची पर संसद तथा राज्य विधानमण्डल दोनों कानून बना सकते हैं, परन्तु अगर दोनों कानूनों में विरोध है, तो संसद द्वारा निर्मित कानून लागू होगा। वर्तमान में इसमें 52 विषय शामिल हैं; जैसे–राष्ट्रीय जलमार्ग, वन, शिक्षा, जनसंख्या नियन्त्रण, समाचार-पत्र आदि। (मूलत: 47 विषय)
- संविधान के 42वें संशोधन 1976 द्वारा वन, शिक्षा, जनसंख्या नियन्त्रण आदि विषयों को समवर्ती सूची में शामिल कर लिया गया।
- इन तीनों सूचियों में जिन विषयों को शामिल नहीं किया गया वे अवशिष्ट शक्तियों के अन्तर्गत रखे गए हैं। जिन पर संसद को कानून बनाने का अधिकार प्रदान किया गया है।
- केन्द्र-राज्य सम्बन्धों पर अभी तक चार समितियों का गठन किया गया है। 1966 में सीतलवाड़ समिति, राजमन्नार समिति 1969, सरकारिया आयोग 1983 तथा पूँछी आयोग 2007 में।
- केन्द्र-राज्य सम्बन्धों पर गठित सबसे महत्त्वपूर्ण समिति सरकारिया आयोग है।

वित्त आयोग

- संविधान के अनुच्छेद-280 में एक वित्त आयोग का प्रावधान है।
- वित्त आयोग का गठन प्रत्येक 5 वर्ष पर राष्ट्रपति द्वारा किया जाता है।
- वित्त आयोग का मुख्य कार्य केन्द्र एवं राज्य के बीच करों के विभाजन की सिफारिश करना है।
- वित्त आयोग अपनी रिपोर्ट राष्ट्रपति को सौंपता है।
- पहले वित्त आयोग का गठन 1951 में के. सी. नियोगी की अध्यक्षता में किया गया था।
- वर्तमान में 15वें वित्त आयोग का गठन एन. के. सिंह की अध्यक्षता में किया गया है।
- 14वें वित्त आयोग का गठन 2012 में किया गया था। (2015-2000) 14वें वित्त आयोग के अध्यक्ष वाई. वी. रेड्डी थे
- यह आयोग बहुसदस्यीय है, जिसमें एक अध्यक्ष और चार सदस्य होते हैं।

निर्वाचन आयोग

- संविधान के भाग-15 में अनुच्छेद-324-329 में निर्वाचन के सम्बन्ध में उपलन्ध किया गया है।
- मुख्य चुनाव आयुक्त एवं अन्य चुनाव आयुक्त की नियुक्ति राष्ट्रपति के द्वारा की जाती है।
- मुख्य चुनाव आयुक्त की पदावधि 6 वर्ष या 65 वर्ष तथा अन्य चुनाव आयुक्तों की पदावधि 6 वर्ष या 62 वर्ष की आयु तक होती है।
- मुख्य चुनाव आयुक्त को महाभियोग द्वारा हटाया जा सकता है।
- पहले चुनाव आयोग का गठन वर्ष 1950 में किया गया।
- निर्वाचन आयोग के मुख्य कार्यों में निर्वाचन क्षेत्रों का परिसीमन, मतदाता सूची तैयार करना, राजनीतिक दलों या समूहों को मान्यता प्रदान करना तथा चुनाव चिह्न प्रदान करना, राष्ट्रपति, उपराष्ट्रपति, संसद तथा विधानमण्डल के निर्वाचन का संचालन करता है।
- चुनाव सुधार से सम्बन्धित कई समितियों जैसे के. संथानम् समिति वर्ष 1964, तारकुण्डे समिति 1974, निदेश गोस्वामी समिति 1990, वोहरा समिति 1993, तथा इन्द्रजीत गुप्त समिति (1998) का गठन किया गया।

राष्ट्रीय विकास परिषद्

- 6 अगस्त, 1952 को राष्ट्रीय विकास परिषद् का गठन किया गया था।
- यह संवैधानिक निकाय नहीं है इसकी अध्यक्षता प्रधानमन्त्री करता है।
- इसके सदस्यों में सभी राज्यों या संघशासित क्षेत्रों के मुख्यमन्त्री, योजना आयोग के सभी सदस्य एवं सभी संघ राज्य क्षेत्रों के प्रशासक या उपराज्यपाल शामिल हैं।

नीति आयोग

- 1 जनवरी, 2015 को योजना आयोग के स्थान पर प्रधानमन्त्री की अध्यक्षता में नीति आयोग का गठन किया गया। इस आयोग का अध्यक्ष प्रधानमन्त्री होते है।
- इसके गर्वनिंग कॉउन्सिल में सभी राज्यों के मुख्यमन्त्री और संघ राज्य क्षेत्रों के उपराज्यपाल शामिल होते हैं। यह भारत में केन्द्र तथा राज्यों के बीच सहकारी संघवाद की स्थापना करने में सहायक संस्था है
- नीति आयोग केन्द्र और राज्य स्तरों पर सरकार के नीति के प्रमुख कारकों के सम्बन्ध में प्रासंगिक, महत्त्वपूर्ण एवं तकनीक परामर्श उपलब्ध कराएगा। नीति आयोग ने 12वीं पंचवर्षीय योजना की समाप्ति के पश्चात् पंचवर्षीय योजनाओं के निर्माण को समाप्त करने का निर्णय लिया है।
- इसके पहले उपाध्यक्ष अरविन्द पनगड़िया थे।

अन्तर्राज्यीय परिषद्

- संविधान के अनुच्छेद-263 में राष्ट्रपति द्वारा अन्तर्राष्ट्रीय परिषद् की स्थापना का उल्लेख किया है।
- इस परिषद् की स्थापना जून, 1990 में की गई थी। इस परिषद् का मुख्य कार्य राज्यों के मध्य विवादों का परीक्षण करना तथा उन्हें परामर्श देना है।

परिसीमन आयोग

- मुख्य चुनाव आयुक्त परिसीमन आयोग का अध्यक्ष होता है।
- भारत में पहला परिसीमन आयोग 1952 में गठित किया गया था।
- इसके पश्चात् 1962 में दूसरा परिसीमन आयोग, 1973 में तीसरा परिसीमन आयोग एवं 2002 में चौथे परिसीमन आयोग का गठन किया गया।
- चौथे परिसीमन आयोग का गठन 2001 की जनगणना के आधार पर कुलदीप सिंह की अध्यक्षता में किया गया है।
- नए परिसीमन से 84वें संविधान संशोधन अधिनियम 2001 के तहत सीटों का स्थान वर्ष 2026 तक अपरिवर्तित रहेगी।

आपात उपबन्ध

- संविधान के भाग-18 में आपात उपबन्धों का प्रावधान किया गया है।
- संविधान में तीन प्रकार के आपात उपबन्धों राष्ट्रीय आपात (352), राष्ट्रपति शासन (अनुच्छेद-356) तथा वित्तीय आपात (अनुच्छेद-360) का प्रावधान किया गया है। राष्ट्रीय आपात (352) की घोषणा युद्ध, बाह्य आक्रमण तथा सशस्त्र विद्रोह के आधार पर की जाती है।
- राष्ट्रीय आपात की घोषणा राष्ट्रपति द्वारा की जाती है तथा यह एक माह तक प्रवर्त्तन में रहती है। संसद द्वारा इसे 2/3 बहुमत से पारित कर 6 महीने तक बढ़ाया जा सकता है।
- भारत में अभी तक तीन बार, चीन युद्ध (1962), पाकिस्तान युद्ध (1971), आन्तरिक गड़बड़ी के आधार पर (1975) में लगाया गया है।
- अनुच्छेद-356 में राज्यों में राष्ट्रपति शासन का प्रावधान है।
- अगर राष्ट्रपति को यह लगता है कि राज्य की कार्यपालिका संवैधानिक उपलब्धों के आधार पर कार्य करने में असमर्थ है, तब राज्य में राष्ट्रपति शासन लगाया जा सकता है।
- राष्ट्रपति शासन लागू होने पर, संघ राज्य के न्यायिक कार्यो को छोड़कर समस्त प्रशासनिक कार्य अपने हाथ में ले लेता है।
- इसकी अवधि प्रारम्भ में दो माह होती है तथा अधिकतम 3 वर्ष होती है।
- सबसे पहले पंजाब में राष्ट्रपति शासन (1951) लागू किया गया था।
- सबसे अधिक समय तक इसका प्रयोग जम्मू-कश्मीर में किया गया।
- अनुच्छेद-360 में वित्तीय आपात का उल्लेख किया गया है।
- राष्ट्रपति को अगर यह विश्वास हो जाए कि भारत के वित्तीय स्थायित्व या साख पर खतरा आ गया हो तो वह वित्तीय आपात की घोषणा कर सकता है।
- इसका प्रयोग अभी तक नहीं किया गया है।

संविधान के प्रमुख संशोधन

21वाँ संशोधन 1967	सिन्धी भाषा को संविधान की आठवीं सूची में शामिल किया गया।
24वाँ संशोधन 1971	इसके अन्तर्गत संसद को संविधान के किसी भी भाग (मूल अधिकारों समेत) में संशोधन की शक्ति प्रदान की गई।
35वाँ संविधान संशोधन 1974	इस अधिनियम द्वारा संविधान में दसवीं अनुसूची जोड़ी गई।
36वाँ संविधान संशोधन 1975	इस संशोधन द्वारा सिक्किम को पूर्ण राज्य का दर्जा दिया गया।
42वाँ संविधान संशोधन 1976	पहली बार संविधान की प्रस्तावना में संशोधन कर समाजवाद, पन्थ निरपेक्ष और राष्ट्र की अखण्डता शब्द जोड़े गए। इस संविधान संशोधन को लघु संविधान भी कहा जाता है मौलिक कर्त्तव्यों को अनुच्छेद 51(क) भाग के अन्तर्गत जोड़ा गया।
44वाँ संविधान संशोधन, 1978	इस संशोधन द्वारा राष्ट्रीय आपात लागू करने के लिए आन्तरिक अशान्ति के स्थान पर सशस्त्र विद्रोह को आधार माना गया।
52वाँ संविधान संशोधन, 1985	दर-बदल की प्रवृत्ति कर रोक लगाने के लिए संविधान की दसवी अन्तःसूची स्थापित की गई।
55वाँ संशोधन अधिनियम, 1986	अरुणाचल प्रदेश को राज्य का दर्जा दिया गया।
61वाँ संशोधन अधिनियम, 1989	अनुच्छेद-326 में संशोधन कर मतदान की न्यूनतम आयु 21 से 18 वर्ष कर दी गई।
65वाँ संशोधन अधिनियम, 1990	SC, ST के लिए एक राष्ट्रीय आयोग की स्थापना का प्रावधान।
69वाँ संशोधन अधिनियम, 1992	दिल्ली संघ राज्य क्षेत्र के लिए विधानसभा एवं मन्त्रिपरिषद् की व्यवस्था की गई।
70वाँ संशोधन अधिनियम, 1991	दिल्ली एवं पाण्डिचेरी को राष्ट्रपति के निर्वाचन में भाग लेने की शक्ति प्रदान की गई।
71वाँ संशोधन अधिनियम, 1992	संविधान की आठवीं अनुसूची कोंकणी मणिपुरी और नेपाली भाषा को सम्मिलित किया गया।
85वाँ संशोधन अधिनियम, 2002	अनुच्छेद-16(4) में संशोधन कर सरकारी सेवाओं में SC/ST के अभ्यर्थियों के लिए पदोन्नति में आरक्षण की व्यवस्था की गई।
86वाँ संशोधन अधिनियम, 2002	संविधान में एक नया अनुच्छेद-21(क) जोड़ा गया, जिसे 6-14 वर्ष की आयु के बच्चों को अनिवार्य एवं निःशुल्क शिक्षा का प्रावधान किया गया।
91वाँ संशोधन अधिनियम, 2003	इस संशोधन के तहत मन्त्रिमण्डल में मन्त्रियों की संख्या सीमित कर दी गईं। इसके तहत सरकार में मन्त्रियों की संख्या निचले सदन की संख्या का 15% तक होगी।
92वाँ संशोधन अधिनियम, 2003	आठवीं अनुसूची में मैथिली, डोगरी, बोडो, संथाली को जोड़ा गया। इससे 8वीं सूची में शामिल भाषाओं की संख्या 22 हो गई है।
96वाँ संशोधन अधिनियम, 2011	इस संधोधन द्वारा 'उड़ीसा' का नाम 'ओडिशा' तथा 8वीं अनुसूची में 'उड़िया' भाषा के स्थान पर 'ओडिया' से प्रतिस्थापित किया गया।

97वाँ संशोधन अधिनियम, 2011	सहकारी समितियों को संवैधानिक दर्जा प्रदान किया गया। इस संशोधन अधिनियम द्वारा मूल अधिकारों से सम्बन्धित अनुच्छेद-19(i) (C) के तहत नागरिकों को संगम या संघ बनाने के साथ सहकारी समितियाँ बनाने की भी स्वतन्त्रता प्रदान की है।
99वाँ संशोधन अधिनियम, 2014	राष्ट्रीय न्यायिक नियुक्ति आयोग की स्थापना का प्रावधान किया गया है।
100वाँ संशोधन अधिनियम, 2015	इस संशोधन द्वारा भारत एवं बांग्लादेश के मध्य हुए 41 साल पुराने भू-सीमा समझौता LBA 1974 को प्रभाव में लाया गया।
101वाँ संविधान संशोधन अधिनियम, 2016	इसके अन्तर्गत वस्तु व सेवाकर को लागू किया गया।
102वाँ संविधान संशोधन अधिनियम, 2018	राष्ट्रीय पिछड़ा वर्ग आयोग को संवैधानिक दर्जा प्रदान किया गया।
103वाँ संविधान संशोधन अधिनियम, 2019	इसके अन्तर्गत समाज में आर्थिक रूप से पिछड़े सामान्य वर्ग को 10% आरक्षण प्रदान किया गया।
104वाँ संविधान संशोधन अधिनियम, 2020	लोकसभा व राज्यों की विधानसभाओं में SC/ST के आरक्षण की अवधि को 10 वर्ष (वर्ष 2021 से 2030 तक) के लिए बढ़ा दिया गया।
105वाँ संविधान संशोधन अधिनियम, 2021	सामाजिक व शैक्षिक रूप से पिछड़े वर्गों की सूची तैयार करने हेतू राज्य सरकार के अधिकार को प्रभावी किया गया।
106वाँ संविधान संशोधन अधिनियम, 2023	इसके अन्तर्गत 15 वर्षों की अवधि के लिए लोकसभा व राज्य विधानसभाओं में महिलाओं के लिए एक-तिहाई सीटे आरक्षित की गई।

भारत के मुख्य पदाधिकारियों से आयु सम्बन्धित तथ्य

मुख्य पदाधिकारी	आयु सीमा
राष्ट्रपति	न्यूनतम आयु 35 वर्ष
उपराष्ट्रपति	न्यूनतम आयु 35 वर्ष
लोकसभा सदस्य	न्यूनतम आयु 25 वर्ष
राज्यसभा सदस्य	न्यूनतम आयु 30 वर्ष
नियन्त्रक एवं महालेखा परीक्षक	अधिकतम 65 वर्ष
सर्वोच्च न्यायालय के न्यायाधीश	अधिकतम 65 वर्ष
उच्च न्यायालय के न्यायाधीश	अधिकतम 62 वर्ष
संघ लोक सेवा आयोग के अध्यक्ष	अधिकतम 65 वर्ष
निर्वाचन आयोग के मुख्य अध्यक्ष	अधिकतम 65 वर्ष
राज्यपाल	न्यूनतम आयु 35 वर्ष

✓ अति महत्त्वपूर्ण प्रश्न

1 निम्नलिखित में से किस अधिनियम को 'रेग्यूलेटिंग एक्ट' के नाम से जाना जाता है?
(a) 1784 का अधिनियम (b) 1773 का अधिनियम
(c) 1781 का अधिनियम (d) इनमें से कोई नहीं

2 किस अधिनियम द्वारा मुम्बई एवं मद्रास के गवर्नर-जनरल को बंगाल के गवर्नर-जनरल के अधीन कर दिया गया?
(a) 1173 का रेग्यूलेटिंग एक्ट (b) 1861 का एक्ट
(c) 1909 का अधिनियम (d) 1793 का चार्टर अधिनियम

3 महारानी विक्टोरिया को भारत की साम्राज्ञी कब नियुक्त किया गया?
(a) 1858 ई. (b) 1866 ई. (c) 1875 ई. (d) 1885 ई.

4 1861 के अधिनियम की सर्वप्रमुख विशेषता कौन-सी थी?
(a) भारतीयों को मतदान का अधिकार प्रदान किया
(b) भारत में एक उच्चतम न्यायालय की स्थापना का प्रावधान
(c) गवर्नर-जनरल को अध्यादेश की शक्ति प्रदान की गई
(d) रियासतों को हड़पने की नीति बनाई गई

5 पृथक् निर्वाचन प्रणाली की स्थापना किस अधिनियम द्वारा की गई थी?
(a) 1909 (b) 1919 (c) 1853 (d) 1784

6 किस अधिनियम के द्वारा कम्पनी के व्यापार पर चाय और चीन के साथ व्यापार को छोड़कर एकाधिकार समाप्त कर दिया गया?
(a) 1781 (b) 1813 (c) 1933 (d) 1858

7 1833 के अधिनियम में निम्न में से कौन सी बात शामिल थी?
(a) गवर्नर-जनरल को वायसराय का नाम देना
(b) गवर्नर-जनरल को अध्यादेश की शक्ति प्रदान करना
(c) विभागीय प्रणाली की शुरुआत करना
(d) कम्पनी के व्यापारिक एकाधिकार की समाप्ति करना

8 भारत में प्रतियोगिता परीक्षा की शुरुआत किस अधिनियम द्वारा की गई थी?
(a) 1833 का चार्टर अधिनियम (b) 1858 का चार्टर अधिनियम
(c) 1861 का परिषद् अधिनियम (d) 1853 का चार्टर अधिनियम

9 भारत का शासन कम्पनी के हाथों से ब्रिटिश क्राउन के हाथों में कब सौंपा गया?
(a) 1855 (b) 1856 (c) 1857 (d) 1858

10 1858 के अधिनियम पारित होने के समय भारत का वायसराय कौन था?
(a) लॉर्ड हलडौजी (b) लॉर्ड कैनिंग
(c) लॉर्ड एल्गिन (d) लॉर्ड लॉरेन्स

11 1773 में स्थापित सुप्रीम कोर्ट के प्रथम न्यायाधीश कौन थे?
(a) एलिजा एम्पे (b) एडवर्ड चैम्सफोर्ड
(c) चैम्बर्स (d) लिमेंस्टर

12 किस वायसराय द्वारा विभागीय प्रणाली की शुरुआत की गई?
(a) लॉर्ड डलहौजी (b) लॉर्ड कॉर्नवालिस
(c) लॉर्ड वेलजली (d) लॉर्ड कैनिंग

13 भारत के गवर्नर-जनरल को वायसरास के रूप में कब से प्रतिस्थापित किया गया था?
(a) 1853 के बाद (b) 1858 के अधिनियम से
(c) 1861 के अधिनियम द्वारा (d) इनमें से कोई नहीं

14 भारतीयों को बजट पर बहस करने का अधिकार किस अधिनियम द्वारा प्रदान किया गया?
(a) 1892 (b) 1909 (c) 1919 (d) 1935

15 अखिल भारतीय महासंघ स्थापित करने का प्रावधान शामिल किया गया था
(a) भारत सरकार अधिनियम-1935
(b) अगस्त प्रस्ताव 1940
(c) भारत सरकार अधिनियम-1919
(d) कैबिनेट प्रस्ताव 1946

16 प्रान्तों में (द्वैध शासन) की स्थापना किस अधिनियम द्वारा की गई थी?
(a) 1892 (b) 1909 (c) 1935 (d) 1919

17 प्रान्तों से द्वैध शासन का अन्त कब किया गया?
(a) भारत शासन अधिनियम, 1935
(b) भारत शासन अधिनियम, 1991
(c) भारत परिषद् अधिनियम, 1909
(d) भारत परिषद् अधिनियम, 1892

18 1935 के भारत शासन अधिनियम का एक मुख्य प्रावधान क्या था?
(a) मुस्लिमों को पृथक् निर्वाचन प्रदान करना
(b) अप्रत्यक्ष चुनाव प्रणाली की शुरुआत करना
(c) केन्द्र में द्वैध शासन की स्थापना करना
(d) उपरोक्त सभी

19 भारतीय महिलाओं को पहली बार मतदान का अधिकार कब प्राप्त हुआ?
(a) भारत शासन अधिनियम, 1909
(b) भारत शासन अधिनियम, 1919
(c) भारत शासन अधिनियम, 1935
(d) भारत परिषद् अधिनियम, 1892

20 मार्ले-मिण्टो सुधार बिल किस वर्ष में पारित किया गया?
(a) 1905 में (b) 1909 में
(c) 1911 में (d) 1920 में

21 संघीय प्रणाली की स्थापना का पहला प्रयास भारत सरकार के किस अधिनियम द्वारा किया गया था?
(a) 1909 (b) 1919
(c) 1935 (d) इनमें से कोई नहीं

22 मॉण्टेग्यू-चैम्सफोर्ड सुधार में प्रावधानों का सार था
(a) राज्यों की स्वायत्तता
(b) प्रान्तों में दोहरा शासन
(c) हिन्दू-मुस्लिम हेतु अलग-अलग निर्वाचन व्यवस्था
(d) राज्यपालों को वीटो शक्ति

23 भारत की संविधान सभा का गठन किस मिशन के प्रस्तावों के आधार पर किया गया था?
(a) वेवल प्लान (b) ऑगस्ट ऑफर
(c) कैबिनेट मिशन (d) क्रिप्स मिशन

24 भारत की संविधान सभा के अस्थायी अध्यक्ष कौन थे?
(a) सच्चिदानन्द सिन्हा (b) डॉ. राजेन्द्र प्रसाद
(c) डॉ. वी. एन. राव (d) पण्डित नेहरू

25 संविधान सभा में देशी रियासतों से कितने प्रतिनिधि शामिल थे?
(a) 100 (b) 70 (c) 85 (d) 65

26 भारतीय संविधान सभा के स्थायी अध्यक्ष कौन थे?
(a) वी. आर. अम्बेडकर (b) डॉ. राजेन्द्र प्रसाद
(c) सच्चिदानन्द सिन्हा (d) के. एम. मुंशी

27 संविधान सभा के पहले सत्र की बैठक कब हुई थी?
(a) 26 जनवरी, 1948 को (b) 9 दिसम्बर, 1946
(c) 26 नवम्बर, 1946 (d) 26 जनवरी, 1948

28 भारतीय संविधान सभा के प्रारूप समिति के अध्यक्ष कौन थे?
(a) डॉ. राजेन्द्र प्रसाद (b) पं. जवाहर लाल नेहरू
(c) डॉ. बी. आर. अम्बेडकर (d) पुरुषोत्तम दास टण्डन

29 उद्देश्य प्रस्ताव सभा में किसके द्वारा प्रस्ताव किया गया था?
(a) सच्चिदानन्द सिन्हा (b) डॉ. बी. आर. अम्बेडकर
(c) अल्लादी कृष्णास्वामी अय्यर (d) पं. जवाहर लाल नेहरू

30 बी. आर. अम्बेडकर का संविधान सभा में निर्वाचन किस क्षेत्र से हुआ था?
(a) पश्चिम बंगाल से (b) मुम्बई प्रेसीडेन्सी से
(c) मध्य भारत से (d) पंजाब से

31 भारतीय संविधान सभा ने भारतीय राष्ट्रीय ध्वज की रूपरेखा को कब अंगीकरण किया था?
(a) 23 अगस्त, 1947 (b) 13 सितम्बर, 1948
(c) 26 नवम्बर, 1949 (d) 22 जुलाई, 1947

32 भारतीय संविधान सभा में महिला सदस्यों की कुल संख्या कितनी थी?
(a) 10 (b) 12 (c) 13 (d) 15

33 भारत पूर्ण सम्प्रभु लोकतान्त्रिक गणतन्त्र कब बना?
(a) 26 जनवरी, 1949 (b) 26 नवम्बर, 1951
(c) 26 नवम्बर, 1930 (d) 26 नवम्बर, 1949

34 संविधान की उद्देशिका (प्रस्तावना) का संशोधन कितनी बार किया गया था?
(a) तीन बार (b) दो बार
(c) एक बार (d) कभी नहीं

35 भारत के संविधान में भारत को किस रूप में वर्णित किया गया है?
(a) परिसंघ कल्प (b) एकात्मक
(c) राज्यों का संघ (d) परिसंघ

36 भारतीय संघवाद किस देश के संघवाद से प्रभावित है?
(a) नाइजीरिया के (b) कनाडा
(c) यूनाइटेड किंगडम (d) फ्रांस

37 भारत के संविधान का निर्माता किसे माना जाता है?
(a) महात्मा गाँधी (b) बी. आर. अम्बेडकर
(c) जवाहर लाल नेहरू (d) वी. एन. राव

38 'न्यायिक समीक्षा' की धारणा किस देश के संविधान से ली गई है?
(a) इंग्लैण्ड (b) यू. एस. ए.
(c) कनाडा (d) ऑस्ट्रेलिया

39 विश्व का सबसे बड़ा संविधान किस देश का है?
(a) भारत (b) अमेरिका
(c) ब्रिटेन (d) फ्रांस

40 भारतीय संविधान में मूलभूत अधिकारों का सिद्धान्त किस संविधान से लिया गया था?
(a) अमेरिका (b) यू. के.
(c) सोवियत संघ (d) रूस

41 भारतीय संविधान के किस भाग को उसकी आत्मा कहा जाता है?
(a) मौलिक अधिकार (b) संविधान के अनुच्छेद-356
(c) प्रस्तावना (d) नीति-निदेशक तत्त्व

42 ऑस्ट्रेलिया के संविधान से, भारतीय संविधान में कौन-सा तत्त्व शामिल किया गया है?
(a) नीति निदेशक तत्त्व (b) मौलिक अधिकार
(c) समवर्ती सूची (d) संघीय व्यवस्था

43 42वें संविधान संशोधन अधिनियम, 1976 द्वारा प्रस्तावना में किस शब्द को नहीं जोड़ा गया है?
(a) धर्मनिरपेक्ष (b) समाजवादी
(c) गुटनिरपेक्ष (d) एकता और अखण्डता

44 भारतीय संविधान में मौलिक कर्त्तव्यों का प्रावधान किस देश के संविधान से प्रेरित है?
(a) रूस (b) जर्मनी
(c) ऑस्ट्रेलिया (d) अमेरिका

45 भारतीय संविधान की उद्देशिका में परिवर्तन किस संशोधन अधिनियम में किए गए थे?
(a) 38वाँ संशोधन अधिनियम, 1975
(b) 40वाँ संशोधन अधिनियम, 1976
(c) 42वाँ संशोधन अधिनियम, 1976
(d) 44वाँ संशोधन अधिनियम, 1979

46 भारतीय संविधान पर सबसे अधिक प्रभाव किस स्रोत का पड़ा है?
(a) भारत सरकार अधिनियम, 1935 का
(b) ब्रिटेन के संविधान का
(c) सं. रा. अमेरिका के संविधान का
(d) कनाडा के संविधान का

47 भारतीय संविधान में उल्लिखित स्वतन्त्रता, समानता और बन्धुता की संकल्पना किससे प्रेरित है?
(a) फ्रांस के संविधान (b) आइरिश के संविधान
(c) अमेरिका के संविधान (d) ब्रिटिश के संविधान

48 संविधान के किस भाग में नीति-निर्देशक तत्त्वों का उल्लेख किया गया है?
(a) तृतीय भाग में (b) चतुर्थ भाग में
(c) द्वितीय भाग में (d) नवम् भाग में

49 भारतीय संविधान में प्रारम्भ में कितने मौलिक अधिकारों को शामिल किया गया था?
(a) 7 (b) 6 (c) 5 (d) 8

50 भारतीय संविधान के अनुसार 'जीवन का अधिकार' एक—
(a) राजनीतिक अधिकार है (b) मौलिक अधिकार है
(c) धार्मिक अधिकार है (d) आर्थिक अधिकार है

51 किस संविधान संशोधन अधिनियम द्वारा सम्पत्ति का अधिकार मूल अधिकार से बाहर कर दिया गया?
(a) 44वाँ (b) 42वाँ (c) 43वाँ (d) 45वाँ

52 डॉ. अम्बेडकर ने संविधान के किस अनुच्छेद को संविधान का 'हृदय व आत्मा' कहा था?
(a) अनुच्छेद 14 (b) अनुच्छेद 17
(c) अनुच्छेद 352 (d) अनुच्छेद 32

53 'प्रेस की स्वतन्त्रता' भारतीय संविधान के किस अनुच्छेद से मिलती है?
(a) अनुच्छेद 21 (b) अनुच्छेद 16
(c) अनुच्छेद 19 (d) अनुच्छेद 14

54 संविधान द्वारा मौलिक अधिकारों का संरक्षक किसे नियुक्त किया गया है?
(a) सर्वोच्च न्यायालय (b) भारतीय संसद
(c) राष्ट्रपति (d) इनमें से कोई नहीं।

55 भारतीय संविधान के अनुसार, सम्पन्नि का अधिकार है
(a) मौलिक अधिकार (b) प्राकृतिक अधिकार
(c) विधिक अधिकार (d) नैतिक अधिकार

56 भारतीय संविधान में किस वर्ष मौलिक कर्त्तव्यों को समावेश किया गया?
(a) 1971 में (b) 1972 में
(c) 1975 में (d) 1976 में

57 मौलिक अधिकारों का निलम्बन करने का अधिकार किसके पास है?
(a) राज्यपाल (b) राष्ट्रपति
(c) विधि मन्त्री (d) प्रधानमन्त्री

58 मौलिक कर्त्तव्यों को किस समिति की सिफारिश पर भारत के संविधान में शामिल किया गया है?
(a) स्वर्ण सिंह समिति (b) दिनेश गोस्वामी समिति
(c) बलवन्त राय मेहता समिति (d) अशोक मेहता समिति

59 मौलिक कर्त्तव्यों की अवहेलना करने पर किसी व्यक्ति को दण्ड का प्रावधान किया गया है
(a) एक वर्ष कारावास
(b) ' 10,000 जुर्माना
(c) एक वर्ष का कारावास तथा ' 10,000 जुर्माना
(d) अवहेलना पर दण्ड का प्रावधान नहीं है

60 संविधान का निम्न में से कौन-सा अनुच्छेद मौलिक कर्त्तव्यों से सम्बन्धित है?
(a) अनुच्छेद 48 (A) (b) अनुच्छेद 39 (C)
(c) अनुच्छेद 51 (क) (d) इनमें से कोई नहीं

61 मौलिक अधिकारों पर यथोचित प्रतिबन्ध कौन लगा सकता है?
(a) संसद (b) मन्त्रिपरिषद्
(c) जनता (d) मन्त्रिमण्डल

62 निम्न में से कौन-से अनुच्छेद में 'समता का अधिकार' का प्रावधान किया गया है?
(a) अनुच्छेद 15 (b) अनुच्छेद 19
(c) अनुच्छेद 14 (d) अनुच्छेद 21

63 भारतीय संविधान के अनुसार, निम्न में से कौन-सा मूल अधिकार नहीं है?
(a) शिक्षा का अधिकार
(b) भाषण का अधिकार
(c) जीवन का अधिकार
(d) सूचना का अधिकार

64 भारतीय संविधान का कौन-सा अनुच्छेद 'अस्पृश्यता' का उन्मूलन करता है?
(a) 14 (b) 15 (c) 17 (d) 16

65 अनुच्छेद 25-30 के बीच कौन-सा मौलिक अधिकार का वर्णन किया है?
(a) धार्मिक स्वतन्त्रता का अधिकार
(b) संवैधानिक उपचारों का अधिकार
(c) समानता का अधिकार
(d) उपरोक्त से कोई नहीं

66 'निजता का अधिकार' संविधान के किस अनुच्छेद की व्याख्या से स्थापित किया गया है?
(a) अनुच्छेद 20 (b) अनुच्छेद 21
(c) अनुच्छेद 14 (d) अनुच्छेद 30

67 मौलिक अधिकारों में संशोधन की शक्ति किसे प्राप्त है?
(a) राष्ट्रपति (b) लोकसभा (c) सर्वोच्च (d) संसद

68 भारतीय संविधान के कौन-से भाग से 'कल्याणकारी राज्य' के सिद्धान्त को स्पष्टता प्राप्त होती है?
(a) मौलिक अधिकार (b) मौलिक कर्त्तव्य
(c) नीति-निदेशक तत्त्व (d) इनमें से कोई नहीं

69 इनमें से कौन राज्य के नीति-निदेशक सिद्धान्तों में सम्मिलित नहीं है?
(a) संघ निषेध (b) काम का अधिकार
(c) समान कार्य, समान वेतन (d) सूचना का अधिकार

70 निम्नलिखित में से कौन-सा मौलिक कर्त्तव्य नहीं है?
(a) आम भाई-चारे की भावना को उजागर करना
(b) राष्ट्रीय उद्यमों का संरक्षण करना
(c) वैज्ञानिक संस्कार का विकास करना
(d) भारत की समृद्ध विरासत का संरक्षण करना

71 भारतीय संविधान के किस अनुच्छेद में भारतीय नागरिकों के मूल कर्त्तव्य शामिल हैं?
(a) अनुच्छेद 50 (क) (b) अनुच्छेद 50 (ख)
(c) अनुच्छेद 51 (क) (d) अनुच्छेद 51 (ख)

72 निम्न में कौन-कौन-सा अंग 'संसद' का अभिन्न भाग है?
(a) केवल लोकसभा
(b) केवल राज्यसभा
(c) केवल लोकसभा एवं राज्यसभा
(d) लोकसभा, राज्यसभा एवं राष्ट्रपति

73 संसद के दो क्षेत्रों के बीच अधिकतम कितना अन्तराल होता है?
(a) 1 महीना (b) 3 महीना
(c) 6 महीना (d) 12 महीना

74 उपराष्ट्रपति पदेन अध्यक्ष होता है
(a) राज्यसभा का (b) लोकसभा का
(c) योजना आयोग का (d) राष्ट्रीय विकास परिषद् का

75 राष्ट्रपति द्वारा संसद के दोनों सदनों के लिए कुल कितने सदस्यों को नामित किया जा सकता है?
(a) 16 (b) 10 (c) 12 (d) 14

76 भारतीय संविधान के अनुसार, केन्द्रीय मन्त्री किसकी इच्छा रहने तक पद सम्भालेगें
(a) भारत के राष्ट्रपति
(b) भारत के प्रधानमन्त्री
(c) संसद
(d) सर्वोच्च न्यायालय

77 राज्यसभा के कितने सदस्य प्रत्येक दो वर्ष पर सेवा निवृत्त हो जाते हैं?
(a) एक-तिहाई (b) दो-तिहाई
(c) तीन-तिहाई (d) कुल संख्या का आधा

78 निम्न में से भारत के वह राष्ट्रपति कौन थे जो दो बार राष्ट्रपति के पद पर रहे थे?
(a) एस. राधाकृष्णन (b) के. आर. नारायणन
(c) नीलम संजीव रेड्डी (d) राजेन्द्र प्रसाद

79 राष्ट्रपति और उपराष्ट्रपति से सम्बन्धित चुनाव विवादों का न्याय निर्णय कौन करता है?
(a) उच्चतम न्यायालय (b) संसद
(c) निर्वाचन आयोग (d) महान्यायवादी

80 भारत में राष्ट्रपति का चुनाव किस पद्धति के आधार पर किया जाता है?
(a) प्रत्यक्ष निर्वाचन द्वारा
(b) एकल हस्तान्तरीय मत पद्धति द्वारा
(c) आनुपातिक मत प्रणाली द्वारा
(d) खुले वैलट प्रणाली द्वारा

81 राष्ट्रपति अपना त्यागपत्र किसे प्रस्तुत करता है?
(a) लोकसभा अध्यक्ष (b) प्रधानमन्त्री
(c) उपराष्ट्रपति (d) भारत के मुख्य न्यायाधीश

82 संसद के दोनों सदनों का संयुक्त सत्र कौन बुला सकता है?
(a) राष्ट्रपति (b) प्रधानमन्त्री
(c) लोकसभा अध्यक्ष (d) उपराष्ट्रपति

83 भारत के राष्ट्रपति को उसके पद से हटाया जा सकता है
(a) भारत के प्रधानमन्त्री द्वारा (b) लोकसभा द्वारा
(c) मुख्य न्यायाधीश द्वारा (d) संसद द्वारा

84 भारतीय संविधान का कौन-सा अनुच्छेद राष्ट्रपति को उच्चतम न्यायालय से परामर्श करने की शक्ति प्रदान करता है?
(a) अनुच्छेद - 129 (b) अनुच्छेद - 132
(c) अनुच्छेद - 143 (d) अनुच्छेद - 32

85 राष्ट्रपति को लोकसभा में किन दो सदस्यों को मनोनीत करने का अधिकार है?
(a) अल्पसंख्यक
(b) एंग्लो-इण्डियन
(c) विशिष्ट क्षेत्र के व्यक्ति
(d) राष्ट्रपति की इच्छा पर निर्भर है

86 भारत एक गणतन्त्र है, इसका अर्थ है
(a) सभी मामलों में अन्तिम अधिकार जनता के पास है
(b) भारत में संसदीय शासन-व्यवस्था है
(c) भारत में वंशानुगत शासन नहीं है
(d) भारत राज्यों का संघ है

87 भारत सरकार का सांविधानिक अध्यक्ष कौन है?
(a) राष्ट्रपति
(b) प्रधानमन्त्री
(c) मुख्य न्यायधीश
(d) महान्यायवादी

88 भारत के राष्ट्रपति के पास कितने प्रकार के 'आपात' अधिकार हैं?
(a) चार प्रकार के (b) दो प्रकार के
(c) पाँच प्रकार के (d) तीन प्रकार के

89 वित्त आयोग की नियुक्ति कौन करता है?
(a) वित्त मन्त्री (b) प्रधानमन्त्री
(c) लोकसभा अध्यक्ष (d) राष्ट्रपति

90 भारतीय संविधान के अनुसार निम्नलिखित में से कौन संवैधानिक संस्था है?
(a) वित्त आयोग (b) राष्ट्रीय विकास परिषद्
(c) योजना आयोग (d) इनमें से कोई नहीं

91 भारत के उपराष्ट्रपति के चुनाव में कौन-कौन मतदान करता है?
(a) लोकसभा के सदस्य
(b) राज्यसभा के सदस्य
(c) लोकसभा एवं राज्य सभा के सदस्य
(d) लोकसभा, राज्यसभा एवं राज्य विधानसभा के सदस्य

92 भारत के उपराष्ट्रपति को पदच्युत करने का प्रस्ताव प्रस्तावित किया जा सकता है?
(a) केवल लोकसभा में (b) संसद के किसी भी सदन में
(c) संसद की संयुक्त बैठक में (d) केवल राज्यसभा में

93 किस एकमात्र उपराष्ट्रपति की मृत्यु पद पर आसीन रहते हुई?
(a) गोपाल स्वरूप पाठक (b) बी. डी. जत्ती
(c) मोहम्मद हिदायतुल्ला (d) कृष्णकान्त

94 राज्यसभा के सभापति की अनुपस्थिति में राज्य सभा का कार्य संचालन कौन करता है?
(a) लोकसभा अध्यक्ष (b) लोकसभा उपाध्यक्ष
(c) उपसभापति (d) केन्द्रीय गृहमन्त्री

95 नई अखिल भारतीय सेवाओं से सृजन का अधिकार किसके पास है?
(a) लोकसभा (b) राज्यसभा
(c) राष्ट्रपति (d) राज्यसभा का सभापति

96 संविधान का अनुच्छेद-312 किससे सम्बन्धित है?
(a) राज्य सूची के विषयों पर कानून बनाना
(b) वित्त-विधेयक में संशोधन करना
(c) अखिल भारतीय सेवाओं के सृजन से
(d) उपर्युक्त में रो कोई नहीं

97 राज्यसभा धन-विधेयक पर अपनी सहमति कितने दिनों तक रोक सकती है?
(a) 14 दिन (b) 15 दिन (c) 30 दिन (d) 45 दिन

98 लोकसभा और राज्यसभा में गणपूर्ति (कोरम) के लिए निर्धारित संख्या है
(a) कुल सदस्य संख्या का $\frac{1}{5}$ (b) कुल सदस्य संख्या का $\frac{1}{6}$
(c) कुल सदस्य संख्या का $\frac{1}{10}$ (d) कुल सदस्य संख्या का $\frac{1}{8}$

99 राज्यसभा का सर्वप्रथम गठन कब हुआ?
(a) 26 जनवरी, 1952 (b) 11 फरवरी, 1952
(c) 19 मार्च, 1952 (d) 3 अप्रैल, 1952

100 राज्यसभा में राज्यों के प्रतिनिधित्व का आधार किन बातों पर निर्भर करता है?
(a) राज्य का क्षेत्रफल
(b) राज्यों की जनसंख्या
(c) उपर्युक्त दोनों
(d) उपर्युक्त में से कोई नहीं

101 लोकसभा को उसके कार्यकाल की समाप्ति के पूर्व भी भंग किया जा सकता है
(a) राष्ट्रपति द्वारा (b) उपराष्ट्रपति द्वारा
(c) लोकसभा अध्यक्ष द्वारा (d) उपर्युक्त से कोई नहीं

102 कोई भी धन-विधेयक किस सदन में प्रस्तुत किया जाता है?
(a) केवल राज्यसभा में (b) केवल लोकसभा में
(c) एक साथ दोनों सदनों में (d) दोनों सदनों के संयुक्त सत्र में

103 लोकसभा में मन्त्रिपरिषद् के विरुद्ध अविश्वास का प्रस्ताव लाने हेतु न्यूनतम सदस्य संख्या है?
(a) 20 (b) 30 (c) 40 (d) 50

104 मन्त्रिपरिषद् किसके प्रसादप्रर्यन्त कार्य करता है?
(a) राष्ट्रपति (b) लोकसभा (c) राज्यसभा (d) प्रधानमन्त्री

105 नीति आयोग का अध्यक्ष कौन होता है?
(a) राष्ट्रपति (b) उपराष्ट्रपति (c) प्रधानमन्त्री (d) गृह मन्त्री

106 संसदीय शासन प्रणाली में वास्तविक कार्यपालिका शक्ति किसके पास होती है?
(a) संसद (b) प्रधानमन्त्री (c) राष्ट्रपति (d) नौकरशाही

107 मन्त्रिपरिषद् व्यक्तिगत रूप से उत्तरदायी होती है
(a) राष्ट्रपति के प्रति (b) प्रधानमन्त्री के प्रति
(c) लोकसभाध्यक्ष के प्रति (d) संसद के प्रति

108 कौन-सा अनुच्छेद मन्त्रिपरिषद् की नियुक्ति तथा पदच्युति को विवेचित करता है?
(a) अनुच्छेद 70 (b) अनुच्छेद 72
(c) अनुच्छेद 74 (d) अनुच्छेद 75

109 91वें संविधान संशोधन के अनुसार, मन्त्रिपरिषद् की संख्या कुल सदस्य संख्या का कितना प्रतिशत होगा?
(a) 15% (b) 18% (c) 21% (d) 10%

110 संसद के दोनों सदनों के संयुक्त अधिवेशन को कौन बुलाता है?
(a) लोकसभा अध्यक्ष (b) राष्ट्रपति
(c) प्रधानमन्त्री (d) राज्यसभा का अध्यक्ष

111 इसका निर्णय कौन करता है कि कोई विधेयक धन-विधेयक है अथवा नहीं?
(a) लोकसभा का स्पीकर (b) राज्यसभा के सभापति
(c) राष्ट्रपति (d) उपराष्ट्रपति

112 स्वतन्त्र भारत के प्रथम लोकसभा अध्यक्ष कौन थे?
(a) फ्रैंक एंथेनी (b) के. एम. मुंशी
(c) जी. वी. मावलंकर (d) एम. ए. अय्यंगर

113 भारत सरकार का प्रथम विधि अधिकारी कौन है?
(a) संसदीय विधि मन्त्री
(b) भारत का महान्यायवादी
(c) विधि सचिव
(d) भारत का मुख्य न्यायधीश

114 संसद के प्रत्येक सदन की कार्यवाही में संसद सदस्य न होते हुए भी कौन भाग ले सकता है?
(a) उपराष्ट्रपति
(b) मुख्य न्यायधीश
(c) महान्यायवादी
(d) उपर्युक्त से कोई नहीं

115 केन्द्र सरकार के व्यय को नियन्त्रित करने की शक्ति किसमें निहित है?
(a) संसद में
(b) राष्ट्रपति में
(c) नियन्त्रक एवं महालेखा परीक्षक में
(d) केन्द्रीय वित्त मन्त्री में

116 निम्न में से कौन-सी समिति केवल लोकसभा की समिति है?
(a) प्राक्कलन समिति (b) लोक लेख समिति
(c) सार्वजनिक शिकायत समिति (d) सार्वजनिक उपक्रम समिति

117 किस संसदीय समिति को प्राक्कलन समिति की जुड़वाँ बहन कहा जाता है?
(a) सरकारी उपक्रम समिति (b) नियम समिति
(c) याचिका समिति (d) लोक लेखा समिति

118 भारतीय संविधान का अन्तिम व्याख्याकार तथा संरक्षक कौन है?
(a) राष्ट्रपति (b) संसद
(c) सर्वोच्च न्यायालय (d) भारत का महाविधवक्ता

119 भारत में सर्वोच्च न्यायालय की स्थापना हुई थी
(a) वर्ष 1950 के संसदीय अधिनियम द्वारा
(b) भारतीय स्वाधीनता अधिनियम, 1947 द्वारा
(c) भारत सरकार अधिनियम, 1935 के अधीन
(d) भारतीय संविधान के द्वारा

120 उच्चतम न्यायालय के मुख्य न्यायधीशों की नियुक्ति कौन करता है?
(a) राष्ट्रपति (b) मुख्य न्यायधीश
(c) प्रधानमन्त्री (d) मन्त्रिपरिषद्

121 राज्य सरकार का कार्यकारी अध्यक्ष कौन है?
(a) मुख्यमन्त्री (b) राज्यपाल
(c) मन्त्रिपरिषद् में (d) राष्ट्रपति में

122 राज्यपाल द्वारा जारी किया गया अध्यादेश विधानमण्डल के अनुमोदन के बिना कितनी अवधि के पश्चात् स्वत: समाप्त हो जाएगा?
(a) 6 माह (b) एक साल
(c) छ: सप्ताह (d) 12 सप्ताह

123 किसी राज्य में राज्यपाल की नियुक्ति संविधान के अनुच्छेद
(a) 153 के तहत् होती है (b) 154 के तहत् होती है
(c) 155 के तहत् होती है (d) 156 के तहत् होती है

124 स्वतन्त्र भारत में निम्न में से कौन-सी महिला किसी राज्य की पहली राज्यपाल थी?
(a) श्रीमती सरोजिनी नायडू (b) श्रीमती सुचेता कृपलानी
(c) श्रीमती इन्दिरा गाँधी (d) श्रीमती विजयालक्ष्मी पण्डित

125 विधानपरिषद् की सदस्य संख्या कम-से-कम कितनी होनी चाहिए?
(a) 40 (b) 50
(c) 60 (d) 75

126 भारत के कितने राज्यों में द्विसदनात्मक विधानमण्डल है?
(a) 5 (b) 6
(c) 7 (d) 12

127 किसी राज्य का उच्चतम विधि अधिकारी कौन होता है?
(a) महान्यायवादी
(b) महाधिवक्ता
(c) सॉलिसिटर जमाल
(d) विधि विभाग का महासचिव

128 राज्य विधानसभा के सदस्यों की अधिकतम निर्धारित संख्या क्या है?
(a) 350 (b) 600
(c) 500 (d) 750

129 निम्न में से कौन-सा विषय राज्य सूची के अन्तर्गत आता है?
(a) कृषि (b) दण्ड-विधि
(c) शिक्षा (d) रक्षा

130 92वें संविधान संशोधन द्वारा कौन-कौन सी भाषाएँ आठवीं अनुसूची में शामिल किया गया?
(a) बोडो, डोगरी, मैथिली, संथाली
(b) सिंधी, कोंकणी, मणिपुरी, नेपाली
(c) मराठी, उड़िया, कोंकणी, नेपाली
(d) अंग्रेजी, सिंधी

उत्तरमाला

1	(b)	2	(a)	3	(a)	4	(c)	5	(a)	6	(b)	7	(d)	8	(d)	9	(d)	10	(b)
11	(a)	12	(d)	13	(b)	14	(a)	15	(a)	16	(d)	17	(a)	18	(c)	19	(b)	20	(b)
21	(c)	22	(b)	23	(c)	24	(a)	25	(b)	26	(b)	27	(c)	28	(c)	29	(d)	30	(a)
31	(d)	32	(d)	33	(d)	34	(c)	35	(c)	36	(b)	37	(b)	38	(b)	39	(a)	40	(a)
41	(c)	42	(c)	43	(c)	44	(a)	45	(c)	46	(a)	47	(a)	48	(b)	49	(a)	50	(b)
51	(a)	52	(d)	53	(c)	54	(a)	55	(c)	56	(d)	57	(b)	58	(a)	59	(d)	60	(c)
61	(a)	62	(c)	63	(d)	64	(c)	65	(a)	66	(b)	67	(d)	68	(c)	69	(d)	70	(b)
71	(c)	72	(d)	73	(c)	74	(a)	75	(d)	76	(a)	77	(a)	78	(d)	79	(a)	80	(b)
81	(c)	82	(a)	83	(d)	84	(c)	85	(b)	86	(c)	87	(a)	88	(d)	89	(d)	90	(a)
91	(a)	92	(d)	93	(d)	94	(c)	95	(b)	96	(c)	97	(a)	98	(c)	99	(d)	100	(b)
101	(a)	102	(b)	103	(d)	104	(a)	105	(c)	106	(b)	107	(a)	108	(d)	109	(a)	110	(a)
111	(a)	112	(c)	113	(b)	114	(c)	115	(c)	116	(a)	117	(d)	118	(c)	119	(c)	120	(a)
121	(b)	122	(c)	123	(c)	124	(a)	125	(a)	126	(c)	127	(b)	128	(c)	129	(a)	130	(a)

अध्याय 4

भारतीय अर्थव्यवस्था

INDIAN ECONOMY

- अर्थव्यवस्था किसी भी देश की समस्त आर्थिक क्रियाओं से सम्बन्धित होती है, जो उत्पादन, वितरण एवं उपभोग के सिद्धान्तों पर कार्य करती है।
- **स्वरूप** अर्थव्यवस्था अपने स्वरूप में कई प्रकार की होती है, जिनमें प्रमुख हैं- अल्पविकसित, विकसित, पूँजीवादी, समाजवादी तथा मिश्रित यह कई प्रकार की हो सकती है।
- पूँजीवादी अर्थव्यवस्था में उत्पादन, वितरण तथा उपभोग के तत्त्वों पर बाजार का नियन्त्रण रहता है।
- पूँजीवादी अर्थव्यवस्था का उद्गम 1776 ई. में प्रकाशित एडम स्मिथ की पुस्तक 'वेल्थ ऑफ नेशन' से माना जाता है।
- समाजवादी अर्थव्यवस्था में उत्पादन के साधनों पर सामूहिक नियन्त्रण होता है।
- राज्य या केन्द्रीकृत नियोजित अर्थव्यवस्था में उत्पादन के साधनों पर राज्य का नियन्त्रण होता है।
- मिश्रित अर्थव्यवस्था में राज्य तथा पूँजीवादी अर्थव्यवस्था का मिला-जुला रूप (सार्वजनिक तथा निजि) होता है।
- इस अर्थव्यवस्था को भारत, मलेशिया जैसे देशों ने अपनाया है।
- मिश्रित अर्थव्यवस्था सार्वजनिक तथा निजी दोनों क्षेत्रों का सम्मिश्रण होता है।

अर्थव्यवस्था के क्षेत्र

अर्थव्यवस्था की आर्थिक गतिविधियों को तीन श्रेणियों में बाँटा गया है

1. प्राथमिक क्षेत्र
2. द्वितीयक क्षेत्र
3. तृतीयक क्षेत्र

क्षेत्र	परिभाषा	क्षेत्र में शामिल गतिविधियाँ
प्राथमिक क्षेत्र	वह क्षेत्र जहाँ प्राकृतिक संसाधनों को कच्चे तौर पर प्राप्त किया जाता हो एवं यह प्रत्यक्ष रूप से पर्यावरण पर निर्भर रहती है।	कृषि, पशुपालन, मत्स्य पालन, खनन एवं उत्पादन
द्वितीयक क्षेत्र	वह क्षेत्र जो प्राथमिक क्षेत्र के उत्पादों को कच्चे माल के रूप में प्रयुक्त करता हो।	लोहा-इस्पात उद्योग, वस्त्र उद्योग, वाहन इलेक्ट्रॉनिक्स आदि।
तृतीयक क्षेत्र	यह क्षेत्र अर्थव्यवस्था में सेवाओं के उत्पादन से सम्बन्धित होता है, इसे सेवा क्षेत्र के नाम से भी जाना जाता है।	बैंकिंग, बीमा, चिकित्सा, शिक्षा, पर्यटन, संचार रिटेल इत्यादि।

- अर्थव्यवस्था के सकल उत्पादन में प्राथमिक क्षेत्र का योगदान 50% से अधिक होने पर उसे कृषक अर्थव्यवस्था कहते हैं।
- जिस अर्थव्यवस्था के सकल उत्पादन में द्वितीयक क्षेत्र का योगदान 50% से अधिक होता है, उसे औद्योगिक अर्थव्यवस्था कहते हैं।
- भारतीय अर्थव्यवस्था में सबसे कम योगदान कृषि क्षेत्र का तथा सबसे ज्यादा योगदान सेवा क्षेत्र का है।
- भारतीय अर्थव्यवस्था एक **मिश्रित** एवं **विकासशील** अर्थव्यवस्था है।
- अर्थव्यवस्था के चतुर्थक क्षेत्र के अन्तर्गत ज्ञान क्षेत्र से सम्बन्धित सेवाएँ शामिल की जाती हैं। जिनमें मुख्यत: सूचनाओं का संग्रहण, ज्ञान, तकनीकी कौशल, प्रबन्धकीय कौशल, सॉफ्टवेयर डेवलपर्स इत्यादि सेवाओं को शामिल किया जाता है।

राष्ट्रीय आय की अवधारणा और माप

- राष्ट्रीय आय एक वर्ष के दौरान एक देश में उत्पादित सभी वस्तुओं एवं सेवाओं का समग्र मौद्रिक मूल्य होता है।
- भारत में राष्ट्रीय आय की गणना केन्द्रीय सांख्यिकीय संगठन (CSO) द्वारा की जाती है।

राष्ट्रीय आय का आकलन की तीन प्रमुख विधियाँ निम्न हैं

1. उत्पादन विधि
2. आय विधि
3. व्यय विधि

- राष्ट्रीय आय की गणना में मध्यवर्ती वस्तुओं का मूल्य शामिल नहीं किया जाता है।
- भारत की राष्ट्रीय आय और प्रति व्यक्ति आय की गणना का प्रथम प्रयास **दादाभाई नौरोजी** ने 1867-68 ई. में अपनी पुस्तक 'पावर एण्ड अनब्रिटिश रूल इन इण्डिया' में किया था।
- भारत में राष्ट्रीय आय का अनुमान लगाने के लिए 1949 में **प्रो. पी. सी. महालनोबिस** की अध्यक्षता में राष्ट्रीय आय समिति का गठन किया गया था। डॉ. आर. गॉडगिल तथा पी. के आर. वी. राव इस समिति के सदस्य थे।
- प्रो. वी. के. आर.वी. राव ने 1931-32 ई. में राष्ट्रीय आय की पहली वैज्ञानिक विधि से गणना की, जिनकी पुस्तक का नाम 'नेशनल इनकम इन ब्रिटिश इण्डिया' था।
- राष्ट्रीय आय की गणना के सम्बन्ध में मूलत: दो अवधारणाओं; जैसे—राष्ट्रीय उत्पाद तथा घरेलू उत्पाद को आधार स्वरूप लिया जाता है।

सकल घरेलू उत्पाद

देश की घरेलू सीमा के अन्दर एक वर्ष के उत्पादित सभी वस्तुओं एवं सेवाओं के अन्तिम मौद्रिक मूल्य के योग को सकल घरेलू उत्पाद कहते हैं।

सकल घरेलू उत्पाद

- किसी देश के नागरिकों द्वारा एक निश्चित समयावधि सामन्यत: एक वर्ष में उत्पादित वस्तुओं के अन्तिम मौद्रिक मूल्य को सकल राष्ट्रीय उत्पादन कहते हैं।
- इसमें देशवासियों द्वारा देश के बाहर उत्पादित वस्तुओं एवं सेवाओं के मूल्य को भी सम्मिलित किया जाता है।

निवल घरेलू उत्पाद

सकल राष्ट्रीय उत्पाद में से जब उत्पादन की प्रक्रिया में प्रयुक्त मशीन और पूँजी के मूल्य में आई कमी (मूल्य ह्रास) को घटा दिया जाता है, तो इसे निवल घरेलू उत्पाद कहते हैं।

अर्थात् NDP = GDP-Depreciation (मूल्य ह्रास)

निवल राष्ट्रीय उत्पाद

सकल राष्ट्रीय उत्पाद में से जब उत्पादन प्रक्रिया में प्रयुक्त मशीन और पूँजी के मूल्य में आई कमी (मूल्य ह्रास) को घटाने पर निवल राष्ट्रीय उत्पादन प्राप्त होता होता है

अर्थात् NNP = GNP-Depreciation (मूल्य ह्रास)

- किसी देश की सम्पूर्ण राष्ट्रीय आय को देश की कुल जनसंख्या से भाग देने पर प्राप्त आय प्रति व्यक्ति आय कहलाती है।
- यह एक औसत आय होती है।
- भारत में राष्ट्रीय आय की गणना अर्थात् वित्तीय वर्ष 1 अप्रैल से 31 मार्च तक माना जाता है।
- राष्ट्रीय आय के लेखांकन का जन्मदाता साइमन कुजर्नटस को माना जाता है।
- 'ग्रीन अकाउंटिंग' का अभिप्राय प्रदूषण और पर्यावरणीय क्षति के आकलन को ध्यान में रखते हुए देश के राष्ट्रीय आय की गणना से है।

केन्द्रीय सांख्यिकी संगठन

- इसकी स्थापना 2 मई, 1951 को किया गया था।
- इसका मुख्यालय नई दिल्ली में है।
- केन्द्रीय सांख्यिकी संगठन द्वारा राष्ट्रीय आय की गणना का आधार वर्ष 2004-05 के स्थान पर वर्ष 2011-12 कर दिया गया है।
- केन्द्रीय सांख्यिकी संगठन द्वारा प्रकाशित राष्ट्रीय लेखा सांख्यिकी को श्वत-पत्र भी कहा जाता है।
- भारतीय सांख्यिकीय संस्थान के संस्थापक पी. सी. महालनोबिस के जन्मदिन 29 जून को सांख्यिकी दिवस के रूप में मनाया जाता है।
- राष्ट्रीय सांख्यिकी आयोग का गठन 1 जून, 2005 को किया गया था।
- बहुआयामी गरीबी सूचकांक की अवधारणा 2010 में संयुक्त राष्ट्र विकास कार्यक्रम (UNDP) द्वारा विकसित किया गया था।
- यह सूचकांक गरीबी का मापन केवल आय की कमी के आधार पर नहीं करता है, बल्कि कई अन्य मापकों; जैसे—खराब स्वास्थ्य, कुपोषण, अशिक्षा, कौशल कमी निम्न जीवन स्तर को भी आधार बनाता हैं।
- यह सूचकांक भी मानव विकास सूचकांक की तरह तीन तत्त्वों स्वास्थ शिक्षा तथा जीवन स्तर का प्रयोग करता है।

सकल राष्ट्रीय खुशहाली

वर्ष 1972 में भूटान के चौथे राजा सिंग्ये वांगचुक द्वारा किया गया था। यह सूचकांक वास्तव में राष्ट्रीय आय एवं प्रति व्यक्ति आय में वृद्धि के साथ-साथ सतत सामाजिक आर्थिक विकास पर्यावरण संरक्षण एवं सुशासन की स्थापना पर बल देता है। इस सूचकांक की यह मान्यता है कि विकास एवं लोक नीतियों का सही मानदण्ड वास्तव में खुशहाली है।

प्रथम पंचवर्षीय योजना (1951-56 ई.)

- यह योजना कृषि क्षेत्र को सर्वोच्च प्राथमिकता देने वाली योजना थी, जो हैरॉड डोमर मॉडल पर आधारित थी।
- इस योजना में सामुदायिक विकास कार्यक्रम की शुरुआत की गई।
- यह योजना खाद्यान्न आत्मनिर्भरता के साथ शरणार्थियों के पुर्नवास को महत्त्व प्रदान करती थी।
- इसने 3.6% की सफल विकास दर को प्राप्त किया था।
- इसी योजना में भाँखडा नागल व्यास तथा दामोदर नदी घाटी परियोजना शुरू की गई थी।

द्वितीय पंचवर्षीय योजना (1956-61 ई.)

- उद्योगों के तीव्र विकास को सर्वोच्च प्राथमिकता।
- राष्ट्रीय आय में 25% की वृद्धि का लक्ष्य प्राप्त करना।
- यह महालनोविस मॉडल पर आधारित योजना थी।
- इसमें समाजवादी व्यवस्था को बढ़ावा देने पर ध्यान दिया गया।
- यह योजना अपने (4.5%) लक्ष्य के स्थान पर (4.2%) ही लक्ष्य प्राप्त कर सकी।
- द्वितीय पंचवर्षीय योजना में परमाणु ऊर्जा आयोग की स्थापना के साथ-साथ दुर्गापुर, भिलाई, राडरकेला में लौह इस्पात संयन्त्रों की स्थापना भी की गई।

तृतीय पंचवर्षीय योजना (1961-66 ई.)

- इसका लक्ष्य अर्थव्यवस्था को स्वावलम्बी एवं स्वस्फूर्त विकास करने योग्य बनाना।
- इस योजना के साथ ही भारतीय अर्थव्यवस्था रोस्टोव मॉडल के अनुसार तीव्र आर्थिक विकास की अवस्था में प्रवेश कर गई।
- यह योजना प्रो. सैण्डी तथा सुखमय चक्रवर्ती मौडल पर आधारित थी।
- इसका लक्ष्य कृषि एवं मूलभूत उद्योगों का विकास करना।
- यह योजना अपने लक्ष्य (5.8%) की प्राप्ति में असफल (2.8%) रही।

मानव विकास की संकल्पना

- संयुक्त राष्ट्र विकास कार्यक्रम (UNDP) ने 1990 ई. में प्रकाशित अपनी पहली Human Development Report (HDR) में मानव विकास सूचकांक की संकल्पना प्रस्तुत की।
- मानव विकास सूचकांक, (HDI) (Human Development Index) मानव विकास की एक माप है, जिसे तीन आयामों पहला-लम्बा एवं स्वस्थ जीवन, दूसरा ज्ञान की उपलब्धि तथा **तीसरा** एक अच्छे जीवन स्तर (प्रतिव्यक्ति आय/क्रय शक्ति समता) के आधार पर मापा जाता है।
- मानव विकास सूचकांक के निर्माण में बांग्लादेश के अर्थशास्त्री महबूब उल हक का योगदान महत्त्वपूर्ण है। भारत को माध्यम मानव विकास सूचकांक वाले देशों की श्रेणी में रखा गया है।
- मानव विकास सूचकांक का मान न्यूनतम शून्य (0) से अधिकतम एक (1) के बीच होता है।
- यू. एन. डी. पी (UNDP) मानव विकास सूचकांक के साथ-साथ जैडर इनीक्वेलिटी इण्डेक्स (GII) व मल्टी डाइमेंशनल पॉवटी इण्डेक्स (MPI) भी जारी करता है।
- मानव विकास सूचकांक के आधार का वर्गीकरण अति उच्च, उच्च, माध्यम तथा निम्न श्रेणी के आधार पर किया गया है।
- मानव विकास सूचकांक स्वास्थ, शिक्षा एवं आय आदि के स्तर के आधार पर तैयार किया जाने वाला संयुक्त राष्ट्र विकास कार्यक्रम (UNDP) का सूचकांक है।

भारत का आर्थिक आयोजन

- आर्थिक नियोजन एक निश्चित अवधि में संसाधनों के कुशलतम उपयोग के द्वारा आर्थिक एवं सामाजिक लक्ष्यों की प्राप्ति से सम्बन्धित अवधारणा है।
- भारत में आर्थिक नियोजना को समवर्ती सूची में रखा गया है।
- भारत में आर्थिक नियोजन का उद्देश्य आर्थिक संवृद्धि प्राप्त कर गरीबी एवं बेरोजगारी को कम करना तथा आर्थिक व सामाजिक असमानता को दूर करना है।

आर्थिक आयोजन की पृष्ठभूमि

- भारत में सर्वप्रथम 1934 ई. में विश्वेश्वरैया द्वारा लिखित 'पुस्तक 'Planned Ecoenomy for India" में आर्थिक नियोजन समिति का उल्लेख मिलता है।
- 1938 ई. में पण्डित नेहरू की अध्यक्षता में एक राष्ट्रीय नियोजन समिति का गठन किया गया।
- 1944 ई. में मुम्बई के 8 उद्योगपतियों द्वारा बाम्बे प्लान नाम से एक 15 वर्षीय योजना को प्रस्तुत किया।
- 1944 ई. में श्रीमन्नारायण ने गाँधीवादी योजना के नाम से एक योजना का निर्माण किया एवं M.N. Roy ने वर्ष 1945 ई. में जनयोजना प्रस्तुत की।
- जयप्रकाश नारायण द्वारा 1950 ई. में सर्वोदय योजना प्रस्तुत की।
- स्वतन्त्रता के पश्चात् योजना निर्माण के लिए 15 मार्च, 1950 को भारत सरकार के एक प्रस्ताव द्वारा योजना आयोग का गठन किया गया था।
- भारत में आर्थिक नियोजन का विधिवत शुभारम्भ 1 अप्रैल 1951 को हुआ था।
- भारत में पंचवर्षीय योजनाओं का निर्माण योजना आयोग के द्वारा किया जाता था, परन्तु वर्ष 2015 में योजना आयोग के स्थान पर नीति आयोग की स्थापना के बाद यह कार्य नीति आयोग करता है।
- अबतक भारत में 12 पंचवर्षीय योजनाओं का निर्माण किया गया है।
- 12वीं पंचवर्षीय योजना अन्तिम पंचवर्षीय योजना होगी।

भारत की पंचवर्षीय योजनाएँ

- स्वतन्त्रता प्राप्ति के पश्चात् पंचवर्षीय योजनाओं के माध्यम से विकास की नीति अपनाई गई।
- यह योजना कृषि तथा उद्योग दोनों को प्राथमिकता प्रदान करती है।
- यह योजना भारत-पाक युद्ध भारत-चीन युद्ध तथा भारत में पड़े सूखे के कारण असफल रही थी।
- बोकारो आयरन एण्ड स्टील इण्डस्ट्री की स्थापना इसी योजना में हुई थी।

योजना अवकाश (1966-69 ई.)

- इस अवधि को 'योजना अन्तराल' या 'योजना अवकाश' भी कहा जाता है।
- इस दौरान तीन वार्षिक योजनाएँ तैयार की गईं।
- नई कृषि नीति तथा हरित क्रान्ति की शुरुआत की गई।

चतुर्थ पंचवर्षीय योजना (1969-74 ई.)

- प्रो. डी. आर. गॉडगिल मॉडल पर आधारित योजना जिसका लक्ष्य आर्थिक समानता तथा न्याय की स्थापना करना था।
- ऑपरेशन फ्लड, परिवार नियोजन कार्यक्रम चलाया गया।
- इस योजना की विफलता का कारण मौसम की प्रतिकूलता तथा बांग्लादेशी शरणार्थियों का आगमन था।

पाँचवीं पंचवर्षीय योजना (1974-78 ई.)

- इसका उद्देश्य गरीबी उन्मूलन तथा आत्मनिर्भरता की प्राप्ति था।
- इस योजना में 1975 ई. में 20 सूत्री कार्यक्रम, काम के बदले अनाज कार्यक्रम योजना लागू की गई।
- 1978 ई. में जनता पार्टी की सरकार द्वारा इस योजना को समाप्त करने का निर्णय किया गया।

अनवरत योजना (1978-80 ई.)

- पाँचवी पंचवर्षीय योजना को एक वर्ष पहले समाप्त कर अनवरत योजना (Rolling Plan) की शुरुआत की गई।
- अनवरत योजना का प्रतिपादन गुर्नार मिर्डल ने अपनी पुस्तक एशियन ड्रामा में किया था।

छठी पंचवर्षीय योजना (1980-85 ई.)

- मुख्य उद्देश्य गरीबी उन्मूलन और रोजगार में वृद्धि या यह 'आगत-निर्गत' मॉडल पर आधारित थी।
- इस योजना के दौरान ग्रामीण बेरोजगारी उन्मूलन के लिए कई महत्त्वपूर्ण कार्यक्रम; जैसे-ट्रायसेम, ड्वकारा (DWACRA) चलाए गए। राष्ट्रीय ग्रामीण रोजगार कार्यक्रम (1980-81) की शुरुआत की गई।

सातवीं पंचवर्षीय योजना (1985-90 ई.)

- यह योजना समता एवं न्याय पर आधारित सामाजिक प्रणाली की स्थापना पर बल देने वाली योजना थी।
- सातवीं योजनावधि में जवाहर रोजगार योजना कार्यक्रम प्रारम्भ किया गया।
- भारत में 1991 ई. के पूर्व आदेशात्मक योजना लागू थी, जबकि 1991 ई. के बाद से निर्देशात्मक योजना लागू है।

- आदेशात्मक योजना में सरकारी तन्त्र अर्थव्यवस्था के विनियामक एवं मुख्य विकास एजेन्ट की भूमिका निभाता है।
- निर्देशात्मक योजना में सरकारी तन्त्र अर्थव्यवस्था में सहयोगी की भूमिका निभाता है।

आठवीं पंचवर्षीय योजना (1992-97 ई.)

- इस योजना में सर्वोच्च प्राथमिकता 'मानव संसाधन का विकास' था।
- इस योजना का उपनाम राव-मनमोहन योजना था।
- ऑपरेशन ब्लैक बोर्ड, राष्ट्रीय पोषाहार कार्यक्रम तथा प्रधानमन्त्री रोजगार योजना की शुरुआत की गई थी।

नौवीं पंचवर्षीय योजना (1997-2002 ई.)

- मुख्य उद्देश्य "न्यायपूर्ण वितरण एवं समानता के साथ विकास" था।
- यह असफल योजना थी, (लक्ष्य-6.5%) (प्राप्ति-5.4%) इस योजना की असफलता में अन्तर्राष्ट्रीय मन्दी को जिम्मेदार माना गया।

दसवीं पंचवर्षीय योजना (वर्ष 2002-07)

- इस पंचवर्षीय योजना का उद्देश्य देश में गरीबी और बेरोजगारी समात्प कर अगले 10 वर्षों में प्रति व्यक्ति आय दोगुनी करना है।
- यह योजना अभी तक की सबसे सफलतम योजना रही है।
- इस योजना के दौरान फरवरी, 2004 में सोमपाल शास्त्री की अध्यक्षता में राष्ट्रीय कृषि आयोग का गठन किया गया।

ग्यारहवीं पंचवर्षीय योजना (वर्ष 2007-2012)

- यह पंचवर्षीय योजना 1 अप्रैल, 2007 से प्रारम्भ हो गई है।
- इस पंचवर्षीय योजना का मुख्य लक्ष्य तीव्रतम एवं समावेशी विकास था।
- इस योजना में सफल घरेलू उत्पाद की औसत संवृद्धि दर 8.3% रही। इस प्रकार यह सर्वाधिक वृद्धि दर वाली योजना थी।

बारहवीं पंचवर्षीय योजना (वर्ष 2012-2017)

- 12वीं पंचवर्षीय योजना के दृष्टि-पत्र को राष्ट्रीय विकास परिषद् ने 22 अक्टूबर, 2011 को स्वीकृति प्रदान की। ,
- इस योजना की विषय वस्तु "तीव्र अधिक समावंशी और धारणीय विकास है।
- इसमें औसत विकास दर 9% निर्धारित की गई थी, जिसे संशोधित कर 8% कर दिया गया है।
- कृषि उद्योग तथा सेवा क्षेत्र में विकास दर क्रमशः 4%, 7.6% एवं 9% निर्धारित किया गया।
- निर्धनता अनुपात 10% बिन्दु तक कमी लाने का लक्ष्य है।
- शिशु मृत्यु दर को 25% तक लाना एवं सभी गाँवों को वारहमासी सड़कों से जोड़ने का लक्ष्य रखा गया है।
- 12वीं पंचवर्षीय योजना में सर्वाधिक धनराशि सामाजिक सेवाओं के मद में खर्च की गई है।

नीति आयोग

- 1 जनवरी, 2015 को भारत सरकार द्वारा योजना आयोग के स्थान पर नीति आयोग जिसे राष्ट्रीय भारत परिवर्तन संस्थान (National Institution for Transforming India-NITI) का गठन किया गया।
- यह प्रधानमन्त्री की अध्यक्षता में कार्य करेगा।
- इसके प्रथम उपाध्यक्ष अरविन्द पनगढिया थे।
- यह आयोग केन्द्र सरकार के साथ-साथ राज्य सरकारों के लिए भी नीति निर्माण का कार्य करेगी।
- यह आयोग पंचवर्षीय योजनाओं के स्वरूप में भी सरकार को सलाह देगी।
- यह सहकारी संघवाद को बढ़ावा देने में सहयोग प्रदान करेगा।
- नीति आयोग ने भारत में चल रही पंचवर्षीय योजनाओं को समाप्त करने का फैसला किया है।
- इसके स्थान पर नियोजन की प्रक्रिया हेतु नीति आयोग द्वारा पन्द्रह वर्षीय विजन, सात वर्षीय रणनीति एवं तीन वर्षीय एक्शन एजेण्डा तैयार करेगा।

राष्ट्रीय विकास परिषद्

- राष्ट्रीय विकास परिषद् का गठन आर्थिक नियोजन हेतु एक प्रस्ताव द्वारा 6 अगस्त, 1952 को किया गया था।
- इसका प्रमुख कार्य योजना आयोग की सिफारिशों को स्वीकृति देना था।
- राष्ट्रीय विकास परिषद् योजना आयोग द्वारा तैयार योजनाओं का अध्ययन कर उसे अन्तिम रूप प्रदान करना है।
- यह एक गैर-संवैधनिक संस्था है।
- इसका अध्यक्ष प्रधानमन्त्री होता है।

गरीबी

- गरीबी से तात्पर्य जीवन के लिए न्यूनतम उपभोग आवश्यकताओं को प्राप्त करने की अयोग्यता है।
- गरीबी/निर्धानता से आशय उस सामाजिक अवस्था से है जिसमें समाज का एक भाग आपने जीवन की आधारभूत आवश्यकताओं; जैसे—भोजन, वस्त्र, मकान, शिक्षा स्वास्थ को भी पूरा नहीं कर पाता है।

गरीबी के प्रकार

गरीबी मुख्यतः सापेक्षिक गरीबी (Relative Poverty) एवं निरपेक्ष गरीबी (Abslute Poverty) दो प्रकार की होती है।

1. सापेक्ष गरीबी विभिन्न आय वर्गों के बीच की असमानता को कहते हैं। सापेक्ष गरीबी की माप मुख्यतः लॉरेंज वक्र एवं गिनी गुणांक के आधार पर की जाती है।

   लॉरेंज वक्र एवं गिनी गुणांक आय की विषमता की माप से सम्बन्धित है।
2. निरपेक्ष गरीबी की स्थिति में मनुष्य की बुनियादी आवश्यकताओं; जैसे— भोजनद्ध सुरक्षित पेयजल, स्वास्थ एवं शिक्षा इत्यादि की भी पूर्ति करने में असमर्थ रहता है।

   इसका मापन हेड काउण्ट रेशियों द्वारा किया जाता है। भारत में निरपेक्ष गरीबी का अनुमान लगाने के लिए गरीबी रेखा की धारणा का प्रयोग किया जाता है।

गरीबी रेखा की अवधारणा

- गरीबी रेखा वह रेखा है, जो उस प्रति व्यक्ति औसत मासिक व्यय को बताती है, जो लोगों को अपनी न्यूनतम आवश्यकताओं को पूरा करने में सहायक होता है।
- निर्धारित किए गए न्यूनतम उपभोग व्यय को निर्धनता रेखा कहते हैं।

भारत में गरीबी तथा उसकी माप से सम्बन्धित समितियाँ

- भारत में गरीबी के निर्धारण हेतु राष्ट्रीय प्रतिदर्श सर्वेक्षण कार्यालय (NSSO) मुख्य संस्था है। भारत में गरीबी माप करने के लिए निरपेक्ष प्रतिमान/उपभोग व्यय विधि का प्रयोग किया जाता है।
- योजना आयोग ने गरीबी निर्धारण के लिए आहार सम्बन्धी अवधारणा प्रस्तुत की थी, जिसके अनुसार, ग्रामीण क्षेत्रों में प्रतिदिन 2400 कैलोरी तथा शहरी क्षेत्रों में 2100 कैलोरी भोजन प्राप्त करने में असमर्थ लोगों को गरीब माना गया।
- भारत में गरीबी की माप अनेक अर्थशास्त्रियों; जैसे-दाण्डेकर, रथ, बी. एस. मिनहास. अहलूवालिया, एस. पी. गुप्त. तेन्दुलकर तथा रंगराजन द्वारा किया गया।
- भारत मे सर्वप्रथम निर्धनता रेखा का निर्धारण का पहला अधिकारिक प्रयास योजना आयोग द्वारा जुलाई वर्ष 1962 में किया गया था।

दाण्डेकर एवं रथ समिति

- 1971 में इस समिति ने नेशनल सेम्पल सर्वे (NSS) के उपभोग खर्च के आँकड़े के आधार पर वैज्ञानिक तरीके से गरीबी रेखा का निर्धारण किया।
- आधार 1960-61 ई. को बनाया गया था।

वाई. के अलघ समिति

योजना आयोग द्वारा 1977 ई. में इसका गठन किया गया। इसने 1979 ई. में प्रस्तुत अपनी रिपोर्ट में 2400ca/ व्यक्ति ग्रामीण क्षेत्र तथा 2100ca/ व्यक्ति शहरी क्षेत्र में गरीबी रेखा का आधार बनाया।

लकडावाला समिति

- 1989 ई. में योजना आयोग द्वारा इसका गठन किया गया।
- इसने ग्रामीण क्षेत्र में निर्धनता रेखा के लिए कृषि श्रमिकों तथा शहरी क्षेत्रों के लि औद्योगिक श्रमिकों के उपभोक्ता मूल्य सूचकांक का आधार बनाया था।
- इसने राज्य विशिष्ट निर्धनता रेखा की संकल्पना प्रस्तुत की, जिनसे एक राष्ट्रीय निर्धनता रेखा का निर्धारण किया जा सका।

सुरेश तेन्दुलकर समिति

- योजना आयोग द्वारा वर्ष 2004 में गठन किया गया।
- इस समिति ने गरीबी के परम्परागत रूप के स्थान पर गरीबी के बहुआयामी रूप को स्वीकार किया। तेन्दुलकर समिति ने ग्रामीण और शहरी दोनों क्षेत्रों के लिए एका ही उपभोग बास्केट का उपभोग किया।
- तेन्दुलकर पद्धति के अनुसार, गरीबी रेखा 'मिश्रित सन्दर्भ अवधि पर आधारित 'मासिक प्रति व्यक्ति उपभोग व्यय' के रूप में व्यक्त की गई है।
- इस समिति ने प्रति व्यक्ति प्रतिदिन खर्च ग्रामीण क्षेत्र में ₹ 27 तथा शहरी क्षेत्रों में ₹ 33 को आधार बनाया। इस प्रकार प्रति व्यक्ति मासिक खर्च ₹ 816 ग्रामीण क्षेत्रों के लिए तथा शहरी क्षेत्रों के लिए ₹ 100 माना गया तथा इससे नीचे जीवनयापन करने वालों को गरीब माना गया।
- इस समिति ने वर्ष 2004-वर्ष 05 में ग्रामीण जनसंख्या का 41.8% तथा शहरी जनसंख्या का 25.7% एवं सम्पूर्ण भारत में 37.52% गरीब माना था।
- वर्ष 2011-12 के आधार पर ग्रामीण जनसंख्या का 25.7% शहरी जनसंख्या का 13.7% तथा सम्पूर्ण भारत में 21.9% जनसंख्या को गरीब माना था।

सी. रंगराजन समिति

- योजना आयोग द्वारा वर्ष 2012 में इस समिति का गठन किया गया।
- इसने तेन्दुलकर समिति के आकलन तरीकों को खारिज कर दिया।
- इसने वर्ष 2011-12 में 29.5% लोगों को गरीब माना था।
- ग्रामीण जनसंख्या का 30.09% एवं शहरी 26.4% लोगों को गरीब माना था।

गरीबी निवारण विभिन्न योजनाएँ

योजना का नाम	प्रारम्भ का वर्ष	विशेषता
अन्नपूर्णा योजना	2 अक्टूबर, 2000	अत्यन्त निर्धन वृद्धों के लिए खाद्यान्न उपलब्ध कराना आरम्भ गाजियाबाद के सिखोड़ा ग्राम से
नरेगा (महात्मा गाँधी रोजगार गारन्टी अधिनियम)	12 सितम्बर, 2013	पर्याप्त मात्रा में लोगों को गुणवत्तापूर्ण खाद्य को उचित मूल्य पर आपूर्ति द्वारा खाद्य तथा पोषण सुरक्षा उपलब्ध करना। लाभार्थी को 5 किग्रा चावल, गेहूँ, मोटा अनाज क्रमशः ₹ 3, 2, 1 प्रति किग्रा पर उपलब्धता का कानूनी अधिकार
राष्ट्रीय खाद्य सुरक्षा अधिनियम	2 फरवरी, 2006	प्रत्येक परिवार को एक वित्तीय वर्ष में 100 दिन का गारन्टी युक्त रोजगार प्रदान करना
दीनदयाल उपाध्याय ग्रामीण कौशल योजना	2 सितम्बर , 2014	गरीब परिवार को 15-35 वर्षों के ग्रामीण युवाओं को कौशल शिक्षा प्रदान कर स्वरोजगार के लिए प्रेरित करना
दीनदयाल उपाध्याय अन्त्योदय योजना	28 सितम्बर, 2014	शहरी गरीबों की कौशल विकास हेतु चलाई गई योजना
प्रधानमन्त्री गरीब कल्याण अन्न योजना	26 मार्च, 2020	इस योजना के तहत कोविड-19 महामारी में गरीब व सुंवेदनशील वर्ग की सहायता हेतु 5 किग्रा अतिरिक्त अनाज उपलब्ध कराया गया।
मुस्कान (SMILE) योजना	12 फरवरी, 2022	इसके अन्तर्गत ट्रांसजेन्डर समुदाय व भीख मागने के कार्य में लगे व्यक्तियों का व्यापक पुर्नवास व आर्थिक सहायता प्रदान करना।

बेरोजगारी

- बेरोजगारी से आशय उस स्थिति से है, जब कोई व्यक्ति प्रचलित मजदूरी की दर पर काम करने को तैयार तथा इच्छुक रहने के बावजूद रोजगार पाने में असमर्थ होता है।
- सामान्य रूप से 15-59 वर्ष के आयु-वर्ग के व्यक्तियों को आर्थिक रूप से कार्यशील माना जाता है। भारत में बेरोजगारी आँकड़े राष्ट्रीय प्रतिदर्श सर्वेक्षण कार्यालय द्वारा जारी किए जाते हैं।
- बेरोजगारी कई प्रकार की होती है, जिनमें मुख्य रूप से प्रच्छन्न/अदृश्य बेरोजगारी, मौसमी बेरोजगारी, घर्षणात्मक बेराजगारी एवं चक्रीय तथा संरचनात्मक बेरोजगारी के प्रकार हैं।
- प्रच्छन्न या अदृश्य बेरोजगारी में श्रमिक की सीमान्त उत्पादकता शून्य होती है तथा किसी कार्य में आवश्यकता से अधिक श्रमिक कार्य करते हैं। मौसमी बेरोजगारी मुख्य रूप से कृषि क्षेत्रों में पाई जाती है, क्योंकि इसमें वर्ष के कुछ महीने श्रमिकों को काम नहीं मिलता है।
- घर्षणात्मक बेरोजगारी उस स्थिति में उत्पन्न होती है, जब बाजार की दशाओं में माँग एवं पूर्ति में परिवर्तन से श्रमिक में रोजगार की सम्भावना कम हो जाती है। संरचनात्मक बेरोजगारी उस अवस्था में उत्पन्न होती है, जब बाजार में प्रतियोगिता में वृद्धि से उद्योग बन्द हो जाने से श्रमिकों में बेरोजगारी उत्पन्न हो जाती है।

बेरोजगारी उन्मूलन से सम्बन्धित योजनाएँ

योजना का नाम	प्रारम्भ वर्ष	विशेषता
प्रधानमन्त्री रोजगार योजना	2 अक्टूबर, 1993	उद्योग एवं सेवा क्षेत्र में 10 लाख से अधिक व्यक्तियों को रोजगार उपलब्ध कराना
स्वर्ण जयन्ती शहरी रोजगार योजना	1 दिसम्बर, 1997	शहरी क्षेत्रों में निर्धनता निवारण योजना
जनश्री बीमा योजना	10 अगस्त, 2000	BPL लोगों को बीमा सुरक्षा कवच देना
आम आदमी बीमा योजना	2007-08	भूमि रहित ग्रामीण परिवार के मुखिया या आयअर्जक व्यक्ति की बीमा योजना।
प्रधानमन्त्री जन-धन योजना	2014	वित्तीय समावेशन के तहत देश के सभी परिवारों को बैंकिंग सुविधाएँ मुहैया कराना
दीनदयाल उपाध्याय ग्राम ज्योति योजना	2015	ग्रामीण क्षेत्रों में विद्युत आपूर्ति पहुँचाना
अटल पेंशन योजना	2015	18-40 वर्ष के असंगठित क्षेत्र के कर्मचारियों, श्रमिकों के लिए 60 वर्ष पश्चात् पेंशन योजना
स्टार्ट अप इण्डिया अभियान	2016	SC/ST तथा महिला उद्यमियों को 10 लाख से एक करोड़ तक लोन देना
प्रधानमन्त्री उज्जवला योजना	2016	5 करोड़ BPL परिवारों को LPG कनेक्शन प्रदान करना
प्रधानमन्त्री स्वानिधि योजना	2020	कोविड-19 महामारी के बाद सड़क किनारे रेहड़ी व पटरी वालों को पुनः कार्य शुरू हेतु आर्थिक सहायता प्रदान करना।
आत्मनिर्भर भारत योजना	2020	इस योजना का मुख्य उद्देश्य नए रोजगार को प्रोत्साहन करना

मुद्रा एवं बैंकिंग

- वित्तीय बाजार उस बाजार को कहा जाता है, जहाँ अनेक वित्तीय उत्पादों एवं परिसम्पत्तियों; जैसे—मुद्राओं, शेयर आदि का क्रय-विक्रय किया जाता है।
- वित्तीय बाजार के दो प्रमुख अंग होते हैं—पहला, मुद्रा बाजार तथा दूसरा पूँजी बाजार। मुद्रा बाजार में विभिन्न मौद्रिक एवं वित्तीय परिसम्पत्तियों का अल्पकाल के लिए क्रय-विक्रय किया जाता है
- पूँजी बाजार से आशय ऐसे वित्तीय बाजार से है, जहाँ वित्तीय प्रतिभूतियों एवं सम्पत्तियों का मध्यम एवं दीर्घकाल के लिए क्रय-विक्रय किया जाता है।
- पूँजी बाजार को दो भागों में प्राथमिक पूँजी बाजार एवं द्वितीयक पूँजी बाजार में बाँटा जाता है।

मुद्रा

- वह वस्तु जो सभी प्रकार के लेन-देन में भुगतान के माध्यम के रूप में प्रयुक्त होती है, मुद्रा कहलाती है।
- सरकारी या विधायी आज्ञा पर चलन में आने वाली वह मुद्रा जिसे प्रत्येक व्यक्ति स्वीकार करने को बाध्य होता है, **वैधानिक मुद्रा** कहलाती है।
- **सांकेतिक मुद्रा** वह मुद्रा है, जिसका आन्तरितक धात्विक मूल्य उसके अंकित मूल्य से कम होता है। वित्तीय बाजार से शीघ्र पलायन कर जाने की प्रवृत्ति वाली मुद्रा गर्म मुद्रा कहलाती है।
- विश्व बाजार में जिस देश की मुद्रा की आपूर्ति की अपेक्षा माँग अधिक होती है, उसे **दुर्लभ मुद्रा** कहते हैं; जैसे—डॉलर, ब्रिटिश पौण्ड आदि।

भारत में मुद्रा का विकास

- भारत में वर्ष 1935 में पत्र मुद्रा का निर्गमन का अधिकार भारतीय रिजर्व बैंक को प्रदान किया गया।
- वर्ष 1947 से भारत में अशोक स्तम्भ चित्र वाले नोट जारी किए जाने लगे।
- वर्ष 1949 में एक रूपए का पहला निर्गमित नोट अशोक स्तम्भ चिह्न के साथ चलन में आया। वर्ष 1957 तक भारतीय रूपया 16 आनों में विभाजित था।
- वर्ष 1957 में ही मुद्रा की दशमलव प्रणाली अपनाई गई।
- वर्ष 1987 में सबसे पहला गांधी जी के चित्र के साथ ₹ 500 का नोट प्रचलन में आया था।
- सभी भारतीय नोटों पर गांधी जी का चित्र वर्ष 1996 से छापे जाने लगा।
- भारत में एक रूपए का नोट वित्त मन्त्रालय जारी करता है तथा एक रूपए के नोट पर वित्त सचिव के हस्ताक्षर होते हैं।
- एक रूपए से अधिक के नोटों का निगर्मन RBI द्वारा किया जाता है।
- रिजर्व बैंक द्वारा निर्गमित सभी नोटों पर हिन्दी तथा अंग्रेजी को मिलाकर 17 भाषाओं में लिखा होता है।

भारतीय रूपया का चिह्न

- भारतीय रूपए के लिए चिह्न की रचना IIT मुम्बई के उदय कुमार ने किया था।
- यह चिह्न देवनागरी के 'र' व रोमन अक्षर 'R' से मिलाकर बनाया गया है।
- भारत अपने रूपए की अलग पहचान रखने वाला विश्व का पाँचवाँ देश बन गया है।

विमुद्रीकरण

- विमुद्रीकरण से तात्पर्य वर्तमान बाजार में प्रचलन में शामिल मुद्रा का वापस लिया जाना या चलन से बाहर कर देना है।
- 8 नवम्बर, 2016 को भारत सरकार द्वारा वर्ष 1978 के बाद, विमुद्रीकरण के माध्यम से ₹ 500 और ₹ 1000 के नोटों के चलन से बाहर कर दिया।

मुद्रास्फीति

- मूल्य स्तरों में होने वाली सतत वृद्धि को ही मुद्रा स्फीति कहा जाता है
- मुद्रास्फीति का शाब्दिक अर्थ मुद्रा के मूल्य में कमी होती है, अर्थात् मुद्रा के क्रयशक्ति में कमी आने को ही मुद्रास्फीति कहा जाता है।
- मुद्रास्फीति के उत्पन्न होने के मुख्यतः दो कारण होते हैं—पहला मुद्रा के प्रसार में वृद्धि तथा दूसरा, वस्तु के उत्पादन में कमी।

मुद्रास्फीति के प्रकार

मद्रा स्फीति के प्रकार	विशेषताएँ
रेंगती या नम्र स्फीति	वार्षिक वृद्धि दर एक अंक में होता है।
चलती हुई स्फीति	जब कीमतों की वृद्धि दर 3% से 6% के बीच तथा 10% से कम हो।
दौड़ती हुई स्फीति	जब कीमतें तीव्रता से 10% से 20% के दर से बढ़ती है।
कूदती या गैलोपिंग स्फीति	वार्षिक वृद्धि दर दो अंकीय या तीन अंकीय; जैसे-20%, 100%, 200% हो।
हाइपर स्फीति	जब स्फीति की दर तीन अंकों से भी अधिक हो।

- मुद्रा के अवमूल्यन से अभिप्राय मुद्रा के बाह्य मूल्य में कमी से होता है।
- जब सरकार मुद्रा का बाहरी मूल्य कम कर देती है तब देश की एक मुद्रा इकाई के बदले में कम विदेशी मुद्रा प्राप्त होने लगती है।
- स्टैगफ्लेशन उस स्थिति को इंगित करता है, जब मुद्रास्फीति की दर व बेरोजगारी दोनों ही उच्च अवस्था में पहुँच जाती है।
- ऐसी स्थिति में मुद्रास्फीति के साथ आर्थिक अस्थिरता की स्थिति उत्पन्न हो जाती है। मुद्रा अवस्फीति या मुद्रा संकुचन, मुद्रा स्फीति की विपरीत दिशा है।
- मुद्रा अवस्फीति कीमत स्तर से गिरावट की वह अवस्था है, जिसमें वस्तुओं तथा सेवाओं का उत्पादन मौद्रिक आय की तुलना में तेजी से बढ़ता है।

भारतीय कृषि

- कृषि, भारतीय अर्थव्यवस्था के प्राथमिक क्षेत्र में शामिल है एवं कृषि का देश के कुल GDP में 18% का योगदान है।
- कृषि क्षेत्र में कुल जनसंख्या का लगभग 58% हिस्सा संलग्न है। प्रथम पंचवर्षीय योजना में कृषि पर सर्वाधिक बल दिया गया था और देश की वर्तमान 12वीं पंचवर्षीय योजना में कृषि विकास का लक्ष्य 4% रखा गया है।
- कृषि योग्य भूमि की दृष्टि से विश्व में भारत का स्थान दूसरा है, जबकि पहला स्थान संयुक्त राज्य अमेरिका का है।
- भारत में कृषि में सर्वाधिक जोतों की संख्या सीमान्त प्रकार की है।
- 1 हेक्टेयर से कम क्षेत्रफल वाली जोत सीमान्त जोत कहलाती है।
- 1 हेक्टेयर से 4 हेक्टेयर वाली जोत लघु तथा 4 हेक्टेयर से बड़ी क्षेत्रफल वाली जोत वृहत जोत कहलाती है। स्वतन्त्रता के पश्चात् भूमि सुधार के अन्तर्गत मुख्यत: तीन प्रकार के कदम जिसमें मध्यस्थों का उन्मूलन, काश्तकारी सुधार, कृषि का पुनर्गठन जैसे कार्य किए गए।
- भारत में सबसें पहले 1920 ई. में बड़ौदा में चकबन्दी लागू की गई थी।
- कृषि क्षेत्र में 'हरित क्रान्ति' तीसरी पंचवर्षीय योजना में शुरू की गई थी।
- हरित क्रान्ति का प्रभाव सर्वाधिक गेहूँ की फसल पर पड़ा था तथा उसके उत्पादन में 500% की वृद्धि हुई।
- हरित क्रान्ति की शुरुआत, 1966-67 में देश को खाद्यान्न उत्पादन में आत्मनिर्भर बनाने के उद्देश से किया गया था, जिसके तहत बड़े पैमाने पर अधिक उपज देने वाले उन्नत किस्म के बीजों का उपयोग किया गया था।
- उन्नत बीज के साथ रासायनिक उर्वरक, लघु-सिंचाई तथा भूमि संरक्षण जैसे उपाय भी अपनाए गए। भारत की प्रथम कृषि नीति वर्ष 1992 में तथा द्वितीय कृषि नीति वर्ष 2002 में जारी की गई थी।
- किसानों और कृषि क्षेत्र के लिए कार्य योजना का सुझाव देने के लिए वर्ष 2004 में डॉ. एम. एस. स्वामीनाथन की अध्यक्षता में राष्ट्रीय कृषि आयोग का गठन किया गया।
- कृषि उत्पादों का मूल्य निर्धारित करने के लिए वर्ष 1965 में कृषि मूल्य आयोग की स्थापना की गई थी, जिसका नाम वर्ष 1985 में कृषि लागत एवं कीमत आयोग नाम दिया गया।

भारतीय कृषि और उसके प्रकार

- भारत में तीन प्रकार की फसले रबी, खरीफ तथा जायद उगाई जाती हैं।
- रबी की फसल अक्टूबर-नवम्बर माह में बोई जाती है तथा अप्रैल-मई में काट ली जाती है। मुख्य रबी फसलों में गेहूँ, जौ, चना, मटर, सरसों, राई आदि फसलें आती हैं।
- खरीफ की मुख्य फसलों में चावल, ज्वार, बाजरा, रागी, मक्का, जूट, मूँगफली, कपास, सन, तम्बाकू, मूँग, उड़द, लोबिया शामिल है। इन फसलों को जून-जुलाई में बोकर सितम्बर-अक्टूबर में काट लिया जाता है।
- जायद की फसल रबी एवं खरीफ के मध्यवर्ती कालम में मार्च से जून के बीच में उगाई जाती है, जिसके अन्तर्गत तरबूज, खरबूज, ककड़ी, खीरा, करेला आदि फसलें शामिल हैं।

कृषि क्षेत्र की प्रमुख क्रान्तियाँ

हरित क्रान्ति	खाद्यान्न उत्पादन
श्वेत क्रान्ति	दुग्ध उत्पादन
नीली क्रान्ति	मछली उत्पादन
पीली क्रान्ति	तिलहन उत्पादन
बादामी क्रान्ति	मसाला उत्पादन
सेफ्रॉन क्रान्ति	केसर उत्पादन
गुलाबी क्रान्ति	प्याज/औषधि/ झींगा उत्पादन
लाल क्रान्ति	मांस एवं टमाटर उत्पादन
सदाबहार क्रान्ति	कृषि का समस्त विकास
रजत क्रान्ति	अण्डा/कुक्कुट उत्पादन
गोल क्रान्ति	आलू उत्पादन
सुनहरी क्रान्ति	बागवानी, शहद एवं फल उत्पादन
अमृत क्रान्ति	नदी जोड़ो परियोजना
धूसर क्रान्ति	रासायनिक उर्वरक उत्पादन
सदाबहार क्रान्ति	जैविक खेती को प्रोत्साहन
इन्द्रधनुषी क्रान्ति	सभी क्षेत्रों के उत्पादन में वृद्धि करने से

विभिन्न प्रकार की खेतियों के नाम

हाइड्रोपोनिक्स	मृदा रहित कृषि (जलीय कृषि)
एरोपोनिक्स	पौधे को हवा में उगाना
एपिकल्चर	मधुमक्खी पालन
हॉर्टीकल्चर	बागवानी
फ्लोरीकल्चर	फूलों का उत्पादन
ओलेरीक्लचर	सब्जियों का उत्पादन
पोमी कल्चर	फलों का उत्पादन
विटीकल्चर	अंगूर की खेती
वर्मी कल्चर	केंचुआ पालन
पिसी कल्चर	मत्स्य पालन
सेरी कल्चर	रेशम कीट पालन

कृषि से सम्बन्धित योजनाएँ

योजनाएँ	वर्ष	उद्देश्य
प्रधानमन्त्री किसान भाई योजना	2023	इसके अन्तर्गत छोटे व सीमान्त किसानों को अपनी फसल की कीमते स्वयं तय करने की स्वायत्तता प्रदान करना है तथा उन्हें आर्थिक रूप से सशक्त बनाना है।
प्रधानमन्त्री किसान मान धन योजना	2019	इसके अन्तर्गत सीमान्त किसानों को 60 वर्ष की आयु के पश्चात् ₹ 3 हजार की न्यूनतम पेंशन उपलब्ध करायी जायेगी।
प्रधानमन्त्री किसान सम्मान निधि योजना	2018	इसके अन्तर्गत सीमान्त किसानों को न्यूनतम आय सहायता के रूप में ₹ 6 हजार की वार्षिक वित्तीय सहायता प्रदान करना।

योजनाएँ	वर्ष	उद्देश्य
प्रधानमन्त्री फसल बीमा योजना	2016	फसलों के नुकसान की भरपाई करना। खरीफ 2%, रबी 1.5% 5%, बागवानी के लिए 5% प्रीमियम दर का निर्धारण
प्रधानमन्त्री कृषि सिंचाई योजना	2015	प्रति बूँद ज्यादा फसल के उद्देश्य सिंचाई सुविधा उपलब्ध कराना
मृदा स्वास्थ्य कार्ड योजना	2015	मिट्टी की गुणवत्ता में सुधार लाना
नीरांचल सम्भीरण योजना	2015	विश्व बैंक के सहयोग से नौ राज्यों में चलाई गई वाटररोड योजना
राष्ट्रीय कृषि विकास योजना	2007-08	राज्यों का कृषि के क्षेत्र में धन का आवण्टन बढ़ाने
मेगा फूड पार्क योजना	2008	खाद्य प्रसंस्करण क्षेत्र में ग्रामीण बुनियादी सुविधाओं के निर्माण में सार्वजनिक निजी भागीदारी को प्रोत्साहन देना
राष्ट्रीय बागवानी मिशन	2005-06	बागवानी क्षेत्र का सम्पूर्ण विकास
किसान कॉल सेन्टर	2004	किसानों को मुफ्त में खेती सम्बन्धी जानाकारी के लिए टेलीफोन लाइन शुरू करना

कृषि सम्बन्धित संस्थाएँ

संस्थाएँ	स्थापना वर्ष	उद्देश्य
नाबार्ड	12 जुलाई, 1982	कृषि एवं ग्रामीण विकास हेतु वित्त उपलब्ध कराने वाली शीर्ष संस्था है।
भूमि विकास बैंक	1920 में पहला बैंक पंजाब में झंग में	किसानों की दीर्घकालीन वित्तीय आवश्यकताओं की पूर्ति करना।
क्षेत्रीय ग्रामीण बैंक	1975	कृषि के लिए साख उपलब्ध कराना।

भारत की कर संरचना

- कर एक प्रकार का अनिवार्य भुगतान है, जो कर के आधार से सम्बन्धित व्यक्तियों का बिना कोई लाभ प्राप्त किए सरकार को चुकाना पड़ता है।
- भारत की संघीय संरचना के आधार पर यहाँ केन्द्र तथा राज्य दोनों को कर लगाने तथा उगाहने की शक्ति प्रदान की गई है।
- केन्द्रीय सरकार द्वारा आयकर, निगम कर, सीमा शुल्क, केन्द्रीय उत्पादन शुल्क और सेवा कर लगाया जाता है तथा इससे प्राप्त राजस्व केन्द्र और राज्य सरकारों के बीच बाँटा जाता है।
- राज्य मूल्य-वर्द्धित कर, कृषि आय पर कर, मनोरंजन कर लगाने का अधिकार राज्य सरकारों के पास है।
- स्टाम्प शुल्क, केन्द्र सरकार द्वारा केवल लगाया जाता है लेकिन इसका एकत्रण और खर्च करने का अधिकार राज्य सरकारों के पास है।
- केन्द्र सरकार सम्पदा शुल्क, विज्ञापन पर कर आदि लगाकर एवं एकत्र कर राज्यों के बीच बाँट देती है।
- आय में वृद्धि के साथ अगर कर की दर में वृद्धि होती जाए, तो ऐसी कर प्रणाली 'प्रगतिशील या प्रगामी कर प्रणाली' कहते हैं।
- आय में वृद्धि के साथ अगर कर की दर क्रमशः घटती जाए, तो इसे प्रतिगामी कर प्रणाली कहते हैं।
- आनुपातिक कर प्रणाली में विभिन्न आय वर्गों के करदाताओं के लिए कर की दर एक समान रहती है तथा आय के प्रत्येक स्तर पर कर की दर एक समान होती है।
- भारत में प्रत्यक्ष एवं अप्रत्यक्ष कर प्रणाली लागू हो।

केन्द्र सरकार	राज्य सरकार
प्रत्यक्ष कर	**अप्रत्यक्ष कर**
सम्पत्ति कर, निगम कर, सम्पदा शुल्क, आयकर, उपहार कर, पूँजी लाभ कर।	सीमा शुल्क, सेवा, कर, व्यय कर, केन्द्रीय उत्पाद शुल्क, बिक्री कर
भू-राजस्व, व्यवसाय कर, कृषि आय पर कर।	व्यापार कर, राज्य उत्पाद शुल्क, बिक्री कर, विज्ञापन पर कर

- कम्पनियों की आय पर लगने वाले कर को निगम कर कहते हैं।
- वित्तीय परिसम्पत्तियों की खरीद बिक्री पर हुए लाभ पर लगाए गए कर को **पूँजी लाभ कर** कहा जाता है।
- सेवा कर सर्वप्रथम वर्ष 1994-95 में राज जे. चेलैया समिति की सिफारिश पर लगाया गया था।
- किसी वस्तु का उत्पादन देश के भीतर करने पर केन्द्र सरकार द्वारा लगाया गया कर 'उत्पाद शुल्क' कहलाता है। वर्ष 1976 में ए.ल. के झा समिति ने भारत में वैट लगाने की संस्तुति की थी।
- वैट उत्पादन (Valu Added Tax) से लेकर उपभोग तक प्रत्येक चरण में होने वाले मूल्यवर्द्धन पर लगाया गया, अप्रत्यक्ष कर होता है।
- बिक्री कर, (व्यापार कर) लगाने का अधिकार राज्यों के पास है।
- अन्तर्राज्जीय बिक्री की दशा में केन्द्रीय विक्रय कर अधिनियम 1956 के प्रावधानों के तहत केन्द्र सरकार को भी बिक्री कर लगाने का अधिकार प्राप्त है, जिसे **केन्द्रीय बिक्री** कर कहा जाता है।

वस्तु एवं सेवा कर प्रणाली (GST : Goods and Service Tex)

- वस्तु एवं सेवा कर एक व्यापक अप्रत्यक्ष कर है, जिसमें केन्द्र सरकार एवं राज्य सरकारों द्वारा उदग्रहित एवं एकत्र किए जाने वाले अप्रत्यक्ष करों को शामिल किया गया है।
- भारत में 1 अप्रैल, 2017 (1 अप्रैल, 2017) से जीएसटी लागू कर दिया गया।
- वस्तु एवं सेवा कर से 17 केन्द्रीय एवं राज्य कर तथा 23 प्रकार के उपकर एक ही कर में शामिल हो गए हैं।
- संविधान को 101वें संशोधन अधिनियम वस्तु एवं सेवा कर से सम्बन्धित है। 101वें संविधान संशोधन में एक जीएसटी परिषद् की स्थापना का उल्लेख है।
- केन्द्र सरकार द्वारा लगाए गए कर को केन्द्रीय जीएसटी (CGST) तथा राज्यों द्वारा लगाए जाने वाले करों को राज्य जीएसटी (SGST) कहा जाता है।
- GST परिषद् के अध्यक्ष केन्द्रीय वित्त मन्त्री होते हैं एवं सभी राज्यों एवं दिल्ली तथा पाण्डिचेरी संघ राज्य क्षेत्रों के वित्त मन्त्री इसके सदस्य होते हैं।
- GST परिषद् की गणपूर्ति संख्या कुल सदस्य संख्या का 50% है।
- GST वस्तुओं और सेवाओं के उपभोग पर लगाया गया गंतव्य आधारित कर है।

भारत में बैंकिंग प्रणाली का विकास

- भारत का पहला बैंक, बैंक ऑफ हिन्दुस्तान था, जिसकी स्थापना यूरोपियन पद्धति पर एलेक्जेण्डर एण्ड कम्पनी द्वारा 1770 ई. में की गई थी।
- सीमित देयता पर आधारित भारतीयों द्वारा संचालित पहला बैंक अवध कमर्शियल बैंक (1881 ई.) था।
- पूर्ण रूप से पहला भारतीय बैंक पंजाब नेशनल बैंक था जिसकी स्थापना 1894 थी।

- 20वीं सदी के आरम्भ में बैंक ऑफ इण्डिया (1906), बैंक ऑफ बड़ौदा वर्ष (1908), सेण्ट्रल बैंक ऑफ इण्डिया (1911) व बैंक ऑफ। मैसूर वर्ष (1913) की स्थापना की गई।
- वर्ष 1969 एवं 1960 में भारत सरकार द्वारा निजी बैंको का राष्ट्रीयकरण किया गया। वर्ष 1969 में 14 बड़े बैंकों का राष्ट्रीयकरण किया गया तथा वर्ष 1980 में छ: अन्य बैंकों को भी राष्ट्रीयकृत किया गया।

रिजर्व बैंक ऑफ इण्डिया (RBI)

- रिजर्व बैंक ऑफ इण्डिया अधिनियम 1934 के तहत 1 अप्रैल, 1935 में हिल्टन यंग आयोग की अनुशंसा पर किया गया था।
- RBI का राष्ट्रीयकरण 1 जनवरी, 1949 को किया गया था, जिसका मुख्यालय मुम्बई में है।
- RBI के प्रथम गर्वनर **सर ओसबोर्न स्मिथ** थे।
- स्वतन्त्रता के समय RBI के गवर्नर C.D. देशमुख थे।
- भारतीय रिजर्व बैंक के प्रमुख कार्यों में प्रमुख हैं-मौद्रिक नीति का संचालन, साख का नियन्त्रण, मुद्रा निगर्मन, बैंकों के बैंक के रूप में कार्य करना तथा विदेशी विनिमय पर नियन्त्रण रखना है।
- भारतीय रिजर्व बैंक एक रूपए के सिक्के, नोटों एवं छोटे सिक्कों को छोड़कर सभी नोटों का निगर्मन करता है।
- RBI भारत में नोट निर्गमन हेतु न्यूनतम कोष प्रणाली की पद्धति अपनाता है।
- RBI मात्रात्मक तथा गुणात्मक उपकरणों द्वारा मौद्रिक नीतियों का संचालन करता है।
- मात्रात्मक उपकरणों में बैंक दर, रेपो रेट, रिवर्स रेपो रेट, नकद आरक्षित अनुपात (CRR), वैधानिक तरलता अनुपात (SLR) तथा खुले बाजार की क्रियाएँ शामिल हैं।
- **बैंक दर** रिजर्व बैंक का सामान्य ब्याज दर पर वाणिज्यिक बैंकों को पैसा उधार देता है, वह बैंक दर कहलाता है।
- **रेपो दर** वाणिज्यिक बैंकों द्वारा अल्पकालिक अवधि के लिए RBI से जिस ब्याज दर पर नकदी त्रण प्रदान करते हैं, वह रेपो दर कहलाता है।
- रिवर्स रेपो दर अल्पकालिक अवधि के लिए रिजर्व बैंक द्वारा वाणिज्यिक बैंकों से जिस ब्याज दर पर नकदी प्राप्त की जाती है, उसे **रिवर्स रेपो** दर कहते हैं। यह प्रक्रिया बाजार से मुद्रा की आपूर्ति में कमी लाई जाती है।
- **नकद आरक्षित अनुपात** (CRR) किसी वाणिज्यिक बैंक में कुल जमा राशि का वह भाग, जिसे रिजर्व बैंक के पास अनिवार्य रूप से जमा रखना पड़ता है, उसे CRR कहा जाता है। इसकी दर जितनी ऊँची होती है, बैंकों की साख सृजन क्षमता उतनी ही कम होती है।
- **वैधानिक तरलता अनुपात** (SLR) किसी भी वाणिज्यिक बैंक में कुल जमा राशि का वह भाग जो स्वर्ण व विदेशी मु द्रा में अपने पास अनिवार्यत: रखना होता है, उसे SLR कहा जाता है।
- **आधार दर प्रणाली** (Base Rate) यह वह दर है, जिससे नीचे कोई भी बैंक इससे नीची दर पर किसी को उधार नहीं देगा।

भारतीय स्टेट बैंक (SBI)

- वर्ष 1921 में तीन प्रेसीडेन्सी बैंकों (बैक ऑफ बंगाल, बैक ऑफ बम्बई, बैंक ऑफ मद्रास) को मिलाकर **इम्पीरियल बैंक ऑफ इण्डिया** की स्थापना की गई थी।
- स्टेट बैंक ऑफ इण्डिया का राष्ट्रीयकरण 1 जुलाई 1955 को किया गया था।
- 19 जुलाई 1969 ई. को 14 बड़े व्यावसायिक बैंकों तथा 15 अप्रैल 1980 को छ: अन्य अनुसूचित बैंकों का राष्ट्रीयकरण कर दिया गया।
- जीवन बीमा क्षेत्र में प्रवेश करने वाला देश का पहला वाणिज्यिक बैंक **भारतीय स्टेट बैंक** है।
- विदेशों में भारतीय स्टेट बैंक के सर्वाधिक कार्यालय हैं।
- ग्रामीण बैंक की स्थापना 2 अक्टूबर, 1975 को की गई थी। क्षेत्रीय ग्रामीण बैंक में केन्द्र सरकार, राज्य सरकार तथा प्रवर्तक बैंक 50: 15: 35 के अनुपात में पूँजी लगाती है।
- केलकर समिति की सिफारिश पर वर्ष 1987 से नए क्षेत्रीय ग्रामीण बैंकों की स्थापना बन्द कर दी गई है।
- वर्ष 1982 में नावॉर्ड की स्थापना शिवरामन कमेटी की अनुशंसा पर कृषि एवं ग्रामीण विकास हेतु वित्त उपलब्ध कराने के उद्देश्य से किया गया था।
- **राष्ट्रीय कृषि तथा ग्रामीण विकास बैंक** (नाबार्ड) का मुख्यालय **बम्बई** में है।
- भारतीय महिला बैंक की स्थापना 19 नवम्बर, 2013 को कि गई थी।
- भारतीय महिला बैंक की प्रथम प्रबन्ध निदेशक उषा अन्नतसुब्रमाणियम थी।

बैंकिंग क्षेत्र में सुधार हेतु गठित विभिन्न समितियाँ

समिति का नाम	समिति के सुझाव/उद्देश्य
एम. एन. गोइपोरिया समिति	ग्राहक सेवा में सुधार की सिफारिश
ए. घोष समिति	बैंकों में घोखाधड़ी रोकना
पी. आर. नायक समिति	लघु एवं मध्यम उद्योगों को ऋण देने की सिफारिश
एस. एस. तारापोर समिति	विदेशी विनियम में पूँजी खाते की परिवर्तनीयता सम्बन्धी सिफारिश
आर. पी. गुप्ता समिति	कृषि ऋण के क्षेत्र के सुधार
वाई. वी. रेड्डी समिति	छोटी बचतों से जुड़ी व्यवस्था में सुधार
दीपक पारिख समिति	आधारिक संरचना के वित्तीय मामलों में सुझाव
डी. सुब्बा राव समिति	मौद्रिक नीति पर सुधार
दामोदरन समिति	बैंकिंग सेवाओं में सुधार
विमल जालाव समिति	नए बैंकों के परमिट के लिए सुझाव
उर्जित पटेल समिति	मौद्रिक नीति ढाँचे का विश्लेषण
उषा थोराट समिति	देश के सभी गाँवों में वित्तीय सेवाओं को उपलब्ध कराने की सिफारिश
नचिकेत मोर समिति	निम्न आय वाले परिवारों एवं छोटे व्यवसायियों को वित्तीय सेवा की सिफारिश
दीपक मोहन्ती समिति	वित्तीय समावेशन पर सिफारिश

भारतीय पूँजी बाजार

- भारतीय पूँजी बाजार को मुख्य रूप से दो भागों में बाँटा गया है **पहला** गिल्ट् एडज बाजार तथा दूसरा औद्योगिक प्रतिभूति बाजार।
- गिल्ट् एडज बाजार में रिजर्व बैंक, सरकारी एवं अर्द्धसरकारी प्रतिभूतियों का क्रय-विक्रय करता है।
- औद्योगिक प्रतिभूति बाजार में नए स्थापित औद्योगिक उपक्रमों के शेयरों एवं डिवेंचरों का क्रय-विक्रय किया जाता है।

भारतीय शेयर बाजार

- शेयरों एवं अंशपत्रों का क्रय-विक्रय वाले बाजार **शेयर बाजार** कहलाते हैं।
- बॉम्बे स्टॉफ एक्सचेंज (BSE) की स्थापना 1875 में हुई थी, जो एशिया का सबसे पुराना स्टॉक एक्सचेंज था, जिसे 2002 में बदलकर बॉम्बे स्टॉक एक्सचेंज (BSE) कर दिया गया। वर्तमान में करीब 4800 से भी अधिक कम्पनियाँ पंजीकृत हैं।

- राष्ट्रीय शेयर बाजार की स्थापना वर्ष 1992 में फेरवानी समिति की सिफारिश पर की गई थी।
- IDBI (भारतीय औद्योगिक विकास बैंक) राष्ट्रीय शेयर बाजार का प्रमुख प्रवर्तक है।
- राष्ट्रीय शेयर बाजार की प्रारम्भिक अधिकृत पूँजी ₹ 25 करोड़ है।
- वर्ष 1992 में मुम्बई में ओवर दी काउण्टर एक्सचेंज ऑफ इण्डिया (OTCEI) की स्थापना औन लाइन ट्रेडिंग सुविधा सम्पन्न कम्पयूटराइडड एक्सचेंज 'नैस्डेक' के आधार पर की गई है।

भारत के प्रमुख शेयर मूल्य सूचकांक

- **BSE SENSEX** यह मुम्बई स्टॉक एक्सचेंज का संवेदी शेयर सूचकांक है।
- इसका आधार वर्ष 1978-79 है तथा यह 30 प्रमुख शेयरों का प्रतिनिधित्व करता है।
- **BSE 200** आधार वर्ष 1989-90 200 शेयरों का प्रतिनिधित्व
- **DOLLEX BSE** 200 सूचकांक का ही डॉलर मूल्य डॉलेक्स कहलाता है।
- **NSE-50** राष्ट्रीय स्टॉक एक्सचेंज (NSE) सूचकांक का नाम बदलकर S$P CNX NIFTY रखा गया है।

विश्व के प्रमुख शेयर बाजार सूचकांक

शेयर मूल्य सूचकांक	स्टॉक एक्सचेंज
निक्की	टोकियो
हांग सेंग	हांगकांग
डो जोन्स	न्यूयार्क
नासदाक	USA
तेन	ताइवान
शंघाई कॉम	चीन
FTSE-100	लन्दन
एस एण्ड पी.	कनाडा
सिमेक्स, स्टेट्स टाइम्स	सिंगापुर
वोवेस्पा	ब्राजील

बीमा क्षेत्र

- भारत की प्रथम जीवन बीमा कम्पनी **ओरिएण्टल सोसाइटी** थी, जिसकी स्थापना 1818 ई. में हुई थी।
- भारतीय जीवन बीमा निगम की स्थापना 1 सितम्बर, 1956 एवं साधारण बीमा निगम (GLC) की स्थापना 1 जनवरी, 1973 को हुई थी।
- बीमा क्षेत्र के विवादों के निपटारे के लिए 19 अप्रैल, 2000 में भारतीय **बीमा नियामक एवं विकास प्राधिकारण** (इरडा) की स्थापना की गई थी, जिसका मुख्यालय **हैदराबाद** में है।
- सामाजिक सुरक्षा सामूहिक बीमा योजना के लिए सामाजिक सुरक्षा कोष 1988-89 में स्थापित किया गया था।
- 10 अगस्त, 2000 को जनश्री बीमा योजना की शुरुआत हुई थी।

भारत के प्रमुख प्रतिभूति-मुद्रण एवं सिक्का उत्पाद केन्द्र

1. इण्डिया सिक्योरिटी प्रेस—नासिक
2. सिक्योरिटी प्रिंटिंग प्रेस—हैदराबाद
3. करेंसी नोट प्रेस—देवास (मध्य प्रदेश)
   20, 50, 100 और उच्च वर्ग के नोटों का मुद्रण
4. सिक्योरिटी पेपर मिल—होशंगाबाद (मध्य प्रदेश)
5. भारत की चार टकसाल—मुम्बई, कोलकाता, हैदराबाद, नोएडा, सिक्कों का उत्पादन तथा सोने, चाँदी की शुद्धता की परख करना।
6. 2000 के नोटों की छपाई—प्रिंटिंग प्रेस, मैसूर

प्रमुख वित्तीय संस्थान

वित्तीय संस्थान	स्थापना वर्ष	मुख्यालय	लक्ष्य
भारतीय औद्योगिक वित्त निगम लिमिटेड (IFCI)	1948	नई दिल्ली	देश के औद्योगिक प्रतिष्ठानों के लिए मध्यकालीन एवं दीर्घकालीन साख की व्यवस्था करना।
राज्य वित्त निगम (SFC)	1951		राज्य के छोटे एवं मध्यम उद्यमों का उन्नयन
भारत औद्योगिक ऋण तथा निवेश निगम लिमिटेड (ICICI)	1955	मुम्बई	निजी क्षेत्र के लघु एवं मध्यम उद्योगों का विकास।
जीवन बीमा निगम (LIC)	1956	मुम्बई	बीमा सुविधा उपलब्ध कराना
भारतीय औद्योगिक विकास बैंक लिमिटेड (IDBI)	1964	मुम्बई	औद्योगिक उद्यमों को वित्तीय सहायता प्रदान करना।
भारतीय यूनिट ट्रस्ट (UTI)	1964		लघु एवं मध्यम उद्योगों में निवेश
भारतीय आयात निर्यात बैंक (Exim bank)	1982	मुम्बई	आयात-निर्यात की वित्तीय आवश्यकताओं की पूर्ति करना।
राष्ट्रीय कृषि तथा ग्रामीण विकास बैंक (नाबार्ड)	1982	मुम्बई	कृषि एवं ग्रामीण विकास के लिए वित्त उपलब्ध कराना।
भारतीय औद्योगिक निवेश बैंक (IIBLL)	1985		रुग्ण तथा बन्द पड़े उद्यमों का पुनर्निर्माण करना।
राष्ट्रीय आवास बैंक (NHB)	1988	दिल्ली	आवास सम्बन्धी वित्त की व्यवस्था
भारतीय प्रतिभूति एवं विनियम वोर्ड (SEBI)	1988	मुम्बई	स्टॉक मार्केट पर नियन्त्रण
भारतीय लघु उद्योग विकास बैंक (SILBI)	1990	लखनऊ	लघु उद्योगों की सुविधा उपलब्ध कराना।

उद्योग

- स्वतन्त्रता के पश्चात् देश की प्रथम औद्योगिक नीति की घोषणा 1948 में तत्कालीन उद्योग एवं वाणिज्य मन्त्री श्यामा प्रसाद मुखर्जी द्वारा की गई थी। इस नीति में सार्वजनिक और निजी क्षेत्र के सह-अस्तित्व को स्वीकार किया गया। इस नीति में मिश्रित अर्थव्यवस्था कायम करने का सुझाव दिया गया।
- 1948 की औद्योगिक नीति में उद्योगों को चार भागों में वर्गीकृत किया गया था।
- देश की दूसरी औद्योगिक नीति की घोषणा 1956 में की गई थी, इस नीति में उद्योगों की कुल तीन श्रेणियों में वर्गीकृत किया गया। इस नीति के अन्तर्गत सार्वजनिक क्षेत्र का विस्तार, सहकारी क्षेत्र का विकास एवं निजी एकाधिकारों पर नियन्त्रण जैसे उद्देश्य शामिल थे।
- औद्योगिक नीति 1973 में मूलभूत उद्योग (कोर उद्योग) की विचारधारा को अपनाया गया। कोर उद्योग वैसे उद्योग होते हैं, जो अन्य उद्योगों के विकास के लिए मूलरूप से महत्त्वपूर्ण होते हैं; जैसे—लोहा, इस्पात, सीमेन्ट आदि।

- वर्ष 1977 की औद्योगिक नीति में मुख्य रूप से लघु एवं कुटीर उद्योगों की स्थापना का विशेष बल दिया गया एवं लघु उद्यमकर्ता की सभी सुविधाएँ उपलब्ध कराने के उद्देश्य से जिला उद्योग केन्द्र की स्थापना की गई।
- वर्ष 1986 की नीति में विदेशी को अधिक सरल बना दिया गया तथा अनेक औद्योगिक क्षेत्रों को निवेश के लिए खोल कर औद्योगिक लाइसेंस की प्रक्रिया को सरल बना दिया गया।

नई औद्योगिक नीति 1991

- इस औद्योगिक नीति को व्यापक आर्थिक सुधारों के तहत लागू किया गया, जिसके अनतर्गत औद्योगिक लाइसेंसिंग नीति एकाधिकार तथा प्रतिबन्धात्मक व्यापार, व्यवहार, सार्वजनिक क्षेत्र में व्यापक बदलाव किया गया।
- इस नीति में औद्योगिक लाइसेंस की नीति को समाप्त कर दिया गया तथा उन उद्योगों की संख्या घटाकर मात्र 18 कर दी गई, जिनके लिए लाइसेंस लेना आवश्यक था।
- वर्त्तमान में केवल 5 उद्योग ऐसे हैं, जिनके लिए लाइसेंस लेना आवश्यक है; जैसे-इलेक्ट्रॉनिक, एयरोस्पेस, बारूद, खतरनाक रसायन, तम्बाकू तथा मादक पेय पदार्थों से सम्बन्धित उद्योग।
- इस नीति में निजीकरण एवं उदारीकरण को प्रमुखता से अपनाया गया।
- सरकारी क्षेत्र के लिए आश्रित उद्योगों की संख्या केवल दो रखी गई थी जिनमें परमाणु ऊर्जा एवं रेलवे परिवहन शामिल है।
- नई आर्थिक नीति, आर्थिक सुधार से सम्बन्धित है, जिसकी रूपरेखा सर्वप्रथम राजीव गाँधी के प्रधानमन्त्री काल में वर्ष 1985 में बनाई गई थी।
- नई आर्थिक सुधार की दूसरी कोशिश पी. पी. नरसिम्हा राव की सरकार के काल में वर्ष 1991 की गई थी, जिसका कारण खाड़ी युद्ध तथा भारत के भुगतान सन्तुलन की समस्या थी।
- नई आर्थिक नीति के तीन प्रमुख आयाम थे- निजीकरण, उदारीकरण व विश्व्यीकरण।
- संसाधन जुटाने तथा कार्यकुशलता लाने की दृष्टि से सार्वजनिक उद्यमों के सम्बन्ध में विनिवेश की नई नीति 1991-92 से अपनाई गई है।
- वर्ष 1966 में विनिवेश मुद्दे पर समीक्षा, सुझाव तथा विनियमन के लिए विनिवेश कमीशन का गठन किया गया था, जिसके पहले अध्यक्ष जी. वी. रामकृष्ण थे।
- नपवरत्न ऐसी कम्पनियाँ हैं, जो विश्व स्तरीय कम्पनियों के रूप में उभर रही हैं तथा जिसे सरकार ने प्रोत्साहित करने के उद्देश्य से पूर्ण स्वायतता प्रदान की है।
- नवरत्न योजना का प्रारम्भ 1997 में किया गया था तथा प्रारम्भ में केवल नौ कम्पनियों को नवरत्न का दर्जा प्रदान किया गया था।
- नवरत्न का दर्जा प्राप्त कम्पनियों को अधिक प्रशासनिक एवं वित्तीय स्वतन्त्रता मिलती है तथा सरकार की अनुमति के बिना भी निवेश कर सकती हैं तथा देश-विदेश में उद्यमों की स्थापना कर सकती हैं।
- वर्तमान में कुल 13 नवरत्न कम्पनियाँ है।
- महारत्न योजना की शुरुआत वर्ष 2009 से की गई थी, जिसका उद्देश्य बड़े आकार के नवरत्न उपक्रमों के बोर्ड को अधिक स्वायतता सौंपना है, जिससे उपक्रमों का संचालन घरेलू बाजार के साथ ही वैश्विक बाजार में हो सके।
- महारत्न बनने के लिए कम्पनी शेयर बाजार में सूचीबद्ध हो तथा पिछले तीन वर्षों में कम्पनी का औसत कारोबार 20,000 करोड़ रहा हो एवं कम्पनी का 2500 करोड़ का औसत शुद्ध लाभ प्राप्त किया हो।

भारत की महारत्न कम्पनियाँ

- भारतीय इस्पात प्राधिकरण लिमिटेड (SAIL)
- तेल एवं प्राकृतिक गैस निगम (ONGC)
- भारतीय तेल निगम (IOC)
- राष्ट्रीय ताप विद्युत निगम (NTPC)
- कोल इण्डिया लिमिटेड (CIL)
- भारत हैवी इलेक्ट्रिकल्स लिमिटेड (BHEL)
- भारतीय गैस प्राधिकरण लिमिटेड (GHIL)
- भारत पेट्रोलियम कॉर्पोरेशन लिमिटेड (BPCL)
- पॉवर ग्रिड कॉर्पोरेशन ऑफ इण्डिया (PGCIL)
- पॉवर फाइनेंस कॉर्पोरेशन (PFC)
- ग्रामीण विद्युतीकरण निगम लिमिटेड (RECL)
- ऑयल इण्डिया लिमिटेड (OIL)

मिनी रत्न योजना

वर्ष 1997 में इसकी शुरुआत की गई थी।

इसमें दो श्रेणियाँ बनाई गई हैं

- पहले श्रेणी में किसी एक वर्ष में 30 करोड़ से अधिक मुनाफा के साथ लगातार तीन वर्षों तक मुनाफा कमाने वाली कम्पनी शामिल है।
- दूसरे श्रेणी में लगातार 3 वर्षों तक मुनाफा कमाने वाली कम्पनियों को रखा जाता है।

कूटीर, लघु एवं मझोले उद्यम

- औद्योगिक नीति 1977 में पहली बार लघु उद्योगों को प्रोत्साहित करने की घोषणा की गई। सरकार ने 2 अक्टूबर, 2006 को सूक्ष्म लघु एवं मध्यम उद्यम विकास अधिनियम बनाया था।
- आबिद हुसैन समिति लघु उद्योगों में सुधार से सम्बन्धित है।

उद्योगों का वर्गीकरण

वर्गीकरण	विनिर्माण उद्यम	सेवा उद्यम
सूक्ष्म	₹ 25 लाख तक	₹ लाख तक
लघु	₹ 25 लाख से अधिक और 5 करोड़ तक	₹ 10 लाख से अधिक और 2 करोड़ तक
मझोले	₹ 5 करोड़ से अधिक और ₹ 10 करोड़ तक	₹ 2 करोड़ से अधिक और ₹ 5 करोड़ तक

राष्ट्रीय निवेश कोष

- राष्ट्रीय निवेश कोष का गठन वर्ष 2005 में किया गया था।
- सार्वजनिक उपक्रमों के विनिवेश से प्राप्त राजस्व के सुतनिश्चित उपयोग हेतु इसका गठन किया था। इस राशि के 75% भाग का उपभोग सामाजिक क्षेत्र के विकास हेतु तथा 25% भाग का उपभोग सार्वजनिक क्षेत्र की इकाइयों में निवेश हेतु किया जाएगा।

विशेष आर्थिक क्षेत्र

- वर्ष 1965 में एशिया का पहला निर्यात प्रसंस्करण क्षेत्र काण्डला में स्थापित किया गया। विशेष आर्थिक क्षेत्र एक एकीकृत औद्योगिक क्षेत्र होता है, जिसमें पूर्ण विकसित आधारिक संरचना मौजूद होती है।

- भारत में विशेष आर्थिक नीति की घोषणा अप्रैल, 2000 में की गई थी एवं निर्यात प्रसंस्करण क्षेत्रों को विशेष आर्थिक क्षेत्रों में परिवर्तित कर दिया गया।
- विशेष आर्थिक क्षेत्र नीति को प्रभावी बनाने के उद्‌देश्य से सरकार ने विशेष आर्थिक क्षेत्र अधिनियम 2005 पारित किया गयों
- यह अधिनियम फरवरी, 2006 से लागू किया गया।
- सितम्बर, 2017 तक 424 SEZ को अनुमोदन प्राप्त हो चुका है।

विभिन्न अन्तर्राष्ट्रीय वित्तीय संगठन

- अन्तर्राष्ट्रीय मुद्रा कोष की स्थापना को कल्पना 1944 ब्रेटन वुडस सम्मेलन में की गई थी एवं वाशिंगटन में 1945 में इसकी औपचारिक स्थापना की गई।
- वर्त्तमान में इसकी संख्या 189 है तथा भारत इसका संस्थापक सदस्य है।
- IMF का कार्य सदस्य राष्ट्रों के मध्य वित्तीय और आर्थिक सहयोग को बढ़ावा देना तथा विश्व व्यापार का सन्तुलित विस्तार करना है।
- अन्तर्राष्ट्रीय पुनर्निर्माण एवं विकास बैंक (IBRD) की स्थापना ब्रेटन वुड्स समझौते के अन्तर्गत 1945 में की गई थी।
- IBRD को अन्तर्राष्ट्रीय वित्त निगम, अन्तर्राष्ट्रीय विकास संघ तथा बहुपक्षीय विनियोग गारण्टी अभिकरण के साथ मिलाकर **विश्व बैंक** के नाम से जाना जाता है।
- भारत के वित्त मन्त्री अन्तर्राष्ट्रीय मुद्रा कोष के गर्वनर मण्डल का पदेन गर्वनर होता है।
- IMF में भारत का कोटा 1.91 से बढ़कर 2.44% हो गया।
- IMF के कोटे को सदस्य देशों द्वारा स्वर्ण (कोटे का 25%) तथा अपने देश की मुद्रा (कोटे का 75%) में जमा करना पड़ता है।

अन्तर्राष्ट्रीय वित्तीय संस्थाएँ

संस्थाएँ तथा संगठन	स्थापना वर्ष	मुख्यालय
अन्तर्राष्ट्रीय मुद्रा कोष (IMF)	1945	वाशिंगटन
विश्व बैंक समूह	1945	वाशिंगटन
(a) आईबीआरडी (IBRD)	1945	वाशिंगटन
(b) आईएफसी (IFC)	1956	वाशिंगटन
(c) आईडीए (IDA)	1960	वाशिंगटन
(d) एमआईजीए (MIGA)	1988	वाशिंगटन
(e) आईसीएसआईडी (ICSFD)	1966	वाशिंगटन
यूरोपियन संघ (EU)	1958	बुसेल्स
विश्व व्यापर संगठन (WTO)	1995	जिनेवा
आसियान (ASEAN)	1967	जकार्ता
एशियाई विकास बैंक	1966	मनीला
हिमतक्षेस	1997	वाकोस
एशिया प्रशान्त आर्थिक सहयोग (APEC)	1989	सिंगापुर
दक्षिण एशियाई क्षेत्रीय सहयोग संगठन (OECD)	1985	काण्ठमाण्डू
विमस्टेक (BIMSTEC)	1997	ढाका
पेट्रोलियम निर्यातक देशों का संगठन (OPEC)	1960	वियना

- इस बैंक ने 25 जून, 1946 से कार्य करना प्रारम्भ किया भारत इसका संस्थापक सदस्य है।
- इस बैंक की स्थापना युद्धकालीन अर्थव्यवस्था को शान्तिकालीन अर्थव्यवस्था में शान्तिमय ढंग से लाने में सहायता के लिए की गई थी। यह अन्तर्राष्ट्रीय मुद्रा कोषक की सह संस्था है।
- विश्व बैंक सदस्य देशों को आर्थिक पुनर्निर्माण एवं विकास हेतु दीर्घकालीन पूँजी उपलब्ध कराती है।

ब्रिक्स बैंक

- इसे न्यू डवलपमेण्ट बैंक भी कहा जाता है। इसके सदस्य भारत, चीन, रूस, ब्राजील और दक्षिण अफ्रीका हैं।
- इस बैंक की शुरुआत 2015 में हुई थी।
- इस बैंक का प्रथम अध्यक्ष भारत के केवी कामथ तथा इसका मुख्यालय शंघाई (चीन) में स्थापित किया गया है।

बजट

- सरकार के समस्त आय एवं व्यय के प्रबन्धन को बजट कहते हैं।
- सामान्यत: बजट एक वित्तीय वर्ष की अवधि के दौरान सरकार की प्राप्तियों तथा सरकार के व्यय के अनुमान का विवरण होता है, जिसका उल्लेख संविधान के अनुच्छेद-112 में किया गया है।
- बजट के अन्तर्गत सम्मिलित सार्वजनिक आय के दो भाग होते हैं—राजस्व आय एवं पूँजीगत आय।
- सार्वजनिक व्यय के अन्तर्गत योजनागत व्यय एवं गैर-योजनागत व्यय को सम्मिलित किया जाता है।
- स्वतन्त्र भारत का पहला बजट 26 नवम्बर, 1947 को वित्त मन्त्री **शण्मुखन चेट्टी** द्वारा पेश किया गया था।
- जॉन मथाई ने वर्ष 1950 में गणतन्त्र भारत का पहला बजट पेश किया था।
- भारत में सबसे ज्यादा बजट पेश करने वाले वित्त मन्त्री मोरटार जी देसाई थे, जिन्होंने कुल दस बजट पेश किए।
- विलियम एकवर्थ समिति की सिफारिशों के आधार पर वर्ष 1924 में रेल बजट को आम बजट से अलग किया गया।
- वर्ष 2017 में पुन: रेल बजट को आम बजट से मिला दिया गया।
- बजट के कई प्रकार होते है; जैसे—निष्पादन बजट, जेंडर बजटिंग, शून्य आधार बजटिंग, आउटकम बजट इत्यादि।
- कार्य के परिणामों को आधार बनाकर निर्मित होने वाले बजट निष्पादन बजट कहलाता है।
- भारत में वर्ष 1968 से निष्पादन बजट का प्रयोग किया जा रहा है।
- आउटकम बकजट की शुरुआत भारत में वर्ष 2005 में की गई। इस बजट के अन्तर्गत आवण्टित साधनों के साथ-साथ उन लक्ष्यों के भी निर्धारित कर दिया जाता है जिन्हें प्राप्त करना आवश्यक माना जाता है।
- जेण्डर बजटिंग के माध्यम से सरकार महिलाओं के विकास, कल्याण और सशक्तिकरण से सम्बन्धित योजनाओं एवं कार्यक्रमों के लिए प्रतिवर्ष बजट में की व्यवस्था की जाती थी।

महत्त्वपूर्ण आर्थिक समितियाँ

समिति	उद्‌देश्य/कार्य
स्वामीनाथन समिति	जनसंख्या नीति
रेखीं सिमित	अप्रत्यक्ष कर
जानकीरमन् समिति	प्रतिभूति घोटाला
गोस्वामी समिति	केन्द्र-राज्य सम्बन्ध
महालनोबिस समिति	राष्ट्रीय आय
रंगराजन समिति	भुगतान सन्तुलन

समिति	उद्देश्य/कार्य
राजा चेलैया समिति	कर-सुधार
मल्होत्रा समिति	बीमा क्षेत्र में सुधार
खुसरो समिति	कृषि साख
गाइपोरिया समिति	बैंकिंग सेवा सुधार
भूरेलाल समिति	मोटरवाहन करों में वृद्धि
भण्डारी समिति	क्षेत्रीय ग्रामीण बैंकों की फनसंरचना।
नरसिम्हम समिति	वित्तीय (बैंकिंग) सुधार
डी. सुब्बाराव समिति	मौद्रिक नीति पर सलाह
केलकर समिति	प्रत्यक्ष एवं अप्रत्यक्ष करारोपण
हजारी समिति	औद्योगिक नीति पर विचार
एन.एस. तारापोर समिति	रूपये की परिवर्तनीयता
नन्दन नीलकेणी समिति	आधार कार्ड

प्रमुख राष्ट्रीय वित्तीय संस्थान

वित्तीय संस्थान	स्थापना	मुख्यालय	उद्देश्य/कार्य
भारतीय औद्योगिक वित्त निगम लिमिटेड (IFCI)	1948	नई दिल्ली	देश के औद्योगिक संस्थानों के लिए मध्यकालीन एवं दीर्घकालीन ऋण प्रदान करना।
राज्य वित्त निगम	1951		प्रत्येक राज्य के छोटे व मध्यम उद्योगों का विकास करना।
भारतीय औद्योगिक ऋण तथा निवेश निगम लिमिटेड	1955	मुम्बई	निजी क्षेत्र के लघु व मध्यम उद्यमों का उन्नयन करना।
भारतीय औद्योगिक विकास बैंक लिमिटेड (IDBI)	1964	मुम्बई	भारतीय औद्योगिक प्रतिष्ठानों को वित्त सम्बन्धी सहायता उपलब्ध कराना।
भारतीय आयात-निर्यात बैंक (EXIM bank)	1982	मुम्बई	औद्योगिक प्रतिष्ठानों की आयात-निर्यात हेतु वित्तीय सहायता प्रदान करना।
भारतीय औद्योगिक निवेश बैंक लिमिटेड	1985		रुग्ण एवं बन्द बड़े उद्योगों का पुनर्निर्माण करना।

प्रमुख अन्तर्राष्ट्रीय संस्थान

संगठन	स्थापना वर्ष	मुख्यालय	उद्देश्य
अन्तर्राष्ट्रीय मुद्रा कोष	1945	वाशिंगटन डी. सी	सदस्य देशों के भुगतान शेष की प्रतिकूलता को अनुकूल बनाने के अल्पकालीन सहायता एवं ऋवण प्रदान करना।
विश्व बैंक	1945	वाशिंगटन डी. सी.	सदस्य राष्ट्रों को आवश्यतानुसार ऋण उपलब्ध कराना।
अन्तर्राष्ट्रीय विकास संघ	1960	वाशिंगटन डी. सी.	मुख्यतः निर्धन देशों को ऋण या अनुदान प्रदान करता है।
बहुपक्षीय निवेश गारण्टी एजेन्सी	1988		विकासशील सदस्य देशों में होने वाले प्रत्यक्ष विदेशी निवेश के लिए बीमा प्रदान करना।
विश्व व्यापार संगठन	1995	जेनेवा	विश्व भर में व्यापार को बढ़ावा देना।
एशियाई विकास बैंक	1966	मनीला	एशिया और प्रशान्त क्षेत्र में आर्थिक सामाजिक विकास को तेज करना है।

✓ अति महत्त्वपूर्ण प्रश्न

1 पूँजीवादी अर्थव्यवस्था का जन्मदाता किसे माना जाता है?
(a) एडम स्मिथ (b) जॉन मेनार्ड किन्स
(c) हॉट मेकेन्जी (d) जॉसेफ स्टिगलिज

2 भारतीय अर्थव्यवस्था किस प्रकार की अर्थव्यवस्था का प्रतिनिधित्व करती है?
(a) पूँजीवादी अर्थव्यवस्था (b) समाजवादी अर्थव्यवस्था
(c) उदारवादी अर्थव्यवस्था (d) मिश्रित अर्थव्यवस्था

3 अर्थव्यवस्था में तृतीयक क्षेत्र से क्या तात्पर्य है?
(a) कृषि और पशुपालन क्षेत्र (b) सेवा क्षेत्र
(c) खनिज और खनन क्षेत्र (d) परिवहन

4 भारतीय अर्थव्यवस्था में किस क्षेत्र का योगदान सर्वाधिक है?
(a) प्राथमिक क्षेत्र (b) द्वितीयक क्षेत्र
(c) तृतीयक क्षेत्र (d) चतुर्थक क्षेत्र

5 अर्थव्यवस्था के चतुर्थक क्षेत्र में कौन से तत्व शामिल हैं?
(a) ज्ञान क्षेत्र (b) परिवहन क्षेत्र
(c) मत्स्य क्षेत्र (d) इनमें से कोई नहीं।

6 आर्थिक विकास के मापन में शामिल हैं—
(a) साक्षरता (b) स्वास्थ्य (c) पोषण-स्तर (d) ये सभी

7 मानव विकास सूचकांक के तीन बुनियादी आयामों में नहीं शामिल होता है
(a) स्वास्थ्य (b) शिक्षा (c) व्यापार (d) आय-स्तर

8 भारत में राज्य स्तर पर मानव विकास रिपोर्ट जारी करने वाला पहला राज्य है
(a) उत्तर प्रदेश (b) केरल
(c) दिल्ली (d) मध्य प्रदेश

9 किसी भी देश की आर्थिक संवृद्धि का सबसे उपयुक्त मानक है
(a) साक्षरता (b) प्रतिव्यक्ति आय
(c) जी.डी.पी (d) क्रयशक्ति

10 भारत में राष्ट्रीय आय की गणना करता है
(a) श्रम एवं रोजगार मन्त्रालय
(b) केन्द्रीय सांख्यिकी संगठन
(c) वित्त मन्त्रालय का आर्थिक विभाग
(d) उपरोक्त में से कोई नहीं

11 राष्ट्रीय आय लेखांकन का जन्मदाता किसे कहा जाता है?
(a) कुजनेट्स (b) दादाभाई नौरोजी
(c) डॉ. राव (d) हेस्टिंग्स

12 जैसे-जैसे अर्थव्यवस्था का विकास होता है, वैसे-वैसे GDP में तृतीय क्षेत्र का अंश
(a) घटता है
(b) घटता है, फिर बढ़ता है।
(c) पहले बढ़ता है, फिर घटता है।
(d) बढ़ता है।

13 विदेशों में उत्पादित वस्तुओं एवं सेवाओं के मूल्य को शामिल किया जाता है
(a) राष्ट्रीय आय में (b) जी.डी.पी. में
(c) शुद्ध घरेलू उत्पाद में (d) सरकार की आय में

14 हिन्दू संवृद्धि दर का सम्बन्ध किस संवृद्धि दर से है?
(a) सकल राष्ट्रीय उत्पाद (b) जनसंख्या
(c) खाद्यान्न (d) प्रतिव्यक्ति आय

15 किसी राष्ट्र की आर्थिक-सामाजिक लक्ष्यों की प्राप्ति के लिए संसाधनों का अनुकूलतम उपयोग कहलाता है—
(a) आर्थिक संवृद्धि (b) आर्थिक विकास
(c) आर्थिक नियोजन (d) एकल घरेलू उत्पाद

16 भारत में आर्थिक नियोजन सम्बन्धी अवधारणा सर्वप्रथम किसने प्रस्तुत की?
(a) एम. विश्वेश्वरैया (b) मोतीलाल नेहरू
(c) दादाभाई नौरोजी (d) राजेन्द्र प्रसाद

17 योजना आयोग का गठन कब हुआ?
(a) 1 मार्च, 1948 (b) 15 मार्च, 1950
(c) 1 अप्रैल, 1950 (d) 1 नवम्बर, 1956

18 योजना आयोग द्वारा तैयार की गई योजना को अन्तिम रूप देने का कार्य किसका था?
(a) राष्ट्रीय वित्त निगम (b) संसद
(c) राष्ट्रीय विकास परिषद् (d) न्यायालय

19 नीति आयोग से तात्पर्य है
(a) राष्ट्रीय-राज्य परिवर्तन संस्थान
(b) राज्य-राष्ट्र परिवर्तन संस्थान
(c) राष्ट्रीय भारत परिवर्तन संस्थान
(d) भारत परिवर्तन संस्थान

20 बन्द अर्थव्यवस्था (क्लोइड इकोनामी) से आप क्या समझते हैं?
(a) निर्यात बन्द (b) आयात-निर्यात बन्द
(c) आयात बन्द (d) नियन्त्रित निर्यात-आयात

21 गाँधीवादी अर्थव्यवस्था किस पर आधारित है।
(a) प्रतिस्पर्द्धा पर (b) न्यास पर
(c) राज्य नियन्त्रण पर (d) इनमें से किसी पर नहीं

22 कौन-सी योजना महालनोबिस मॉडल पर आधारित है?
(a) प्रथम पंचवर्षीय योजना (b) द्वितीय पंचवर्षीय योजना
(c) छठी पंचवर्षीय योजना (d) सातवीं पंचवर्षीय योजना

23 'गरीबी उन्मूलन' का नारा किस पंचवर्षीय योजना में दिया गया था?
(a) द्वितीय पंचवर्षीय योजना
(b) चतुर्थ पंचवर्षीय योजना
(c) पंचम पंचवर्षीय योजना
(d) छठी पंचवर्षीय योजना

24 योजना आयोग की अन्तिम पंचवर्षीय योजना है
(a) नौवीं योजना (b) ग्यारहवीं योजना
(c) बारहवीं योजना (d) तेरहवीं योजना

25 किसका अभाव गरीबी के अन्तर्गत नहीं आँका जा सकता है?
(a) भोजन (b) आवास
(c) पौष्टिक आहार (d) रोजगार

26 भारत में गरीबी को किस आधार पर परिभाषित किया गया है?
(a) लोगों के जीवन स्तर से
(b) परिवार की आय से
(c) कैलोरी प्राप्ति से
(d) परिवार के सदस्यों की संख्या से

27 स्वतन्त्रता प्राप्ति के पश्चात् 1961 में योजना आयोग ने किस संगठन की सहायता से गरीबी का आकलन किया?
(a) विश्व स्वास्थ्य संगठन (b) राष्ट्रीय विकास परिषद्
(c) राष्ट्रीय नमूना सर्वेक्षण संगठन (d) क्षेत्रीय परिषद्

28 किसने भोजन में कैलोरी की मात्रा के आधार पर गरीबी आकलन का सूत्र दिया?
(a) दाण्डेकर एवं रथ (b) सुरेश तेन्दुलकर
(c) नरसिन्हम् (d) मनमोहन सिंह

29 प्रतिव्यक्ति मासिक उपभोग व्यय के आधार पर गरीबी आकलन करने की सिफारिश किस समिति ने की थी?
(a) दाण्डेकर एंव रथ समिति
(b) तेन्दुलकर समिति
(c) जी. सुब्बाराव समिति
(d) केलकर-I व केलकर-II समिति

30 भारत निर्माण योजना का सम्बन्ध है—
(a) अवस्थापना विकास से
(b) खाद्यान्न उत्पादन आत्म-निर्भरता से
(c) पारिवारिक कल्याण कार्यक्रम से
(d) बेरोजगारी दूर करने से

31 भारत में बेरोजगारी से सम्बन्धित आँकड़े जारी करने वाला निकाय है?
(a) राष्ट्रीय नमूना सर्वेक्षण संगठन
(b) भारतीय वित्त निगम
(c) वित्त मन्त्रालय
(d) योजना आयोग

32 श्रमिकों द्वारा किया गया वैसा कार्य जिसकी सीमान्त उत्पादकता शून्य अथवा नगण्य होती है, कौन-सी बेरोजगारी की श्रेणी में आता है?
(a) प्रच्छन्न बेरोजगारी (b) शिक्षित बेरोजगारी
(c) घर्षणात्मक बेरोजगारी (d) मौसमी बेरोजगारी

33 ट्राइसेम एक कार्यक्रम है
(a) ग्रामीण विकास का (b) औद्योगिक विकास का
(c) शहरी विकास का (d) सुरक्षात्मक तैयारियों का

34 भारत में कृषि एवं सहबद्ध क्षेत्र का जी.डी.पी में योगदान है
(a) 52% (b) 18% (c) 30% (d) 70%

35 निम्न में से खरीफ की फसल नहीं है
(a) धान (b) ज्वार
(c) बाजरा (d) चना

36 निम्न में से जायद की फसल है
(a) कपास (b) गन्ना (c) तिलहन (d) हरी सब्जियाँ

37 हरित क्रान्ति के किस फसल के उत्पादन में सर्वाधिक प्रभाव पड़ा?
(a) चावल (b) गेहूँ (c) चना (d) बाजरा

38 'नीली' क्रान्ति का सम्बन्ध किस क्षेत्र से है?
(a) समुद्री उत्पादों से (b) पेट्रोलियम से
(c) मछली से (d) आलू से

39 भारत में द्वितीय हरित क्रान्ति की शुरुआत कब हुई थी?
(a) वर्ष 1970-71 (b) वर्ष 1981-84
(c) वर्ष 1990-91 (d) वर्ष 2004-05

40 विश्व में गेहूँ उत्पादन में भारत का स्थान है?
(a) पहला (b) दूसरा (c) चौथा (d) छठा

41 भारत में गेहूँ के प्रति हेक्टेयर उत्पादन में अग्रणी राज्य है
(a) उत्तर प्रदेश (b) पंजाब
(c) मध्य प्रदेश (d) पश्चिम बंगाल

42 भारतीय कृषि भू-क्षेत्र मुख्य रूप से सिंचाई के लिए किस पर निर्भर है?
(a) नहर (b) नदी
(c) मानसून (d) नलकूप

43 भारत की पहली औद्योगिक नीति कब बनाई गई थी?
(a) वर्ष 1951 (b) वर्ष 1950
(c) वर्ष 1948 (d) वर्ष 1991

44 'सर्वोदय योजना' किसने प्रस्तुत किया था?
(a) जयप्रकाश नारायण (b) श्री मन्नानारायण
(c) विनोवा भावे (d) एम. एन. रॉय

45 सहकारी एवं क्षेत्रीय ग्रामीण विकास बैंक को अल्पकालीन एवं दीर्घकालीन ऋण प्रदान करने वाली संस्था है?
(a) नाबार्ड (b) सेबी
(c) भारतीय स्टेट बैंक (d) नीति आयोग

46 राष्ट्रीय कृषक आयोग की स्थापना किसकी अध्यक्षता में हुई?
(a) चौधरी चरण सिंह (b) अटल बिहारी वाजपेयी
(c) एम. एस. स्वामीनाथन (d) मनमोहन सिंह

47 कृषि उपजों की प्राप्ति तथा आयात और निर्यात के संचालन के लिए कार्यरत् संस्था है
(a) राष्ट्रीय कृषक आयोग
(b) राष्ट्रीय कृषि सहकारी विपणन संघ
(c) नाबार्ड
(d) कृषि लागत एवं मूल्य आयोग

48 भारत में पंचवर्षीय योजनाओं के दौरान योजना अवकाश की अवधि क्या थी?
(a) 1966-69 (b) 1964-67
(c) 1960-63 (d) इनमें से कोई नहीं

49 एशिया का प्रथम निर्यात प्रसंस्करण क्षेत्र की स्थापना कहाँ की गई थी?
(a) काण्डला (b) कोच्चि
(c) विशाखापत्तनम (d) फाल्टा

50 भारत में प्रथम जूट मिल की स्थापना कब और कहाँ की गई थी?
(a) 1818, कलकत्ता (b) 1855, रिशरा
(c) 1900, बिहार (d) 1906, तमिलनाडु

51 किस औद्योगिक नीति को भारत का आर्थिक संविधान कहा जाता है?
(a) प्रथम औद्योगिक नीति, 1948
(b) औद्योगिक नीति 1991
(c) दूसरी औद्योगिक नीति, 1956
(d) औद्योगिक नीति 1977

52 भारत की पहली औद्योगिक नीति कब आई थी?
(a) 1948 (b) 1950 (c) 1952 (d) 1955

53 नेहरू महालनोबिस मॉडल पर आधारित औद्योगिक नीति है
(a) औद्योगिक नीति, 1948 (b) औद्योगिक नीति, 1956
(c) औद्योगिक नीति, 1977 (d) औद्योगिक नीति, 1991

54 आबिद हुसैन समिति का सम्बन्ध था?
(a) निर्यात संबर्द्धन से (b) लघु एवं मध्यम उद्योग से
(c) कृषि विकास से (d) ऊर्जा क्षेत्र में सुधार से

55 निम्न में से भारी उद्योग के अन्तर्गत आता है
(a) लौह-इस्पात (b) वस्त्र उद्योग
(c) रसायन उद्योग (d) ये सभी

56 किसी भी कम्पनी को नवरत्न का दर्जा किस विभाग द्वारा दिया जाता है?
(a) औद्योगिक एवं वित्त विभाग
(b) लोक उद्यम विभाग
(c) विदेशी निवेश संवर्द्धन विभाग
(d) वित्त आयोग का आर्थिक विभाग

57 मिनी-रत्न योजना का प्रारम्भ कब किया गया था?
(a) 1997 (b) 1996 (c) 1995 (d) 1991

58 वर्तमान में लाइसेन्स की अनिवार्यता वाले उद्योगों की संख्या कितनी है?
(a) 3 (b) 5 (c) 2 (d) 1

59 महारत्न का दर्जा प्राप्त करने वाली कम्पनियों की औसत कारोबार सीमा है?
(a) ₹ 2,000 करोड़ (b) ₹ 20,000 करोड़
(c) ₹ 25,000 करोड़ (d) ₹ 500 करोड़

60 महारत्न कम्पनियों की संख्या है
(a) 7 (b) 9 (c) 11 (d) 15

61 शहरी क्षेत्रों में सर्वाधिक रोजगार किस क्षेत्र से प्राप्त है?
(a) कृषि (b) विनिर्माण
(c) उद्योग (d) सेवा

62 उदारीकरण, निजीकरण और भूमण्डलीकरण की नई आर्थिक नीति की घोषणा किस प्रधानमन्त्री के काल में की गई थी?
(a) राजीव गाँधी (b) विश्वनाथ प्रताप सिंह द्वारा
(c) नरसिम्हा राव (d) अटल बिहारी वाजपेयी

63 सोना-चाँदी जैसे बहुमूल्य धातुओं को कहा जाता है
(a) प्लास्टिक मनी (b) नीयर मनी
(c) हॉट मनी (d) पेपर मनी

64 निम्न में 100% तरलता होती है
(a) नोट की (b) प्रतिभूति की
(c) चेक की (d) हुण्डी की

65 एक रूपए के नोट पर किस अधिकारी का हस्ताक्षर होता है?
(a) वित्त सचिव (b) RBI के सचिव
(c) RBI के गर्वनर (d) वित्त मन्त्री

66 एक रूपए के नोट का निर्गमन करता है
(a) भारतीय स्टेट बैंक (b) भारतीय वित्त निगम
(c) वित्त मन्त्रालय (d) राज्य सरकार

67 भारत में मुद्रा की दशमलव प्रणाली कब से अपनाई गई है?
(a) वर्ष 1956 (b) वर्ष 1957
(c) वर्ष 1951 (d) वर्ष 1991

68 भारत में पूर्ण स्वामित्व वाला प्रथम भारतीय बैंक है?
(a) बैंक ऑफ हिन्दुस्तान (b) अवध कामर्शियल बैंक
(c) पंजाब नेशनल बैंक (d) इम्पीरियल बैंक

69 किस बैंक के राष्ट्रीयकरण के पश्चात् उसे भारतीय स्टेट बैंक का दर्जा प्राप्त हुआ?
(a) बैंक ऑफ हिन्दुस्तान (b) इम्पीरिपल बैंक ऑफ इण्डिया
(c) अवध कामर्शियल बैंक (d) यस बैंक

70 स्वतन्त्र भारत के प्रथम RBI गवर्नर कौन थे जो भारतीय भी थे?
(a) सी. डी. देशमुख (b) सर ओस्वार्न स्मिथ
(c) डी. डी. गाडगिल (d) वी. सुब्बाराव

71 भारतीय रिजर्व बैंक का राष्ट्रीयकरण कब हुआ?
(a) 1 अप्रैल, 1935 (b) 1 जनवरी, 1949
(c) 1 जुलाई, 1955 (d) 5 अगस्त, 1960

72 भारत की प्रथम महिला बैंक की प्रथम प्रबन्ध निदेशक किसे नियुक्त किया गया?
(a) उषा अनन्त सुब्रमण्यन (b) चन्दा कोचर
(c) उषा थोराट (d) इनमें से कोई नहीं

73 निम्न में से आर. बी. आई. का कार्य नहीं है
(a) नोटों का निर्गमन
(b) लाभ अर्जन
(c) मुद्रा व ऋण प्रणाली का संचालन
(d) मौद्रिक नीति का संचालन

74 देश के 14 बड़े व्यावसायिक बैंकों का राष्टीयकरण कब किया गया था?
(a) 19 जुलाई, 1969 (b) 15 अप्रैल, 1980
(c) 19 जुलाई, 1978 (d) 1 जनवरी, 1991

75 किस मुद्रा का मुद्रण भारत सरकार द्वारा किया जाता है?
(a) ₹ 5 और ₹ 10 का नोट
(b) ₹ 10 और ₹ 20 का नोट
(c) ₹ 2000 का नोट
(d) सिक्के

76 सिक्कों का मुद्रण कौन करता है?
(a) भारत सरकार (b) रिजर्व बैंक
(c) भारतीय डाक (d) नाबार्ड

77 भारत में राष्ट्रीयकृत बैंकों की संख्या है
(a) 21 (b) 19 (c) 20 (d) 23

78 वाणिज्यिक बैंक द्वारा आम जन को ऋण प्रदान करने की निम्नतम दर है
(a) बैंक दर (b) बेस दर
(c) रेपो दर (d) रिवर्स रेपो दर

79 जिस दर पर रिजर्व बैंक वाणिज्यिक बैंकों को आधार देता है
(a) रेपो दर (b) बैंक दर
(c) रिवर्स रेपो दर (d) नकद आरक्षित अनुपात

80 वाणिज्यिक बैंकों द्वारा रिजर्व बैंक में जमा राशि पर होने वाला ब्याज दर कहलाता है
(a) रेपो दर (b) रिवर्स रेपों दर
(c) नकद आरक्षित अनुपात (d) बेस दर

81 निम्न में से प्रत्यक्ष कर का उदाहरण है
(a) आयकर (b) उत्पाद शुल्क
(c) बिक्री कर (d) सीमा शुल्क

82 निम्न में से कर ढाँचे में सुधार देने हेतु बनी समिति थी
(a) राव-मनमोहन समिति (b) चलैया समिति
(c) अशोक मेहता समिति (d) राजाराम समिति

83 भारत सरकार द्वारा 'एक राष्ट्र एक' की संकल्पना के आधार पर राष्ट्रीय स्तर पर लागू किया गया कर है
(a) वैट (b) सेनवैट
(c) प्रत्यक्ष कर (d) जी.एस.टी

84 इन्टीग्रेटेड जी.एस.टी. से तात्पर्य है
(a) केन्द्र सरकार आपने लिए वसूलेगी
(b) राज्य सरकार अपने लिए वसूलेगी
(c) राज्य सरकारें केन्द्र सरकार के लिए वसूलेगी
(d) केन्द्र सरकार राज्य सरकारों के लिए वसूलेगी

85 'वस्तु एवं सेवा कर' कब लागू हुआ?
(a) 1 जनवरी, 2017 (b) 9 नवम्बर, 2016
(c) 1 जुलाई, 2017 (d) 15 अगस्त, 2017

86 निम्न में से जी.एस.टी. का प्रकार है
(a) केन्द्रीय जी.एस.टी. (b) रदाज्य जीएस्टी
(c) इन्टीग्रेटेड जी.एस.टी. (d) ये सभी

87 इन्टीग्रेटेड जी.एस.टी. किसके द्वारा लगाया जाता है?
(a) केन्द्र सरकार (b) राज्य सरकार
(c) केन्द्रशासित राज्य (d) पंचायती राज

88 भारत का पहला शेयर बाजार है
(a) बॉम्बे स्टॉक एक्सचेंज (b) नेशनल स्टॉक एक्सचेंज
(c) इन्दौर स्टॉक एक्सचेंज (d) दिल्ली स्टॉक एक्सचेंज

89 देश में हरित निवेश को बढ़ावा देने के लिए बनाया गया सूचकांक है
(a) सेंसेक्स (b) BSE-डॉलेक्स
(c) BSE-ग्रीनेक्स (d) BSE-रॉलेक्स

90 निम्न में से कौन-सा कथन शेयर बाजार के सन्दर्भ में असत्य है
(a) बाम्बे स्टॉक एक्सचेंज भारत का पहला शेयर बाजार है
(b) नेशनल स्टॉक एक्सचेंज की स्थापना फरवानी समिति की सिफारिश से हुई थी
(c) भारत में मान्यता प्राप्त शेयर बाजार मात्र 2 हैं
(d) शेयर बाजार की नियन्त्रक एवं विनियामक संस्था सेबी है

91 बजट के सन्दर्भ में असत्य कथन है
(a) जेम्स विल्सन को भरतीय बजट का संस्थापक कहा जाता है
(b) स्वतन्त्र भारत का प्रथम बजट वित्त मन्त्री आर. के शसमुजम्न ने पेश किया
(c) मोरारजी देसाई ने सर्वाधिक 10 बार बजट पेश किया है
(d) 2018 से बजट 1 फरवरी को पेश किया जाना है

92 नेशनल स्टॉक एक्सचेंज का मुख्यालय है
(a) दिल्ली (b) मुम्बई (c) अहमदाबाद (d) कलकत्ता

93 शेयर बाजार के कारोबार को नियन्त्रित एवं विनियमित करने के लिए संस्था है
(a) सेबी (b) नाबार्ड
(c) आर.बी.आई. (d) राष्ट्रीय विकास परिषद्

94 भारतीय बजट का संस्थापक किसे कहा जाता है?
(a) जेम्स हिक्की (b) सी. डी. देशमुख
(c) जेम्स विल्सन (d) लार्ड लिटन

95 केन्द्रीय बजट में सेवा कर का प्रावधान सर्वप्रथम कब आया था?
(a) 1951 (b) 1991 (c) 1994 (d) 1999

96 बजट, 2017 के दौरान कौन-सा बदलाव नहीं किया गया?
(a) यह परम्परागत तिथि से एक माह पूर्व पेश किया गया
(b) रेल बजट और आम बजट प्रस्तुत किया गया
(c) योजनागत एवं गैर-योजनागत व्यय का बँटवारा नहीं किया गया
(d) प्रधामन्त्री द्वारा पेश किया गया

97 सर्वप्रथम आम बजट और रेल बजट अलग-अलग कब प्रस्तुत हुआ था?
(a) 1921 (b) 1925
(c) 1952 (d) 2016

98 किस कमेटी की सिफारिश पर सर्वप्रथम रेल बजट और आम बजट अलग-अलग प्रस्तुत किया गया था?
(a) लुइस कमेटी (b) यंग हिल्टन कमेटी
(c) हार्टोंग कमेटी (d) ऑकवर्थ कमेटी

99 भारत का पहला बजट किस वित्त मन्त्री ने पेश किया था?
(a) श्यामा प्रसाद मुखर्जी (b) आर. के. षणमुख चेट्टी
(c) जवाहर लाल नेहरू (d) जॉन मथाई

100 भारत में सर्वाधिक बार बजट पेश करने वाले मन्त्री कौन थे
(a) मनमोहन सिंह (b) यशवन्त सिन्हा
(c) मोरारजी देसाई (d) पी चिदम्बरम्

101 रघुराजन समिति का गठन किस क्षेत्र में सुधार हेतु था?
(a) औद्योगिक (b) वित्तीय (c) बैंकिंग (d) कृषि

102 रूपए के पूँजीखाते में परिवर्तनशीलता के सम्बन्ध में सुझाव हेतु गणित समिति है
(a) केलकर (b) तारापोर (c) सुब्बाराव (d) चेलैया

103 भारत का सबसे बड़ा व्यापारिक बैंक कौन-सा है?
(a) नाबार्ड (b) स्टेट बैंक ऑफ इण्डिया
(c) आई.सी.आई.सी.आई (d) यूनियन बैंक ऑफ इण्डिया

104 भारतीय लघु उद्योग विकास बैंक का मुख्यालय कहाँ है?
(a) दिल्ली (b) मुम्बई (c) लखनऊ (d) भोपाल

105 प्रत्येक राज्यों के छोटे व मध्यम उद्योगों के विकास के लिए किस वित्तीय संस्थान की गई थी?
(a) राज्य वित्त निगम (b) भारतीय औद्योगिक निवेश बैंक
(c) सेबी (d) ब्रिक्स

106 सदस्य देशों को अल्पकालीन आर्थिक सहायता उपलब्ध कराने वाली संस्था है
(a) अन्तर्राष्ट्रीय मुद्रा कोष (b) विश्व बैंक
(c) विश्व व्यापार संगठन (d) संयुक्त राष्ट्र संघ

107 ब्रिक्स बैंक का मुख्यालय कहाँ है?
(a) शंघाई (b) मुम्बई
(c) यकेनटिबर्ग (d) दक्षिण अफ्रीका

उत्तरमाला

1	(a)	2	(d)	3	(b)	4	(c)	5	(a)	6	(d)	7	(d)	8	(d)	9	(b)	10	(b)
11	(a)	12	(d)	13	(a)	14	(a)	15	(c)	16	(a)	17	(b)	18	(c)	19	(c)	20	(b)
21	(b)	22	(b)	23	(d)	24	(c)	25	(d)	26	(c)	27	(c)	28	(b)	29	(a)	30	(a)
31	(a)	32	(a)	33	(a)	34	(b)	35	(d)	36	(b)	37	(b)	38	(c)	39	(b)	40	(b)
41	(b)	42	(c)	43	(c)	44	(a)	45	(a)	46	(c)	47	(b)	48	(a)	49	(a)	50	(b)
51	(c)	52	(a)	53	(b)	54	(b)	55	(a)	56	(b)	57	(a)	58	(b)	59	(c)	60	(a)
61	(d)	62	(c)	63	(b)	64	(d)	65	(a)	66	(b)	67	(b)	68	(c)	69	(b)	70	(a)
71	(b)	72	(a)	73	(a)	74	(a)	75	(d)	76	(a)	77	(b)	78	(b)	79	(b)	80	(b)
81	(a)	82	(b)	83	(d)	84	(d)	85	(c)	86	(d)	87	(a)	88	(a)	89	(a)	90	(c)
91	(d)	92	(b)	93	(a)	94	(c)	95	(c)	96	(d)	97	(b)	98	(d)	99	(b)	100	(c)
101	(b)	102	(b)	103	(b)	104	(c)	105	(a)	106	(a)	107	(a)						

अध्याय 5

सामान्य ज्ञान

GENERAL KNOWLEDGE

भारत के राष्ट्रीय प्रतीक

राष्ट्रीय चिन्ह भारत का राष्ट्रीय चिन्ह उत्तर प्रदेश के सारनाथ में स्थित 'अशोक स्तम्भ' शीर्ष की अनुकृति है। इसका निर्माण सम्राट अशोक ने करवाया था। भारत सरकार द्वारा 26 जनवरी, 1950 को इसे राष्ट्रीय चिन्ह के रूप में अपनाया गया।

राष्ट्रीय ध्वज तिरंगा भारत का राष्ट्रीय ध्वज है। भारत की संविधान सभा ने इसे 22 जुलाई, 1944 को अपनाया। यह ध्वज समान अनुपात वाली तीन रंगों (केसरिया, सफेद तथा हरा) क्षैतिज पट्टियों का संयुक्त रूप है। इसके बीच में नीले रंग की 24 तीलियों का चक्र है।

राष्ट्रगान 'जन-गण-मन' भारत का राष्ट्रगान है। इसकी रचना रवीन्द्रनाथ टैगोर ने की थी। 24 जनवरी, 1950 को संविधान सभा द्वारा इसे अपनाया गया। मूल रूप से बांग्ला में रचित इस गान को 27 दिसम्बर, 1911 को राष्ट्रीय कांग्रेस के कलकत्ता अधिवेशन में सर्वप्रथम गाया था। राष्ट्रगान की गायन अवधि 52 सेकण्ड है।

राष्ट्रगीत बंकिम चन्द्र चटर्जी ने संस्कृत में 'वन्देमातरम्' गीत की रचना की। यह गीत स्वतन्त्रता संग्राम में जन-जन का प्रेरणा स्रोत था। यह पहली बार 1896 ई. में भारतीय राष्ट्रीय कांग्रेस के अधिवेशन में गाया गया था।

राष्ट्रीय पंचांग भारत का राष्ट्रीय पंचांग 'शक संवत्' पर आधारित है, जिसे 22 मार्च 1957 को अपनाया गया। शक संवत् का प्रथम मास चैत्र तथा अन्तिम मास फाल्गुन है। यह ग्रिगेरियन कैलेण्डर के समरूप है। शक संवत् की शुरुआत 78 ई. में हुई थी।

राष्ट्रीय पुष्प भारत का राष्ट्रीय पुष्प 'कमल' है। इसका वैज्ञानिक नाम 'नेलम्बो-न्यूसिफेरा' है।

राष्ट्रीय फल भारत का राष्ट्रीय फल आम है। इसका वैज्ञानिक नाम 'मेन्जिफैरा इण्डिका' है। इसे 'फलों का राजा' भी कहा जाता है।

राष्ट्रीय पशु भारत का राष्ट्रीय पशु 'बाघ' है। इसका वैज्ञानिक नाम 'पैंथरा टाइग्रिस लिन्नायस' है। इसकी शालीनता, दृढ़ता, फुर्ती और शक्ति के कारण इसे राष्ट्रीय पशु का दर्जा दिया गया है।

राष्ट्रीय पक्षी भारत का राष्ट्रीय पक्षी मयूर (मोर) है। इसका वैज्ञानिक नाम 'पावो क्रिस्टेट्स' है। इसे वर्ष 1963 में राष्ट्रीय पक्षी का दर्जा दिया गया।

राष्ट्रीय वृक्ष भारत का राष्ट्रीय वृक्ष, 'बरगद' है। इसका वैज्ञानिक नाम फाइकस बेघालेसिंस है। इसे धार्मिक रूप से अमर्त्य माना जाता है।

राष्ट्रीय नदी भारत की सबसे लम्बी नदी 'श्गागों' को राष्ट्रीय नदी का दर्जा प्राप्त है। इसका उद्गम स्थल उत्तराखण्ड में स्थित गंगोत्री ग्लेशियर है।

राष्ट्रीय जलीय जीव 5 अक्टूबर, 2009 को भारत सरकार द्वारा 'डॉल्फिन' (प्लेटेनिस्टा गंगोटिका) को राष्ट्रीय जलीय जीव का दर्जा दिया गया।

राष्ट्रीय खेल भारत का राष्ट्रीय खेल 'हॉकी' है।

राष्ट्रीय वाक्य भारत का राष्ट्रीय वाक्य 'सत्यमेव जयते' है। यह मुण्डकोपनिषद् से लिया गया है।

राष्ट्रीय मुद्रा भारत की राष्ट्रीय मुद्रा 'रुपया' है। इसका संकेत '₹' होता है।

भारत में प्रथम (पुरुष)

भारत के प्रथम गवर्नर जनरल (ब्रिटिश)	लार्ड विलियम बैंटिक
भारत का प्रथम गवर्नर जनरल (भारतीय)	सी. राजगोपालाचारी
भारत का प्रथम वायसराय	लार्ड कैनिंग
प्रथम राष्ट्रपति	डॉ. राजेन्द्र प्रसाद
प्रथम उप-राष्ट्रपति	डा. सर्वपल्ली राधाकृष्णन
प्रथम प्रधानमन्त्री	पण्डित जवाहर लाल नेहरू
प्रथम लोकसभा अध्यक्ष	जी. वी. मावलंकर
प्रथम गृह मन्त्री	सरदार वल्लभ भाई पटेल
प्रथम मुख्य चुनाव आयुक्त	सुकुमार सेन
प्रथम मुख्य न्यायाधीश	न्यायमूर्ति हीरा लाल जे कानिया

प्रथम राष्ट्रीय मानवाधिकार आयोग अध्यक्ष	न्यायमूर्ति रंगनाथ मिश्र
प्रथम वायु सेना अध्यक्ष	सुब्रतो मुखर्जी
प्रथम थल सेना अध्यक्ष	के. एम करियप्पा
प्रथम नौ सेना अध्यक्ष	राम दास कटारी
प्रथम कमाण्डर इन चीफ	के. एम. करियप्पा
प्रथम फील्ड मार्शल	मानिक शॉ
प्रथम भारतीय राष्ट्रीय कांग्रेस का अध्यक्ष	डब्ल्यू. सी. बनर्जी
संविधान सभा के स्थायी अध्यक्ष	डॉ. राजेन्द्र प्रसाद
संविधान सभा के अस्थायी अध्यक्ष	सच्चिदानन्द सिन्हा
प्रथम भारत रत्न पुरस्कार भारतीय	डॉ. सर्वपल्ली राधाकृष्णन
प्रथम ज्ञान पीठ पुरस्कार प्राप्त भारतीय	श्री शंकर द्रारूप
प्रथम परमवीर चक्र विजेता	मेजर सोमनाथ शर्मा
प्रथम नोबेल पुरस्कार प्राप्तकर्ता	रवीन्द्रनाथ टैगोर
प्रथम मैग्सेस पुरस्कार प्राप्तकर्ता	आचार्य विनोवाभावे
अन्तरिक्ष में जाने वाला प्रथम व्यक्ति	राकेश शर्मा
इंगलिश चैनल तैरकर पार करने वाला	मिहिर सेन
एवरेस्ट पर पहुँचने वाला	शेरपा आंग दोरजी
एक दिवसीय क्रिकेट में दोहरा शतक लगाने वाला	सचिन तेन्दुलकर
शतरंज में प्रथम विश्व चैम्पियन	विश्वनाथन आनन्द
ओलम्पिक में व्यक्तिगत स्पर्द्धा में स्वर्ण जीतने वाला	अभिनव बिन्द्रा

भारत में प्रथम (महिला)

प्रथम महिला राष्ट्रपति	प्रतिभा पाटिल
प्रथम महिला प्रधानमन्त्री	इन्दिरा गाँधी
प्रथम महिला लोकसभा अध्यक्ष	मीरा कुमार
प्रथम महिला मुख्यमन्त्री	सुचेता कृपलानी
प्रथम महिला राज्यपाल	सरोजनी नायडू
प्रथम महिला सांसद	राधाबाई सुब्बारायण
प्रथम महिला राजदूत	विजयालक्ष्मी पण्डित
प्रथम महिला आईएएस अधिकारी	अन्ना जार्ज
प्रथम महिला आईपीएस अधिकारी	किरण बेदी
प्रथम महिला न्यायाधीश	अन्ना चण्डी
प्रथम महिला मुख्य न्यायाधीश	लीला सेठ (उच्च न्यायालय)
प्रथम महिला मुख्य न्यायाधीश	मीरा साहिब फातिमा विवी (सर्वोच्च न्यायालय)
राष्ट्रीय महिला आयोग की अध्यक्ष	जयन्ति पटनायक
सीधे सुप्रीम कोर्ट की जज बनने वाली प्रथम अधिवक्ता	इन्दू मल्होत्रा
राष्ट्रीय कांग्रेस की प्रथम अध्यक्ष (भारतीय)	सरोजिनी नायडू
इंग्लिश चैनल तैरकर पार करने वाली प्रथम महिला	आरती साहा
माउण्ट एवरेस्ट पर पहुँचने वाली प्रथम महिला	बछेन्द्री पाल
नोबेल पुरस्कार प्राप्त करने वाली प्रथम महिला	मदर टेरेसा
ऑस्कर पुरस्कार जीतने वाली प्रथम महिला	भानु अथैय्या
भारत रत्न से सम्मानित प्रथम महिला	इन्दिरा गांधी
ज्ञानपीठ पुरस्कार प्राप्तकर्ता प्रथम महिला	आशापूर्णा देवी
अन्तरिक्ष में जाने वाली प्रथम महिला	कल्पना चावला
व्यक्तिगत स्थायी में ओलम्पिक पदक विजेता	कर्णम मल्लेश्वरी
एशियाई खेलों में स्वर्ण पदक पाने वाली महिला	कमलजीत सन्धु
ओलम्पिक महिला कुश्ती में कांस्य पदक पाने वाली महिला	सानी मलिक
ओलम्पिक मुक्केबाजी में कांस्य पदक विजेता	मैरीकॉम
ओलम्पिक बैडमिंटन में रजत पदक विजेता	पी. बी. सिन्धु
प्रथम मिस यूनिवर्स	सुष्मिता सेन
प्रथम मिस वर्ल्ड	रीता फारिया
प्रथम मिस इण्डिया	प्रमिला
प्रथम अनुसूचित जनजातीय महिला राष्ट्रपति	द्रौपदी मुर्मू
प्रथम महिला उत्खनन इन्जीनियर	शिवानी मीणा

भारत में प्रथम (अन्य)

प्रथम अंग्रेजी समाचार पत्र	बंगाल गजट
प्रथम हिन्दी समाचार पत्र	उदण्ड मार्तण्ड
प्रथम उर्दू समाचार पत्र	जाम-ए-जहाननामा
प्रथम यात्री रेल गाड़ी	बम्बई से थाणे
प्रथम हवाई डाक सेवा	इलाहाबाद से नैनी
प्रथम अन्तर्राष्ट्रीय दूरसंचार सेवा	बम्बई से लंदन
प्रथम मूक फिल्म	राजा हरिश्चन्द्र (1913)
प्रथम वाक् फिल्म	आलमआरा (1931)
प्रथम विश्वविद्यालय	नालन्दा विश्वविद्यालय (बिहार)
प्रथम मुक्त विश्वविद्यालय	आन्ध्र प्रदेश मुक्त विश्वविद्यालय
प्रथम रक्षा विश्वविद्यालय	इण्डियन नेशनल डिफेंस यूनिवर्सिटी
प्रथम नेशनल पार्क	हैली नेशनल पार्क
प्रथम वायोस्फीयर रिजर्व	नीलगिरी
प्रथम प्रोजेक्ट टाइगर रिजर्व	जिम कार्बेट
प्रथम उपग्रह	आर्यभट्ट (1975)
प्रथम स्वदेश निर्मित उपग्रह	इन्सेट-2A (1992)
प्रथम चन्द्र अभियान	चन्द्रयान -I (2008)
प्रथम मंगल अभियान	मंगलयान (2013)
प्रथम स्वदेशी विमान वाहक युद्धपोत	आई. ए.एस. विक्रान्त
प्रथम स्वदेशी मिसाइल	पृथ्वी (1988)
प्रथम युद्धक विमान	तेजस (2001)
प्रथम युद्धक टैंक	अर्जुन
प्रथम आण्विक टैंक	तारापुर (महाराष्ट्र)
प्रथम परमाणु रिएक्टर	अप्सरा (ट्राम्बे, महाराष्ट्र)
प्रथम ई. कोर्ट	अहमदाबाद
प्रथम महिला न्यायालय	माल्दा (पश्चिम बंगाल)

भारत में सबसे बड़ा, ऊँचा व लम्बा

सबसे बड़ी नदी	माजुली (ब्रह्मपुत्र नदी)
सबसे बड़ा डेल्टा	सुन्दरवन (पं. बंगाल)
सबसे बड़ा प्राकृतिक बन्दरगाह	मुम्बई
सबसे बड़ी खारे पानी की स्थलबद्ध झील	साम्भर झील
सबसे बड़ी खारे पानी की झील	चिल्का झील
सबसे बड़ी मीठे पानी की झील	बुलर झील
सबसे बड़ा गुरुद्वारा	स्वर्ण मन्दिर
सबसे बड़ा गिरिजाघर	सेण्ट कैथेडरल
सबसे बड़ी मस्जिद	जामा मस्जिद
सबसे बड़ी गुफा मन्दिर	कैलाश मन्दिर
सबसे बड़ा पशु मेला	सोनपुर (बिहार)
सबसे बड़ा चिड़ियाघर	जूलॉजिकल गॉर्डेन अरीनगर (तमिलनाडु)
सबसे बड़ा दरवाजा	बुलन्द दरवाजा (फतेहपुर सीकरी)
सबसे ऊर्ची चोटी	गॉडविन ऑस्टिन (K – 2)
सबसे ऊँचा बाँध	टिहरी बाँध
सबसे ऊँची मीनार	कुतुबमीनार
सबसे लम्बी नदी	गंगा नदी (2,525 किमी)
दक्षिण भारत की सबसे लम्बी नदी	गोदावरी 1465 किमी
सबसे लम्बा नदी पुल	धोला सदिया पुल (लोहित नदी)
सबसे लम्बा बाँध	हीराकुड
सबसे लम्बी तटरेखा	गुजरात
सबसे लम्बा प्लेटफार्म	हुबली (कर्नाटक)

सबसे लम्बा राष्ट्रीय राजमार्ग	NH-44 (श्रीनगर से कन्याकुमारी, 3795 किमी)
सर्वाधिक वर्षा वाला स्थान	मासिनराम (मेघालय)
भारत का सर्वोच्च नागरिक सम्मान	भारत रत्न
भारत का सर्वोच्च शौर्य सम्मान	परमवीर चक्र

प्रमुख व्यक्तियों से सम्बन्धित स्थान

व्यक्ति	स्थान
लुम्बिनी कपिलवस्तु	गौतम बुद्ध
पावापुरी	महावीर स्वामी
राजगृह	अजातशत्रु
श्री रंगपट्टनम	टीपू सुल्तान
बेलूर मठ	रामकृष्ण परमहंस
हल्दी घाटी (चितौड़)	महाराणा प्रताप
फतेहपुर सीकरी	अकबर
शान्ति निकेतन	रवीन्द्रनाथ टैगोर
बारदौली	वल्लभभाई पटेल
जलियाँवाला बाग	जनरल डायर
पोरबन्दर, साबरमती	महात्मा गाँधी
आनन्द भवन	जवाहरलाल नेहरू
पॉण्डिचेरी	अरबिन्द घोष
पवनार	विनोवा भावे
सदाकत आश्रम	राजेन्द्र प्रसाद

लोकप्रिय उपनाम

उपनाम	प्रसिद्ध व्यक्तित्व
भारत कोकिला	सरोजिनी नायडू
स्वर कोकिला	लता मंगेशकर
निर्मल हृदय	मदर टेरेसा
भारत का नेपोलियन	समुद्रगुप्त
बाबूजी	जगजीवन राम
विद्यासागर	ईश्वर चन्द्र
ग्रैण्ड ओल्ड मैन ऑफ इण्डिया	दादाभाई नौरोजी
महामना	पं. मदनमोहन मालवीय
राजा जी	चक्रवर्ती राजगोपालाचारी
हरियाणा हरिकेन	कपिलदेव
भारतीय मैकियावेली	चाणक्य
हॉकी के जादूगर	ध्यानचन्द
भारत का शेक्सपियर	महाकवि कालिदास
आन्ध्र केसरी	टी प्रकाशम्
शेर-ए-कश्मीर	शेख अब्दुल्ला
कायदे आजम	मुहम्मद अली जिन्ना
बंगाल केसरी	आशुतोष मुखर्जी
बिहार केसरी	डॉ. श्रीकृष्ण सिंह
पंजाब का टैगोर	पूरण सिंह
महात्मा	मोहन दास करमचन्द गांधी
नेता जी	सुभाष चन्द्र बोस
गुरुदेव	रवीन्द्र नाथ टैगोर
लोकनायक	जयप्रकाश नारायण
नाइटिंगेल ऑफ इण्डिया	सरोजिनी नायडू
उड़न परी	पी. टी. ऊषा

समाधि-स्थल

समाधि-स्थल	सम्बन्धित व्यक्ति
राजघाट	महात्मा गाँधी
शान्ति वन	जवाहरलाल नेहरू
विजय घाट	लाल बहादुर शास्त्री
वीर भूमि	राजीव गांधी
महाप्रयाण घाट	डॉ. राजेन्द्र प्रसाद
नारायण घाट	गुलजारी लाल नन्दा
शक्ति स्थल	इन्दिरा गाँधी
अभय घाट	मोरारजी देसाई
किसान घाट	चौधरी चरण सिंह
समता स्थल	जगजीवनराम
चैत्य भूमि	बी. आर. अम्बेडकर
एकता स्थल	ज्ञानी जैलसिंह
स्मृति स्थल	इन्द्र कुमार गुजराल

राष्ट्रीय पुरस्कार

नागरिक पुरस्कार

भारत रत्न 'भारत रत्न' भारत का सर्वोच्च नागरिक सम्मान है। इसकी शुरुआत वर्ष 1954 में हुई थी। उस वर्ष यह पुरस्कार एस. राधाकृष्णन, सी. राजगोपालाचारी तथा सी. वी. रमन को दिया गया।

यह पुरस्कार कला, साहित्य, विज्ञान, जनसेवा तथा खेल के क्षेत्र में उत्कृष्ट योगदान के लिए प्रदान किया जाता है।

पद्म पुरस्कार

पद्म विभूषण यह भारत का दूसरा सर्वोच्च नागरिक सम्मान है। इसकी शुरुआत 2 जनवरी, 1954 को हुई थी। प्रथम बार यह सम्मान सत्येन्द्रनाथ बोस, नन्दलाल बोस, जाकिर हुसैन को दिया गया था।

पद्म भूषण यह तीसरा सर्वोच्च नागरिक सम्मान है। इसकी शुरुआत 2 जनवरी, 1954 को हुई थी।

शान्ति स्वरूप भटनागर तथा एम. एस. सुब्बा लक्ष्मी को पहली बार इस पुरस्कार से नवाजा गया था।

पद्मश्री भारत के नागरिक पुरस्कारों के पदानुक्रम में यह चौथा सर्वोच्च सम्मान है। यह किसी भी क्षेत्र में विशिष्ट कार्य के लिए प्रदान किया जाता है।

ज्ञानपीठ पुरस्कार संविधान की आठवीं सूची में शामिल 22 भाषाओं में से किसी भी भाषा के साहित्यकार को सृजानत्मक योगदान हेतु भारतीय ज्ञानपीठ ट्रस्ट द्वारा यह पुरस्कार वर्ष 1965 से प्रदान किया जा रहा है। इस पुरस्कार के अन्तर्गत निश्चित धनराशि स्मृति चिन्ह प्रशस्ति पत्र एवं वाग्देव की कांस्य प्रतिमा दी जाती है।

साहित्य अकादमी सम्मान भारत सरकार द्वारा साहित्य अकादमी सम्मान की स्थापना वर्ष 1954 में की गई जो संविधान की आठवीं अनुसूची में शामिल 22 भाषाओं में से किसी भी भाषा के साहित्यकार को उसकी उत्कृष्ट कृति पर प्रदान किया जाता है।

सरस्वती सम्मान वर्ष 1991 से के. के. बिड़ला ग्रुप द्वारा प्रदत्त सरस्वती सम्मान भारतीय लेखकों को उनके गद्य या पद्य की उत्कृष्ट रचना हेतु प्रदान किया जाता है।

कलिंग पुरस्कार कलिंग फाउण्डेशन के संस्थापक बीजू पटनायक द्वारा 1952 में स्थापित यह पुरस्कार विज्ञान के क्षेत्र में प्रदान किया जाता है।

दादा साहेब फाल्के पुरस्कार वर्ष 1969 में स्थापित यह पुरस्कार भारतीय सिनेमा का सर्वोच्च सम्मान है। यह भारत सरकार के सूचना एवं प्रसारण मन्त्रालय द्वारा प्रदान किया जाता है।

राष्ट्रीय फिल्म पुरस्कार वर्ष 1954 में स्थापित यह पुरस्कार भारत सरकार के सूचना एवं प्रसारण मन्त्रालय के द्वारा सिनेमा के विविध क्षेत्र में प्रदान किया जाता है।

सैन्य पुरस्कार

परमवीर चक्र यह भारत का सर्वोच्च सैन्य सम्मान है। यह भारतीय सेना के जवानों की दुश्मन के सामने बहादुरी के सर्वोत्कृष्ट प्रदर्शन या आत्मबलिदान के लिए दिया जाता है।

महावीर चक्र यह देश का दूसरा सर्वोच्च सैन्य पुरस्कार है। यह उस बहादुर सैनिक को प्रदान किया जाता है, जिसने शत्रु के दमन में अद्वितीय पराक्रम दिखाया हो।

वीर चक्र शौर्य एवं वीरता का तीसरा सर्वोच्च पुरस्कार है। यह अदम्य साहस के लिए दिया जाता है।

अशोक चक्र शौर्य का यह पुरस्कार उस वीर को प्रदान किया जाता है, जिसने शत्रु के मुकाबले में अभूतपूर्व साहस का प्रदर्शन किया हो।

भारत में जनसंचार

डाक विभाग की स्थापना	1854
पहला डाक टिकट (कलकत्ता में मुद्रित)	1854
पिन कोड प्रणाली का आरम्भ	1972
प्रथम आप्टिकल फाइबर प्रणाली	1976
स्पीड पोस्ट का प्रारम्भ	1986

महानगर टेलीफोन निगम लिमिटेड की स्थापना	1986
भारत संचार निगम लिमिटेड की स्थापना	2000
ई-पोस्ट का आरम्भ	2004
आधार का आरम्भ	2010
तार सेवा की औपचारिक समाप्ति	2013
ई-आईपीओ की शुरुआत	2013
भारतीय डाक को भुगतान बैंक के लाइसेंस की प्राप्ति	2015

भारत के प्रमुख शोध संस्थान

संस्थान	मुख्यालय
केन्द्रीय तम्बाकू अनुसन्धान संस्थान	राजमुन्दरी (आन्ध्र प्रदेश)
केन्द्रीय आलू अनुसन्धान संस्थान	शिमला
भारतीय गन्ना अनुसन्धान संस्थान	लखनऊ
केन्द्रीय चावल अनुसन्धान संस्थान	कटक
केन्द्रीय चमड़ा अनुसन्धान संस्थान	चेन्नई
केन्द्रीय खनन अनुसन्धान संस्थान	धनबाद
केन्द्रीय औषधि अनुसन्धान संस्थान	लखनऊ
भारतीय कृषि अनुसन्धान संस्थान	नई दिल्ली
केन्द्रीय वन अनुसन्धान संस्थान	देहरादून
भारतीय मौसम वेधशाला	पुणे
भारतीय पुरातात्विक सर्वेक्षण विभाग	कोलकाता
भारतीय खगोल संस्थान	बंगलुरु
भामा परमाणु अनुसन्धान संस्थान	ट्राम्बे
भारतीय समुद्र विज्ञान संस्थान	पणजी
डीजल लोकोमोटिव्स वर्क्स	वाराणसी
इण्डियन सिक्योरिटी प्रेस	नासिक रोड, पुणे
केन्द्रीय वनस्पति अनुसन्धान संस्थान	लखनऊ
कोशिकीय तथा आण्विक जीव विज्ञान केन्द्र	हैदराबाद

विविध भारत

भारतीय लेखक एवं पुस्तकें

लेखक	पुस्तक
अरविन्द अडिगा	द ह्वाइट टाइगर
अमीश त्रिपाठी	इ इमोर्ट्ल्स ऑफ मेलुहा
सुमित्रा महाजन	मातोश्री
अरुण शौरी	इण्डियन कन्ट्रोवर्सीज : एजेस ऑन रिलीजन
लाल कृष्ण अडवाणी	माई कंट्री माई लाइफ
कपिलदेव	स्ट्रेट फ्रोम द हार्ट
ए. पी. जे. अब्दुल कलाम	इग्नाइटेड माइंड्स विंग्स ऑफ फायर
अरुंधती राय	द गॉड ऑफ स्मॉल थिंग्स,
नवीन चावला	मदर टेरेसा
झुंपा लाहिड़ी	द नेमसेक
खुशवन्त सिंह	बुरियल एट सी
प्रणव मुखर्जी	द कॉलिजन ईयर्स
सत्या नडेला	हिट रिफ्रेश
शशि थरूर	पैक्स इण्डिया स्माइल
एम. जे. अकबर	नेहरू : द मेकिंग ऑफ इण्डिया
नंदन नीलकेणी	रीबूटिंग इण्डिया
मीरा कुमार	इण्डियन पार्लियामेंट्री : डिप्लोमेसी स्पीकर्स
अरविन्द केजरीवाल	स्वराज
कैलाश सत्यार्थी	आजाद बचपन की ओर
शत्रुघ्न सिन्हा	एनीथिंग बट खामोश
किरण देसाई	दइनहेरिटेंस ऑफ लॉस
शरद पवार	ऑन माई टर्म्स
अरुणिमा सिन्हा	बॉर्न अगेन ऑन द माउण्टेन।

भारतीय लेखकों की पुरस्कृत पुस्तकें

लेखक	पुस्तक	पुरस्कार
वी. एस. नायपॉल	इन ए. फ्री स्टेट	मान वुकर पुरस्कार, 1971
सलमान रुश्दी	मिडनाइट चिल्ड्रेन	मान वुकर पुरस्कार, 1981
अरुंधती रॉय	द गॉड ऑफ स्मॉल थिंग्स	मान वुकर पुरस्कार, 1997
किरण देसाई	द इन्हेरिटेन्स ऑफ लॉस	मान वुकर पुरस्कार, 2006
अरविन्द अडिगा	ह्वाइट टाइगर	मान वुकर पुरस्कार, 2008
रवीन्द्र नाथ टैगोर	गीतांजली	साहित्य का नोबेल पुरस्कार 1913
कृष्णा सोवती	जिन्दगीनामा (प्रमुख कृति)	ज्ञानपीठ पुरस्कार, 2017
रमेश कंतुल मेघ	विश्वमिथक सरितसागर	साहित्य अकादमी पुरस्कार (हिन्दी) 2017
पद्म सचदेव	पित चेते	सरस्वती सम्मान, 2015
गीतांजलिश्री	रेत का मकबरा	अन्तर्राष्ट्रीय बुकर पुरस्कार, 2022

अन्य महत्त्वपूर्ण पुस्तकें

लेखक	किताब
अमृता प्रीतम	कोरे कागज
मुंशी प्रेमचन्द्र	गोदान, गबन, रंगभूमि
महादेवी वर्मा	यामा, निहारिका, नीरजा
मैथलीशरण गुप्त	साकेत, यशोधरा, भारत भारती
फणीश्वरनाथ रेणु	मैला आँचल
भारतेन्द्र हरिश्चन्द्र	भारत दुर्दशा, अंधेर नगरी
कमलेश्वर	काली आँधी, कितने पाकिस्तान
सुमित्रानन्दन पन्त	युगवाणी, ग्राम्या, युगान्त
हरिवंशराय बच्चन	मधुशाला
जयशंकर प्रसाद	कामायनी, आँसू
रजनी कोठारी	पॉलिटिक्स इन इण्डिया
कुलदीप नैय्यर	जजमेण्ट
स्वामी दयानन्द	सत्यार्थ प्रकाश
आर. के नारायण	द गाइड, द वेण्डर ऑफ स्वीट
अरबिन्द घोष	लाइफ डिवाइन
अब्दुल गफ्फार खाँ	माई लाईफ स्ट्रगल
डॉ. राजेन्द्र प्रसाद	इण्डिया डिवाइडेड

विविध विश्व

महत्त्वपूर्ण राष्ट्रीय एवं अन्तर्राष्ट्रीय दिवस

जनवरी		फरवरी	
4	लुईस ब्रेल दिवस	4	विश्व कैंसर दिवस
9	प्रवासी भारतीय दिवस	20	विश्व सामाजिक न्याय दिवस
12	राष्ट्रीय युवा दिवस	21	अन्तर्राष्ट्रीय मातृभाषा
26	गणतन्त्र दिवस	24	केन्द्रीय उत्पाद शुल्क दिवस
30	शहीद दिवस	28	राष्ट्रीय विज्ञान दिवस
30	कुष्ठ निवारण दिवस		

मार्च		अप्रैल	
3	विश्व वन्यजीव दिवस	7	विश्व स्वास्थ्य दिवस
8	अन्तर्राष्ट्रीय महिला दिवस	14	अम्बेडकर दिवस
15	विश्व उपभोक्ता अधिकारण दिवस	18	विश्व विरासत दिवस
21	विश्व वानिकी दिवस	22	पृथ्वी दिवस
22	विश्व जल संरक्षण दिवस	25	विश्व मलेरिया दिवस
24	विश्व टी. वी. दिवस		

मई		जून	
1	विश्व श्रमिक दिवस	5	विश्व पर्यावरण दिवस
3	अन्तर्राष्ट्रीय ऊर्जा दिवस	14	विश्व रक्तदान दिवस
8	विश्व रेडक्रॉस दिवस	20	विश्व शरणार्थी दिवस
17	विश्व दूरसंचार दिवस	21	अन्तर्राष्ट्रीय योग दिवस
13	विश्व तम्बाकू रोधी दिवस	29	राष्ट्रीय सांख्यिकी दिवस

जुलाई		अगस्त	
11	विश्व जनसंख्या दिवस	1	विश्व स्तनपान दिवस
18	नेल्सन मंडेला अन्तर्राष्ट्रीय दिवस	9	विश्व आदिवासी दिवस
28	विश्व प्रकृति संरक्षण दिवस	12	विश्व युवा दिवस
26	कारगिल स्मृति दिवस	15	स्वतन्त्रता दिवस
25	अन्तर्राष्ट्रीय वाद्य दिवस	29	राष्ट्रीय खेल दिवस

सितम्बर		अक्टूबर	
5	शिक्षक दिवस	1	अन्तर्राष्ट्रीय वृद्धजन दिवस
8	अन्तर्राष्ट्रीय साक्षरता दिवस	2	विश्व अहिंसा दिवस
14	हिन्दी दिवस	5	विश्व शिक्षक दिवस
16	ओजोन परत रक्षण दिवस	8	वायु सेना दिवस
21	विश्व शान्ति दिवस	16	विश्व खाद्य दिवस
27	विश्व पर्यटन दिवस	24	संयुक्त राष्ट्र दिवस

नवम्बर		दिसम्बर	
9	विश्व सेना दिवस	1	विश्व एड्स दिवस
14	बाल दिवस	4	नौ सेना दिवस
17	राष्ट्रीय पत्रकारिता दिवस	6	नागरिक सुरक्षा दिवस
19	विश्व नागरिक दिवस	11	विश्व अस्थमा दिवस
21	विश्व टेलीविजन दिवस	24	राष्ट्रीय उपभोक्ता दिवस
26	विश्व पर्यावरण संरक्षण दिवस	25	क्रिसमस

विश्व में प्रथम (पुरुष)

प्रथम अन्तरिक्ष पर्यटक	डेनिस टीटो
जेट वायुयान की प्रथम प्रायोगिक उड़ान भरने वाला व्यक्ति	फ्रैंक हिबटल
वायुपोत की पहली उड़ान भरने वाला व्यक्ति	हेनरी गिफर्ड (फ्रांस)
गुब्बारे से अटलाण्टिका महासागर पार करने वाला प्रथम व्यक्ति	रिचर्ड ब्रानसन
सबसे अधिक उम्र का आन्तरिक्ष यात्री	कार्ल जी हेनिजे
सबसे कम उम्र का अन्तरिक्ष यात्री	गेरेमान स्तेपानोविच तितोब
सर्वाधिक ऊँचाई से छलांग लगाने वाला स्काई ड्राइवर	फेलिक्स बाम गार्टनर
अन्तरिक्ष में जाने वाला प्रथम व्यक्ति	यूरी गागरिन (भूतपूर्व सोवियत संघ 1965)
अन्तरिक्ष में चलने वाला प्रथम व्यक्ति	अलेक्सी लियोनोव (भूतपूर्व सोवियत संघ 1965)
चन्द्रमा पर पैर रखने वाला प्रथम व्यक्ति	नील आर्मस्ट्रांग (1969)
दो बार अन्तरिक्ष यात्रा करने वाला प्रथम अन्तरिक्ष पर्यटक	चार्ल्स सिमोन्यी (2007, 09 अमेरिका)
उत्तरी ध्रुव पर पहुँचने वाला प्रथम व्यक्ति	रॉबर्ट पियरी
दक्षिणी ध्रुव पर पहुँचने वाला प्रथम व्यक्ति	रोआल्ड अमुण्डसेन
दोनों ध्रुवों पर जाने वाला प्रथम व्यक्ति	डॉ. अल्बर्ट पी कैरी
माउण्ट एवरेस्ट पर चढ़ने वाला प्रथम विकलांग व्यक्ति	टॉम ह्विटकर
बिना ऑक्सीजन के माउण्ट एवरेस्ट पर चढ़ने वाला प्रथम व्यक्ति	फू दोरजी
सर्वाधिक उम्र में माउण्ट एवरेस्ट पर चढ़ने वाला व्यक्ति	युईचिरो मियुरा (जापान)
विश्व के चारों ओर परिक्रमा करने वाला विश्व का प्रथम व्यक्ति	फर्डिनेण्ड मैगेलन
काउण्टी क्रिकेट में एक ओवर में 6 छक्के लगाने वाले प्रथम बल्लेबाज	जॉर्डन क्लार्क
विम्बलडन ट्रॉफी जीतने वाला प्रथम अश्वेत व्यक्ति	ऑर्थर ऐश
अन्तर्राष्ट्रीय क्रिकेट कॉउन्सिल के प्रथम एशियाई अध्यक्ष	जगमोहन डालमिया (1997-2000)
पृथ्वी का मानचित्र बनाने वाला प्रथम व्यक्ति	अनेग्जीमेडर
अन्तर्राष्ट्रीय क्रिकेट में 100 शतक लगाने वाला प्रथम व्यक्ति	सचिन तेन्दुलकर
हृदय प्रत्यारोपण करने वाला प्रथम चिकित्सक	डॉ. क्रिश्चियन
ऑस्कर अवार्ड जीतने वाले विश्व के प्रथम मुस्लिम अभिनेता	महेरशला अली
विश्वकोष संकलन करने वाला प्रथम व्यक्ति	एस्पेओसीप्स
वायुयान से उड़ान भरने वाला व्यक्ति	राइट बन्धु
साहित्य के प्रथम नोबेल पुरस्कार विजेता	प्रुधो सली
शान्ति के प्रथम नोबेल पुरस्कार विजेता	ज्यां हेनरी दुनान्त एवं फ्रेडरिक पासी
चिकित्सा के प्रथम नोबेल पुरस्कार विजेता	ए. ई. बॉन बेहरिंग
अर्थशास्त्र के प्रथम नोबेल पुरस्कार विजेता	रेगनर फ्रिश एवं जॉन टिनबर्गन
भौतिकी के प्रथम नोबेल पुरस्कार विजेता	डब्ल्यू के रोएंटजन
रसायन के प्रथम नोबेल पुरस्कार विजेता	जे. एच. वैंटहॉफ

विश्व में प्रथम (महिला)

विश्व में प्रथम महिला राष्ट्रपति	मारिया एस्टेला पैरो (अर्जेण्टीना)
विश्व में प्रथम महिला प्रधानमन्त्री	श्रीमाओ भण्डारनायके (श्री लंका)
जर्मनी की प्रथम महिला चांसलर	एंजेला मार्केल
इंग्लैण्ड की प्रथम महिला प्रधानमन्त्री	माग्रेट थैचर
ऑस्ट्रेलिया की प्रथम महिला प्रधानमन्त्री	जूलिया गिलार्ड (2010)
अन्तरिक्ष में विचरण करने वाली प्रथम महिला	स्वेतलाना सेवित्स्काया (सोवियत संघ)
अन्तरिक्ष में जाने वाली प्रथम महिला	वेलेण्टीना तेरेस्कोवा (भूतपूर्व सोवियत संघ 1963)
अण्टार्कटिका महाद्वीप पर पहुँचने वाली प्रथम महिला	मिस कैरोलिन मिकल्सन (डेनमार्क)
सात प्रमुख सागरों को तैरकर पार करने वाली विश्व की प्रथम महिला	बुला चौधरी (2004)
माउण्ट एवरेस्ट पर चढ़ने वाली प्रथम महिला	जुनको तबेई (जापान 1975)
धूमकेतु की खोज करने वाली प्रथम महिला	कैरोलीन एल दर्शचेल (जर्मनी)
जिब्राल्टर जलसन्धि को पार करने वाली प्रथम महिला (भारतीय)	आरती प्रधान
एवरेस्ट आरोहण करने वाली पाकिस्तान की प्रथम महिला	समीना बेग
साहित्य के नोबेल पुरस्कार से सम्मानित प्रथम अश्वेत लेखिका	टोनी मॉरिसन (1993)
प्रथम अन्तरिक्ष महिला पर्यटक	अनुशेह अंसारी ईरानी (अमेरिकी)

विश्व में प्रथम (अन्य)

मृत्युदण्ड को समाप्त करने वाला प्रथम देश	वेनेजुएला
महिलाओं को मताधिकार देने वाला प्रथम देश	न्यूजीलैण्ड
सूचना का अधिकार लागू करने वाला प्रथम देश	स्वीडन
लोकपाल नियुक्त करने वाला प्रथम देश	स्वीडन
धूम्रपान पर पाबन्दी लगाने वाला प्रथम देश	आयरलैण्ड
कार्बन टैक्स लगाने वाला प्रथम देश	न्यूजीलैण्ड
'इच्छा मृत्यु (Euthanasia) को कानूनी मान्यता देने वाला प्रथम देश	नीदरलैण्ड
समलैंगिक विवाह को कानूनी मान्यता देने वाला प्रथम देश	नीदरलैण्ड
भारत के साथ नागरिक परमाणु समझौता करने वाला प्रथम देश	फ्रांस
राष्ट्रीय गान का प्रारम्भ करने वाला प्रथम देश	जापान
लिखित संविधान निर्माण करने वाला प्रथम देश	अमेरिका
गुटनिरपेक्ष आन्दोलन के प्रथम सम्मेलन का आयोजन स्थल	बेलग्रेड
बुक प्रिण्ट करने वाला प्रथम देश	चीन
प्लास्टिक मुद्रा जारी करने वाला प्रथम देश	ऑस्ट्रेलिया
नक्शा बनाने वाला प्रथम देश (सभ्यता)	सुमेरिया (3800 ईसा पूर्व)
कागज का आविष्कार करने वाला प्रथम देश	चीन (105 ई.)
रेशम का उत्पादन करने वाला प्रथम देश	चीन (50 ईसा पूर्व)
साँपसीढ़ी के खेल को ईजाद करने वाला देश	भारत
विश्व का प्रथम रेडियो उपग्रह प्रक्षेपित करने वाला देश	जापान
अन्तरिक्ष में भेजा जाने वाला प्रथम अन्तरिक्ष शटल	कोलम्बिया
महिलाओं को मताधिकार देने वाला देश	न्यूजीलैण्ड
विश्व का प्रथम विश्वविद्यालय	तक्षशिला विश्वविद्यालय
भूमिगत रेलवे प्रारम्भ करने वाला प्रथम देश	ब्रिटेन
सिविल सेवा प्रारम्भ करने वाला प्रथम देश	चीन
परमाणु बम से विनाश होने वाला प्रथम नगर	हिरोशिमा

विश्व में सबसे बड़ा, छोटा, लम्बा, एवं ऊँचा

सबसे बड़ा महासागर	प्रशान्त महासागर
सबसे गहरा महासागर	प्रशान्त महासागर
सबसे बड़ा सागर	दक्षिणी चीन सागर
सबसे विशाल खाड़ी	मैक्सिको की खाड़ी
सबसे बड़ा महाद्वीप	एशिया
सबसे छोटा महाद्वीप	ऑस्ट्रेलिया
सबसे बड़ा द्वीप	ग्रीनलैण्ड
सबसे बड़ा प्रायद्वीप	अरब प्रायद्वीप
सबसे बड़ा द्वीप समूह	इण्डोनेशिया
सबसे ऊँचा जलप्रपात	साल्टो एंजिल (वेनेजुएला)
सबसे बड़ा जलप्रपात	ग्वायरा (एल्टो पराना नदी)
सबसे लम्बी सहायक नदी	मेडिरा (अमेजन की सहायक नदी)
सबसे व्यस्त व्यापारिक नदी	राइन नदी (जर्मनी)
सबसे बड़ी नदी (चौड़ाई एवं बहाव की दृष्टि से)	अमेजन (द. अमेरिका)
सबसे लम्बी नदी	नील नदी (मिस्र)
सबसे बड़ा डेल्टा	सुन्दरवन (भारत)
सबसे बड़ा नदी द्वीप	माजुली (ब्रह्मपुत्र नदी, असोम)
सबसे ठण्डा प्रदेश	बर्खोयांस्क (साइबेरिया)
सबसे गर्म स्थान	डेथवैली (यू.एस.ए.)
सबसे बड़ा रेगिस्तान	सहारा (अफ्रीका)
सर्वाधिक वर्षा का स्थान	मासिनराम (मेघालय, भारत)
सबसे बड़ी झील	कैस्पियन सागर (रूस)
सबसे बड़ी ताजे पानी की झील	सुपीरियर झील (अमेरिका)
सबसे गहरी झील	बैकाल झील (रूस)
सर्वाधिक ऊँचाई पर स्थित झील (नौकायन)	टिटिकाका (दक्षिण अमेरिका)
सबसे विशाल जलसन्धि	टार्टर जलसन्धि (रूस एवं सखालिन द्वीप के मध्य)
सबसे चौड़ी जलसन्धि	डेविस जलसन्धि (ग्रीनलैण्ड एवं बैफिन द्वीप के मध्य)
सबसे ऊँचा पर्वत शिखर	माउण्ट एवरेस्ट (हिमालय, नेपाल)
सबसे विशाल मन्दिर	अंकोरटवाट का मन्दिर (कम्बोडिया)
सबसे बड़ी मूर्ति	स्टैच्यू ऑफ लिवर्टी (संयुक्त राज्य अमेरिका)
सबसे बड़ा इनडोर स्टेडियम	सुपरडोम ल्यूसियाना (संयुक्त राज्य अमेरिका)
सबसे बड़ा बन्दरगाह	न्यूयॉर्क
सबसे विशाल ज्वालामुखी	मोना-लोआ (हवाई द्वीप)
सबसे ऊँची पर्वतमाला	हिमालय
सबसे लम्बी पर्वतमाला	एण्डीज
सबसे व्यस्त नहर	स्वेज नहर
सबसे लम्बी नहर	कील नहर
सबसे ऊँचा पशु	जिराफ
सबसे विशालकाय पशु	ब्लू व्हेल
सबसे बड़ा पक्षी	ऑस्ट्रिच (शुतुरमुर्ग)
सबसे छोटा पक्षी	हमिंग बर्ड
सर्वाधिक बुद्धिमान पशु	चिम्पांजी
सबसे छोटी सीमा वाला देश	जिब्राल्टर
सर्वाधिक सीमाओं वाला देश	चीन (14 देशों के साथ)
सबसे बड़ा देश *(क्षेत्रफल की दृष्टि से)*	रूस
सबसे छोटा देश *(क्षेत्रफल की दृष्टि से)*	वेटिकन सिटी
सर्वाधिक जनसंख्या का देश	चीन
सर्वाधिक निर्वाचक संख्या का देश	भारत
सर्वाधिक जनसंख्या घनत्व वाला देश	सिंगापुर
सबसे लम्बी सीमा वाला देश	कनाडा
सबसे ऊँची राजधानी	लापाज (बोलीविया)
सर्वाधिक आबादी वाला नगर	टोकियो (जापान)
सबसे कम आबादी वाला नगर	वेटिकन सिटी
सबसे लम्बा रेलवे प्लेटफार्म	हुबली जंक्शन (भारत)
सबसे लम्बा रेलमार्ग	ट्रांस साइबेरियन रेलमार्ग
सबसे बड़ी रेल सुरंग	गोटहाई बेस (57.9 किमी स्विट्जरलैण्ड)

प्रमुख देश, राजधानी, मुद्रा एवं भाषाएँ

देश	राजधानी	मुद्रा	भाषाएँ
सं राज्य अमेरिका	वाशिंगटन डीसी	डॉलर	अंग्रेजी
रूस	मास्को	रूबल	रूसी
चीन	बीजिंग	युआन	चीनी मंगोल (मण्डारिन)
जापान	टोक्यो	येन	जैपनीज
जर्मनी	बर्लिन	यूरो	जर्मन
फ्रांस	पेरिस	यूरो	फ्रेंच
यूनाइटेड किंग्डम	लंदन	पौंड	अंग्रेजी
भारत	नई दिल्ली	रुपया	हिन्दी
इटली	रोम	यूरो	इटैलियन
दक्षिण कोरिया	सियोल	वॉन	कोरियाई
इजराइल	जेरूसलम	शेकेल	अंग्रेजी
कनाडा	ओटावा	डॉलर	अंग्रेजी, फ्रांसीसी
ऑस्ट्रेलिया	केनबरा	ऑस्ट्रेलिया डॉलर	अंग्रेजी
न्यूजीलैण्ड	वेलिंग्टन	न्यूजीलैण्ड डॉलर	मओरी, अंग्रेजी
यूक्रेन	कीव	हराइवनिया	युक्रेनियाई
नीदरलैण्ड्स	एम्सटर्डम	यूरों	डच
नॉर्वे	ओस्लो	क्रोन	नार्वेजियन
बेल्जियम	ब्रुसेल्स	यूरो	डच, फ्रेंच जर्मन
डेनमार्क	कोपेनहेगन	क्रोन	डेनिश
ब्राजील	ब्राजीलिया	रियाल	पुर्तगाली, अंग्रेजी
अर्जेण्टीना	ब्यूनस आयर्स	पेसो	स्पेनिश
वेनेजुएला	काराकस	बोलिवर	स्पेनिश
कोलम्बिया	बोगोटा	पेसो	स्पेनिश
ईरान	तेहरान	रियाल	फारसी
इराक	बगदाद	इराकी दिनार	अरबी (आधिकारिक)
सऊदी अरब	रियाद	सऊदी रियाल	अरबी
सीरिया	दमिश्क	सीरियन पौण्ड	अरबी
सूडान	खार्तूम	सूडानी पौण्ड	अरबी
दक्षिणी सूडान	जुबा	पौण्ड	अरबी
मॉरीशस	पोर्ट लुईस	रुपया	अंग्रेजी, फ्रांसीसी, हिन्दुस्तानी
मिस्र	काहिरा (कैरो)	पाउण्ड	अरबी
लीबिया	त्रिपोली	दिनार	अरबी
नाइजीरिया	अबूजा	नैरा	हाउजा, अंग्रेजी, इबो, यरुबा
म्यांमार	नयपेयीदो	क्यात	बर्मी जनजातीय
मलेशिया	कुआलालाम्पुर	रिंगिट	चीनी, मलय
इण्डोनेशिया	जकार्ता	रुपिया	इण्डोनेशिया, बहासा
फिलिपीन्स	मनीला	पेसो	फिलीपिनों, अंग्रेजी
पाकिस्तान	इस्लामाबाद	रुपया	उर्दू, सिन्धी, पंजाबी
अफगानिस्तान	काबुल	अफगानी	पस्तों, पर्सियन
बांग्लादेश	ढाका	टका	बंगाली चकमामघ
भूटान	थिम्पू	गुलट्रम	डोंगरवा नेपाली
नेपाल	काठमाण्डू	नेपाली रुपया	नेपाली
मालदीव	माले	रुफिया	दिवची
श्रीलंका	कोलम्बो	रुपिया	सिंहल तमिल

महत्वपूर्ण अन्तर्राष्ट्रीय-सीमा रेखाएँ सम्बन्धित देश

रेखा	सम्बन्धित देश
मैकमोहन	भारत एवं चीन
रेडक्लिफ	भारत एवं पाकिस्तान
डूरण्ड रेखा	पाकिस्तान एवं अफगानिस्तान
मैनरहोम रेखा	रूस एवं फिनलैण्ड
मैग्नॉट रेखा	जर्मनी एवं फ्रांस
आडर-नेसी रेखा	जर्मनी एवं पोलैण्ड
38वीं समानान्तर रेखा	उत्तर कोरिया एवं दक्षिण कोरिया
49वीं समानान्तर रेखा	संयुक्त राज्य अमेरिका एवं कनाडा

विश्व के प्रमुख देशों की संसद के नाम

देश	संसद का नाम
ऑस्ट्रेलिया	फेडरल पार्लियामेण्ट
आयरलैण्ड	पार्लियामेण्ट (Oireachtas)
अफगानिस्तान	शोरा
अर्जेण्टीना	नेशनल कांग्रेस
ब्रिटेन	हाउस ऑफ कॉमन्स व हाउस ऑफ लॉर्ड्स
संयुक्त राज्य अमेरिका	कांग्रेस (सीनेट व हाउस ऑफ रिप्रेजेन्टेटिक्स)
स्पेन	जनरल कोर्ट्स
स्वीडन	रिक्सदाग
द. अफ्रीका	पार्लियामेण्ट
मालदीव	मजलिस
मलेशिया	पार्लियामेण्ट (दीवान रकयात व दीवान नेगारा)
मिस्र	पीपुल्स असेम्बली
स्विट्जरलैण्ड	फेडरल असेम्बली
ईरान	मजलिस
इजरायल	नेसेट
कुवैत	नेशनल असेम्बली
ताइवान	यूआन
फ्रांस	पार्लियामेण्ट
जर्मनी	बुण्डस्टेग और बुण्डस्ट्राट
जापान	डायट
रूस	ड्यूमा
चीन	नेशनल पीपुल्स कांग्रेस
नीदरलैण्ड	द स्टेट्टस जनरल
नेपाल	पार्लियामेण्ट (राष्ट्रीय सभा)
ब्राजील	नेशनल कांग्रेस
बांग्लादेश	जातीय संसद
भारत	संसद

प्रमुख देशों के आधिकारिक दस्तावेज

ब्ल्यू बुक	यूनाइटेड किंगडम सरकार की आधिकारिक रिपोर्ट
ग्रीन बुक	इटली और ईरान सरकार के आधिकारिक प्रकाशन
ग्रे-बुक	जापान और बेल्जियम सरकार की आधिकारिक रिपोर्ट
ओरेंज बुक	नीदरलैण्ड सरकार का आधिकारिक प्रकाशन
रेड बुक	किसी देश द्वारा प्रतिबन्धित पुस्तक

ह्वाइट बुक	जर्मनी, चीन और पुर्तगाल सरकारों के आधिकारिक प्रकाशन
ह्वाइट पेपर	किसी विशेष मुद्दे के तथ्यों का आम लोगों के लिए खुलासा करने वाला भारत सरकार द्वारा जारी किया जाने वाला दस्तावेज
येलो बुक	फ्रांस सरकार का आधिकारिक दस्तावेज

अन्तर्राष्ट्रीय पुरस्कार एवं सम्मान

नोबेल पुरस्कार

- यह पुरस्कार स्वीडेन के वैज्ञानिक अल्फ्रेड बर्नाड नोबेल की स्मृति में प्रत्येक वर्ष 10 दिसम्बर को नोबेल फाउण्डेशन द्वारा वितरित किया जाता है।
- वर्ष 1901 से भौतिक रसायन, चिकित्सा, साहित्य तथा शान्ति के क्षेत्र में उत्कृष्ट योगदान के लिए यह पुरस्कार प्रदान किया जाता है।
- अर्थशास्त्र के लिए नोबेल पुरस्कार दिए जाने की शुरुआत वर्ष 1969 ई. से हुई है। 1969 ई. के बाद से कुछ 6 विषय क्षेत्रों में यह दिया जाता है।
- यह पुरस्कार अधिकतम तीन लोग (एक क्षेत्र में) को दिया जाता है। वर्ष 1974 में बने नियम के अनुसार मरणोपरान्त यह पुरस्कार किसी को नहीं दिया जाता।

पुलित्जर पुरस्कार

- ये न्यूयॉर्क वर्ल्ड के प्रकाशक जोसेफ पुलित्जर की स्मृति में 1917 से अमेरिका के कोलम्बिया विश्वविद्यालय द्वारा पत्रकारिता एवं साहित्य के क्षेत्र में दिया जाता है। इसमें पुरस्कार स्वरूप 10000 डॉलर की राशि प्रदान की जाती है।
- अभी तक पाँच भारतीय यह पुरस्कार प्राप्त कर चुके है—गोविन्द बिहारी लाल (1937), झुम्पा लाहिरी (2001), गीता आनन्द (2003) तथा सिद्धार्थ मुखर्जी (2011) विजय शेषाद्रि (2014) कविता संग्रह 3 सेक्शन्स के लिए।

मान बुकर पुरस्कार

- वर्ष 1969 से दिया जाने वाला यह पुरस्कार साहित्य के क्षेत्र में नोबेल पुरस्कारों के बाद सबसे बड़ा पुरस्कार माना जाता है। यह पुरस्कार बुकर कम्पनी एवं ब्रिटिश प्रकाशक संघ द्वारा संयुक्त रूप से दिया जाता है।
- ब्रिटेन का सर्वोच्च साहित्य यह पुरस्कार अंग्रेजी में लिखे उपन्यास के लिए राष्ट्रमण्डल देशों, आयरलैण्ड व जिम्बाब्वे के नागरिकों को प्रदान किया जाता है। इसकी पुरस्कार राशि 50,000 पौण्ड है।
- अब तक कुल 5 भारतीयों को मान बुकर पुरस्कार मिल चुका है।

रेमन मैग्सेसे पुरस्कार

- यह पुरस्कार फिलीपीन्स के भूतपूर्व राष्ट्रपति रेमन मैग्सेसे की स्मृति में वर्ष 1957 से प्रदान किया जा रहा है। इस पुरस्कार को **एशिया का नोबेल** भी कहा जाता है।
- यह पुरस्कार प्रत्येक वर्ष 6 क्षेत्रों; जैसे— जनसेवा, सरकारी सेवा, पत्रकारिता, जनसंचार सामुदायिक नेतृत्व एवं अन्तर्राष्ट्रीय सद्भाव के लिए प्रदान किया जाता है।
- रेमन मैग्सेसे पुरस्कार से सम्मानित होने वाले भारतीय विनोबा भावे (वर्ष 1958) थे।

ऑस्कर पुरस्कार

- वर्ष 1929 में स्थापित यह पुरस्कार संयुक्त राज्य अमेरिका की नेशनल एकेडमी ऑफ मोशन पिक्चर्स द्वारा फिल्म जगत के क्षेत्र में दिया जाता है। इसका ऑफिशियली नाम 'एकेडमी अवार्ड ऑफ मेरिट' है।
- ऑस्कर एवं नोबेल पुरस्कार दोनों पाने वाले एकमात्र व्यक्ति जॉर्ज बर्नाड शॉ थे। उन्हें साहित्य (1925) के नोबेल तथा वर्ष 1938 में बेस्ट स्क्रीन प्ले के लिए ऑस्कर मिला।

ग्रेमी पुरस्कार

वर्ष 1958 में स्थापित यह पुरस्कार नेशनल एकेडमी फॉर रिकॉर्डिंग आर्ट्स एण्ड साइंसेज द्वारा पश्चिमी संगीत में विशिष्ट योगदान हेतु प्रदान किया जाता है। वर्ष 1973 में कंसर्ट फॉर बांग्लादेश नामक रिकॉर्ड के लिए अन्य कलाकारों के साथ भारत के सुप्रसिद्ध सितारवादक पं. रविशंकर को ग्रेमी अवार्ड मिला था और फिर उनके शिष्य (1994) विश्वमोहन भट्ट को मिला।

इन्दिरा गाँधी अन्तर्राष्ट्रीय शान्ति निरस्त्रीकरण एवं विकास पुरस्कार

वर्ष 1986 में स्थापित यह पुरस्कार प्रत्येक वर्ष भारत सरकार द्वारा अन्तर्राष्ट्रीय शान्ति, निरस्त्रीकरण एवं विकास के क्षेत्र में विशिष्ट योगदान के लिए दिया जाता है। इसके तहत ₹ 25 लाख की नकद राशि तथा एक प्रशस्ति पत्र दिया जाता है।

विदेशी लेखक एवं पुस्तकें

लेखक	पुस्तक
जॉर्ज बर्नाड शॉ	मैन एण्ड सुपर मैन, एज यू लाइक
एडम स्मिथ	वेल्थ ऑफ नेशन
ब्लादिमीर पुतिन	फर्स्ट पर्सन
हिलेरी क्लिंटन	लिविंग हिस्ट्री
मारग्रेट थैचर	द पाथ टु पावर
टाइगर वुड्स	हाऊ आई प्ले गोल्फ
ऑग सान-सू की	फ्रीडम फ्रॉम फीचर
मैक्सिम गोर्की	मदर
माओ त्से तुंग	ऑन कांट्राडिक्शन
ए एल बाशम	द वण्डर वैट वाज इण्डिया
लियो टाल्सटॉय	वार एण्ड पोस
बराक ओबामा	ओडेसिटी ऑफ होप ड्रीम्स फ्रॉम माई मदर
अल्बर्ट आइन्सटीन	द वर्ल्ड इज आई सी ईट
दाँते	डिवाइन कॉमेडी
न्यूटन	प्रिंसीपिया
जॉन मिल्टन	पैराडाइज लास्ट
प्लेटो	रिपब्लिक
शेक्सपीयर	कॉमेडी ऑफ एरर्स, एमिड समर नाइट्स ड्रीम
एडोल्फ हिटलर	मीन केम्फ
अरस्तू	पॉलिटिक्स
रूसो	द सोशल कॉन्ट्रेक्ट
मैकियावेली	द प्रिन्स
विन्सेट चर्चिल	हिस्ट्री ऑफ द सेकण्ड वर्ल्ड वार
नेल्सन मंडेला	द कन्वर्सेशन विद माइसेल्फ
कार्ल मार्क्स	दास कैपिटल
रूडयार्ड कियलिंग	जंगल बुक

प्रमुख खिलाड़ी एवं उनकी पुस्तकें

खिलाड़ी	पुस्तक
सचिन तेन्दुलकर	प्लेइंग इट माई वे
शोएब अख्तर	काण्ट्रोवर्शियली योर्स
एडम गिलक्रिस्ट	टू कलर्स
युवराज सिंह	द टेस्ट ऑफ माई लाइफ
डेविड बेकहम	माई साइड
पीटी उषा	गोल्डन गर्ल
विश्वनाथन आनन्द	माई बेस्ट गेम ऑफ चेस
क्रिस गेल	सिक्स मशीन
सायना नेहवाल	प्लेइंग टू विन
हर्शेल गिब्स	टू द प्वॉइण्ट
ए. बी. डिवीलियर्स	ए. बी. आटोबायोग्राफी
एलन डोनाल्ड	ह्वाइट लाइटिंग
एम. सी मैरीकॉम	अनब्रेकेबल
मिल्खा सिंह	द रेस ऑफ माई लाइफ
मेजर ध्यानचन्द्र	गोल
इमरान खान	पाकिस्तान : ए पर्सनल हिस्ट्री
सुनील गावस्कर	आइडोल्स, सनी डेज
कपिल देव	क्रिकेट माई स्टाइल

खेल एवं उनकी ट्रॉफियाँ/कप

खेल	सम्बन्धितत कप एवं ट्रॉफियाँ
क्रिकेट	रणजी ट्रॉफी, ईरानी, ट्रॉफी, सी. के नायडू ट्रॉफी, देवधर ट्रॉफी, जी. डी. बिड़ला ट्रॉफी
हॉकी	आगा खां कप, बेगम रसूल ट्रॉफी, ध्यानचन्द ट्रॉफी, नेहरू ट्रॉफी, वेलिंगटन कप, मुरुगप्पा गोल्ड कप
फुटबॉल	डूरण्ड कप, रोवर्स कप, संतोष ट्रॉफी, सुब्रतो मुखर्जी कप
टेबल टेनिस	जय लक्ष्मी कप, बारनाबेलेक कप, रामानुज ट्रॉफी
बैडमिण्टन	नारंग कप, चड्ढा कप, थॉमस कप, उबेर कप, सैय्यद मोदी कप
टेनिस	ग्रेण्ड स्लैम, डेविस कप, हॉपमैन कप
बास्केट बॉल	नेहरू कप, फेडरेशन कप
पोलो	ऐजरा कप, राधा मोहन कप

खेल एवं खिलाड़ियों की संख्या

खेल	खिलाड़ियों की संख्या
क्रिकेट	11
हॉकी	11
फुटबॉल	11
रग्वी फुटबॉल	15
खो-खो	9
बेस-बॉल	9
जिमनास्टिक	8
कबड्डी	7
वाटर पोलो	7
बालीबॉल	6
बॉस्केट बॉल	5
पोलो	4
टेनिस व टेबल टेनिस	1 या 2
बैडमिण्टन	1 या 2

खेलों से सम्बन्धित महत्त्वपूर्ण शब्दावली

क्रिकेट	एल बी डब्ल्यू, सिली प्वॉइन्ट, ऐशेज, मेडेन ओवर, आउट स्विंग, पिच, गुगली, फॉलो-ऑन, ड्राइव, चायनामैन, बाई, लेग-कट, स्टम्प, नो बॉल, हैट्रिक, रन आउट, स्ट्रोक, स्विंग, बॉलर, बैट्समैन, वाइड थ्रो, स्ट्रोक, कवर स्लिप, गली, कवर प्वॉइन्ट, हुक, डेड बाल, लॉग आन, थर्ड मेन, हिट विकेट, थ्रो, मिड आन आदि।
शतरंज	चेकमेट, बिशप गैम्बिट, स्टेलमेट, कैसेलिंग, पौन, फिडे, नाइट, चेक, कैशल, पीसेज, रैक ग्रैण्डमास्टर आदि।
हॉकी	ड्रिबल, स्टिक, बुली, हैट्रिक, शॉई कॉर्नर, पेनाल्टी, कॉर्नर, स्कूप, कट साइड लाइन, रैफरी, ट्राई ब्रेकर कटिंग सेन्टर फॉरवर्ड, पुश इन, हाफ वाली, फुल बैक आदि।
गोल्फ	कोर्स, होल, पुट, लिंक्स, टी, स्टाइमी, बैफी, कैडी बोगी, फोरसम, आयरन, पुटिंग बंकर, लाई पोस्ट आदि।
घुड़दौड़	पण्टर, हर्डलास, जाकी, डेड हीट, फेंस, स्टैक्स आदि।
पोलो	बण्डर, चकर, मैलेट, हुक गेलोपिंग, हैडी, कैप बंकर, चुक्का, एंगलशाट, एरिल रेल आदि।
तैराकी	फ्री स्टाइल, क्राल, ब्रेस्ट स्ट्रोक, बटरफ्लाई, जेन आदि।
टेनिस	स्मैश, एडवाण्टेज, बैक हैण्ड, फाल्ट, ड्यूस चाप, सर्विस लव, चेज, सेट, इन, आउट, आदि।
वॉलीबॉल	वॉली, डिगपास, ओवर लैपिंग, बूस्टर, हुक, सर्व लव, फ्लोटर, स्विच, एरियल, रैफ्री, रोटेशन आदि।
कुश्ती	हाफ नेल्सन, स्टिकलर्स, हीव, काशन, फ्रैडल, डागफल, एक्टिव, अटैक, हेल्ड आदि।
बास्केट बॉल	ब्लाकिंग ड्रिवलिंग जम्प बॉल, हैण्ड बॉल, मल्टीपल थ्रो, पिवट होल्डिंग, फ्री थ्रो, रिंगगार्ड प्वॉइण्ट, पिक, डेड बाल, पिनोट लीडपास आदि।
बैडमिण्टन	स्मैश, ड्राप, नेट, गेम, लव, फाल्ट, डबल फाल्ट डाइव, लेट, ड्यूस, सर्विस, ब्रेक, क्रासशाट आदि
बॉक्सिग	हिटिंग बिलो द बेल्ट, गार्ड हैंग ऑन, जैब, हुक, पंच, नाक आउट, अपर कट, किडनी पंच, राउण्ड रिंग, ब्रेक, बेल, बेल्ट, ब्लो, बाउन्स, राउण्ड आदि।
बेसबॉल	बैटिंग, पिचर, होम, पुट, आउट, स्ट्राइक, कैचर, डायमण्ड, हिटर, आउट फील्ड, बेसमैन, होम रन।
फुटबॉल	डायरेक्ट किक, ऑफ साइड, ड्रिबल, पेनाल्टी किक, हैट्रिक, टच लाइन, स्टापर, थ्रो इन, फ्री किक, विंगर, स्वीपर, कॉर्नर किक।

भारतीय रक्षा-प्रतिरक्षा

भारतीय रक्षा सेनाओं का सर्वोच्च कमाण्डर भारतीय राष्ट्रपति होता है। संसद में सुरक्षा सम्बन्धी विषयों का उत्तरदायित्व रक्षामन्त्री का होता है।

भारतीय सशस्त्र सेनाओं को तीन भागों थल सेना, नौसेना तथा वायुसेना में बाँटा जाता है।

सेना कमानों में संगठित होती है। प्रत्येक कमान का सर्वोच्च अधिकारी कमाण्डिंग-इन चीफ होता है।

भारतीय सेना की कमान एवं मुख्यालय

थल सेना	नौसेना	वायुसेना
कमान मुख्यालय	कमान मुख्यालय	कमान मुख्यालय
1. उत्तरी उधमपुर	1. दक्षिणी कोच्चि	1. दक्षिणी तिरुवनन्तपुरम
2. दक्षिणी पुणे	2. पूर्वी विशाखापन्तनम	2. पश्चिमी सुब्रतो पार्क
3. पूर्वी कोलकाता	3. पश्चिमी मुम्बई	3. पूर्वी शिलांग
4. पश्चिमी चण्डीमन्दिर		4. दक्षिण-पश्चिम गांधीनगर
5. मध्य लखनऊ		5. मध्य इलाहाबाद
6. दक्षिण-पश्चिमी जयपुर		6. मेंटेनेन्स नागपुर
7. ट्रेनिंग कमाण्ड शिमला		7. प्रशिक्षण बंगलुरु

सेना में कमीशण्ड पदों की श्रेणियाँ

थल सेना	नौसेना	वायु सेना
जनरल	एडमिरल	एयर चीफ मार्शल
लेफ्टिनेंट जनरल	वाइस एडमिरल	एयर मार्शल
मेजर जनरल	रियर एडमिरल	एयर वाइस मार्शल
ब्रिगेडियर	कमोडोर	एयर कॉमोडोर
कर्नल	कैप्टन	ग्रुप कैप्टन
लेफ्टिनेंट कर्नल	कमाण्डर	विंग कमाण्डर
मेजर	लेफ्टिनेंट कमाण्डर	स्क्वाड्रन लीडर
कैप्टन	लेफ्टिनेंट	फ्लाइट लेफ्टिनेंट
लेफ्टिनेंट	सब-लेफ्टिनेंट	फ्लाइंग ऑफिसर

रक्षा प्रौद्योगिकी

भारत के विविध प्रक्षेपास्त्र

प्रक्षेपास्त्र	किस्म
पृथ्वी	सतह-से-सतह कम दूरी का वैलिस्टिक प्रक्षेपास्त्र।
त्रिशूल	सतह से हवा (मारक क्षमता 500 मी से 9 किमी)।
आकाश	सतह से हवा बहुक्षेपीय प्रेक्षेपास्त्र (मारक क्षमता 25-30 किमी)।
नाग	टैंकरोधी निर्देशित प्रक्षेपास्त्र (मारक क्षमता 4-9 किमी)।
अग्नि	सतह-से-सतह मध्यम दूरी का बैलिस्टिक प्रक्षेपास्त्र (इसकी अब तक पाँच शृंखला आ चुकी है)।
धनुष	जमीन-से-जमीन पर मार करने वाला प्रक्षेपास्त्र (मारक क्षमता 500 किग्रा आयुध के साथ 350 किमी)।
ब्रह्मोस	जमीन-से-जमीन पर मार करने वाला प्रक्षेपास्त्र (मारक क्षमता 300 किग्रा आयुध के साथ 290 किमी)।
सागरिका	जमीन से जल की गहराई तक मार करने वाला प्रक्षेपास्त्र।
नाग	ठोस ईंधन पर आधारित एंटी टैंक प्रक्षेपास्त्र।
प्रहार	सतह-से-सतह पर मार करने वाला प्रक्षेपास्त्र।

प्रमुख सैन्य विमान

विमान	विशेष तथ्य
सुखोई-30	इसका निर्माण रूस की सुखोई कम्पनी द्वारा किया गया है। यह दो इंजनों वाला मल्टीरोल फाइटर प्लेन है। इससे विभिन्न किस्म की 12 मिसाइलें एक साथ दागी जा सकती हैं।
मिग-29 K	यह दो इंजन वाला फाइटर प्लेन है। इसका उपयोग भारतीय नौ सेना द्वारा किया जाता है।
मिराज -2000	यह एकल इंजन मन्टीरोल लड़ाकू विमान है। इसका निर्माण फ्रांस की कम्पनी डसॉल्ट एविएशन द्वारा किया गया है।
तेजस	यह विश्व का सबसे छोटा, हल्का, बहुउद्देशीय सुपरसैनिक लड़ाकू विमान है।
निशान्त	पायलट रहित प्रशिक्षण विमान स्वदेशी तकनीकी से बना है। यह राडार की पकड़ में नहीं आता है।
राफेल	फ्रेंच कम्पनी द साल्ट एविएशन द्वारा निर्मित चौथी पीढ़ी से आगे का विमान है।
अवाक्स	एयरबार्न वार्निंग एण्ड कण्ट्रोल सिस्टम से लैस एक लड़ाकू विमान है।
पंछी	यह निशान्त का आधुनिक संस्करण है। यह छोटी पट्टी से भी उड़ान भरने में सक्षम है।

प्रमुख पनडुब्बियाँ विमानवाहक एवं युद्धपोत

आई एन एस विराट	विराट अधिक क्षमता वाला पोत है। 28500 टन भार और 27 फुट गहराई वाले विराट को ब्रिटिश रॉयल नेवी में एच एम एस हर्मिज के नाम से वर्ष 1959 में अधिकृत किया गया। विराट के रूप में हर्मिज को मई, 1987 में भारतीय नौसेना में शामिल किया गया।
आई एन एस विभूति	पहली स्वदेशी निर्मित मिसाइल नाव जिसे वर्ष 1991 में मझगाँव बन्दरगाह, मुम्बई में उतारा गया।
आई एन एस विपुल	दूसरी मिसाइल नाव जिसे मझगाँव बन्दरगाह मुम्बई में रूस के सहयोग से निर्मित किया गया। इसमें थल-से-थल और थल से हवा तक की मिसाइल मौजूद हैं।
आई एन एस शाल्की	पहली स्वदेश निर्मित पनडुब्बी जिसे वर्ष 1994 में अधिकार में लिया गया था।
आई एन एस विक्रमादित्य	यह संवर्द्धित कीव-श्रेणी का विमानवाहक पोत है, जिसकी वहन क्षमता 45400 टन एवं गति 32 नॉट (59 किमी/घण्टा) है। 14 जून, 2014 को इसे भारत के प्रधानमन्त्री ने औपचारिक रूप से भारतीय नौसेना में शामिल किया।
आई एन एस प्रबल	स्वदेशी तकनीकी से निर्मित सतह-से-सतह पर मार करने वाले प्रक्षेपास्त्रों से लैस युद्धपोत नौसेना के पश्चिमी कमान में शामिल। इसकी गति 35 समुद्री मील-घण्टा है।
आई एन एस सतपुड़ा	यह दूसरा स्वदेश निर्मित गुप्त युद्धपोत है; P-17 युद्धपोत की श्रेणियों में दूसरा है। इसके अन्तर्गत विकसित थल-से-थल और थल से हवा तक के मिसाइल और उच्च तकनीक वाला राडार और संचार सामग्रियाँ शामिल हैं।
आई एन एस चक्र-2	4 अप्रैल, 2012 को इस परमाणु पनडुब्बी को भारतीय नौ सेना के बेड़े में (रूस से 10 वर्षों के लिए पट्टे पर) शामिल किया गया। समुद्र में इसकी गति 30 नॉट (55 किमी प्रति घण्टा) है।
सी 402	भारतीय तटरक्षक जहाज सी-402 का निर्माण लार्सन एण्ड टूब्रो (सूरत) ने किया, इसका प्रयोग पेट्रोलिंग बचाव एवं समुद्री अभियानों में किया जाएगा।
आई एन एस अरिहन्त	देश में निर्मित पहली परमाणु पनडुब्बी
आई एन एस वैभव	यह 90 मी वर्ग में समुद्र निगरानी जहाज (ओ पी वी) शृंखला का तीसरा संस्करण है। मई, 2013 को तूतीकोरिन में जलावतरण किया गया।
आई एन एस त्रिकन्द	रूस निर्मित तलवार श्रेणी का युद्धपोत है। ब्रह्मोस मिसाइल सिस्टम से लैस होगा।
आई एन एस विक्रान्त	जलावतरण अगस्त, 2013 को कोच्चि में किया गया। देश के प्रथम विमानवाहक पोत विक्रान्त के नाम पर ही इस स्वदेशी विमानवाहक युद्धपोत का नामकरण किया गया।
आई एन एस अस्त्रधारिणी	भारतीय नौसेना ने पहले स्वदेशी निर्मित और डिजाइन किए गए टारपीडो लॉन्च एवं रिकवरी पोत का 6 अक्टूबर, 2015 को विशाखापट्टनम (आन्ध्र प्रदेश) में जलावतरण किया।
आई एन एस कोच्चि	रक्षा मन्त्री मनोहर पर्रिकर ने 30 सितम्बर, 2015 को स्वदेश निर्मित सर्वाधिक बड़े युद्धपोत का मुम्बई में जलावतरण कर राष्ट्र को समर्पित किया।
आई एन एस-कलवारी	यह स्वदेशी तकनीक से निर्मित भारत की स्कॉर्पीन श्रेणी की पहली स्टेल्थ पनडुब्बी है। इस श्रेणी की पनडुब्बियों का विकास 'प्रोजेक्ट 75' के अन्तर्गत किया जा रहा है।
आई एन एस-कदमत्त	स्वदेशी तकनीक से निर्मित युद्धपोत का जलावतरण 7 जनवरी, 2016 को हुआ। यह पोत प्रोजेक्ट- 28 (पी- 28) के अन्तर्गत दूसरा पनडुब्बीरोधी युद्धपोत है।

प्रमुख टैंक

अर्जुन	इसका विकास डी आर.डी.ओ. ने किया है। 1400 हॉर्स पावर वाला यह टैंक अपने चारों ओर 360° घूमकर अचूक निशाना लगाता है। इस टैंक में एक विशेष प्रकार के फिल्टर के उपयोग के कारण जवानों की जहरीली गैसों एवं विकिरण प्रभाव से रक्षा होती है। इस फिल्टर का निर्माण बार्क (BARC) ने किया है।
T-90 (भीष्म)	मध्यम श्रेणी का युद्धक टैंक है (50 टन से कम वजन का है)। यह टैंक जैविक तथा रासायनिक आक्रमण की स्थिति में भी सक्रिय रह सकता है तथा बारूदी सुरंगों से भी स्वयं का बचाव कर सकता है।
कर्ण	द्वारा यह टैंक अर्जुन टैंक तथा रूसी टी-72 टैंक की विशेषताओं को मिलाकर बनाया गया है। यह मध्यम श्रेणी का हल्का टैंक है। जिसका वजन 48 टन है।
अर्जुन मार्क-II	भारत के स्वदेश निर्मित युद्धक टैंक का नवीन संस्करण अर्जुन मार्क II का परीक्षण 2011 में हुआ। वजन 66 टन, गति 40-60 किमी/घण्टा। यह मिसाइल दागने में सक्षम है।
भीम	डीआरडीओ द्वारा थल सेना के लिए स्वचालित तोप का विकास किया गया है। भीम की विशिष्टता यह है कि इस पर एक साथ 50 राउण्ड गोले रखे जा सकते हैं और इन्हें तोपों में भरने की स्वचालित व्यवस्था है।

संयुक्त राष्ट्र संघ

संयुक्त राष्ट्र संघ की स्थापना 'सैन फ्रांसिस्को सम्मेलन' (26 जून, 1945) के प्रस्ताव के आचरण पर 24 अक्टूबर, 1945 को हुई थी।

संयुक्त राष्ट्र का मुख्यालय न्यूयॉर्क (यू एस ए) में है। वर्तमान में इसकी सदस्य संख्या 193 है। नवीनतम सदस्य दक्षिणी सुडान है।

अंग्रेजी, फ्रेंच, चीनी, रूसी, अरबी तथा स्पेनिश इसकी छः आधिकारिक भाषाएँ हैं। प्रारम्भ की इसकी आधिकारिक भाषा अंग्रेजी और फ्रेंच थी।

संयुक्त राष्ट्र संघ के प्रमुख अंग

अंग	विशेष तथ्य
महासभा	यह संयुक्त राष्ट्र का एकमात्र अंग है, जिसमें संघ के सभी सदस्य देशों की सदस्यता प्राप्त है।
सुरक्षा परिषद्	सुरक्षा परिषद् विश्व शान्ति एवं सुरक्षा से सम्बन्धित है। इसमें 5 स्थायी सदस्य (अमेरिका, ब्रिटेन, चीन, फ्रांस, तथा रूस) तथा 10 अस्थायी सदस्य होते हैं।
आर्थिक एवं सामाजिक परिषद्	इसमें 54 सदस्य हैं। इसके कार्यो में युद्ध एवं शस्त्र की राजनीति को छोड़कर अन्तर्राष्ट्रीय महत्त्व के विषय आते हैं।
अन्तर्राष्ट्रीय न्यायालय	इस न्यायालय में 15 सदस्य होते हैं। इसका मुख्यालय हेग (नीदरलैण्ड) में है।
न्यास परिषद्	इस परिषद् के माध्यम से संयुक्त राष्ट्र का उन राष्ट्रों के प्रशासन एवं सुरक्षा से सम्बन्धित दायित्व स्पष्ट होता है जो द्वितीय विश्वयुद्ध के पश्चात् स्वतन्त्र नहीं हो पाए।
सचिवालय	यह संयुक्त राष्ट्र का प्रशासनिक अंग है। इसमें महासचिव होता है जिसकी नियुक्ति 5 वर्ष के लिए होती है। एंटोनियो गुटेरेस (पुर्तगाल) इसके महासचिव हैं।

संयुक्त राष्ट्र संघ के विभिन्न अभिकरण एवं अन्य संगठन

संगठन	स्थापना वर्ष	मुख्यालय
अन्तर्राष्ट्रीय श्रम संगठन	1919	जेनेवा (स्विट्जरलैण्ड)
अन्तर्राष्ट्रीय नागरिक उड्डयन संगठन	1944	मान्ट्रियल (कनाडा)
संयुक्त राष्ट्र खाद्य एवं कृषि संगठन	1945	रोम (इटली)
अन्तर्राष्ट्रीय पुनर्निर्माण एवं विकास बैंक	1946	वॉशिंगटन डी. सी (अमेरिका)
यूनेस्को	1946	पेरिस (फ्रांस)
विश्व स्वास्थ्य संगठन	1948	जेनेवा (स्विट्जरलैण्ड)
विश्व मौसम विभाग संगठन	1950	जेनेवा (स्विट्जरलैण्ड)
अन्तर्राष्ट्रीय परमाणु ऊर्जा अभिकरण	1957	वियना (ऑस्ट्रिया)
संयुक्त राष्ट्र औद्योगिक विकास संगठन	1966	वियना (ऑस्ट्रिया)
व्यापक परमाणु परीक्षण प्रतिबन्ध सन्धि संगठन	1996	वियना (ऑस्ट्रिया)
रासायनिक हथियार निषेध संगठन	1997	द हेग (नीदरलैण्ड)

अन्य प्रमुख अन्तर्राष्ट्रीय संगठन

संगठन	स्थापना वर्ष	मुख्यालय
रेडक्रॉस	1863	जेनेवा (स्विट्जरलैण्ड)
इण्टरपोल	1923	लियॉन्स (फ्रांस)
राष्ट्रमण्डल	1949	लंदन (ब्रिटेन)
उत्तरी अटलाण्टिक सन्धि संगठन (NATO)	1949	ब्रुसेल्स (बेल्जियम)
यूरोपियन संघ	1958	ब्रुसेल्स (बेल्जियम)
गुटनिरपेक्ष आन्दोलन	1961	जकार्ता (इण्डोनेशिया)
आसियान	1967	जकार्ता (इण्डोनेशिया)
एशियाई विकास बैंक	1967	मनीला (फिलीपीन्स)
एशिया-प्रशान्त आर्थिक सहयोग संगठन	1989	सिंगापुर
दक्षिण एशियाई क्षेत्रीय सहयोग संगठन (सार्क)	1985	काठमाण्डू (नेपाल)
शंघाई संहयोग संगठन	2001	बीजिंग
ट्रांस पेसिफिक पार्टनरशिप	2015	आकलैण्ड (न्यूजीलैण्ड)

भारत की आन्तरिक सुरक्षा व्यवस्था (अर्द्धसैनिक और नागरिक बल)

नाम	मुख्यालय	स्थापना	प्रमुख	उद्देश्य
असम राइफल्स (AR)	शिलाँग	1835	महानिदेशक	पूर्वोत्तर में भारत-म्यांमार सीमा और भारत-चीन सीमा की सुरक्षा कानून-व्यवस्था बनाए रखने, आन्तरिक शान्ति बनाए रखना आदि।
केन्द्रीय रिजर्व पुलिस (CRPF)	नई दिल्ली	1939	महानिदेशक	सम्पूर्ण देश में कानून एवं व्यवस्था कायम रखने में राज्यों की सहायता करना।
भारत-तिब्बत सीमा पुलिस (ITBP)	नई दिल्ली	1962	महानिदेशक	उत्तरी सीमाओं की सुरक्षा सुनिश्चित करने सीमावर्ती लोगों में सुरक्षा की भावना बढ़ाना।
सशस्त्र सीमा बल (SSB)	नई दिल्ली	1963	महानिदेशक	नेपाल और भूटान सीमाओं की चौकसी करता है।
सीमा-सुरक्षा बल (BSF)	नई दिल्ली	1965	महानिदेशक	देश की अन्तर्राष्ट्रीय सीमाओं की चौकसी, आपातकाल में आन्तरिक सुरक्षा में सहयोग करना।
केन्द्रीय औद्योगिक सुरक्षा बल (CISF)	नई दिल्ली	1969	महानिदेशक	केन्द्रीय सरकार के औद्योगिक परिसरों में कार्यरत कारीगरों और वहाँ की सम्पत्ति की सुरक्षा करना
भारतीय तटरक्षक दल	नई दिल्ली	1978	महानिदेशक	समुद्री सीमाओं एवं समुद्री क्षेत्रों में भारत के राष्ट्रीय हितों की रक्षा करना। (प्रशिक्षण स्थान हैदराबाद)
राष्ट्रीय सुरक्षा गाड्‌र्स (NSG)	नई दिल्ली	1984	महानिदेशक	यह आतंकवादी गतिविधियों की चुनौती का सामना करता है। इसके सदस्य को ब्लैक कैट, के नाम से जाना जाता है। इसकी ट्रेनिंग मानेसर (हरियाणा) में होती है।।

खेलों की दुनिया

प्रमुख खेल	विशेष तथ्य
ओलम्पिक खेल	इसका प्रारम्भ 776 ई. पू. (यूनान) में हुआ था। इस प्रतियोगिता के ध्वज में प्रतीक के रूप में पाँच चक्र का प्रयोग हुआ है जो पाँच महाद्वीपों का प्रतिनिधित्व करता है। यह खेल प्रत्येक 4 वर्ष पर आयोजित होता है। वर्ष 2020 का ओलम्पिक टोकियो (जापान) में हुआ तथा वर्ष 2024 का ओलम्पिक पेरिस (फ्रांस) में आयोजित होगा।
एशियाई खेल	इसका शुभारम्भ 4 मार्च, 1951 को दिल्ली में हुआ था। इसका आदर्श वाक्य 'स्वर ऑनवर्ड' है। वर्ष 2026 में एशियाई खेलों का आयोजन नागोया (जापान) में होगा।
राष्ट्रमण्डल	इसकी शुरुआत वर्ष 1930 हेमिल्टन (कनाडा) में हुई थी। इसमें केवल राष्ट्रमण्डल सदस्य देश ही भाग लेते हैं। राष्ट्रमण्डल खेल वर्ष 2022 में बर्मिंघम (इंग्लैण्ड) में आयोजित हुआ।
क्रिकेट	इसका जन्मदाता इंग्लैण्ड है। क्रिकेट का पहला टेस्ट मैच वर्ष 1877 में ऑस्ट्रेलिया और इंग्लैण्ड के बीच मेलबार्न में हुआ था। अन्तर्राष्ट्रीय क्रिकेट परिषद् (ICC) की क्रिकेट सर्वोच्च संस्था है। वर्ल्ड कप, चैम्पियन ट्रॉफी, आई पी एल आदि इसके प्रमुख टूर्नामेण्ट हैं।
हॉकी	यह भारत का राष्ट्रीय खेल है। हॉकी का पहला संगठित क्लब वर्ष 1861 ई. में स्थापित ब्लैकहीथ एबी एण्ड हॉकी क्लब है। वर्ष 2023 में पुरुष हॉकी विश्वकप का आयोजन ओडिशा (भारत) में किया गया।
फुटबॉल	इसका जन्मदाता इंग्लैण्ड है। वर्ष 1857 में इंग्लैण्ड में विश्व का पहला फुटबॉल क्लब 'शेफील्ड फुटबॉल' का गठन किया गया। वर्ष 2026 में विश्व फुटबॉल का वर्ल्ड कप यू.एस.ए., मैक्सिको व कनाडा में आयोजित होगा।
शतरंज	7वीं सदी में प्रारम्भ इस खेल में एक बोर्ड होता है, जिसमें कुल 64 खाने होते हैं।
निशानेबाजी	वर्ष 1896 में यह ओलम्पिक खेलों में शामिल हुआ। इसकी पहली विश्व चैम्पियनशिप वर्ष 1897 में आयोजित की गई थी।
टेनिस	यह लॉन टेनिस तथा टेबल टेनिस प्रकार में खेला जाता है। लॉन टेनिस में ग्रेण्ड स्लैम प्रतियोगिता आयोजित होती है।

खेल पुरस्कार

आई सी सी अवार्ड्स यह क्रिकेट जगत का सर्वोच्च अन्तर्राष्ट्रीय पुरस्कार है। इस खेल से जुड़े खिलाड़ियों एवं अम्पायरों को प्रति वर्ष यह पुरस्कार अन्तर्राष्ट्रीय क्रिकेट कॉउन्सिल द्वारा प्रदान किया जाता है।

फीफा अवार्ड्स फीफा, फुटबॉल, की सबसे बड़ी अन्तर्राष्ट्रीय संस्था है। इसके द्वारा वर्ष 1930 से फुटबॉल के क्षेत्र में उत्कृष्ट प्रदर्शन करने वाले खिलाड़ियों को 'गोल्डन बूट' गोल्डन बॉल तथा गोल्डन गलब्स आदि के नाम से पुरस्कार देती है।

राजीव गाँधी खेल रत्न पुरस्कार (मेजर ध्यानचन्द खेल रत्न पुरस्कार) वर्ष 1991-92 में प्रारम्भ यह पुरस्कार भारत सरकार के खेल मन्त्रालय द्वारा खेल के क्षेत्र में दिया जाने वाला सर्वोच्च भारतीय सम्मान है। विश्वनाथन आनन्द यह पुरस्कार प्राप्त करने वाले प्रथम व्यक्ति हैं।

अर्जुन पुरस्कार वर्ष 1961 से प्रारम्भ यह पुरस्कार किसी खिलाड़ी को अन्तर्राष्ट्रीय स्तर पर उसके पिछले 3 वर्षों की उपलब्धियों पर प्रदान किया जाता है।

द्रोणाचार्य पुरस्कार वर्ष 1985 से प्रारम्भ यह पुरस्कार विख्यात खेल प्रशिक्षकों को सम्मानित करने हेतु भारत सरकार द्वारा प्रदान किया जाता है।

ध्यानचन्द पुरस्कार वर्ष 2002 से प्रारम्भ यह पुरस्कार विभिन्न खेलों में जीवनभर विशिष्ट योगदान देने वाले व्यक्ति को भारत सरकार द्वारा प्रदान किया जाता है।

✓ अति महत्त्वपूर्ण प्रश्न

1 अशोक स्तम्भ को राष्ट्रीय चिह्न रूप में भारत सरकार द्वारा कब अपनाया गया था?
(a) 30 मार्च, 1929 (b) 30 दिसम्बर, 1931
(c) 26 जनवरी, 1950 (d) 15 अगस्त, 1947

2 22 जुलाई, 1944 को तिरंगा को राष्ट्रीय ध्वज के रूप में किसके द्वारा अपनाया गया था?
(a) गवर्नर कौंसिल द्वारा (b) संविधान सभा द्वारा
(c) मन्त्रिमण्डल द्वारा (d) वायसराय परिषद् द्वारा

3 राष्ट्रगान को सर्वप्रथम किस कांग्रेस अधिवेशन में गाया गया था?
(a) 1911 के अधिवेशन में (b) 1893 के अधिवेशन में
(c) 1916 के अधिवेशन में (d) 1924 के अधिवेशन में

4 किसका वर्णन 'आनन्दमठ' में मिलता है?
(a) राष्ट्रगान (b) राष्ट्रगीत
(c) राष्ट्रीय पुष्प (d) राष्ट्रीय पशु

5 'राष्ट्रगीत' की रचना किसने की है?
(a) रवीन्द्रनाथ टैगोर (b) बंकिमचन्द्र चटर्जी
(c) भूपेन हजारीका (d) राजाराम मोहन राय

6 'राष्ट्रगीत' सर्वप्रथम किस अधिवेशन में गाया गया था?
(a) 1893 (b) 1896 (c) 1906 (d) 1908

7 भारत का राष्ट्रीय 'पंचाग' किस पर आधारित है?
(a) विक्रम संवत् (b) दीन-ए-इलाही
(c) शक संवत् (d) इनमें से कोई नहीं

8 सारनाथ कहाँ पर स्थित है?
(a) उत्तर प्रदेश (b) बिहार (c) मध्य प्रदेश (d) छत्तीसगढ़

9 शक् संवत् की शुरुआत कब से मानी जाती है?
(a) 72 ई. (b) 78 ई.
(c) 69 ई. (d) 312 ई.

10 भारत के राष्ट्रीय फल 'आम' का वैज्ञानिक नाम क्या है?
(a) 'पावो क्रिस्टेट्स (b) पैंथरा लिन्नायस
(c) फाइकस बेथालेसिस (d) मेन्जिफैरा इण्डिका

11 5 अक्टूबर, 2009 को किस जीव को राष्ट्रीय जलीय जीव का दर्जा प्रदान किया गया?
(a) सार्क (b) डॉल्फिन
(c) झींगा (d) दरियाई घोड़ा

12 भारत का राष्ट्रीय वाक्य 'सत्यमेव जयते' कहाँ से लिया गया है।
(a) जवालोकोपनिषद्
(b) कठोपनिषद्
(c) मुण्डकोपनिषद्
(d) जयसंहिता

13 भारत का प्रथम लोकसभा अध्यक्ष कौन था?
(a) जी. वी मावलंकर
(b) बी. आर अम्बेडकर
(c) जे. बी. कृपलानी
(d) श्यामा प्रसाद मुखर्जी

14 प्रथम परमवीर चक्र विजेता कौन था?
(a) श्री शंकर कुरूप
(b) सोमनाथ शर्मा
(c) राकेश शर्मा
(d) मानिक शॉ

15 सुमेलित कीजिए।

1. प्रथम गृहमन्त्री	(i) हीरा लाल जे कालिया
2. प्रथम मुख्य चुनाव आयुक्त	(ii) के. एम करियप्पा
3. प्रथम थल सेना अध्यक्ष	(iii) सुकुमार सेन
4. प्रथम मुख्य न्यायाधीश	(iv) वल्लभ भाई पटेल

कूट

	A	B	C	D
(a)	1	2	3	4
(b)	1	3	2	4
(c)	4	3	2	1
(d)	4	1	2	3

16 भारत की प्रथम महिला आई.ए.एस. अधिकारी कौन थी?
(a) किरण बेदी
(b) लीला सेठ
(c) अन्ना जॉर्ज
(d) विजयालक्ष्मी पण्डित

17 भारतीय राष्ट्रीय कांग्रेस की प्रथम विदेशी महिला अध्यक्ष कौन थी?
(a) सरोजिनी नायडू
(b) एनी बेसेण्ट
(c) सुचेता कृपलानी
(d) मदर टेरेसा

18 ऑस्कर पुरस्कार जीतने वाली प्रथम भारतीय महिला कौन थी?
(a) जयन्ति पटनायक
(b) उरसूल पुकुट्टी
(c) कमलजीत सन्धु
(d) भानु अथैया

19 सुमेलित कीजिए।

1. राष्ट्रीय महिला आयोग को प्रथम अध्यक्ष	(i) आशापूर्णा देवी
2. भारत रत्न से सम्मानित प्रथम महिला	(ii) जयन्ति पटनायक
3. ज्ञानपीठ पुरस्कार प्राप्तकर्ता प्रथम महिला	(iii) इन्दिरा गाँधी
4. प्रथम भारतीय मिस यूनिवर्स	(iv) सुष्मिता सेन

कूट

	A	B	C	D
(a)	1	2	3	4
(b)	2	3	1	4
(c)	3	1	2	4
(d)	4	3	2	1

20 भारत के प्रथम उपग्रह आर्यभट्ट का प्रक्षेपण कब हुआ था?
(a) वर्ष 1970 (b) वर्ष 1975 (c) वर्ष 1980 (d) वर्ष 1985

21 2001 में भारतीय सेना में शामिल किया जाने वाला तेजस क्या है?
(a) टैंक
(b) मिसाइल
(c) युद्धक विमान
(d) रडार

22 भारत में प्रथम परमाणु रिएक्टर की स्थापना कहाँ हुई थी?
(a) तारापुर (b) ट्राम्बे (c) बम्बे हाई (d) नागपुर

23 भारत का प्रथम वायोस्फीयर रिजर्व कौन-सा है?
(a) नीलगिरी
(b) जिम कार्बेट
(c) चिल्का
(d) बुलर

24 भारत के प्रथम महिला न्यायालय की स्थापना कहाँ हुई थी?
(a) माल्दा
(b) तारापुर
(c) नोआखली
(d) सहारनपुर

25 भारत की सबसे बड़ी खारे पानी की स्थलबद्ध झील कौन-सी है?
(a) चिल्का
(b) साम्भर
(c) बुलर
(d) टिहरी

26 भारत का सबसे बड़ा पशु मेला कहाँ लगता है?
(a) पुष्कर (राजस्थान)
(b) कुम्भ (उज्जैन)
(c) सोनपुर (बिहार)
(d) पंचमढ़ी (मध्य प्रदेश)

27 'ढ़ोला सदिया पुल' भारत का सबसे लम्बा नदी पुल है यह किस नदी पर बना है?
(a) गंगा
(b) गोदावरी
(c) ऋजरेखा
(d) लोहित

28 दक्षिण भारत की गंगा कही जाने वाली 'गोदावरी' नदी की लम्बाई कितनी है?
(a) 2525 किमी
(b) 1000 किमी
(c) 1465 किमी
(d) 2000 किमी

29 भारत के राज्यों में किस राज्य की तटरेखा सबसे लम्बी है?
(a) गुजरात (b) मुम्बई (c) केरल (d) आन्ध्र प्रदेश

30 बुलन्द दरवाजा का निर्माण किसने करवाया था?
(a) अकबर
(b) राणा सांगा
(c) महाराणा प्रताप
(d) हुमायूँ

31 भारत का सबसे लम्बा राष्ट्रीय राज मार्ग कौन-सा है?
(a) NH-8
(b) NH-44
(c) NH-7
(d) NH-108

32 सुमेलित कीजिए।

1. बारदौली	(i) वल्लभ भाई पटेल
2. पवनार	(ii) विनोवा भावे
3. बेलूर मठ	(iii) रामकृष्ण परमहंस
4. पॉण्डिचेरी	(iv) अरविन्द घोष

कूट

	A	B	C	D
(a)	1	2	3	4
(b)	1	3	2	4
(c)	4	3	2	1
(d)	2	1	4	3

33 'ग्रैण्ड ओल्ड मैन ऑफ इण्डिया' के नाम से किसे जाना जाता है?
(a) महात्मा गाँधी
(b) श्यामा प्रसाद मुखर्जी
(c) दादा भाई नौरोजी
(d) सुरेन्द्र नाथ बनर्जी

34 रेमन मैग्सेसे पुरस्कार प्राप्त करने वाला प्रथम भारतीय कौन था?
(a) सोमनाथ शर्मा
(b) विनोबा भावे
(c) राकेश शर्मा
(d) रंगनाथ मिश्र

35 'सरोजनी नायडू' को किस उपनाम से जाना जाता है?
(a) नाइटिंगल ऑफ इण्डिया
(b) उड़न परी
(c) स्वर कोकिला
(d) बिहार केसरी

36 सुमेलित कीजिए

1. नारायण घाट	(i) इन्दिरा गाँधी
2. शक्ति स्थल	(ii) गुलजारी लाल नन्दा
3. किसान घाट	(iii) ज्ञानी जैल सिंह
4. एकता स्थल	(iv) चौधरी चरण सिंह

कूट

	A	B	C	D		A	B	C	D
(a)	1	2	3	4	(b)	2	1	4	3
(c)	4	3	2	1	(d)	3	2	4	1

37 नेताजी की उपाधि सुभाष चन्द्र बोस को किसने दी थी?
(a) मुसोलनी (b) हिटलर
(c) मेजनी (d) काबुट

38 सर्वोच्च नागरिक सम्मान 'भारत रत्न' सर्वप्रथम किस वर्ष दिया गया?
(a) वर्ष 1947 (b) वर्ष 1950
(c) वर्ष 1954 (d) वर्ष 1958

39 भारत का दूसरा सर्वोच्च नागरिक सम्मान कौन-सा है?
(a) पद्म विभूषण (b) पद्म भूषण
(c) पद्म श्री (d) महावीर चक्र

40 संविधान की आठवीं सूची में कितनी भाषाओं को शामिल किया गया है?
(a) 18 (b) 22 (c) 27 (d) 30

41 ज्ञानपीठ पुरस्कार कब से प्रदान किया जाता है?
(a) वर्ष 1965 (b) वर्ष 1970
(c) वर्ष 1972 (d) वर्ष 1985

42 के. के. बिडला ग्रुप के द्वारा साहित्य के क्षेत्र में कौन-सा पुरस्कार दिया जाता है?
(a) साहित्य अकादमी (b) दादा साहेब फाल्के
(c) सरस्वती सम्मान (d) मूर्ति सम्मान

43 भारत का दूसरा सर्वोच्च सैन्य सम्मान कौन-सा है?
(a) अशोक चक्र (b) वीर चक्र
(c) महावीर चक्र (d) परमवीर चक्र

44 भारत में पिन कोड प्रणाली का आरम्भ कब हुआ था?
(a) वर्ष 1972 (b) वर्ष 1976
(c) वर्ष 1986 (d) वर्ष 2000

45 महानगर टेलीफोन निगम लिमिटेड की स्थापना कब हुई थी?
(a) वर्ष 1986 (b) वर्ष 2000 (c) वर्ष 2004 (d) वर्ष 2007

46 केन्द्रीय तम्बाकू अनुसन्धान संस्थान का मुख्यालय 'राजमुन्दरी' किस राज्य में स्थित है?
(a) तेलंगाना (b) आन्ध्र प्रदेश
(c) तमिलनाडु (d) केरल

47 केन्द्रीय वनस्पति अनुसन्धान संस्थान का मुख्यालय कहाँ स्थित है?
(a) कानपुर (b) सहारनपुर (c) लखनऊ (d) मेरठ

48 'द ह्वाइट टाइगर' के लेखक कौन हैं?
(a) अमृता प्रीतम (b) किरण देसाई
(c) सुमित्रा महापात्रा (d) अरविन्द अडिगा

49 'भारत का पहला डाक-टिकट कहाँ से मुद्रित हुआ था?
(a) मुम्बई (b) कोलकाता (c) चेन्नई (d) केरल

50 शत्रुघ्न सिन्हा ने वर्ष 2017 में कौन-सी पुस्तक लिखी है?
(a) एनीथिंग बट खामोश (b) एवरीकिंग बट खामोश
(c) खामोश (d) नो डाउट

51 वर्ष 2017 में हिन्द का साहित्य अकादमी पुरस्कार किसे दिया गया?
(a) पदम सचदेव (b) तसलीमा नसरीन
(c) गीत झावेरी (d) रमेश कन्तुल मेघ

52 सुमेलित कीजिए

1. यामा	(i) महादेवी वर्मा
2. मैला आँचल	(ii) फणीश्वर नाथ रेणु
3. काली आँधी	(iii) कमलेश्वर
4. कामायनी	(iv) जयशंकर प्रसाद

कूट

	A	B	C	D		A	B	C	D
(a)	4	3	1	2	(b)	1	2	3	4
(c)	1	4	2	3	(d)	4	1	2	3

53 किस तारीख को अन्तर्राष्ट्रीय योग दिवस मनाया जाता है?
(a) 21 जून (b) 5 जून
(c) 12 मार्च (d) 1 दिसम्बर

54 ऑस्कर पुरस्कार जीतने वाला प्रथम मुस्लिम अभिनेता कौन है?
(a) महेरशला अली (b) मोहम्मद अली
(c) एम. रहमान (d) हैदर अली

55 माउन्ट एवरेस्ट पर चढ़ने वाली प्रथम महिला जुनको तबेई किस देश की है?
(a) चीन (b) थाइलैण्ड (c) मलेशिया (d) जापान

56 विश्व का वह पहला देश कौन-सा था जिसने मृत्युदण्ड को समाप्त कर दिया?
(a) न्यूजीलैण्ड (b) वेनेजुएला (c) स्वीडन (d) आयरलैण्ड

57 'नक्शा' बनाने वाला विश्व का प्रथम देश कौन था?
(a) मेसोपोटामिया (b) सुमेरिया (c) सिन्धु (d) वेबीलोन

58 हिरोशिमा पर गिराए गए परमाणु बम का नाम क्या था?
(a) फैटमेन (b) लिटिल बॉय
(c) स्मॉल बॉय (d) बीगमैन

59 चीन की सीमा कितने देशो से लगती है?
(a) 10 देश (b) 12 देश (c) 14 देश (d) 16 देश

60 मैरियाना गर्त किस महासागर का हिस्सा है?
(a) प्रशान्त महासागर (b) अटलाण्टिक महासागर
(c) हिन्द महासागर (d) आर्कटिक महासागर

61 विश्व का सबसे बड़ा मन्दिर अंकोरवाट का मन्दिर किस देश में स्थित है?
(a) इण्डोनेशिया (b) थाइलैण्ड (c) कम्बोडिया (d) सिंगापुर

62 'माजुली' नामक विश्व का सबसे बड़ा नदी-द्वीप किस नदी पर स्थित है?
(a) ब्रह्मपुत्र (b) नील (c) अमेजन (d) गंगा

63 'मैग्नॉट रेखा' किन देशों के बीच स्थित है?
(a) जर्मनी एवं पोलैण्ड
(b) जर्मनी एवं फ्रांस
(c) रूस एवं फिनलैण्ड
(d) उत्तर कोरिया एवं दक्षिण कोरिया

64 'मजलिस' किस देश की संसद का नाम है?
(a) इजरायल (b) अर्जेण्टीना (c) इराक (d) ईरान

65 यूनाइटेड किंगडम सरकार की अधिकारिक रिपोर्ट को क्या कहा जाता है?
(a) ब्ल्यू बुक (b) ग्रीन बुक (c) ग्रे बुक (d) ओरेंज बुक

66 अर्थशास्त्र के क्षेत्र में नोबेल पुरस्कार कब से प्रदान किया जाता है?
(a) वर्ष 1901 (b) वर्ष 1951 (c) वर्ष 1969 (d) वर्ष 1970

67 अब तक कितने भारतीयों को मान बुकर पुरस्कार से नवाजा जा चुका है?
(a) 5 (b) 6 (c) 8 (d) 10

68 सुमेलित कीजिए।

समाचार पत्र	प्रकाशन स्थल
1. डेली मिरर	(i) न्यूयॉर्क
2. डेली न्यूज	(ii) लन्दन
3. इजवेस्तिया	(iii) जकार्ता
4. मर्डेका	(iv) मास्को

कूट

	A	B	C	D		A	B	C	D
(a)	1	2	3	4	(b)	2	1	4	3
(c)	4	1	2	3	(d)	4	3	2	1

69 68 ऑस्कर और नोबेल दोनों पुरस्कार जीतने वाला एकमात्र व्यक्ति कौन है?
(a) एडम स्मिथ (b) जॉर्ज बर्नाड शॉ
(c) रस्किन बॉण्ड (d) मैकियावेली

70 सुमेलित कीजिए।

पुस्तक	लेखक
1. मदर	(i) मेक्सिम गोर्की
2. प्रिंसीपिया	(ii) न्यूटन
3. मीन केम्फ	(iii) एडोल्फ हिटलर
4. द प्रिन्स	(iv) मैकियावेली

कूट

	A	B	C	D		A	B	C	D
(a)	1	2	3	4	(b)	4	1	3	2
(c)	4	3	2	1	(d)	2	1	4	3

71 किस खेल में एक पक्ष में खिलाड़ियों की संख्या सर्वाधिक होती है?
(a) फुटबॉल (b) खो-खो
(c) रग्बी फुटबॉल (d) जिमनास्टिक

72 'बोगी' शब्द का सम्बन्ध किस खेल से है?
(a) क्रिकेट (b) गोल्फ
(c) घुड़दौड़ (d) बॉलीबॉल

73 नौ-सेना के पूर्वी कमान का मुख्यालय कहाँ स्थित है?
(a) दिल्ली (b) चण्डीमन्दिर
(c) इलाहाबाद (d) विशाखापट्टनम

74 थल सेना के ब्रिगेडियर के समकक्ष नौ सेना में कौन-सा पद होता है?
(a) रियर एडमिरल (b) कॉमोडोर
(c) कैप्टन (d) कमाण्डर

75 वायु सेना के शीर्ष पदाधिकारी को क्या कहते हैं?
(a) जनरल (b) एडमिरल
(c) एयर कॉमोडोर (d) एयर चीफ मार्शल

76 'ब्लेक कैट' के नाम से किस सुरक्षा संगठन के सदस्यों को जाना जाता है?
(a) भारतीय तटरक्षक बल (b) राष्ट्रीय सुरक्षा गाड्र्स
(c) सशस्त्र सीमा बल (d) असम राइफल्स

77 सीमा सुरक्षा बल का प्रमुख क्या कहलाता है?
(a) महानिदेशक (b) ब्रिगेडियर
(c) स्क्वाड्रन लीडर (d) प्रबन्धक

78 सुमेलित कीजिए।

प्रक्षेपास्त्र	किस्म
1. पृथ्वी	(i) सतह-से-सतह पर मार करने वाली
2. त्रिशूल	(ii) सतह-से-हवा में मार करने वाली
3. सागरिका	(iii) टैंक रोधी निर्देशित प्रक्षेपास्त्र
4. नाग	(iv) सतह से जल में मार करने वाली

कूट

	A	B	C	D		A	B	C	D
(a)	1	2	4	3	(b)	2	3	1	4
(c)	1	2	3	4	(d)	4	3	2	1

79 विश्व के सबसे छोटे, हल्के एवं बहुउद्देशीय सुपरसैनिक लड़ाकू विमान का नाम क्या है?
(a) मराज-29K (b) तेजस
(c) निशान्त (d) राफेल

80 'सुखोई' विमान का निर्माण करने वाली कम्पनी का सम्बन्ध किस देश से है?
(a) जापान (b) अमेरिका
(c) फ्रांस (d) रूस

उत्तरमाला

1	(c)	2	(b)	3	(a)	4	(b)	5	(b)	6	(b)	7	(c)	8	(a)	9	(b)	10	(d)
11	(b)	12	(c)	13	(a)	14	(b)	15	(c)	16	(c)	17	(b)	18	(d)	19	(c)	20	(b)
21	(c)	22	(b)	23	(a)	24	(a)	25	(b)	26	(c)	27	(d)	28	(c)	29	(a)	30	(a)
31	(b)	32	(a)	33	(c)	34	(b)	35	(a)	36	(b)	37	(b)	38	(c)	39	(a)	40	(b)
41	(a)	42	(c)	43	(c)	44	(a)	45	(a)	46	(b)	47	(c)	48	(d)	49	(b)	50	(a)
51	(d)	52	(b)	53	(a)	54	(a)	55	(d)	56	(b)	57	(b)	58	(b)	59	(c)	60	(a)
61	(c)	62	(a)	63	(b)	64	(d)	65	(a)	66	(c)	67	(a)	68	(b)	69	(b)	70	(a)
71	(c)	72	(b)	73	(d)	74	(b)	75	(d)	76	(b)	77	(a)	78	(a)	79	(b)	80	(d)

कम्प्यूटर ज्ञान

कम्प्यूटर का परिचय

कम्प्यूटर एक स्वचालित तथा निर्देशों के अनुसार कार्य करने वाला इलेक्ट्रॉनिक डिवाइस है जो डेटा ग्रहण करता है तथा सॉफ्टवेयर या प्रोग्राम के अनुसार, किसी परिणाम के लिए डेटा का प्रोसेस, संग्रहीत अथवा प्रदर्शित करता है।

कम्प्यूटर के अंग

कम्प्यूटर के प्रमुख अंग निम्नलिखित हैं

1. **इनपुट युक्ति** इसका उपयोग आंकड़ों, तथ्यों व निर्देशों को कम्प्यूटर के अन्दर सम्प्रेषित करने के लिए किया जाता है।
   की-बोर्ड, ऑप्टिकल कैरेक्टर रीडर, ऑक्टिनल मार्क रीडर, स्कैनर, लाइट पेन आदि प्रमुख इनपुट युक्तियाँ हैं।
2. **आउटपुट युक्ति** कम्प्यूटर द्वारा संशोधित परिणामों को इन युक्तियों द्वारा प्रदर्शित किया जाता है।
   वीडियों डिस्पले यूनिट, प्रिण्टर, प्लोटर्स मॉनीटर, स्पीकर आदि प्रमुख आउटपुट युक्तियाँ हैं।
3. **सी.पी.यू** सेण्ट्रल प्रोसेसिंग यूनिट (सीपीयू) निर्देशों का उपयोग कर सम्पूर्ण कम्प्यूटर प्रणाली को संचालित करता है यह कम्प्यूटर का हृदय या मस्तिष्क कहलाता है।
4. **मैमोरी यूनिट** यह आँकड़ों तथा कार्यक्रमों को संचित करने के लिए प्रयुक्त की जाती है इसे प्राथमिक मैमोरी (रैम, रोम) तथा द्वितीयक मैमोरी (हार्ड डिस्क, फ्लॉपी, सीडी) में विभाजित किया जाता है।
5. **माऊस** इसका प्रयोग कर्सर या प्वॉइण्टर को एक-स्थान से दूसरे स्थान पर ले जाने के लिए किया जाता है। यह इनपुट युक्ति है।

कम्प्यूटर का वर्गीकरण

कार्य पद्धति के आधार पर	आकार के आधार पर
एनालॉग कम्प्यूटर दाब, तापमान लम्बाई पारे जैसे भौतिक मात्राओं को मापकर उनके परिणाम को अंकों में प्रस्तुत करने के लिए इसका प्रयोग किया जाता है।	**माइक्रो कम्प्यूटर** ये कम्प्यूटर इतने छोटे होते हैं कि इन्हें डेस्क पर सरलतापूर्वक रखा जा सकता है लैपटॉप, नोटबुक, आदि इसके उदाहरण हैं।
डिजिटल कम्प्यूटर अंकों की गणना करने के लिए डिजिटल कम्प्यूटर का उपयोग किया जाता है। ये इनपुट किए गए डेटा और प्रोग्राम्स को 0 और 1 में परिवर्तित करके इन्हें इलेक्ट्रॉनिक रूप में प्रस्तुत करता है।	**मिनी कम्प्यूटर** मध्यम आकार के इन कम्प्यूटरों की कार्य क्षमता तथा कीमत दोनों ही माइक्रो कम्प्यूटर की तुलना में अधिक होती है। HP-9000, IBM-7 इसके उदाहरण हैं।
हाइब्रिड कम्प्यूटर इसमें एनालॉग तथा डिजिटल दोनों ही कम्प्यूटरों के गुण सम्मिलित होते हैं ECG मशीन इसका उदाहरण है।	**मेनफ्रेम कम्प्यूटर** ये कम्प्यूटर आकार में अत्यधिक बड़े होते हैं। ये कम्प्यूटर कार्यक्षमता और कीमत में जो मिनी तथा माइक्रो कम्प्यूटर से अधिक होते हैं। IBM-370, UNIVAC-1110 आदि इसके उदाहरण है।

सुपर कम्प्यूटर

सुपर कम्प्यूटर सर्वाधिक गति, संग्रह क्षमता तथा उच्च विस्तार वाले होते हैं इनका आकार एक सामान्य कमरे के बराबर होता है।

विश्व का प्रथम सुपर कम्प्यूटर 'क्रे रिसर्च कम्पनी' द्वारा वर्ष 1976 में विकसित क्रे-1 (Cray-1) था।

भारत का प्रथम सुपर कम्प्यूटर 'परम' था, जिसे C-DAC नामक कम्पनी ने बनाया था।

प्रमुख सुपर कम्प्यूटर

भारत के सुपर कम्प्यूटर-उत्पादक	विश्व के सुपर कम्प्यूटर-उत्पादक
परम (2016)-सीडेक और NIT सिक्किम	सनबे ताईहुलाइट (2016)- नेशनल सुपर कम्प्यूटरिंग सेन्टर (चीन)
पदम इशान (2016) सीडेक और IIT गुवाहाटी	तिअन्हे-2 (2013)-सनयात सेन यूनिवर्सिटी (चीन)
आदित्य (2013)- इण्डियन इंस्ट्रीटयूट ऑफ ट्रॉपिकल मैटरीयालॉजी	टाइटन (2012) - ओक रिज नेशनल लेबोरेटरी (चीन)
पद्म युवा II (2013)- सीडेक, पुणे	सिक्योआ (2011) - आई. बी. एम (अमेरिका)
सागा- 220 (2011) - इसरो (ISRO)	के-कम्प्यूटर (2011)- फ्यूजीटर (जापान)
अनुपम अध्या (2010-11) -बी. ए. आर सी. (BARC)	मीरा (2010) - आई. बी. एम (अमेरिका)
एका (2007) - कम्प्यूटेशनल रिसर्च लैबोरेटरीज, पुणे	पिज डिनात (2009) - क्रे इंक (स्विट्जरलैण्ड)
परम सरिता (2007) - सीडेक, पुणे	स्टम्पीडी (2008) - डेल (अमेरिका)

कम्प्यूटर की भाषाएँ

कम्प्यूटर के लिए विशेष प्रकार की भाषाओं में प्रोग्राम लिखे जाते हैं। इन भाषाओं को प्रोग्रामिंग भाषाएँ कहते हैं। इन्हें निम्नलिखित तीन भागों में विभाजित किया जाता है।

1. **निम्न स्तरीय भाषाएँ** ये कम्प्यूटर की आन्तरिक कार्य प्रणाली के अनुसार बनाई जाती हैं।
   इन भाषाओं को मशीनी भाषा (0 या 1 बाइनरी अंकों से निर्मित) तथा असेम्बली भाषा (अंग्रेजी के अक्षरों का प्रयोग) में विभाजित किया जाता है।
2. **मध्य स्तरीय भाषाएँ** ये भाषाएँ निम्न स्तरीय तथा उच्च स्तरीय भाषाओं के मध्य सेतु का कार्य करती हैं।
3. **उच्च स्तरीय भाषाएँ** ये भाषाएँ कम्प्यूटर की आन्तरिक कार्य प्रणाली पर आधारित नहीं होती हैं।
   इन भाषाओं में अंग्रेजी के कुछ चुने हुए शब्दों और साधारण गणित में प्रयोग किए जाने वाले चिन्हों का प्रयोग किया जाता है।
   फोर्ट्रॉन, पास्कल आदि उच्च स्तरीय कम्प्यूटर भाषाओं के उदाहरण हैं।

सॉफ्टवेयर

प्रोग्रामिंग भाषा में लिखे गए निर्देशों अर्थात् प्रोग्रामों की वह श्रृंखला, जो कम्प्यूटर सिस्टम के कार्यों को नियन्त्रित कर विभिन्न हार्डवेयरों के बीच समन्वय स्थापित करता है, सॉफ्टवेयर कहलाता है।

साामन्यत: सॉफ्टवेयर निम्नलिखित दो प्रकार के होते हैं

1. सिस्टम सॉफ्टवेयर

ये प्रोग्राम कम्प्यूटर को चलाने, उसे नियन्त्रित करने, उसके विभिन्न भागों की देखभाल करने तथा उसकी सभी क्षमताओं का अच्छे से उपयोग करने के लिए लिखे जाते हैं।

ऑपरेटिंग सिस्टम, नेटवर्क मैनेजमेण्ट प्रोग्राम, डाटा बेस मैनेजमेण्ट, सिस्टम आदि प्रमुख सिस्टम प्रबन्धन प्रोग्राम हैं।

एम. एस. डॉस (M.S. DOS), लिनेक्स (LINUS), विंडोज समूह, एक्स पी (XP), एंड्रायड (Android), आईओएस (IOS) आदि प्रमुख ऑपरेटिंग सिस्टम हैं।

विंडोज 11.2 माइक्रोसॉफ्ट द्वारा विकसित नवीनतम पर्सनल कम्प्यूटर ऑपरेटिंग सिस्टम है। एंड्रॉयड नोगाड (Android Nougat) एंड्रॉयड, ऑपरेटिंग सिस्टम का सातवाँ संस्करण है।

'एंड्रॉयड' एक मोबाइल ऑपरेटिंग सिस्टम है, जो Google द्वारा विकसित किया गया। आईओएस (IOS) एप्पल कम्पनी, द्वारा विकसित मोबाइल ऑपरेटिंग सिस्टम का दसवाँ एवं नवीनतम संस्करण है।

2. एप्लीकेशन सॉफ्टवेयर

एप्लीकेशन सॉफ्टवेयर किसी विशेष वातावरण की विशेष आवश्यकता को पूरा करने के लिए प्रोग्राम किया जाता है। भिन्न-भिन्न अनुप्रयोगों के लिए भिन्न-भिन्न एप्लीकेशन सॉफ्टवेयर होते हैं।

भीम, यूपीआई, तेज, माईगांव (My Gov), पेजमेकर, एकाउंटिंग सिस्टम, नरेन्द्र मोदी ऐप, आधार आदि नवीनतम एप्लीकेशन सॉफ्टवेयर हैं।

कम्प्यूटर की गति मापन इकाई

प्रमुख बाइट्स	संकेत	यूनिट
1 बाइट (Byte)	B	8 बिट्स
1 किलो बाइट	KB	1024 बाइट्स
1 मेगा बाइट	MB	1024 किलो बाइट्स
1 गीगा बाइट	GB	1024 मेगा बाइट्स
1 टेरा बाइट्स	TB	1024 गीगा बाइट्स
1 पेटा बाइट्स	PB	1024 टेरा बाइट्स
1 एक्सा बाइट	EB	1024 पेटा बाइट्स
1 जेटा बाइट	ZB	1024 एक्सा बाइट्स
1 योटा बाइट	YB	1024 जटेन बाइट्स

कम्प्यूटर नेटवर्क

सूचनाओं के आदान-प्रदान तथा संसाधनों के सम्मिलित उपयोग के लिए आपस में जुड़े हुए कम्प्यूटरों के समूह को कम्प्यूटर नेटवर्क कहते हैं। इसमें प्रेषक (Sender), माध्यम (Medium), प्राप्तकर्ता (Receiver) और प्रेषण विधि (Protocal) का प्रयोग किया जाता है।

कम्प्यूटर नेटवर्क के प्रकार

1. **लोकल एरिया नेटवर्क** (Local Area Network LAN) लगभग 1 से 10 किमी के औद्योगिक क्षेत्र तथा अन्य सम्बन्धित उपकरणों को आपस में जोड़ने वाले नेटवर्क को 'लोकल एरिया नेटवर्क' कहते हैं।
2. **वाइड एरिया नेटवर्क** (Wide Area Network WAN) लगभग 10 हजार किमी. के भौगोलिक क्षेत्र को सम्मिलित करने वाले नेटवर्क को 'वाइड एरिया नेटवर्क' कहा जाता है। इसमें टेलीफोन लाइन, केबल, रेडियो वेब आदि का उपयोग किया जाता है।
3. **मेट्रोपॉलिटन एरिया नेटवर्क** (Metropolition Area Network MAN) लगभग 50 किमी. के भौगोलिक क्षेत्र को सम्मिलित करने वाले नेटवर्क, को 'MAN' कहा जाता है। इसका प्रयोग बड़े-बड़े महानगरों को जोड़ने के लिए किया जाता है।
4. **पर्सनल एरिया नेटवर्क** (Personal Area Network PAN) लगभग 10 से 100 मी के भौगोलिक क्षेत्र को सम्मिलित करने वाले नेटवर्क को 'PAN' कहा जाता है। इसका प्रयोग एक भवन के कमरे तक किया जाता है।

इन्टरनेट

- इन्टरनेट विश्व का सबसे बड़ा नेटवर्क है, जिससे दुनिया भर के अनेक नेटवर्क जुड़े हुए हैं तथा इसके माध्यम से सूचनाओं का आदान-प्रदान किया जाता है।
- 'इन्टरनेट' शब्द का प्रयोग वर्ष 1950 के दशक में विन्ट कार्फ ने किया था।
- इन्टरनेट का प्रारम्भ 1969 में अमेरिकी रक्षा विभाग द्वारा अर्पानेट (ARPANET) के विकास से किया गया था।
- वर्ष 1990 में टिम बर्नर्स ली द्वारा वर्ल्ड वाइड (World wide web, www) के आविष्कार ने इन्टरनेट को नया आयाम दिया।
- वर्ष 1993 में मार्क एण्डरसन ने पहला ग्राफिक वेब ब्राउजर 'मोजाइक' (Mosaic) सॉफ्टवेयर का आविष्कार किया।
- भारत में औपचारिक रूप से जनसामान्य के लिए इण्टरनेट सेवा का आरम्भ 15 अगस्त, 1995 को विदेश संचार निगम लिमिटेड (VSNL) द्वारा किया गया था।

इन्टरनेट कनेक्शन

पर्सनल कम्प्यूटर, मॉडेम, संचार माध्यम, इन्टरनेट सॉफ्टवेयर (वेब ब्राउजर) तथा इन्टरनेट सर्विस प्रदाता कम्पनी आदि इन्टरनेट कनेक्शन हेतु आवश्यक उपकरण हैं।

वाई फाई (Wi Fi) यह स्थानीय उपकरणों (कम्प्यूटर, लैपटॉप, स्मार्टफोन आदि) को इन्टरनेट से जोड़ने में प्रयुक्त बायरलेस युक्ति है।

लाई फाई (Li Fi) इस तकनीक में डाटा विजिवल लाइट कम्यूनिकेशन (एलईडी साइट्स) द्वारा वाई-फाई से भी अधिक गति से सूचनाओं को भेजा जाता है। यह 1 Gbps की स्पीड से डाटा भेजने में सक्षम है।

संक्षिप्ताक्षर (Abbreviations)

API	एप्लीकेशन प्रोग्रामिंग इन्टरफेस
ANSI	अमेरिकन नेशनल स्टैन्डर्ड इन्स्टीट्यूट
BOSS	भारत ऑपरेटिंग सिस्टम सॉल्यूशन
BIOS	बेसिक इनपुट आउटपुट सिस्टम
BPS	बिट्स पर सेकण्ड
CAD	कम्प्यूटर एडेड डिजाइन
CIG	कॉमन गेटवेस डिजाइन
CPU	सेन्ट्रल प्रोसेसिंग यूनिट
DOS	डिस्क ऑपरेटिंग सिस्टम
DTS	डेस्क टॉप सिस्टम
FAX	फॉर अवेय जेरॉक्स
HLL	हाई लेवल लेन्गुएज
HTML	हाइपर टेक्स्ट मार्कप लेन्गुएज
LDU	लिक्विड डिस्पले यूनिट
MICR	मैगनेटिक इंक कैरेक्टर रीडर
MODEM	मेडुलेटर डेमोडूलेटर
OMR	ऑप्टिकल मार्क रीडर
RAM	रैन्डम एसेस मैमोरी
ROM	रीड ऑनली मैमोरी
VDU	विजुअल डिस्पले यूनिट
WAN	वाइड एरिया नेटवर्क
WWW	वर्ल्ड वाइड वेव

✓ अति महत्त्वपूर्ण प्रश्न

1 निम्नलिखित में से कौन आउटपुट युक्ति नहीं है?
(a) की-बोर्ड (b) प्रिण्टर (c) मॉनीटर (d) स्पीकर

2 सर्वाधिक प्रयोग में लाई जाने वाली इनपुट डिवाइस कौन-सी है?
(a) मदरबोर्ड (b) सी. पी. यू (c) की-बोर्ड (d) सिस्टम यूनिट

3 सी. पी. यू. को कण्ट्रोल यूनिट के क्या कार्य हैं?
(a) प्रोग्राम में दिए गए निर्देशों को डिकोड करना
(b) डेटा को प्राइमरी स्टोरेज में भेजना
(c) लॉजिकल ऑपरेशन्स परफार्म करना
(d) प्रोग्राम में दिए गए निर्देशों को स्टोर करना

4 'हार्ड डिस्क' क्या है?
(a) प्राथमिक मेमोरी (b) द्वितीय मेमोरी
(c) फ्लॉपी (d) सीडी

5 कम्प्यूटर स्क्रीन पर जो ब्लिकिंग सिम्बल होता है उसे क्या कहते हैं?
(a) माउस (b) हैंड (c) लाइट (d) कर्सर

6 'माऊस' किसका उदाहरण है?
(a) इनपुट युक्ति (b) आउटपुट युक्ति
(c) मेमोरी (d) डी.वी.डी

7 दाब, तापमान और पारे जैसे भौतिक मात्राओं को मापकर अंकों में कौन प्रस्तुत करता है?
(a) एनालॉग कम्प्यूटर (b) डिजिटल कम्प्यूटर
(c) हाइब्रिड कम्प्यूटर (d) माइक्रो कम्प्यूटर

8 'ईसीजी' किस प्रकार का कम्प्यूटर है?
(a) हाइब्रिड (b) माइक्रो (c) मेनफ्रेम (d) मिनी

9 परम इशान नामक सुपर कम्प्यूटर का निर्माण किस संस्था द्वारा किया गया?
(a) IIT खडगपुर (b) सीडेक
(c) इसरों (d) NIT सिक्किम

10 सुमेलित कीजिए।

सुपर कम्प्यूटर	देश
1. सनवे ताईहुलाइट	(a) अमेरिका
2. सिक्योआ	(b) चीन
3. के-कम्प्यूटर	(c) स्विट्जरलैण्ड
4. पिज डिनात	(d) जापान

कूट

	A	B	C	D		A	B	C	D
(a)	1	2	3	4	(b)	2	1	3	4
(c)	2	1	4	3	(d)	4	3	2	1

11 प्रोग्राम में करेटिंग एरर्स को क्या कहते हैं?
(a) इण्टरप्रिटिंग (b) ट्रांसलेटिंग
(c) डिबगिंग (d) कम्पाइलिंग

12 कम्प्यूटर की शब्दावली में इन्फॉर्मेशन का अर्थ क्या है?
(a) रॉ डेटा
(b) प्रोग्राम
(c) स्पष्ट व उपयोगी रूप में परिवर्तित डेटा
(d) डेटा अक्षरांकिय

13 कम्प्यूटर बन्द होने पर किसके कण्टेन्ट्स नष्ट हो जाते हैं?
(a) हार्ड डिस्क (b) इनपुट
(c) आउटपुट (d) मुख्य मेमोरी

14 डिजिटल कम्प्यूटर की कार्य पद्धति का सिद्धान्त किस पर आधारित है?
(a) गणना एवं तर्क (b) मापन
(c) ऑपरेटिंग (d) यान्त्रिकी

15 वह कौन-सी मेमोरी है, जिसमें मैन्युफैक्चरिंग के दौरान ही प्रोग्रामिंग कर दी जाती है?
(a) रैम (b) रोम
(c) हार्ड डिस्क (d) कैश मेमोरी

16 निम्न में से कौन ऑपरेटिंग सिस्टम नहीं है?
(a) एम एस डॉस (b) लिनेक्स
(c) एन्ड्रायड (d) फोरट्रॉन

17 'विंडोज' किस कम्पनी का ऑपरेटिंग सिस्टम है?
(a) एप्पल (b) माइक्रोसॉफ्ट
(c) गुगल (d) माइक्रोमेक्स

18 कॉपी कमाण्ड किसको संरक्षित करता है?
(a) डेस्कटॉप (b) क्लिपबोर्ड
(c) माइक्रोसॉफ्ट बर्ड (d) पेस्ट

19 निम्न में से कौन सिस्टम की सैटिंग्स को देखने तथा बदलने की सुविधा प्रदान करता है?
(a) माई कम्प्यूटर (b) विण्डोज एक्सप्लोरर
(c) कण्ट्रोल पैनल (d) रिसाइकल बिन

20 कौन-सा सॉफ्टवेयर कम्प्यूटर के स्टार्ट होने पर कम्प्यूटर प्रणाली का नियन्त्रण करता है?
(a) कम्पाइलर
(b) एप्लीकेशन सॉफ्टवेयर
(c) ऑपरेटिंग सिस्टम
(d) उपरोक्त में से कोई नहीं

उत्तरमाला

1	(a)	2	(d)	3	(c)	4	(b)	5	(d)	6	(a)	7	(a)	8	(a)	9	(b)	10	(c)
11	(c)	12	(c)	13	(a)	14	(d)	15	(d)	16	(d)	17	(b)	18	(b)	19	(c)	20	(c)

अध्याय 06

सामान्य विज्ञान

GENERAL SCIENCE

भौतिक विज्ञान

गति

- यदि किसी वस्तु की स्थिति, किसी स्थिर वस्तु के सापेक्ष बदल रही हो, तो वह वस्तु गति में कही जाती है।

दूरी और विस्थापन

- किसी वस्तु द्वारा तय किए गए पथ की लम्बाई को, वस्तु द्वारा तय की गई दूरी कहते हैं।
- किसी वस्तु की प्रारम्भिक तथा अन्तिम स्थिति के बीच न्यूनतम अन्तर को, उस वस्तु का विस्थापन कहते हैं।

अति महत्त्वपूर्ण प्वाइंटस

- दूरी अदिश राशि तथा विस्थापन सदिश राशि है।
- दिए गए समयान्तराल में वस्तु का विस्थापन धनात्मक, ऋणात्मक अथवा शून्य हो सकता है।
- दो बिन्दुओं के बीच किसी वस्तु का विस्थापन उन बिन्दुओं के बीच न्यूनतम दूरी है।
- किसी दिए गए समयान्तराल में वस्तु द्वारा तय की गई दूरी वस्तु के विस्थापन से अधिक अथवा बराबर हो सकती है, परन्तु किसी भी स्थिति में यह विस्थापन से कम नहीं हो सकती।

चाल

- किसी गतिशील वस्तु द्वारा एकांक समय में चली गई दूरी को चाल कहते हैं। इसका मात्रक SI पद्धति में मी-से$^{-1}$ या किमी/घण्टा है।

$$\text{चाल} = \frac{\text{दूरी}}{\text{समय}}$$

वेग

- एकांक समय में कोई वस्तु एक निश्चित दिशा में जितनी विस्थापित होती है, उसे वस्तु का वेग कहते हैं। यह सदिश राशि है तथा SI पद्धति में इसका मात्रक मी/से है।

$$\text{वेग} = \frac{\text{निश्चित दिशा में वस्तु का विस्थापन}}{\text{समय}}$$

त्वरण

- वेग परिवर्तन की दर को त्वरण कहते हैं। इसका मात्रक SI पद्धति में मी/से^{2} है।
- बिना दिशा परिवर्तित हुए यदि किसी वस्तु का वेग बढ़ता है, तो उसका त्वरण धनात्मक होता है।
- बिना दिशा परिवर्तित हुए यदि किसी वस्तु का वेग घटता है, तो कहा जाता है कि उस वस्तु का त्वरण ऋणात्मक है अथवा वह वस्तु मन्दित हो रही है।
- यदि कोई वस्तु स्थिर है अथवा समान वेग से चल रही है, तो उस वस्तु का त्वरण शून्य होता है।
- यदि वस्तु का समान समयान्तरालों में वेग परिवर्तन समान हो, तो वस्तु एकसमान त्वरण से गतिशील होती है।
- यदि वस्तु का समान समयान्तरालों में वेग परिवर्तन असमान हो, तो वह वस्तु असमान त्वरण से गतिशील होती है।

नियत त्वरण वाली गति के समीकरण

- **गति का प्रथम समीकरण** यदि प्रारम्भिक वेग u वाली वस्तु नियत त्वरण a से गतिशील हो, तो t समय पश्चात् वस्तु का वेग $v = u + at$
- **गति का द्वितीय समीकरण** यदि प्रारम्भिक वेग u वाली वस्तु नियत त्वरण a से गतिशील हो, तो t समय में वस्तु द्वारा चली गई दूरी $s = ut + \frac{1}{2}at^2$

- **गति का तृतीय समीकरण** s दूरी तय करने में वस्तु द्वारा प्राप्त वेग
$$v^2 = u^2 + 2as$$

अदिश तथा सदिश राशियाँ

- जिन भौतिक राशियों को केवल परिमाण (magnitude) के द्वारा पूर्ण रूप से व्यक्त किया जाता है, अदिश राशियाँ कहलाती हैं।
  - **जैसे** : समय, दूरी, द्रव्यमान, चाल, क्षेत्रफल, आयतन, कार्य, शक्ति, दाब, आवेश आदि।
- जिन भौतिक राशियों को व्यक्त करने के लिए परिमाण के साथ-साथ दिशा भी आवश्यक होती है, सदिश राशियाँ कहलाती हैं।
  - **जैसे** विस्थापन, वेग, त्वरण, बल, भार, संवेग, बल आघूर्ण तथा वैद्युत क्षेत्र आदि।

वृत्तीय गति

- यदि कोई वस्तु वृत्तीय पथ पर एकसमान चाल से चलती है, तो उसकी गति एकसमान वृत्तीय गति कहलाती है।
- वृत्तीय गति त्वरित गति होती है तथा त्वरण की दिशा सदैव केन्द्र की ओर होती है। उपग्रहों की गति त्वरित गति होती है।

कोणीय वेग

- कोणीय विस्थापन की दर को कोणीय वेग कहते हैं। इसका SI पद्धति में मात्रक रेडियन/सेकण्ड है।

बल

- बल वह धक्का या खिंचाव (push or pull) है जो या तो किसी वस्तु की अवस्था को परिवर्तित कर देता है, या परिवर्तित करने का प्रयत्न करता है।
- यह एक सदिश राशि है तथा बल की दिशा में खींची गई रेखा को बल की क्रिया रेखा (line of action of force) कहते हैं।
- जब किसी वस्तु पर दो या दो से अधिक बल कार्य करें, तो अकेला बल जो वे सभी प्रभाव प्रदर्शित करे, जो सभी बल एकसाथ कार्य करने पर करते हैं, परिणामी बल कहलाता है।
- यदि किसी वस्तु पर दो या दो से अधिक कार्यरत् बलों का परिणामी शून्य हो, तो वस्तु सन्तुलन की अवस्था में कही जाती है।

जड़त्व

- वस्तु का वह गुण जिसके कारण वह अपनी अवस्था परिवर्तन का विरोध करता है, जड़त्व कहलाता है।
- किसी वस्तु के द्रव्यमान द्वारा वस्तु के जड़त्व की गणना कर सकते हैं।

न्यूटन के गति के नियम

प्रथम नियम

- इस नियम के अनुसार यदि कोई वस्तु विरामावस्था में है या एकसमान गति की अवस्था में है, तो वह विरामावस्था या गति की अवस्था में ही रहेगी जब तक कि उस पर कोई बाह्य बल आरोपित न हो।

अनुप्रयोग

- एथलीट ऊँचा कूदने से पहले कुछ दूरी दौड़ता है।
- एक गतिमान ट्रेन में ऊर्ध्वाधर ऊपर की ओर फेंकी गई गेंद फेंकने वाले के हाथों में गिरती है।
- पहिये पर लगे धूल के कण स्पर्श रेखा के अनुदिश उड़ते हैं।
- जब हम आम के पेड़ को हिलाते हैं, तो आम नीचे गिर पड़ते हैं।
- गतिमान ट्रेन से कूदने वाला यात्री आगे की ओर गिर पड़ता है।
- यदि किसी गुटके के नीचे रखे हुए कपड़े को अचानक खींच देते हैं, तो यह आसानी से बाहर निकल आता है।
- जब दौड़ता घोड़ा अचानक रुक जाता है, तो घुड़सवार आगे की ओर गिर पड़ता है।
- जब घोड़ा अचानक दौड़ना प्रारम्भ कर देता है, तो घुड़सवार पीछे की ओर गिर पड़ता है।
- जब हम कारपेट को छड़ से पीटते हैं, तो धूल के कण अलग हो जाते हैं।

द्वितीय नियम

- इसके अनुसार किसी वस्तु पर कार्य करने वाले बल का मान उस वस्तु के द्रव्यमान तथा वस्तु में उत्पन्न त्वरण के गुणनफल के समानुपाती होता है।

अनुप्रयोग

- काँच के बर्तन को पैक करने से पहले भूसे अथवा पेपर में लपेटा जाता है।
- पक्के फर्श पर गिरने वाले व्यक्ति को, कच्चे फर्श पर गिरने वाले व्यक्ति की अपेक्षा अधिक चोट लगती है।
- जब एक क्रिकेटर कैच पकड़ता है, तो वह अपने हाथों को पीछे की ओर खींचता है।

तृतीय नियम

इस नियम के अनुसार प्रत्येक क्रिया के बराबर तथा विपरीत दिशा में एक प्रतिक्रिया होती है।

अनुप्रयोग

- फर्श पर चलने के लिए हम पंजों से फर्श को पीछे की ओर धकेलते हैं।
- बिना पकड़े लकड़ी के गुटके में छिद्र करना मुश्किल है।
- घोड़े का गाड़ी खींचना।
- बन्दूक से गोली चलाने पर पीछे की तरफ धक्का लगना।
- किसी व्यक्ति का किनारे लगी नाव से कूदना।

घर्षण

- घर्षण बल वह विरोधी बल है, जो दो सतहों के बीच होने वाली आपेक्षिक गति का विरोध करता है।

घर्षण के नियम

- *घर्षण के नियम निम्न हैं*
  - घर्षण बल वस्तु की गति की दिशा के विपरीत दिशा में कार्य करता है।
  - घर्षण बल सम्पर्क में स्थित सतहों की प्रकृति पर निर्भर करता है।
  - घर्षण बल सम्पर्क में स्थित सतहों के क्षेत्रफल पर निर्भर नहीं करता।
  - लोटनी घर्षण बल का मान फिसलने वाले घर्षण बल से कम होता है।
  - घर्षण बल अभिलम्ब प्रतिक्रिया (normal reaction) के अनुक्रमानुपाती होता है।

लाभ

- घर्षण बल के कारण ही हम पृथ्वी की सतह पर चलते हैं।
- गाड़ियों के ब्रेक घर्षण बल के कारण ही कार्य करते हैं।
- बर्फ पर कम घर्षण के कारण ही उत्तरी ध्रुव पर बिना पहियों वाली गाड़ी प्रयोग करते हैं।

हानि

- घर्षण बल के कारण ऊर्जा का ह्रास होता है तथा मशीन में टूट-फूट होती है।
- घर्षण बल के कारण ही गाड़ियों का वेग एक निश्चित मान से अधिक नहीं हो सकता।

घर्षण को कम करने की विधियाँ

- स्नेहक का प्रयोग करके, उदाहरण-तेल अथवा ग्रीस
- बॉल-बियरिंग का प्रयोग करके
- गत्यात्मक घर्षण के स्थान पर लोटनी घर्षण का प्रयोग करके
- साबुन के घोल का प्रयोग करके
- पाउडर का प्रयोग करके

प्रकृति में कार्यरत् बल

गुरुत्वीय बल F_G

- यह व्युत्क्रम वर्ग के नियम का पालन करता है।
- यह सदैव आकर्षण बल होता है।
- यह सबसे क्षीण बल है, परन्तु इसकी परास बहुत अधिक है।
- यह केन्द्रीय तथा संरक्षी बल है।
- गणितीय रूप में इसे निम्न प्रकार व्यक्त किया जा सकता है

$$F_G = \frac{GMm}{r^2}$$

- G का मान 6.67×10^{-11} न्यूटन मी^{2}/किग्रा^{2} होता है।

क्षीण बल F_W

- ये बल रेडियोऐक्टिव पदार्थों में β-कणों के साथ संयुक्त रहता है।
- ये बल गुरुत्वीय बलों की अपेक्षा 10^{25} गुना अधिक प्रबल होते हैं।

विद्युत-चुम्बकीय बल F_E

- ये बल गुरुत्वीय बलों की अपेक्षा बहुत अधिक प्रबल होते हैं।
- यह व्युत्क्रम वर्ग के नियम का पालन करता है।
- ये बल आकर्षण अथवा प्रतिकर्षण बल होते हैं, तथा इनकी परास अधिक होती है।
- ये बल प्रोटॉनों के लिए गुरुत्वीय बल से 10^{36} गुना अधिक प्रबल तथा क्षीण बलों से 10^{11} गुना अधिक प्रबल होते हैं।

प्रबल बल F_S

- ये नाभिकीय बल हैं।
- ये आकर्षण बल हैं।
- π-मेसॉन नाभिकीय बलों का आधार है।
- ये बहुत तीव्र तथा लघुपरास बल हैं।
- ये गुरुत्वीय बलों से 10^{38} गुना अधिक प्रबल हैं।
- ये केन्द्रीय बल नहीं हैं।

कार्य, सामर्थ्य और ऊर्जा

कार्य

- किसी वस्तु पर बल लगाकर बल की दिशा में विस्थापन को कार्य कहते हैं अर्थात् कार्य = बल × विस्थापन या $W = \vec{\mathbf{F}} \cdot \vec{\mathbf{s}}$
- SI पद्धति में कार्य का मात्रक जूल है।

(a) **धनात्मक कार्य होता है**

- जब कोई वस्तु स्वतन्त्र रूप से गुरुत्व के आधीन गिरती है।
- जब घोड़ा समतल सड़क पर गाड़ी को खींचता है।

(b) **ऋणात्मक कार्य होता है**

- जब कोई वस्तु एक खुरदरी सतह पर फिसलती है।
- जब एक धनावेशित कण दूसरे धनावेशित कण की ओर जाता है।

(c) **शून्य कार्य होता है**

- जब एक कुली सिर पर बोझा लिए समतल प्लेटफार्म पर चलता है।
- जब वस्तु वृत्त पर एक पूरा चक्कर लगाती है।
- जब एक व्यक्ति अधिक बोझ लिए हुए अपने स्थान से विस्थापित नहीं होता।

सामर्थ्य

- कार्य करने की दर को सामर्थ्य कहते हैं।
- यदि t समय में किया गया कार्य W हो, तो सामर्थ्य

$$P = \frac{W}{t}$$

- S.I. पद्धति में सामर्थ्य का मात्रक जूल/सेकण्ड अथवा वाट है।

ऊर्जा

- किसी वस्तु के कार्य करने की क्षमता को ऊर्जा कहते हैं।
- यह अदिश राशि है तथा इसका (SI) मात्रक जूल है।
- ऊर्जा के कई रूप हैं, उदाहरण के लिए यान्त्रिक ऊर्जा, ऊष्मीय ऊर्जा, ध्वनि ऊर्जा, प्रकाश ऊर्जा आदि।
- यान्त्रिक ऊर्जा दो प्रकार की होती है—(i) गतिज ऊर्जा (ii) स्थितिज ऊर्जा।

गतिज ऊर्जा

- किसी वस्तु की गति के कारण उसमें जो ऊर्जा होती है, उसे गतिज ऊर्जा कहते हैं।
- यदि m द्रव्यमान की वस्तु v वेग से चल रही हो, तो उस वस्तु की गतिज ऊर्जा

$$K = \frac{1}{2} mv^2$$

उदाहरण

- वायु की गतिज ऊर्जा पवन-चक्की को चलाने के काम में आती है।
- पानी की गतिज ऊर्जा जल-चक्की को चलाने के काम में आती है।
- गतिज ऊर्जा के कारण ही बन्दूक की गोली लक्ष्य में धँस जाती है।

स्थितिज ऊर्जा

- किसी वस्तु की स्थिति के कारण उसमें जो ऊर्जा होती है, उसे स्थितिज ऊर्जा कहते हैं।
- यदि m द्रव्यमान की वस्तु पृथ्वी तल से h ऊँचाई पर स्थित हो, तो वस्तु की स्थितिज ऊर्जा

$$U = mgh$$

उदाहरण

- लिपटे हुए स्प्रिंग की स्थितिज ऊर्जा घड़ी चलाने के लिए प्रयुक्त की जाती है।
- तने हुए धनुष की स्थितिज ऊर्जा के कारण ही बाण आगे की दिशा में जाता है।
- बाँध में स्थित पानी की स्थितिज ऊर्जा का प्रयोग वैद्युत ऊर्जा का उत्पादन करने में किया जाता है।

ऊर्जा का रूपान्तरण

विभिन्न उपकरणों द्वारा ऊर्जा का रूपान्तरण

उपकरण	ऊर्जा का रूपान्तरण
माइक्रोफोन	ध्वनि ऊर्जा को विद्युत ऊर्जा में
लाउडस्पीकर	विद्युत ऊर्जा को ध्वनि ऊर्जा में
डायनेमो	यान्त्रिक ऊर्जा को विद्युत ऊर्जा में
विद्युत मोटर	विद्युत ऊर्जा को यान्त्रिक ऊर्जा में
सौर सेल	प्रकाश ऊर्जा को विद्युत ऊर्जा में
बल्ब	विद्युत ऊर्जा को प्रकाश एवं ऊष्मा ऊर्जा में
सितार	यान्त्रिक ऊर्जा को ध्वनि ऊर्जा में
इंजन	ऊष्मा ऊर्जा को यान्त्रिक ऊर्जा में
वैद्युत हीटर	वैद्युत ऊर्जा को उष्मीय ऊर्जा में

नोट जलता हुआ कोयला, तेल आदि में रासायनिक ऊर्जा, ऊष्मीय ऊर्जा में परिवर्तित होती है। जब हम अपने दोनों हाथों को आपस में रगड़ते हैं, तो यान्त्रिक ऊर्जा, ऊष्मीय ऊर्जा में परिवर्तित होती है।
दण्ड चुम्बक में वैद्युत ऊर्जा, चुम्बकीय ऊर्जा में बदलती है।

ऊर्जा संरक्षण का सिद्धान्त

- ऊर्जा को न तो उत्पन्न किया जा सकता है और न ही नष्ट किया जा सकता है अपितु एक प्रकार की ऊर्जा को दूसरे प्रकार की ऊर्जा में परिवर्तित किया जा सकता है।
- इस ब्रह्माण्ड (universe) की कुल ऊर्जा नियत है।

द्रव्यमान-ऊर्जा तुल्यता

- सन् 1905 में आइन्स्टीन ने द्रव्यमान तथा ऊर्जा के मध्य एक सम्बन्ध स्थापित किया।

$$E = mc^2 \quad \text{(जहाँ } c \text{ प्रकाश का वेग है)}$$

- $E = mc^2$ में द्रव्यमान संरक्षण तथा ऊर्जा संरक्षण का एकीकरण हो जाता है।

ऊष्मा

- ऊष्मा ऊर्जा का वह रूप है, जिससे हमें वस्तु की गर्माहट का अहसास होता है।
- यह वस्तु के पदार्थ के अणुओं की गतिज ऊर्जा के कारण होती है।
- इसका मात्रक कैलोरी, किलो-कैलोरी अथवा जूल है।
- **कैलोरी (Calorie)** 1 ग्राम जल का ताप 1°C (10°C से 11°C) बढ़ाने के लिए आवश्यक ऊष्मा की मात्रा को 1 कैलोरी कहते हैं।
- **किलो-कैलोरी** (Kilocalorie) : यह ऊष्मा की वह मात्रा है, जो एक किग्रा जल का ताप 1°C बढ़ाने के लिए आवश्यक होती है।

1 कैलोरी = 4.18 जूल

ताप

- किसी वस्तु की गर्माहट को उस वस्तु का ताप कहते हैं।
- जब दो वस्तुएँ सम्पर्क में स्थित होती हैं, तो ऊष्मा का प्रवाह सदैव ऊँची ताप वाली वस्तु से निम्न ताप वाली वस्तु में होता है।

थर्मामीटर

- वस्तु के ताप को मापने के लिए जो यन्त्र प्रयोग किया जाता है, उसे थर्मामीटर कहते हैं।
- **सेल्सियस पैमाना** (Celcius scale) इसमें जल के हिमांक को 0°C तथा जल के क्वथनांक को 100°C माना जाता है। इस पैमाने का आविष्कार सन् 1710 में ए. सेल्सियस ने किया था।
- **फारेनहाइट पैमाना** (Fahrenheit scale) इसमें जल के हिमांक को 32°F तथा क्वथनांक को 212°F माना गया। इसका आविष्कार फारेनहाइट नामक वैज्ञानिक ने सन् 1717 में किया था।
- **रयूमर पैमाना** (Reumer scale) इसमें जल के हिमांक को 0°R तथा क्वथनांक को 80°R माना गया है। इसका आविष्कार रयूमर नामक वैज्ञानिक ने सन् 1730 में किया था।

निम्न समीकरण द्वारा एक पैमाने द्वारा मापे गए ताप को दूसरे पैमाने के ताप में परिवर्तित कर सकते हैं— $\frac{C}{5} = \frac{F-32}{9} = \frac{R}{4}$

विशिष्ट ऊष्मा

- किसी पदार्थ के एकांक द्रव्यमान का ताप 1°C बढ़ाने के लिए आवश्यक ऊष्मा की मात्रा को उस पदार्थ की विशिष्ट ऊष्मा कहते हैं। इसे प्रायः C के द्वारा व्यक्त किया जाता है।
- विशिष्ट ऊष्मा का मात्रक कैलोरी/ग्राम/°C या किलो-कैलोरी/किग्रा/°C अथवा जूल/किग्रा/°C होता है।
- सोने (gold) की विशिष्ट ऊष्मा = 130 जूल/किग्रा/°C
- पानी की विशिष्ट ऊष्मा = 4180 जूल/किग्रा/°C

प्रकाश

- प्रकाश एक प्रकार की ऊर्जा है, जो जब किसी वस्तु पर पड़ती है, तो वह वस्तु हमें दिखाई देती है।

प्रकाश का परावर्तन

- जब प्रकाश किसी चिकने धरातल पर पड़ता है, तो वह उसी माध्यम में वापस लौट आता है। इस घटना को प्रकाश का परावर्तन कहते हैं।

परावर्तन के नियम

- आपतन कोण ($\angle i$) का मान परावर्तन कोण ($\angle r$) के बराबर होता है।
- आपतित किरण, परावर्तित किरण तथा आपतन बिन्दु पर अभिलम्ब, तीनों एक ही तल में होते हैं।

प्रकाश का अपवर्तन

- जब प्रकाश किरण किसी पारदर्शी माध्यम के पृथक्कारी तल पर पड़ती है, तो वह अपने मार्ग से विचलित हो जाती है। प्रकाश किरण के एक माध्यम से दूसरे माध्यम में जाने पर अपने मार्ग से विचलित होने की घटना को 'प्रकाश का अपवर्तन' कहते हैं।
- जब प्रकाश किरण विरल (rarer) माध्यम से सघन (denser) माध्यम में जाती है, तो प्रकाश की किरण अभिलम्ब की ओर झुक जाती है।
- जब प्रकाश किरण सघन माध्यम से विरल माध्यम में जाती है, तो वह अभिलम्ब से दूर हट जाती है।

गोलीय दर्पण

- गोलीय दर्पण काँच के खोखले गोले का भाग होता है, जिसकी एक सतह पर पॉलिश किया जाता है। *गोलीय दर्पण दो प्रकार के होते हैं*
  (i) अवतल दर्पण (ii) उत्तल दर्पण

दर्पणों के उपयोग

अवतल दर्पण

- इनका उपयोग कारों, बसों में परावर्तक के रूप में किया जाता है।
- इनका उपयोग शेविंग (दाढ़ी बनाने) के दर्पणों के बनाने में किया जाता है।
- डाक्टरों द्वारा आँख, कान व नाक आदि का परीक्षण करने में तीव्र प्रकाश फेंकने में किया जाता है।

उत्तल दर्पण

- कार व बस आदि में पीछे का दृश्य देखने के लिए इनका उपयोग किया जाता है।
- इनका उपयोग सीधा प्रतिबिम्ब देखने में किया जाता है।

अति महत्त्वपूर्ण प्वाइंटस

- समतल दर्पण द्वारा बना प्रतिबिम्ब दर्पण से उतनी ही दूरी पर होता है जितनी दूरी पर वस्तु रखी जाती है।
- समतल दर्पण द्वारा बने प्रतिबिम्ब का आकार वस्तु के आकार के बराबर होता है।
- समतल दर्पण द्वारा बना प्रतिबिम्ब सदैव सीधा व आभासी होता है।
- किसी वस्तु का पूरा प्रतिबिम्ब देखने के लिए समतल दर्पण की लम्बाई, वस्तु की लम्बाई की आधी होती है।
- वस्तु तथा प्रतिबिम्ब को मिलाने वाली रेखा, समतल दर्पण पर लम्ब होती है।
- जब एक दर्पण को किसी निश्चित कोण से घुमाया जाता है, तो परावर्तित किरण दोगुने कोण से घूम जाती है।

गोलीय लेन्स

- लेन्स एक ऐसा समांग पारदर्शी माध्यम होता है, जो दो गोलीय अथवा एक गोलीय व एक समतल पृष्ठों से घिरा होता है।
- *लेन्स दो प्रकार के होते हैं*
  (i) अवतल लेन्स (अपसारी लेन्स)
  (ii) उत्तल लेन्स (अभिसारी लेन्स)

प्रकाश का वर्ण विक्षेपण

- न्यूटन के अनुसार जब प्रकाश की किरण एक पतले प्रिज्म से गुजरती है, तो निर्गत किरण अपने मार्ग से विचलित होने के साथ-साथ सात विभिन्न रंगों के प्रकाश में विभक्त हो जाती है। इस घटना को वर्ण विक्षेपण कहते हैं।
- प्रिज्म से श्वेत प्रकाश के कारण प्राप्त सात रंगों की पट्टिका (band) को **वर्णक्रम** या **स्पेक्ट्रम** कहते हैं। इस स्पेक्ट्रम में रंगों का क्रम इस प्रकार होता है : बैंगनी, नीला, आसमानी, हरा, पीला, नारंगी तथा लाल या अंग्रेजी में VIBGYOR।
- किसी वस्तु का रंग, उसके द्वारा परावर्तित होने वाला प्रकाश होता है।
- बैंगनी रंग सबसे अधिक तथा लाल रंग सबसे कम विचलित होता है।
- लाल, हरा और नीले रंग को प्राथमिक रंग या मूल रंग कहते हैं।
- मैजेण्टा, मोरनी रंग व पीला द्वितीयक रंग कहलाते हैं।
- यदि किसी वस्तु से सफेद प्रकाश के सभी सात रंग परावर्तित होते हैं, तो वह वस्तु हमें सफेद दिखाई पड़ती है।
- यदि किसी वस्तु द्वारा सफेद प्रकाश के सभी सात रंग अवशोषित हो जाते हैं, तो वह वस्तु हमें काली दिखाई पड़ती है।

विद्युतिकी

- भौतिक विज्ञान की वह शाखा जिसमें आवेशों का अध्ययन किया जाता है, विद्युतिकी कहलाती है।
  इसकी दो उपशाखाएँ होती हैं
  1. स्थिर विद्युतिकी (Electrostatics)
  2. गतिक विद्युतिकी (Electrodynamics)
- विद्युतिकी की वह शाखा जिसमें स्थिरावस्था में आवेशों का अध्ययन किया जाता है, स्थिर विद्युतिकी कहलाती है तथा गतिक अवस्था में आवेशों का अध्ययन गतिक विद्युतिकी कहलाती है।
- आवेश द्रव्य का एक मूल गुण है इसे द्रव्य से अलग करना असम्भव है।
  यह दो प्रकार के होते हैं
  1. **धनावेश** किसी पिण्ड अथवा कण पर पदार्थ में इलेक्ट्रॉन की कमी को धनावेश कहते हैं। धनावेशन पर इसका द्रव्यमान कुछ घट जाता है।
  2. **ऋणावेश** किसी पिण्ड अथवा कण पर पदार्थ में इलेक्ट्रॉन की अधिकता को ऋणावेश कहते हैं। ऋणावेशन पर इसका द्रव्यमान कुछ बढ़ जाता है।
- किसी वस्तु को घर्षण अथवा प्रेरण के द्वारा आवेशित किया जा सकता है।

विज्ञान की प्रमुख शाखाएँ

ऐकोस्टिक्स (Acoustics)	▪ यह ध्वनि से सम्बन्धित विज्ञान है।
ऐस्ट्रोनॉटिक्स (Astronautics)	▪ यह अन्तरिक्ष में यात्रा करने से सम्बन्धित सभी नियमों का अध्ययन करने वाला विज्ञान है।
ऐस्ट्रोनोमी (Astronomy)	▪ यह खगोलीय पिण्डों की गति, अन्य खगोलीय पिण्डों से आपेक्षिक दूरी आदि के अध्ययन का विज्ञान है।
आर्बोरीकल्चर (Arboriculture)	▪ वृक्ष-उत्पादन सम्बन्धी विज्ञान की शाखा।
आरकियोलॉजी (Archaeology)	▪ पुरातत्त्व सम्बन्धी विज्ञान की शाखा।
ऐन्थोलॉजी (Anthology)	▪ पुष्पों का अध्ययन।
ऐक्रोबेटिक्स (Acrobatics)	▪ व्यायाम की कला प्रदर्शित करने से सम्बन्धित विज्ञान।
एरोनॉटिक्स (Aeronautics)	▪ वायुयान सम्बन्धी सभी तथ्यों का अध्ययन करने वाला विज्ञान।
बायोकेमिस्ट्री (Biochemistry)	▪ जीव शरीर की रासायनिक क्रियाओं के अध्ययन का विज्ञान।
कीमोथैरेपी (Chemotherapy)	▪ यह चिकित्सा विज्ञान की वह शाखा है जिसमें रासायनिक यौगिकों से कैंसर जैसे रोगों का उपचार किया जाता है।
कोस्मोलॉजी (Cosmology)	▪ समस्त ब्रह्माण्ड की उत्पत्ति, विकास एवं विलोपन (Dissolution) का क्रमबद्ध अध्ययन इस शाखा में किया जाता है।
क्रायोजेनिक्स (Cryogenics)	▪ यह निम्न ताप पर वस्तुओं के गुणों तथा अन्य परिघटनाओं (Phenomena) का अध्ययन करने वाला विज्ञान है।
साइटोलॉजी (Cytology)	▪ यह विज्ञान जीव कोशिका (Cell) का अध्ययन कराता है।
साइटोजेनेटिक्स (Cytogenetics)	▪ यह विज्ञान जीव कोशिका तथा उसकी आनुवंशिक विशेषताओं व गुणों का अध्ययन करता है।
इकोलॉजी (Ecology)	▪ यह विज्ञान जीवधारियों व पर्यावरण (Environment) के बीच पारस्परिक सम्बन्धों का अध्ययन करता है।
एण्टोमोलॉजी (Entomology)	▪ जन्तु विज्ञान की वह शाखा जिसमें कीट-पतंगों का व्यापक अध्ययन किया जाता है।
एपीग्राफी (Epigraphy)	▪ शिलालेख सम्बन्धी ज्ञान का अध्ययन।
जेनेटिक्स (Genetics)	▪ यह विज्ञान जीवों के आनुवंशिक लक्षणों के पीढ़ी-दर-पीढ़ी हस्तान्तरण की प्रक्रिया का अध्ययन करता है।
हॉर्टीकल्चर (Horticulture)	▪ फल-फूल व शाक-सब्जी उगाने, बाग लगाने, पुष्प-उत्पादन आदि का अध्ययन इस विज्ञान में किया जाता है।
हाइड्रोपैथी (Hydropathy)	▪ इस विज्ञान के द्वारा पानी से रोगों की चिकित्सा की जाती है।
होलोग्राफी (Holography)	▪ यह लेसर पुंज की सहायता से त्रिविमीय चित्र बनाने वाली एक वैज्ञानिक विधि या प्रक्रिया है।
हिस्टोलॉजी (Histology)	▪ यह विज्ञान ऊतकों के बारे में ज्ञान कराता है।
माइक्रोबायोलॉजी (Microbiology)	▪ (सूक्ष्मजीव विज्ञान) सूक्ष्म जीवों का अध्ययन जिन्हें हम बिना किसी यन्त्र (सूक्ष्मदर्शी) की सहायता से नहीं देख पाते।
मॉलीक्यूलर बायोलॉजी (Molecular Biology)	▪ इस शाखा के अन्तर्गत आणविक स्तर पर जीवों की संरचना व कार्यों का अध्ययन किया जाता है।
मेमोग्राफी (Mammography)	▪ स्त्रियों के स्तनों की जाँच करने वाली चिकित्सा विज्ञान की शाखा।
न्यूमेरोलॉजी (Numerology)	▪ अंकों का अध्ययन करने वाला विज्ञान।
न्यूमिसमैटिक्स (Numismatics)	▪ पुराने सिक्कों का अध्ययन करने वाला विज्ञान।
न्यूरोलॉजी (Neurology)	▪ ज्ञान-तन्तुओं (Neurons) का विज्ञान।
ओडोण्टोग्राफी (Odontography)	▪ दाँतों का अध्ययन करने वाली चिकित्सा विज्ञान की एक शाखा।
ऑप्टिक्स (Optics)	▪ प्रकाश के प्रकार व गुणों का अध्ययन करने वाली भौतिकशास्त्र की एक शाखा।
ऑरनीथोलॉजी (Ornithology)	▪ इस विज्ञान में पक्षियों से सम्बन्धित अध्ययन किया जाता है।
ऑर्थोपीडिक्स (Orthopaedics)	▪ अस्थि-उपचार का अध्ययन करने वाला विज्ञान।
पैलियोण्टोलॉजी (Palaeontology)	▪ यह विज्ञान जीवाश्मों (फॉसिल्स) का अध्ययन करता है।
पैथोलॉजी (Pathology)	▪ रोगों की प्रकृति, कारण, उपचार, आदि का अध्ययन, चिकित्सा विज्ञान की इस शाखा में किया जाता है।
पोमोलॉजी (Pomology)	▪ यह विज्ञान फलों के अध्ययन से सम्बन्धित है।
फिजियोग्राफी (Physiography)	▪ इस शाखा के अन्तर्गत प्राकृतिक भूगोल का अध्ययन होता है।
साइकोलॉजी (Psychology)	▪ इस शाखा के अन्तर्गत मनोविज्ञान का अध्ययन किया जाता है।
पेडागोजी (Pedagogy)	▪ इस शाखा के अन्तर्गत अध्यापन कला का अध्ययन किया जाता है।
सेरीकल्चर (Sericulture)	▪ इस शाखा के अन्तर्गत रेशम के कीड़ों का पालन और उनसे रेशम के उत्पादन की विधियों का अध्ययन किया जाता है।

वैज्ञानिक उपकरण/आविष्कारक

उपकरण	आविष्कारक	उपकरण	आविष्कारक
आर्क लैम्प	*डेवी*	टेलीप्रिण्टर	*इमाइल वेनडोट और जॉन जॉर्ज हलसेक*
एयरकण्डीशनर	*विल्स हैवीलैण्ड केरियर*	लघुगणक (लॉगरिथ्म)	*जॉन नेपियर*
ऐरोप्लेन (वायुयान)	*राइट बन्धु*	बाइसिकिल टायर	*जे.बी. डनलप*
परमाणु भट्टी (एटॉमिक रिएक्टर)	*एनरिको फर्मी*	माइक्रोफोन	*डेविड ह्यूगस*
विद्युत्-बैटरी	*ए. वोल्टा*	सूक्ष्मदर्शी (माइक्रोस्कोप)	*जैड जॉनसेन*
बैरोमीटर	*इवांगेलिस्टो टॉरीसेली*	मोटरकार (पेट्रोल)	*कार्ल बेन्ज*
बाइसिकिल	*के. मैकमिलन*	नायलॉन	*डब्ल्यू.एच. कैरोथर्स*
कैलकुलेटर	*बी. पास्कल*	प्रिण्टिंग प्रेस	*जे. गुटेनबर्ग*
कार (वाष्प)	*निकोलस कुगनॉट*	रेडियम	*मैरी तथा पियरे क्यूरी*
कार (आन्तरिक दहन)	*सेमुअल ब्राउन*	रेडियो	*जी. मारकोनी*
कार (पेट्रोल)	*कार्ल बेन्ज*	रेजर (सेफ्टी)	*के.जी. जिलेट*
सिनेमैटाग्राफ	*थॉमस अल्वा एडीसन*	रेफ्रिजरेटर	*जे. हैरीसन तथा ए. कैटलिन*
कम्प्यूटर	*चार्ल्स बैबेज*	रिवाल्वर	*सैमुएल कोल्ट*
सिनेमा	*ए.एल. तथा जे.एल. लूमिएर*	एक्स-रे	*डब्ल्यू. रोंटजन*
क्रेस्कोग्राफ	*जे.सी. बोस*	रबर (वल्केनाइज्ड)	*चार्ल्स गुडईयर*
कारबुरेटर	*गॉटलीब डैमलर*	ट्रांसफॉर्मर	*माइकेल फैराडे*
डीजल इंजन	*रूडोल्फ डीजल*	रेफ्रिजरेटर	*जे. हैरीसन तथा ए. कैटलिन*
डायनामाइट	*अल्फ्रेड नोबेल*	सेफ्टी लैम्प	*सर हम्फ्री डेवी*
डायनमो का सिद्धान्त	*माइकेल फैराडे*	स्कूटर	*जी. ब्रैड शॉ*
डाइलेसिस मशीन (किडनी मशीन)	*कोल्फ*	शार्ट हैण्ड (आधुनिक)	*सर आइजक पिटमैन*
इलेक्ट्रिक लैम्प	*थॉमस अल्वा एडीसन*	स्टीम इंजन (कण्डेन्सर युक्त)	*जेम्स वॉट*
फाउण्टेन पेन	*एल.ई. वाटरमैन*	टेलीग्राम कोड	*सैमुअल एफ.बी. मोर्स*
गोबर गैस संयन्त्र	*डॉ. सी.बी. देसाई*	टेलीफोन	*एलेक्जैण्डर ग्राह्म बेल*
ग्रामोफोन	*टॉमस अल्वा एडीसन*	टेलीस्कोप	*हंस लिपरशे*
हेलीकॉप्टर	*एटीन ओहमिसेन*	ट्रैक्टर	*रॉबर्ट फॉरमिच*
लिफ्ट (Elevator)	*इलिशा ग्रेविस ओटिस*	ट्रांजिस्टर	*बार्डीन तथा शोकले*
वाच (हाथ की घड़ी)	*ए.एल. ब्रेगुएट*	टाइपराइटर	*सी. शोल्स*
टेलीविजन	*जॉन लोगी बेयर्ड*	टेपरिकॉर्डर	*पाउलसेन*

चिकित्सा सम्बन्धी आविष्कार एवं खोज

वैज्ञानिक	खोज का नाम	वैज्ञानिक	खोज का नाम
बैटिन	*इन्सुलिन*	हरगोविन्द खुराना	*जेनेटिक कोड*
रॉबर्ट कोच	*टी.बी. एवं हैजे का टीका*	ल्यूवेनहॉक	*जीवाणु*
डॉ. पाल मुलर	*डी.डी.टी.*	लेनेक	*स्टेथोस्कोप*
ऑइजकमैन	*बेरी-बेरी की चिकित्सा*	लॉर्ड जोसेफ लिस्टर	*ऐण्टिसेप्टिक द्वारा चिकित्सा*
जेम्स वाटसन तथा क्रिक	*डी.एन.ए.*	लुई पाश्चर	*हाइड्रोफोबिया की चिकित्सा*
सर अलेक्जैण्डर फ्लेमिंग एण्ड फ्लोरे	*पेनिसिलिन*	डॉ. रोनेल्ड रॉस	*मलेरिया की चिकित्सा*
विलियम हार्वे	*रुधिर परिवहन (संचरण)*	डॉ. जोन्स ई. साल्क	*ऐण्टि पोलियो वैक्सीन*
कार्ल लैण्डस्टीनर	*रुधिर समूह*	फंक	*विटामिन*
हैनीमैन	*होम्योपैथी की स्थापना*	एडवर्ड जेनर	*चेचक का टीका*
क्रिश्चियन बर्नार्ड	*हृदय प्रत्यारोपण*		

रसायन विज्ञान

रसायन विज्ञान के कुछ आधारभूत सिद्धान्त

द्रव्य और उनकी अवस्थाएँ

द्रव्य

- द्रव्य वह है जो स्थान घेरता है तथा जिसमें भार होता है।
- द्रव्य मुख्यत: तीन भौतिक अवस्थाओं में पाया जाता है : ठोस, द्रव और गैस।
- हाल में ज्ञात हुए द्रव्य की दो अन्य अवस्थाएँ हैं : प्लाज्मा एवं बोस-आइन्सटीन कनडेन्सेट (बी.ई.सी.)।

ठोस

- द्रव्य की वह अवस्था, जिसमें उसका आकार तथा आयतन निश्चित होता हैं, ठोस अवस्था कहलाती है।

द्रव

- द्रव्य की वह अवस्था, जिसमें उसका आयतन तो निश्चित होता है लेकिन आकार, उस पात्र के आकार जैसा हो जाता है, जिसमें वह रखा गया है, द्रव अवस्था कहलाती है।

गैस

- द्रव्य की वह अवस्था जिसमें उसका आयतन तथा आकार निश्चित नहीं होते लेकिन उस पात्र के आयतन जितने व आकार जैसे हो जाते हैं जिसमें उसे रखा जाता है, गैस अवस्था कहलाती है।

तत्व

- समान प्रकार (समान परमाणु क्रमांक) के परमाणुओं से बने हुए शुद्ध पदार्थ को **तत्व** कहते हैं।
- वर्तमान में, 118 तत्त्व ज्ञात हैं, जिनमें से 92 तत्त्व प्रकृति में पाए जाते हैं जबकि शेष 26 तत्त्व कृत्रिम रूप से बनाए जाते हैं।

यौगिक

- यौगिक दो या दो से अधिक तत्त्वों के निश्चित अनुपात में रासायनिक संयोग से बनते हैं।
- यौगिकों को उनके अवयवों में भौतिक विधियों द्वारा पृथक् नहीं किया जा सकता है।
- यौगिक के गुण उसके अवयव तत्त्वों के गुणों से भिन्न होते हैं।
- यौगिकों के गलनांक तथा क्वथनांक निश्चित होते हैं।
- यौगिक के प्रत्येक भाग का संघटन समान होता है। अत: यह एक समांगी द्रव्य है।

मिश्रण

- मिश्रण दो या दो से अधिक किन्हीं भी पदार्थों को किसी भी अनुपात में मिलाने से बन जाते हैं।
- मिश्रण के अवयवों को भौतिक विधियों द्वारा पृथक् किया जा सकता है।
- मिश्रण के क्वथनांक व गलनांक निश्चित नहीं होते तथा ये अपने अवयवों के गुण प्रदर्शित करते हैं।
- मिश्रण समांगी तथा विषमांगी दोनों प्रकार के हो सकते हैं।

परमाणु संरचना

डाल्टन का परमाणु सिद्धान्त

- सन् 1803 में जॉन डाल्टन ने परमाणु सिद्धान्त दिया। जिसके अनुसार प्रत्येक तत्त्व (पदार्थ या द्रव्य) अति सूक्ष्म, अविभाज्य कणों से मिलकर बना होता है, जिन्हें परमाणु कहते हैं।
- परमाणु को न बनाया जा सकता है और न ही नष्ट किया जा सकता है।
- एक तत्त्व के सभी परमाणु, भार, आकार तथा अन्य गुणों में समान होते हैं, किन्तु दूसरे तत्त्वों के परमाणुओं से भिन्न होते हैं।
- एक यौगिक के समस्त यौगिक परमाणु आपस में समान होते हैं। इनमें प्रत्येक तत्त्व के परमाणुओं की निश्चित स्थायी संख्या उपस्थित रहती है।

परमाणु

- तत्त्व का वह सूक्ष्म कण, जिसमें पदार्थ के सभी गुण होते हैं तथा रासायनिक क्रिया में भाग लेता है, परमाणु कहलाता है।
- परमाणु के तीन मूल कण हैं इलेक्ट्रॉन, प्रोटॉन तथा न्यूट्रॉन।

इलेक्ट्रॉन ($_{-1}e^0$)

- प्रकृति: ऋणावेशित, सन् 1909 में मिलिकन द्वारा तेल-बूँद विधि द्वारा निर्धारित।
- खोजकर्ता : जे. जे. थॉमसन
- आवेश : 1.602×10^{-19} कूलॉम
- द्रव्यमान : 9.109535×10^{-28} ग्राम
- $\frac{e}{m}$ अनुपात : 1.76×10^{8} कूलॉम/ग्राम

प्रोटॉन ($_1H^1$)

- प्रकृति : धनावेशित
- खोजकर्ता : ई. रदरफोर्ड
- आवेश : 1.602×10^{-19} कूलॉम
- द्रव्यगान : 1.672×10^{-24} ग्राम

न्यूट्रॉन ($_0n^1$)

- प्रकृति : आवेशहीन
- खोजकर्ता : जेम्स चैडविक
- द्रव्यमान : 1.675×10^{-24} ग्राम

अणु

- पदार्थ का वह अतिसूक्ष्म कण, जो स्वतन्त्र अवस्था में रह सकता है, अणु कहलाता है।
- यौगिकों के अणुओं में दो या दो से अधिक प्रकार के परमाणु होते हैं।

नाभिक

- खोजकर्ता-रदरफोर्ड
- परमाणु के मध्य में एक अति सूक्ष्म पिण्ड होता है, जिसे नाभिक कहते हैं। नाभिक में परमाणु का समस्त धनावेश तथा द्रव्यमान स्थित रहता है।

परमाणु क्रमांक

- किसी तत्त्व के परमाणु में उपस्थित प्रोटॉनों की संख्या, परमाणु क्रमांक के बराबर होती है, अर्थात्
- परमाणु क्रमांक   प्रोटॉनों की संख्या = इलेक्ट्रॉनों की संख्या

द्रव्यमान संख्या

- किसी तत्व के परमाणु के नाभिक में उपस्थित प्रोटॉनों तथा न्यूट्रॉनों की संख्या के योग को द्रव्यमान संख्या कहते हैं। यह परमाणु भार के लगभग बराबर होता है।
  - द्रव्यमान संख्या (परमाणु भार)
    = प्रोटॉनों की संख्या + न्यूट्रॉनों की संख्या
    = परमाणु संख्या + न्यूट्रॉनों की संख्या
    = इलेक्ट्रॉनों की संख्या + न्यूट्रॉनों की संख्या

संयोजी इलेक्ट्रॉन

- किसी तत्त्व के परमाणुओं द्वारा रासायनिक संयोग में स्थानान्तरण या साझे में प्रयुक्त इलेक्ट्रॉनों को उस तत्व के संयोजी इलेक्ट्रॉन कहते हैं। संयोजी इलेक्ट्रॉन जिस कोश में होते हैं उसे **संयोजी कोश** कहते हैं।
- समान संयोजी इलेक्ट्रॉन वाले तत्वों के रासायनिक गुण भी समान होते हैं।
- ऐसे तत्व, जिनके परमाणुओं में संयोजी इलेक्ट्रॉनों की संख्या 1, 2 तथा 3 होती है, धातु कहलाते हैं तथा ऐसे तत्व, जिनके परमाणुओं में संयोजी इलेक्ट्रॉनों की संख्या 4, 5, 6 और 7 होती है अधातु कहलाते हैं।

समस्थानिक

- एक ही तत्व के परमाणुओं को जिनकी परमाणु संख्या समान हो, परन्तु परमाणु द्रव्यमान संख्या भिन्न हो, **समस्थानिक** कहते हैं।
  उदाहरण के लिए
  - ${}_1H^1$(प्रोटियम), ${}_1H^2$(ड्यूटेरियम), ${}_1H^3$ ट्राइटियम, हाइड्रोजन के समस्थानिक हैं,
  - ${}_6C^{12}, {}_6C^{13}, {}_6C^{14}$ कार्बन के समस्थानिक हैं,
  - ${}_8O^{16}, {}_8O^{17}, {}_8O^{18}$ ऑक्सीजन के समस्थानिक हैं
  - तथा ${}_{10}Ne^{20}, {}_{10}Ne^{21}, {}_{10}Ne^{22}$ नियॉन के समस्थानिक हैं।

समभारिक

- विभिन्न तत्वों के ऐसे परमाणु, जिनकी द्रव्यमान संख्या समान होती है, लेकिन परमाणु क्रमांक भिन्न-भिन्न होते हैं, **समभारी** कहलाते हैं। उदाहरण के लिए
  - ${}_1H^3$ और ${}_2He^3$; ${}_{18}Ar^{40}, {}_{19}K^{40}$ और ${}_{20}Ca^{40}$; ${}_{52}Te^{130}$, ${}_{56}Ba^{130}$ और ${}_{54}Xe^{130}$

रेडियोसक्रियता

- वे तत्व जो प्रकृति में स्वत: विघटित होते रहते हैं, रेडियोएक्टिव तत्व कहलाते हैं, इनसे निकलने वाली किरणें रेडियोएक्टिव किरणें कहलाती हैं तथा इनका यह गुण रेडियोसक्रियता कहलाता है।
- रेडियोसक्रियता की खोज फ्रांस के भौतिकशास्त्री हेनरी बैक्विरेल ने सन् 1896 में की।
- रेडियोएक्टिव पदार्थों से निकलने वाली किरणें तीन प्रकार की होती हैं।

अल्फा किरणें

- अल्फा किरणें हीलियम नाभिक [He^{2+} या He^{++}] के बने होते हैं तथा प्रत्येक में दो प्रोटॉन, दो न्यूट्रॉन तथा दो इकाई धन आवेश होता है।
- ये प्रबल चुम्बकीय या विद्युत क्षेत्र में ऋण प्लेट की ओर विक्षेपित हो जाते हैं।

बीटा किरणें

- ये किरणें ऋणावेशित कणों की बनी होती हैं। अत: ये वास्तव में इलेक्ट्रॉनों के प्रवाह होते हैं।
- ये विद्युतीय तथा चुम्बकीय क्षेत्र में धन प्लेट की ओर अधिक विक्षेपित होते हैं।

गामा किरणें

- आवेश शून्य होता है तथा ये द्रव्यमान रहित होती हैं।
- ये किरणें विद्युतीय तथा चुम्बकीय क्षेत्र में विचलित नहीं होती हैं। अत: ये उदासीन होती हैं।
- ये ऐसी विद्युतचुम्बकीय तरंगें हैं जिनकी तरंग-दैर्ध्य 10^{-10} सेमी से 10^{-12} सेमी होती है।
- गामा किरणों को रेडियोसक्रिय विघटन का द्वितीयक प्रभाव मान सकते हैं।
- ऐसे नाभिक जिनमें प्रोटॉनों तथा न्यूट्रॉनों की संख्या समान होती है, स्थायी नाभिक कहलाते हैं।
- सभी ज्ञात तत्त्वों के समस्थानिक जिनका परमाणु क्रमांक 83 से ज्यादा होता है, रेडियो-एक्टिव तत्त्व कहलाते हैं।

अर्द्ध-आयु काल

- एक रेडियोएक्टिव पदार्थ के किसी नमूने की आधी मात्रा विघटित होने में जो समय लगता है, उसे उस पदार्थ की 'अर्द्ध-आयु' कहते हैं।

नाभिकीय विखण्डन

- सन् 1938 में ऑटो हॉन तथा फिट्ज स्ट्रासमैन ने ज्ञात किया कि जब U-235 पर मन्द गति के न्यूट्रॉनों की बौछार की जाती है, तो यूरेनियम-235 का भारी नाभिक मध्यम द्रव्यमान के दो खण्डों में विभक्त हो जाता है और इसके साथ बहुत अधिक ऊर्जा उत्सर्जित होती है, इस नाभिकीय अभिक्रिया को नाभिकीय विखण्डन कहते हैं। अत: वह प्रक्रिया जिसमें एक भारी नाभिक दो छोटे नाभिकों में टूट जाता है तथा अपार ऊर्जा उत्पन्न करता है, नाभिकीय विखण्डन कहलाता है।
- परमाणु बम, इसी सिद्धान्त पर आधारित है।
- 'न्यूक्लियर रिएक्टर' एक विशेष प्रकार की भट्टी है, जिसमें U-235 का नियन्त्रित नाभिकीय विखण्डन कराया जाता है। रिएक्टरों में कैडमियम की छड़ें, न्यूट्रॉन-अवशोषक का कार्य करती हैं, इन छड़ों को नियन्त्रक कहते हैं। भारी जल तथा ग्रेफाइट का कार्य न्यूट्रॉनों की गति को मन्द करना है, अर्थात् भारी जल तथा ग्रेफाइट मन्दक का कार्य करते हैं। यूरेनियम-235 ईंधन का कार्य करता है।

नाभिकीय संलयन

- नाभिकीय संलयन वह प्रक्रिया है जिसमें दो हल्के नाभिक संयोजित होकर एक भारी नाभिक का निर्माण करते हैं तथा अत्यधिक मात्रा में ऊर्जा उत्पन्न करते हैं, क्योंकि उत्पाद का कुल भार, अभिकारक के कुल भार से कम होता है।
- हाइड्रोजन बम, नाभिकीय संलयन के सिद्धान्त पर आधारित है।
- सौर ऊर्जा का स्रोत, **नाभिकीय संलयन** है।
- रेडियो-कार्बन काल, कार्बनिक मूल की पुरातत्त्व वस्तुओं की आयु ज्ञात करने में प्रयोग किया जाता है

$$N = N_0\left(\frac{1}{2}\right)^n$$

जहाँ, $n = \dfrac{\text{कुल समय}}{\text{अर्द्ध-आयु काल}}$

ऑक्सीकरण और अपचयन

ऑक्सीकरण

- परमाणुओं, आयनों या अणुओं द्वारा एक या एक से अधिक इलेक्ट्रॉन त्यागने की प्रक्रिया ऑक्सीकरण कहलाती हैं। उदाहरण के लिए,

$$Mg \longrightarrow Mg^{2+} + 2e^-$$

- ऑक्सीकरण के द्वारा किसी तत्त्व की धनात्मक संयोजकता बढ़ जाती है।
- इलेक्ट्रॉन त्यागना ऑक्सीकरण है।
- किसी तत्त्व की ऑक्सीकरण अवस्था धनात्मक, ऋणात्मक, शून्य या भिन्न हो सकती है।

अपचयन

- परमाणुओं, आयनों तथा अणुओं द्वारा एक या एक से अधिक इलेक्ट्रॉन ग्रहण करने की प्रक्रिया अपचयन कहलाती है। उदाहरण के लिए :

$$S + 2e^- \longrightarrow S^{2-}$$

- अपचयन में तत्त्व की धनात्मक संयोजकता घटती है।
- ऑक्सीकरण और अपचयन साथ-साथ समान मात्रा में हो सकते हैं।

ऑक्सीकारक

- वह पदार्थ जो रासायनिक प्रक्रिया में इलेक्ट्रॉन ग्रहण करता है, ऑक्सीकारक कहलाता है।
- सभी धनावेशित तत्त्व, ऑक्सीकारक की तरह व्यवहार करते हैं।
- ऑक्सीकारक पदार्थ, लुईस क्षार होते हैं।

अपचायक

- वे पदार्थ जो रासायनिक प्रक्रिया में इलेक्ट्रॉन देते हैं, अपचायक कहलाते हैं।
- सभी ऋणावेशित पदार्थ, अपचायक की तरह व्यवहार करते हैं।
- अपचायक पदार्थ, लुईस अम्ल होते हैं।

आवर्त सारणी

तत्वों का वर्गीकरण

- सन् 1869 में रूसी वैज्ञानिक मेण्डलीफ ने तत्वों का प्रथम आवर्ती वर्गीकरण दिया।
- तत्वों के गुण, उनके परमाणु भारों के आवर्ती फलन हैं।
- मेण्डलीफ के समय में 63 ज्ञात तत्व थे, जिन्हें उन्होंने सात आवर्तो (क्षैतिज कॉलमों) तथा आठ वर्गों (खड़े कॉलमों) में बाँटा।
- आधुनिक आवर्त नियम के अनुसार, ''तत्वों के गुण, उनके परमाणु क्रमांकों के आवर्ती फलन हैं।''
- मेण्डलीफ की संशोधित आवर्त सारणी को 18 खड़े कॉलम (जिन्हें समूह कहते हैं) तथा सात क्षैतिज कॉलमों (जिन्हें आवर्त कहते हैं) में बाँटा गया।

आवर्तो के सामान्य लक्षण

- प्रत्येक आवर्त में बाएँ से दाएँ जाने पर तत्वों में संयोजी इलेक्ट्रॉनों की संख्या 1 से 8 तक बढ़ती है।
- आवर्तों में तत्वों को बढ़ते हुए परमाणु क्रमांक के अनुसार रखा गया है।
- आवर्तों में बाएँ से दाएँ जाने पर तत्वों की संयोजकता पहले एक से चार तक बढ़ती है, फिर 4 से 1 तक क्रमशः घटती है।
- आवर्तों में बाएँ से दाएँ जाने पर परमाणु का आकार क्रमशः घटता है।
- प्रत्येक आवर्त में बाएँ से दाएँ चलने पर तत्त्व का धनात्मक गुण घटता है।
- प्रत्येक आवर्त में बाएँ से दाएँ चलने पर परमाणु का आकार घटने के कारण, तत्वों की धात्विकता भी घटती जाती है।
- प्रत्येक आवर्त में बाएँ से दाएँ जाने पर तत्वों का अपचायक गुण घटता है।
- प्रत्येक आवर्त में बाएँ से दाएँ जाने पर ऑक्साइडों का क्षारीय गुण घटता है।
- प्रत्येक आवर्त में बाएँ से दाएँ जाने पर ऋणविद्युती प्रकृति, अधात्विक प्रकृति तथा ऑक्साइडों का अम्लीय गुण क्रमशः बढ़ता है।
- प्रत्येक आवर्त में बाएँ से दाएँ जाने पर आयनन विभव क्रमशः बढ़ता है।
- प्रत्येक आवर्त में बाएँ से दाएँ जाने पर इलेक्ट्रॉन बन्धुता भी सामान्यतः बढ़ती है।

वर्गों के सामान्य लक्षण

- आवर्त सारणी में वर्गों के सभी तत्वों में संयोजी इलेक्ट्रॉनों की संख्या समान होती है।
- प्रत्येक समूह में ऊपर से नीचे जाने पर परमाणु त्रिज्या में वृद्धि होती है।
- प्रत्येक समूह में ऊपर से नीचे जाने पर धन-विद्युती प्रकृति, धात्विकता, अपचायक गुण तथा ऑक्साइडों का क्षारीय गुण क्रमशः बढ़ता है।
- प्रत्येक समूह में ऊपर से नीचे जाने पर ऋणविद्युती प्रकृति, अधात्विकता, तथा ऑक्साइडों का अम्लीय गुण परमाणु क्रमांक बढ़ने के साथ-साथ घटता है।
- आवर्त सारणी में, समूह में ऊपर से नीचे जाने पर आयनन विभव, इलेक्ट्रॉन बन्धुता क्रमशः घटते हैं।

प्रमुख मिश्र-धातुएँ

मिश्र धातु	संगठन	प्रमुख उपयोग
सोल्डर	टिन तथा लेड	टांका लगाने में
काँसा	कॉपर तथा टिन	बर्तन, मूर्तियाँ आदि बनाने में
टाइप मेटल	टिन, लेड, एण्टीमनी	छपाई में
ब्यूटर	टिन, लेड	बर्तन बनाने में
बेल मेटल	कॉपर, टिन	घण्टे, पुर्जे
गन मेटल	कॉपर, टिन और जिंक	बन्दूकें, हथियार, मशीनों के पुर्जे
पीतल	कॉपर और जिंक	तार, मशीनों के पुर्जे, बर्तन
एल्युमीनियम ब्रान्ज	कॉपर और एल्युमीनियम	सिक्के, सस्ते आभूषण
जर्मन सिल्वर	कॉपर, जिंक और निकिल	बर्तन, मूर्तियाँ आदि
कॉन्सटैन्टन	कॉपर और निकिल	तार, विद्युतीय यन्त्र
डैण्टल मिश्र धातु	सिल्वर, मरकरी, जिंक, टिन	दाँतों में भरने के लिए
स्टेनलैस स्टील	आयरन, क्रोमियम, निकिल	बर्तन, चिकित्सा के औजार
एल्नीको	आयरन, एल्युमीनियम, निकिल	स्थायी चुम्बक
मैग्नेलियम	मैग्नीशियम और एल्युमीनियम	वायुयान तथा जहाजों को बनाने में

मनुष्य द्वारा निर्मित पदार्थ (Man-made Substances)

साबुन (Soap)

- उच्च वसीय अम्लों के सोडियम एवं पोटैशियम लवण साबुन कहलाते हैं, जैसे : सोडियम पामिटेड, स्टीरड तथा सोडियम ओलिएट आदि।
- साबुन के निर्माण में आवश्यक प्रयुक्त सामग्री जन्तुओं की चर्बी, वनस्पति तेल, सोडियम हाइड्रॉक्साइड, सोडियम क्लोराइड आदि (अतः साबुन बनाने का प्रक्रम साबुनीकरण कहलाता है)।

डिटर्जेण्ट (Detergent)

- डिटर्जेण्ट एक विशेष प्रकार के कार्बनिक यौगिक हैं, जिनमें साबुन के समान ही सफाई का गुण विद्यमान होता है, परन्तु ये स्वयं साबुन नहीं होते।
- लॉरिल सल्फ्यूरिक एसिड को सोडियम हाइड्रॉक्साइड के साथ अभिक्रिया कराने पर सोडियम लॉरिल सल्फेट प्राप्त हो जाता है, यही डिटर्जेण्ट (कृत्रिम साबुन) है।
- डिटर्जेण्ट के निर्माण में आवश्यक प्रयुक्त सामग्री उच्च अणु भार वाले हाइड्रोकार्बन, सल्फ्यूरिक एसिड तथा सोडियम हाइड्रॉक्साइड आदि।

बहुलक (Polymer)

- अधिक अणु भार वाला वह यौगिक जो कम अणु भार वाले एक या एक से अधिक प्रकार के बहुत से अणुओं के संयोजन से बनते हैं, जिनके बीच सहसंयोजक बन्ध होते हैं, बहुलक कहलाते हैं तथा यह प्रक्रम बहुलीकरण कहलाता है।

रासायनिक पदार्थों के व्यापारिक तथा रासायनिक नाम एवं सूत्र

व्यापारिक नाम	रासायनिक नाम	सूत्र
साधारण लवण	सोडियम क्लोराइड	$NaCl$
चिली साल्टपीटर	सोडियम नाइट्रेट	$NaNO_3$
सुहागा	बोरेक्स	$Na_2B_4O_7 \cdot 10H_2O$
खाने का सोडा	सोडियम बाइकार्बोनेट	$NaHCO_3$
धोबन सोडा	सोडियम कार्बोनेट	$Na_2CO_3 \cdot 10H_2O$
कास्टिक सोडा	सोडियम हाइड्रॉक्साइड	$NaOH$
तूतिया (नीला थोथा)	कॉपर सल्फेट	$CuSO_4 \cdot 5H_2O$
उजला थोथा (सफेद कसीस)	जिंक सल्फेट	$ZnSO_4 \cdot 7H_2O$
हरा कसीस	फेरस सल्फेट	$FeSO_4 \cdot 7H_2O$
संगमरमर	कैल्शियम कार्बोनेट	$CaCO_3$
कली चूना	कैल्शियम ऑक्साइड	CaO
भखरा चूना	कैल्शियम हाइड्रॉक्साइड	$Ca(OH)_2$
सिन्दूर	मरक्यूरिक सल्फाइड	HgS
शोरा	पोटैशियम नाइट्रेट	KNO_3
शोरे का अम्ल	नाइट्रिक एसिड	HNO_3
नमक का अम्ल	हाइड्रोक्लोरिक एसिड	HCl
गन्धक का अम्ल	सल्फ्यूरिक एसिड	H_2SO_4
नौसादर	अमोनियम क्लोराइड	NH_4Cl
लाफिंग गैस	नाइट्रस ऑक्साइड	N_2O
जिप्सम	कैल्शियम सल्फेट	$CaSO_4 \cdot 2H_2O$
शुष्क बर्फ (ड्राइ आइस)	ठोस कार्बन डाइऑक्साइड	CO_2
फिटकरी	पोटैशियम एल्युमीनियम सल्फेट	$K_2SO_4 \cdot Al_2(SO_4)_3 \cdot 24H_2O$
गैलेना	लेड सल्फाइड	PbS
टी. एन. टी.	ट्राई नाइट्रोटाल्वीन	$C_6H_2CH_3(NO_2)_3$
कास्टिक पोटाश	पोटैशियम हाइड्रॉक्साइड	KOH
विरंजक चूर्ण	ब्लीचिंग पाउडर	$CaOCl_2$
प्लास्टर ऑफ पेरिस	कैल्शियम सल्फेट हाफ हाइड्रेट	$(CaSO_4)_2 H_2O$
साल्ट केक	सोडियम सल्फेट	Na_2SO_4
ग्लोबर लवण	सोडियम सल्फेट	$Na_2SO_4 . 10H_2O$
बालू	सिलिकन ऑक्साइड	SiO_2
अम्लराज	अम्लराज	$3HCl + HNO_3$
भारी जल	ड्यूटेरियम ऑक्साइड	D_2O
श्वेत पोटाश	पोटैशियम क्लोरेट	$KClO_3$
हाइड्रोजन परॉक्साइड	हाइड्रोजन परॉक्साइड	H_2O_2
चाइनीज श्वेत	जिंक ऑक्साइड	ZnO
हाईपो	सोडियम थायोसल्फेट	$Na_2S_2O_3 \cdot 5H_2O$
मार्श गैस	मेथेन	CH_4
एल्कोहॉल	इथाइल एल्कोहॉल	C_2H_5OH
चीनी	सुक्रोज	$C_{12}H_{22}O_{11}$

प्रमुख तत्त्व, अयस्क तथा रासायनिक सूत्र

तत्त्वों के नाम	अयस्क	रासायनिक सूत्र
एल्युमीनियम (Al)	बॉक्साइट, कोरण्डम, क्रायोलाइट	$Al_2O_3 \cdot 2H_2O$; $Al_2O_3 \cdot H_2O$; Na_3AlF_6
लोहा (Fe)	हेमेटाइट, मैग्नेटाइट	Fe_2O_3; Fe_3O_4
ताँबा (Cu)	कॉपर ग्लांस, कॉपर पाइराइट्स	Cu_2S; $CuFeS_2$
जस्ता (Zn)	जिंकब्लैड, केलामाइन या जिंक स्पार	ZnS; $ZnCO_3$
सोडियम (Na)	रॉक साल्ट, सोडियम कार्बोनेट	$NaCl$; $Na_2CO_3 \cdot 10H_2O$
पोटैशियम (K)	कार्नेलाइट, शोरा	$KCl\ MgCl_2 \cdot 6H_2O$; KNO_3
सीसा (Pb)	गैलेना	PbS
टिन (Sn)	टिन पाइराइट्स, कैसिटेराइट	Cu_2FeSnS_4; SnO_2
चाँदी (Ag)	सिल्वर ग्लांस	Ag_2S
सोना (Au)	कैल्वेराइट, पेटसाइट	$AuTe_2$; $Ag(Au)_2 Te$
पारा (Hg)	सिनेबार, कैलोमल	HgS; Hg_2Cl_2
मैग्नीशियम (Mg)	डोलोमाइट, कार्नेलाइट	$MgCO_3 \cdot CaCO_3$; $KCl \cdot MgCl_2 \cdot 6H_2O$
कैल्शियम (Ca)	लाइम स्टोन, डोलोमाइट	$CaCO_3$; $CaCO_3 \cdot MgCO_3$
फॉस्फोरस (P)	फॉस्फोराइट, फ्लोरएपेटाइट	$Ca_3(PO_4)_2$; $3Ca_3(PO_4)_2\ CaF_2$

धातुओं एवं अधातुओं के गुण

- धातु आघातवर्ध्य होते हैं। सोना एवं चाँदी सबसे अधिक आघातवर्ध्य धातु है।
- चाँदी की तन्यता अत्यधिक है। चाँदी ऊष्मा का सर्वोत्तम चालक है, जबकि सीसा (लेड) की ऊष्मा चालकता सबसे कम होती है।
- पोटैशियम सर्वाधिक विद्युत धनात्मक एवं सर्वाधिक अभिक्रियाशील धातु है, जबकि सोना सबसे कम विद्युत धनात्मक एवं सबसे कम अभिक्रियाशील धातु है।

- पृथ्वी की सतह पर सर्वाधिक मात्रा में एल्युमीनियम धातु पाया जाता है।
- एंजाइम (विकर) में कॉपर एवं जिंक धातुएँ पाई जाती हैं।
- सोडियम एवं पोटैशियम की उपस्थिति के कारण ही नसों में विद्युतीय सक्रियता कायम रहती है तथा पेशियों के सिकुड़ने में मदद मिलती है।
- नमक को बर्फ के साथ मिलाकर 'हिमकारी मिश्रण' तैयार किया जाता है।
- अधातुएँ प्राय: भंगुर होते हैं, किसी विशेष प्रकार की चमक नहीं होती है, प्राय: ऊष्मा एवं विद्युत के कुचालक होते हैं तथा इनमें मुक्त इलेक्ट्रॉन नहीं होते हैं।
- सिलिकॉन का उपयोग अर्द्धचालक युक्ति (Semiconductor device) में होता है।
- सिलिकॉन कार्बाइड हीरा जैसा कड़ा होता है। अत: इसका उपयोग काटने एवं औजारों में छेद करने में होता है।
- सिलिका का उपयोग काँच और सीमेण्ट बनाने में होता है।
- सिलिका जेल के रूप में सिलिकॉन का उपयोग शुष्क कारक (Drying agent) के रूप में होता है।
- श्वेत फॉस्फोरस हवा में स्वत: जल उठता है। अत: इसे जल के अन्दर डुबोकर रखा जाता है। अन्धेरे में यह आर्द्र वायु के सम्पर्क में हल्के पीले रंग का प्रकाश देता है, इस घटना को स्फुरदीप्ति (Phosphorescence) कहा जाता है।
लाल फॉस्फोरस का उपयोग दियासलाई के निर्माण में होता है।
- फॉस्फोरस का उपयोग चूहा मारने के लिए विष तथा आतिशबाजी के सामान बनाने के लिए होता है।
- गन्धक का उपयोग प्राकृतिक रबड़ के वल्कनीकरण, रंग उद्योगों, चर्म रोगों हेतु औषधि, ब्यूटी पार्लरों आदि में होता है।

रसायन विज्ञान सम्बन्धी महत्त्वपूर्ण खोज

खोज	खोजकर्ता
इलेक्ट्रॉन	जे. जे. थॉमसन
प्रोटॉन	इजेन गोल्डस्टीन
न्यूट्रॉन	जेम्स चैडविक
पॉजिट्रॉन	कार्ल एण्डरसन
मेसॉन	युकावा
नाभिक	रदरफोर्ड
परमाणु क्रमांक	मोसले
आधुनिक आवर्त सारणी	मोसले
आवर्त सारणी	मैण्डलीव
क्वाण्टम सिद्धान्त	मैक्स प्लान्क
परमाणु सिद्धान्त	जॉन डॉल्टन
बोर सिद्धान्त	नील्स बोर
रेडियो सक्रियता	हेनरी बेक्वेरेल
हाइड्रोजन	कैवेण्डिश
नाइट्रोजन	रदरफोर्ड
ऑक्सीजन	शीले एवं प्रीस्टले
सोडियम, पोटैशियम, कैल्शियम तथा मैग्नीशियम	डेवी
रेडियम	मैडम क्यूरी एवं पियरे क्यूरी
यूरेनियम	क्लैप्रोथ
थोरियम	बर्जीलियस
पोलोनियम	मैडम क्यूरी
क्लोरीन	शीले

जीव विज्ञान

कोशिका

- कोशिका जीवों की संरचनात्मक, कार्यात्मक एवं अनुवांशिक इकाई होती है। प्रत्येक कोशिका में स्वतन्त्र रूप से उपापचयी क्रियाएँ होती रहती हैं।
- विभिन्न जीवों में कोशिकाओं के रूप, आकार एवं संख्या में काफी भिन्नता होती है।
- कोशिका का आकार उसके कार्य के अनुरूप होता है। मानव शरीर की सबसे बड़ी कोशिका तन्त्रिका कोशिका (न्यूरॉन) है।
- *अमीबा, यूग्लीना* सहित सभी प्रोटोजोअन एवं जीवाणु एककोशिकीय जीव हैं।
कोशिकाओं की संख्या जीव के शरीर के आकार पर निर्भर करती है।
- कोशिका का अध्ययन सूक्ष्मदर्शी (माइक्रोस्कोप) की सहायता से किया जाता है।

कोशिका की संरचना

- कोशिका भित्ति (केवल पादप कोशिका में उपस्थित) निर्जीव पदार्थ सेल्यूलोस की बनी होती है। यह कोशिका को निश्चित रूप, सुरक्षा एवं सहारा प्रदान करती है।
- अन्त:प्रद्रव्यी जालिका या एण्डोप्लाज्मिक रेटिकुलम कोशिका द्रव्य में पदार्थों का संचार करती हैं।
- राइबोसोम प्रोटीन एवं आर.एन.ए. के बने होते हैं तथा प्रोटीन का संश्लेषण करते हैं।
- माइटोकॉण्ड्रिया कोशिकीय श्वसन के स्थल होते हैं। यहाँ ऊर्जा का निर्माण होता है। अत: इसे कोशिकीय ऊर्जा गृह भी कहा जाता है।
- गॉल्जी-उपकरण कोशिका के भीतर तथा बाहर पदार्थों को भेजने का कार्य करता है।
- *लवक मुख्यत: तीन प्रकार के होते हैं–* अवर्णीलवक (ल्यूकोप्लास्ट), वर्णीलवक (क्रोमोप्लास्ट) एवं हरितलवक (क्लोरोप्लास्ट)
- अवर्णीलवक मुख्यतया: जड़ की कोशिकाओं में पाये जाते हैं एवं खाद्य-संचय का कार्य करते हैं। हरितलवक मुख्यतया: पत्तियों में मौजूद होते हैं। ये उन्हें हरा रंग प्रदान करते हैं तथा प्रकाश-संश्लेषण में सहायक होते हैं।
- वर्णीलवक फूलों, फलों एवं बीजों को विभिन्न रंग प्रदान करते हैं।
- लाइसोसोम में ऐसे एंजाइम पाए जाते हैं, जिनमें जीव द्रव्य को घुला देने अथवा नष्ट कर देने की क्षमता होती है इसलिए इसे 'आत्महत्या की थैली' भी कहा जाता है।
- केन्द्रक कोशिका के भीतर सम्पन्न होने वाली सभी उपापचयी क्रियाओं या जैविक क्रियाओं का नियन्त्रण करता है।
- केन्द्रिका प्रोटीन एवं आर एन ए संश्लेषण में सहायक होता है।
- तारककाय या सेण्ट्रोसोम (केवल जन्तु कोशिका में उपस्थित) कोशिका-विभाजन में सहायक होता है।

पोषण

- **पोषण** (Nutrition) उन सभी क्रियाओं का कुल योग है, जो भोजन के अन्तर्ग्रहण, पाचन, पचे हुए भोजन के अवशोषण और अपचित भोजन के निष्कासन से सम्बन्धित है। *पोषण मुख्यतया दो प्रकार का होता है*
  (a) **स्वपोषण** इसमें जीव अपना भोजन स्वयं बनाते हैं; **जैसे**—सभी हरे पौधे, कुछ एककोशिकीय जीव—*यूग्लीना, क्लेमाइडोमोनास, वाल्वॉक्स*।
  (b) **परपोषण** इसमें जीव अपने भोजन हेतु अन्य जीवों पर निर्भर रहते हैं; **जैसे**—परजीवी, मृतोपजीवी तथा कीटाहारी पौधे।
- **भोजन** (Food) भोजन वह पोषक पदार्थ है, जो किसी जीव द्वारा वृद्धि, कार्य, मरम्मत और जीवन क्रियाओं के संचालन हेतु ग्रहण किया जाता है। यह विभिन्न पदार्थों का मिश्रण होता है जिसकी मात्रा एवं उसके अवयव भिन्न-भिन्न हो सकते हैं।

भोजन के अवयव

- *भोजन के सात मुख्य अवयव निम्नलिखित हैं*
  1. कार्बोहाइड्रेट 2. वसा
  3. प्रोटीन 4. विटामिन
  5. खनिज लवण 6. जल
  7. मोटा चारा (Roughage)

कार्बोहाइड्रेट

- कार्बोहाइड्रेट, पोलीहाइड्रोक्सी एल्डिहाइड अथवा कीटोन होते हैं, जो C, H, एवं O से बने होते हैं। इनमें C, H एवं O का अनुपात सामान्यतया 1 : 2 : 1 होता है।
- इनका सामान्य सूत्र $C_n(H_2O)_n$ or $C_n H_{2n}O_n$ होता है, जहाँ n = कार्बन परमाणुओं की संख्या होती है।
- कार्बोहाइड्रेट हमारे शरीर हेतु मुख्य ऊर्जा के स्रोत हैं। ये ऑक्सीकरण के पश्चात् शरीर में ऊर्जा उत्पन्न करते हैं।
- 1 ग्राम कार्बोहाइड्रेट के ऑक्सीकरण 17 किलो जूल ऊर्जा अथवा 4.1 किलो–कैलोरी ऊर्जा निकलती है।
- हमारे भोजन की कुल ऊर्जा में से लगभग 60-80% ऊर्जा कार्बोहाइड्रेट से आती है।
- कार्बोहाइड्रेट हमारे शरीर का लगभग 1% भाग बनाते हैं।

कार्बोहाइड्रेट के प्रकार

- *शर्करा अणुओं के आधार पर इन्हें तीन भागों में बाँटा जा सकता है*
  (a) **मोनोसैकेराइड्स** ये सबसे सरल कार्बोहाइड्रेट हैं। ये केवल एक शर्करा अणु के बने होते हैं; **जैसे**— ग्लूकोज, फ्रक्टोज, गेलेक्टोज।
  (b) **डाईसैकेराइड्स** ये मोनोसैकेराइड्स की दो इकाइयों के बने होते हैं; **जैसे**— सुक्रोज (चीनी), माल्टोज, लैक्टोज (दुग्ध शर्करा)।
  (c) **पोलीसैकेराइड्स** ये अनेक मोनोसैकेराइड इकाइयों के ग्लाइकोसाइडिक बन्ध द्वारा जुड़ने से बनते हैं; **जैसे**— सैल्यूलोज, स्टार्च (आलू में), ग्लाइकोजन (जन्तु यकृत में), काइटिन (आर्थ्रोपोड्स के कवच)।

भोजन में कार्बोहाइड्रेट

- *भोजन में पाए जाने वाले कुछ कार्बोहाइड्रेट निम्न हैं –*

सैल्यूलोज

- यह पौधे की कोशिका भित्ति में पाया जाता है।
- कपास एवं कागज शुद्ध सैल्यूलोज के बने होते हैं। यह ग्लूकोज का बहुलक है।
- पशुओं जैसे गाय, भैंस, बकरी आदि में सैल्यूलोज का पाचन होता है परन्तु मनुष्य में इसका पाचन नहीं होता है।

शर्करा

- यह मीठा, क्रिस्टलीय, सफेद एवं जल में घुलनशील पदार्थ हैं, जो मुख्यतया फलों में पाया जाता है।
- ग्लूकोज शर्करा की अतिरिक्त मात्रा, यकृत में ग्लाइकोजन के रूप में तथा शरीर के अन्य भागों में वसा के रूप में संग्रहित रहती है।
- यकृत की ग्लाइकोजन, रुधिर में शर्करा का स्तर नियन्त्रित करती है।

स्टार्च

- पादप कोशिकाओं का संग्रहित पदार्थ है।
- रासायनिक रूप से यह एमाइलेज एवं एमाइलोपेक्टिन का मिश्रण है जिनमें इनका अनुपात 1 : 4 होता है।
- तनु HCl द्वारा यह ग्लूकोज में अपघटित हो जाता है।

कार्बोहाइड्रेट के स्रोत

- इसके मुख्य स्रोत आलू, फल (केला, आम), अनाज (चावल, गेहूँ, मक्का), शर्करा (शहद, गन्ना, चकुन्दर, जैम) रोटी, दूध आदि हैं।
- कार्बोहाइड्रेट की अत्यधिक मात्रा लेने से पाचन तन्त्र सम्बन्धी रोग हो जाते हैं।
- कार्बोहाइड्रेट की अत्यधिक मात्रा लेने से बच्चों एवं वयस्कों में मोटापा हो जाता है।

वसा

- वसा, वसीय अम्लों एवं ग्लिसरॉल से बना यौगिक है, जो कार्बन (C), हाइड्रोजन (H) एवं ऑक्सीजन (O) का बना होता है।
- इसमें अत्यधिक कैलोरी (ऊर्जा) होती है और ये आवश्यक वसा अम्लों के मुख्य स्रोत हैं।
- 1 ग्राम वसा के ऑक्सीकरण द्वारा 37 किलो-जूल ऊर्जा या 9 किलो-कैलोरी ऊर्जा उत्पन्न होती है।
- ये जल में अविलेय एवं ऐसीटोन, बैंजीन, क्लोरोफार्म आदि में विलेय होते हैं।
- जन्तु वसाएँ अर्द्ध ठोस होती हैं, जबकि वनस्पति वसाएँ तरल रूप में होती हैं तथा तेल कहलाती हैं।

वसा के स्रोत

- घी, मक्खन, बादाम, पनीर, अण्ड योक, माँस, सोयाबीन और सभी वनस्पति तेल वसा के मुख्य स्रोत हैं।
- वसा की अल्पता से त्वचा सूखी हो जाती है।
- वसा की कमी के कारण वसा में घुलनशील विटामिनों की भी कमी हो जाती है।
- वसा की अत्यधिक मात्रा के सेवन से मोटापा हो जाता है एवं कोलेस्ट्रॉल के स्तर में वृद्धि से हृदय रोग उत्पन्न हो जाते हैं।

प्रोटीन

- प्रोटीन शब्द जे. बर्जीलियस ने 1930 में प्रतिपादित किया था।
- प्रोटीन अमीनो अम्लों के बहुलक होते हैं।
- प्रोटीन, कार्बन (C), हाइड्रोजन (H), ऑक्सीजन (O) एवं नाइट्रोजन (N) से बनी होती हैं। कुछ प्रोटीनों में गन्धक (S), फॉस्फोरस (P) और लौह (Fe) भी पाया जाता है।
- प्रोटीनों में लगभग 20 प्रकार के अमीनो अम्ल पाए जाते हैं।

प्रोटीन के स्रोत

- प्रोटीन के मुख्य स्रोत दालें, मछली, अण्डा, पत्तीदार सब्जियाँ, दूध, फल, सोयाबीन, मटर, सेम, पनीर, दही आदि हैं।
- प्रोटीन की कमी से बच्चों में मैरेस्मस रोग (Marasmus) एवं क्वाशियोरकोर (Kwashiorkor) रोग उत्पन्न हो जाते हैं।

विटामिन

- विटामिन शब्द फंक (Funk) ने प्रतिपादित किया था।
- इन्हें इनकी घुलनशीलता के आधार पर दो भागों में विभाजित किया जाता है
  1. **जल में घुलनशील विटामिन** विटामिन B-सम्मिश्रण, विटामिन C
  2. **वसा में घुलनशील विटामिन** विटामिन A, विटामिन D, विटामिन E, विटामिन K

विटामिनों के कार्य और महत्त्वपूर्ण स्रोत

विटामिन का नाम	कार्य	मुख्य स्रोत	कमी से प्रभाव
A (रेटिनॉल)	वृद्धि, आँखों की निरोगता, त्वचा और श्लेष्मिक झिल्ली की कोशिकाओं की क्रियाओं के लिए आवश्यक।	मछली के यकृत का तेल, यकृत, फल, टमाटर, गाजर, मक्खन, अण्डे की जर्दी, आदि।	**रतौंधी** व **जीरोफ्थैल्मिया,** वृद्धि रुकना, संक्रमणों के प्रति प्रभाव्यता, त्वचा और झिल्लियों में परिवर्तन का आना आदि।
B_1 (थायमीन)	वृद्धि, कार्बोहाइड्रेट उपापचय नियन्त्रण, हृदय, तन्त्रिका और पेशियों की सक्रियता के लिए आवश्यक।	बीज वाले अन्न, माँस, दूध, सोयाबीन, मुर्गा, अंकुरित अनाज, अण्डा, यीस्ट, आदि।	**बेरी-बेरी,** वृद्धि का रुकना, भूख और वजन घटना, तन्त्रिका विकास, थकान का होना, बदहजमी, पेट की खराबी, आदि।
B_2 (राइबोफ्लेविन)	वृद्धि, त्वचा और मुख की निरोगता, आँखों की सक्रियता।	माँस, सोयाबीन, दूध, हरी सब्जियाँ, अण्डे, आदि।	वृद्धि का रुकना, धुँधली दृष्टि का होना, जीभ पर छाले पड़ जाना, असमय बुढ़ापा आना, प्रकाश न सह पाना, आदि।
B_3 (पेण्टोथेनिक अम्ल)	कोएन्जाइम-A तथा ऐसीटाइलकोलीन के संश्लेषण के लिए आवश्यक	यीस्ट, माँस, यकृत, गुर्दा, दूध, अण्डे, आदि।	पेशियों में लकवा, पैरों में जलन महसूस होना, आदि।
B_5 (नियासिन, निकोटिनिक अम्ल)	वृद्धि, कार्बोहाइड्रेट उपापचय, आमाशय और आँतों की सक्रियता, तन्त्रिका तन्त्र की सक्रियता के लिए।	माँस, मूँगफली का मक्खन (पीनट बटर), आलू, साबुत अनाज, टमाटर, पत्ते वाली सब्जियाँ, आदि।	जीभ का चिकनापन, त्वचा पर फोड़े-फुँसी का होना, पाचन क्रिया में गड़बड़ी होना, मानसिक विकारों **(पेलाग्रा)** का होना, आदि।
B_6 (पाइरीडॉक्सिन)	अमीनो अम्ल का उपापचय।	यकृत, माँस, अनाज, आदि।	त्वचा रोग, मस्तिष्क का ठीक से कार्य न करना। शरीर का भार कम होना, एनीमिया, आदि।
B_7 (बायोटिन)	कार्बोहाइड्रेट उपापचय, त्वचा व बालों की रक्षा।	माँस, अण्डा, यकृत, गिरीदार फल, दूध, आदि।	लकवा, शरीर में दर्द, बालों का गिरना, वृद्धि में कमी, आदि।
B_9 (फॉलिक अम्ल)	रुधिर कोशिकाओं का निर्माण तथा वृद्धि, न्यूक्लिक अम्ल के उपापचय में सहायक।	गिरीदार फल, हरी सब्जियाँ, यकृत, सेम, यीस्ट, अण्डा, आदि।	एनीमिया तथा पेचिश रोग का होता।
B_{12} (साइनोकोबाल्मिन)	रुधिराणु बनाना, न्यूक्लिक अम्ल के संश्लेषण के लिए, नाइट्रोजन उपापचय आदि।	यकृत, आदि।	रुधिर की कमी का होना, आदि।
C (एस्कॉर्बिक अम्ल)	वृद्धि, दाँतों का विकास तथा मजबूती, मसूड़ों की निरोगता, घाव भरना आदि।	नींबू, सन्तरा, नारंगी, टमाटर, पत्ती वाली सब्जियाँ, आँवला, खट्टे पदार्थ, आदि।	**स्कर्वी**, मसूड़ों का फूलना, अस्थियों के चारों ओर स्राव, जरा-सी चोट पर रुधिर निकलने लगना, अस्थियाँ कमजोर होना।
D (कैल्सीफेरॉल)	वृद्धि तथा अस्थियों और दाँतों का निर्माण।	मछली के यकृत का तेल, दूध, अण्डे, सूर्य का प्रकाश।	**रिकेट्स** (सूखा रोग), कमजोर दाँत, दाँतों के रोग, अस्थि भंगुरता, आदि।
E (टोकोफेरॉल)	सामान्य जनन क्षमता बनाए रखना।	पत्ती वाली सब्जियाँ, दूध, मक्खन, अंकुरित गेहूँ, वनस्पति तेल, आदि।	जनन-शक्ति का कम होना।
K (फिलोक्विनोन)	रुधिर के थक्के का जमना, यकृत की सामान्य क्रियाओं के लिए।	हरी सब्जियाँ, सोयाबीन का तेल, टमाटर, आदि।	रुधिर स्राव का लम्बे समय तक होना, ऐंठन आदि।

खनिज लवण

- धातु, अधातु एवं उनके लवण खनिज लवण कहलाते हैं। ये हमारे शरीर का लगभग 4% भाग बनाते हैं।
- *खनिज लवण दो प्रकार के होते हैं*
  1. **वृहत्त पोषक** (Macronutrients) इन तत्त्वों की शरीर को अधिक मात्रा में आवश्यकता होती है। उदाहरण—Ca, P, K, S, Na, Cl और Mg।
  2. **सूक्ष्म पोषक** (Micronutrients) इन तत्त्वों की शरीर को बहुत कम मात्रा में आवश्यकता होती है। उदाहरण—I, Fe, Co, F, Mo और Fe।

प्रमुख खनिज लवणों के महत्त्व, स्रोत तथा अभावजनित रोग

खनिज लवण	महत्त्व	स्रोत	अभावजनित रोग
कैल्शियम	अस्थियों तथा दाँतों का निर्माण, हृदय एवं पेशियों का नियन्त्रण, रक्त का थक्का जमने में सहायक।	दूध, अण्डा, हरी पत्तीदार सब्जियाँ।	अस्थिभंगुरता, अनियंत्रित हृदय स्पन्दन तथा पेशियों में गति।
फॉस्फोरस	कोशिकाओं को ऊर्जा, अस्थियों तथा दाँतों का निर्माण।	अनाज, दाल, दूध, अण्डा, मछली।	शारीरिक कमजोरी, कमजोर दाँत एवं अस्थियाँ।
लोहा	हीमोग्लोबिन निर्माण में	अनाज, दाल, माँस, हरी पत्तीदार सब्जियाँ, केला, सेब, अमरूद।	अरुधिरता, रक्त द्वारा ऑक्सीजन अवशोषित करने की क्षमता में कमी।
मैग्नीशियम	पेशियों एवं तन्त्रिकाओं पर नियन्त्रण तथा कुछ एंजाइमों के लिए आवश्यक।	हरी पत्तीदार सब्जियाँ, अनाज।	पेशियों तथा तन्त्रिकाओं के कार्य में कमी।
गन्धक	प्रोटीन निर्माण में सहायक।	अनाज, दाल, मेथी, काला नमक।	पेशियों तथा तन्त्रिकाओं के कार्य में कमी।
ताँबा, जस्ता एवं कोबाल्ट	प्रोटीन एवं एंजाइम का निर्माण।	अनाज, दाल, माँस, सब्जियाँ।	भूख न लगना, वृद्धि में कमी, अरक्तता।
आयोडीन	भोजन के ऑक्सीकरण का नियन्त्रण।	मछली, समुद्री नमक, आयोडाइज्ड नमक।	घेंघा रोग, असामान्य उपापचय।
क्लोरीन	एंजाइम, तन्त्रिका तथा आमाशय के कार्यों में सहायक।	नमक, अनाज, फल।	निर्जलीकरण, अत्यधिक कमजोरी।
सोडियम एवं पोटैशियम	शरीर के सभी कोशिकाओं को उचित स्थिति में रखने में सहायक।	नमक, प्रायः सभी भोजन।	रक्त-दाब में कमी, निर्जलीकरण, शारीरिक कमजोरी।

जल

- यह एक अकार्बनिक पदार्थ है।
- मानव शरीर में लगभग 65-70% जल होता है।
- यह पसीने एवं वाष्पन द्वारा शरीर का ताप नियन्त्रित करता है।
- यह पाचन, परिवहन एवं उत्सर्जन में सहायक है।
- इसके मुख्य स्रोत उपापचयी जल, तरल भोजन और पीने का जल है।
- इसकी कमी से निर्जलीकरण (Dehydration) हो जाता है।

मानव शरीर क्रिया विज्ञान

पाचन तन्त्र

मनुष्य एवं अन्य जन्तुओं में जन्तुसम पोषण (Holozoic nutrition) पाया जाता है।

1. भोजन का अन्तर्ग्रहण

- *भोजन का पोषण आहारनाल में होता है। यह पोषण निम्न चरणों में होता है*
  - मानव में भोजन का अन्तर्ग्रहण मुख गुहा (Buccal cavity) में होता है।
  - यह दाँतों द्वारा कुतरा जाता है तथा लार के साथ मिश्रित किया जाता है।
  - लार ग्रन्थियाँ भोजन को गीला करके, भोज्य कणों को समूह में लाकर लुगदी बना देती हैं।
  - लार ग्रन्थि में स्टार्च का पाचन करने वाला एंजाइम टायलिन (Ptyalin) या एमाइलेज पाया जाता है।

2. भोजन का पाचन

- जटिल एवं अघुलनशील भोज्य कणों को सरल, घुलनशील एवं अवशोषण योग्य भोज्य कणों में परिवर्तन की क्रिया पाचन (Digestion) कहलाती है।

(a) **मुखगुहा में पाचन**

- मुखगुहा में स्टार्च पर लारीय एमाइलेज कार्य करता है।
- स्टार्च (जटिल रूप) $\xrightarrow{\text{टायलिन}}$ माल्टोज (सरल द्विलक रूप)

(b) **आमाशय में पाचन**

- भोजन ग्रासनली (Oesophagus) से होकर आमाशय में प्रवेश करता है।
- अब भोजन में आमाशयी रस एवं हाइड्रोक्लोरिक अम्ल मिलता है, जो भोजन को जीवाणु रहित एवं माध्यम को अम्लीय बना देता है।
- पेप्सिन प्रोटीन का पाचन करके उन्हें पेप्टोन्स में परिवर्तित कर देता है।
- रेनिन दूध को दही में परिवर्तित करता है।
- अब अर्द्ध पचित भोजन काइम (Chyme) कहलाता है।

(c) **छोटी आँत में पाचन**

- तत्पश्चात काइम ग्रहणी (Duodenum) में पहुँचता है।
- यहाँ भोजन में पित्तरस (यकृत से स्रावित) मिलता है, जो वसा को छोटी गोलियों (Small globules) में तोड़ देता है।
- अग्न्याशयी ट्रिप्सिन, प्रोटीन पर कार्य करके उसे पेप्टाइड में तोड़ देता है।
- अग्न्याशयी एमाइलेज स्टार्च को सरल शर्करा में परिवर्तित कर देता है।
- अग्न्याशयी लाइपेज, वसा को वसा अम्लों एवं ग्लिसरॉल में परिवर्तित कर देता है।
- भोजन, इलियम (Ileum) में पहुँचकर आँत रस से मिलता है।
- माल्टेज, माल्टोज को ग्लूकोज में परिवर्तित कर देता है।
- लेक्टेज, लेक्टोज को ग्लूकोज में परिवर्तित कर देता है।
- सुक्रेज, सुक्रोज को ग्लूकोज में बदल देता है।
- ट्रिप्सिन, पेप्टाइड्स का अमीनो अम्लों में पाचन करता है।
- अब पचित भोजन काइल (Chyle) कहलाता है।

3. पचे हुए भोजन का अवशोषण एवं स्वांगीकरण

- इलियम (Ilium) की आन्तरिक सतह पर अंगुलीनुमा उभार पाए जाते हैं, जिन्हें विलई (villi) कहते हैं।
- प्रत्येक विलई पर रुधिर वाहिनियों (Blood capillaries) और लिम्फ वाहिनियों (Lymph capillaries) का जाल बिछा होता है, जो भोजन के अवशोषण में सहायता करता है।

4. **अनावश्यक भोजन का निष्कासन**

- पचा हुआ भोजन बड़ी आँत में प्रवेश करता है।
- बड़ी आँत भोजन का अवशोषण नहीं कर सकती है, लेकिन जल का अवशोषण करती है।
- शेष बचा हुआ ठोस वर्ज्य पदार्थ विष्ठा (Faeces) कहलाता है और मलाशय (Rectum) में पहुँचता है।
- यह मलद्वार (Anus) के द्वारा बाहर निकाल दिया जाता है।

रुधिर परिसंचरण तन्त्र

- *रुधिर परिवहन तन्त्र तीन अवयवों का बना होता है*
  - (a) **हृदय** (Heart) : यह मोटा, पेशीय एवं रुधिर को शरीर में प्रवाहित करने वाला स्पंदनशील अंग है। मनुष्य का हृदय चार कोष्ठीय होता है, जिसमें दो अलिन्द एवं दो निलय पाए जाते हैं।
  - (b) **रुधिर नलिकाएँ** (Blood vessels) *रुधिर नलिकाएँ दो प्रकार की होती हैं*
    - (i) **धमनियाँ** (Arteries) ये मोटी भित्तियुक्त रुधिर नलिकाएँ होती है, जो रुधिर को हृदय से विभिन्न अंगों में पहुँचाती हैं। ये त्वचा में गहराई में स्थित होती हैं तथा इनमें वाल्व (Valve) का अभाव होता है। फुफ्फुस धमनी (Pulmonary artery) के अतिरिक्त सभी धमनियों में ऑक्सीकृत (शुद्ध) रुधिर प्रवाहित होता है। धमनियों में रुधिर अधिक दाब एवं अधिक गति से बहता है।
    - (ii) **शिराएँ** (Veins) ये पतली भित्ति वाली रुधिर नलिकाएँ हैं जो विभिन्न अंगों से रुधिर को हृदय तक ले जाती हैं ये त्वचा में अधिक गहराई में नहीं होती तथा इनमें रुधिर के विपरीत प्रवाह को रोकने हेतु वाल्व (Valves) पाए जाते हैं। इनमें रुधिर कम दाब एवं कम गति से बहता है। फुफ्फुस शिरा के अतिरिक्त सभी शिराओं में अनॉक्सीकृत रुधिर प्रवाहित होता है।
    - (iii) **केशिकाएँ** (Capillaries) ये सबसे पतली रुधिर नलिकाएँ हैं, जो धमनियों को शिराओं से जोड़ती हैं। प्रत्येक केशिका चपटी कोशिकाओं की एक परत से बनी होती है। ये पोषक पदार्थों, वर्ज्य पदार्थों, गैस, आदि पदार्थों का रुधिर एवं कोशिका के मध्य आदान-प्रदान करने में सहायक हैं।
  - (c) **रुधिर** (Blood) यह लाल, संवहनी (Vascular) एवं तरल संयोजी ऊतक है, जिसमें रुधिर कणिकाएँ, प्लाज्मा, प्लाज्मा प्रोटीन आदि उपस्थित होते हैं। रुधिर में निर्जीव प्लाज्मा 65% एवं सजीव रुधिर कोशिकाएँ 35% होती हैं।

प्लाज्मा

इसमें 90% जल एवं 10% अन्य पदार्थ होते हैं।

लाल रुधिर कोशिकाएँ (RBC)

इनमें उपस्थित हीमोग्लोबिन (Haemoglobin) नामक लाल वर्णक (Red pigments) के कारण ही रुधिर का रंग लाल होता है। हीमोग्लोबिन शरीर की हर कोशिका में ऑक्सीजन पहुँचाने तथा कार्बन डाइ ऑक्साइड को वापस लाने का कार्य करता है। लाल रुधिर कोशिकाओं का जीवनकाल 120 दिन होता है और इनका निर्माण लाल अस्थिमज्जा (Red bone marrow) में होता है।

श्वेत रुधिर कोशिकाएँ (WBC)

ये अनियमित आकार की होती हैं और संख्या में लाल रुधिर कोशिकाओं की तुलना में बहुत कम होती हैं। इनका जीवनकाल 24 से 30 घण्टे होता है तथा इनका निर्माण भी अस्थिमज्जा में होता है। इनके मुख्य कार्य रुधिर परिवहन, मृत पदार्थों को हटाना एवं जीवाणु के विरुद्ध लड़ना आदि हैं।

प्लेटलेट्स कोशिकाएँ

ये रक्त का थक्का बनाने (Blood clotting) में सहायता प्रदान करती हैं।

रुधिर समूह

- 1902 ई. में नोबेल पुरस्कार विजेता **कार्ल लैण्डस्टीनर** ने रुधिर समूहों की खोज की। मनुष्यों में चार रुधिर समूह होते हैं : A, B, AB एवं O। 'O' समूह का रुधिर किसी भी मनुष्य को दिया जा सकता है, इसे **सर्वदाता** (Universal Donor) कहते हैं। AB समूह सभी रुधिर समूहों से रुधिर ग्रहण कर सकता है, इसे **सर्वग्राही** (Universal Recipient) कहते हैं।

रक्त आधान (Blood Transfusion)

रक्त समूह	रक्त प्राप्तकर्ता वर्ग	रक्तदाता वर्ग
A	A, AB	A, O
B	B, AB	B, O
AB	AB	A, B, AB, O
O	A, B, AB, O	O

Rh कारक

- Rh एक प्रकार का प्रतिजन होता है, जो लाल रुधिर कोशिकाओं में पाया जाता है। जिस मनुष्य के शरीर में यह पाया जाता है, वह Rh^+ एवं जिसके शरीर में नहीं पाया जाता है वह Rh^- कहलाता है। भारत में लगभग 97% लोग Rh^+ के हैं। यदि किसी Rh^- वाले व्यक्ति को Rh^+ वाले व्यक्ति का रुधिर दे दिया जाए, तो उसकी मृत्यु हो जाएगी।

रुधिर दाब

- हृदय के बार-बार संकुचन के कारण रुधिर नलिकाओं की दीवारों पर रुधिर द्वारा पड़ने वाला दाब रुधिर दाब कहलाता है।
- रुधिर दाब को हमारे शरीर के कुछ स्थानों पर महसूस किया जा सकता है; **जैसे** हाथ की कलाई।
- उत्तेजित अवस्था में हृदय स्पन्दन की दर बढ़ जाती है।
- सामान्य मनुष्य का रुधिर दाब 120/80 mm Hg होता है।
- हृदयस्पन्दन (Heart beat) की सामान्य दर 70-72 बार प्रति मिनट होती है।

तन्त्रिका तन्त्र

- ये तन्त्र मानव के शरीर में होने वाली क्रियाओं का नियमन एवं नियन्त्रण करता है।
- मस्तिष्क तथा मेरुरज्जु इस तन्त्र के प्रमुख अंग हैं।
- *मस्तिष्क के तीन प्रमुख भाग निम्नवत् हैं*

(1) **प्रमस्तिष्क**

- यह मस्तिष्क का सबसे बड़ा भाग है। यह इच्छा शक्ति, स्मरण शक्ति, अनुभव, सुनना, देखना, सूँघना, बोलने तथा शरीर में चेतना के कार्यों को नियन्त्रित करता है।

(2) **अनु मस्तिष्क**

- यह शरीर को सन्तुलित तथा मांसपेशियों के कार्यों को नियन्त्रित करता है।

(3) **मेड्यूला ऑबलोन्गेटा**

- यह कशेरुक दण्ड (Vertebral Column) के न्यूरल के नाल में प्रवेश करने के बाद मेरुरज्जु (Spinal cord) कहलाता है तथा हृदय की धड़कन, पाचन अंगों एवं श्वसन अंगों के कार्यों को नियन्त्रित करता है।

- आँखों की पलकों का झपकना एक अनैच्छिक (Involuntary) क्रिया है। औसतन हर 6 सेकण्ड में एक बार पलक झपकती है।
- आँसू का निकलना भी एक प्रतिवर्ती (Reflexive) क्रिया है।
- जिन अंगों से पर्यावरण एवं बाहरी परिवेश का ज्ञान होता है, ज्ञानेन्द्रियाँ कहलाती हैं। नेत्र (Eye),त्वचा (Skin), जिह्वा (Tongue), कर्ण (Ear) तथा नाक (Nose) हमारी प्रमुख ज्ञानेन्द्रियाँ हैं।

उत्सर्जन तन्त्र

- जीवों के शरीर में उपापचयी क्रियाओं के फलस्वरूप बने विषैले अपशिष्ट पदार्थों (Waste Products) के निष्कासन को उत्सर्जन (Excretion) कहा जाता है।
- नाक, फेफड़े, त्वचा, यकृत, बड़ी आँत एवं वृक्क (Kidney) मनुष्य के उत्सर्जी अंग हैं।
- श्वसन के दौरान कार्बन डाइऑक्साइड गैस का उत्सर्जन फेफड़े द्वारा होता है। लवणों एवं जल का उत्सर्जन वृक्क के अतिरिक्त त्वचा द्वारा सम्पन्न होता है। ठोस अपशिष्ट भोजन का अपचित भाग बड़ी आँत से होते हुए गुदा मार्ग द्वारा उत्सर्जित होता है।
- तरल पदार्थों के उत्सर्जन के लिए जटिल क्रिया सम्पन्न होती है, जिसका सम्पादन वृक्क द्वारा होता है। रुधिर में पोषक तत्व एवं नाइट्रोजनी अपशिष्ट पदार्थ दोनों ही होते हैं। वृक्क द्वारा रक्त में से इन नाइट्रोजनी अपशिष्ट पदार्थों (यूरिया) अलग कर लिया जाता है। शरीर में वृक्क की संख्या दो होती है। यदि इनमें से एक वृक्क काम करना बन्द कर दे, तो दूसरा वृक्क अकेले ही पूरा कार्य कर सकता है।
- वृक्क की कार्यात्मक इकाई को नेफ्रॉन (Nephron) कहा जाता है।
- वृक्क के काम न करने के कारण मनुष्य को जीवित रखने के लिए अपोहन (Dialysis) नामक आपात सेवा प्रदान की जाती है।
- 24 घण्टे में स्वस्थ व्यक्ति लगभग 1.5-1.8 लीटर मूत्र का उत्सर्जन करता है।

अन्त:स्रावी तन्त्र

हमारे शरीर में दो प्रकार की ग्रंथियाँ पाई जाती है-

बहि:स्रावी ग्रन्थियाँ

- इन ग्रन्थियों में नलिकाएँ (Ducts) होती हैं।
- ये अपना स्राव इन नलिकाओं में स्रवित कर लक्ष्य तक पहुँचाती हैं। **उदाहरण**—त्वचा की स्वेद ग्रन्थियाँ एवं तेल ग्रन्थियाँ, लार ग्रन्थियाँ, यकृत आदि।

अन्त: स्रावी ग्रन्थियाँ

- इन ग्रन्थियों में अपने स्राव को लक्ष्य अंगों तक ले जाने हेतु नलिकाएँ नहीं होती हैं।
- अन्त: स्रावी ग्रन्थियों से सम्बन्धित विज्ञान एण्डोक्राइनोलॉजी कहलाता है।
- इनके स्राव (हॉर्मोन) का परिवहन रुधिर द्वारा होता है। **उदाहरण**—थायरॉइड, पिट्यूटरी, हाइपोथैलेमस, एड्रिनल आदि।

हॉर्मोन

- ये अन्त:स्रावी ग्रन्थियों से अल्प मात्रा में स्रावित होने वाले कार्बनिक पदार्थ हैं।
- ये जैव उत्प्रेरकों के रूप में कार्य करते हैं। अत: ये शरीर की क्रियाओं को प्रेरित कर उनकी गति को बढ़ा अथवा घटा देते हैं।
- ये सूचना के प्रथम संकेत वाहक अणु (Messenger molecule) होते हैं।
- ये अन्त: वातावरण को नियन्त्रित करते हैं तथा अन्य तंत्रों की क्रिया को नियमित करते हैं।
- हॉर्मोन की खोज बैलेस (Bayliss) और अर्नेस्ट एच. स्टर्लिंग (Ernst H. Starling) ने सिक्रिटीन हॉर्मोन के रूप में की थी।

मनुष्य में विभिन्न अन्तःस्रावी ग्रन्थियाँ, उनके द्वारा स्रावित हॉर्मोन एवं उनके प्रभाव

ग्रन्थि	हॉर्मोन का नाम	कार्य
1. पीयूष	*वृद्धि या सोमैटोट्रॉपिक हॉर्मोन* (STH)	कोशिकाओं की वृद्धि का नियन्त्रण।
	थाइरोट्रॉपिक हॉर्मोन (TSH)	थाइरॉइड ग्रन्थि के स्राव।
	एड्रीनोकॉर्टिकोट्रॉपिक हॉर्मोन (ACTH)	एड्रीनल वल्कुट द्वारा स्राव का नियन्त्रण।
	पुट्टिका उद्दीपक हॉर्मोन (FSH)	नर के वृषण में शुक्राणुजनन का एवं मादा के अण्डाशय में फॉलिकल की वृद्धि का नियन्त्रण।
	ल्यूटीनाइजिंग हॉर्मोन (LH)	पीतपिण्ड या कॉर्पस ल्यूटियम का निर्माण, वृषण से एण्ड्रोजन एवं अण्डाशय से प्रोजेस्टेरॉन के स्राव हेतु अन्तराली कोशिकाओं का उद्दीपन।
	एण्टीडाइयूरेटिक हॉर्मोन	शरीर में जल-सन्तुलन अर्थात् वृक्क द्वारा मूत्र की मात्रा का नियन्त्रण।
2. थायरॉइड	थाइरॉक्सिन	वृद्धि तथा उपापचय की गति का नियन्त्रण।
3. अग्न्याशय (लैंगरहैंस की द्वीपिकाएँ)	इन्सुलिन	रुधिर में शर्करा की मात्रा कम करना।
	ग्लूकोगॉन	रुधिर में शर्करा की मात्रा में वृद्धि करना।
4. अण्डाशय	एस्ट्रोजन	मादा के जननांगों एवं लैंगिक लक्षणों पर नियन्त्रण।
	प्रोजेस्टेरॉन	स्तन-वृद्धि, गर्भाशय एवं प्रसव में होने वाले परिवर्तनों का नियन्त्रण।
	रिलैक्सिन	प्रसव के समय होने वाले परिवर्तनों का नियन्त्रण।
5. वृषण	टेस्टोस्टेरॉन	नर के जननांगों एवं लैंगिक लक्षणों पर नियन्त्रण।

जनन-तन्त्र

इसे दो भागों में बाँटा जा सकता है—

नर जनन तन्त्र

- वृषण, वृषणकोष के अन्दर बन्द रहते हैं।
- एपिडिडाइमिस, सेमीनीफेरस ट्यूब्यूल्स (Seminiferous tubules) के जुड़ने से बनी कुण्डलित नलिका है।
- शिश्न (Penis) पेशीय अंग है, जिसमें रुधिर आपूर्ति अत्यधिक होती है।
- नर में स्पर्मेटोजोआ (Spermatozoa) 13-14 वर्ष की आयु में बनने प्रारम्भ हो जाते हैं तथा पूरी उम्र बनते हैं।

मादा जनन तन्त्र

- यौवनारम्भ के पश्चात् अण्डाशय में प्रत्येक 28 दिन के अन्तराल पर अण्डाणु (Ovum or egg cell) बनता है।

मादा जनन अंग	संख्या	कार्य
अण्डाशय (Ovary)	2	हॉर्मोन एवं अण्ड निर्माण
अण्डवाहिनी (Oviduct or Fallopian Tube)	2	निषेचन स्थल है एवं यह अण्डाणु (Ova) को गर्भाशय में पहुँचाना
गर्भाशय (Uterus)	1	गर्भस्थ शिशु हेतु स्थान प्रदान करना
योनि (Vagina)	1	शुक्राणु प्राप्त करना

- महिलाओं में जनन क्षमता 10-14 वर्ष की आयु में प्रारम्भ होकर रजोनिवृत्ति (Menopause) तक रहती है।
- रजोनिवृत्ति का औसत समय 45-50 वर्ष होता है।
- योनि से आर्तव चक्र (Menstrual cycle) के दौरान रुधिर स्राव रजोस्राव (Menstruation) कहलाता है।
- आर्तव चक्र की सामान्य अवधि 28 दिन होती है।
- यह गर्भावस्था के दौरान अनुपस्थित होता है तथा रजोनिवृत्ति के बाद पूर्ण रूप से बन्द हो जाता है।
- महिलाओं के दोनों अण्डाशयों से एक वर्ष में लगभग 13 परिपक्व अण्डाणु बनते हैं।
- विकसित हो रहा भ्रूण माता से अपरा (Placenta) द्वारा जुड़ा होता है यह भ्रूण को पोषक पदार्थों, आदि की आपूर्ति करता है।
- गर्भाशय में भ्रूण 9 महीने तक विकास करता है। यह काल गर्भाधान काल (Gestation period) कहलाता है।
- पूर्ण विकास के पश्चात् बच्चा गर्भाशय से योनि द्वारा बाहर निकलता है, जिसे प्रसव कहते हैं। माँ बच्चे को दूध द्वारा पोषित करती है।

परखनली शिशु (Test Tube Baby)

बच्चा जो उस अण्डाणु से विकसित हुआ है, जिसका निषेचन कृत्रिम (in-vitro) रूप से (शरीर से बाहर) करके महिला के गर्भाशय में आगे के विकास हेतु डाला गया है, परखनली शिशु कहलाता है।

मानव रोग (Human Diseases)

मनुष्य में विषाणुओं (Virus) द्वारा होने वाले प्रमुख रोग

रोग का नाम	प्रभावित अंग	रोग के लक्षण	विषाणु का नाम
गलसुआ (Mumps)	पेरोटिड लार ग्रन्थियाँ (Parotid Salivary glands)	लार ग्रन्थियों में सूजन, ज्वर।	पैरामिक्सो विषाणु
फ्लू या इन्फ्लूएंजा (Flu or Influenza)	श्वसन तन्त्र	ज्वर, शरीर में पीड़ा, सिरदर्द, जुकाम, खाँसी।	आर्थोमिक्सो विषाणु
रेबीज या हाइड्रोफोबिया (Rabies or Hydrophobia) (पागल कुत्ते के काटने से होने वाला रोग)	तन्त्रिका तन्त्र	शरीर में तीव्र पीड़ा, ज्वर, पानी से अत्यधिक भय, माँसपेशियों तथा श्वसन तन्त्र में लकवा, बेहोशी, बेचैनी।	रहैब्डो विषाणु
हर्पीस (Herpes)	त्वचा, श्लेष्मकला	त्वचा में जलन, बेचैनी, शरीर पर फोड़े।	हर्पिस सिम्प्लेक्स-II विषाणु
मस्तिष्क शोथ या एन्सेफैलिटिस (Encephalitis)	तन्त्रिका तन्त्र	ज्वर, बेचैनी, दृष्टि-दोष, अनिद्रा, बेहोशी।	हर्पिस सिम्प्लेक्स विषाणु एवं आर्बो विषाणु
खसरा (Measles)	सम्पूर्ण शरीर	ज्वर, पीड़ा, सम्पूर्ण शरीर में खराश, नेत्रों में जलन, आँख और नाक से द्रव का बहना।	रूबिओला विषाणु
चेचक (Small pox)	सम्पूर्ण शरीर विशेषकर चेहरा तथा हाथ-पैर	ज्वर, पीड़ा, जलन व बेचैनी, सम्पूर्ण शरीर पर फफोले।	वैरिओला विषाणु
पोलियो (Polio)	तन्त्रिका तन्त्र (मेरुरज्जू की चालक तन्त्रिका की क्षति	माँसपेशियों के संकुचन में अवरोध तथा हाथ व पैरों में लकवा।	HIV
AIDS	प्रतिरक्षा तंत्र	कमजोरी, प्रतिरोध शक्ति की समाप्ति, श्वेत रक्त कणिकाओं का क्षय	

मनुष्य में जीवाणुओं (Bacteria) द्वारा होने वाले प्रमुख रोग

रोग का नाम	प्रभावित अंग	रोग के लक्षण	जीवाणु का नाम
निमोनिया (Pneumonia)	फेफड़े	फेफड़ों में संक्रमण, फेफड़ों में जल भर जाना, तीव्र ज्वर, श्वास लेने में पीड़ा होना	*डिप्लोकोकस न्यूमोनी (Diplococcus pneumoniae)*
टिटेनस (Tetanus)	तन्त्रिका तन्त्र तथा माँसपेशियाँ	शरीर में झटके लगना, जबड़ा न खुलना, बेहोशी।	*क्लोस्ट्रीडियम टिटैनी (Clostridium tetani)*
हैजा (Cholera)	आँत	निर्जलीकरण, वमन (Vomiting), दस्त	*विब्रियो कोलेरी (Vibrio Colerae)*
डिप्थीरिया (Diphtheria)	श्वास नली (Trachea)	तीव्र ज्वर, श्वास लेने में पीड़ा, दम घुटना।	*कॉरीनिबैक्टीरियम डिफ्थीरी (Cornebacterium diphtheriae)*
काली खाँसी (Whooping cough)	श्वसन तन्त्र	निरन्तर आने वाली तेज खाँसी, खाँसी के साथ वमन	*बोर्डीटेला पेस्टिस (Bordetella pestis)*
सिफिलिस (Syphilis)	जनन अंग, मस्तिष्क, तन्त्रिका तन्त्र	जननांगों पर चकत्ते बनना, लकवा, त्वचा पर दाने, बालों का झड़ना	*ट्रिपोनेमा पैलिडम (Treponema pallidum)*
प्लेग (Plague)	बगलें (Armpits), फेफड़े, लाल रुधिर कणिकाएँ	तीव्र ज्वर, काँखों में गिल्टी का निकलना, बेहोशी	*पाश्चूरेला पेस्टिस (Pasteurella pestis)* या *अर्सिनिया पेस्टिस*
मेनिनजाइटिस (Meningitis)	मस्तिष्क के ऊपर की झिल्लियाँ, मस्तिष्क	तीव्र ज्वर, बेहोशी, मस्तिष्क की झिल्ली में शोथ या सूजन	*नीसेरिया मेनिनजाइटिस (Neisseria meningitis)*
बॉटयूलिज्म (Botulism) या भोजन विषाक्तता (Food poisoning)	तन्त्रिका तन्त्र	वमन (Vomiting), दोहरी दृष्टि, साँस लेने में पीड़ा	*क्लोस्ट्रीडियम बॉट्यूलिनम (Clostridium botulinum)*
मियादी बुखार/मोतीसरा (Typhoid fever)	आँत	ज्वर, दुर्बलता, अधिक प्रकोप होने पर आँतों में छेद हो जाना	*साल्मोनैला टाइफी (Salmonella typhi or Eberthella typhosa)*
कुष्ठ (कोढ़) (Leprosy)	त्वचा तथा तन्त्रिकाएँ	व्रणों तथा गाँठों (Nodules) का बन जाना, हाथ तथा पैर की अंगुलियों के ऊतकों (Tissues) का धीरे-धीरे नष्ट होना।	*माइकोबैक्टीरियम लेप्री (Mycobacterium leprae)*
क्षय रोग (Tuberculosis)	शरीर का कोई भी अंग, विशेषकर फेफड़े	ज्वर, खाँसी, दुर्बलता, साँस फूलना, बलगम आना तथा थूक में खून का आना	*माइकोबैक्टीरियम ट्यूबरकुलोसिस (Mycobacterium tuberculosis)*

मनुष्य में प्रोटोजोआ (Protozoa) द्वारा होने वाले रोग

रोग का नाम	प्रभावित अंग	रोग के लक्षण	प्रोटोजोआ का नाम
पायरिया (Pyorrhoea)	दाँतों की जड़ें तथा मसूड़े	मसूड़ों में सूजन, रक्त-स्राव तथा मवाद का निकलना	1. *एन्टअमीबा जिन्जवेलिस (Entamoeba gingivalis)*
दस्त व आमातिसार	बड़ी आँत	बड़ी आँत में सूजन व दर्द, बार-बार दस्त का होना	*ट्राइकोमोनास होमिनिस (Trichomonas hominis)*
अमीबिएसिस (Amoebiasis)	बड़ी आँत	कोलन में सूजन, दस्त के साथ श्लेष्म (Mucous) का आना	*एण्टअमीबा हिस्टोलिटिका (Entamoeba histolytica)*
घातक अतिसार या पेचिश	आँत	दस्त, सिरदर्द तथा कभी-कभी पीलिया रोग का जनक	*जिआर्डिया लैम्बलिया (Giardia lamblia)*
सूजाक (पुरुषों में) तथा श्वेत प्रदर (स्त्रियों में)	पुरुषों में मूत्रमार्ग तथा स्त्रियों में योनि	मूत्र-त्याग में जलन व दर्द, स्त्रियों में श्वेत द्रव का निकलना तथा दर्द	*ट्राइकोमोनास वेजाइनेलिस (Trichomonas vaginalis)*
काला-अजार	रुधिर, लसिका, प्लीहा, अस्थिमज्जा	ज्वर, एनीमिया, प्लीहा तथा यकृत में सूजन	*लीशमानिया (Leishmania)*
निद्रा रोग (Sleeping sickness)	रुधिर, सेरीब्रोस्पाइनल द्रव तथा केन्द्रीय तन्त्रिका-तन्त्र	तीव्र ज्वर, बेहोशी, रोगी को लम्बी निद्रा	*ट्राइपैनोसोमा गैम्बियन्स (Trypanosoma gambiens)*
मलेरिया	लाल रुधिराणु, प्लीहा, यकृत	तीव्र ज्वर, सिर-दर्द, कमर में दर्द	*प्लाज्मोडियम (Plasmodium)*

शरीर के अन्य रोग : एक दृष्टि में

रोग	प्रभावित अंग	रोग	प्रभावित अंग
आर्थ्राइटिस	जोड़ों की सूजन	हैपेटाइटिस बी	यकृत
एग्जीमा	त्वचा	ट्रेकोमा	अग्न्याशय, वृक्क, आँखें
पीलिया (Jaundice)	यकृत	डायबिटीज	अग्न्याशय, वृक्क, आँखें
प्लूरिसी	छाती	घेंघा (उदगॅ)	थायरॉइड ग्रन्थि
गठिया या र्यूमैटिज्म	जोड़ों में	पर्किंसन	मस्तिष्क
केटेरेक्ट, ग्लाइकोमा	आँखें	रिकेट्स	हड्डियाँ
दाद	त्वचा	एथलीट फुट	पैर
क्रिप्टोकॉकसिस	स्नायु तन्त्र	छाले होना	गला व मुँह

जन्तु विज्ञान से सम्बन्धित प्रमुख तथ्य (Main Facts Related to Zoology)

सबसे बड़ा स्तनी	नीली ह्वेल	सबसे भारी कशेरुका	*लुम्बर*
सबसे विशाल स्थलीय स्तनी	अफ्रीकन हाथी	सबसे मजबूत पेशी	जबड़े की पेशी
सबसे बड़ी मानव अस्थि	फीमर	आदमी को प्रतिदिन आवश्यक कैलोरी	3,900 कैलोरी
सबसे बड़ा सर्प	अजगर	महिलाओं को प्रतिदिन आवश्यक कैलोरी	2,400 कैलोरी
सबसे बड़ी मछली	*रिनोडॉन टाइपस*	सबसे पुराना प्राइमेट	लीमर
सबसे बड़ा मोलस्क	जाइण्ट स्क्विड	सबसे पुराना आर्थोपोड	*पेरिपैटस*
सबसे बड़ा सीलेन्ट्रेट	साइनिया, जैलीफिश	सबसे पुराना स्तनी	*एकिडना*
सबसे बड़ा अण्डा	शुतुरमुर्ग	सबसे पुराना कपि	गिब्बन
सबसे बड़ी शिरा	इन्फीरियर वेना केवा	सबसे विषैला भारतीय सर्प	किंग कोबरा
सबसे बड़ा पक्षी	शुतुरमुर्ग	विषैली छिपकली	*हीलोडर्मा*
विशालतम जीवित सरीसृप	टर्टिल (समुद्री कछुआ)	विषैली मछली	स्टोन एवं लॉयन मछली
विश्व में सबसे विषैला सर्प	ऑस्ट्रेलिया का पेनिन्सुलर टाइगर सर्प	अण्डे देने वाले स्तनी	*एकिडना एवं डकबिल प्लेटीपस*
सबसे लम्बा स्तनी	जिराफ	भारत में सबसे विशाल म्यूजियम	चेन्नई में
सबसे छोटी चिड़िया	हमिंग बर्ड	भारत में सबसे विशाल चिड़ियाघर	कोलकाता में
दाँत रहित स्तनी	चींटीखोर	भारत में सबसे बड़ा एक्वेरियम	मुम्बई में
शरीर का सबसे व्यस्त अंग	हृदय	विश्व में सबसे बड़ा चिड़ियाघर	क्रुगर नेशनल पार्क दक्षिण अफ्रीका में
शरीर की सबसे भारी ग्रन्थि	यकृत		

✓ अति महत्त्वपूर्ण प्रश्न

1 ल्यूमेन एकक है
(a) प्रदीप्ति घनत्व का (b) चमक का
(c) ज्योति फ्लक्स का (d) ज्योति तीव्रता का

2 न्यूटन का पहला गति नियम संकल्पना देता है
(a) ऊर्जा की (b) कार्य की
(c) संवेग की (d) जड़त्व की

3 जेट इंजन का आविष्कार किसने किया था?
(a) कार्ल बेंज (b) सर फ्रैंक व्हिट्टल
(c) थॉमस सेबरी (d) माइकल फैराडे

4 पहिए में बॉल बियरिंग का काम है
(a) घर्षण को बढ़ाना
(b) गतिज घर्षण को लोटनिक घर्षण में बदलना
(c) स्थैतिक घर्षण को गतिज घर्षण में बदलना
(d) मात्र सुविधा के लिए

5 रेल की पटरियाँ अपने वक्रों पर किस कारण से बैक की गई होती हैं?
(a) रेलगाड़ी के भार के क्षैतिज घटक से आवश्यक अपकेन्द्री बल प्राप्त किया जा सकता है
(b) रेलगाड़ी के पहियों और पटरियों के बीच किसी भी प्रकार का घर्षण बल उत्पन्न नहीं हो सकता
(c) रेलगाड़ी के भार के क्षैतिज घटक से आवश्यक अभिकेन्द्री बल प्राप्त किया जा सकता है
(d) रेलगाड़ी अन्दर की ओर नहीं गिर सकती

6 पत्थर को ठोकर मारने से व्यक्ति को चोट लगने का कारण है
(a) जड़त्व (b) वेग
(c) प्रतिक्रिया (d) संवेग

7 जब बस सहसा मुड़ती है, तब बस में खड़ा यात्री बाहर की ओर गिरता है। इसका कारण है
(a) उस पर बाहर की ओर कर्षण (b) गति का जड़त्व
(c) संवेग में परिवर्तन (d) त्वरण में परिवर्तन

8 निम्नलिखित में से केवल अदिश मात्रक चुनिए।
(a) ऊर्जा (b) संवेग (c) बल (d) आघूर्ण

9 द्रव्यमान-ऊर्जा सम्बन्ध किसका निष्कर्ष है?
(a) क्वाण्टम सिद्धान्त
(b) सापेक्षता का सामान्य सिद्धान्त
(c) ऊर्जा का क्षेत्र सिद्धान्त
(d) सापेक्षता का विशिष्ट सिद्धान्त

10 सभी मूल बलों में सबसे दुर्बल है
(a) गुरुत्वीय बल (b) स्थित वैद्युत बल
(c) चुम्बकीय बल (d) नाभिकीय बल

11 गुरुत्वाकर्षण नियम की परिभाषा किसने दी थी?
(a) न्यूटन (b) आर्किमिडीज
(c) गैलिलियो (d) फैराडे

12 जल का क्वथनांक उच्च तुंगता पर किस कारण से घट जाता है?
(a) निम्न तापमान
(b) निम्न वायुमण्डलीय दाब
(c) उच्च तापमान
(d) उच्च वायुमण्डलीय दाब

13 पृष्ठ तनाव किसके कारण पैदा होता है?
(a) अणुओं के बीच आसंजक बल
(b) अणुओं के बीच ससंजक बल
(c) अणुओं के बीच गुरुत्व बल
(d) अणुओं के बीच वैद्युत बल

14 जब कोई जहाज नदी से समुद्र में प्रवेश करता है
(a) वह थोड़ा-सा ऊपर उठ जाता है
(b) वह थोड़ा-सा नीचे चला जाता है
(c) वह उसी स्तर पर रहता है
(d) वह जिस द्रव्य से बना है, उसके आधार पर ऊपर उठता है या नीचे जाता है

15 गैस का घनत्व अधिकतम होता है
(a) कम तापमान, कम दाब पर (b) कम तापमान, उच्च दाब पर
(c) उच्च तापमान, कम दाब पर (d) उच्च तापमान, उच्च दाब पर

16 फाउन्टेन पेन किस सिद्धान्त पर काम करता है?
(a) द्रवों का उच्च से निम्न विभव की ओर प्रवाह
(b) केशिका क्रिया
(c) बरनौली का सिद्धान्त
(d) द्रवों की श्यानता

17 लैम्प की बत्ती में तेल ऊपर चढ़ता है, क्योंकि
(a) तेल बहुत हल्का होता है
(b) बत्ती में से तेल का विसरण होता है
(c) पृष्ठीय तनाव परिघटना के कारण
(d) केशिकीय क्रिया परिघटना के कारण

18 शीतकाल में हैण्ड पम्प का पानी गर्म होता है, क्योंकि
(a) शीतकाल में हमारा शरीर ठण्डा होता है, अत: जल गर्म प्रतीत होता है
(b) पृथ्वी के भीतर तापमान वायुमण्डल के तापमान से अधिक होता है
(c) पम्पिंग क्रिया से घर्षण पैदा होता है जिससे जल गर्म हो जाता है
(d) भीतर से जल बाहर निकलता है और परिवेश से ऊष्मा का अवशोषण कर लेता है

19 साफ रातों की अपेक्षा मेघाच्छत्र रातें गरम होती हैं, क्योंकि मेघ मुख्यत:
(a) वायुमण्डल से ऊष्मा का अवशोषण करते हैं और उसे पृथ्वी की ओर भेज देते हैं
(b) आकाश की शीतल तरंगों को पृथ्वी पर आने से रोकते हैं
(c) पृथ्वी द्वारा दी गई ऊष्मा को वापस परावर्तित कर देते हैं
(d) ऊष्मा पैदा करते हैं और उसे पृथ्वी की ओर विकिर्णित कर देते हैं

20 संवातक कमरे की छत के निकट लगाए जाते हैं, क्योंकि
(a) साँस से छोड़ी गई गरम हवा ऊपर उठती है और बाहर चली जाती है
(b) उनसे कमरे में क्रॉस-वेण्टिलेशन मिलता है
(c) उनसे कमरे में कुछ रोशनी मिलती है
(d) निचले भाग में वे शोभा नहीं देते

21 सूर्य की किरणें किस प्रक्रिया द्वारा पृथ्वी पर पहुँचती हैं?
(a) विकिरण (b) चालन
(c) संवहन (d) विसरण

22 क्रायोजेनिक किससे सम्बन्धित विज्ञान है?
(a) उच्च तापमान (b) निम्न तापमान
(c) घर्षण और टूट-फूट (d) क्रिस्टलों की वृद्धि

23 रेफ्रिजरेटर में शीतल किस प्रकार होता है?
(a) फ्रीजर में जमा हुई बर्फ द्वारा
(b) सम्पीडित गैस के सहसा प्रसार द्वारा
(c) वाष्पशील द्रव के वाष्पन द्वारा
(d) उपरोक्त में से कोई नहीं

24 दाब बढ़ाने से बर्फ का गलनांक
(a) बढ़ता है
(b) अपरिवर्तित रहता है
(c) घटता है
(d) बर्फ में अशुद्धताओं पर निर्भर करता है

25 ध्वनि की तीव्रता किस माध्यम में अधिक होती है?
(a) धातु (b) वायु
(c) जल (d) बहुलक

26 ध्वनि तरंगों में निम्न में से कौन-सी घटना घटित नहीं हो सकती?
(a) विवर्तन (b) ध्रुवण
(c) परावर्तन (d) व्यतिकरण

27 MRI मशीन में निम्न में किसका प्रयोग किया जाता है?
(a) ध्वनि तरंग (b) X- किरण
(c) पराश्रव्य तरंग (d) चुम्बकीय तरंग

28 चमगादड़ की ध्वनि कैसी होती है?
(a) श्रव्य (b) अवध्वानिक
(c) अपश्रव्य (d) पराश्रव्य

29 ध्वनि का तारत्व किस पर निर्भर करता है?
(a) आवृत्ति पर (b) तीव्रता पर
(c) वेग पर (d) आयाम पर

30 अनुदैर्ध्य तरंगें किसमें से नहीं गुजर सकतीं?
(a) निर्वात् (b) ठोस
(c) द्रव (d) गैस

31 यातायात सिग्नलों में लाल प्रकाश प्रयुक्त किया जाता है, क्योंकि
(a) खून का रंग लाल है
(b) प्राणी (जीव-जन्तु) लाल रंग पहचान सकते हैं
(c) लाल प्रकाश सबसे कम परिक्षेपित होता है
(d) लाल रंग खतरे का प्रतीक है

32 निम्न में कौन, प्रकाश के वायुमण्डलीय अपवर्तन का परिणाम नहीं है?
(a) रात में तारों की टिमटिमाहट
(b) सूर्य का आकाश में अपनी वास्तविक ऊँचाई से ज्यादा ऊँचाई पर दिखना
(c) सूर्य का अपने वास्तविक उदय से दो या तीन मिनट पहले दिखाई पड़ना
(d) सूर्य का सूर्यास्त के समय लाल दिखाई देना

33 श्वेत प्रकाश कितने रंगों का मिश्रण होता है?
(a) 4 (b) 5 (c) 6 (d) 7

34 दीर्घ दृष्टि वाले व्यक्ति के लिए निकट बिन्दु होता है
(a) 25 सेमी से अधिक (b) 50 सेमी से अधिक
(c) 25 सेमी से कम (d) अनन्त

35 पानी की टंकी ऊपर से देखने पर कम गहरी दिखाई देने का कारण है
(a) प्रकाश का ऋजुरेखीय संचरण (b) परावर्तन
(c) पूर्ण आन्तरिक परावर्तन (d) अपवर्तन

36 मरीचिका का कारण है
(a) तप्त भूमि द्वारा परावर्तन
(b) वायु की परतों द्वारा पूर्ण आन्तरिक परावर्तन
(c) प्रकाश का व्यतिकरण
(d) प्रकाश का विवर्तन

37 तारों के टिमटिमाने का क्या कारण है?
(a) प्रकाश का परिक्षेपण (b) पूर्ण आन्तरिक परावर्तन
(c) वायुमण्डलीय परावर्तन (d) वायुमण्डलीय अपवर्तन

38 निकट दृष्टि दोष या मायोपिया को निम्नलिखित में से किसका प्रयोग करते हुए ठीक किया जा सकता है?
(a) बेलनाकार लेन्स (b) उत्तल लेन्स
(c) अवतल लेन्स (d) समतल लेन्स

39 उपग्रह संचार के लिए कौन-सा विद्युत चुम्बकीय विकिरण प्रयुक्त किया जाता है?
(a) पराबैंगनी (b) अवरक्त
(c) सूक्ष्म तरंग (d) मिलीमीटर तरंग

40 घरेलू विद्युत उपकरणों में प्रयुक्त सुरक्षा फ्यूज तार उस धातु से बनी होती है, जिसका
(a) प्रतिरोध कम हो (b) गलनांक कम हो
(c) विशिष्ट घनत्व कम हो (d) चालकत्व कम हो

41 द्रव्यों में चुम्बकत्व का कारण होता है
(a) शान्त इलेक्ट्रॉन (b) इलेक्ट्रॉनों की वर्तुल गति
(c) शान्त प्रोटॉन (d) सभी शान्त न्यूट्रॉन

42 तापमान घटने के साथ-साथ किसी धातु का प्रतिरोध
(a) घटता जाता है
(b) बढ़ता जाता है
(c) अपरिवर्तित रहता है
(d) शुरू में घट जाता है और उसके बाद बढ़ जाता है

43 पदार्थ की तरंगें किस प्रकार की होती हैं?
(a) विद्युत-चुम्बकीय तरंगें (b) अनुप्रस्थ तरंगें
(c) अनुदैर्ध्य तरंगें (d) दी-ब्रोग्ली तरंगें

44 निम्नलिखित में से कौन-सा तत्व रेडियोधर्मी नहीं है?
(a) जरकोनियम (b) यूरेनियम
(c) रेडियम (d) प्लूटोनियम

45 सौर ऊर्जा का कारण है
(a) संलयन अभिक्रियाएँ (b) विखण्डन अभिक्रियाएँ
(c) दहन अभिक्रियाएँ (d) रासायनिक अभिक्रियाएँ

46 '2G स्पैक्ट्रम' में प्रयुक्त G अक्षर क्या द्योतित करता है?
(a) गवर्नेन्स (b) ग्लोबल (c) जेनेरेशन (d) गूगल

47 टेलीविजन पर बिम्ब आकृति की तीक्ष्णता को कहा जाता है
(a) स्पष्टता (क्लेरिटी) (b) रंग (कलर)
(c) वियोजन (रिजोलूशन) (d) ग्राफिक्स

48 लम्बी दूरी के बेतार संचार के लिए अपेक्षित तरंगें हैं
(a) अवरक्त किरणें (b) पराबैंगनी किरणें
(c) रेडियो-तरंगें (d) सूक्ष्म तरंगें

49 सेण्टीग्रेड तथा फॉरेनहाइट तापमान किस अंश पर एकसमान होते हैं?
(a) $-273°$ (b) $-40°$ (c) $32°$ (d) $40°$

50 न्यूक्लियर रिएक्टर में न्यूट्रॉन को किससे अवमन्दित किया जाता है?
(a) विखण्डनीय पदार्थ (b) मॉडरेटर
(c) नियन्त्रण छड़ (d) शीतल प्रणाली

51 रेडियोधर्मिता की यूनिट क्या है?
(a) एंग्सट्रोम (b) कैण्डेला (c) फर्मी (d) क्यूरी

52 कुहरा एक उदाहरण है
(a) गैस में परिक्षिप्त गैस का (b) गैस में परिक्षिप्त द्रव का
(c) गैस में परिक्षिप्त ठोस क (d) द्रव में परिक्षिप्त ठोस का

53 सूखी बर्फ क्या है?
(a) बिना पानी की ठोस बर्फ (b) बेंजोइक एसिड
(c) ग्लेसियल एसिटिक एसिड (d) ठोस कार्बन डाइऑक्साइड

54 जब नींबू के रस को खाने के सोडे पर डाला जाता है, तब उसमें तेज उत्फुल्लन होता है, क्योंकि उससे उत्पन्न गैस होती है
(a) हाइड्रोजन (b) ऑक्सीजन
(c) कार्बन डाइऑक्साइड (d) ये सभी

55 ऐरोसॉल का उदाहरण है
(a) दूध (b) नदी का जल
(c) धुआँ (d) रुधिर

56 वह चुनिए जो मिश्रण नहीं है
(a) वायु (b) गैसोलीन
(c) एल. पी. जी. (d) आसुत जल

57 मामूली कट जाने पर फिटकरी रक्तस्राव को रोक देती है। इसका कारण है
(a) विलायकीयन (b) इमल्शन
(c) अपोहन (d) स्कन्दन

58 हाइड्रोजन बम किसने विकसित किया?
(a) वर्नहर वॉन ब्रॉन (b) जे रॉबर्ट ओपेनहीमर
(c) एडवर्ड टेलर (d) सैमुएल कोहेन

59 निम्नलिखित में से कौन-सा कार्बन का एक रूप नहीं है?
(a) काजल (b) हेमेटाइट (c) ग्रेफाइट (d) चारकोल

60 फोटोग्राफी में सामान्यत: प्रयोग किए जाने वाले 'हाइपो' का रासायनिक नाम है
(a) सोडियम थायोसल्फेट (b) सिल्वर नाइट्रेट
(c) सोडियम नाइट्रेट (d) सिल्वर आयोडाइड

61 निम्नलिखित में से सबसे प्रबल अम्ल कौन-सा है?
(a) एसीटिक अम्ल (b) मोनोक्लोरो एसीटिक अम्ल
(c) डाइक्लोरो एसीटिक अम्ल (d) ट्राइक्लोरो एसीटिक अम्ल

62 'खाने के सोडा' का रासायनिक नाम क्या है?
(a) सोडियम कार्बोनेट (b) सोडियम बाइकार्बोनेट
(c) सोडियम नाइट्राइट (d) सोडियम नाइट्रेट

63 पाश्चुरीकरण एक प्रक्रिया है जिसमें दूध को गर्म किया जाता है
(a) 60° पर 10 मिनट तक (b) 63° पर 20 मिनट तक
(c) 63° पर 30 मिनट तक
(d) 72° पर 10 मिनट तक

64 ओजोन परत को अवक्षय मुख्यत: किस कारण से होता है?
(a) विमानन ईंधन (b) रेडियोधर्मी किरणें
(c) क्लोरोफ्लोरो कार्बन (d) ज्वालामुखीय उद्भेदन

65 हरे कच्चे फलों को कृत्रिम ढंग से पकाने के लिए कौन-सी गैस का प्रयोग किया जाता है?
(a) एसीटिलीन (b) एथिलीन
(c) एथेन (d) कार्बन डाइऑक्साइड

66 बड़े नगरों में वायु प्रदूषण का मुख्य कारण है
(a) मलजल (b) निलम्बित कण
(c) जीवाश्मी ईंधन का वहन (d) तापीय विद्युत संयन्त्र

67 पर्यावरण में पौधा घर प्रभाव किसकी वृद्धि के कारण होता है?
(a) ओजोन (b) सल्फर डाइऑक्साइड
(c) कार्बन डाइऑक्साइड (d) कार्बन मोनॉक्साइड

68 प्रशीतक 'फ्रेऑन' है
(a) कैल्शियम टेट्राफ्लुओराइड (b) डाइक्लोरो डाइफ्लोरो मेथेन
(c) फ्लुओरोस्पार और फ्लेस्पार (d) हाइड्रोफ्लुओसिलिसक एसिड

69 जल का शुद्धतम रूप है
(a) नल का जल (b) वर्षा जल
(c) भूमि का जल (d) आसुत जल

70 सिरके (vinegar) का मुख्य घटक होता है
(a) फॉर्मिक अम्ल (b) एसिटिक अम्ल
(c) सैलीसिलिक अम्ल (d) ऑक्सेलिक अम्ल

71 निम्नलिखित में से कौन पेन्सिलें बनाने में प्रयुक्त किया जाता है?
(a) चारकोल (b) अस्थि कोयला
(c) काली राख (d) ग्रेफाइट

72 काँच क्या है?
(a) अतिशीतित तरल (b) क्रिस्टलीय ठोस
(c) तरल क्रिस्टल (d) उपरोक्त में से कोई नहीं

73 सीमेन्ट सामान्यत: किसका मिश्रण होता है?
(a) कैल्शियम सिलिकेट और कैल्शियम ऐलुमिनेट
(b) कैल्शियम सिलिकेट और कैल्शियम फेरेट
(c) कैल्शियम ऐलुमिनेट और कैल्शियम फेरेट
(d) चूना पत्थर और सिलिकॉन डाइऑक्साइड

74 दाहक सोडा कैसा होता है?
(a) उत्फुल्ल (b) प्रस्वेदी
(c) ऑक्सीकारक (d) अपचायक

75 निम्नलिखित में से अश्रु-गैस का घटक कौन-सा है?
(a) एथेन (b) एथेनॉल
(c) ईथर (d) क्लोरोपिक्रिन

76 ऐस्प्रिन साधारण नाम है
(a) सैलिसिलिक अम्ल का (b) सैलिसिलेट का
(c) मेथिल सैलिसिलेट का
(d) ऐसीटिल सैलिसिलिक अम्ल का है

77 'सहलग्नता' की खोज किसने की थी?
(a) ब्लैकस्ली ने (b) मॉर्गन ने
(c) म्यूलर ने (d) बेट्सन ने

78 DNA में पाई जाने वाली शर्करा है
(a) हेक्सोस (b) हेप्टूलोज
(c) पेन्टोज (d) जाइलुलोज

79 कोशिका में निम्न में से कौन-सी पाचन थैली कहलाती है?
(a) गॉल्जीकाय (b) माइटोकॉण्ड्रिया
(c) राइबोसोम (d) लाइसोसोम

80 एक सामान्य मानव कोशिका में गुणसूत्रों की संख्या कितनी होती है?
(a) 43 (b) 44 (c) 45 (d) 46

81 डायनासोर थे
(a) स्तनधारी, जो लुप्त हो गए
(b) विशाल शाकाहारी जन्तु, जिन्होंने *हिप्पोपोटैमस* जाति को जन्म दिया
(c) अण्डा देने वाले स्तनधारी
(d) सरीसृप जो लुप्त हो गए

82 निम्नलिखित में से किसकी सबसे छोटी जीवित कोशिका होती है?
(a) बैक्टीरिया (b) माइकोप्लाज्म
(c) विषाणु (d) खमीर

83 निम्नलिखित में से कौन-सा रोग वंशानुगत रोग है?
(a) हीमोफीलिया (b) निकट दृष्टि (मायोपिया)
(c) अरक्तता (d) ल्यूकीमिया

84 साधारण जुकाम पैदा किया जाता है
(a) वायरस द्वारा (b) बैक्टीरिया द्वारा
(c) प्रोटोजोआ द्वारा (d) एककोशिकीय शैवाल द्वारा

85 फाइलेरिया होता है
(a) *वूचेरेरिया बैन्क्रोफ्टाई* द्वारा
(b) *प्लाज्मोडियम वाइवैक्स* द्वारा
(c) *ऐस्कैरिस लुम्ब्रीकॉइडीज* द्वारा
(d) *एन्टअमीबा हिस्टोलिटिका* द्वारा

86 एलेक्जेण्डर फ्लेमिंग का नाम किस खोज से सम्बन्धित है?
(a) रुधिर का संचारण (b) आनुवंशिकता का नियम
(c) ट्यूबरकल बैसिलस (d) पेनिसिलिन

87 चेचक होने का कारण है
(a) *रुबिओला वायरस* (b) *वैरिओला वायरस*
(c) *वैरिसेला* (d) *मिक्सोवायरस*

88 मलेरिया निम्नलिखित में से किसके काटने से होता है?
(a) खटमल (बग) (b) मादा *एनॉफिलीज* मच्छर
(c) मक्खी (d) कॉकरोच

89 '*एन्टअमीबा हिस्टोलिटिका*' नामक परजीवी मानव के निम्नलिखित में से किस अंग में पाया जाता है?
(a) यकृत में (b) आँतों में
(c) फेफड़ों में (d) वृक्कों में

90 'चिकन पॉक्स' निम्नलिखित में से किससे होता है?
(a) प्रोटोजोआ से (b) जीवाणु से
(c) विषाणु (वायरस) से (d) कवक (फंगस) से

91 फॉर्मिक अम्ल किसके द्वारा उत्पादित किया जाता है?
(a) दीमक (b) कॉकरोज (तिलचट्टा)
(c) लाल चींटी (d) मच्छर

92 निम्न में विषम पद कौन-सी है?
(a) ह्वेल (b) शिशुक
(c) चमगादड़ (d) मत्स्य

93 निम्न में से कौन-से नियततापी प्राणी हैं?
(a) ह्वेल (b) ह्वेल शार्क
(c) एलाइटीज (d) ड्रेको

94 पृथ्वी पर विशालतम जीवित पक्षी कौन-सा है?
(a) एमू (b) शुतुरमुर्ग
(c) एल्बेट्रॉस (d) साइबेरियाई सारस

95 वह एकमात्र पक्षी कौन-सा है, जो पीछे की ओर उड़ता है?
(a) गौरेया (b) कोयल
(c) साइबेरियन सारस (d) गुंजन पक्षी

96 मानव हृदय में कितने वाल्व पाए जाते हैं?
(a) चार (b) तीन
(c) दो (d) एक

97 पक्षियों के वैज्ञानिक अध्ययन को कहते हैं
(a) लिम्नोलॉजी (b) हर्पेटोलॉजी
(c) मैलेकोलॉजी (d) ऑर्निथोलॉजी

98 '*होमो सेपिएन्स*' पद का शाब्दिक अर्थ है
(a) मानव—बुद्धिमान (b) मानव—सर्वोच्च
(c) मानव—सर्वभक्षी (d) मानव—मूर्ख

99 किस विटामिन की कमी के कारण बेरी-बेरी रोग होता है?
(a) विटामिन- B_6 (b) विटामिन- B_2
(c) विटामिन- B_{12} (d) विटामिन- B_1

100 रुधिर समूहों की खोज किसके द्वारा की गई थी?
(a) वीजमान ने (b) मॉर्गन ने
(c) लैण्डस्टीनर ने (d) विलियम हार्वे ने

101 कार्बोहाइड्रेट शरीर में किस रूप में संचित रहते हैं?
(a) ग्लूकोज (b) स्टार्च (c) ग्लाइकोजन (d) सुक्रोज

102 पीलिया रोग किसे प्रभावित करता है?
(a) हृदय को (b) यकृत को
(c) प्लीहा को (d) पित्ताशय को

103 मानव का सामान्य रुधिर दाब कितना होता है?
(a) 80/120 मिमी पारा (b) 90/140 मिमी पारा
(c) 120/160 मिमी पारा (d) 85/150 मिमी पारा

104 गर्भाशय के लिए वैकल्पिक शब्द क्या है?
(a) यूटरस (b) यूरेटर
(c) वेजाइना (d) वल्वा

105 उस विटामिन का नाम बताइए, जो किसी भी माँसाहारी भोजन में नहीं मिलता है
(a) विटामिन- B_2 (b) विटामिन-C
(c) विटामिन-D (d) विटामिन-K

106 निम्नलिखित में से किसको किसी कोशिका में 'अचल सम्पत्ति' माना जाता है?
(a) कार्बोहाइड्रेट (b) वसा
(c) प्रोटीन (d) न्यूक्लिक अम्ल

107 मानव शरीर में सबसे लम्बी अस्थि है
(a) अन्त:प्रकोष्ठिका (b) प्रगंडिका
(c) उरु-अस्थि (d) अन्तर्जंघिका

108 हमारे शरीर में हड्डियों की कुल संख्या कितनी है?
(a) 226 (b) 206 (c) 256 (d) 236

109 मानव रुधिर का pH है
(a) 7.2 (b) 7.8 (c) 6.6 (d) 7.4

110 दिल का दौरा किस कारण होता है?
(a) हृदय पर जीवाणु का हमला
(b) हृदय गति का रूक जाना
(c) हृदय में रूधिर की आपूर्ति में कमी
(d) अज्ञात कारणों से हृदय के कार्य में बाधा आना

111 एन्जाइम होते हैं
(a) सूक्ष्मजीव (b) प्रोटीन
(c) अकार्बनिक यौगिक (d) फफूँदी

112 एक आदमी 10 मीटर की दूरी साफ नहीं देख पाता वह किस रोग से ग्रसित है?
(a) दूर दृष्टि (b) निकट दृष्टि (मायोपिया)
(c) मोतियाबिन्द (d) दीर्घदृष्टि (हाइपरमेट्रोपिया)

113 बच्चों के अंगों की अस्थियाँ मुड़ जाती हैं, यदि कमी हो
(a) विटामिन-A की (b) विटामिन- B_1 की
(c) विटामिन-D की (d) विटामिन-E की

114 लैक्टोज किसमें पाया जाता है?
(a) गाजर में (b) अंगूर में
(c) दूध में (d) सरिका में

115 मानव हृदय में कक्षों (chambers) की संख्या है
(a) चार (b) दो (c) तीन (d) पाँच

116 औसत वयस्क के शरीर में कितना रुधिर होता है?
(a) 3-4 लीटर (b) 4-5 लीटर
(c) 5-6 लीटर (d) 6-7 लीटर

117 रुधिर धारा में ऑक्सीजन ले जाने वाला प्रोटीन होता है
(a) कोलेजन (b) इन्सुलिन
(c) हीमोग्लोबिन (d) एल्बुमिन

118 पिनियल ग्रन्थि कहाँ होती है?
(a) यकृत में (b) मस्तिष्क में
(c) गुर्दे में (d) गर्भाशय में

119 हीमोग्लोबिन का कार्य है
(a) अमीनो अम्ल उपलब्ध कराना (b) ऑक्सीजन ले जाना
(c) एन्जाइम उपलब्ध कराना (d) उत्सर्जन में सहायता करना

120 'पेस मेकर' का कार्य है
(a) मूत्र बनने का नियमन
(b) पाचन-क्रिया का नियमन
(c) दिल की धड़कन प्रारम्भ करना
(d) श्वास-क्रिया प्रारम्भ करना

121 एक परमाणु के तीन आधारभूत अवयव कौन-से हैं?
(a) प्रोटॉन, न्यूट्रॉन तथा आयन
(b) प्रोटॉन, न्यूट्रॉन तथा इलेक्ट्रॉन
(c) प्रोटियम, ड्यूटीरियम तथा ट्राइटियम
(d) प्रोटॉन, न्यूट्रिनोस तथा आयन

122 उन तत्वों को क्या कहा जाता है जिनमें समान संख्या में प्रोटॉन और भिन्न संख्या में न्यूट्रॉन होते हैं?
(a) समस्थानिक (b) समावयवी
(c) समभार परमाणु (d) अपररूप

123 निम्नलिखित का मिलान कीजिए।

	मिश्रधातु		संघटन
A.	काँसा	1.	सीसा, एण्टिमनी, टिन
B.	पीतल	2.	ताँबा, जिंक (जस्ता), निकिल
C.	जर्मन सिल्वर	3.	ताँबा, जिंक (जस्ता)
D.	मुद्रण (टाइप) धातु	4.	ताँबा, टिन

कूट

	A	B	C	D
(a)	1	4	3	2
(b)	2	1	4	3
(c)	3	2	1	4
(d)	4	3	2	1

124 निम्नलिखित में से कौन-सी धातु अन्य धातुओं के साथ अमलगम बनाती है?
(a) सीसा (b) राँगा (c) जिंक (d) पारद

125 निम्नलिखित में से वे दो तत्व कौन-से हैं जिनका ट्रांजिस्टर उद्योग में व्यापक रूप से प्रयोग किया जाता है?
(a) सिलिकॉन और जर्मेनियम (b) कार्बन और प्लैटिनम
(c) इरीडियम और जर्मेनियम (d) टंगस्टन और प्लैटिनम

126 शराब पीकर वाहन चालक के 'श्वसन-परीक्षण' में यातायात पुलिस क्या उपयोग करती है?
(a) पोटैशियम डाइक्रोमेट-सल्फ्यूरिक अम्ल (एसिड)
(b) पोटैशियम परमैंगनेट-सल्फ्यूरिक अम्ल
(c) फिल्टर पेपर पर हल्दी (टरमरिक)
(d) सिल्वर नाइट्रेट की परत चढ़ी सिलिका जेल

127 निम्नलिखित में से किस ईंधन के कारण पर्यावरण में न्यूनतम प्रदूषण होता है?
(a) डीजल (b) मिट्टी का तेल (कैरोसिन)
(c) हाइड्रोजन (d) कोयला

128 पेट्रोल से लगी आग को बुझाने में जल प्रभावी नहीं होता, क्योंकि
(a) ज्वाला इतनी गरम होती है कि जल उसे ठण्डा नहीं कर पाता
(b) जल और पेट्रोल में रासायनिक अभिक्रिया हो जाती है
(c) जल और पेट्रोल एक-दूसरे में मिश्रणीय हैं
(d) जल और पेट्रोल एक-दूसरे में अमिश्रणीय हैं और पेट्रोल ऊपरी परत बनाता है। अत: जलता रहता है

129 गोबर गैस में प्रमुखत: क्या होता है?
(a) कार्बन डाइऑक्साइड (b) कार्बन मोनॉक्साइड
(c) हाइड्रोजन सल्फाइड (d) मेथेन

130 दूध को दही में परिवर्तित करने की प्रक्रिया कहलाती है
(a) पाश्चुरीकरण (b) वंसतीकरण
(c) खमीरीकरण (खमीर उठाना) (d) रैटिंग

131 बैटरी में निम्नलिखित में से किस एक अम्ल का प्रयोग किया जाता है?
(a) हाइड्रोक्लोरिक अम्ल (b) हाइड्रोफ्लुओरिक अम्ल
(c) सल्फ्यूरिक अम्ल (d) उपरोक्त में से कोई नहीं

132 रासायनिक दृष्टि से चूने का पानी होता है
(a) कैल्शियम हाइड्रॉक्साइड (b) सोडियम कार्बोनेट
(c) सोडियम हाइड्रॉक्साइड (d) कैल्शियम कार्बोनेट

133 $KMnO_4$ का प्रयोग किस रूप में किया जा सकता है
(a) कीटनाशक (b) उर्वरक (c) पीड़कनाशी
(d) विसंक्रामक

134 बारूद एक मिश्रण होता है
(a) बालू और टी एन टी का
(b) टी एन टी और चारकोल का
(c) नाइटर, सल्फर और चारकोल का
(d) सल्फर, बालू और चारकोल का

135 जिस प्लास्टिक बहुलक से कंघे, खिलौने, कटोरे आदि बनाए जाते हैं, उसका नाम है
(a) पॉलियूरिथेन (b) पॉलिस्टाइरीन
(c) मेटेलिक पॉलिसल्फाइड (d) टेफ्लॉन

136 मर्करी और सोडियम स्ट्रीट लैम्प किसके कारण रोशनी देते हैं?
(a) परमाणु अवशोषण (b) परमाणु उत्सर्जन
(c) इलेक्ट्रॉन अवशोषण (d) इलेक्ट्रॉन उत्सर्जन

137 आतिशबाजी में हरा रंग किसके क्लोराइड लवण के कारण दिखाई देता है?
(a) स्ट्रोण्टियम (b) बेरियम
(c) सोडियम (d) कैल्शियम

138 सर्वाधिक इस्तेमाल में आने वाला विरंजन अभिकर्मक क्या है?
(a) एल्कोहॉल (b) क्लोरीन
(c) सोडियम क्लोराइड (d) कार्बन डाइऑक्साइड

139 पेरॉक्सीएसीटिल नाइट्रेट क्या है?
(a) गौण प्रदूषक (b) एसिडिक डाई
(c) पादप हॉर्मोन (d) विटामिन

140 जब पेपर पर फैले सन्दलित $KMnO_4$ में ग्लिसरॉल की एक बूँद मिलाई जाती है, तो क्या होता है?
(a) पेपर सुलगने लगता है
(b) चटखने की आवाज होती है
(c) हिंसक विस्फोट होता है
(d) कोई प्रतिक्रिया नहीं होती

141 चिकनी माँसपेशियाँ ········ में पाई जाने की सम्भावना होती है।
(a) टाँगों की माँसपेशियों (b) बाजुओं की माँसपेशियों
(c) आमाशय (d) हृदय

142 जीव विज्ञान की किस शाखा का सम्बन्ध विलुप्त जीवों के अध्ययन से है?
(a) पैलिनोलॉजी (b) फाइलौजेनी
(c) पैलियोबॉटनी (d) पैलियॉण्टोलॉजी

143 निम्नलिखित का मिलान कीजिए।

सूची I		सूची II
A.	क्लोरोफिल	1. पादप रोग
B.	नौस्टोक	2. प्रकाश-संश्लेषण पिगमेण्ट
C.	वाष्पोत्सर्जन	3. डाइएजोट्रोफ
D.	गेहूँ का कीट	4. पादप सतह से पानी की कमी

ऐसा करने से क्षेत्ररक्षक गेंद के वेग को शून्य करने में अधिक समय लगाता है। इस प्रकार गेंद के संवेग परिवर्तन की दर कम हो जाती है जिससे तेज गति से आ रही गेंद का प्रभाव पर कम पड़ता है। अगर गेंद को अचानक रोका जाता है तो तीव्र गति से आ रही गेंद का वेग बहुत कम समय में शून्य होता है अर्थात् गेंद के संवेग परिवर्तन की दर अधिक होगी।

कूट

	A	B	C	D		A	B	C	D
(a)	4	3	1	2	(b)	2	4	3	1
(c)	2	3	4	1	(d)	3	4	2	1

144 निम्नलिखित का मिलान कीजिए।

सूची I		सूची II	
A.	एस्कॉर्बिक एसिड	1.	प्रकाश-संश्लेषण पिग्मेण्ट
B.	क्लोरोफिल	2.	शामक
C.	कैरोटिनॉयड	3.	एंजाइम
D.	सुपर-ऑक्साइड डिस्म्यूटेज	4.	विटामिन-सी

कूट

	A	B	C	D
(a)	2	4	1	3
(b)	4	2	1	3
(c)	4	1	3	2
(d)	4	1	2	3

145 पशु प्रोटीन को प्रथम श्रेणी का प्रोटीन माना जाता है, क्योंकि यह
(a) बाजार में सस्ता होता है
(b) सुपाच्य होता है
(c) अनिवार्य अमीनो एसिड से भरपूर होता है
(d) खाने में स्वादिष्ट होता है

146 न्यूक्लियस के बाहर DNA कहाँ मिलता है?
(a) गोल्जीकाय (b) राइबोसोम
(c) अन्तर्द्रव्यी जालिका (d) माइट्रोकॉण्ड्रिया

147 निम्न में से कौन-से जानवर का सम्बन्ध मोलस्का से है?
(a) खरगोश (b) हैलियोटिस
(c) हाइड्रा (d) हाइला

148 दीप्तिकालिता किसे प्रभावित करती है?
(a) वनस्पति उगने
(b) फल निकलने
(c) फूल खिलने
(d) इन सभी को

149 मॉलिब्डिनम अपर्याप्तता किसकी सक्रियता को प्रभावित करती है?
(a) क्लोरेट रिडक्टेज
(b) नाइट्रेट रिडक्टेज
(c) नाइट्रोजिनेस
(d) उपरोक्त सभी

150 जीनोबायोटिक्स जो सूक्ष्मजीवीय आक्रमणों के प्रति आनुवंशिक रूप से प्रतिरोधी हैं वे कहलाते हैं
(a) परसिस्टेण्ट
(b) रिकैल्सीत्रान्त
(c) बायोडीग्रेडेबल
(d) ये सभी

उत्तरमाला

1	(c)	2	(d)	3	(b)	4	(b)	5	(c)	6	(c)	7	(b)	8	(a)	9	(b)	10	(a)
11	(a)	12	(b)	13	(b)	14	(a)	15	(b)	16	(b)	17	(d)	18	(b)	19	(c)	20	(b)
21	(a)	22	(b)	23	(c)	24	(c)	25	(a)	26	(b)	27	(d)	28	(d)	29	(a)	30	(a)
31	(c)	32	(d)	33	(d)	34	(a)	35	(d)	36	(b)	37	(d)	38	(c)	39	(c)	40	(b)
41	(b)	42	(b)	43	(d)	44	(a)	45	(a)	46	(c)	47	(c)	48	(c)	49	(b)	50	(b)
51	(d)	52	(b)	53	(d)	54	(c)	55	(c)	56	(d)	57	(d)	58	(c)	59	(b)	60	(a)
61	(d)	62	(b)	63	(c)	64	(c)	65	(b)	66	(b)	67	(c)	68	(b)	69	(d)	70	(b)
71	(d)	72	(a)	73	(a)	74	(b)	75	(d)	76	(d)	77	(b)	78	(c)	79	(d)	80	(d)
81	(d)	82	(b)	83	(a)	84	(a)	85	(a)	86	(d)	87	(b)	88	(b)	89	(b)	90	(c)
91	(c)	92	(d)	93	(a)	94	(b)	95	(d)	96	(c)	97	(d)	98	(a)	99	(d)	100	(c)
101	(c)	102	(b)	103	(a)	104	(a)	105	(b)	106	(d)	107	(c)	108	(b)	109	(d)	110	(d)
111	(b)	112	(b)	113	(c)	114	(c)	115	(a)	116	(c)	117	(c)	118	(b)	119	(b)	120	(c)
121	(b)	122	(a)	123	(d)	124	(d)	125	(a)	126	(a)	127	(c)	128	(d)	129	(d)	130	(c)
131	(c)	132	(a)	133	(d)	134	(c)	135	(b)	136	(d)	137	(b)	138	(b)	139	(a)	140	(a)
141	(c)	142	(d)	143	(b)	144	(d)	145	(c)	146	(d)	147	(b)	148	(d)	149	(b)	150	(b)

सेक्शन टेस्ट 1

जाँचें अपनी विषयवार परफॉर्मेंस

1. उत्पादन के चार कारक कौन-से हैं?
(a) भूमि, श्रम, पूँजी, संगठन
(b) भूमि, बिजली, पानी, श्रम
(c) श्रम, पूँजी, भूमि, वर्षा
(d) श्रम, जलवायु, भूमि, औजार

2. भारत में मुद्रास्फीति का मुख्य कारण क्या है?
(a) घाटे का बजट
(b) रक्षा पर होने वाले खर्च में वृद्धि
(c) धन की आपूर्ति में वृद्धि
(d) योजनागत खर्च

3. भुगतान-सन्तुलन में लगातार कमी बने रहने के कारण निम्नलिखित में से कौन-सी मुद्रा की विनिमय दर कम हो जाती है?
(a) स्वर्ण मुद्रा (b) दुर्लभ मुद्रा
(c) रजत मुद्रा (d) सुलभ मुद्रा

4. निम्नलिखित में से कौन-सा शब्द उस आय को निरूपित करता है जिसकी बचत होती है, लेकिन जो निवेशित नहीं होती?
(a) पूँजी (b) जमा
(c) संग्रह (d) लाभ

5. भारत सरकार को सबसे ज्यादा विशुद्ध राजस्व की प्राप्ति किस शुल्क से होती है?
(a) उत्पाद शुल्क
(b) सीमा शुल्क
(c) सम्पत्ति कर
(d) उपहार शुल्क

6. निम्नलिखित में से किस तापक्रम पर सभी गैसों की आण्विक गतियाँ रुक जाती हैं?
(a) शून्य डिग्री सेल्सियस पर
(b) शून्य डिग्री फारेनहाइट पर
(c) शून्य डिग्री रियुमर पर
(d) परम शून्य ताप पर

7. निम्नलिखित में से कौन-सी धातु इन्सुलिन में मौजूद होती है?
(a) ताँबा (b) लोहा
(c) मैग्नीशियम (d) जस्ता

8. ऐस्बेस्टॉस द्वारा कौन-सा रोग फैलता है?
(a) वातस्फीति (b) पेचिश
(c) अतिसार (d) लकवा

9. सामान्य उर्वरकों में जिन तत्वों की सबसे अधिक आवश्यकता होती है, वे हैं
(a) सल्फर, फॉस्फोरस व सोडियम
(b) नाइट्रोजन, पोटैशियम व फॉस्फोरस
(c) फॉस्फोरस, सोडियम व नाइट्रोजन
(d) कैल्शियम, फॉस्फोरस व पोटैशियम

10. निम्नलिखित में से कौन-सी युक्ति द्वारा एकान्तर धारा की वोल्टता को कम या अधिक कर सकते हैं?
(a) ट्रांसफॉर्मर (b) ट्रांजिस्टर
(c) रेक्टिफायर (d) प्रेरित कुण्डली

11. एक मनुष्य स्पष्ट रूप से क्षैतिज तथा सीधी रेखाओं को एकसाथ नहीं देख सकता, वह किस दृष्टि दोष से पीड़ित है?
(a) निकट दृष्टि (b) दीर्घ दृष्टि
(c) तिर्यक (भेंगा) (d) अबिन्दुकता

12. प्रिज्म द्वारा प्रकाश के विभिन्न रंगों का विभाजन कहलाता है
(a) परावर्तन (b) विवर्तन
(c) अपवर्तन (d) परिक्षेपण

13. कोई भी नाव डूब जाएगी, यदि वह पानी हटाती है अपने
(a) आयतन के बराबर (b) पृष्ठ भाग के बराबर
(c) भार के बराबर (d) घनत्व के बराबर

14. गोलकृमि एक मानव परजीवी है, जो
(a) क्षुद्रान्त्र में पाया जाता है
(b) यकृत में पाया जाता है
(c) जठर में पाया जाता है
(d) वृहदांत्र में पाया जाता है

15. निम्नलिखित में मौलिक रूप से Rh कारक है
(a) एक प्रकार की अरक्तता
(b) एक हॉर्मोन प्रतिक्रिया
(c) एक विटामिन की कमी
(d) एक प्रतिजन-प्रतिरक्षी प्रक्रिया

16. विटामिन डी की कमी को पूरा करने के लिए भोजन में किसकी प्रचुरता होनी चाहिए?
(a) ताजी सब्जियाँ
(b) अण्डा तथा दुग्ध उत्पाद
(c) साबुत अनाज (d) खट्टे फल

17. कीटों द्वारा परागित फूलों के परागकण होते हैं
(a) रुक्ष और शुष्क
(b) चिकने और शुष्क
(c) रुक्ष और चिपचिपे
(d) चिकने और बड़े

18. एम्सो-जीवविज्ञान में निम्नलिखित में से किसका अध्ययन किया जाता है?
(a) पृथ्वी की सतह पर जीवन का
(b) वायुमण्डल की बाहरी परतों पर जीवन का
(c) जीवित जीवों के बाह्य लक्षणों का
(d) बाह्य ग्रहों तथा अन्तरिक्ष में जीवन का

19. वर्ड प्रोसेसर, स्प्रैडशीट उदाहरण हैं
(a) सिस्टम सॉफ्टवेयर के
(b) एप्लीकेशन सॉफ्टवेयर के
(c) प्लेटफॉर्म सॉफ्टवेयर के
(d) उपरोक्त में से कोई नहीं

20. 'साइलेन्ट वैली' में दुर्लभ और नष्टप्राय: पशु कौन-सा है?
(a) कस्तूरी मृग
(b) चीता
(c) शेर की पूँछ जैसा मैकालू
(d) गैण्डा

21. जैव उपचारण से तात्पर्य है
(a) जीवों द्वारा पर्यावरण से विषैले पदार्थों का निष्कासन
(b) रोगाणुओं व पीड़कों पर जैविक नियन्त्रण
(c) शरीर में अंगों का प्रत्यारोपण
(d) सूक्ष्म जीवों की सहायता से रोगों का निदान

22. निम्नलिखित में से कौन-सा एक यातायात संकुलित नगरों में भूरी वायु बनने से सम्बद्ध है?
(a) नाइट्रोजन ऑक्साइड
(b) सल्फर डाइऑक्साइड
(c) कार्बन डाइऑक्साइड
(d) कार्बन मोनॉक्साइड

23. महात्मा गाँधी ने किसके अनुरोध पर महिलाओं को नमक आन्दोलन में शामिल किया?
(a) एनी बेसेन्ट
(b) सरोजिनी नायडू
(c) अम्बाबाई
(d) मतांगिना हजारा

24. किस राष्ट्रवादी नेता ने अपनी पुस्तक 'पॉवर्टी एण्ड अन-ब्रिटिश रूल इन इण्डिया' में ब्रिटिश शासन की आर्थिक नीतियों की तीखी आलोचना की थी?
(a) बालगंगाधर तिलक ने
(b) अरविन्द घोष ने
(c) दादाभाई नौरोजी ने
(d) सुरेन्द्रनाथ बनर्जी ने

25. 'अछूतों' के उद्धार के लिए किसने 'स्वाभिमान आन्दोलन' चलाया?
(a) महात्मा गाँधी ने
(b) दयानन्द सरस्वती ने
(c) ज्योतिबा फुले ने
(d) ई वी रामास्वामी नायकर ने

26. निम्नलिखित में से किस मुगल बादशाह ने पाँच किलों का निर्माण करवाया था?
(a) अकबर (b) शाहजहाँ
(c) औरंगजेब (d) जहाँगीर

27. निम्नलिखित को सुमेलित कीजिए

	स्थल		उत्खननकर्ता
A.	हड़प्पा	1.	माधोस्वरूप वत्स
B.	मोहनजोदड़ो	2.	राखलदास बनर्जी
C.	लोथल	3.	एसआर राव
D.	कालीबंगन	4.	बी बी लाल

कूट
A B C D A B C D
(a) 3 4 1 2 (b) 4 3 2 1
(c) 2 1 3 4 (d) 1 2 3 4

28. किस धर्म में 'स्यादवाद का दर्शन' समाहित है?
(a) जैन धर्म (b) बौद्ध धर्म
(c) हिन्दू धर्म (d) भागवत धर्म

29. प्रत्येक स्थान पर ज्वार 12 घण्टे के बाद उत्पन्न होना चाहिए परन्तु ऐसा नहीं होता, इसका क्या कारण है?
(a) पृथ्वी की गति (b) चन्द्रमा की गति
(c) सूर्य की गति
(d) चन्द्रमा एवं पृथ्वी की गतियाँ

30. ग्रेनाइट चट्टान का कायान्तरित रूप होता है
(a) एम्फीबोलाइट (b) नाइस
(c) सर्पेण्टाइन (d) क्वार्ट्जाइट

31. ज्वालामुखी से निकलने वाले मटर के दाने के समान छोटे खण्ड को क्या कहा जाता है?
(a) प्यूमिस (b) टफ
(c) लैपली (d) ब्रेसिया

32. निम्नलिखित में से कौन-सी समुद्री जलधारा ठण्डी प्रकृति की है?
(a) बेंगुएला की धारा
(b) गल्फ स्ट्रीम की धारा
(c) ब्राजील की धारा
(d) उत्तरी विषुवतीय धारा

33. निम्नलिखित में से किस भारतीय राज्य की सीमा म्यांमार से नहीं लगती है?
(a) अरुणाचल प्रदेश (b) त्रिपुरा
(c) नागालैण्ड (d) मिजोरम

34. भारत में मानसून का आगमन कब होता है?
(a) जून के प्रारम्भ में
(b) जुलाई के प्रारम्भ में
(c) अगस्त के प्रारम्भ में
(d) सितम्बर के प्रारम्भ में

35. निम्नलिखित में से कौन-सा एक अपरदित स्थलरूप नहीं है?
(a) घोलरन्ध्र (b) कुण्ड
(c) लैपीज (d) स्टैलेक्टाइट

36. किसी व्यक्ति को संसद की सदस्यता से वंचित किया जा सकता है यदि वह बिना किसी सूचना के ··· तक सदन से अनुपस्थित रहता है।
(a) 60 दिन (b) 90 दिन
(c) 30 दिन (d) 180 दिन

37. निम्नलिखित में से किस सदन के एक-तिहाई सदस्य प्रत्येक दूसरे वर्ष अवकाश ग्रहण करते हैं?
(a) विधानसभा (b) लोकसभा
(c) राज्यसभा (d) इनमें से कोई नहीं

38. हमारे संविधान में उपबन्धित 'शक्तियों का विभाजन' किस देश के संविधान से प्रेरित है?
(a) जापान (b) दक्षिण अफ्रीका
(c) आयरलैण्ड (d) कनाडा

39. भारतीय संविधान का अनुच्छेद-17 सम्बन्धित है
(a) उपाधियों के अन्त से
(b) अस्पृश्यता के अन्त से
(c) स्वतन्त्रता के अन्त से
(d) शोषण के अन्त से

40. नगरपालिकाओं को संवैधानिक वैधता दी गई थी
(a) 73वें संविधान संशोधन द्वारा
(b) 78वें संविधान संशोधन द्वारा
(c) 74वें संविधान संशोधन द्वारा
(d) 42वें संविधान संशोधन द्वारा

41. 'चिकित्सा दिवस' किसके जन्म दिवस के उपलक्ष्य में मनाया जाता है?
(a) महात्मा गाँधी (b) स्वामी विवेकानन्द
(c) विधानचन्द्र राय (d) डॉ. राधाकृष्णन

42. 'चरित्रहीन' पुस्तक के लेखक हैं
(a) रवीन्द्रनाथ टैगोर
(b) शरतचन्द्र चट्टोपाध्याय
(c) सुमित्रानन्दन पन्त
(d) मुन्शी प्रेमचन्द

43. निम्न में किस संगठन को शान्ति का नोबेल पुरस्कार नहीं मिला?
(a) OPCW (b) IPCC
(c) EU (d) UNICEF

44. उत्तर भारत में प्रचलित शास्त्रीय लोकनृत्य कौन-सा है?
(a) कथकली (b) कत्थक
(c) कुचिपुड़ी (d) मोहिनीअट्टम

45. एशियाई खेलों में स्वर्ण पदक जीतने वाली पहली महिला कौन है?
(a) कमलजीत सन्धू (b) कर्णम मल्लेश्वरी
(c) एम. सी. मैरीकॉम (d) सानिया मिर्ज़ा

46. 'अटल बिहारी वाजपेयी हिन्दी विश्वविद्यालय' की स्थापना की जा रही है
(a) मध्य प्रदेश में (b) उत्तर प्रदेश में
(c) महाराष्ट्र में (d) गुजरात में

47. अण्डर-19 वर्ल्ड कप 2018 का खिताब किस देश ने जीता है?
(a) न्यूजीलैण्ड (b) भारत
(c) ऑस्ट्रेलिया (d) इंग्लैण्ड

48. 'महिला उद्यमी प्लेटफार्म' की शुरुआत किस संस्था ने किया है?
(a) महिला उद्योग
(b) केन्द्रीय उद्योग मन्त्रालय
(c) नीति आयोग
(d) वित्त मन्त्रालय

49. मिगेल डियाज कैनल किस देश के राष्ट्रपति नियुक्त हुए हैं?
(a) क्यूबा (b) थाईलैण्ड
(c) तुर्की (d) सिंगापुर

50. सरस्वती सम्मान 2017 किस साहित्यकार को मिला है?
(a) राजू खाण्डेकर (b) हरिसिंह गौड़ सोगर
(c) कुमार खेल वेलयुथम
(d) सीतान्शु यशचन्द्र

उत्तरमाला

1. (a)	2. (a)	3. (b)	4. (b)	5. (b)	6. (d)	7. (d)	8. (a)	9. (b)	10. (a)
11. (d)	12. (d)	13. (c)	14. (d)	15. (d)	16. (b)	17. (c)	18. (d)	19. (b)	20. (c)
21. (a)	22. (a)	23. (b)	24. (c)	25. (d)	26. (a)	27. (d)	28. (a)	29. (d)	30. (b)
31. (c)	32. (a)	33. (b)	34. (a)	35. (d)	36. (a)	37. (c)	38. (d)	39. (b)	40. (c)
41. (c)	42. (b)	43. (a)	44. (b)	45. (a)	46. (a)	47. (b)	48. (c)	49. (a)	50. (d)

सेक्शन टेस्ट 2

जाँचें अपनी विषयवार परफॉर्मेंस

1. जब एक गेंद को ऊपर की तरफ फेंका जाता है, तो निम्न में से कौन-सा स्थिर रहता है?
(a) विस्थापन (b) गतिज ऊर्जा
(c) त्वरण (d) वेग

2. टेलीविजन संकेत सामान्यत: कुछ दूरी के पश्चात् निम्नलिखित में से किस कारण प्राप्त नहीं हो पाता है?
(a) पृथ्वी की वक्रता
(b) ऐण्टिना की दुर्बलता
(c) संकेत की दुर्बलता
(d) संकेत का वायु में अवशोषण

3. निम्नलिखित में से किसमें 'पूर्ण आन्तरिक परावर्तन' की घटना होती है?
(a) दीप्त ट्यूबलाइट
(b) लेन्स से गुजरता प्रकाश
(c) चमचमाता हीरा
(d) झिलमिलाता तारा

4. निम्नलिखित किरण-युग्मों में से कौन-सी, प्रकृति में विद्युत चुम्बकीय होती हैं?
(a) बीटा किरणें एवं गामा किरणें
(b) कैथोड़ किरणें एवं एक्स किरणें
(c) एल्फा किरणें एवं बीटा किरणें
(d) एक्स किरणें एवं गामा किरणें

5. नेटवर्किंग शब्दावली में 'Handshaking' का अर्थ है
(a) कम्प्यूटरों को हब के साथ जोड़ना
(b) वितरित नेटवर्क
(c) ई-मेल भेजना
(d) विभिन्न कम्प्यूटरों में समान परिचालन प्रणाली का होना

6. संगलक बनाने हेतु तारों के निर्माण में प्रयुक्त धातु में होना चाहिए
(a) अति न्यून प्रतिरोधकता और उच्च गलनांक
(b) उच्च प्रतिरोधकता और न्यून गलनांक
(c) न्यून प्रतिरोधकता और न्यून गलनांक
(d) उच्च प्रतिरोधकता और उच्च गलनांक

7. नाखून पॉलिश परिमार्जक (रिमूवर) में क्या रहता है?
(a) एसीटोन
(b) बेन्जीन
(c) पेट्रोलियम ईथर
(d) एसीटिक अम्ल

8. रबड़ के व्यापारिक वल्कनीकरण में किसका प्रयोग शामिल है?
(a) गन्धक (b) कार्बन
(c) फॉस्फोरस (d) सिलेनियम

9. शेविंग क्रीम की मृदुता को निम्नलिखित में से किस एक के द्वारा संवर्द्धित किया जाता है?
(a) सोडियम सिलिकेट
(b) मुक्त वसा अम्ल
(c) पोटैशियम हाइड्रोकार्बन
(d) सोडियम क्लोराइड

10. यदि एक पौधे को बिना पानी के अति उर्वरक दिया जाए, तब पौधा
(a) वृद्धि में अवरुद्ध होगा
(b) रूपान्तरण विकसित करेगा
(c) जीवद्रव्य संकुचन के कारण मर जाएगा
(d) अप्रभावित रहेगा

11. निम्नलिखित में से कौन-सा एक मुक्त-जीवी जीवाणु मृदा में नाइट्रोजन यौगिकीकरण में सहायक होता है?
(a) *एजोटोबैक्टर* (b) *एनाबीना*
(c) *एजोला* (d) *नोस्टॉक*

12. निम्नलिखित में कौन-सा एक विटामिन है?
(a) साइट्रिक एसिड (b) फॉलिक एसिड
(c) ग्लूटैमिक एसिड (d) लिनोलिक एसिड

13. निम्नलिखित में से किस एक जन्तु में त्वचा एक श्वसन अंग है?
(a) कॉकरोच (b) शार्क
(c) मेढक (d) ह्वेल

14. निम्नलिखित में से कौन-सा एक रोग जीवाणु के कारण होता है?
(a) छोटी माता (b) पोलियो
(c) इन्फ्लुएन्जा (d) तपेदिक

15. नाभिकीय विकिरण का अत्यधिक दुष्प्रभाव सबसे पहले मानव शरीर के किस भाग पर पड़ता है?
(a) आँखे (b) फेफड़े
(c) त्वचा (d) अस्थि मज्जा

16. मानव जनित पर्यावरणीय प्रदूषक कहलाते हैं
(a) परजैविक (b) प्रतिजैविक
(c) ह्यूमेलिन (d) एनल्जेसिक

17. निम्नलिखित में से कौन-सा विश्व का पहला देश है जिसने भू-मण्डलीय तापन के प्रतिकरण के लिए कार्बन टैक्स लगाने का प्रस्ताव रखा?
(a) ऑस्ट्रेलिया (b) जर्मनी
(c) जापान (d) न्यूजीलैण्ड

18. निम्नलिखित में कौन-सा मुद्रा आपूर्ति नियन्त्रण में सहायक नहीं है?
(a) मुक्त बाजार नीति
(b) मुद्रा आरक्षित अनुपात
(c) बैंक दर नीति
(d) मार्जिन आवश्यकता में परिवर्तन

19. स्वतन्त्र भारत की अर्थव्यवस्था के सन्दर्भ में निम्नलिखित में से कौन-सी एक सर्वप्रथम घटित होने वाली घटना थी?
(a) बीमा कम्पनियों का राष्ट्रीयकरण
(b) भारतीय स्टेट बैंक का राष्ट्रीयकरण
(c) बैंकिंग रेगुलेशन एक्ट
(d) प्रथम पंचवर्षीय योजना लागू करना

20. किसी दी गई अवधि के लिए एक देश की राष्ट्रीय आय बराबर होगी
(a) नागरिकों द्वारा उत्पादित वस्तुओं और सेवाओं के कुल मूल्य के
(b) कुल उपभोग और निवेश व्यय के योग के
(c) सभी व्यक्तियों की वैयक्तिक आय के योग के
(d) उत्पादित अन्तिम वस्तुओं और सेवाओं के मौद्रिक मूल्य के

21. निम्नलिखित में से कौन सामान्यतया मूल उद्योगों में नहीं आता है?
(a) प्रतिरक्षा उद्योग
(b) खान व धातुकर्म उद्योग
(c) लघु वाहन उद्योग
(d) मशीनरी और मशीनी औजार उद्योग

22. अवमूल्यन शब्द का अर्थ है
(a) अन्य मुद्रा की तुलना में स्वदेशी मुद्रा के मूल्य को घटाना
(b) स्वदेशी मुद्रा के मूल्य में बढ़ोत्तरी करना
(c) स्वदेशी मुद्रा के बदले में नई मुद्रा जारी करना
(d) उपरोक्त में से कोई नहीं

23. निम्नलिखित में से किस काल का कोई लिखित साक्ष्य नहीं मिलता?
(a) पुरापाषाण काल (b) मध्य पाषाण काल
(c) नव पाषाण काल (d) ये सभी

24. निम्नलिखित को सही सुमेलित कीजिए

सूची I (वेदांग)		सूची II (सम्बन्धित विषय)	
A.	कल्प	1.	शुद्ध उच्चारण
B.	निरुक्त	2.	यज्ञों का सम्पादन
C.	शिक्षा	3.	शब्दों की व्युत्पत्ति
D.	व्याकरण	4.	व्याकरणिक नियम

कूट

	A	B	C	D		A	B	C	D
(a)	2	3	1	4	(b)	3	2	1	4
(c)	4	2	1	3	(d)	1	2	3	4

25. शिवभक्त स्त्री नायनार कौन थी?
(a) अंडाला (b) तोदराडिप्पोड़ी
(c) कराइक्काल अम्मइयार
(d) उपरोक्त में से कोई नहीं

26. विजयनगर में मन्दिर स्थापत्य की प्रमुख विशेषता क्या थी?
(a) विशाल विमान
(b) गोपुरम और मण्डल
(c) उच्च शिखर
(d) देवताओं की भव्य मूर्तियाँ

27. साइमन कमीशन (1927) में किसी भी भारतीय को शामिल न किए जाने का सुझाव किसने दिया था?
(a) लॉर्ड इर्विन ने (b) लॉर्ड रीडिंग ने
(c) लॉर्ड विलिंगटन ने (d) लॉर्ड चेम्सफोर्ड ने

28. निम्नलिखित घटनाओं को क्रमबद्ध कीजिए।
1. रौलेट एक्ट 2. अगस्त क्रान्ति
3. लाहौर कांग्रेस अधिवेशन
4. स्वराज पार्टी की स्थापना
(a) 1, 4, 3, 2 (b) 4, 1, 2, 3
(c) 1, 4, 2, 3 (d) 4, 1, 3, 2

29. निम्न में से कौन-से राज्य समूह भाखड़ा-नांगल परियोजना से लाभान्वित होते हैं?
(a) उत्तर प्रदेश, हरियाणा, राजस्थान
(b) पंजाब, हरियाणा, राजस्थान
(c) हरियाणा, पंजाब, हिमाचल प्रदेश
(d) गुजरात, हरियाणा, पंजाब

30. बर्फानी तूफान किस तरह की प्राकृतिक आपदा है?
(a) जलीय (b) जीवमण्डलीय
(c) भौमिकीय (d) वायुमण्डलीय

31. निम्नलिखित में से कौन-सा भारतीय राज्य अन्तर्राष्ट्रीय सीमा तथा समुद्र तट को स्पर्श नहीं करता है?
(a) उत्तर प्रदेश (b) झारखण्ड
(c) पश्चिम बंग (d) असोम

32. निम्नलिखित में से कौन-सी पर्वत चोटी भारत में स्थित नहीं है?
(a) नंगा पर्वत (b) नन्दादेवी
(c) नामचा बरुआ (d) गुरुला मन्धाता

33. कोरोमण्डल तट पर अधिकतर वर्षा निम्न में से किसके कारण होती है?
(a) चक्रवाती आवदाब (b) पश्चिमी विक्षोभ
(c) उत्तर-पश्चिम मानसून
(d) दक्षिण-पश्चिम मानसून

34. संयुक्त राज्य अमेरिका तथा कनाडा के बीच अव्यवस्थित काल्पनिक रेखा को किस नाम से जाना जाता है?
(a) मैगीनॉट रेखा (b) हिण्डनबर्ग रेखा
(c) 49वीं समानान्तर रेखा
(d) 38वीं समानान्तर रेखा

35. उस स्थान को क्या कहा जाता है, जहाँ से भूकम्प का प्रारम्भ होता है?
(a) भूकम्प मूल (b) भूकम्प केन्द्र
(c) अधिकेन्द्र (d) भूकम्प क्रस्ट

36. नियन्त्रक एवं महालेखा परीक्षक (कैग) की नियुक्ति राष्ट्रपति द्वारा किसके सलाह पर की जाती है?
(a) मुख्य न्यायाधीश (b) प्रधानमन्त्री
(c) महान्यायवादी (d) लोकसभा अध्यक्ष

37. ग्राम पंचायतों और प्रखण्ड समिति के मध्य समन्वय कौन स्थापित करता है?
(a) प्रधानमन्त्री (b) राज्यपाल
(c) मुख्यमन्त्री (d) जिला परिषद् अध्यक्ष

38. लोकसभा सदस्य के लिए निम्न में से कौन-सी अनिवार्य योग्यता नहीं है?
(a) वह भारत का नागरिक हो
(b) उसकी आयु 25 वर्ष से कम न हो
(c) उसकी शैक्षिक योग्यता स्नातक स्तर की हो
(d) वह पागल या दिवालिया न हो

39. 'तारांकित प्रश्नों' का उत्तर सम्बन्धित मन्त्री किस रूप में देता है?
(a) मौखिक (b) लिखित
(c) लिखित एवं मौखिक
(d) उपरोक्त में से कोई नहीं

40. भारतीय संविधान में 'गणतन्त्र' की अवधारणा कहाँ से ली गई है?
(a) ब्रिटेन से (b) फ्रांस से
(c) आयरलैण्ड से
(d) संयुक्त राज्य अमेरिका से

41. 'जीरादेई' किस व्यक्ति से सम्बन्धित स्थल है?
(a) विनोबा भावे (b) रवीन्द्रनाथ टैगोर
(c) अरविन्द घोष (d) डॉ. राजेन्द्र प्रसाद

42. भारत का प्रथम परमाणु रिएक्टर कौन-सा है?
(a) अप्सरा (b) अग्नि
(c) आर्यभट्ट (d) उर्वशी

43. 'सोनल मानसिंह' किस नृत्य से जुड़ी है?
(a) भरतनाट्यम (b) कथकली
(c) ओडिसी (d) कुचिपुडी

44. हैगिंग गार्डन कहाँ स्थित है?
(a) दिल्ली (b) औरंगाबाद
(c) जयपुर (d) मुम्बई

45. भारत द्वारा निर्मित 'सतह से हवा' में मार करने वाली मिसाइल का नाम क्या है?
(a) अग्नि (b) नाग (c) पृथ्वी (d) त्रिशूल

46. वर्ष 2018 में ब्रिटेन की संस्था इकॉनिमक यूनिट द्वारा वर्ष 2017 का ग्लोबल, डेमोक्रेसी इण्डेक्स जारी किया गया जिसमें भारत को कौन-सा स्थान प्राप्त हुआ है?
(a) 42वां (b) 44वां (c) 46वां (d) 50वां

47. अनुसूचित जाति (SC) के प्रत्येक परिवार को स्वच्छ जल उपलब्ध कराने वाला देश का पहला राज्य कौन-सा है?
(a) मध्य प्रदेश (b) राजस्थान
(c) हिमाचल प्रदेश (d) हरियाणा

48. भारत ने मंगलयान का प्रक्षेपण किस वाहन से किया?
(a) PSLV-C 21 (b) PSLV-C 25
(c) PSLV-C 20 (d) PSLV-C 30

49. सचिन तेंदुलकर ने अपना अन्तिम टेस्ट मैच किस देश के साथ खेला?
(a) पाकिस्तान (b) श्रीलंका
(c) वेस्टइण्डीज (d) ऑस्ट्रेलिया

50. 'द कुकूस कॉलिंग' के लेखक कौन है?
(a) रॉबर्ट गॉलब्रेथ
(b) मृणाक सेन
(c) रशीद किदवई
(d) मार्गरेट एटवुड

उत्तरमाला

1. (c)	2. (a)	3. (c)	4. (d)	5. (a)	6. (c)	7. (a)	8. (a)	9. (c)	10. (c)
11. (a)	12. (b)	13. (c)	14. (d)	15. (c)	16. (c)	17. (d)	18. (a)	19. (c)	20. (d)
21. (c)	22. (a)	23. (d)	24. (a)	25. (c)	26. (b)	27. (a)	28. (a)	29. (b)	30. (a)
31. (b)	32. (d)	33. (a)	34. (c)	35. (a)	36. (b)	37. (d)	38. (c)	39. (a)	40. (b)
41. (d)	42. (a)	43. (a)	44. (d)	45. (d)	46. (a)	47. (d)	48. (b)	49. (c)	50. (a)

अंकगणित

अध्याय 1

संख्या पद्धति

NUMBER SYSTEM

संख्यांक तथा संख्या मान

Numeral and Number Value

अंकों का ऐसा समूह जिससे संख्या व्यक्त हो, 'संख्यांक' कहलाता है। प्रत्येक संख्या 0 से 9 तक के कुल 10 अंकों से बनी होती है। जिसमें 0 (शून्य) सबसे छोटा तथा 9 सबसे बड़ा अंक है। शून्य (0) को असार्थक (Insignificant) अंक तथा शेष सभी अंक (1 से 9 तक) सार्थक (Significant) अंक कहलाते हैं। संख्या में प्रत्येक अंक के दो मान इस प्रकार होते हैं

(i) वास्तविक मान (ii) स्थानीय मान

उदाहरणार्थ संख्या 216 में 3 अंक हैं। यहाँ अंक 2 का वास्तविक मान 2 है जबकि 2 का स्थानीय मान $2 \times 100 = 200$ है। स्थानीय मानों के आधार पर अंकों के इकाई, दहाई, सैकड़ा...आदि स्थानों की भी जानकारी मिलती हैं। जैसे इसी संख्या (216) में 6, इकाई स्थान पर (6×1); 1, दहाई-स्थान पर (1×10) तथा 2 सैकड़ा के स्थान पर (2×100) है।

संख्याएँ अनेक प्रकार की होती हैं, जो इस प्रकार हैं

प्राकृतिक संख्याएँ (Natural Numbers) गिनती में प्रयोग होने वाली संख्याएँ प्राकृतिक संख्याएँ कहलाती हैं।

$$N = \{1, 2, 3, 4, \ldots\ldots\}$$

पूर्ण संख्याएँ (Whole Numbers) यदि प्राकृतिक संख्याओं के साथ शून्य को भी सम्मिलित कर लिया जाये, तो वे संख्याएँ पूर्ण संख्याएँ कहलाती हैं।

$$W = \{0, 1, 2, 3, \ldots\ldots\}$$

पूर्णांक (Integers) सभी पूर्ण संख्याएँ तथा ऋणात्मक संख्याएँ, पूर्णांक कहलाती हैं।

$$I = \{\ldots\ldots\ldots\ldots, -3, -2, -1, 0, 1, 2, 3, \ldots\ldots\ldots\}$$

धन पूर्णांक (Positive Integers) सभी प्राकृतिक संख्याएँ धन पूर्णांक कहलाती हैं।

$$I^+ = \{1, 2, 3, \ldots\ldots\ldots\}$$

ऋण पूर्णांक (Negative Integers) सभी ऋणात्मक संख्याएँ ऋण पूर्णांक कहलाती हैं।

$$I^- = \{-1, -2, -3, \ldots\ldots\}$$

परिमेय संख्याएँ (Rational Numbers) वे सभी संख्याएँ जिन्हें $p/q, q \neq 0$ के रूप में निरूपित किया जा सके, परिमेय संख्याएँ कहलाती हैं।

$$Q = \{p/q : p \text{ तथा } q \text{ पूर्णांक हैं और } q \neq 0\}$$

जैसे $3, -4, \frac{2}{3}, 0$ इत्यादि परिमेय संख्याएँ हैं।

अपरिमेय संख्याएँ (Irrational Numbers) वे सभी संख्याएँ जिन्हें p/q के रूप में निरूपित नहीं किया जा सके, अपरिमेय संख्याएँ कहलाती हैं। $\sqrt{3}, \sqrt{7}, \sqrt[3]{10}$ इत्यादि अपरिमेय संख्याएँ हैं। π एक अपरिमेग संख्या है, क्योंकि 22/7 तथा 3.14, π के लगभग बराबर है।

वास्तविक संख्याएँ (Real Numbers) परिमेय तथा अपरिमेय संख्याओं का समूह वास्तविक संख्याएँ कहलाती हैं।

सम संख्याएँ (Even Numbers) 2 से पूर्णत: विभाजित होने वाली सभी प्राकृतिक संख्याएँ सम संख्याएँ कहलाती हैं।

उदाहरण 2, 4, 6, 8, ... सम संख्याएँ हैं।

विषम संख्याएँ (Odd Numbers) 2 से पूर्णत: विभाजित नहीं होने वाली सभी प्राकृतिक संख्याएँ विषम संख्याएँ कहलाती हैं।

उदाहरण 1, 3, 5, 7, ... विषम संख्याएँ हैं।

अभाज्य (रूढ़) **संख्याएँ** (Prime Numbers) वे सभी संख्याएँ जो 1 तथा स्वयं के अतिक्ति किसी अन्य संख्या से पूर्णत: विभाजित न हो, अभाज्य संख्याएँ कहलाती हैं।

उदाहरण 2, 3, 5, 7, 11, ... सभी अभाज्य संख्याएँ हैं।

भाज्य संख्याएँ (Composite Numbers) वे सभी संख्याएँ जो 1 और स्वयं के अतिरिक्त कम से कम एक अन्य संख्या से पूर्णत: विभाजित हो सकें, भाज्य संख्याएँ कहलाती हैं।

उदाहरण 4, 8, 9, 15, ... आदि भाज्य संख्याएँ हैं।

अभाज्य संख्या की जाँच Test Prime Number

यदि किसी दी गयी संख्या के बारे में ज्ञात करना है कि वह अभाज्य संख्या है अथवा नहीं। इसके लिए दी गई संख्या का सम्भावित वर्गमूल निकालते हैं। यदि वह संख्या सम्भावित वर्गमूल के मान से छोटी सभी अभाज्य संख्या से पूर्णत: विभाजित नहीं होती, तो दी गई संख्या अभाज्य संख्या है अन्यथा नहीं।

भाज्य (Dividend) वह संख्या जिसमें किसी संख्या से भाग दिया जाता है, भाज्य कहलाती है।

भाजक (Divisor) संख्या का वह मान जिससे किसी संख्या में भाग दिया जाता है, भाजक कहलाता है।

भागफल (Quotient) संख्या का वह मान जो भाज्य में भाजक द्वारा भाग देने पर उत्तर के रूप में प्राप्त होता है, भागफल कहलाता है।

शेषफल (Remainder) संख्या से बचा हुआ वह मान जो भाज्य में भाजक द्वारा भाग देने पर शेष रह जाता है, शेषफल कहलाता है।

माना भाजक m, n, Q हैं तथा शेषफल क्रमशः p, q, r हैं तब न्यूनतम संख्या ज्ञात करने के लिए निम्नलिखित विधि का प्रयोग करते हैं (माना भागफल क्रमशः A, B, C व D हैं)

m	A	शेषफल
n	B	p
Q	C	q
	D	r

न्यूनतम संख्या के लिए $D = 1$ होना चाहिए

$\therefore$ न्यूनतम संख्या $A = B + p$ [जहाँ $B = n \times C + q$ तथा $C = Q \times D(1) + r$]

उदाहरण 1 एक संख्या को 4 से भाग देने पर भागफल तथा शेषफल का योग 8 है तथा उसके वर्गों का योग 34 है। वह संख्या ज्ञात कीजिए।

(a) 23 (b) 32 (c) 21 (d) 25

हल *(a)* माना भागफल $= q$ तथा शेषफल $= r$ है

$\because$ संख्या (भाज्य) = (भाजक × भागफल) + शेषफल

$\therefore$ संख्या $= 4 \times q + r$

प्रश्नानुसार, $q + r = 8$ तथा $q^2 + r^2 = 34$

$(q + r)^2 = q^2 + r^2 + 2qr$ (सूत्र से)

$(8)^2 = 34 + 2qr$

$64 - 34 = 2qr;\ 2qr = 30;\ qr = 15$

$\because$ $q = 15$ और $r = 3$ $[\because q > r]$

$\therefore$ संख्या $= 4 \times 5 + 3 = 20 + 3 = 23$

भाज्यता की जाँच Test of Divisibility

2 से भाज्य यदि दी गई संख्या के इकाई के स्थान पर शून्य या सम संख्या हो, तो वह संख्या 2 से भाज्य होगी।

3 से भाज्य यदि दी गई संख्या के सभी अंकों का योग 3 से विभाजित हो जाता है, तो वह संख्या 3 से भाज्य होगी।

4 से भाज्य यदि दी गई संख्या के इकाई व दहाई के अंकों द्वारा बनी संख्या 4 से विभाजित है, तो वह संख्या 4 से विभाजित होगी।

5 से भाज्य यदि दी गई संख्या के इकाई के स्थान पर शून्य या 5 हो, तो वह संख्या 5 से भाज्य होगी।

6 से भाज्य यदि दी गई संख्या 2 तथा 3 से पूर्णत: विभाजित हो जाती है, तो वह 6 से भाज्य होगी।

8 से भाज्य यदि दी गई संख्या के अन्तिम तीन अंकों द्वारा बनी संख्या 8 से विभाजित हो जाती है, तो वह संख्या 8 से भाज्य होगी।

9 से भाज्य यदि दी गई संख्या के सभी अंकों का योग संख्या व विभाजित हो, तो वह संख्या 9 से भाज्य होगी।

11 से भाज्य दी गई संख्या के इकाई अंक के बाईं ओर चलने पर विषम स्थानों के अंकों का योग तथा सम स्थानों के अंकों के योग का अन्तर या तो शून्य हो तो 11 से विभाजित हो, तो वह संख्या 11 से भाज्य होगी।

घातीय रूप की संख्या में इकाई का अंक ज्ञात करना

- यदि संख्या का इकाई का अंक 0, 1, 5, 6 हो, तो उसके इकाई का अंक अपरिवर्तित रहता है।
  जैसे $(256)^{1151}$ का इकाई का अंक $= 6$
- यदि संख्या का इकाई का अंक 2 हो, तो उसकी घात को 4 से भाग देकर 2^4 के रूप में लिखते हैं तथा सरल करते हैं। (2^4 में इकाई का अंक $= 6$)
  जैसे $(352)^{443}$ में इकाई का अंक
  $= (2^4)^{443/4}$ में इकाई का अंक $= (16)^{110} \cdot 2^3$ में इकाई का अंक
  $= 6 \cdot 2^3$ में इकाई का अंक $= 48$ में इकाई का अंक $= 8$
  $\therefore$ $(352)^{443}$ में इकाई का अंक $= 8$
- इसी प्रकार 4 तथा 8 वाली संख्याओं में इकाई का अंक ज्ञात करते हैं।
  4^4 में इकाई का अंक $= 8^4$ में इकाई का अंक $= 6$
- यदि संख्या में इकाई का अंक 3 या 7 हो, तो उपरोक्त के अनुसार ही सरल करते हैं, परन्तु 3^4 में इकाई का अंक $= 1$ तथा 7^4 में इकाई का अंक $= 1$
- यदि संख्या में इकाई का अंक 9 है, तो घात विषम होने पर इकाई का अंक 9 तथा घात सम होने पर इकाई का अंक 1 होगा।
  जैसे $(349)^{140}$ में इकाई का अंक $= 1$ तथा $(349)^{141}$ में इकाई का अंक $= 9$

अति महत्त्वपूर्ण प्वॉइंटस एवं फॉर्मूले

- सभी प्राकृतिक संख्याएँ पूर्ण संख्याएँ होती हैं।
- शून्य न तो धन पूर्णांक है और न ही ऋण पूर्णांक।
- सभी प्राकृतिक संख्याएँ, सभी पूर्ण संख्याएँ तथा सभी पूर्णांक वास्तविक संख्याएँ होती हैं।
- परिमेय तथा अपरिमेय संख्याओं का योग तथा अन्तर अपरिमेय होता है।
  उदाहरण $3 + \sqrt{5}$ एक अपरिमेय संख्या है।
- परिमेय तथा अपरिमेय संख्याओं का गुणनफल अपरिमेय संख्या होता है।
  उदाहरण $3\sqrt{5}$ एक अपरिमेय संख्या है।
- 1 ना ही अभाज्य संख्या है और ना ही भाज्य।
- केवल 2 सम अभाज्य संख्या है।
- 1 से 100 के मध्य केवल 25 अभाज्य संख्याएँ हैं।
- दो क्रमागत संख्याओं के वर्गों का अन्तर एक विषम संख्या होती है, जो दोनों संख्याओं के योग के बराबर होती है।
- $a^p \cdot b^q \cdot c^r \cdot d^s$ के अभाज्य गुणनखण्डों की संख्या $p + q + r + s$ होती है।
- प्रथम n प्राकृतिक संख्याओं का योग $= \dfrac{n(n+1)}{2}$
- प्रथम n सम प्राकृतिक संख्याओं का योग $= n(n+1)$
- प्रथम n तक की सम प्राकृतिक संख्याओं का योग $= \dfrac{n}{2}\left(\dfrac{n}{2} + 1\right)$
- प्रथम n विषम प्राकृतिक संख्याओं का योग $= n^2$
- प्रथम n प्राकृतिक संख्याओं के वर्गों का योग $= \dfrac{n(n+1)(2n+1)}{6}$
- प्रथम n प्राकृतिक संख्याओं के घनों का योग $= \left\{\dfrac{n(n+1)}{2}\right\}^2$
- $a, a+d, a+2d, a+3d, \ldots\ldots$ का nवाँ पद $T_n = a + (n-1)d$
- $a, a+d, a+2d, a+3d, \ldots..$ के n पदों का योग $= \dfrac{n}{2}[2a + (n-1)d]$
- $a, ar, ar^2, \ldots\ldots$ का n वाँ पद $= ar^{n-1}$
- $a, ar, ar^2, \ldots..$ के n पदों का योग $= \dfrac{a(r^n - 1)}{r - 1}$ जहाँ $r > 1$

✓ अति महत्त्वपूर्ण प्रश्न

1 प्रथम 6 अभाज्य संख्याओं का योग क्या होगा?
(a) 42 (b) 41 (c) 35 (d) 46

2 प्रथम 20 विषम प्राकृतिक संख्याओं का योग क्या होगा?
(a) 210 (b) 300 (c) 400 (d) 420

3 75 से 97 तक की सभी प्राकृतिक संख्याओं का योग कितना होगा?
(a) 1598 (b) 1798 (c) 1958 (d) 1978

4 3 से गुणा करके बनी 100 तथा 200 के बीच की सभी प्राकृतिक संख्याओं का योग क्या होगा?
(a) 5000 (b) 4950 (c) 4980 (d) 4900

5 $(101 + 102 + 103 + \ldots\ldots + 200)$ का योग क्या होगा?
(a) 15000 (b) 15025 (c) 15050 (d) 25000

6 25^{25} को 26 द्वारा भाग दिया जाता है, तो शेषफल क्या होगा?
(a) 1 (b) 2 (c) 24 (d) 25

7 $(2153)^{167}$ का इकाई का अंक क्या होगा?
(a) 1 (b) 3 (c) 7 (d) 9

8 निम्न में से कौन-सी संख्या अपरिमेय है?
(a) $\frac{8}{3}$ (b) π (c) $\frac{9}{7}$ (d) 3.14

9 40 से 80 के बीच सभी अभाज्य संख्याओं का योग कितना है?
(a) 594 (b) 572 (c) 722 (d) 635

10 8 से विभक्त होने वाली तीन अंकों की कुल कितनी संख्याएँ हैं?
(a) 149 (b) 151 (c) 113 (d) 112

11 निम्न में से कौन-सी संख्या परिमेय है?
(a) $\sqrt{4}$ (b) $\sqrt{5}$ (c) $2 + \sqrt{3}$ (d) $6\sqrt{7}$

12 एक न्यूनतम संख्या में जब 9, 13, 17, से उत्तरोत्तर (Successively) भाग दिया जाता है तब शेषफल क्रमशः 4, 5 और 12 आता है।
(a) 6, 3, 2 (b) 7, 5, 3 (c) 8, 7, 6 (d) 9, 8, 4

13 निम्नलिखित में से अभाज्य संख्या कौन-सी है?
(a) 161 (b) 221 (c) 373 (d) 437

14 100 तथा 200 के बीच आने वाले उन पूर्णांकों, जो 9 तथा 6 दोनों से विभाजित हो, की कुल संख्या होगी
(a) 5 (b) 7 (c) 6 (d) 8

15 $\left(1-\frac{1}{2}\right)\left(1-\frac{1}{3}\right)\left(1-\frac{1}{4}\right)\ldots\ldots\left(1-\frac{1}{n}\right)$ का मान है
(a) $1/n$ (b) $2/n$ (c) $\frac{2(n-1)}{n}$ (d) $\frac{2}{n(n+1)}$

16 यदि $1^2 + 2^2 + 3^2 + \ldots\ldots + x^2 = \frac{x(x+1)(2x+1)}{6}$ हो, तो $1^2 + 3^2 + 5^2 + \ldots\ldots\ldots + 19^2$ बराबर है
(a) 1330 (b) 2100 (c) 2485 (d) 2500

17 भाजक भागफल का 25 गुना है तथा शेषफल का 5 गुना है, यदि भागफल 16 हो, तो भाज्य है
(a) 6400 (b) 6480 (c) 400 (d) 480

18 यदि $1^3 + 2^3 + 3^3 + \ldots\ldots + 10^3 = 3025$ हो, तो $2^3 + 4^3 + 6^3 + \ldots\ldots + 20^3$ का मान है
(a) 6050 (b) 9075 (c) 12100 (d) 24200

19 यदि 17^{200} को 18 से भाग दें, तो शेषफल क्या होगा?
(a) 17 (b) 16 (c) 1 (d) 2

20 1000 में कौन-सी सबसे छोटी संख्या जोड़ी जाये, ताकि वह योग 45 से पूरी तरह विभाजित हो जाये?
(a) 35 (b) 80 (c) 20 (d) 10

21 $(251)^{98} + (21)^{29} - (106)^{100} + (705)^{35} - (16)^4 + 259$ के सरलीकृत रूप में इकाई का अंक क्या होगा?
(a) 1 (b) 4 (c) 5 (d) 6

22 $(264)^{102} + (264)^{103}$ में इकाई का अंक क्या होगा?
(a) 0 (b) 4 (c) 6 (d) 8

23 यदि $(2^{32} + 1)$, किसी निश्चित संख्या से पूर्णतया विभक्त हो, तो $(2^{32} + 1)$ से निम्नलिखित में से कौन-सी संख्या पूर्णतया विभक्त होगी?
(a) $2^{16} + 1$ (b) $2^{16} - 1$ (c) $2^{96} + 1$ (d) 7×2^{33}

24 वह सबसे बड़ी संख्या ज्ञात कीजिए जो $(n^3 - n)(n - 2)$ के रूप वाली प्रत्येक संख्या को पूर्णतः विभाजित करेगी
(a) 6 (b) 12 (c) 24 (d) 48

25 संख्या 5398714 में 9 स्थानीय तथा वास्तविक मान के अन्तर का संख्यांक है
(a) 89994 (b) 98714 (c) 90009 (d) 89991

उत्तरमाला

1	(b)	2	(c)	3.	(d)	4	(b)	5	(c)	6	(d)	7	(c)	8	(b)	9	(a)	10	(d)
11	(a)	12	(c)	13	(c)	14	(c)	15	(a)	16	(a)	17	(b)	18	(d)	19	(c)	20	(a)
21	(b)	22	(a)	23	(c)	24	(c)	25	(d)										

सॉल्यूशन्स

1. (b) अभीष्ट योग

$= 2 + 3 + 5 + 7 + 11 + 13 = 41$

2. (c) प्रथम n विषम प्राकृतिक संख्याओं का योग $= n^2$

दूसरी 20 विषम प्राकृतिक संख्याओं का योग $= (20)^2 = 400$

3. (d) $a = 75, t_n = 97, d = 1$

$t_n = a + (n-1)\cdot d$

$97 = 75 + (n-1) \times 1$

$\therefore \quad n = 23$

$\therefore \quad S_n = \frac{n}{2}[a + t_n] = \frac{23}{2}[75 + 97]$

$= \frac{23}{2} \times 172 = 1978$

4. (b) 100 से 200 के मध्य 3 से विभाजित होने वाली संख्याएँ

$= 102, 105, 108 \ldots\ldots 198$

यहाँ, $a = 102$, $t_n = 198$ और $d = 3$

$t_n = a + (n-1)d$

$198 = 102 + (n-1)3$

$\frac{96}{3} = n - 1$

$n = 32 + 1 = 33$

$\therefore \quad S_n$ योग $= \frac{n}{2}(a + t_n)$

$= \frac{33}{2}(102 + 198) = \frac{33}{2} \times 300$

$= 4950$

5. (c) $101 + 102 + \ldots\ldots + 200$

$= (1 + 2 + \ldots\ldots + 100 + 101 + 102 + \ldots\ldots + 200) - (1 + 2 + 3 + \ldots\ldots + 100)$

$= \frac{200(200+1)}{2} - \frac{100(100+1)}{2}$

$= 100 \times 201 - 50 \times 101$

$= 20100 - 5050 = 15050$

6. (d) जब n संख्या विषम हो तब $(x^n + 1)$ सदैव $(x + 1)$ से विभाज्य होगा। दिए गए प्रश्न में $x = 25$ तथा $n = 25$ है।

$\because 25^{25}$ में 25 एक विषम संख्या है।

अत: संख्या $(25^{25} + 1)$, सदैव $(x + 1$ या $25 + 1 = 26)$ से विभाज्य होगी तब 25^{25} को यदि 25 से भाग देते हैं तो शेष 0 बचेगा अत: इसको $25 + 1 = 26$ से भाग देने पर 25 शेष बचेगा।

7. (c) $(2153)^{167}$ में इकाई का अंक

$= 3^{167}$ में इकाई का अंक

$= 3^{4 \times 41 + 3}$ में इकाई का अंक

$= 3^3$ में इकाई का अंक

$= 27$ में इकाई का अंक $= 7$

9. (a) 40 तथा 80 के बीच अभाज्य संख्याएँ 41, 43, 47, 53, 59, 61, 67, 71, 73 व 79 हैं।

$\therefore$ अभीष्ट योग

$= 41 + 43 + 47 + 53 + 59 + 61 + 67 + 71 + 73 + 79 = 594$

10. (d) 8 से विभक्त होने वाली तीन अंकों की सबसे छोटी संख्या 104 है तथा तीन अंकों की सबसे बड़ी संख्या 992 है।

$\therefore$ श्रेणी 104, 112, ..., 992 होगी।

यहाँ $a = 104, d = 8, t_n = 992, n = ?$

$t_n = a + (n-1)\cdot d$ से,

$\Rightarrow 992 = 104 + (n-1)\cdot 8$

$\Rightarrow 888 = (n-1)\cdot 8$

$\Rightarrow (n-1) = 111$

$\Rightarrow n = 112$

11. (a) $\sqrt{4} = \pm 2$, के अलावा अन्य सभी अपरिमेय संख्याएँ हैं।

12. (c) उत्तरोत्तर भाग विधि से

9	A	शेषफल
13	B	4
17	C	5
	D	12

माना अभीष्ट न्यूनतम संख्या A है तथा उत्तरोत्तर भागफल क्रमश: B, C व D हैं। न्यूनतम संख्या तभी प्राप्त की जा सकती है जब अन्तिम भागफल D न्यूनतम अर्थात् 1 हो।

$\therefore C = 17 \times D + 12 = 17 \times 1 + 12 = 29$

$B = 13 \times C + 5 = 13 \times 29 + 5 = 382$

$A = 9 \times B + 4 = 9 \times 382 + 4 = 3442$

$\therefore$ अभीष्ट न्यूनतम संख्या $= 3438$

अब यदि भाजक के क्रम को उलटकर अर्थात् 17, 13, 9 से उत्तरोत्तर भाग दिया जाए तो शेषफल इस प्रकार प्राप्त किया जा सकता है

17	3442	शेषफल
13	202	8
9	15	7
	1	6

अत: अभीष्ट शेषफल $= 8, 7, 6$

13. (c) $373 > 361$

$\because \sqrt{361} = 19$

19 से कम अभाज्य संख्याएँ $= 2, 3, 5, 7, 11, 13$ और 17 संख्या 373, 19 से कम किसी भी अभाज्य संख्या से विभाजित नहीं होती है, अत: यह एक अभाज्य संख्या है।

14. (c) अत: उभयनिष्ठ संख्याएँ

$= 108, 126, 144, 162, 180, 198$

15. (a) $\left(1 - \frac{1}{2}\right)\left(1 - \frac{1}{3}\right)\left(1 - \frac{1}{4}\right) \ldots\ldots \left(1 - \frac{1}{n}\right)$

$= \frac{1}{2} \times \frac{2}{3} \times \frac{3}{4} \times \ldots\ldots \times \frac{n-1}{n} = \frac{1}{n}$

16. (a) $1^2 + 3^2 + 5^2 + \ldots\ldots + 19^2$

$= (1^2 + 2^2 + 3^2 + 4^2 + \ldots\ldots + 18^2 + 19^2) - (2^2 + 4^2 + \ldots\ldots + 18^2)$

$= \frac{19(19+1)(38+1)}{6} - 4(1^2 + 2^2 + 3^2 + \ldots + 9^2)$

$= \frac{19 \times 20 \times 39}{6} - \frac{4 \times 9 \times 10 \times 19}{6}$

$= 2470 - 1140 = 1330$

17. (b) भागफल $= 16$

भाजक $= 25 \times$ भागफल

$= 25 \times 16 = 400$

शेषफल $= \frac{1}{5} \times$ भाजक $= \frac{1}{5} \times 400 = 80$

हम जानते हैं कि, भाज्य

$=$ (भाजक $\times$ भागफल) $+$ शेषफल

$= 400 \times 16 + 80 = 6480$

18. (d) $1^3 + 2^3 + 3^3 + \ldots\ldots + 10^3 = 3025$

$2^3 + 4^3 + 8^3 + \ldots\ldots + 20^3$

$= 2^3[1^3 + 2^3 + 3^3 + \ldots\ldots + 10^3]$

$= 2^3 \times 3025 = 24200$

19. (c) $(17)^{200} = (18-1)^{200}$ को 18 से भाग देने पर

$= (-1)^{200} + 18$ का गुणज

$\because$ $n = 200$ (एक सम धनपूर्णांक है)

$\therefore$ अभीष्ट शेषफल = 1

20. (a) हम जानते हैं कि $45 \times 22 = 990$

तथा $45 \times 23 = 1035$

अत: 1000 में 35 जोड़ने पर प्राप्त संख्या 45 से विभाजित होगी।

21. (b) $(251)^{98} + (21)^{29} - (106)^{100} + (705)^{35} - (16)^4 + 259$ में इकाई का अंक

$= 1 + 1 - 6 + 5 - 6 + 9 = 16 - 12 = 4$

22. (a) $[(264)^{102} + (264)^{103}]$ में इकाई का अंक

$= [4^{102} + 4^{103}]$ में इकाई का अंक

$= [4^{25 \times 4 + 2} + 4^{25 \times 4 + 3}]$ में इकाई अंक

$= [4^2 \cdot 6 + 4^3 \cdot 6]$ में इकाई का अंक

$= [16 \cdot 6 + 64 \cdot 6]$ में इकाई का अंक

$= [96 + 384]$ में इकाई का अंक

= 480 में इकाई का अंक = 0

23. (c) विकल्प (c) से, $2^{96} + 1 = (2^{32})^3 + (1)^3$

$= (2^{32} + 1)(2^{64} + 1 - 2^{32})$

$\therefore$ $(2^{96} + 1)$, $(2^{32} + 1)$ से पूर्णतया विभाजित होगी।

24. (c) दिया है $(n^3 - n)(n - 2)$

$n = 3, 4, 5$ रखने पर

$= [(3)^3 - 3][3 - 2]$

$= (27 - 3)(1) = 24$

($n = 3$ से) $[(4)^3 - 4][4 - 2]$

$= [64 - 4][2] = 120$

($n = 5$ से) $= [(5^3 - 5][5 - 2]$

$= [125 - 5][3] = 360$

इस प्रकार मान = 24, 120, 360 ... जो 6, 12 व 24 से विभाजित हैं

अत: सबसे बड़ी संख्या = 24 है

25. (d) दी गई संख्या 5398714 में 9 का स्थानीय मान = 90000 तथा वास्तविक मान = 9 दोनों मानों में अन्तर = 90000

-9

संख्यांक = 89991

अध्याय 2

साधारण एवं दशमलव भिन्न

SIMPLE AND DECIMAL FRACTIONS

भिन्न Fraction

एक परिमेय संख्या को भिन्न कहते हैं। इसे $\frac{p}{q}$ के रूप में व्यक्त करते हैं, जहाँ $q \neq 0$, p को भिन्न का अंश तथा q को भिन्न का हर कहते हैं।

जैसे एक भिन्न है, जिसमें 5 भिन्न का अंश तथा 11 भिन्न का हर है।

भिन्नों के प्रकार Types of Fractions

उचित भिन्न (Proper Fraction) यदि किसी भिन्न का हर, अंश से अधिक हो, तो ऐसी भिन्न उचित भिन्न कहलाती है।

जैसे $\frac{3}{5}$ में अंश 3, हर 5 से कम है। अत: $\frac{3}{5}$ एक उचित भिन्न है।

अनुचित भिन्न (Improper Fraction) यदि किसी भिन्न का हर, अंश से कम हो, तो ऐसी भिन्न को अनुचित भिन्न कहते हैं।

जैसे $\frac{11}{3}$ में हर 3, अंश 11 से कम है। अत: $\frac{11}{3}$ एक अनुचित भिन्न है।

मिश्र भिन्न (Mixed Fraction) ऐसी भिन्नें जो पूर्णांकों तथा भिन्नों से मिलकर बनाई जाती हैं, मिश्र भिन्न कहलाती हैं।

जैसे $5\frac{1}{3}$ एक मिश्र भिन्न है।

मिश्र भिन्नों को अनुचित भिन्नों के रूप में परिवर्तित किया जा सकता है। इसी प्रकार अनुचित भिन्नों को मिश्र भिन्नों के रूप में परिवर्तित किया जा सकता है।

जैसे $5\frac{1}{3} = \frac{16}{3}$

दशमलव भिन्न (Decimal Fraction) वह भिन्न जिसका हर 10 या 10 की घात में हो, दशमलव भिन्न कहलाती है।

जैसे $\frac{1}{10}, \frac{11}{100}, \frac{37}{1000}$ आदि।

वितत् भिन्न (Continued Fraction) इन भिन्नों के अंश और हर में कोई नियमन नहीं होता तथा इनको हल करते समय BODMAS का ध्यान रखते हुए नीचे से ऊपर की ओर चलते हैं।

उदाहरण निम्नलिखित भिन्नों को हल कीजिए

(i) $2 + \cfrac{3}{1 + \cfrac{4}{2 - \cfrac{1}{3}}}$ (ii) $1 + \cfrac{2}{1 + \cfrac{3}{2 - \cfrac{1}{1 + \cfrac{1}{2}}}}$

हल (i) $2 + \cfrac{2}{1 + \cfrac{4}{2 - \cfrac{1}{3}}} = 2 + \cfrac{2}{1 + \cfrac{4}{\cfrac{5}{3}}} = 2 + \cfrac{2}{1 + \cfrac{12}{5}}$

$= 2 + \cfrac{2}{\cfrac{17}{5}} = 2 + \frac{10}{17} = \frac{44}{17}$

$$\text{(ii) } 1+\cfrac{2}{1+\cfrac{3}{2-\cfrac{1}{1+\cfrac{1}{2}}}} = 1+\cfrac{2}{1+\cfrac{3}{2-\cfrac{1}{\frac{3}{2}}}}$$

$$= 1+\cfrac{2}{1+\cfrac{3}{2-\frac{2}{3}}} = 1+\cfrac{2}{1+\cfrac{3}{\frac{4}{3}}}$$

$$= 1+\cfrac{2}{1+\frac{9}{4}} = 1+\cfrac{2}{\frac{13}{4}}$$

$$= 1+\frac{8}{13} = \frac{21}{13}$$

भिन्नों की तुलना Comparison of Fractions

भिन्नों की तुलना करने में निम्न विधियों का प्रयोग करते हैं

1. भिन्नों को दशमलव रूप में परिवर्तित करके

जब दो या दो से अधिक भिन्नों की तुलना करनी हो, तो उन्हें दशमलव रूप में परिवर्तित करके उनकी तुलना की जा सकती है।

उदाहरण 1 $\frac{2}{3}, \frac{5}{8}$ **में बड़ी भिन्न कौन-सी है?**

(a) $\frac{2}{3}$ (b) $\frac{5}{8}$

(c) निर्धारित नहीं कर सकते (d) दोनों समान है

हल (a) $\frac{2}{3} = 0.666$ तथा $\frac{5}{8} = 0.625$ इससे स्पष्ट है कि 0.666, 0.625 से बड़ा है। अतः $\frac{2}{3} > \frac{5}{8}$

2. भिन्नों का हर समान करके

दिए गए भिन्नों में सभी भिन्नों के हरों का ल. स. लेकर उनके हर समान कर लिए जाते हैं फिर उनके अंशों की तुलना की जाती है। बड़े अंश वाली भिन्न बड़ी होती है।

उदाहरण 2 निम्नलिखित में से कौन-सा सही है?

(a) $0.5 < \frac{2}{3} < \frac{3}{4} < \left(\frac{16}{25}\right)^{0.5}$

(b) $\frac{7}{24} > \frac{1}{3} > \frac{3}{8} > \frac{5}{12}$

(c) $\frac{1}{2} > \frac{2}{3} > \frac{3}{4} > \frac{4}{5}$

(d) $0 > \frac{7}{17} > \frac{3}{7} > \frac{3}{5}$

हल *(a)* $0.5, \frac{2}{3} = 0.6, \frac{3}{4} = 0.7, \left(\frac{16}{25}\right)^{0.5}$

$$= \left(\frac{16}{25}\right)^{\frac{1}{2}} = \frac{4}{5} = 0.8$$

अतः $0.5 < 0.6 < 0 < 0.7 < 0.8$

अभीष्ट क्रम $= 0.5 < \frac{2}{3} < \frac{3}{4} < \left(\frac{16}{25}\right)^{0.5}$

भिन्नों पर संक्रियाएँ Operations on Fractions

1. भिन्नों का योग Addition of Fractions

(i) **जब हर समान हो** यदि भिन्नों के हर समान हों, तो भिन्नों के अंशों का योग ज्ञात करके हर से भाग देते हैं।

उदाहरण $\frac{1}{7} + \frac{2}{7} = \frac{1+2}{7} = \frac{3}{7}$, $a\frac{b}{c} + d\frac{e}{c} = (a+d) + \frac{(b+e)}{c}$

(ii) **जब हर असमान हो** यदि दी गई भिन्नों के हर असमान हों, तो भिन्नों के हर समान करके भिन्नों का योग ज्ञात किया जाता है।

उदाहरण $\frac{1}{5} + \frac{3}{4} = \frac{4}{20} + \frac{15}{20} = \frac{19}{20}$

- $a\frac{b}{c} + d\frac{e}{f} = a + d + \left(\frac{b \times f + c \times e}{c \times f}\right)$

2. भिन्नों का अन्तर Subtraction of Fractions

(i) **जब हर समान हों** यदि भिन्नों के हर समान हों, तो भिन्नों के अंशों का अन्तर ज्ञात करके हर से भाग देते हैं।

उदाहरण $\frac{3}{4} - \frac{1}{4} = \frac{3-1}{4} = \frac{2}{4} = \frac{1}{2}$

- $a\frac{b}{c} - d\frac{e}{c} = (a-d) + \left(\frac{b-e}{c}\right)$

(ii) **जब हर असमान हो** यदि भिन्नों के हर असमान हो, तो भिन्नों के हरों को समान करके भिन्नों का अन्तर ज्ञात कर लेते हैं।

उदाहरण $\frac{3}{5} - \frac{1}{10} = \frac{6-1}{10} = \frac{5}{10} = \frac{1}{2}$

- $\frac{a}{b} - \frac{c}{d} = \frac{(a \times d) - (b \times c)}{bd}$
- $a\frac{b}{c} - d\frac{e}{f} = (a-d) + \left(\frac{b \times f - c \times e}{c \times f}\right)$

3. भिन्नों की गुणा Multiplication of Fractions

भिन्नों की गुणा करते समय भिन्नों के अंशों की गुणा अंशों में तथा हरों की गुणा हरों में करते हैं। यदि भिन्न मिश्र रूप में हो, तो भिन्न को अनुचित भिन्न के रूप में परिवर्तित करके भिन्नों की गुणा ज्ञात की जाती है।

उदाहरण $\frac{3}{5} \times \frac{7}{11} = \frac{3 \times 7}{5 \times 11} = \frac{21}{55}$

तथा $1\frac{3}{4} \times 5\frac{3}{5} = \frac{7}{4} \times \frac{28}{5} = \frac{196}{20} = \frac{49}{5}$

- $a \times b\frac{c}{d} = (a \times b) + \left(a \times \frac{c}{d}\right)$

4. भिन्नों का भाग Division of Fractions

यदि किसी भिन्न के अंश को हर तथा हर को अंश में परिवर्तित करते हैं, तो प्राप्त नई भिन्न को दी गई भिन्न की व्युत्क्रम भिन्न कहते हैं।

भिन्नों का भागफल ज्ञात करने के लिए पहली भिन्न की गुणा दूसरी भिन्न के व्युत्क्रम से करते हैं। प्राप्त गुणनफल ही अभीष्ट भिन्न है।

उदाहरण $\frac{7}{3} \div \frac{14}{5} = \frac{7}{3} \times \frac{5}{14} = \frac{5}{6}$

- $\frac{a}{b} \div \frac{c}{d} = \frac{a}{b} \times \frac{d}{c}$

अति महत्त्वपूर्ण प्वॉइंटस एवं फॉर्मूले

- जब भिन्नों के अंश समान हों, तो वह भिन्न सबसे छोटी होगी जिसका हर सबसे बड़ा होगा।
- जब दो या दो से अधिक भिन्नों के हर समान हों, तो वह भिन्न सबसे बड़ी होगी जिसका अंश सबसे बड़ा होता हो।
- किसी भिन्न के अंश तथा हर में एक ही संख्या से गुणा या भाग करने पर भिन्न का मान अपरिवर्तित रहता है।
- भिन्नात्मक प्रश्नों के सरलीकरण में BODMAS के क्रमों और नियमों का अनुसरण करना चाहिए। किसी भिन्न को लघुत्तम रूप में कहा जा सकता है, यदि उनके हर तथा अंश का म.स. 1 हो।
- यदि दिये गये भिन्नों के अंश व हर का अन्तर समान हो, तो सबसे बड़े अंश वाली भिन्न बड़ी तथा सबसे छोटे अंश वाली भिन्न सबसे छोटी होती है।
- यदि $\frac{a}{b}$ तथा $\frac{c}{d}$ दो भिन्न है तथा $ad > bc$, तब $\frac{a}{b} > \frac{c}{d}$
- $1 - \cfrac{1}{1 - \cfrac{1}{1 - \cfrac{1}{a}}} = a$

✓ अति महत्त्वपूर्ण प्रश्न

1 $\dfrac{3\frac{5}{8} \div 2\frac{3}{4}}{1\frac{2}{3} \times 1\frac{4}{5}}$ का मान है

(a) 2/5 (b) 25/59 (c) 9/2 (d) 29/66

2 एक बाँस का $\frac{2}{3}$ भाग कीचड़ में, $\frac{2}{7}$ भाग पानी में तथा 5 मी पानी के ऊपर हो, तो बाँस की लम्बाई होगी

(a) 90 मी (b) 105 मी
(c) 135 मी (d) 95 मी

3 $\left(3\frac{2}{3} - 3\frac{1}{6}\right) + \frac{3}{5}$ का मान है

(a) $1\frac{5}{10}$ (b) $\frac{20}{3}$ (c) $1\frac{5}{18}$ (d) $1\frac{1}{10}$

4 यदि $x + \frac{5}{6} + \frac{5}{7} + \frac{4}{9} = 2\frac{125}{126}$ हो, तो x का मान है

(a) 1 (b) 3 (c) 1/9 (d) 3/7

5 $\cfrac{1}{1 + \cfrac{1}{2 + \cfrac{1}{3}}}$ का मान है

(a) $\frac{3}{7}$ (b) $\frac{10}{7}$ (c) $\frac{7}{10}$ (d) $\frac{7}{9}$

6 $\frac{3}{5}, \frac{4}{7}$ और $\frac{3}{2}$ में सबसे बड़ी तथा सबसे छोटी भिन्न संख्याओं का अन्तर है

(a) $\frac{13}{14}$ (b) $\frac{8}{13}$ (c) $\frac{15}{13}$ (d) $\frac{8}{14}$

7 निम्न भिन्नों में कौन-सी भिन्न सबसे बड़ी है?

$\frac{7}{12}, \frac{11}{16}, \frac{12}{17}, \frac{13}{18}, \frac{31}{36}$

(a) $\frac{31}{36}$ (b) $\frac{7}{12}$ (c) $\frac{12}{17}$ (d) $\frac{11}{16}$

8 दो भिन्नों का गुणनफल 14/15 है तथा उनका भागफल 35/24 है। इनमें से छोटी भिन्न है

(a) 7/4 (b) 7/6 (c) 7/3 (d) 4/5

9 $8\frac{1}{2} - \left[3\frac{1}{4} \div \left\{1\frac{1}{4} - \frac{1}{2}\left(1\frac{1}{2} - \frac{1}{3} - \frac{1}{6}\right)\right\}\right]$ का सरलीकृत मान है

(a) $4\frac{1}{2}$ (b) $4\frac{1}{6}$ (c) $9\frac{1}{2}$ (d) $\frac{2}{9}$

10 $\cfrac{1}{3 + \cfrac{1}{2 - \cfrac{1}{7/9}}} + \frac{17}{22}$ का मान है

(a) $\frac{12}{22}$ (b) $\frac{22}{5}$ (c) $\frac{5}{22}$ (d) 1

11 एक छात्र को एक संख्या का $\frac{4}{21}$वाँ भाग ज्ञात करने को कहा गया लेकिन उसने गलती से उस संख्या को $\frac{4}{21}$ से भाग दे दिया। इस गलत तथा सही उत्तर का अन्तर $\frac{850}{7}$ पाया गया। उस प्रश्न का सही उत्तर क्या था?

(a) $\frac{35}{7}$ (b) $\frac{32}{7}$ (c) $\frac{16}{42}$ (d) $\frac{28}{35}$

12 किसी संख्या के $\frac{3}{4}$ का $\frac{1}{2}$, $\left(10 \text{ का } 2\frac{1}{2}\right)$ के बराबर है। वह कौन-सी संख्या है?

(a) 50 (b) 60 (c) $66\frac{2}{3}$ (d) 56

13 जब किसी लड़के से किसी भिन्न का 6/7 बताने को कहा गया, तो उसने गलती से उस भिन्न को 6/7 से भाग दे दिया और सही उत्तर से 13/70 अधिक उत्तर प्राप्त किया। वह भिन्न है

(a) 2/3 (b) 3/5
(c) 4/5 (d) 7/9

14 भिन्न $\frac{4}{7}$ का कौन-सा भाग उसी में जोड़ा जाए कि योग $1\frac{1}{14}$ प्राप्त हो?

(a) 7/8 (b) 1/2 (c) 4/7 (d) 15/16

15 यदि $2 = x + \cfrac{1}{1 + \cfrac{1}{3 + \cfrac{1}{4}}}$ हो, तब x का मान है

(a) $\frac{16}{17}$ (b) $\frac{21}{17}$ (c) $\frac{13}{17}$ (d) $\frac{12}{17}$

16 यदि किसी भिन्न के अंश में 1 जोड़ दें तो उस भिन्न का मान $\frac{1}{2}$ हो जाता है और यदि उसके हर में 1 जोड़ दें तो उसका मान $\frac{1}{3}$ हो जाता है। वह भिन्न है

(a) $\frac{5}{8}$ (b) $\frac{6}{5}$ (c) $\frac{3}{8}$ (d) $\frac{16}{5}$

17 किसी गाँव में कुल साक्षरों का 2/5 भाग स्त्रियाँ हैं। उसमें से एक-तिहाई स्त्रियाँ स्नातक हैं तथा कुल स्नातक स्त्रियों का 1/6 भाग नौकरी करती हैं। कुल साक्षर पुरुषों का तीन-चौथाई पुरुष स्नातक हैं तथा कुल स्नातक पुरुषों का एक-तिहाई नौकरी करते हैं। कुल साक्षरों का कौन-सा भाग बेरोजगार है?

(a) $\frac{149}{180}$ (b) $\frac{120}{165}$ (c) $\frac{380}{207}$ (d) $\frac{188}{219}$

18 $\frac{5}{24}$ में से क्या घटाया जाये कि प्राप्त भिन्न $\frac{7}{48}$ हो?

(a) $\frac{21}{16}$ (b) $\frac{1}{16}$ (c) $\frac{1}{48}$ (d) $\frac{5}{24}$

19 एक खेत का आधा भाग सब्जी उगाने के काम में आता है। इसका $\frac{1}{5}$ भाग आलू उगाने के काम में आता है। खेत का कौन-सा भाग आलू उगाने के काम में आता है?

(a) $\frac{1}{8}$ भाग (b) $\frac{1}{10}$ भाग
(c) $\frac{1}{2}$ भाग (d) $\frac{3}{4}$ भाग

20 निम्न को अवरोही क्रम में व्यवस्थित कीजिए

$\frac{3}{8}, \frac{5}{8}, \frac{3}{9}, \frac{4}{9}$

(a) $\frac{5}{8}, \frac{3}{8}, \frac{4}{9}, \frac{3}{9}$ (b) $\frac{3}{8}, \frac{5}{8}, \frac{3}{9}, \frac{4}{9}$
(c) $\frac{5}{8}, \frac{4}{9}, \frac{3}{8}, \frac{3}{9}$ (d) $\frac{3}{9}, \frac{4}{9}, \frac{3}{8}, \frac{5}{8}$

21 सुरेश ने एक दुकान से $\frac{3}{5}$ किग्रा चीनी खरीदी तथा $\frac{2}{5}$ किग्रा चीनी दूसरी दुकान से खरीदी। यदि उसने $\frac{1}{2}$ किग्रा चीनी प्रयोग में लायी हो, तो शेष चीनी की मात्रा बताएँ।

(a) $\frac{1}{2}$ किग्रा (b) $\frac{5}{12}$ किग्रा
(c) $\frac{4}{9}$ किग्रा (d) $\frac{9}{15}$ किग्रा

22 60 का $\frac{3}{4}$ भाग, 80 के $\frac{3}{5}$ भाग से कितना कम है ?

(a) 15 (b) 12 (c) 3 (d) 20

23 यदि किसी कक्षा में कुल विद्यार्थियों का 2/3 भाग किसी खेल में भाग लेते हैं और 25 विद्यार्थी किसी भी खेल में भाग नहीं लेते तो कुल विद्यार्थियों की संख्या क्या है?

(a) 80 (b) 75 (c) 50 (d) 60

24 महेश अपनी पूँजी का 1/2 भाग खर्च कर देता है फिर शेष का 1/4 भाग कमा लेता है, तो बताएँ कि अब उसके पास पूँजी का कुल कितना भाग हो जाता है?

(a) $\frac{2}{3}$ (b) $\frac{5}{8}$
(c) $\frac{1}{4}$ (d) $\frac{3}{4}$

25 महेश के पास कुछ गायें थीं जिसका $\frac{1}{4}$ भाग वह बेच देता है। यदि बेचने के बाद भी उसके पास 60 गायें और हों, तो उसके पास कुल कितनी गायें थीं?

(a) 80 (b) 75
(c) 85 (d) 45

उत्तरमाला

1. (d)	2. (b)	3. (d)	4. (a)	5. (c)	6. (a)	7. (a)	8. (b)	9. (b)	10. (d)
11. (b)	12. (c)	13. (b)	14. (a)	15. (b)	16. (c)	17. (a)	18. (b)	19. (b)	20. (c)
21. (a)	22. (c)	23. (b)	24. (b)	25. (a)					

सॉल्यूशन्स

1. (d) $\dfrac{3\frac{5}{8} \div 2\frac{3}{4}}{1\frac{2}{3} \times 1\frac{4}{5}} = \dfrac{\frac{29}{8} \div \frac{11}{4}}{\frac{5}{3} \times \frac{9}{5}}$

$= \dfrac{\frac{29}{8} \times \frac{4}{11}}{\frac{5}{3} \times \frac{9}{5}} = \dfrac{29/22}{3} = \dfrac{29}{66}$

2. (b) माना बॉस की लम्बाई $= x$

प्रश्नानुसार, $x - \left(\dfrac{2x}{3} + \dfrac{2x}{7}\right) = 5$

$x - \left(\dfrac{14x + 6x}{21}\right) = 5$

$21x - 20x = 5 \times 21$

$x = 105$ मी.

3. (d) $\left(3\frac{2}{3} - 3\frac{1}{6}\right) + \dfrac{3}{5} = \dfrac{11}{3} - \dfrac{19}{6} + \dfrac{3}{5}$

$= \dfrac{110 - 95 + 18}{30} = \dfrac{128 - 95}{30}$

$= \dfrac{33}{30} = \dfrac{11}{10} = 1\dfrac{1}{10}$

4. (a) $x + \dfrac{5}{6} + \dfrac{5}{7} + \dfrac{4}{9} = 2\dfrac{125}{126}$

$x = \dfrac{377}{126} - \dfrac{5}{6} - \dfrac{5}{7} - \dfrac{4}{9}$

$x = \dfrac{377 - 105 - 90 - 56}{126}$

$= \dfrac{377 - 251}{126} = \dfrac{126}{126} = 1$

5. (c) $\dfrac{1}{1 + \dfrac{1}{2 + \dfrac{1}{3}}} = \dfrac{1}{1 + \dfrac{1}{7/3}}$

$= \dfrac{1}{1 + \dfrac{3}{7}} = \dfrac{1}{\dfrac{7+3}{7}} = \dfrac{7}{10}$

6. (a) हम जानते हैं, यदि $\dfrac{a}{b}$ और $\dfrac{c}{d}$ में ad बड़ा है bc से, तो $\dfrac{a}{b}$ बड़ा होगा $\dfrac{c}{d}$ से या $ad > bc$ तो $\dfrac{a}{b} > \dfrac{c}{d}$ तथा यदि ad छोटा है bc से तो $\dfrac{a}{b}$ छोटा होगा $\dfrac{c}{d}$ से या $ad < bc$ तो $\dfrac{a}{b} < \dfrac{c}{d}$

तुलना करने के लिए पहले दो भिन्नों को लेंगे।

$\dfrac{3}{5}$ तथा $\dfrac{4}{7}$ में $\Rightarrow 3 \times 7 > 5 \times 4$ या $\dfrac{3}{5} > \dfrac{4}{7}$ और $\dfrac{4}{7} < \dfrac{3}{5}$ अब $\dfrac{3}{5}$ तथा $\dfrac{3}{2}$ में

$\Rightarrow 3 \times 2 < 5 \times 3$ या $\dfrac{3}{5} < \dfrac{3}{2}$

अर्थात् $\dfrac{3}{2}$ सबसे बड़ी भिन्न है।

अब $\because$ $\dfrac{4}{7} < \dfrac{3}{5}$ से

$\therefore$ $\dfrac{4}{7}$ व $\dfrac{3}{2}$ की तुलना करने पर

$4 \times 2 < 7 \times 3$

अर्थात् $\dfrac{4}{7}$ सबसे छोटी भिन्न है

$\therefore$ $\dfrac{3}{2} - \dfrac{4}{7} = \dfrac{21 - 8}{14} = \dfrac{13}{14}$

7. (a) $\because 12 - 7 = 5$ $\quad 16 - 11 = 5$

$17 - 12 = 5$ $\quad 18 - 13 = 5$

$36 - 31 = 5$

उपरोक्त से स्पष्ट है कि भिन्नों के अंश व हर का अन्तर समान है। अत: बड़े अंश वाली भिन्न बड़ी होगी।

$\therefore$ भिन्न $\dfrac{31}{36}$ सबसे बड़ी भिन्न है।

8. (b) माना दोनों भिन्न x और y हैं, तब,

$x \times y = \dfrac{14}{15}$

$x = \dfrac{14}{15y}$

और $\dfrac{x}{y} = \dfrac{35}{24}$

$\dfrac{14}{15 \times y^2} = \dfrac{35}{24}$

$y^2 = \dfrac{14 \times 24}{15 \times 35} = \dfrac{16}{25}$

$y = \dfrac{4}{5} = 0.8$

$x = \dfrac{14 \times 5}{15 \times 4} = \dfrac{7}{6} = 1.1$

अत: सबसे छोटी भिन्न $= y = \dfrac{4}{5}$

9. (b) $8\frac{1}{2} - \left[3\frac{1}{4} \div \left\{1\frac{1}{4} - \frac{1}{2}\left(1\frac{1}{2} - \frac{1}{3} - \frac{1}{6}\right)\right\}\right]$

$= \dfrac{17}{2} - \left[\dfrac{13}{4} \div \left\{\dfrac{5}{4} - \dfrac{1}{2}\left(\dfrac{3}{2} - \dfrac{1}{3} - \dfrac{1}{6}\right)\right\}\right]$

$= \dfrac{17}{2} - \left[\dfrac{13}{4} \div \left\{\dfrac{5}{4} - \dfrac{1}{2}\left(\dfrac{9 - 2 - 1}{6}\right)\right\}\right]$

$= \dfrac{17}{2} - \left[\dfrac{13}{4} \div \left\{\dfrac{5}{4} - \dfrac{1}{2}\right\}\right]$

$= \dfrac{17}{2} - \left[\dfrac{13}{4} \div \dfrac{3}{4}\right]$

$= \dfrac{17}{2} - \left[\dfrac{13}{4} \times \dfrac{4}{3}\right] = \dfrac{17}{2} - \dfrac{13}{3}$

$= \dfrac{51 - 26}{6} = \dfrac{25}{6} = 4\dfrac{1}{6}$

10. (d) $\dfrac{1}{3 + \dfrac{1}{2 - \dfrac{1}{7/9}}} + \dfrac{17}{22} = \dfrac{1}{3 + \dfrac{1}{2 - \dfrac{9}{7}}} + \dfrac{17}{22}$

$= \dfrac{1}{3 + \dfrac{1}{5/7}} + \dfrac{17}{22} = \dfrac{1}{3 + \dfrac{7}{5}} + \dfrac{17}{22}$

$= \dfrac{5}{22} + \dfrac{17}{22} = \dfrac{5 + 17}{22} = \dfrac{22}{22} = 1$

11. (b) प्रश्नानुसार, सही उत्तर $= \dfrac{4x}{21}$

गलत उत्तर $= \dfrac{x}{\frac{4}{21}} = \dfrac{21x}{4}$

प्रश्नानुसार, $\dfrac{2x}{4} - \dfrac{4x}{21} = \dfrac{850}{7}$

$\dfrac{21 \times 21x - 4 \times 4x}{4 \times 21} = \dfrac{850}{7}$

$\dfrac{x(441 - 16)}{4 \times 21} = \dfrac{850}{7}$

$\dfrac{425x}{4 \times 3} = 850$

$x = \dfrac{850 \times 12}{425} = \dfrac{34 \times 12}{17} = 24$

सही उत्तर $= \dfrac{4 \times 24}{21} = \dfrac{32}{7}$

12. (c) माना संख्या $= x$

प्रश्नानुसार, $x \times \dfrac{3}{4}$ का $\dfrac{1}{2} = 10$ का $2\dfrac{1}{2}$

$\Rightarrow$ $x \times \dfrac{3}{4} \times \dfrac{1}{2} = 10 \times \dfrac{5}{2}$

$\Rightarrow$ $x = \dfrac{10 \times 5 \times 4}{3} = \dfrac{200}{3} = 66\dfrac{2}{3}$

13. (b) माना अभीष्ट भिन्न x है।

प्रश्नानुसार, $\dfrac{x}{6/7} - \dfrac{6}{7}x = \dfrac{13}{70}$

$\Rightarrow$ $\dfrac{7x}{6} - \dfrac{6x}{7} = \dfrac{13}{70}$

$\Rightarrow$ $\dfrac{49x - 36x}{42} = \dfrac{13}{70}$

$\Rightarrow$ $\dfrac{13x}{42} = \dfrac{13}{70}$

$\Rightarrow$ $x = \dfrac{42}{70} = \dfrac{3}{5}$

14. (a) माना भिन्न का x भाग जोड़ना है।

$\therefore$ प्रश्नानुसार,

$$\frac{4}{7}+x\frac{4}{7}=1\frac{1}{14} \Rightarrow \frac{4}{7}(1+x)=\frac{15}{14}$$

$$\Rightarrow \quad 1+x=\frac{15\times 7}{14\times 4}=\frac{15}{8}\Rightarrow x=\frac{15}{8}-1$$

$$\Rightarrow \quad x=\frac{15-8}{8}=\frac{7}{8}$$

15. (b) $2=x+\cfrac{1}{1+\cfrac{1}{3+\cfrac{1}{4}}}=x+\cfrac{1}{1+\cfrac{4}{13}}$

$$=x+\frac{13}{17};\ 2-\frac{13}{17}=x$$

$$x=\frac{21}{17}$$

16. (c) माना भिन्न $=\frac{x}{y}$

$$\frac{x+1}{y}=\frac{1}{2}$$

$$2x+2=y$$

$$2x-y=-2 \qquad \ldots(i)$$

$$\frac{x}{y+1}=\frac{1}{3}$$

$$3x-y=1 \qquad \ldots(ii)$$

समी (i) और (ii) से,

$$x=3,\ y=8$$

अभीष्ट भिन्न $=\frac{3}{8}$

17. (a) माना गाँव में कुल साक्षरों की संख्या x है

प्रश्नानुसार $x\times\frac{2}{5}$ है साक्षर स्त्रियाँ

$\therefore$ कुल साक्षर पुरुष $=x-\frac{2x}{5}=\frac{3x}{5}$

$\frac{2x}{5}$ का $\frac{1}{3}$ है स्नातक स्त्रियाँ

$\therefore$ कुल स्नातक स्त्रियाँ $=\frac{2x}{15}$

$\frac{2x}{15}$ का $\frac{1}{6}$ भाग हैं नौकरीपेशा स्त्रियाँ

अर्थात् नौकरीपेशा स्त्रियाँ हैं $\frac{x}{45}$

कुल साक्षर पुरुषों का $\frac{3}{4}$ हैं स्नातक पुरुष

अर्थात् $\frac{3x}{5}\times\frac{3}{4}=\frac{9x}{20}$ कुल स्नातक पुरुष

पुनः $\frac{9x}{20}\times\frac{1}{3}$ हैं नौकरीपेशा पुरुष

अर्थात् $\frac{3x}{40}$ नौकरीपेशा पुरुष है

कुल साक्षरों में बेरोजगार $=x-\left(\frac{x}{45}+\frac{3x}{20}\right)$

$$=x-\left[\frac{4x+27x}{180}\right]=x-\left[\frac{31x}{180}\right]$$

$$=\frac{180x-31x}{180}=\frac{149x}{180}$$

अतः कुल साक्षरों का $\frac{149}{180}$ भाग बेरोजगार है।

18. (b) $\therefore$ अभीष्ट संख्या $=\frac{5}{24}-\frac{7}{48}$

$$=\frac{10-7}{48}=\frac{3}{48}=\frac{1}{16}$$

19. (b) $\therefore$ आलू उगाने वाला खेत का भाग $=\frac{1}{2}\times\frac{1}{5}$

$$=\frac{1}{10}\text{ भाग}$$

20. (c) $\because$ $\frac{3}{8}=0.375,\ \frac{5}{8}=0.625$

$\frac{3}{9}=0.333$ तथा $\frac{4}{9}=0.444$

$\therefore$ दी गई भिन्नों का अवरोही क्रम

$$\frac{5}{8}>\frac{4}{9}>\frac{3}{8}>\frac{3}{9}$$

21. (a) $\therefore$ शेष चीनी की मात्रा $=\left(\frac{3}{5}+\frac{2}{5}\right)\times\frac{1}{2}$

$$=1\times\frac{1}{2}=\frac{1}{2}\text{ किग्रा}$$

22. (c) प्रश्नानुसार, 80 का $\frac{3}{5}-60$ का $\frac{3}{4}$

$$=\frac{80\times 3}{5}-\frac{60\times 3}{4}$$

$$=16\times 3-15\times 3$$

$$=3\,(16-15)=3$$

23. (b) माना कुल विद्यार्थियों की संख्या $=x$

खेल में भाग लेने वाले विद्यार्थी $=\frac{2x}{3}$

शेष विद्यार्थी $=x-\frac{2x}{3}=\frac{x}{3}$

प्रश्नानुसार, $\frac{x}{3}=25$

$$x=75$$

24. (b) $\therefore$ अभीष्ट भाग $=\left(1-\frac{1}{2}\right)+\left(1-\frac{1}{2}\right)\times\frac{1}{4}$

$$=\frac{1}{2}+\frac{1}{8}=\frac{4+1}{8}$$

$$=\frac{5}{8}\text{ भाग}$$

25. (a) माना महेश के पास कुल गाय $=x$

प्रश्नानुसार, $\left(x-\frac{x}{4}\right)=60$

$$\frac{3x}{4}=60$$

$$x=80$$

अध्याय 3

महत्तम समापवर्तक एवं लघुत्तम समापवर्त्य

HCF AND LCM

अपवर्तक तथा अपवर्त्य Factor and Multiple

यदि संख्या a, संख्या b को पूर्णतया विभाजित कर दे, तो संख्या a को संख्या b का अपवर्तक कहते हैं तथा संख्या b को संख्या a का अपवर्त्य कहते हैं।

उदाहरण 2 तथा 5 को 10 का अपवर्तक कहते हैं तथा 10 को 2 तथा 5 का अपवर्त्य कहते हैं।

महत्तम समापवर्तक Highest Common Factor, HCF

ऐसी संख्याएँ, जो दी गई दो या दो से अधिक संख्याओं को पूर्णतया विभाजित करें, उन संख्याओं के समापवर्तक कहलाती हैं।

दो या दो से अधिक संख्याओं का महत्तम समापवर्तक वह सबसे बड़ी संख्या है, जो प्रत्येक संख्या को पूर्णतया विभाजित करती है।

उदाहरण 20, 35 और 45 का म.स. 5 है।

महत्तम समापवर्तक ज्ञात करने की विधियाँ Methods to Find out HCF

महत्तम समापवर्तक ज्ञात करने की दो विधियाँ हैं

1. गुणनखण्ड विधि
2. भाग विधि

गुणनखण्ड विधि Factorization Method

प्रत्येक दी गई संख्या को अभाज्य गुणनखण्डों के रूप में लिख लेते हैं तथा सभी संख्याओं में उभयनिष्ठ गुणनखण्डों का गुणनफल ही दी गई संख्याओं का म.स. होता है।

उदाहरण 24, 30, 42 का म.स. ज्ञात कीजिए।

हल $\because$ $24 = 2 \times 2 \times 2 \times 3$

$30 = 2 \times 3 \times 5$

$42 = 2 \times 3 \times 7$

$\therefore$ 24, 30 तथा 42 का म.स. $= 2 \times 3 = 6$

भाग विधि Division Method

दी गई दो संख्याओं में से बड़ी संख्या को छोटी संख्या से विभाजित किया जाता है तथा पुनः शेषफल द्वारा भाजक में भाग दिया जाता है। यह क्रिया तब तक दोहराई जाती है, जब तक शेषफल शून्य न प्राप्त हो जाए। अन्तिम भाजक ही दी गई दो संख्याओं का म.स. होता है।

दो से अधिक संख्याओं का म.स. निकालने से पहले दो संख्याओं का म.स. ज्ञात किया जाता है तथा इस म.स. का तीसरी संख्या के साथ म.स. निकालते हैं। यही म.स. तीनों संख्याओं का अभीष्ट म.स. होता है।

उदाहरण 1. 12, 20 एवं 24 का महत्तम समापवर्तक ज्ञात कीजिए।

(a) 4 (b) 5 (c) 6 (d) 3

हल *(a)*

```
12) 20 (1
    12
  8) 12 (1
      8
    4) 8 (2
       8
       0
4) 24 (6
   24
   ×
```

म.स. = 4

लघुत्तम समापवर्त्य Least Common Multiple, LCM

ऐसी संख्याएँ, जो दी गई दो या दो से अधिक संख्याओं में से प्रत्येक से पूर्णतया विभाजित हो, उन संख्याओं के समापवर्त्य कहलाती हैं।

ऐसी छोटी-से-छोटी संख्या, जो दी गई दो या दो से अधिक संख्याओं में से प्रत्येक से पूर्णतया विभाजित हो, उन संख्याओं का लघुत्तम समापवर्त्य कहलाती हैं।

लघुत्तम समापवर्त्य ज्ञात करने की विधियाँ Methods to Find LCM

लघुत्तम समापवर्त्य ज्ञात करने की भी दो विधियाँ हैं

1. गुणनखण्ड विधि 2. भाग विधि

गुणनखण्ड विधि Factorization Method

दी गई संख्याओं के अभाज्य गुणनखण्ड ज्ञात करते हैं। संख्याओं के अभाज्य गुणनखण्डों के सबसे बड़े घातांकों वाली संख्याओं का गुणनफल ही अभीष्ट ल.स. होता है।

उदाहरण 2. 10, 15 तथा 18 का लघुत्तम समापवर्त्य ज्ञात कीजिए।

(a) 85 (b) 90 (c) 110 (d) 120

हल *(b)* $10 = 2 \times 5$

$15 = 3 \times 5$

$18 = 2 \times 3 \times 3$; ल.स. $= 2 \times 3^2 \times 5 = 90$

गुणनखण्ड विधि में दी गई संख्याओं को रूढ़ संख्या के घटक के गुणनफल के रूप में लिखा जाता है। इसके बाद सभी संख्याओं के घटकों को ध्यान में रखते हुए रूढ़ संख्या वाली संख्या का अधिकतम घात लिया जाता है। उन संख्याओं का गुणनफल ल.स. कहलाता है।

नोट *छात्रों को सलाह दी जाती है, कि परीक्षा भवन में गुणनखण्ड विधि का प्रयोग करें, जिससे समय की बचत होगी।*

भाग विधि Division Method

इस विधि को निम्न उदाहरण द्वारा समझा जा सकता है

उदाहरण 3. 18, 24, 36 का ल.स. ज्ञात कीजिए।

(a) 90 (b) 120 (c) 72 (d) 50

हल *(c)*

3	18, 24, 36
3	6, 8, 12
2	2, 8, 4
2	1, 4, 2
2	1, 2, 1
	1, 1, 1

18, 24 व 36 का ल.स. $= 3 \times 3 \times 2 \times 2 \times 2 = 72$

इसमें संख्याओं को उभयनिष्ठ अभाज्य भाजकों द्वारा विभाजित किया जा सकता है तथा इस क्रिया की पुनरावृत्ति तब तक करते हैं, जब तक शेषफल एक प्राप्त हो। इन अभाज्य भाजकों का गुणनफल ही अभीष्ट ल.स. होगा।

उदाहरण 4. एक स्कूल के विद्यार्थियों को 12, 15 या 18 गहराई के खोखले (बीच में रिक्त) वर्ग में और एक ठोस वर्ग में खड़ा किया जा सकता है। विद्यार्थियों की संख्या ज्ञात कीजिए।

(a) 1000 (b) 800

(c) 700 (d) 900

हल *(d)*

2	12, 15, 18
3	6, 15, 9
	2, 5, 3

$\therefore 2 \times 2 \times 3 \times 3 \times 5 = 180$

$\because$ ये ठोस वर्ग में भी खड़े किए जा सकते हैं, इसलिए विद्यार्थियों की संख्या पूर्ण वर्ग में होनी चाहिए।

$\therefore$ विद्यार्थियों की संख्या $= 2 \times 2 \times 3 \times 3 \times 5 \times 5 = 900$

उदाहरण 5. चार-चार अंकों की दो संख्याओं का म.स. 103 है तथा उनका ल.स. 19261 है। वह संख्याएँ ज्ञात करें।

(a) 1751, 1133 (b) 1851, 1233

(c) 1951, 1333 (d) 1000, 1500

हल *(a)* म.स. = 103, ल.स. = 19261

ल.स. $= 19261 = 11 \times 1751$

दिया हुआ है, कि प्रत्येक संख्या चार अंकों वाली है। अत: उनमें से एक संख्या 1751 है।

पहली संख्या × दूसरी संख्या = ल.स.× म.स.

$$\therefore \quad \text{दूसरी संख्या} = \frac{\text{ल.स.} \times \text{म.स.}}{\text{पहली संख्या}} = \frac{103 \times (11 \times 1751)}{1751}$$

$$= 103 \times 11 = 1133$$

अत: अभीष्ट संख्याएँ 1751 तथा 1133 होंगी।

उदाहरण 6. 7 का वह लघुत्तम गुणज ज्ञात कीजिए, जिसे 2, 3, 4, 5 और 6 से भाग देने पर क्रमशः 1, 2, 3, 4, 5 शेष बचे।

(a) 120 (b) 119 (c) 115 (d) 150

हल *(b)* भाज्य और उसके संगत शेषफल का अन्तर इस प्रकार है

$2 - 1 = 1$ $3 - 2 = 1$ $4 - 3 = 1$

$5 - 4 = 1$ $6 - 5 = 1$

2	2, 3, 4, 5, 6
3	1, 3, 2, 5, 3
	1, 1, 2, 5, 1

$\therefore$ $2 \times 2 \times 3 \times 5 = 60$; 2, 3, 4, 5, 6 का ल.स. = 60

इस प्रकार, अभीष्ट संख्या $60K - 1$ होगी, जहाँ $60K - 1$, 7 का गुणज होना चाहिए। K का मान 1, 2, ... रखने पर, जब $K = 1$, तो $60K - 1$ $= 60 \times 1 - 1 = 60 - 1 = 59$ परन्तु 59, 7 का गुणज नहीं है।

पुन: $K = 2$, तो $60K - 1 = 60 \times 2 - 1 = 120 - 1 = 119$, जो 7 से पूर्णत: विभाजित है। अत: अभीष्ट संख्या = 119

अति महत्त्वपूर्ण प्वॉइंटस एवं फॉर्मूले

- भिन्नों का ल.स. $= \dfrac{\text{अंशों का ल.स.}}{\text{हरों का म.स.}}$
- भिन्नों का म.स. $= \dfrac{\text{अंशों का म.स.}}{\text{हरों का ल.स.}}$
- पहली संख्या × दूसरी संख्या = ल.स. × म.स.
- दशमलव संख्याओं का म.स. तथा ल.स. निकालने के लिए सर्वप्रथम सभी दी गई संख्याओं को समान दशमलव रूप में लिखते हैं। इन संख्याओं को प्राकृतिक संख्या मानकर इनका म.स. या ल.स. निकालते हैं। इसके बाद प्राप्त म.स. या ल.स. में दशमलव समान दशमलव रूप के अनुसार लगाया जाता है।
- यदि किन्हीं संख्याओं में कोई उभयनिष्ठ गुणनखण्ड न हो, तो उनका म.स.1 तथा ल.स. उनका गुणनफल होता है।

✓ अति महत्त्वपूर्ण प्रश्न

1 $2^{-3} \times 3^{-4} \times 5^{-1}$ तथा $2^{-2} \times 3^{-5} \times 5^{-2} \times 7^{-1}$ का म.स. होगा
(a) 24300 (b) $(97200)^{-1}$ (c) $(28600)^{-1}$ (d) 48600

2 3556 तथा 3444 का म.स. होगा
(a) 25 (b) 28 (c) 3 (d) 26

3 16 और 28 का ल.स. तथा म.स. किस अनुपात में है?
(a) 6 : 1 (b) 2 : 3 (c) 32 : 1 (d) 28 : 1

4 $\frac{5}{6}, \frac{10}{18}, \frac{25}{36}$ का म.स. है
(a) 5/36 (b) 25/6 (c) 25/36 (d) 5/18

5 $\frac{1}{3}, \frac{2}{9}, \frac{5}{6}, \frac{4}{27}$ का ल.स. है
(a) 42 (b) 24 (c) 20/3 (d) 4/5

6 22, 54, 108, 135 का ल.स. है
(a) 5940 (b) 5490 (c) 5495 (d) 5049

7 14 तथा 16 के ल.स. तथा म.स. का गुणनफल है
(a) 2 (b) 12 (c) 224 (d) 112

8 यदि a एक प्राकृतिक संख्या है, तो a तथा $(a+1)$ का ल.स. है
(a) $(a+1)$ (b) $a\,(a+1)$ (c) $(a+1)^2$ (d) a^2

9 7200, 1050 तथा 2100 का म.स. है
(a) 1050 (b) 2100
(c) 7200 (d) इनमें से कोई नहीं

10 $2^{-7}, 2^{-4}$ तथा 2^{-9} का ल.स. है
(a) 2^{-8} (b) 2^{-7}
(c) 2^{-9} (d) इनमें से कोई नहीं

11 दो संख्याओं का गुणनफल 19712 तथा महत्तम समापवर्तक 16 है। ऐसी संख्याओं के सभी सम्भव जोड़ों की संख्या है
(a) 1 (b) 2 (c) 3 (d) 4

12 11, 11.11, 0.11, 0.011 का म.स. है
(a) 0.011 (b) 1.1 (c) 0.11 (d) 0.111

13 एक 15 मी 17 सेमी लम्बे तथा 9 मी 2 सेमी चौड़े कमरे के फर्श पर वर्गाकार टाइलें कम-से-कम लगेंगी
(a) 814 (b) 815 (c) 841 (d) 481

14 दो संख्याओं का ल.स. 495 तथा म.स. 5 हैं। यदि उन संख्याओं का योग 100 है, तो उनका अन्तर है
(a) 10 (b) 46 (c) 70 (d) 90

15 दो संख्याओं का ल.स. 225 है तथा उनका म.स. 5 है। यदि एक संख्या 25 हो, तो दूसरी संख्या होगी
(a) 5 (b) 25 (c) 45 (d) 225

16 दो संख्याओं का अनुपात 3 : 4 हैं और उनका म.स. 4 है। उनका ल.स. है
(a) 12 (b) 16 (c) 24 (d) 48

17 वह छोटी-से-छोटी संख्या, जिसे 12, 15, 20 या 54 से भाग करने पर प्रत्येक दशा में शेष 4 बचे, है
(a) 450 (b) 454 (c) 540 (d) 544

18 चार घण्टियाँ 4, 6, 8 और 14 सेकण्ड के अन्तराल में बजती हैं। वे चारों इकट्ठी 12 बजे बजना प्रारम्भ करती हैं। किस समय वे फिर इकट्ठी बजेंगी?
(a) 12 बजकर 2 मिनट 48 सेकण्ड
(b) 12 बजकर 3 मिनट
(c) 12 बजकर 3 मिनट 20 सेकण्ड
(d) 12 बजकर 3 मिनट 44 सेकण्ड

19 दो संख्याओं का म.स. 8 है। तब निम्नलिखित में से कौन-सी संख्या ऐसी है, जो उनका ल.स. नहीं हो सकती?
(a) 24 (b) 48
(c) 56 (d) 60

20 दो संख्याओं का अनुपात 3 : 4 है और उनका म.स. 4 है। उनका ल.स. है
(a) 12 (b) 16 (c) 24 (d) 48

21 23 का ऐसा सबसे छोटा गुणज, जिसे 18, 21 और 24 से भाग देने पर क्रमशः 7, 10 और 13 शेष बचे, हैं
(a) 3013 (b) 3024 (c) 3002 (d) 3036

22 पाँच अंकों की वह सबसे बड़ी संख्या, जिसे 3, 5, 8, 12 से भाग देने पर 2 शेष बचे, है
(a) 99999 (b) 99958 (c) 99960 (d) 99962

23 पाँच अंकों की सबसे छोटी संख्या क्या है, जिसमें यदि 119 जोड़ दिया जाए, तो प्राप्त संख्या 45, 60, 75 व 120 से पूर्णतः विभाजित होगी?
(a) 60181 (b) 61081 (c) 10681 (d) 10861

24 दो संख्याओं का ल.स. 1820 है और उनका म.स. 26 है। यदि एक संख्या 130 हो, तो दूसरी संख्या है
(a) 70 (b) 1690 (c) 364 (d) 1264

25 दो संख्याओं के म.स. तथा ल.स. क्रमशः 7 और 140 हैं। यदि संख्याएँ 20 और 45 के बीच की हों, तो उन संख्याओं का योग है
(a) 70 (b) 77 (c) 63 (d) 56

26 वह बड़ी-से-बड़ी संख्या, जिससे 122 तथा 243 को भाग देने पर क्रमशः 2 तथा 3 शेष बचे, होगी
(a) 12 (b) 24 (c) 30 (d) 120

उत्तरमाला

1.	(c)	2.	(b)	3.	(d)	4.	(a)	5.	(c)	6.	(a)	7.	(c)	8.	(b)	9.	(d)	10.	(d)
11.	(b)	12.	(a)	13.	(a)	14.	(a)	15.	(c)	16.	(d)	17.	(d)	18.	(a)	19.	(d)	20.	(d)
21.	(a)	22.	(d)	23.	(c)	24.	(c)	25.	(c)	26.	(d)								

सॉल्यूशन्स

1. (c) प्रथम संख्या $= 2^{-3} \times 3^{-4} \times 5^{-1}$

दूसरी संख्या $= 2^{-2} \times 3^{-5} \times 5^{-2} \times 7^{-1}$

अभीष्ट म. स. $= 2^{-3} \times 3^{-5} \times 5^{-2}$

$= \frac{1}{2^3} \times \frac{1}{2^5} \times \frac{1}{5^2} = \frac{1}{8} \times \frac{1}{243} \times \frac{1}{25}$

$= (28600)^{-1}$

2. (b)

```
3444)3556(1
     3444
     112)3444(3
         336
          84)112(1
              84
              28)84(3
                 84
                  ×
```

∴ अभीष्ट म. स. = 28

3. (d) $16 = 2 \times 2 \times 2 \times 2$ व $28 = 2 \times 2 \times 7$

16 व 28 का म.स. $= 2 \times 2 = 4$

तथा 16 व 28 का ल.स.

$= 7 \times 2 \times 2 \times 2 \times 2 = 112$

∴ अभीष्ट अनुपात $= \frac{\text{ल.स.}}{\text{म.स.}}$

$= \frac{112}{4} = \frac{28}{1} = 28 : 1$

4. (a) $\frac{5}{6}, \frac{10}{18}, \frac{25}{36}$ का म.स.

$= \frac{5, 10, 25 \text{ का म.स.}}{6, 18, 36 \text{ का ल.स.}} = \frac{5}{36}$

5. (c) $\frac{1}{3}, \frac{2}{9}, \frac{5}{6}, \frac{4}{27}$ का ल.स.

$= \frac{1, 2, 5, 4 \text{ का ल.स.}}{3, 9, 6, 27 \text{ का म.स.}} = \frac{20}{3}$

6. (a)

2	22, 54, 108, 135
2	11, 27, 54, 135
3	11, 27, 27, 135
3	11, 9, 9, 45
3	11, 3, 3, 15
3	11, 1, 1, 5

अभीष्ट ल. स

$= 2 \times 2 \times 3 \times 3 \times 3 \times 5 \times 11$

$= 5940$

7. (c) पहली संख्या = 14 तथा दूसरी संख्या = 16

∵ म.स. × ल.स. = पहली संख्या × दूसरी संख्या

∴ म.स. × ल.स. $= 14 \times 16 = 224$

9. (d)

10	7200, 1050, 2100
5	720, 105, 210
3	144, 21, 42
	48, 7, 14

∴ 7200, 1050, 2100 का म.स.

$= 10 \times 5 \times 3 = 150$

10. (d) $2^{-7}, 2^{-4}, 2^{-9}$ का ल.स.

$= \frac{1}{2^7, 2^4, 2^9 \text{ का म.स.}} = \frac{1}{2^4} = 2^{-4}$

11. (b) संख्याओं का म.स. = 16

तथा संख्याओं का गुणनफल = 19712

माना संख्याएँ $16x$ व $16y$ हैं।

$\therefore 16x \times 16y = 19712$

$xy = \frac{19712}{16 \times 16} = 77$

∴ x, y के सम्भावित जोड़े (7, 11), तथा (1, 77) हैं।

∴ संख्याओं के अभीष्ट जोड़े (112, 176) तथा (16, 1232) हैं।

अत: संख्याओं के सम्भावित जोड़ों की संख्या = 2

12. (a) 11, 1111, 0.11, 0.011 का म. स.

$= \frac{11}{1}, \frac{1111}{100}, \frac{11}{100}, \frac{11}{1000}$ का म.स.

$= \frac{11, 1111, 11, 11 \text{ का म.स.}}{1, 100, 100, 1000 \text{ का ल.स.}}$

$= \frac{11}{1000} = 0.011$

13. (a) कमरे की लम्बाई = 15 मी 17 सेमी

= 1517 सेमी

कमरे की चौड़ाई = 9 मी 2 सेमी

= 902 सेमी

∵ टाइलों की संख्या कम-से-कम है। इसलिए टाइल का आकार अधिक-से-अधिक होना चाहिए।

∴ वर्गाकार टाइल की भुजा = 1517 व 902 का म.स. = 41 सेमी

1 वर्गाकार टाइल का क्षेत्रफल $= (\text{भुजा})^2$

$= 41 \times 41 = 1681$ वर्ग सेमी

∴ टाइलों की संख्या $= \frac{\text{कमरे का क्षेत्रफल}}{\text{टाइल का क्षेत्रफल}}$

$= \frac{1517 \times 902}{1681}$

$= 814$

14. (a) माना पहली संख्या $= x$

दूसरी संख्या $= y$

संख्याओं का ल.स. = 495

तथा संख्याओं का म.स. = 5

∴ संख्याओं का गुणनफल = म.स. × ल.स.

$xy = 5 \times 495 = 2475$ ...(i)

तथा $x + y = 100$ ...(ii)

हम जानते हैं, कि

$(x + y)^2 = (x - y)^2 + 4xy$

$\Rightarrow (x - y)^2 = (x + y)^2 - 4xy$

$\therefore (x - y)^2 = 10000 - 9900$

समी (i) व (ii) से,

या $(x - y)^2 = 100$

या $x - y = 10$

15. (c) दूसरी संख्या $= \frac{\text{म.स.} \times \text{ल.स.}}{\text{पहली संख्या}}$

$= \frac{225 \times 5}{25}$

$= 45$

16. (d) माना दोनों संख्याएँ क्रमश: $3x$ और $4x$ हैं, जहाँ x, म. स. को दर्शाता है, तब दोनों संख्याएँ $= 3 \times 4$ और 4×4

= 12 और 16

∴ 12 और 16 का ल. स. = 48

17. (d)

2	12, 15, 20, 54
2	6, 15, 10, 27
5	3, 15, 5, 27
3	3, 3, 1, 27
3	1, 1, 1, 9
3	1, 1, 1, 3
	1, 1, 1, 1

12, 15, 20, 54 का ल.स.

$= 2 \times 2 \times 5 \times 3 \times 3 \times 3 = 540$

$\therefore$ अभीष्ट संख्या $= 540 + 4 = 544$

18. (a)

2	4, 6, 8, 14
2	2, 3, 4, 7
	1, 3, 2, 7

$\therefore$ 4, 6, 8, 14 का ल.स.

$= 2 \times 2 \times 3 \times 2 \times 7 = 168$

यदि वे घण्टियाँ 12 बजे एक साथ बजती हैं, तो वे 168 सेकण्ड अर्थात् 2 मिनट 48 सेकण्ड पश्चात् एकसाथ बजेंगी। अत: पुन: वे एकसाथ 12 बजकर 2 मिनट 48 सेकण्ड पर बजेंगी।

19. (d) $\because$ ल. स., हमेशा म. स. से विभाज्य होता है।

अत: 60 ल. स. नहीं हो सकता है।

20. (d) संख्याओं का अनुपात $= 3 : 4$

तथा संख्याओं का म.स. $= 4$

माना संख्याएँ $3x$ तथा $4x$ हैं।

$\therefore$ $3x$ व $4x$ का म.स. $= x$

परन्तु म.स. $= 4$

$\therefore$ $x = 4$

अत: पहली संख्या $= 3 \times 4 = 12$

तथा दूसरी संख्या $= 4 \times 4 = 16$

12 व 16 का ल.स. $= 4 \times 4 \times 3 = 48$

21. (a) $18 - 7 = 21 - 10 = 24 - 13 = 11$

2	18, 21, 24
2	9, 21, 12
2	9, 21, 6
3	9, 21, 3
	3, 7, 1

18, 21 और 24 का ल. स.

$= 2 \times 2 \times 2 \times 3 \times 3 \times 7$

$= 504$

अभीष्ट संख्या $= 504 \times 6 - 11$

$= 3024 - 11 = 3013$

22. (d) 3, 5, 8, 12 का ल.स. $= 120$

99999 को 120 से भाग देने पर शेषफल 39 बचता है।

$\therefore$ अभीष्ट संख्या $= (99999 - 39) + 2$

$= 99962$

23. (c) इस प्रकार के प्रश्न में हम सर्वप्रथम ल.स. निकालते हैं।

45, 60, 75 व 120 का ल.स.

2	45, 60, 75, 120
2	45, 30, 75, 60
3	45, 15, 75, 30
5	15, 5, 25, 10
	3, 1, 5, 2

ल.स. $= 2 \times 2 \times 3 \times 5 \times 3 \times 5 \times 2 = 1800$

अब उस संख्या को ज्ञात करते हैं, जो n-अंकीय (5-अंकीय) की सबसे छोटी संख्या (10000) होती है तथा प्राप्त ल.स. (1800) का गुणज (Multiple) भी है।

अर्थात्

```
1800) 10000 (5
       9000
       1000
```

संख्या $= 10000 + (1800 - 1000)$

$= 10000 + 800$

$= 10800$

यह संख्या (10800) दी गई संख्याओं (45, 60, 75 तथा 120) से पूर्णत: विभाजित है।

अत: अभीष्ट उत्तर $= 10800 - 119 = 10681$

24. (c) संख्याओं का ल.स. $= 1820$

तथा संख्याओं का म.स. $= 26$

पहली संख्या $= 130$

$\therefore$ दूसरी संख्या $= \dfrac{\text{म.स.} \times \text{ल.स.}}{\text{पहली संख्या}}$

$= \dfrac{1820 \times 26}{130} = 364$

25. (c) माना संख्याएँ क्रमश: $7x$ और $7y$ हैं, तब

प्रथम संख्या $\times$ द्वितीय संख्या = ल. स. $\times$ म. स.

$7x \times 7y = 140 \times 7$

$x \times y = 20$

$\therefore$ सम्भावित युग्म = (1, 20), (2, 10) और (4×5)

अत: संख्याएँ $= 7 \times 4$ और 7×5

= 28 और 35

$\therefore$ अभीष्ट योग $= 28 + 35 = 63$

26. (d) संख्याएँ $= 122 - 2$ और $243 - 3$

= 120 और 240

```
120)240(2
    240
     ×
```

$\therefore$ अभीष्ट संख्या $= 120$

अध्याय 4

वर्गमूल एवं घनमूल

SQUARE ROOT AND CUBE ROOT

वर्गमूल Square Root

किसी दी गई संख्या का वर्गमूल वह संख्या है, जिसका वर्ग करने पर दी गई संख्या प्राप्त होती है। इसे चिन्ह ($\sqrt{\ }$) द्वारा प्रदर्शित करते हैं।

उदाहरण 4 का वर्गमूल $= \sqrt{4} = 2$

वर्गमूल ज्ञात करने की विधियाँ

Methods to Find Out Square Root

वर्गमूल ज्ञात करने की निम्न दो विधियाँ हैं

1. **गुणनखण्ड विधि** Factorization Method
   (i) दी गई संख्या के अभाज्य गुणनखण्ड ज्ञात करते हैं।
   (ii) समान गुणनखण्डों के जोड़े बनाते हैं।
   (iii) प्रत्येक जोड़े में से एक गुणनखण्ड लेते हैं तथा लिए गये गुणनखण्डों की गुणा करते हैं।
   (iv) प्राप्त गुणनफल ही दी गई संख्या का वर्गमूल है।

   उदाहरण $19600 = \overline{2 \times 2} \times \overline{2 \times 2} \times \overline{5 \times 5} \times \overline{7 \times 7}$

   $\therefore \quad = 2 \times 2 \times 5 \times 7 = 140$

2. **भाग विधि** Division Method
   (i) दी गई संख्या के इकाई के अंक की ओर से दो-दो अंकों के जोड़े बनाए जाते हैं।
   (ii) बाईं ओर के सबसे पहले जोड़े या अंक में ऐसी संख्या से भाग देते हैं जिसका वर्ग उस जोड़े या अंक के बराबर हो या उससे कम हो। इसी संख्या को भाजक तथा भागफल के स्थान पर लिख देते हैं।
   (iii) शेषफल ज्ञात करके अगले जोड़े को शेषफल के दाईं ओर लिखते हैं।
   (iv) भागफल का दोगुना करके प्राप्त संख्या को भाजक के स्थान पर रखते हैं। भाजक में रखी गई संख्या के दाईं ओर एक ऐसा अंक लिखते हैं जिससे प्राप्त भाजक में गुणा करने पर प्राप्त गुणनफल भाज्य के बराबर या उससे कम हो।
   (v) प्राप्त गुणनफल को भाज्य के नीचे लिखकर शेषफल ज्ञात करते हैं तथा भाजक में रखे गए अंक को भागफल में लिख देते हैं।
   (vi) यह क्रिया तब तक करते हैं जब तक कि सब जोड़े समाप्त नहीं हो जाते। प्राप्त भागफल ही दी गई संख्या का अभीष्ट वर्गमूल है।

उदाहरण 917764 का वर्गमूल ज्ञात कीजिए।

हल

	958
9	917764
	81
185	1077
	925
1908	15264
	15264
	0

$\therefore \quad \sqrt{917764} = 958$

घनमूल Cube Root

किसी दी गई संख्या का घनमूल वह संख्या है जिससे उसी संख्या को तीन बार गुणा करने पर पुनः दी गई संख्या प्राप्त होती है। किसी संख्या का घनमूल दी गई संख्या की तीसरी घात के बराबर होता है।

किसी संख्या r के घनमूल को $\sqrt[3]{r}$ द्वारा निरूपित किया जाता है।

यदि $q = p^3$ हो, तो $p = q^{1/3}$ होता है, अर्थात् p, q का घनमूल है।

उदाहरण $\sqrt[3]{17576}$ का मान निकालिए।

हल

2	17576
2	8788
2	4394
13	2197
13	169
13	13
	1

$\therefore \quad \sqrt[3]{17576} = \sqrt[3]{2 \times 2 \times 2 \times 13 \times 13 \times 13} \Rightarrow 2 \times 13 = 26$

अति महत्त्वपूर्ण प्वॉइंटस एवं फॉर्मूले

- यदि किसी पूर्ण वर्ग संख्या के इकाई के स्थान पर 1 हो, तो वर्गमूल में इकाई के स्थान पर 1 या 9; 4 हो, तो 2 या 8; 5 हो, तो 5; 6 हो, तो 4 या 6 तथा 9 हो, तो 3 या 7 होगा।
- **घनफल एवं घनमूल के अन्तिम अंकों में सम्बन्ध**
  यदि घनफल के अन्त में 1 से 9 तक अंक आएँ, तो उनके घनमूल के अन्त में अंक इस प्रकार आएँगे

घनफल के अन्त में		घनमूल के अन्त में
1	⟷	1
2	⟷	8
3	⟷	7
4	⟷	4
5	⟷	5
6	⟷	6
7	⟷	3
8	⟷	2
9	⟷	9

- सम संख्या का वर्गमूल सम संख्या तथा विषम संख्या का वर्गमूल विषम संख्या होता है।
- एक से छोटी संख्या का वर्गमूल संख्या से बड़ा होता है।

  (i) $\sqrt{x\sqrt{x\sqrt{x\sqrt{x \ldots\ldots\ldots n \text{ बार}}}}}$

  $= x^{(2^n - 1)/2^n}$

  (ii) $\sqrt{x\sqrt{x\sqrt{x\sqrt{x \ldots\ldots\ldots \infty}}}} = x$
- जिस संख्या के अन्त में इकाई का अंक 2, 3 या 7 हो, तो वह संख्या पूर्ण वर्ग नहीं होगी।

✓ अति महत्त्वपूर्ण प्रश्न

1 यदि $\sqrt{\dfrac{m+3}{9+6m+m^2}} = \dfrac{1}{3}$ हो, तो m का मान क्या होगा?

(a) 3 (b) 6 (c) 5 (d) 9

2 $\sqrt{15612 + \sqrt{154 + \sqrt{225}}}$ बराबर है

(a) 135 (b) 155 (c) 105 (d) 125

3 यदि $\sqrt{1 + \dfrac{25}{144}} = 1 + \dfrac{x}{12}$ हो, तो x का मान बराबर है

(a) 1 (b) 2 (c) 5 (d) 9

4 यदि $\sqrt{x} + 238 = 360$ का $\dfrac{4}{5}$ हो, तो x का मान क्या होगा?

(a) 2500 (b) 3025 (c) 3600 (d) 6400

5 यदि $\dfrac{\sqrt{32.4}}{\sqrt{x}} = 2$ हो, तो x का मान क्या होगा?

(a) 9 (b) 0.9
(c) 0.09 (d) इनमें से कोई नहीं

6 $\sqrt{\dfrac{36.1}{102.4}}$ बराबर है

(a) $\dfrac{29}{32}$ (b) $\dfrac{19}{72}$ (c) $\dfrac{19}{32}$ (d) $\dfrac{29}{62}$

7 $\sqrt{\dfrac{0.289}{0.00121}}$ बराबर है

(a) $\dfrac{170}{11}$ (b) $\dfrac{17}{110}$ (c) $\dfrac{17}{11}$ (d) $\dfrac{0.17}{11}$

8 $\sqrt{\dfrac{0.081 \times 0.484}{0.0064 \times 6.25}}$ बराबर है

(a) 9 (b) 0.9 (c) 99 (d) 0.99

9 यदि $\sqrt{75.24 + x} = 8.71$ हो, तो x का मान क्या होगा?

(a) 0.6241 (b) 6.241
(c) 62.41 (d) इनमें से कोई नहीं

10 $\sqrt{5\sqrt{5\sqrt{5\sqrt{5\sqrt{5\sqrt{5}}}}}}$ का मान क्या होगा?

(a) $2^{63/64}$ (b) 5 (c) $5^{63/64}$ (d) $5^{64/63}$

11 $\sqrt{10 + \sqrt{25 + \sqrt{108 + \sqrt{154 + \sqrt{225}}}}}$ का मान है

(a) 10 (b) 8 (c) 6 (d) 4

12 294 को किस छोटी से छोटी संख्या से गुणा किया जाए कि इस प्रकार प्राप्त संख्या एक पूर्ण वर्ग हो?

(a) 2 (b) 3 (c) 6 (d) 24

13 1470 को किस छोटी से छोटी संख्या से भाग दिया जाए कि प्राप्त भागफल एक पूर्ण वर्ग हो?

(a) 6 (b) 5 (c) 15 (d) 30

14 छात्रों के एक समूह में प्रत्येक छात्र से उतने ही पैसे लिए गए जितने इस समूह में छात्र थे। यदि कुल धन ₹ 59.29 एकत्र हुआ हो, तो समूह में कितने छात्र थे?

(a) 67 (b) 77 (c) 87 (d) 57

15 $0.\bar{4}$ का वर्गमूल है

(a) $0.\bar{8}$ (b) $0.\bar{6}$ (c) $0.\bar{7}$ (d) $0.\bar{9}$

16 $\sqrt{\dfrac{0.25}{0.0009}} \times \sqrt{\dfrac{0.09}{0.36}}$ बराबर है

(a) $\dfrac{5}{6}$ (b) $7\dfrac{1}{2}$ (c) $7\dfrac{1}{3}$ (d) $8\dfrac{1}{3}$

17 $-\sqrt{32}+\sqrt{128}-\sqrt{50}$ का दशमलव के शुद्ध तीन अंकों तक मान है

(a) -1.732 (b) -1.141
(c) -1.414 (d) -1.441

18 $(7+3\sqrt{5})(7-3\sqrt{5})$ का वर्गमूल है

(a) 4 (b) $\sqrt{5}$ (c) $3\sqrt{5}$ (d) 2

19 वह कौन-सी न्यूनतम संख्या है जिसे 0.000326 में से घटाने पर एक पूर्ण वर्ग प्राप्त होगा?

(a) 0.000004 (b) 0.000002
(c) 0.04 (d) 0.02

20 $\sqrt{\dfrac{0.00001225}{0.00005329}}$ बराबर है

(a) $\dfrac{25}{77}$ (b) $\dfrac{35}{73}$ (c) $\dfrac{35}{77}$ (d) $\dfrac{25}{73}$

21 यदि $\sqrt{2}=1.414$, तो $\sqrt{8}+2\sqrt{32}-3\sqrt{128}+4\sqrt{50}$ का मान है

(a) 8.484 (b) 8.526 (c) 8.426 (d) 8.876

22 675 को किस छोटी-से-छोटी संख्या से गुणा किया जाए कि गुणनफल पूर्ण घन हो?

(a) 5 (b) 6 (c) 7 (d) 8

23 4 अंकों की बड़ी-से-बड़ी संख्या जो पूर्ण घन हो, होगी

(a) 9999 (b) 9261
(c) 8000 (d) इनमें से कोई नहीं

24 $\sqrt[3]{\sqrt{0.000064}}$ का मान है

(a) 0.02 (b) 0.2
(c) 2 (d) इनमें से कोई नहीं

25 0.000001 का घनमूल होगा

(a) 0.1 (b) 0.01 (c) 0.001 (d) 0.0001

उत्तरमाला

1 (b)	2 (d)	3 (a)	4 (a)	5 (d)	6 (c)	7 (a)	8 (d)	9 (a)	10 (c)
11 (d)	12 (c)	13 (d)	14 (b)	15 (b)	16 (d)	17 (c)	18 (d)	19 (b)	20 (b)
21 (a)	22 (a)	23 (b)	24 (b)	25 (b)					

सॉल्यूशन्स

1. (b) $\sqrt{\dfrac{m+3}{9+2m+m^2}}=\dfrac{1}{3}$

$\Rightarrow \dfrac{m+3}{9+2m+m^2}=\dfrac{1}{9}$

(दोनों ओर का वर्ग करने पर)

$\Rightarrow \dfrac{1}{m+3}=\dfrac{1}{9}$

$\Rightarrow m+3=9$ या $m=6$

2. (d) $\sqrt{15612+\sqrt{154+\sqrt{225}}}$

$=\sqrt{15612+\sqrt{154+15}}$

$=\sqrt{15612+13}=\sqrt{15625}=125$

3. (a) $\sqrt{1+\dfrac{25}{144}}=1+\dfrac{x}{12}$

$\sqrt{\dfrac{144+25}{144}}=1+\dfrac{x}{12}$

$\sqrt{\dfrac{169}{144}}=1+\dfrac{x}{12}$

$\dfrac{13}{12}-1=\dfrac{x}{12}$

$\dfrac{x}{12}=\dfrac{1}{12}$

$x=1$

4. (a) $\sqrt{x}+238=360\times\dfrac{4}{5}$

$\sqrt{x}=288-238$

$\sqrt{x}=50$

$x=(50)^2=2500$

5. (d) $\dfrac{\sqrt{32.4}}{\sqrt{x}}=2 \Rightarrow \dfrac{32.4}{x}=4$

$\Rightarrow x=\dfrac{32.4}{4}=8.1$

6. (c) $\sqrt{\dfrac{36.1}{102.4}}=\sqrt{\dfrac{361}{1024}}=\dfrac{19}{32}$

7. (a) $\sqrt{\dfrac{0.289}{0.00121}}=\sqrt{\dfrac{289\times100}{121}}$

$=\dfrac{17\times10}{11}=\dfrac{170}{11}$

8. (d) $\sqrt{\dfrac{0.081\times0.484}{0.0064\times6.25}}=\sqrt{\dfrac{81\times484}{64\times625}}=\dfrac{9\times22}{8\times25}$

$=\dfrac{198}{200}=0.99$

9. (a) $\sqrt{75.24+x}=8.71$

$75.24+x=(8.71)^2$

$x=75.8641-75.24$

$=0.6241$

10. (c) $\sqrt{5\sqrt{5\sqrt{5\sqrt{5\sqrt{5\sqrt{5}}}}}}$

$=5^{(2^6-1)/2^6}=5^{64-1/64}=5^{63/64}$

11. (d) $\sqrt{10+\sqrt{25+\sqrt{108+\sqrt{154+\sqrt{225}}}}}$

$=\sqrt{10+\sqrt{25+\sqrt{108+\sqrt{154+15}}}}$

$=\sqrt{10+\sqrt{25+\sqrt{108+13}}}$

$=\sqrt{10+\sqrt{25+11}}=\sqrt{10+6}=4$

12. (c) $\because\ 294=7\times7\times3\times2$

उपरोक्त से स्पष्ट है कि 294 में 6 से गुणा करने पर गुणनफल पूर्ण वर्ग बन जाएगा।

13. (d)

2	1470
3	735
5	245
7	49
7	7
	1

स्पष्ट है कि $(2\times3\times5)=30$ से भाग करने पर संख्या एक पूर्ण वर्ग संख्या बन जाएगी।

14. (b) ₹ 59.27 = 59.29 × 100 पैसे = 5929

$\therefore$ अभीष्ट छात्रों की संख्या = $\sqrt{5929} = 77$

15. (b) $\sqrt{0.\bar{4}} = \sqrt{\frac{4}{9}} = \frac{2}{3} = 0.\bar{6}$

16. (d) $= \sqrt{\frac{0.25}{0.0009}} \times \sqrt{\frac{0.09}{0.36}} = \sqrt{\frac{0.25 \times 0.09}{0.0009 \times 0.36}}$

$= \frac{\sqrt{25 \times 9 \times 1000000}}{9 \times 36 \times 10000} = \frac{5 \times 10}{6}$

$= 8\frac{1}{3}$

17. (c) $-\sqrt{32} + \sqrt{128} - \sqrt{50} = -4\sqrt{2}$

$+ 8\sqrt{2} - 5\sqrt{2}$

$= -\sqrt{2} = -1.414$

18. (d) $\sqrt{(7 + 3\sqrt{5})(7 - 3\sqrt{5})}$

$= \sqrt{7^2 - (3\sqrt{5})^2} = \sqrt{49 - 45}$

$= \sqrt{4} = 2$

19. (b) 0.000326 की निकटतम पूर्ण वर्ग संख्या 0.000324 है

$\therefore$ अभीष्ट घटाई गई संख्या

= 0.000326 − 0.000324 = 0.000002

20. (b) $\sqrt{\frac{0.00001225}{0.00005329}} = \sqrt{\frac{1225}{5329}} = \frac{35}{73}$

21. (a) $\sqrt{8} + 2\sqrt{32} - 3\sqrt{128} + 4\sqrt{50}$

$= 2\sqrt{2} + 8\sqrt{2} - 24\sqrt{2} + 20\sqrt{2}$

$= 30\sqrt{2} - 24\sqrt{2} = 6\sqrt{2}$

$= 6 \times 1.414 = 8.484$

22. (a) $\because$ 675 = 5 × 5 × 3 × 3 × 3

उपरोक्त से स्पष्ट है कि यदि 675 को 5 से गुणा किया जाए, तो गुणनफल पूर्ण घन होगा।

23. (b) हम जानते हैं कि $21^3 = 9261$

तथा $22^3 = 10648$

अत: 4 अंकों की सबसे बड़ी घन संख्या 9261 है।

24. (b) $\sqrt[3]{\sqrt{0.000064}} = \sqrt[3]{0.008} = 0.2$

25. (b) $\sqrt[3]{0.000001} = \sqrt[3]{\frac{1}{1000000}}$

$= \sqrt[3]{\frac{1}{100 \times 100 \times 100}} = \frac{1}{100} = 0.01$

अध्याय 5

मूलभूत अंकगणितीय संक्रिया

FUNDAMENTAL ARITHMETICAL OPERATIONS

सरलीकरण Simplification

सर्वप्रथम हमें सरलीकरण की अवधारणा समझनी चाहिए सरलीकरण के अन्तर्गत जोड़, घटाने, गुणा, भाग, कोष्ठक और 'का' (of) की क्रिया सम्बन्धी सभी गणनाएँ सरलतम रूप में की जाती हैं।

सरलीकरण के प्रश्नों को हल करते समय Basic concept (मूल अवधारणा) को ध्यान में रखना अतिआवश्यक है। इस अध्याय के लगभग सभी प्रश्न **BODMAS** तथा **Vi Ci Cu Sq** क्रम-नियम से हल होते हैं; जो इस प्रकार हैं

B → कोष्ठक (Bracket)
O → का (Of)
D → भाग (Division)
M → गुणा (Multiplication)
A → योग (Addition)
S → अन्तर (Subtraction)

कोष्ठकों को भी सरल करते हुए उनके क्रम का ध्यान रखते हैं। उनका क्रम ViCiCuSq के अनुरूप होता है।

Vi → रेखा कोष्ठक (Vinculum or Bar) '—'
Ci → छोटा कोष्ठक (Circular Bracket) '( )'
Cu → मझला कोष्ठक (Curly Bracket) '{ }'
Sq → बड़ा कोष्ठक (Square Bracket) '[ ]'

उदाहरण $1 \div [1 + 1 \div \{1 + 1 \div (1 + 1 \div 2)\}]$ **को हल कीजिए।**

(a) $\frac{5}{8}$ (b) $\frac{8}{5}$ (c) $\frac{3}{4}$ (d) $\frac{11}{7}$

हल *(a)* व्यजक $= 1 \div \left[1 + 1 \div \left\{1 + 1 \div \left(1 + \frac{1}{2}\right)\right\}\right]$

$$= 1 \div \left[1 + 1 \div \left\{1 + 1 \div \frac{3}{2}\right\}\right]$$

$$= 1 \div \left[1 + 1 \times \frac{3}{5}\right] = 1 \div \left[1 + \frac{3}{5}\right]$$

$$= 1 \div \frac{8}{5} = \left(1 \times \frac{5}{8}\right) = 5/8$$

किसी संक्रिया या कोष्ठक की अनुपस्थिति में उनके क्रम में परिवर्तन नहीं होता।

आवर्त दशमलव संख्याओं का योग

Addition of Recurring Decimal Numbers

आवर्त दशमलव संख्याओं का योग ज्ञात करने के लिए संख्याओं को भिन्न में परिवर्तित करके उनका योग ज्ञात करते हैं। दशमलव के बाद जितने अंक आवर्त हों हर में उतने '9' रख देते हैं। जितने अंक आवर्त नहीं होते हैं उतने शून्य '9' के दाईं ओर रख देते हैं। दशमलव के बाद जितने अंक आवर्त नहीं होते उसे दशमलव के बाद की संख्या में से घटाकर अंश में लिख देते हैं। जैसे–

(i) $8.\bar{3} = 8\frac{3}{9} = 8\frac{1}{3}$

(ii) $5.43\bar{2} = 5\frac{432 - 43}{900} = 5\frac{389}{900}$

(iii) $0.\bar{1} + 0.\bar{2} + 0.\bar{3} = \frac{1}{9} + \frac{2}{9} + \frac{3}{9} = \frac{6}{9} = 0.\bar{6}$

अति महत्त्वपूर्ण प्वॉइंटस एवं फॉर्मूले

व्यंजकों के सरलीकरण में निम्न बीजगणितीय सूत्र उपयोगी होते हैं

- $a^2 - b^2 = (a + b)(a - b)$
- $(a + b)^2 = a^2 + 2ab + b^2$
- $(a - b)^2 = a^2 - 2ab + b^2$
- $(a + b)^3 = a^3 + b^3 + 3ab(a + b)$
- $(a - b)^3 = a^3 - b^3 - 3ab(a - b)$
- $a^3 + b^3 = (a + b)(a^2 - ab + b^2)$
- $a^3 - b^3 = (a - b)(a^2 + ab + b^2)$
- $(a + b + c)^2 = a^2 + b^2 + c^2 + 2ab + 2bc + 2ca$
- $a^3 + b^3 + c^3 - 3abc = (a + b + c)(a^2 + b^2 + c^2 - ab - bc - ca)$
- यदि $a + b + c = 0$ हो, तो $a^3 + b^3 + c^3 = 3abc$
- $(a + b)^2 = (a - b)^2 + 4ab$
- $x^2 + \frac{1}{x^2} = \left(x + \frac{1}{x}\right)^2 - 2 = \left(x - \frac{1}{x}\right)^2 + 2$

✓ अति महत्त्वपूर्ण प्रश्न

निर्देश (प्र.सं. 1-7) *निम्न में प्रश्न चिह्न (?) का मान क्या होगा?*

1 $59337 \times 637 + 59337 \times 363 = ?$

(a) 16573500 (b) 59337000 (c) 19587000 (d) 14865608

2 $72169 \times 9999 = ?$

(a) 722114718 (b) 722114781
(c) 721617831 (d) इनमें से कोई नहीं

3 $287 \times 287 - 2 \times 287 \times 269 + 269 \times 269 = ?$

(a) 556 (b) 446 (c) 354 (d) 324

4 $\frac{(598 + 178)^2 - (598 - 178)^2}{598 \times 178} = ?$

(a) $\frac{1}{2}$ (b) 4 (c) 402 (d) $\frac{209}{388}$

5 $\frac{\left(1-\frac{1}{4}\right)\left(1-\frac{1}{5}\right)\left(1-\frac{1}{6}\right)\left(1+\frac{1}{4}\right)\left(1+\frac{1}{5}\right)\left(1+\frac{1}{6}\right)}{\left(1-\frac{1}{2}\right)\left(1-\frac{1}{3}\right)\left(1-\frac{1}{7}\right)\left(1+\frac{1}{2}\right)\left(1+\frac{1}{3}\right)\left(1+\frac{1}{7}\right)} = ?$

(a) $\frac{343}{256}$ (b) $\frac{256}{343}$ (c) $\frac{729}{343}$ (d) $\frac{256}{729}$

6 $\left(5.75 - \frac{3}{7} \times 15\frac{3}{4} + 2\frac{2}{35} \div 1.44\right)$ का सरलतम मान क्या होगा?

(a) $\frac{7}{3}$ (b) $\frac{3}{8}$ (c) $\frac{8}{3}$ (d) $\frac{3}{7}$

7 $5 - \left[\frac{3}{4} + \left\{2\frac{1}{2} - \left(0.5 + \overline{\frac{1}{6} - \frac{1}{7}}\right)\right\}\right]$ का मान है

(a) $\frac{191}{84}$ (b) $\frac{84}{191}$ (c) 0 (d) 1

8 $1 + \cfrac{2}{1 + \cfrac{3}{2 - \cfrac{1}{1 + \cfrac{1}{2}}}}$ का मान होगा

(a) $\frac{13}{21}$ (b) $\frac{21}{13}$
(c) $\frac{13}{4}$ (d) इनमें से कोई नहीं

9 $\cfrac{15}{2 + \cfrac{3}{\frac{5}{3} \div \cfrac{5/3}{\frac{2}{5} \times \frac{1}{3}}}}$ का मान है

(a) $2\frac{9}{47}$ (b) $3\frac{9}{47}$
(c) $5\frac{9}{47}$ (d) $\frac{30}{49}$

10 $4\frac{2}{3} \times \frac{9}{14} + 5\frac{1}{6} \times 2\frac{2}{5}$ का मान है

(a) $15\frac{1}{5}$ (b) $15\frac{2}{5}$
(c) $14\frac{2}{5}$ (d) $14\frac{4}{5}$

11 $\frac{0.125 + 0.027}{0.25 - 0.15 + 0.09} + \frac{1.75 \times 1.75 \times 1.75 + 1.25 \times 1.25 \times 1.25}{1.75 \times 1.75 + 1.25 \times 1.25 - 1.75 \times 1.25}$

का मान है

(a) 8.3 (b) 5.8
(c) 3.8 (d) 8.5

12 $\frac{\frac{2}{3} \div \frac{5}{6} \text{ का } 0.75}{\frac{2}{3} \div 0.75 \times \frac{5}{6}} - \frac{2}{3} \times 1.24$ का सरलतम मान होगा

(a) 0.147 (b) 0.174
(c) 0.714 (d) इनमें से कोई नहीं

13 $\frac{2}{5} + 2\frac{4}{9} \div \left[\left(7\frac{5}{12} - 5\frac{3}{4}\right) \div 22\frac{1}{2} + 10 \times \frac{5}{18}\right] - \frac{4}{5}$ को सरल करने पर क्या प्राप्त होगा?

(a) एक धन-पूर्णांक
(b) धनात्मक संख्या किन्तु पूर्णांक नहीं
(c) एक ऋण-पूर्णांक
(d) ऋणात्मक संख्या किन्तु पूर्णांक नहीं

14 $13\frac{1}{2} - \left[4\frac{1}{2} - \left\{3 - \left(2 - \frac{1}{2}\right)\right\}\right]$ का मान क्या होगा?

(a) $9\frac{1}{2}$ (b) $10\frac{1}{2}$ (c) $8\frac{1}{2}$ (d) $11\frac{1}{2}$

15 यदि $7\frac{8}{11} + 19\frac{1}{11} - 8\frac{7}{55} - x = 10\frac{6}{11}$ हो, तो x का मान है

(a) $9\frac{8}{11}$ (b) $9\frac{8}{22}$ (c) $8\frac{8}{11}$ (d) $8\frac{8}{55}$

16 $\dfrac{\frac{1}{5} \div \frac{1}{5} \text{ का } \frac{1}{5}}{\frac{1}{5} \text{ का } \frac{1}{5} \div \frac{1}{5}}$ का मान है

(a) 1 (b) 25 (c) $\frac{1}{25}$ (d) 125

17. $\frac{3}{4} \div 2\frac{1}{4}$ का $\frac{2}{3} - \dfrac{\frac{1}{2} - \frac{1}{3}}{\frac{1}{2} + \frac{1}{3}} \times 3\frac{1}{3} + \frac{5}{6}$ का मान है

(a) $\frac{7}{18}$ (b) $\frac{49}{54}$ (c) $\frac{2}{3}$ (d) $\frac{1}{6}$

18 यदि $6\frac{2}{3}$ का $7.26 \div 0.45$ का $x = 8\frac{32}{117}$ हो, तो x का मान है

(a) $\frac{1}{13}$ (b) 13

(c) $13\frac{1}{9}$ (d) इनमें से कोई नहीं

19 $4 - \dfrac{5}{1 + \dfrac{1}{3 + \dfrac{1}{2 + \frac{1}{4}}}}$ का मान है

(a) $\frac{1}{8}$ (b) $\frac{4}{9}$

(c) $\frac{31}{40}$ (d) $\frac{40}{31}$

20 $8\frac{1}{4} - 4\frac{1}{5} + 2.8 + \frac{4}{x} - 2.32 = 5.33$ में x का मान क्या होगा?

(a) 5 (b) 0.5

(c) 0.05 (d) इनमें से कोई नहीं

21 $\dfrac{0.8 \times 0.8 \times 0.8 - 0.5 \times 0.5 \times 0.5}{0.8 \times 0.8 + 0.8 \times 0.5 + 0.5 \times 0.5}$ का मान है

(a) 1 (b) 1.2

(c) 0.3 (d) इनमें से कोई नहीं

22. $\dfrac{0.2 \times 0.2 + 0.02 \times 0.02 - 0.4 \times 0.02}{0.36}$ का मान है

(a) 0.09 (b) 0.9 (c) 0.009 (d) 9

23 $(200 \div 5) \div 2 + (16 \div 8) \times 2 + (20 \div 5) \times (3 \div 2)$ का मान क्या होगा?

(a) 31 (b) 29 (c) 30 (d) 39

24 $\dfrac{5\frac{9}{14}}{5 + \dfrac{3}{3 + \dfrac{1}{3/5}}}$ बराबर है

(a) 1 (b) 1.5 (c) 2 (d) 2.5

25 $\dfrac{64 - 0.008}{16 + 0.8 + 0.04}$ का मान है

(a) 2 (b) 3.8 (c) 0.6 (d) 4.2

26 $\dfrac{14.9 \times 14.9 - 5.1 \times 5.1}{14.9 - 5.1}$ बराबर है

(a) 0.20 (b) 20.00 (c) 2.00 (d) 22.00

27 $\dfrac{\frac{1}{3}\cdot\frac{1}{3}\cdot\frac{1}{3} + \frac{1}{4}\cdot\frac{1}{4}\cdot\frac{1}{4} + \frac{1}{5}\cdot\frac{1}{5}\cdot\frac{1}{5} - 3\cdot\frac{1}{3}\cdot\frac{1}{4}\cdot\frac{1}{5}}{\frac{1}{3}\cdot\frac{1}{3} + \frac{1}{4}\cdot\frac{1}{4} + \frac{1}{5}\cdot\frac{1}{5} - \left(\frac{1}{3}\cdot\frac{1}{4} + \frac{1}{4}\cdot\frac{1}{5} + \frac{1}{5}\cdot\frac{1}{3}\right)}$ बराबर है

(a) $\frac{2}{3}$ (b) $\frac{3}{4}$ (c) $\frac{47}{60}$ (d) $\frac{49}{60}$

28 $999\frac{995}{999} \times 999$ का मान है

(a) 990809 (b) 998996

(c) 999824 (d) 998999

29 $3.\overline{36} - 2.\overline{05} + 1.\overline{33}$ को सरल करने पर प्राप्त होता है

(a) 2.60 (b) 2.61

(c) 2.64 (d) $2.\overline{64}$

30 यदि $2 = x + \dfrac{1}{1 + \dfrac{1}{3 + \frac{1}{4}}}$ हो, तब x का मान है

(a) $\frac{18}{17}$ (b) $\frac{21}{17}$

(c) $\frac{13}{17}$ (d) $\frac{12}{17}$

उत्तरमाला

1. (b)	2. (c)	3. (d)	4. (b)	5. (a)	6. (d)	7. (a)	8. (b)	9. (d)	10. (b)
11. (c)	12. (d)	13. (b)	14. (b)	15. (d)	16. (b)	17. (c)	18. (b)	19. (a)	20. (a)
21. (c)	22. (a)	23. (c)	24. (a)	25. (b)	26. (b)	27. (c)	28. (b)	29. (d)	30. (b)

सॉल्यूशन्स

1. (b) $59337 \times 637 + 59337 \times 363$

$= 59337 \times (637 + 363)$

$= 59337 \times 1000 = 59337000$

2. (c) $72169 \times 9999 = 72169 \times (10000 - 1)$

$= 721690000 - 72169$

$= 721617831$

3. (d) $287 \times 287 - 2 \times 287 \times 269$

$+ 269 \times 269$

$= (287)^2 - 2 \times 287 \times 269 + (269)^2$

$= (287 - 269)^2$

$[\because a^2 - 2ab + b^2 = (a-b)^2]$

$= (18)^2 = 324$

4. (b) $\dfrac{(598 + 178)^2 - (598 - 178)^2}{598 \times 178}$

$= \dfrac{4 \times 598 \times 178}{598 \times 178} = 4$

$[\because (a+b)^2 - (a-b)^2 = 4ab]$

5. (a) दिए गए प्रश्न के अंश को हल करने पर,

$\left(1-\dfrac{1}{4}\right)\left(1-\dfrac{1}{5}\right)\left(1-\dfrac{1}{6}\right)\left(1+\dfrac{1}{4}\right)\left(1+\dfrac{1}{5}\right)\left(1+\dfrac{1}{6}\right)$

$= \left(1-\dfrac{1}{4}\right)\left(1+\dfrac{1}{4}\right)\left(1-\dfrac{1}{5}\right)\left(1+\dfrac{1}{5}\right)\left(1-\dfrac{1}{6}\right)\left(1+\dfrac{1}{6}\right)$

$= \left[1^2 - \left(\dfrac{1}{4}\right)^2\right] \cdot \left[1^2 - \left(\dfrac{1}{5}\right)^2\right] \cdot \left[1^2 - \left(\dfrac{1}{6}\right)^2\right]$

[सूत्र $(a-b)(a+b) = a^2 - b^2$ से]

$= \left[1-\dfrac{1}{16}\right]\left[1-\dfrac{1}{25}\right]\left[1-\dfrac{1}{36}\right]$

$= \dfrac{15}{16} \times \dfrac{24}{25} \times \dfrac{35}{36} = \dfrac{7}{8}$

अब प्रश्न के हर को हल करने पर,

$\left(1-\dfrac{1}{2}\right)\left(1-\dfrac{1}{3}\right)\left(1-\dfrac{1}{7}\right)\left(1+\dfrac{1}{2}\right)\left(1+\dfrac{1}{3}\right)\left(1+\dfrac{1}{7}\right)$

$= \left(1-\dfrac{1}{2}\right)\left(1+\dfrac{1}{2}\right)\left(1-\dfrac{1}{3}\right)\left(1+\dfrac{1}{3}\right)\left(1-\dfrac{1}{7}\right)\left(1+\dfrac{1}{7}\right)$

$= \left(1-\dfrac{1}{4}\right) \cdot \left(1-\dfrac{1}{9}\right) \cdot \left(1-\dfrac{1}{49}\right)$

[सूत्र $(a-b)(a+b) = a^2 - b^2$ से]

$= \left(\dfrac{4-1}{4}\right) \cdot \left(\dfrac{9-1}{9}\right) \cdot \left(\dfrac{49-1}{49}\right)$

$= \dfrac{3}{4} \times \dfrac{8}{9} \times \dfrac{48}{49} = \dfrac{32}{49}$

पूरे व्यंजक का मान $= \dfrac{\frac{7}{8}}{\frac{32}{49}} = \dfrac{7}{8} \times \dfrac{49}{32} = \dfrac{343}{256}$

6. (d) $\left(5.75 - \dfrac{3}{7} \times 15\dfrac{3}{4} + 2\dfrac{2}{35} \div 1.44\right)$

$= \dfrac{575}{100} - \dfrac{3}{7} \times \dfrac{63}{4} + \dfrac{72}{35} \times \dfrac{100}{144}$

$= \dfrac{23}{4} - \dfrac{27}{4} + \dfrac{10}{7} = -1 + \dfrac{10}{7}$

$= \dfrac{3}{7}$

7. (a) $5 - \left[\dfrac{3}{4} + \left\{2\dfrac{1}{2} - \left(0.5 + \overline{\dfrac{1}{6} - \dfrac{1}{7}}\right)\right\}\right]$

$= 5 - \left[\dfrac{3}{4} + \left\{\dfrac{5}{2} - \left(\dfrac{1}{2} + \dfrac{7-6}{42}\right)\right\}\right]$

$= 5 - \left[\dfrac{3}{4} + \left\{\dfrac{5}{2} - \left(\dfrac{1}{2} + \dfrac{1}{42}\right)\right\}\right]$

$= 5 - \left[\dfrac{3}{4} + \left\{\dfrac{5}{2} - \dfrac{22}{42}\right\}\right]$

$= 5 - \left[\dfrac{3}{4} + \dfrac{105 - 22}{42}\right] = 5 - \left[\dfrac{3}{4} + \dfrac{83}{42}\right]$

$= 5 - \left[\dfrac{63 + 166}{84}\right] = 5 - \dfrac{229}{84}$

$= \dfrac{420 - 229}{84} = \dfrac{191}{84}$

8. (b) $1 + \dfrac{2}{1 + \dfrac{3}{2 - \dfrac{1}{1 + \dfrac{1}{2}}}} = 1 + \dfrac{2}{1 + \dfrac{3}{2 - \dfrac{2}{3}}}$

$= 1 + \dfrac{2}{1 + \dfrac{3}{4/3}} = 1 + \dfrac{2}{1 + \dfrac{9}{4}}$

$= 1 + \dfrac{8}{13} = \dfrac{13 + 8}{13} = \dfrac{21}{13}$

9. (d) $\dfrac{15}{2 + \dfrac{3}{\dfrac{5}{3} \div \dfrac{\frac{5}{3}}{\frac{2}{5} \times \frac{1}{3}}}} = \dfrac{15}{2 + \dfrac{3}{\dfrac{5}{3} \div \dfrac{25}{2}}}$

$= \dfrac{15}{2 + \dfrac{3}{\dfrac{5}{3} \times \dfrac{2}{25}}}$

$= \dfrac{15}{2 + \dfrac{3 \times 15}{2}} = \dfrac{15 \times 2}{4 + 45} = \dfrac{30}{49}$

10. (b) $4\dfrac{2}{3} \times \dfrac{9}{14} + 5\dfrac{1}{6} \times 2\dfrac{2}{5}$

$= \dfrac{14}{3} \times \dfrac{9}{14} + \dfrac{31}{6} \times \dfrac{12}{5}$

$= 3 + \dfrac{62}{5} = 3 + 12\dfrac{2}{5} = 15\dfrac{2}{5}$

11. (c) $\dfrac{0.125 + 0.027}{0.25 - 0.15 + 0.09}$

$+ \dfrac{1.75 \times 1.75 \times 1.75 + 1.25 \times 1.25 \times 1.25}{1.75 \times 1.75 + 1.25 \times 1.25 - 1.75 \times 1.25}$

$= \dfrac{(0.5)^3 + (0.3)^3}{(0.5)^2 - (0.5 \times 0.3) + (0.3)^2} + \dfrac{(1.75)^3 + (1.25)^3}{(1.75)^2 + (1.25)^2 - (1.75 \times 1.25)}$

$\left[\dfrac{a^3 + b^3}{a^2 - ab + b^2} = (a + b)\right.$ तथा $\left.\dfrac{A^3 + B^3}{A^2 + B^2 - AB} = (A + B)\right]$ से

उपरोक्त व्यंजक के पहले भाग में

$a = 0.5, b = 0.3$

तथा दूसरे भाग में $A = 1.75, B = 1.25$

बीजगणितीय सूत्र से व्यंजक का कुल मान

$= (a + b) + (A + B)$

$= 0.5 + 0.3 + 1.75 + 1.25 = 3.8$

12. (d) $\dfrac{\frac{2}{3} \div \frac{5}{6} \text{ का } 0.75}{\frac{2}{3} \div 0.75 \times \frac{5}{6}} - \dfrac{2}{3} \times 1.24$

$= \dfrac{\frac{2}{3} \div \left(\frac{5}{6} \times \frac{75}{100}\right)}{\frac{2}{3} \div \frac{75}{100} \times \frac{5}{6}} - \dfrac{2}{3} \times 1.24$

$= \dfrac{\frac{2}{3} \div \frac{5}{8}}{\frac{2}{3} \times \frac{4}{3} \times \frac{5}{6}} - \dfrac{2}{3} \times 1.24$

$= 1.44 - \dfrac{2.48}{3} = \dfrac{4.32 - 2.48}{3}$

$= \dfrac{1.84}{3} = 0.613 \ldots$

13. (b) व्यंजक

$= \dfrac{2}{5} + \dfrac{22}{9} \div \left[\left(\dfrac{89}{12} - \dfrac{23}{4}\right) \div \dfrac{45}{2} + 10 \times \dfrac{5}{18}\right] - \dfrac{4}{5}$

$= \dfrac{2}{5} + \dfrac{22}{9} \div \left[\dfrac{5}{3} \div \dfrac{45}{2} + 10 \times \dfrac{5}{18}\right] - \dfrac{4}{5}$

$= \dfrac{2}{5} + \dfrac{22}{9} \div \left[\dfrac{5}{3} \times \dfrac{2}{45} + 10 \times \dfrac{5}{18}\right] - \dfrac{4}{5}$

$= \dfrac{2}{5} + \dfrac{22}{9} \div \left[\dfrac{2}{27} + \dfrac{25}{9}\right] - \dfrac{4}{5}$

$= \frac{2}{5} + \frac{22}{9} \div \frac{77}{27} - \frac{4}{5}$

$= \frac{2}{5} + \frac{22}{9} \times \frac{27}{77} - \frac{4}{5} = \frac{2}{5} + \frac{6}{7} - \frac{4}{5} = \frac{16}{35}$

जो एक धनात्मक परिमेय संख्या है अर्थात् यह एक धनात्मक संख्या तो है परन्तु पूर्णांक संख्या नहीं है।

14. (b) $13\frac{1}{2} - \left[4\frac{1}{2} - \left\{3 - \left(2 - \frac{1}{2}\right)\right\}\right]$

$= \frac{27}{2} - \left[\frac{9}{2} - \left\{3 - \frac{3}{2}\right\}\right]$

$= \frac{27}{2} - \left[\frac{9}{2} - \frac{3}{2}\right] = \frac{27}{2} - \frac{6}{2}$

$= \frac{21}{2} = 10\frac{1}{2}$

15. (d) $7\frac{8}{11} + 19\frac{1}{11} - 8\frac{7}{55} - x = 10\frac{6}{11}$

$\Rightarrow \frac{85}{11} + \frac{210}{11} - \frac{447}{55} - x = \frac{116}{11}$

$\Rightarrow \frac{425 + 1050 - 447}{55} - x = \frac{116}{11}$

$\Rightarrow \frac{1028}{55} - \frac{116}{11} = x$

$\Rightarrow \frac{1028 - 580}{55} = x$

$\Rightarrow x = \frac{448}{55} = 8\frac{8}{55}$

16. (b) $\frac{\frac{1}{5} \div \frac{1}{5} \text{ का } \frac{1}{5}}{\frac{1}{5} \text{ का } \frac{1}{5} \div \frac{1}{5}} = \frac{\frac{1}{5} \div \frac{1}{25}}{\frac{1}{25} \div \frac{1}{5}} = \frac{\frac{1}{5} \times 25}{\frac{1}{25} \times 5}$

$= \frac{\frac{5}{1}}{\frac{1}{5}} = 25$

17. (c) $\frac{3}{4} \div 2\frac{1}{4} \text{ का } \frac{2}{3} - \frac{\frac{1}{2} - \frac{1}{3}}{\frac{1}{2} + \frac{1}{3}} \times 3\frac{1}{3} + \frac{5}{6}$

$= \frac{3}{4} \div \frac{9}{4} \text{ का } \frac{2}{3} - \frac{\frac{1}{6}}{\frac{5}{6}} \times \frac{10}{3} + \frac{5}{6}$

$= \frac{3}{4} \div \frac{3}{2} - \frac{1}{5} \times \frac{10}{3} + \frac{5}{6}$

$= \frac{1}{2} - \frac{2}{3} + \frac{5}{6} = \frac{3 - 4 + 5}{6} = \frac{4}{6} = \frac{2}{3}$

18. (b) $6\frac{2}{3} \text{ का } 7.26 \div 0.45 \text{ का } x = 8\frac{32}{117}$

$\frac{20}{3} \times \frac{726}{100} \div 0.45x = \frac{968}{117}$

$\frac{242}{5} \div 0.45x = \frac{968}{117}$

$\frac{242 \times 117}{5 \times 968 \times 0.45} = x$

$x = 13$

20. (a) $8\frac{1}{4} - 4\frac{1}{5} + 2.8 + \frac{4}{x} - 2.32 = 5.33$

$\Rightarrow 8.25 - 4.20 + 2.80 + \frac{4}{x} - 2.32 = 5.33$

$\Rightarrow 4.53 + \frac{4}{x} = 5.33$

$\Rightarrow \frac{4}{x} = 5.33 - 4.53$

$\Rightarrow \frac{4}{x} = 0.8$

$\Rightarrow x = \frac{4}{0.8} = \frac{40}{8} = 5$

21. (c) माना $a = 0.8$ तथा $b = 0.5$

$\therefore \frac{0.8 \times 0.8 \times 0.8 - 0.5 \times 0.5 \times 0.5}{0.8 \times 0.8 + 0.8 \times 0.5 + 0.5 \times 0.5}$

$= \frac{a^3 - b^3}{a^2 + ab + b^2}$

$= \frac{(a - b)(a^2 + ab + b^2)}{(a^2 + ab + b^2)} = a - b$

$= 0.8 - 0.5 = 0.3$

22. (a) $\frac{0.2 \times 0.2 + 0.02 \times 0.02 - 0.4 \times 0.02}{0.36}$

$= \frac{(0.2 - 0.02)^2}{0.36} = \left(\frac{(0.18)^2}{0.36}\right)$

$= \frac{0.18 \times 0.18}{0.36} = 0.09$

23. (c) $(200 \div 5) \div 2 + (16 \div 8) \times 2 + (20 \div 5) \times (3 \div 2)$

$= 40 \div 2 + 2 \times 2 + 4 \times \frac{3}{2}$

$= 20 + 4 + 6 = 30$

24. (a) $\frac{5\frac{9}{14}}{5 + \frac{3}{3 + \frac{1}{\frac{3}{5}}}} = \frac{\frac{78}{14}}{5 + \frac{3}{3 + \frac{5}{3}}} = \frac{\frac{79}{14}}{5 + \frac{9}{14}}$

$= \frac{\frac{79}{14}}{\frac{79}{14}} = 1$

25. (b) $\frac{64 - 0.008}{16 + 0.8 + 0.04}$

$= \frac{(4)^3 - (0.2)^3}{4^2 + 4 \times 0.2 + (0.2)^2}$

माना $a = 4$ तथा $b = 0.2$

$\therefore \frac{64 - 0.008}{16 + 0.8 + 0.04} = \frac{a^3 - b^3}{a^2 + ab + b^2}$

$= \frac{(a - b)(a^2 + ab + b^2)}{(a^2 + ab + b^2)}$

$= a - b = 4 - 0.2 = 3.8$

26. (b) $\frac{14.9 \times 14.9 - 5.1 \times 5.1}{14.9 - 5.1}$

$= \frac{(14.9)^2 - (5.1)^2}{14.9 - 5.1}$

$= \frac{(14.9 + 5.1)(14.9 - 5.1)}{(14.9 - 5.1)}$

$[\because a^2 - b^2 = (a + b)(a - b)]$

$= 20$

27. (c) माना $a = \frac{1}{3},\ b = \frac{1}{4}$ तथा $c = \frac{1}{5}$

$\therefore \frac{\frac{1}{3}\cdot\frac{1}{3}\cdot\frac{1}{3} + \frac{1}{4}\cdot\frac{1}{4}\cdot\frac{1}{4} + \frac{1}{5}\cdot\frac{1}{5}\cdot\frac{1}{5} - 3\cdot\frac{1}{3}\cdot\frac{1}{4}\cdot\frac{1}{5}}{\frac{1}{3}\cdot\frac{1}{3} + \frac{1}{4}\cdot\frac{1}{4} + \frac{1}{5}\cdot\frac{1}{5} - \left(\frac{1}{3}\cdot\frac{1}{4} + \frac{1}{4}\cdot\frac{1}{5} + \frac{1}{5}\cdot\frac{1}{3}\right)}$

$= \frac{a^3 + b^3 + c^3 - 3abc}{a^2 + b^2 + c^2 - (ab + bc + ca)}$

$= \frac{(a + b + c)(a^2 + b^2 + c^2 - ab - bc - ca)}{(a^2 + b^2 + c^2 - ab - bc - ca)}$

$= a + b + c = \frac{1}{3} + \frac{1}{4} + \frac{1}{5}$

$= \frac{20 + 15 + 12}{60} = \frac{47}{60}$

28. (b) $999\frac{995}{999} \times 999 = \left(999 + \frac{995}{999}\right) \times 999$

$= 999 \times 999 + \frac{995}{999} \times 999$

$= 999 \times (1000 - 1) + 995$

$= 999000 - 999 + 995$

$= 999000 - 4 = 998996$

29. (d) $3.\overline{36} - 2.\overline{05} + 1.\overline{33}$

$= 3\frac{36}{99} - 2\frac{5}{99} + 1\frac{33}{99}$

$= 3 - 2 + 1 + \frac{36}{99} - \frac{5}{99} + \frac{33}{99}$

$= 2 + \frac{36 - 5 + 33}{99}$

$= 2 + \frac{64}{99} = 2 + 0.\overline{64} = 2.\overline{64}$

30. (b) $2 = x + \frac{1}{1 + \frac{1}{3 + \frac{1}{4}}}$

$\Rightarrow 2 = x + \frac{1}{1 + \frac{1}{\frac{12 + 1}{4}}}$

$\Rightarrow 2 = x + \frac{1}{1 + \frac{4}{13}}$

$\Rightarrow 2 = x + \frac{13}{17}$

$\Rightarrow x = 2 - \frac{13}{17} = \frac{34 - 13}{17} = \frac{21}{17}$

अध्याय 6

अनुपात एवं समानुपात
RATIO AND PROPORTION

अनुपात Ratio

अनुपात वह संख्या है जो दो सजातीय राशियों के बीच उस सम्बन्ध को बताती है जिससे यह पता चलता है कि एक राशि दूसरी राशि की कितनी गुनी है।

यदि a तथा b दो अशून्य संख्याएँ हैं, तो a तथा b के अनुपात को $a : b$ द्वारा निरूपित करते हैं तथा a अनुपात b पढ़ते हैं।

यदि $a = 5$ तथा $b = 2 \Rightarrow a : b = \frac{a}{b} = \frac{5}{2} = 5 : 2$

इसमें 5 को पूर्वपद (antecedent) तथा 2 को अन्तिम पद (consequent) कहा जाता है।

समानुपात Proportion

''दो समान अनुपातों से एक समानुपात बनता है।'' इस प्रकार यदि $a : b = c : a$, तो a, b, c, d को समानुपाती (proportion) कहा जाता है। अन्य शब्दों में हम कह सकते हैं कि ''जब दो अनुपात आपस में बराबर होते हैं। तो उनकी चारों राशियाँ समानुपाती कहलाती हैं।''

इसे $a : b :: c : d$ लिखा जाता है। इसे इस प्रकार पढ़ा जाता है ''कि a और b का अनुपात वही है जो c और d का है। a और d को सिरों के पद (extremes) तथा b और c को मध्य के पद (mean) कहते हैं। पद d को a, b, c का चतुर्थानुपाती (fourth proportional) कहते हैं।

जैसे—$2 : 3 = 14 : 21$ यहाँ 2, 3, 14, 21 समानुपात में हैं। दूसरे शब्दों में $2 : 3 :: 14 : 21$। यहाँ 2 और 21 सिरों के पद तथा 3 और 14 मध्य पद हैं। साथ ही 21 को 2, 3 और 14 का चतुर्थानुपाती कहते हैं।

राशियाँ a, b, c वितत समानुपात (continued proportion) में कहलाती हैं

यदि $$\frac{a}{b} = \frac{b}{c} = \frac{c}{d} = \dots,$$

अर्थात् $$a : b = b : c = c : d = \dots$$

यदि a, b और c वितत समानुपात में हों, अर्थात् $a : b :: b : c$, तो b को a और c का मध्यानुपाती (mean proportional) कहा जाता है और c को a और b का तृतीयानुपाती (third proportional) कहा जाता है। ध्यान दीजिए कि यदि a, b और c वितत समानुपात में हों, तो $ac = b^2$ होता है।

अति महत्त्वपूर्ण प्वॉइंटस एवं फॉर्मूले

अनुपात से सम्बन्धित

- **अनुपात के पद** (terms) अनुपात $a : b$ में संख्याएँ a और b अनुपात के पद कहलाती है। संख्या a अनुपात का पहला पद और b अनुपात का दूसरा पद कहलाती है।
- **अनुपातों की तुलना** (comparison) क्योंकि अनुपात $a : b$ यह बतलाता है कि a, b का कितने गुणा या कौन-सा भाग है, अतः यह $\frac{a}{b}$ के भी बराबर है। इसलिए अनुपात $a : b$ किसी अन्य अनुपात $c : d$ से तब बड़ा कहलाता है जब $\frac{a}{b} > \frac{c}{d}$ (b और $d > 0$) या $ad - bc > 0$
- **अनुपात का सरलतम रूप** (simplest form) क्योंकि प्रत्येक शून्येतर संख्या m के लिए $\frac{a}{b} = \frac{ma}{mb}$, अतः अनुपात $a : b$ और $ma : mb$ बराबर हैं। यदि $\frac{a}{b}$ अपनु न्यूनतम पदों (lowest terms) में है तो हम कहते हैं कि अनुपात $a : b$ अपने सरलतम रूप में या न्यूनतम पदों में है। प्रायः अनुपातों को इनके सरलतम रूप में लिखा जाता है।
- **अनुपात का मिश्रण** (composition) दो या दो से अधिक अनुपातों का मिश्रण (compounding) किया जा सकता है।

उदाहरणत

- $3 : 4$ और $5 : 7$ का मिश्र अनुपात $3 \times 5 : 4 \times 7$ है।
- $a : b$ और $c : d$ का मिश्र अनुपात $a \times c : b \times d$ है।
- यदि $A : B = x : y$ तथा $B : C = p : q$ हो, तो

$$A : C = \frac{x}{y} \times \frac{p}{q} = xp : yq$$

तथा $A : B : C = px : py : qy$

- यदि कोई राशि p, A और B बीच $x : y$ अनुपात में बाँटा जाए तो A का हिस्सा $= \frac{x}{x+y} \times p$
- B का हिस्सा $= \frac{y}{x+y} \times p$
- यदि किसी राशि p को A, B और C के बीच $x : y : z$ अनुपात में बाँटा जाए तो,

  A का हिस्सा $= \frac{x}{x+y+z} \times p$; B का हिस्सा $= \frac{y}{x+y+z} \times p$

  C का हिस्सा $= \frac{z}{x+y+z} \times p$
- यदि a, b का x तृतीयानुपाती है तो $a : b : b : x$
- यदि $a : b :: c : d$ हो तो d को a, b, c का चतुर्थानुपाती कहा जाता है।
- $a : b$ का वर्ग मूलानुपात $\sqrt{a} : \sqrt{b}$ होता है।
- $a : b$ का घन मूलानुपात $\sqrt[3]{a} : \sqrt[3]{b}$ होता है।
- जटिल अनुपात $= \frac{\text{दिए हुए सभी अनुपातों के पूर्व पदों का गुणनफल}}{\text{दिए हुए सभी अनुपातों के अन्तिम पदों का गुणनफल}}$
- $a : b, c : d, e : f$ का अनुपात $= \frac{a \times c \times e}{b \times d \times f}$

समानुपात से सम्बन्धित महत्त्वपूर्ण परिणाम

यदि a, b, c, d चार अशून्य राशियाँ हैं, तो

- $a : b :: c : d \Rightarrow b : a :: d : c$ (व्युत्क्रमानुपात)
- $a : b :: c : d \Rightarrow a : c :: b : d$ (एकान्तरानुपात)
- $a : b :: c : d \Rightarrow (a+b) : b :: (c+d) : d$ (योगानुपात)
- $a : b :: c : d \Rightarrow (a-b) : b :: (c-d) : d$ (अन्तरानुपात)
- $a : b :: c : d \Rightarrow (a+b) : (a-b) :: (c+d) : (c-d)$ (योगान्तरानुपात)

✓ अति महत्त्वपूर्ण प्रश्न

1 यदि $p : q = 7 : 3$ तथा $q : r = 6 : 7$ हो, तो $p : r$ है
(a) 1 : 3 (b) 3 : 2 (c) 2 : 3 (d) 2 : 1

2 यदि $(a+b) : (b+c) : (c+a) = 6 : 7 : 8$ तथा $a + b + c = 14$ हो, तो c का मान है
(a) 6 (b) 7 (c) 8 (d) 14

3 यदि $(4x^2 - 3y^2) : (2x^2 + 5y^2) = 12 : 19$ हो, तो $x : y$ बराबर है
(a) 2 : 3 (b) 1 : 2
(c) 3 : 2 (d) 2 : 1

4 यदि $3A = 4B$ तथा $7B = 6C$ हो, तो $A : C$ बराबर है
(a) 4 : 3 (b) 8 : 15
(c) 3 : 4 (d) 8 : 7

5 यदि x का $0.4 = y$ का 0.05 हो, तो इन संख्याओं का अनुपात है
(a) 1 : 8 (b) 7 : 25
(c) 7 : 5 (d) 7 : 50

6 12 तथा 30 के तृतीयानुपाती तथा 9 व 25 के मध्यानुपाती का अनुपात है
(a) 2 : 1 (b) 5 : 1 (c) 7 : 15 (d) 9 : 14

7 15 : 19 के प्रत्येक पद में से क्या घटाया जाए कि नई संख्याएँ 3 : 4 के अनुपात में बन जाएँ?
(a) 3 (b) 5
(c) 6 (d) 9

8 किसी वृत्ताकार मार्ग की बाह्य तथा आन्तरिक परिमापों का अनुपात 23 : 22 है। यदि मार्ग की चौड़ाई 5 मी है, तो आन्तरिक वृत्त का व्यास होगा
(a) 110 मी (b) 55 मी
(c) 220 मी (d) 230 मी

9 ₹ 750 को A, B तथा C में इस प्रकार बाँटा गया है कि $A : B = 5 : 2$ तथा $B : C = 7 : 13$ हो, तो A का भाग कितना होगा?
(a) ₹ 350 (b) ₹ 260 (c) ₹ 140 (d) ₹ 250

10 एक ट्रक 1 मिनट में 550 मी की दूरी तय करता है, जबकि एक बस 33 किमी की दूरी 45 मिनट में तय करती है, तो उनकी गतियों का अनुपात होगा
(a) 4 : 3 (b) 3 : 5 (c) 3 : 4 (d) 5 : 3

11 यदि दो वर्गों के क्षेत्रफलों का अनुपात 225 : 256 हों, तो उनके परिमापों का अनुपात होगा
(a) 225 : 256 (b) 256 : 225
(c) 15 : 16 (d) 16 : 15

12 सम्पूर्ण पृथ्वी पर भूमि का पानी से अनुपात 1 : 2 है तथा उत्तरी गोलार्द्ध का यह अनुपात 2 : 3 है। दक्षिणी गोलार्द्ध पर भूमि का पानी से अनुपात होगा
(a) 11 : 4 (b) 4 : 11 (c) 15 : 4 (d) 4 : 15

13 A, B तथा C एक चरागाह किराये पर लेते हैं। A उस पर 7 महीने तक 10 बैल चराता है। B उस पर 5 महीने तक 12 बैल तथा C उस पर 3 महीने तक 15 बैल चराता है। यदि चरागाह का किराया ₹ 175 हो, तो C को अपने हिस्से का कितना किराया देना होगा?
(a) ₹ 45 (b) ₹ 50 (c) ₹ 55 (d) ₹ 60

14 0.12, 0.21, 8 का चतुर्थानुपाती क्या है?
(a) 8.9 (b) 56 (c) 14 (d) 17

15 यदि $p : q = r : s = t : u = 2 : 3$ हो, तो $(mp + nr + ot) : (mq + ns + ou)$ का मान है
(a) 1 : 3 (b) 1 : 2
(c) 2 : 3 (d) 3 : 2

16 यदि $x : y = 3 : 1$ हो, तो $x^3 - y^3 : x^3 + y^3$ का मान है

(a) 13 : 14 (b) 14 : 13 (c) 10 : 11 (d) 11 : 10

17 यदि $a : b = \frac{2}{9} : \frac{1}{3}, b : c = \frac{2}{7} : \frac{5}{14}, d : c = \frac{7}{10} : \frac{3}{5}$ हो, तो $a : b : c : d$ बराबर है

(a) 4 : 6 : 7 : 9 (b) 16 : 24 : 30 : 35
(c) 8 : 12 : 15 : 7 (d) 30 : 35 : 24 : 16

18 A, B और C की आय 7 : 9 : 12 के अनुपात में है तथा उनके व्यय 8 : 9 : 15 के अनुपात में है। यदि A अपनी आय का 1/4 भाग बचाता है, तो A, B तथा C की बचत का अनुपात है

(a) 56 : 99 : 69 (b) 69 : 56 : 99
(c) 99 : 56 : 69 (d) 99 : 69 : 56

19 किसी मिश्रित धातु में ताँबे और जस्ते का अनुपात 5 : 2 है। यदि इस मिश्रित धातु के 17 किग्रा 500 ग्राम में 1.250 किग्रा जस्ता मिला दिया जाए, तो ताँबे और जस्ते का अनुपात होगा

(a) 2 : 1 (b) 2 : 3 (c) 3 : 2 (d) 1 : 2

20 यदि 378 सिक्के ₹ 1, 50 पैसे तथा 25 पैसे के सिक्कों के रूप में हैं तथा इनके मान 13 : 11 : 7 के अनुपात में हैं, तो 50 पैसे के सिक्कों की संख्या होगी

(a) 132 (b) 128 (c) 136 (d) 133

21 P और Q की आय का अनुपात 3 : 4 है तथा उनके व्ययों का अनुपात 2 : 3 है। यदि इनमें से प्रत्येक ₹ 6000 की बचत करता है, तो P की आय है

(a) ₹ 20000 (b) ₹ 12000 (c) ₹ 18000 (d) ₹ 24000

22 ₹ 3400 को A, B, C, D में इस प्रकार विभाजित किया जाता है कि A और B के भागों, B और C के भागों, C और D के भागों के क्रमशः 2 : 3, 4 : 3 तथा 2 : 3 के अनुपात रहे। B और C के भागों का योग है

(a) ₹ 2040 (b) ₹ 1680 (c) ₹ 2000 (d) ₹ 1720

23 किसी मिश्रण में स्पिरिट और पानी 3 : 2 के अनुपात में है। यदि इसमें पानी से स्पिरिट 3 लीटर अधिक है, तो इस मिश्रण में स्पिरिट की मात्रा है

(a) 10 लीटर (b) 12 लीटर
(c) 8 लीटर (d) 9 लीटर

24 ₹ 1550 की एक धनराशि आंशिक रूप से 5% और 8% की वार्षिक दरों से साधारण ब्याज पर लगाई जाती है। 3 वर्षों के बाद ब्याज के रूप में कुल ₹ 300 प्राप्त हुए। 5% तथा 8% की दरों पर लगाई गई राशियों का अनुपात है

(a) 5 : 8 (b) 8 : 5
(c) 31 : 6 (d) 16 : 15

25 यदि $\frac{2a + b}{(a + 4b)} = 3$ है, तो $\frac{a + b}{a + 2b}$ का मान है

(a) $\frac{5}{9}$ (b) $\frac{2}{7}$ (c) $\frac{10}{9}$ (d) $\frac{10}{7}$

26 यदि $a : b = 2 : 3$ तथा $b : c = 4 : 5$ है, तो $a^2 : b^2 : bc$ का मान है

(a) 4 : 9 : 45 (b) 16 : 36 : 45
(c) 16 : 36 : 20 (d) 4 : 36 : 20

27 यदि $A : B = \frac{1}{2} : \frac{3}{8}, B : C = \frac{1}{3} : \frac{5}{9}$ तथा $C : D = \frac{5}{6} : \frac{3}{4}$ हैं, तो $A : B : C : D$ है

(a) 6 : 4 : 8 : 10 (b) 6 : 8 : 9 : 10
(c) 8 : 6 : 10 : 9 (d) 4 : 6 : 8 : 10

28 दो संख्याएँ 5 : 7 के अनुपात में है। दोनों संख्याओं में से 40 घटाने पर वे 17 : 27 के अनुपात में हो जाती हैं। उन संख्याओं का अन्तर है

(a) 18 (b) 52
(c) 137 (d) 50

29 504 विद्यार्थियों वाले एक विद्यालय में लड़कों और लड़कियों की संख्याओं का अनुपात 13 : 11 है। यदि 12 लड़कियाँ और भर्ती कर ली जाती है, तो उनका नया अनुपात क्या होगा?

(a) 91 : 81 (b) 81 : 91
(c) 9 : 10 (d) 10 : 9

30 A और B की मासिक आय 5 : 6 के अनुपात में है तथा उनके मासिक व्यय का अनुपात 3 : 4 है। यदि वे प्रतिमास क्रमशः ₹ 800 और ₹ 1600 की बचत करते हैं, तो B की मासिक आय है

(a) ₹ 3400 (b) ₹ 2700
(c) ₹ 1720 (d) ₹ 7200

31 हर्ष की आयु 40 वर्ष है और रिथ की आयु 60 वर्ष है। कितने वर्ष पहले उनकी आयु का अनुपात 3 : 5 था?

(a) 10 वर्ष (b) 20 वर्ष
(c) 37 वर्ष (d) 5 वर्ष

32 ₹ 9000 की एक धनराशि को A, B तथा C में 4 : 5 : 6 के अनुपात में बाँटना है। A और C के भागों में क्या अन्तर होगा?

(a) ₹ 600 (b) ₹ 1000
(c) ₹ 900 (d) ₹ 1200

उत्तरमाला

1. (d)	2. (a)	3. (c)	4. (d)	5. (a)	6. (b)	7. (a)	8. (c)	9. (a)	10. (c)
11. (c)	12. (b)	13. (a)	14. (c)	15. (c)	16. (a)	17. (b)	18. (a)	19. (a)	20. (a)
21. (c)	22. (b)	23. (d)	24. (d)	25. (c)	26. (b)	27. (c)	28. (d)	29. (a)	30. (d)
31. (a)	32. (d)								

सॉल्यूशन्स

1. (d) $\frac{p}{q} = \frac{7}{3}$ तथा $\frac{q}{r} = \frac{6}{7}$

$\therefore \frac{p}{r} = \frac{p}{q} \times \frac{q}{r} = \frac{7}{3} \times \frac{6}{7} = \frac{2}{1}$

$\Rightarrow p : r = 2 : 1$

2. (a) $a + b : b + c : c + a = 6 : 7 : 8$

माना $a + b = 6k, b + c = 7k$

तथा $c + a = 8k$

$\therefore 2(a + b + c) = 6k + 7k + 8k$

$\Rightarrow (a + b + c) = \frac{21}{2}k$

$\Rightarrow 14 = \frac{21}{2}k \Rightarrow k = \frac{4}{3}$

अत: $c = (a + b + c) - (a + b)$

$= \frac{21k}{2} - 6k = \left(\frac{21 - 12}{2}\right)k$

$= \frac{9}{2} \times \frac{4}{3} = 6$

3. (c) $\frac{4x^2 - 3y^2}{2x^2 + 5y^2} = \frac{12}{19} \Rightarrow \frac{4\left(\frac{x}{y}\right)^2 - 3}{2\left(\frac{x}{y}\right)^2 + 5} = \frac{12}{19}$

$\Rightarrow 76\left(\frac{x}{y}\right)^2 - 57 = 24\left(\frac{x}{y}\right)^2 + 60$

$\Rightarrow 52\left(\frac{x}{y}\right)^2 = 117$

$\Rightarrow \left(\frac{x}{y}\right)^2 = \frac{117}{52} = \frac{9}{4}$

$\Rightarrow x : y = 3 : 2$

4. (d) $3A = 4B \Rightarrow \frac{A}{B} = \frac{4}{3}$

तथा $7B = 6C$

$\Rightarrow \frac{B}{C} = \frac{6}{7}$

$\therefore \frac{A}{C} = \frac{A}{B} \times \frac{B}{C} = \frac{4}{3} \times \frac{6}{7} = \frac{8}{7}$

5. (a) $x \times 0.4 = y \times 0.05$

$\Rightarrow \frac{x}{y} = \frac{0.05}{0.4} = \frac{5}{40}$

$\Rightarrow x : y = 1 : 8$

6. (b) 12 व 30 के तृतीयानुपाती $= \frac{30 \times 30}{12} = 75$

तथा 9 व 25 के मध्यानुपाती

$= \sqrt{9 \times 25} = 15$

$\therefore$ अभीष्ट अनुपात $= \frac{75}{15} = \frac{5}{1} = 5 : 1$

7. (a) प्रश्नानुसार, $\frac{15 - x}{19 - x} = \frac{3}{4}$

$\Rightarrow 60 - 4x = 57 - 3x \Rightarrow x = 3$

8. (c) माना वृत्ताकार मार्ग की आन्तरिक त्रिज्या r_2 तथा बाह्य त्रिज्या r_1 हैं। तब प्रश्नानुसार,

$\frac{2\pi r_1}{2\pi r_2} = \frac{23}{22}$

$\Rightarrow \frac{r_1}{r_2} = \frac{23}{22}$

$\Rightarrow r_1 = \frac{23}{22} r_2$

परन्तु $r_1 - r_2 = 5$

$\Rightarrow \frac{23}{22} r_2 - r_2 = 5$

$\Rightarrow \frac{1}{22} r_2 = 5$

$r_2 = 110$ मी

$\therefore$ आन्तरिक व्यास $= 220$ मी

9. (a) $A : B = 5 : 2$

$B : C = 7 : 13$

$A : B : C = 35 : 14 : 26$

$\therefore A$ का भाग $= 750 \times \frac{35}{75} =$ ₹ 350

10. (c) ट्रक की चाल $= \frac{550}{60} = \frac{55}{6}$ मी/से

तथा बस की चाल $= \frac{33000}{45 \times 60} = \frac{110}{9}$ मी/से

ट्रक व बस की चालों का अनुपात $= \frac{55/6}{110/9}$

$= \frac{55 \times 9}{110 \times 6} = \frac{3}{4} = 3 : 4$

11. (c) माना वर्गों की भुजाएँ क्रमश: a_1 तथा a_2 हैं।

$\therefore \left(\frac{a_1}{a_2}\right)^2 = \frac{225}{256}$

$\Rightarrow \frac{a_1}{a_2} = \frac{15}{16}$

$\Rightarrow \frac{4a_1}{4a_2} = \frac{4 \times 15}{4 \times 16} = \frac{15}{16}$

$\therefore$ दोनों वर्गों के परिमापों का अनुपात $= 15 : 16$

12. (b) माना पृथ्वी पर भूमि $= x$

तथा पृथ्वी पर पानी $= 2x$

अत: पृथ्वी का कुल भाग $= 3x$

उत्तरी गोलार्द्ध का भाग $= 1.5x$

उत्तरी गोलार्द्ध पर भूमि $= 1.5x \times \frac{2}{5} = 0.6x$

उत्तरी गोलार्द्ध पर पानी $= 1.5x \times \frac{3}{5} = 0.9x$

$\therefore$ दक्षिणी गोलार्द्ध पर भूमि $= x - 0.6 = 0.4\,x$

दक्षिणी गोलार्द्ध पर पानी $= 2x - 0.9\,x = 1.1\,x$

अत: अभीष्ट अनुपात $= \frac{0.4}{1.1} = \frac{4}{11}$

13. (a) A, B और C के किराए का अनुपात

$= 7 \times 10 : 5 \times 12 : 3 \times 15$

$= 70 : 60 : 45$

$= 14 : 12 : 9$

$\therefore C$ का किराया $= 175 \times \frac{9}{35} =$ ₹ 45

14. (c) माना 0.12, 0.21, 8 का चतुर्थानुपाती x है।

$\therefore \frac{0.12}{0.21} = \frac{8}{x} \Rightarrow x = \frac{8 \times 21}{12} = 14$

15. $p : q = r : s = t : u = 2 : 3$

माना $p = 2k, q = 3k, r = 2k, s = 3k,$

$t = 2k, u = 3k$

$\therefore \frac{(mp + nr + ot)}{(mq + ns + ou)}$

$= \frac{m\,(2k) + n\,(2k) + o\,(2k)}{m\,(3k) + n\,(3k) + o\,(3k)}$

$= \frac{2k\,(m + n + o)}{3k\,(m + n + o)} = \frac{2}{3}$

$\therefore (mp + nr + ot) : (mq + ns + ou)$

$= 2 : 3$

16. (a) $\frac{x}{y} = \frac{3}{1} \Rightarrow x = 3y$

तब $\frac{x^3 - y^3}{x^3 + y^3} = \frac{(x - y)\,(x^2 + xy + y^2)}{(x + y)\,(x^2 - xy + y^2)}$

$= \frac{(3y - y)\,[(3y)^2 + (3y)\,(y) + (y)^2]}{(3y + y)\,[(3y)^2 - (3y)\,(y) + (y)^2]}$

$= \frac{2y\,(9y^2 + 3y^2 + y^2)}{4y\,(9y^2 - 3y^2 + y^2)}$

$= \frac{13y^2}{2 \times 7y^2} = \frac{13}{14}$

$\therefore (x^3 - y^3) : (x^3 + y^3) = 13 : 14$

17. (b) $a : b = \frac{2}{9} : \frac{1}{3} = 2 : 3$

$b : c = \frac{2}{7} : \frac{5}{14} = 4 : 5$

$c : d = \frac{3}{5} : \frac{7}{10} = 6 : 7$

$a : b : c : d = 48 : 72 : 90 : 105$

$= 16 : 24 : 30 : 35$

18. (a) माना A, B तथा C की आय क्रमश: $7x, 9x$ तथा $12x$ हैं तथा उनके व्यय क्रमश:

$8y, 9y$ तथा $15y$ हैं।

तब A की बचत $= 7x - 8y$

B की बचत $= 9x - 9y$

तथा C की बचत $= 12x - 15y$

परन्तु प्रश्नानुसार, A की बचत $= \frac{7x}{4}$

$\Rightarrow \quad 7x - 8y = \frac{7x}{4}$

$\Rightarrow \quad 21x = 32y \Rightarrow x = \frac{32}{21}y$

A, B तथा C की बचत का अनुपात

$= (7x - 8y) : (9x - 9y) : (12x - 15y)$

$= \frac{8}{3} : \frac{33}{7} : \frac{23}{7} = 56 : 99 : 69$

19. (a) ताँबे और जस्ते का अनुपात $5 : 2$

कुल धातु $= 13.300$ किग्रा

ताँबा $= 13.300 \times \frac{5}{7} = 9.500$ किग्रा

जस्ता $= 13.300 \times \frac{2}{7} = 3.800$ किग्रा

जस्ते की नयी मात्रा

$= 3.800 + 0.950 = 4.750$ किग्रा

अत: अभीष्ट अनुपात $= \frac{9.500}{4.750} = \frac{2}{1}$

20. (a) ₹ 1, 50 पैसे तथा 25 पैसे के सिक्कों के मान का अनुपात

$= 13 : 11 : 7$

माना ₹ 1 के सिक्कों का मान $= 13x$

50 पैसे के सिक्कों का मान $= 11x$

तथा 25 पैसे के सिक्कों का मान $= 7x$

अत: ₹ 1 के सिक्कों की संख्या $= 13x$

50 पैसे के सिक्कों की संख्या $= 22x$

तथा 25 पैसे के सिक्कों की संख्या $= 28x$

प्रश्नानुसार, $13x + 22x + 28x = 378$

$\Rightarrow \quad 63x = 378$

$\Rightarrow \quad x = 6$

$\therefore$ 50 पैसे के सिक्कों की संख्या

$= 22 \times 6 = 132$

21. (c) माना P और Q की आय क्रमश: $3x$ तथा $4x$ हैं

तथा उनके व्यय क्रमश: $2y$ तथा $3y$ हैं।

$\therefore \quad P$ की बचत $= 3x - 2y =$ ₹ 6000

Q की बचत $= 4x - 3y =$ ₹ 6000

अत: $x =$ ₹ 6000 तथा $y =$ ₹ 6000

अत: P की आय $= 3 \times 6000 =$ ₹ 18000

22. (b) $A : B = 2 : 3$, $B : C = 4 : 3$

तथा $C : D = 2 : 3$

$\therefore \quad A : B : C : D = 16 : 24 : 18 : 27$

अत: B का भाग

$= \frac{24}{16 + 24 + 18 + 27} \times 3400$

$= \frac{24}{85} \times 3400 =$ ₹ 960

तथा C का भाग $= \frac{18}{85} \times 3400 =$ ₹ 720

$\therefore B$ तथा C के भाग का योग

$= 960 + 720 =$ ₹ 1680

23. (d) स्पिरिट तथा पानी का अनुपात $= 3 : 2$

माना स्पिरिट की मात्रा $= 3x$ तथा पानी की मात्रा $= 2x$

प्रश्नानुसार, $3x - 2x = 3 \Rightarrow x = 3$

$\therefore$ स्पिरिट की मात्रा $= 3 \times 3 = 9$ लीटर

24. (d) माना पहला भाग = ₹ x

$\therefore$ दूसरा भाग = ₹ $(1550 - x)$

प्रश्नानुसार,

$\frac{x \times 5 \times 3}{100} + \frac{(1550 - x) \times 8 \times 3}{100} = 300$

$\Rightarrow \quad 15x + 37200 - 24x = 30000$

$\Rightarrow \quad 9x = 7200 \Rightarrow x =$ ₹ 800

$\therefore$ राशियाँ ₹ 800 तथा ₹ 750 हैं।

अत: अभीष्ट अनुपात $= \frac{800}{750} = \frac{16}{15} = 16 : 15$

25. (c) $\frac{2a + b}{a + 4b} = 3$

$\Rightarrow \quad 2a + b = 3a + 12b$

$\Rightarrow \quad a = -11b$

$\therefore \quad \frac{a + b}{a + 2b} = \frac{-11b + b}{-11b + 2b}$

$= \frac{-10b}{-9b} = \frac{10}{9}$

26. (b) $a : b = 2 : 3$ तथा $b : c = 4 : 5$

$\therefore a^2 : b^2 = 4 : 9$ तथा $b^2 : bc = 4 : 5$

$\therefore a^2 : b^2 : bc = \frac{4}{9} : 1 : \frac{5}{4} = 16 : 36 : 45$

27. (c) $A : B = \frac{1}{2} : \frac{3}{8} = \frac{1}{2} \times \frac{8}{3} = 4 : 3 = 8 : 6$

$B : C = \frac{1}{3} : \frac{5}{9} = \frac{1}{3} \times \frac{9}{5} = 3 : 5 = 6 : 10$

$C : D = \frac{5}{6} : \frac{3}{4} = \frac{5}{6} \times \frac{4}{3} = 10 : 9$

अत: $A : B : C : D = 8 : 6 : 10 : 9$

28. (d) प्रश्नानुसार, $\frac{5x - 40}{7x - 40} = \frac{17}{27}$

$\Rightarrow \quad 135x - 1080 = 119x - 680$

$\Rightarrow \quad 16x = 400$

$\Rightarrow \quad x = 25$

अत: संख्याएँ $5x = 5 \times 25 = 125$

व $7x = 7 \times 25 = 175$

तथा इनका अन्तर

$= 175 - 125 = 50$

29. (a) लड़के व लड़कियों की संख्या का अनुपात

$= 13 : 11$

माना लड़कों की संख्या $= 13x$

तथा लड़कियों की संख्या $= 11x$

प्रश्नानुसार, $13x + 11x = 504$

$\Rightarrow \quad 24x = 504$

$\Rightarrow \quad x = 21$

$\therefore$ लड़कों की संख्या $= 13 \times 21 = 273$

तथा लड़कियों की संख्या $= 11 \times 21 = 231$

लड़कियों की नई संख्या $= 231 + 12 = 243$

$\therefore$ अभीष्ट अनुपात $= \frac{273}{243} = \frac{91}{81} = 91 : 81$

30. (d) माना A तथा B की मासिक आय क्रमश: $5x$ तथा $6x$ हैं तथा मासिक व्यय क्रमश: $3y$ तथा $4y$ हैं।

$\therefore$ प्रश्नानुसार, $5x - 3y = 1800$ ...(i)

$6x - 4y = 1600$ ...(ii)

समी (i) व (ii) को हल करने पर, $x = 1200$

$\therefore \quad B$ की मासिक आय = ₹ 7200

31. (a) माना x वर्ष पहले उनकी आयु का अनुपात $3 : 5$ था।

प्रश्नानुसार, $\frac{40 - x}{60 - x} = \frac{3}{5}$

$\Rightarrow \quad 5(40 - x) = 3(60 - x)$

$\Rightarrow \quad 200 - 5x = 180 - 3x$

$\Rightarrow \quad 2x = 20$

$\Rightarrow \quad x = 10$ वर्ष

32. (d) $x =$ ₹ 9000 तथा $A : B : C :: 4 : 5 : 6$

A का भाग $= \frac{4}{4 + 5 + 6} \times 9000 =$ ₹ 2400

C का भाग $= \frac{6}{4 + 5 + 6} \times 9000 =$ ₹ 3600

A व C के भागों का अन्तर

$= 3600 - 2400 =$ ₹ 1200

अध्याय 7

औसत
AVERAGE

औसत Average

किन्हीं सजातीय राशियों के योग को उन राशियों की संख्या से भाग देने पर जो भागफल प्राप्त होता है उसे उन राशियों का औसत कहते हैं।

$$\text{औसत} = \frac{\text{राशियों का कुल योग}}{\text{राशियों की कुल संख्या}}$$

उदाहरण 1. 10 वर्ष पहले एक चार सदस्यों वाले परिवार की औसत आयु 24 वर्ष थी। तत्पश्चात् 2 बच्चों के पैदा होने पर आज भी परिवार की औसत आयु उतनी ही है। यदि बच्चों की आयु में दो वर्ष का अन्तर हो, तो छोटे बच्चे की आयु कितनी है?

(a) 3 वर्ष (b) 4 वर्ष (c) 2 वर्ष (d) 1 वर्ष

हल (*a*) 10 वर्ष पहले चार सदस्यों की कुल आयु $= 24 \times 4 = 96$ वर्ष

चार सदस्यों की वर्तमान आयु का योग $= 24 \times 6 = 144$ वर्ष

प्रश्न से, छोटे बच्चों की वर्तमान आयु का योग $= 144 - 136 = 8$ वर्ष माना कि दोनों बच्चों की वर्तमान आयु x तथा $x + 2$ वर्ष हैं।

तो $x + x + 2 = 8$ या $2x = 6 \therefore x = 3$

अर्थात् छोटे बच्चे की वर्तमान आयु = 3 वर्ष

(a) 175 (b) 174 (c) 177 (d) 173

उदाहरण 2. एक क्रिकेट खिलाड़ी का 40 पारियों का बल्लेबाजी का औसत 50 रन है। उसका एक पारी का अधिकतम स्कोर एक पारी के निम्नतम स्कोर से 172 रन अधिक है। यदि इन दो पारियों को छोड़ दिया जाए तो बाकी 38 पारियों का औसत 48 रन है। उसका एक पारी का अधिकतम स्कोर कितना है?

(a) 175 (b) 174 (c) 177 (d) 173

हल (*b*) माना बल्लेबाज के एक पारी का अधिकतम स्कोर $= x$

$\therefore$ न्यूनतम स्कोर $= x - 172$

40 पारियों के रनों का योग $= 40 \times 50 = 2000$

38 पारियों के रनों का योग $= 38 \times 48 = 1824$

प्रश्नानुसार, $1824 + x + x - 172 = 2000$

$\Rightarrow 2x = 2000 - 1652 \Rightarrow 2x = 348 \Rightarrow x = \frac{348}{2} = 174$

पारी का अधिकतम रन = 174

अति महत्त्वपूर्ण प्वॉइंटस एवं फॉर्मूले

- औसत को मध्यमान भी कहते हैं।
- किसी समूह के x सदस्यों की आयु का औसत y वर्ष है। एक अन्य सदस्य के सम्मिलित होने पर आयु का नया औसत z वर्ष हो जाता है, तब
  नए सदस्य की आयु $= [z + x(z - y)]$ वर्ष
- किसी समूह के x सदस्यों की आयु का औसत y वर्ष है। एक सदस्य के निकल जाने पर आयु का नया औसत z वर्ष हो जाता है, तब निकले सदस्य की आयु $= [z + x(y - z)]$ वर्ष
- यदि n_1 परिणामों का औसत x_1 तथा n_2 परिणामों का औसत x_2 हो, तो कुल परिणामो $(n_1 + n_2)$ का औसत $\frac{n_1x_1 + n_2x_2}{n_1 + n_2}$ होगा।
- यदि कोई व्यक्ति समान दूरी क्रमशः x किमी/घण्टा तथा y किमी/घण्टा की चाल से चलता है, तो उस व्यक्ति की औसत चाल $\frac{2xy}{x + y}$ किमी/घण्टा होगी।
- x के प्रथम n गुणजों का औसत $\frac{x(n + 1)}{2}$ होता है।
- n तक की प्राकृतिक संख्याओं का औसत $\left(\frac{n + 1}{2}\right)$ होता है।
- प्रथम n प्राकृतिक सम संख्याओं का औसत $(n + 1)$ होता है।
- n तक की प्राकृतिक सम संख्याओं का औसत $\left(\frac{n}{2} + 1\right)$ होता है। जहाँ n सम है।
- n विषम संख्याओं का औसत n होता है।
- n तक की विषम संख्याओं का औसत $\left(\frac{n + 1}{2}\right)$ होता है। जहाँ n विषम है।

✓ अति महत्त्वपूर्ण प्रश्न

1 प्रथम 5 अभाज्य संख्याओं का औसत क्या है?
(a) 4.5 (b) 5 (c) 5.6 (d) 6.8

2 प्रथम 195 प्राकृतिक सम संख्याओं का औसत है
(a) 178 (b) 190 (c) 195 (d) 196

3 8 के प्रथम 19 गुणजों का औसत है
(a) 45 (b) 80 (c) 22 (d) 5

4 35 छात्रों की औसत आयु 17 वर्ष है। यदि इसमें अध्यापक की आयु भी शामिल कर ली जाये, तो औसत में एक वर्ष की वृद्धि हो जाती है। अध्यापक की आयु है
(a) 35 वर्ष (b) 43 वर्ष (c) 53 वर्ष (d) 63 वर्ष

5 40 विद्यार्थियों की एक कक्षा में लड़कों की औसत आयु 15.2 वर्ष है। यदि कक्षा में 15 लड़के और आ जाते हैं, तो पूरी कक्षा का औसत आधा वर्ष घट जाता है। नये आने वाले लड़कों की आयु का औसत है
(a) 12.5 (b) 14.7 (c) 13.5 (d) 13.36

6 एक क्रिकेट खिलाड़ी की 10 पारियों के रनों का औसत 32 था। वह खिलाड़ी अगली पारी में कितने रन बनाए ताकि उसके रनों का औसत 4 अधिक हो जाए?
(a) 76 (b) 70 (c) 4 (d) 2

7 आठ संख्याओं का औसत 20 है। पहली दो संख्याओं का औसत $15\frac{1}{2}$ तथा अगली तीन संख्याओं का औसत $21\frac{1}{3}$ है। यदि छठवीं संख्या सातवीं से 4 कम तथा आठवीं से 7 कम हो, तो आठवीं संख्या होगी
(a) 18 (b) 22 (c) 25 (d) 27

8 A, B, C का औसत भार 45 किग्रा है। यदि A तथा B का औसत भार 40 किग्रा तथा B और C का 43 किग्रा हो, तो B का भार होगा
(a) 17 किग्रा (b) 20 किग्रा (c) 26 किग्रा (d) 31 किग्रा

9 100 तक की सभी विषम संख्याओं का औसत है
(a) 50 (b) 51
(c) 49.5 (d) 49

10 चार क्रमागत सम संख्याओं का औसत 27 है। इनमें सबसे बड़ी संख्या है
(a) 20 (b) 30 (c) 10 (d) 18

11 एक क्रिकेट खिलाड़ी जिसका गेंदबाजी में औसत 24.85 रन प्रति विकेट था। उसने अगले मैच में 52 रन देकर 5 विकेट लिए। उसके बाद उसका औसत 0.85 कम हो गया। तब अन्तिम मैच खेलने तक उसके द्वारा लिए गए विकटों की संख्या क्या थी?
(a) 64 (b) 72 (c) 80 (d) 96

12 यदि 7 क्रमिक संख्याओं का औसत 20 हो, तो उन संख्याओं में सबसे बड़ी संख्या होगी
(a) 24 (b) 23 (c) 22 (d) 20

13 14 छात्राओं और उनकी एक शिक्षिका की औसत आयु 15 वर्ष है। यदि शिक्षिका की आयु हटा दी जाए, तो औसत में एक वर्ष की कमी हो जाती है। शिक्षिका की आयु है
(a) 35 वर्ष (b) 32 वर्ष
(c) 30 वर्ष (d) 29 वर्ष

14 किसी परिवार के 6 पुत्रों की औसत आयु 8 वर्ष है। पुत्रों व उनके माता-पिता को मिलाकर उनकी औसत आयु 22 वर्ष है। यदि पिता उनकी माता से 8 वर्ष बड़ा है, तो माता की आयु है
(a) 44 वर्ष (b) 48 वर्ष (c) 60 वर्ष (d) 50 वर्ष

15 एक व्यापारी की पाँच क्रमागत महीनों की बिक्री क्रमशः ₹ 6435, ₹ 6927, ₹ 6855, ₹ 7230 तथा ₹ 6562 थी। वह छठे महीने में कितनी बिक्री करे ताकि उसकी औसत बिक्री ₹ 6500 रहे?
(a) ₹ 4991 (b) ₹ 5991 (c) ₹ 6991 (d) ₹ 6001

16 50 प्रेक्षणों का माध्य 36 था। बाद में यह पता चला कि एक प्रेक्षण 48 को गलती से 23 ले लिया गया है। संशोधित (नया) माध्य है
(a) 35.2 (b) 36.1 (c) 36.5 (d) 39.1

17 तीन व्यक्तियों A, B तथा C का औसत भार 84 किग्रा है। D के सम्मिलित होने पर इन चारों का औसत भार 80 किग्रा हो जाता है। यदि E, जिसका भार D के भार से 3 किग्रा अधिक है, A को प्रतिस्थापित कर दे, तो B, C, D और E का औसत भार 79 किग्रा हो जाता है। A का भार है
(a) 65 किग्रा (b) 70 किग्रा (c) 75 किग्रा (d) 80 किग्रा

18 किसी कक्षा के 15 विद्यार्थियों की औसत आयु 15 वर्ष है। इनमें से 5 विद्यार्थियों की औसत आयु 14 वर्ष है तथा अन्य 9 विद्यार्थियों की औसत आयु 16 वर्ष है। 15वें विद्यार्थी की आयु है
(a) 11 वर्ष (b) 15 वर्ष (c) $15\frac{2}{7}$ वर्ष (d) 14 वर्ष

19 किसी स्कूल के 10 शिक्षकों में से एक शिक्षक रिटायर हो जाता है और उनके स्थान पर 25 वर्ष की आयु का एक नया शिक्षक नियुक्त हो जाता है। इसके परिणामस्वरूप, शिक्षकों की औसत आयु 3 वर्ष कम हो जाती है। रिटायर होने वाले शिक्षक की आयु है
(a) 50 वर्ष (b) 55 वर्ष (c) 58 वर्ष (d) 60 वर्ष

20 एक नाव एक निश्चित बिन्दु तक 15 किमी/घण्टा की चाल से जाती है तथा 10 किमी/घण्टा की चाल से वापस प्रारम्भिक बिन्दु पर लौट आती है। पूरी यात्रा में नाव की औसत चाल (किमी/घण्टा में) में कितनी है?
(a) 11.25 (b) 12.25
(c) 12 (d) 13

21 दो संख्याओं का औसत M है। इनमें से एक संख्या N हो, तो दूसरी संख्या क्या होगी?
(a) $M - N$
(b) $2M - N$
(c) $2M$
(d) $2N$

22 किसी परीक्षा में 120 परीक्षार्थियों द्वारा प्राप्त अंकों का औसत 35 है। उत्तीर्ण परीक्षार्थियों द्वारा प्राप्त अंकों का औसत 39 है और अनुत्तीर्ण परीक्षार्थियों द्वारा प्राप्त अंकों का औसत 15 है। परीक्षा में उत्तीर्ण परीक्षार्थियों की संख्या है
(a) 100 (b) 120 (c) 150 (d) 140

23 तीन संख्याएँ इस प्रकार हैं कि दूसरी संख्या पहली संख्या से दोगुनी है और तीसरी से तीन गुनी है। यदि तीनों संख्याओं का औसत 44 हो, तो बड़ी संख्या है
(a) 24 (b) 72 (c) 36 (d) 108

24 8 पुरुषों की औसत आयु 2 वर्ष बढ़ जाती है, यदि उनमें से दो पुरुषों को, जिनकी आयु 21 व 23 वर्ष है, के स्थान पर दो नये पुरुषों को लिया जाता है। दोनों नये पुरुषों की औसत आयु है
(a) 22 वर्ष
(b) 24 वर्ष
(c) 28 वर्ष
(d) 30 वर्ष

25 A और B की औसत मासिक आय ₹ 14000 है, B तथा C की औसत मासिक आय ₹ 15600 तथा C और A की औसत मासिक आय ₹ 14400 है। C की मासिक आय है
(a) ₹ 16000 (b) ₹ 15000 (c) ₹ 14000 (d) ₹ 15500

26 पहली तीन संख्याओं का औसत चौथी संख्या का तीन गुना है। यदि सभी चारों संख्या का औसत 5 हो, तो चौथी संख्या है
(a) 4.5 (b) 5 (c) 2 (d) 4

27 14 छात्रों के प्राप्तांकों का औसत 71 था, परन्तु बाद में पता चला कि एक छात्र के प्राप्तांक 56 के स्थान पर 42 तथा दूसरे के 32 के स्थान पर 74 चढ़ा दिए गए थे। अत: सही औसत है
(a) 67
(b) 68
(c) 69
(d) 71

28 500 कामगारों की औसत मजदूरी ₹ 200 थी। बाद में पता चला कि दो कामगारों की मजदूरी क्रमश: 80 और 220 के स्थान पर 180 तथा 20 पढ़ ली गई। तद्नुसार, सही औसत मजदूरी है
(a) ₹ 200.10
(b) ₹ 200.20
(c) ₹ 200.50
(d) ₹ 201.00

29 यदि किसी कक्षा में 25 किग्रा भार का छात्र चला जाए और एक नया छात्र आ जाए, तो कक्षा में 30 छात्रों का औसत भार 0.5 किग्रा अधिक हो जायेगा। तद्नुसार, नये छात्र का भार है
(a) 35 किग्रा
(b) 40 किग्रा
(c) 45 किग्रा
(d) 50 किग्रा

30 सोमवार, मंगलवार व बुधवार का तापमान 75° था। मंगलवार, बुधवार व गुरुवार का तापमान 77° था। यदि गुरुवार का तापमान 76° था तो सोमवार का तापमान क्या होगा?
(a) 70°
(b) 69°
(c) 73°
(d) 89°

31 चार भाइयों की औसत उम्र 10 वर्ष है। यदि पिता की उम्र जोड़ दी जाए तो औसत उम्र में 8 वर्ष की वृद्धि हो जाती है। 2 वर्ष बाद पिता की उम्र क्या होगी?
(a) 48 वर्ष
(b) 50 वर्ष
(c) 52 वर्ष
(d) 90 वर्ष

32 पाँच छात्रों की आयु 16 वर्ष, 13 वर्ष, 14 वर्ष, x वर्ष एवं 12 वर्ष है। यदि उनकी आयु का औसत 14 वर्ष हो, तो x का मान क्या है?
(a) 12 वर्ष
(b) 18 वर्ष
(c) 13 वर्ष
(d) 15 वर्ष

33 यदि एक परिवार के छ: सदस्यों की औसत आयु 40 वर्ष हो, तो सबसे बड़े व्यक्ति जिसकी आयु 95 वर्ष है, की मृत्यु के बाद परिवार की औसत आयु क्या होगी?
(a) 34 वर्ष
(b) 38 वर्ष
(c) 35 वर्ष
(d) 29 वर्ष

34 एक परिवार सोमवार से बुधवार तक पानी की औसत खपत 261 लीटर, बृहस्पतिवार से शुक्रवार तक की औसत खपत 240 लीटर तथा शनिवार से रविवार तक औसत खपत 345 लीटर प्रति दिन हो, तो उस परिवार की साप्ताहिक पानी की खपत का औसत क्या होगा?
(a) 280 लीटर
(b) 249 लीटर
(c) 279 लीटर
(d) 281 लीटर

उत्तरमाला

1. (c)	2. (d)	3. (b)	4. (c)	5. (d)	6. (a)	7. (c)	8. (d)	9. (a)	10. (b)
11. (c)	12. (b)	13. (d)	14. (c)	15. (a)	16. (c)	17. (c)	18. (a)	19. (b)	20. (c)
21. (b)	22. (a)	23. (b)	24. (d)	25. (a)	26. (c)	27. (c)	28. (b)	29. (b)	30. (a)
31. (c)	32. (d)	33. (d)	34. (c)						

सॉल्यूशन्स

1. (c) प्रथम 5 अभाज्य संख्याएँ 2, 3, 5, 7, 11 हैं।

$\therefore$ अभीष्ट औसत $= \frac{2+3+5+7+11}{5}$

$= \frac{28}{5} = 5.6$ (लगभग)

2. (d) प्रथम 195 प्राकृतिक सम संख्याओं का औसत

$= n + 1 = 195 + 1 = 196$

3. (b) 8 के प्रथम 19 गुणजों का औसत

$= \frac{8 \times (19+1)}{2} = 8 \times 10 = 80$

4. (c) $x = 35$, $y = 17$ वर्ष, $z = 18$ वर्ष

$\because$ सूत्र $z + x(z - y)$ के द्वारा,

$\therefore$ अध्यापक की आयु $= 18 + 35(18 - 17)$

$= 53$ वर्ष

5. (d) $n_1 = 40, x_1 = 15.2$ वर्ष,

$n_2 = 15, x_2 = ?$

$n_1 + n_2 = 55, \bar{x} = 14.7$ वर्ष

$\therefore \quad \bar{x} = \frac{n_1x_1 + n_2x_2}{n_1 + n_2}$

$\Rightarrow \quad 14.7 = \frac{40 \times 15.2 + 15 \times x_2}{55}$

$\Rightarrow \quad 14.7 \times 55 = 40 \times 15.2 + 15 \times x_2$

$\Rightarrow \quad x_2 = \frac{808.5 - 608}{15} = 13.36$

6. (a) 10 पारियों के रनों का औसत = 32

10 पारियों के रनों का योग = 320

माना 11वीं पारी में x रन बनाए गये।

$\therefore \quad \frac{320 + x}{11} = 36$

$\Rightarrow \quad 320 + x = 396$

$\Rightarrow \quad x = 76$

7. (c) पहली दो संख्याओं का औसत $= 15\frac{1}{2}$

अत: पहली दो संख्याओं का योग = 31

अगली तीन संख्याओं का औसत $= 21\frac{1}{3}$

अत: अगली तीन संख्याओं का योग = 64

माना आठवीं संख्या $= x$

अत: छठवीं संख्या $= x - 7$

तथा सातवीं संख्या $= x - 3$

प्रश्नानुसार,

$31 + 64 + (x - 3) + (x - 7) + x = 20 \times 8$

$85 + 3x = 160$

$3x = 75$

$\Rightarrow \quad x = 25$

8. (d) A, B तथा C का औसत भार = 45 किग्रा

$\therefore \quad \frac{A + B + C}{3} = 45$

$A + B + C = 135$ ...(i)

इसी प्रकार $A + B = 80$ ...(ii)

$B + C = 86$ ...(iii)

$\therefore B$ का भार

$= (A + B + B + C) - (A + B + C)$

$= (80 + 86) - (135)$

$= 166 - 135 = 31$ किग्रा

9. (a) $\therefore$ अभीष्ट औसत

$= \frac{\text{100 तक की विषम संख्याओं का योग}}{50}$

$= \frac{\frac{50}{2}\{2 \times 1 + (50 - 1)2\}}{50}$

$= \frac{2 + 98}{2} = 50$

10. (b) $\therefore$ अभीष्ट औसत

$= \frac{\text{चार क्रमागत सम संख्याओं का योग}}{4}$

$27 \times 4 = x + x + 2 + x + 4 + x + 6$

$108 = 4x + 12$

$4x = 96$

$x = 24$

$\therefore$ सबसे बड़ी संख्या $= 24 + 6 = 30$

11. (c) माना खिलाड़ी द्वारा अन्तिम मैच से पहले विकेटों की संख्या $= x$

प्रश्नानुसार, $\frac{24.85x + 52}{x + 5} = 24.85 - 0.85$

$24.85x + 52 = 24x + 120$

$0.85x = 68$

$x = \frac{68}{0.85} = \frac{6800}{85}$

$x = 80$

$\therefore$ अभीष्ट विकेटों की संख्या = 80

12. (b) प्रश्नानुसार,

$\frac{n + (n+1) + (n+2) + (n+3) + (n+4) + (n+5) + (n+6)}{7} = 20$

$\Rightarrow \quad \frac{7n + 21}{7} = 20$

$\Rightarrow \quad n + 3 = 20 \Rightarrow n = 17$

$\therefore$ सबसे बड़ी संख्या $= n + 6$

$= 17 + 6 = 23$

13. (d) 14 छात्राओं व 1 शिक्षिका की औसत आयु

= 15 वर्ष

$\therefore$ 14 छात्राओं व 1 शिक्षिका की आयु का योग = 225 वर्ष

14 छात्राओं की औसत आयु = 14 वर्ष

14 छात्राओं की आयु का योग = 196 वर्ष

$\therefore$ शिक्षिका की आयु = 225 − 196 = 29 वर्ष

14. (c) माना माता की आयु $= x$ वर्ष

$\therefore$ पिता की आयु $= (x + 8)$ वर्ष

6 पुत्रों की आयु का योग = 48 वर्ष

पुत्रों व माता-पिता की आयु का योग

$= 48 + x + x + 8$

$= 56 + 2x$

पुत्रों व माता-पिता की औसत आयु

$= \frac{56 + 2x}{8}$

$\Rightarrow \quad 22 = \frac{56 + 2x}{8}$

$\Rightarrow \quad 2x = 120 \Rightarrow x = 60$ वर्ष

15. (a) माना छठे महीने की बिक्री = ₹ x

$\therefore$ प्रश्नानुसार,

$6500 = \frac{6435 + 6927 + 6855 + 7230 + 6562 + x}{6}$

$\Rightarrow 39000 = 34009 + x$

$\Rightarrow x = 39000 - 34009 =$ ₹ 4991

16. (c) नया माध्य

$= \frac{50 \times 36 - 23 + 48}{50} = 36.5$

17. (c) $A + B + C = 84 \times 3 = 252$ किग्रा

$A + B + C = 80 \times 4 = 320$ किग्रा

$\because \quad D = 320 - 252 = 68$ किग्रा

$\therefore E = 68 + 3 = 71$ किग्रा

$B + C + D + E = 79 \times 4 = 316$ किग्रा

$\because \quad B + C = 316 - D - E$

$= 316 - 68 - 71 = 177$ किग्रा

$\therefore A = 252 - 177 = 75$ किग्रा

18. (a) 15 विद्यार्थियों की औसत आयु = 15 वर्ष

15 विद्यार्थियों की कुल आयु = 225 वर्ष

5 विद्यार्थियों की कुल आयु = 70 वर्ष

9 विद्यार्थियों की कुल आयु = 144 वर्ष

15वें विद्यार्थी की आयु = 225 − 70 − 144

= 11 वर्ष

19. (b) माना रिटायर होने वाले शिक्षक की आयु $= x$

और शिक्षकों की औसत आयु $= y$

प्रश्नानुसार,

$$\frac{10y + 25 - x}{10} = y - 3$$

$$10y + 25 - x = 10y - 30$$

$x = 55$ वर्ष

20. (c) पूरी यात्रा में औसत चाल $= \frac{2xy}{x + y}$

$$= \frac{2 \times 15 \times 10}{25}$$

= 12 किमी/घण्टा

21. (b) माना दूसरी संख्या x है

तब $x + N = 2M$

या $x = 2M - N$

22. (a) $n_1 + n_2 = 120, \bar{x} = 35$

$x_1 = 39, \quad x_2 = 15$

$$\therefore \quad \bar{x} = \frac{n_1 x_1 + n_2 x_2}{n_1 + n_2}$$

$$\Rightarrow \quad 35 = \frac{39n_1 + 15(120 - n_1)}{120}$$

$\Rightarrow 39n_1 + 1800 - 15n_1 = 4200$

$\Rightarrow \quad 24n_1 = 2400$

$\Rightarrow \quad n_1 = 100$

23. (b) माना पहली संख्या $= 3x$

दूसरी संख्या $= 6x$

तथा तीसरी संख्या $= 2x$

प्रश्नानुसार,

$$44 = \frac{3x + 6x + 2x}{3}$$

$\Rightarrow \quad 132 = 11x$

$$\Rightarrow \quad x = \frac{132}{11} = 12$$

बड़ी संख्या $= 6 \times 12 = 72$

24. (d) माना दो नये व्यक्तियों की आयु का औसत y वर्ष है।

$$(x + 2) = \frac{8x - 21 - 23 + 2y}{8}$$

$\Rightarrow \quad 8x + 16 = 8x - 44 + 2y$

$\Rightarrow \quad 2y = 16 + 44$

$\Rightarrow \quad y = 30$ वर्ष

25. (a) $\frac{A + B}{2} = 14000$

$\Rightarrow \quad A + B = 28000 \quad$ ...(i)

इसी प्रकार $B + C = 31200$ ...(ii)

तथा $C + A = 28800 \quad$ ...(iii)

समी (i), (ii) व (iii) को जोड़ने पर,

$2(A + B + C) = 88000$

$\Rightarrow \quad A + B + C = 44000 \quad$ ...(iv)

समी (i) व (iv) को हल करने पर,

$C =$ ₹16000

26. (c) माना A, B, C तथा D चार संख्याएँ हैं।

$$\therefore \quad \frac{A + B + C}{3} = 3D$$

$A + B + C = 9D \quad$ ...(i)

$$\text{तथा} \quad \frac{A + B + C + D}{4} = 5$$

$\Rightarrow \quad 9D + D = 20$

$\Rightarrow \quad 10D = 20 \Rightarrow D = 2$

27. (c) सही औसत

$$= \frac{14 \times 71 - 42 - 74 + 56 + 32}{14}$$

$$= \frac{196}{14} = 69$$

28. (b) सही औसत मजदूरी

$$= \frac{500 \times 200 + 80 + 220 - 180 - 20}{500}$$

$$= \frac{100000 + 100}{500} = \text{₹ } 200.20$$

29. (b) नये छात्र का भार $= 25 + 30 \times 0.5$

$= 25 + 15$

= 40 किग्रा

30. (a)

$\text{Mon} + \text{Thu} + \text{Wed} = 75 \times 3 = 225°$

$\text{Tue} + \text{Wed} + \text{Thu} = 77 \times 3 = 231°$

उपरोक्त समीकरणों से,

$\text{Mon} - 76 = -6$

$\text{Mon} = 76 - 6$

$\text{Mon} = 70°$

31. (c) चार भाईयों की कुल आयु $= 10 \times 4 = 40$ वर्ष

प्रश्नानुसार, $\frac{40 + x}{5} = 18$

$40 + x = 90$

$x = 50$

∴ दो वर्ष बाद पिता की आयु = 52 वर्ष

32. (d) प्रश्नानुसार,

$$\frac{16 + 13 + 14 + x + 12}{5} = 14$$

$55 + x = 70$

$x = 15$ वर्ष

33. (d) 6 सदस्यों की औसत आयु = 40

6 सदस्यों की कुल आयु $= 40 \times 6$ वर्ष

= 240 वर्ष

सबसे बड़े व्यक्ति की मृत्यु के बाद कुल आयु = 240 − 95 = 145 वर्ष

वर्तमान में परिवार की औसत आयु $= \frac{145}{5}$

= 29 वर्ष

34. (c) $\text{Mon} + \text{Tue} + \text{Wed} = 261 \times 3$ = 783 लीटर

$\text{Thu} + \text{Fri} = 240 \times 2 = 480$ लीटर

$\text{Sat} + \text{Sun} = 345 \times 2 = 690$ लीटर

∴ परिवार की साप्ताहिक पानी की खपत

$$= \frac{\text{Mon} + \text{Thu} + \text{Wed} + \text{Thi} + \text{Fri} + \text{Sat} + \text{Sun}}{7}$$

$$= \frac{783 + 480 + 690}{7}$$

$$= \frac{1953}{7} = 279 \text{ लीटर}$$

अध्याय 8

प्रतिशतता
PERCENTAGE

प्रतिशतता Percentage

प्रतिशत का शाब्दिक अर्थ है प्रति + शत् अर्थात एक सैकड़ा या प्रति सौ। इसे % द्वारा दर्शाते हैं। जब हम इस प्रकार के प्रश्नों के एक या एक से अधिक उत्तरों को प्रतिशत में व्यक्त करके हल करते हैं, तो वह 'प्रतिशतता' कहलाती है

उदाहरण 20% का अर्थ है $\frac{20}{100}$ तथा $x\% = \frac{x}{100}$

नियम Rules

1. x का $y\% = \frac{xy}{100}$
2. किसी भी भिन्न या दशमलव भिन्न को प्रतिशत के रूप में बदलने के लिए उसमें 100 से गुणा करके प्रतिशत का चिन्ह लगा देते हैं।

   उदाहरण $\frac{16}{20}$ का मान प्रति $= \frac{16}{20} \times 100\% = 80\%$
3. प्रतिशत को दशमलव भिन्न या भिन्न में परिवर्तित करने के लिए उसे 100 से भाग देकर प्रतिशत का चिन्ह हटा देते हैं।

   उदाहरण $40\% = \frac{40}{100} = 0.40$
4. किसी वस्तु या संख्या के मान में हुई कमी या वृद्धि का

   $$\text{प्रतिशत} = \frac{\text{मान में कमी या वृद्धि}}{\text{संख्या का प्रारम्भिक मान}} \times 100\%$$
5. माना किसी नगर की वर्तमान जनसंख्या P है तथा जनसंख्या में $r\%$ की वार्षिक वृद्धि होती है, तब

   (i) n वर्ष पश्चात् नगर की जनसंख्या $= P\left(1 + \frac{r}{100}\right)^n$

   (ii) n वर्ष पूर्व नगर की जनसंख्या $= \frac{P}{\left(1 + \frac{r}{100}\right)^n}$ यदि नगर की जनसंख्या में कमी हो रही हो, तो उपरोक्त सूत्रों में $r\%$ के स्थान पर $-r\%$ रखते हैं।

अति महत्त्वपूर्ण प्वॉइंटस एवं फॉर्मूले

- यदि A की आय, B की आय से $x\%$ अधिक हो, तो B की आय, A की आय से $\left(\frac{x}{100 + x} \times 100\right)\%$ कम होगी।
- यदि A की आय, B की आय से $x\%$ कम हो, तो B की आय, A की आय से $\left(\frac{x}{100 - x} \times 100\right)\%$ अधिक होगी।
- यदि किसी वस्तु के मूल्य में $r\%$ की कमी होती है, तो उसकी माँग में $\left(\frac{r}{100 - r} \times 100\right)\%$ की वृद्धि हो जाने पर खर्च समान रहता है।
- यदि किसी राशि में पहले $x\%$ की वृद्धि की जाए तथा पुनः $x\%$ की कमी की जाए, तो उस राशि में सदैव कमी आती है। यह कमी $\frac{x^2}{100}\%$ होती है।
- किसी परीक्षा में $r_1\%$ विद्यार्थी एक विषय में तथा $r_2\%$ विद्यार्थी दूसरे विषय में तथा $r_3\%$ विद्यार्थी दोनों विषयों में अनुत्तीर्ण हो, तो कुल अनुत्तीर्ण विद्यार्थियों का प्रतिशत $= (r_1 + r_2 - r_3)\%$ तथा कुल उत्तीर्ण विद्यार्थियों का प्रतिशत $= [100 - (r_1 + r_2 - r_3)]\%$
- यदि किसी वस्तु के मूल्य में पहले $r_1\%$ की वृद्धि की जाए तथा पुनः $r_2\%$ की वृद्धि की जाए, तो कुल प्रतिशत वृद्धि $\left(r_1 + r_2 + \frac{r_1 r_2}{100}\right)\%$ होगी।

✓ अति महत्त्वपूर्ण प्रश्न

1 यदि 40 का 30% = (x का 25%) + 1 हो, तो x का मान है
(a) 28 (b) 38 (c) 42 (d) 44

2 5% का 8% कितने प्रतिशत है?
(a) 160% (b) 150% (c) 115% (d) 130%

3 0.035 बराबर है
(a) 0.35% (b) 35% (c) 3.5% (d) 49.5%

4 यदि 36 का x% = 84 हो, तो x का मान है
(a) $233\frac{1}{3}$ (b) $37\frac{1}{2}$ (c) $2\frac{2}{3}$ (d) $266\frac{2}{3}$

5 2 क्विन्टल, 2.5 किग्रा का कितने प्रतिशत है?
(a) 0.8% (b) 800%
(c) 8000% (d) इनमें से कोई नहीं

6 यदि x का 8% = y का 4% हो, तो x का 20% क्या है?
(a) y का 10% (b) y का 16%
(c) y का 80% (d) इनमें से कोई नहीं

7 किसी परीक्षा में 70% परीक्षार्थी अंग्रेजी में तथा 80% परीक्षार्थी गणित में उत्तीर्ण हुए तथा 10% दोनों विषयों में अनुत्तीर्ण हुए। यदि दोनों विषयों में कुल 144 परीक्षार्थी उत्तीर्ण हुए हो, तो परीक्षार्थियों की कुल संख्या थी
(a) 125 (b) 200 (c) 240 (d) 375

8 किसी चुनाव में 8% मतदाताओं ने अपने मत नहीं डाले। इस चुनाव में केवल दो ही प्रत्याशी थे। जीतने वाले प्रत्याशी ने कुल मतों के 48% मत प्राप्त कर 1100 मतों से चुनाव में दूसरे प्रत्याशी को हरा दिया। चुनाव में कुल मत थे
(a) 21000 (b) 23500 (c) 22000 (d) 27500

9 यदि A की आय का 60%, B की आय के 75% के बराबर है तथा B की आय, A की आय के x% के बराबर है। x का मान है
(a) 70 (b) 60 (c) 80 (d) 90

10 एक परीक्षार्थी किसी परीक्षा में 20% अंक प्राप्त करके 30 अंकों से अनुत्तीर्ण हो जाता है, परन्तु अन्य परीक्षार्थी 32% अंक प्राप्त करके न्यूनतम अंकों से 42 अंक अधिक प्राप्त करता है। तब उत्तीर्ण होने के लिए न्यूनतम अंकों का प्रतिशत है
(a) 52% (b) 50% (c) 33% (d) 25%

11 किसी वर्ष एक शहर की जनसंख्या 9000 थी। यदि अगले वर्ष पुरुषों की संख्या में 5% तथा महिलाओं की संख्या में 8% की वृद्धि हो, तो उसकी संख्या 9600 हो जाएगी। दिए गए वर्ष में पुरुष तथा महिलाओं की संख्याओं में क्या अनुपात था?
(a) 2 : 3 (b) 5 : 4 (c) 3 : 2 (d) 4 : 5

12 एक व्यक्ति ने अपनी आय का 20% अपने बड़े पुत्र को दिया तथा शेष का 30% अपने छोटे पुत्र को दे दिया। शेष बची हुई राशि का 10% उसने एक ट्रस्ट को दे दिया और इस प्रकार उसके पास ₹ 10080 बचे। उसकी आय थी
(a) ₹ 50000 (b) ₹ 40000
(c) ₹ 30000 (d) ₹ 20000

13 किसी परीक्षा देने वालों में 640 लड़के तथा 360 लड़कियाँ थीं। लड़कों के 60% तथा लड़कियों के 80% परीक्षार्थी सफल रहे। फेल होने वाले परीक्षार्थियों का प्रतिशत था
(a) 20 (b) 60 (c) 30.5 (d) 32.8

14 किसी संख्या में 10% की वृद्धि कर दी जाती है तथा पुनः उसमें 10% की कमी कर दी जाती है। अन्तिम रूप से उस संख्या में
(a) कोई परिवर्तन नहीं होता है
(b) 1% की कमी हो जाती है
(c) 1% की वृद्धि हो जाती है
(d) 0.1% की वृद्धि हो जाती है

15 दो संख्याओं का अन्तर 1660 है। यदि एक संख्या का $6\frac{1}{2}$%, दूसरी संख्या के $8\frac{1}{2}$% के बराबर है, तो छोटी संख्या है
(a) 7055 (b) 5395 (c) 3735 (d) 2075

16 किसी जनपद में रहने वाले व्यक्तियों की संख्या 64000 है। यदि यह जनसंख्या $2\frac{1}{2}$% वार्षिक की दर से बढ़ती है, तो 3 वर्ष बाद वहाँ रहने वाले व्यक्तियों की संख्या हो जायेगी
(a) 70000 (b) 69200 (c) 68921 (d) 68911

17 यदि किसी पुस्तक के मूल्य में पहले 25% की कमी कर दी जाये तथा पुनः 20% की वृद्धि कर दी जाये, तो पुस्तक के मूल्य में शुद्ध परिवर्तन होगा
(a) 10% कमी (b) 5% कमी
(c) कोई परिवर्तन नहीं (d) 5% वृद्धि

18 किसी स्कूल में लड़कों की संख्या तथा लड़कियों की संख्या का अनुपात 4 : 1 हैं यदि लड़कों के 75% को तथा लड़कियों के 70% को छात्रवृत्ति मिलती है, तो उन विद्यार्थियों का प्रतिशत जिन्हें छात्रवृत्ति नहीं मिलती है, हैं
(a) 50 (b) 28 (c) 75 (d) 26

19 अक्षु ने अपने वेतन का 40% भोजन पर, 20% मकान किराये पर, 10% मनोरंजन पर तथा 10% परिवहन पर व्यय करती है। यदि माह के अन्त में उसकी बचत ₹ 1500 है, तो उसका मासिक वेतन है
(a) ₹ 8000 (b) ₹ 7500
(c) ₹ 6000 (d) ₹ 10000

20 ₹ 10000 का $33\frac{1}{3}$% का 0.15 % है

(a) ₹ 5 (b) ₹ 150 (c) ₹ 0.05 (d) ₹ 105

21 यदि x का 30% = 72 हो, तो x का मान है

(a) 216 (b) 240 (c) 480 (d) 640

22 यदि $(A+B)$ का 15% = $(A-B)$ का 25% हो, तो B का कितने प्रतिशत A के बराबर है?

(a) 10% (b) 60% (c) 200% (d) 400%

23 यदि संख्या x एक अन्य संख्या y से 10% कम है तथा y संख्या 125 से 10% अधिक है, तो x का मान बराबर है

(a) 150 (b) 143 (c) 140.55 (d) 123.75

24 दो संख्याएँ किसी तीसरी संख्या की क्रमशः 20% तथा 50% हैं। पहली संख्या, दूसरी संख्या के कितने प्रतिशत है?

(a) 10% (b) 20% (c) 30% (d) 40%

25 नीलम अपनी कुल आय का 20% मकान के किराये पर तथा शेष का 70% घरेलू मद पर खर्च करती है। यदि वह ₹ 3600 की बचत करती है, तो उसकी कुल आय कितनी है?

(a) ₹ 15000 (b) ₹ 10500 (c) ₹ 10050 (d) ₹ 10000

26 A की आय, B की आय से 10% अधिक है। माना B की आय, A की आय से x% कम है। x का मान है

(a) $9\frac{1}{11}$% (b) $10\frac{1}{11}$% (c) 11% (d) 10%

27 किसी व्यक्ति के वेतन में पहले 20% की वृद्धि की गई तथा पुन: उसमें 20% की कमी की गई। उसके वेतन में परिवर्तन है

(a) 4% कमी (b) 4% वृद्धि

(c) 8% कमी (d) 20% वृद्धि

28 एक फल विक्रेता के पास कुछ सेब थे। वह 40% सेब बेच देता है तथा उसके पास 420 सेब बचे रहते हैं। प्रारम्भ में उसके पास सेब थे

(a) 588 (b) 600

(c) 672 (d) 700

29 यदि चावल का मूल्य 20% कम हो जाए, तो कोई व्यक्ति ₹ 100 में 2 किग्रा चावल अधिक खरीद सकता है। चावल का घटा हुआ मूल्य है

(a) ₹ 50 प्रति किग्रा

(b) ₹ 10 प्रति किग्रा

(c) ₹ 40 प्रति किग्रा

(d) ₹ 5 प्रति किग्रा

उत्तरमाला

1.	(d)	2.	(a)	3.	(c)	4.	(a)	5.	(c)	6.	(a)	7.	(c)	8.	(d)	9.	(c)	10.	(d)
11.	(d)	12.	(d)	13.	(d)	14.	(b)	15.	(b)	16.	(c)	17.	(a)	18.	(d)	19.	(b)	20.	(a)
21.	(b)	22.	(d)	23.	(d)	24.	(d)	25.	(a)	26.	(a)	27.	(a)	28.	(d)	29.	(b)		

सॉल्यूशन्स

1. (d) 40 का 30% = (x का 25%) + 1

$$\frac{40\times 30}{100} = x\times\frac{25}{100}+1$$

$$12-1=\frac{x}{4}$$

$$x = 44$$

2. (a) 5% का 8% = $\left(\frac{8\%}{5\%}\times 100\right)\%$

$$= \left(\frac{8/100}{5/100}\times 100\right)\%$$

$$= \left(\frac{8}{5}\times 100\right)\% = 160\%$$

3. (c) $0.035 = 0.035\times 100\%$

$= 3.5\%$

4. (a) 36 का x % = 84

$$36\times\frac{x}{100} = 84$$

$$x = \frac{84\times 100}{36}$$

$$x = 233\frac{1}{3}$$

5. (c) 2.5 किग्रा का x% = 2 क्विंटल

$$\Rightarrow\ 2.5\times\frac{x}{100} = 200$$

$$\Rightarrow\ x = \frac{200\times 100}{2.5}$$

$$\Rightarrow\ x = 8000\%$$

6. (a) x का 8% = y का 4%

$$\Rightarrow 8x = 4y \Rightarrow x = \frac{y}{2}$$

अब, x का 20% = $\frac{y}{2}\times\frac{20}{100}$ = y का 10%

7. (c) अंग्रेजी में अनुत्तीर्ण परीक्षार्थी

$= 100 - 70 = 30\%$

गणित में अनुत्तीर्ण परीक्षार्थी

$= 100 - 80 = 20\%$

दोनों विषयों में अनुत्तीर्ण परीक्षार्थी = 10%

दोनों विषयों में कुल उत्तीर्ण परीक्षार्थी

$= [100 - (30 + 20 - 10)]\%$

$= (100 - 40)\% = 60\%$

माना कुल परीक्षार्थियों की संख्या x है।

$\therefore$ x का 60% = 144

$$\Rightarrow\ \frac{x\times 60}{100} = 144$$

$$\Rightarrow\ x = \frac{144\times 100}{60} \Rightarrow x = 240$$

8. (d) माना कुल मतदाता x थे। 8% मतदाताओं ने अपने मत नहीं डाले।

जीतने वाले उम्मीदवार को प्राप्त मत = 48%

हारने वाले उम्मीदवार को प्राप्त मत

$= [100 - (48 + 8)]\% = 44\%$

मतों का अन्तर = 1100

$\therefore$ कुल मतों की संख्या $= \frac{\text{मतों में अन्तर}}{\text{प्रतिशत अन्तर}} \times 100$

$= \frac{1100}{48-44} \times 100$

$= \frac{1100 \times 100}{4}$

$= 27500$

9. (c) माना A की आय ₹A तथा B की आय ₹B है।

प्रश्नानुसार,

A की आय का 60% = B की आय का 75%

$\Rightarrow \frac{A \times 60}{100} = \frac{B \times 75}{100}$

$\Rightarrow A = \frac{B \times 75}{60}$

$\Rightarrow A = \frac{5B}{4}$ ...(i)

तथा B की आय = A की आय का x%

$B = A \times \frac{x}{100}$

$\Rightarrow B = \frac{5B}{4} \times \frac{x}{100}$ [समी (i) से]

$\Rightarrow x = \frac{4 \times 100}{5} = 80$

10. (d) यहाँ, $r_1 = 20\%$, $x = 30$ तथा

$r_2 = 32\%$, $y = 42$

$\therefore$ परीक्षा का पूर्णांक $= \frac{x+y}{r_2 - r_1} \times 100$

$= \frac{30+42}{32-20} \times 100$

$= \frac{72}{12} \times 100 = 600$

$\therefore$ परीक्षा के न्यूनतम अंक $= \frac{32 \times 600}{100} - 42$

$= 192 - 42 = 150$

$\therefore$ न्यूनतम अंकों का प्रतिशत

$= \frac{150 \times 100}{600} = 25\%$

11. (d) यदि पुरुष की संख्या x हो तो महिला की संख्या $= (9000 - x)$

$\therefore x \times \frac{105}{100} + (9000 - x)\frac{108}{100} = 9600$

या $-\frac{3x}{100} = 9600 - 9720$

या $x = 4000$

महिला = 9000 − 4000 = 5000

$\therefore$ अभीष्ट अनुपात = 4 : 5

12. (d) माना उसकी आय ₹x थी

$\therefore x = 10080 \times \frac{100}{(100-20)} \times \frac{100}{(100-30)} \times \frac{100}{(100-10)}$

$= 10080 \times \frac{100}{80} \times \frac{100}{70} \times \frac{100}{90}$

= ₹ 20000

13. (d) यहाँ, $A = 640$, $B = 360$

तथा $r_1 = 60\%$, $r_2 = 80\%$

सफल परीक्षार्थियों का प्रतिशत

$= \left(\frac{A \cdot r_1 + B \cdot r_2}{A + B}\right)\%$

$= \left(\frac{640 \times 60 + 360 \times 80}{640 + 360}\right)\%$

$= \left(\frac{38400 + 28800}{1000}\right) = 67.2\%$

$\therefore$ फेल होने वाले परीक्षार्थियों का प्रतिशत

$= (100 - 67.2)\% = 32.8\%$

14. (b) प्रतिशत कमी $= \frac{x^2}{100} = \frac{(10)^2}{100} = \frac{100}{100} = 1\%$

15. (b) माना दो संख्याएँ $(1660 + x)$ तथा x हैं।

प्रश्नानुसार,

$(1660 + x)$ का $6\frac{1}{2}\%$ = x का $8\frac{1}{2}\%$

$\Rightarrow (1660 + x) \times \frac{13}{2 \times 100} = x \times \frac{17}{2 \times 100}$

$\Rightarrow 21580 + 13x = 17x$

$\Rightarrow 21580 = 4x$

$\Rightarrow x = \frac{21580}{4} = 5395$

16. (c) $P = 64000$, $r = 2\frac{1}{2}\% = \frac{5}{2}\%$

तथा $n = 3$ वर्ष

3 वर्ष पश्चात् जनसंख्या $= P\left(1 + \frac{r}{100}\right)^n$

$= 64000\left(1 + \frac{5}{200}\right)^3$

$= 64000 \times \frac{41}{40} \times \frac{41}{40} \times \frac{41}{40} = 68921$

17. (a) यहाँ, $r_1 = 20\%$ तथा $r_2 = 25\%$

$\therefore$ अभीष्ट परिवर्तन $= \left(r_1 - r_2 - \frac{r_1 r_2}{100}\right)\%$

$= \left(20 - 25 - \frac{20 \times 25}{100}\right)\%$

$= (-5 - 5)\% = -10\%$

अर्थात् पुस्तक के मूल्य में 10% की कमी होगी।

18. (d) माना लड़कियों की संख्या = x

$\therefore$ लड़कों की संख्या = $4x$

स्कूल में कुल विद्यार्थी = $4x + x = 5x$

लड़कियों की संख्या, जिन्हें छात्रवृत्ति नहीं मिलती है,

$= x$ का $30\% = \frac{3x}{10}$

लड़कों की संख्या, जिन्हें छात्रवृत्ति नहीं मिलती,

$= 4x$ का $25\% = 4x \times \frac{1}{4} = x$

$\therefore$ कुल विद्यार्थियों की संख्या, जिन्हें छात्रवृत्ति नहीं मिलती,

$= \frac{3x}{10} + x = \frac{13x}{10}$

अत: अभीष्ट विद्यार्थियों का प्रतिशत

$= \frac{13x/10}{5x} \times 100 = 26\%$

19. (b) अक्षु के कुल व्यय का प्रतिशत

$= (40 + 20 + 10 + 10) = 80\%$

अक्षु की बचत का प्रतिशत

$= (100 - 80)\% = 20\%$

अक्षु का मासिक वेतन

$= \frac{100 \times 1500}{20}$ = ₹ 7500

20. (a) ₹ 10000 का $33\frac{1}{3}\%$ का 0.15%

$= 10000 \times \frac{100}{3 \times 100} \times \frac{0.15}{100}$ = ₹ 5

21. (b) x का 30% = 72

$\Rightarrow x \times \frac{30}{100} = 72$

$\Rightarrow x = \frac{72 \times 100}{30} = 240$

22. (d) $(A + B)$ का 15% = $(A - B)$ का 25%

$\Rightarrow \frac{(A+B) \times 15}{100} = \frac{(A-B) \times 25}{100}$

$\Rightarrow 15A + 15B = 25A - 25B$

$\Rightarrow 40B = 10A$

$\Rightarrow B = \frac{10A}{40}$

माना B का $x\% = A$

$\therefore \frac{B \times x}{100} = A$

$\Rightarrow x = \frac{A \times 100}{10A/40} = \frac{100 \times 40}{10}$

$= 400\%$

23. (d) $y = 125 + 125$ का 10%

$$y = 125 + \frac{125 \times 10}{100}$$

$$= 125 + 12.5 = 137.5$$

तथा $x = y - y$ का 10%

$$x = y - \frac{y \times 10}{100} = \frac{9y}{10}$$

$$x = \frac{9 \times 137.5}{10} = 123.75$$

24. (d) माना तीसरी संख्या $= x$

$\therefore$ पहली संख्या $= \frac{x \times 20}{100} = \frac{x}{5}$

तथा दूसरी संख्या $= \frac{x \times 50}{100} = \frac{x}{2}$

माना पहली संख्या, दूसरी संख्या की y% है।

$\therefore$ $\frac{x}{5} = \frac{x}{2}$ का y%

$$\frac{x}{5} = \frac{x}{2} \times \frac{y}{100}$$

$\Rightarrow$ $y = \frac{2 \times 100}{5} = 40\%$

25. (a) यहाँ, $r_1 = 20\%$, $r_2 = 70\%$,

$x = 3600$

$\therefore$ नीलम की कुल आय

$$= \frac{100 \times 100 \times 3600}{(100 - 20)(100 - 70)}$$

$$= \frac{100 \times 100 \times 3600}{80 \times 30} = ₹15000$$

26. (a) यदि A की आय, B की आय से 10% अधिक है, तो B की आय, A की आय से $\left(\frac{10}{100 + 10} \times 100\right) = 9\frac{1}{11}\%$ कम होगी।

$\therefore$ $x = 9\frac{1}{11}\%$

27. (a) यहाँ, $r_1 = 20\%$, $r_2 = 20\%$

अभीष्ट परिवर्तन $= \left(r_1 - r_2 - \frac{r_1 r_2}{100}\right)\%$

$$= \left(20 - 20 - \frac{20 \times 20}{100}\right)\% = -4\%$$

$\therefore$ वेतन में 4% की कमी हो जागी।

28. (d) माना प्रारम्भ में उसके पास x सेब थे

$$x - x \times \frac{40}{100} = 420$$

$$x \times \frac{60}{100} = 420$$

$$x = \frac{420 \times 100}{60} = 700$$

29. (b) यहाँ, $r_1 = 20\%$, $x = ₹ 100$,

$A = 2$ किग्रा

$\therefore$ चावल का वास्तविक मूल्य

$$= \frac{20 \times 100}{(100 - 20) \times 2}$$

$$= \frac{2000}{80 \times 2}$$

= ₹ 12.5 प्रति किग्रा

अत: चावल का घटा हुआ मूल्य

$$= 12.5 - \frac{12.5 \times 20}{100}$$

= ₹ 10 प्रति किग्रा

अध्याय 9

लाभ, हानि एवं बट्टा
PROFIT, LOSS AND DISCOUNT

क्रय मूल्य Cost Price

किसी वस्तु को खरीदने में जो लागत आती है वह उस वस्तु का क्रय मूल्य कहलाता है।

विक्रय मूल्य Selling Price

वह मूल्य जिस पर किसी वस्तु को बेचा जाता है वह उस वस्तु का विक्रय मूल्य कहलाता है।

लाभ Profit

यदि किसी वस्तु का विक्रय मूल्य वस्तु के क्रय मूल्य से अधिक होता है, तब इस स्थिति में वस्तु को बेचने पर लाभ होता है।
विक्रय मूल्य > क्रय मूल्य = लाभ; लाभ = विक्रय मूल्य – क्रय मूल्य

लाभ प्रतिशत ज्ञात करना

जब एक या एक से अधिक वस्तु बेचने की दर दी जाती है। जब इसी दर से वस्तु का क्रय मूल्य ज्ञात किया जाता है।

हानि Loss

यदि किसी वस्तु का विक्रय मूल्य वस्तु के क्रय मूल्य से कम होता है, तब इस स्थिति में वस्तु को बेचने पर हानि होती है।

क्रय मूल्य > विक्रय मूल्य = हानि; हानि
= क्रय मूल्य – विक्रय मूल्य

उपरिव्यय Over heads

खरीदी हुई वस्तु को केन्द्र तक लाने, उसके रख-रखाव में किए गए खर्च को उपरिव्यय कहा जाता है

लागत Expenditure

क्रय मूल्य तथा उपरिव्यय के योग को लागत कहा जाता है।

अंकित मूल्य Marked Price

वह मूल्य जो किसी वस्तु पर लिखा या छपा रहता है, अंकित मूल्य कहलाता है।

बट्टा या छूट Discount

यदि कोई व्यापारी किसी वस्तु के अंकित मूल्य पर कुछ छूट दे, तो इसी छूट को बट्टा कहते हैं। बट्टे का सामान्य अर्थ छूट से है।

फुटकर विक्रेता द्वारा अंकित मूल्य पर छूट दिया जाना ही बट्टा कहलाता है। बट्टा = अंकित मूल्य × बट्टे की दर

बट्टा सदैव अंकित मूल्य पर दिया जाता है।

महत्त्वपूर्ण फॉर्मूले

- प्रतिशत लाभ $= \frac{\text{लाभ} \times 100}{\text{क्रय मूल्य}}\%$
- प्रतिशत हानि $= \frac{\text{हानि} \times 100}{\text{क्रय मूल्य}}\%$
- यदि किसी वस्तु को बेचने पर $x\%$ लाभ हो, तो

  वस्तु का क्रय मूल्य $= \frac{\text{विक्रय मूल्य} \times 100}{(100 + x)}$

  तथा वस्तु का विक्रय मूल्य $= \frac{\text{क्रय मूल्य} \times (100 + x)}{100}$
- यदि किसी वस्तु को बेचने पर $x\%$ की हानि हो, तो वस्तु का क्रय मूल्य

  $= \frac{\text{विक्रय मूल्य} \times 100}{(100 - x)}$

  तथा वस्तु का विक्रय मूल्य $= \frac{\text{क्रय मूल्य} \times (100 - x)}{100}$

अति महत्त्वपूर्ण प्वॉइंटस एवं फॉर्मूले

- यदि दो वस्तुएँ ₹S में बेची जाती है। एक वस्तु r% हानि पर तथा दूसरी वस्तु R% लाभ पर बेची जाती है, तब

 (i) हानि पर बेची गयी वस्तु का क्रय मूल्य $= \dfrac{S\,(100+R)}{(100-r)+(100+R)}$

 (ii) लाभ पर बेची गयी वस्तु का क्रय मूल्य $= \dfrac{S\,(100-r)}{(100-r)+(100+R)}$

- यदि किसी वस्तु को r% लाभ लेकर ₹A में बेचा जाता है, तो R% लाभ पर बेचने पर विक्रय मूल्य $\dfrac{A\,(100+R)}{(100+r)}$ होगा।

- यदि किसी वस्तु को r% हानि पर ₹A में बेचा जाता है, तो R% लाभ पर बेचने पर विक्रय मूल्य $\dfrac{A\,(100+R)}{(100-r)}$ होगा।

- यदि कोई वस्तु r% लाभ पर बेचने के स्थान पर R% लाभ पर बेची जाती है, तो ₹A का लाभ होता है, तब वस्तु का क्रय मूल्य ₹$\left(\dfrac{A\times100}{R-r}\right)$ होता है।

- यदि किन्हीं दो वस्तुओं के विक्रय मूल्य समान है तथा एक वस्तु पर r% लाभ तथा दूसरी वस्तु पर r% की हानि होती है, तब बेचने पर सदैव $\left(\dfrac{r^2}{100}\right)$% की हानि होती है।

- यदि x वस्तुओं का क्रय मूल्य, y वस्तुओं के विक्रय मूल्य के बराबर हो तथा $x > y$ हो, तब सदैव लाभ होता है।
 तब प्रतिशत लाभ $= \left(\dfrac{x-y}{y}\times100\right)$% परन्तु यदि $x < y$ हो, तब सदैव $\left(\dfrac{y-x}{y}\times100\right)$% की हानि होती है।

- यदि A किसी वस्तु को ₹x में खरीदकर r% लाभ या हानि पर B को बेच देता है। पुनः B उस वस्तु को R% लाभ या हानि पर A को वापस बेच देता है, तो इस सौदे में A को हुआ लाभ या हानि $= x\left(\dfrac{100\pm r}{100}\right)\left(1-\dfrac{100\pm R}{100}\right)$

- एक विक्रेता किसी वस्तु को क्रय मूल्य पर बेचता है परन्तु x ग्राम बॉट के स्थान पर y ग्राम का बॉट ही प्रयोग करता है, तब विक्रेता का प्रतिशत लाभ या हानि
 $$= \left(\dfrac{x-y}{y}\times100\right)\%$$

- यदि एक रुपये में x वस्तु बेचने पर r% का लाभ या हानि हो, तो एक रुपये में खरीदी वस्तुओं की संख्या $\dfrac{x\,(100\pm r)}{100}$ होगी।

- यदि एक रुपये में x वस्तु खरीदने पर r% का लाभ या हानि हो, तो एक रुपये में बेची गई वस्तुओं की संख्या $\dfrac{x\times100}{(100\pm r)}$ होगी।

- एक विक्रेता किसी वस्तु को r% लाभ पर बेचता है, परन्तु R% कम भार का उपयोग करता है, तो विक्रेता का कुल प्रतिशत लाभ $\left(\dfrac{r+R}{100-R}\times100\right)$% होगा।

- यदि किसी वस्तु के मूल्य में x% की कमी हो जाये, तो ₹y में z किग्रा अधिक खरीदा जा सके, तो

 (i) प्रति किग्रा घटा हुआ मूल्य = ₹$\dfrac{y\times x}{100\times z}$

 (ii) प्रति किग्रा पहले का मूल्य $= \dfrac{\text{प्रति किग्रा घटा मूल्य}\times100}{(100-x)}$

- यदि A, B को r_1% लाभ पर तथा B, C को r_2% लाभ पर बेचे, तो C का विक्रय मूल्य = A का क्रय मूल्य $\left(1+\dfrac{r_1}{100}\right)\left(1+\dfrac{r_2}{100}\right)$

- विक्रय मूल्य = अंकित मूल्य − बट्टा

- यदि किसी वस्तु को बेचने पर r% का बट्टा दिया जा रहा हो, तो वस्तु का विक्रय मूल्य = अंकित मूल्य $\times \dfrac{100-r}{100}$

- यदि किसी वस्तु के अंकित मूल्य पर क्रमशः r% व R% का बट्टा दिया जा रहा हो, तो वस्तु का विक्रय मूल्य = अंकित मूल्य $\times \dfrac{100-r}{100}\times\dfrac{100-R}{100}$

- यदि दो बट्टा श्रेणी r% तथा R% हो, तो इनके समतुल्य बट्टा $\left(r+R-\dfrac{rR}{100}\right)$% होगा।

- यदि किसी वस्तु पर r% छूट देकर भी R% का लाभ प्राप्त करना हो, तो वस्तु का अंकित मूल्य = क्रय मूल्य $\times \left(\dfrac{100+R}{100-r}\right)$

- यदि किसी वस्तु पर r% छूट देने के उपरान्त भी R% का लाभ प्राप्त करना हो, तो वस्तु का अंकित मूल्य $\left(\dfrac{r+R}{100-r}\times100\right)$% बढ़ाकर अंकित किया जायेगा।

- यदि किसी वस्तु को क्रमशः r_1%, r_2% तथा r_3% के क्रमिक बट्टे पर बेचा जाता है, तो
 वस्तु का विक्रय मूल्य = अंकित मूल्य $\times \left(\dfrac{100-r_1}{100}\right)\left(\dfrac{100-r_2}{100}\right)\left(\dfrac{100-r_3}{100}\right)$
 तथा यदि विक्रय मूल्य दिया हो, तो
 वस्तु का अंकित मूल्य = विक्रय मूल्य $\times \dfrac{100\times100\times100}{(100-r_1)(100-r_2)(100-r_3)}$

✓ अति महत्त्वपूर्ण प्रश्न

1 किसी वस्तु को ₹ 51 में बेचने से 15% हानि होती है। इस वस्तु पर 10% लाभ कमाने के लिए विक्रय मूल्य क्या होगा?
(a) ₹ 52 (b) ₹ 56 (c) ₹ 66 (d) ₹ 72

2 किसी वस्तु का विक्रय मूल्य इसके क्रय मूल्य का 5/4 गुना है। लाभ प्रतिशत कितना है?
(a) $20\frac{1}{3}\%$ (b) $20\frac{1}{2}\%$ (c) 25% (d) $33\frac{1}{3}\%$

3 किसी वस्तु को ₹ 580 में बेचने से हुई हानि ₹ 740 में बेचने पर हुए लाभ से ₹ 50 अधिक है। वस्तु का क्रय मूल्य क्या है?
(a) ₹ 625 (b) ₹ 600 (c) ₹ 650 (d) ₹ 685

4 अजय ने 15 किग्रा दाल, ₹ 14.50 प्रति किग्रा तथा 10 किग्रा दाल, ₹ 13 प्रति किग्रा की दर से खरीदी। दोनों प्रकार की दालों को मिलाकर मिश्रण को ₹ 15 प्रति किग्रा की दर से बेचने पर कितना लाभ होगा?
(a) ₹ 1.10 (b) ₹ 11 (c) ₹ 16.50 (d) ₹ 27.50

5 राम ने एक गाय रहीम को 20% लाभ पर बेच दी तथा रहीम ने इसे रॉबर्ट को 25% लाभ पर बेच दिया। यदि रॉबर्ट ने ₹ 900 दिये हो, तो राम ने गाय कितने रुपये में खरीदी?
(a) ₹ 600 (b) ₹ 700 (c) ₹ 750 (d) ₹ 800

6 एक फल विक्रेता आम ₹ 9 प्रति किग्रा बेचता है, तब उसे 20% हानि होती है। 5% लाभ कमाने के लिए उसे 1 किग्रा आम किस दर से बेचने होंगे?
(a) ₹ 11.81 (b) ₹ 12.31 (c) ₹ 15 (d) ₹ 16

7 एक व्यक्ति ₹ 380 में एक वस्तु खरीदता है और वह विक्रय मूल्य का 20% मरम्मत पर खर्च करता है फिर भी उसे 20% लाभ होता है, तो उस वस्तु का विक्रय मूल्य क्या होगा?
(a) ₹ 600 (b) ₹ 660 (c) ₹ 760 (d) ₹ 330

8 एक व्यक्ति ने दो गायों को ₹ 4200 में खरीदा। उसने एक गाय को 15% लाभ पर तथा दूसरी गाय को 10% हानि पर बेचा। परन्तु इस व्यवसाय में उसे न तो लाभ होता है और न ही हानि होती है, तो पहली गाय का क्रय मूल्य क्या है?
(a) ₹ 1250 (b) ₹ 1680 (c) ₹ 2000 (d) ₹ 2500

9 यदि 24 वस्तुओं का क्रय मूल्य 18 वस्तुओं के विक्रय मूल्य के बराबर है, तो लाभ प्रतिशत है
(a) 25% (b) 20% (c) 15% (d) $33\frac{1}{3}\%$

10 एक घड़ी को ₹ 820 में बेचने पर उतना ही लाभ होता है जितना कि ₹ 650 में बेचने पर हानि होती है। घड़ी का क्रय मूल्य है
(a) ₹ 720 (b) ₹ 750 (c) ₹ 800 (d) ₹ 735

11 यदि किसी वस्तु के मूल्य में 15% की कमी की जाती है, तो उस वस्तु की बिक्री में 20% की वृद्धि हो जाती है। विक्रय पर क्या प्रभाव पड़ा?
(a) 2% वृद्धि (b) 1% वृद्धि
(c) 2% कमी (d) इनमें से कोई नहीं

12 किसी व्यक्ति ने एक पुरानी टाइप की मशीन ₹ 1200 में खरीदी और उसकी मरम्मत पर ₹ 200 व्यय किए। उसने उसे ₹ 1680 में बेच दिया। उसका लाभ प्रतिशत है
(a) 20% (b) 10%
(c) 8% (d) 16%

13 100 सन्तरे ₹ 350 में खरीदे गये तथा ₹ 48 प्रति दर्जन की दर से बेच दिये गए। प्रतिशत लाभ या हानि है
(a) 15% हानि (b) 15% लाभ
(c) $14\frac{2}{7}\%$ हानि (d) $14\frac{2}{7}\%$ लाभ

14 एक व्यापारी अपने माल का मूल्य, क्रय मूल्य से 15% अधिक पर अंकित करता है। वह अपने माल को अंकित मूल्य से 12% कम पर बेचता है। उसका लाभ प्रतिशत है
(a) $2\frac{1}{2}\%$ (b) $1\frac{1}{5}\%$ (c) $1\frac{1}{2}\%$ (d) 2%

15 यदि 50 सन्तरों का क्रय मूल्य 40 सन्तरों के विक्रय मूल्य के बराबर है, तो प्रतिशत लाभ है
(a) 5 (b) 10 (c) 20 (d) 25

16 चावल के मूल्य में 20% कमी होने से एक व्यक्ति ₹ 385 में 3.5 किग्रा चावल और खरीद लेता है। चावल का प्रारम्भिक मूल्य है
(a) ₹ 20/किग्रा (b) ₹ 22.50/किग्रा
(c) ₹ 25/किग्रा (d) ₹ 27.50/किग्रा

17 यदि क्रय मूल्य और विक्रय मूल्य का अनुपात 5 : 6 है, तो प्रतिशत लाभ है
(a) 20% (b) $33\frac{1}{3}\%$ (c) 25% (d) 30%

18 एक व्यापारी दो वस्तुओं में से प्रत्येक को ₹ 6000 में बेचता है। पहली वस्तु को बेचने पर उसे 20% लाभ तथा दूसरी वस्तु को बेचने पर 20% की हानि होती है। उसका शुद्ध लाभ या हानि क्या है?
(a) ₹ 300 का लाभ (b) ₹ 240 का लाभ
(c) ₹ 300 की हानि (d) ₹ 240 की हानि

19 सन्तरों को ₹ 25 के 10 की दर से खरीदकर ₹ 25 के 9 की दर से बेचा गया। प्रतिशत लाभ है
(a) $9\frac{1}{11}\%$ (b) 10% (c) $11\frac{1}{9}\%$ (d) $12\frac{1}{2}\%$

20 किसी टेप-रिकॉर्डर को ₹ 950 में बेचने पर श्याम को 5% की हानि होती है। उसे ₹ 1040 में बेचने पर श्याम को कितने प्रतिशत लाभ होगा?
(a) 5% (b) 4% (c) 4.5% (d) 9%

21 किसी वस्तु को ₹ 524 में बेचने से उतना ही लाभ होता है जितना उसे ₹ 452 में बेचने से हानि होती है। उस वस्तु का क्रय मूल्य है
(a) ₹ 480 (b) ₹ 500 (c) ₹ 488 (d) ₹ 485

22 किसी वस्तु को ₹ 72 में बेचने पर 10% की हानि होती है। 5% का लाभ प्राप्त करने के लिए, उस वस्तु का विक्रय मूल्य होना चाहिए
(a) ₹ 87 (b) ₹ 85 (c) ₹ 80 (d) ₹ 84

23 कोई वस्तु 10% की हानि पर बेची जाती है। यदि वस्तु ₹ 9 अधिक में बेची गई होती, तो उस पर $12\frac{1}{2}\%$ लाभ होता है। उस वस्तु का क्रय मूल्य है
(a) ₹ 40 (b) ₹ 45 (c) ₹ 50 (d) ₹ 35

24 कोई व्यक्ति एक साइकिल ₹ 1400 में खरीदता है तथा उसे 15% की हानि पर बेच देता है। उस साइकिल का विक्रय मूल्य क्या है?
(a) ₹ 1202 (b) ₹ 1190 (c) ₹ 1160 (d) ₹ 1000

25 एक व्यक्ति ₹ 1 की 5 की दर से पेन्सिलें खरीद कर उन्हें एक रुपये की 3 की दर से बेचता है। उसका प्रतिशत लाभ है
(a) $66\frac{2}{3}\%$ (b) $76\frac{2}{3}\%$ (c) $56\frac{2}{3}\%$ (d) $46\frac{2}{3}\%$

26 यदि कोई वस्तु ₹ 178 में 11% की हानि पर बेची जाती है, तो 11% लाभ प्राप्त करने के लिए वस्तु का विक्रय मूल्य क्या होना चाहिए?
(a) ₹ 222.50 (b) ₹ 267 (c) ₹ 222 (d) ₹ 220

27 यदि किसी वस्तु का क्रय मूल्य ₹ 80, उपरिव्यय ₹ 20 तथा विक्रय मूल्य ₹ 120 है, तो प्रतिशत लाभ है
(a) 20% (b) 50% (c) 40% (d) 30%

28 एक व्यक्ति 320 आम 400 आमों के क्रय मूल्य पर बेचता है। उसका प्रतिशत लाभ है
(a) 10% (b) 15% (c) 20% (d) 25%

29 किसी वस्तु को ₹ 105 में बेचने पर एक व्यापारी को 9% की हानि होती है। 30% का लाभ प्राप्त करने के लिए वस्तु का विक्रय मूल्य होना चाहिए
(a) ₹ 126 (b) ₹ 144 (c) ₹ 150 (d) ₹ 139

30 किसी वस्तु के अंकित मूल्य पर 20% छूट देने से इसका विक्रय मूल्य ₹ 24 होता है। अंकित मूल्य पर 30% छूट दिये जाने से विक्रय मूल्य क्या होगा?
(a) ₹ 27 (b) ₹ 21 (c) ₹ 20 (d) ₹ 21.60

31 किसी वस्तु का अंकित मूल्य ₹ 650 है। वह 30% और 20% के दो क्रमिक बट्टों पर बेची जाती है। उस वस्तु का विक्रय मूल्य है
(a) ₹ 350 (b) ₹ 364
(c) ₹ 360 (d) ₹ 400

32 एक व्यापारी अपने माल को अंकित मूल्य के 10% बट्टे पर बेचता है। 10% लाभ कमाने के लिए वह उस वस्तु का क्या मूल्य अंकित करे जो उसे ₹ 900 में प्राप्त हुई है?
(a) ₹ 1275 (b) ₹ 1250
(c) ₹ 1175 (d) ₹ 1100

33 ₹ 100000 के एक बिल पर मिलने वाली 40% की कटौती तथा दो 36% तथा 4% की सतत् कटौतियों का अन्तर है
(a) कुछ नहीं (b) ₹ 1440
(c) ₹ 2500 (d) ₹ 4000

34 श्याम ने एक बैग अंकित मूल्य पर 20% छूट के साथ खरीदा उसने उसे अपने क्रय मूल्य पर 40% लाभ लेकर बेच दिया। उसने इस सौदे में अंकित मूल्य पर कितने प्रतिशत लाभ अर्जित किया?
(a) 12% (b) 20%
(c) 24% (d) तथ्य अधूरे हैं

उत्तरमाला

1. (c)	2. (c)	3. (d)	4. (d)	5. (a)	6. (a)	7. (a)	8. (b)	9. (d)	10. (d)
11. (a)	12. (a)	13. (d)	14. (b)	15. (d)	16. (d)	17. (a)	18. (d)	19. (c)	20. (b)
21. (c)	22. (d)	23. (a)	24. (b)	25. (a)	26. (c)	27. (a)	28. (d)	29. (c)	30. (b)
31. (b)	32. (d)	33. (b)	34. (a)						

सॉल्यूशन्स

1. (c) यहाँ, $r = -15\%$, $A = ₹\ 51$,

$R = 10\%$

$\therefore$ 10% लाभ पर बेचने पर विक्रय मूल्य

$$= ₹\frac{A\ (100 + R)}{(100 + r)}$$

$$= ₹\frac{51 \times (100 + 10)}{(100 - 15)}$$

$$= \frac{51 \times 110}{85} = ₹\ 66$$

2. (c) माना वस्तु का क्रय मूल्य = ₹ x $\therefore$ वस्तु का विक्रय मूल्य = ₹ $\frac{5}{4}x$

$\Rightarrow$ लाभ = विक्रय मूल्य – क्रय मूल्य

$$= \frac{5}{4}x - x = ₹\frac{x}{4}$$

अत: लाभ प्रतिशत = $\frac{\text{लाभ} \times 100}{\text{क्रय मूल्य}}\%$

$$= \left(\frac{\frac{x}{4} \times 100}{x}\right)\% = \frac{100}{4}\% = 25\%$$

3. (d) माना वस्तु का क्रय मूल्य = ₹ x

प्रश्नानुसार,

$$(x - 580) - (740 - x) = 50$$

$$x - 580 - 740 + x = 50$$

$\Rightarrow$ $2x = 50 + 1320$

$\Rightarrow$ $2x = 1370$

$\Rightarrow$ $x = ₹\ 685$

4. (d) 15 किग्रा दाल का क्रय मूल्य

$= ₹15 \times 14.50 = ₹\ 217.50$

10 किग्रा दाल का क्रय मूल्य

$= 10 \times 13 = ₹130$

कुल दाल की मात्रा = 15 + 10 = 25 किग्रा

दालों का कुल क्रय मूल्य

$= 217.50 + 130 = ₹\ 347.50$

दाल के मिश्रण का विक्रय मूल्य

$= 15 \times 25 = ₹\ 375$

लाभ = विक्रय मूल्य – क्रय मूल्य

$= 375 - 347.50 = ₹\ 27.50$

5. (a) माना राम ने गाय ₹ x में खरीदी।

गाय का प्रथम विक्रय मूल्य

$$= x + \frac{20x}{100} = ₹\frac{6x}{5}$$

गाय का द्वितीय विक्रय मूल्य

$$= \frac{6x}{5} + \frac{25}{100} \times \frac{6x}{5}$$

$$= \frac{6x}{5} + \frac{3x}{10} = ₹\frac{3x}{2}$$

$$\therefore\ \frac{3x}{2} = 900 \Rightarrow x = \frac{900 \times 2}{3} = ₹\ 600$$

6. (a) यहाँ, $r = -20\%$, $A = ₹\ 9$, $R = 5\%$

('–' चिह्न हानि को प्रदर्शित करता है)

5% लाभ पर बेचने के लिए विक्रय मूल्य

$$= ₹\frac{A\ (100 + R)}{(100 + r)}$$

$$= \frac{9 \times 105}{80} \approx ₹11.81$$

7. (a) माना वस्तु का विक्रय मूल्य = ₹ x

वस्तु का क्रय मूल्य = ₹ 380

मरम्मत पर खर्च = $\frac{x \times 20}{100} = ₹\frac{x}{5}$

प्रश्नानुसार,

$$\left(380 + \frac{x}{5}\right) + \left(380 + \frac{x}{5}\right) \times \frac{20}{100} = x$$

$$\Rightarrow\ 380 + \frac{x}{5} + 76 + \frac{x}{25} = x$$

$$\Rightarrow\ 456 = \frac{19x}{25}$$

$$\Rightarrow\ x = \frac{456 \times 25}{19} = ₹\ 600$$

8. (b) माना पहली गाय का क्रय मूल्य = ₹ x

तब दूसरी गाय का क्रय मूल्य = ₹ $(4200 - x)$

$$x \times \frac{115}{100} + (4200 - x) \times \frac{90}{100} = 4200$$

$$115x + 378000 - 90x = 420000$$

$$25x = 42000$$

$$x = ₹1680$$

9. (d) यहाँ, $x = 24$, $y = 18$

प्रतिशत लाभ = $\left(\frac{x - y}{y} \times 100\right)\%$

$$= \left(\frac{24 - 18}{18} \times 100\right)\%$$

$$= \frac{100}{3}\% = 33\frac{1}{3}\%$$

10. (d) माना घड़ी का क्रय मूल्य = ₹ x

प्रश्नानुसार,

$$(820 - x) = (x - 650)$$

$$\Rightarrow\ 2x = 1470 \Rightarrow x = ₹\ 735$$

11. (a) यहाँ, $x = -15\%$, $y = 20\%$

$\therefore$ विक्रय पर अभीष्ट प्रभाव

$$= \left(x + y + \frac{xy}{100}\right)\%$$

$$= \left(-15 + 20 - \frac{15 \times 20}{100}\right)\%$$

$= (5 - 3)\% = 2\%$ वृद्धि

12. (a) मशीन का क्रय मूल्य = ₹1200

मरम्मत पर व्यय = ₹200

$\therefore$ कुल क्रय मूल्य = 1200 + 200 = ₹1400

विक्रय मूल्य = ₹1680

लाभ = 1680 – 1400 = ₹280

$\therefore$ प्रतिशत लाभ = $\frac{280}{1400} \times 100 = 20\%$

13. (d) 100 सन्तरों का क्रय मूल्य = ₹350

1 सन्तरे का क्रय मूल्य = ₹3.50

12 सन्तरों का विक्रय मूल्य = ₹48

1 सन्तरे का विक्रय मूल्य = ₹4

लाभ = विक्रय मूल्य – क्रय मूल्य

$= ₹\ (4 - 3.50) = ₹\ 0.50$

प्रतिशत लाभ = $\frac{0.50}{3.50} \times 100 = 14\frac{2}{7}\%$

14. (b) यहाँ, $x = 15\%$, $y = 12\%$

$\therefore$ प्रतिशत लाभ = $\left(x - y - \frac{xy}{100}\right)\%$

$$= \left(15 - 12 - \frac{15 \times 12}{100}\right)\% = 1\frac{1}{5}\%$$

15. (d) यहाँ, $x = 50$, $y = 40$

$\therefore$ प्रतिशत लाभ = $\left(\frac{x - y}{y} \times 100\right)\%$

$$= \left(\frac{50 - 40}{40} \times 100\right)\% = 25\%$$

16. (d) यहाँ, $x = 20\%$, $y = ₹\ 385$, $z = 3.5$ किग्रा

चावल का प्रति किग्रा घटा मूल्य = ₹ $\left(\frac{y \times x}{100 \times z}\right)$

$$= \frac{385 \times 20}{100 \times 3.5} = ₹\ 22$$

चावल का प्रारम्भिक मूल्य

$$= \frac{\text{चावल का घटा मूल्य} \times 100}{(100 - x)}$$

$$= \frac{22 \times 100}{(100 - 20)} = ₹\ 27.50/\text{किग्रा}$$

17. (a) माना किसी वस्तु का क्रय मूल्य = ₹ $5x$

तथा वस्तु का विक्रय मूल्य = ₹ $6x$

$\therefore$ लाभ = विक्रय मूल्य – क्रय मूल्य

$= (6x - 5x) = x$

प्रतिशत लाभ $= \frac{\text{लाभ} \times 100}{\text{क्रय मूल्य}}\%$

$= \frac{x \times 100}{5x}\% = 20\%$

18. (d) इस प्रकार के सौदे में हमेशा हानि होती है।

प्रतिशत हानि $= \left(\frac{x}{10}\right)^2 \%$

$= \left(\frac{20}{10}\right)^2 \% = 2^2\% = 4\%$

कुल हानि = 6000 का 4%

$= 6000 \times \frac{4}{100} = ₹240$

19. (c) 10 सन्तरों का क्रय मूल्य = ₹25

1 सन्तरे का क्रय मूल्य = ₹2.5

9 सन्तरों का विक्रय मूल्य = ₹25

1 सन्तरे का विक्रय मूल्य $= ₹\frac{25}{9}$

लाभ = विक्रय मूल्य – क्रय मूल्य

$= \frac{25}{9} - 2.5 = \frac{25 - 22.5}{9}$

$= \frac{2.5}{9} = ₹\frac{5}{18}$

प्रतिशत लाभ $= \frac{\frac{5}{18} \times 100}{2.5}\% = 11\frac{1}{9}\%$

20. (b) टेप-रिकॉर्डर का विक्रय मूल्य = ₹ 950

∴ टेप-रिकॉर्डर का क्रय मूल्य

$= \frac{950}{100 - 5} \times 100 = ₹1000$

∴ उसे ₹1040 में बेचने पर प्रतिशत लाभ

$= \frac{1040 - 1000}{1000} \times 100 = 4\%$

21. (c) वस्तु का क्रय मूल्य

$= \frac{524 + 452}{2} = ₹488$

22. (d) $A = ₹\ 72,\ r = 10\%,\ R = 5\%$

∴ वस्तु का विक्रय मूल्य $= \frac{A(100 + R)}{(100 - r)}$

$= \frac{72 \times (100 + 5)}{(100 - 10)} = ₹84$

23. (a) माना वस्तु का क्रय मूल्य = ₹x

10% हानि पर वस्तु का विक्रय मूल्य $= ₹\frac{9x}{10}$

$12\frac{1}{2}\%$ लाभ पर वस्तु का विक्रय मूल्य $= ₹\frac{9x}{8}$

प्रश्नानुसार,

$\frac{9x}{10} + 9 = \frac{9x}{8}$

$\Rightarrow \quad 9 = \frac{9x}{8} - \frac{9x}{10}$

$\Rightarrow \quad \frac{90x - 72x}{80} = 9 \Rightarrow \frac{18x}{80} = 9$

$\Rightarrow \quad x = \frac{9 \times 80}{18} = ₹40$

24. (b) साइकिल का क्रय मूल्य = ₹1400

प्रतिशत हानि = 15%

साइकिल का विक्रय मूल्य

$= \frac{1400 \times 85}{100} = ₹1190$

25. (a) ₹1 में खरीदी पेन्सिलों की संख्या

$= x = 5$

₹1 में बेची गई पेन्सिलों की संख्या = 3

$\therefore \quad \frac{x \times 100}{100 + r} = 3$

$\Rightarrow \quad \frac{5 \times 100}{3} = 100 + r$

$\Rightarrow \quad r = \frac{500 - 300}{3}$

$= \frac{200}{3}\% = 66\frac{2}{3}\%$

26. (c) यहाँ, $A = ₹178$,

$r = 11\%, \quad R = 11\%$

11% लाभ पर बेचने पर विक्रय मूल्य

$= \frac{A\ (100 + R)}{(100 - r)} = \frac{178 \times 111}{89} = ₹222$

27. (a) वस्तु का क्रय मूल्य = ₹80

वस्तु का उपरिव्यय = ₹20

∴ वस्तु का लागत मूल्य = 80 + 20 = ₹100

वस्तु का विक्रय मूल्य = ₹120

प्रतिशत लाभ $= \frac{\text{लाभ} \times 100\%}{\text{क्रय मूल्य}}$

$= \frac{20 \times 100}{100} = 20\%$

28. (d) यहाँ, $x = 400, \quad y = 320$

∴ प्रतिशत लाभ $= \left(\frac{x - y}{y} \times 100\right)\%$

$= \left(\frac{400 - 320}{320} \times 100\right)\% = 25\%$

29. (c) $A = ₹105,\ r = 9\%,\ R = 30\%$

∴ वस्तु का विक्रय मूल्य $= \frac{A(100 + R)}{(100 - r)}$

$= \frac{105 \times (100 + 30)}{(100 - 9)} = ₹150$

30. (b) माना अंकित मूल्य = ₹x

तब प्रश्नानुसार, x का 80% = 24

$\Rightarrow \quad \frac{x \times 80}{100} = 24 \Rightarrow x = 30$

अब, अंकित मूल्य = ₹30, छूट = 30%

∴ विक्रय मूल्य = ₹30 का 70%

$= \frac{30 \times 70}{100} = ₹21$

31. (b) यहाँ पर $r_1 = 30\%, \quad r_2 = 20\%$

तथा वस्तु का अंकित मूल्य = ₹650

∴ वस्तु का विक्रय मूल्य

= अंकित मूल्य $\left(\frac{100 - r_1}{100}\right)\left(\frac{100 - r_2}{100}\right)$

$= 650 \times \left(\frac{100 - 30}{100}\right)\left(\frac{100 - 20}{100}\right)$

$= \frac{650 \times 70 \times 80}{100 \times 100} = ₹364$

32. (d) वस्तु का क्रय मूल्य = ₹900

लाभ प्रतिशत = 10%

∴ वस्तु का विक्रय मूल्य $= \frac{900 \times 110}{100}$

= ₹990

माना वस्तु का अंकित मूल्य = ₹x

$\therefore \quad \frac{90x}{100} = 990$

$\therefore \quad x = \frac{990 \times 100}{90} = ₹1100$

33. (b) 36% तथा 4% की सतत् कटौतियों के समतुल्य कटौती

$= 36 + 4 - \frac{36 \times 4}{100} = 38.56\%$

अतः कटौतियों में अन्तर

= 40 – 38.56 = 1.44%

∴ ₹100000 के बिल में कटौती

$= \frac{100000 \times 1.44}{100} = ₹1440$

34. (a) माना अंकित मूल्य = ₹x

∴ क्रय मूल्य = ₹0.8 x

विक्रय मूल्य = $0.8\ x \times 1.4 = 1.12\ x$

∴ अंकित मूल्य पर लाभ $1.12\ x - x = 0.12\ x$

∴ %लाभ $= \frac{0.12x}{x} \times 100 = 12\%$

अध्याय 10

ब्याज (साधारण एवं चक्रवृद्धि)

INTEREST (SIMPLE AND COMPOUND)

इस अध्याय के अन्तर्गत किसी मूलधन पर एक निश्चित दर से निर्धारित समयावधि में प्राप्त साधारण एवं चक्रवृद्धि ब्याज पर आधारित प्रश्न पूछे जाते हैं।

प्रश्नों में मौलिक सूत्रों का प्रयोग करते हुए भिन्न-भिन्न स्थितियों के अनुसार कहीं मिश्रधन, कहीं दर तो कहीं समयावधि ज्ञात करनी होती है। इससे सम्बन्धित प्रश्नों को त्वरित गति से हल करने हेतु इसकी मूल अवधारणाओं की जानकारी होना आवश्यक है।

महत्त्वपूर्ण परिभाषाएँ

मूलधन निश्चित अवधि के लिए उधार ली गई अथवा दी गई धनराशि मूलधन कहलाती है।

मिश्रधन मूलधन तथा ब्याज को मिलाकर बनी रकम या धनराशि को मिश्रधन कहते हैं।

$$\text{मिश्रधन} = \text{मूलधन} + \text{ब्याज}$$

दर किसी निश्चित अवधि में ₹ 100 पर लिया गया अतिरिक्त ब्याज, ब्याज की दर कहलाती है। इसे 'r%' से प्रदर्शित करते हैं।

समय जितने वर्ष, महीने या दिनों के लिए धन उधार लिया जाता है, वह समय कहलाता है। सामान्यत: इसे t या n अक्षर से प्रदर्शित करते हैं।

ब्याज जब कोई व्यक्ति किसी बैंक या महाजन से कुछ धन उधार लेता है, तो उस व्यक्ति द्वारा लिए गए धन के अतिरिक्त कुछ और धनराशि अदा करनी पड़ती है। यह अतिरिक्त राशि ब्याज कहलाती है।

साधारण ब्याज जब किसी समय के लिए ब्याज की गणना केवल मूलधन को आधार मानकर की जाए, तो उसे साधारण ब्याज कहते हैं।

चक्रवृद्धि ब्याज ब्याज की वह गणना, जिसमें ब्याज को समय पर न देकर मूलधन में जोड़ दिया जाए फिर प्राप्त मिश्रधन पर ब्याज लगाया जाए, तो ऐसा ब्याज चक्रवृद्धि ब्याज कहलाता है। सामान्यत: इसमें ब्याज पर ब्याज की संज्ञा भी दी जाती है।

छमाही देय जब ब्याज चुकता करने की शर्त छ: माह होती है अर्थात् ब्याज जब प्रत्येक छ: माह बाद जोड़ा जाता है, तब वह छमाही देय कहलाती है।

तिमाही देय ब्याज जब प्रत्येक तीन माह बाद अर्थात् वर्ष में चार बार चुकता करना पड़ता है, तब वह तिमाही देय कहलाती है।

साधारण ब्याज, मूलधन, दर तथा समय में सम्बन्ध

$$\text{साधारण ब्याज} = \frac{\text{मूलधन} \times \text{दर} \times \text{समय}}{100}$$

चक्रवृद्धि ब्याज, मूलधन, दर तथा समय में सम्बन्ध

$$\text{चक्रवृद्धि ब्याज} = \text{चक्रवृद्धि मिश्रधन} - \text{मूलधन}$$

$$= \text{मूलधन}\left[\left(1+\frac{\text{दर}}{100}\right)^{\text{समय}} - 1\right]$$

उदाहरण 1 ₹ 1800 का 10% वार्षिक दर से एक अवधि का चक्रवृद्धि ब्याज ₹ 378 है। तद्नुसार, वह अवधि कितने वर्ष की है?

(a) 1.5 वर्ष (b) 2.5 वर्ष
(c) 2 वर्ष (d) 3 वर्ष

हल (c) मूलधन = ₹ 1800

चक्रवृद्धि ब्याज = ₹ 378

चक्रवृद्धि मिश्रधन = 1800 + 378 = ₹ 2178

दर $(r) = 10\%$

$$\text{चक्रवृद्धि मिश्रधन} = \text{मूलधन} \times \left(1+\frac{r}{100}\right)^n$$

$$\Rightarrow \quad 2178 = 1800\left(1+\frac{10}{100}\right)^n$$

$$\Rightarrow \quad 2178 = 1800\left(\frac{11}{10}\right)^n$$

$$\Rightarrow \quad \frac{2178}{1800} = \left(\frac{11}{10}\right)^n \Rightarrow \frac{121}{100} = \left(\frac{11}{10}\right)^n$$

$$\Rightarrow \quad \left(\frac{11}{10}\right)^2 = \left(\frac{11}{10}\right)^n$$

$\therefore \quad n = 2$ वर्ष

उदाहरण 2 निवेश से सम्बन्धित एक योजना में निवेश की राशि 8 वर्षों में तीन गुनी करने की घोषणा की गई है। तद्नुसार, यदि उसी योजना के अन्तर्गत आप अपनी राशि को चार गुना करना चाहें, तो आपको अपना निवेश कितने वर्षों के लिए करना होगा?

(a) 12 वर्ष (b) 11 वर्ष 6 महीने
(c) 10 वर्ष 8 महीने (d) 10 वर्ष

हल (a) माना धनराशि = ₹ x

समय = 8 वर्ष, मिश्रधन = ₹ $3x$, ब्याज = $3x - x$ = ₹ $2x$

माना दर = $r\%$

$$2x = \frac{x \times r \times 8}{100}$$

$$r = 25\%$$

पुनः प्रश्नानुसार,

माना समय = n वर्ष

मिश्रधन = ₹ $4x$

ब्याज = $4x - x$ = ₹ $3x$

$$3x = \frac{x \times 25 \times n}{100}$$

$n = 12$ वर्ष

1 वह राशि क्या होगी, जिस पर साधारण ब्याज से 6 महीनों में 4% वार्षिक दर से ₹ 150 ब्याज मिलेगा?

(a) ₹ 5000 (b) ₹ 7500 (c) ₹ 10000 (d) ₹ 15000

2 यदि कोई राशि साधारण ब्याज की दर से उधार देने पर 2 वर्ष में बढ़कर ₹ 425 तथा 5 वर्ष में बढ़कर ₹ 500 हो जाती है, तो उस राशि पर 8 वर्ष का साधारण ब्याज कितना होगा?

(a) ₹ 100 (b) ₹ 150 (c) ₹ 200 (d) ₹ 250

3 किसी धन पर पहले 2 वर्षों के लिए ब्याज की दर 4% वार्षिक, अगले 4 वर्षों के लिए 6% वार्षिक तथा अगले 3 वर्षों के लिए 8% वार्षिक है। 9 वर्ष बाद कुल ब्याज ₹ 1400 लिया गया, तो मूलधन कितना है?

(a) ₹ 1000 (b) ₹ 1500 (c) ₹ 2000 (d) ₹ 2500

4 ₹ 1500 की कोई धनराशि दो भागों में इस प्रकार उधार दी जाती है कि एक भाग पर 10% वार्षिक की दर से 5 वर्षों का साधारण ब्याज, दूसरे भाग पर 12.5% वार्षिक की दर से 4 वर्षों के साधारण ब्याज के बराबर है। 12.5% पर उधार दी गई धनराशि है

(a) ₹ 500 (b) ₹ 1000 (c) ₹ 750 (d) ₹ 1250

5 एक व्यक्ति ने ₹ 60000, जिनमें से कुछ 5% की दर से तथा शेष 4% की दर से, साधारण ब्याज पर उधार दिए। यदि कुल वार्षिक ब्याज ₹ 2560 हो, तो 4% की दर से उधार दी गई धनराशि थी

(a) ₹ 40000 (b) ₹ 44000 (c) ₹ 30000 (d) ₹ 45000

6 ₹ 3100 की राशि में से कुछ धन 5% तथा शेष धन 8% वार्षिक दर से साधारण ब्याज पर उधार दिया गया। यदि 3 वर्ष बाद 5% के साधारण ब्याज के रूप में ₹ 210 प्राप्त हुए हो, तो 8% वार्षिक दर पर दिया गया धन क्या होगा?

(a) ₹ 1200 (b) ₹ 1500
(c) ₹ 1700 (d) ₹ 1900

7 एक व्यक्ति ने एक फ्रिज बेचते समय यह घोषणा की, कि यदि ₹ 500 तत्काल अदा करके एवं 4 बराबर ₹ 1000 की मासिक किस्तों में अदा करने वाले को यह फ्रिज दिया जाएगा, जबकि ₹ 4400 तत्काल अदा करने पर यह फ्रिज दे दिया जाएगा, तो साधारण ब्याज की दर क्या थी?

(a) $12\frac{1}{2}\%$ (b) 13%
(c) $13\frac{1}{2}\%$ (d) 14%

8 एक वस्तु ₹ 5000 अदा करके प्राप्त की जा सकती है या फिर ₹ 500 तत्काल अदा करके एवं ₹ 1000 पाँच बराबर मासिक किस्तों में अदा करने पर भी वस्तु उपलब्ध हो सकती है। साधारण ब्याज की दर क्या होगी?

(a) 21% (b) 28%
(c) 48% (d) 52%

9 एक व्यक्ति ₹ 2000, $3\frac{1}{2}$% वार्षिक दर से 10 वर्ष के लिए उधार लेता है। दूसरा व्यक्ति ₹ 4000, $4\frac{1}{2}$% वार्षिक दर से कितने समय के लिए उधार लें, ताकि दोनों व्यक्तियों का ब्याज बराबर हो?
(a) $3\frac{1}{9}$ वर्ष (b) $3\frac{2}{9}$ वर्ष
(c) $3\frac{7}{9}$ वर्ष (d) $3\frac{8}{9}$ वर्ष

10 साधारण ब्याज की 5% वार्षिक दर पर ₹ 2200 का ऋण 5 वर्ष में चुकाने के लिए कितने रुपए वार्षिक किस्त देनी पड़ेगी?
(a) ₹ 300 (b) ₹ 400 (c) ₹ 425 (d) ₹ 450

11 कितने प्रतिशत चक्रवृद्धि ब्याज की दर से ₹ 24000, 2 वर्ष में ₹ 26460 हो जाएँगे?
(a) 4% (b) 8% (c) 10% (d) 5%

12 चक्रवृद्धि ब्याज की किसी समान दर से कोई धनराशि 2 वर्ष में ₹ 2916 तथा 3 वर्ष में ₹ 3149.28 होती है। वह धनराशि है
(a) ₹ 2500 (b) ₹ 2400
(c) ₹ 2250 (d) ₹ 2000

13 ₹ 18750 की राशि पर 2 वर्ष का चक्रवृद्धि ब्याज क्या होगा, यदि पहले वर्ष ब्याज दर 4% तथा दूसरे वर्ष ब्याज दर 8% हो?
(a) ₹ 2310 (b) ₹ 2350
(c) ₹ 2360 (d) ₹ 2380

14 यदि किसी राशि का 12% वार्षिक की दर से प्रत्येक छः महीने बाद जोड़े जाने वाले चक्रवृद्धि ब्याज और साधारण ब्याज का एक वर्ष का अन्तर ₹ 36 हो, तो वह राशि कितनी है?
(a) ₹ 10000 (b) ₹ 12000
(c) ₹ 15000 (d) ₹ 9000

15 किसी धनराशि को 5% वार्षिक चक्रवृद्धि ब्याज पर 3 वर्ष के लिए लगाया गया है। यदि कुल ब्याज ₹ 2522 हो, तो मूलराशि कितनी है?
(a) ₹ 1000 (b) ₹ 13000
(c) ₹ 16000 (d) ₹ 18000

16 कोई धनराशि चक्रवृद्धि ब्याज से 6 वर्ष में दोगुनी हो जाती है। उसी ब्याज की दर से वह धनराशि अपने से आठ गुनी कितने समय में होगी?
(a) 15 वर्ष (b) 12 वर्ष
(c) 18 वर्ष (d) 10 वर्ष

उत्तरमाला

1. (b)	2. (c)	3. (d)	4. (c)	5. (b)	6. (c)	7. (a)	8. (c)	9. (d)	10. (b)
11. (d)	12. (a)	13. (a)	14. (a)	15. (c)	16. (c)				

सॉल्यूशन्स

1. (b) दर = 4%, समय = $\frac{1}{2}$ वर्ष

साधारण ब्याज = ₹ 150

$$\text{मूलधन} = \frac{\text{साधारण ब्याज} \times 100}{\text{दर} \times \text{समय}} = \frac{150 \times 100 \times 2}{4 \times 1} = ₹\ 7500$$

2. (c) ∵ किसी राशि का 2 वर्ष का मिश्रधन = ₹ 425

तथा 5 वर्ष का मिश्रधन = ₹ 500

∴ उस राशि पर (5 − 2) वर्ष का साधारण ब्याज = 500 − 425 = ₹ 75

अर्थात् 3 वर्ष का साधारण ब्याज = ₹ 75

तब 1 वर्ष का साधारण ब्याज = $\frac{75}{3}$ = ₹ 25

∴ 8 वर्ष का साधारण ब्याज = 25 × 8 = ₹ 200

3. (d) $$\text{मूलधन} = \frac{\text{साधारण ब्याज} \times 100}{r_1t_1 + r_2t_2 + r_3t_3 + \dots}$$

$$= \frac{1400 \times 100}{2 \times 4 + 4 \times 6 + 3 \times 8} = \frac{1400 \times 100}{56} = ₹\ 2500$$

4. (c) माना ₹ x, 12.5% की दर पर दिया गया।

∴ 10% ब्याज पर दी गई राशि = ₹ (1500 − x)

अब, $$\frac{(1500 - x) \times 10 \times 5}{100} = \frac{x \times 12.5 \times 4}{100}$$

⇒ $50\,(1500 - x) = 50x$ ⇒ $2x = 1500$

⇒ $x = \frac{1500}{2}$ = ₹ 750

5. (b) माना 4% की दर से उधार दी गई धनराशि = ₹ x

∴ 5% की दर से उधार दी गई धनराशि = ₹ (60000 − x)

प्रश्नानुसार,

$$\frac{(60000 - x) \times 5 \times 1}{100} + \frac{x \times 4 \times 1}{100} = 2560$$

⇒ $300000 - 5x + 4x = 256000$

⇒ $x = 300000 - 256000$ = ₹ 44000

6. (c) माना ₹ 3100 की राशि में से ₹ x, 5% वार्षिक दर पर उधार दिया गया।

∴ ₹ x पर 5% वार्षिक दर से 3 वर्ष का साधारण ब्याज = $\frac{x \times 5 \times 3}{100}$ = ₹ $\frac{15x}{100}$

प्रश्नानुसार, साधारण ब्याज = ₹ 210

∴ $\frac{15x}{100} = 210$

⇒ $x = \frac{100 \times 210}{15}$ = ₹ 1400

∴ 8% वार्षिक दर पर उधार दी गई राशि = 3100 − 1400 = ₹ 1700

7. (a) ब्याज $= 500 + 4 \times 1000 - 4400$
$= 4500 - 4400 = ₹\,100$
पहले महीने के अन्त में शेष मूलधन
$= 4400 - 500 = ₹\,3900$
दूसरे महीने के अन्त में शेष मूलधन
$= 3900 - 1000 = ₹\,2900$
तीसरे महीने के अन्त में शेष मूलधन
$= 2900 - 1000 = ₹\,1900$
चौथे महीने के अन्त में शेष मूलधन
$= 1900 - 1000 = ₹\,900$
कुल राशि $= ₹\,9600$
ब्याज की दर $= \dfrac{100 \times 100 \times 12}{9600 \times 1}$
$= \dfrac{25}{2} = 12\dfrac{1}{2}\%$

8. (c) ब्याज $= 500 + 1000 \times 5 - 5000$
$= 5500 - 5000 = ₹\,500$
पहले महीने के अन्त में शेष मूलधन
$= 5000 - 500 = ₹\,4500$
दूसरे महीने के अन्त में शेष मूलधन
$= 4500 - 1000 = ₹\,3500$
तीसरे महीने के अन्त में शेष मूलधन
$= 3500 - 1000 = ₹\,2500$
चौथे महीने के अन्त में शेष मूलधन
$= 2500 - 1000 = ₹\,1500$
पाँचवें महीने के अन्त में शेष मूलधन
$= 1500 - 1000 = ₹\,500$
कुल राशि $= ₹\,12500$
ब्याज की दर $= \dfrac{500 \times 100 \times 12}{12500 \times 1} = 48\%$

9. (d) पहले व्यक्ति के लिए, मूलधन $= ₹\,2000$,
दर $= 3\dfrac{1}{2}\%$, समय $= 10$ वर्ष

$\therefore$ साधारण ब्याज $= \dfrac{2000 \times 3\frac{1}{2} \times 100}{100}$
$= \dfrac{2000 \times 7 \times 10}{2 \times 100} = ₹\,700$

दूसरे व्यक्ति के लिए साधारण ब्याज ₹ 700 होगा।

$\therefore$ दूसरे व्यक्ति के लिए,
साधारण ब्याज $= ₹\,700$
मूलधन $= ₹\,4000$
दर $= 4\dfrac{1}{2}\% = \dfrac{9}{2}\%$
$\therefore$ समय $= \dfrac{700 \times 100}{4000 \times \frac{9}{2}}$
$= \dfrac{700 \times 100 \times 2}{4000 \times 9} = 3\dfrac{8}{9}$ वर्ष

अतः दूसरा व्यक्ति ₹ 4000, $4\dfrac{1}{2}\%$ वार्षिक ब्याज की दर से $3\dfrac{8}{9}$ वर्ष के लिए उधार लें।

10. (b) माना प्रत्येक किस्त ₹ 100 देनी पड़ेगी।

अतः स्पष्ट है कि जो किस्त पहले वर्ष के अन्त में दी जाती है यदि वह किस्त दूसरे, तीसरे, चौथे तथा पाँचवें वर्ष के अन्त में क्रमशः ₹ 105, ₹ 110, ₹ 115 तथा ₹ 120 होगी।

$\therefore$ कुल ऋण वापस होगा
$= 100 + 105 + 110 + 115 + 120$
$= ₹\,550$
$\therefore$ यदि ऋण ₹ 550 है, तो वार्षिक किस्त
$= ₹\,100$
$\therefore$ यदि ऋण ₹ 2200 है, तो वार्षिक किस्त
$= \dfrac{100}{550} \times 2200 = ₹\,400$

11. (d) माना चक्रवृद्धि ब्याज की दर r % है। तब प्रश्नानुसार,

$$\frac{26460}{24000} = \left(1 + \frac{r}{100}\right)^2 \text{ से,}$$

$\Rightarrow \left(1 + \dfrac{r}{100}\right)^2 = \dfrac{1323}{1200} = \dfrac{441}{400}$

$\Rightarrow 1 + \dfrac{r}{100} = \dfrac{21}{20}$

$\therefore \dfrac{r}{100} = \dfrac{21}{20} - 1 \Rightarrow r = 100 \times \dfrac{1}{20} = 5\%$

12. (a) माना मूलधन ₹ P तथा ब्याज की दर r % है। तब प्रश्नानुसार,

$$2916 = P\left(1 + \frac{r}{100}\right)^2 \quad \ldots(i)$$

$$3149.28 = P\left(1 + \frac{r}{100}\right)^3 \quad \ldots(ii)$$

समी (ii) को समी (i) से भाग देने पर,

$\dfrac{3149.28}{2916} = 1 + \dfrac{r}{100}$

$\Rightarrow \dfrac{r}{100} = \dfrac{3149.28}{2916} - 1$

$\dfrac{3149.28 - 2916}{2916} = \dfrac{233.28}{2916}$

$\therefore r = \dfrac{233.28}{2916} \times 100 = 8\%$

$\therefore$ समी (i) से,

$2916 = P\left(1 + \dfrac{8}{100}\right)^2 = P\left(\dfrac{27}{25}\right)^2$

$\Rightarrow P = \dfrac{2916 \times 25 \times 25}{27 \times 27} = ₹\,2500$

13. (a) प्रश्नानुसार, दर प्रत्येक वर्ष बदल रही है, तब

चक्रवृद्धि मिश्रधन
$= \text{मूलधन} \left(1 + \dfrac{r_1}{100}\right)\left(1 + \dfrac{r_2}{100}\right)$

$\because \quad r_1 = 4\%; r_2 = 8\%$

$\therefore$ चक्रवृद्धि मिश्रधन
$= 18750\left(1 + \dfrac{4}{100}\right)\left(1 + \dfrac{8}{100}\right)$
$= 18750 \times \dfrac{26}{25} \times \dfrac{27}{25} = ₹\,21060$

$\therefore$ चक्रवृद्धि ब्याज
= चक्रवृद्धि मिश्रधन – मूलधन
$= 21060 - 18750 = ₹\,2310$

14. (a) माना वह राशि x है।
दर $= 12\%$ वार्षिक, अर्द्धवार्षिक ब्याज $= 6\%$
समय $= 1$ वर्ष $= 2$ छमाही

$\therefore$ चक्रवृद्धि ब्याज $= x\left[\left(1 + \dfrac{6}{100}\right)^2 - 1\right]$

$= x\left[\dfrac{53 \times 53}{50 \times 50} - 1\right]$

$= x\left[\dfrac{2809 - 2500}{2500}\right] = x\left[\dfrac{309}{2500}\right] \quad \ldots(i)$

साधारण ब्याज $= \dfrac{x \times 12 \times 1}{100} \quad \ldots(ii)$

समी (i) एवं (ii) से,

$\Rightarrow 36 = \dfrac{x}{100}\left[\dfrac{309}{25} - 12\right] = \dfrac{x}{100}\left[\dfrac{9}{25}\right]$

$\therefore \quad x = \dfrac{36 \times 100 \times 25}{9} = ₹\,10000$

15. (c) माना मूलधन ₹ x है, तब

प्रश्नानुसार, $\dfrac{x + 2522}{x} = \left(1 + \dfrac{5}{100}\right)^3$

$= \left(\dfrac{21}{20}\right)^3 = \dfrac{9261}{8000}$

$8000x + 2522 \times 8000 = 9261\,x$

$\Rightarrow \quad 1261x = 2522 \times 8000$

$x = \dfrac{2522 \times 8000}{1261}$

$= 2 \times 8000 = ₹\,16000$

16. (c) प्रश्नानुसार,

वर्ष	गुना
6	2
$6 \times 3 = 18$	$8 = 2^3$

$\therefore$ राशि 8 गुनी होगी, 18 वर्ष में

अध्याय 11

समय एवं कार्य

TIME AND WORK

किसी कार्य (काम) को करने के लिए कुछ न कुछ समय लगता है। आदमी द्वारा किए गए काम और आदमी की संख्या में समानुपाती सम्बन्ध होता है अर्थात् यदि काम बढ़ जाता है, तो नियत समय में काम समाप्त करने के लिए अधिक आदमियों की आवश्यकता होगी।

दूसरी तरफ आदमी और समय में व्युत्क्रमानुपाती सम्बन्ध होता है अर्थात् यदि काम बढ़ जाए, तो उतने ही आदमी अब अधिक समय में उस काम को समाप्त करेंगे।

नल और हौज

एक नल किसी हौज को x घण्टे में भरता है, उसका अर्थ यह हुआ, कि वह 1 घण्टे में उस हौज का $\frac{1}{x}$ भाग भरेगा। इसी प्रकार, जब एक नल किसी हौज को y घण्टे में खाली करता है, तो इसका अभिप्राय यह है, कि वह 1 घण्टे में उस हौज का $\frac{1}{y}$ भाग खाली करेगा।

महत्त्वपूर्ण नियम

- यदि किसी व्यक्ति को एक काम पूरा करने में x दिन का समय लगे, तो व्यक्ति द्वारा 1 दिन में किया गया काम $\frac{1}{x}$ होगा।
- यदि किसी व्यक्ति द्वारा 1 दिन में $\frac{1}{x}$ भाग काम किया जाता है, तो व्यक्ति द्वारा पूरा काम समाप्त करने में x दिन लगेंगे।
- यदि किसी काम को करने के लिए व्यक्तियों की संख्या बढ़ाई जाए, तो काम समाप्त होने में उसी अनुपात में कम समय लगता है।
- यदि किसी व्यक्ति A की काम करने की क्षमता, किसी अन्य व्यक्ति B की काम करने की क्षमता की x गुनी हो, तो किसी काम को करने में A को B के समय का $\frac{1}{x}$ गुना समय लगेगा।
- यदि A तथा B किसी काम को भिन्न-भिन्न समय में करते हो, तो (A का काम) : (B का काम) = (B द्वारा लिया समय) : (A द्वारा लिया समय)

उदाहरण 1. A और B मिलकर किसी कार्य को 30 दिन में कर सकते हैं। 10 दिन काम करने के पश्चात् C ने उनकी सहायता की और काम 10 दिन में समाप्त हो गया। यदि जितना काम B तीन दिन में करता है उतना काम C दो दिन में करता है, तो A अकेला उस कार्य को कितने दिन में करेगा?

हल $(A+B)$ का 1 दिन का काम $= \frac{1}{30}$

$(A+B)$ का 10 दिनों का काम $= \frac{10}{30} = \frac{1}{3}$

शेष काम $= 1 - \frac{1}{3} = \frac{2}{3}$

$(A+B+C)$ का 10 दिनों का काम $= \frac{2}{3}$

$(A+B+C)$ का 1 दिन का काम

$$= \frac{2}{3 \times 10} = \frac{1}{15}$$

C का 1 दिन का काम $= \frac{1}{15} - \frac{1}{30} = \frac{1}{30}$

∴ C अकेले 30 दिनों में काम समाप्त करेगा।

C का 2 दिन काम = B का 3 दिन का काम

∴ B द्वारा काम समाप्त करने में लगा समय

$$= 30 \times \frac{3}{2} = 45 \text{ दिन}$$

∴ B का 1 दिन का काम $\frac{1}{45}$

∴ A का 1 दिन का काम $= \frac{1}{30} - \frac{1}{45}$

$$= \frac{3-2}{90} = \frac{1}{90}$$

∴ A अकेले 90 दिनों में काम समाप्त करेगा।

उदाहरण 2. पानी की एक टंकी से दो पाइप जुड़े हुए हैं। पहला पाइप टंकी को 10 मिनट में पूरा भर सकता है तथा दूसरा पाइप उसे 15 मिनट में खाली कर सकता है। यदि दोनों पाइप एक-साथ खोल दिए जाएँ, तो ज्ञात कीजिए कि टंकी पानी से कितने समय में पूर्णतया भर जाएगी?

हल ∵ पहला पाइप 10 मिनट में टंकी भर सकता है।

∴ पहला पाइप 1 मिनट में $\frac{1}{10}$ भाग टंकी भरेगा।

∵ दूसरा पाइप 15 मिनट में टंकी खाली कर सकता है।

∴ दूसरा पाइप 1 मिनट में $\frac{1}{15}$ भाग टंकी खाली करेगा।

दोनों पाइप एक-साथ खोलने पर 1 मिनट में भरी गई टंकी

$$= \frac{1}{10} - \frac{1}{15}$$

$$= \frac{3-2}{30} = \frac{1}{30} \text{ भाग}$$

∵ दोनों पाइप खोलने पर $\frac{1}{30}$ भाग टंकी 1 मिनट में भरता है।

∵ दोनों पाइप खोलने पर पूरा भाग टंकी $\frac{1}{\frac{1}{30}} = 30$ मिनट में भरेगा।

अति महत्त्वपूर्ण प्वॉइटस एवं फॉर्मूले

- यदि A किसी काम को x दिन में तथा B उसी काम को y दिन में पूरा करता है, तो A और B दोनों मिलकर उस काम को $\frac{xy}{x+y}$ दिन में पूरा करेंगे।
- यदि A तथा B किसी काम को x दिन में तथा A अकेला उसी काम को y दिन में पूरा कर सकता है, तो B अकेला उसी कार्य को $\frac{xy}{y-x}$ दिन में पूरा करेगा।
- यदि एक हौज को एक पाइप द्वारा h_1 घण्टों में तथा दूसरे पाइप द्वारा h_2 घण्टों में भरा जाता है, तो दोनों पाइपों को एक साथ खोल देने पर वह हौज $\frac{h_1h_2}{h_1+h_2}$ घण्टों में भर जाएगा।
- यदि किसी हौज को एक पाइप द्वारा h_1 घण्टों में भरा जाता है तथा दूसरे पाइप द्वारा h_2 घण्टों में खाली कर दिया जाता है, तो दोनों पाइपों को खोलने पर हौज $\frac{h_1h_2}{h_2-h_1}$ घण्टों में भर जाएगा।
- यदि A, B तथा C किसी काम को क्रमशः x, y तथा z दिनों में कर सकते हैं, तो तीनों मिलकर उसी काम को $\frac{xyz}{xy+yz+zx}$ दिनों में पूरा करेंगे।
- यदि A तथा B किसी काम को x दिन में, B तथा C उसी काम को y दिन में तथा C तथा A उसी काम को z दिन में पूरा करते हैं, तो तीनों मिलकर उसी काम को $\frac{2xyz}{xy+yz+zx}$ दिनों में पूरा करेंगे।
- यदि A किसी काम को x दिन में व B उसी काम को y दिन में पूरा करते हैं तथा A व B दोनों एक साथ मिलकर काम प्रारम्भ करते हैं, परन्तु A ने काम समाप्त होने के n दिन पहले काम करना छोड़ दिया, तो काम पूरा होने में $\frac{(x+n)y}{(x+y)}$ दिन लगेंगे।
- यदि A किसी काम को x दिन में, B उसी काम को y दिन में तथा C उसी काम को z दिन में पूरा करते हैं। तीनों मिलकर काम प्रारम्भ करते हैं, परन्तु A काम समाप्त होने के n दिन पहले काम करना छोड़ दे, तो काम पूरा होने में $\frac{yz(n+x)}{xy+yz+zx}$ दिन लगेंगे।

✓ अति महत्त्वपूर्ण प्रश्न

1 यदि 6 व्यक्ति एक कुएँ को 40 दिन में खोद सकें, तो 24 दिन में इस कुएँ को खोदने के लिए व्यक्ति चाहिए

(a) 10 (b) 16
(c) 18 (d) 13

2 यदि A व B एक काम को क्रमश: 45 दिन तथा 55 दिन में समाप्त कर सकें, तो दोनों मिलकर उस काम को कितने दिन में समाप्त कर सकेंगे?

(a) $17\frac{1}{7}$ दिन (b) $24\frac{3}{4}$ दिन
(c) $42\frac{3}{4}$ दिन (d) 100 दिन

3 यदि A किसी काम का 4/5 भाग 12 दिन में तथा B इसी काम का 1/2 भाग 5 दिन में पूरा कर सके, तो A तथा B मिलकर इस काम को समाप्त करेंगे

(a) $8\frac{4}{5}$ दिन में (b) 6 दिन में
(c) 9 दिन में (d) 10 दिन में

4 A एक काम को 18 दिन में तथा B उसी काम को 16 दिन में पूरा कर सकता है B ने 8 दिन काम करके छोड़ दिया। शेष काम A करेगा

(a) $6\frac{1}{2}$ दिन में (b) $7\frac{1}{2}$ दिन में (c) 8 दिन में (d) 9 दिन में

5 A के काम करने की क्षमता B के काम करने की क्षमता की $\frac{3}{2}$ गुनी है। अत: एक काम को पूरा करने में A, B से 40 दिन कम लेता है। B अकेला इस काम को करने में समय लेगा

(a) 80 दिन (b) 90 दिन
(c) 75 दिन (d) 120 दिन

6 यदि A, B तथा C मिलकर किसी काम को 4 दिन में समाप्त कर देते हैं। A अकेला इस काम को 18 दिन में तथा B अकेला इस काम को 12 दिन में पूरा कर सकता है, तो C अकेला इस काम को पूरा करेगा

(a) 14 दिन में (b) 21 दिन में
(c) 16 दिन में (d) 9 दिन में

7 A तथा B एक काम को 36 दिन में, B तथा C इसे 24 दिन में व A तथा C इसे 18 दिन में पूरा कर सकते हैं। तीनों मिलकर इस काम को पूरा करेंगे

(a) 26 दिन में (b) 16 दिन में
(c) 18 दिन में (d) 12 दिन में

8 5 व्यक्ति 7 घण्टे प्रतिदिन काम करके एक प्रवेश सूची 8 दिन में तैयार कर सकते हैं। यदि इस कार्य को 4 दिन में पूरा कराने के उद्देश्य से उनमें 2 व्यक्ति और सम्मिलित किए जाए, तो उन्हें प्रतिदिन काम करना होगा

(a) 10 घण्टे (b) 9 घण्टे
(c) 12 घण्टे (d) 8 घण्टे

9 4 आदमी और 6 महिलाएँ मिलकर किसी काम को 8 दिन में पूरा कर सकते हैं, जबकि 3 आदमी व 7 महिलाएँ मिलकर उसी काम को 10 दिन में पूरा कर सकते हैं, तो 10 महिलाएँ उसे कितने दिनों में पूरा करेंगीं?

(a) 50 (b) 45
(c) 40 (d) 35

10 4 बुनकर 4 चटाई 4 दिन में बुन सकते हैं। इसी गति से 8 बुनकरों द्वारा 8 दिन में कितनी चटाई बुनी जा सकेंगी?

(a) 4 (b) 8
(c) 12 (d) 16

11 दो नल एक हौज को क्रमश: 3 घण्टे व 4 घण्टे में भर सकते हैं तथा एक निकास नल उसे 2 घण्टे में खाली कर सकता है। यदि तीनों नलों को खोल दिया जाए, तो हौज भरेगा

(a) 5 घण्टे में (b) 8 घण्टे में
(c) 10 घण्टे में (d) 12 घण्टे में

12 A तथा B किसी काम को पूरा करने में क्रमश: 15 दिन व 10 दिन का समय लेते हैं। उन्होंने मिलकर काम प्रारम्भ किया, परन्तु 2 दिन पश्चात् किसी कारणवश B को कार्य छोड़ना पड़ा तथा शेष कार्य अकेले A ने पूरा किया। सम्पूर्ण काम होगा

(a) 10 दिन में (b) 8 दिन में
(c) 12 दिन में (d) 15 दिन में

13 यदि 3 पुरुष या 6 स्त्रियाँ एक काम को 16 दिनों में सम्पन्न कर सकती है, तो 12 पुरुष तथा 8 स्त्रियाँ मिलकर उस काम को करेंगे

(a) 4 दिन में (b) 5 दिन में
(c) 3 दिन में (d) 2 दिन में

14 एक ठेकेदार एक सड़क 40 दिनों में बनाने का ठेका लेता है और 25 आदमी काम पर लगाता है। 24 दिनों बाद उसे पता चलता है, कि केवल एक-तिहाई सड़क बनी है। तब ठेकेदार कितने और आदमी काम पर लगाए, कि सड़क नियत अवधि से 4 दिन पहले ही बन जाए?

(a) 100 (b) 60
(c) 50 (d) इनमें से कोई नहीं

15 A तथा B किसी काम को क्रमश: 15 दिन व 20 दिनों में कर सकते है। यदि वे 4 दिनों तक दोनों एक साथ काम करें, तो शेष बचा कार्य, पूरे कार्य का कितना भाग होगा?

(a) $\frac{8}{15}$ (b) $\frac{7}{15}$ (c) $\frac{1}{4}$ (d) $\frac{1}{10}$

16 एक नल किसी टैंक को एक घण्टे में खाली कर सकता है। दूसरा नल उसी टैंक को 30 मिनट में खाली कर सकता है। यदि दोनों नल एक साथ चालू कर दिए जाएँ, तो टैंक को खाली करने में समय लगेगा

(a) 20 मिनट (b) 30 मिनट
(c) 40 मिनट (d) 45 मिनट

17 यदि 72 व्यक्ति 280 मी लम्बी एक दीवार को 21 दिन में बना लेते हैं, तो इसी प्रकार की 100 मी लम्बी दीवार बनाने के लिए कितने व्यक्ति 18 दिन लगाएँगे?

(a) 30 (b) 10 (c) 18 (d) 28

18 दो पाइप A व B अलग-अलग किसी टंकी को क्रमश: 60 मिनट और 75 मिनट में भर सकते हैं। टंकी की तली में उसको खाली करने के लिए एक तीसरा पाइप लगा है। यदि तीनों पाइपों को एक साथ खोल दिया जाए, तो टंकी 50 मिनट में भर जाती है। अकेला तीसरा पाइप टंकी को कितने समय में खाली कर सकता है?

(a) 110 मिनट (b) 100 मिनट
(c) 120 मिनट (d) 90 मिनट

19 किसी काम को A, B तथा C क्रमश: 24 दिन, 9 दिन व 12 दिन में पूरा कर सकते हैं। B तथा C काम प्रारम्भ करते हैं, परन्तु उन्हें 3 दिन बाद यह काम छोड़ना पड़ता है। शेष काम को पूरा करने में A को लगा समय है

(a) 5 दिन (b) 6 दिन
(c) 10 दिन (d) $10\frac{1}{2}$ दिन

20 A और B ने किसी काम को करने का ₹ 4500 में ठेका लिया। A अकेला इस कार्य को 8 दिन में तथा B अकेला इस कार्य को 12 दिन में कर सकता है। C की सहायता से उन्होंने यह कार्य 4 दिन में पूरा कर लिया। तब ठेके की धनराशि में C का भाग है

(a) ₹ 2250 (b) ₹ 1500
(c) ₹ 750 (d) ₹ 375

21 A किसी कार्य को 60 दिन में कर सकता है। वह 15 दिन काम करता है और B ने अकेले शेष काम को 30 दिन में पूरा किया। दोनों मिलकर काम को पूरा कर सकते हैं

(a) 24 दिन में (b) 25 दिन में
(c) 30 दिन में (d) 32 दिन में

22 कुछ व्यक्ति किसी काम को 55 दिन में पूरा कर सकते हैं। यदि 6 व्यक्ति और हों, तो इस कार्य को करने में 11 दिन कम लगेंगे। प्रारम्भ में व्यक्ति थे
(a) 17 (b) 24 (c) 30 (d) 22

23 एक नल किसी टंकी को 6 घण्टे में भर सकता है। जब टंकी आधी भर जाती है, तो इसी प्रकार के तीन और नल खोल दिए जाते हैं। टंकी को पूरा भरने में लगा कुल समय है
(a) 4 घण्टे (b) 4 घण्टे 15 मिनट
(c) 3 घण्टे 45 मिनट (d) 3 घण्टे 15 मिनट

24 किसी काम को A उतने समय में कर सकता है, जितने समय में B तथा C मिलकर उस काम को कर सकते हैं। यदि A और B इस काम को मिलकर 10 दिन में कर सकते हैं तथा C अकेला उसे 50 दिन में कर सकता है, तो B अकेला उस काम को कितने समय में कर पाएगा?
(a) 15 दिन (b) 20 दिन (c) 25 दिन (d) 30 दिन

25 एक पाइप किसी टंकी को 5 घण्टें में पानी से भर सकता है। टंकी को कोई दूसरा पाइप 4 घण्टें में खाली कर सकता है। यदि टंकी पूर्णतया भरी हुई हो और दोनों पाइपों को खोल दिया जाए, तो टंकी खाली हो जाएगी
(a) 9 घण्टे में (b) 18 घण्टे में
(c) 20 घण्टे में (d) $20\frac{1}{2}$ घण्टे में

26 A तथा B एक काम को 10 दिन में कर सकते हैं, B तथा C उसी काम को 15 दिन में और C तथा A उसी काम को 20 दिन में कर सकते हैं। C अकेला उसी काम को करेगा
(a) 60 दिन में (b) 120 दिन में
(c) 80 दिन में (d) 30 दिन में

27 A एक काम को 4 घण्टों में कर सकता है, B और C उसे 3 घण्टों में तथा A और C उसे 2 घण्टों में कर सकते हैं। B अकेला उस काम को कितने समय में करेगा?
(a) 10 घण्टे (b) 12 घण्टे (c) 8 घण्टे (d) 24 घण्टे

28 यदि 1 आदमी अथवा 2 औरतें अथवा 3 लड़के किसी कार्य को 44 दिन में समाप्त कर सकें, तो 1 आदमी, 1 औरत तथा 1 लड़का मिलकर कार्य को समाप्त करने में कितने दिन लेंगे?
(a) 21 दिन (b) 24 दिन
(c) 26 दिन (d) 33 दिन

29 A की कार्य क्षमता B से आधी है तथा C की कार्य क्षमता A तथा B की कुल क्षमता की आधी है। यदि C अकेला किसी कार्य को 40 दिन में समाप्त कर सके, तो तीनों मिलकर इस कार्य को समाप्त करने में कितने दिन लेंगे?
(a) $13\frac{1}{3}$ दिन (b) 15 दिन
(c) 20 दिन (d) 30 दिन

उत्तरमाला

1. (a)	2. (b)	3. (b)	4. (d)	5. (d)	6. (d)	7. (b)	8. (a)	9. (c)	10. (d)
11. (d)	12. (a)	13. (c)	14. (d)	15. (a)	16. (a)	17. (a)	18. (b)	19. (c)	20. (c)
21. (a)	22. (b)	23. (c)	24. (c)	25. (c)	26. (b)	27. (b)	28. (b)	29. (a)	

सॉल्यूशन्स

1. (a) 40 दिन में कुएँ को खोदने के लिए आवश्यक व्यक्तियों की संख्या $= 6$

1 दिन में कुएँ को खोदने के लिए आवश्यक व्यक्तियों की संख्या $= 6 \times 40$

24 दिन में कुएँ को खोदने के लिए आवश्यक व्यक्तियों की संख्या $= \frac{6 \times 40}{24} = 10$

2. (b) A का 1 दिन का काम $= \frac{1}{45}$

B का 1 दिन का काम $= \frac{1}{55}$

दोनों का 1 दिन का काम

$= \frac{1}{45} + \frac{1}{55} = \frac{100}{2475}$

$\therefore$ कुल दिनों की संख्या $= \frac{2475}{100} = 24\frac{3}{4}$ दिन

3. (b) A, 12 दिन में करता है $= \frac{4}{5}$ भाग

A का 1 दिन का काम $= \frac{4}{5 \times 12} = \frac{1}{15}$ भाग

B, 5 दिन में करता है $= \frac{1}{2}$ भाग

B का 1 दिन का काम $= \frac{1}{10}$ भाग

दोनों का 1 दिन का काम

$= \frac{1}{15} + \frac{1}{10} = \frac{2+3}{30} = \frac{1}{6}$

$\therefore$ कुल दिनों की संख्या $= 6$ दिन

4. (d) B, 16 दिन में करता है $= 1$ भाग

B का 1 दिन का काम $= \frac{1}{16}$

B का 8 दिन का काम $= \frac{1}{2}$

शेष काम $= 1 - \frac{1}{2} = \frac{1}{2}$ भाग

$\therefore$ A, 1 काम करता है $= 18$ दिन में

अतः A, $\frac{1}{2}$ काम करता है $= \frac{18}{2} = 9$ दिन में

5. (d) माना A किसी काम को x दिन में पूरा करता है।

$\therefore$ B उसी काम को $\frac{3}{2}x$ दिन में करेगा।

प्रश्नानुसार, $\frac{3}{2}x - x = 40 \Rightarrow x = 80$ दिन

अत: A उस काम को 80 दिन में तथा B उस काम को 120 दिन में पूरा करेगा।

6. (d) C का 1 दिन का काम $= \frac{1}{4} - \frac{1}{18} - \frac{1}{12}$

$= \frac{18-4-6}{72} = \frac{8}{72} = \frac{1}{9}$

$\Rightarrow$ C उस काम को 9 दिन में करेगा।

7. (b) $x = 36, y = 24, z = 18$

कुल दिनों की अभीष्ट संख्या

$= \frac{2xyz}{xy + yz + zx}$

$= \frac{2 \times 36 \times 24 \times 18}{36 \times 24 + 24 \times 18 + 18 \times 36}$

$= 16$ दिन

अर्थात् तीनों मिलकर उस काम को 16 दिन में कर सकेंगे।

8. (a) **व्यक्ति घण्टे** (प्रतिदिन) **दिन**

व्यक्ति	घण्टे (प्रतिदिन)	दिन
5 ↑	7 ↓	8 ↑
7	x	4

$\left.\begin{matrix} 7:5 \\ 4:8 \end{matrix}\right\} :: 7 : x$

$\Rightarrow \quad x = \frac{5 \times 8 \times 7}{7 \times 4} = 10$ घण्टे प्रतिदिन

9. (c) 4 आदमी व 6 महिलाओं का 8 दिन का काम

$= 3$ आदमी व 7 महिलाओं का 10 दिन का काम

$\Rightarrow$ 32 आदमी व 48 महिलाओं का 1 दिन का काम

$= 30$ आदमी व 70 महिलाओं का 1 दिन का काम

$\Rightarrow$ 1 आदमी का 1 दिन का काम

$= 11$ महिलाओं का 1 दिन का काम

$\Rightarrow$ 3 आदमी व 7 महिलाओं का 1 दिन का काम

$= 40$ महिलाओं का 1 दिन का काम

महिलाएँ	दिन
40 ↑	10 ↓
10	x

$10 : 40 :: 10 : x$

$\Rightarrow \quad x = \frac{40 \times 10}{10}$

$= 40$ दिन

10. (d) **बुनकर चटाई दिन**

बुनकर	चटाई	दिन
4 ↓	4 ↓	4 ↓
8	x	8

$\left.\begin{matrix} 4:8 \\ 4:8 \end{matrix}\right\} :: 4 : x$

$\Rightarrow \quad x = \frac{8 \times 8 \times 4}{4 \times 4} = 16$ चटाई

11. (d) तीनों नलों द्वारा हौज भरने में 1 घण्टे में भरा भाग

$= \frac{1}{3} + \frac{1}{4} - \frac{1}{2} = \frac{1}{12}$

$\therefore$ हौज भरने में लगा समय $= 12$ घण्टे

12. (a) A का 1 दिन का काम $= \frac{1}{15}$ भाग

तथा B का 1 दिन का काम $= \frac{1}{10}$ भाग

दोनों का 1 दिन का काम $= \frac{1}{15} + \frac{1}{10}$

$= \frac{2+3}{30} = \frac{5}{30} = \frac{1}{6}$ भाग

दोनों का 2 दिन का काम $= \frac{1}{3}$ भाग

शेष काम $= 1 - \frac{1}{3} = \frac{2}{3}$ भाग

काम	दिन
1 ↓	15 ↓
2/3	x

$\therefore 1 : \frac{2}{3} :: 15 : x$

$\Rightarrow \quad x = \frac{2}{3} \times 15 = 10$ दिन

13. (c) 3 पुरुषों का 1 दिन का काम $= 6$ स्त्रियों का 1 दिन का काम

1 पुरुष का 1 दिन का काम

$= 2$ स्त्रियों का 1 दिन का काम

12 पुरुषों व 8 स्त्रियों का 1 दिन का काम

$= 32$ स्त्रियों का 1 दिन का काम

प्रश्न से,

6 स्त्रियाँ 1 काम करती है $= 16$ दिन में

1 स्त्री 1 काम करेगी $= 16 \times 6$ दिन में

32 स्त्रियाँ 1 काम करेगी $= \frac{16 \times 16}{32}$

$= 3$ दिन में

14. (d) शेष दिन $= 40 - 24 - 4 = 12$

शेष काम $= 1 - \frac{1}{3} = \frac{2}{3}$

माना ठेकेदार को काम पर x आदमी और लगाने चाहिए।

आदमी	दिन	काम
25 ↓	24 ↑	$\frac{1}{3}$ ↓
$25 + x$	12	$\frac{2}{3}$

$\left.\begin{matrix} 12:24 \\ \frac{1}{3}:\frac{2}{3} \end{matrix}\right\} :: 25 : (25 + x)$

$\Rightarrow 25 + x = \frac{24 \times 25 \times \frac{2}{3}}{12 \times \frac{1}{3}}$

$\Rightarrow \quad x = 100 - 25 = 75$ व्यक्ति

अर्थात् काम पर 75 व्यक्ति और लगा देने चाहिए।

15. (a) दोनों का 1 दिन का काम $= \frac{1}{15} + \frac{1}{20}$

$= \frac{4+3}{60} = \frac{7}{60}$

दोनों का 4 दिन का काम $= \frac{7}{15}$ भाग

शेष काम $= 1 - \frac{7}{15} = \frac{8}{15}$

16. (a) टैंक खाली करने में दोनों नलों का 1 घण्टे का काम

$= \frac{1}{60} + \frac{1}{30} = \frac{1+2}{60} = \frac{1}{20}$

$\therefore$ टैंक 20 मिनट में खाली हो जाएगा।

17. (a) **व्यक्ति दीवार की लम्बाई दिन**

व्यक्ति	दीवार की लम्बाई	दिन
72 ↓	280 ↓	21 ↑
x	100	18

$\left.\begin{matrix} 280:100 \\ 18:21 \end{matrix}\right\} :: 72 : x$

$\Rightarrow \quad x = \frac{72 \times 21 \times 100}{280 \times 18} = 30$ व्यक्ति

18. (b) माना तीसरा पाइप x मिनट में खाली करता है।

$\therefore \quad \frac{1}{50} = \frac{1}{60} + \frac{1}{75} - \frac{1}{x}$

$\Rightarrow \quad \frac{1}{x} = \frac{1}{60} + \frac{1}{75} - \frac{1}{50} = \frac{1}{100}$

$\Rightarrow \quad x = 100$ मिनट

19. (c) B तथा C का 1 दिन का काम

$= \frac{1}{9} + \frac{1}{12} = \frac{4+3}{36} = \frac{7}{36}$

B तथा C का 3 दिन का काम $= \frac{7}{12}$

शेष काम $= 1 - \frac{7}{12} = \frac{5}{12}$

A का दिन का काम $= \frac{1}{24}$

शेष काम A पूरा करेगा

$= \frac{\text{शेष काम}}{A \text{ का 1 दिन का काम}}$

$= \frac{\frac{5}{12}}{\frac{1}{24}} = \frac{5 \times 24}{12 \times 1} = 10$ दिन

20. (c) A का 1 दिन का काम $= \frac{1}{8}$

B का 1 दिन का काम $= \frac{1}{12}$

A, B तथा C का 1 दिन का काम $= \frac{1}{4}$

$\therefore$ C का 1 दिन का काम $= \frac{1}{4} - \frac{1}{8} - \frac{1}{12}$

$= \frac{6-3-2}{24}$

$= \frac{1}{24}$

$\therefore$ $A : B : C = \frac{1}{8} : \frac{1}{12} : \frac{1}{24}$

$= 3 : 2 : 1$

आनुपातिक योग $= 3 + 2 + 1 = 6$

तथा कुल रुपए $=$ ₹4500

$\therefore$ C का भाग $= \frac{1}{6} \times 4500$

$=$ ₹ 750

21. (a) A का 1 दिन का काम $= \frac{1}{60}$ भाग

A का 15 दिन का काम $= \frac{1}{4}$ भाग;

शेष काम $= 1 - \frac{1}{4} = \frac{3}{4}$

माना B शेष काम x दिन में करता है।

काम	दिन
3/4 ↓	30 ↓
1	x

$\frac{3}{4} : 1 :: 30 : x$ $\quad x = \frac{30 \times 4}{3} = 40$ दिन

दोनों द्वारा काम पूरा करने में लगा समय

$= \frac{40 \times 60}{40 + 60} = 24$ दिन

22. (b) माना प्रारम्भ में कुल व्यक्तियों की संख्या x थी।

व्यक्ति	दिन
x ↓	55 ↑
$(x+6)$	44

$44 : 55 :: x : (x+6)$

$\Rightarrow \quad \frac{4}{5} = \frac{x}{x+6}$

$\Rightarrow \quad 4x + 24 = 5x \Rightarrow x = 24$

23. (c) चारों नलों द्वारा 1 घण्टे में भरा भाग

$= \frac{1}{6} + \frac{1}{6} + \frac{1}{6} + \frac{1}{6} = \frac{4}{6} = \frac{2}{3}$

चारों नल $\frac{2}{3}$ भाग भरते हैं $= 60$ मिनट में

चारों नल $\frac{1}{2}$ भाग भरेंगे

$= 60 \times \frac{3}{2} \times \frac{1}{2} = 45$ मिनट

$\therefore$ टंकी भरने में लगा समय

$= 3$ घण्टे 45 मिनट में

24. (c) A तथा B का 1 दिन का काम $= \frac{1}{10}$ भाग

C का 1 दिन का काम $= \frac{1}{50}$ भाग

तीनों का 1 दिन का काम

$= \frac{1}{10} + \frac{1}{50} = \frac{6}{50} = \frac{3}{25}$

माना B तथा C मिलकर उस काम को x दिन में कर सकते हैं।

$\therefore$ A, B तथा C का 1 दिन का काम

$= \frac{1}{x} + \frac{1}{x} = \frac{2}{x}$

$\frac{3}{25} = \frac{2}{x} \Rightarrow x = \frac{50}{3}$ दिन

B का 1 दिन का काम

$= \frac{3}{50} - \frac{1}{50} = \frac{2}{50} = \frac{1}{25}$ भाग

$\therefore$ B उस काम को 25 दिन में कर सकेगा।

25. (c) अभीष्ट समय $= \frac{1}{\frac{1}{4} - \frac{1}{5}} = 20$ घण्टे

26. (b) तीनों का 1 दिन का काम

$= \frac{1}{2}\left(\frac{1}{10} + \frac{1}{15} + \frac{1}{20}\right) = \frac{13}{120}$

C का 1 दिन का काम $= \frac{13}{120} - \frac{1}{10} = \frac{1}{120}$

$\therefore$ C अकेला उस काम को 120 दिन में पूरा कर सकेगा।

27. (b) A का एक घण्टे का काम $= \frac{1}{4}$ भाग

B तथा C का 1 घण्टे का काम $= \frac{1}{3}$ भाग

A तथा C का 1 घण्टे का काम $= \frac{1}{2}$ भाग

C का 1 घण्टे का काम $= \frac{1}{2} - \frac{1}{4} = \frac{1}{4}$ भाग

अत: B का 1 घण्टे का काम

$= \frac{1}{3} - \frac{1}{4} = \frac{4-3}{12} = \frac{1}{12}$ भाग

$\Rightarrow$ B अकेला उस काम को 12 घण्टे में कर सकेगा।

28. (b) 1 आदमी का काम $= 2$ औरतों का काम $= 3$ लड़कों का काम

$\Rightarrow$ 1 औरत $= \frac{1}{2}$ आदमी तथा 1 लड़का

$= \frac{1}{3}$ आदमी

1 आदमी + 1 औरत + 1 लड़का

$= \left(1 + \frac{1}{2} + \frac{1}{3}\right)$ आदमी $= \frac{11}{6}$ आदमी

1 आदमी कार्य करता है $= 44$ दिन में

$\frac{11}{6}$ आदमी कार्य करेंगे $\frac{44 \times 6}{11} = 24$ दिन में

29. (a) C कार्य को करता है $= 40$ दिन में

$A + B$ इस कार्य को करते हैं $= 20$ दिन में

$A + B$ का एक दिन का कार्य $= \frac{1}{20}$

(A का एक दिन का कार्य) :(B का एक दिन का कार्य) $= \frac{1}{2} : 1$

A का एक दिन का कार्य $= \frac{1}{20} \times \frac{1}{3} = \frac{1}{60}$

B का एक दिन का कार्य $= \frac{1}{20} \times \frac{2}{3} = \frac{1}{30}$

$A + B + C$ का एक दिन का कार्य

$= \left(\frac{1}{60} + \frac{1}{30} + \frac{1}{40}\right)$

$= \frac{9}{120} = \frac{3}{40}$

$A + B + C$ कार्य को समाप्त करते हैं

$= \frac{40}{3} = 13\frac{1}{3}$ दिन में

अध्याय 12

चाल, समय एवं दूरी

SPEED, TIME AND DISTANCE

चाल Speed

किसी वस्तु द्वारा इकाई समय में तय की गई दूरी को उस वस्तु की चाल कहते हैं।

$$\text{चाल} = \frac{\text{दूरी}}{\text{समय}}$$

चाल का मात्रक किमी/घण्टा या मी/से होता है।

चाल को किमी/घण्टा से मी/से में बदलने के लिए $\frac{5}{18}$ से तथा चाल को मी/से से किमी/घण्टा में बदलने के लिए $\frac{18}{5}$ से गुणा करते हैं।

$$\text{औसत चाल} = \frac{\text{कुल चली गई दूरी}}{\text{कुल लगा समय}}$$

उदाहरण 1. किसी कार द्वारा 100 किमी की यात्रा की आधी दूरी तय करने के बाद उसके इन्जन में कुछ खराबी हो जाती है। तदुपरान्त, वह अपनी पहले की चाल की आधी चाल से चलती है। इस कारण वह अपने सामान्य समय से 2 घण्टे की देरी से पहुँचती है। उस कार की प्रारम्भिक चाल कितनी थी?

हल माना कार की आरम्भिक गति = x किमी/घण्टा

100 किमी दूरी तय करने में लगा समय $= \frac{100}{x}$ घण्टा

प्रश्नानुसार, $\frac{50}{x} + \frac{50}{\frac{x}{2}} = \frac{100}{x} + 2$

$\Rightarrow \frac{50}{x} + \frac{100}{x} = \frac{100}{x} + 2 \Rightarrow \frac{50}{x} = 2 \Rightarrow x = \frac{50}{2} = 25$

$\therefore$ आरम्भिक चाल = 25 किमी/घण्टा

उदाहरण 2. एक व्यक्ति 30 किमी धारा के विपरीत और 44 किमी धारा की दिशा में 10 घण्टे में नाव खे सकता है। साथ ही वह 40 किमी धारा के विपरीत और 55 किमी धारा की दिशा में 13 घण्टे में नाव खे सकता है। धारा की चाल तथा शान्त जल में नाव की चाल ज्ञात कीजिए।

हल प्रथम स्थिति में,

धारा की विपरीत दिशा में तय की गई दूरी = 30 किमी

धारा की दिशा में तक की गई दूरी = 44 किमी

कुल लगा समय = 10 घण्टे

धारा की चाल = ?

दूसरी स्थिति में,

धारा की विपरीत दिशा में तय की गई दूरी = 40 किमी

धारा की दिशा में तय की गई दूरी = 55 किमी

कुल लगा समय = 13 घण्टे

शान्त जल में नाव की चाल = ?

माना शान्त जल में नाव की चाल = x किमी/घण्टा

तथा शान्त जल में धारा की चाल $= y$ किमी/घण्टा

$\therefore$ धारा के विपरीत चाल $= x - y$

और धारा की दिशा में चाल $= x + y$

प्रश्नानुसार, $\frac{30}{x-y} + \frac{44}{x+y} = 10$ ...(i)

तथा $\frac{40}{x-y} + \frac{55}{x+y} = 13$ ...(ii)

माना $x - y = \frac{1}{m}$ तथा $x + y = \frac{1}{n}$

अब, समी (i) से, $30m + 44n = 10$ ...(iii)

समी (ii) से, $40m + 55n = 13$ ...(iv)

अब, समी (iii) $\times 4$ – समी (iv) $\times 3$ करने पर,

$120m + 176n - 120m - 165n = 40 - 39$

$\Rightarrow$ $11n = 1$

$\therefore$ $n = \frac{1}{11}$

इसी प्रकार $m = \frac{1}{5}$,

m तथा n का मान रखने पर,

$\frac{1}{x-y} = \frac{1}{5}$ तथा $\frac{1}{x+y} = \frac{1}{11}$

$x - y = 5$

तथा $x + y = 11$

$\therefore$ $x = 8, y = 3$

$\therefore$ नाव की चाल $= 8$ किमी/घण्टा

तथा धारा की चाल $= 3$ किमी/घण्टा

अति महत्त्वपूर्ण प्वॉइंटस एवं फॉर्मूले

- यदि कोई वस्तु किसी निश्चित दूरी को x किमी/घण्टा तथा पुनः उसी दूरी को y किमी/घण्टा की चाल से तय करती है, तो पूरी यात्रा के दौरान उसकी औसत चाल $\frac{2xy}{x+y}$ किमी/घण्टा होगी।
- यदि दो वस्तु एक ही दिशा में a किमी/घण्टा तथा b किमी/घण्टा चाल से गति करती है, तो उनकी सापेक्षिक चाल $(a - b)$ किमी/घण्टा होगी।
- यदि दो वस्तु विपरीत दिशा में a किमी/घण्टा तथा b किमी/घण्टा की चाल से गति कर रही है, तो उनकी सापेक्षिक चाल $(a + b)$ किमी/घण्टा होगी।
- यदि A तथा B की चालों में अनुपात $a : b$ हो, तो एक ही दूरी तय करने में इनके द्वारा लिए गए समय का अनुपात $b : a$ होगा।
- जब एक व्यक्ति A से B तक x किमी/घण्टा की चाल से जाता है तथा t_1 समय देर से पहुँचता है तथा जब वह y किमी/घण्टा की चाल से जाता है तथा t_2 समय पहले पहुँच जाता है, तो A तथा B के बीच की दूरी
$= \frac{\text{चालों का गुणनफल}}{\text{चालों में अन्तर}} \times \text{समयान्तर} \; \frac{x \times y}{(y - x)} = (t_1 + t_2)$ किमी
- जब एक वस्तु किसी यात्रा को t घण्टे में पूरा करती है, जिसमें पहली आधी दूरी x किमी/घण्टा तथा दूसरी आधी दूरी y किमी/घण्टा की चाल से चलती है, तो यात्रा की कुल दूरी $\frac{2 \times t \times x \times y}{x + y}$ किमी होगी।
- यदि कोई वस्तु P, A से B की ओर तथा अन्य वस्तु Q, B से A की ओर एक ही समय पर प्रस्थान करें तथा मिलने के बाद के समय से क्रमशः B तथा A तक पहुँचने में क्रमशः t_1 व t_2 समय लगे, तब $\frac{A \text{ की चाल}}{B \text{ की चाल}} = \sqrt{\frac{t_2}{t_1}}$
- यदि कोई व्यक्ति किसी निश्चित दूरी को वाहन द्वारा x किमी/घण्टा तथा वापस पैदल y किमी/घण्टा से तय करता है तथा पूरी यात्रा में t घण्टे का समय लगता है, तो व्यक्ति द्वारा तय दूरी $=$ कुल लगा समय $\times \frac{\text{चालों का गुणनफल}}{\text{चालों का योग}}$
$= t \times \frac{x \times y}{x + y}$ किमी
- जब कोई रेलगाड़ी किसी स्थिर वस्तु (पेड़, खम्भा, व्यक्ति) को पार करती है, तो रेलगाड़ी को अपनी लम्बाई के बराबर दूरी तय करनी पड़ती है।
- जब कोई रेलगाड़ी किसी लम्बी वस्तु (प्लेटफार्म, पुल, अन्य रेलगाड़ी) को पार करती है, तो रेलगाड़ी को अपनी लम्बाई तथा वस्तु की लम्बाई के योग के बराबर दूरी तय करनी पड़ती है।
- जब कोई रेलगाड़ी किसी व्यक्ति को t_1 समय में तथा किसी प्लेटफार्म को t_2 समय में पार करती है तथा प्लेटफार्म की लम्बाई x हो, तो रेलगाड़ी की लम्बाई $= \frac{\text{प्लेटफार्म की लम्बाई}}{\text{समय में अन्तर}} \times$ व्यक्ति को पार करने में लगा समय
$= \frac{x}{t_2 - t_1} \times t_1$
- यदि कोई रेलगाड़ी x मी/से तथा y मी/से की चाल से रेलगाड़ी की दिशा के समदिश चलते दो व्यक्तियों को क्रमशः t_1 सेकण्ड तथा t_2 सेकण्ड में पार करती है, तो रेलगाड़ी की लम्बाई $= \frac{(x - y) \times t_1 \times t_2}{(t_2 - t_1)}$ मी
- यदि किसी नाव की चाल शान्त जल में x किमी/घण्टा तथा धारा की चाल y किमी/घण्टा हो, तो
(a) धारा की दिशा में नाव की चाल $(x + y)$ किमी/घण्टा होगी।
(b) धारा की दिशा के विपरीत दिशा में नाव की चाल $(x - y)$ किमी/घण्टा होगी।
- यदि धारा की दिशा में नाव की चाल u किमी/घण्टा तथा धारा की दिशा के विपरीत दिशा में नाव की चाल v किमी/घण्टा हो, तो
(a) शान्त जल में नाव की चाल $\frac{1}{2}(u + v)$ किमी/घण्टा होगी।
(b) धारा की चाल $\frac{1}{2}(u - v)$ किमी/घण्टा होगी।
- यदि शान्त जल में नाव की चाल x किमी/घण्टा तथा धारा की चाल y किमी/घण्टा हो तथा किसी स्थान तक जाने व लौटने में z घण्टे लगे हों, तो दोनों स्थानों के बीच की दूरी $\frac{z(x^2 - y^2)}{2x}$ किमी होगी।
- यदि शान्त जल में नाव की चाल x किमी/घण्टा तथा धारा की चाल y किमी/घण्टा हो, तो दो निश्चित स्थानों के बीच की दूरी d किमी को जाने व वापस आने में लगा समय $\frac{d}{x + y} + \frac{d}{x - y}$ घण्टे होगा।

✓ अति महत्त्वपूर्ण प्रश्न

1 20.5 मी/से की चाल से जा रही गाड़ी 70 मिनट में कितने किमी दूरी तय करेगी?
(a) 112.5 किमी (b) 11.25 किमी (c) 86.1 किमी (d) 67.5 किमी

2 एक निश्चित दूरी को 8 किमी/घण्टा की चाल से 1 घण्टे 45 मिनट में तय किया जाता है। इस दूरी को 12 किमी/घण्टा की चाल से तय करने में समय लगेगा
(a) 48 मिनट (b) 55 मिनट (c) 66 मिनट (d) 70 मिनट

3 एक व्यक्ति किसी निश्चित दूरी को 45 किमी/घण्टा की चाल से तय करता है तथा वापस उसी दूरी को 55 किमी/घण्टा की चाल से आता है, तो पूरी यात्रा में उसकी औसत चाल है
(a) 48 किमी/घण्टा (b) 49.5 किमी/घण्टा
(c) 50 किमी/घण्टा (d) इनमें से कोई नहीं

4 एक व्यक्ति किसी दूरी को 68 मिनट में तय करता है। इस दूरी का दो-तिहाई वह 5 किमी/घण्टा की चाल से तथा शेष 6 किमी/घण्टा की चाल से तय करता है। कुल दूरी है
(a) 4.6 किमी (b) 4 किमी (c) 5 किमी (d) 6 किमी

5 अपनी वास्तविक चाल की $\frac{3}{4}$ चाल से चलकर एक व्यक्ति अपने गन्तव्य स्थान पर नियत समय से 20 मिनट देरी से पहुँचता है। इस दूरी को तय करने में वास्तविक समय लगता है
(a) 30 मिनट (b) 60 मिनट (c) 75 मिनट (d) 90 मिनट

6 45 किमी/घण्टा की चाल से जा रही 130 मी लम्बी रेलगाड़ी एक पुल को 30 सेकण्ड में पार कर जाती है। पुल की लम्बाई है
(a) 200 मी (b) 225 मी (c) 245 मी (d) 250 मी

7 एक रेलगाड़ी 162 मी लम्बे प्लेटफार्म को 18 सेकण्ड में तथा एक दूसरे 120 मी लम्बे प्लेटफार्म को 15 सेकण्ड में पार कर जाती है। रेलगाड़ी की लम्बाई है
(a) 70 मी (b) 80 मी (c) 90 मी (d) 100 मी

8 84 किमी/घण्टा की चाल से चल रही एक रेलगाड़ी 6 किमी/ घण्टा की चाल से विपरीत दिशा में दौड़ रहे व्यक्ति को 4 सेकण्ड में पार कर जाती है। रेलगाड़ी की लम्बाई है
(a) 75 मी (b) 80 मी (c) 100 मी (d) 150 मी

9 दो रेलगाड़ियाँ जिनकी लम्बाई क्रमशः 120 मी तथा 80 मी है, एक ही दिशा में क्रमशः 40 किमी/घण्टा तथा 50 किमी /घण्टा की चाल से गतिमान है। एक-दूसरे को पार करने में लगा समय होगा
(a) 60 सेकण्ड (b) 72 सेकण्ड (c) 75 सेकण्ड (d) 80 सेकण्ड

10 दो रेलगाड़ियाँ एक-दूसरे की ओर क्रमशः 54 किमी/ घण्टा तथा 48 किमी/ घण्टा की चाल से गतिमान है। यदि पहली रेलगाड़ी की लम्बाई 250 मी हो तथा वे एक-दूसरे को 18 सेकण्ड में पार कर ले, तो दूसरी रेलगाड़ी की लम्बाई होगी
(a) 145 मी (b) 180 मी (c) 230 मी (d) 260 मी

11 एक नाव धारा के विरुद्ध 7 किमी जाने में 42 मिनट लेती है। यदि धारा का वेग 3 किमी/घण्टा हो, तो शान्त जल में नाव की चाल होगी
(a) 4.2 किमी/घण्टा (b) 9 किमी/घण्टा
(c) 13 किमी/घण्टा (d) 21 किमी/घण्टा

12 एक व्यक्ति शान्त जल में 5 किमी/घण्टे की चाल से तैर सकता है। यदि नदी का बहाव 1 किमी/घण्टा हो, तो एक निश्चित बिन्दु तक जाने व वापिस आने में उसे 75 मिनट लगते हैं। यह बिन्दु कितनी दूरी पर है?
(a) 2.5 किमी (b) 3 किमी
(c) 4 किमी (d) 5 किमी

13 किसी दिन एक विद्यार्थी $2\frac{1}{2}$ किमी/घण्टा की चाल से अपने घर से चलकर स्कूल 6 मिनट की देरी से पहुँचता है। अगले दिन वह अपनी चाल में 1 किमी/घण्टा की वृद्धि कर देता है तथा स्कूल समय से 6 मिनट पहले पहुँच जाता है। उसके घर व स्कूल के बीच की दूरी है
(a) 2 किमी (b) $1\frac{1}{2}$ किमी (c) 1 किमी (d) $1\frac{3}{4}$ किमी

14 किसी व्यक्ति ने 25 किमी/घण्टा की चाल से चलने वाली रेलगाड़ी द्वारा एक दूरी तय की तथा वही दूरी वापसी में उसने 4 किमी/घण्टा की चाल से पैदल चलकर तय की। यदि आने-जाने में उसे कुल समय 5 घण्टे 48 मिनट लगा हो, तो कुल दूरी थी
(a) 25 किमी (b) 30 किमी (c) 20 किमी (d) 15 किमी

15 एक व्यक्ति जो 5 किमी/घण्टा की गति से चल रहा है, एक पुल को 15 मिनट में पार करता है। पुल की लम्बाई है
(a) 600 मी (b) 750 मी (c) 1000 मी (d) 1250 मी

16 800 मी लम्बी एक रेलगाड़ी 78 किमी/घण्टा की चाल से चल रही है। यदि वह किसी सुरंग को 1 मिनट में पार कर जाती है, तो सुरंग की लम्बाई है
(a) 7720 मी (b) 500 मी (c) 1300 मी (d) 13 मी

17 एक व्यक्ति धारा के अनुकूल एक नाव को 4 घण्टे में 18 किमी ले जाता है तथा धारा के प्रतिकूल वापस आने में 12 घण्टे लेता है। धारा की चाल है
(a) 1 किमी/घण्टा (b) 1.5 किमी/घण्टा
(c) 2 किमी/घण्टा (d) 1.75 किमी/घण्टा

18 160 मी तथा 140 मी लम्बी दो रेलगाड़ियाँ समान्तर रेल पथों पर विपरीत दिशाओं में क्रमशः 77 किमी/घण्टा व 67 किमी/घण्टा की चालों से चल रही है। एक-दूसरे को पार करने में वे कितना समय लेंगी?
(a) 7 सेकण्ड (b) $7\frac{1}{2}$ सेकण्ड
(c) 6 सेकण्ड (d) 10 सेकण्ड

19 एक नाव शान्त जल में एक घण्टे में 6 किमी जाती है, परन्तु वह धारा के प्रतिकूल यही दूरी चलने में धारा के अनुकूल जाने मे लिए समय का तीन गुना समय लेती है। धारा की चाल है

(a) 4 किमी/घण्टा (b) 5 किमी/घण्टा
(c) 3 किमी/घण्टा (d) 2 किमी/घण्टा

20 दो रेलगाड़ियाँ समान चालों से विपरीत दिशाओं में चल रही है। यदि प्रत्येक रेलगाड़ी की लम्बाई 120 मी है और वे एक-दूसरे को 12 सेकण्ड में पार कर जाती है, तो प्रत्येक रेलगाड़ी की चाल है

(a) 72 किमी/घण्टा (b) 10 किमी/घण्टा
(c) 36 किमी/घण्टा (d) 18 किमी/घण्टा

21 यदि 100 मी लम्बी किसी रेलगाड़ी की चाल 144 किमी/घण्टा है, तो वह रेलगाड़ी एक बिजली के खम्भे को कितने समय में पार कर जाएगी?

(a) 2.5 सेकण्ड (b) 5 सेकण्ड (c) 12.5 सेकण्ड (d) $3\frac{1}{4}$ सेकण्ड

22 एक कार 40 किमी/घण्टा की चाल से कोई दूरी तय करने में 9 घण्टे का समय लेती है। वही दूरी 60 किमी/घण्टा की चाल से तय करने में वह कितना समय लेगी?

(a) 6 घण्टे (b) 3 घण्टे (c) 4 घण्टे (d) $4\frac{1}{2}$ घण्टे

23 एक धावक 200 मी की दौड़ 24 सेकण्ड में पूरी करता है। उसकी चाल है

(a) 20 किमी/घण्टा (b) 24 किमी/घण्टा
(c) 28.5 किमी/घण्टा (d) 30 किमी/घण्टा

24 एक रेलगाड़ी अपनी स्वयं की चाल की $\frac{7}{11}$ चाल से चलकर किसी स्थान पर 22 घण्टे में पहुँचती है। यदि रेलगाड़ी अपनी स्वयं की चाल से चले, तो कितने समय की बचत हो जाएगी?

(a) 44 घण्टे (b) 7 घण्टे
(c) 8 घण्टे (d) 16 घण्टे

25 एक रेलगाड़ी 125 मी लम्बी है। यदि रेलवे लाइन के किनारे लगे किसी पेड़ को यह रेलगाड़ी 30 सेकण्ड में पार कर जाती है, तो रेलगाड़ी की चाल है

(a) 14 किमी/घण्टा (b) 15 किमी/घण्टा
(c) 16 किमी/घण्टा (d) 12 किमी/घण्टा

26 एक रेलगाड़ी 1200 मी और 800 मी लम्बे दो पुलों को क्रमशः 180 सेकण्ड तथा 132 सेकण्ड में पार कर जाती है। रेलगाड़ी की लम्बाई है

(a) 400 मी (b) 300 मी
(c) 200 मी (d) 150 मी

उत्तरमाला

1. (c)	2. (d)	3. (b)	4. (d)	5. (b)	6. (c)	7. (c)	8. (c)	9. (b)	10. (d)
11. (c)	12. (b)	13. (d)	14. (c)	15. (d)	16. (b)	17. (b)	18. (b)	19. (c)	20. (c)
21. (a)	22. (a)	23. (d)	24. (c)	25. (b)	26. (b)				

सॉल्यूशन्स

1. (c) अभीष्ट दूरी = चाल × समय

$= 20.5 \times 70 \times 60 = 86100$ मी

$= 86.1$ किमी

2. (d) दूरी = चाल × समय $= 8 \times \frac{7}{4} = 14$ किमी

12 किमी/घण्टा की चाल से 14 किमी चलने में लगा समय

$= \frac{14}{12}$ घण्टे = 70 मिनट

3. (b) $x = 45$ किमी/घण्टा तथा

$y = 50$ किमी/घण्टा

औसत चाल $= \frac{2 \times 45 \times 55}{45 + 55}$

$= 49.5$ किमी/घण्टा

4. (d) माना कुल दूरी = x किमी

5 किमी/घण्टा की चाल से $\frac{2x}{3}$ किमी चलने में लगा

समय $= \frac{2x/3}{5} = \frac{2x}{15}$ घण्टा

6 किमी/घण्टा की चाल से $\frac{x}{3}$ किमी चलने में

लगा समय $= \frac{x/3}{6} = \frac{x}{18}$ घण्टा

$\therefore \frac{2x}{15} + \frac{x}{18} = \frac{68}{60} \Rightarrow \frac{12x + 5x}{90} = \frac{68}{60}$

$\Rightarrow 17x = 102 \Rightarrow x = 6$ किमी

5. (b) माना व्यक्ति की वास्तविक चाल = x किमी/घण्टा तथा दूरी = y किमी

$\therefore \frac{y}{x} + \frac{20}{60} = \frac{4y}{3x} \Rightarrow \frac{4y}{3x} - \frac{y}{x} = \frac{1}{3}$

$\Rightarrow \frac{4y - 3y}{3x} = \frac{1}{3}$

$\Rightarrow \frac{y}{x} = 1$

अर्थात् वास्तविक समय 1 घण्टा (60 मिनट) है।

6. (c) माना पुल की लम्बाई = x मी

$\therefore 45 \times \frac{5}{18} = \frac{130 + x}{30}$

$\Rightarrow x + 130 = \frac{45 \times 5}{18} \times 30$

$\Rightarrow x + 130 = 375$

$\Rightarrow x = 375 - 130 = 245$ मी

7. (c) माना रेलगाड़ी की लम्बाई $= x$ मी

प्रथम शर्त से,

रेलगाड़ी की चाल $= \frac{x+162}{18}$ ...(i)

द्वितीय शर्त से,

रेलगाड़ी की चाल $= \frac{x+120}{15}$ ...(ii)

समी (i) व (ii) से,

$\frac{x+162}{18} = \frac{x+120}{15} \Rightarrow x = 90$ मी

8. (c) सापेक्षिक चाल $= 84 + 6 = 90$ किमी/घण्टा

$= 90 \times \frac{5}{18} = 25$ मी/से

माना रेलगाड़ी की लम्बाई $= x$ मी

$\therefore\ 25 = \frac{x}{4} \Rightarrow x = 100$ मी

9. (b) रेलगाड़ियों की सापेक्षिक चाल

$= 10$ किमी/घण्टा $= 10 \times \frac{5}{18} = \frac{25}{9}$ मी/से

एक-दूसरे को पार करने में लगा समय

$= \frac{(120+80) \times 9}{25} = \frac{200 \times 9}{25}$

$= 72$ सेकण्ड

10. (d) माना दूसरी रेलगाड़ी की लम्बाई $= x$ मी

दोनों रेलगाड़ियों की सापेक्षिक चाल

$= 54 + 48 = 102 \times \frac{5}{18}$ मी/से $= \frac{85}{3}$ मी/से

$\therefore\ \frac{85}{3} = \frac{250+x}{18} \Rightarrow x = 260$ मी

11. (c) माना नाव की चाल $= x$ किमी/घण्टा

$\therefore\ \frac{7}{x-3} = \frac{42}{60} \Rightarrow \frac{7 \times 60}{42} = x - 3$

$\Rightarrow\ x = 13$ किमी/घण्टा

12. (b) $z = \frac{75}{60} = \frac{5}{4}$ घण्टे,

$x = 5$ किमी/घण्टा तथा $y = 1$ किमी/घण्टा

दोनों स्थानों के बीच की दूरी

$= \frac{5}{4}\left(\frac{5^2 - 1^2}{2 \times 5}\right) = \frac{5}{4} \times \frac{24}{10} = 3$ किमी

13. (d) $x = \frac{5}{2}$ किमी/घण्टा, $y = \frac{7}{2}$ किमी/घण्टा

$t_1 = 6$ मिनट, $t_2 = 6$ मिनट

$\therefore$ घर व स्कूल के बीच की दूरी

$= \frac{\frac{5}{2} \times \frac{7}{2}}{1} \times \frac{12}{60} = \frac{7}{4} = 1\frac{3}{4}$ किमी

14. (c) माना कुल दूरी $= x$ किमी

$\therefore\ \frac{x}{25} + \frac{x}{4} = 5\frac{48}{60} \Rightarrow \frac{29x}{100} = \frac{29}{5}$

$\Rightarrow\ x = 20$ किमी

15. (d) व्यक्ति की चाल $= 5$ किमी/घण्टा

$= \frac{5 \times 5}{18}$ मी/से $= \frac{25}{18}$ मी/से

लगा समय $= 15$ मिनट

$= 60 \times 15 = 900$ सेकण्ड

$\therefore$ कुल दूरी $=$ पुल की लम्बाई $=$ चाल $\times$ समय

$= \frac{25}{18} \times 900 = 1250$ मी

16. (b) माना सुरंग की लम्बाई $= x$ मी

रेलगाड़ी की चाल $= 78$ किमी/घण्टा

$= 78 \times \frac{5}{18} = \frac{65}{3}$ मी/से

$\therefore\ \frac{65}{3} = \frac{x+800}{60}$

$\Rightarrow\ x = 1300 - 800 = 500$ मी

17. (b) माना नाव की चाल $= x$ किमी/घण्टा

तथा धारा की चाल $= y$ किमी/घण्टा

प्रश्नानुसार, $\frac{18}{x+y} = 4 \Rightarrow x + y = \frac{18}{4}$

$\Rightarrow\ 2x + 2y = 9$ ...(i)

तथा $\frac{18}{x-y} = 12 \Rightarrow x - y = \frac{3}{2}$

$\Rightarrow\ 2x - 2y = 3$ ...(ii)

समी (i) व (ii) को हल करने पर,

$y = 1.5$ किमी/घण्टा

18. (b) दोनों रेलगाड़ियों की सापेक्षिक चाल

$= (77 + 67)$ किमी/घण्टा

$= 144 \times \frac{5}{18} = 40$ मी/से

$\therefore$ पार करने में लगा समय

$= \frac{160+140}{40} = \frac{300}{40} = 7\frac{1}{2}$ सेकण्ड

19. (c) नाव की चाल $= \frac{6}{1} = 6$ किमी/घण्टा

माना धारा की चाल $= x$ किमी/घण्टा

$\therefore\ \frac{3}{6+x} = \frac{1}{6-x} \Rightarrow x = 3$ किमी/घण्टा

20. (c) माना प्रत्येक रेलगाड़ी की चाल

$= x$ किमी/घण्टा

कुल दूरी $= 120 + 120 = 240$

समय $= 12$ सेकण्ड

$\therefore$ रेलगाड़ियों की सापेक्षिक चाल $= \frac{240}{12}$

$= 20 \times \frac{18}{5} = 72$ किमी/घण्टा

$\Rightarrow\ 2x = 72 \Rightarrow x = 36$ किमी/घण्टा

21. (a) रेलगाड़ी की चाल $= 144$ किमी/घण्टा

$= 144 \times \frac{5}{18} = 40$ मी/से

$\therefore$ खम्भे को पार करने में लगा समय

$= \frac{100}{40} = 2.5$ सेकण्ड

22. (a) रेलगाड़ी की चाल $= 40$ किमी/घण्टा, समय $= 9$ घण्टे

$\therefore$ दूरी $=$ चाल $\times$ समय

$= 40 \times 9 = 360$ किमी

अब, चाल $= 60$ किमी/घण्टा

$\therefore$ समय $= \frac{360}{60} = 6$ घण्टे

23. (d) धावक द्वारा चली दूरी $= 200$ मी, समय $= 24$ सेकण्ड

$\therefore$ चाल $= \frac{\text{दूरी}}{\text{समय}} = \frac{200}{24}$ मी/से $= \frac{200}{24} \times \frac{18}{5}$ किमी/घण्टा

$= 30$ किमी/घण्टा

24. (c) माना रेलगाड़ी की चाल $= x$ किमी/घण्टा

रेलगाड़ी की नई चाल $= \frac{7x}{11}$ किमी/घण्टा

रेलगाड़ी द्वारा $\frac{7x}{11}$ किमी/घण्टा की चाल से 22 घण्टे में चली

दूरी $= \frac{7x}{11} \times 22 = 14x$ किमी

$14x$ किमी की दूरी x किमी/घण्टा की चाल से चलने पर लगा समय $= \frac{14x}{x} = 14$ घण्टे

समय में बचत $= 22 - 14 = 8$ घण्टे

25. (b) रेलगाड़ी की चाल $= \frac{125}{30}$ मी/से

$= \frac{125}{30} \times \frac{18}{5} = 15$ किमी/घण्टा

26. (b) माना रेलगाड़ी की लम्बाई $= x$ मी

प्रथम शर्त से,

रेलगाड़ी की चाल $= \frac{1200+x}{180}$ ...(i)

द्वितीय शर्त से,

रेलगाड़ी की चाल $= \frac{800+x}{132}$ ...(ii)

समी (i) व (ii) से,

$\frac{1200+x}{180} = \frac{800+x}{132}$

$\Rightarrow\ x = 300$ मी

अध्याय 13

क्षेत्रफल एवं परिमाप

AREA AND PERIMETER

प्रत्येक ज्यामितीय आकृति का कुछ न कुछ क्षेत्र होता है। इस प्रकार, किसी आकृति की सीमाओं द्वारा जो क्षेत्र घिरा होता है, वह उसका क्षेत्रफल कहलाता है।

विभिन्न आकृतियों के क्षेत्रफल तथा परिमापों का संक्षिप्त विवरण निम्नवत् है

त्रिभुज Triangle

त्रिभुज का क्षेत्रफल $= \frac{1}{2} \times$ आधार $\times$ ऊँचाई

$$= \frac{1}{2} \times a \times h$$

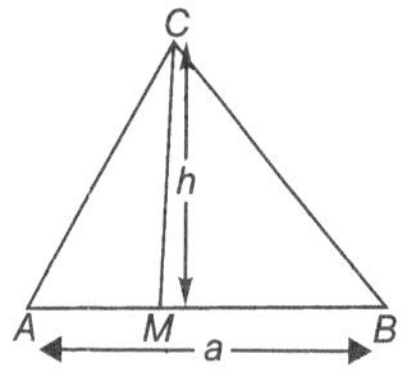

विषमबाहु त्रिभुज Scalene Triangle

त्रिभुज का परिमाप $= a + b + c$

त्रिभुज का क्षेत्रफल $= \sqrt{s(s-a)(s-b)(s-c)}$

जहाँ, $s = \dfrac{a+b+c}{2}$

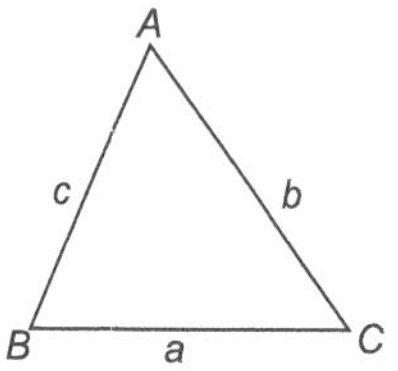

समकोण त्रिभुज Right Angled Triangle

समकोण त्रिभुज का परिमाप $= p + b + h$

समकोण त्रिभुज का क्षेत्रफल

$$= \frac{1}{2} \times \text{आधार} \times \text{लम्ब} = \frac{1}{2} \times b \times p$$

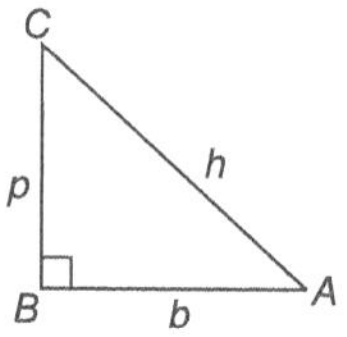

समद्विबाहु त्रिभुज Isosceles Triangle

समद्विबाहु त्रिभुज का परिमाप $= 2b + a$

समद्विबाहु त्रिभुज का क्षेत्रफल $= (s-b)\sqrt{s(s-a)}$

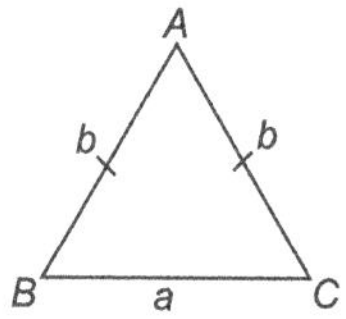

समबाहु त्रिभुज Equilateral Triangle

समबाहु त्रिभुज का परिमाप $= 3a$

समबाहु त्रिभुज का क्षेत्रफल $= \frac{\sqrt{3}}{4} a^2$

समबाहु त्रिभुज का क्षेत्रफल $= \frac{\sqrt{3}}{3}$ (माध्यिका)^2

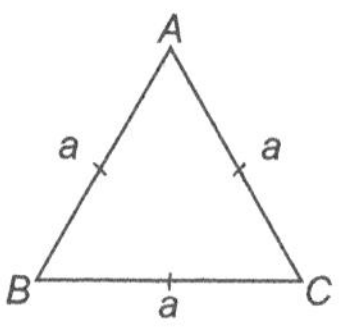

($\because$ समबाहु त्रिभुज की ऊँचाई ही उसकी माध्यिका होती है।)

समबाहु त्रिभुज की ऊँचाई $= \frac{\sqrt{3}}{2} a$

आयत Rectangle

आयत का क्षेत्रफल = लम्बाई × चौड़ाई = $a \times b$

आयत का परिमाप = 2(लम्बाई + चौड़ाई)

$= 2(a + b)$

आयत का विकर्ण = $\sqrt{a^2 + b^2}$

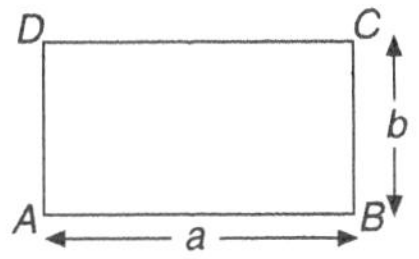

वर्ग Square

वर्ग का क्षेत्रफल = (भुजा)$^2 = a^2$

वर्ग का परिमाप = 4 × भुजा = $4a$

वर्ग का विकर्ण = $a\sqrt{2}$

वर्ग का क्षेत्रफल = $\frac{1}{2}$ (विकर्ण)^2

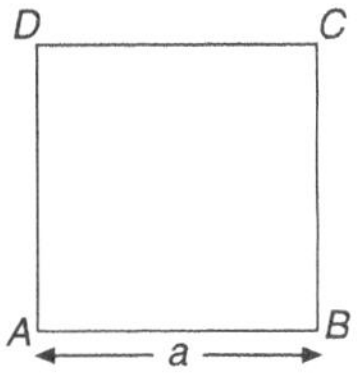

समान्तर चतुर्भुज Parallelogram

समान्तर चतुर्भुज का क्षेत्रफल = आधार × ऊँचाई

$= a \times h$

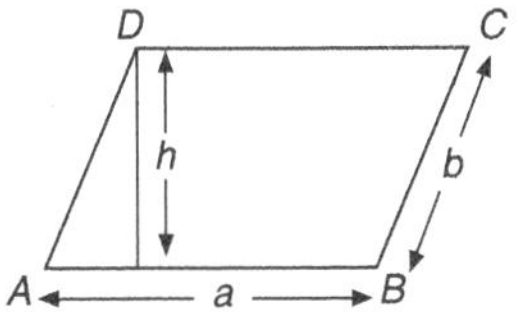

समान्तर चतुर्भुज का परिमाप = $2(a + b)$

समचतुर्भुज Rhombus

समचतुर्भुज का क्षेत्रफल = $\frac{1}{2} \times d_1 \times d_2$

समचतुर्भुज की एक भुजा = $\frac{1}{2}\sqrt{d_1^2 + d_2^2}$

समचतुर्भुज का परिमाप = 4 × भुजा

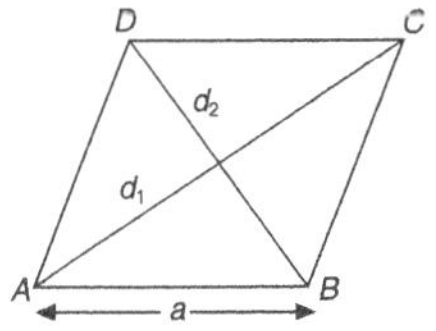

$$4a^2 = d_1^2 + d_2^2$$

समलम्ब Trapezium

समलम्ब का क्षेत्रफल = $\frac{1}{2}(a + b) \times h$

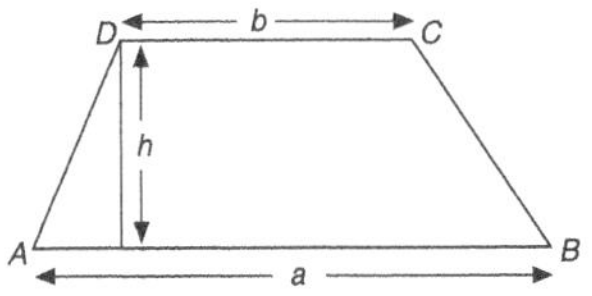

चतुर्भुज Quadrilateral

चतुर्भुज का क्षेत्रफल = $\frac{1}{2} \times AC \times (DM + BN)$

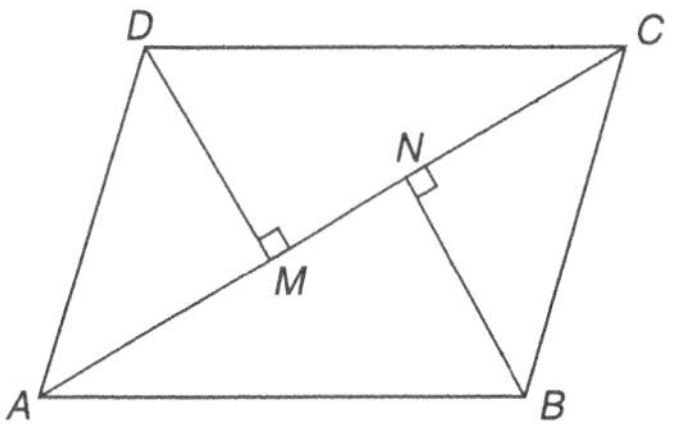

बहुभुज Polygon

समतल आकृति को जो n रेखाखण्डों से परिबद्ध (घिरा) हो n-भुजाओं वाला बहुभुज कहते हैं। इस प्रकार, त्रिभुज तीन भुजाओं वाला बहुभुज, चतुर्भुज चार भुजाओं वाला बहुभुज, पंचभुज तथा षट्भुज क्रमशः पाँच भुजाओं तथा छः भुजाओं वाले बहुभुज हैं। यदि बहुभुज की सभी भुजाएँ तथा कोण बराबर हों, तो उसे समबहुभुज कहते हैं।

समबहुभुज Regular Polygon

समबहुभुज की विशेषता है, कि

(i) उसके अन्तर्गत एक वृत्त बना सकते हैं, तथा

(ii) उसके परिगत एक वृत्त खींच सकते हैं।

समबहुभुज का केन्द्र उसके अन्तर्गत एवं बहिर्गत वृत्तों के केन्द्र, एक ही बिन्दु होते हैं।

समपंचभुज का क्षेत्रफल = $5a^2 \frac{\sqrt{3}}{4}$;समषष्ठ्भुज का क्षेत्रफल = $6a^2 \frac{\sqrt{3}}{4}$

वृत्त Circle

वृत्त का क्षेत्रफल = πr^2

वृत्त की परिधि = $2\pi r$

वृत्त का व्यास = $2r$

वृत्त के चाप की लम्बाई, $l = \frac{\pi r\, \theta}{180°}$

वृत्त के त्रिज्यखण्ड का क्षेत्रफल = $\frac{\pi r^2 \theta}{360°}$

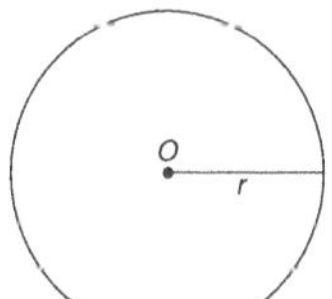

वृत्ताकार वलय Circular Ring

वृत्ताकार वलय का क्षेत्रफल = $\pi(R^2 - r^2)$

दोनों वलयों की परिधियों का अन्तर = $2\pi R - 2\pi r$

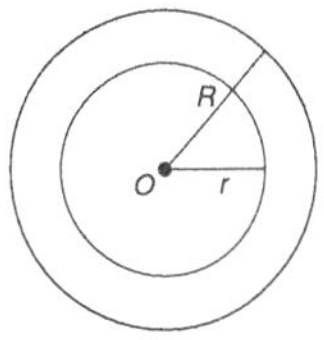

अति महत्त्वपूर्ण प्वॉइंटस एवं फॉर्मूले

- 'a' भुजा वाले समबाहु त्रिभुज के अन्तःवृत्त की त्रिज्या $\frac{a}{2\sqrt{3}}$ होती है तथा अन्तःवृत्त का क्षेत्रफल $\frac{\pi a^2}{12}$ होता है।
- 'a' भुजा वाले समबाहु त्रिभुज के परिवृत्त की त्रिज्या $\frac{a}{\sqrt{3}}$ होती है तथा परिवृत्त का क्षेत्रफल $\frac{\pi a^2}{3}$ होता है।
- कमरे की चारों दीवारों का क्षेत्रफल = 2 × (लम्बाई + चौड़ाई) × ऊँचाई
- यदि आयत व वर्ग का परिमाप समान हो, तो सदैव वर्ग का क्षेत्रफल आयत के क्षेत्रफल से अधिक होता है। यदि दो वर्गों के क्षेत्रफलों में $A_1 : A_2$ का अनुपात हो, तो उनके परिमापों में $\sqrt{A_1} : \sqrt{A_2}$ का अनुपात होता है।
- समान्तर चतुर्भुज का प्रत्येक विकर्ण चतुर्भुज को दो समान क्षेत्रफल के त्रिभुजों में विभाजित करता है।
- समचतुर्भुज के विकर्ण एक-दूसरे को समकोण पर समद्विभाजित करते हैं।
- यदि r त्रिज्या के तीन वृत्त एक समबाहु त्रिभुज के शीर्ष पर बने हो तथा एक-दूसरे को स्पर्श करते हों, तो उनके बीच घिरे भाग का क्षेत्रफल $r^2\left(\sqrt{3} - \frac{\pi}{2}\right)$ होता है।

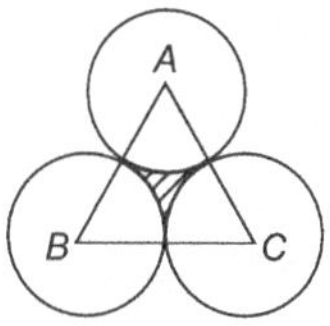

- यदि r त्रिज्या के चार वृत्त परस्पर एक-दूसरे को स्पर्श करते हो, तो उनके बीच घिरे भाग का क्षेत्रफल $r^2(4 - \pi)$ होता है।

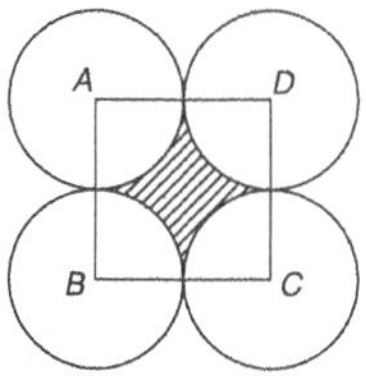

- भुजा a वाले वर्ग के अन्तर्गत खाचे जाने वाले अधिकतम त्रिज्या के वृत्त का क्षेत्रफल $\frac{\pi a^2}{4}$ होता है।

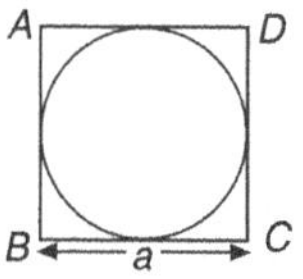

- लम्बाई a तथा चौड़ाई b के आयत के अन्तर्गत खाचे जाने वाले अधिकतम त्रिज्या के वृत्त की त्रिज्या तथा क्षेत्रफल क्रमशः $\frac{b}{2}$ तथा $\frac{\pi b^2}{4}$ होता है। (जहाँ $a > b$)

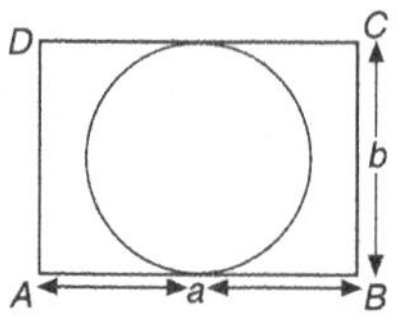

- यदि किसी आकृति की प्रत्येक भुजा को n गुना कर दिया जाए, तो उसके क्षेत्रफल में $(n^2 - 1) \times 100\%$ की प्रतिशत वृद्धि होती है।
- यदि किसी आकृति की एक भुजा को m गुना तथा दूसरी भुजा को n गुना कर दिया जाए, तो क्षेत्रफल में $(mn - 1) \times 100\%$ की प्रतिशत वृद्धि होती है।
- यदि किसी आकृति की प्रत्येक भुजा में $\pm x\%$ परिवर्तन करने पर उसके क्षेत्रफल में $\left(2x \pm \frac{x^2}{100}\right)$ % परिवर्तन होता है।

✓ अति महत्त्वपूर्ण प्रश्न

1 एक त्रिभुज की तीनों भुजाओं की लम्बाई क्रमशः 12 सेमी, 8 सेमी तथा 6 सेमी हैं। सबसे बड़ी भुजा के सामने के शीर्ष से खींची गई माध्यिका की लम्बाई होगी

(a) $\sqrt{14}$ सेमी (b) $\sqrt{10}$ सेमी
(c) $15\sqrt{2}$ सेमी (d) $\sqrt{20}$ सेमी

2 यदि किसी त्रिभुज का क्षेत्रफल 2560 सेमी^{2} है। आधार और सम्बन्धित ऊँचाई का अनुपात 4 : 5 है। त्रिभुज की ऊँचाई होगी

(a) 42 सेमी (b) 52 सेमी
(c) 70 सेमी (d) 80 सेमी

3 एक त्रिभुज का परिमाप 180 सेमी तथा भुजाएँ 2 : 3 : 4 के अनुपात में है। त्रिभुज का क्षेत्रफल है

(a) $600\sqrt{6}$ वर्ग सेमी (b) 1500 वर्ग सेमी
(c) $300\sqrt{15}$ वर्ग सेमी (d) $5000\sqrt{7}$ वर्ग सेमी

4 एक समकोण त्रिभुज का कर्ण 13 सेमी तथा परिमाप 30 सेमी हैं, तो त्रिभुज का क्षेत्रफल होगा

(a) 30 वर्ग सेमी (b) 35 वर्ग सेमी
(c) 54 वर्ग सेमी (d) 74 वर्ग सेमी

5 एक समबाहु त्रिभुज की प्रत्येक भुजा $10\sqrt{3}$ सेमी है। इसकी ऊँचाई है

(a) 10 सेमी (b) $5\sqrt{3}$ सेमी
(c) $\frac{15\sqrt{3}}{2}$ सेमी (d) 15 सेमी

6 एक वर्ग व आयत का परिमाप बराबर हैं। यदि आयत का परिमाप 128 सेमी हो तथा आयत की चौड़ाई उसकी लम्बाई की एक-तिहाई हो, तो वर्ग का क्षेत्रफल है

(a) 1024 वर्ग सेमी (b) 1124 वर्ग सेमी
(c) 1204 वर्ग सेमी (d) 1214 वर्ग सेमी

7 एक आयताकार मैदान 161 मी लम्बा तथा 136 मी चौड़ा है। इस मैदान के चारों ओर एक मार्ग बना है। मार्ग का कुल क्षेत्रफल 1204 वर्ग मी है। मार्ग की चौड़ाई है

(a) 1 मी (b) 5 मी (c) 2 मी (d) 5.5 मी

8 एक समकोण समद्विबाहु त्रिभुज जिसका कर्ण 12 सेमी है, उसका क्षेत्रफल है

(a) 32 वर्ग सेमी (b) 36 वर्ग सेमी
(c) 40 वर्ग सेमी (d) 45 वर्ग सेमी

9 एक पहिए का व्यास 1.26 मी है। 500 चक्करों में पहिए द्वारा तय की गई दूरी है

(a) 2530 मी (b) 1980 मी
(c) 1492 मी (d) 2880 मी

10 किसी वृत्त की त्रिज्या में 30% कमी करने पर इसके क्षेत्रफल में प्रतिशत कमी होगी

(a) 30% (b) 60%
(c) 45% (d) इनमें से कोई नहीं

11 एक ही माप (1 सेमी त्रिज्या वाले) के तीन सिक्के एक मेज पर इस प्रकार रखे गए हैं, कि वे एक-दूसरे को स्पर्श करते हैं। सिक्कों द्वारा उनके बीच घेरे गए क्षेत्र का क्षेत्रफल होगा

(a) $\left(\frac{\pi}{2} - \sqrt{3}\right)$ वर्ग सेमी (b) $\left(\sqrt{3} - \frac{\pi}{2}\right)$ वर्ग सेमी
(c) $\left(2\sqrt{3} - \frac{\pi}{2}\right)$ वर्ग सेमी (d) $\left(3\sqrt{3} - \frac{\pi}{2}\right)$ वर्ग सेमी

12 दो त्रिभुजों के आधारों का अनुपात $x : y$ है तथा उनके क्षेत्रफलों का अनुपात $a : b$ है, तब उनके संगत शीर्ष-लम्बों का अनुपात होगा

(a) $\frac{a}{x} : \frac{b}{y}$ (b) $ax : by$
(c) $\frac{a}{y} : bx$ (d) $\frac{x}{a} : \frac{b}{y}$

13 $2\sqrt{3}$ सेमी भुजा वाले समषष्ठ्भुज का क्षेत्रफल होगा

(a) $18\sqrt{3}$ वर्ग सेमी (b) $12\sqrt{3}$ वर्ग सेमी
(c) $36\sqrt{3}$ वर्ग सेमी (d) $27\sqrt{3}$ वर्ग सेमी

14 समलम्ब आकार के एक क्षेत्र का क्षेत्रफल 1440 वर्ग मी है। समान्तर भुजाओं के बीच की लम्बवत् दूरी 24 मी है। यदि समान्तर भुजाओं का अनुपात 5 : 3 हो, तो बड़ी समान्तर भुजा की लम्बाई होगी

(a) 75 मी (b) 45 मी
(c) 120 मी (d) 60 मी

15 किसी वृत्ताकार मार्ग की बाह्य तथा आन्तरिक परिधियों का अनुपात 23 : 22 है। यदि मार्ग की चौड़ाई 5 मी है, तो आन्तरिक वृत्त का व्यास होगा

(a) 110 मी (b) 55 मी (c) 220 मी (d) 230 मी

16 28 सेमी की भुजा वाले वर्ग के भीतर बनाए जा सकने वाले सबसे बड़े वृत्त का क्षेत्रफल क्या होगा?

(a) 17248 वर्ग सेमी (b) 784 वर्ग सेमी
(c) 8624 वर्ग सेमी (d) 616 वर्ग सेमी

17 यदि एक वृत्त की परिधि 4π से 8π कर दी जाए, तो उसके क्षेत्रफल में कितना परिवर्तन हो जाएगा?

(a) दोगुना (b) तीन गुना
(c) चार गुना (d) आधा

18 किसी आयताकार मेज की उपरी सतह का परिमाप 28 मी है और उसका क्षेत्रफल 48 मी^{2} है। उस मेज की कर्णवत् लम्बाई है

(a) 5 मी (b) 10 मी (c) 12 मी (d) 12.5 मी

19 एक प्लॉट की लम्बाई उसकी चौड़ाई की पाँच गुनी है। उस प्लॉट में एक खेल का मैदान भी है। जिसकी माप 245 वर्ग मी है और जो पूरे प्लॉट का आधा है। प्लॉट की लम्बाई है

(a) $35\sqrt{2}$ मी (b) $175\sqrt{2}$ मी (c) 490 मी (d) $5\sqrt{2}$ मी

20 44 सेमी परिमाप वाले एक वर्ग व 44 सेमी परिधि वाले एक वृत्त में किसका क्षेत्रफल अधिक है और कितना?

(a) वर्ग, 33 सेमी^{2} (b) वृत्त, 33 सेमी^{2}
(c) दोनों का क्षेत्रफल बराबर है (d) वर्ग, 495 सेमी^{2}

21 किसी वृत्ताकार पार्क के चारों ओर एक समान चौड़ाई का एक पथ बना हुआ है। इस वृत्ताकार पथ की आन्तरिक तथा बाह्य परिधियों का अन्तर 132 मी है। उसकी चौड़ाई है

(a) 22 मी (b) 20 मी (c) 21 मी (d) 24 मी

22 किसी समचतुर्भुज का परिमाप 40 मी है और उसकी ऊँचाई 5 मी है। इसका क्षेत्रफल है

(a) 60 वर्ग मी (b) 50 वर्ग मी (c) 45 वर्ग मी (d) 55 वर्ग मी

23 किसी समबाहु त्रिभुज का क्षेत्रफल $400\sqrt{3}$ वर्ग मी है। इसका परिमाप है

(a) 120 मी (b) 150 मी (c) 90 मी (d) 135 मी

24 A किसी आयताकार मैदान के विकर्ण के अनुदिश 52 मी/मिनट की चाल से चलकर 15 सेकण्ड में पार कर जाता है। B इस मैदान की भुजाओं के अनुदिश 68 मी/मिनट की चाल से चलकर 15 सेकण्ड में ही पार करता है। इस मैदान का क्षेत्रफल है

(a) 30 वर्ग मी (b) 40 वर्ग मी (c) 50 वर्ग मी (d) 60 वर्ग मी

25 किसी पहिए का व्यास 3 मी है। यह पहिया 1 मिनट में 28 चक्कर लगाता है। 5.280 किमी की दूरी चलने में यह पहिया निम्न समय लेगा

(a) 10 मिनट (b) 20 मिनट (c) 30 मिनट (d) 40 मिनट

26 एक पहिया 2 किमी 26 डेकामी की दूरी तय करने में 113 चक्कर लगाता है, पहिए का व्यास है

(a) $4\frac{4}{13}$ मी (b) $6\frac{4}{11}$ मी (c) $12\frac{4}{11}$ मी (d) $12\frac{8}{11}$ मी

27 दो भिन्न-भिन्न लम्बाइयों के रेखाखण्डों पर खींचे गए वर्गों के क्षेत्रफलों का अन्तर 32 वर्ग सेमी है। बड़े रेखाखण्ड की लम्बाई, यदि एक रेखाखण्ड दूसरे रेखाखण्ड से 2 सेमी बड़ा है, है

(a) 7 सेमी (b) 9 सेमी (c) 11 सेमी (d) 16 सेमी

उत्तरमाला

1. (a)	2. (d)	3. (c)	4. (a)	5. (d)	6. (a)	7. (c)	8. (b)	9. (b)	10. (d)
11. (b)	12. (a)	13. (a)	14. (a)	15. (c)	16. (d)	17. (d)	18. (b)	19. (a)	20. (b)
21. (c)	22. (b)	23. (a)	24. (d)	25. (b)	26. (b)	27. (b)			

सॉल्यूशन्स

1. (a) चित्र में, $PQ = 6$ सेमी, $PR = 8$ सेमी

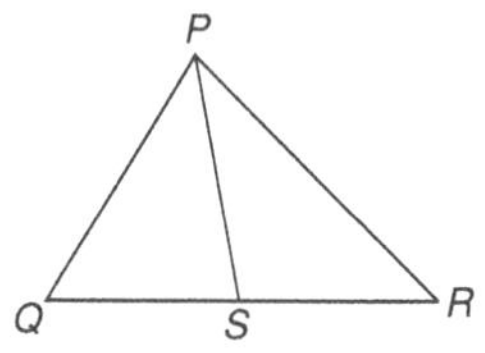

तथा $QR = 12$ सेमी तथा PS माध्यिका है

$QS = \frac{QR}{2} = 6$ सेमी

हम जानते हैं, कि

$PQ^2 + PR^2 = 2(QS^2 + PS^2)$

$\therefore \quad 36 + 64 = 2(36 + PS^2)$

$\Rightarrow \quad PS^2 = 50 - 36 = 14$

$\Rightarrow \quad PS = \sqrt{14}$ सेमी

2. (d) माना त्रिभुज का आधार $= 4x$

तथा त्रिभुज की ऊँचाई $= 5x$

त्रिभुज का क्षेत्रफल $= \frac{1}{2} \times$ आधार $\times$ ऊँचाई

$\therefore \quad 2560 = \frac{1}{2} \times 4x \times 5x$

$\Rightarrow \quad x^2 = \frac{2560 \times 2}{20}$

$\Rightarrow \quad x = 16$

$\therefore$ त्रिभुज की ऊँचाई $= 5 \times 16 = 80$ सेमी

3. (c) माना $a = 2x, b = 3x$ तथा $c = 4x$

$\therefore \quad 180 = 2x + 3x + 4x$

$\Rightarrow \quad x = 20$

अतः $\quad a = 40, \; b = 60, \; c = 80$

$s = \frac{40 + 60 + 80}{2} = 90$

$\therefore$ त्रिभुज का क्षेत्रफल

$= \sqrt{s(s-a)(s-b)(s-c)}$

$= \sqrt{90 \times 50 \times 30 \times 10}$

$= 300\sqrt{15}$ वर्ग सेमी

4. (a) माना समकोण त्रिभुज का आधार x तथा लम्ब y हैं।

$\therefore \quad x^2 + y^2 = 169$ ...(i)

तथा $\quad x + y + 13 = 30$

$x + y = 17$ ...(ii)

समी (ii) के दोनों पक्षों का वर्ग करने पर,

$(x + y)^2 = 289$

$\Rightarrow \quad x^2 + y^2 + 2xy = 289$

$\Rightarrow \quad 169 + 2xy = 289$ [समी (i) से]

$\Rightarrow 2xy = 289 - 169 \Rightarrow$

$xy = \frac{120}{2} = 60$

समकोण त्रिभुज का क्षेत्रफल

$= \frac{1}{2} xy = 30$ वर्ग सेमी

5. (d) $a = 10\sqrt{3}$

$\therefore$ समबाहु त्रिभुज की ऊँचाई, $h = \frac{\sqrt{3}}{2} a$

$= \frac{\sqrt{3}}{2} \times 10\sqrt{3} = 15$ सेमी

6. (a) माना वर्ग की भुजा $= x$ सेमी

$\therefore \quad 4x = 128 \Rightarrow x = 32$ सेमी

$\therefore$ वर्ग का क्षेत्रफल $= x^2 = (32)^2$

$= 1024$ वर्ग सेमी

7. (c) मैदान का क्षेत्रफल $= 161 \times 136$

$= 21896$ वर्ग सेमी

मार्ग सहित मैदान का क्षेत्रफल

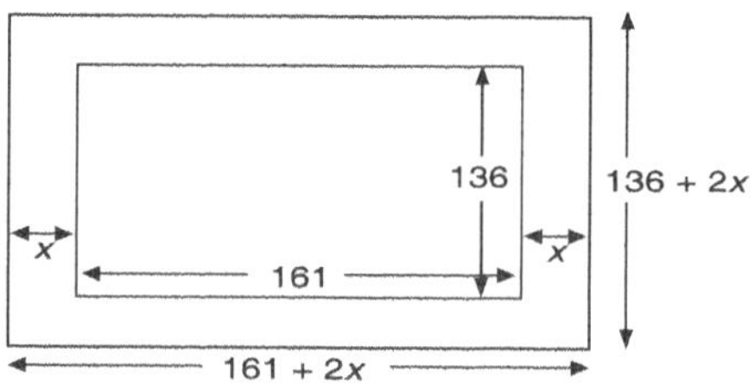

$= (161 + 2x)(136 + 2x)$

$\therefore$ मार्ग का क्षेत्रफल

$= (161 + 2x)(136 + 2x) - 21896$

$1204 = (161 + 2x)(136 + 2x) - 21896$

$\Rightarrow \quad x = 2$ मी

8. (b) एक समकोण समद्विबाहु त्रिभुज में,

कर्ण $= \sqrt{2}a$

$12 = \sqrt{2}a$

$a = \frac{12}{\sqrt{2}}$

समकोण समद्विबाहु त्रिभुज का क्षेत्रफल

$= \frac{1}{2} a^2$

$= \frac{1}{2} \times \frac{12}{\sqrt{2}} \times \frac{12}{\sqrt{2}} = 36$ वर्ग सेमी

9. (b) पहिए का व्यास $= 1.26$ मी

पहिए की परिधि $= \pi \times$ व्यास

$= \frac{22}{7} \times 1.26 = 3.96$ मी

500 चक्करों में पहिए द्वारा तय की गई दूरी

$= 3.96 \times 500 = 1980$ मी

12. (a) माना त्रिभुजों के शीर्षलम्ब क्रमशः h_1 व h_2 हैं।

$\therefore \quad \frac{a}{b} = \left(\frac{x}{y}\right)\left(\frac{h_1}{h_2}\right) \Rightarrow \frac{h_1}{h_2} = \frac{ay}{bx}$

$\Rightarrow \quad h_1 : h_2 = ay : bx = \frac{a}{x} : \frac{b}{y}$

13. (a) समषट्भुज का क्षेत्रफल

$= 6 \times \frac{\sqrt{3}}{4} \times (2\sqrt{3})^2 = 6 \times \frac{\sqrt{3}}{4} \times 4 \times 3$

$= 18\sqrt{3}$ वर्ग सेमी

14. (a) माना भुजाएँ $5x$ तथा $3x$ हैं।

$\therefore \quad 1440 = \frac{1}{2}(5x + 3x) \times 24$

$\Rightarrow \quad 8x = \frac{1440 \times 2}{24} \Rightarrow x = 15$

$\therefore$ समलम्ब की बड़ी भुजा की लम्बाई

$= 5 \times 15 = 75$ मी

15. (c) माना बाह्य तथा आन्तरिक परिधियाँ क्रमशः $23x$ तथा $22x$ हैं।

$\therefore \quad 2\pi R - 2\pi r = 23x - 22x$

$\Rightarrow \quad 2\pi (R - r) = x$

$\Rightarrow \quad 2\pi \times 5 = x = 10\pi \quad (\because R - r = 5)$

$\therefore$ वृत्ताकार मार्ग की आन्तरिक परिधि $= 220\pi$

$\Rightarrow \quad 2\pi r = 220\pi \Rightarrow r = 110$

$\therefore$ आन्तरिक वृत्त का व्यास

$= 2 \times 110 = 220$ मी

16. (d) अभीष्ट क्षेत्रफल $= \frac{\pi \times (28)^2}{4}$

$= \frac{22}{7} \times \frac{28 \times 28}{4} = 616$ वर्ग सेमी

18. (b) मेज का परिमाप $= 28$

$\Rightarrow \quad 2(x + y) = 28$

$\Rightarrow \quad x + y = 14 \quad \text{...(i)}$

मेज की सतह का क्षेत्रफल $= 48$

$\Rightarrow \quad xy = 48 \quad \text{...(ii)}$

$\therefore (x - y) = \sqrt{(x + y)^2 - 4xy} = 2 \quad \text{...(iii)}$

समी (i) व (iii) से, $x = 8, y = 6$

$\therefore$ मेज की कर्णवत् लम्बाई $= \sqrt{x^2 + y^2}$

$= \sqrt{64 + 36} = 10$ मी

19. (a) प्लॉट का क्षेत्रफल $= 2 \times$ खेल के मैदान का क्षेत्रफल

$= 2 \times 245 = 490$ वर्ग मी

माना प्लॉट की चौड़ाई $= x$ मी

तथा प्लॉट की लम्बाई $= 5x$ मी

$\therefore \quad 490 = 5x \times x \quad \Rightarrow x = 7\sqrt{2}$

$\therefore$ प्लॉट की लम्बाई $= 5x = 35\sqrt{2}$ मी

20. (b) वर्ग के लिए,

वर्ग की भुजा $= \frac{44}{4} = 11$ सेमी

$\therefore$ वर्ग का क्षेत्रफल $= 11 \times 11$

$= 121$ वर्ग सेमी

वृत्त के लिए,

$2\pi r = 44$

$r = \frac{44}{2\pi} = 7$ सेमी

वृत्त का क्षेत्रफल $= \pi r^2 = \frac{22}{7} \times 7 \times 7$

$= 154$ वर्ग सेमी

अतः वृत्त का क्षेत्रफल अधिक है।

अभीष्ट अन्तर $= 154 - 121 = 33$ वर्ग सेमी

21. (c) प्रश्नानुसार,

$2\pi R - 2\pi r = 132$

$R - r = \frac{132 \times 7}{2 \times 22} = 21$

$\therefore \quad x = 21$ मी

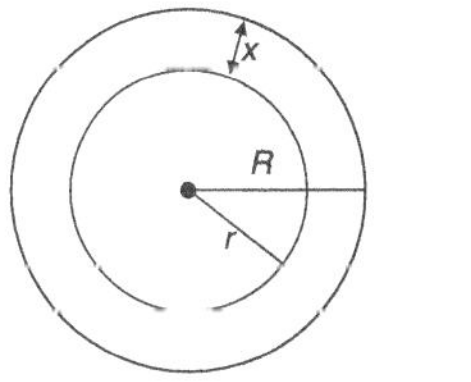

22. (b) समचतुर्भुज की भुजा $= \frac{40}{4} = 10$ मी

समचतुर्भुज की ऊँचाई $= 5$ मी

$\therefore$ समचतुर्भुज का क्षेत्रफल $= 10 \times 5$

$= 50$ वर्ग मी

23. (a) समबाहु त्रिभुज का क्षेत्रफल $= \frac{\sqrt{3}}{4} a^2$

$400\sqrt{3} = \frac{\sqrt{3}}{4} a^2$

$a^2 = 400 \times 4$

$a = 40$ मी

अतः परिमाप $= 3a = 120$ मी

24. (d) आयताकार मैदान का विकर्ण

$= A$ द्वारा चली दूरी

$= \frac{52}{60} \times 15 = 13$ मी

$\therefore \quad a^2 + b^2 = 169 \quad \text{...(i)}$

B द्वारा चली दूरी $= \frac{68}{60} \times 15 = 17$ मी

$\therefore \quad a + b = 17 \quad \text{...(ii)}$

$\Rightarrow \quad (a + b)^2 = 289$

$\Rightarrow a^2 + b^2 + 2ab = 289$

$\Rightarrow 2ab = 289 - 169 \Rightarrow ab = 60$

$\therefore$ आयताकार मैदान का क्षेत्रफल $= a \times b$

$= 60$ वर्ग मी

25. (b) पहिए द्वारा एक चक्कर में चली दूरी = पहिए की परिधि $= 3\pi = 9.42$ मी

28 चक्कर लगाने में चली दूरी

$= 28 \times 9.42 = 263.76$ मी

263.76 मी दूरी चलने में लगा समय

$= 1$ मिनट

5280 मी दूरी चलने में लगा समय

$= \frac{5280}{263.76} = 20$ मिनट (लगभग)

26. (b) माना पहिए का व्यास $2r$ मी है।

कुल दूरी $= 2$ किमी 26 डेकामी

$= 2000 + 260 = 2260$ मी

पहिया 1 चक्कर लगाने पर $2\pi r$ दूरी चलता है।

अतः 113 चक्कर लगाने पर चली दूरी

$= 113 \times 2\pi r$

$2260 = 113 \times 2 \times \frac{22}{7} \times r$

$\therefore \quad 2r = \frac{2260 \times 7}{113 \times 22} = 6\frac{4}{11}$ मी

27. (b) माना पहले रेखाखण्ड की लम्बाई $= x$ सेमी

$\therefore$ दूसरे रेखाखण्ड की लम्बाई

$= (x + 2)$ सेमी

प्रश्नानुसार, $(x + 2)^2 - x^2 = 32$

$\Rightarrow \quad (x + 2 - x)(x + 2 + x) = 32$

$\Rightarrow \quad (2x + 2) = 16$

$\Rightarrow \quad 2x = 14$

$\Rightarrow \quad x = 7$

$\therefore$ बड़े रेखाखण्ड की लम्बाई

$= 7 + 2 = 9$ सेमी

अध्याय 14

आयतन एवं पृष्ठ क्षेत्रफल

VOLUME AND SURFACE AREA

किसी भी वस्तु के, जो स्थान घेरती हैं, की तीन विमाएँ होती हैं (i) लम्बाई (ii) चौड़ाई तथा (iii) गहराई। इस प्रकार की वस्तुओं को सामान्यत: ठोस (Solid) कहा जाता है।

नीचे प्रमुख तथा बहुप्रचलित ठोस आकृतियों के बारे में संक्षिप्त परिचय दिया गया हैं

घनाभ Cuboid

घनाभ का आयतन $= lbh$

घनाभ का पृष्ठीय क्षेत्रफल $= 2\,(lb + bh + hl)$

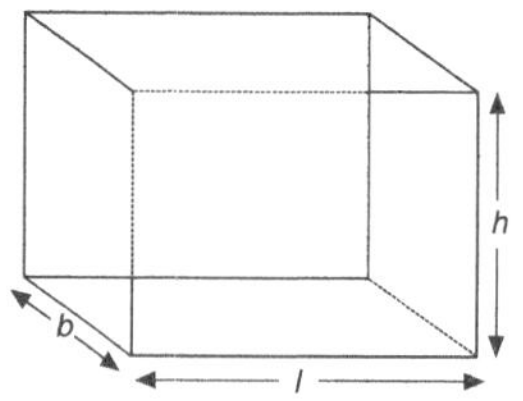

घनाभ का विकर्ण $= \sqrt{l^2 + b^2 + h^2}$

जहाँ, l, b, h क्रमश: घनाभ की लम्बाई, चौड़ाई तथा ऊँचाई हैं।

घन Cube

$$\text{घन का आयतन} = a^3$$

$$\text{घन का पृष्ठीय क्षेत्रफल} = 6a^2$$

$$\text{घन का विकर्ण} = a\sqrt{3}$$

जहाँ a घन की भुजा है।

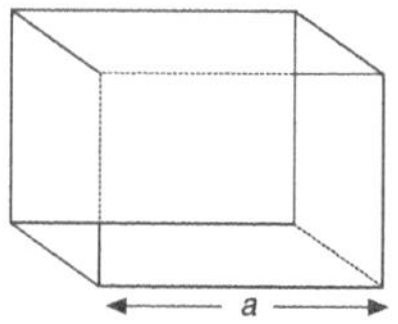

बेलन Cylinder

$$\text{बेलन का आयतन} = \pi r^2 h$$

$$\text{बेलन का वक्रपृष्ठ} = 2\pi rh$$

$$\text{बेलन का सम्पूर्ण पृष्ठ} = 2\pi r\,(r + h)$$

जहाँ r तथा h क्रमश: बेलन की त्रिज्या तथा ऊँचाई है।

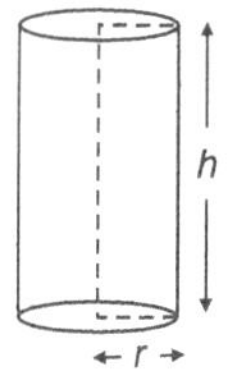

शंकु Cone

शंकु की तिरछी ऊँचाई, $l = \sqrt{h^2 + r^2}$

$$\text{शंकु का आयतन} = \frac{1}{3}\pi r^2 h$$

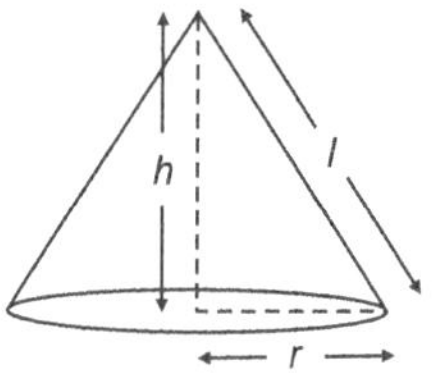

$$\text{शंकु का वक्रपृष्ठ} = \pi rl$$

$$\text{शंकु का सम्पूर्ण पृष्ठ} = \pi r(l + r)$$

गोला Sphere

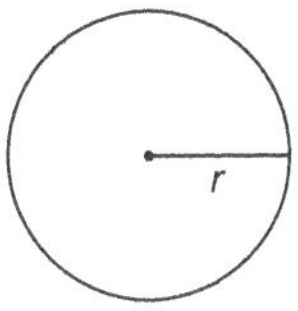

गोले का आयतन $= \frac{4}{3}\pi r^3$

गोले का वक्रपृष्ठ $= 4\pi r^2$

अर्द्धगोला Hemisphere

अर्द्धगोले का आयतन $= \frac{2}{3}\pi r^3$

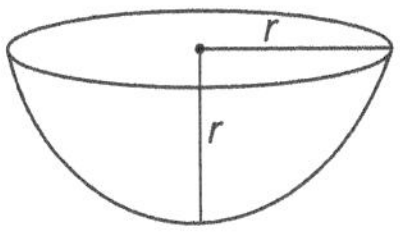

अर्द्धगोले का वक्रपृष्ठ $= 2\pi r^2$

अर्द्धगोले का सम्पूर्ण पृष्ठ $= 3\pi r^2$

गोलीय कोश Hollow Sphere

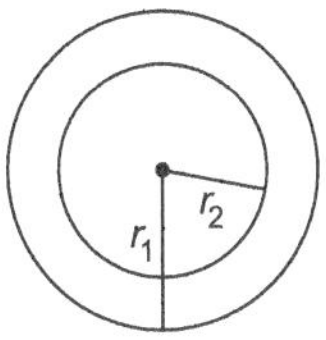

गोलीय कोश का आयतन $= \frac{4}{3}\pi(r_1^3 - r_2^3)$

प्रिज्म Prism

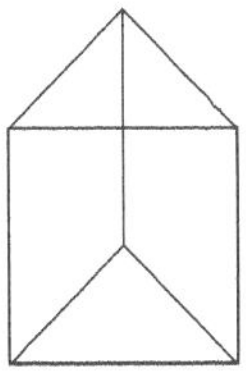

प्रिज्म का आयतन = आधार का क्षेत्रफल × ऊँचाई

प्रिज्म का पार्श्व पृष्ठ = आधार का परिमाप × ऊँचाई

प्रिज्म का सम्पूर्ण पृष्ठ = प्रिज्म का पार्श्व पृष्ठ + 2 × आधार का क्षेत्रफल

पिरामिड Pyramid

पिरामिड का आयतन $= \frac{1}{3}$ × आधार का क्षेत्रफल × ऊँचाई

पिरामिड का सम्पूर्ण पृष्ठ = आधार का क्षेत्रफल + तिर्यक पृष्ठ का क्षेत्रफल

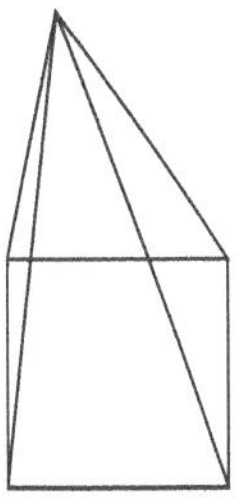

अति महत्त्वपूर्ण प्वॉइंटस एवं फॉर्मूले

- धातु के तीन घनों जिनकी भुजाएँ क्रमशः a, b तथा c हैं, को पिघलाकर एक बड़ा घन बनाया जाता है। यदि इस प्रक्रिया में धातु के भार में कोई कमी न हो, तो नए घन की भुजा $\sqrt[3]{a^3 + b^3 + c^3}$ होगी।
- यदि a भुजा वाले घन को पिघलाकर b भुजा वाले छोटे घन बनाए जाते हैं, तो इस प्रकार बने छोटे घनों की संख्या $\left(\frac{a}{b}\right)^3$ होगी।
- यदि a त्रिज्या वाले गोले को पिघलाकर b त्रिज्या का एक बेलन बनाया जाता है, तो बेलन की लम्बाई $\frac{4a^3}{3b^2}$ होगी।
- यदि किसी घनाभ की लम्बाई, चौड़ाई तथा ऊँचाई में क्रमशः $x\%$, $y\%$ तथा $z\%$ की वृद्धि की जाए, तब इसके आयतन में $\left[x + y + z + \frac{xy + yz + zx}{100} + \frac{xyz}{(100)^2}\right]$ % वृद्धि होगी।

✓ अति महत्त्वपूर्ण प्रश्न

1 एक घनाभ का आयतन 43740 घन सेमी तथा उसकी भुजाओं का अनुपात 3 : 4 : 5 हैं। सबसे बड़ी भुजा की लम्बाई है
(a) 45 सेमी (b) 60 सेमी (c) 64 सेमी (d) 80 सेमी

2 एक घन का आयतन 512 घन सेमी है। उसके विकर्ण की लम्बाई है
(a) 8 सेमी (b) $8\sqrt{2}$ सेमी
(c) $8\sqrt{3}$ सेमी (d) 16 सेमी

3 एक तार को पिघलाकर एक-तिहाई त्रिज्या का तार बनाने पर तारों की लम्बाइयों में अनुपात होगा
(a) 1 : 2 (b) $2 : \sqrt{2}$ (c) 9 : 1 (d) 1 : 9

4 तीन घनों की भुजाएँ क्रमशः 4 सेमी, 5 सेमी तथा 6 सेमी हैं। इन्हें पिघलाकर एक नया घन बनाया गया, तो नये घन की भुजा की लम्बाई है
(a) $4\sqrt{3}$ सेमी (b) $3\sqrt[3]{15}$ सेमी
(c) $6\sqrt{3}$ सेमी (d) $3\sqrt{15}$ सेमी

5 दो शंकुओं की ऊँचाइयों का अनुपात 25 : 64 तथा उनके व्यासों का अनुपात 4 : 5 हो, तो उनके आयतनों का अनुपात है
(a) 1 : 4 (b) 1 : 3 (c) 8 : 1 (d) $3 : \sqrt{5}$

6 किसी घनाभ के विकर्ण की लम्बाई 13 सेमी है तथा यदि उसकी चौड़ाई और ऊँचाई क्रमशः 4 सेमी व 12 सेमी हैं, तो उसकी लम्बाई होगी
(a) 3 सेमी (b) 10 सेमी
(c) 5 सेमी (d) 6 सेमी

7 एक लम्ब प्रिज्म के आधार का क्षेत्रफल 8 वर्ग सेमी है तथा उसका आयतन 64 घन सेमी है, तो उसकी ऊँचाई होगी
(a) 8 सेमी (b) 10 सेमी
(c) 12 सेमी (d) 6 सेमी

8 एक लम्ब प्रिज्म का आधार समचतुर्भुज है। यदि लम्ब प्रिज्म की ऊँचाई 5 सेमी हो तथा पार्श्व पृष्ठ 80 वर्ग सेमी हो, तो आधार की एक भुजा होगी
(a) 4 मी (b) 4 सेमी
(c) 8 सेमी (d) 20 सेमी

9 4 सेमी वर्षा के समय 50 वर्ग डेकामीटर भूमि पर पड़े पानी का भार, यदि 1 घन सेमी पानी का भार 1 ग्राम हो, होगा
(a) 2000 कुन्तल (b) 1000 कुन्तल
(c) 500.57 कुन्तल (d) 940.8 कुन्तल

10 किसी लम्ब पिरामिड का आधार वर्ग है, जिसकी एक भुजा की लम्बाई 12 सेमी है और उसकी ऊँचाई 8 सेमी हो, तो पिरामिड का तिर्यक पृष्ठ होगा
(a) 200 सेमी (b) 240 सेमी (c) 100 सेमी (d) 50 सेमी

11 एक लम्ब वृत्तीय बेलन का सम्पूर्ण पृष्ठ 1540 वर्ग सेमी है। यदि उसकी ऊँचाई आधार की त्रिज्या की चार गुनी हो, तो बेलन की ऊँचाई होगी
(a) 5 सेमी (b) 10 सेमी
(c) 20 सेमी (d) 28 सेमी

12 किसी बेलन का आयतन 120 घन सेमी है, तो उसी आधार और उसी ऊँचाई के शंकु का आयतन होगा
(a) 12 घन सेमी (b) 240 घन सेमी
(c) 60 घन सेमी (d) 40 घन सेमी

13 9 सेमी त्रिज्या के ठोस गोले से प्राप्त धातु से 0.15 सेमी व्यास के तार की लम्बाई होगी
(a) 1728 मी (b) 243 मी
(c) 150 मी (d) 132.5 सेमी

14 एक शंकु की ऊँचाई 6 सेमी तथा आधार की त्रिज्या 12 सेमी है। यदि इस शंकु का आयतन एक गोले के आयतन के बराबर हो, तो गोले की त्रिज्या होगी
(a) 6 सेमी (b) 8 सेमी
(c) 7.2 सेमी (d) 2.5 सेमी

15 4 मी लम्बी, 3 मी ऊँची तथा 13 सेमी चौड़ी दीवार बनाने के लिए 20 सेमी लम्बी, 12 सेमी चौड़ी तथा 6.5 सेमी ऊँची कितनी ईंटों की आवश्यकता होगी?
(a) 500 (b) 1000
(c) 1500 (d) 2000

16 एक कमरे की चौड़ाई इसकी ऊँचाई से दोगुनी तथा इसकी लम्बाई से आधी है। यदि कमरे का आयतन 512 घन मी हो, तो कमरे की लम्बाई है
(a) 12 मी (b) 16 मी
(c) 20 मी (d) 32 मी

17 संगमरमर के एक आयताकार 28 सेमी चौड़े तथा 5 सेमी मोटे टुकड़े का भार 112 किग्रा है। यदि एक घन सेमी संगमरमर का भार 25 ग्राम हो, तो टुकड़े की लम्बाई है
(a) 36 सेमी (b) 37.5 सेमी
(c) 32 सेमी (d) 26.5 सेमी

18 एक घनाभ की लम्बाई, चौड़ाई तथा ऊँचाई का योग 19 सेमी है तथा इसके विकर्ण की लम्बाई $5\sqrt{5}$ सेमी है। इसके सम्पूर्ण पृष्ठ का मान है
(a) 361 वर्ग सेमी (b) 486 वर्ग सेमी
(c) 236 वर्ग सेमी (d) 125 वर्ग सेमी

19 22 सेमी भुजा वाले धातु के बने घन को पिघलाकर 1 सेमी त्रिज्या की कितनी गोलियाँ बनेंगी?
(a) 5324 (b) 2662
(c) 2541 (d) 1347

20 एक खेल के मैदान का क्षेत्रफल 6400 वर्ग मी है। इस पर 2.5 सेमी मोटी मिट्टी की सतह बिछवाने का खर्च ₹ 7.50 प्रति घन मी की दर से होगा

(a) ₹ 960 (b) ₹ 1200
(c) ₹ 19200 (d) इनमें से कोई नहीं

21 5 सेमी भुजा वाले एक घन को 1 सेमी भुजा वाले घनों में काटा जाता है। छोटे घन के सम्पूर्ण पृष्ठ का बड़े घन के सम्पूर्ण पृष्ठ से अनुपात होगा

(a) 1 : 125 (b) 1 : 5
(c) 1 : 625 (d) 1 : 25

22 शॉटपुट खेल के लिए प्रयुक्त की जाने वाली लोहे की गेंद का व्यास 14 सेमी है। इसे पिघलाकर $2\frac{1}{3}$ सेमी ऊँचाई का ठोस बेलन बनाया गया है। बेलन के एक आधार का व्यास होगा

(a) 14 सेमी (b) 28 सेमी
(c) $\frac{14}{3}$ सेमी (d) $\frac{28}{3}$ सेमी

23 एक 6 मी लम्बे तथा 4 मी चौड़े हौज में पानी की गहराई 1 मी 25 सेमी है। हौज की गीली धरातल का कुल क्षेत्रफल होगा

(a) 55 वर्ग मी (b) 53.5 वर्ग मी
(c) 50 वर्ग मी (d) 49 वर्ग मी

24 किसी वृत्ताकार बेलन के आधार तल की परिधि 6π सेमी है। उस बेलन की ऊँचाई आधार तल के व्यास के बराबर है। उस बेलन में कितना पानी भरा जा सकता है?

(a) 54π घन सेमी (b) 36π घन सेमी
(c) 0.054π घन सेमी (d) 0.54π घन सेमी

25 यदि एक लाम्बिक वृत्ताकार बेलन की ऊँचाई 40 सेमी हो तथा आधार की परिधि 66 सेमी हो। बेलन का आयतन होगा

(a) 55440 सेमी^{3} (b) 3465 सेमी^{3}
(c) 7720 सेमी^{3} (d) 13860 सेमी^{3}

26 यदि 24 सेमी ऊँचाई वाले एक लम्ब वृत्तीय शंकु का आयतन 1232 सेमी^{3} है, तो उसका वक्रपृष्ठ है

(a) 1254 सेमी^{2} (b) 704 सेमी^{2}
(c) 550 सेमी^{2} (d) 154 सेमी^{2}

27 गोलें A तथा B की त्रिज्याएँ क्रमश: 40 सेमी तथा 10 सेमी हैं। A के वक्रपृष्ठ का B के वक्रपृष्ठ से अनुपात है

(a) 1 : 16 (b) 4 : 1
(c) 1 : 4 (d) 16 : 1

28 दोनों सिरों से खुली एक बेलनाकार नली धातु की बनी है। इस नली का आन्तरिक व्यास 11.2 सेमी है तथा इसकी लम्बाई 21 सेमी है। धातु प्रत्येक स्थान पर 0.4 सेमी मोटी है। धातु का आयतन है

(a) 316 सेमी^{3} (b) 310 सेमी^{3}
(c) 306.24 सेमी^{3} (d) 280.52 सेमी^{3}

29 एक टंकी, जिसकी धारिता 8000 लीटर है, की बाहरी माप 3.3 मी $\times$ 2.6 मी $\times$ 1.1 मी हैं तथा इसकी दीवारों की मोटाई 5 सेमी है। इसके नीचे की तली की मोटाई है

(a) 1 मी (b) 1.1 मी
(c) 1 डेसी मी (d) 90 सेमी

30 लकड़ी के एक बक्से की माप 20 सेमी $\times$ 12 सेमी $\times$ 10 सेमी हैं। लकड़ी की मोटाई 1 सेमी है। इस बक्से को बनाने में लगी लकड़ी का आयतन है

(a) 960 घन सेमी (b) 519 घन सेमी
(c) 2400 घन सेमी (d) 1120 घन सेमी

31 किसी गोले का आयतन $\frac{88}{21} \times (14)^3$ सेमी^{3} है। गोले का वक्रपृष्ठ है

(a) 2424 सेमी^{2} (b) 2446 सेमी^{2}
(c) 2484 सेमी^{2} (d) 2464 सेमी^{2}

32 यदि एक दिए गए शंकु की ऊँचाई दोगुनी कर दी जाए तथा आधार की त्रिज्या वही रहे, तो दिए हुए शंकु के आयतन का दूसरे शंकु के आयतन से अनुपात होगा

(a) 2 : 1 (b) 1 : 8
(c) 1 : 2 (d) 8 : 1

33 एक लोहे की खोखली बेलनाकार नली की लम्बाई 20 सेमी है। इसके बाह्य तथा आन्तरिक व्यास क्रमश: 8 सेमी और 6 सेमी हैं। इस नली के बनाने में प्रयुक्त लोहे का आयतन है

(a) 1760 घन सेमी (b) 880 घन सेमी
(c) 440 घन सेमी (d) 220 घन सेमी

34 एक घन का विकर्ण $4\sqrt{3}$ सेमी है, तो घन का आयतन होगा

(a) 16 घन सेमी (b) 27 घन सेमी
(c) 64 घन सेमी (d) 8 घन सेमी

35 यदि दो घनों के आयतनों का अनुपात 27 : 64 है, तो उनके सम्पूर्ण पृष्ठीय क्षेत्रफलों का अनुपात है

(a) 27 : 64 (b) 3 : 4
(c) 9 : 16 (d) 3 : 8

उत्तरमाला

1. (a)	2. (c)	3. (d)	4. (b)	5. (a)	6. (a)	7. (a)	8. (b)	9. (a)	10. (b)
11. (d)	12. (d)	13. (a)	14. (a)	15. (b)	16. (b)	17. (c)	18. (c)	19. (c)	20. (b)
21. (d)	22. (b)	23. (d)	24. (a)	25. (d)	26. (c)	27. (d)	28. (c)	29. (c)	30. (a)
31. (d)	32. (c)	33. (c)	34. (c)	35. (c)					

सॉल्यूशन्स

1. (a) माना घनाभ की भुजाएँ $3x$, $4x$ तथा $5x$ हैं।

$\therefore$ घनाभ का आयतन $= lbh$

$\Rightarrow \quad 43740 = 3x \times 4x \times 5x$

$\Rightarrow \quad x^3 = \frac{43740}{3 \times 4 \times 5}$

$\Rightarrow \quad x = \sqrt[3]{729} = 9$

$\therefore$ घनाभ की सबसे बड़ी भुजा

$= 5 \times 9 = 45$ सेमी

2. (c) $\because$ घन का आयतन $= 512$ घन सेमी

$\therefore$ घन की भुजा $= \sqrt[3]{512} = 8$ सेमी

अत: घन का विकर्ण

$= \sqrt{3} \times$ भुजा $= 8\sqrt{3}$ सेमी

3. (d) माना तार की त्रिज्या $= R$

नये तार की त्रिज्या $= \frac{R}{3}$

पहले तार का आयतन $V_1 = \pi R^2 h_1$

दूसरे तार का आयतन $V_2 = \pi \left(\frac{R}{3}\right)^2 h_2$

$= \frac{\pi R^2 h_2}{9}$

परन्तु, $\quad V_1 = V_2$

$\Rightarrow \quad \pi R^2 h_1 = \frac{\pi R^2 h_2}{9}$

$\Rightarrow \quad \frac{h_1}{h_2} = \frac{1}{9}$

$\Rightarrow \quad h_1 : h_2 = 1 : 9$

4. (b) नये घन की भुजा $= \sqrt[3]{4^3 + 5^3 + 6^3}$

$= \sqrt[3]{405} = 3\sqrt[3]{15}$

5. (a) $h_1 : h_2 = 25 : 64, d_1 : d_2 = 4 : 5$

$\Rightarrow \quad r_1 : r_2 = 4 : 5$

$\therefore \quad \frac{V_1}{V_2} = \frac{\frac{1}{3}\pi r_1^2 h_1}{\frac{1}{3}\pi r_2^2 h_2} = \left(\frac{r_1}{r_2}\right)^2 \left(\frac{h_1}{h_2}\right)$

$= \frac{16}{25} \times \frac{25}{64} = \frac{1}{4}$

$\Rightarrow \quad V_1 : V_2 = 1 : 4$

6. (a) प्रश्नानुसार, $13 = \sqrt{l^2 + 4^2 + 12^2}$

$\Rightarrow \quad 169 = l^2 + 16 + 144$

$\Rightarrow \quad l^2 = 169 - 160 = 9$

$\Rightarrow \quad l = \sqrt{9} = 3$ सेमी

7. (a) लम्ब प्रिज्म का आयतन = आधार का क्षेत्रफल $\times$ ऊँचाई

$\Rightarrow \quad 64 = 8 \times$ ऊँचाई

$\Rightarrow$ ऊँचाई $= 8$ सेमी

8. (b) आधार का परिमाप = $\frac{\text{प्रिज्म का पार्श्व पृष्ठ}}{\text{प्रिज्म की ऊँचाई}}$

$= \frac{80}{5} = 16$ सेमी

$\therefore$ आधार की भुजा $= \frac{16}{4} = 4$ सेमी

9. (a) भूमि का क्षेत्रफल $= 50$ वर्ग डेका मी

$= 50 \times 10^6$ वर्ग सेमी

$\therefore$ पानी का भार $= 4 \times 50 \times 10^6$ ग्राम

$= 2000 \times 10^5$ ग्राम

$= 2000$ कुन्तल

[$\because$ 1 कुन्तल $= 10^5$ ग्राम]

11. (d) माना बेलन के आधार की त्रिज्या $= r$ सेमी

$\therefore$ बेलन की ऊँचाई $= 4r$ सेमी

बेलन का सम्पूर्ण पृष्ठ $= 2\pi r\ (h + r)$

$1540 = 2 \times \frac{22}{7} \times r \times 5r$

$\Rightarrow \quad r^2 = \frac{1540 \times 7}{2 \times 22 \times 5}$

$\Rightarrow \quad r = 7$ सेमी

$\therefore$ बेलन की ऊँचाई $= 4r = 4 \times 7 = 28$ सेमी

12. (d) बेलन का आयतन $= 120$ घन सेमी

$\Rightarrow \quad \pi r^2 h = 120$ घन सेमी

शंकु का आयतन $= \frac{1}{3}\pi r^2 h$

$= \frac{1}{3} \times 120 = 40$ घन सेमी

13. (a) गोले का आयतन $= \frac{4}{3}\pi (9)^3$

$= 972\pi$ घन सेमी

तार की लम्बाई

$= \frac{972\pi}{\pi \times \left(\frac{0.15}{2}\right)^2} = \frac{972 \times 4}{(0.15)^2}$

$= 172800$ सेमी $= 1728$ मी

14. (a) शंकु की ऊँचाई, $h = 6$ सेमी

तथा शंकु की त्रिज्या, $r = 12$ सेमी

$\therefore$ शंकु का आयतन $= \frac{1}{3}\pi r^2 h$

$= \pi \times \frac{12 \times 12 \times 6}{3}$

$= \frac{864\pi}{3}$

$\because$ गोले का आयतन = शंकु का आयतन

$\Rightarrow \quad \frac{4}{3}\pi R^3 = \frac{864\pi}{3}$

$\Rightarrow \quad R^3 = \frac{864 \times 3}{3 \times 4} = 216$

$\Rightarrow \quad R = 6$ सेमी

15. (b) दीवार का आयतन $= 400 \times 300 \times 13$

$= 1560000$ घन सेमी

1 ईंट का आयतन $= 20 \times 12 \times 6.5$

$= 1560$ घन सेमी

$\therefore$ अभीष्ट ईंटों की संख्या $= \frac{1560000}{1560} = 1000$

16. (b) माना दीवार की ऊँचाई $= x$ मी

$\therefore$ दीवार की चौड़ाई $= 2x$ मी

तथा दीवार की लम्बाई $= 4x$ मी

दीवार का आयतन $= lbh$

$512 = x \times 2x \times 4x$

$\Rightarrow \quad x^3 = \frac{512}{8} = 64 \Rightarrow x = 4$

$\Rightarrow$ दीवार की लम्बाई $= 4x = 4 \times 4 = 16$ मी

17. (c) 25 ग्राम भार है = 1 घन सेमी का

112000 ग्राम भार है $= \frac{112000}{25}$ घन सेमी का

$= 4480$ घन सेमी

$\therefore$ संगमरमर के टुकड़े का आयतन

$= 4480$ घन सेमी

$\Rightarrow \quad l \times 28 \times 5 = 4480$

$\Rightarrow \quad l = \frac{4480}{28 \times 5} = 32$ सेमी

18. (c) $\quad l + b + h = 19$

तथा $\quad l^2 + b^2 + h^2 = 125$

$\because (l + b + h)^2$

$= l^2 + b^2 + h^2 + 2\ (lb + bh + hl)$

$\Rightarrow 2(lb + bh + hl) = (19)^2 - 125$

$\therefore$ घनाभ का सम्पूर्ण पृष्ठ $= 236$ वर्ग सेमी

19. (c) माना n गोलियाँ बनेंगी।

$\therefore$ घन का आयतन = n गोलियों का आयतन

$22 \times 22 \times 22 = n \times \frac{4}{3} \times \frac{22}{7} \times (1)^3$

$n = \frac{22 \times 22 \times 22 \times 7 \times 3}{4 \times 22}$

$= 2541$

20. (b) मिट्टी का आयतन

= मैदान का क्षेत्रफल × मिट्टी की मोटाई

$= 6400 \times \frac{25}{100}$

$= \frac{16000}{100}$ घन मी

= 160 घन मी

1 घन मी मिट्टी बिछवाने का व्यय = ₹ 7.50

160 घन मी मिट्टी बिछवाने का व्यय

= 160 × 7.50 = ₹1200

21. (d) 5 सेमी भुजा वाले बड़े घन का सम्पूर्ण पृष्ठ $S_1 = 6 \times (5)^2$

तथा 1 सेमी भुजा वाले छोटे घन का सम्पूर्ण पृष्ठ

$S_2 = 6 \times (1)^2$

$\Rightarrow \frac{S_2}{S_1} = \frac{6 \times (1)^2}{6 \times (5)^2} = \frac{1}{25}$

$\therefore S_2 : S_1 = 1 : 25$

22. (b) गेंद का आयतन $= \frac{4}{3} \pi (7)^3$

∵ गेंद को पिघलाकर बेलन बनाया गया है।

∴ बेलन का आयतन = गेंद का आयतन

$\Rightarrow \pi \times r^2 \times \frac{7}{3} = \frac{4}{3} \times \pi \times (7)^3$

$\Rightarrow r^2 = 7^2 \times 4$

$\Rightarrow r = 14$ सेमी

∴ बेलन के आधार का व्यास = 28 सेमी

23. (d) हौज की गीली धरातल का क्षेत्रफल

$= lb + 2 \times bh + 2 \times hl$

$= 6 \times 4 + 2 \times 4 \times 1.25 + 2 \times 1.25 \times 6$

= 24 + 10 + 15 = 49 वर्ग मी

24. (a) बेलन के आधार की परिधि = 6π

$\Rightarrow \pi d = 6\pi \Rightarrow d = 6$ सेमी

∴ बेलन की ऊँचाई = 6 सेमी

तथा बेलन के आधार की त्रिज्या = 3 सेमी

∴ बेलन में भरे जाने वाले पानी का आयतन

= बेलन का आयतन

$= \pi (3)^2 \times 6 = 54\pi$ घन सेमी

25. (d) बेलन की ऊँचाई, $h = 40$ सेमी

बेलन के आधार की परिधि = 66 सेमी

$2\pi r = 66$

$\Rightarrow r = \frac{66 \times 7}{2 \times 22} = \frac{21}{2}$ सेमी

बेलन का आयतन $= \pi r^2 h$

$= \frac{22}{7} \times \frac{21}{2} \times \frac{21}{2} \times 40$

= 13860 सेमी^{3}

26. (c) शंकु की ऊँचाई, $h = 24$ सेमी

तथा शंकु का आयतन = 1232 सेमी^{3}

$\Rightarrow \frac{1}{3} \pi r^2 h = 1232$

$\Rightarrow \frac{1}{3} \times \frac{22}{7} \times r^2 \times 24 = 1232$

$\Rightarrow r^2 = \frac{1232 \times 3 \times 7}{22 \times 24} = 49$

$\Rightarrow r = 7$ सेमी

$\therefore l = \sqrt{h^2 + r^2} = \sqrt{576 + 49} = \sqrt{625}$

$l = 25$ सेमी

अत: शंकु का वक्रपृष्ठ $= \pi r l = \frac{22}{7} \times 7 \times 25$

= 550 सेमी^{2}

27. (d) $r_1 = 40$ सेमी तथा $r_2 = 10$ सेमी

$\therefore \frac{S_1}{S_2} = \frac{4\pi r_1^2}{4\pi r_2^2} = \left(\frac{r_1}{r_2}\right)^2$

$= \left(\frac{40}{10}\right)^2 = \frac{4^2}{1} = \frac{16}{1}$

$\Rightarrow S_1 : S_2 = 16 : 1$

28. (c) $r_1 = \frac{11.2}{2} = 5.6$ सेमी,

$r_2 = 5.6 + 0.4 = 6$ सेमी

तथा $h = 21$ सेमी

धातु का आयतन = बेलनाकार नली का आयतन

$= \pi (r_2^2 - r_1^2) \times h$

$= \frac{22}{7} \times [6^2 - (5.6)^2] \times 21$

$= 22 \times 4.64 \times 3$

= 306.24 सेमी^{3}

29. (c) टंकी की बाहरी माप = 3.3 × 2.6 × 1.1 घन मी

माना तली की मोटाई x सेमी है।

प्रत्येक दीवार की मोटाई 5 सेमी है।

अत: टंकी की अन्दर की माप

$= (3.3 - 0.05 - 0.05) \times (2.6 - 0.5 - 0.05) \times (1.1 - x)$

$= 3.2 \times 2.5 \times (1.1 - x)$ घन मी

1 घन मी = 1000 ली

अत: $8 = 3.2 \times 2.5 \times (1.1 - x)$

$1.1 - x = 1$

$x = 0.1$ मी = 1 डेसी मी

30. (a) लकड़ी के बक्से की बाहरी माप

= 20 × 12 × 10 सेमी^{3}

लकड़ी के बक्से की भीतरी माप

= 18 × 10 × 8 सेमी^{3}

बक्से को बनाने में लगी लकड़ी का आयतन

= (20 × 12 × 10) − (18 × 10 × 8)

= (2400 − 1440) घन सेमी

= 960 घन सेमी

31. (d) गोले का आयतन $= \frac{4}{3} \pi r^3$

$\frac{88}{21} \times (14)^3 = \frac{4}{3} \times \frac{22}{7} \times r^3$

$\therefore r = 14$

गोले का वक्रपृष्ठ $= 4\pi r^2$

$= 4 \times \frac{22}{7} \times (14)^2$

= 2464 सेमी^{2}

32. (c) माना शंकु की ऊँचाई h तथा त्रिज्या r हैं तब शंकु का आयतन, $V_1 = \frac{1}{3} \pi r^2 h$

यदि $h_2 = 2h$

∴ नये शंकु का आयतन, $V_2 = \frac{1}{3} \pi r^2 (2h)$

$\therefore V_2 = \frac{2}{3} \pi r^2 h$

$\frac{V_1}{V_2} = \frac{\frac{1}{3} \pi r^2 h}{\frac{2}{3} \pi r^2 h} = \frac{1}{2}$

$\Rightarrow V_1 : V_2 = 1 : 2$

33. (c) नली की बाहरी तथा आन्तरिक त्रिज्या क्रमश: 4 सेमी तथा 3 सेमी है।

अत: नली में प्रयुक्त लोहे का आयतन

$= \pi (r_1^2 - r_2^2) \times h$

$= \pi \times (4^2 - 3^2) \times 20$

$= \frac{22}{7} \times 7 \times 20$

= 440 घन सेमी

34. (c) घन का विकर्ण = $4\sqrt{3}$ सेमी

घन की भुजा, $a = \frac{\text{विकर्ण}}{\sqrt{3}}$

$= \frac{4\sqrt{3}}{\sqrt{3}} = 4$ सेमी

∴ घन का आयतन $= a^3 = 4^3 = 64$ घन सेमी

35. (c) $\frac{V_1}{V_2} = \frac{27}{64} \Rightarrow \left(\frac{a_1}{a_2}\right)^3 = \left(\frac{3}{4}\right)^3$

$\Rightarrow a_1 : a_2 = 3 : 4$

$\therefore \frac{S_1}{S_2} = \frac{6a_1^2}{6a_2^2} = \left(\frac{a_1}{a_2}\right)^2$

$= \left(\frac{3}{4}\right)^2 = \frac{9}{16}$

$\Rightarrow S_1 : S_2 = 9 : 16$

अध्याय 15

ज्यामिति

GEOMETRY

ज्यामिति गणित की वह शाखा है जिसके अन्तर्गत हम दो या दो से अधिक रेखाखण्डों से बनी आकृतियों का अध्ययन करते हैं।

ज्यामिति से सम्बन्धित कुछ मुख्य पद

1. बिन्दु

ऐसा अति सूक्ष्म चिन्ह जिसकी न तो लम्बाई व चौड़ाई है और न ही कोई मोटाई, बिन्दु कहलाता है। किसी लेखनी से समतल पटल पर दबाने से जो चिह्न बनता है बिन्दु कहलाता है।

2. रेखा

बिन्दुओं का एक ऐसा समूह, जिसमें सभी बिन्दु एक सीध में एक-दूसरे से सटे होते हैं अर्थात् जिसमें एकमात्र लम्बाई होती है, जबकि मोटाई और चौड़ाई नहीं, एक सीधी रेखा होती है।

दूसरे शब्दों में एक रेखाखण्ड की दोनों दिशाओं में अनन्त तक बढ़ाने पर रेखा प्राप्त होती है। इसका कोई अन्तय बिन्दु नहीं होता है।

नोट *एक बिन्दु से होकर अनन्त रेखाएँ गुजर सकती हैं।*

3. रेखाखण्ड

दो बिन्दुओं P और Q को मिलाने वाला सीधा पथ रेखाखण्ड $\overrightarrow{PQ}$ कहलाता है। P और Q रेखाखण्ड के दो अन्त्य बिन्दु हैं। रेखाखण्ड की एक निश्चित लम्बाई तथा दो निश्चित अन्त बिन्दु होते हैं।

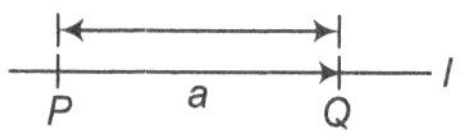

उपरोक्त चित्र में, रेखा l से a लम्बाई का रेखाखण्ड PQ काटा गया है।

नोट *दो बिन्दुओं से होकर एक ओर केवल एक ही रेखा खींची जा सकती है।*

4. किरण

किरण, किसी निश्चित दिशा में अपने एक बिन्दु से अनिश्चित रूप से आगे की ओर बढ़ती है। किरण को तीर द्वारा प्रदर्शित करते हैं। इसे कागज पर प्रदर्शित किया जा सकता है। यदि किसी किरण का प्रारम्भिक बिन्दु P हो, तो इसे निम्न प्रकार दर्शाएँगे

5. समान्तर रेखाएँ

जब दो रेखाओं के बीच की दूरी सदैव बराबर होती है, तो उन दोनों रेखाओं को समान्तर रेखा कहते हैं। चित्र में, रेखाएँ AB और RS समान्तर रेखाएँ हैं।

इन्हें $AB || RS$ से दर्शाते हैं।

6. प्रतिच्छेदी रेखाएँ

यदि दो रेखाएँ एक-दूसरे को किसी एक बिन्दु पर काटती हैं, तो रेखाएँ प्रतिच्छेदी रेखाएँ कहलाती हैं। तथा रेखाओं के उभयनिष्ठ बिन्दु को प्रतिच्छेद बिन्दु कहते हैं।

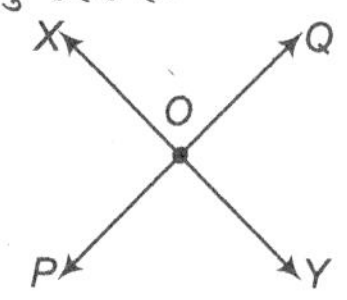

नोट *यहाँ PQ और XY प्रतिच्छेदी रेखाएँ हैं। तथा O प्रतिच्छेद बिन्दु है।*

7. वक्र

रेखा वह रेखा, जो एक बिन्दु से दूसरे बिन्दु तक टेढ़ी-मेढ़ी होकर दिशा बदलती हुई जाती है, वक्र रेखा कहलाती है। यहाँ, AB एक वक्र रेखा है।

8. तिर्यक रेखा

वह रेखा, जो दो या दो से अधिक रेखाओं को विभिन्न बिन्दुओं पर काटे, तिर्यक रेखा कहलाती है। चित्र में, AB तिर्यक रेखा है।

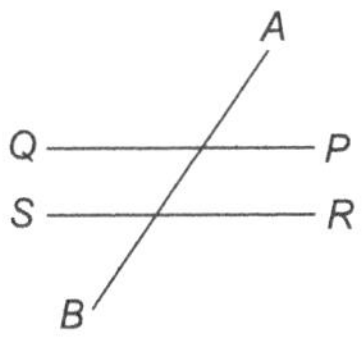

9. संगामी रेखाएँ

जब दो या दो से अधिक रेखाएँ किसी एक बिन्दु से होकर जाती हैं, तो उन रेखाओं को संगामी रेखाएँ कहते हैं। चित्र में, AB, PQ तथा RS रेखाएँ बिन्दु O से होकर जा रही हैं, इसलिए तीनों रेखाएँ संगामी रेखाएँ हैं।

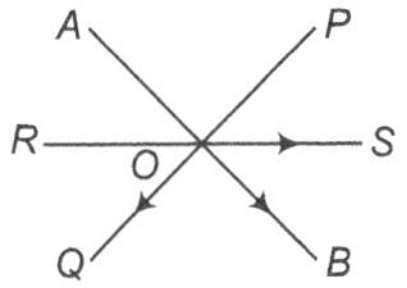

नोट *दो रेखाएँ एक से अधिक बिन्दुओं पर एक पूर्ण को नहीं काट सकती है।*

10. सम्पाती रेखाएँ

जब एक ही रेखा पर अन्य एक या एक से अधिक रेखाएँ होती हैं, तो वे सम्पाती रेखाएँ कहलाती हैं।

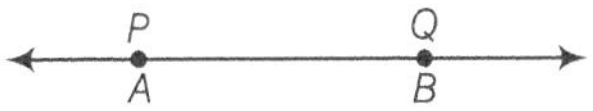

कोण

कोण वह आकृति है जो उभयनिष्ठ बिन्दु से प्रारम्भ होने वाली दो किरणों से बनती है। उस प्रारम्भिक बिन्दु को शीर्ष और उन किरणों को कोण की भुजा कहते हैं। चित्र में, शीर्ष बिन्दु O से दो किरणों OA और OB द्वारा $\angle AOB$ बनता है।

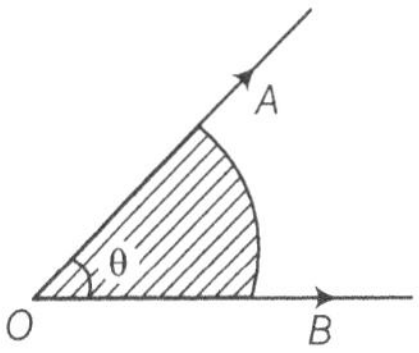

कोण की माप

किसी आरम्भ रेखा से अन्तिम रेखा के बीच घूमी हुई कोणीय दूरी को कोण की माप कहा जाता है। एक वृत्त की परिधि को 360 बराबर भागों में बाँटने पर प्रत्येक भाग को एक अंश कहते हैं तथा इसे 1° द्वारा दर्शाया गया है

कोणों के प्रकार

कोण निम्न प्रकार के होते हैं

1. **न्यून कोण** जिस कोण की माप 0° और 90° के बीच होती है, वह न्यून कोण कहलाता है। यहाँ, $\angle QOP$ एक न्यून कोण है।

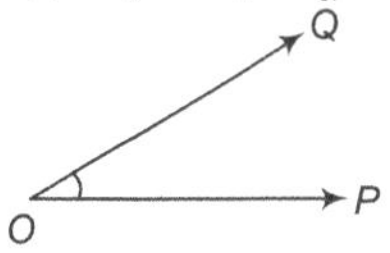

2. **समकोण** जिस कोण की माप 90° के बराबर होती है, समकोण कहलाता है। यहाँ, $\angle POQ$ समकोण है।

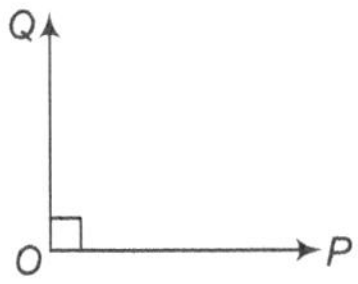

3. **अधिक कोण** जिस कोण की माप 90° या समकोण से अधिक तथा 180° या से कम हो, अधिक कोण कहलाता है।

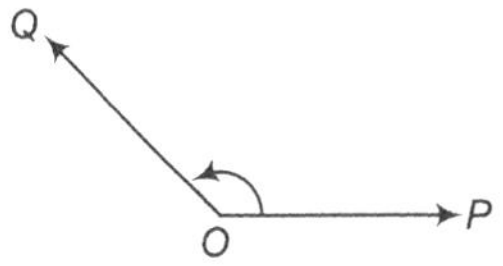

उपरोक्त चित्र में, $\angle QOP$ अधिक कोण है।

4. **ऋजु कोण या सरल कोण** वह कोण जिसका मान दो समकोण या 180° के बराबर होता है, सरल या ऋजु कोण कहलाता है। यह एक सीधी रेखा होती है।

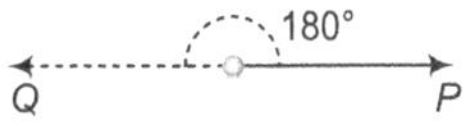

5. **प्रतिवर्ती या वृहत् कोण** जिस कोण की माप 360° से कम तथा 180° से अधिक होती है, प्रतिवर्ती कोण कहलाता है। यहाँ, $\angle POQ$ प्रतिवर्ती कोण है।

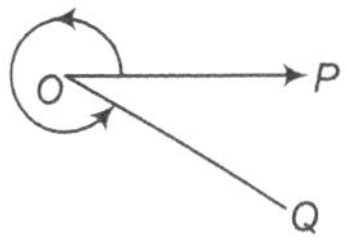

6. **सम्पूर्ण कोण** वह कोण जिसका मान 360° हो, सम्पूर्ण कोण कहलाता है।

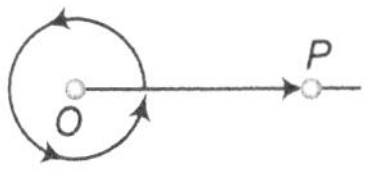

उदाहरण 1. निम्न में सही क्रम है

(a) अधिक कोण < ऋजु कोण < प्रतिवर्ती कोण
(b) समकोण < प्रतिवर्ती कोण < अधिक कोण
(c) समकोण < ऋजु कोण < अधिक कोण
(d) प्रतिवर्ती कोण < समकोण < ऋजु कोण

हल (a) प्रतिवर्ती कोण α के लिए, $180° < \alpha < 360°$

अधिक कोण β के लिए, $90° < \beta < 180°$

ऋजु कोण γ के लिए, $\gamma = 180°$

समकोण δ के लिए, $\delta = 90°$

इस प्रकार, $\delta < \beta < \gamma < \alpha$

अर्थात् समकोण < अधिक कोण < ऋजुकोण < प्रतिवर्ती कोण

कोणों के युग्म

1. कोटिपूरक कोण

वे दो कोण, जिनके मापों का कुल योग $90°$ हो, एक-दूसरे के कोटिपूरक कोण कहलाते हैं।

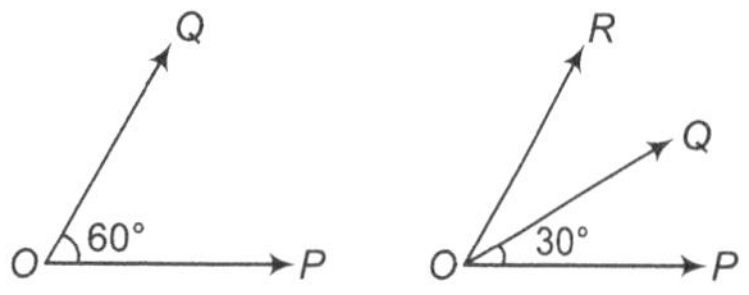

यहाँ पर कोण $60°, 30°$ का कोटिपूरक कोण है या उपरोक्त दोनों एक-दूसरे के कोटिपूरक कोण हैं।

[क्योंकि $60° + 30° = 90°$ (कोणों का योगफल)]

उदाहरण 2. दो कोटिपूरक कोण में $10°$ का अन्तर है, तो दोनों कोणों के मान क्या होंगे?

(a) 25°, 35° (b) 45°, 50°
(d) 40°, 45° (d) 50°, 40°

हल (d) माना एक कोण x है, तो दूसरा कोण $(90° - x)$ होगा।

प्रश्नानुसार, $x - (90° - x) = 10°$

$\Rightarrow$ $2x = 10° + 90° \Rightarrow x = 50°$

तथा $90° - x = 90° - 50° = 40°$

2. सम्पूरक कोण

जिन दो कोणों का योग $180°$ के बराबर होता है, सम्पूरक कोण कहलाते हैं। दोनों कोणों में प्रत्येक कोण एक-दूसरे का सम्पूरक कोण होता है।

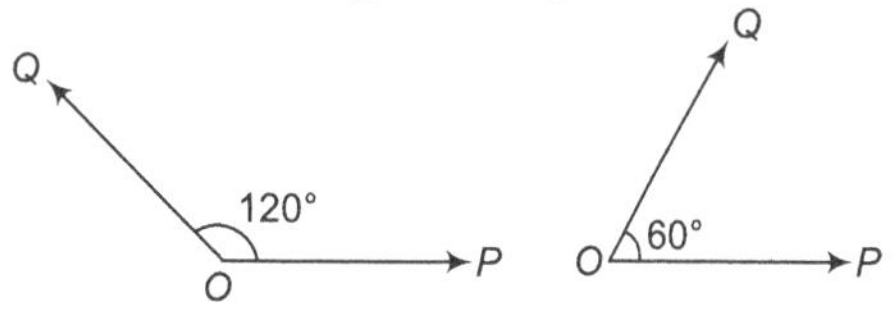

यहाँ, $120°$ व $60°$ के कोण एक-दूसरे के सम्पूरक कोण हैं क्योंकि $120° + 60° = 180°$ (कोणों का योगफल)

उदाहरण 3. मान लीजिए कि x एक ऐसा कोण है, जो अपने पूरक के समान है और y एक ऐसा कोण है, जो अपने सम्पूरक के समान है, तब $2x + 3y$ बराबर है

(a) 135 (b) 270° (c) 360° (d) 180°

हल (c) प्रश्नानुसार, $x = 90° - x \Rightarrow 2x = 90°$

$\Rightarrow$ $x = 45°$ तथा $y = 180° - y \Rightarrow y = 90°$

तब, $2x + 3y = 2 \times 45° + 3 \times 90°$

$= 90° + 270° = 360°$

3. आसन्न कोण

दो कोण आसन्न कोण कहलाते हैं, यदि

(i) उन कोणों का एक उभयनिष्ठ शीर्ष हो।

(ii) उन कोणों की एक उभयनिष्ठ भुजा हो।

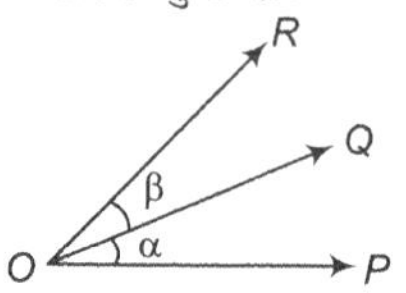

संलग्न चित्र में, कोण α व β एक-दूसरे के आसन्न कोण हैं।

4. रेखीय युग्म कोण

ऐसे दो कोण, जो एक-दूसरे के सम्पूरक हों तथा दोनों आसन्न कोण हों, रेखीय युग्म कोण कहलाते हैं।

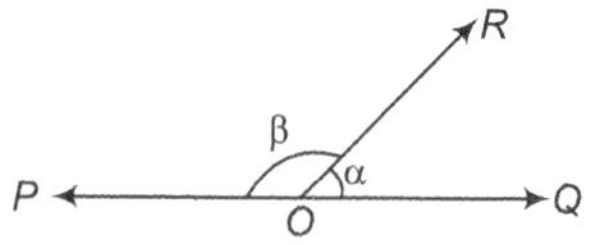

संलग्न चित्र में, α और β दोनों रेखीय युग्म कोण हैं।

उदाहरण 4. एक ऋजु रेखा पर दो आसन्न कोणों के मान $x°$ व $(2x - 27°)$ हैं, तो दोनों में से छोटे कोण का मान होगा

(a) 65° (b) 69°
(c) 72° (d) 75°

हल (b) माना $\angle SRQ = x°$ तथा $\angle PRS = (2x - 27°)$

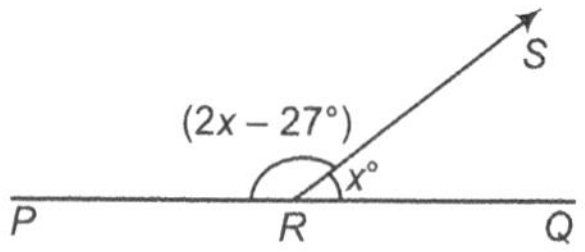

अब, $\angle PRQ$ = ऋजु कोण $= 180°$

$\therefore$ $(2x - 27°) + x = 180°$

$\Rightarrow$ $2x - 27° + x = 180° \Rightarrow 3x = (180° + 27°)$

$\Rightarrow$ $x = \frac{207°}{3} = 69°$ (छोटा कोण)

तथा $2x - 27° = 69° \times 2 - 27° = 138° - 27°$

$= 111°$ (बड़ा कोण)

5. शीर्षाभिमुख कोण

यदि दो रेखाएँ PQ तथा RS एक बिन्दु O पर काटती हैं, तब $\angle POR$ व $\angle QOS$ या $\angle POS$ तथा $\angle QOR$ का युग्म शीर्षाभिमुख कोणों का युग्म कहलाता है। एक ही युग्म के दोनों शीर्षाभिमुख कोण परस्पर समान होते हैं।

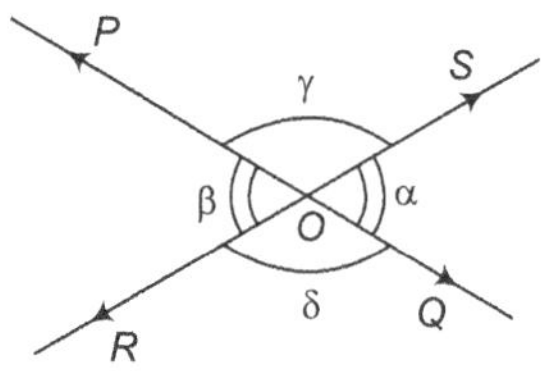

यहाँ, चित्र से, $\alpha = \beta$, $\gamma = \delta$

कुछ अन्य कोण

संलग्न चित्र में, दो रेखाएँ $l || m$ हैं तथा n एक तिर्यक रेखा है, तब निम्नलिखित कोण निर्मित होते हैं।

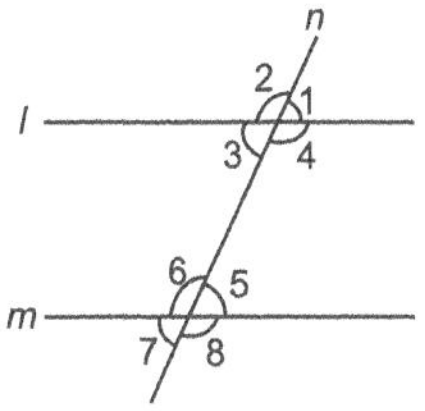

1. संगत कोण

संगत कोण आपस में बराबर होते हैं।

अर्थात् $\angle 1 = \angle 5$ $\angle 2 = \angle 6$

$\angle 3 = \angle 7$ $\angle 4 = \angle 8$

2. एकान्तर कोण

एकान्तर कोण आपस में बराबर होते हैं।

अर्थात् $\angle 3 = \angle 5$ तथा $\angle 4 = \angle 6$

3. अन्त:कोण

तिर्यक रेखा के एक ही ओर के दो अन्त:कोणों का योगफल $180°$ होता है।

अर्थात् $\angle 4 + \angle 5 = 180°$ तथा $\angle 3 + \angle 6 = 180°$

4. बहिष्कोण

तिर्यक रेखा के एक ही ओर के दो बहिष्कोणों का योगफल भी $180°$ होता है।

अर्थात् $\angle 1 + \angle 8 = 180°$ तथा $\angle 2 + \angle 7 = 180°$

5. शीर्षाभिमुख कोण

सभी शीर्षाभिमुख कोण परस्पर समान होते हैं।

अर्थात् $\angle 1 = \angle 3$, $\angle 2 = \angle 4$, $\angle 5 = \angle 7 \Rightarrow \angle 6 = \angle 8$

उदाहरण 5. AB और CD दो रेखाएँ हैं तथा AB पर एक बिन्दु P है। एक रेखा PQ, CD से R पर मिलती है। यदि $\angle BPR = 30°$ तथा $\angle CRQ = 150°$ हो, तो

(a) AB और CD लम्बवत् हैं (b) AB और CD समान्तर हैं

(c) CD और PQ लम्बवत् हैं (d) CD और PQ समान्तर हैं

हल (b) प्रश्नानुसार, AB व CD दो रेखाओं को एक तीसरी रेखा PQ क्रमश: P और Q पर काटती है।

$\angle BPR = 30°$ तथा $\angle CRQ = 150°$

तब, $\angle QRD = 180° - 150° = 30°$

अब, $\angle QRD = \angle BPR = 30°$ (सम्मुख कोण)

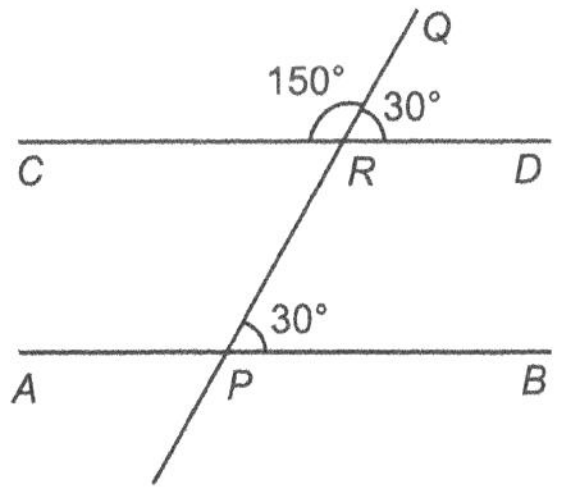

अत: $AB || CD$

कोण का समद्विभाजक

जब एक रेखा किसी कोण को दो बराबर भागों में विभाजित करती है वह तो रेखा कोण का समद्विभाजक कहलाती है। तथा दोनों कोण समद्विभाजक कोण कहलाते हैं।

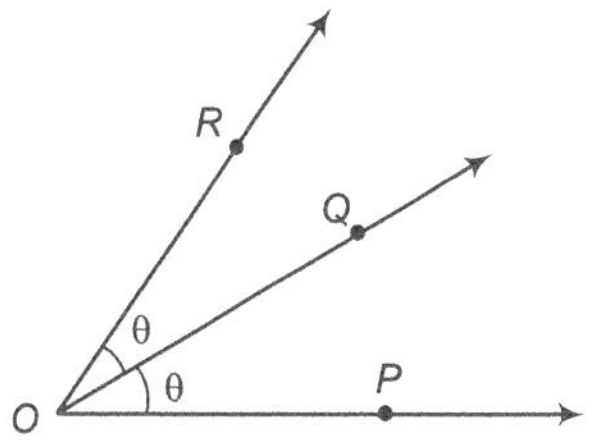

यहाँ, रेखा OQ, कोण $\angle POR$ का समद्विभाजक है।

तब $\angle POQ = \angle ROQ = \frac{1}{2} \angle POR$

2-D या समतल आकृतियाँ

समतल आकृतियों को द्विविमीय (2 D) आकृतियाँ कहते हैं जिनमें दो विमाओं लम्बाई एवं चौड़ाई का मापन किया जाता है। त्रिभुज, वृत्त, चतुर्भुज.... इत्यादि समतल आकृतियों के उदाहरण हैं।

बहुभुज

तीन या तीन से अधिक रेखाखण्डों से घिरी आकृति को बहुभुज कहते हैं। बहुभुज के कुछ उदाहरण निम्न हैं

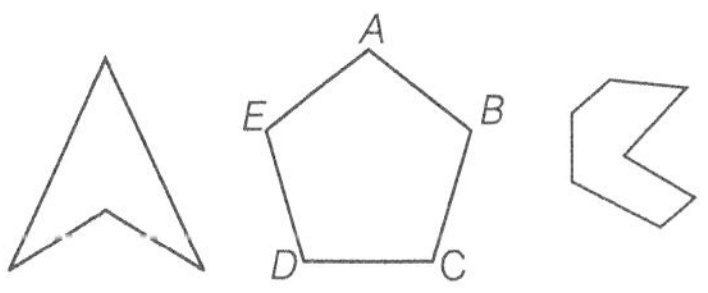

1. उत्तल बहुभुज

यदि बहुभुज के प्रत्येक अन्त: कोणों की माप 180° से कम है, तो इस प्रकार के बहुभुज को उत्तल बहुभुज कहते हैं।

चित्र में, $\angle A, \angle B, \angle C, \angle D, \angle E$ और $\angle F < 180°$ अर्थात् सभी कोण 180° से कम है अत: $ABCDEF$ एक उत्तल बहुभुज है।

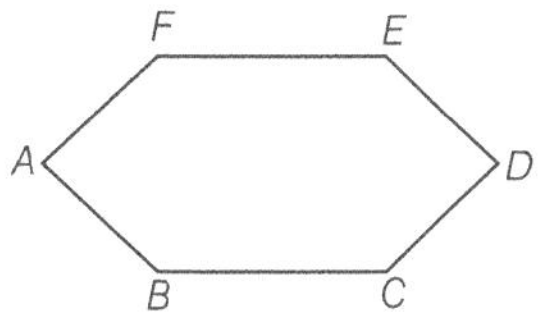

2. अवतल बहुभुज

यदि बहुभुज के कम-से-कम एक अन्त: कोण की माप 180° से अधिक है, तो इस प्रकार के बहुभुज को अवतल बहुभुज कहते हैं।

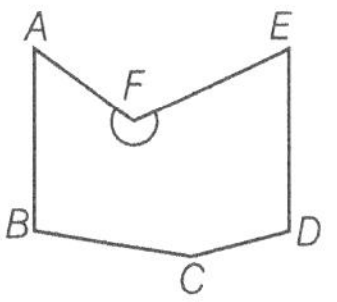

3. समबहुभुज

वह बहुभुज जिसकी सभी भुजाएँ व सभी आन्तरिक कोण आपस में बराबर होते हैं, समबहुभुज कहलाता है।

बहुभुज में भुजाओं की संख्या	बहुभुज का नाम
3	त्रिभुज
4	चतुर्भुज
5	पंचभुज
6	षटभुज
7	सप्तभुज
8	अष्टभुज
9	?
10	दसभुज

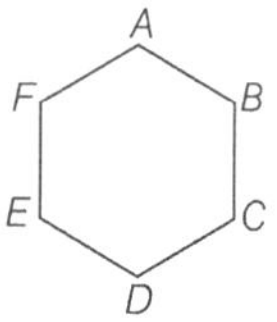

- बहुभुज के सभी बाह्य कोणों का योग 360° होता है।
- n भुजाओं वाले समबहुभुज के लिए,
  (i) प्रत्येक बाह्य कोण $= \left(\frac{360}{n}\right)^\circ$
  (ii) प्रत्येक अन्त: कोण $= \frac{(n-2)\times 180^\circ}{n}$ तथा सभी अन्त: कोणों का योग $= (n-2)\times 180^\circ$ या $(2n-4)\times 90^\circ$
- n भुजा वाले बहुभुज के विकर्णों की संख्या

$$= \left[\frac{n(n-1)}{2} - n\right]$$

या $$\frac{n(n-3)}{2}$$

उदाहरण 6. यदि बहुभुज का प्रत्येक अन्त: कोण 150° है, तब बहुभुज की भुजाओं की संख्या है

(a) 4 (b) 8
(c) 12 (d) 16

हल (c) दिया है, प्रत्येक अन्त: कोण = 150°

$$\therefore \quad \frac{(n-2)\times 180^\circ}{n} = 150^\circ$$

$$\Rightarrow \quad (n-2)\times 180^\circ = n \times 150^\circ$$

$$\Rightarrow \quad 180^\circ \times n - 150^\circ \times n = 2 \times 180^\circ$$

$$\Rightarrow \quad 30^\circ \times n = 2 \times 180^\circ$$

$$\Rightarrow \quad n = \frac{2\times 180^\circ}{30^\circ} = 2 \times 6$$

$$\Rightarrow \quad n = 12$$

अत: बहुभुज की भुजाओं की संख्या 12 है।

त्रिभुज

तीन रेखाखण्डों से घिरी हुई समतलीय आकृति त्रिभुज कहलाती है। त्रिभुज को Δ से निरूपित करते हैं तथा इसमें तीन भुजाएँ और तीन कोण होते हैं।

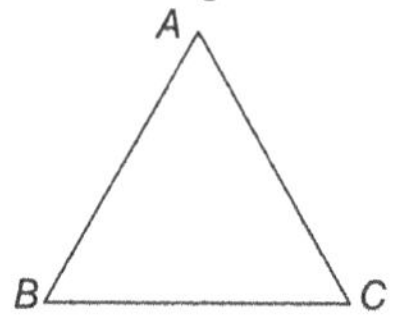

चित्र में, ABC एक त्रिभुज है जिसके शीर्ष A, B, C हैं। त्रिभुज की भुजाएँ AB, BC, CA हैं तथा त्रिभुज के कोण $\angle ABC$ (या $\angle B$), $\angle BCA$ (या $\angle C$) और $\angle CAB$ (या $\angle A$) हैं।

त्रिभुजों के प्रकार

त्रिभुज के प्रकारों को निम्न प्रवाह चित्र द्वारा सरलतापूर्वक समझा जा सकता है।

त्रिभुज
- भुजाओं के आधार पर
  - समबाहु त्रिभुज
  - समद्विबाहु त्रिभुज
  - विषमबाहु त्रिभुज
- कोणों के आधार पर
  - न्यूनकोण
  - समकोण
  - अधिककोण

A. भुजाओं के आधार पर

1. समबाहु त्रिभुज

वह त्रिभुज जिसकी सभी भुजाएँ समान हों, समबाहु त्रिभुज कहलाता है। निम्न चित्र में, ΔABC एक समबाहु त्रिभुज है क्योंकि $AB = BC = CA$

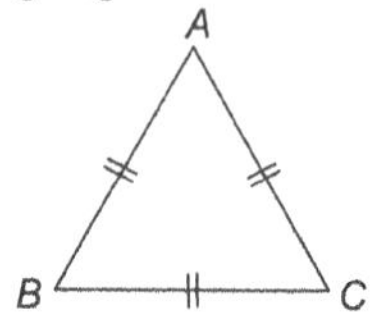

नोट *समबाहु त्रिभुज के प्रत्येक कोणों की माप 60° होती है।*

2. समद्विबाहु त्रिभुज

वह त्रिभुज जिसकी दो भुजाएँ समान हों, समद्विबाहु त्रिभुज कहलाता है। चित्र में, ΔABC एक समद्विबाहु त्रिभुज है क्योंकि इसकी दो भुजाएँ AB और AC समान हैं।

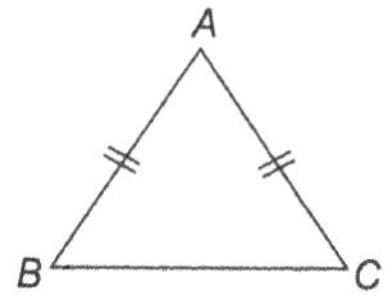

नोट *समद्विबाहु ΔABC में, $\angle ABC = \angle ACB$ (समान भुजाओं के सम्मुख कोण बराबर होते हैं।)*

3. विषमबाहु त्रिभुज

वह त्रिभुज जिसकी सभी भुजाएँ असमान हों, विषमबाहु त्रिभुज कहलाता है। चित्र में, ΔPQR एक विषमबाहु त्रिभुज है क्योंकि $PQ \neq QR \neq RP$
($\neq$ का अर्थ है 'समान नहीं')

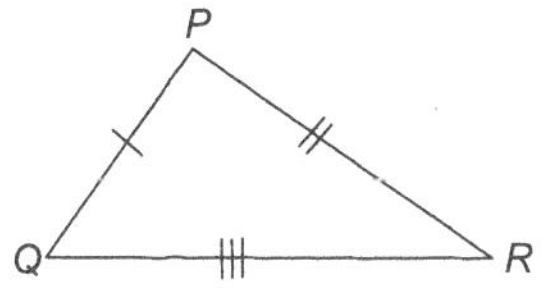

B. कोणों के आधार पर

1. न्यून कोण त्रिभुज

वह त्रिभुज जिसमें सभी कोण 90° से कम हों, न्यून कोण त्रिभुज कहलाता है। चित्र में,

$$\angle A < 90°, \angle B < 90°, \angle C < 90°$$

अतः ΔABC न्यूनकोण त्रिभुज है।

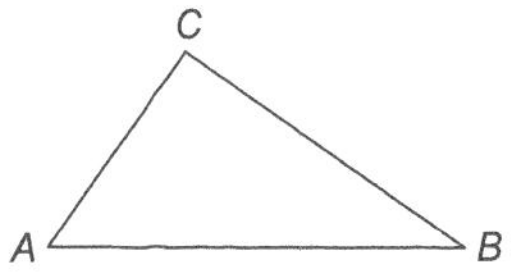

2. समकोण त्रिभुज

वह त्रिभुज जिसमें एक कोण 90° का हो, समकोण त्रिभुज कहलाता है। चित्र में, $\angle A = 90°$ अतः ΔCAB समकोण त्रिभुज है।

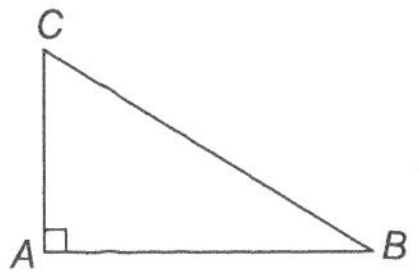

पाइथागोरस प्रमेय

समकोण त्रिभुज में, कर्ण का वर्ग अन्य दो भुजाओं के वर्गों के योग के बराबर होता है।

अर्थात् $(\text{कर्ण})^2 = (\text{आधार})^2 + (\text{लम्ब})^2$

3. अधिक कोण त्रिभुज

वह त्रिभुज जिसमें एक कोण अधिक कोण होता है, अधिक कोण त्रिभुज कहलाता है। चित्र में, $\angle CAB > 90°$ अतः ΔCAB अधिक कोण त्रिभुज है।

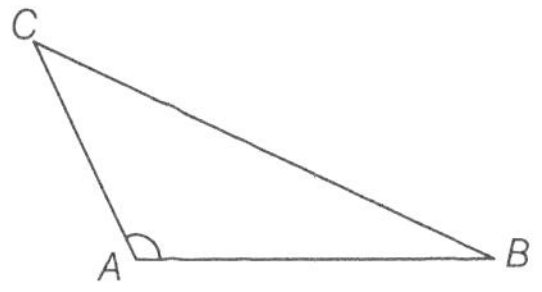

त्रिभुज के गुण

(i) त्रिभुज के तीनों कोणों का योग 180° होता है।

(ii) त्रिभुज की एक भुजा को आगे बढ़ाने पर बनने वाला बहिष्कोण दो सम्मुख अन्तःकोणों के योग के बराबर होता है। अर्थात् $\angle CBD = \angle A + \angle C$

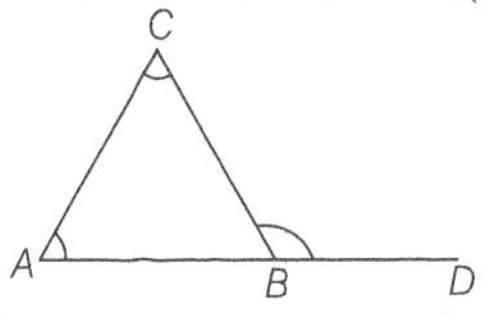

(iii) त्रिभुज का बहिष्कोण किसी भी सम्मुख अन्तःकोण से बड़ा होता है।

(iv) त्रिभुज की किन्हीं दो भुजाओं का योग तीसरी भुजा से बड़ा होता है।

(v) यदि त्रिभुज के शीर्ष कोण का अर्द्धक, आधार को अर्द्धित करता है, तब त्रिभुज समद्विबाहु त्रिभुज होता है।

(vi) त्रिभुज के बड़े कोण की सम्मुख भुजा बड़ी और छोटे कोण की सम्मुख भुजा छोटी होती है।

(vii) माना ΔABC की भुजाएँ p, q और r तथा भुजा r सबसे बड़ी है तब,

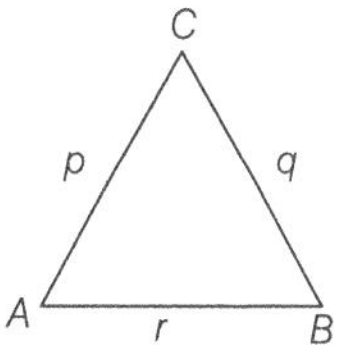

- यदि $r^2 < p^2 + q^2$ तो त्रिभुज न्यूनकोण त्रिभुज होगा।
- यदि $r^2 = p^2 + q^2$, तो त्रिभुज समकोण त्रिभुज होगा।
- यदि $r^2 > p^2 + q^2$, तो त्रिभुज अधिक कोण त्रिभुज होगा।

उदाहरण 7. एक समकोण त्रिभुज का एक कोण 45° है, तो त्रिभुज के तीसरे कोण का मान क्या होगा?

(a) 75° (b) 45° (c) 55° (d) 65°

हल *(b)* माना समकोण त्रिभुज का तीसरा कोण x है।

तब $45° + 90° + x = 180° \Rightarrow 135° + x = 180°$

$\Rightarrow x = 180° - 135° = 45°$

- किसी त्रिभुज की किन्हीं दो भुजाओं के मध्य बिन्दुओं को मिलाने वाली रेखा तीसरी भुजा के समान्तर तथा उसकी लम्बाई की आधी होती है।

त्रिभुज से सम्बन्धित महत्त्वपूर्ण पद

1. शीर्षलम्ब

- त्रिभुज का शीर्षलम्ब वह रेखाखण्ड है, जो किसी शीर्ष से सम्मुख भुजा पर लम्बवत् खींचा जाता है। वह भुजा जिस पर लम्ब डाला जाता है, आधार कहलाती है। त्रिभुज के तीनों शीर्षलम्बों का कटान बिन्दु, त्रिभुज का लम्बकेन्द्र कहलाता है।
- यहाँ, AD, BE और CF, क्रमशः BC, AC और AB भुजाओं पर डाले गए शीर्षलम्ब हैं तथा H लम्बकेन्द्र है।
- किसी त्रिभुज के शीर्षलम्ब संगामी होते हैं।

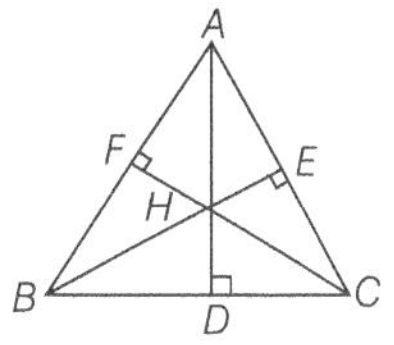

2. माध्यिका

- त्रिभुज की किसी भुजा के मध्य-बिन्दु को सम्मुख शीर्ष से जोड़ने वाली रेखा को त्रिभुज की माध्यिका कहते हैं। तीनों माध्यिकाओं का कटान बिन्दु, त्रिभुज का केन्द्रक कहलाता है।
- यहाँ AD, BE और CF माध्यिकाएँ हैं।

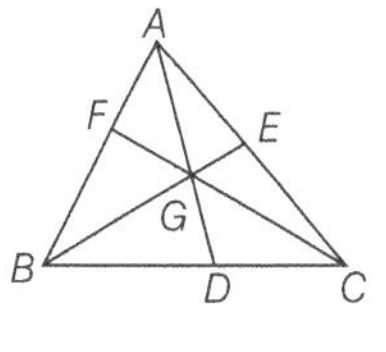

- त्रिभुज का केन्द्रक माध्यिका को 2 : 1 के अनुपात में विभाजित करता है।

3. त्रिभुजों का अन्तः केन्द्र

किसी त्रिभुज के तीनों कोण अर्द्धकों का कटान बिन्दु, त्रिभुज का अन्तः केन्द्र कहलाता है। तथा वह वृत्त, जिसका केन्द्र I हो, अन्तः वृत्त कहलाता है और वृत्त की त्रिज्या अन्तः त्रिज्या कहलाती है, जिसे 'r'से निरूपित करते हैं। यहाँ ΔABC में, AD, BE और CF कोण अर्द्धक हैं जो I पर प्रतिच्छेद करते हैं।
$ID = IE = IF =$ अन्तः त्रिज्या

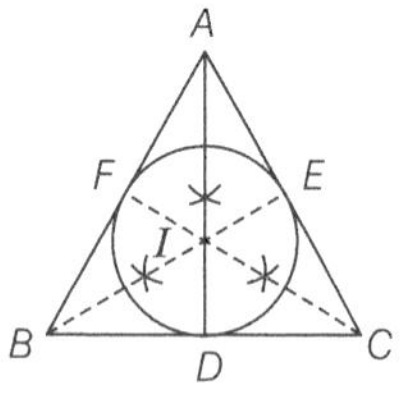

$\angle BIC = 90° + \angle BAC$

4. त्रिभुज का परिकेन्द्र

किसी त्रिभुज की भुजाओं के लम्ब अर्द्धकों का कटान बिन्दु, त्रिभुज का परिकेन्द्र कहलाता है।

परिकेन्द्र को केन्द्र मानकर खींचा गया वृत्त परिवृत्त कहलाता है। तथा परिवृत्त की त्रिज्या परित्रिज्या कहलाती है, जिसे R से निरूपित करते हैं। यहाँ, ΔABC की भुजाओं AB, BC और CA के लम्बार्द्धक O पर मिलते हैं।
$OA = OB = OC =$ परित्रिज्या

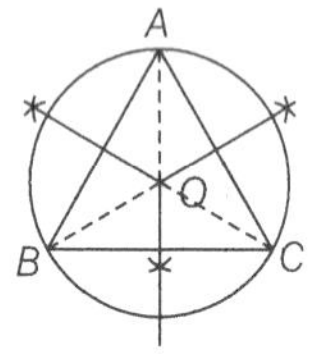

उदाहरण 8. निम्न में से कौन-सा कथन असत्य है?

(a) किसी त्रिभुज की माध्यिकाओं का प्रतिच्छेद बिन्दु केन्द्रक कहलाता है
(b) किसी त्रिभुज में शीर्ष से सामने वाली भुजा पर डाले गए लम्बों का प्रतिच्छेद बिन्दु लम्बकेन्द्र कहलाता है।
(c) किसी त्रिभुज में तीनों कोणों के समद्विभाजक एक बिन्दु पर मिलते हैं
(d) किसी त्रिभुज में भुजा की माध्यिका, इस भुजा पर लम्ब होती है एवं उसे समद्विभाजित करती है।

हल (d) किसी त्रिभुज की माध्यिकाओं का प्रतिच्छेद बिन्दु केन्द्रक कहलाता है।

किसी त्रिभुज में शीर्ष से सामने वाली भुजा पर डाले गए लम्बों का प्रतिच्छेद बिन्दु लम्बकेन्द्र कहलाता है।

किसी त्रिभुज में तीनों कोणों के समद्विभाजक एक बिन्दु पर मिलते हैं जबकि विकल्प (d) असत्य है।

समरूपता

दो या दो से अधिक ऐसी ज्यामितीय आकृतियाँ, जिनके स्वरूप या आकार एकसमान हों, समरूप आकृतियाँ कहलाती हैं।

समरूप त्रिभुज

दो त्रिभुज समरूप कहे जाते हैं, यदि

(i) उनके संगत कोण बराबर हों और
(ii) उनकी संगत भुजाएँ समानुपातिक हों।

त्रिभुजों की समरूपता के प्रतिबन्ध निम्न हैं

1. **कोण-कोण समरूपता** यदि एक त्रिभुज के दो कोण दूसरे त्रिभुज के दो कोणों के बराबर हों तो दोनों त्रिभुज समरूप कहलाते हैं।
2. **भुजा-कोण-भुजा समरूपता** यदि एक त्रिभुज की दो भुजाएँ दूसरे त्रिभुज की सम्मुख भुजाओं के समानुपाती हैं तथा उनके बीच बना कोण बराबर हो, तो दोनों त्रिभुज समरूप कहलाते हैं।
3. **भुजा-भुजा-भुजा समरूपता** यदि एक त्रिभुज की तीनों भुजाएँ दूसरे त्रिभुज की संगत तीनों भुजाओं के समानुपाती हों तो दोनों त्रिभुज समरूप कहलाते हैं।

समरूप त्रिभुजों के गुण

1. एक त्रिभुज की एक भुजा के समान्तर खींची गई रेखा अन्य दो भुजाओं को जिन दो बिन्दुओं पर प्रतिच्छेद करती हैं वे बिन्दु भुजाओं को समान अनुपात में विभाजित करते हैं।

यहाँ, $DE || BC$, तब

$$\frac{AD}{DB} = \frac{AE}{EC}$$

या $$\frac{AD}{AB} = \frac{AE}{AC}$$

या $$\frac{AB}{AD} = \frac{AC}{AE}$$

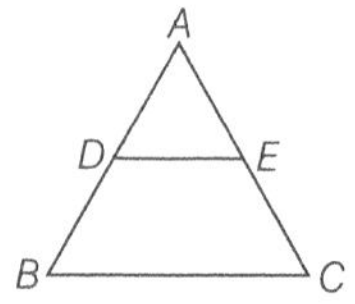

2. यदि समकोण त्रिभुज के समकोण वाले शीर्ष से कर्ण पर लम्ब डाला गया हो, तो लम्ब रेखा के दोनों ओर के त्रिभुज परस्पर और मूल त्रिभुज के समरूप होते हैं तथा $BD^2 = AD \times DC$

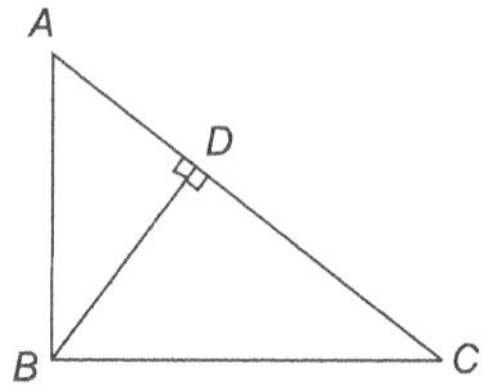

3. दो समरूप त्रिभुजों के क्षेत्रफलों का अनुपात किन्हीं दो संगत भुजाओं के वर्गों के अनुपात के बराबर होता है।

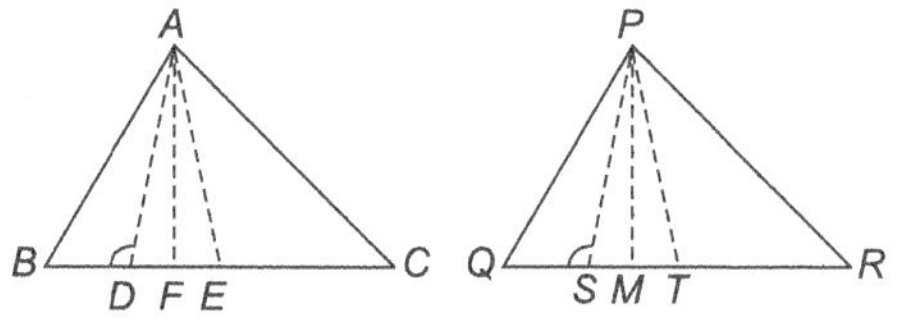

$$\frac{\Delta ABC \text{ का क्षेत्रफल}}{\Delta PQR \text{ का क्षेत्रफल}} = \frac{AB^2}{PQ^2}$$

$$= \frac{AC^2}{PR^2} = \frac{BC^2}{QR^2}$$

नोट *दो समरूप त्रिभुजों के क्षेत्रफलों का अनुपात इनके संगत शीर्षलम्बों या माध्यिकाओं के वर्गों के अनुपात के बराबर होता है।*

ΔABC तथा ΔPQR में,

$$\frac{\Delta ABC \text{ का क्षेत्रफल}}{\Delta PQR \text{ का क्षेत्रफल}} = \frac{AD^2}{PS^2} = \frac{AE^2}{PT^2}$$

उदाहरण 9. ΔABC **में, यदि** $BC \parallel DE$ **हो तथा भुजा** $AC = 4.4$ **मी,** $AB = 4$ **मी हो, तो** DB **की माप बताइए, यदि रेखाखण्ड** $EC = 1.1$ **मी हो**

(a) 1.0 मी (b) 2.0 मी (c) 3.0 मी (d) 4.0 मी

हल *(a)* प्रश्नानुसार, निर्मित त्रिभुज समरूप होंगे।

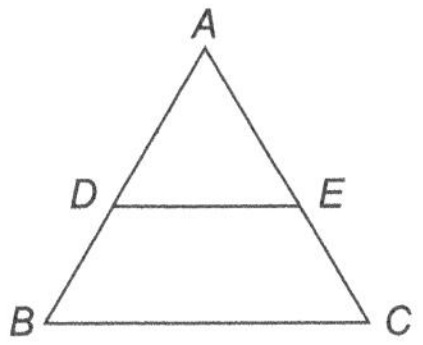

$$\therefore \quad \frac{AB}{DB} = \frac{AC}{CE} \Rightarrow \frac{4}{DB} = \frac{4.4}{1.1}$$

$$\Rightarrow \quad DB = \frac{4.4}{4.4} = 1.0 \text{ मी}$$

सर्वांगसमता

दो त्रिभुज सर्वांगसम होंगे, यदि दोनों के आकार तथा आकृति समान हों। चित्र से,

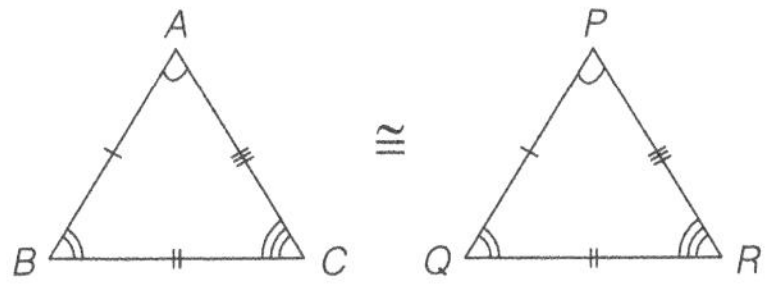

$$\angle A = \angle P \text{ तथा } AB = PQ, \ \angle B = \angle Q \text{ तथा } BC = QR$$

$$\angle C = \angle R \text{ तथा } CA = RP$$

तब, ΔABC तथा ΔPQR सर्वांगसम हैं तथा इसे निम्न प्रकार लिखते हैं

$$\Delta ABC \cong \Delta PQR$$

अर्थात् यदि दो त्रिभुज सर्वांगसम हैं, तो उनके संगत कोण तथा संगत भुजाएँ भी समान होंगी।

त्रिभुजों की सर्वांगसमता के प्रतिबन्ध निम्न हैं

1. **भुजा-भुजा-भुजा सर्वांगसमता** यदि एक त्रिभुज की तीन भुजाएँ दूसरे त्रिभुज की संगत तीन भुजाओं के बराबर हों, तो त्रिभुज सर्वांगसम कहलाते हैं।
2. **भुजा-कोण-भुजा सर्वांगसमता** यदि एक त्रिभुज की दो भुजाएँ और उनके बीच का कोण दूसरे त्रिभुज की संगत दो भुजाओं और उनके बीच के कोण के बराबर हों तो त्रिभुज सर्वांगसम कहलाते हैं।
3. **कोण-भुजा-कोण सर्वांगसमता** यदि एक त्रिभुज के दो कोण और उनके बीच की भुजा दूसरे त्रिभुज के संगत दो कोण और उनके बची की भुजा के बराबर हों, तो त्रिभुज सर्वांगसम कहलाते हैं।
4. **कोण-कोण-भुजा सर्वांगसमता** यदि एक त्रिभुज के दो कोण और एक भुजा (दोनों के बीच की भुजा के अतिरिक्त) दूसरे त्रिभुज के संगत दो कोण और एक भुजा के बराबर हों, तो त्रिभुज सर्वांगसम कहलाते हैं।
5. **समकोण-कर्ण-भुजा सर्वांगसमता** यदि एक समकोण त्रिभुज का कर्ण और एक भुजा और दूसरे समकोण त्रिभुज के संगत कर्ण और एक भुजा के बराबर हो, तो त्रिभुज सर्वांगसम कहलाते हैं।

उदाहरण 10. निम्न में से कौन-सा कथन दो त्रिभुजों की सर्वांगसमता के लिए सम्पूर्ण नहीं है?

(a) एक त्रिभुज की तीनों भुजाएँ क्रमशः दूसरे त्रिभुज की तीनों भुजाओं के बराबर हों

(b) एक त्रिभुज की दो भुजाएँ एवं उनके बीच का कोण, दूसरे त्रिभुज की दो भुजा एवं उनके बीच के कोण के बराबर हों

(c) एक त्रिभुज के दो कोण और उनके बीच की भुजा, दूसरे त्रिभुज के दो कोण और उनके बीच की भुजा के बराबर हों

(d) एक त्रिभुज के तीनों कोण, दूसरे त्रिभुज के तीनों कोणों के बराबर हों

हल *(d)* दो त्रिभुजों के तीनो कोण एक समान हों, केवल इस आधार पर त्रिभुज सर्वांगसम नहीं होंगे।

चतुर्भुज

वह समतल बन्द आकृति जो चार रेखाखण्डों से बनी हो, चतुर्भुज कहलाती है। एक चतुर्भुज की चार भुजाएँ, चार शीर्ष व चार कोण होते हैं।

चतुर्भुज के चारों कोणों का योग 360° होता है।

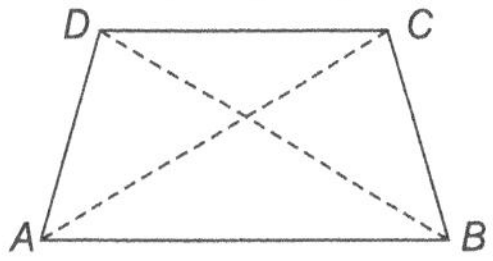

यहाँ, चतुर्भुज $ABCD$ में,

$$\angle A + \angle B + \angle C + \angle D = 360°$$

चतुर्भुजों के प्रकार

1. **आयत** वह चतुर्भुज जिसकी सम्मुख भुजाएँ समान्तर हों एवं बराबर हों तथा प्रत्येक कोण 90° का हो, आयत कहलाता है।

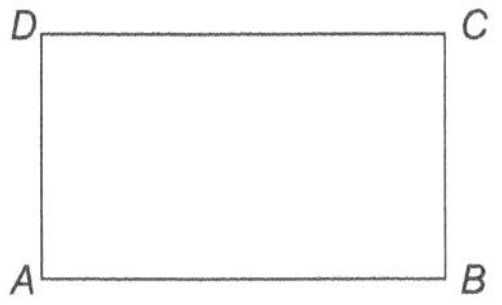

उपरोक्त चित्र में,

$$AB = CD, BC = AD$$

आयत के विकर्ण बराबर होते हैं।

आयत के विकर्ण एक-दूसरे को समद्विभाजित करते हैं।

2. **वर्ग** ऐसा समान्तर चतुर्भुज जिसकी सभी भुजाएँ समान हों तथा प्रत्येक कोण 90° का हो, वर्ग कहलाता है।

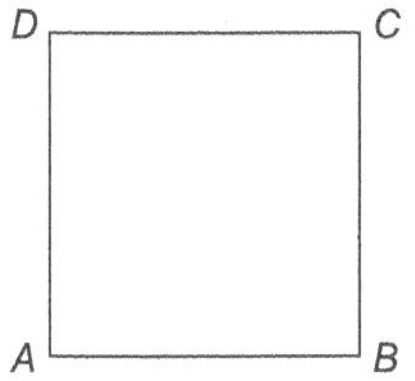

किसी वर्गाकर कागज के विकर्ण को घूर्णन अक्ष मान कर, विकर्ण के परितः घुमाने पर जो आकृति प्राप्त होती है, तुर्क अथवा स्पिण्डल कहलाती है।

- वर्ग के विकर्ण बराबर होते हैं।
- वर्ग के विकर्ण एक-दूसरे को 90° पर समद्विभाजित करते हैं।

3. **समान्तर चतुर्भुज** एक चतुर्भुज जिसकी सम्मुख भुजाएँ समान व समान्तर हों समान्तर चतुर्भुज कहलाता है।

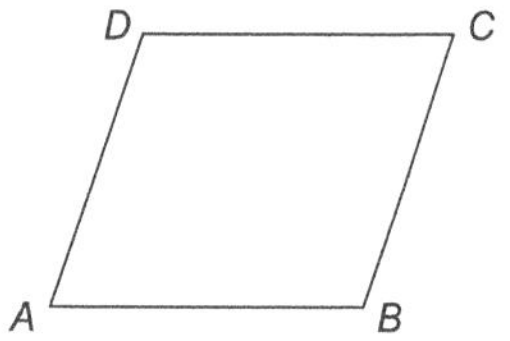

- समान्तर चतुर्भुज के सम्मुख कोण बराबर होते हैं।
- विकर्ण एक-दूसरे को समद्विभाजित करते हैं।
- विकर्ण बराबर नहीं होते हैं।
- समान्तर चतुर्भुज के आसन्न कोणों का योग 180° होता हैं।

4. **समचतुर्भुज** वह समान्तर चतुर्भुज जिसकी चारों भुजाएँ समान हों, समचतुर्भुज कहलाता है।

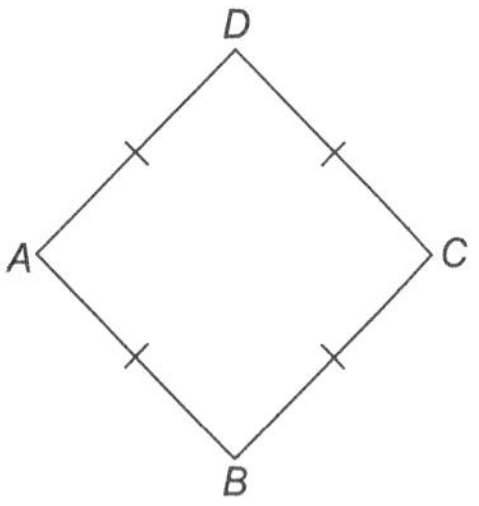

- समचतुर्भुज के विकर्ण एक-दूसरे को 90° पर समद्विभाजित करते हैं।
- समचतुर्भुज के विकर्ण बराबर नहीं होते हैं।
- समचतुर्भुज के भुजाओं के वर्गों का योग विकर्णों के वर्गों के योग के बराबर होता है।

5. **समलम्ब** वह चतुर्भुज जिसकी भुजाओं का एक युग्म समान्तर हो, समलम्ब कहलाता है। समलम्ब $ABCD$ में, $AB||CD$

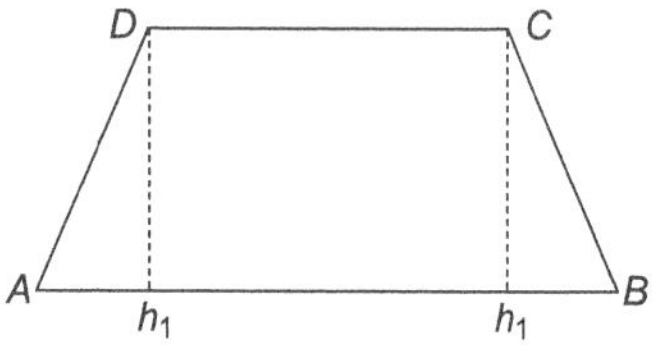

उदाहरण 11. एक चतुर्भुज के तीन कोणों का अनुपात 1 : 2 : 3 है। यदि इनमें से सबसे छोटे तथा सबसे बड़े कोण का योग 180° हो, तो चतुर्भुज के सभी कोण होंगे

(a) 30°, 90°, 45°, 60° (b) 45°, 90°, 135°, 90°
(c) 120°, 150°, 210°, 360° (d) इनमें से कोई नहीं

हल (b) माना चतुर्भुज के दिए गए तीनों कोण x, $2x$ व $3x$ हैं

तब, $3x + x = 180°$

$\Rightarrow$ $4x = 180$

$\Rightarrow$ $x = 45°$

अतः चुतुर्भुज के तीनों कोण निम्न हैं

$45°, 2\times45°, 3\times45° = 45°, 90°, 45°\times3$

$= 45°, 90°, 135°$

चौथा कोण $= 360°-(45°+90°+135°)$

$= 360°-270° = 90°$

वृत्त

वृत्त एक ऐसी बन्द एवं गोल आकृति है जिसका केन्द्र बिन्दु उसकी परिधि से समान दूरी पर स्थित होता है। इस दूरी को त्रिज्या कहते हैं, जिसे संकेत r से प्रदर्शित करते हैं।
चित्र में, O वृत्त का केन्द्र है। तथा $OA = OB =$ त्रिज्या

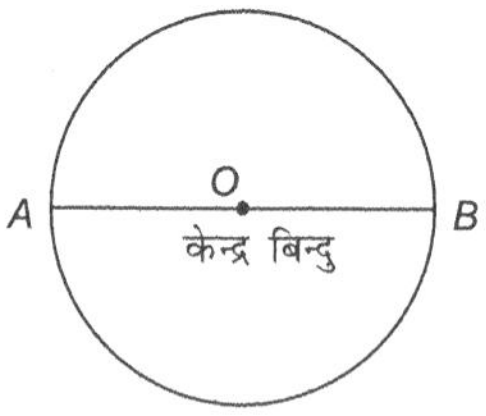

वृत्त से सम्बन्धित महत्त्वपूर्ण पद

1. **जीवा** एक रेखाखण्ड, जिसके दोनों अन्त बिन्दु वृत्त पर हों, वृत्त की जीवा कहलाती है।

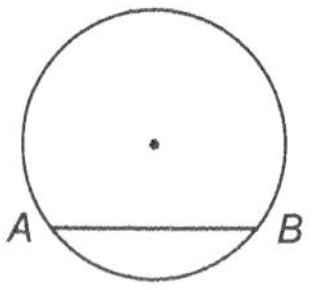

2. **व्यास** वह जीवा, जो वृत्त के केन्द्र से होकर गुजरती है, वृत्त का व्यास कहलाता है।

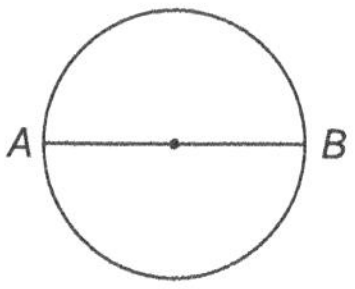

3. **परिधि** वृत्त में एक पूरे चक्कर में तय की गई कुल दूरी, वृत्त की परिधि कहलाती है। परिधि $= 2\pi r$
4. **छेदक रेखा** वह रेखाखण्ड जो वृत्त को दो विभिन्न बिन्दुओं पर प्रतिच्छेद करता है, वृत्त की छेदक रेखा कहलाता है चित्र में, QR एक छेदक रेखा है।

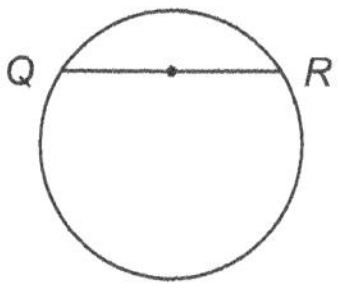

5. **चाप** वृत्त के किसी भाग को चाप कहते हैं। यहाँ, AB वृत्त का चाप है और इसे $\widehat{AB}$ लिखते हैं। यदि चाप अर्द्धवृत्त से छोटा है, तब यह लघु चाप कहलाता है अन्यथा यह दीर्घ चाप कहलाता है। चित्र में, APB लघु चाप है और AQB दीर्घ चाप है।

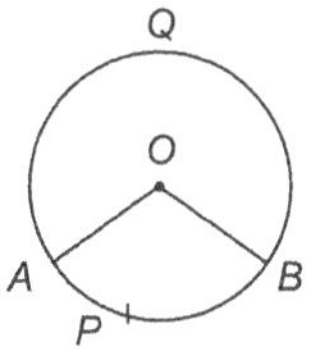

6. **केन्द्रीय कोण** वृत्त की परिधि के किन्हीं दो बिन्दुओं द्वारा वृत्त के केन्द्र पर बनाया गया कोण केन्द्रीय कोण कहलाता है

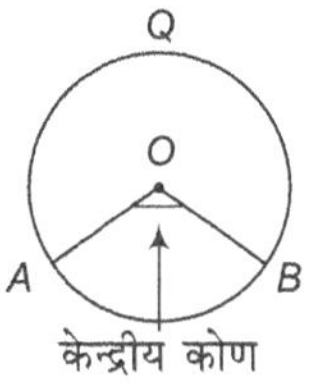

संकेन्द्रीय वृत्त

यदि एक समतल मे स्थित दो या दो से अधिक वृत्तों का केन्द्र एक ही हो, तब ये वृत्त संकेन्द्रीय वृत्त कहलाते हैं। चित्र में दोनों वृत्त संकेन्द्रीय वृत्त हैं जिसका केन्द्र O तथा त्रिज्याएँ r_1 और r_2 है।

वृत्त के गुण

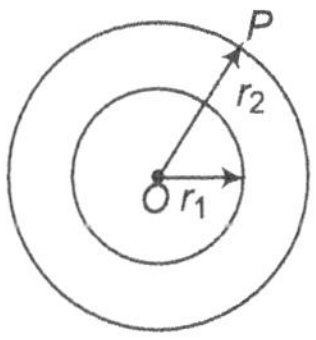

- वृत्त की सबसे बड़ी जीवा व्यास होती है। व्यास $= 2 \times$ त्रिज्या
- व्यास वृत्त को दो बराबर भागों में बाँटता है प्रत्येक भाग को अर्द्धवृत्त कहते हैं।
- वृत्त के केन्द्र से वृत्त की जीवा पर डाला गया लम्ब जीवा को समद्विभाजित करता है। एक वृत्त की समान जीवाएँ केन्द्र से समान दूरी पर होती हैं। किसी वृत्त की दो असमान जीवाओं में से बड़ी जीवा केन्द्र के अधिक समीप होती है।
- किसी वृत्त में एक चाप द्वारा वृत्त के केन्द्र पर अन्तरित कोण उस चाप द्वारा वृत्त की शेष परिधि के किसी अन्य बिन्दु पर अन्तरित कोण का दोगुना होता है।
- वृत्त की किन्हीं दो जीवाओं के लम्ब अर्द्धक एक-दूसरे को वृत्त के केन्द्र पर काटते हैं।
- वृत्त के केन्द्र को जीवा के मध्य-बिन्दु से मिलाने वाली रेखा जीवा पर लम्ब होती है।
- केन्द्र से समदूरस्थ जीवाएँ समान होती हैं।
- वृत्त की समान जीवाएँ केन्द्र पर समान कोण बनाती हैं तथा वृत्त की वे जीवाएँ, जो केन्द्र पर समान कोण बनाती हैं, समान होती हैं।
- तीन असंरेखीय बिन्दुओं से होकर अधिकतम एक और केवल एक ही वृत्त खींचा जा सकता है।
- वृत्त के एक ही वृत्तखण्ड में बने कोण समान होते हैं।
- अर्द्धवृत्त में बना कोण समकोण होता है।

उदाहरण 12. दिए गए चित्र में x का मान होगा (C वृत्त का केन्द्र है)

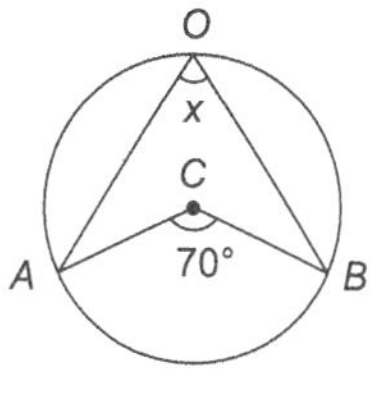

(a) 70° (b) 30°
(c) 35° (d) 60°

हल *(c)* हम जानते हैं कि वृत्त के केन्द्र पर किसी चाप द्वारा बनाया गया कोण, उसी चाप द्वारा वृत्त के शेष भाग पर बनाए गए कोण का दोगुना होता है।

$\therefore \quad 2 \times \angle AOB = \angle ACB$

$\Rightarrow \quad 2x = 70 \Rightarrow x = 35°$

उदाहरण 13. एक वृत्त की त्रिज्या 10 सेमी है तथा इस वृत्त की एक जीवा की लम्बाई 12 सेमी है। इस जीवा की केन्द्र से दूरी कितनी है?

(a) $2\sqrt{11}$ सेमी (b) 22 सेमी
(c) 2 सेमी (d) 8 सेमी

हल *(d)* दिया है, वृत्त की त्रिज्या $OC = OB = 10$ सेमी

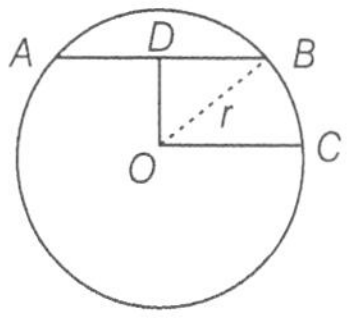

वृत्त की जीवा $AB = 12$ सेमी $\Rightarrow AD + DB = 12$ सेमी

अत: $AD = DB = 6$ सेमी

ΔODB में, पाइथागोरस प्रमेय से,

$$OD^2 = OB^2 - DB^2$$

$\Rightarrow \quad OD^2 = (10)^2 - (6)^2$

$\Rightarrow \quad OD = \sqrt{100 - 36} = \sqrt{64}$

$\Rightarrow \quad OD = 8$ सेमी

चक्रीय चतुर्भुज

वह चतुर्भुज जिसके चारों शीर्ष एक वृत्त की परिधि पर स्थित हों, चक्रीय चतुर्भुज या वृत्तीय चतुर्भुज कहलाता है।

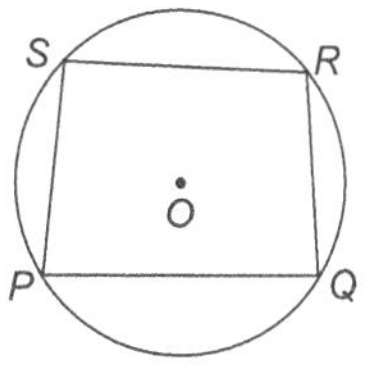

चित्र में, $PQRS$ एक चक्रीय चतुर्भुज है।

चक्रीय चतुर्भुज के सम्मुख कोण सम्पूरक होते हैं।

यहाँ, $\angle P + \angle R = 180°$

तथा $\angle Q + \angle S = 180°$

उदाहरण 14. निम्न चित्र में O वृत्त का केन्द्र है। $\angle OCB$ का मान है

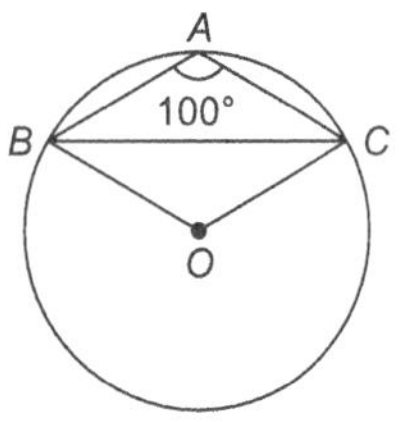

(a) 10° (b) 20° (c) 30° (d) 40°

हल *(a)* $ABDC$ एक चक्रीय चतुर्भुज है।

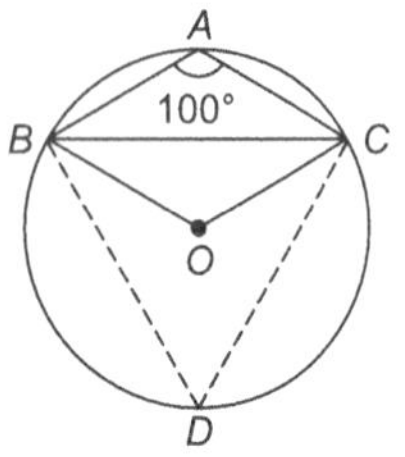

$\therefore \quad \angle BDC + \angle BAC = 180°$

$\Rightarrow \quad \angle BDC + 100° = 180°$

$\Rightarrow \quad \angle BDC = 180° - 100° = 80°$

$\because$ $\angle BOC$ केन्द्र पर बना कोण है।

$\because \quad \angle COB = \angle CDB \times 2$

$= \angle 80 \times 2 = 160°$

अब, $OB = OC$ = वृत्त की त्रिज्या

$\Rightarrow \quad \angle OBC = \angle OCB$

[त्रिभुज की समान भुजाओं के सम्मुख कोण बराबर होते हैं]

ΔBOC में, $\angle OBC + \angle BCO + \angle COB = 180°$

$\Rightarrow \quad 2 \times \angle OCB = 180° - 160°$

$\Rightarrow \quad \angle OCB = \frac{20°}{2} = 10°$

स्पर्श रेखा

एक ऐसी रेखा, जो वृत्त को केवल एक बिन्दु पर मिलती है, वृत्त की स्पर्श रेखा कहलाती है और वह बिन्दु, जहाँ स्पर्श रेखा वृत्त से मिलती है, स्पर्श बिन्दु कहलाता है। यहाँ, PT स्पर्श रेखा है तथा T स्पर्श बिन्दु है।

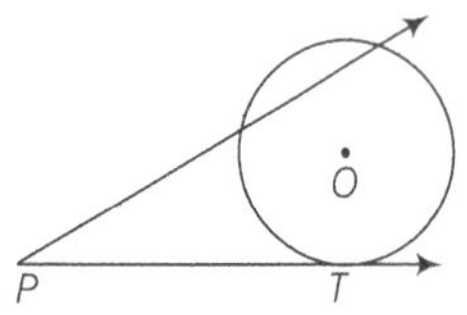

- वृत्त के किसी बिन्दु पर स्पर्श रेखा, स्पर्श बिन्दु से होकर जाने वाली त्रिज्या के लम्बवत् होती है।

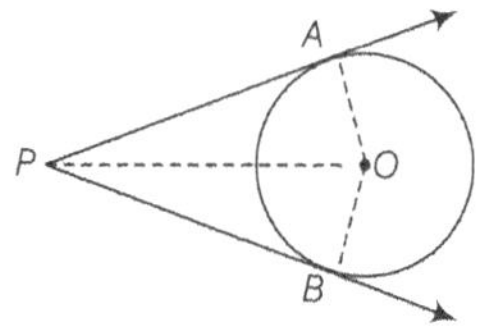

- यदि वृत्त के किसी बाह्य बिन्दु से वृत्त पर दो स्पर्श रेखाएँ खींची जाए, तो वे केन्द्र पर समान कोण अन्तरित करती हैं।
- यहाँ, $\angle POA = \angle POB, \angle APO = \angle OPB$
- किसी बाह्य बिन्दु से वृत्त पर खींची गई दो स्पर्श रेखाओं की लम्बाई समान होती है। यहाँ, $PA = PB$
- यदि PAB वृत्त की एक छेदक रेखा है, जो वृत्त को बिन्दु A और B पर काटती है तथा PT स्पर्श रेखा है।

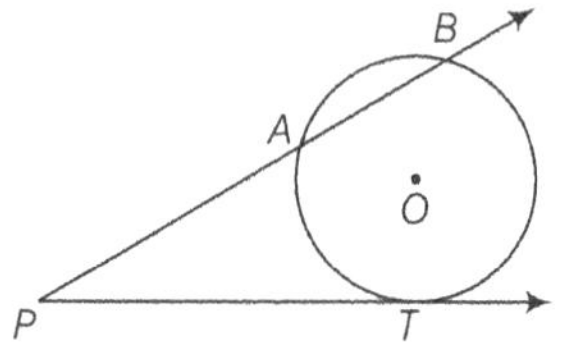

तब, $PA \times PB = PT^2$

उदाहरण 15. चित्र में, $PT = 6$ सेमी और $PA = 4$ सेमी है। AB की लम्बाई कितनी है?

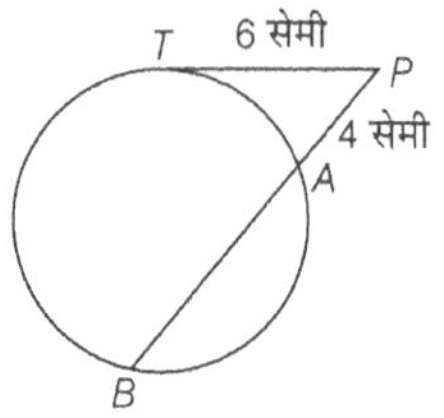

(a) 9 सेमी (b) 5 सेमी
(c) 4 सेमी (d) 6 सेमी

हल *(b)* हम जानते हैं कि $PT^2 = PA \times PB$

$\therefore \quad (6)^2 = 4 \times (4 + AB)$

$\Rightarrow \quad \frac{36}{4} = 4 + AB$

अत: $AB = 9 - 4 = 5$ सेमी

✓ अति महत्त्वपूर्ण प्रश्न

1. संगामी रेखाएँ निम्नलिखित में से कौन-सी हैं?
(a) दो रेखाएँ जो एक-दूसरे को काटती हुई जाती हैं
(b) दो रेखाएँ जो दोनों ओर अनन्त दूरी तक खींची जाती हैं
(c) तीन या अधिक रेखाएँ जो एक बिन्दु पर मिलती हैं
(d) दो रेखाएँ जो विपरीत दिशा से एक बिन्दु पर मिलती हैं

2. यदि कोई वक्र स्वयं को न काटे, तो वह
(a) टेढ़ा वक्र कहलाता है
(b) बन्द वक्र कहलाता है
(c) तिरछा वक्र कहलाता है
(d) सरल वक्र कहलाता है

3. यदि दो कोणों की मापों का योग एक ऋजुकोण की माप के बराबर है और इनमें से एक न्यून कोण है, तो दूसरा कोण होगा
(a) समकोण (b) अधिक कोण
(c) न्यून कोण (d) ऋजुकोण

4. एक समकोण का $\frac{2}{3}$ भाग कितने अंश का होगा?
(a) 30°
(b) 60°
(c) 40°
(d) उपरोक्त में से कोई नहीं

5. 50° का कोटिपूरक कोण कितना होगा?
(a) 50° (b) 40°
(c) 130° (d) 140°

6. 80° का सम्पूरक कोण क्या होगा?
(a) 100° (b) 120°
(c) 10° (d) 90°

7. 60° के सम्पूरक एवं कोटिपूरक कोणों का अन्तर क्या है?
(a) 120° (b) 100° (c) 90° (d) 45°

8. दिए गए चित्र के आधार पर $x°$ का मान ज्ञात करें।

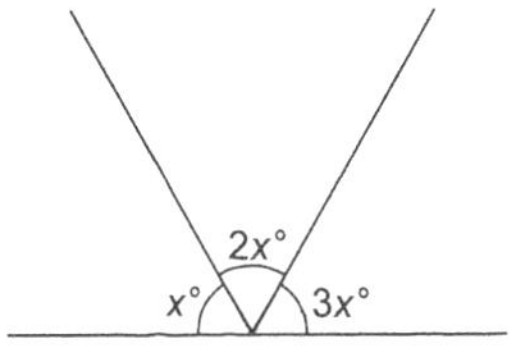

(a) 15° (b) 30° (c) 60° (d) 45°

9. दिए गए चित्र के आधार पर $x°$ का मान ज्ञात करें।

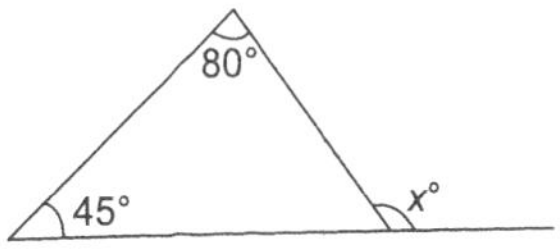

(a) 45° (b) 105°
(c) 120° (d) 125°

10. दिए गए चित्र के आधार पर $x°$ का मान ज्ञात करें।

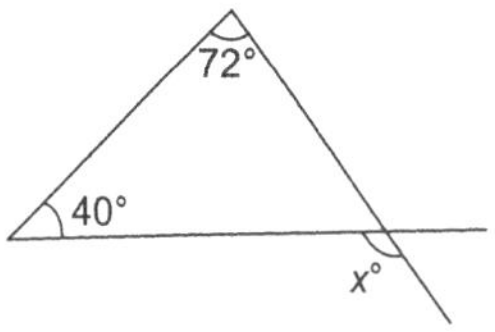

(a) 45° (b) 112°
(c) 125° (d) 145°

11. एक समबहुभुज का प्रत्येक आन्तरिक कोण उसके बाह्य कोण का तीन गुना है। तद्नुसार उस समबहुभुज की भुजाएँ कितनी हैं?
(a) 9 (b) 8
(c) 10 (d) 7

12. यदि त्रिभुज की भुजाएँ 5 सेमी, 8 सेमी और 13 सेमी हों, तो त्रिभुज होगा
(a) समकोणीय (b) न्यून कोणीय
(c) अधिक कोणीय (d) त्रिभुज सम्भव नहीं

13. यदि किसी त्रिभुज के तीनों कोणों में क्रमशः 1 : 2 : 3 का अनुपात हो, तो सबसे बड़े कोण की माप बताइए।
(a) 40° (b) 70° (c) 90° (d) 110°

14. उस त्रिभुज का नाम बताइए, जिसके परिकेन्द्र और अन्तःकेन्द्र एक ही होते हैं।
(a) समकोण त्रिभुज
(b) विषमबाहु त्रिभुज
(c) समद्विबाहु त्रिभुज
(d) समबाहु त्रिभुज

15. किसी त्रिभुज की भुजाओं के लम्ब समद्विभाजक जिस बिन्दु पर मिलते हैं, वह त्रिभुज का कहलाता है
(a) अन्तःकेन्द्र (b) लम्बकेन्द्र
(c) मध्य-बिन्दु (d) परिकेन्द्र

16. यदि दो त्रिभुज की संगत भुजाएँ समानुपाती हों, तो त्रिभुज की प्रकृति निम्न में से किस प्रकार की होगी?
(a) समकोण
(b) समबाहु
(c) समरूप
(d) उपरोक्त में से कोई नहीं

17. किसी त्रिभुज की भुजाएँ AB और AC के मध्य-बिन्दु क्रमशः D और E हैं। यदि $AB = 7.4$ सेमी, $BC = 5.4$ सेमी और $AC = 4.4$ सेमी हो, तो DE का मान होगा
(a) 2.7 सेमी (b) 2.2 सेमी
(c) 3.7 सेमी (d) 4.9 सेमी

18. दिए गए चित्रों में ΔABC एवं ΔDEF परस्पर समरूप हैं, तब निम्नलिखित में से कौन-सा सम्बन्ध सही होगा?

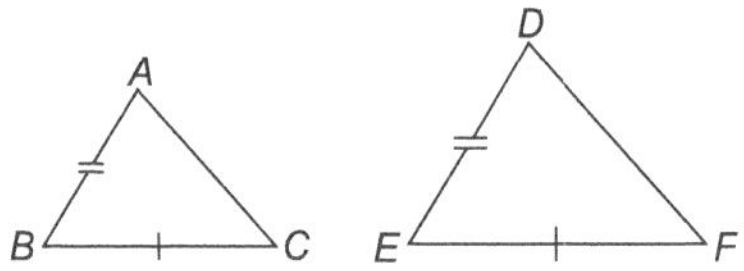

(a) ΔABC का क्षेत्रफल $= \Delta DEF$ का क्षेत्रफल
(b) ΔDEF का क्षेत्रफल $\times \frac{1}{2} = \Delta ABC$ का क्षेत्रफल
(c) $\frac{AB^2}{DE^2} = \frac{\Delta ABC \text{ का क्षेत्रफल}}{\Delta DEF \text{ का क्षेत्रफल}}$
(d) उपरोक्त में से कोई नहीं

19. दो समरूप त्रिभुजों के क्षेत्रफल क्रमशः 25 वर्ग सेमी, 36 वर्ग सेमी हैं, तो उनकी संगत भुजाओं में अनुपात होगा
(a) 3 : 6 (b) 4 : 6
(c) 5 : 6 (d) इनमें से कोई नहीं

20. यदि ΔABC, $\angle A$ पर समकोणिक है तथा AN, BC रेखा पर लम्ब है, जबकि $BC = 12$ सेमी तथा $AC = 6$ सेमी, तब $\frac{\Delta ANC \text{ का क्षेत्रफल}}{\Delta ABC \text{ का क्षेत्रफल}}$ होगा
(a) 1 : 2 (b) 1 : 3 (c) 1 : 4 (d) 1 : 8

21. ΔABC में, $\angle A$ की अन्तः तथा बाह्य अर्द्धक रेखाएँ आधार BC को क्रमशः D और E बिन्दु पर काटती हैं, यदि $BC = 7$ सेमी, $CA = 4$ सेमी और $AB = 6$ सेमी, तो DE की माप होगी
(a) 16.3 सेमी (b) 16.8 सेमी
(c) 16 सेमी (d) 14 सेमी

22. दो समरूप त्रिभुजों में बड़े त्रिभुज का क्षेत्रफल छोटे त्रिभुज के क्षेत्रफल का 36 गुना है। बड़े त्रिभुज की एक भुजा और छोटे त्रिभुज की संगत भुजा की लम्बाई में अनुपात होगा
(a) 6 : 1 (b) 2 : 6 (c) 6 : 2 (d) 3 : 2

23. किसी समान्तर चतुर्भुज का एक कोण 55° है, तब समान्तर चतुर्भुज के शेष कोण क्रमशः हैं
(a) 105°, 125°, 55° (b) 125°, 55°, 125°
(c) 135°, 125°, 55° (d) 25°, 135°, 135°

24. यदि चतुर्भुज के कोणों के माप $(4x)°$, $5(x+2)°$, $(7x-20)°$ तथा $6(x+3)°$ हो, तो x का मान ज्ञात कीजिए।
(a) 16° (b) 30° (c) 60° (d) 32°

25. चित्र में दिए गए समचतुर्भुज में, $\angle A = 80°$ है, तब $\angle D$ का मान है

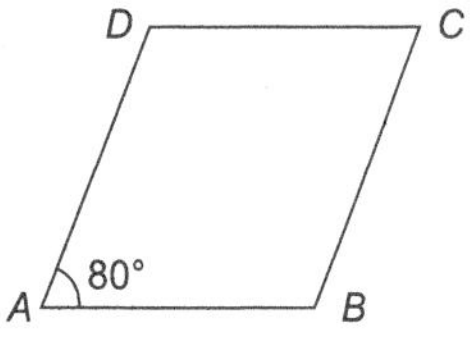

(a) 120° (b) 110° (c) 100° (d) 130°

26. दिए गए चित्र में, $ABCD$ एक समलम्ब चतुर्भुज है जिसमें $AB || DC$, यदि $\angle A = 55°$ और $\angle B = 70°$, तब $\angle C$ और $\angle D$ हैं

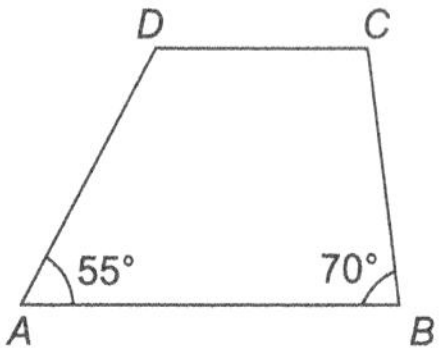

(a) 140°, 125° (b) 100°, 135°
(c) 125°, 110° (d) 105°, 130°

27. किसी आयत $ABCD$ के विकर्ण AC और BD में निम्नांकित में से कौन-सा सम्बन्ध सत्य है?
(a) $2AC = BD$ (b) $AC = 2BD$
(c) $AC = BD$ (d) $AC = 3BD$

28. वह चतुर्भुज, जिसकी चारों भुजाएँ परस्पर समान हों किन्तु कोई कोण समकोण न हो, निम्नलिखित में से क्या कहलाता है?
(a) वर्ग (b) समलम्ब चतुर्भुज
(c) आयत (d) समचतुर्भुज

29. यदि किसी समान्तर चतुर्भुज की सभी भुजाएँ बराबर हों तथा एक कोण समकोण हो, तो उस क्षेत्र को क्या कहते हैं?
(a) वर्ग (b) आयत
(c) समलम्ब चतुर्भुज (d) समचतुर्भुज

30. समान्तर चतुर्भुज की किसी भुजा पर बने कोण $\angle A$ और $\angle B$ में 40° का अन्तर है। $\angle A$ का मान ज्ञात कीजिए।
(a) 100° (b) 80° (c) 110° (d) 60°

31. यदि आयत $PQRS$ में, $PQ = PS$ हो, तो वह कौन-सी ज्यामितीय आकृति हो जाएगी?
(a) वर्ग (b) समलम्ब चतुर्भुज
(c) आयत (d) इनमें से कोई नहीं

32. यदि समान्तर चतुर्भुज $ABCD$ में, $AB = AD$ हो, तो वह कौन-सी ज्यामितीय आकृति बन जाएगी?
(a) आयत (b) विषमबाहु चतुर्भुज
(c) (a) और (b) (d) समचतुर्भुज

33. यदि चतुर्भुज $ABCD$ में, केवल $AB || DC$ हो, तो वह कौन-सी ज्यामितीय आकृति बनेगी?
(a) आयत (b) वर्ग
(c) समलम्ब (d) इनमें से कोई नहीं

34. चित्र में, O वृत्त का केन्द्र है। जीवा $AB = 4$ सेमी तथा त्रिज्या $OA = 4$ सेमी है। वृत्त पर बिन्दु C है, तो $\angle ACB$ का मान है

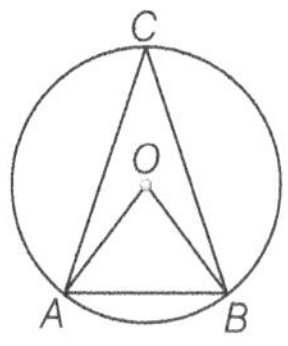

(a) 45° (b) 60° (c) 30° (d) 90°

35. पार्श्व चित्र में, O वृत्त का केन्द्र है। वृत्त के अन्तर्गत एक ΔABC बना है। यदि $\angle ABC = 60°$ हो, तो $\angle BAC$ का मान होगा

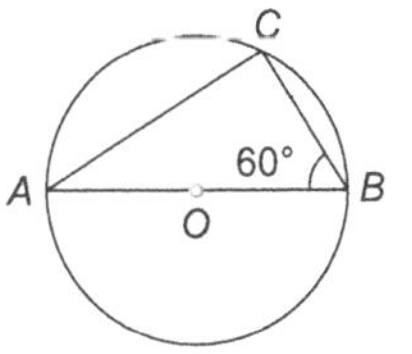

(a) 20° (b) 30° (c) 45° (d) 60°

36. किसी वृत्त के केन्द्र से 5 सेमी की दूरी पर किसी बिन्दु A से खींची गई स्पर्श रेखा की लम्बाई 4 सेमी है, तो वृत्त की त्रिज्या क्या होगी?

(a) 2 सेमी (b) 3 सेमी (c) 5 सेमी (d) 6 सेमी

37. यदि O केन्द्र वाले एक वृत्त में जीवा AB का मध्य-बिन्दु P है, तो $\angle OPA$ की माप क्या होगी?

(a) 45° (b) 60° (c) 90° (d) 180°

38. दिए गए वृत्त में $\angle BAC = 70°$ तो $\angle BPC$ का मान क्या होगा?

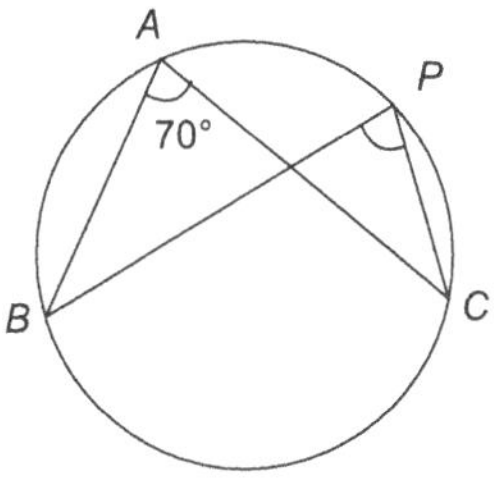

(a) 60° (b) 80° (c) 70° (d) 30°

39. यदि किसी वृत्त की त्रिज्या r हो एवं व्यास d हो, तो निम्नलिखित में से कौन-सा सम्बन्ध सत्य होगा?

(a) $r = d$ (b) $r = 2d$ (c) $2r = d$ (d) $3r = d$

40. यदि एक बहुफलक के 5 शीर्ष तथा 8 किनारे हैं, तब इसके फलकों की संख्या होगी

(a) 5 (b) 4 (c) 6 (d) 10

41. नीचे दी गई आकृति में कितनी सममित रेखाएँ होंगी?

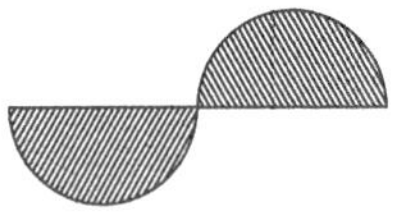

(a) 0 (b) 1 (c) 2 (d) 3

42. निम्नलिखित किस/किन अक्षरों में रैखिक सममिति नहीं होगी?

(a) Z में (b) H और O में (c) E में (d) O और E में

43. एक समबाहु ΔABC वृत्त में अन्त: निम्नानुसार बना है

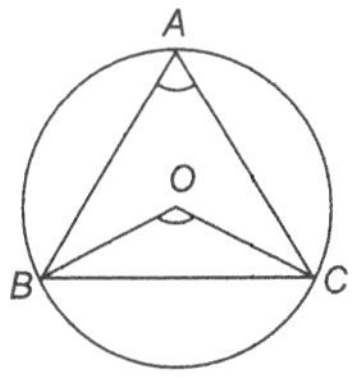

$\angle BOC$ का मान होगा

(a) 60° (b) 90°
(c) 120° (d) इनमें से कोई नहीं

44. यदि एक ΔABC में $PQ || BC$ तथा $QR || AB$ तथा P, AB का मध्य-बिन्दु है, तो

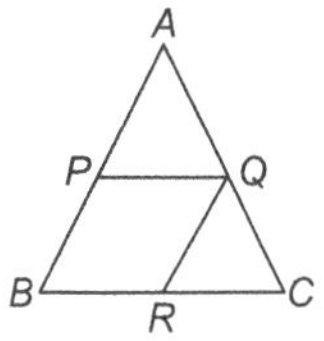

(a) $BR = RC$ (b) $BR \neq RC$ (c) $BR = RQ$ (d) $BR = BP$

45. दिए गए चित्र में दो समान्तर रेखाओं को काटती एक तिर्यक रेखा के साथ बने हुए एकान्तर कोण हैं

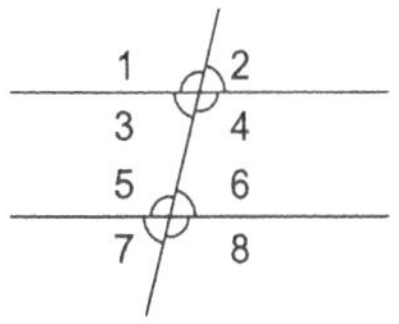

(a) (1,8) तथा (2,7) (b) (1,2) तथा (7,8)
(c) (2,6) तथा (1,5) (d) (1,5) तथा (7, 3)

46. दिए हुए चित्र में कोण α का मान है (यहाँ O वृत्त का केन्द्र है)

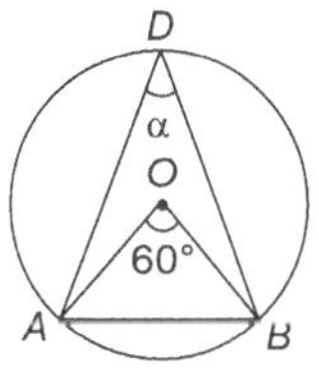

(a) 60° (b) 2° (c) 30° (d) 40°

47. चित्र में वृत्त की त्रिज्या 5 सेमी है। दो जीवाएँ $AB || CD$ हैं। यदि $OP \perp AB$, $OQ \perp CD$, $AB = 6$ सेमी तथा $CD = 8$ सेमी हों, तो PQ की लम्बाई क्या है?

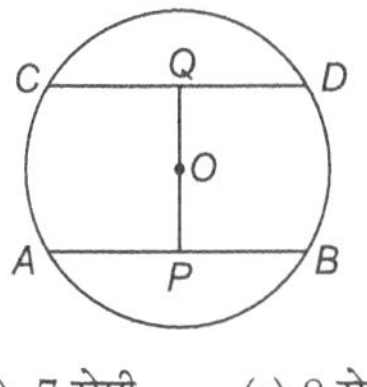

(a) 10 सेमी (b) 7 सेमी (c) 8 सेमी (d) 9 सेमी

48. चित्र में $AB || CD$ है, तो $\angle x$ का मान है

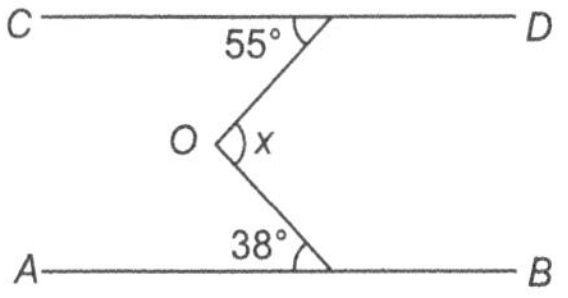

(a) 87° (b) 267°
(c) 93° (d) इनमें से कोई नहीं

49. आकृति में सममिति रेखाओं की संख्या है

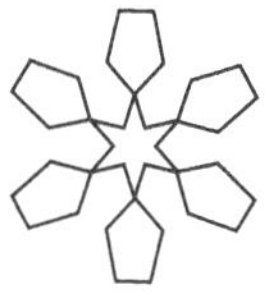

(a) 4 (b) 6 (c) 1 (d) 3

50. एक समकोण त्रिभुज में दो भुजाओं की लम्बाइयों का गुणनफल, कर्ण के वर्ग के आधे के बराबर है। तब एक न्यून कोण है

(a) 15° (b) 30°
(c) 45° (d) 60°

51. 2 सेमी, 3 सेमी तथा 6 सेमी भुजाओं से किस प्रकार का त्रिभुज प्राप्त होगा?

(a) न्यूनकोण त्रिभुज (b) विषमबाहु त्रिभुज
(c) (a) और (b) दोनों (d) इनामें से कोई नहीं

52. दिए गए चित्र में यदि $l \parallel m$, तब x का मान है

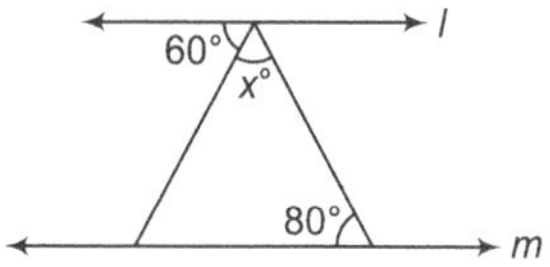

(a) 60° (b) 80° (c) 40° (d) 140°

53. दिए गए चित्र में यदि $\angle OAB = 40°$, तब, $\angle ACB$ का मान है

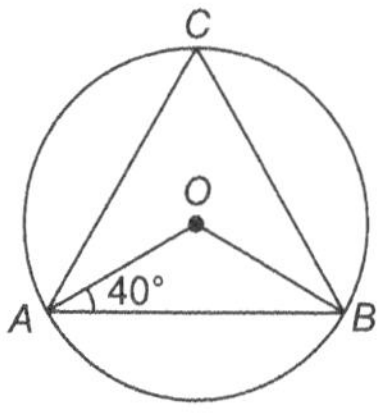

(a) 50° (b) 40° (c) 60° (d) 70°

54. चतुर्भुज $ABCD$ के शीर्ष एक वृत्त की परिधि पर हैं। यदि AB वृत्त का व्यास हो तथा $\angle ADC = 130°$ हो, तो $\angle BAC$ का मान है

(a) 50° (b) 40°
(c) 30° (d) 20°

55. यदि किसी त्रिभुज का एक कोण 130° का हो, तो शेष दो कोणों के समद्विभाजकों के बीच बने कोण की माप है

(a) 65° (b) 115°
(c) 130° (d) 155°

56. किसी बहुभुज के सभी अन्त:कोणों का योगफल 1440° है। इस बहुभुज की भुजाओं की संख्या है

(a) 8 (b) 9 (c) 10 (d) 12

उत्तरमाला

1	(c)	2	(d)	3	(b)	4	(b)	5	(b)	6	(a)	7	(c)	8	(b)	9	(d)	10	(b)
11	(b)	12	(d)	13	(c)	14	(d)	15	(d)	16	(c)	17	(a)	18	(c)	19	(c)	20	(c)
21	(b)	22	(a)	23	(b)	24	(a)	25	(c)	26	(c)	27	(c)	28	(d)	29	(a)	30	(c)
31	(a)	32	(d)	33	(c)	34	(c)	35	(b)	36	(b)	37	(c)	38	(c)	39	(c)	40	(a)
41	(a)	42	(a)	43	(c)	44	(a)	45	(a)	46	(c)	47	(b)	48	(c)	49	(b)	50	(c)
51	(b)	52	(c)	53	(a)	54	(b)	55	(d)	56	(c)								

सॉल्यूशन्स

1. (c) तीन या अधिक रेखाएँ जो एक बिन्दु पर मिलती हैं।

2. (d) यदि कोई वक्र स्वयं को न काटे, तो वह सरल वक्र कहलाता है, जैसे

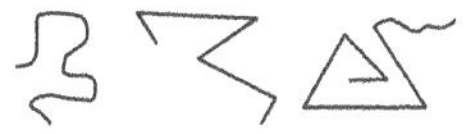

3. (b) माना दो कोण x व y हैं, तब ऋजु कोण $=180=x+y$

यदि इनमें एक कोण 90° से कम कोई न्यून कोण हो तो निश्चित रूप से दूसरा कोण अधिक कोण होगा।

4. (b) एक समकोण का $\frac{2}{3}$ भाग

$=90°\times\frac{2}{3}=30°\times2=60°$

5. (b) 50° का कोटिपूरक कोण

$=(90°-50°)=40°$

6. (a) 80° का सम्पूरक कोण

$=(180°-80°)=100°$

7. (c) 60° का कोटिपूरक $=90°-60°=30°$

60° का सम्पूरक कोण $=180°-60°=120°$

$\therefore$ अभीष्ट अन्तर $=120°-30°=90°$

8. (b)

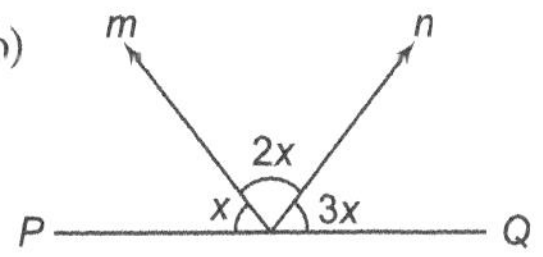

यहाँ, $x+2x+3x=180° \Rightarrow 6x=180°$

$\therefore \quad x=30°$

9. (d) $x°=80°+45°=125°$

10. (b) $x°=72°+40°=112°$

11. (b) यदि समबहुभुज की भुजाओं की संख्या n हो, तो $\frac{(n-2)\times180°}{n}=3\times\frac{360°}{n}$

$\Rightarrow \quad n-2=3\times2$

$\therefore \quad n=8$

12. (d) यहाँ, $5+4<13$

जबकि त्रिभुज की किन्हीं दो भुजाओं का योग, तीसरी भुजा से अधिक होता है।

$\therefore$ यह त्रिभुज सम्भव नहीं है।

13. (c) माना त्रिभुज के तीनों कोण क्रमशः $1x, 2x$ तथा $3x$ हैं। तब

$1x+2x+3x=180° \Rightarrow 6x=180°$

$\Rightarrow \quad x=\frac{180°}{6}=30°$

$\therefore \quad 1x=1\times30°=30°$

$2x=2\times30°=60°$ तथा

$3x=3\times30°=90°$

अतः सबसे बड़ा कोण 90° का होगा।

14. (d) सहबाहु त्रिभुज का परिकेन्द्र और अन्तःकेन्द्र एक ही होते हैं।

15. (d) त्रिभुज की भुजाओं के लम्ब समद्विभाजक, त्रिभुज के परिकेन्द्र पर मिलते हैं।

16. (c) यदि किन्हीं दो त्रिभुजों की संगत भुजाएँ समानुपाती हों, तो वे त्रिभुज समरूप त्रिभुज होते हैं।

17. (a) D और E क्रमशः AB और AC के मध्य-बिन्दु हैं।

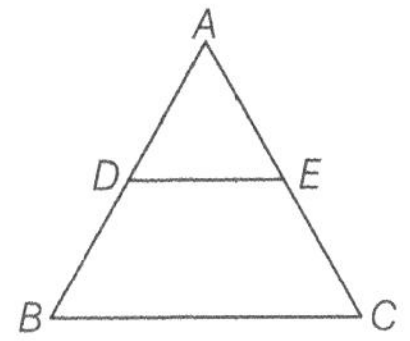

$\Rightarrow \quad DE=\frac{1}{2}\times BC \Rightarrow DE=\frac{1}{2}\times5.4$

$\therefore \quad DE=2.7$ सेमी

18. (c) यदि ΔABC व ΔDEF एक-दूसरे के समरूप हैं, तो

$\frac{\Delta ABC \text{ का क्षेत्रफल}}{\Delta DEF \text{ का क्षेत्रफल}}=\frac{AB^2}{DE^2}$

सम्बन्ध सही होगा।

19. (c) प्रश्नानुसार, $\frac{(\text{भुजा}_1)^2}{(\text{भुजा}_2)^2}=\frac{\text{क्षेत्रफल}_1}{\text{क्षेत्रफल}_2}$

$\Rightarrow \quad \frac{a_1}{a_2}=\sqrt{\frac{25}{36}}=\frac{5}{6}$

$\therefore \quad a_1:a_2=5:6$

20. (c)

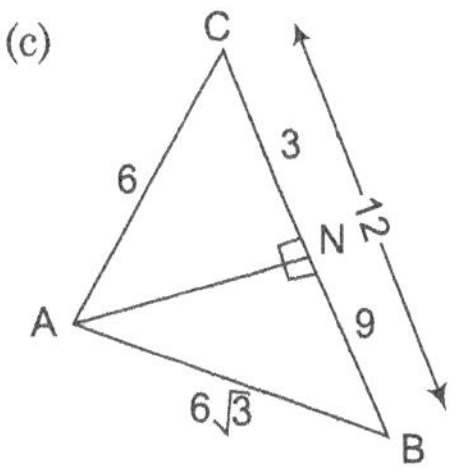

ΔANC और ΔCAB समरूप हैं

$\therefore \quad \frac{AN}{AC}=\frac{AC}{BC} \Rightarrow AN=\frac{6\times6}{12}=3$

प्रश्नानुसार,

$\frac{\Delta ANC \text{ का क्षेत्रफल}}{\Delta ABC \text{ का क्षेत्रफल}}=\frac{\frac{1}{2}\times NC\times AN}{\frac{1}{2}\times AN\times BC}$

$=\frac{3}{12}=1:4$

21. (b) यहाँ, $\frac{AB}{AC}=\frac{BD}{CD} \Rightarrow \frac{6}{4}=\frac{x}{7-x}$

$\Rightarrow 42-6x=4x \Rightarrow x=4\cdot2$ सेमी

$\because AE, \Delta ABC$ के $\angle A$ का बाह्य अर्द्धक है।

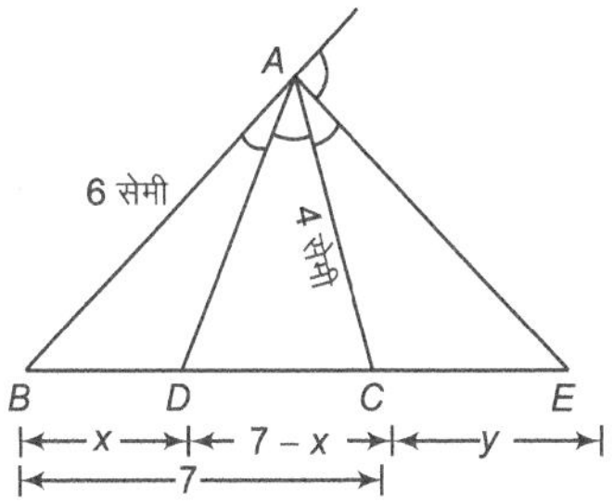

$\therefore \quad \frac{AB}{AC}=\frac{BE}{CE} \Rightarrow \frac{6}{4}=\frac{7+y}{y}$

$\Rightarrow \quad 3y=14+2y \Rightarrow y=14$ सेमी

अब, $DE=BC+CE-BD$

$\Rightarrow \quad DE=7+y-x$

$\Rightarrow \quad DE=7+14-4.2=16.8$ सेमी

22. (a) बड़े त्रिभुज का क्षेत्रफल (Δ_1)

$=36\times$ छोटे त्रिभुज का क्षेत्रफल (Δ_2)

$\Rightarrow \frac{\Delta_1}{\Delta_2}=\frac{36}{1} \Rightarrow \frac{(a_1)^2}{(a_2)^2}=\frac{36}{1}$

$\therefore \quad a_1:a_2=6:1$

23. (b) समान्तर चतुर्भुज के संलग्न कोणों का योग $=180°$

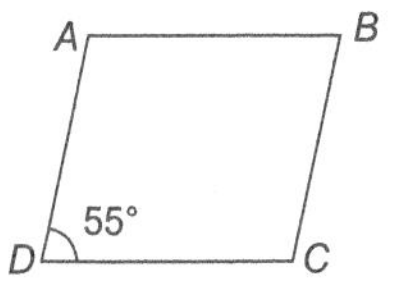

$\Rightarrow \quad 55°+\angle C=180°$

$\Rightarrow \quad \angle C=180°-55°=125°$

$\therefore \angle B=\angle D=55°$ और $\angle A=\angle C=125°$

24. (a) चतुर्भुज के चारों कोणों का योग $=360°$

$\therefore (4x°)+5(x+2)°+(7x-20)°+6(x+3)°=360°$

$\Rightarrow \quad 4x + 5x + 10° + 7x - 20° + 6x + 18° = 360°$

$\Rightarrow \quad 22x + 8° = 360°$

$\Rightarrow \quad 22x = 360° - 8°$

$\therefore \quad x = \frac{252°}{22} = 16°$

25. (c) समचतुर्भुज के संलग्न कोणों का योग = 180°

$\therefore \quad \angle A + \angle D = 180°$

$\Rightarrow \quad 80° + \angle D = 180°$

$\Rightarrow \quad \angle D = 180° - 80° = 100°$

26. (c) समलम्ब चतुर्भुज $ABCD$ में, $AB || DC$

$\therefore \quad \angle A + \angle C = 180°$

$\Rightarrow \quad 55° + \angle C = 180°$

$\Rightarrow \quad \angle C = 180° - 55° = 125°$

और $\quad \angle B + \angle D = 180°$

$\Rightarrow \quad 70° + \angle D = 180°$

$\Rightarrow \quad \angle D = 180° - 70° = 110°$

27. (c)

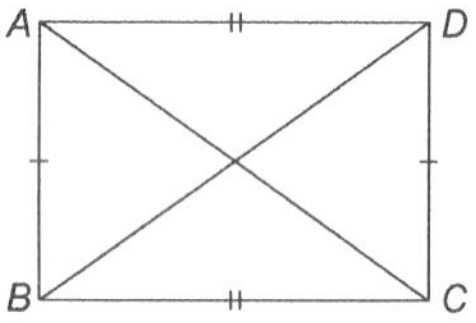

किसी आयत के दोनों विकर्ण समान होते हैं।
अर्थात् $\quad AC = BD$

28. (d)

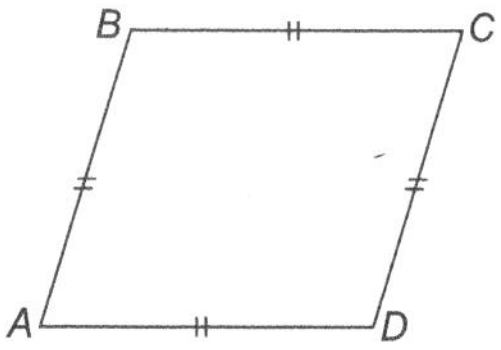

ऐसा चतुर्भुज जिसकी चारों भुजाएँ समान हों किन्तु एक भी कोण समकोण न हों, समचतुर्भुज होता है।

29. (a)

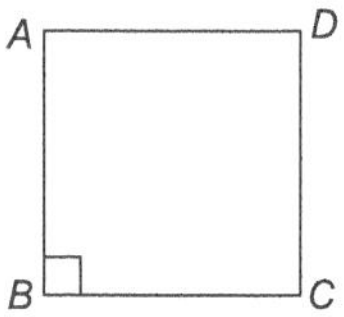

ऐसा समान्तर चतुर्भुज जिसका एक कोण समकोण तथा सभी भुजाएँ समान हों, वर्ग कहलाता है।

30. (c) माना समान्तर चतुर्भुज में,

$\angle A = x$, तब $\angle B = x - 40°$

समान्तर चतुर्भुज के संलग्न कोणों का योग = 180°

$\Rightarrow \quad x + x - 40° = 180°$

$\Rightarrow \quad x = \frac{220°}{2} = 110°$

31. (a) यदि $PQRS$ में, भुजा $PQ = PS$ हो जाए, तो वह आयत न रहकर वर्ग हो जाएगा।

32. (d) हम जानते हैं कि समान्तर चतुर्भुज $ABCD$ में आमने-सामने की भुजाएँ बराबर होने पर, वह समचतुर्भुज बन जाएगा।

33. (c) यदि चतुर्भुज $ABCD$ में, $AB || DC$ अर्थात् आमने-सामने की भुजा समान्तर हैं, तो वह आकृति समलम्ब होगी।

34. (c) ΔOAB में $OA = OB = AB = 4$ सेमी

$\therefore \quad \Delta OAB$ समबाहु है, अर्थात् $\angle AOB = 60°$

$\therefore \quad \angle ACB = \frac{1}{2} < AOB = \frac{1}{2} \times 60° = 30°$

35. (b) ΔABC में, $\angle B = 60°$,

$\angle C =$ अर्द्धवृत्त पर बना कोण $= 90°$

$\because$ त्रिभुज के तीनों कोण का योग = 180°

$\therefore \quad \angle A + \angle B + \angle C = 180°$

$\Rightarrow \quad \angle A + 60° + 90° = 180°$

$\Rightarrow \quad \angle A = 180° - 150° = 30°$

36. (b) वृत्त की त्रिज्या

$= \sqrt{(\text{केन्द्र से बाह्य बिन्दु की दूरी})^2 - (\text{स्पर्श रेखा की लम्बाई})^2}$

$= \sqrt{25 - 16} = \sqrt{9} = 3$ सेमी

37. (c) वृत्त के केन्द्र और जीवा के मध्य बिन्दु को मिलाने वाली रेखा जीवा पर लम्ब होती है अर्थात् $\angle OPA = 90°$

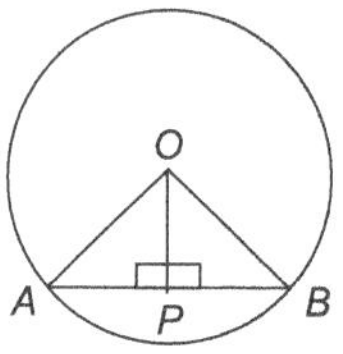

38. (c) एक ही वृत्तखण्ड में बने कोणों की माप समान होती है। अतः $\angle BPC = 70°$

39. (c) वृत्त का व्यास = 2 × वृत्त की त्रिज्या

$\Rightarrow \quad d = 2r$

40. (a) यहाँ, $V = 5$ तथा $E = 8$

यूलर के सूत्र से,

$F + V - E = 2$

$\Rightarrow \quad F + 5 - 8 = 2 \Rightarrow F = 2 + 3$

$\therefore \quad F = 5$

अतः बहुफलक के फलकों की संख्या 5 है।

41. (a) दी गई आकृति में एक भी सममिति रेखा नहीं है।

42. (a) अक्षर Z में रेखिक सममिति नहीं होगी।

44. (a) दिया है, $PQ || BC$ तथा P, AB का मध्य-बिन्दु है

अतः Q, AC का मध्य-बिन्दु होगा

साथ ही $QR || AB$ तथा AC का मध्य-बिन्दु Q है

$\therefore$ R, BC का मध्य-बिन्दु होगा तब,

$BR = RC$

45. (a)

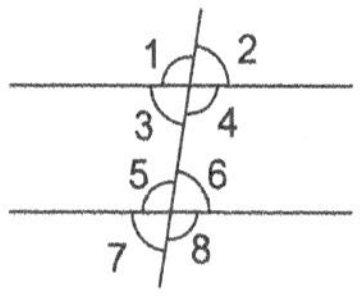

उपरोक्त चित्र में एकान्तर कोण 1 व 8 तथा 2 व 7 हैं।

46. (c)

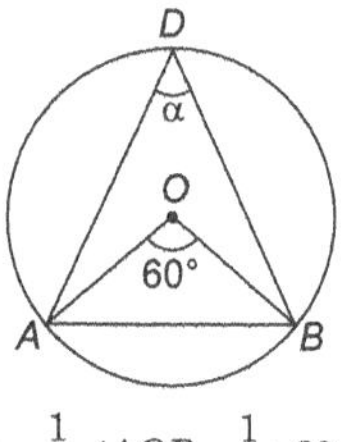

$\therefore \quad \alpha = \frac{1}{2} \angle AOB = \frac{1}{2} \times 60 = 30°$

47. (b) ΔOQC में, $OQ = \sqrt{5^2 - 4^2} = 3$ सेमी

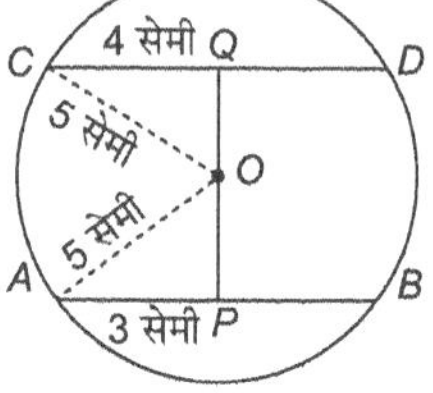

ΔOPA में, $OP = \sqrt{5^2 - 3^2} = 4$ सेमी

अतः $\quad PQ = OP + OQ = 4 + 3 = 7$ सेमी

48. (c) दिया है, $AB || CD$

PO को बढाने पर वह AB से E पर मिलती है।

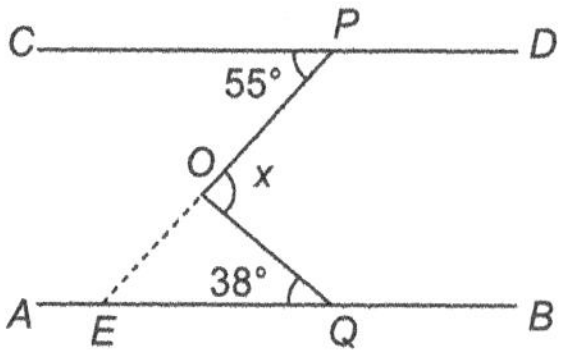

$\angle CPO = \angle OEQ = 55°$

बहिष्कोण $\angle POQ = \angle OEQ + \angle OQE$

$\Rightarrow \quad x° = 55° + 38° = 93°$

49. (b) दी गई आकृति में 6 सममिति रेखाएँ हैं।

50. (c)

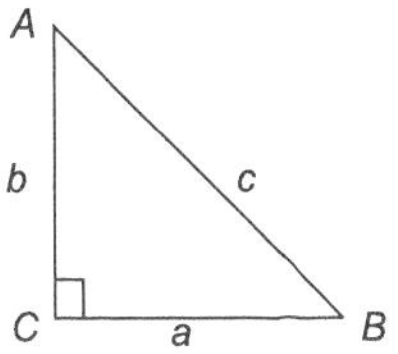

प्रश्नानुसार, $a \times b = \frac{c^2}{2}$

$\Rightarrow \quad c^2 = 2ab \quad \ldots(i)$

पाइथागोरस प्रमेय से,

$a^2 + b^2 = c^2 \quad \ldots(ii)$

समी (i) और समी (ii) से,

$a^2 + b^2 = 2ab$

$\Rightarrow a^2 + b^2 - 2ab = 0$

$\Rightarrow \quad (a-b)^2 = 0$

$\Rightarrow \quad a = b$

$\Rightarrow \quad AC = CB$

$\therefore \quad \angle CAB = \angle CBA = 45°$

51. (b) यहाँ त्रिभुज की भुजाएँ क्रमश: 2 सेमी, 3 सेमी व 6 सेमी हैं। अत: स्पष्टतया यह एक विषमबाहु त्रिभुज है तथा बड़ी भुजा का वर्ग $(6)^2 >$ शेष भुजाओं के वर्गों का योग

$36 > (2)^2 + (3)^2$

$\Rightarrow \quad 36 > 4 + 9 \Rightarrow 36 > 13$

इस प्रकार दिया गया त्रिभुज केवल विषमबाहु त्रिभुज है।

52. (c) प्रश्नानुसार,

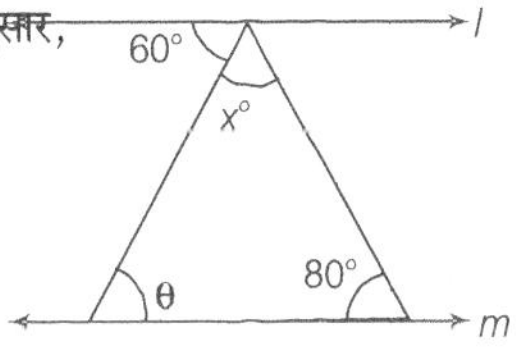

दिया है, $l \parallel m$

$\therefore \quad \theta = 60° \quad$ (एकान्तर कोण)

त्रिभुज के तीनों कोणों का योग = 180°

$\therefore \quad \theta + x + 80° = 180°$

$\Rightarrow \quad x = 180° - (80° + 60°)$

$\Rightarrow \quad x = 180° - 140°$

$\therefore \quad x = 40°$

53. (a) यहाँ, OA = OB (वृत्त की त्रिज्याएँ)

$\therefore \quad \angle OAB = \angle OBA = 40°$

ΔOAB में,

$\angle OAB + \angle AOB + \angle OBA = 180°$

$\Rightarrow \quad 40° + 40° + \angle AOB = 180°$

$\Rightarrow \quad 80° + \angle AOB = 180°$

$\Rightarrow \quad \angle AOB = 180° - 80° = 100°$

$\because$ वृत्त की परिधि पर बना कोण वृत्त के केन्द्र पर बने कोण का आधा होता है।

$\therefore \quad \angle ACB = \frac{\angle AOB}{2}$

$= \frac{100°}{2} = 50°$

54. (b) प्रश्नानुसार,

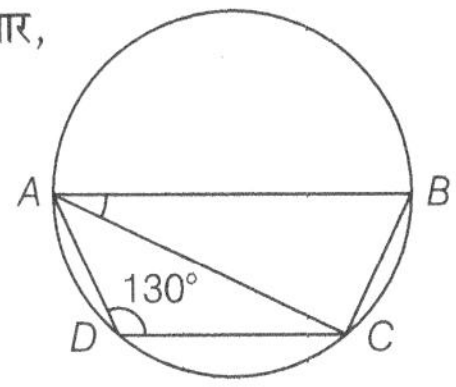

ABCD एक चक्रीय चतुर्भुज है।

$\therefore \quad \angle CBA = 180° - \angle ADC$

$= 180° - 130° = 50°$

अब, $\angle BCA$ अर्द्धवृत्त पर बना कोण है।

$\therefore \quad \angle BCA = 90°$

ΔACB में,

$\angle BAC + \angle CBA + \angle BCA = 180°$

$\Rightarrow \quad \angle BAC = 180° - (90° + 50°)$

$= 180° - 140° = 40°$

55. (d)

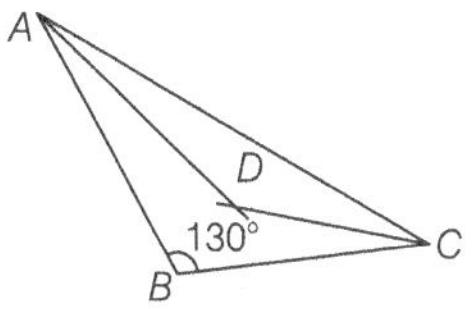

दिया है, $\angle ABC = 130°$

AD और DC क्रमश: $\angle A$ और $\angle C$ के समद्विभाजक है।

ΔABC में, $\angle A + \angle B + \angle C = 180°$

$\Rightarrow \quad \angle A + \angle C = 180° - 130°$

$\Rightarrow \quad \angle A + \angle C = 50°$

$\Rightarrow \quad \frac{\angle A}{2} + \frac{\angle C}{2} = \frac{50°}{2} = 25°$

[दोनों पक्षों में 2 से भाग देने पर]

अब, ΔADC में,

$\angle ADC = 180° - \frac{\angle A}{2} - \frac{\angle C}{2}$

$= 180° - 25° = 155°$

56. (c) माना भुजाओं की संख्या = n

बहुभुज के सभी अन्त:कोणों का योगफल = 1440°

$\Rightarrow \quad (n-2) \times 180° = 1440°$

$\Rightarrow \quad (n-2) = \frac{1440°}{180°}$

$\Rightarrow \quad n - 2 = 8 \Rightarrow n = 10$

अध्याय 16

त्रिकोणमिति

TRIGONOMETRY

'त्रिकोणमिति' शब्द तीन शब्दों त्रि (तीन), कोण तथा मिति (माप) से मिलकर बना है अर्थात् त्रिकोणमिति शब्द से हमारा तात्पर्य, किसी त्रिभुज के विभिन्न अंगों (भुजा तथा कोण) के मध्य पारस्परिक सम्बन्ध स्थापित करने से है। इसके अन्तर्गत ऊँचाई एवं दूरी से सम्बन्धित प्रश्न भी पूछे जाते हैं।

त्रिकोणमितीय अनुपात

त्रिकोणमितीय अनुपातों का प्रयोग किसी समकोण त्रिभुज में उसकी भुजाओं का तुलनात्मक अध्ययन करने हेतु किया जाता है। नीचे दिए गए समकोण ΔABC में कर्ण AC, लम्ब BC तथा आधार AB है, *तो त्रिकोणमितीय अनुपात को निम्न प्रकार से प्रदर्शित कर सकते हैं*

$$\sin\theta = \frac{\text{लम्ब}}{\text{कर्ण}} = \frac{BC}{AC} = \frac{L}{K}$$

$$\cos\theta = \frac{\text{आधार}}{\text{कर्ण}} = \frac{AB}{AC} = \frac{A}{K}$$

$$\tan\theta = \frac{\text{लम्ब}}{\text{आधार}} = \frac{BC}{AB} = \frac{L}{A}$$

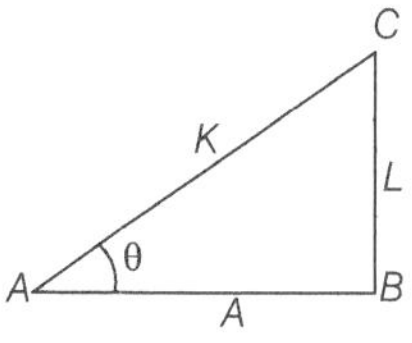

जहाँ पर लम्ब, कर्ण व आधार को संक्षिप्त रूप में क्रमशः L, K व A माना गया है।

नोट *अनुपातों को त्रिभुज की भुजाओं के रूप में निम्न प्रकार याद कर सकते हैं*

$\sin\theta$	$\cos\theta$	$\tan\theta$
$\downarrow L \uparrow$	$\downarrow A \uparrow$	$\downarrow L \uparrow$
K	K	A
cosec θ	sec θ	cot θ

त्रिकोणमितीय अनुपातों के मान

कोण	0°	30°	45°	60°	90°
sin	0	1/2	$1/\sqrt{2}$	$\sqrt{3}/2$	1
cos	1	$\sqrt{3}/2$	$1/\sqrt{2}$	1/2	0
tan	0	$1/\sqrt{3}$	1	$\sqrt{3}$	∞
cot	∞	$\sqrt{3}$	1	$1/\sqrt{3}$	0
sec	1	$2/\sqrt{3}$	$\sqrt{2}$	2	∞
cosec	∞	2	$\sqrt{2}$	$2/\sqrt{3}$	1

कोण θ के पूरक व सम्पूरक कोणों के त्रिकोणमितीय अनुपात

कोण θ के पूरक कोण (Complementary angle), सम्पूरक कोण (Supplementary angle) आदि कोणों को त्रिकोणमितीय अनुपात कोणों के संगत अनुपातों में व्यक्त करने वाले सूत्र निम्नलिखित हैं

- $\sin(90° - \theta) = \cos\theta$ $\sin(90° + \theta) = \cos\theta$
  $\cos(90° - \theta) = \sin\theta$ $\cos(90° + \theta) = -\sin\theta$
  $\tan(90° - \theta) = \cot\theta$ $\tan(90° + \theta) = -\cot\theta$
  $\cot(90° - \theta) = \tan\theta$ $\cot(90° + \theta) = -\tan\theta$
  $\sec(90° - \theta) = \text{cosec}\,\theta$ $\sec(90° + \theta) = -\text{cosec}\,\theta$
  $\text{cosec}\,(90° - \theta) = \sec\theta$ $\text{cosec}\,(90° + \theta) = \sec\theta$
- $\sin(180° - \theta) = \sin\theta$ $\cos(180° - \theta) = -\cos\theta$
  $\tan(180° - \theta) = -\tan\theta$ $\cot(180° - \theta) = -\cot\theta$
  $\sec(180° - \theta) = -\sec\theta$ $\text{cosec}\,(180° - \theta) = \text{cosec}\,\theta$
  $\sin(180° + \theta) = -\sin\theta$ $\cos(180° + \theta) = -\cos\theta$
  $\tan(180° + \theta) = \tan\theta$ $\cot(180° + \theta) = \cot\theta$
  $\sec(180° + \theta) = -\sec\theta$ $\text{cosec}\,(180° + \theta) = -\text{cosec}\,\theta$

दो कोणों के योग/अन्तर के लिए त्रिकोणमितीय अनुपात

- $\sin(A+B) = \sin A \cos B + \cos A \sin B$
- $\cos(A+B) = \cos A \cos B - \sin A \sin B$
- $\tan(A+B) = \dfrac{\tan A + \tan B}{1 - \tan A \tan B}$
- $\sin(A-B) = \sin A \cos B - \cos A \sin B$
- $\cos(A-B) = \cos A \cos B + \sin A \sin B$
- $\tan(A-B) = \dfrac{\tan A - \tan B}{1 + \tan A \tan B}$

कोणों के गुणनफल के त्रिकोणमितीय अनुपात

- $\sin 2\theta = 2\sin\theta \cdot \cos\theta = \dfrac{2\tan\theta}{1+\tan^2\theta}$
- $\cos 2\theta = \cos^2\theta - \sin^2\theta = 2\cos^2\theta - 1$
  $= 1 - 2\sin^2\theta = \dfrac{1-\tan^2\theta}{1+\tan^2\theta}$
- $\tan 2\theta = \dfrac{2\tan\theta}{1-\tan^2\theta}$

त्रिकोणमितीय फलनों का अधिकतम व न्यूनतम मान

हम जानते हैं कि,

$-1 \le \sin\theta \le 1 \qquad -1 \le \cos\theta \le 1$

$-\infty < \tan\theta < \infty \qquad |\sec\theta| \ge 1$

$|\operatorname{cosec}\theta| \ge 1$

त्रिकोणमितीय फलन के अधिकतम व न्यूनतम मान $a\sin\theta + b\cos\theta$ के रूप में क्रमशः $\sqrt{a^2+b^2}$ तथा $-\sqrt{b^2+a^2}$ होते हैं।

त्रिकोणमितीय सर्वसमिकाएँ

एक समीकरण को एक सर्वसमिका तब माना जाता है, जब यह सम्बन्धित चरों के सभी मानों के लिए सत्य होती है। उसी प्रकार, एक कोण के त्रिकोणमितीय अनुपातों से सम्बन्धित सर्वसमिका को त्रिकोणमितीय सर्वसमिका कहा जाता है अर्थात् एक ऐसा समीकरण, जिसमें θ कोण का एक त्रिकोणमितीय अनुपात निहित हो तथा दोनों पक्ष (दायाँ एवं बायाँ) परस्पर बराबर हों, त्रिकोणमितीय सर्वसमिका कहलाती है। *कुछ मात्रक त्रिकोणमितीय सर्वसमिकाएँ निम्नलिखित हैं*

- $\sin^2\theta + \cos^2\theta = 1$
- $1 + \tan^2\theta = \sec^2\theta$
- $1 + \cot^2\theta = \operatorname{cosec}^2\theta$
- $\tan\theta = \dfrac{\sin\theta}{\sqrt{1-\sin^2\theta}}$
- $\sec\theta = \dfrac{1}{\sqrt{1-\sin^2\theta}}$
- $\dfrac{\sin\theta - 2\sin^3\theta}{2\cos^3\theta - \cos\theta} = \tan\theta$
- $(\sin\theta + \operatorname{cosec}\theta)^2 + (\cos\theta + \sec\theta)^2 = 7 + \tan^2\theta + \cot^2\theta$
- $\dfrac{\cos\theta - \sin\theta + 1}{\cos\theta + \sin\theta - 1} = \operatorname{cosec}\theta + \cot\theta$

उन्नयन कोण या उन्नति कोण

क्षैतिज तल के साथ दूरस्थ वस्तु तथा दर्शक के नेत्र को मिलाने वाली रेखा से बने कोण को उन्नयन या उन्नति कोण कहते हैं, जबकि वस्तु, दर्शक के ऊपर हो। यहाँ संलग्न चित्र में, PQ मीनार तथा मीनार से d दूरी पर स्थित बिन्दु R पर दर्शक है। मीनार की चोटी P को बिन्दु R से देखते हुए बना कोण θ उन्नयन कोण है।

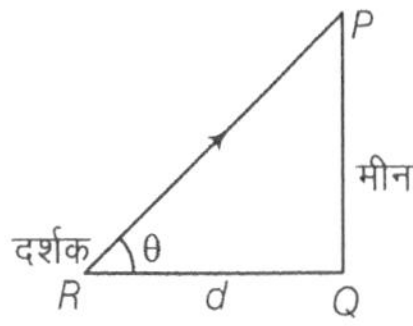

अवनमन कोण या अवनति कोण

क्षैतिज तल के साथ दूरस्थ वस्तु तथा दर्शक के नेत्र को मिलाने वाली रेखा से बने कोण को इसका अवनमन या अवनति कोण कहते हैं, जबकि वस्तु, दर्शक से नीचे हो। यहाँ संलग्न चित्र में, बिन्दु R से बना कोण θ अवनमन कोण है, जहाँ RP एक खम्भा है।

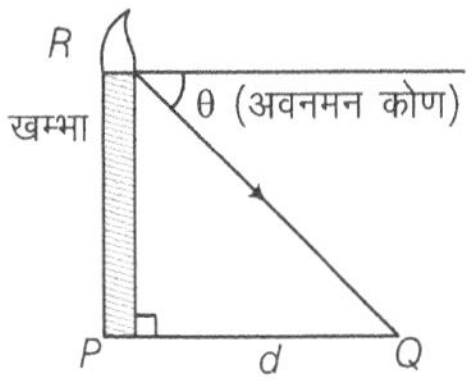

डिग्री तथा रेडियन के मध्य सम्बन्ध

हम जानते हैं कि वृत्त के केन्द्र पर एक पूर्ण परिक्रमण के बाद जो कोण बनता है उसकी माप 2 π रेडियन होती है, जो डिग्री माप में 360° के बराबर होता है।

2π रेडियन $= 360° \quad \Rightarrow \quad \pi$ रेडियन $= 180°$

$\Rightarrow$ 1 रेडियन $= \dfrac{180°}{\pi} \quad \Rightarrow$ 1 रेडियन $= \dfrac{180° \times 7}{22} \quad \left[\because \pi = \dfrac{22}{7}\right]$

$\therefore$ 1 रेडियन $= 57° 16'22''$ (लगभग)

इसी प्रकार, $1° = \dfrac{\pi}{180°}$ रेडियन

$\therefore$ $1° = 0.01746$ रेडियन (लगभग)

नोट *1 डिग्री (1°) में 60 मिनट (60′) तथा 1 मिनट (1′) में 60 सेकण्ड (60′′) होते हैं।*

पाइथागोरस प्रमेय

इस प्रमेय के अनुसार, किसी समकोण त्रिभुज में कर्ण का वर्ग अन्य दो भुजाओं के वर्ग के योगफल के बराबर होता है अर्थात्

(कर्ण)^2 = (लम्ब)^2 + (आधार)^2

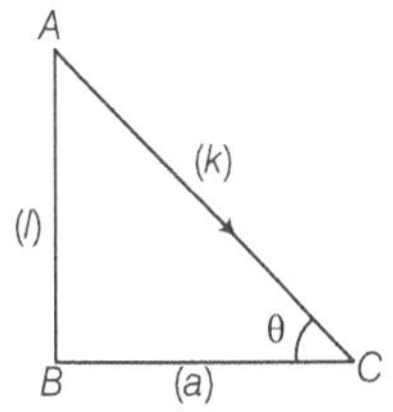

जानें! त्रिकोणमिति से सम्बन्धित कुछ रोचक तथ्य

- $\sin 2\theta = 2\sin\theta\cos\theta = \dfrac{2\tan\theta}{1+\tan^2\theta}$

अनुप्रयोग यदि $\tan\theta = \dfrac{4}{3}$ हो, तो $\sin 2\theta = \dfrac{2\times\frac{4}{3}}{1+\left(\frac{4}{3}\right)^2}$

$$= \frac{\frac{8}{3}}{1+\frac{16}{9}} = \frac{\frac{8}{3}}{\frac{25}{9}} = \frac{8}{3}\times\frac{9}{25} = \frac{24}{25}$$

- $\cos 2\theta = \cos^2\theta - \sin^2\theta = 2\cos^2\theta - 1 = 1 - 2\sin^2\theta$
$$= \frac{1-\tan^2\theta}{1+\tan^2\theta}$$

अनुप्रयोग यदि $\cos^2\theta = \dfrac{16}{25}$ तथा $\sin^2\theta = \dfrac{9}{25}$ हो, तो
$$\cos 2\theta = \frac{16}{25} - \frac{9}{25} = \frac{7}{25}$$

- $\tan 2\theta = \dfrac{2\tan\theta}{1-\tan^2\theta}$

अनुप्रयोग यदि $\tan\theta = \dfrac{3}{4}$ हो, तो
$$\tan 2\theta = \frac{2\times\frac{3}{4}}{1-\left(\frac{3}{4}\right)^2} = \frac{\frac{3}{2}}{\frac{16-9}{16}}$$
$$= \frac{3\times16}{2\times7} = \frac{24}{7}$$

साधित उदाहरण

1. $\dfrac{1}{1+\cot^2\theta} + \dfrac{3}{1+\tan^2\theta} + 2\sin^2\theta$ का संख्यात्मक मान होगा

(a) 3 (b) 2 (c) 5 (d) 6

हल *(a)* $\dfrac{1}{1+\cot^2\theta} + \dfrac{3}{1+\tan^2\theta} + 2\sin^2\theta$

$$= \frac{1}{\text{cosec}^2\theta} + \frac{3}{\sec^2\theta} + 2\sin^2\theta$$
$$= \sin^2\theta + 3\cos^2\theta + 2\sin^2\theta$$
$$= 3(\sin^2\theta + \cos^2\theta) = 3$$

2. यदि $\cos^2 45° + x^2 + \sin^2 30° = \dfrac{3}{2}$ है, तो x का मान होगा

(a) $\cos 60°$ (b) $\sin 60°$ (c) $\tan 60°$ (d) 0

हल *(b)* $\cos^2 45° + x^2 + \sin^2 30° = \dfrac{3}{2}$

$\Rightarrow \quad \dfrac{1}{2} + x^2 + \dfrac{1}{4} = \dfrac{3}{2} \Rightarrow x^2 + \dfrac{3}{4} = \dfrac{3}{2}$

$\Rightarrow \quad x^2 = \dfrac{3}{2} - \dfrac{3}{4} = \dfrac{3}{4} \Rightarrow x = \dfrac{\sqrt{3}}{2} = \sin 60°$

3. यदि $x\sin^3\theta + y\cos^3\theta = \sin\theta\cos\theta$ तथा $x\sin\theta = y\cos\theta$, $\sin\theta \neq 0$, $\cos\theta \neq 0$ हो, तो $x^2 + y^2$ कितना होगा?

(a) $\dfrac{1}{\sqrt{2}}$ (b) $\dfrac{1}{2}$ (c) 1 (d) $\sqrt{2}$

हल *(c)* $x\sin^3\theta + y\cos^3\theta = \sin\theta\cdot\cos\theta$

$\Rightarrow (x\sin\theta)\sin^2\theta + (y\cos\theta)\cos^2\theta = \sin\theta\cdot\cos\theta$

$\Rightarrow x\sin\theta\cdot\sin^2\theta + x\sin\theta\cdot\cos^2\theta = \sin\theta\cdot\cos\theta$

$[\because x\sin\theta = y\cos\theta]$

$\Rightarrow x\sin\theta(\sin^2\theta + \cos^2\theta) = \sin\theta\cdot\cos\theta \Rightarrow x = \cos\theta$

$\therefore \quad \cos\theta\cdot\sin\theta = y\cos\theta \Rightarrow y = \sin\theta$

$\therefore \quad x^2 + y^2 = \cos^2\theta + \sin^2\theta = 1$

4. $\dfrac{\tan 75°}{\cot 15°} - \dfrac{3\sin 49°}{2\cos 41°} + 3\times\dfrac{\sin 90°}{\cos 0°}$ का मान क्या होगा?

(a) $\dfrac{1}{2}$ (b) 1 (c) $\dfrac{5}{2}$ (d) -1

हल *(c)* $\dfrac{\tan 75°}{\cot 15°} - \dfrac{3\sin 49°}{2\cos 41°} + 3\times\dfrac{\sin 90°}{\cos 0°}$

$$= \frac{\tan(90° - 15°)}{\cot 15°} - \frac{3}{2}\frac{\sin(90° - 41°)}{\cot 41°} + 3\times\frac{1}{1}$$
$$= \frac{\cot 15°}{\cot 15°} - \frac{3\cos 41°}{2\cos 41°} + 3$$
$$= 1 - \frac{3}{2} + 3 = 4 - \frac{3}{2} = \frac{5}{2}$$

5. एक त्रिभुज का एक कोण $\dfrac{3\pi}{10}$ रेडियन तथा दूसरा कोण 66° है, तब इसके तीसरे कोण का मान (रेडियन में) क्या होगा?

(a) $\dfrac{3\pi}{20}$ (b) $\dfrac{\pi}{3}$ (c) $\dfrac{4\pi}{9}$ (d) $\dfrac{2\pi}{9}$

हल *(b)* यहाँ, $\dfrac{3\pi}{10} = \dfrac{3}{10}\times\dfrac{180°}{\pi} = 54°$

माना तीसरा कोण θ है।

तब, $\theta + 54° + 66° = 180°$

[$\because$ त्रिभुज के तीनों कोणों का योगफल $= 180°$]

$\therefore \quad \theta = 180° - 120° = 60°$

$= 60°\times\dfrac{\pi}{180°}$ रेडियन $= \dfrac{\pi}{3}$ रेडियन

6. एक मीनार का उसकी तली से 100 मी की दूरी से उन्नयन कोण 30° है। तद्नुसार, उस मीनार की ऊँचाई कितनी है?

(a) $100\sqrt{3}$ मी (b) $\dfrac{100}{\sqrt{3}}$ मी

(c) $50\sqrt{3}$ मी (d) $\dfrac{200}{\sqrt{3}}$ मी

हल *(b)* माना AB एक मीनार है, जिसकी ऊँचाई $= h$ मी

ΔABC में,

$$\tan 30° = \frac{AB}{BC}$$

$$\Rightarrow \quad \frac{1}{\sqrt{3}} = \frac{h}{100}$$

$$\Rightarrow \quad h = \frac{100}{\sqrt{3}} \text{ मी}$$

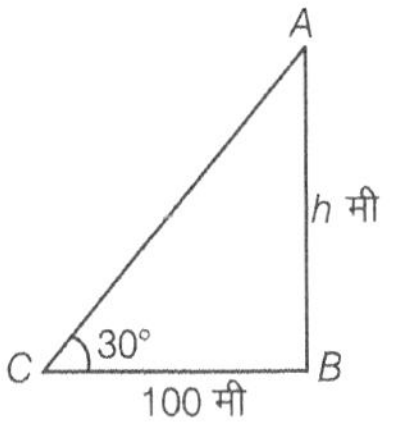

$[\because \tan\theta = \frac{\text{लम्ब}}{\text{आधार}}$ तथा $\tan 30° = \frac{1}{\sqrt{3}}]$

7. किसी प्रकाश स्रोत के शीर्ष से दो जहाजों के अवनमन कोण 45° और 30° हैं। यदि पूर्व की ओर स्थित ये जहाज एक-दूसरे से 200 मी की दूरी पर हैं, तब प्रकाश स्रोत की ऊँचाई होगी

(a) $100\sqrt{3}$ मी (b) $100\ (\sqrt{3}+1)$ मी

(c) $\frac{200}{\sqrt{3}+1}$ मी (d) $\frac{200}{\sqrt{3}-1}$ मी

हल (d)

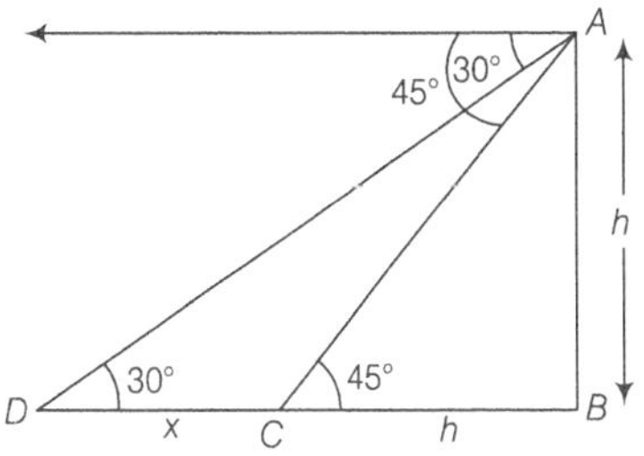

$x = 200$ मी

$\theta_1 = 45°;\ \theta_2 = 30° \therefore h = \frac{x}{\cot\theta_2 - \cot\theta_1}$

$= \frac{200}{\cot 30° - \cot 45°} = \frac{200}{\sqrt{3}-1}$

अतः मीनार की ऊँचाई $h = \frac{200}{\sqrt{3}-1}$ मी

✓ अति महत्त्वपूर्ण प्रश्न

1 $\frac{\sin A + \sin B}{\cos A + \cos B} + \frac{\cos A - \cos B}{\sin A - \sin B}$ बराबर है

(a) $\tan A \cdot \tan B$ (b) $\tan A + \tan B$

(c) 1 (d) 0

2 यदि $\tan\theta = \frac{4}{3}$ हो, तो $\frac{3\sin\theta + 2\cos\theta}{3\sin\theta - 2\cos\theta}$ का मान क्या होगा?

(a) 0.5 (b) −0.5 (c) 3.0 (d) −3.0

3 एक खम्भा $100\sqrt{3}$ मी लम्बा है। खम्भे की चोटी और खम्भे के आधार से 100 मी दूर स्थित एक बिन्दु का उन्नयन कोण ज्ञात कीजिए।

(a) 30° (b) 60° (c) 45° (d) 90°

4 एक सर्कस कलाकार जमीन और एक लम्बवत् खम्भे की चोटी से जुड़ी हुई रस्सी के सहारे चढ़ रहा है। यदि खम्भे की लम्बाई 12 मी है और रस्सी जमीन पर 30° का कोण बनाती है, तो कलाकार द्वारा खम्भे की चोटी तक तय की जाने वाली दूरी क्या होगी?

(a) 24 मी (b) 20 मी (c) 18 मी (d) 22 मी

5 एक पहिया एक मिनट में 360 चक्कर पूरे कर लेता है। तद्नुसार, वह एक सेकण्ड में कितने रेडियन घूम लेगा?

(a) $12\pi^c$ (b) $11\pi^c$ (c) $10\pi^c$ (d) $8\pi^c$

6 15° 45′ का रेडियन में मान कितना होगा?

(a) $\frac{11}{40}$ (b) $\frac{40}{11}$ (c) $\frac{12}{40}$ (d) $\frac{13}{15}$

7 यदि $\tan(A-B) = \frac{1}{\sqrt{3}}$ और $\tan(A+B) = \sqrt{3}$, तो A और B क्रमशः हैं

(a) 45°, 15° (b) 35°, 55° (c) 30°, 45° (d) 60°, 15°

8 यदि $3\cos\theta - 4\sin\theta = 2\cos\theta + \sin\theta$, तो $\tan\theta$ का मान है

(a) $\frac{2}{5}$ (b) $\frac{3}{5}$ (c) $\frac{1}{5}$ (d) $\frac{-1}{7}$

9 यदि $\tan 62° = \frac{P}{Q}$, तो $\tan 28°$ का मान बताइए।

(a) $\frac{P}{Q}$ (b) $\frac{Q}{P}$

(c) $\frac{P^2 - Q^2}{P}$ (d) $\frac{Q}{P^2}$

10 $\sin 43° \cos 47° + \cos 43° \sin 47°$ का मान है

(a) 0 (b) 1 (c) −1 (d) 2

11 $\sin 29° - \cos 61°$ का मान ज्ञात कीजिए।

(a) 0 (b) 1 (c) −1 (d) 2

12 $\tan 1° \tan 2° \tan 3° \ldots \tan 89°$ का मान बताइए।

(a) 0 (b) 1

(c) ∞ (d) इनमें से कोई नहीं

13 एक स्तम्भ की छाया की लम्बाई, स्तम्भ की लम्बाई से दोगुनी है। सूर्य का उन्नयन कोण है

(a) 60° (b) 30°

(c) 45° (d) इनमें से कोई नहीं

14 किसी मीनार के आधार से 200 मी दूर स्थित बिन्दु से मीनार का उन्नयन कोण 30° है। मीनार की ऊँचाई है

(a) $100\sqrt{3}$ मी (b) $\frac{200}{\sqrt{3}}$ मी

(c) $200\sqrt{3}$ मी (d) $\frac{100}{\sqrt{3}}$ मी

15 3:30 बजे घड़ी की घण्टे एवं मिनट की सुइयों के बीच बने कोण की रेडियन में माप क्या होगी?

(a) $\frac{3\pi}{2}$ (b) $\frac{5\pi}{12}$

(c) $\frac{3\pi}{8}$ (d) $\frac{7\pi}{8}$

16 3 बजकर 45 मिनट पर घड़ी की दोनों सुइयों (मिनट व घण्टे की) के बीच का कोण वृत्तीय माप में ज्ञात कीजिए।

(a) $\frac{2\pi}{3}$ रेडियन (b) $\frac{9\pi}{8}$ रेडियन

(c) $\frac{\pi}{3}$ रेडियन (d) $\frac{3\pi}{10}$ रेडियन

17 एक मीनार के आधार से जाती हुई एक रेखा पर दूरियों a और b पर स्थित दो बिन्दुओं से मीनार की चोटी के उन्नयन कोण एक-दूसरे के कोटिपूरक हैं। मीनार की ऊँचाई क्या होगी?

(a) $a\sqrt{b}$ मी (b) ab मी

(c) $\sqrt{ab}$ मी (d) $\sqrt{a}\,b$ मी

18 एक क्षैतिज समतल पर स्थित टावर के शिखर के, टावर के पाद से गुजर रही रेखा पर क्रमशः 9 फीट तथा 16 फीट की दूरी पर दो बिन्दुओं से उन्नयन कोण पूरक कोण हैं, तो टावर की ऊँचाई है

(a) 9 फीट (b) 12 फीट

(c) 16 फीट (d) 144 फीट

19 $\tan^2 60° + 4\cos^2 45° + 3\sec^2 30° + 5\cos^2 90°$ का मान क्या होगा?

(a) 9 (b) $\frac{1}{\sqrt{3}}$

(c) 7 (d) $\frac{9}{\sqrt{3}}$

20 यदि ΔABC में, $A+B+C=180°$, तो $\tan A + \tan B + \tan C$ का मान है

(a) $\tan A \cdot \tan B \cdot \tan C$ (b) $\tan\frac{A+B}{2} + \tan\frac{B+C}{2}$

(c) $\frac{\tan A + \tan B}{\tan C}$ (d) $\cot A \cdot \cot B \cdot \cot C$

21 यदि $A+B+C=180°$, तो $\cot A \cdot \cot B + \cot B \cdot \cot C + \cot C \cdot \cot A$ का मान है

(a) –1 (b) 2 (c) π (d) 1

22 यदि $\tan\theta = \frac{12}{13}$, तो $\frac{2\sin\theta\cdot\cos\theta}{\cos^2\theta - \sin^2\theta}$ का मान है

(a) $\frac{123}{25}$ (b) $\frac{312}{25}$

(c) $\frac{231}{25}$ (d) $\frac{192}{25}$

23 यदि θ न्यूनकोण हो और $7\sin^2\theta + 3\cos^2\theta = 4$ हो, तो $\tan\theta$ का मान कितना होगा?

(a) $\sqrt{3}$ (b) $\frac{1}{\sqrt{3}}$ (c) 1 (d) 0

24 यदि $2y\cos\theta = x\sin\theta$ और $2x\sec\theta - y\,\text{cosec}\,\theta = 3$ हो, तो x और y के बीच सम्बन्ध है

(a) $2x^2 + y^2 = 2$ (b) $x^2 + 4y^2 = 4$

(c) $x^2 + 4y^2 = 1$ (d) $4x^2 + y^2 = 4$

25 यदि x, y धनात्मक न्यूनकोण हों $x + y < 90°$ हो और $\sin(2x - 20°) = \cos(2y + 20°)$ हो, तो $\sec(x+y)$ का मान कितना होगा?

(a) $\sqrt{2}$ (b) $\frac{1}{\sqrt{2}}$ (c) 1 (d) 0

26 2 मी ऊँचाई का एक व्यक्ति एक फल लेना चाहता है जो $\left(\frac{10}{3}\right)$ मी ऊँचाई के स्तम्भ के ऊपर है। यदि व्यक्ति के आधार से $\frac{4}{\sqrt{3}}$ मी की दूरी पर खड़ा है, तब वह किस कोण पर किसी पत्थर को फेंके जिससे यह फल पर लगे

(a) 60° (b) 45° (c) 90° (d) 30°

27 भूमि पर स्थित एक बिन्दु P से 10 मी ऊँची इमारत के शीर्ष का उन्नयन कोण तथा इमारत के शीर्ष से कुछ दूरी ऊपर उड़ रहे हैलीकॉप्टर का उन्नयन कोण क्रमशः 30° और 60° है। भूमि से हैलीकॉप्टर की ऊँचाई है

(a) $\frac{10}{\sqrt{3}}$ मी (b) $10\sqrt{3}$ मी (c) $\frac{30}{\sqrt{3}}$ मी (d) 30 मी

28 एक मन्दिर की चोटी तथा उस पर लगा पताका-दण्ड क्षैतिज भूमि के किसी बिन्दु पर क्रमशः 30° और 60° का कोण अन्तरित करते हैं। यदि मन्दिर की ऊँचाई 10 मी हो, तो पताका-दण्ड की ऊँचाई होगी

(a) 5 मी (b) 10 मी

(c) 15 मी (d) 20 मी

उत्तरमाला

1. (d)	2. (c)	3. (b)	4. (a)	5. (a)	6. (a)	7. (a)	8. (c)	9. (b)	10. (b)
11. (a)	12. (b)	13. (d)	14. (b)	15. (b)	16. (b)	17. (c)	18. (b)	19. (a)	20. (a)
21. (d)	22. (b)	23. (b)	24. (b)	25. (a)	26. (d)	27. (d)	28. (d)		

सॉल्यूशन्स

1. (d) $\dfrac{\sin A + \sin B}{\cos A + \cos B} + \dfrac{\cos A - \cos B}{\sin A - \sin B}$

$= \dfrac{\sin^2 A - \sin^2 B + \cos^2 A - \cos^2 B}{(\cos A + \cos B)(\sin A - \sin B)}$

$= \dfrac{1-1}{(\cos A + \cos B)(\sin A - \sin B)} = 0$

2. (c) $\dfrac{3\sin\theta + 2\cos\theta}{3\sin\theta - 2\cos\theta}$

$= \dfrac{\dfrac{3\sin\theta + 2\cos\theta}{\cos\theta}}{\dfrac{3\sin\theta - 2\cos\theta}{\cos\theta}}$

[$\cos\theta$ से अंश व हर में भाग देने पर]

$= \dfrac{3\tan\theta + 2}{3\tan\theta - 2} = \dfrac{3\times\frac{4}{3} + 2}{3\times\frac{4}{3} - 2} = \dfrac{6}{2} = 3$

3. (b) चित्र से, $\tan\theta = \dfrac{AB}{AC} = \dfrac{100\sqrt{3}}{100}$;

$\tan\theta = \sqrt{3}$

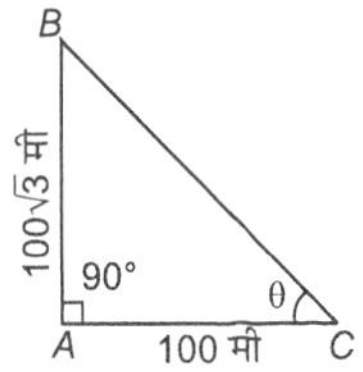

$\Rightarrow \quad \theta = \tan^{-1}(\sqrt{3}) \quad \therefore \theta = 60°$

4. (a) चित्र से, $\sin 30° - \dfrac{AB}{AC}$

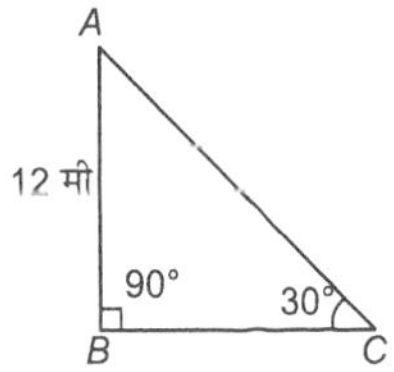

$\dfrac{1}{2} = \dfrac{12}{AC} \Rightarrow AC = 24$ मी

5. (a) पहिए द्वारा 1 सेकण्ड में लगाए गए चक्करों की संख्या $= \dfrac{360}{60} = 6$

एक चक्कर में बना कोण $= 2\pi$

6 चक्करों में बना कोण $= 6 \times 2\pi = 12\,\pi^c$

6. (a) $15°\,45' = \left(15\dfrac{45}{60}\right)° = 15\dfrac{3°}{4} = \dfrac{63°}{4}$

अब, ∴ $1° = \dfrac{\pi}{180°}$ रेडियन

$\therefore \dfrac{63°}{4} = \dfrac{\pi}{180°} \times \dfrac{63°}{4}$ रेडियन $\left[\because \pi = \dfrac{22}{7}\right]$

$= \dfrac{11}{40}$ रेडियन

7. (a) $\tan(A - B) = \dfrac{1}{\sqrt{3}}$

$\Rightarrow \quad \tan(A - B) = \tan 30°$

$\Rightarrow \quad A - B = 30° \quad$ ...(i)

$\Rightarrow \quad \tan(A + B) = \sqrt{3}\tan 60°$

$\Rightarrow \quad A + B = 60° \quad$ ...(ii)

समी (i) व (ii) को हल करने पर,

$A = 45°,\ B = 15°$

8. (c) $3\cos\theta - 4\sin\theta = 2\cos\theta + \sin\theta$

$\Rightarrow \cos\theta = 5\sin\theta \Rightarrow \tan\theta = \dfrac{1}{5}$

9. (b) $\tan 62° = \dfrac{P}{Q}$

$\Rightarrow \quad \tan(90° - 28°) = \dfrac{P}{Q}$

$\Rightarrow \quad \cot 28° = \dfrac{P}{Q}$

$\Rightarrow \quad \dfrac{1}{\tan 28°} = \dfrac{P}{Q}$

$\Rightarrow \quad \tan 28° = \dfrac{Q}{P}$

10. (b) $\sin 43°\cos 47° + \cos 43°\sin 47°$

$= \sin(43 + 47)° = \sin 90° = 1$

11. (a) $\sin 29° - \cos 61°$

$= \sin(90° - 61°) - \cos 61°$

$= \cos 61° - \cos 61° = 0$

$[\because \sin(90° - \theta) = \cos\theta]$

12. (b) $\tan 1°\tan 2°\tan 3° \ldots \tan 89°$

$= (\tan 1°\tan 89°)(\tan 2°\tan 88°)$
$\ldots(\tan 44°\tan 46°)\tan 45°$

$= (\tan 1°\cot 1°)(\tan 2°\cot 2°)$
$\ldots(\tan 44°\cot 44°)\tan 45°$

$= 1\times1\times1\times\ldots\times1 = 1$

13. (d) माना खम्भे AB की छाया BC है

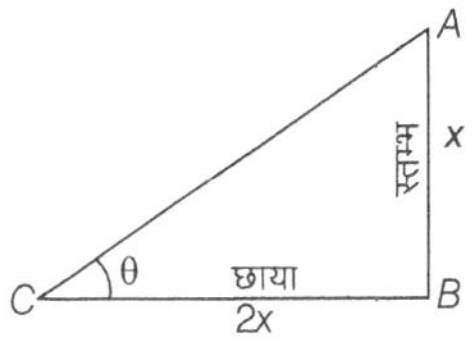

यदि, $AB = x,\ BC = 2x$

$\therefore \tan\theta = \dfrac{AB}{BC} = \dfrac{x}{2x} = \dfrac{1}{2}$

$\therefore \theta = \tan^{-1}\left(\dfrac{1}{2}\right)$

14. (b) माना मीनार QR है।

$PQ = 200$ मी और

$\theta = 30°$

तब, $\tan 30° = \dfrac{RQ}{PQ}$

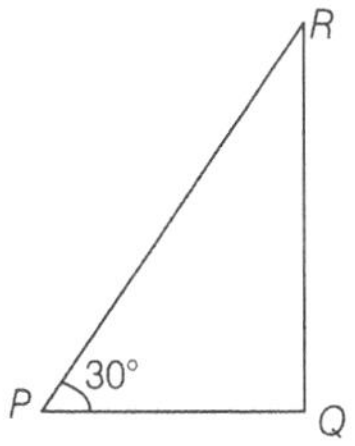

$\Rightarrow$

$RQ = 200\tan 30°$

$RQ = \dfrac{200}{\sqrt{3}}$ मी

15. (b) $\dfrac{7}{2}$ घण्टे में घण्टे की सुई द्वारा बनाया गया कोण $= \dfrac{360°}{12} \times \dfrac{7}{2} = 105°$

30 मिनट में मिनट की सुई द्वारा बनाया गया कोण

$= \dfrac{360°}{60°} \times 30° = 180°$

∴ अभीष्ट कोण $= 180° - 105° = 75°$

$= \left(75° \times \dfrac{\pi}{180°}\right)$ रेडियन

$= \dfrac{5\pi}{12}$ रेडियन

16. (b) 45 मिनट में घण्टे की सुई द्वारा चली गई माप $= \left(\dfrac{360}{12 \times 60} \times 45\right)° = 22\dfrac{1°}{2}$

[∴ 12×60 मिनट मे घण्टे की सुई 360° का कोण बनाती है]

तब, दोनों सुइयों द्वारा चली गई वृत्तीय माप

$= 180° + 22\dfrac{1°}{2}$

$= 202\dfrac{1°}{2} = \dfrac{9\pi}{8}$ रेडियन

17. (c) माना मीनार (AB) की ऊँचाई h मी तथा C और D दो बिन्दु इस प्रकार हैं कि $BC = a$

तथा $BD = b$

यदि $\angle ACB = \theta$ है,

तो $\angle ADB = 90° - \theta$ होगा।

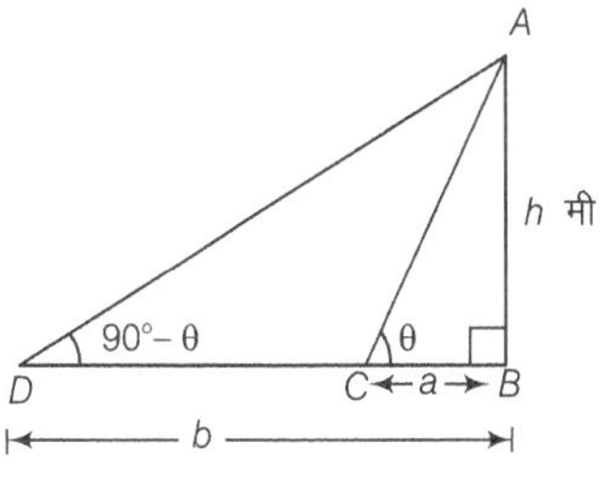

अब समकोण ΔABC में,

$$\frac{AB}{BC} = \tan\theta \Rightarrow \frac{h}{a} = \tan\theta$$

$$\therefore \quad h = a\tan\theta \quad ...(i)$$

पुन: समकोण ΔABD में,

$$\frac{AB}{BD} = \tan(90° - \theta)$$

$$\Rightarrow \quad \frac{h}{b} = \cot\theta$$

$$\Rightarrow \quad h = b\cot\theta \quad ...(ii)$$

समी (i) और (ii) की गुणा करने पर,

$$h^2 = ab\tan\theta\cot\theta = ab\tan\theta \times \frac{1}{\tan\theta}$$

$$\Rightarrow \quad h^2 = ab$$

$$\therefore \quad h = \sqrt{ab} \text{ मी}$$

18. (b) माना टावर (AB) की ऊँचाई h मी है। तब प्रश्नानुसार,

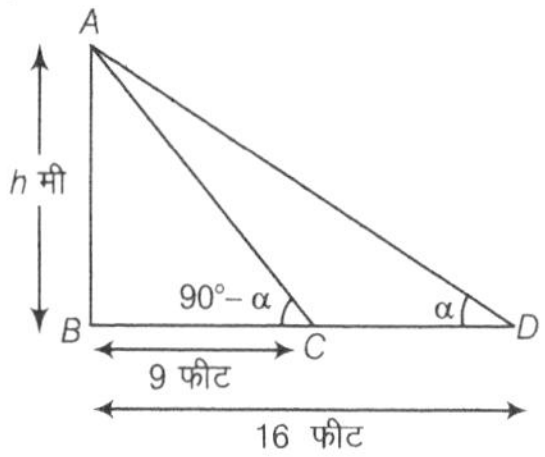

समकोण ΔABD में,

$$\tan\alpha = \frac{AB}{BD}$$

$$\tan\alpha = \frac{h}{16} \quad ...(i)$$

समकोण ΔABC में,

$$\tan(90° - \alpha) = \frac{AB}{BC}$$

$$\cot\alpha = \frac{h}{9} \quad ...(ii)$$

समी (i) व (ii) की गुणा करने पर,

$$\tan\alpha \cdot \cot\alpha = \frac{h}{16} \times \frac{h}{9}$$

$$\Rightarrow \quad 1 = \frac{h^2}{144} \Rightarrow h^2 = 144$$

$$\therefore \quad h = \sqrt{144} = 12 \text{ फीट}$$

19. (a) $\tan^2 60° + 4\cos^2 45° + 3\sec^2 30° + 5\cos^2 90°$

$$= (\sqrt{3})^2 + 4\left(\frac{1}{\sqrt{2}}\right)^2 + 3\left(\frac{2}{\sqrt{3}}\right)^2 + 5(0)^2$$

$$= 3 + 2 + 4 + 0 = 9$$

20. (a) $A + B + C = 180°$

$$\Rightarrow A + B = 180° - C$$

$$\Rightarrow \tan(A + B) = \tan(180° - C)$$

$$\Rightarrow \frac{\tan A + \tan B}{1 - \tan A \cdot \tan B} = -\tan C$$

$$\Rightarrow \tan A + \tan B = -\tan C + \tan A \cdot \tan B \cdot \tan C$$

$$\Rightarrow \tan A + \tan B + \tan C = \tan A \cdot \tan B \cdot \tan C$$

21. (d) $\tan A + \tan B + \tan C = \tan A \cdot \tan B \cdot \tan C$

$$\Rightarrow \frac{1}{\tan B\tan C} + \frac{1}{\tan A\tan C} + \frac{1}{\tan A\tan B} = 1$$

$$\Rightarrow \cot B \cdot \cot C + \cot A \cdot \cot C + \cot A \cdot \cot B = 1$$

22. (b) $\dfrac{2\sin\theta \cdot \cos\theta}{\cos^2\theta - \sin^2\theta}$

$$= \frac{2\sin\theta/\cos\theta}{1 - \sin^2\theta/\cos^2\theta} = \frac{2\tan\theta}{1 - \tan^2\theta}$$

$$= \frac{2 \times \frac{12}{13}}{1 - \left(\frac{12}{13}\right)^2} = \frac{\frac{24}{13}}{\frac{25}{169}} = \frac{24}{13} \times \frac{169}{25} = \frac{312}{25}$$

23. (b) $7\sin^2\theta + 3\cos^2\theta = 4$

दोनों ओर $\cos^2\theta$ से भाग करने पर,

$$\Rightarrow \quad 7\frac{\sin^2\theta}{\cos^2\theta} + 3 = 4\sec^2\theta$$

$$\Rightarrow \quad 7\tan^2\theta + 3 = 4(1 + \tan^2\theta)$$

$$\Rightarrow \quad 7\tan^2\theta - 4\tan^2\theta = 4 - 3 = 1$$

$$\Rightarrow \quad \tan^2\theta = \frac{1}{3} \Rightarrow \tan\theta = \frac{1}{\sqrt{3}}$$

24. (b) $2x\sec\theta - y\,\mathrm{cosec}\,\theta = 3$

$$\Rightarrow \quad \frac{2x}{\cos\theta} - \frac{y}{\sin\theta} = 3 \quad ...(i)$$

$$\Rightarrow 2x\sin\theta - y\cos\theta = 3\sin\theta\cos\theta$$

$$\Rightarrow 4y\cos\theta - y\cos\theta = 3\sin\theta\cos\theta \quad [\because 2y\cos\theta = x\sin\theta]$$

$$\Rightarrow 3y\cos\theta = 3\sin\theta\cos\theta \Rightarrow y = \sin\theta$$

समी (i) से, $\dfrac{2x}{\cos\theta} - \dfrac{\sin\theta}{\sin\theta} = 3 \Rightarrow \dfrac{2x}{\cos\theta} = 4$

$$\Rightarrow \quad x = 2\cos\theta$$

$$\therefore x^2 + 4y^2 = (2\cos\theta)^2 + 4(\sin\theta)^2 = 4\cos^2\theta + 4\sin^2\theta = 4(\sin^2\theta + \cos^2\theta) = 4$$

25. (a) $\sin(2x - 20°) = \cos(2y + 20°)$

$$\Rightarrow \quad \sin(2x - 20°) = \sin(90° - 2y - 20°) = \sin(70° - 2y)$$

$$\Rightarrow \quad 2x - 20° = 70° - 2y$$

$$\Rightarrow \quad 2(x + y) = 90° \Rightarrow x + y = 45°$$

$$\therefore \quad \sec(x + y) = \sec 45° = \sqrt{2}$$

26. (d) माना आदमी TP और खम्भा SQ है।

माना $TR \perp SQ$ और

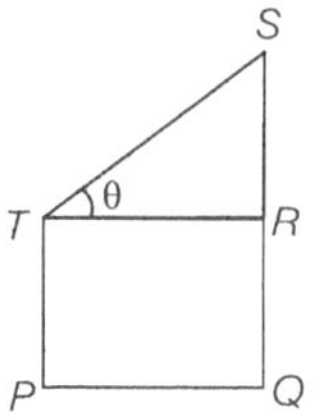

माना $\angle STR = \theta$

अब, $SR = SQ - RQ$

$$= \frac{10}{3} - 2 = \frac{4}{3} \text{ मी}$$

ΔSTR में,

$$\tan\theta = \frac{SR}{TR} = \frac{SR}{PQ} = \frac{4}{3} \times \frac{\sqrt{3}}{4} = \frac{1}{\sqrt{3}} = \tan 30°$$

$$\Rightarrow \quad \theta = 30°$$

27. (d) माना इमारत की ऊँचाई RQ है।

तब, $RQ = 10$ मी

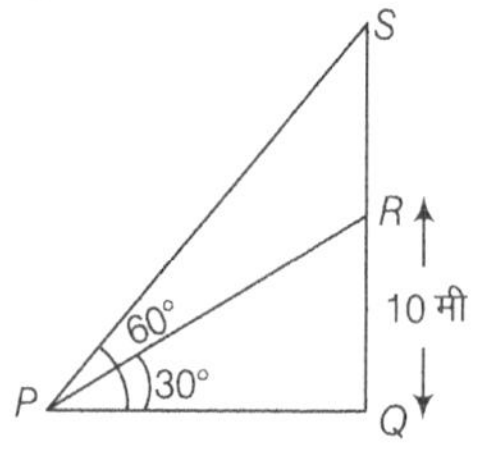

हैलीकॉप्टर की स्थिति S है।

ΔPQR में, $\dfrac{RQ}{PQ} = \tan 30° \Rightarrow$

$$PQ = 10\sqrt{3}$$

ΔSPQ में, $\tan 60° = \dfrac{SQ}{PQ} \Rightarrow \dfrac{SQ}{PQ} = \sqrt{3}$

$$\Rightarrow \quad SQ = 10\sqrt{3} \times \sqrt{3} = 30 \text{ मी}$$

28. (d) माना मन्दिर की ऊँचाई $BC = 10$ मी

पताका-दण्ड की ऊँचाई $AB = h$ मी

$$\angle BOC = \angle AOB = 30°$$

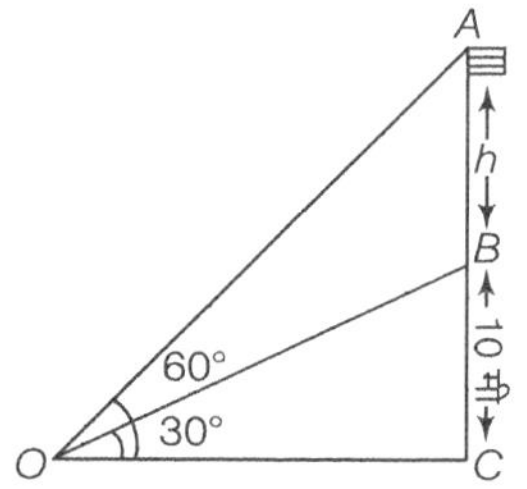

समकोण ΔBCO में,

$$\tan 30° = \frac{BC}{OC} \Rightarrow \frac{1}{\sqrt{3}} = \frac{10}{OC}$$

$$\therefore \quad OC = 10\sqrt{3} \text{ मी} \quad ...(i)$$

पुन: ΔACO में, $\angle AOC = 60°$

$$\tan 60° = \frac{AC}{OC}$$

$$\Rightarrow \quad \sqrt{3} = \frac{h + 10}{10\sqrt{3}}$$

[समी (i) से] $\Rightarrow \quad h + 10 = 30$

$$\therefore \quad h = 20 \text{ मी}$$

अत: पताका-दण्ड की ऊँचाई 20 मी होगी।

अध्याय 17

समंकों की व्याख्या

DATA INTERPRETATION

इस अध्याय से सम्बन्धित प्रश्न अधिकांशतः सारणी से ही पूछे जाते हैं तथापि आरेखों की जानकारी होना परीक्षा के दृष्टिकोण से लाभप्रद है।

आँकड़ों का सारणीयन

आँकड़ों के स्तम्भों और पंक्तियों में क्रमबद्ध व्यवस्था को सारणीयन कहते हैं। *सारणी मुख्यतः चार प्रकार की होती है*

1. सरल **2.** जटिल **3.** द्विगुणी सारणी **4.** बहुगुणी सारणी

परीक्षाओं में इन सारणियों से मिले-जुले प्रश्न पूछे जाते हैं

जैसे (द्विगुणी सारणी)

विद्यार्थी / कक्षा	छात्र	छात्रा	योग
XII	45	30	75
X	40	35	75
VIII	50	40	90

चित्रों द्वारा आँकड़ों का प्रस्तुतीकरण *आरेखों या चित्रों द्वारा आँकड़ों को निम्न प्रकार प्रस्तुत किया जाता है*

1. दण्ड आरेख (Bar charts) 2. आयत चित्र (Histogram)
3. पाई आरेख (Pie charts) 4. वक्र आरेख (Curved charts)

यहाँ पर हम दण्ड आरेख, आयत चित्र, रेखाचित्र तथा पाई आरेख का अध्ययन परीक्षा में पूछे जाने वाले प्रश्नों के आधार पर करेंगे। इन चारों प्रकारों के चित्रों को यहाँ दिखाया गया है

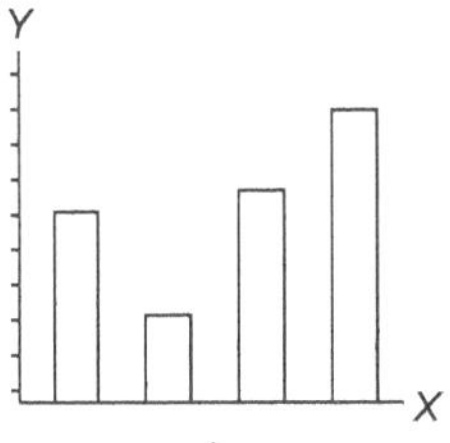

दण्ड आरेख

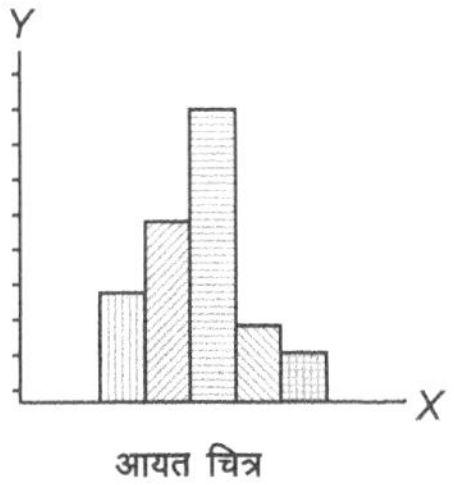

आयत चित्र

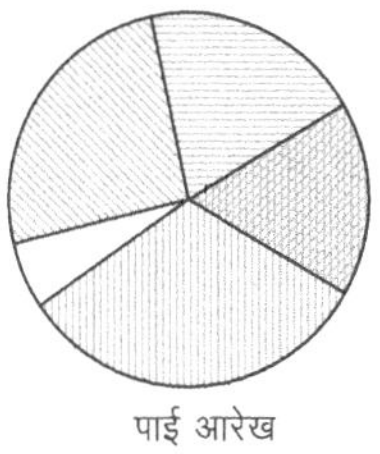
पाई आरेख

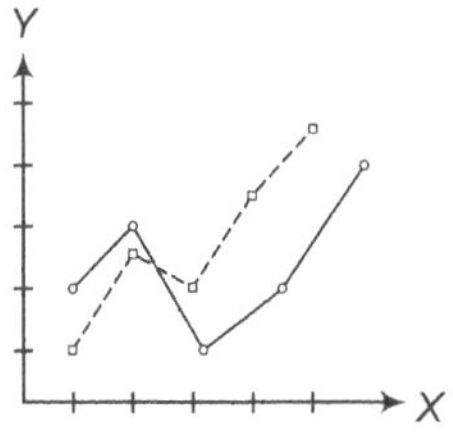

बिन्दु रेखीय चित्र

ऐसे हल करें सारणी एवं आरेख सम्बन्धी प्रश्नों को हल

- दिए गए आँकड़ों की गणना सावधानीपूर्वक करें।
- औसत एवं प्रतिशतता सम्बन्धी अवधारणा एवं सूत्रों का भली-भाँति अध्ययन करें क्योंकि अधिकांश प्रश्न इन्हा पर आधारित होते हैं। **जैसे**

वर्ष 2009-10

	खाद्यान्न	लाख टन
1.	चावल	746
2.	गेहूँ	545
3.	ज्वार/बाजरा	331
4.	तिलहन	470
5.	मूँगफली	188

- (a) वर्ष 2009-10 में कुल औसत उत्पादन कितने लाख टन था?

$\Rightarrow$ औसत उत्पादन $= \dfrac{\text{कुल उत्पादन}}{5} = \dfrac{2300}{5} = 460$ लाख टन

- (b) गेहूँ का उत्पादन चावल से लगभग कितने प्रतिशत कम है?

$\Rightarrow$ चावल का उत्पादन − गेहूँ का उत्पादन $= 746 - 545 = 201$

$\therefore$ उत्पादन में प्रतिशत कमी $= \dfrac{201 \times 100}{746} \simeq 27\%$

सामान्य सूत्र

- औसत = $\dfrac{\text{परिमाणों का कुल योग}}{\text{परिमाणों की कुल गिनती संख्या}}$
- $x\% = \dfrac{x}{100}$
- M का $x\% = M \times \dfrac{x}{100}$
- $\dfrac{a}{b}$ का प्रतिशत रूप = $\left(\dfrac{a}{b} \times 100\right)\%$
- अंकों की प्रतिशतता = $\left(\dfrac{\text{प्राप्त अंक} \times 100}{\text{कुल अंक}}\right)\%$
- प्रतिशत वृद्धि = $\dfrac{\text{वृद्धि}}{\text{वास्तविक मान}} \times 100$
- प्रतिशत कमी = $\dfrac{\text{कमी}}{\text{वास्तविक मान}} \times 100$
- x को $m:n$ में बाँटना

पहला भाग = $\dfrac{m}{m+n} \times x$

दूसरा भाग = $\dfrac{n}{m+n} \times x$

नोट *इनके अलावा प्रतिशतता, औसत तथा अनुपात आदि के सामान्य सूत्र याद रखें।*

महत्त्वपूर्ण *इसके अलावा प्रतिशतता, औसत तथा इसके अनुपात आदि के सामान्य सूत्र याद रखें।*

इस अध्याय किस तरह के प्रश्न पूछे जा सकते हैं?

1. सारणी सम्बन्धी प्रश्न
3. पाई आरेख सम्बन्धी प्रश्न
2. दण्ड आरेख/आयत चित्र सम्बन्धी प्रश्न
4. रेखाचित्र सम्बन्धी प्रश्न

सारणी सम्बन्धी प्रश्न

निर्देश (उदाहरण 1-5) *निम्न सारणी का ध्यान से अध्ययन कर दिए गए प्रश्नों के उत्तर दें।*

5 विद्यार्थियों द्वारा अलग-अलग विषयों में पाए गए प्रतिशत अंक

विषय / विद्यार्थी	अंग्रेजी (100 में से)	गणित (150 में से)	संस्कृत (50 में से)	हिन्दी (75 में से)	विज्ञान (125 में से)	सा. अध्ययन (100 में से)
A	71	105	46	60	80	73
B	73	60	48	40	60	79
C	87	75	45	60	40	81
D	83	84	44	80	50	39
E	62	128	32	60	70	57

1. विद्यार्थी B द्वारा सभी विषयों में प्राप्त अंकों का मिलकर समग्र प्रतिशत क्या है?
(a) 60% (b) 90%
(c) 70% (d) 76%

2. सभी विद्यार्थियों द्वारा मिलकर संस्कृत में प्राप्त अंकों का औसत प्रतिशत में कितना है?
(a) 40% (b) 50%
(c) 60% (d) इनमें से कोई नहीं

3. इनमें से किस विद्यार्थी को सभी विषयों मे मिलाकर सर्वाधिक अंक प्राप्त हुए हैं?
(a) A (b) B
(c) C (d) D

4. किस विद्यार्थी को एक से अधिक विषयों में अधिकतम अंक मिले हैं?
(a) A (b) B
(c) C (d) D

5. यदि गणित और विज्ञान में मिलकर उत्तीर्णांक 125 हैं, तो कितने विद्यार्थी पास होते हैं?
(a) 2 (b) 3 (c) 4 (d) 5

हल

1. *(a)* पूर्णांक = 100 + 150 + 50 + 75 + 125 + 100 = 600

विद्यार्थी B के कुल अंक = 73 + 60 + 48 + 40 + 60 + 79 = 360

अत: अभीष्ट प्रतिशत = $\dfrac{360}{600} \times 100\% = 60\%$

2. *(d)* संस्कृत के कुल अंक = 46 + 48 + 45 + 44 + 32 = 215

संस्कृत के कुल पूर्णांक = 5 × 50 = 250

अत: अभीष्ट प्रतिशत = $\dfrac{215}{250} \times 100\% = 86\%$

(**टिप्पणी** औसत पूर्णांक = $\dfrac{215}{5} = 43$ जोकि 50 का 86% है, से भी निकाला जा सकता है।)

3. *(a)* विद्यार्थी A के प्राप्तांक = 71 + 105 + 46 + 60 + 80 + 73 = 435

विद्यार्थी B के प्राप्तांक = 73 + 60 + 48 + 40 + 60 + 79 = 360

विद्यार्थी C के प्राप्तांक = 87 + 75 + 45 + 60 + 40 + 81 = 388

विद्यार्थी D के प्राप्तांक = 83 + 84 + 44 + 80 + 50 + 39 = 380

विद्यार्थी E के प्राप्तांक = 62 + 128 + 32 + 60 + 70 + 57 = 409

अत: विद्यार्थी A को सर्वाधिक अंक प्राप्त हुए हैं।

4. *(c)*

अधिकतम अंक विषय	विद्यार्थी	अधिकतम अंक विषय	विद्यार्थी
अंग्रेजी	C	गणित	E
संस्कृत	B	हिन्दी	D
विज्ञान	A	सा. अध्ययन	C

स्पष्टत: C को एक से अधिक विषय (अंग्रेजी तथा सा. अध्ययन) में अधिकतम अंक मिले हैं।

5. (b) A के गणित और विज्ञान के कुल अंक = 105 + 80 = 185

B के गणित और विज्ञान के कुल अंक = 60 + 60 = 120

C के गणित और विज्ञान के कुल अंक = 75 + 40 = 115

D के गणित और विज्ञान के कुल अंक = 84 + 50 = 134

E के गणित और विज्ञान के कुल अंक = 128 + 70 = 198

स्पष्टतः तीन विद्यार्थी (A, D तथा E) गणित और विज्ञान मिलाकर उत्तीर्ण हैं।

दण्ड आरेख/आयत चित्र से सम्बन्धी प्रश्न

निर्देश (उदाहरण 1-5) *निम्नलिखित आरेख का ध्यानपूर्वक अवलोकन कर निम्न प्रश्नों के उत्तर दीजिए।*

विभिन्न देशों की प्रति हेक्टेयर उपज (किग्रा में)

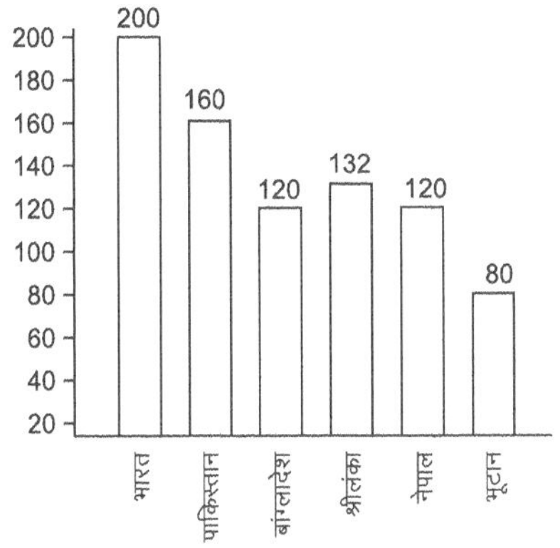

1. दिए गए देशों की औसत उपज कितनी (किग्रा में) है?
(a) 132 (b) $135\frac{1}{3}$ (c) $162\frac{2}{59}$ (d) 128

2. भारत की प्रति हेक्टेयर उपज पाकिस्तान से कितनी अधिक है?
(a) 20% (b) 40% (c) $16\frac{2}{3}\%$ (d) 25%

3. श्रीलंका की उपज कुल देशों की औसत उपज का लगभग कितना प्रतिशत है?
(a) 97% (b) 90% (c) 16% (d) 18%

4. भारत की उपज किन दो देशों की उपज के बराबर है?
(a) नेपाल तथा बांग्लादेश (b) नेपाल तथा भूटान
(c) श्रीलंका तथा बांग्लादेश (d) श्रीलंका तथा भूटान

5. सर्वाधिक तीन और न्यूनतम तीन देशों की उपज का अन्तर कितना है?
(a) 182 किग्रा (b) 162 किग्रा
(c) 152 किग्रा (d) इनमें से कोई नहीं

हल

1. *(b)* अभीष्ट औसत उपज
$$= \frac{200 + 160 + 120 + 132 + 120 + 80}{6} = \frac{812}{6} = 135\frac{1}{3} \text{ किग्रा}$$

2. *(d)* अभीष्ट अधिकता $= \left(\frac{200 - 160}{160}\right) \times 100\% = 25\%$

3. *(a)* श्रीलंका की उपज = 132 किग्रा/हेक्टेयर जो औसत उपज $135\frac{1}{3}$ किग्रा का लगभग 97% होगा।

(अन्य विकल्प 90%, 16% या 18% नहीं हो सकते)

4. *(b)* नेपाल तथा भूटान की उपज = 120 + 80 = 200 किग्रा

5. *(d)* अभीष्ट अन्तर = (200 + 160 + 132) − (120 + 120 + 80)
= 492 − 320 = 172 किग्रा

पाई आरेख से सम्बन्धी प्रश्न

पाई आरेख से सम्बन्धित महत्त्वपूर्ण सूत्र

1. दिए गए कोण से 'मद' की मात्रा (कोणीय राशि का मान)
$$= \frac{\text{अंतरित कोण } (\theta)^\circ \times \text{कुल राशि / मात्रा}}{360^\circ}$$

2. $$\theta^\circ = \frac{\text{कोणीय मान की राशि} \times 360^\circ}{\text{कुल राशि / मात्रा}}$$

निर्देश (उदाहरण 1-4) *निम्नलिखित आरेख का अध्ययन करके नीचे लिखे प्रश्नों के उत्तर दीजिए।*

एक मकान के बनाने में किए गए व्यय का ब्यौरा निर्माण में कुल व्यय = ₹ 600000

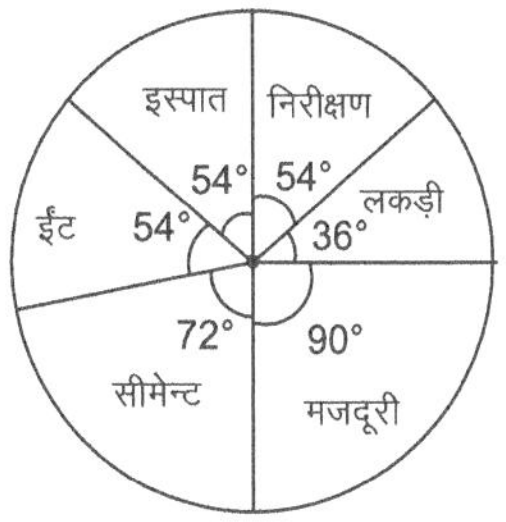

1. सीमेन्ट की मद पर किए गए व्यय की धनराशि कितनी है?
(a) ₹ 200000 (b) ₹ 160000
(c) ₹ 120000 (d) ₹ 100000

2. मजदूरी की मद पर व्यय की गई धनराशि इस्पात पर आए व्यय की राशि से कितनी अधिक है?
(a) कुल व्यय का 5% (b) कुल व्यय का 10%
(c) कुल व्यय का 12% (d) कुल व्यय का 15%

3. सीमेन्ट, इस्पात तथा निरीक्षण पर कुल मिलाकर व्यय की गई धनराशि कुल व्यय का कितने प्रतिशत है?
(a) 40% (b) 45% (c) 50% (d) 55%

4. मजदूरी की मद पर व्यय की गई धनराशि निरीक्षण पर की गई धनराशि से कितनी अधिक है?
(a) ₹ 200000 (b) ₹ 160000 (c) ₹ 120000 (d) ₹ 60000

हल

1. *(c)* सीमेन्ट की मद में किया गया व्यय
$$= \left(\frac{72^\circ}{360^\circ} \times 600000\right) = ₹\ 120000$$

2. *(b)* मजदूरी − इस्पात पर व्यय
$$= ₹ \left[\left(\frac{90^\circ}{360^\circ} \times 600000\right) - \left(\frac{54^\circ}{360^\circ} \times 600000\right)\right]$$
= ₹ (150000 − 90000) = ₹ 60000

माना कुल व्यय का $x\%$ = ₹ 60000

तब, $600000 \times \frac{x}{100} = 60000 \Rightarrow x = 10$

अभीष्ट उत्तर = कुल व्यय का 10%

3. *(c)* सीमेन्ट + इस्पात + निरीक्षण = $(72 + 54 + 54)° = 180°$

= कुल व्यय का 50%

4. *(d)* मजदूरी – निरीक्षण = $(90 - 54)°$

$= 36° = \left(\frac{36°}{360°} \times 600000\right)$ = ₹ 60000

निर्देश (प्र.सं. 1-3) *नीचे दिए गए प्रश्नों के उत्तर देने के लिए इस ग्राफ का ध्यानपूर्वक से अध्ययन कीजिए।*

ई.पी.एस. सॉफ्टवेयर का उपयोग करने वाले लोग की संख्या (लाखों में)

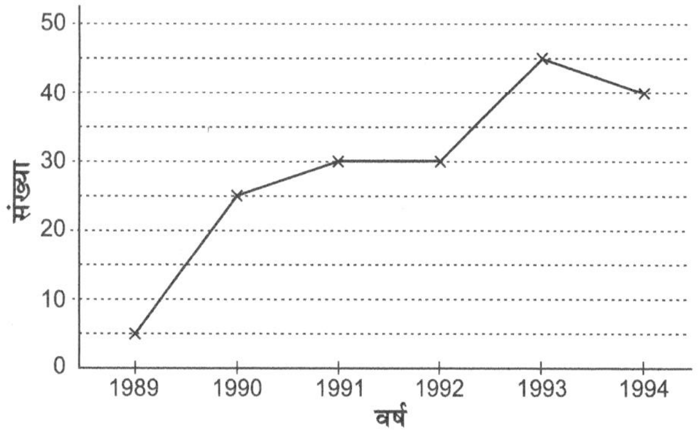

1. दिए गए वर्षों के दौरान ई.पी.एस. सॉफ्टवेयर का इस्तेमाल करने वाले लोगों की औसत संख्या आसन्नतः कितने लाख है?
(a) 30 (b) 35 (c) 25 (d) 33

2. दिए गए वर्षों के प्रथम अर्धांश और द्वितीय अर्धांश में ई.पी.एस. सॉफ्टवेयर इस्तेमाल करने वालों की कुल संख्या में कितना अन्तर है?
(a) 11500000 (b) 6000000
(c) 0 (d) 5500000

3. किस वर्ष हुई वृद्धि का प्रतिशत पिछले वर्ष हुई वृद्धि की तुलना में उच्चतम है?
(a) 1993 (b) 1991 (c) 1992 (d) 1990

हल

1. *(a)* औसत संख्या $= \frac{5+25+30+30+45+40}{6}$

$= \frac{175}{6} = 29.16 = 30$ (लगभग)

2. *(d)* प्रथम अर्धांश में इस्तेमाल करने वालों की संख्या = 5 + 25 + 30 = 60 लाख

द्वितीय अर्धांश में इस्तेमाल करने वालों की संख्या = 30 + 45 + 40 = 115 लाख

अभीष्ट अन्तर = 115 – 60 = 55 लाख

3. *(d)* 1990 में प्रतिशत वृद्धि $= \frac{(25-5)}{5} \times 100 = 400$

1991 में प्रतिशत वृद्धि $= \frac{(30-25)}{25} \times 100 = 20$

1992 में प्रतिशत वृद्धि $= \frac{(30-30)}{30} \times 100 = 0$

1993 में प्रतिशत वृद्धि $= \frac{(45-30)}{30} \times 100 = 50$

1994 में प्रतिशत वृद्धि = ऋणात्मक

∴ 1990 में 1989 की अपेक्षा प्रतिशत वृद्धि सर्वाधिक है।

✓ अति महत्त्वपूर्ण प्रश्न

निर्देश (प्र.सं. 1-5) *प्रश्नों के उत्तर देने के लिए नीचे दी गई सारणी का ध्यान से अध्ययन कीजिए।*

विगत वर्षों में एक कालेज के पाँच अनुशासनों में विद्यार्थियों की संख्या

अनुशासन / वर्ष	कला	विज्ञान	वाणिज्य	प्रबन्धन	कृषि
2001	240	358	275	215	314
2002	260	390	286	234	365
2003	275	374	265	269	336
2004	284	368	290	255	348
2005	296	415	272	284	326
2006	312	432	364	276	383

1. पिछले वर्ष की तुलना में किस वर्ष कृषि अनुशासन के सम्बन्ध में प्रतिशत बदलाव अधिकतम था?
(a) 2002 (b) 2003 (c) 2004 (d) 2006

2. 2003 से 2004 में वाणिज्य अनुशासन में विद्यार्थियों की संख्या में प्रतिशत वृद्धि लगभग कितनी थी?
(a) 14 (b) 18 (c) 20 (d) 9

3. किस वर्ष कला और विज्ञान में विद्यार्थियों की संख्या के बीच का अन्तर ठीक 130 था?
(a) 2001 (b) 2002 (c) 2004 (d) 2006

4. 2001 और 2005 में मिलकर कृषि में विद्यार्थियों की कुल संख्या इसी अनुशासन में 2002 में विद्यार्थियों की संख्या का लगभग कितने प्रतिशत थी?
(a) 75 (b) 165 (c) 65 (d) 175

5. दिए गए वर्षों में किस अनुशासन में विद्यार्थियों की संख्या में सतत् वृद्धि हुई थी?
(a) विज्ञान (b) कृषि (c) कला (d) वाणिज्य

निर्देश (प्र.सं. 6-10) *इन प्रश्नों का उत्तर देने के लिए निम्न सारणी को ध्यान से पढ़िए।*

विगत वर्षों में तीन राज्यों की जनसंख्या (लाख में)

वर्ष / राज्य	2002	2003	2004	2005	2006	2007
A	4.5	4.8	5.2	5.4	5.8	6.2
B	3.2	3.6	3.4	3.8	4.1	4.4
C	5.6	5.5	5.8	6.3	6.6	6.9

6. सभी वर्षों को मिलाकर राज्य B की औसत जनसंख्या कितनी है?
(a) 3.5 लाख (b) 3.75 लाख (c) 3.85 लाख (d) 3.6 लाख

7. 2002 से 2003 में राज्य A की जनसंख्या में कितने प्रतिशत वृद्धि हुई?
(a) 5% (b) $5\frac{2}{3}\%$ (c) 6% (d) $6\frac{2}{3}\%$

8. तीनों राज्यों की कुल जनसंख्या में क्रमश: 2004 और 2005 में कितना अन्तर है?
(a) 110000 (b) 90000 (c) 115000 (d) 95000

9. 2006 में तीनों राज्यों की औसत जनसंख्या कितनी है?
(a) 5.25 लाख (b) 4.5 लाख (c) 5.5 लाख (d) 4.2 लाख

10. क्रमश: 2004 और 2005 में तीनों राज्यों की कुल जनसंख्या के बीच क्या अनुपात है?
(a) 155 : 144 (b) 15 : 13
(c) 13 . 15 (d) 144 : 155

निर्देश (प्र.सं. 11-15) *आरेख का ध्यानपूर्वक अवलोकन कीजिए तथा नीचे दिए गए प्रश्नों के उत्तर दीजिए।*

1993 में व्यय की गई पारिवारिक आय (प्रतिशत में) **का विभिन्न मदों पर व्यय एवं बचत**

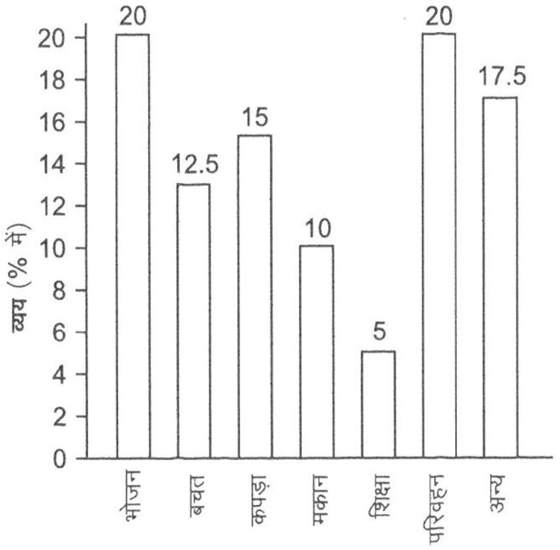

11. भोजन पर व्यय की गई आय का प्रतिशत है
(a) 5 (b) 10 (c) 12.5 (d) 20

12. कपड़ों पर व्यय की गई आय का प्रतिशत, बचत पर आय के प्रतिशत से कितना अधिक है?
(a) 12.5 (b) 2.5 (c) 20 (d) 22.5

13. यदि वर्ष 1993 में परिवार की कुल आय ₹ 100000 थी, तो 1993 में परिवार की कुल बचत थी
(a) ₹ 1750 (b) ₹ 20000 (c) ₹ 12500 (d) ₹ 50000

14. परिवार द्वारा परिवहन पर व्यय, अन्य किस मद पर किए गए व्यय के बराबर है?
(a) बचत (b) कपड़ा (c) भोजन (d) अन्य

15. परिवार की बचत निम्नलिखित में किस पर किए गए व्यय से अधिक है?
(a) मकान (b) कपड़ा (c) परिवहन (d) अन्य

निर्देश (प्र.सं. 16-19) *दी गई जानकारी को ध्यानपूर्वक पढ़िए और निम्नलिखित प्रश्नों के उत्तर दीजिए।*

विद्यार्थी द्वारा पाँच विभिन्न विषयों में प्राप्तांक
सभी विषयों के कुल अधिकतम अंक = 540

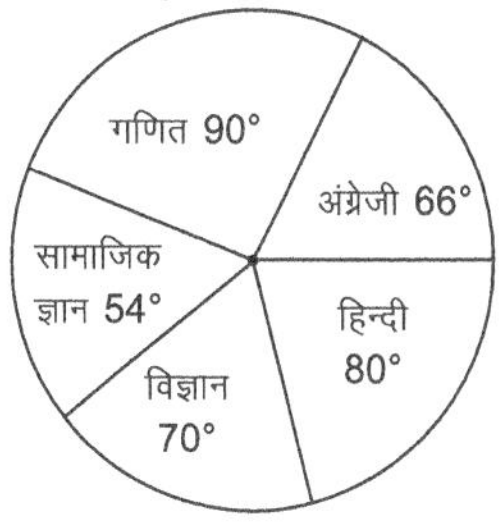

16. किस विषय में विद्यार्थी ने 99 अंक प्राप्त किए?
(a) गणित (b) हिन्दी (c) अंग्रेजी (d) विज्ञान

17. किस विषय में विद्यार्थी ने कुल अंकों के 18.33% अंक प्राप्त किए?
(a) सामाजिक ज्ञान (b) हिन्दी
(c) विज्ञान (d) इनमें से कोई नहीं

18. गणित में विद्यार्थी ने कितने प्रतिशत अंक प्राप्त किए?
(a) 22.25 (b) 25 (c) 18 (d) 30

19. गणित, अंग्रेजी तथा हिन्दी में प्राप्त कुल अंक शेष दोनों विषयों में प्राप्त कुल अंकों से कितने प्रतिशत अधिक है?
(a) 90.3 (b) 58.6
(c) 47.4 (d) इनमें से कोई नहीं

निर्देश (प्र.सं. 20-24) *दी गई जानकारी को ध्यानपूर्वक पढ़िए और निम्नलिखित प्रश्नों के उत्तर दीजिए।*

नगर की जनसंख्या = 360000

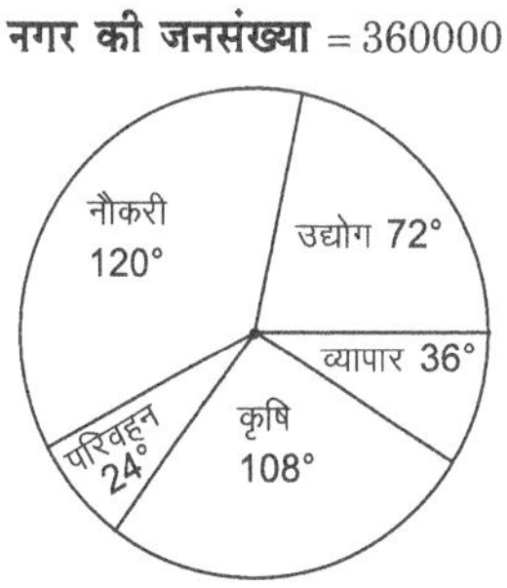

20. कृषि की अपेक्षा नौकरी में कितने अधिक व्यक्ति लगे हैं?
(a) 12000 (b) 10000
(c) 120000 (d) 1200

21. कुल जनसंख्या का कितने प्रतिशत परिवहन व्यवसाय में है?
(a) 24 (b) 7.2
(c) 2.4 (d) 6.6

22. नौकरी तथा परिवहन में लगे व्यक्तियों की संख्या का योग निम्न व्यवसायों में से किसके योग के बराबर है?
(a) कृषि तथा परिवहन (b) व्यापार तथा उद्योग
(c) कृषि तथा व्यापार (d) उद्योग तथा कृषि

23. नौकरी तथा उद्योग में लगे व्यक्तियों का अनुपात क्या है?
(a) 3 : 4 (b) 2 : 3
(c) 5 : 3 (d) 3 : 5

24. कृषि तथा व्यापार में लगे व्यक्तियों का उद्योग में लगे व्यक्तियों से अनुपात कितना है?
(a) 3 : 2 (b) 2 : 3 (c) 1 : 2 (d) 2 : 1

निर्देश (प्र.सं. 25-29) *निम्नलिखित दण्ड आरेख का ध्यान से अध्ययन कर नीचे दिए गए प्रश्नों के उत्तर दीजिए।*

विगत वर्षों में दो विश्वविद्यालयों से पास हुए विद्यार्थियों की संख्या (हजार में)

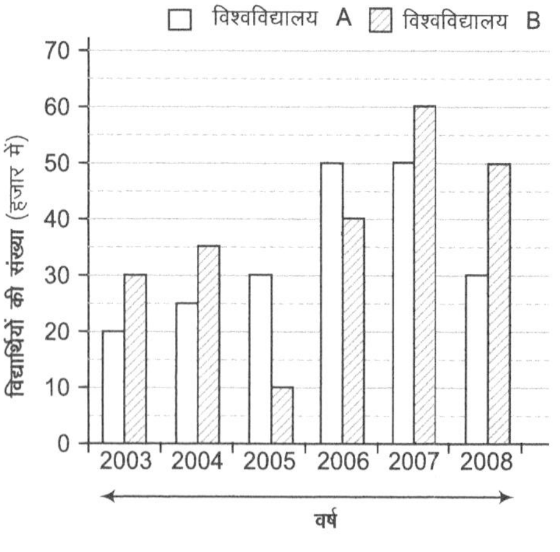

25. वर्ष 2003, 2005 और 2006 में मिलाकर विश्वविद्यालय B से पास हुए विद्यार्थियों की कुल संख्या कितनी है?
(a) 80000 (b) 8000
(c) 800000 (d) 75000

26. वर्ष 2007 में विश्वविद्यालय A से पास हुए विद्यार्थियों की संख्या वर्ष 2004 में विश्वविद्यालय B से पास हुए विद्यार्थियों की संख्या के बीच का क्रमशः अनुपात क्या है?
(a) 5 : 4 (b) 4 : 5
(c) 7 : 10 (d) 10 : 7

27. 2008 में विश्वविद्यालय B से पास हुए विद्यार्थियों की संख्या विगत वर्षों में विश्वविद्यालय A से पास हुए विद्यार्थियों की कुल संख्या का लगभग कितना प्रतिशत है?
(a) 30 (b) 25 (c) 20 (d) 35

28. विश्वविद्यालय A से वर्ष 2007, 2008 और 2005 में पास हुए विद्यार्थियों की संख्या के बीच का क्रमशः अनुपात क्या है?
(a) 5 : 3 : 2 (b) 3 : 5 : 5
(c) 5 : 3 : 3 (d) 5 : 1 : 1

29. वर्ष 2007 में दोनों विश्वविद्यालयों से पास हुए विद्यार्थियों की कुल संख्या और वर्ष 2005 में दोनों विश्वविद्यालयों से पास हुए विद्यार्थियों की कुल संख्या के बीच का अन्तर क्या है?
(a) 70000 (b) 37000
(c) 7000 (d) 3700

निर्देश (प्र.सं. 30-34) *दिए गए ग्राफ का ध्यानपूर्वक से अध्ययन कीजिए और उसके नीचे दिए गए प्रश्नों का उत्तर दीजिए।*

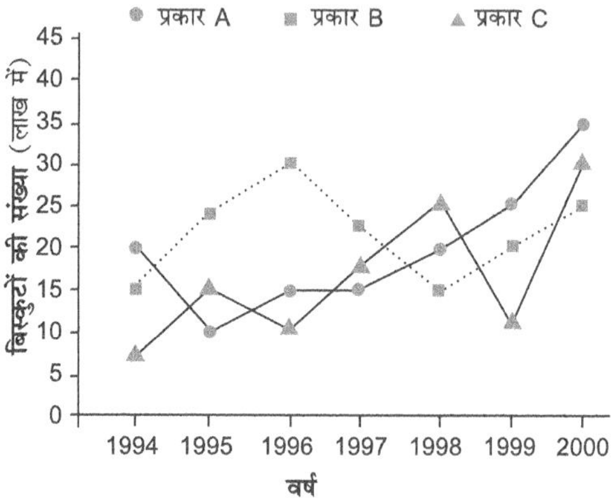

30. वर्ष 1995 से 1996 में C प्रकार के बिस्कुटों के उत्पादन में कितने प्रतिशत वृद्धि हुई है?
(a) 10 (b) 25
(c) 5 (d) इनमें से कोई नहीं

31. वर्ष 1996 में उत्पादित A प्रकार के बिस्कुटों की संख्या वर्ष 1998 में उत्पादित C प्रकार के बिस्कुटों की संख्या का कितने प्रतिशत है?
(a) 60 (b) 50 (c) $33\frac{1}{3}$ (d) $40\frac{1}{2}$

32. कितने वर्षों में A प्रकार के बिस्कुटों का उत्पादन दिए गए वर्षों में उसके औसत उत्पादन से कम रहा है?
(a) 1 (b) 3 (c) 4 (d) 2

33. कम्पनी द्वारा सभी वर्षों में उत्पादित B प्रकार के बिस्कुटों की औसत संख्या (लगभग) कितनी है?
(a) 3000000 (b) 2200000 (c) 2500000 (d) 2000000

34. निम्नलिखित में से किस वर्ष सभी तीनों प्रकार के बिस्कुटों का कुल उत्पादन 60 लाख था?
(a) 1995 (b) 1996 (c) 1997 (d) 1998

निर्देश (प्र.सं. 35-39) *निम्नांकित ग्राफ का ध्यानपूर्वक अध्ययन कीजिए और फिर उस पर आधारित दिए गए प्रश्नों के उत्तर दीजिए।*

तीन अलग-अलग संगठनों के अलग-अलग आय समूहों के लोगों की संख्या (हजारों में)

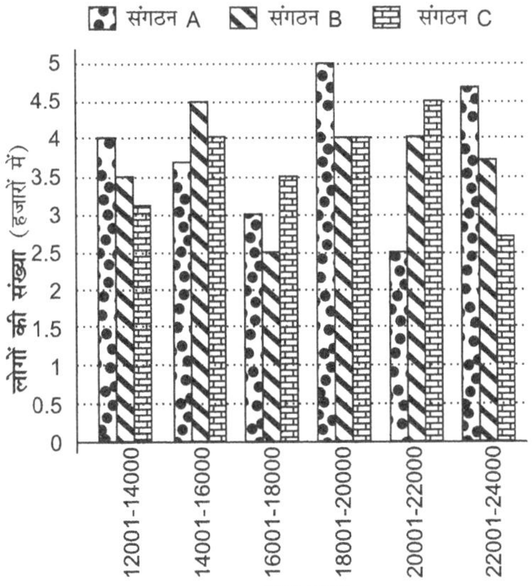

35. सभी आय समूहों से मिलकर संगठन C के लोगों की कुल संख्या क्या है?
(a) 22250 (b) 26500
(c) 22000 (d) 24000

36. किस आय समूह में लोगों की संख्या सर्वाधिक है?
(a) 14001-16000 (b) 20001-22000
(c) 12001-14000 (d) इनमें से कोई नहीं

37. संगठन B के 12001-14000, 14001-16000 और 18001-20000 के आय समूह के लोगों की मिलकर संख्या का संगठन A के उन्हीं आय समूहों के लोगों की संख्या से क्रमशः क्या अनुपात है?
(a) 16 : 17 (b) 13 : 14
(c) 19 : 20 (d) 23 : 27

38. 22001-24000 के आय समूह के लोगों की संख्या सभी आय समूहों के लोगों की कुल संख्या का लगभग कितना प्रतिशत है?
(a) 23 (b) 29
(c) 12 (d) 17

39. संगठन C के 16001-18000 आय समूह के लोगों की संख्या संगठन A तथा B के उसी आय समूह के लोगों को मिलाकर संख्या का कितना प्रतिशत है? (दशमलव के बाद दो अंकों तक पूर्णांकित)
(a) 59.26 (b) 63.64 (c) 71.42 (d) 76.64

निर्देश (प्र.सं. 40-44) *निम्नांकित ग्राफ का ध्यानपूर्वक अध्ययन कीजिए और फिर उस पर आधारित सभी प्रश्नों के उत्तर दीजिए।*

विगत वर्षों के दौरान कम्पनी A और B द्वारा बेची गई कारों की संख्या

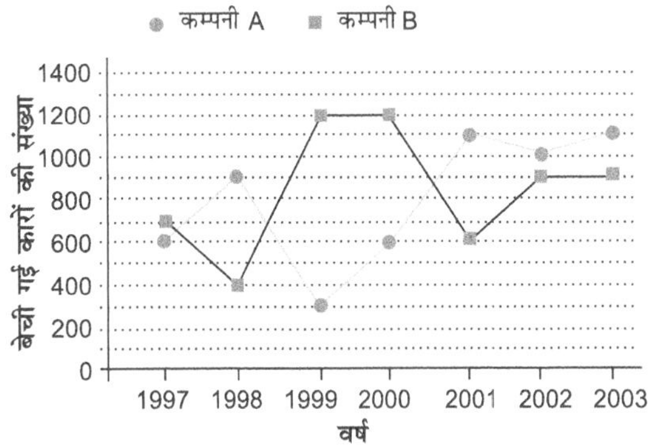

40. पिछले वर्ष की तुलना में किस वर्ष के दौरान कम्पनी A के विक्रय में प्रतिशत वृद्धि/कमी सर्वाधिक थी?
(a) 1999 (b) 2001 (c) 1998 (d) 2000

41. विगत वर्षों में कम्पनी A के कुल विक्रय का कम्पनी B के कुल विक्रय से क्रमशः अनुपात क्या है?
(a) 26 : 29 (b) 27 : 31 (c) 53 : 51 (d) 56 : 59

42. वर्ष 1997, 1998 और 2001 का कम्पनी B का कुल विक्रय कम्पनी B के सभी वर्षों के मिलाकर कुल विक्रय का कितना प्रतिशत है? (दो दशमलव बिन्दुओं तक पूर्णांकित)
(a) 24.37 (b) 35.64 (c) 28.81 (d) 37.29

43. कम्पनी A के लिए पिछले वर्ष और विक्रय में प्रतिशत वृद्धि का निम्नलिखित में से कौन-सा सम्मिश्र सही है? (दो दशमलव बिन्दुओं तक पूर्णांकित कीजिए)
(a) 2000-99.85 (b) 2001-83.33
(c) 1998-43.21 (d) 2003-7.68

44. कम्पनी A का वर्ष 2001 का विक्रय कम्पनी A के सभी वर्षों को मिलाकर कुल विक्रय का कितना प्रतिशत है? (दो दशमलव बिन्दुओं तक पूर्णांकित)
(a) 19.64 (b) 18.30 (c) 22.46 (d) 24.19

उत्तरमाला

1. (d)	2. (d)	3. (b)	4. (d)	5. (c)	6. (b)	7. (d)	8. (a)	9. (c)	10. (d)
11. (d)	12. (c)	13. (c)	14. (c)	15. (a)	16. (c)	17. (d)	18. (b)	19. (d)	20. (a)
21. (d)	22. (c)	23. (c)	24. (d)	25. (a)	26. (d)	27. (b)	28. (c)	29. (a)	30. (d)
31. (a)	32. (b)	33. (b)	34. (d)	35. (c)	36. (d)	37. (a)	38. (d)	39. (b)	40. (d)
41. (d)	42. (c)	43. (b)	44. (a)						

सॉल्यूशन्स

1. (d) वर्ष 2002 में कृषि अनुशासन में प्रतिशत बदलाव $= \frac{51}{314} \times 100\% \simeq 16.24\%$

वर्ष 2003 में कृषि अनुशासन में प्रतिशत बदलाव $= \frac{29}{365} \times 100\% \simeq 7.94\%$

वर्ष 2004 में कृषि अनुशासन में प्रतिशत बदलाव

$= \frac{12}{336} \times 100\% \simeq 3.57\%$

वर्ष 2005 में कृषि अनुशासन में प्रतिशत बदलाव

$= \frac{22}{348} \times 100\% \simeq 6.32\%$

वर्ष 2006 में कृषि अनुशासन में प्रतिशत बदलाव

$= \frac{57}{326} \times 100\% \simeq 17.48\%$

अत: अभीष्ट वर्ष 2006 है।

2. (d) अभीष्ट प्रतिशत वृद्धि

$= \left[\frac{(290 - 265)}{265} \times 100\right]\%$

$= \left[\frac{25}{265} \times 100\right]\% \simeq 9\%$

3. (b) वर्ष 2002 में कला और विज्ञान में विद्यार्थियों की संख्या के बीच का अन्तर ठीक 130 था।

4. (d) अभीष्ट प्रतिशत

$= \left[\frac{(314 + 326)}{365} \times 100\right]\%$

$= \frac{640}{365} \times 100\% \simeq 175\%$

5. (c) अभीष्ट अनुशासन कला है।

6. (b) राज्य B की औसत जनसंख्या

$= \frac{3.2 + 3.6 + 3.4 + 3.8 + 4.1 + 4.4}{6}$ लाख

$= \frac{22.5}{6}$ लाख $= 3.75$ लाख

7. (d) अभीष्ट प्रतिशत वृद्धि $= \left[\frac{0.3}{4.5} \times 100\right]\%$

$= 6\frac{2}{3}\%$

8. (a) अभीष्ट अन्तर $= [(5.4 + 3.8 + 6.3)$

$- (5.2 + 3.4 + 5.8)]$ लाख

$= (15.5 - 14.4) = 1.1$ लाख

$= 110000$

9. (c) अभीष्ट औसत $= \frac{5.8 + 4.1 + 6.6}{3}$ लाख

$= \frac{16.5}{3}$ लाख

$= 5.5$ लाख

10. (d) अभीष्ट अनुपात $= 14.4 : 15.5$

$= 144 : 155$

12. (c) अभीष्ट वृद्धि प्रतिशत $= \frac{15 - 12.5}{12.5} \times 100$

$= \frac{2.5 \times 4}{0.5} = 20\%$

13. (c) 100000 का 12.5% = ₹ 12500

हल (प्र. सं. 16-19)

विभिन्न विषयों में प्राप्तांक

गणित $\rightarrow \left(\frac{90}{360} \times 540\right) = 135$

अंग्रेजी $\rightarrow \left(\frac{66}{360} \times 540\right) = 99$

हिन्दी $\rightarrow \left(\frac{80}{360} \times 540\right) = 120$

विज्ञान $\rightarrow \left(\frac{70}{360} \times 540\right) = 105$

सामाजिक ज्ञान $\rightarrow \left(\frac{54}{360} \times 540\right) = 81$

16. (c) स्पष्ट है कि विद्यार्थी ने अंग्रेजी में 99 अंक प्राप्त किए।

17. (d) अंग्रेजी में कुल अंकों का प्रतिशत

$= \left(\frac{99}{540} \times 100\right)\% = 18.33\%$

18. (b) गणित में प्राप्तांक

$= \left(\frac{135}{540} \times 100\right)\% = 25\%$

19. (d) तीनों विषयों के अंकों का योग $= 354$

शेष दो विषयों में अंकों का योग $= 186$

$\therefore$ अभीष्ट प्रतिशत

$= \left(\frac{186}{354} \times 100\right)\% = 52.5\%$

20. (a) कृषि में लगे व्यक्ति

$= \left(\frac{108}{360} \times 360000\right) = 108000$

नौकरी में लगे व्यक्ति

$= \left(\frac{120}{360} \times 360000\right) = 120000$

अभीष्ट अन्तर $= 120000 - 108000 = 12000$

21. (d) परिवहन में लगे व्यक्ति

$= \left(\frac{24}{360} \times 360000\right) = 24000$

अभीष्ट प्रतिशत

$= \left(\frac{24000}{360000} \times 100\right)\% = 6.6\%$

22. (c) (नौकरी + परिवहन) के कोण

$= (120° + 24°) = 144°$

(कृषि + व्यापार) के कोण

$= (36° + 108°) = 144°$

23. (c) नौकरी में लगे व्यक्ति $= 120000$

उद्योग में लगे व्यक्ति

$= \left(\frac{72}{360} \times 360000\right) = 72000$

इन दोनों का अनुपात

$= 120000 : 72000 = 120 : 72 = 5 : 3$

24. (d) (कृषि + व्यापार) में लगे लोग

$= \left\{\frac{(108 + 36)}{360} \times 360000\right\}$

$= \left(\frac{144}{360} \times 360000\right) = 144000$

उद्योग में लगे लोग $= \left\{\frac{72}{360} \times 360000\right\}$

$= 72000$

अभीष्ट अनुपात $= 144000 : 72000 = 2 : 1$

25. (a) अभीष्ट संख्या $= (30 + 10 + 40)$ हजार

$= 80000$

26. (d) अभीष्ट प्रतिशत $= 50 : 35 = 10 : 7$

27. (b) अभीष्ट प्रतिशत $= \frac{50}{205} \times 100\% \simeq 25\%$

28. (c) अभीष्ट अनुपात

$= 50 : 30 : 30 = 5 : 3 : 3$

29. (a) अभीष्ट अन्तर $= [(50 + 60) - (30 + 10)]$ हजार

$= (110 - 40)$ हजार $= 70000$

30. (d) वर्ष 1995 से 1996 में C प्रकार के बिस्कुटों के उत्पादन में कमी हुई है।

31. (a) प्रतिशत $= \frac{15 \times 100}{25} = 60\%$

32. (b) A प्रकार के बिस्कुटों का औसत उत्पादन

$= \frac{20 + 10 + 15 + 15 + 20 + 25 + 35}{7}$

$= \frac{140}{7} = 20$ लाख

$\therefore$ अभीष्ट वर्ष = 1995, 1996, 1997

33. (b) B प्रकार के बिस्कुटों की औसत संख्या

$= \frac{15 + 22.5 + 30 + 22.5 + 15 + 20 + 25}{7}$

$= \frac{150}{7}$ लाख $= 2200000$ (लगभग)

34. (d) वर्ष 1998 में तीनों प्रकार के बिस्कुटों का उत्पादन

$= (15 + 20 + 25) = 6000000$

35. (c) संगठन C के लोगों की अभीष्ट संख्या

$= (3.25 + 4.00 + 3.50 + 4.00 + 4.50 + 2.75)$ हजार

$= 22000$

36. (d) 12001 – 14000 समूह के लोगों की संख्या

$= 4 + 3.5 + 3.25 = 10.75$ हजार

14001 – 16000 समूह के लोगों की संख्या

$= 3.75 + 4.5 + 4.0 = 12.25$ हजार

16001 – 18000 समूह के लोगों की संख्या

$= 3.00 + 2.5 + 3.5 = 9.00$ हजार

18001 – 20000 समूह के लोगों की संख्या

$= 5 + 4 + 4 = 13$ हजार

20001 – 22000 समूह के लोगों की संख्या

$= 2.50 + 4.00 + 4.5 = 11.00$ हजार

तथा 22001 – 24000 समूह के लोगों की संख्या

$= 4.75 + 3.75 + 2.75 = 11.25$ हजार

37. (a) संगठन B के इन तीनों समूहों के लोगों की मिलाकर संख्या $= 3.5 + 4.5 + 4 = 12$ हजार तथा संगठन A के इन तीनों समूहों के लोगों की मिलाकर संख्या

$= 4.0 + 3.75 + 5 = 12.75$ हजार

$\therefore$ अनुपात $12 : 12.75 = 16 : 17$

38. (d) सभी आय समूहों के लोगों की संख्या

$= 67.25$ हजार

$\therefore$ प्रतिशत $= \frac{11.25}{67.25} \times 100\%$

$= 16.72\% = 17\%$ (लगभग)

39. (b) प्रतिशत $= \frac{3.5 \times 100}{5.5}\% = 63.64\%$

40. (d) वर्ष 1998 में A कम्पनी का पिछले वर्ष की अपेक्षा विक्रय में प्रतिशत वृद्धि

$= \frac{900 - 600}{600} \times 100 = 50.00\%$

वर्ष 1999 में A कम्पनी का पिछले वर्ष की अपेक्षा विक्रय में प्रतिशत कमी

$= \frac{900 - 300}{900} \times 100 = 66.67\%$

वर्ष 2000 में A कम्पनी का पिछले वर्ष की अपेक्षा विक्रय में प्रतिशत वृद्धि

$= \frac{600 - 300}{300} \times 100 = 100.00\%$

वर्ष 2001 में A कम्पनी का पिछले वर्ष की अपेक्षा विक्रय में प्रतिशत वृद्धि

$= \frac{1100 - 600}{600} \times 100 = 83.33\%$

वर्ष 2002 में A कम्पनी का पिछले वर्ष की अपेक्षा विक्रय में प्रतिशत कमी

$= \frac{1100 - 1000}{1100} \times 100 = 9.09\%$

तथा वर्ष 2003 में A कम्पनी का पिछले वर्ष की अपेक्षा विक्रय में प्रतिशत वृद्धि

$= \frac{1100 - 1000}{1000} \times 100 = 10.00\%$

$\therefore$ सर्वाधिक प्रतिशत वृद्धि वर्ष 2000 में है।

41. (d) $\therefore$ अभीष्ट अनुपात

$= (600 + 900 + 300 + 600 + 1100 + 1000 + 1100) : (700 + 400 + 1200 + 1200 + 600 + 900 + 900)$

$= 5600 : 5900 = 56 : 59$

42. (c) $\therefore$ अभीष्ट प्रतिशत

$= \frac{(700 + 400 + 600) \times 100}{5900}$

$= 28.81\%$

43. (b) वर्ष 2000-83.33 सही सम्मिश्र है।

(प्रश्न संख्या 40 से)

44. (a) प्रतिशत $= \frac{1100 \times 100}{5600}$

$= 19.64\%$

सेक्शन टेस्ट 1

जाँचें अपनी विषयवार परफॉर्मेंस

1. चित्र में, $AP \times BP = 12$ तथा $CP = 3$ है, तो DP का मान होगा

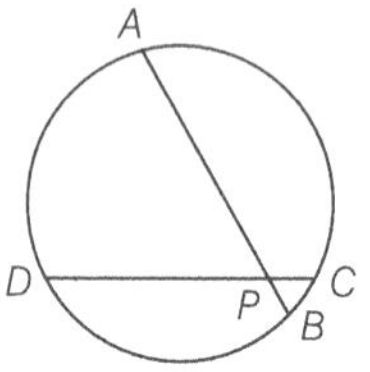

(a) 1 सेमी (b) 2 सेमी
(c) 3 सेमी (d) 4 सेमी

2. $\sin 10^\circ + \sin 20^\circ + \sin 30^\circ + \ldots + \sin 360^\circ$ का मान होगा

(a) 0 (b) $\frac{1}{2}$
(c) 1 (d) 2

3. संलग्न चित्र में, $DE \parallel BC$ है। यदि $AD = -x, DB = x - 2, AE = x + 2$ तथा $EC = x - 1$ हो, तो x का मान क्या होगा?

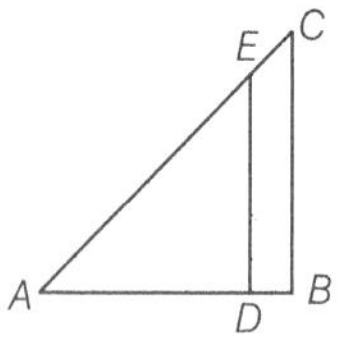

(a) 2 (b) 4
(c) 6 (d) 8

4. दो पाइप A तथा B, एक टंकी को क्रमश: 6 घण्टे तथा 8 घण्टे में भर देते हैं। तद्नुसार, यदि दोनों पाइपों को एकसाथ खोल दिया जाए, तो टंकी को 4 घण्टे में भरने के लिए पाइप B को कितने घण्टे बाद बन्द कर देना चाहिए?

(a) $\frac{2}{3}$ (b) 1
(c) 2 (d) $\frac{8}{3}$

5. एक कार 30% की छूट पर बेची जाती है। यदि कोई व्यक्ति उसे ₹ 6580 में खरीदता है, तो उसका अंकित मूल्य कितना होगा?

(a) ₹ 7500 (b) ₹ 8600
(c) ₹ 9400 (d) ₹ 6990

6. $(\text{cosec}\,\theta - \sin\theta)(\sec\theta - \cos\theta)(\tan\theta + \cot\theta)$ का मान होगा

(a) 0 (b) 1 (c) 2 (d) 4

7. दो वृत्तों के केन्द्र O व O' है। जो एक-दूसरे को बाह्य बिन्दु P पर स्पर्श करते हैं। इन वृत्तों की एक उभयनिष्ठ अनुस्पर्श रेखा AB खींची जाती है, तो $\angle APB$ का मान क्या होगा?

(a) 60° (b) 30° (c) 45° (d) 90°

8. किसी त्रिभुज के अन्त:वृत्त की त्रिज्या 2 सेमी है। यदि उस त्रिभुज का क्षेत्रफल 6 सेमी^{2} हो, तो उसका परिमाप क्या होगा?

(a) 2 सेमी (b) 3 सेमी (c) 6 सेमी (d) 9 सेमी

9. किसी ठोस लम्ब वृत्ताकार बेलन का कुल पृष्ठीय क्षेत्रफल किसी ठोस गोले के क्षेत्रफल का दोगुना है। यदि उन दोनों की त्रिज्याएँ एकसमान हों, तो उस बेलन तथा गोले के आयतनों का अनुपात क्या होगा?

(a) 9 : 4 (b) 2 : (c) 3 : 1 (d) 4 : 9

10. किसी ठोस लम्ब प्रिज्म का आधार एक त्रिभुज है, जिसकी भुजाएँ क्रमश: 9 सेमी, 12 सेमी तथा 15 सेमी हैं। उस प्रिज्म की ऊँचाई 5 सेमी है। प्रिज्म का कुल पृष्ठीय क्षेत्रफल क्या होगा?

(a) 180 सेमी^{2} (b) 234 सेमी^{2}
(c) 288 सेमी^{2} (d) 270 सेमी^{2}

11. किसी त्रिभुज का परिमाप 32 सेमी तथा एक भुजा 11 सेमी तथा शेष अन्य भुजाओं का अन्तर 5 सेमी हो, तो त्रिभुज का क्षेत्रफल क्या होगा?

(a) $8\sqrt{30}$ सेमी^{2} (b) $5\sqrt{35}$ सेमी^{2}
(c) $6\sqrt{30}$ सेमी^{2} (d) $8\sqrt{2}$ सेमी^{2}

12. सीसे की एक गोलाकार गेंद को, जिसकी त्रिज्या 10 सेमी है, पिघलाकर 5 मिमी त्रिज्या वाली सीसे की छोटी गेंदें बना दी गई हैं। तद्नुसार, उन छोटी गेंदों की सम्भावित संख्या कितनी है? ($\pi = \frac{22}{7}$ लें)

(a) 8000 (b) 400
(c) 800 (d) 80000

13. एक वृत्त की त्रिज्या की लम्बाई 13 सेमी है तथा इसकी एक जीवा 10 सेमी लम्बी है, जो केन्द्र से कुछ दूरी पर स्थित है। केन्द्र से जीवा की अभीष्ट दूरी क्या होगी?

(a) 18 सेमी (b) 12 सेमी
(c) 10 सेमी (d) 8 सेमी

14. यदि $O, \Delta ABC$ का परिकेन्द्र है और $OD \perp BC$ है, तो $\angle BOD$ बराबर होगा

(a) $\frac{1}{2}\angle C$ (b) $\angle A$ (c) $\frac{1}{2}\angle A$ (d) $\frac{1}{2}\angle B$

15. कोई 6 मी लम्बी सीढ़ी दीवार के सहारे, जमीन से 45° का कोण बनाती है, तो दीवार की ऊँचाई क्या होगी जहाँ तक सीढ़ी पहुँचेगी?

(a) $3\sqrt{2}$ मी (b) $2\sqrt{3}$ मी
(c) $\sqrt{6}$ मी (d) 6 मी

16. तीन घनाकार धातु ठोसों के आयतन क्रमश: 125 घन सेमी^{3} 65 घन सेमी^{3} और 27 घन सेमी^{3} है, तीनों को पिघलाकार एक सम घनाकार ठोस बनाया गया, उस नये घन की कोर होगी

(a) 2.3 सेमी (b) $6\sqrt{3}$ सेमी
(c) 7 सेमी (d) 8 सेमी

17. समषष्ठभुजाकार आधार वाले पिरामिड की प्रत्येक भुजा 10 मी एवं ऊँचाई 60 मी हैं, तो पिरामिड का आयतन क्या होगा?

(a) 5196 मी^{3} (b) 5200 मी^{3}
(c) 5210 मी^{3} (d) 5220 मी^{3}

18. किसी धन पर 2 वर्षों के लिए ब्याज की दर 4% वार्षिक, अगले 4 वर्षों के लिए 6% वार्षिक तथा अगले 3 वर्ष के लिए 8% वार्षिक है। 9 वर्ष बाद कुल ब्याज ₹ 1120 लिया गया, तो मूलधन क्या होगा?

(a) ₹ 1000 (b) ₹ 1500 (c) ₹ 2000 (d) ₹ 2500

19. 2500 लोगों में से केवल 60% में बचत करने की आदत पाई गई। यदि उनमें 30% बैंक में बचत करते हों, 32% डाकघर में और शेष शेयरों में, तो शेयरधारकों की कुल संख्या क्या होगी?

(a) 450 (b) 570 (c) 950 (d) 1250

20. ₹ 8000 का 15% वार्षिक दर से 2 वर्ष, 4 माह का चक्रवृद्धि ब्याज क्या होगा जबकि वार्षिक ब्याज देय है?
(a) ₹ 2980 (b) ₹ 3091
(c) ₹ 3109 (d) ₹ 3100

21. किसी बर्तन में एक ऐसा तरल पदार्थ भरा है, जिसमें तीन हिस्सा जल है और पाँच हिस्सा सिरप है। उस मिश्रण में से कितना भाग निकालकर उसके बदले जल डाला जाए, ताकि उसमें जल तथा सिरप का हिस्सा आधा-आधा हो जाए?
(a) $\frac{1}{2}$ (b) $\frac{3}{5}$ (c) $\frac{1}{5}$ (d) $\frac{1}{7}$

22. एक कक्षा में 40 बच्चों का औसत भार 36.2 किग्रा है। तद्नुसार, यदि उस कक्षा में 42.3 किग्रा, 39.7 किग्रा तथा 39.5 किग्रा भार वाले 3 बच्चे और आ जाएँ, तो 43 बच्चों का औसत भार क्या होगा?
(a) 39.2 किग्रा (b) 36.5 किग्रा
(c) 38.35 किग्रा (d) 37.3 किग्रा

23. एक नाव 30 किमी बहाव के विपरीत तथा 44 किमी बहाव के अनुकूल 10 घण्टे में जाती है। यह 40 किमी बहाव के विपरीत तथा 55 किमी बहाव के अनुकूल 13 घण्टे में जाती है, तो नदी की चाल है
(a) 2 किमी/घण्टा
(b) 3 किमी/घण्टा
(c) 4 किमी /घण्टा
(d) $2\frac{1}{2}$ किमी/घण्टा

24. रमेश ने कुछ गेहूँ ₹ 650 प्रति कुन्तल की दर पर खरीदा। उसमें से 20% गेहूँ नष्ट हो गया। तद्नुसार, उसे अपना शेष गेहूँ किस दर पर बेचना चाहिए, ताकि उसे पूरे गेहूँ पर 20% का लाभ मिल सके?
(a) ₹ 775 (b) ₹ 850
(c) ₹ 890 (d) ₹ 975

25. एक बेईमान दुकानदार, एक दोषपूर्ण तुला का प्रयोग करके, अपने सामान की खरीद तथा बिक्री, दोनों पर हर बार 5% की बेईमानी करता है। तद्नुसार, उसका इस पूरी प्रक्रिया में वास्तविक लाभ का प्रतिशत क्या होगा?
(a) 11 (b) 10
(c) 10.25 (d) 10.5

26. एक मोटर चालक A से B की दूरी 20 किमी/घण्टा की चाल से तय करता है। B से A तक वापसी की यात्रा वह 30 किमी/घण्टा की चाल से तय करता है। यदि वह पूरी यात्रा में 5 घण्टे का समय लेता है, तो A से B तक की दूरी क्या होगी?
(a) 30 किमी (b) 60 किमी
(c) 90 किमी (d) 120 किमी

27. एक भिन्न के अंश में 20% वृद्धि कर दी गई है और उसके हर में 20% कमी कर दी गई है। अत: भिन्न का मान $\frac{4}{5}$ हो जाता है। तद्नुसार, मूल भिन्न क्या होगी?
(a) $\frac{2}{3}$ (b) $\frac{8}{15}$ (c) $\frac{7}{11}$ (d) $\frac{4}{5}$

28. 5 पुरुष किसी कार्य को 6 दिन में पूरा कर सकते हैं। जबकि 10 महिलाएँ उसी कार्य को 5 दिन में पूरा कर सकती हैं। 5 महिलाएँ तथा 3 पुरुष मिलकर उस कार्य को कितने दिनों में पूरा करेंगे?
(a) 4 (b) 5 (c) 6 (d) 8

29. एक मिश्रधातु में ताँबा, जस्ता तथा निकिल का प्रतिशत 5 : 3 : 2 है। तद्नुसार, उस मिश्रधातु का अनुपात 5 : 3 : 3 करने के लिए 100 किग्रा मिश्रधातु में कितने किलोग्राम निकिल और ज्यादा डालना होगा?
(a) 8 (b) 10 (c) 12 (d) 15

30. व्यंजक $2\left(\frac{\cos 58^\circ}{\sin 32^\circ}\right) - \sqrt{3}\left(\frac{\cos 38^\circ \operatorname{cosec} 52^\circ}{\tan 15^\circ \tan 60^\circ \tan 75^\circ}\right)$ का मान क्या होगा?
(a) 1 (b) 2 (c) 3 (d) 0

निर्देश (प्र.सं. 31-35) *निम्नलिखित जानकारी का अध्ययन करके नीचे दिए गए प्रश्नों के उत्तर दीजिए।*

एक शिक्षा संस्थान की प्रवेश परीक्षा में प्रत्येक वर्ष 3000 परीक्षार्थी परीक्षा में बैठते हैं। जिसमें महिलाओं और पुरुषों की संख्या समान रहती है किन्तु उनके उत्तीर्ण होने का प्रतिशत प्रत्येक वर्ष असमान रहता है। एक निश्चित मानक के अनुसार सभी उत्तीर्ण परीक्षार्थियों को प्रवेश दिया जाता है।

शिक्षा संस्थान में उत्तीर्ण परीक्षार्थियों की स्थिति

31. सभी वर्षों में महिला परीक्षार्थियों के उत्तीर्ण होने का औसत प्रतिवर्ष कितना रहा?
(a) 750 (b) 1050
(c) 900 (d) 1350

32. पिछले वर्ष की तुलना में वर्ष 2011 में महिला परीक्षार्थियों के अनुत्तीर्ण प्रतिशत में कितनी वृद्धि हुई?
(a) 40% (b) $66\frac{2}{3}$%
(c) $33\frac{1}{3}$% (d) $11\frac{1}{9}$%

33. सभी वर्षों को मिलाकर महिला और पुरुष परीक्षार्थियों की उत्तीर्णता में कितना अन्तर है?
(a) 550 (b) 650
(c) 350 (d) 450

34. किस वर्ष में सर्वाधिक अनुत्तीर्ण पुरुषों की संख्या से वर्ष 2009, 2010 व 2011 में उत्तीर्ण हुई कुल महिलाओं का कितना अनुपात रहा?
(a) 1 : 3 (b) 2 : 1
(c) 3 : 1 (d) 1 : 2

35. किस वर्ष में महिला परीक्षार्थियों की उत्तीर्ण संख्या, पुरुषों की उत्तीर्ण संख्या का अन्तर सर्वाधिक रहा?
(a) 2010 (b) 2009
(c) 2013 (d) 2011

उत्तरमाला

1. (d)	2. (a)	3. (b)	4. (d)	5. (c)	6. (b)	7. (d)	8. (c)	9. (a)	10. (c)
11. (a)	12. (a)	13. (b)	14. (b)	15. (a)	16. (b)	17. (a)	18. (c)	19. (b)	20. (c)
21. (c)	22. (b)	23. (b)	24. (d)	25. (c)	26. (b)	27. (b)	28. (b)	29. (b)	30. (a)
31. (b)	32. (b)	33. (d)	34. (c)	35. (d)					

सेक्शन टेस्ट 2

जाँचें अपनी विषयवार परफॉर्मेंस

1. $\sin 105° \cdot \sin 75°$ का मान निम्नलिखित में से क्या होगा?
(a) $\frac{\sqrt{3}+2}{4}$ (b) $\frac{\sqrt{3}+2}{2}$ (c) $\frac{\sqrt{3}-2}{4}$ (d) $\frac{\sqrt{3}-2}{2}$

2. दी गई आकृति में $\angle ADB$ का मान क्या होगा?

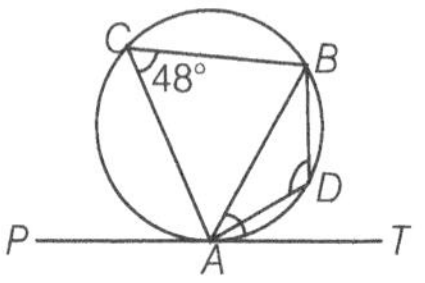

(a) 132° (b) 144° (c) 48° (d) 96°

3. ₹ 2000 की धनराशि का पहले 3 वर्षों में 4% साधारण ब्याज की दर से फिर बाद के 4 वर्षों में 7% की दर से तथा अन्तिम 6 वर्षों में 8% ब्याज की दर से साधारण ब्याज क्या होगा?
(a) ₹ 1500 (b) ₹ 1760
(c) ₹ 1900 (d) ₹ 1400

4. एक प्रिज्म का आधार त्रिभुजाकार है जिसकी भुजाएँ 5 सेमी, 12 सेमी, 13 सेमी हैं। उसका सम्पूर्ण पृष्ठ क्षेत्रफल क्या है। यदि उसकी ऊँचाई 10 सेमी है?
(a) 320 वर्ग सेमी (b) 300 वर्ग सेमी
(c) 400 वर्ग सेमी (d) 430 वर्ग सेमी

5. ΔABC की भुजा AB पर एक बिन्दु D है तथा D के सापेक्ष रेखा DE भुजा AC को बिन्दु E पर काटती है। यदि $\angle ADE = \angle ACB$, तो भुजा $AD \cdot AB$ क्या होगी?
(a) $AE \cdot BC$ (b) $ACDE$
(c) $AEAC$ (d) $ABBC$

6. A, B तथा C ने मिलकर एक व्यापार आरम्भ किया, प्रारम्भ में A ने कुछ पूँजी लगाई 6 माह बाद, B ने इससे दोगुनी पूँजी लगाई तथा 8 माह बाद, C ने A से तीन गुनी पूँजी लगाई। वर्ष के अन्त में ₹ 27000 के कुल लाभ में से C का भाग कितना होगा?
(a) ₹ 9020 (b) ₹ 9000
(c) ₹ 12000 (d) ₹ 10000

7. एक प्रेस का निर्धारित मूल्य ₹ 480 है। उसका विक्रेता उस पर 10% छूट देकर भी 8% लाभ प्राप्त कर लेता है। तद्नुसार, यदि छूट बिल्कुल न दी जाए, तो उसके लाभ का प्रतिशत क्या होगा?
(a) 18 (b) 18.5 (c) 20.5 (d) 20

8. $14 + 6\sqrt{5}$ का वर्गमूल निम्नलिखित में से क्या होगा?
(a) $2+\sqrt{5}$ (b) $3+\sqrt{5}$ (c) $5+\sqrt{3}$ (d) $3+2\sqrt{5}$

9. वह कौन-सी न्यूनतम संख्या है जिसे दोगुना करने पर वह 12, 18, 21 और 30 से पूर्णतया विभाजित हो जाती है?
(a) 700 (b) 800 (c) 630 (d) 180

10. 25 पेन का क्रय मूल्य उनमें से 20 के विक्रय मूल्य के बराबर है। लाभ अथवा हानि प्रतिशत क्या होगा?
(a) 20% हानि (b) 25% लाभ
(c) 60% हानि (d) 75% लाभ

11. व्यंजक $1 + \cfrac{1}{1 + \cfrac{1}{1 + \cfrac{1}{1 + \cfrac{1}{1 + \cfrac{2}{3}}}}}$ का मान निम्नलिखित में से क्या होगा?
(a) $\frac{21}{13}$ (b) $\frac{17}{3}$ (c) $\frac{34}{21}$ (d) $\frac{8}{5}$

12. किसी परीक्षा में 100 छात्रों के औसत प्राप्तांकों की गणना में उसका सारणीयक, गलती से 86 की जगह 68 अंकित कर देता है और 58 का औसत प्राप्त कर लेता है। तद्नुसार, उन छात्रों के वास्तविक प्राप्तांकों का औसत क्या होगा?
(a) 58.18 (b) 57.82 (c) 58.81 (d) 57.28

13. एक दुकानदार ₹ 10 प्रति 7 पेन की दर से पेन खरीद कर लाया और उसने उन्हें 40% लाभ पर बेचा। तद्नुसार, किसी खरीदार को ₹ 10 में कितने पेन मिले?
(a) 7 (b) 8 (c) 5 (d) 9

14. किसी भिन्न का हर, उसके अंश से 3 अधिक है। यदि अंश में 7 की वृद्धि कर दी जाए और हर में 2 की कमी कर दी जाए, तो परिणाम में 2 प्राप्त हो जाता है। तद्नुसार, उस भिन्न के अंश तथा हर दोनों का योग क्या होगा?
(a) 5 (b) 13 (c) 17 (d) 19

15. किसी कार्य को सम्पन्न करने में A, B की तुलना में दोगुना तथा C की तुलना में तीन गुना समय लेता है। वे तीनों मिलकर उस कार्य को 1 दिन में पूरा करते हैं। A अकेला उस कार्य को कितने समय में पूरा करेगा?
(a) 10 दिन (b) 3 दिन (c) 6 दिन (d) 4 दिन

16. 100 मी से अधिक ऊँचाई वाले एक ऊर्ध्वाधर स्तम्भ के दो भाग हैं। नीचे वाला पूरे का एक-तिहाई है, इसके निचले भाग के पैर से 40 मी दूरी पर क्षैतिज तल में स्थित बिन्दु पर ऊपरी हिस्सा एक कोण अन्तरित करता है, जिसका टैंजेंट $\frac{1}{2}$ है, तो स्तम्भ की ऊँचाई क्या होगी?
(a) 115 मी (b) 175 मी (c) 120 मी (d) 150 मी

17. 5 वर्ष पूर्व परी और राशि की औसत आयु 25 वर्ष थी। परी, राशि तथा मोना की आज औसत आयु 25 वर्ष है। 5 वर्ष बाद मोना की आयु क्या होगी?
(a) 15 वर्ष (b) 20 वर्ष (c) 40 वर्ष (d) 35 वर्ष

18. कुछ टॉफियाँ ₹ 10 में 11 की दर से खरीदी गई हैं और उतनी ही संख्या ₹ 10 में 9 की दर से। यदि सभी को ₹ 1 प्रति टॉफी की दर से बेचा जाए, तो लाभ अथवा हानि प्रतिशत क्या होगा?
(a) 2% लाभ (b) 2% हानि
(c) 1% हानि (d) 1% लाभ

19. कोई व्यापारी किसी गाड़ी पर क्रय मूल्य से 40% अधिक अंकित करता है और अंकित मूल्य पर 20% छूट देता है। व्यापारी को हुई लाभ अथवा हानि का प्रतिशत क्या होगा?
(a) 20% की हानि (b) 25% का लाभ
(c) 12% की हानि (d) 12% का लाभ

20. किसी वृत्त की परिधि 11 सेमी तथा वृत्त के एक त्रिज्यखण्ड के कोण की माप 60° है। त्रिज्यखण्ड का क्षेत्रफल क्या होगा? $\left(\pi = \frac{22}{7}\right)$

(a) $1\frac{29}{48}$ वर्ग सेमी (b) $2\frac{29}{48}$ वर्ग सेमी
(c) $1\frac{27}{48}$ वर्ग सेमी (d) $2\frac{27}{48}$ वर्ग सेमी

21. 240 मी लम्बी एक रेलगाड़ी 3 किमी/घण्टा की चाल से रेलवे लाइन के साथ-साथ विपरीत दिशा में चलने वाले आदमी को 10 सेकण्ड में पार करती है। रेलगाड़ी की चाल क्या होगी?

(a) 63 किमी/घण्टा (b) 75 किमी/घण्टा
(c) 83.4 किमी/घण्टा (d) 86.4 किमी/घण्टा

22. कोई नाविक धारा के अनुदिश 5 मिनट में 1 किमी की गति से तथा धारा के विपरीत दिशा में 1 घण्टे में 6 किमी की गति से नाव खेता है। धारा की चाल क्या होगी?

(a) 3 किमी/घण्टा (b) 6 किमी/घण्टा
(c) 10 किमी/घण्टा (d) 12 किमी/घण्टा

23. किसी कार्य को 6 पुरुष और 8 लड़के मिलकर 10 दिन में समाप्त कर सकते हैं और 26 पुरुष और 48 लड़के उसी कार्य को 2 दिन में समाप्त कर सकते हैं, तो 15 पुरुष और 20 लड़के मिलकर उस कार्य को कितने दिन में समाप्त करेंगे?

(a) 5 दिन (b) 4 दिन (c) 6 दिन (d) 7 दिन

24. कोई धनराशि ₹ 117 को A, B और C में $\frac{1}{2}, \frac{1}{3}, \frac{1}{4}$ के अनुपात में बाँटा जाना था पर गलती से इसको 2 : 3 : 4 के अनुपात में बाँटा गया। इस प्रकार उनमें से किसको सबसे अधिक लाभ हुआ और कितना?

(a) A, ₹ 28 (b) B, ₹ 3
(c) C, ₹ 20 (d) C, ₹ 25

25. एक ठेकेदार ने एक मजदूर को अपने यहाँ इस शर्त पर नौकरी दी कि उसे कार्य पर उपस्थित होने वाले प्रतिदिन के ₹ 75 के हिसाब से मजदूरी मिलेगी किन्तु अनुपस्थित रहने पर न केवल उसकी मजदूरी कटेगी, उल्टे उसे ₹ 15 प्रतिदिन के हिसाब से जुर्माना अदा करना होगा। 20 दिन के पश्चात् ठेकेदार ने मजदूर को ₹ 1140 दिए। मजदूर कितने दिन कार्य से अनुपस्थित रहा?

(a) 3 (b) 5
(c) 4 (d) 2

26. दो संख्याओं के म.स. तथा ल.स. का योग 680 है तथा उनका ल.स. उनके म.स. का 84 गुना है। यदि उनमें से एक संख्या 56 है, तो दूसरी संख्या क्या होगी?

(a) 64 (b) 72
(c) 96 (d) 80

27. किसी विद्यालय में विद्यार्थियों की संख्या की $\frac{3}{7}$ लड़कियाँ हैं और कुल लड़कों में से $\frac{1}{4}$ की आयु 6 वर्ष से कम है। कुल लड़कियों में से $\frac{5}{6}$ की आयु भी 6 वर्ष से कम है। यदि 6 वर्ष और इससे अधिक आयु वाले विद्यार्थियों की संख्या 350 हो, तो विद्यालय में कुल विद्यार्थियों की संख्या क्या होगी?

(a) 700 (b) 600
(c) 661 (d) 671

28. किसी कार्य को एक स्त्री तथा एक पुरुष मिलकर 18 दिन में समाप्त कर सकते हैं। उस कार्य को करने में उनकी कार्य क्षमता का अनुपात 2 : 3 रहता है। तद्नुसार, स्त्री अकेली उसी कार्य को कितने दिन में समाप्त कर लेगी?

(a) 45 (b) 86
(c) 37 (d) 40

29. एक वर्ग जिसकी भुजा 2 मी है को प्रत्येक किनारे से काटते हुए एक समषट्भुज का निर्माण किया जाता है, तो उस षट्भुज की भुजा की लम्बाई क्या होगी?

(a) $\sqrt{2}$ मी (b) $\frac{\sqrt{2}}{1+\sqrt{2}}$ मी
(c) $\frac{\sqrt{2}+1}{1}$ मी (d) $\frac{\sqrt{2}-1}{2\sqrt{2}}$ मी

30. तीन कक्षाओं में विद्यार्थियों की संख्या 2 : 3 : 5 के अनुपात में है। यदि प्रत्येक कक्षा में विद्यार्थियों की संख्या में 20 की वृद्धि हो जाए, तो यह अनुपात 4 : 5 : 7 हो जाता है। वृद्धि से पहले तीनों कक्षाओं के विद्यार्थियों की कुल संख्या क्या थी?

(a) 80 (b) 90
(c) 100 (d) 120

निर्देश (प्र.सं. 31-35) *निम्नलिखित ग्राफ का ध्यानपूर्वक अध्ययन करके इस पर आधारित प्रश्नों के उत्तर दीजिए।*

एक देश का व्यापार घाटा (₹ करोड़ में)

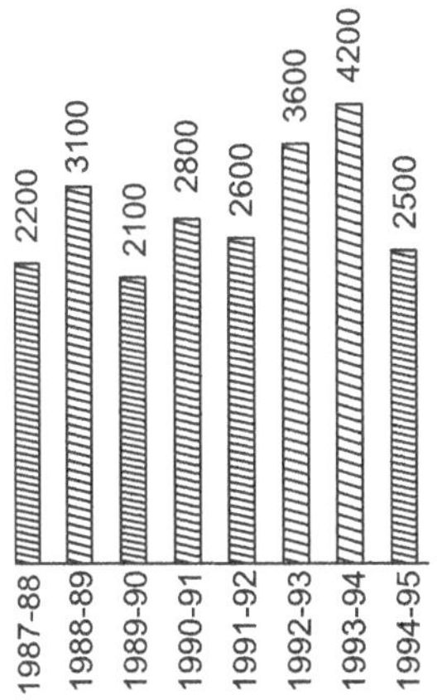

31. वर्ष 1993-94 का घाटा, वर्ष 1990-91 के घाटे का लगभग कितने गुना था?

(a) 1.4 (b) 1.5
(c) 2.5 (d) 0.5

32. वर्ष1989-90 में घाटे की तुलना में वर्ष 1993-94 में घाटे में प्रतिशत वृद्धि थी

(a) 200 (b) 150
(c) 100 (d) 2100

33. निम्नलिखित में से किस वर्ष में उससे पिछले वर्ष की अपेक्षा घाटे में प्रतिशत वृद्धि सबसे अधिक थी?

(a) 1992-93 (b) 1990-91
(c) 1993-94 (d) 1988-89

34. जिन वर्षों में व्यापार घाटा औसत घाटे से अधिक था उनकी संख्या का उन वर्षों से अनुपात, जिसमें व्यापार घाटा औसत से कम था, है

(a) 3 : 5 (b) 5 : 3
(c) 4 : 4 (d) 3 : 4

35. वर्ष 1992-93 में व्यापार घाटा, औसत घाटे के लगभग कितने प्रतिशत था?

(a) 150 (b) 140 (c) 125 (d) 90

उत्तरमाला

1. (a)	2. (a)	3. (b)	4. (b)	5. (c)	6. (b)	7. (d)	8. (b)	9. (c)	10. (b)
11. (c)	12. (a)	13. (c)	14. (b)	15. (c)	16. (c)	17. (b)	18. (c)	19. (d)	20. (a)
21. (c)	22. (a)	23. (b)	24. (d)	25. (c)	26. (c)	27. (a)	28. (a)	29. (b)	30. (c)
31. (b)	32. (c)	33. (d)	34. (a)	35. (c)					

RPF/RPSF

सामान्य बुद्धिमत्ता एवं तर्कशक्ति

अध्याय 1

सादृश्यता

ANALOGY

''सादृश्यता'' का शाब्दिक अर्थ समानता है। सादृश्यता से आशय किसी विषय वस्तु का उसके गुण, धर्म, आकार, प्रकार लक्षण, आचार-विचार में निहित समानता या सहसम्बन्ध है।

इस प्रकार के प्रश्नों में दिए गए दो तत्वों के मध्य के सम्बन्ध पर विचार करते हुए दिए गए विकल्पों में से समानतम ऐसे तत्व का चयन करना होता है जिसका सम्बन्ध दिए गए तीसरे तत्व के साथ वही समान सम्बन्ध हो।

सादृश्यता के अन्तर्गत निम्न प्रकार के प्रश्न पूछे जाते हैं

शब्द सादृश्यता

शब्द सादृश्यता के अन्तर्गत हिन्दी शब्दों पर आधारित प्रश्न पूछे जाते हैं। शब्द सादृश्यता का क्षेत्र बहुत ही व्यापक होता है क्योंकि सादृश्यता पर आधारित प्रश्नों की विषय वस्तु सामाजिक, सांसारिक, भौगोलिक, सांस्कृतिक, धार्मिक, देश-दुनिया से सम्बन्धित हो राकती है।

राज्य-राजधानी सम्बन्ध

राज्य	राजधानी	राज्य	राजधानी
असम	दिसपुर	नागालैंड	कोहिमा
अरूणाचल प्रदेश	इटानगर	पंजाब	चंडीगढ़
आंध्र प्रदेश	हैदराबाद	पश्चिम बंगाल	कोलकाता
उत्तर प्रदेश	लखनऊ	बिहार	पटना
ओड़ीसा	भुवनेश्वर	महाराष्ट्र	मुम्बई
उत्तरांचल	देहरादून	मध्य प्रदेश	भोपाल
कर्नाटक	बंगलुरू	मणिपुर	इम्फाल
केरल	तिरूवनन्तपुरम्	मेघालय	शिलांग
गुजरात	गाँधीनगर	मिजोरम	आइजोल
गोवा	पणजी	राजस्थान	जयपुर
छत्तीसगढ़	रायपुर	सिक्किम	गंगटोक
जम्मू-कश्मीर	श्रीनगर	हरियाणा	चंडीगढ़
झारखण्ड	रांची	हिमाचल प्रदेश	शिमला
तमिलनाडु	चेन्नई	त्रिपुरा	अगरतला

केन्द्रशासित प्रदेश-राजधानी सम्बन्ध

केन्द्रशासित प्रदेश	राजधानी	केन्द्रशासित प्रदेश	राजधानी
अण्डमान-निकोबार द्वीपसमूह'	पोर्टब्लयेर	दिल्ली	दिल्ली
		दमन एवं दीव	दमन
चंडीगढ़	चंडीगढ़	पाण्डिचेरी	पाण्डिचेरी
दादर और नगर हवेली	सिलवासा	लक्षद्वीप	कावारत्ती

शब्द विलोम सम्बन्ध

शब्द	विलोम	शब्द	विलोम
घृणा	प्रेम	आनन्द	उदासी
प्रारम्भिक	अन्तिम	उदय	अस्त
विरतृत	रांक्षिप्त	निर्दय	सदय
कुशल	अकुशल	जीवन	मरण
अच्छा	बुरा	मृत्यु	जीवन
क्रूर	दयालु	सम्मान	अपमान

देश-राजधानी-मुद्रा-संसद सम्बन्ध

देश	राजधानी	मुद्रा	संसद
अर्जेण्टीना	ब्यूनस आयर्स	ऑस्ट्रल	नेशनल कांग्रेस
अफगानिस्तान	काबुल	अफगानी	शोरा
आस्ट्रेलिया	कैनबरा	ऑ. डॉलर	पार्लियामेण्ट
ईरान	तेहरान	रियाल	मजलिस
कनाडा	ओटावा	कै. डॉलर	पार्लियामेण्ट
जर्मनी	बर्लिन	यूरो	बुंडस्टाग
जापान	टोक्यो	येन	डायट
नेपाल	काठमाण्डू	नेपाली रूपया	राष्ट्रीय पंचायत

मात्रा-इकाई सम्बन्ध

मात्रा	इकाई	मात्रा	इकाई
दाब	पास्कल	समय	सेकेंड
पदार्थ की मात्रा	मोल	विद्युत शक्ति	वाट
भार	किलोग्राम	रोधकता	ओम
विद्युतधारा	एम्पीयर	गुरूत्वाकर्षण	न्यूटन
कोण	रेडियन	आवृत्ति	हर्ट्ज

मात्रा	इकाई	मात्रा	इकाई
विभव	वोल्ट	प्रदीप्ति	लक्स
कार्य	जूल	तापमान	केल्विन, डिग्री सेल्सियस
विद्युत	कूलॉम	ऊष्मा	कैलोरी
लम्बाई	मीटर	विद्युतीय आवेग	फैराडे

विज्ञान एवं अध्ययन सम्बन्ध

विज्ञान/शास्त्र	अध्ययन-क्षेत्र	विज्ञान/शास्त्र	अध्ययन-क्षेत्र
सोशियोलॉजी	समाज	नेफ्रोलॉजी	गुर्दा
नीडोलोलॉजी	घोंसले	पैथोलॉजी	रोग
फाइकोलॉजी	शैवाल	वाइरोलॉजी	विषाणु
एन्थ्रोपोलॉजी	मानव	हीमैटोलॉजी	रक्त
ऑर्निथोलॉजी	पक्षी	पेडोलॉजी	मिट्टी
पैलियेन्टोलॉजी	जीवाश्म	जूलॉजी	जीव-जन्तु
कार्डियोलॉजी	हृदय	बॉटनी	पौधे
एन्टीमोलॉजी	कीट	हिस्टोलॉजी	ऊतक

उपकरण-भाव सम्बन्ध

उपकरण	माप	उपकरण	माप
थर्मामीटर	तापमान	रेनगेज	वर्षा
एमीटर	विद्युत-धारा	सिस्मोग्राफ	भूकम्प (तीव्रता और मूल स्थान)
लैक्टोमीटर	दूध की शुद्धता		
बैरोमीटर	वायुदाब	वोल्टमीटर	विभव अन्तर (विभवान्तर)
कैलोरीमीटर	ऊष्मा	प्लेनोमीटर	समतल सतह का क्षेत्रफल

देश-खेल सम्बन्ध

देश	राष्ट्रीय खेल	देश	राष्ट्रीय खेल
भारत	हॉकी	अमेरिका	बेसबॉल
पाकिस्तान	हॉकी	इंग्लैण्ड	क्रिकेट
आस्ट्रेलिया	क्रिकेट	स्पेन	सांड़ों की लड़ाई
स्कॉटलैण्ड	रग्बी फुटबॉल	कनाडा	आइस हॉकी

उदाहरण 1 जिस प्रकार मृग, मृगी से सम्बन्धित है उसी प्रकार लड़का, किससे सम्बन्धित है?

(a) लड़की (b) महिला
(c) औरत (d) माँ

हल *(a)* जिस प्रकार मृग, मृगी का पुरूष वाचक है उसी प्रकार लड़का, लड़की का पुरुष वाचक है।

उदाहरण 2 जिस प्रकार 'आनन्द' का सम्बन्ध 'उदासी' से है, उसी प्रकार 'विस्तृत' का सम्बन्ध .... से हैं?

(a) घृणा (b) क्रूर
(c) प्यार (d) संक्षिप्त

हल *(d)* जिस प्रकार आनन्द का विपरीत अर्थ उदासी है ठीक उसी प्रकार विस्तृत का विपरीत अर्थ संक्षिप्त है।

उदाहरण 3 बाईं ओर के दो शब्दों के मध्य सम्बन्ध को समझकर दाईं ओर के जोड़े के लिए समान शब्द चुनिए।

भारत : अशोक चक्र : : थाइलैण्ड : ?

(a) मक्का (b) लिली
(c) गरूड़ (d) गुलाब

हल *(c)* जिस प्रकार अशोक चक्र भारत का राष्ट्रीय प्रतीक है उसी प्रकार गरूड़ थाइलैण्ड का राष्ट्रीय प्रतीक है।

संख्या सादृश्यता

संख्या सादृश्यता के अन्तर्गत संख्याओं की विभिन्न संक्रियाओं पर आधारित प्रश्न पूछे जाते हैं जो गुणा, भाग, योग, घटाव, वर्ग, घन पर आधारित होते हैं।

उदाहरण 4 जिस प्रकार 5 का सम्बन्ध 30 से है उसी प्रकार 11 का सम्बन्ध किससे है?

(a) 133 (b) 130 (c) 132 (d) 142

हल *(c)* जिस प्रकार, उसी प्रकार,

5 → 30 ($5\times(5+1)$)   11 → [132] ($11\times(11+1)$)

निर्देश (उदा. सं. 5 और 6) *नीचे दिए गए प्रश्न में चिन्ह (: :) के बाईं ओर की दो संख्याओं के मध्य सम्बन्ध को समझकर चिन्ह (: :) के दाईं ओर प्रश्नवाचक चिन्ह के स्थान पर सम्बन्धित संख्या चुनिए।*

उदाहरण 5 32 : 23 : : 61 : ?

(a) 16 (b) 52 (c) 71 (d) 48

हल *(a)* जिस प्रकार, उसी प्रकार,

3 2 ⟶ 2 3   6 1 ⟶ [1 6]

प्रश्न में अंकों को पलट पर प्रयोग किया गया है।

उदाहरण 6 62 : 4 : : 85 : ?

(a) 4 (b) 3 (c) 6 (d) 8

हल *(b)* जिस प्रकार, उसी प्रकार,

62 ⟶ 4 (6–2)   85 ⟶ [3] (8–5)

यहाँ संख्या में प्रयुक्त दोनों अकों का अन्तर उत्तर रूप में प्रयोग किया गया है।

अक्षर सादृश्यता

अक्षर सादृश्यता के अन्तर्गत अंग्रेजी वर्णमाला के अक्षरों पर आधारित प्रश्न पूछे जाते हैं। इस प्रकार के प्रश्नों में प्रथम दो अक्षर या अक्षर समूह में सम्बन्ध को ज्ञात कर इसी आधार पर तीसरे अक्षर या अक्षर समूह के लिए उचित विकल्प चुनना होता है।

अंग्रेजी वर्णमाला पर आधारित प्रश्न अक्षरों के क्रमांकिक मान पर आधारित होते हैं जोकि निम्नवत् हैं

अक्षर	A	B	C	D	E	F	G	H	I	J	K	L	M
क्रमांकिक मान	1	2	3	4	5	6	7	8	9	10	11	12	13
अक्षर	N	O	P	Q	R	S	T	U	V	W	X	Y	Z
क्रमांकिक मान	14	15	16	17	18	19	20	21	22	23	24	25	26

निर्देश (उदा. सं. 7-10) *नीचे दिए गए प्रश्नों में चिह्न (: :) के बाईं ओर के दो अक्षर/अक्षर समूह के मध्य के सम्बन्ध को समझकर चिह्न (: :) के दाईं ओर प्रश्नवाचक चिन्ह के स्थान पर सम्बन्धित संख्या चुनिए।*

उदाहरण 7 BE : HK : : KN : ?

(a) QU (b) TQ (c) ST (d) QT

हल *(d)* जिस प्रकार, उसी प्रकार,

B E ⟶ H K (+6, +6)   K N ⟶ [Q T] (+6, +6)

अत: प्रश्नवाचक चिन्ह के स्थान पर अक्षर युग्म QT आएगा।

उदाहरण 8 AND : BPG : : NOT : ?

(a) OWQ (b) OQW (c) QWO (d) QOW

हल *(b)* जिस प्रकार, उसी प्रकार,

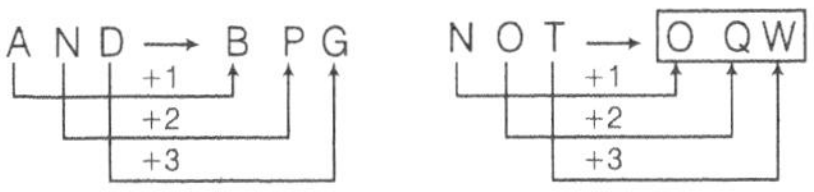

अत: प्रश्नवाचक चिन्ह के स्थान पर अक्षर समूह OQW आएगा।

उदाहरण 9 GOD : TLW : : HAT : ?

(a) SZG (b) SZH (c) SZT (d) SGZ

हल *(a)* जिस प्रकार, उसी प्रकार,

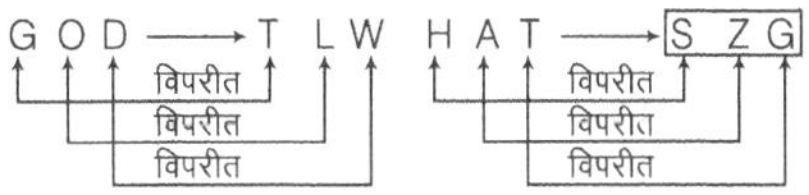

उदाहरण 10 GOD : 26 : : RAM : ?

(a) 36 (b) 32 (c) 34 (d) 23

हल *(b)* जिस प्रकार. उसी प्रकार,

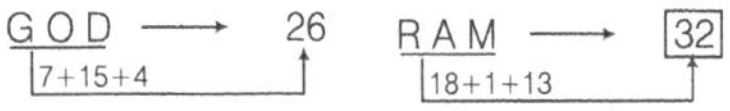

यहाँ अक्षरों के क्रमांकिक मान को योग करके उत्तर प्राप्त किया गया है।

✓ अति महत्त्वपूर्ण प्रश्न

1. जिस प्रकार लाइबेरियन का सम्बन्ध पुस्तक से है उसी प्रकार बैंकर का सम्बन्ध किससे हैं?

(a) धन (b) ग्राहक (c) बैंक (d) लेनदार

2. सरसों जिस प्रकार बीज से सम्बन्धित है ठीक उसी प्रकार आम निम्न में से किससे सम्बन्धित है?

(a) फूल (b) फल (c) पेड़ (d) रस

3. मछली जैसे जल से सम्बन्धित है वैसे ही चिड़िया किससे सम्बन्धित है?

(a) जल (b) भोजन (c) आकाश (d) वायु

4. सचिन तेन्दुलकर जिस प्रकार क्रिकेट से सम्बन्धित है उसी प्रकार सानिया मिर्जा किससे सम्बन्धित है?

(a) टेनिस (b) शिक्षा (c) शतरंज (d) बॉक्सिंग

5. जिस प्रकार पुस्तक का सम्बन्ध छपाई से है उसी प्रकार कापी का सम्बन्ध किससे है?

(a) सम्पादन (b) सन्साधन
(c) हस्तलिपि (d) लिखाई

निर्देश (प्र. सं. 6-15) *नीचे दिए गए प्रत्येक प्रश्न में चिन्ह (: :) के बाईं ओर दो शब्द दिए गए हैं जिनमें आपस में कोई सम्बन्ध है ठीक उसी प्रकार का सम्बन्ध चिन्ह (: :) के दाईं ओर दिए गए शब्द तथा उसके नीचे दिए गए विकल्पों में से किसी एक शब्द के बीच में भी है। वही विकल्प आपका उत्तर है।*

6. गाय : बछडा : : बकरी : ?

(a) पिल्ला (b) छौना (c) मेमना (d) बछडा

7. युवा : बूढ़ा : : विस्तृत : ?

(a) संकीर्ण (b) लम्बा (c) बड़ा (d) श्रेणी

8. अनाज : खेत : : स्टील : ?

(a) खदान (b) अयस्क (c) लोहा (d) फैक्ट्री

9. सिपाही : सेना : : शिष्य : ?

(a) शिक्षा (b) कक्षा (c) छात्र (d) शिक्षक

10. कली : फूल : : छोटा पौधा : ?

(a) फल (b) बीज (c) बागान (d) पेड़

11. अरूणाचल प्रदेश : ईटानगर : : मणिपुर : ?

(a) आइजोल (b) गंगटोक (c) इम्फाल (d) अगरतला

12. क्रूर : दयालु : : सम्मान : ?

(a) अपमान (b) प्रशंसा (c) आज्ञा (d) आदेश

13. जापान : येन : : ईरान : ?

(a) शोरा (b) आस्ट्रल (c) डालर (d) रियाल

14. एन्टीमोलॉजी : कीट : : पेडोलाजी : ?

(a) ऊतक (b) रक्त (c) मिट्टी (d) विषाणु

15. रेनगेज : वर्षा : : बैरोमीटर : ?

(a) तापमान (b) वायुदाब
(c) भूकम्प तीव्रता (d) विद्युत धारा

निर्देश (प्र.सं. 16-17) *नीचे दिए गए तीन शब्द किसी वर्ग विशेष के घोतक हैं उस वैकल्पिक घोतक शब्द को ज्ञात कीजिए।*

16. कैनबरा, बर्लिन, ओटावा

(a) शहर (b) देश (c) राजधानी (d) महाद्वीप

17. हर्टज, फैराडे, ओम

(a) भूगोल (b) इकाई (c) उपकरण (d) रेडियन

18. जिस प्रकार 64 सम्बन्धित है 8 से उसी प्रकार 256 किससे सम्बन्धित है?

(a) 12 (b) 16 (c) 18 (d) 17

19. जिस प्रकार 216 सम्बन्धित है 6 से उसी प्रकार 1728 किससे सम्बन्धित है?

(a) 18 (b) 16 (c) 11 (d) 12

20. जिस प्रकार 6 सम्बन्धित है 48 से, उसी प्रकार 8 किससे सम्बन्धित है?

(a) 80 (b) 90 (c) 78 (d) 88

निर्देश (प्र.सं. 21-25) *नीचे दिए गए प्रश्नों में चिह्न (: :) के बाईं ओर दो संख्याएँ तथा दाईं ओर एक संख्या एवं एक प्रश्न चिन्ह दिया गया है। आपको प्रश्नवाचक चिन्ह के स्थान पर चारों विकल्पों में से उस संख्या को चुनना है जिसका दाईं ओर वाली संख्या से वही सम्बन्ध हो जैसा कि बाईं ओर की दोनों संख्याओं में है।*

21. 4 : 22 : : 7 : ?
(a) 35 (b) 49 (c) 48 (d) 37

22. 64 : 512 : : 144 : ?
(a) 1727 (b) 1729 (c) 1728 (d) 1730

23. 234 : 24 : : 182 : ?
(a) 18 (b) 82 (c) 12 (d) 16

24. 92 : 7 : : 73 : ?
(a) 4 (b) 5 (c) 3 (d) 6

25. 103 : 4 : : 456 : ?
(a) 12 (b) 15 (c) 16 (d) 21

निर्देश (प्र.सं. 26-30) *निम्नलिखित प्रश्नों में उत्तर विकल्पों में चार संख्या समुच्चय दिए गए हैं इनमें से उस संख्या समुच्चय को पहचानिए जो प्रश्न में दिए गए समुच्चय के समान हो?*

26. 12-19-33
(a) 8-16-24 (b) 9-18-25 (c) 6-13-27 (d) 5-10-15

27. 35-29-21
(a) 94-88-80 (b) 78-72-62 (c) 55-49-38 (d) 47-39-33

28. 8-17-35
(a) 9-18-36 (b) 7-15-31 (c) 10-21-42 (d) 6-14-30

29. 9-81-18
(a) 6-36-38 (b) 5-25-54
(c) 10-100-010 (d) 7-49-94

30. 1-4-12
(a) 5-15-60 (b) 9-72-144
(c) 4-16-48 (d) 8-32-128

31. जिस प्रकार I सम्बन्धित है N से उसी प्रकार Q किससे सम्बन्धित है?
(a) T (b) U (c) V (d) W

32. जिस प्रकार W सम्बन्धित है P से उसी प्रकार R किससे सम्बन्धित है?
(a) M (b) K (c) L (d) J

33. DI : HM : : KP : ?
(a) OT (b) OS (c) OR (d) OW

34. BG : IN : : EJ : ?
(a) LO (b) LQ (c) KQ (d) LR

35. BAT : CCW : : GOD : ?
(a) HQI (b) HQH (c) HQG (d) HQD

36. BOY : DSE : : RAM : ?
(a) SET (b) TET (c) TER (d) TES

37. NOT : MLG : COW : ?
(a) DLX (b) XLE (c) XLD (d) XMD

38. BY : 27 : : NO : ?
(a) 29 (b) 28 (c) 27 (d) 30

39. GO : 105 : : DO ?
(a) 100 (b) 65 (c) 60 (d) 75

40. TEN : 78 : : BAD : ?
(a) 12 (b) 14 (c) 16 (d) 22

उत्तरमाला

1	(a)	2	(b)	3	(c)	4	(a)	5	(d)	6	(c)	7	(a)	8	(d)	9	(b)	10	(d)
11	(c)	12	(a)	13	(d)	14	(c)	15	(b)	16	(c)	17	(b)	18	(b)	19	(d)	20	(a)
21	(d)	22	(c)	23	(d)	24	(a)	25	(b)	26	(c)	27	(a)	28	(b)	29	(d)	30	(c)
31	(c)	32	(b)	33	(a)	34	(b)	35	(c)	36	(d)	37	(c)	38	(a)	39	(c)	40	(b)

सॉल्यूशन्स

1. (a) जिस प्रकार लाइब्रेरियन, पुस्तकों की देखभाल करता है ठीक उसी प्रकार बैंकर धन की देखभाल करता है।

2. (b) जिस प्रकार सरसों 'बीज' रूप में होती है उसी प्रकार आम 'फल' रूप में होता है।

3. (c) जिस प्रकार मछली जल में तैरती है उसी प्रकार चिड़िया आकाश में उड़ती है।

4. (a) जिस प्रकार सचिन तेन्दुलकर क्रिकेट के खिलाड़ी हैं उसी प्रकार सानिया मिर्जा टेनिस की खिलाडी है।

5. (d) जिस प्रकार पुस्तक में छपाई की जाती है उसी प्रकार कापी पर लिखाई की जाती है।

6. (c) बछड़ा गाय का बच्चा होता है उसी प्रकार मेमना बकरी का बच्चा होता है।

7. (a) जिस प्रकार बूढ़ा-युवा का विपरीत है ठीक उसी प्रकार संकीर्ण, विस्तृत का विपरीत है।

8. (d) जिस प्रकार अनाज का उत्पादन खेत में किया जाता है ठीक उसी प्रकार स्टील का उत्पादन फैक्ट्री में किया जाता है।

9. (b) जिस प्रकार सिपाही सेना का भाग होते हैं उसी प्रकार शिष्य कक्षा का भाग होते हैं।

10. (d) जिस प्रकार कली के बाद फूल बनता है उसी प्रकार छोटे पौधे के बाद में पेड़ का रूप ले लेते हैं।

11. (c) जिस प्रकार ईटानगर अरूणाचल प्रदेश की राजधानी है उसी प्रकार मणिपुर की राजधानी इम्फाल है।

12. (a) जिस प्रकार क्रूर और दयालु एक दूसरे के विपरीत है उसी प्रकार सम्मान और अपमान दोनों एक दूसरे के विपरीत है।

13. (d) जिस प्रकार येन जापान की मुद्रा है उसी प्रकार रियाल ईरान की मुद्रा है।

14. (c) जिस प्रकार एन्टीमोलाजी कीटों से सम्बन्धित अध्ययन विज्ञान है उसी प्रकार पेडोलाजी मिट्‌टी से सम्बन्धित अध्ययन विज्ञान है।

15. (b) जिस प्रकार रेनगेज वर्षा को मापने की इकाई है उसी प्रकार बैरोमीटर वायुदाब मापने की इकाई है।

16. (c) कैनबरा, बर्लिन तथा ओटवा तीनों ही विभिन्न देशों की राजधानी हैं।

17. (b) हर्टज, फैराडे तथा ओम, मात्राओं के मापने की इकाइयाँ हैं।

18. (b) जिस प्रकार,

$\sqrt{64} = 8$

उसी प्रकार,

$\sqrt{256} = \boxed{16}$

अतः 256, 16 से सम्बन्धित है।

19. (d) जिस प्रकार, उसी प्रकार,

$\sqrt[3]{216} = 6, \quad \sqrt[3]{1728} = \boxed{12}$

अतः 1728, 12 से सम्बन्धित है।

20. (a) जिस प्रकार, उसी प्रकार,

$6 \xrightarrow{(6\times6)+(6\times2)} 48 \qquad 8 \xrightarrow{(8\times8)+(8\times2)} \boxed{80}$

अतः 8, 80 से सम्बन्धित है।

21. (d) जिस प्रकार, उसी प्रकार,

$4 \xrightarrow{\times5+2} 22 \qquad 7 \xrightarrow{\times5+2} \boxed{37}$

अतः 7, 37 से सम्बन्धित है।

22. (c) जिस प्रकार, उसी प्रकार

$8 \xrightarrow{(8)^2} 64,\ 8 \xrightarrow{(8)^3} 572 \qquad 12 \xrightarrow{(12)^2} 144,\ 12 \xrightarrow{(12)^3} \boxed{1728}$

अतः 12, 1728 से सम्बन्धित है।

23. (d) जिस प्रकार, उसी प्रकार,

$234 \xrightarrow{2\times3\times4} 24 \qquad 182 \xrightarrow{1\times8\times2} \boxed{16}$

अतः 182, 16 से सम्बन्धित है।

24. (a) जिस प्रकार, उसी प्रकार,

$92 \xrightarrow{9-2} 7 \qquad 73 \xrightarrow{7-3} \boxed{4}$

अतः 73, 4 से सम्बन्धित है।

25. (b) जिस प्रकार, उसी प्रकार,

$103 \xrightarrow{1+0+3} 4 \qquad 456 \xrightarrow{4+5+6} \boxed{15}$

अतः 456, 15 से सम्बन्धित है।

26. (c) जिस प्रकार,

$12 \xrightarrow{+7} 19 \xrightarrow{+14} 33$

उसी प्रकार, $6 \xrightarrow{+7} 13 \xrightarrow{+14} 27$

27. (a) जिस प्रकार, $35 \xrightarrow{-6} 29 \xrightarrow{-8} 21$

उसी प्रकार, $94 \xrightarrow{-6} 88 \xrightarrow{-8} 80$

28. (b) जिस प्रकार,

$8 \xrightarrow{\times2+1} 17 \xrightarrow{\times2+1} 35$

उसी प्रकार, $7 \xrightarrow{\times2+1} 15 \xrightarrow{\times2+1} 31$

29. (d) जिस प्रकार,

$9 \xrightarrow{9\times9} 81 \xrightarrow{\text{विपरीत अंक}} 18$

उसी प्रकार, $7 \xrightarrow{7\times7} 49 \xrightarrow{\text{विपरीत अंक}} 94$

30. (c) जिस प्रकार, $1 \xrightarrow{\times4} 4 \xrightarrow{\times3} 12$

उसी प्रकार, $4 \xrightarrow{\times4} 16 \xrightarrow{\times3} 48$

31. (c) जिस प्रकार, उसी प्रकार

$I \xrightarrow{+5} N \qquad Q \xrightarrow{+5} \boxed{V}$

अतः Q उसी प्रकार V से सम्बन्धित है।

32. (b) जिस प्रकार, उसी प्रकार,

$W \xrightarrow{-7} P, \quad R \xrightarrow{-7} \boxed{K}$

अतः R उसी प्रकार K से सम्बन्धित है।

33. (a) जिस प्रकार, उसी प्रकार,

D I ⟶ H M (D +4 → H, I +4 → M) K P ⟶ O T (K +4 → O, P +4 → T)

अतः KP उसी प्रकार OT से सम्बन्धित है।

34. (b) जिस प्रकार, उसी प्रकार,

B G ⟶ I N (B +7 → I, G +7 → N) E J ⟶ L Q (E +7 → L, J +7 → Q)

अतः EJ उसी प्रकार LQ से सम्बन्धित है।

35. (c) जिस प्रकार, B A T ⟶ C C W (B +1 → C, A +2 → C, T +3 → W)

उसी प्रकार, G O D ⟶ H Q G (G +1 → H, O +2 → Q, D +3 → G)

अतः GOD उसी प्रकार HQG से सम्बन्धित है।

36. (d) जिस प्रकार, उसी प्रकार,

B O Y ⟶ D S E (B +2 → D, O +4 → S, Y +6 → E) R A M ⟶ T E S (R +2 → T, A +2 → ... , M +6 → S)

अतः RAM उसी प्रकार TES से सम्बन्धित है।

37. (c) जिस प्रकार, उसी प्रकार,

N O T ⟶ M L G (N विपरीत M, O विपरीत L, T विपरीत G) C O W ⟶ X L D (C विपरीत X, O विपरीत L, W विपरीत D)

अतः COW उसी प्रकार XLD से सम्बन्धित है।

38. (a) जिस प्रकार, उसी प्रकार,

$\overset{2\ 25}{B\ Y} \xrightarrow{2+25} 27 \quad \overset{14\ 15}{N\ O} \xrightarrow{14+15} \boxed{29}$

अतः NO उसी प्रकार 29 से सम्बन्धित है।

39. (c) जिस प्रकार, उसी प्रकार

$\overset{7\ 15}{G\ O} \xrightarrow{7\times15} 105 \quad \overset{4\ 15}{D\ O} \xrightarrow{4\times15} \boxed{60}$

अतः DO उसी प्रकार 60 से सम्बन्धित है।

40. (b) जिस प्रकार, $\overset{20\ 5\ 14}{T\ E\ N} \xrightarrow{(20+5+14)\times2} 78$

उसी प्रकार, $\overset{2\ 1\ 4}{B\ A\ D} \xrightarrow{(2+1+4)\times2} \boxed{14}$

अतः BAD उसी प्रकार 14 से सम्बन्धित है।

अध्याय 2

वर्गीकरण

CLASSIFICATION

किसी वस्तु/शब्द/संख्या आदि को उनके मध्य सामान्य गुण, धर्म, आकार, प्रकार, क्रम, रंग, रूप, लक्षण तथा विशेषता आदि के आधार पर अन्य से अलग परिभाषित करने की प्रक्रिया, वर्गीकरण कहलाती है।

इस प्रकार के प्रश्नों में चार शब्द/अक्षर या अक्षर युग्म/संख्याएँ दी होती हैं, जिनमें से तीन एक विशेष नियम के आधार पर समान होती हैं। अर्थात् समूह से अलग होती हैं। परीक्षार्थियों को उस भिन्न पद का चयन उत्तर के रूप में करना होता है।

वर्गीकरण पर आधारित प्रश्नों को निम्नलिखित प्रकार से समझा जा सकता हैं

शब्द वर्गीकरण

इस प्रकार के प्रश्नों में शब्दों के माध्यम से वर्गीकरण पर आधारित प्रश्न पूछे जाते हैं। शब्द वर्गीकरण का क्षेत्र बहुत ही व्यापक होता है जिसमें, देश-विदेश की धरोहर, संस्कृति, खेल, संसद, मुद्राएँ, राजधानी, भाषाएँ नदियाँ, शहर, राज्य आदि शब्दों को आधार मानकर वर्गीकरण किया जाता है।

स्थानों के नाम

महादेशों (महाद्वीपों) के नाम एशिया, अफ्रीका, यूरोप, आस्ट्रेलिया, उत्तरी अमेरिका, दक्षिणी अमेरिका आदि।

देश की राजधानियों के नाम लंदन (इंग्लैण्ड), वाशिंगटन डी. सी. (संयुक्त राज्य अमेरिका या यू. एस. ए.) नई दिल्ली (भारत), इस्लामाबाद (पाकिस्तान), मास्को (रूस), काठमाण्डू (नेपाल), माले (मालदीव), कोलम्बो (श्रीलंका), ढाका (बांग्लादेश), जकार्ता (इण्डोनेशिया), वियना (आस्ट्रिया), बर्लिन (जर्मनी), रोम (इटली), टोक्यो (जापान) आदि।

राज्य की राजधानियों के नाम लखनऊ (उत्तर प्रदेश), राँची (झारखंड), पटना (बिहार), भोपाल (मध्य प्रदेश), हैदराबाद (आंध्र प्रदेश), शिमला (हिमाचल प्रदेश), चेन्नई (तमिलनाडु), बंगलोर (कर्नाटक), भुवनेश्वर (ओडिसा), चंडीगढ़ (पंजाब और हरियाणा), जयपुर (राजस्थान), कोलकाता (पश्चिम बंगाल), मुम्बई (महाराष्ट्र) आदि।

देश-विदेश के प्रमुख शहरों के नाम अहमदाबाद (गुजरात, भारत), पुणे (महाराष्ट्र, भारत), आगरा (उत्तर प्रदेश, भारत), न्यूयार्क (यू. एस. एस.) सिडनी (ऑस्ट्रेलिया), कराची (पाकिस्तान), चटगाँव (बांग्लादेश), बड़ौदा (गुजरात, भारत), मुजफ्फरपुर (बिहार, भारत), भागलपुर (बिहार, भारत), कटक (उड़ीसा, भारत), सेंट पीटर्सबर्ग (रूस), वाराणसी (उत्तर प्रदेश, भारत), गुडगाँव (हरियाणा, भारत), ग्वालियर (मध्य प्रदेश, भारत) आदि।

पर्वतीय या पर्यटन स्थलों के नाम मसूरी (उत्तरांचल), नैनीताल (उत्तरांचल), मनाली (हिमाचल प्रदेश), उदयपुर (राजस्थान), दार्जिलिंग (पश्चिम बंगाल), हम्पी (कर्नाटक), खजुराहो (मध्य प्रदेश), कोणार्क (उड़ीसा), राजगीर (बिहार) आदि।

ओद्यौगिक नगरों के नाम

- **अलीगढ़** (उत्तर प्रदेश) ताला निर्माण के लिए प्रसिद्ध
- **आणंद** (गुजरात) दूध से बने पदार्थों के उत्पादन से सम्बन्धित
- **अहमदाबाद** (गुजरात) सूती वस्त्र उद्योगों के लिए प्रसिद्ध
- **फरीदाबाद** (हरियाणा) ट्रैक्टर एवं कृषि उपकरणों के निर्माण से सम्बन्धित
- **जमशेदपुर** (झारखण्ड) लौह एवं इस्पात उद्योगों के लिए प्रसिद्ध
- **उज्जैन** (मध्य प्रदेश) नायलोन धागा उद्योग से सम्बन्धित

शरीर के अंग

- **कमर से ऊपर का भाग** सिर, ललाट, चेहरा, आँख, नाक, मुँह, कान, गर्दन, कंधा, जीभ, बाँह, हाथ, छाती (सीना), पेट, पीठ आदि।
- **कमर के नीचे का भाग** पाँव, तलवा, एंडी, टखना, टाँग, घुटना, जाँघ, कमर आदि।
- **भीतरी भाग** ह्रदय, फेफड़ा, मस्तिष्क, गुर्दा, प्लीहा, अग्न्याशय, बड़ी आँत, छोटी आँत, गर्भाशय आदि।

फसलों के नाम

- **रबी फसल** गेहूँ, जौ, चना, तिलहन (राइ, सरसों, सूरजमुखी, सोयाबीन) आदि।
- **खरीफ फसल** चावल, मक्का, ज्वार, बाजरा, गन्ना, कपास आदि।
- **जायद फसद** ककड़ी, खीरा, तरबूज, खरबूजा आदि।
- **नकदी फसल** जूट, तम्बाकू, गन्ना, कपास आदि।
- **खाद्यान्न** चावल, दालें, गेहूँ, जौ, मक्का, ज्वार, बाजरा आदि।

निर्देश (उदा.सं. 1-3) *निम्नलिखित चार में से तीन किसी न किसी प्रकार से समान हैं अतः एक समूह का निर्माण करते हैं। उस एक शब्द का चयन कीजिए जो अन्य तीन से भिन्न है।*

उदाहरण 1 (a) मार्च (b) अप्रैल (c) जुलाई (d) अक्टूबर

हल (b) अप्रैल माह के अतिरिक्त अन्य सभी महीनों में दिनों की संख्या 31 होती है। जबकि अप्रैल माह में दिनों की संख्या 30 होती है।

उदाहरण 2 (a) कुत्ता (b) हिरन (c) बाघ (d) भेडिया

हल (b) हिरन के अतिरिक्त अन्य सभी जानवर माँसाहारी हैं जबकि हिरन शाकाहारी जानवर है।

उदाहरण 3 (a) वृक्ष (b) फल (c) पत्ती (d) शाखा

हल (a) वृक्ष के अतिरिक्त सभी वृक्ष के भाग हैं। अत: वृक्ष सभी से भिन्न हैं।

अक्षर-वर्गीकरण

इस प्रकार के वर्गीकरण के अन्तर्गत कुछ अक्षर/अक्षर-युग्म दिए जाते हैं। जिनमें से एक अक्षर/अक्षर-युग्म के अतिरिक्त अन्य सभी समान होते हैं। परीक्षार्थियों को उस विकल्प को चुनना होता है। जो अन्य तीन से भिन्न होता है।

नोट *अंग्रेजी अक्षर/अक्षर युग्म पर आधारित वर्गीकरण के प्रश्नों को हल करते समय अंग्रेजी वर्णमाला के अक्षरों के वर्णमाला क्रमांक, विपरीत अक्षरों को याद रखना आवश्यक है।*

अंग्रेजी अक्षर एवं उनके क्रमांकिक मान निम्नवत् है।

अक्षर	A	B	C	D	E	F	G	H	I	J	K	L	M
क्रमांकिक मान	1	2	3	4	5	6	7	8	9	10	11	12	13
अक्षर	N	O	P	Q	R	S	T	U	V	W	X	Y	Z
क्रमांकिक मान	14	15	16	17	18	19	20	21	22	23	24	25	26

स्वर अंग्रेजी वर्णमाला में पाँच स्वर होते हैं, जो निम्नवत् हैं

अक्षर	A	E	I	O	U
क्रमांकिक मान	1	5	9	15	21

व्यजन स्वर अक्षरों के अतिरिक्त अंग्रेजी वर्णमाला में 21 व्यंजन होते हैं जो निम्न हैं,

अक्षर	B	C	D	F	G	H	J	K	L	M	N
क्रमांकिक मान	2	3	4	6	7	8	10	11	12	13	14
अक्षर	P	Q	R	S	T	V	W	X	Y	Z	
क्रमांकिक मान	16	17	18	19	20	22	23	24	25	26	

निर्देश (उदा. सं. 4-6) *निम्नलिखित चार अक्षर/अक्षर-युग्म में से तीन किसी न किसी प्रकार से समान है। अतः एक समूह का निर्माण करते हैं। उस एक अक्षर/अक्षर-युग्म को चुनिए जो अन्य तीन से भिन्न है?*

उदाहरण 4 (a) A (b) E (c) U (d) K

हल (d) K के अतिरिक्त अन्य सभी स्वर है जबकि K व्यंजन है अत: K अन्य तीन से भिन्न है।

उदाहरण 5 (a) DG (b) RU (c) PT (d) JM

हल (c) जिस प्रकार,

$$\overset{4}{D} \xrightarrow{+3} \overset{7}{G}, \quad \overset{18}{R} \xrightarrow{+3} \overset{21}{U}$$

$$J \xrightarrow{+3} M$$

किन्तु,

$$\boxed{\overset{16}{P} \xrightarrow{+4} \overset{20}{T}}$$

अत: PT अन्य तीन से भिन्न है।

उदाहरण 6 (a) WSQ (b) PLJ (c) XSQ (d) NJH

हल (c) जिस प्रकार,

$$\overset{23}{W} \xrightarrow{-4} \overset{19}{S} \xrightarrow{-2} \overset{17}{Q},$$

$$\overset{24}{P} \xrightarrow{-4} \overset{12}{L} \xrightarrow{-2} \overset{10}{J}$$

$$\overset{14}{N} \xrightarrow{-4} \overset{10}{J} \xrightarrow{-2} \overset{8}{H}$$

किन्तु $$\boxed{\overset{24}{X} \xrightarrow{-5} \overset{19}{S} \xrightarrow{-2} \overset{17}{Q}}$$

अत: XSQ अन्य तीन से भिन्न है।

संख्या-वर्गीकरण

किसी अंक या संख्या को उनके गुणधर्म के आधार पर समूह से वर्गीकृत करने की प्रक्रिया संख्या वर्गीकरण कहलाती है।

संख्या वर्गीकरण संख्याओं के मध्य गणितीय संक्रियाओं के आधार पर किया जाता है जिनमें मुख्य रूप से वर्ग, घन, सम संख्या, विषम संख्या अभाज्य संख्या आदि विधियाँ हैं।

वर्ग

संख्या	1	2	3	4	5	6	7	8	9	10	11	12	13	14	15
वर्ग	1	4	9	16	25	36	49	64	81	100	121	144	169	196	225

घन

संख्या	1	2	3	4	5	6	7	8	9	10
घन	1	8	27	64	125	216	343	512	729	1000

सम संख्याएँ जो संख्याएँ दो से पूर्णरूप से विभाजित हो जाती हैं, सम संख्या कहलाती हैं जैसे–2, 4, 6, 8, 10, 12....... आदि।

विषम संख्या संख्याएँ जो दो से पूर्णरूप से विभाजित नहीं होती हैं विषम संख्या कहलाती हैं। जैसे–1, 3, 5, 7, 9, 11, 13, 15, 17, ... आदि।

अभाज्य संख्याएँ जो संख्याएँ स्वयं और 1 से विभाजित होती हैं अभाज्य संख्या कहलाती हैं। जैसे–1, 3, 5, 7, 11, 13, 17, 19, ... आदि

निर्देश (उदा. सं. 7-10) *निम्नलिखित चार संख्याओं में से तीन किसी न किसी प्रकार से समान हैं अतः एक समूह का निर्माण करती हैं। एक संख्या जो अन्य तीन से भिन्न है विकल्प रूप में चुनिए।*

उदाहरण 7 (a) 13 (b) 25 (c) 34 (d) 39

हल *(c)* संख्या 34 के अतिरिक्त अन्य सभी संख्याएँ विषम संख्याएँ है जबकि संख्या, 34 समसंख्या है।

उदाहरण 8 (a) 37 (b) 84 (c) 60 (d) 44

हल *(a)* संख्या 37 के अतिरिक्त अन्य सभी संख्याएँ 4 से पूर्णरूप से विभाज्य हैं जबकि संख्या 37, 4 पूर्णरूप से विभाज्य नहीं है।

उदाहरण 9 (a) 246 (b) 123 (c) 527 (d) 716

हल *(d)* संख्या 716 के अतिरिक्त अन्य संख्याओं में पहले दो अंकों को जोड़ने पर तीसरा अंक प्राप्त हो रहा है जबकि संख्या 716 में पहले अंक से दूसरे अंक को घटाने पर तीसरा अंक प्राप्त हो रहा है। जैसे — $2+4=6$, $1+2=3$, $5+2=7$

जबकि $7-1=6$

उदाहरण 10 (a) 8-35 (b) 9-72 (c) 6-78 (d) 11-99

हल *(a)* 8-35 के अतिरिक्त सभी जोड़ों में दाईं ओर की संख्या बाईं ओर की संख्या से पूरी-पूरी विभाजित हो जाती हैं जबकि 8-35 में ऐसा नहीं हैं।

✓ अति महत्त्वपूर्ण प्रश्न

निर्देश (प्र.सं. 1-10) *निम्नलिखित चार में से तीन शब्द किसी न किसी प्रकार से एक समान हैं अतः एक समूह का निर्माण करते हैं। बताइए कि इनमें से कौन-सा एक ऐसा शब्द है जो अन्य तीन शब्दों से भिन्न है अतः इस समूह से अलग प्रकृति का है उस भिन्न शब्द को ज्ञात कीजिए।*

1. *(a)* फरवरी *(b)* जून *(c)* अप्रैल *(d)* नवम्बर

2. *(a)* छत *(b)* खिड़की *(c)* दरवाजा *(d)* कमरा

3. *(a)* पहिया *(b)* ब्रेक *(c)* गाड़ी *(d)* सीट

4. *(a)* आलू *(b)* प्याज *(c)* गाजर *(d)* गोभी

5. *(a)* घबराना *(b)* काँपना *(c)* सोचना *(d)* डरना

6. *(a)* साइकिल *(b)* बस *(c)* कार *(d)* हवाई जहाज

7. *(a)* मुर्गी *(b)* गाय *(c)* भैंस *(d)* बकरी

8. *(a)* आँख *(b)* जाँघ *(c)* गर्दन *(d)* ललाट

9. *(a)* गर्भाशय *(b)* फेफड़ा *(c)* कमर *(d)* हृदय

10. *(a)* बिल्ली *(b)* कुत्ता *(c)* लोमड़ी *(d)* हाथी

निर्देश (प्र.सं. 11-15) *नीचे दिए गए प्रत्येक प्रश्न में चार जोड़े दिए गए हैं जिनमें से तीन जोड़े किसी प्रकार से एक जैसे हैं अतः एक समूह का निर्माण करते हैं बताइए इनमें से कौन-सा एक जोड़ा है जो अन्य तीनों से भिन्न है?*

11. *(a)* रक्त-लाल *(b)* दूध-सफेद *(c)* पत्ता-हरा *(d)* बाल-काला

12. *(a)* पेड़-जंगल *(b)* कक्षा-छात्र *(c)* वाक्य-शब्द *(d)* घण्टा-मिनट

13. *(a)* जल-कुआँ *(b)* बीज-पृथ्वी *(c)* ग्रह-आकाश *(d)* कोयला-खान

14. *(a)* शहद-मीठा *(b)* नमक-खारा *(c)* मिर्च-तीखी *(d)* दूध-कड़वा

15. *(a)* ट्रैक्टर-खेत *(b)* साइकिल-मोटर साइकिल *(c)* टेबल-कुर्सी *(d)* मनुष्य-शिशु

निर्देश (प्र.सं. 16-30) *नीचे दिए गए चार अक्षर/अक्षर-समूहों में से तीन एकसमान हैं अतः एक समूह का निर्माण करते हैं। बताइए कि इन चार में से कौन-सा एक अक्षर समूह है जो अन्य तीन से भिन्न है?*

16. (a) BE (b) HK (c) WZ (d) PT

17. (a) TO (b) XS (c) QM (d) ID

18. (a) EJ (b) PV (c) IO (d) DJ

19. (a) FU (b) GS (c) IR (d) LO

20. (a) ONE (b) TWO (c) GOD (d) BAD

21. (a) CFI (b) JFP (c) LIT (d) BFH

22. (a) ILT (b) MNW (c) STL (d) GHC

23. (a) BIP (b) ELS (c) KRX (d) HOV

24. (a) DGJ (b) PSV (c) ILO (d) TQN

25. (a) OQU (b) JLO (c) GIL (d) RTW

26. (a) BCEH (b) JKMP (c) TSQN (d) RSUX

27. (a) MADE (b) MORE (c) MOON (d) DONE

28. (a) JQEV (b) CXIR (c) LOGT (d) DWPL

29. (a) ZdHl (b) FiLo (c) KoSw (d) GkOs

30. (a) Holiday (b) Sunday (c) Monday (d) Thursday

निर्देश (प्र.सं. 31-45) *नीचे दिए गए चार विकल्पों में से तीन एकसमान हैं अतः एक समूह का निर्माण करते हैं। बताइए कि वह कौन-सा एक है जो अन्य तीन से भिन्न है।*

31. (a) 28 (b) 64 (c) 92 (d) 57

32. (a) 13 (b) 39 (c) 48 (d) 63

33. (a) 2 (b) 15 (c) 11 (d) 13
34. (a) 18 (b) 23 (c) 19 (d) 17
35. (a) 32 (b) 36 (c) 30 (d) 44
36. (a) 56 (b) 32 (c) 128 (d) 79
37. (a) 123 (b) 459 (c) 628 (d) 716
38. (a) 480 (b) 140 (c) 720 (d) 360
39. (a) 392 (b) 414 (c) 248 (d) 328
40. (a) 51 (b) 81 (c) 15 (d) 63
41. (a) 729 (b) 512 (c) 625 (d) 343
42. (a) 1467 (b) 3245 (c) 4231 (d) 5876
43. (a) 825 (b) 936 (c) 725 (d) 844
44. (a) 8715 (b) 6612 (c) 9716 (d) 8916
45. (a) 3115 (b) 7314 (c) 5128 (d) 7029

निर्देश (प्र.सं. 46-50) *नीचे दिए गए चार जोड़ों में से तीन जोड़े समान हैं तथा एक समूह का निर्माण करते हैं। बताइए कि वह कौन-सा जोड़ा है जो अन्य तीन से भिन्न है।*

46. (a) 6-12 (b) 8-15 (c) 12-18 (d) 22-28
47. (a) 8-512 (b) 7-343 (c) 3-27 (d) 4-16
48. (a) 8-75 (b) 7-63 (c) 12-108 (d) 13-156
49. (a) 11-132 (b) 4-48 (c) 12-146 (d) 8-96
50. (a) 3-1 (b) 28-9 (c) 36-12 (d) 30-10

उत्तरमाला

1	(a)	2	(d)	3	(c)	4	(d)	5	(b)	6	(d)	7	(a)	8	(b)	9	(c)	10	(d)
11	(d)	12	(a)	13	(c)	14	(d)	15	(d)	16	(d)	17	(c)	18	(a)	19	(b)	20	(a)
21	(c)	22	(a)	23	(c)	24	(d)	25	(a)	26	(c)	27	(c)	28	(d)	29	(b)	30	(a)
31	(d)	32	(c)	33	(b)	34	(a)	35	(c)	36	(d)	37	(d)	38	(b)	39	(c)	40	(b)
41	(c)	42	(a)	43	(a)	44	(d)	45	(b)	46	(b)	47	(d)	48	(a)	49	(c)	50	(b)

सॉल्यूशन्स

1. (a) फरवरी के अतिरिक्त अन्य सभी महीनों में 30 दिन होते हैं जबकि फरवरी में 28 या 29 दिन होते हैं।

2. (d) छत, खिड़की तथा दरवाजा एक सम्पूर्ण कमरे के भाग हैं। अत: कमरा अन्य सभी से भिन्न है।

3. (c) पहिया, ब्रेक तथा सीट, तीनों ही गाडी के भाग हैं। अत: गाडी अन्य सभी से भिन्न है।

4. (d) गोभी के अतिरिक्त अन्य सभी जमीन के अन्दर होने वाली सब्जियाँ हैं जबकि गोभी जमीन के ऊपर होने वाली सब्जी है।

5. (b) काँपना के अतिरिक्त सभी मानसिक क्रियाएँ हैं जबकि काँपना शारीरिक क्रिया है। अत: काँपना अन्य सभी से भिन्न है।

6. (d) हवाई जहाज के अतिरिक्त अन्य सभी सड़क पर चलने वाले माध्यम हैं जबकि हवाई जहाज हवा में उड़ने वाला माध्यम है।

7. (a) मुर्गी के अतिरिक्त अन्य सभी पशु हैं जबकि मुर्गी पक्षी है। अत: मुर्गी अन्य सभी से भिन्न है।

8. (b) जाँघ के अतिरिक्त अन्य सभी कमर से ऊपर के अंग हैं जबकि जाँघ कमर से नीचे का अंग है। अत: जाँघ अन्य सभी से भिन्न है।

9. (c) कमर के अतिरिक्त अन्य सभी शरीर के भीतरी अंग हैं जबकि कमर शरीर का बाहरी अंग है। अत: कमर अन्य सभी से भिन्न है।

10. (d) हाथी के अतिरिक्त अन्य सभी माँसाहारी जानवर हैं जबकि हाथी शाकाहारी जानवर है। अत: हाथी अन्य सभी से भिन्न है।

11. (d) रक्त, दूध तथा पत्ता क्रमश: सदैव लाल, सफेद, एवं हरे होते हैं। जबकि बाल हमेशा काले नहीं होते हैं। उम्र बढ़ने पर यह सफेद भी हो जाते हैं।

12. (a) पेड़-जंगल के अतिरिक्त अन्य जोड़ों में पहला दूसरे के मिलने से बना है जबकि पेड़-जंगल के मिलने से नहीं बनते हैं।

13. (c) गृह-आकाश के अतिरिक्त सभी जोड़ों में पहला दूसरे से निकाला जाता है जबकि गृह, आकाश से न तो निकाले जाते हैं न ही उत्पन्न किए जाते हैं।

14. (d) शहद, नमक तथा मिर्च क्रमश: मीठा, खारा, एवं तीखी होती हैं। जबकि दूध कड़वा नहीं होता है।

15. (d) मनुष्य-शिशु के अतिरिक्त अन्य सभी निर्जीव जोड़े हैं, जबकि मनुष्य और शिशु सजीव प्राणी हैं।

16. (d) PT के अतिरिक्त अन्य जोड़ों में दोनों अक्षरों के क्रमागत मान में 3 अंकों का अन्तर है। जबकि PT में चार अंकों का अन्तर है।

17. (c) QM के अतिरिक्त अन्य जोड़ों में दोनों अक्षरों के मध्य 5 अंकों का अन्तर है, जबकि QM में चार अंकों का अन्तर है।

18. (a) EJ के अतिरिक्त अन्य सभी जोड़ों में दोनों अक्षरों के मध्य 6 अंकों का अन्तर है जबकि EJ में पाँच अंकों का अन्तर है।

19. (b) GS के अतिरिक्त अन्य सभी जोड़ों में विपरीत अक्षरों का प्रयोग हुआ है जबकि GS विपरीत अक्षर नहीं है।

20. (a) ONE के अतिरिक्त अन्य शब्दों में केवल एक स्वर (vowel) का प्रयोग किया गया है जबकि शब्द ONE में स्वरों की संख्या दो है।

21. (c) LIT के अतिरिक्त अन्य शब्दों में पहले दो अक्षरों के क्रमांकिक मान का योग तीसरे अक्षर के क्रमागत मान के बराबर है जबकि

$L + I = T \Rightarrow 12 + 9 = 21 \neq 20$

22. (a) ILT के अतिरिक्त अन्य शब्दों में पहले दो अक्षर क्रमागत हैं जबकि ILT में ऐसा नहीं है।

23. (c) KRX के अतिरिक्त अन्य सभी में अक्षर बाएँ से दाएँ क्रमशः + 7 + 7 के क्रम में बढ़ रहे हैं जबकि KRX में अक्षर बाएँ से दाएँ + 7 + 6 के क्रम में बढ़ रहे हैं।

24. (d) TQN के अतिरिक्त अन्य सभी में अक्षर बाएँ से दाएँ क्रमशः + 3 + 3 के क्रम में बढ़ रहे हैं जबकि TQN में अक्षर बाएँ से दाएँ क्रमशः − 3 − 3 के क्रम में घट रहे हैं।

25. (a) OQU के अतिरिक्त अन्य सभी में अक्षर बाएँ से दाएँ क्रमशः + 2 + 3 के क्रम में आगे बढ़ रहे हैं जबकि OQU में अक्षर बाएँ से दाएँ + 2 + 4 के क्रम में बढ़ रहे हैं।

26. (c) TSQN के अतिरिक्त अन्य सभी में बाएँ से दाएँ + 1 + 2 + 3 के क्रम में बढ़ रहे हैं जबकि TSQN में बाएँ से दाएँ − 1 − 2 − 3 के क्रम में घट रहे हैं।

27. (c) MOON के अतरिक्त अन्य सभी में स्वर एक साथ नहीं हैं जबकि MOON में स्वर एक साथ हैं।

28. (d) DWPL के अतिरिक्त पहला एवं दूसरा और तीसरा एंव चौथा अक्षर एक दूसरे के विपरीत अक्षर हैं जबकि DWPC में पहला एवं दूसरा अक्षर ही विपरीत अक्षर हैं।

29. (b) FiLo के अतिरिक्त अन्य सभी में बड़े अक्षर + 4 के क्रम में बढ़कर छोटे अक्षरों में प्राप्त हो रहे हैं जबकि FiLo में अक्षर + 3 में क्रम में बढ़ रहे हैं।

30. (a) Holiday के अतिरिक्त अन्य शब्दों में दो स्वरों (vovel) का प्रयोग किया गया है जबकि Holiday में तीन स्वरों का प्रयोग किया गया है।

31. (d) 57 के अतिरिक्त अन्य सभी संख्याएँ सम संख्या है जबकि 57 विषम संख्या है।

32. (c) 48 के अतिरिक्त सभी विषम संख्याएँ हैं जबकि 48 सम संख्या है।

33. (b) 15 के अतिरिक्त अन्य सभी अभाज्य संख्या हैं जबकि 15 भाज्य संख्या है।

34. (a) 18 के अतिरिक्त अन्य सभी अभाज्य संख्या है, जबकि 18 सम/भाज्य संख्या है।

35. (c) 30 के अतिरिक्त अन्य सभी संख्याएँ 4 से पूर्णरूप से विभाजित हैं, जबकि संख्या 30, 4 से पूर्णरूप से विभाजित नहीं है।

36. (d) 79 के अतिरिक्त अन्य सभी संख्याएँ 8 से पूर्णरूप से विभाजित हैं जबकि संख्या 79, 8 से पूर्णरूप से विभाजित नहीं हैं।

37. (d) 716 के अतिरिक्त अन्यसभी संख्याओं में तीसरा अंक पहले दो अंकों का योगफल है जबकि संख्या 716 में तीसरा अंक पहले दो अंकों का अन्तर है।

38. (b) 140 के अतिरिक्त अन्य संख्याएँ 12 से पूर्णरूप से विभाजित हैं, जबकि संख्या 140, 12 से पूर्णरूप से विभाजित नहीं है।

39. (c) 248 के अतिरिक्त अन्य संख्याओं में एक अंक विषम है, जबकि संख्या 248 में ऐसा नहीं है।

40. (b) 81 के अतिरिक्त अन्य कोई भी संख्या पूर्ण वर्ग नहीं हैं, जबकि 81 पूर्णवर्ग संख्या है।

41. (c) 625 के अतिरिक्त अन्य सभी संख्याएँ पूर्ण घन संख्याएँ हैं जबकि 625 पूर्ण वर्ग $(25 \times 25 = 625)$ संख्या है।

42. (a) 1467 के अतिरिक्त सभी संख्याओं में क्रमागत अंकों का प्रयोग हुआ है जबकि 1467 में ऐसा नहीं है।

43. (a) 825 के अतिरिक्त दहाई और सैकडा के अंकों का अन्तर इकाई के अंक के बराबर है, जबकि 825 में ऐसा नहीं है।

$8 - 2 = 6 \neq 5$

44. (d) 8916 के अतिरिक्त अन्य संख्याओं में पहले दो अंकों का योगफल तीसरे चौथे अंकीय संख्या के बराबर है जबकि 8916 में ऐसा नहीं हैं।

$8 + 9 = 17 \neq 16$

45. (b) 7314 के अतिरिक्त पहले तीन अंकों का योग अन्तिम अंक के बराबर है जबकि 7314 में ऐसा नहीं है।

$7 + 3 + 1 = 11 \neq 4$

46. (b) 8-15 के अतिरिक्त अन्य सभी जोड़ों में पहली संख्या में 6 जोड़ने पर दूसरी संख्या प्राप्त की गई है जबकि 8 − 15 में ऐसा नहीं है।

$8 + 6 = 14 \neq 15$

47. (d) 4 − 16 के अतिरिक्त अन्य जोड़ों में संख्या एवं घनमूल का सम्बन्ध हैं जबकि 4 − 16 में संख्या एवं वर्गमूल का सम्बन्ध है।

48. (a) 8 − 75 के अतिरिक्त अन्य जोड़ों में दूसरी संख्या पहली संख्या से पूर्णरूप से विभाजित हो रही है जबकि 8 − 75 में ऐसा नहीं है।

49. (c) 12 − 146 के अतिरिक्त अन्य सभी जोड़ों में दूसरी संख्या पहली संख्या का 12 गुना है। जबकि 12 − 146 में ऐसा नहीं है।

50. (b) 28 − 9 के अतिरिक्त अन्य सभी जोड़ों में पहली संख्या दूसरी संख्या का तीन गुना है जबकि 28 − 9 में ऐसा नहीं है।

अध्याय 3

अक्षर-संख्या परीक्षण

ALPHABET-NUMBER TEST

अंग्रेजी भाषा में प्रयुक्त होने वाले अक्षरों को वर्ण कहा जाता है तथा वर्णों के संयुक्त रूप को वर्णमाला कहा जाता है। अंग्रेजी वर्णमाला में कुल 26 अक्षर होते हैं।

इस अध्याय के अन्तर्गत अंग्रेजी वर्णमाला तथा संख्याओं की शृंखला पर आधारित प्रश्न पूछे जाते हैं। अंग्रेजी वर्णमाला को इस प्रकार समझ सकते हैं।

अंग्रेजी वर्णमाल के कुल 26 अक्षरों में A पहला, B दूसरा, Y पच्चीसवाँ तथा Z छब्बीसवाँ अक्षर होता है। वर्णमाला के अक्षरों का प्रयोग उनके क्रमांकिक मान के आधार पर किया जाता है जो निम्नवत् है

अक्षर	A	B	C	D	E	F	G	H	I	J	K	L	M
क्रमांकिक मान	1	2	3	4	5	6	7	8	9	10	11	12	13
अक्षर	N	O	P	Q	R	S	T	U	V	W	X	Y	Z
क्रमांकिक मान	14	15	16	17	18	19	20	21	22	23	24	25	26

अंगेजी वर्णमाला के अक्षरों को शब्द E J O T Y के माध्यम से याद किया जा सकता है।

$$\overset{5}{E} \xrightarrow{+5} \overset{10}{J} \xrightarrow{+5} \overset{15}{O} \xrightarrow{+5} \overset{20}{T} \xrightarrow{+5} \overset{25}{Y}$$

शब्द EJOTY के अक्षरों में दो अक्षरों के मध्य 5 अंकों का अन्तर है। तथा दो अक्षरों के मध्य 4 अक्षर आते हैं। यहाँ E का अक्षर क्रमांक 5, J का 10, O का 15, T का 20 तथा Y का 25 है।

अंग्रेजी वर्णमाल के अक्षरों को शब्द CFILORUX के आधार पर याद किया जा सकता है,

$$\overset{3}{C} \xrightarrow{+3} \overset{6}{F} \xrightarrow{+3} \overset{9}{I} \xrightarrow{+3} \overset{12}{L} \xrightarrow{+3} \overset{15}{O} \xrightarrow{+3}$$

$$\overset{18}{R} \xrightarrow{+3} \overset{21}{U} \xrightarrow{+3} \overset{24}{X}$$

शब्द CFILORUX के अक्षरों में दो अक्षरों के मध्य 3 अंकों का अन्तर है तथा दो अक्षरों के मध्य 2 अक्षर आते हैं। यहाँ का अक्षर क्रमांक C का 3, F का 6, I का 9, L का 12, O का 15, R का 18, U का 21 तथा X का 24 है।

अंग्रेजी वर्णमाला का विपरीत क्रम वर्णमाला में अक्षर Z से A की ओर के क्रम को वर्णमाला का विपरीत क्रम कहते हैं, जो निम्नवत् है,

अक्षर	Z	Y	X	W	V	U	T	S	R	Q	P	O	N
क्रमांकिक मान	1	2	3	4	5	6	7	8	9	10	11	12	13
अक्षर	M	L	K	J	I	H	G	F	E	D	C	B	A
क्रमांकिक मान	14	15	16	17	18	19	20	21	22	23	24	25	26

अंग्रेजी वर्णमाला के विपरीत क्रम को शब्द BGLQV द्वारा याद किया जा सकता है,

$$\overset{25}{B} \xrightarrow{-5} \overset{20}{G} \xrightarrow{-5} \overset{15}{L} \xrightarrow{-5} \overset{10}{Q} \xrightarrow{-5} \overset{5}{V}$$

शब्द BGLQV के दो अक्षरों के मध्य 5 अंकों का अन्तर है तथा दो अक्षरों के मध्य 4 अक्षर आते हैं। यहाँ B का क्रमांक पच्चीसवाँ, G का बीसवाँ, L का पन्द्रहवाँ, Q का दसवाँ तथा V का पाँचवाँ है।

अंग्रेजी वर्णमाला में किसी भी अक्षर का विपरीत क्रम ज्ञात करने के लिए अक्षर की वास्तविक स्थिति को 27 से घटा देते हैं।

विपरीत क्रम = 27 – वास्तविक स्थिति

⇒ T की विपरीत क्रम में स्थिति $= 27 - T_{20} = 27 - 20 = 7$वीं

⇒ P की विपरीत क्रम में स्थिति $= 27 - P_{16} = 27 - 16 = 11$वीं

⇒ L की विपरीत क्रम में स्थिति $= 27 - L_{12} = 27 - 12 = 15$वीं

विपरीत अक्षर अंग्रेजी वर्णमाला में प्रत्येक अक्षर का एक विपरीत अक्षर होता है। वर्णमाला में बाईं ओर और दाईं ओर से समान दूरी पर स्थित अक्षर एक दूसरे के विपरीत अक्षर कहलाते हैं। अंग्रेजी वर्णमाला में दो विपरीत अक्षरों के क्रमांकिक मान का योग सदैव 27 होता है।

अक्षर	A	B	C	D	E	F	G	H	I	J	K	L	M
क्रमांकिक मान	1	2	3	4	5	6	7	8	9	10	11	12	13
अक्षर	Z	Y	X	W	V	U	T	S	R	Q	P	O	N
क्रमांकिक मान	26	25	24	23	22	21	20	19	18	17	16	15	14
योग	1+26 =27	2+25 =27	3+24 =27	4+23 = 27	5+22 = 27	6+21 = 27	7+20 = 27	8+19 = 27	9+18 =27	10+17 = 27	11+16 =27	12+15 = 27	13+14 = 27

अर्द्धांश अंग्रेजी वर्णमाला के कुल 26 अक्षरों को दो बराबर भागों में बाँटा जा सकता है, जिन्हें अर्द्धांश के नाम से जानते हैं।

प्रथम अर्द्धांश अंग्रेजी वर्णमाला के प्रथम 13 अक्षरों (A से M) के सुव्यवस्थित क्रम को प्रथम अर्द्धांश कहते हैं।

अक्षर	A	B	C	D	E	F	G	H	I	J	K	L	M
क्रमांकिक मान	1	2	3	4	5	6	7	8	9	10	11	12	13

द्वितीय अर्द्धांश अंग्रेजी वर्णमाला के अन्तिम 13 अक्षरों (N से Z) के सुव्यवस्थित क्रम को द्वितीय अर्द्धांश कहते हैं।

अक्षर	N	O	P	Q	R	S	T	U	V	W	X	Y	Z
क्रमांकिक मान	14	15	16	17	18	19	20	21	22	23	24	25	26

उदाहरण 1 अंग्रेजी वर्णमाला में बाएँ से 12वाँ अक्षर कौन-सा होगा ?

(a) M (b) K (c) L (d) N

हल *(c)* प्रश्नानुसार,

बायाँ 1 2 3 4 5 6 7 8 9 10 11 12...... 25 26 दायाँ
A B C D E F G H I J K [L] Y Z
बाएँ से 12 वाँ

अत: बाएँ से 12 वाँ अक्षर *L* है।

उदाहरण 2 अंग्रेजी वर्णमाला में दाएँ से 17वाँ अक्षर कौन-सा होगा ?

(a) L (b) K (c) J (d) I

हल *(c)* प्रश्नानुसार,

बायाँ 1 2 3 4 5 6 7 8 9
A B C D E F G H I

10 11 12 13 14 15 16 17 18 19 20 21 22 23 24 25 26 दायाँ
[J] K L M N O P Q R S T U V W X Y Z
दाएँ से 17वाँ

दाएँ से स्थिति = 27 – वास्तविक क्रम = 27– 17 = 10वाँ अक्षर = J

अत: दाएँ से 17वाँ अक्षर *J* है।

उदाहरण 3 अंग्रेजी वर्णमाला में बाएँ से 7 वें अक्षर के दाएँ 6वाँ अक्षर कौन-सा होगा ?

(a) M (b) N (c) L (d) P

हल *(a)* प्रश्नानुसार,

दाएँ से 6वाँ

बायाँ 1 2 3 4 5 6 7 8 9 10 11 12 13
A B C D E F G H I J K L M
बाएँ से 7वाँ

14 15 16 17 18 19 20 21 22 23 24 25 26 दायाँ
N O P Q R S T U V W X Y Z

अत: बाएँ से 7वाँ अक्षर *G* है तथा *G* के दाएँ 6 वाँ अक्षर *M* है।

उदाहरण 4 अंग्रेजी वर्णमाला में दाएँ से 5वें अक्षर के बाएँ 7वाँ अक्षर कौन-सा होगा?

(a) L (b) O

(c) M (d) N

हल *(b)* प्रश्नानुसार,

बायाँ 1 2 3 4 5 6 7 8 9 10 11 12 13 14
A B C D E F G H I J K L M N

दाएँ से 7वाँ

15 16 17 18 19 20 21 22 23 24 25 26 दायाँ
O P Q R S T U V W X Y Z
दाएँ से 5वाँ

अत: दाएँ से 5वाँ अक्षर *V* है तथा *V* के बाएँ 7वाँ अक्षर *O* है।

उदाहरण 5 दी गई शृंखला में ऐसे कितने 4 हैं जिनके तुरन्त पहले 7 है लेकिन बाद में 3 नहीं है।

5932174269746132874138325674439

(a) 3 (b) 2

(c) 1 (d) 4

हल *(a)* अभीष्ट संयोजन [7 | 4 | ~~3~~]

अत: शृंखला में ऐसे तीन संयोजन हैं

59321 [742] 69 [746] 1328 [741] 3832567439

निर्देश (उदा. सं. 6-7) *दी गई व्यवस्था का अध्ययन कर प्रश्नों के उत्तर दीजिए।*

BK5#MA3R%J2DEN@7W8©9PT

उदाहरण 6 उपरोक्त व्यवस्था में ऐसे कितने व्यंजन हैं जिनके ठीक पहले एक प्रतीक है परन्तु ठीक बाद में अक्षर नहीं है?

(a) एक (b) दो

(c) तीन (d) कोई नहीं

हल *(a)* अभीष्ट संयोजन

[प्रतीक | व्यंजन | ~~अक्षर~~]

अत: उपरोक्त व्यवस्था में ऐसा केवल एक संयोजन है यथा - %J2

उदाहरण 7 यदि उपरोक्त व्यवस्था में से सभी अंकों को हटा लिया जाए, तो निम्नलिखित में से कौन-सा बाएँ से 12वाँ होगा ?

(a) @ (b) N

(c) 7 (d) W

हल *(a)* नई व्यवस्था,

BK#MAR%JDEN@W©PT

अत: बाएँ से 12वाँ @ है।

✓ अति महत्त्वपूर्ण प्रश्न

1. अंग्रेजी वर्णमाला में बाएँ से 11वाँ अक्षर कौन-सा होगा ?
(a) L (b) K (c) M (d) N

2. अंग्रेजी वर्णमाला में दाएँ से 10वाँ अक्षर कौन-सा होगा ?
(a) Q (b) R (c) P (d) S

3. अंग्रेजी वर्णमाला में अक्षर H के दाएँ 5वाँ अक्षर कौन-सा होगा ?
(a) L (b) O (c) N (d) M

4. अंग्रेजी वर्णमाला में अक्षर R के बाएँ 7वाँ अक्षर कौन-सा होगा ?
(a) M (b) N (c) K (d) L

5. अंग्रेजी वर्णमाला में अक्षर T के बाएँ 5वाँ अक्षर कौन-सा होगा ?
(a) L (b) M (c) N (d) O

6. अंग्रेजी वर्णमाला में अक्षर Q के दाएँ पाँचवाँ अक्षर कौन-सा होगा?
(a) T (b) U (c) V (d) W

7. अंग्रेजी वर्णमाला में बाएँ से 9वें अक्षर के दाएँ 7वाँ अक्षर कौन-सा होगा ?
(a) Q (b) P (c) O (d) R

8. अंग्रेजी वर्णमाला में बाएँ से 11वें अक्षर के दाएँ 8वाँ अक्षर कौन-सा होगा ?
(a) S (b) R (c) T (d) Q

9. अंग्रेजी वर्णमाला में बाएँ से 15वें अक्षर के बाएँ 7वाँ अक्षर कौन-सा होगा ?
(a) F (b) I (c) G (d) H

10. अंग्रेजी वर्णमाला में बाएँ से 20वें अक्षर के बाएँ 11वाँ अक्षर कौन-सा होगा ?
(a) J (b) I (c) K (d) H

11. अंग्रेजी वर्णमाला मे दाएँ से 5वें अक्षर के बाएँ 7वाँ अक्षर कौन-सा होगा ?
(a) O (b) N (c) P (d) K

12. अंग्रेजी वर्णमाला में दाएँ से 12वें अक्षर के दाएँ 7वाँ अक्षर कौन-सा होगा ?
(a) T (b) U (c) V (d) W

13. यदि अंग्रेजी वर्णमाला को विपरीत क्रम में लिखा जाए, तो दाएँ से 8वें अक्षर के बाएँ 8वाँ अक्षर कौन-सा होगा?
(a) P (b) N (c) O (d) Q

14. यदि अंग्रेजी वर्णमाला को विपरीत क्रम में लिखा जाए, तो बाएँ से 5वें अक्षर के दाएँ 9वाँ अक्षर कौन-सा होगा?
(a) L (b) K (c) N (d) M

15. यदि अंग्रेजी वर्णमाला के प्रथम अर्द्धांश को विपरीत क्रम में लिखा जाए तो बाएँ से 8वें अक्षर के दाएँ 8वाँ अक्षर कौन-सा होगा ?
(a) P (b) N (c) O (d) Q

16. यदि अंग्रेजी वर्णमाला के प्रथम अर्द्धांश को विपरीत क्रम में लिखा जाए तो बाएँ से 21वें अक्षर के बाएँ 10वाँ अक्षर कौन-सा होगा ?
(a) E (b) D (c) C (d) F

17. यदि अंग्रेजी वर्णमाला के द्वितीय अर्द्धांश को विपरीत क्रम में लिखा जाए तो बाएँ से 12वें अक्षर के दाएँ चौथा अक्षर कौन-सा होगा ?
(a) U (b) T (c) W (d) X

18. यदि अंग्रेजी वर्णमाला के द्वितीय अर्द्धांश को विपरीत क्रम में लिखा जाए तो दाएँ से 8वें अक्षर के दाएँ 9वाँ अक्षर कौन-सा होगा ?
(a) K (b) J (c) L (d) M

19. निम्नलिखित संख्या श्रृंखला में सबसे कम बार किस अंक की पुनरावृत्ति हुई है?
8 4 6 7 3 4 3 7 8 3 4 4 5 6 3 4 6 4 3 4 8
(a) 7 (b) 8 (c) 4 (d) 5

20. दी गई श्रृंखला में ऐसे कितने K हैं जिनके तुरन्त पहले N है लेकिन बाद में U नहीं है।
ABCDKNLJMNKSTRZNKUANKUBWXNKLS
(a) 6 (b) 2 (c) 4 (d) 3

21. दी गई श्रृंखला में ऐसे कितने a हैं जिनके तुरन्त पहले r तथा तुरन्त बाद q नहीं है
raontlraqtsmsqarwtnmtlgradfenml
(a) 2 (b) 4 (c) 3 (d) 5

निर्देश (प्र. सं. 22-26) *निम्नलिखित व्यवस्था का ध्यानपूर्वक अध्ययन कर दिए गए प्रश्नों के उत्तर दीजिए।*

4K@⊥EF©2HD%38BIM6*UWY5$9GJ#7A

22. उपरोक्त व्यवस्था में ऐसे कितने प्रतीक है जिनके तुरन्त बाद एक संख्या और तुरन्त पहले एक अक्षर है
(a) एक (b) दो (c) तीन (d) चार

23. उपरोक्त व्यवस्था में से सभी संख्याएँ हटा दी जाएँ तो निम्न में से कौन-सा बाएँ से 12वाँ होगा?
(a) U (b) W (c) M (d) Y

24. उपरोक्त व्यवस्था में अपनी स्थिति के आधार पर निम्नलिखित चार में से तीन किसी प्रकार समान हैं अत: एक समूह का निर्माण करते हैं। वह कौन-सा है जो इस समूह में नहीं आता है।
(a) W5Y (b) D3% (c) JG$ (d) F2@

25. उपरोक्त व्यवस्था में ऐसे कितने व्यंजन हैं जिनके तुरन्त पहले एक अक्षर है तथा तुरन्त बाद में एक संख्या है
(a) एक (b) दो (c) तीन (d) कोई नहीं

26. उपरोक्त व्यवस्था में बाएँ से 19वें के बाएँ 10वाँ निम्नलिखित में से कौन-सा तत्त्व है ?
(a) 2 (b) H (c) D (d) %

निर्देश (प्र. सं. 27-30) *निम्नलिखित व्यवस्था का ध्यानपूर्वक अध्ययन कर दिए गए प्रश्नों के उत्तर दीजिए।*

M?2DBB7A496$T ÷ N5@VEW#U8F©3

27. उपरोक्त व्यवस्था पर आधारित शृंखला में प्रश्नवाचक चिन्ह के स्थान पर कौन-सा युग्म आएगा ?

2BB, A69, T5N, ?

(a) VW# (b) V#W (c) UV# (d) @WE

28. तत्व # के बाएँ 8वाँ तत्व कौन-सा है ?

(a) T (b) $ (c) 6 (d) ÷

29. उपरोक्त व्यवस्था में ऐसी कितनी अभाज्य संख्याएँ हैं जिनके तुरन्त बाद एक प्रतीक और तुरन्त पहले एक व्यंजन है?

(a) एक (b) दो (c) तीन (d) चार

30. दी गई व्यवस्था में सभी प्रतीक और संख्याएँ हटा दी जाएँ, फिर अक्षरों को वर्णानुक्रम में लगाया जाए तो निम्नलिखित में से कौन-सा बाएँ से छठा होगा ?

(a) F (b) N
(c) M (d) E

उत्तरमाला

1	(b)	2	(a)	3	(d)	4	(c)	5	(d)	6	(c)	7	(b)	8	(a)	9	(d)	10	(b)
11	(a)	12	(c)	13	(a)	14	(d)	15	(a)	16	(c)	17	(d)	18	(b)	19	(d)	20	(b)
21	(a)	22	(c)	23	(c)	24	(c)	25	(b)	26	(b)	27	(b)	28	(a)	29	(a)	30	(a)

सॉल्यूशन्स

1. (b) प्रश्नानुसार,

1 2 3 4 5 6 7 8 9 10 [11] 12 ---- 25 26
A B C D E F G H I J [K] L ------ Y Z
बायाँ ——— बाएँ से 11वाँ ——— दायाँ

अत: बाएँ से 11वाँ अक्षर K है।

2. (a) प्रश्नानुसार,

1 2 ---- 16 [17] 18 19 20 21 22 23 24 25 26
A B ---- P [Q] R S T U V W X Y Z
बायाँ ——— दाएँ से 10 वाँ अक्षर ——— दायाँ

अत: दाएँ से 10वाँ अक्षर Q है।

3. (d) प्रश्नानुसार,

A B C D E F G H I J K L [M] ---- Y Z
बायाँ ——— दाएँ 5वाँ ——— दायाँ

अत: अक्षर H के दाएँ 5वाँ अक्षर M है।

4. (c) प्रश्नानुसार,

A B --- [K] L M N O P Q R S T U V W X Y Z
बायाँ ——— बाएँ से 7वाँ ——— दायाँ

अत: अक्षर R के बाएँ 7वाँ अक्षर K है।

5. (d) प्रश्नानुसार,

A B ---------- [O] P Q R S T U V W X Y Z
बायाँ ——— बाएँ 5वाँ ——— दायाँ

अत: अक्षर T के बाएँ 5वाँ अक्षर O है।

6. (c) प्रश्नानुसार,

A B ------------- Q R S T U [V] W X Y Z
बायाँ ——— दाएँ 5 वाँ ——— दायाँ

अत: अक्षर Q के दाएँ 5वाँ अक्षर V है।

7. (b) प्रश्नानुसार,

बायाँ ——— दाएँ 7वाँ ——— दायाँ
A B C D E F G H [I] J K L M N O [P] -------- X Y Z
बाएँ से 9वाँ

अत: बाएँ से 9वें अक्षर I के दाएँ 7वाँ अक्षर P होगा।

8. (a) प्रश्नानुसार,

बायाँ ——— दाएँ 8वाँ ——— दायाँ
A B C D E F G H I J [K] L M N O P Q R [S] ----- Y Z
बाएँ से 11वाँ

अत: बाएँ से 11वें अक्षर K के दाएँ 8वाँ अक्षर S है।

9. (d) प्रश्नानुसार,

बायाँ ——— बाएँ 7वाँ ——— दायाँ
A B C D E F G [H] I J K L M N O --------- Y Z
बाएँ से 15वाँ

अत: बाएँ से 15वें अक्षर O के बाएँ 7वाँ अक्षर H है।

10. (b) प्रश्नानुसार,

बायाँ ——— बाएँ 11वाँ अक्षर ——— दायाँ
A B C D E F G H [I] J K L M N O P Q R S [T] --- Y Z
बाएँ से 20वाँ अक्षर

अत: बाएँ से 20वें अक्षर T के बाएँ 11वाँ अक्षर I है।

11. (a) प्रश्नानुसार,

बायाँ ——— दायाँ
A B ------------- [O] P Q R S T U [V] W X Y Z
दाएँ से 5वाँ

अत: दाएँ से 5वें अक्षर V के बाएँ 7वाँ अक्षर O है।

12. (c) प्रश्नानुसार,

बायाँ ——— दाएँ 7वाँ ——— दायाँ
A B ------------- [O] P Q R S T U [V] W X Y Z
दाएँ से 12वाँ अक्षर

अत: दाएँ से 12वें अक्षर O के दाएँ 7वाँ अक्षर V है।

13. (a) प्रश्नानुसार,

बायाँ ——— बाएँ 8वाँ ——— दायाँ
Z Y --------- [P] O N M L K J I [H] G F E D C B A
दाएँ से 8वाँ

अत: दाएँ से 8वें अक्षर H के बाएँ 8वाँ अक्षर P है।

14. (d) प्रश्नानुसार,

दाएँ 9वाँ

बायाँ ... दायाँ

ZYXWVUTSRQPON[M]------------BA

बाएँ से 5वाँ

अत: बाएँ से 5वें अक्षर V के दाएँ 9वाँ अक्षर M है।

15. (a) प्रश्नानुसार,

दाएँ 8वाँ

बायाँ ... दायाँ

MLKJIHG[F]EIDCBANOPQ---------YZ

बाएँ से 8वाँ

अत: बाएँ से 8वें अक्षर F के दाएँ 8वाँ अक्षर P होगा।

16. (c) प्रश्नानुसार,

बाएँ 10वाँ

बायाँ ... दायाँ

MLKJIHGFEID[C]BANOPQRST[U]---YZ

बाएँ से 21वाँ

अत: बाएँ से 21वें अक्षर U के बाएँ 10वाँ अक्षर C होगा।

17. (d) प्रश्नानुसार,

दाएँ 4वाँ

बायाँ ... दायाँ

AB------[L]MZY[X]WVUTSRQPON

बाएँ से 12वाँ

अत: बाएँ से 12वें अक्षर L के दाएँ 4वाँ अक्षर X होगा।

18. (b) प्रश्नानुसार,

बाएँ 9वाँ

बायाँ ... दायाँ

AB---[J]IKLMZYXWV[U]TSRQPON

दाएँ से 8वाँ

अत: दाएँ से 8वें अक्षर U के बाएँ 9वाँ अक्षर J होगा।

19. (d) प्रश्नानुसार,

अंक 7 ⇒ 2 बार

अंक 8 ⇒ 3 बार

अंक 4 ⇒ 7 बार

अंक 5 ⇒ 1 बार

अत: अंक 5 सबसे कम एक बार प्रयोग किया गया है।

20. (b) अभीष्ट संयोजन

N	K	~~Q~~

अत: उपरोक्त शृंखला में ऐसे दो संयोजन NKS तथा NKL हैं।

21. (a) अभीष्ट संयोजन

r	a	~~d~~

अत: व्यवस्था में ऐसे दो संयोजन (rao तथा rad) हैं।

22. (c) अभीष्ट संयोजन

अक्षर	प्रतीक	संख्या

अत: उपरोक्त शृंखला में ऐसे K@⊥, F©2, D%3, J#7 तीन संयोजन हैं।

23. (c) नई व्यवस्था,

K@⊥EFⒸHD%BI[M]*UWY$GJ#A

बाएँ से 12वाँ

अत: नई व्यवस्था में बाएँ से 12वाँ 'M' होगा।

24. (c) जिस प्रकार,

W 5 Y (+1, +2), D 3 % (+1, +2)

F 2 @ (+1, +1) किन्तु, J G $ (+2, −3)

अत: JG$ अन्य तीनों से भिन्न है।

25. (b) अभीष्ट संयोजन

अक्षर	व्यंजन	संख्या

अत: उपरोक्त व्यवस्था में ऐसे दो संयोजन (IM6, तथा WY5) हैं।

26. (b) व्यवस्था

बाएँ 10वाँ

4K@⊥EFÓ2[H]D%38BIM6*[U]WY5$9GJ#7A

बाएँ से 19वाँ

अत: उपरोक्त व्यवस्था में बाएँ से 19वें तत्व (U) के बाएँ 10वाँ तत्व H होगा।

27. (b) प्रश्नानुसार,

2 →(+3) B →(−1) B A →(+3) 6 →(−1) 9 T →(+3) 5 →(−1) (+3)

N [V →(+3) # →(−1) W] (+3)

अत: शृंखला में अगला युग्म V#W होगा।

28. (a) व्यवस्था,

m?2DBB7A496$[T]÷N5@VEW#U8FÓ3

बाएँ 8 वाँ

अत: तत्व # के बाएँ 8वाँ अक्षर T है।

29. (a) अभीष्ट संयोजन

व्यंजन	अभाज्य संख्या	प्रतीक

अत: उपरोक्त व्यवस्था में ऐसा केवल एक संयोजन (N5@) है।

30. (a) नई व्यवस्था MDBBATNVEWUF

वर्णमाला क्रम =

ABBDE[F]MNTUVW

अत: नई व्यवस्था में बाएँ से छठा अक्षर F है।

अध्याय 4

शृंखला
SERIES

अक्षर एवं अंकों का वह क्रम जो किसी नियम के आधार पर अग्रसर होता है, शृंखला कहलाता है। दूसरे शब्दों में, शृंखला, अक्षर एवं अंकों का वह सुव्यवस्थित क्रम जो कि एक निश्चित नियम का अनुसरण करता है। शृंखला को 'श्रेणी' के नाम से भी जानते हैं।

इस प्रकार के प्रश्नों में अक्षर एवं अंकों का एक क्रम दिया होता है। जिसमें एक स्थान पर प्रश्नवाचक चिह्न (?) या एक गलत पद दिया होता है। परीक्षार्थियों को शृंखला में प्रयोग किए गए नियम का आधार ज्ञात कर प्रश्नवाचक चिह्न (?) के स्थान पर आने वाले अक्षर या अंक को तथा गलत पद को ज्ञात करना होता है। शृंखला पर आधारित प्रश्नों को निम्न भागों में बाँटा जा सकता है।

अक्षर शृंखला

अक्षर शृंखला अंग्रेजी वर्णमाला पर आधारित होती है। अंग्रेजी वर्णमाला में कुल 26 अक्षर होते हैं। जिनमें A पहला तथा Z छब्बीसवाँ अक्षर होता है। अंग्रेजी वर्णमाला के अक्षर तथा उनके क्रमांकिक मान निम्नवत् हैं,

अक्षर	A	B	C	D	E	F	G	H	I	J	K	L	M
क्रमांकिक मान	1	2	3	4	5	6	7	8	9	10	11	12	13
अक्षर	N	O	P	Q	R	S	T	U	V	W	X	Y	Z
क्रमांकिक मान	14	15	16	17	18	19	20	21	22	23	24	25	26

अंग्रेजी वर्णमाला विपरीत क्रम में

अक्षर	Z	Y	X	W	V	U	T	S	R	Q	P	O	N
क्रमांकिक मान	1	2	3	4	5	6	7	8	9	10	11	12	13
अक्षर	M	L	K	J	I	H	G	F	E	D	C	B	A
क्रमांकिक मान	14	15	16	17	18	19	20	21	22	23	24	25	26

उदाहरण 1 दी गई शृंखला में प्रश्न वाचक चिह्न के स्थान पर कौन-सा अक्षर आएगा?

E, G, J, N, S, ?

(a) Z (b) Y (c) X (d) A

हल *(b)* शृंखला का क्रम निम्नवत् है,

$$E \xrightarrow{+2} G \xrightarrow{+3} J \xrightarrow{+4} N \xrightarrow{+5} S \xrightarrow{+6} \boxed{Y}$$

अतः प्रश्नवाचक चिह्न के स्थान पर अक्षर *Y* आएगा।

उदाहरण 2 दी गई शृंखला में प्रश्नवाचक चिह्न के स्थान पर कौन-सा अक्षर युग्म आएगा?

CX, DW, EV, FU, ?

(a) GH (b) GU (c) GT (d) HS

हल *(c)* शृंखला का क्रम निम्नवत् है

C X D W E V F U $\boxed{G\ T}$

$$C \xrightarrow{+1} D \xrightarrow{+1} E \xrightarrow{+1} F \xrightarrow{+1} G$$

$$X \xrightarrow{-1} W \xrightarrow{-1} V \xrightarrow{-1} U \xrightarrow{-1} T$$

अतः प्रश्नवाचक चिह्न के स्थान पर अक्षर युग्म *GT* आएगा।

नोट *इस शृंखला को विपरीत अक्षर युग्म के आधार पर भी हल किया जा सकता है।*

उदाहरण 3 निम्नलिखित अक्षर शृंखला में कौन-सा पद गलत है?

T, R, O, J, F

(a) T (b) O (c) F (d) J

हल *(d)* शृंखला का क्रम निम्नवत् है

$$T \xrightarrow{-2} R \xrightarrow{-3} O \xrightarrow{-4} \overset{K}{\boxed{J}} \xrightarrow{-5} F$$

शृंखला में गलत पद *J* है, तथा इसके स्थान पर उचित अक्षर *K* है।

अंक शृंखला

अंक शृंखलाएँ गणितीय संक्रियाओं पर आधारित होती हैं जिनमें जोड़, घटाव, गुणा, भाग, वर्ग, घन, भाज्य संख्या तथा अभाज्य संख्याओं की संक्रियाएँ होती हैं।

अति महत्त्वपूर्ण प्वाइंटस

- यदि शृंखला के पहले और अन्तिम पद में अन्तर अधिक न हो तो यह शृंखला सामान्य जोड़ या घटाव पर आधारित हो सकती है।
- यदि शृंखला के पहले और अन्तिम पद में अन्तर अधिक हो या दो पदों के मध्य अन्तर एकसाथ बढ़ता या घटता हो तो यह शृंखला गुणा या भाग पर आधारित हो सकती है।

उदाहरण 4 नीचे दी गई संख्या शृंखला में प्रश्नवाचक चिह्न (?) के स्थान पर कौन-सी संख्या आएगी?

8, 14, 21, 29, 38, ?

(a) 48 (b) 47 (c) 46 (d) 49

हल *(a)* शृंखला का क्रम निम्नवत् है,

$$8 \xrightarrow{+6} 14 \xrightarrow{+7} 21 \xrightarrow{+8} 29 \xrightarrow{+9} 38 \xrightarrow{+10} \boxed{48}$$

अत: प्रश्नवाचक चिह्न (?) के स्थान पर संख्या *48* आएगी।

उदाहरण 5 दी गई शृंखला में प्रश्नवाचक चिह्न (?) के स्थान पर कौन-सी संख्या आएगी? 2, 2, 4, 12, 48, ?

(a) 220 (b) 225 (c) 230 (d) 240

हल *(d)* शृंखला का क्रम निम्नवत् है

$$2 \xrightarrow{\times 1} 2 \xrightarrow{\times 2} 4 \xrightarrow{\times 3} 12 \xrightarrow{\times 4} 48 \xrightarrow{\times 5} \boxed{240}$$

अत: प्रश्नवाचक चिह्न (?) के स्थान पर संख्या *240* आएगी।

उदाहरण 6 दी गई अंक शृंखला में कौन-सी संख्या गलत है?

4, 7, 11, 16, 23, 29

(a) 23 (b) 11 (c) 16 (d) 29

हल *(a)* शृंखला का क्रम निम्नवत् है,

$$4 \xrightarrow{+3} 7 \xrightarrow{+4} 11 \xrightarrow{+5} 16 \xrightarrow{+6} \overset{\boxed{22}}{23} \xrightarrow{+7} 29$$

अत: शृंखला में गलत पद *23* है, इसके स्थान पर संख्या *22* उचित है।

अक्षर-अंक शृंखला

इस प्रकार की शृंखला में अक्षर एवं अंकों से युक्त पदों की शृंखला दी होती है। जिसमें प्रश्नवाचक चिह्न के स्थान पर आने वाले पद तथा गलत पद से सम्बन्धित प्रश्न पूछे जाते हैं।

उदाहरण 7 दी गई शृंखला में प्रश्नवाचक चिह्न (?) के स्थान पर कौन-सा अक्षर संख्या युग्म आएगा?

$D_4, E_5, G_7, J_{10}, N_{14}, ?$

(a) R_{19} (b) R_{18} (c) S_{19} (d) S_{18}

हल *(c)* शृंखला का क्रम निम्नवत् है,

$$\underset{4}{D} \xrightarrow{+1} \underset{5}{E} \xrightarrow{+2} \underset{7}{G} \xrightarrow{+3} \underset{10}{J} \xrightarrow{+4} \underset{14}{N} \xrightarrow{+5} \boxed{\underset{19}{S}}$$

यहाँ शृंखला में अक्षरों को वर्णमाला में उनकी स्थिति क्रमांक के साथ प्रयोग किया गया है।

अत: प्रश्नवाचक चिह्न (?) के स्थान पर अक्षर संख्या युग्म S_{19} आएगा।

उदाहरण 8 दी गई शृंखला में कौन-सा पद गलत है?

B10 D12 G14 K17 P23

(a) B10 (b) G14

(c) P23 (d) K17

हल *(d)* शृंखला का क्रम निम्नवत् है

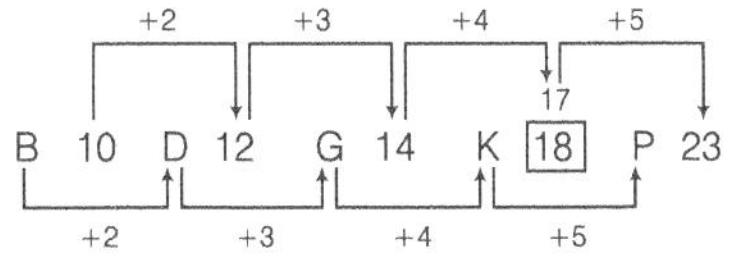

अत: शृंखला में गलत पद K17 है। इसके स्थान पर पद K18 आएगा।

सतत् शृंखला

इस प्रकार की शृंखला सामान्यत: अंग्रेजी वर्णमाला के छोटे अक्षरों पर आधारित होती है। इन शृंखलाओं में कुछ अक्षरों को लुप्त कर दिया जाता है, तथा विकल्पों में से उस अक्षर समूह का चयन करना होता है। जो शृंखला में क्रमवार रखने से उस शृंखला को पूरा करता हो।

निर्देश (उदा. सं. 9-10) *दी गई शृंखला में लुप्त पदों को ज्ञात कीजिए जो क्रमवार रखने पर शृंखला को पूरा करेंगे।*

उदाहरण 9 on_on_ _ ne _ n _

(a) eooee (b) eeooe

(c) eeoee (d) eenoe

हल *(b)* शृंखला का क्रम निम्नवत् है

one/one/one/one

अत: अक्षर समूह eeooe

उदाहरण 10 tw_t_ot_o_wo

(a) twwt (b) owwt

(c) owww (d) owwo

हल *(b)* शृंखला का क्रम निम्नवत् है

two/two/two/two

अत: अक्षर समूह owwt

✓ अति महत्त्वपूर्ण प्रश्न

निर्देश (प्र.सं. 1-8) *दी गई श्रृंखला में प्रश्नवाचक चिह्न के स्थान पर कौन-सा अक्षर युग्म आएगा?*

1. B, E, H, K, N, ?
(a) R (b) Q (c) P (d) S

2. C, D, F, I, M, ?
(a) R (b) S (c) Q (d) T

3. Y, R, L, G, C, ?
(a) Z (b) Y (c) A (d) X

4. E, B, H, F, K, J, N, N, Q, ?
(a) Q (b) T (c) S (d) R

5. BD, DG, GK, KP, ?
(a) PV (b) PQ (c) VP (d) PW

6. YC, WF, UI, SL, ?
(a) QP (b) QO (c) RO (d) RQ

7. ZLX, WNW, TPV, QRU, ?
(a) NTR (b) TNS (c) NTQ (d) NTT

8. BXG, EVJ, HTM, KRP, ?
(a) NPQ (b) NPR (c) NPS (d) NPT

निर्देश (प्र.सं. 9-16) *दी गई श्रृंखला में प्रश्नवाचक चिह्न के स्थान पर कौन-सी संख्या आएगी?*

9. 4, 9, 16, 25, 36, ?
(a) 48 (b) 42 (c) 50 (d) 49

10. 1, 8, 27, 64, ?
(a) 80 (b) 90 (c) 100 (d) 125

11. 7, 10, 8, 11, 9, 12, ?
(a) 10 (b) 12 (c) 13 (d) 7

12. 2, 5, ?, 27, 58
(a) 12 (b) 17 (c) 18 (d) 14

13. 34, 7, 44, 8, 58, ?, 68, 14
(a) 15 (b) 13 (c) 10 (d) 12

14. 2, 3, 5, 8, 13, ?
(a) 20 (b) 27 (c) 24 (d) 21

15. 2, 6, 12, 20, ?
(a) 32 (b) 28 (c) 30 (d) 29

16. 2, 3, 5, 7, 11, 13, 17, ?
(a) 21 (b) 19 (c) 24 (d) 22

निर्देश (प्र.सं. 17-24) *दी गई अक्षर अंक श्रृंखला में प्रश्नवाचक चिह्न के स्थान पर कौन-सा पद आएगा?*

17. C5, E10, G15, I20, K25, ?
(a) M30 (b) M29 (c) N32 (d) L30

18. W6, T9, Q12, N15, ?
(a) 11R (b) 11Q (c) K18 (d) K17

19. a75, c69, e63, g57, ?
(a) i51 (b) i50 (c) j52 (d) j49

20. x_{12}, t_{14}, p_{17}, l_{21}, ?
(a) i24 (b) h24 (c) h25 (d) h26

21. A4Z, B9Y, C16X, D25W, ?
(a) E35V (b) E36V (c) E37V (d) E36U

22. VD17, SH22, PL27, MP32, ?
(a) JT37 (b) JT36 (c) JS37 (d) JS36

23. ZB3, UG6, PL10, KQ15, ?
(a) FV22 (b) FU22 (c) FV21 (d) FU21

24. G13T, I11R, L9O, ?
(a) P5L (b) P7K (c) P0K (d) P5J

निर्देश (प्र.सं. 25-32) *दी गई श्रृंखलाओं में गलत पद का चयन कीजिए।*

25. W, T, Q, M, K, H
(a) W (b) Q (c) M (d) K

26. BT, DQ, FN, IJ, JH, LE
(a) IJ (b) BT (c) FN (d) JH

27. 4, 7, 11, 15, 22, 29
(a) 4 (b) 11 (c) 22 (d) 15

28. 2, 5 10, 23, 47
(a) 47 (b) 5 (c) 10 (d) 23

29. TR16, ZX25, FD28, LJ34, RP42
(a) ZX25 (b) TR16 (c) FD2 (d) LJ8

30. 12QP, 14OS, 16NU, 18MW, 20LY
(a) 14OS (b) 12QP (c) 18MW (d) 16NU

31. D6K, F5L, H4M, J3N, B12O
(a) H4M (b) D6K (c) F5L (d) M1P

32. KM4, IP8, GS11, EV14
(a) GS11 (b) EV14 (c) KM4 (d) IP8

निर्देश (प्र.सं. 33-40) *दी गई अक्षर श्रृंखला में लुप्त पदों को ज्ञात कीजिए जो क्रमवार रखने से दी गई श्रृंखला को पूरा करे।*

33. _ou_f_urfo_ _f_ur
(a) frouro (b) frourr (c) froour (d) froruo

34. f_ve_i_e fiv_ _ive
(a) iffvv (b) ifvfv (c) ifvef (d) fvifv

35. _o_db_ld bol_bo_d
(a) blold (b) blodl (c) blood (d) bllod

36. _im_t_me ti_e_im_
(a) tiimte (b) teietm (c) teitme (d) teimte

37. _or_m_re_ore mo_e
(a) meomr (b) meoom (c) meemr (d) memor

38. pl_ypla_ _lay p_ay
(a) alyp (b) lyap (c) aypl (d) apyl

39. h_me_ome ho_ehom_
(a) ohem (b) ohme (c) omhe (d) omeh

40. 12_45_23_51_34_
(a) 31425 (b) 31524 (c) 31452 (d) 34125

उत्तरमाला

1	(b)	2	(a)	3	(a)	4	(d)	5	(a)	6	(b)	7	(d)	8	(c)	9	(d)	10	(d)
11	(a)	12	(a)	13	(b)	14	(d)	15	(c)	16	(b)	17	(a)	18	(c)	19	(a)	20	(d)
21	(b)	22	(a)	23	(c)	24	(b)	25	(c)	26	(a)	27	(d)	28	(c)	29	(a)	30	(b)
31	(d)	32	(c)	33	(a)	34	(c)	35	(b)	36	(d)	37	(a)	38	(c)	39	(b)	40	(a)

सॉल्यूशन्स

1. (b) श्रृंखला का क्रम निम्नवत् है

$B \xrightarrow{+3} E \xrightarrow{+3} H \xrightarrow{+3} K \xrightarrow{+3} N \xrightarrow{+3} \boxed{Q}$

अत: प्रश्नवाचक चिह्न के स्थान पर अक्षर *Q* आएगा।

2. (a) श्रृंखला का क्रम निम्नवत् है

$C \xrightarrow{+1} D \xrightarrow{+2} F \xrightarrow{+3} I \xrightarrow{+4} M \xrightarrow{+5} \boxed{R}$

अत: प्रश्नवाचक चिह्न के स्थान पर अक्षर *R* आएगा।

3. (a) श्रृंखला का क्रम निम्नवत् है

$Y \xrightarrow{-7} R \xrightarrow{-6} L \xrightarrow{-5} G \xrightarrow{-4} C \xrightarrow{-3} \boxed{Z}$

अत: प्रश्नवाचक चिह्न के स्थान पर अक्षर *Z* आएगा।

4. (d) श्रृंखला का क्रम निम्नवत् है

E, B, H, F, K, J, N, N, Q, $\boxed{R}$

(पहले अक्षर: E $\xrightarrow{+3}$ H $\xrightarrow{+3}$ K $\xrightarrow{+3}$ N $\xrightarrow{+3}$ Q; दूसरे अक्षर: B $\xrightarrow{+4}$ F $\xrightarrow{+4}$ J $\xrightarrow{+4}$ N $\xrightarrow{+4}$ R)

अत: प्रश्नवाचक चिह्न के स्थान पर अक्षर *R* आएगा।

5. (a) श्रृंखला का क्रम निम्नवत् है

BD DG GK KP $\boxed{PV}$

(पहले अक्षर: B $\xrightarrow{+2}$ D $\xrightarrow{+3}$ G $\xrightarrow{+4}$ K $\xrightarrow{+5}$ P; दूसरे अक्षर: D $\xrightarrow{+3}$ G $\xrightarrow{+4}$ K $\xrightarrow{+5}$ P $\xrightarrow{+6}$ V)

अत: श्रृंखला में प्रश्नवाचक चिह्न के स्थान पर अक्षर युग्म *PV* आएगा।

6. (b) श्रृंखला का क्रम निम्नवत् है

$Y \xrightarrow{-2} W \xrightarrow{-2} U \xrightarrow{-2} S \xrightarrow{-2} \boxed{Q}$

$C \xrightarrow{+3} F \xrightarrow{+3} I \xrightarrow{+3} L \xrightarrow{+3} \boxed{O}$

अत: प्रश्नवाचक चिह्न के स्थान पर अक्षर युग्म *QO* आएगा।

7. (d) श्रृंखला का क्रम निम्नवत् है

$Z \xrightarrow{-3} W \xrightarrow{-3} T \xrightarrow{-3} Q \xrightarrow{-3} \boxed{N}$

$L \xrightarrow{+2} N \xrightarrow{+2} P \xrightarrow{+2} R \xrightarrow{+2} \boxed{T}$

$X \xrightarrow{-1} W \xrightarrow{-1} V \xrightarrow{-1} U \xrightarrow{-1} \boxed{T}$

अत: प्रश्नवाचक चिह्न के स्थान पर अक्षर युग्म *NTT* आएगा।

8. (c) श्रृंखला का क्रम निम्नवत् है

$B \xrightarrow{+3} E \xrightarrow{+3} H \xrightarrow{+3} K \xrightarrow{+3} \boxed{N}$

$X \xrightarrow{-2} V \xrightarrow{-2} T \xrightarrow{-2} R \xrightarrow{-2} \boxed{P}$

$G \xrightarrow{+3} J \xrightarrow{+3} M \xrightarrow{+3} P \xrightarrow{+3} \boxed{S}$

अत: प्रश्नवाचक चिह्न के स्थान पर अक्षर युग्म *NPS* आएगा।

9. (d) श्रृंखला का क्रम निम्नवत् है

4, 9, 16, 25, 36, $\boxed{49}$

$(2)^2 \xrightarrow{+1} (3)^2 \xrightarrow{+1} (4)^2 \xrightarrow{+1} (5)^2 \xrightarrow{+1} (6)^2 \xrightarrow{+1} (7)^2$

अत: प्रश्नवाचक चिह्न के स्थान पर संख्या *49* आएगी।

10. (d) श्रृंखला का क्रम निम्नवत् है

1, 8, 27, 64, $\boxed{125}$

$(1)^3 \xrightarrow{+1} (2)^3 \xrightarrow{+1} (3)^3 \xrightarrow{+1} (4)^3 \xrightarrow{+1} (5)^3$

अत: प्रश्नवाचक चिह्न के स्थान पर संख्या 125 आएगी।

11. (a) श्रृंखला का क्रम निम्नवत् है

$7 \xrightarrow{+3} 10 \xrightarrow{-2} 8 \xrightarrow{+3} 11 \xrightarrow{-2} 9 \xrightarrow{+3} 12 \xrightarrow{-2} \boxed{10}$

अत: प्रश्नवाचक चिह्न के स्थान पर संख्या 10 आएगी।

12. (a) श्रृंखला का क्रम निम्नवत् है

$2 \xrightarrow{\times 2+1} 5 \xrightarrow{\times 2+2} \boxed{12} \xrightarrow{\times 2+3} 27 \xrightarrow{\times 2+4} 58$

अत: प्रश्नवाचक चिह्न के स्थान पर संख्या 12 आएगी।

13. (b) श्रृंखला क्रम निम्नवत् है

$34 = 3 + 4 = 7$

$44 = 4 + 4 = 8$

$58 = 5 + 8 = \boxed{13}$

$68 = 6 + 8 = 14$

अत: प्रश्नवाचक चिह्न के स्थान पर संख्या 13 आएगी।

14. (d) श्रृंखला का क्रम निम्नवत् है

$2 + 3 = 5$

$3 + 5 = 8$

$5 + 8 = 13$

$8 + 13 = \boxed{21}$

अत: प्रश्नवाचक चिह्न में स्थान पर संख्या 21 आएगी।

15. (c) शृंखला का क्रम निम्नवत् है

$$\underset{(1)^2+1}{2},\ \underset{(2)^2+2}{6},\ \underset{(3)^2+3}{12},\ \underset{(4)^2+4}{20},\ \underset{(5)^2+5}{\boxed{30}}$$

अत: प्रश्नवाचक चिह्न के स्थान पर संख्या 30 आएगी।

16. (b) शृंखला का क्रम निम्नवत् है

2, 3, 5, 7, 11, 13, 17, $\boxed{19}$

दी गई संख्याएँ अभाज्य संख्याएँ हैं। इसी क्रम में प्रश्नवाचक चिह्न के स्थान पर संख्या 19 आएगी।

17. (a) शृंखला का क्रम निम्नवत् है

$$C \xrightarrow{+2} E \xrightarrow{+2} G \xrightarrow{+2} I \xrightarrow{+2} K \xrightarrow{+2} \boxed{M}$$
$$5 \xrightarrow{+5} 10 \xrightarrow{+5} 15 \xrightarrow{+5} 20 \xrightarrow{+5} 25 \xrightarrow{+5} \boxed{30}$$

अत: प्रश्नवाचक चिह्न के स्थान पर अक्षर युग्म संख्या M30 आएगा।

18. (c) शृंखला का क्रम निम्नवत् है

$$W \xrightarrow{-3} T \xrightarrow{-3} Q \xrightarrow{-3} N \xrightarrow{-3} \boxed{K}$$
$$6 \xrightarrow{+3} 9 \xrightarrow{+3} 12 \xrightarrow{+3} 15 \xrightarrow{+3} \boxed{18}$$

अत: प्रश्नवाचक चिह्न के स्थान पर अक्षर संख्या युग्म K18 आएगा।

19. (a) शृंखला का क्रम निम्नवत् है

$$a \xrightarrow{+2} c \xrightarrow{+2} e \xrightarrow{+2} g \xrightarrow{-2} \boxed{i}$$
$$75 \xrightarrow{-6} 69 \xrightarrow{-6} 63 \xrightarrow{-6} 57 \xrightarrow{-6} \boxed{51}$$

अत: प्रश्नवाचक चिह्न के स्थान पर अक्षर संख्या युग्म i51 आएगा।

20. (d) शृंखला का क्रम निम्नवत् है

$$x \xrightarrow{-4} t \xrightarrow{-4} p \xrightarrow{-4} l \xrightarrow{-4} \boxed{h}$$
$$12 \xrightarrow{+2} 14 \xrightarrow{+3} 17 \xrightarrow{+4} 21 \xrightarrow{+5} \boxed{26}$$

अत: प्रश्नावाचक चिह्न के स्थान पर अक्षर, युग्म संख्या h26 आएगा।

21. (b) शृंखला का क्रम निम्नवत है

$$A \xrightarrow{+1} B \xrightarrow{+1} C \xrightarrow{+1} D \xrightarrow{+1} \boxed{E}$$
$$4 \xrightarrow{+5} 9 \xrightarrow{+7} 16 \xrightarrow{+9} 25 \xrightarrow{+11} \boxed{36}$$
$$Z \xrightarrow{-1} Y \xrightarrow{-1} X \xrightarrow{-1} W \xrightarrow{-1} \boxed{V}$$

अत: प्रश्नवाचक चिह्न में स्थान पर अक्षर संख्या युग्म E36V आएगा।

22. (a) शृंखला का क्रम निम्नवत् है

$$V \xrightarrow{-3} S \xrightarrow{-3} P \xrightarrow{-3} M \xrightarrow{-3} \boxed{J}$$
$$D \xrightarrow{+4} H \xrightarrow{+4} L \xrightarrow{+4} P \xrightarrow{+4} \boxed{T}$$
$$17 \xrightarrow{+5} 22 \xrightarrow{+5} 27 \xrightarrow{+5} 32 \xrightarrow{+5} \boxed{37}$$

अत: प्रश्नवाचक चिह्न के स्थान पर अक्षर संख्या युग्म JT37 आएगा।

23. (c) शृंखला का क्रम निम्नवत है

$$Z \xrightarrow{-5} U \xrightarrow{-5} P \xrightarrow{-5} K \xrightarrow{-5} \boxed{F}$$
$$B \xrightarrow{+5} G \xrightarrow{+5} L \xrightarrow{+5} Q \xrightarrow{+5} \boxed{V}$$
$$3 \xrightarrow{+3} 6 \xrightarrow{+4} 10 \xrightarrow{+5} 15 \xrightarrow{+6} \boxed{21}$$

अत: प्रश्नवाचक चिह्न के स्थान पर अक्षर संख्या युग्म FV21 आएगा।

25. (c) शृंखला का क्रम निम्नवत् है

$$W \longrightarrow T \longrightarrow Q \longrightarrow \overset{\boxed{N}}{M} \longrightarrow K \longrightarrow H$$

अत: गलत पद M है।

27. (d) शृंखला का क्रम निम्नवत् है

$$4 \xrightarrow{+3} 7 \xrightarrow{+4} 11 \xrightarrow{+5} \overset{\boxed{16}}{15} \xrightarrow{+6} 22 \xrightarrow{+7} 29$$

अत: गलत संख्या 15 है।

28. (c) शृंखला का क्रम निम्नवत् है

$$2 \xrightarrow{\times 2+1} 5 \xrightarrow{\times 2+1} \overset{\boxed{11}}{10} \xrightarrow{\times 2+1} 23 \xrightarrow{\times 2+1} 47$$

अत: गलत संख्या 10 है।

30. (b) शृंखला का क्रम निम्नवत् है

$$12 \xrightarrow{+2} 14 \xrightarrow{+2} 16 \xrightarrow{+2} 18 \xrightarrow{+2} 20$$
$$\overset{\boxed{P}}{Q} \xrightarrow{-1} O \xrightarrow{-1} N \xrightarrow{-1} M \xrightarrow{-1} L$$
$$P \xrightarrow{+2} S \xrightarrow{+2} U \xrightarrow{+2} W \xrightarrow{+2} Y$$

अत: शृंखला में गलत अक्षर संख्या युग्म 12QP है।

32. (c) शृंखला का क्रम निम्नवत् है

$$K \xrightarrow{-2} I \xrightarrow{-2} G \xrightarrow{-2} E$$
$$M \xrightarrow{+3} P \xrightarrow{+3} S \xrightarrow{+3} V$$
$$\overset{\boxed{5}}{4} \xrightarrow{+3} 8 \xrightarrow{+3} 11 \xrightarrow{+3} 14$$

अत: गलत अक्षर संख्या युग्म KM4 होगा।

33. (a) शृंखला का क्रम निम्नवत् है

four/four/four/four

अत: लुप्त पद frouro

34. (c) शृंखला का क्रम निम्नवत् है

five/five/five/five

अत: लुप्त पद ifvef

35. (b) शृंखला का क्रम निम्नवत् है

bold/bold/bold/bold

अत: लुप्त पद blodl

36. (d) शृंखला का क्रम निम्नवत् है

time/time/time/time

अत: लुप्त पद teimte

37. (a) शृंखला का क्रम निम्नवत् है

more/more/more/more

अत: लुप्त पद meomr

अध्याय 5

कोडिंग-डिकोडिंग

CODING-DECODING

कोडिंग

किसी अर्थपूर्ण शब्द या वाक्य को एक नियम के अनुसार अर्थविहीन शब्द या वाक्य में परिवर्तित करने की प्रक्रिया कोडिंग कहलाती है।

डिकोडिंग

अर्थविहीन शब्द या वाक्य को एक विशेष नियमानुसार अर्थपूर्ण शब्द में परिवर्तित करने की प्रक्रिया डिकोडिंग कहलाती है।

कोडिंग और डिकोडिंग का प्रयोग मुख्य रूप से सूचनाओं के आदान-प्रदान के लिए किया जाता है क्रोडिंग और डिकोडिंग प्रक्रिया में दो पक्षों का होना आवश्यक है जिसमें एक प्रेषक तथा दूसरा प्राप्तकर्ता होता है। सूचना को एक स्थान से दूसरे स्थान पर भेजने वाले को प्रेषक तथा जो सूचना प्राप्त करता है उसे प्राप्तकर्ता कहते हैं। प्रेषक किसी विशेष नियम के अनुसार सूचना को प्रेषित (भेजना) करता है तथा प्राप्तकर्ता उसी नियम के उलट नियम का प्रयोग कर प्रेषित सूचना को पुनः वास्तविक मूल स्थिति में 'प्रस्तुत कर प्रयोग करता है जिससे उसका अर्थ स्पष्ट हो सके।

कोडिंग और डिकोडिंग समान्यतः अंग्रेजी वर्णमाला तथा उनके क्रमांकिक/संगत मान पर आधारित होती है। अंग्रेजी वर्णमाला के अक्षर तथा उनकी संगत संख्या निम्नवत् है

अक्षर	क्रमांकिक मान	अक्षर	क्रमांकिक मान
A	1	N	14
B	2	O	15
C	3	P	16
D	4	Q	17
E	5	R	18
F	6	S	19
G	7	T	20
H	8	U	21
I	9	V	22
J	10	W	23
K	11	X	24
L	12	Y	25
M	13	Z	26

वर्णमाला के सीधे क्रम में स्थित अक्षरों की संगत संख्या को E J O T Y द्वारा आसानी से याद किया जा सकता है क्योंकि यहाँ प्रयुक्त अक्षरों का क्रमांकिक मान 5 के गुणज में है जहाँ E = 5वाँ अक्षर, J = 10वाँ अक्षर, O = 15वाँ अक्षर, T = 20वाँ अक्षर तथा Y = 25 वाँ अक्षर है।

E	J	O	T	Y
5	10	15	20	25

(5 $\xrightarrow{+5}$ 10 $\xrightarrow{+5}$ 15 $\xrightarrow{+5}$ 20 $\xrightarrow{+5}$ 25)

⇒ वर्णमाला के सीधे क्रम में स्थित अक्षरों की संगत संख्या के स्वर (Vowel) अक्षरों के द्वारा याद किया जा सकता है जहाँ A = पहला अक्षर, E = 5वाँ अक्षर, I = 9वाँ अक्षर, O = 15 वाँ अक्षर तथा U = 21वाँ अक्षर है।

A	E	I	O	U
1	5	9	15	21

(1 $\xrightarrow{+4}$ 5 $\xrightarrow{+4}$ 9 $\xrightarrow{+6}$ 15 $\xrightarrow{+6}$ 21)

वर्णमाला के सीधे क्रम में स्थित अक्षरों की संगत संख्या को CFILORUX के द्वारा आसानी से याद किया जा सकता है क्योंकि प्रयुक्त अक्षरों का क्रमांकिक मान 3 के गुणज में है। यहाँ C = 3वाँ अक्षर, F = 6वाँ अक्षर,
I = 9वाँ अक्षर, L = 12वाँ अक्षर O = 15वाँ अक्षर, R = 18वाँ अक्षर तथा X = 24वां अक्षर है। अंग्रेजी वर्णमाला में Z से A की ओर बढ़ते हुए क्रम को वर्णमाला का विपरीत क्रम कहते हैं, जो निम्नवत् है

अक्षर	क्रमांकिक मान	अक्षर	क्रमांकिक मान
A	26	N	13
B	25	O	12
C	24	P	11
D	23	Q	10

अक्षर	क्रमांकिक मान	अक्षर	क्रमांकिक मान
E	22	R	9
F	21	S	8
G	20	T	7
H	19	U	6
I	18	V	5
J	17	W	4
K	16	X	3
L	15	Y	2
M	14	Z	1

वर्णमाला के विपरीत क्रम में स्थित अक्षरों की संगत संख्या को B G L Q V के द्वारा आसानी से याद किया जा सकता है यहाँ B = 25वाँ अक्षर, G = 20वाँ अक्षर, L = 15वाँ अक्षर, Q = 10वाँ अक्षर तथा V = 5वाँ अक्षर है।

B	G	L	Q	V
25 $\xrightarrow{-5}$	20 $\xrightarrow{-5}$	15 $\xrightarrow{-5}$	10 $\xrightarrow{-5}$	5

विपरीत अक्षर वर्णमाला में अक्षरों की कुल संख्या 26 होती है जिन्हें 13-13 अक्षरों के दो भागों में बाँटा जा सकता है। प्रथम 13 अक्षरों के विपरीत अन्तिम 13 अक्षर होते हैं। वर्णमाला में प्रारम्भ से पहला अक्षर A तथा वर्णमाला क्रम में अन्त से पहला अक्षर Z होता है। इसी प्रकार वर्णमाला में प्रारम्भ से दूसरा अक्षर B तथा वर्णमाला क्रम में अन्त से दूसरा अक्षर Y होता है। इसी क्रम को अक्षरों का विपरीत क्रम कहते हैं, जो निम्नवत् है

A_1	B_2	C_3	D_4	E_5	F_6	G_7	H_8	I_9	J_{10}	K_{11}	L_{12}	M_{13}
↕	↕	↕	↕	↕	↕	↕	↕	↕	↕	↕	↕	↕
Z_{26}	Y_{25}	X_{24}	W_{23}	V_{22}	U_{21}	T_{20}	S_{19}	R_{18}	Q_{17}	P_{16}	O_{15}	N_{14}

उपरोक्त तालिका से स्पष्ट है कि A तथा Z आपस में विपरीत अक्षर हैं उसी प्रकार, B तथा Y भी आपस में विपरीत अक्षर हैं शेष अक्षर भी इसी प्रकार से आएँगे। अत: यह कहा जा सकता है कि बाएँ से पहले अक्षर का विपरीत अक्षर दाएँ से पहला अक्षर होता है तथा बाएँ से दूसरे अक्षर का विपरीत अक्षर दाएँ से दूसरा अक्षर होता है और आगे भी इसी प्रकार से विपरीत अक्षर का क्रम निर्धारित किया जाता है।

विपरीत अक्षर का योग

वर्णमाला के विपरीत अक्षरों का योग सदैव 27 होता है जैसे-

$A_1 \longleftrightarrow Z_{26} \Rightarrow 1 + 26 = 27$

$B_2 \longleftrightarrow Y_{25} \Rightarrow 2 + 25 = 27$

$C_3 \longleftrightarrow X_{24} \Rightarrow 3 + 24 = 27$

$D_4 \longleftrightarrow W_{23} \Rightarrow 4 + 23 = 27$

$E_5 \longleftrightarrow V_{22} \Rightarrow 5 + 22 = 27$

$F_6 \longleftrightarrow U_{21} \Rightarrow 6 + 21 = 27$

$G_7 \longleftrightarrow T_{20} \Rightarrow 7 + 20 = 27$

$H_8 \longleftrightarrow S_{19} \Rightarrow 8 + 19 = 27$

$I_9 \longleftrightarrow R_{18} \Rightarrow 9 + 18 = 27$

$J_{10} \longleftrightarrow Q_{17} \Rightarrow 10 + 17 = 27$

$K_{11} \longleftrightarrow P_{16} \Rightarrow 11 + 16 = 27$

$L_{12} \longleftrightarrow O_{15} \Rightarrow 12 + 15 = 27$

$M_{13} \longleftrightarrow N_{14} \Rightarrow 13 + 14 = 27$

प्रश्नों के प्रकार

कोडिंग और डिकोडिंग पर आधारित प्रश्नों को निम्नलिखित चार प्रकार से समझा जा सकता है

प्रकार

शब्द कोडिंग

इस प्रकार के प्रश्नों में एक शब्द दिया होता है जिसमें उपस्थित प्रत्येक अक्षर को वर्णमाला के बढ़ते हुए क्रम, घटते हुए क्रम, स्थान परिवर्तन आदि रूप में व्यवस्थित किया जाता है।

उदाहरण 1 किसी सांकेतिक भाषा में BANK को DCPM लिखा जाता है। उसी सांकेतिक भाषा में CLERK को क्या लिखा जाएगा?

(a) EGNMT (b) EGNTM (c) ENGMT (d) ENGTM

***हल** (d)* जिस प्रकार, उसी प्रकार,

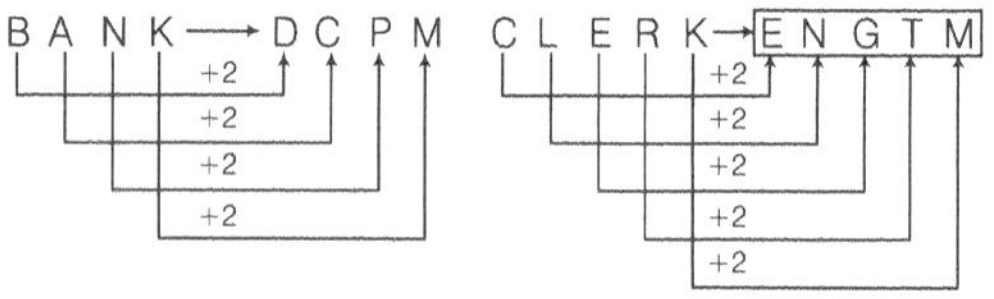

अत: सांकेतिक भाषा में CLERK को ENGTM लिखा जाएगा।

उदाहरण 2 किसी सांकेतिक भाषा में POWER को PCUMN लिखा जाता है तो उसी सांकेतिक भाषा में REASON को क्या लिखा जाएगा?

(a) LMQYCP (b) LMQYPC

(c) LMYQCP (d) LMCPQY

***हल** (a)* जिस प्रकार, उसी प्रकार,

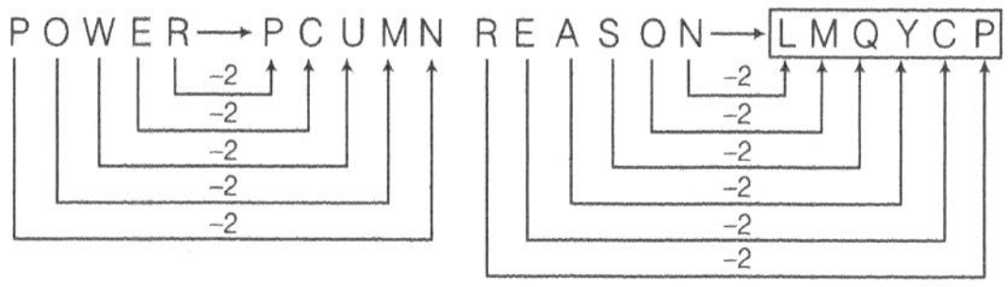

अत: सांकेतिक भाषा में REASON को LMQYCP लिखा जाएगा।

उदाहरण 3 यदि किसी सांकेतिक भाषा में CLASS को SSACL लिखा जाता है तो उसी सांकेतिक भाषा में SPARK को क्या लिखा जाएगा?

(a) RKSAP (b) RKASP (c) RKSPA (d) SRKPA

***हल** (b)* जिस प्रकार, उसी प्रकार,

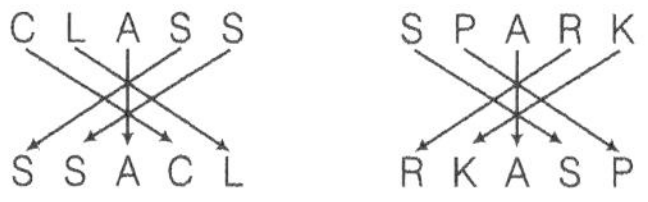

अत: सांकेतिक भाषा में SPARK को RKASP लिखा जाएगा।

प्रकार

संख्या-संकेत कोडिंग

इस प्रकार के प्रश्नों में शब्दों को संख्या और संकेतों के रूप में कोड किया जाता है जिसके लिए वर्णमाला के क्रमांकिक मान तथा प्रश्न में दिए गए संकेतों को आधार मानकर प्रयोग किया जाता है।

उदाहरण 4 किसी सांकेतिक भाषा में A को 26, B को 25, C को 24 कहा जाता है तथा आगे भी इसी प्रकार से। तब GOPAL का कोड क्या होगा?

(a) 20, 12, 11, 26, 17 (b) 20, 12, 11, 25, 14
(c) 20, 12, 11, 26, 15 (d) 20, 12, 11, 15, 26

हल *(c)* प्रश्नानुसार,

A = 26, B = 25, C= 24, D = 23, E = 22......Y = 2 तथा Z = 1

उसी प्रकार,

G	O	P	A	L
↓	↓	↓	↓	↓
20	12	11	26	15

अत: सांकेतिक भाषा में GOPAL को 20, 12, 11, 26, 15 लिखा जाएगा।

उदाहरण 5 यदि A = 1, B = 2 तथा RAM = 32 हो, तब उसी सांकेतिक भाषा में HIND को क्या लिखा जाएगा?

(a) 35 (b) 34 (c) 36 (d) 38

हल *(a)* जिस प्रकार, RAM = 18 + 1 + 13 = 32

उसी प्रकार, HIND = 8 + 9 + 14 + 4 = $\boxed{35}$

अत: सांकेतिक भाषा में HIND को 35 लिखा जाएगा।

उदाहरण 6 किसी सांकेतिक भाषा में KITE को '@*7#' तथा FUEL को '$%#6' लिखा जाता है। उसी सांकेतिक भाषा में LIFE को लिखा जाएगा?

(a) 6%#$ (b) 6*$# (c) 6$*# (d) #6$*

हल *(b)* जिस प्रकार, K I T E तथा F U E L
↓ ↓ ↓ ↓ ↓ ↓ ↓ ↓
@ * 7 # $ % # 6

उसी प्रकार, L I F E
↓ ↓ ↓ ↓
6 * $ #

अत: उसी भाषा में LIFE को '6*$#' लिखा जाएगा।

प्रकार
प्रतिस्थापन कोडिंग

इस प्रकार के प्रश्नों में शब्दों की एक ऐसी शृंखला दी जाती है जिसका प्रत्येक शब्द किसी अन्य शब्द से कूट बद्ध होता है। इस प्रकार के प्रश्नों में दी गई जानकारी सार्वभौमिक तथ्यों पर आधारित हो ऐसा आवश्यक नहीं है।

उदाहरण 7 यदि आम को सेब कहा जाता है, सेब को कमल कहा जाता है, कमल को गुलाब कहा जता है, गुलाब को शेर कहा जाता है तथा शेर को मोर कहा जाता है तो राष्ट्रीय पुष्प किसे कहा जाएगा?

(a) गुलाब (b) शेर (c) सेब (d) कमल

हल *(a)* हम जानते हैं, कि राष्ट्रीय पुष्प कमल है तथा प्रश्न में कमल को गुलाब कहा गया है, अत: राष्ट्रीय पुष्प गुलाब होगा।

उदाहरण 8 यदि आँख को हाथ, हाथ को मुँह, मुँह को कान, कान को नाक, नाक को जीभ कहा जाए तो व्यक्ति सूंघने के लिए किसका प्रयोग करेगा?

(a) जीभ (b) कान (c) आँख (d) मुँह

हल *(a)* हम जानते हैं, कि सूंघने के लिए नाक का प्रयोग किया जाता है यहाँ प्रश्न में नाक को जीभ कहा गया है। अत: सूंघने के लिए व्यक्ति जीभ का प्रयोग करेगा।

प्रकार
वाक्य कोडिंग

इस प्रकार के प्रश्नों में वाक्यों का कूटलेखन शब्दों संख्याओं या अक्षरों के रूप में किया जाता है। वाक्य में उपस्थित किसी शब्द का कूट उभयनिष्ट अक्षर या शब्दों के आधार पर ज्ञात किया जाता है।

उदाहरण 9 किसी कूट भाषा में truth is eternal को 3a 2b 7c लिखा जता है, enmity is not eternal को 7c 9a 8b 3a तथा truth does not perish को 9a 4d 2b 8c लिखा जाता है, तो उसी भाषा में enmity को कैसे लिखा जाएगा?

(a) 9a (b) 7c (c) 8b (d) 3a

हल *(c)* प्रश्नानुसार,

truth (is) (eternal) → 3a 2b (7c) ...(i)
enmity (is) (not) (eternal) → (7c) 9a 8b (3a) ...(ii)
truth does (not) perish → (9a) 4d 2b 8c ...(iii)

समी I और III से, truth → 2b
II और III से, not → 9a
I और II से, is/etrenal → 3a/7c
अत: समी II से, enmity → 8b

उसी भाषा में enmity को 8b लिखा जाएगा।

✓ अति महत्त्वपूर्ण प्रश्न

1. किसी सांकेतिक भाषा में STARK को TVDVP लिखा जाता है, तो उसी सांकेतिक भाषा में POWER को क्या लिखा जाएगा?
(a) QQZIW (b) QZQIW (c) QQIZW (d) QQZWI

2. किसी सांकेतिक भाषा में DANCER को HERGIV लिखा जाता है, तो उसी सांकेतिक भाषा में PUBLIC को क्या लिखा जाएगा?
(a) TYFMGP (b) TYFPGM (c) TYFPMG (d) TFYPMG

3. किसी सांकेतिक भाषा में RADIO को BSEPJ लिखा जाता है। उसी सांकेतिक भाषा में WORLD को क्या लिखा जाएगा?
(a) PXSME (b) PXESM (c) XEPSM (d) PXSEM

4. किसी सांकेतिक भाषा में INVITED को WVGREMR लिखा जाता है उसी सांकेतिक भाषा में YOUNG को क्या लिखा जाएगा?
(a) TMLFB (b) TMFLB (c) TMBLF (d) TMFBL

5. किसी सांकेतिक भाषा में GREAT को RYCPE लिखा जाता है। उसी सांकेतिक भाषा में TANKS को क्या लिखा जाएगा?
(a) QIYRL (b) QILRY (c) QILYR (d) QIRLY

6. किसी सांकेतिक भाषा में MODE को 37 तथा THE को 33 लिखा जाता है, तो उसी सांकेतिक भाषा में SPORT को क्या लिखा जाएगा?
(a) 107 (b) 89 (c) 87 (d) 90

7. किसी सांकेतिक भाषा में GOD को 23 12 20 तथा RAM को 142609 लिखा जाता है, तो उसी सांकेतिक भाषा में WISE को क्या लिखा जाएगा?
(a) 22 08 19 04 (b) 22 08 18 06
(c) 22 18 08 04 (d) 22 08 18 04

8. किसी सांकेतिक भाषा में PERSON को 957561 लिखा जाता है। उसी सांकेतिक भाषा में SHOULD को क्या लिखा जाएगा?
(a) 681433 (b) 861334 (c) 186334 (d) 198152

9. किसी सांकेतिक भाषा में MODERN को 5% 38 #@ लिखा जाता है और WIN को 6© @ लिखा जाता है। उसी कूट भाषा में RIDER को क्या लिखा जाएगा?
(a) # 3© 8% (b) © # 3# 8 (c) # 3© 8# (d) # ©38#

10. किसी सांकेतिक भाषा में FOME को # % @ $ तथा DEAR को © $ □ * लिखा जाता है। उसी सांकेतिक भाषा में FEAR को क्या लिखा जाएगा?
(a) # $ □ * (b) # $ * □ (c) # % $ □ (d) # @ □ *

11. किसी सांकेतिक भाषा में MODE को 7# @ % तथा WAIT को 92© $ लिखा जाता है, तो उसी सांकेतिक भाषा में TIME को क्या लिखा जाएगा?
(a) $ © 7 @ (b) $ @ 7% (c) $ © 7% (d) $ © 9@

12. किसी सांकेतिक भाषा में मोर को बिल्ली, बिल्ली को शेर, शेर को चीता, चीता को कुत्ता कहा जाता है। निम्नलिखित में से कौन म्याऊँ की आवाज निकालता है?
(a) बिल्ली (b) शेर (c) चीता (d) मोर

13. यदि जयपुर को चण्ड़ीगढ़, चण्ड़ीगढ़ को लखनऊ, लखनऊ को मुम्बई तथा मुम्बई को दिल्ली कहा जाता है तो नवाबों का शहर किसे कहा जाता है?
(a) दिल्ली (b) चण्डीगढ़ (c) मुम्बई (d) जयपुर

14. यदि लाल को नीला, नीला को हरा, हरा को गुलाबी, गुलाबी को काला, काला को सफेद, सफेद को नारंगी कहा जाता है तो उसी सांकेतिक भाषा में रात को बादल का रंग कैसा होता है?
(a) काला (b) सफेद (c) नारंगी (d) गुलाबी

15. यदि पेन को पुस्तक, पुस्तक को बैग, बैग को कापी, कापी को बोतल, बोतल को पानी तथा पानी को ड्रैस कहा जाए, तो प्यास लगने पर क्या पिया जाएगा?
(a) ड्रैस (b) पुस्तक (c) बैग (d) बोतल

16. यदि A को M, M को N, N को D, D को E तथा E को F कहा जाता है। तब भारत की राजधानी का पहला अक्षर कौन-सा होगा?
(a) E (b) N (c) D (d) M

17. किसी सांकेतिक भाषा में God is great को 325, Pray the को 43 लिखा जाता है, तो उसी भाषा में POWER को क्या लिखा जाएगा?
(a) 4 (b) 5 (c) 3 (d) 2

18. किसी सांकेतिक भाषा में who are you को mit na ja, are they were को sa da na तथा they may come को da ra ha लिखा जाता है। उसी सांकेतिक भाषा में were कैसे लिखा जाएगा?
(a) sa (b) da (c) na (d) ha

19. किसी सांकेतिक भाषा में man is social worker को n_3 r_2 h_6 d_6 तथा has they gone को s_3 g_4 t_4 लिखा जाता है। उसी सांकेतिक भाषा में leave को क्या लिखा जाएगा?
(a) O_5 (b) O_6 (c) R_4 (d) M_5

20. किसी सांकेतिक भाषा में no more food को ta ka da, more than that को sa pa ka लिखा जाता है that को उसी सांकेतिक भाषा में किस प्रकार लिखा जाएगा?
(a) sa (b) ka
(c) sa या ka (d) आँकड़े अपर्याप्त हैं

21. किसी सांकेतिक भाषा में you may now leave को ho na ta ja, leave and go को na pa da और now come back को sa ho ga लिखा जाता है। उसी सांकेतिक भाषा में may को किस प्रकार लिखा जाएगा?
(a) ho (b) ja (c) ta (d) ja/ta

उत्तरमाला

1 (a)	2 (c)	3 (d)	4 (b)	5 (c)	6 (a)	7 (d)	8 (a)	9 (d)	10 (a)
11 (c)	12 (b)	13 (c)	14 (b)	15 (a)	16 (c)	17 (b)	18 (a)	19 (a)	20 (d)
21 (d)									

सॉल्यूशन्स

1. (a) जिस प्रकार,

S T A R K → T V D V P (+1, +2, +3, +4, +5)

उसी प्रकार,

P O W E R → Q Q Z I W (+1, +2, +3, +4, +5)

अत: उसी भाषा में WISE के लिए 22, 08, 18, 04 कोड होगा।

2. (c) जिस प्रकार,

D A N C E R → H E R G I V (+4, +4, +4, +4, +4, +4)

उसी प्रकार,

P U B L I C → T Y F P M G (+4, +4, +4, +4, +4, +4)

उसी सांकेतिक भाषा में PUBLIC को TYFPMG लिखा जाएगा।

3. (d) जिस प्रकार,

R A D I O → B S E P J (+1, +1, +1, +1, +1)

उसी प्रकार,

W O R L D → P X S E M (+1, +1, +1, +1, +1)

अत: सांकेतिक भाषा में WORLD को PXSEM लिखा जाएगा।

4. (b) जिस प्रकार,

I N V I T E D → W V G R E M R (विपरीत, विपरीत, विपरीत, विपरीत, विपरीत, विपरीत, विपरीत)

उसी प्रकार,

Y O U N G → T M F L B (विपरीत, विपरीत, विपरीत, विपरीत, विपरीत)

अत: उसी सांकेतिक भाषा में YOUNG को TMFLB लिखा जाएगा।

5. (c) जिस प्रकार,

G R E A T → R Y C P E (−2, −2, −2, −2, −2)

उसी प्रकार,

T A N K S → Q I L Y R (−2, −2, −2, −2, −2)

अत: उसी सांकेतिक भाषा में TANKS को QILYR लिखा जाएगा।

7. (d) जिस प्रकार, तथा

G O D → W L T (23 12 20) R A M → N Z I (14 26 09)

उसी प्रकार,

W I S E → V H R D (22 08 18 04)

नोट विपरीत अक्षरों के क्रमांकिक मान के रूप में कोडित किया गया है।

8. (a) जिस प्रकार, उसी प्रकार,

P E R (16 5 18) → 9 5 7 S O N (19 15 14) → 5 6 1 S H O (19 8 15) U L D (21 12 4) → 6 8 1 4 3 3

अत: उसी सांकेतिक भाषा में SHOULD को 681433 लिखा जाएगा।

नोट अक्षरों के क्रमांकिक मानों का योग करके अक्षरों को कोड दिया गया है।

11. (c) जिस प्रकार, तथा

M O D E → 7 # @ % W A I T → 9 2 © $

उसी प्रकार, T I M E → $ © 7 %

अत: उसी सांकेतिक भाषा में TIME को $ © 7% लिखा जाएगा।

17. (b) प्रश्नानुसार,

God is great → 3, 2, 5 ...(i)

Pray the → 4 3 ...(ii)

नोट शब्दों में प्रयुक्त अक्षरों के आधार पर कूट लेखन किया गया है जैसे- God = 3 अक्षर, is = 2 अक्षर। उसी सांकेतिक भाषा में POWER में प्रयुक्त अक्षरों की संख्या 5 है।

18. (a) प्रश्नानुसार,

Who are you → mit na ja ...(i)
are they were → sa da na ...(ii)
they may come → da ra ha ...(iii)
समी (i) और (ii) से, are → na
(ii) और (iii) से, they → da
अत: समी (ii) से, were → sa

20. (d) प्रश्नानुसार,

no more food → ta ka da ...(i)
more than that → sa pa ka ...(ii)
समी (i) और (ii) से, more → ka
अत: समी (ii) से, that → sa/pa

अध्याय 6

निर्णयन क्षमता

DECISION MAKING

एक पुलिस कांस्टेबल अपने उच्च-अधिकारियों के आदेशों का पालन करता है किन्तु समाज का रक्षक होने के नाते कुछ विशिष्ट परिस्थितियों में उसमें निर्णय लेने की क्षमता अवश्य होनी चाहिए। सामाजिक परिवेश में ऐसी अनेक घटनाएँ घटित होती हैं जिसमें उसे उच्च अधिकारियों के घटनास्थल पर उपस्थित न होने के कारण परिस्थितियों के अनुसार स्वयं निर्णय लेकर कार्य करना होता है। इसलिए उसमें कुछ निर्णयन-क्षमता एवं सूझ-बूझ का होना अत्यावश्यक है।

निर्णय लेने के चार तरीके हो सकते हैं

1. **व्यक्तिगत स्तर पर निर्णय लेना** ऐसे निर्णय जिनके परिणाम निश्चित होते हैं, को ज्यादातर व्यक्तिगत स्तर पर ही निपटाना चाहिए। निर्णय लेने से पहले महत्त्वपूर्ण तथ्यों को जुटा लेना चाहिए तथा गलत प्राथमिकताओं से प्रभावित नहीं होना चाहिए।
2. **परामर्श करके निर्णय लेना** इसके अन्तर्गत निर्णय लेने वाला व्यक्ति लोगों तथा विशेषज्ञों तथा लोगों की बात को बिना अनुचित तरीके से प्रभावित हुए निर्णय लेना चाहिए।
3. **सामूहिक निर्णय करना** इस प्रक्रिया में आन्तरिक स्तर पर कर्मचारियों तथा अधिकारियों की मदद से निर्णय लिया जाता है। इस प्रक्रिया में विकल्प के नकारात्मक पक्ष उभर जाते हैं, जिससे बेहतर विकल्पों का चयन हो पाता है। लेकिन समय के अनुसार समूह के आकार पर विचार करना चाहिए। कम समय में निर्णय लेना हो, तो समूह का आकार छोटा रखना चाहिए।
4. **निर्णय करने के लिए किसी को नियुक्त करना** इसके अन्तर्गत जो अन्तिम रूप से निर्णय लेगा वह एक निश्चित नियम के तहत एक व्यक्ति को निर्णय लेने के लिए नियुक्त कर देता है। यहाँ अन्तिम रूप से निर्णय लेने वाला व्यक्ति नियुक्त व्यक्ति को सभी अधिकार तथा सुविधाएँ मुहैया कराएगा।

साधित उदाहरण

उदाहरण 1 यदि आपकी गलती पर आपका मित्र आपको समझाता है तो आप क्या करते हैं?

(a) उस पर क्रोधित हो उठेंगे
(b) उसे कहेंगे कि ज्यादा होशियार मत बनो
(c) आप उससे लड़ पड़ेंगे क्योंकि किसी का समझाना आपको अच्छा नहीं लगता
(d) इसे सकारात्मक रूप में लेकर आगे से आप अपने आप में सुधार करेंगे

हल *(d)* उपरोक्त प्रश्न के विकल्पों पर विचार करें, तो विभिन्न व्यक्तित्व वाले व्यक्तियों के जवाब (a), (b), (c) या (d) विकल्प हो सकते हैं और उस जवाब से यह पता चल जाता है कि उस व्यक्ति का स्वभाव कैसा है। जैसे किसी व्यक्ति का जवाब यदि (a) है, तो इसका अर्थ है कि वह क्रोधी स्वभाव का एवं नकारात्मक सोच वाला व्यक्ति है। इसी तरह यदि उसका जवाब (b) है, तो इसका अर्थ है वह घमण्डी व्यक्ति है। यदि उसका जवाब (c) है, तो इसका अर्थ है वह झगड़ालू व्यक्ति है एवं यदि उसका जवाब (d) है, तो इसका अर्थ है वह एक सकारात्मक सोच का इन्सान है जिसमें भविष्य में सुधार की पर्याप्त गुंजाइश है। स्पष्टत: (d) इस प्रश्न का सही उत्तर है। इस उदाहरण के आधार पर मनोवैज्ञानिक परीक्षण में सफलता प्राप्त करने के लिए निम्नलिखित बातों को व्यवहार में लाना शुरू कर एवं इन्हीं व्यवहारों को ध्यान में रखकर इसके प्रश्नों को हल करने का निरन्तर अभ्यास कीजिए।

उदाहरण 2 कोई पुलिसकर्मी तरक्की कर सकता है

(a) छल-कपट द्वारा
(b) अपने दायित्वों की पूर्ति कुशलतापूर्वक करके
(c) 'a' और 'b' दोनों
(d) उपरोक्त में से कोई नहीं

हल *(b)* तरक्की केवल अपने दायित्वों की पूर्ति कुशलतापूर्वक करके ही मिलती है।

उदाहरण 3 आपके सहकर्मी के ईर्ष्या-द्वेष के भाव पर आप
(a) उसका संज्ञान नहीं लेंगे
(b) उच्च अधिकारियों को अवगत कराएँगे
(c) उसकी आलोचना करेंगे
(d) तटस्थ भाव से अपने कार्य में लगे रहेंगे

हल (d) ईर्ष्या-द्वेष के भाव पर कोई प्रतिक्रिया व्यक्त करना मूखर्तापूर्ण कार्य है अत किसी सहकर्मी द्वारा ईर्ष्या-द्वेष का भाव दिखाने पर भी जो कार्य आप कर रहें है उसे उसी लगन के साथ करते रहना चाहिए।

✓ अति महत्त्वपूर्ण प्रश्न

1. एक पुलिसकर्मी में
(a) तेज भागने की क्षमता होनी चाहिए न कि त्वरित निर्णय लेने की
(b) तत्काल निर्णय लेने की क्षमता होनी चाहिए
(c) कसरत करने की क्षमता होनी चाहिए
(d) उपरोक्त में से कोई नहीं

2. अपने से कम आयु के वरिष्ठ अधिकारी का/को
(a) आप आदर करेंगे (b) आप समान मानेंगे
(c) आप कनिष्ठ ही मानेंगे (d) इनमें से कोई नहीं

3. पुलिस सेवा में होती हैं
(a) भावों के अनुरूप स्थितियाँ (b) अनुकूल स्थितियाँ
(c) जटिल स्थितियाँ (d) उपरोक्त में से कोई नहीं

4. सेना में भर्ती होने के अपने भाई के निर्णय पर आप
(a) उसका स्वागत करेंगे (b) उसे हतोत्साहित करेंगे
(c) परेशान हो जाएँगे (d) इनमें से कोई नहीं

5. पुलिस प्रशिक्षण
(a) आम प्रशिक्षणों से हटकर होता है
(b) बलशाली बना देता है
(c) कमजोर कर देता
(d) उपरोक्त में से कोई नहीं

6. किसी आतंकी हमले के दौरान
(a) आप भगवान का स्मरण करने लगेंगे
(b) आप डटकर मुकाबला करेंगे
(c) छिपने का स्थान ढूँढेंगे
(d) उपरोक्त में से कोई नहीं

7. आदर्श पुलिसकर्मी बना जा सकता है
(a) लगन और सेवा भाव के द्वारा
(b) व्यायाम करके
(c) दौड़ लगा कर
(d) उपरोक्त में से कोई नहीं

8. एक पुलिस अधिकारी के किसी राष्ट्र-विरोधी कार्य पर आप
(a) उसके निर्देशों का पालन करेंगे
(b) उससे आर्थिक सहायता की माँग करेंगे
(c) उसे ऐसा करने से रोकेंगे और वरिष्ठ अधिकारियों को अवगत कराएँगे
(d) उपरोक्त में से कोई नहीं

9. अपने किसी साथी पुलिसकर्मी से तकरार की स्थिति में आप
(a) उसे सबक सिखाएँगे
(b) ठण्डे दिमाग से समस्या पर विचार कर उपयुक्त निर्णय लेंगे
(c) अपनी बात पर अड़े रहेंगे
(d) उपरोक्त में से कोई नहीं

10. प्राकृतिक आपदाओं के दौरान पुलिसकर्मियों को
(a) जनता को घरों में बन्द कर देना चाहिए
(b) मन्त्रिमण्डल से निर्देश लेने चाहिए
(c) परस्पर विश्वास का माहौल तैयार करना चाहिए
(d) उपरोक्त में से कोई नहीं

11. जटिलतम स्थिति में पुलिसकर्मी का आचार-व्यवहार
(a) सन्तुलित होना चाहिए
(b) आदेशपूर्ण होना चाहिए
(c) हास्यास्पद होना चाहिए
(d) इनमे से कोई नहीं

12. दैनिक वस्तुओं की लाइन में आपूर्ति बाधित होने पर आप
(a) क्रोधित हो जाएँगे
(b) इसकी शिकायत उच्चाधिकारियों से करेंगे
(c) साथियों के साथ समाधान तलाश करेंगे
(d) उपरोक्त में से कोई नहीं

13. अपने से कम आयु के अधिक योग्य साथी की पदोन्नति पर आप
(a) ईर्ष्या करने लगेंगे
(b) उसे बधाई देंगे और प्रोत्साहित करेंगे
(c) विरोध करेंगे
(d) उपरोक्त में से कोई नहीं

14. पुलिसकर्मी के लिए सबसे आवश्यक कार्य है
(a) देश की सुरक्षा
(b) इकलौते पुत्र की देखभाल
(c) गर्भवती पत्नी की देखभाल
(d) वृद्ध माँ की देखभाल

15. आप पुलिसकर्मी के रूप में दायित्व-पूर्ति किस प्रकार करेंगे?
(a) उच्चाधिकारियों से परामर्श करके
(b) सजग राष्ट्र प्रहरी की भूमिका निभाकर
(c) उच्चाधिकारियों के निर्देशों के अनुसार
(d) उपरोक्त में से कोई नहीं

16. पुलिसकर्मी में होनी चाहिए
(a) ईमानदारी
(b) बेइमानी
(c) छल कपट
(d) इनमें से कोई नहीं

17. एक पुलिसकर्मी को अपने परम मित्र के देश विरोधी गतिविधियों में लिप्त होने पर क्या करना चाहिए?
(a) समस्या बताकर छोड़ देना चाहिए
(b) सुधरने का मौका देना चाहिए
(c) कब्जे में लेकर उच्च अधिकारियों को अवगत करा देना चाहिए
(d) उपरोक्त में से कोई नहीं

18. किसी वरिष्ठ अधिकारी के प्रताड़ित करने पर आप क्या करेंगे?
(a) अन्य वरिष्ठ अधिकारियों को अवगत कराएँगे
(b) उसके समक्ष ही विरोध करेंगे
(c) उसे स्वयं ही दण्डित करेंगे
(d) उपरोक्त में से कोई नहीं

19. अधीनस्थ या कनिष्ठ पुलिसकर्मी के साथ किया जाना चाहिए
(a) मित्रवत् व्यवहार
(b) कठोर व्यवहार
(c) प्रताड़नापूर्ण व्यवहार
(d) इनमें से कोई नहीं

20. आपके स्थान पर प्रतिनियुक्ति पर आने वाले पुलिसकर्मी के आने में विलम्ब होने की दशा में आप क्या करेंगे?
(a) आप ड्यूटी छोड़कर चले जाएँगे
(b) ड्यूटी पर बने रहेंगे
(c) प्रतिनियुक्ति पर आने वाले सैनिक की प्रतीक्षा करेंगे
(d) उपरोक्त में से कोई नहीं

21. सहकर्मियों से मतभेदों को सुलझाने का सर्वश्रेष्ठ तरीका है
(a) उच्च अधिकारियों को इस बाबत अवगत कराना
(b) सहकर्मियों के समक्ष अपने तर्क रखना
(c) मतभेदों के कारणों का निवारण वार्तालाप द्वारा करना
(d) उपरोक्त में से कोई नहीं

22. नैतिक सुविधाओं की सुचारु सप्लाई न होने पर आप क्या करेंगे ?
(a) ड्यूटी को प्राथमिकता देंगे
(b) ड्यूटी नहीं करेंगे
(c) उच्च अधिकारी से शिकायत करेंगे
(d) उपरोक्त में से कोई नहीं

23. आवासीय क्वार्टर के आवेदन के सन्दर्भ में कोई निर्णय न होने पर आप
(a) हड़ताल कर देंगे
(b) उच्च अधिकारियों को अवगत कराएँगे
(c) विरोध प्रदर्शन करेंगे
(d) पुनः प्रार्थना करके प्रतीक्षा करेंगे

24. पत्नी के साथ भ्रमण के दौरान एक दुर्घटना होने पर आप तत्काल
(a) घायलों को निकट के अस्पताल में पहुँचाने को मदद करेंगे
(b) पत्नी से विचार-विमर्श करेंगे कि क्या करना चाहिए
(c) घर की ओर प्रस्थान कर जाएँगे
(d) उपरोक्त में से कोई नहीं

उत्तरमाला

1 (b)	2 (a)	3 (c)	4 (a)	5 (a)	6 (b)	7 (a)	8 (c)	9 (b)	10 (c)
11 (a)	12 (c)	13 (b)	14 (a)	15 (b)	16 (a)	17 (c)	18 (a)	19 (a)	20 (c)
21 (c)	22 (a)	23 (d)	24 (a)						

अध्याय 7

दिशा और दूरी

DIRECTION AND DISTANCE

दिशा

सूर्योदय तथा सूर्यास्त के आधार पर जो परिकल्पनाएँ की जाती हैं, उन्हें दिशा समझा जाता है। जैसे—जिस ओर सूर्य उदय होता है उसे पूर्व दिशा, जिस ओर सूर्य अस्त होता है उसे पश्चिम दिशा कहते हैं। पूर्व दिशा से दक्षिणावर्त दिशा में चलने पर दक्षिण दिशा तथा पूर्व दिशा से वामावर्त दिशा में चलने पर उत्तर दिशा प्राप्त होती है दिशाओं की परिकल्पना को इस प्रकार भी समझ सकते हैं।

यदि कोई व्यक्ति सूर्योदय के समय सूर्य की ओर मुख करके खड़ा हो तो उसके सामने की ओर पूर्व, उसके दाईं ओर दक्षिण, उसके बाईं ओर उत्तर, तथा उसके ठीक पीछे की ओर पश्चिम दिशा होगी।

दिशाएँ मूल रूप से चार होती हैं जिन्हें मुख्य दिशाएँ कहा जाता है। जो निम्नवत् हैं।

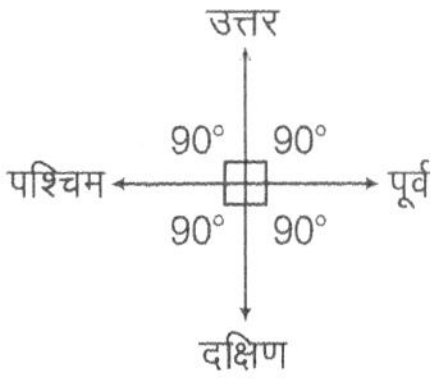

दो मुख्य दिशाओं के मध्य 90° का अन्तर होता है।

मुख्य दिशाओं के अतिरिक्त चार उपदिशाएँ भी होती हैं।

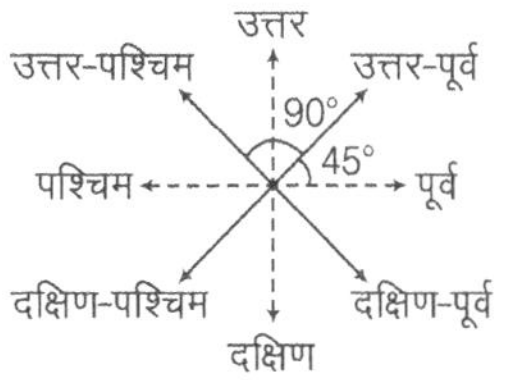

दो उपदिशाओं के मध्य 90° का अन्तर होता है।

एक मुख्य तथा एक उपदिशा के मध्य 45° का अन्तर होता है।

प्रत्येक दिशा का स्वयं का बायाँ एवं दायाँ पक्ष होता है, जिसे निम्नवत् समझ सकते हैं।

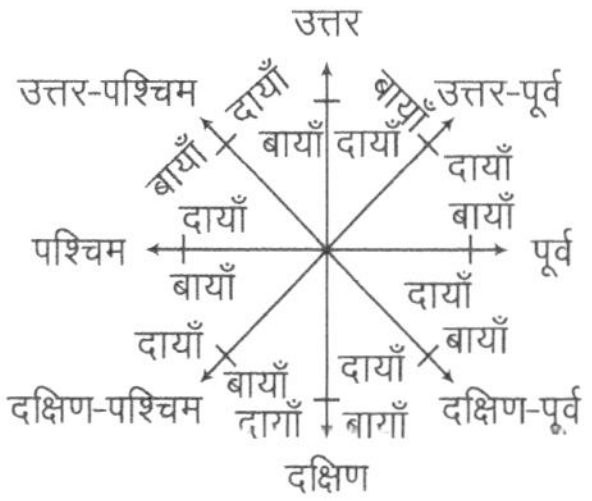

दायाँ एवं बायाँ मोड़

(Clockwise and Anticlockwise Direction)

घड़ी के चलने की दिशा को, दिशा का दायाँ तथा घड़ी के चलने की विपरीत दिशा को, दिशा का बायाँ कहा जाता है जब कोई व्यक्ति अपने मूल स्थान से उत्तर की ओर जाता है और घड़ी की सूई के चलने की दिशा में मुड़ता है तो वह उसका दायाँ कहलाता है। और इसी प्रकार यदि वह उत्तर दिशा की ओर चलते हुए घड़ी की सूई के विपरीत दिशा में मुड़ता है वह उसका बायाँ कहलाता है।

दायाँ घड़ी की सूई के चलने की दिशा

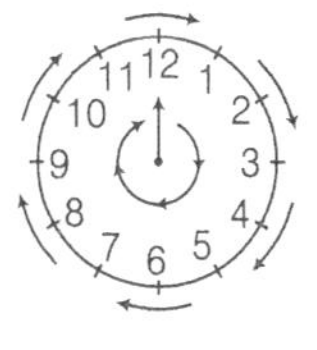

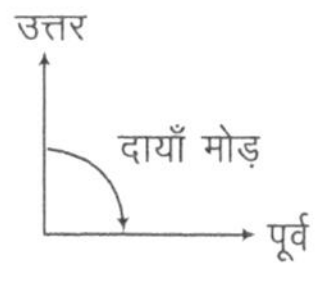

बायाँ घड़ी की सूई के चलने की विपरीत दिशा।

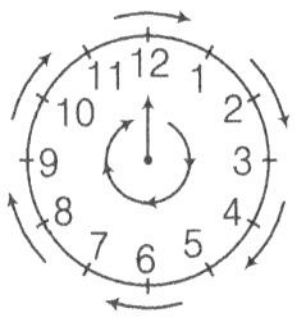

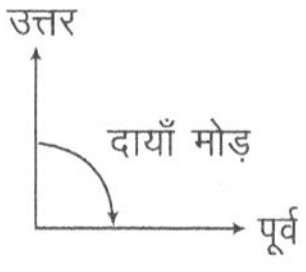

उदाहरण 1 **रवि अपने घर से सीधे पूर्व दिशा की ओर 2 किमी जाने के बाद बाएँ मुड़कर 3 किमी जाता है वहाँ से दाएँ मुड़ा और 1 किमी जाकर रूक गया बताइए अभी रवि किस ओर देख रहा है।**

(a) पूर्व (b) पश्चिम (c) उत्तर (d) दक्षिण

हल *(a)* प्रश्नानुसार,

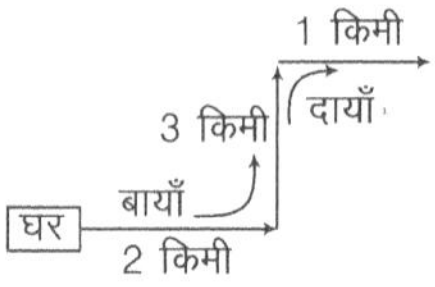

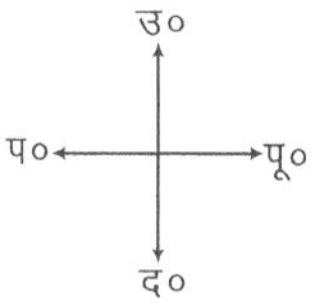

आरेख से स्पष्ट है कि अभी रवि पूर्व दिशा की ओर देख रहा है।

उदाहरण 2 **यदि पूर्व दिशा को उत्तर, उत्तर दिशा को पश्चिम कहा जाए और आगे भी परिवर्तन का यही क्रम जारी रहे तो दक्षिण-पूर्व दिशा को क्या कहा जाएगा?**

(a) उत्तर-पूर्व (b) दक्षिण-पूर्व
(c) उत्तर (d) पश्चिम

हल *(a)* प्रश्नानुसार,

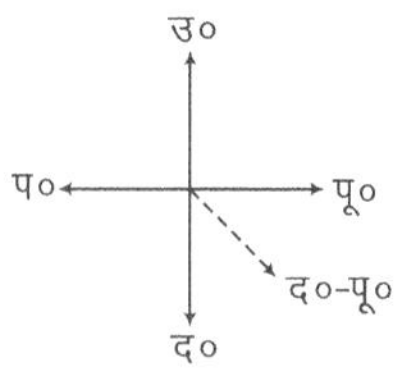

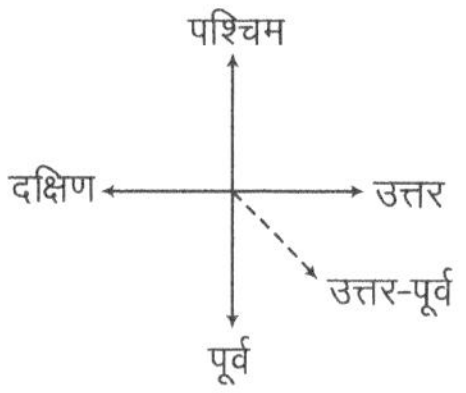

चूँकि प्रश्न में सभी दिशाएँ 90° दक्षिणावर्त घूमकर नए स्थान पर पहुँच गई हैं उसी क्रम में उत्तर-पूर्व दिशा 90° दक्षिणावर्त घूमकर दक्षिण-पूर्व दिशा की ओर पहुँच जाएगी। अत: इस घूर्णन के पश्चात् दक्षिण-पूर्व दिशा को उत्तर-पूर्व दिशा कहा जाएगा।

उदाहरण 3 **कमल पूर्व दिशा की ओर 20 मी चलने के बाद दाईं और मुड़कर 45 मी चला। वहाँ से वह दाईं ओर मुड़कर 55 मी चला। अन्त में जब वह रूका तो प्रारम्भिक स्थान से किस दिशा की ओर था।**

(a) उत्तर (b) दक्षिण-पश्चिम
(c) पश्चिम (d) उत्तर-पूर्व

हल *(b)* प्रश्नानुसार,

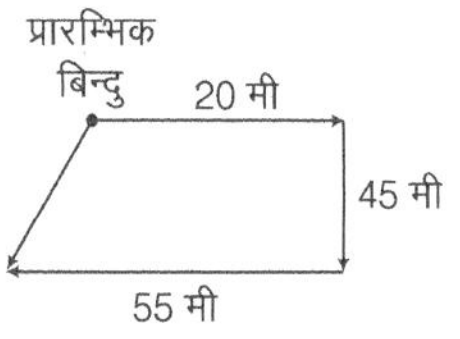

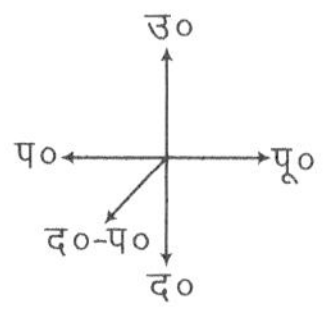

आरेख स्पष्ट है कि अन्तिम बिन्दु प्रारम्भिक बिन्दु से दक्षिण-पश्चिम दिशा की ओर है।

न्यूनतम दूरी

किसी वस्तु के प्रारम्भिक स्थान से गतव्य तक पहुँचने में आए भौतिक बदलाव को दूरी कहा जाता है। दूरी दो प्रकार की होती हैं कुल दूरी तथा न्यूनतम दूरी। प्रत्येक बिन्दु से होकर तय की गई दूरी कुल दूरी तथा विकर्णवत दूरी न्यूनतम दूरी कहलाती है। न्यूनतम दूरी सम्बन्धी कुछ जानकारियाँ नीचे दी गई हैं।

माना A, B, C एक समकोण त्रिभुज (पथ) है जिसमें AB लम्ब, BC आधार तथा AC कर्ण है तब,

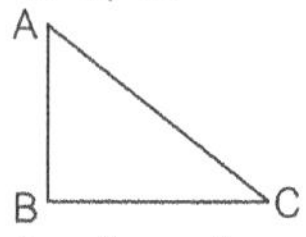

पाइथागोरस प्रमेय के अनुसार,

लम्ब तथा आधार के वर्गों का योग विकर्ण के वर्ग के बराबर होता है। अर्थात्

$$\text{कर्ण}^2 = \text{लम्ब}^2 + \text{आधार}^2$$

या, $$AC^2 = AB^2 + BC^2$$

पाइथागोरस प्रमेय का प्रयोग समकोण पथ पर न्यूनतम दूरी ज्ञात करने के लिए किया जाता है।

उदाहरण 4 **एक व्यक्ति उत्तर दिशा की ओर 4 किमी जाता है वहाँ से दाएँ मुड़कर 3 किमी जाने पर एक बाजार पहुँच जाता है। बाजार से जरूरी सामान खरीदने के बाद दक्षिण-पश्चिम दिशा में 5 किमी चलकर अपने घर पहुँच जाता है बताइये इस दौरान उस व्यक्ति ने कुल कितनी दूरी तय की?**

(a) 10 किमी (b) 12 किमी (c) 15 किमी (d) 17 किमी

हल *(b)* प्रश्नानुसार, व्यक्ति के चलने का क्रम निम्नवत् है

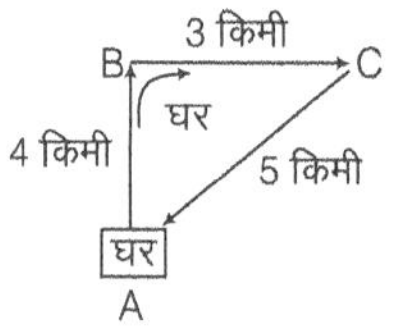

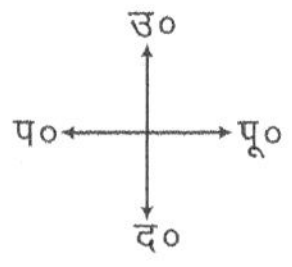

कुल दूरी $= AB + BC + CA = 4 + 3 + 5 = 12$ किमी

अत: व्यक्ति ने कुल 12 किमी दूरी तय की।

उदाहरण 5 **एक व्यक्ति पूर्व दिशा की ओर 5 किमी जाता है तथा वहाँ पड़ने वाले मन्दिर पर प्रसाद चढ़ाने के बाद उसी दिशा में 5 किमी आगे जाता है अन्त में बाएँ मुड़ता है और 12 किमी चलकर अपने ऑफिस पहुँच जाता है बताइए मन्दिर और व्यक्ति के ऑफिस के मध्य न्यूनतम दूरी कितनी है?**

(a) 20 किमी (b) 17 किमी (c) 12 किमी (d) 13 किमी

हल *(d)* प्रश्नानुसार, व्यक्ति के चलने का क्रम निम्नवत् है

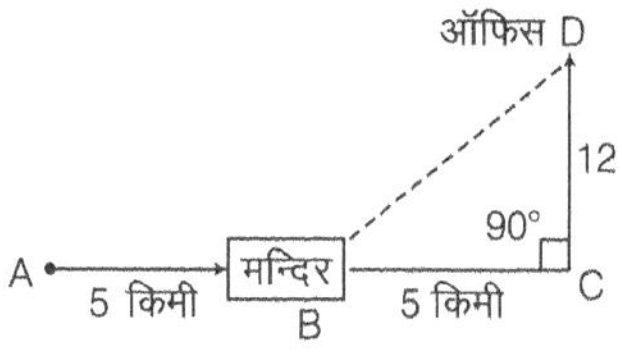

अभीष्ट दूरी $\Rightarrow BD = ?$

$$BD^2 = BC^2 + DC^2 = (5)^2 + (12)^2 = 25 + 144$$

$$BD^2 = 169 \Rightarrow BD = \sqrt{169}$$

$$BD = 13 \text{ किमी}$$

अत: मन्दिर तथा व्यक्ति के ऑफिस के मध्य न्यूनतम दूरी *13* किमी है।

परछाई किसी व्यक्ति तथा वस्तु की परछाई का निर्धारण सूर्योदय तथा सूर्यास्त के समय ही किया सकता है।

सूर्योदय के समय किसी भी वस्तु या व्यक्ति की परछाई सदैव पश्चिम की ओर बनती है।

सूर्यास्त के समय किसी भी वस्तु या व्यक्ति की परछाई सदैव पूर्व दिशा की ओर बनती है।

उदाहरण 6 सुबह के समय गगन और तरूण एक दूसरे की ओर देखते हुए बाते कर रहे हैं यदि गगन की परछाई स्वयं के दाईं ओर बनती है तो तरुण का मुख किस ओर है?

(a) पश्चिम (b) उत्तर
(c) पूर्व (d) दक्षिण

हल *(b)* प्रश्नानुसार, गगन और तरूण के खड़े होने का क्रम निम्नवत् है

आरेख से स्पष्ट है कि तरूण उत्तर की ओर देख रहा है।

✓ अति महत्त्वपूर्ण प्रश्न

1. यदि उत्तर दिशा पश्चिम हो जाए, पश्चिम दिशा दक्षिण हो जाए और आगे भी परिवर्तन का क्रम इसी प्रकार जारी रहे तब पूर्व दिशा क्या हो जाएगी?
(a) उत्तर (b) पूर्व
(c) उत्तर-पूर्व (d) दक्षिण-पूर्व

2. यदि दक्षिण-पश्चिम, पूर्व हो जाए, दक्षिण-पूर्व, उत्तर हो जाए और आगे भी परिवर्तन का क्रम इसी प्रकार जारी रहे तब उत्तर-पश्चिम दिशा क्या हो जाएगी?
(a) पूर्व (b) दक्षिण
(c) दक्षिण-पूर्व (d) उत्तर-पूर्व

3. यदि दक्षिण-पश्चिम , उत्तर हो जाए, दक्षिण-पूर्व, पश्चिम हो जाए और आगे भी परिवर्तन का क्रम इसी प्रकार जारी रहे तब पूर्व दिशा क्या हो जाएगी?
(a) उत्तर (b) दक्षिण-पूर्व
(c) दक्षिण-पश्चिम (d) उत्तर-पश्चिम

4. बिन्दु A, बिन्दु B के पश्चिम दिशा में, बिन्दु C बिन्दु B के दक्षिण दिशा में तथा बिन्दु D, बिन्दु C के उत्तर-पूर्व दिशा में तथा B के पूर्व की ओर है। बिन्दु A, बिन्दु C के किस ओर है?
(a) पश्चिम (b) उत्तर (c) दक्षिण (d) उत्तर-पश्चिम

5. बिन्दु D, बिन्दु C के उत्तर की ओर है, बिन्दु B, बिन्दु C के पश्चिम दिशा की ओर है। यदि बिन्दु A, बिन्दु B और D के मध्य में तथा C के उत्तर-पश्चिम में स्थित हो तो बिन्दु D, बिन्दु A से किस ओर है।
(a) उत्तर-पश्चिम (b) उत्तर-पूर्व
(c) पूर्व (d) दक्षिण

6. सुमन बिन्दु *A* से उत्तर की ओर 10 मी गया, फिर पूर्व की ओर 15 मी गया फिर दक्षिण दिशा की ओर मुड़कर 20 मी गया। बताइए प्रारम्भिक स्थान से वह किस ओर है?
(a) दक्षिण (b) पश्चिम
(c) दक्षिण-पश्चिम (d) दक्षिण-पूर्व

7. चमन अपने घर से पश्चिम दिशा की ओर सीधा 50 मी चलने के बाद दाएँ मुड़कर 50 मी चलता है। अन्त में फिर से दाए मुड़कर 100 मी चलकर बस स्टॉप पहुँच जाता है। बताइए चमन के घर से बस स्टॉप किस दिशा की ओर है।
(a) उत्तर (b) उत्तर-पूर्व
(c) दक्षिण-पश्चिम (d) पूर्व

8. रमन अपने घर से पूर्व की ओर 15 मी गया उत्तर की ओर मुड़कर 10 मी जाकर पश्चिम की ओर मुडकर 10 मी चला। अन्त में दक्षिण की ओर मुड़कर 10 मी गया। रमन अपने घर से अब किस दिशा में है।
(a) पश्चिम (b) पूर्व (c) दक्षिण (d) उत्तर

9. वैभव 8 किमी उत्तर दिशा की ओर गया इसके बाद दाईं ओर मुड़कर 10 किमी चला। पुन: दाईं ओर मुड़कर 15 किमी चला। बताइए वैभव अब किस दिशा की ओर अग्रसर है?
(a) दक्षिण-पूर्व (b) उत्तर (c) दक्षिण (d) पूर्व

10. एक व्यक्ति पूर्व की ओर 8 मी चलता है फिर बाएँ मुड़कर 5 मी चलता है फिर पश्चिम की ओर 5 मी चलता है और इसके बाद अपने दाईं ओर घूमकर 10 मी चलता है अन्त में बाएँ घूमकर 3 मी चलता है बताइए अपने प्रारम्भिक स्थान से व्यक्ति कितनी दूरी है?
(a) 10 मी (b) 12 मी (c) 20 मी (d) 15 मी

11. एक व्यक्ति उत्तर की ओर 50 मी जाता है फिर दाएँ मुड़कर 60 मी जाता है वहाँ से फिर अपने दाईं ओर मुड़कर 40 मी जाता है। अन्त में वह दाईं ओर मुड़कर 60 मी जाता है। बताइए वह अपने प्रारम्भिक स्थान से कितना दूर है?
(a) 20 मी (b) 10 मी (c) 40 मी (d) 30 मी

12. एक व्यक्ति पूर्व की ओर 10 मी चलता है और बाएँ मुड़कर 15 मी चलता है वह पुन: बाईं ओर मुड़कर 10 मी चलता है। बताइए कि वह अपने प्रारम्भिक स्थान से कितना दूर और किस दिशा में है?
(a) 5 मी, पूर्व (b) 15 मी, पश्चिम
(c) 15 मी, उत्तर (d) 10 मी, उत्तर

13. एक महिला अपने घर से मन्दिर के लिए पूर्व दिशा में 50 मी चलती है, वहाँ से बाएँ मुड़कर बाजार के लिए 80 मी जाती है तथा अन्त में बाएँ मुड़कर 40 मी जाने के बाद दर्जी की दुकान पर पहुँचती है। बताइए दर्जी की दुकान महिला के प्रारम्भिक स्थान से किस दिशा में है तथा महिला ने घर से दर्जी की दुकान तक पहुँचने के लिए कुल कितनी दूरी तय की?
(a) 170 मी, उत्तर (b) 170 मी, पूर्व
(c) 170 मी, दक्षिण-पूर्व (d) 170 मी, उत्तर-पूर्व

14. एक पर्यटक पूर्व की ओर 10 किमी की दूरी तय करता है तथा बाएँ मुड़कर 3 किमी चलता है वहाँ से दाएँ मुड़कर 2 किमी की दूरी तय करता है। अन्त में वह दाईं ओर मुड़कर 8 किमी चलता है बताइए कि अब वह आरम्भिक स्थान से कितना दूर और किस दिशा में है?
(a) 5 किमी, दक्षिण (b) 12 किमी, पूर्व
(c) 12 किमी, पश्चिम (d) 13 किमी, दक्षिण-पूर्व

15. दीपक, दक्षिण की ओर 9 मी चलता है तथा दाएँ मुड़ता है और 5 मी चलता है वह पुन: दाएँ मुड़ता है और 4 मी चलता है। अन्त में वह बाएँ मुड़ता है और 7 मी की दूरी तय करता है। अब वह प्रारम्भिक बिन्दु से कितना दूर एवं किस दिशा में है?
(a) 13 मी, दक्षिण-पश्चिम (b) 13 मी, दक्षिण-पूर्व
(c) 13 मी, पूर्व (d) 13 मी, दक्षिण

उत्तरमाला

1 (a)	2 (c)	3 (c)	4 (d)	5 (b)	6 (d)	7 (b)	8 (b)	9 (c)	10 (d)
11 (b)	12 (c)	13 (d)	14 (d)	15 (a)					

सॉल्यूशन्स

1. (a) प्रश्नानुसार,

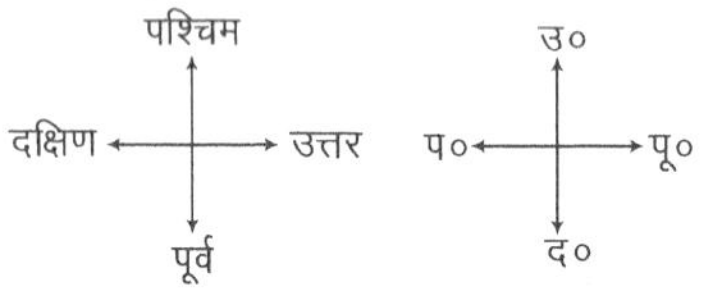

आरेख से स्पष्ट है, कि सभी दिशाएँ 90° घड़ी की विपरीत दिशा में घूम रही है। अत: उसी प्रकार से पूर्व दिशा उत्तर हो जाएगी।

2. (c) प्रश्नानुसार,

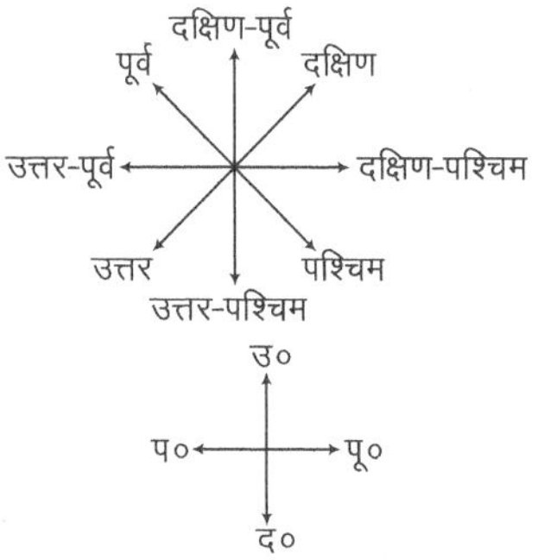

सभी दिशाए 135° घड़ी की विपरीत दिशा में घूम रही है। अत: उत्तर-पश्चिम दिशा, दक्षिण दिशा हो जाएगी।

4. (d) प्रश्नानुसार,

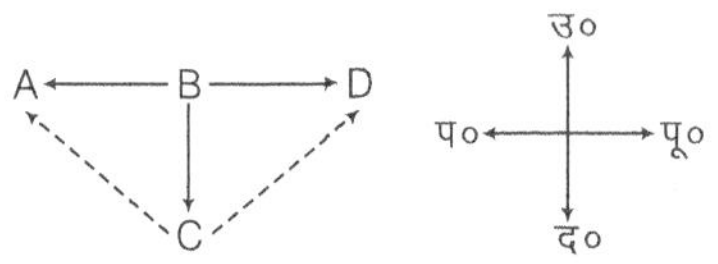

आरेख से स्पष्ट है कि बिन्दु A बिन्दु C के उत्तर-पश्चिम दिशा की ओर है।

5. (b) प्रश्नानुसार,

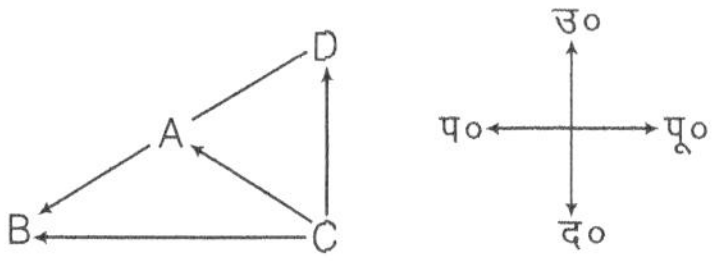

आरेख से स्पष्ट है कि बिन्दु D, बिन्दु A के उत्तर-पूर्व दिशा में स्थित है।

7. (b) प्रश्नानुसार,

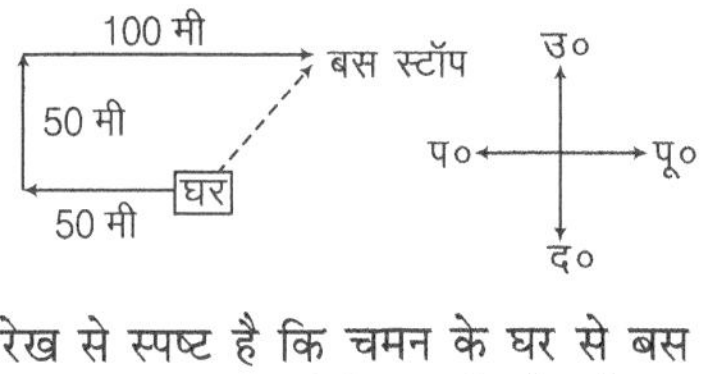

आरेख से स्पष्ट है कि चमन के घर से बस स्टॉप उत्तर-पूर्व दिशा की ओर है।

8. (b) प्रश्नानुसार,

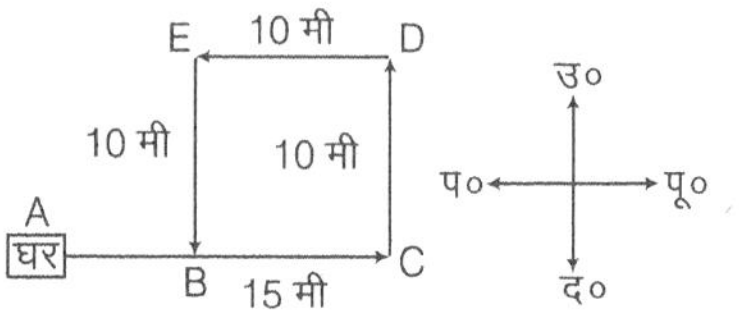

रमन की प्रारम्भिक स्थिति A तथा अन्तिम स्थिति B है तथा बिन्दु B बिन्दु A के पूर्व की ओर स्थित है।

10. (d) प्रश्नानुसार,

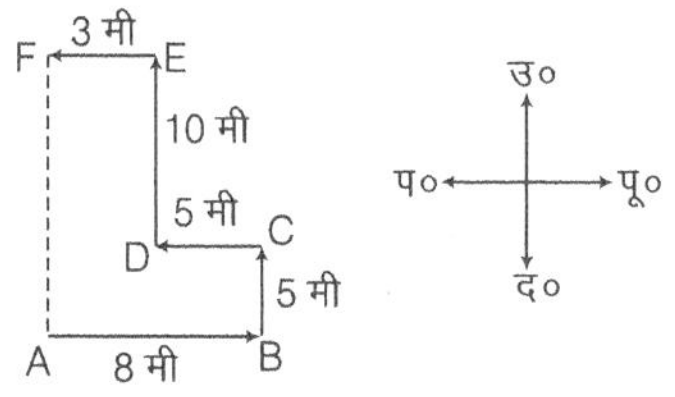

अभीष्ट दूरी = AF = ?

AF = ED + CB = 10 + 5

AF = 15 मी

अत: व्यक्ति अपने प्रारम्भिक स्थान से 15 मी दूर है।

12. (c) प्रश्नानुसार,

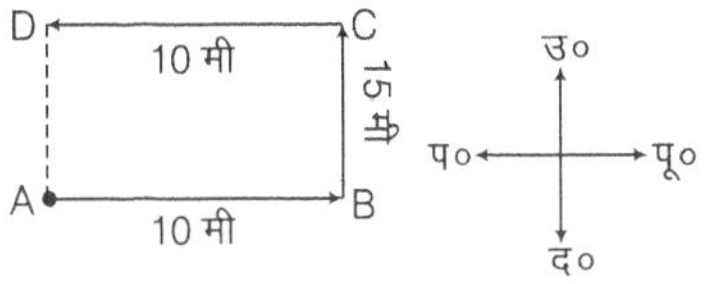

अभीष्ट दूरी = AD = ?

AD = CB ⇒ AD = 15 मी

अत: व्यक्ति अपने प्रारम्भिक स्थान से 15 मी दूर तथा उत्तर दिशा की ओर स्थित है।

13. (d) प्रश्नानुसार,

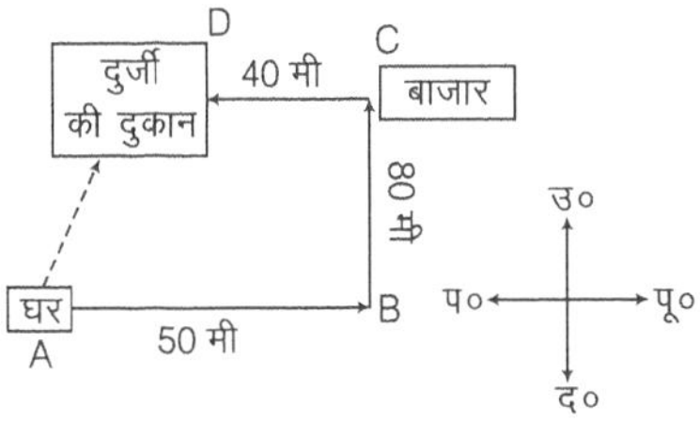

कुल दूरी = AB + BC + CD

= 50 + 80 + 40 = 170 मी

आरेख से स्पष्ट है कि दर्जी की दुकान प्रारम्भिक स्थान से उत्तर पूर्व दिशा में है तथा इस दौरान महिला ने कुल 170 मी की दूरी तय की।

14. (d) प्रश्नानुसार,

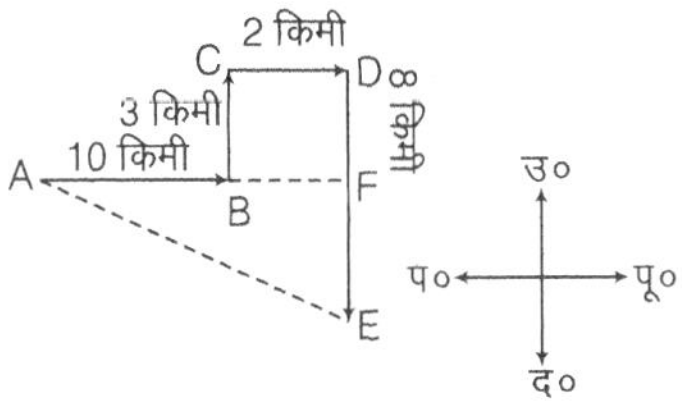

अभीष्ट दूरी = AE = ?

AF = AB + CD

= 10 + 2 = 12

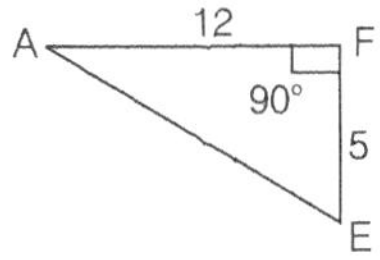

तथा EF = DE − BC = 8 − 3

$EF = 5$

$(AE)^2 = (AF)^2 + (EF)^2$

$= (12)^2 + (5)^2 = 144 + 25$

$AE^2 = 169$

⇒ AE = 13 मी

स्पष्ट है कि पर्यटक प्रारम्भिक स्थान से दक्षिण-पूर्व दिशा में 13 मी दूर है।

15. (a) प्रश्नानुसार,

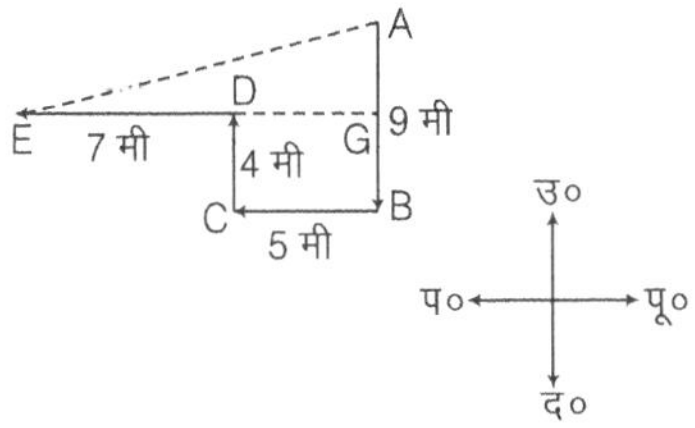

अभीष्ट दूरी = AE = ?

EG = ED + CB = 7 + 5

EC = 12 मी

AG = AB − CD = 9 − 4

AG = 5 मी

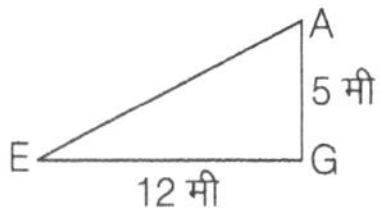

$(AE)^2 = (EG)^2 + (AG)^2$

$= (12)^2 + (5)^2 = 144 + 25$

$(AE)^2 = 169$

$AE = \sqrt{169}$

AE = 13

अत: दीपक प्रारम्भिक स्थान से दक्षिण-पश्चिम दिशा में 13 मी दूर है।

अध्याय 8

रक्त सम्बन्ध

BLOOD RELATION

दो-या-दो से अधिक व्यक्तियों के मध्य पारिवारिक रिश्तों के आधार पर सम्बन्धों का जो निर्धारण होता है, रक्त सम्बन्ध कहलाता है।

रक्त सम्बन्ध के अन्तर्गत आने वाले प्रश्नों में किन्हीं दो-या-दो से अधिक व्यक्तियों के मध्य एक सम्बन्ध दिया होता है। इन्हीं सम्बन्ध के आधार पर किसी अन्य व्यक्ति का सम्बन्ध ज्ञात करना होता है।

इन प्रश्नों को हल करने में संकेतों एवं आरेखों का प्रयोग किया जाता है, जिससे सम्बन्धों की पहचान आसानी से ज्ञात की जा सके। जिस व्यक्ति का सम्बन्ध पूछा गया हो उसका लिंग (पुरुष या स्त्री) ज्ञात करना भी आवश्यक है। पीढ़ियों के अनुसार व्यक्तियों के मध्य सम्बन्धों को निम्न प्रकार समझा जा सकता है

पुरुष	पीढ़ी	महिला
दादी, नानी	दो पीढ़ी ↑ ऊपर ↑	दादी, नानी
पिता, चाचा, फूफा, मामा, मौसा, ससुर	एक पीढ़ी ऊपर ↑	माता, चाची, बूआ, मामी, मौसी सास
पति, भाई, चचेरा/ममेरा/मौसेरा, फुफेरा भाई, बहनोई, साला,देवर, जेठ, ननदोई	स्वयं की पीढ़ी← →	पत्नी, बहन, चचेरी/ममेरी/मौसेरी/ फुफेरी बहन, भाभी, साली, ननद, देवरानी जेठानी
पुत्र, भतीजा, भांजा दामाद	एक पीढ़ी नीचे ↓	पुत्री, भतीजी, भांजी, पुत्रवधु
पोता, नाती	दो पीढ़ी ↓ नीचे ↓	पोती, नातिनी

रक्त सम्बन्ध पर आधारित प्रश्नों को हल करते समय पीढ़ीगत सम्बन्धों को उनके लिंग के आधार पर निम्न प्रकार से दर्शा सकते हैं

- महिला ⇒ (–) / ◯
- पुरुष ⇒ (+) / □
- A एक पुरुष है ⇒ A(+) / [A]
- A एक महिला है ⇒ A(–) / Ⓐ

- A, B का भाई है ⇒ A(+) ⟵ B / [A] ⟵ B
- A, B की बहन है ⇒ A(–) ⟵ B / Ⓐ ⟵ B
- A और B भाई हैं ⇒ A(+) ⟷ B(+) / [A] ⟷ [B]
- A और B बहन हैं ⇒ A(–) ⟷ B(–) / Ⓐ ⟷ Ⓑ
- A और B पति-पत्नी हैं ⇒ A ⟷ B
- A, B की पत्नी है ⇒ Ⓐ ⟵ [B]
- A, B का पति है ⇒ [A] ⟵ Ⓑ
- A, B का पिता है ⇒ [A] ↑ B या A(+) ↑ B
- A, B का पुत्र है ⇒ B ↓ [A] या B ↓ A(+)
- A, B की माँ है ⇒ Ⓐ ↑ B या A(–) ↑ B
- A, B पुत्री है ⇒ B ↓ Ⓐ या B ↓ A(–)

नोट पति-पत्नी का सम्बन्ध ही एक ऐसा सम्बन्ध है जिसमें से किसी एक के लिंग का ज्ञात होने पर दूसरे का लिंग आसानी से ज्ञात हो जाता है।

प्रश्नों के प्रकार

रक्त सम्बन्ध पर आधारित प्रश्नों को दो प्रकार से समझ सकते हैं

प्रकार तथ्यों पर आधारित

इस प्रकार के प्रश्नों में दो व्यक्तियों के मध्य सम्बन्ध का निर्धारण दोनों के मध्य दिए गए तथ्यों के आधार पर किया जाता है। तथ्यों से आशय सम्बन्धों की जानकारी से है। रिश्ते से सम्बन्धित जो जानकारियाँ प्रश्न में दी जाती हैं तथ्य कहलाती हैं। प्रश्नों को हल करते समय पीढ़ीगत ढाँचे का प्रयोग सर्वथा उपयुक्त है।

उदाहरण 1 A, B की माँ है। C,A का पुत्र है। D,E का भाई है। E,B की पुत्री है। बताइए E की नानी कौन है? यदि C, A का इकलौता पुत्र है।

(a) A (b) B (c) C (d) D

हल (a) सम्बन्ध आरेख बनाने पर,

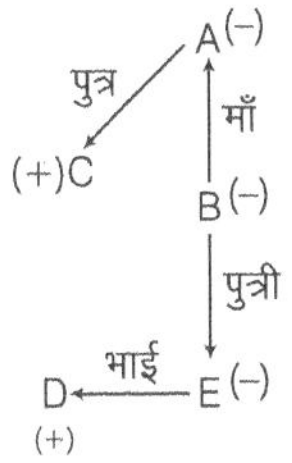

आरेख से स्पष्ट है कि A, B की माँ है और B, E की माँ है। अतः हम जानते हैं कि माँ की माँ नानी होती है इसलिए A, E की नानी है।

उदाहरण 2 एक पुरुष की तस्वीर की ओर इशारा करते हुए एक औरत ने कहा इसके भाई का पिता मेरे दादाजी का इकलौता पुत्र है। बताइए कि तस्वीर वाले पुरुष से औरत का क्या सम्बन्ध है?

(a) बहन (b) दादी
(c) चाची (d) माँ

हल (a) सम्बन्ध आरेख बनाने पर,

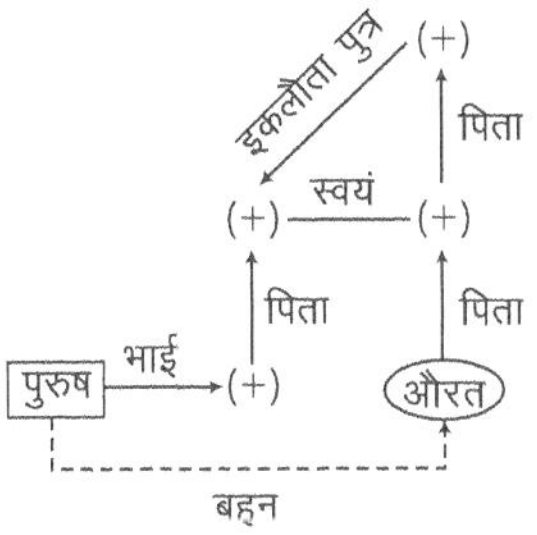

आरेख से स्पष्ट है कि पुरुष के भाई के पिता तथा औरत के पिता समान हैं अतः औरत पुरुष की बहन है।

उदाहरण 3 एक पुरुष का परिचय देते हुए एक औरत ने कहा, उसकी पत्नी मेरी माँ की इकलौती पुत्री है। बताइए कि औरत का पुरुष से क्या सम्बन्ध है?

(a) सास (b) चाची
(c) पत्नी (d) दादी

हल (c) सम्बन्ध आरेख बनाने पर,

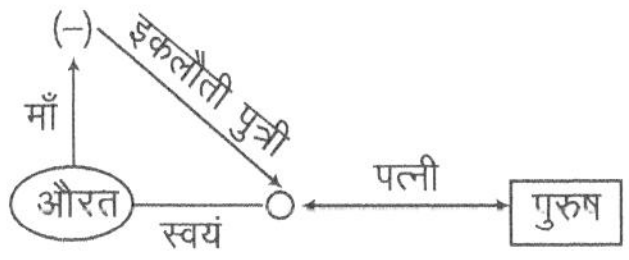

आरेख से स्पष्ट है कि पुरुष की पत्नी, स्वयं औरत ही है। अतः वह औरत पुरुष की पत्नी है।

प्रकार संकेत पर आधारित

इस प्रकार के प्रश्नों में दो व्यक्तियों के मध्य सम्बन्ध का निर्धारण गणितीय संकेतों के आधार पर किया जाता है। गणितीय संकेतों का अपना कोई अस्तित्व नहीं होता अपितु दो व्यक्तियों के मध्य सम्बन्ध निर्धारण के लिए उनका प्रयोग किया जाता है। प्रश्नों को हल करने से पहले दिए गए संकेतों का अर्थ भली भाँति समझ लेना आवश्यक है कि संकेतों के माध्यम से किसके सम्बन्ध के बारे में बाताया गया है।

उदाहरण 4 यदि $A + B$ का अर्थ, A, B की माँ है, $A \div B$ का अर्थ, A, B का भाई है, $A \times B$ का अर्थ, A, B का पुत्र है तथा $A - B$ का अर्थ A, B की बहन है, तो अभिव्यक्ति $P \times Q - R \div S$ में P का R से क्या सम्बन्ध है?

(a) पुत्र (b) भतीजा (c) भांजा (d) भाई

हल (c) सम्बन्ध आरेख बनाने पर,

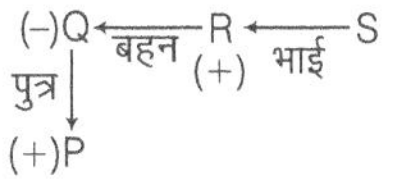

आरेख से स्पष्ट है कि P, R की बहन Q का पुत्र है। हम यह जानते हैं कि बहन का पुत्र भांजा होता है। अतः P, R का भांजा है।

उदाहरण 5 यदि $A + B$ का अर्थ A, B की बहन है, $A \times B$ का अर्थ A, B की पत्नी है, $A \div B$ का अर्थ A, B का पिता है तथा $A - B$ का अर्थ A, B का भाई है। निम्नलिखित में से कौन-सी अभिव्यक्ति का अर्थ है कि T, P की पुत्री है?

(a) $P \div T + K \times Q$ (b) $P \div K + T - Q$
(c) $P \div Z + K \times T - Q$ (d) $Q - T \times K \div P + Z$

हल (a) सम्बन्ध आरेख बनाने पर,

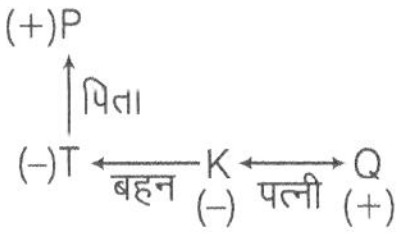

आरेख से स्पष्ट है कि T, K की बहन है तथा P,T के पिता हैं, चूँकि T का लिंग महिला (–) है अर्थात् T, P की पुत्री है।

✓ अति महत्त्वपूर्ण प्रश्न

1. A, B की माता है लेकिन B, A का पुत्र नहीं है। B का A से क्या सम्बन्ध है?

   (a) बहू (b) पुत्र
   (c) पुत्री (d) भाई

2. M, N का भाई है। B, N का भाई है। M, D का भाई है लेकिन N, D का भाई नहीं है। बताइए N, D से किस प्रकार सम्बन्धित है?

   (a) भाई (b) पिता
   (c) बहन (d) माँ

3. A, Q का पुत्र है। Q और Y बहनें हैं। Z, Y की माँ है। निम्नलिखित में से कौन-सा कथन सत्य हो सकता है?

   (a) A, Q का मामा है (b) A, Q का चाचा है
   (c) Z और Y बहनें हैं (d) Q, Z की पुत्री है

4. A, B और C का भाई है। D, C की माँ है। E, A का पिता है। निम्नलिखित में से कौन-सा कथन निश्चित रूप से सत्य नहीं माना जा सकता है?

   (a) B, E का पुत्र है (b) D, A की माँ है
   (c) A, D का पुत्र है (d) E, D का पति है

5. A, B की माँ है। C, A का पुत्र है। D, E का भाई है। E, B की पुत्री है। निम्नलिखित में से कौन-सा कथन निश्चित रूप से सत्य है?
(a) B, C का भाई है (b) C, B का भाई है
(c) B, D का पिता है (d) B, E की माँ है

6. एक फोटो की ओर इशारा करते हुए तरुण ने कहा कि वह मेरे दादा के इकलौते पुत्र की पुत्री है। लड़की का तरुण से क्या सम्बन्ध है?
(a) बहन (b) पोती (c) पत्नी (d) पुत्री

7. वैष्णवी कहती है कि गर्वित के पिता मेरे पिता के एकमात्र पुत्र हैं, तो वैष्णवी का गर्वित से क्या सम्बन्ध है?
(a) बहन (b) माँ (c) पुत्री (d) बुआ

8. वेद की ओर इशारा करते हुए गौरांगी ने कहा उसके पिताजी मेरे दादाजी के इकलौते पुत्र हैं। बताइए गौरांगी, वेद से किस प्रकार सम्बन्धित है?
(a) चचेरा भाई/बहन (b) पुत्री
(c) बहन (d) भतीजी

9. एक पुरुष ने महिला से कहा, तुम्हारे एकमात्र भाई की एकमात्र बहन मेरी माँ है। बताइए कि महिला का पुरुष के पिता से क्या सम्बन्ध है?
(a) सास (b) पुत्री (c) बहन (d) पत्नी

10. सचिन एक पुरुष का परिचय इस रूप में देता है कि वह उस स्त्री का एकमात्र पुत्र है जो मेरी माता के पति की माँ है। पुरुष का सचिन से क्या सम्बन्ध है?
(a) पुत्र (b) चाचा (c) पौत्र (d) पिता

11. एक महिला की तस्वीर की ओर इंगित करते हुए मधु ने कहा उसके पिता के एकमात्र पुत्र की पत्नी मेरी सास है। मधु के पति का तस्वीर वाली महिला से क्या सम्बन्ध है?
(a) चाचा (b) पुत्र (c) पिता (d) भतीजा

12. एक लड़के की ओर इशारा करते हुए एक लड़की ने कहा कि वह मेरे चाचा के पिता की पुत्री का पुत्र है। लड़के का लड़की से क्या सम्बन्ध है?
(a) चाचा (b) पिता (c) भतीजा (d) फुफेरा भाई

13. एक औरत की ओर इशारा करते हुए एक पुरुष, कहता है कि उसकी माँ के इकलौते भाई का पुत्र मेरी पत्नी का भाई है। औरत की माँ के भाई का पुरुष से क्या सम्बन्ध है?
(a) ससुर (b) पिता (c) भाई (d) साला

14. अपने पुत्र की तस्वीर की ओर इशारा करते हुए एक पुरुष ने महिला से कहा कि उसकी माता, तुम्हारी माता की इकलौती पुत्री है। महिला का पुरुष से क्या सम्बन्ध है?
(a) पुत्री (b) सास
(c) पत्नी (d) बहन

15. यदि, A+B का अर्थ A, B की पुत्री है, A–B का अर्थ A, B का पति है, $A \times B$ का अर्थ A, B का भाई है, तो अभिव्यक्ति $P \times Q + R - S$ में S का P से क्या सम्बन्ध है?
(a) माँ (b) पिता (c) बहन (d) भाई

16. यदि $P + Q$ का अर्थ P, Q का पति है, $P \div Q$ का अर्थ P, Q की बहन है, $P \times Q$ का अर्थ P, Q का पुत्र है तथा P–Q का अर्थ P,Q का भाई है, तो अभिव्यक्ति $A - T \times K \div B + Z$ में T का B से क्या सम्बन्ध है?
(a) पुत्री (b) भांजा (c) भाई (d) माँ

निर्देश (प्र.सं. 17 और 18) *निम्नलिखित जानकारी का ध्यानपूर्वक अध्ययन कर प्रश्नों के उत्तर दीजिए यदि*

$A \times B$ का अर्थ A, B का पिता है
$A + B$ का अर्थ A,B की पत्नी है
$A \div B$ का अर्थ A,B की पुत्री है
$A - B$ का अर्थ A,B का पुत्र है

17. समीकरण $L \div M \times O - P \div Q$ में M का Q से क्या सम्बन्ध है?
(a) पुत्र (b) भाई (c) दामाद (d) ससुर

18. समीकरण $Q ? R \div S \times T$ में Q, T का भांजा/ भतीजा है स्थापित करने के लिए निम्नलिखित में से कौन-सा चिन्ह प्रश्नवाचक चिन्ह के स्थान पर उपर्युक्त होगा?
(a) + (b) × (c) – (d) ÷

निर्देश (प्र.सं, 19) *निम्नलिखित जानकारी का ध्यानपूर्वक अध्ययन कर प्रश्न के उत्तर दीजिए*

यदि M $ N का अर्थ M, N की माता है
M # N का अर्थ M, N का पिता है
M @ N का अर्थ M, N का पति है
M % N का अर्थ M, N की पुत्री है

19. यदि N @ Q $ M # T हो, तो N का T से क्या सम्बन्ध है?
(a) नाना (b) दादा (c) नानी (d) दादी

निर्देश (प्र.सं. 20 और 21) *निम्नलिखित जानकारी का ध्यानपूर्वक अध्ययन कर दिए गए प्रश्नों के उत्तर दीजिए।*

एक परिवार में A, B भाई है जो D का पुत्र है। D का विवाह H से हुआ है। H का भाई C, X का इकलौता पुत्र है। J, B की दादी है और उसका विवाह K से हुआ है। Y, D का ससुर है।

20. K का H से क्या सम्बन्ध है?
(a) पिता (b) माता (c) सास (d) ससुर

21. परिवार में कितने विवाहित जोड़े हैं?
(a) दो (b) तीन (c) चार (d) एक

निर्देश (प्र.सं. 22 और 23) *निम्नलिखित जानकारी का ध्यानपूर्वक अवलोकन करने के बाद प्रश्नों के उत्तर दीजिए*

एक परिवार में सात सदस्य हैं। T, X का पुत्र है जोकि Z का पुत्र हैं। W, D की पत्नी है, जो Y का दमाद है। X, W का भाई है। Y, B की बहन है।

22. T का Y से क्या सम्बन्ध है?
(a) दादी (b) भाभी (c) पोता (d) पुत्री

23. D, Z से किस प्रकार सम्बन्धित है?
(a) ब्रदर-इन-ला (b) सन-इन-ला
(c) पुत्र (d) भाई

उत्तरमाला

1 (c)	2 (c)	3 (d)	4 (a)	5 (b)	6 (a)	7 (d)	8 (c)	9 (d)	10 (d)
11 (d)	12 (d)	13 (a)	14 (c)	15 (a)	16 (b)	17 (c)	18 (c)	19 (b)	20 (d)
21 (b)	22 (c)	23 (b)							

सॉल्यूशन्स

1. (c) सम्बन्ध आरेख बनाने पर,

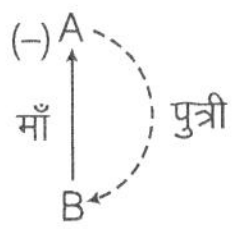

आरेख से स्पष्ट है कि A तो B की माँ है जबकि B, A की सन्तान है किन्तु पुत्र नहीं है अतः B, A की पुत्री है।

2. (c) सम्बन्ध आरेख बनाने पर,

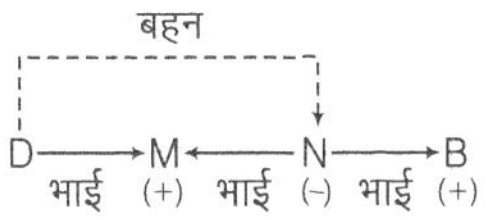

चूँकि D, M, N और B सभी समान पीढ़ी में है अर्थात् सभी आपस में भाई बहन होंगे, किन्तु प्रश्न में सपष्ट किया गया है कि N, D का भाई नहीं है तो N, D की बहन होगी।

3. (d) सम्बन्ध आरेख बनाने पर,

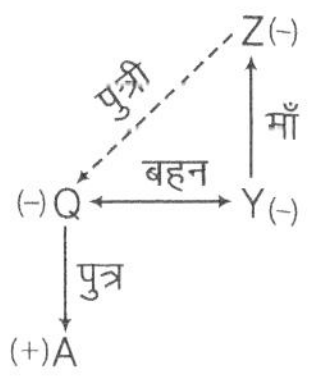

आरेख के आधार पर Q, Z की पुत्री है निश्चित रूप से सत्य है।

4. (a) सम्बन्ध आरेख बनाने पर,

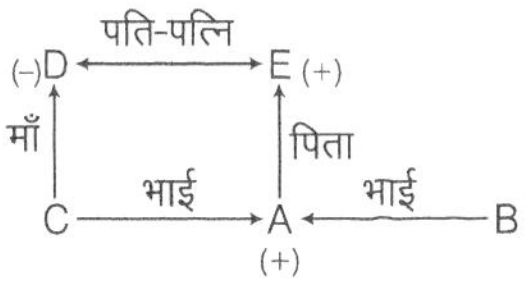

आरेख के आधार पर यह स्पष्ट रूप से नहीं कहा जा सकता कि B, E का पुत्र है क्योंकि B का लिंग ज्ञात नहीं है।

5. (b) सम्बन्ध आरेख बनाने पर,

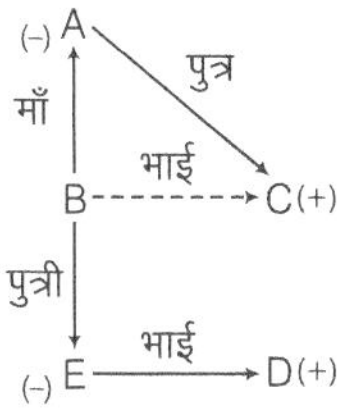

आरेख के आधार पर यह स्पष्ट रूप से कहा जा सकता है कि C, B का भाई है क्योंकि C, B की माँ A का पुत्र है। अतः हम जानते हैं कि माँ का पुत्र भाई होता है।

6. (a) सम्बन्ध आरेख बनाने पर,

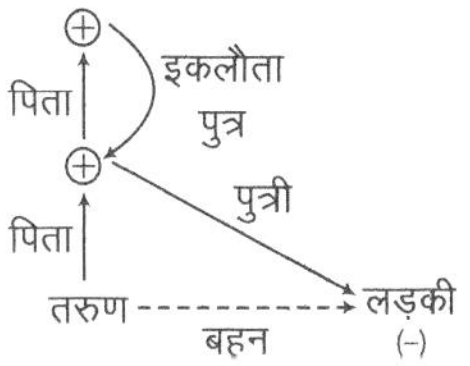

हम जानते हैं कि पिता की पुत्री बहन होती है। अतः फोटो वाली लड़की तरुण की बहन है।

7. (d) सम्बन्ध आरेख बनाने पर,

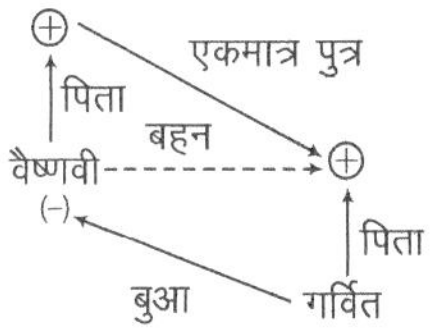

पिता की बहन, बुआ होती है अतः वैष्णवी, गर्वित की बुआ है।

8. (c) सम्बन्ध आरेख बनाने पर,

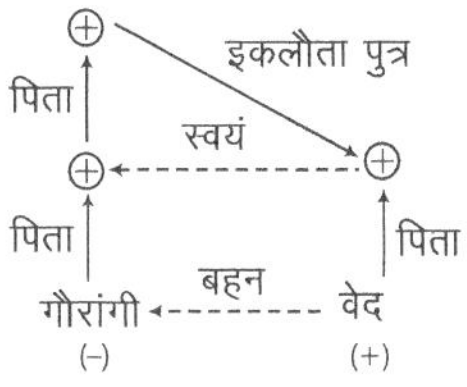

आरेख से स्पष्ट है कि वेद के पिता और गौरांगी के पिता समान है। अतः गौरांगी वेद की बहन है।

9. (d) सम्बन्ध आरेख बनाने पर,

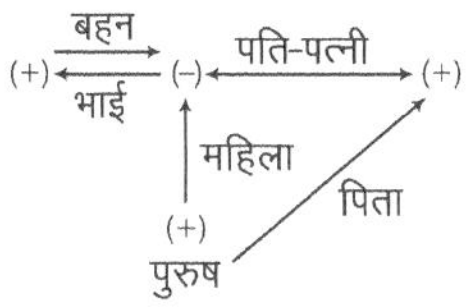

आरेख से स्पष्ट है कि महिला, पुरुष की माँ है तथा पुरुष के पिता से महिला का सम्बन्ध पत्नी का होगा।

10. (d) सम्बन्ध आरेख बनाने पर,

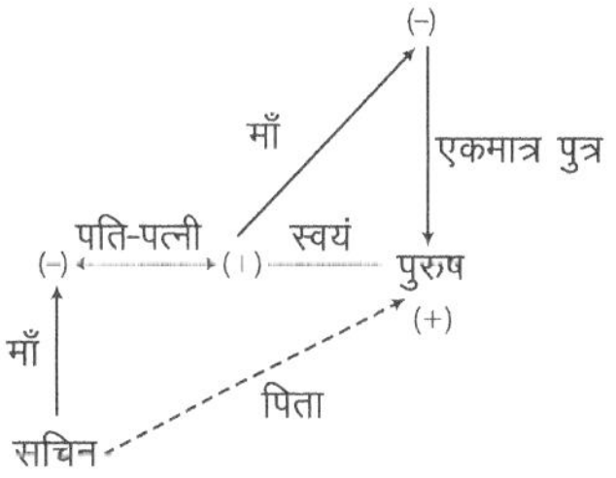

आरेख से स्पष्ट है कि सचिन के पिता और पुरुष आपस में समान हैं। अतः पुरुष, सचिन का पिता है।

11. (d) सम्बन्ध आरेख बनाने पर,

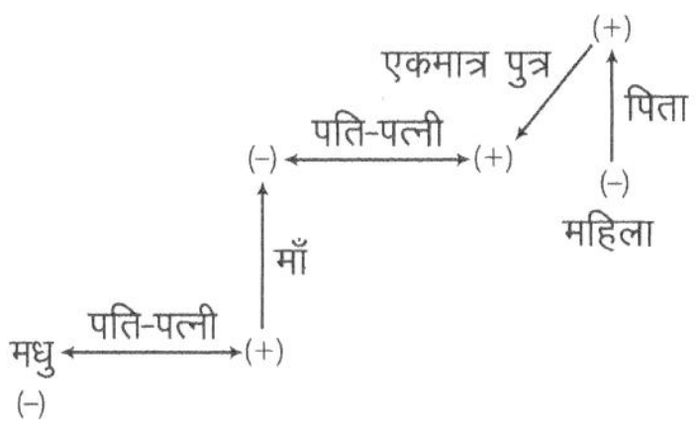

आरेख से स्पष्ट है कि तस्वीर वाली महिला मधु के पिता की बहन है। हम जानते हैं कि पिता की बहन बुआ होती है। अतः मधु का पति महिला का भतीजा है।

12. (d) सम्बन्ध आरेख बनाने पर,

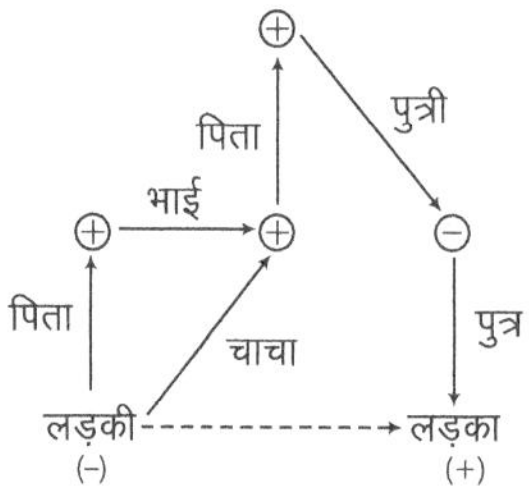

आरेख से स्पष्ट है कि चाचा के पिता (दादा) की पुत्री बुआ होती है तथा बुआ का पुत्र फुफेरा भाई होता है। अतः लड़का लड़की का फुफेरा भाई है।

13. (a) सम्बन्ध आरेख बनाने पर,

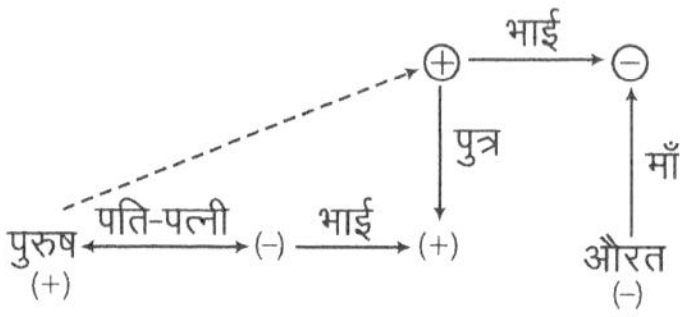

आरेख से स्पष्ट है कि औरत की माँ का भाई पुरुष की पत्नी का पिता है। हम जानते हैं कि पत्नी का पिता ससुर होता है। अतः औरत की माँ का भाई पुरुष का ससुर है।

14. (c) सम्बन्ध आरेख बनाने पर,

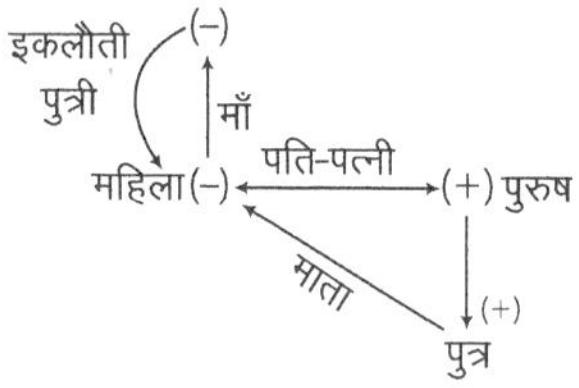

आरेख से स्पष्ट है कि पुरुष अपनी पत्नी को सम्बोधित करते हुए वार्तालाप कर रहा है।

15. (a) अभिव्यक्ति P × Q + R − S से सम्बन्ध आरेख बनाने पर,

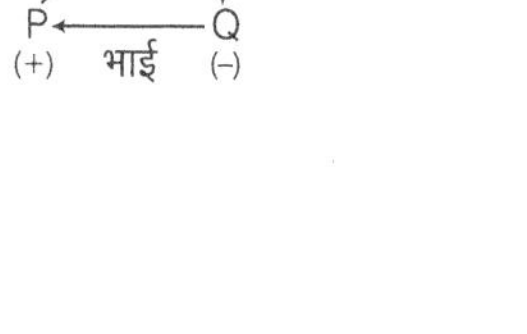

आरेख से स्पष्ट है कि S, P के पिता R की पत्नी है। हम जानते हैं कि पिता की पत्नी माँ होती है। अतः S, P की माँ है।

16. (b) अभिव्यक्ति A − T × K ÷ B + Z से सम्बन्ध आरेख बनाने पर,

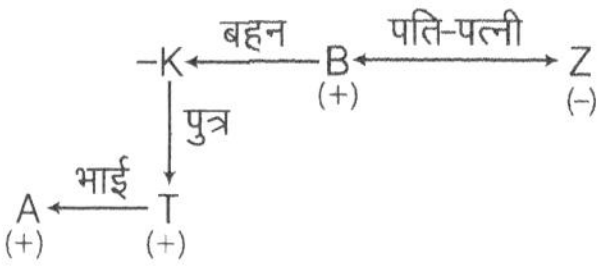

आरेख से स्पष्ट है कि T, B की बहन का पुत्र है। बहन का पुत्र भांजा होता है। अतः T, B का भांजा है।

17. (c) अभिव्यक्ति L ÷ M × O − P ÷ Q के आधार पर सम्बन्ध आरेख बनाने पर,

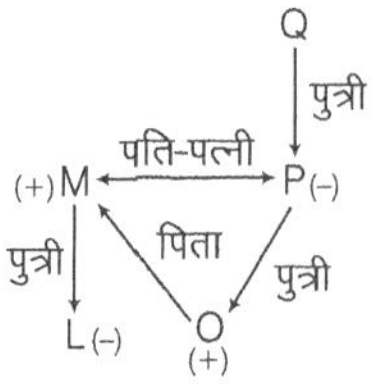

आरेख से स्पष्ट है कि M, Q की पुत्री P का पति है। पुत्री का पति दामाद होता है। अतः M, Q का दामाद है।

18. (c) अभिव्यक्ति Q − R ÷ S × T में चिह्न '−' का प्रयोग करने पर,

∴ Q − R ÷ S × T

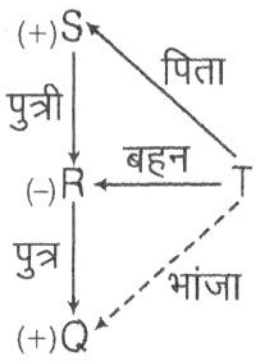

आरेख से स्पष्ट है कि Q, T की बहन R का पुत्र है। बहन का पुत्र भांजा है।

अतः Q, T का भांजा होता है, इस अभिव्यक्ति को सत्य स्थापित करने के लिए प्रश्नवाचक चिह्न के स्थान पर चिन्ह '−' का प्रयोग उपयुक्त है।

19. (b) अभिव्यक्ति N @ Q $ M # T से सम्बन्ध आरेख बनाने पर,

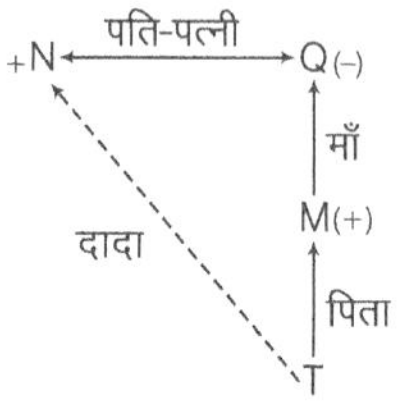

आरेख से स्पष्ट है कि N, T के पिता M का पिता है। पिता का पिता दादा होता है। अतः N, T का दादा है।

हल (प्र.सं. 20 और 21) सम्बन्ध आरेख बनाने पर

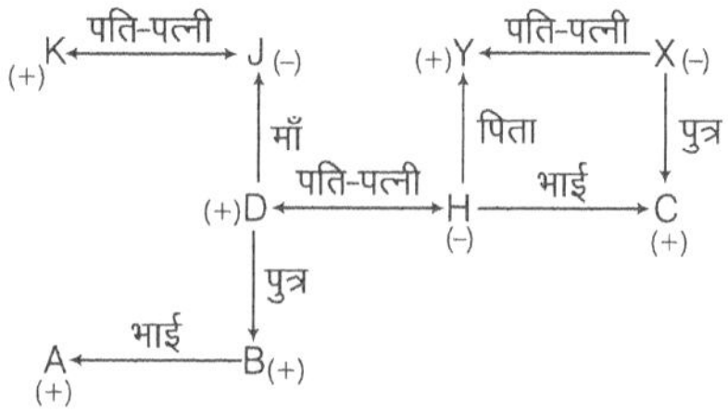

20. (d) K, H के पति D के पिता हैं। पति के पिता ससुर होते हैं। अतः K, H के ससुर हैं।

21. (b) परिवार में तीन विवाहित जोड़े (K-J, D-H तथा Y-X) हैं।

हल (प्र.सं. 22 और 23) *सम्बन्ध आरेख बनाने पर*

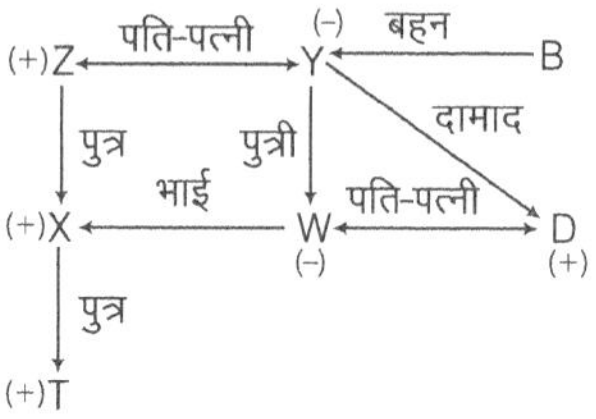

22. (c) T, Y के पुत्र X का पुत्र है। पुत्र का पुत्र पोता होता है। अतः T, Y का पोता है।

23. (b) D, Z की पुत्री W का पति है। पुत्री का पति दामाद (सन-इन-ला) होता है।

अतः D, Z का सन-इन ला है।

अध्याय 9

गणितीय संक्रियाएँ

MATHEMATICAL OPERATION

गणितीय संक्रियाओं के अन्तर्गत गणितीय व्यंजक को वास्तविक गणितीय चिन्हों को निर्देशानुसार परिवर्तित करके व्यंजक को हल करते हैं। गणितीय व्यंजक '+', '–', '×', '÷', '>', '<' या अंग्रेजी के अक्षरों P, Q, R, S, A, B तथा C या अन्य संकेतों से युक्त होता है जिसे दिए निर्देशानुसार चिन्हों में परिवर्तित कर बदले हुए व्यंजक का मान ज्ञात करना होता है।

इस प्रकार के प्रश्नों को हल करने के लिए BODMAS पद्धति का प्रयोग किया जाता है। BODMAS गणितीय, पद्धति की मूल विधि है जिसके माध्यम से गणितीय संक्रियाओं को दिए गए शब्दों के आधार पर हल किया जाता है।

B → Bracket → [{()}]	O → of → ×
D → Divide → ÷	M → Multiply → ×
A → Addition → +	S → Subtraction → –

BODMAS विधि के अनुसार सबसे पहले कोष्ठक को हल किया जाता है, कोष्ठक की क्रिया के बाद का (×) की क्रिया को हल किया जाता है, का की क्रिया के बाद भाग की क्रिया को हल किया जाता है, भाग की क्रिया के बाद गुणा की क्रिया को हल किया जाता है, गुणा की क्रिया के बाद जोड़ की क्रिया को हल किया जाता है, जोड की क्रिया के बाद घटाव की क्रिया को हल किया जाता है।

उदाहरण 1 यदि A का अर्थ '+', B का अर्थ '–', C का अर्थ '×' तथा D का अर्थ '÷' हो तो समीकरण 18 A 6 B 2 C 15 D 3 का मान क्या होगा?

(a) 12 (b) 14 (c) 16 (d) 15

हल (*b*) व्यंजक = 18 A 6 B 2 C15 D 3

चिन्ह बदलने पर,

$= 18 + 6 - 2 \times 15 \div 3$

BODMAS का प्रयोग करने पर,

$= 18 + 6 - 2 \times 5 = 18 + 6 - 10$

$= 24 - 10 = 14$

अतः व्यंजक का मान 14 होगा।

उदाहरण 2 यदि + का अर्थ –, – का अर्थ ×, × का अर्थ ÷, ÷ का अर्थ + हो तो समीकरण $8 + 3 - 5 \div 10 \times 2$ का मान क्या होगा?

(a) 8 (b) 10 (c) –2 (d) 2

हल (*c*) व्यंजक $= 8 + 3 - 5 \div 10 \times 2$

चिन्ह बदलने पर, $8 - 3 \times 5 + 10 \div 2$

BODMAS का प्रयोग करने पर,

$= 8 - 3 \times 5 + 5 = 8 - 15 + 5$

$= 13 - 15 = -2$

अतः व्यंजक का मान –2 होगा।

उदाहरण 3 यदि P का अर्थ ×, Q का अर्थ ÷, R का अर्थ – तथा S का अर्थ + हो तब व्यंजक 7 P 3 R 9 Q 3 S 8 का मान होगा?

(a) 24 (b) 26 (c) 25 (d) 30

हल (*b*) व्यंजक = 7 P 3 R 9 Q 3 S 8

चिन्ह बदलने पर, $7 \times 3 - 9 \div 3 + 8$

BODMAS का प्रयोग करने पर,

$= 7 \times 3 - 3 + 8$

$= 21 - 3 + 8 = 29 - 3 = 26$

अतः व्यंजक का मान 26 होगा।

उदाहरण 4 यदि @ का अर्थ +, © का अर्थ ÷, $ का अर्थ – तथा # का अर्थ × हो तो व्यंजक 27 © 3 $ 6 @ 12 # 3 का मान क्या होगा?

(a) 39 (b) 40 (c) 38 (d) 45

हल (*a*) व्यंजक = 27 © 3 $ 6 @ 12 # 3

चिन्ह बदलने पर, $27 \div 3 - 6 + 12 \times 3$

BODMAS का प्रयोग करने पर,

$= 9 - 6 + 12 \times 3 = 9 - 6 + 36$

$= 45 - 6 = 39$

अतः व्यंजक का मान 39 होगा।

उदाहरण 5 यदि ∗ का अर्थ +, # का अर्थ −, $ का अर्थ ÷ तथा ≑ का अर्थ × हो तो समीकरण 6 ≑ 8 $ 3 # 6 ∗ 20 का मान होगा

(a) 32 (b) 24 (c) 29 (d) 30

हल (*d*) समीकरण = 6 ≑ 8 $ 3 # 6 ∗ 20

चिन्ह बदलने पर, $6 \times 8 \div 3 - 6 + 20$

$6 \times 8 \times \frac{1}{3} - 6 + 20$

BODMAS का प्रयोग करने पर,

$16 - 6 + 20 = 36 - 6$

अत: समीकरण का मान 30 होगा = 30

उदाहरण 6 यदि → का अर्थ ×, ← का अर्थ ÷, ↑ का अर्थ + तथा ↓ का अर्थ − हो तो समीकरण 12 → 3 ← 3 ↑ 6 ↓ 5 का मान क्या होगा?

(a) 9 (b) 12 (c) 14 (d) 13

हल (*d*) समीकरण = 12 → 3 ← 3 ↑ 6 ↓ 5

चिन्ह बदलने पर, $12 \times 3 \div 3 + 6 - 5$

BODMAS का प्रयोग करने पर,

$= 12 \times 1 + 6 - 5$

$= 12 + 6 - 5 = 18 - 5 = 13$

अत: समीकरण का मान 13 होगा।

✓ अति महत्त्वपूर्ण प्रश्न

1. यदि A का अर्थ ×, B का अर्थ ÷, C का अर्थ + तथा D का अर्थ − हो तो समीकरण 7 A 8 B 2 C 5 D 4 का मान क्या होगा?
(a) 32 (b) 24 (c) 26 (d) 29

2. यदि A का अर्थ −, B का अर्थ ×, C का अर्थ ÷ का D अर्थ + हो तो समीकरण 9 B 4 D 7 A 12 C 4 का मान क्या होगा?
(a) 38 (b) 39 (c) 40 (d) 28

3. यदि A का अर्थ घटाव हो, B का अर्थ योग हो, C का अर्थ गुणा हो तथा D का अर्थ भाग हो तो समीकरण 42 D 3 C 4 B 8 A 10 का मान क्या होगा?
(a) 54 (b) 44 (c) 56 (d) 58

4. यदि A का अर्थ जोड़ना, B का अर्थ घटना, C का अर्थ गुणा तथा D का अर्थ भाग है तब, 63 C 7 D 7 B 15 A 10 का मान क्या होगा?
(a) 72 (b) 58 (c) 56 (d) 48

5. यदि P का अर्थ ×, Q का अर्थ −, R का अर्थ ÷ तथा S का अर्थ + हो तो समीकरण 32 P 2 Q 12 R 2 S 16 का मान क्या होगा?
(a) 64 (b) 70 (c) 74 (d) 82

6. यदि P का अर्थ ÷, Q का अर्थ ×, R का अर्थ + तथा S का अर्थ − हो तो समीकरण 18 Q 20 P 4 R 5 S 6 का मान क्या होगा?
(a) 89 (b) 87 (c) 92 (d) 79

7. यदि p का अर्थ ÷, q का अर्थ ×, r का अर्थ + तथा s का अर्थ − हो तो समीकरण 15 q 10 p 2 r 5 s7 का अर्थ क्या होगा?
(a) 75 (b) 83 (c) 63 (d) 73

8. यदि *x* का अर्थ ÷, *y* का अर्थ ×, *z* का अर्थ + तथा *w* का अर्थ − हो तो समीकरण 15 *x* 3*z* 24 *w* 12 *y* 2 का मान क्या होगा?
(a) 39 (b) 5 (c) 49 (d) 15

9. यदि a का अर्थ ×, b का अर्थ ÷, c का अर्थ +, d का अर्थ − हो तो 40 b 8 a 7 c 8 d 7 का मान क्या होगा?
(a) 40 (b) 39 (c) 36 (d) 30

10. यदि α का अर्थ ×, β का अर्थ ÷, @ का अर्थ − तथा $ का अर्थ + हो तो 10 $ 5 @ 8 α 26 β 2 का मान क्या होगा?
(a) 79 (b) −89 (c) −79 (d) 89

11. यदि ∗ का अर्थ ×, # का अर्थ ÷, © का अर्थ + तथा Θ का अर्थ − हो तो समीकरण 32 ∗ 4 # 16 © 12 Θ 19 का मान क्या होगा?
(a) −1 (b) 0 (c) 2 (d) 1

12. यदि + का अर्थ × हो, × का अर्थ ÷ हो, ÷ का अर्थ − हो तथा − का अर्थ + हो तब $48 \times 16 + 16 \div 5 - 7$ का मान क्या होगा?
(a) 60 (b) 50 (c) 40 (d) −50

13. यदि × का अर्थ ÷, ÷ का अर्थ −, − का अर्थ +, + का अर्थ × हो तो समीकरण $8 + 4 - 6 \div 8 \times 2$ का मान क्या होगा?
(a) 34 (b) −34 (c) 38 (d) 30

14. यदि + का अर्थ ÷, ÷ का अर्थ −, − का अर्थ ×, तथा × का अर्थ + हो तो समीकरण $8 + 2 \div 3 - 4 \times 6$ का मान क्या होगा?
(a) 2 (b) 4 (c) −4 (d) −2

15. यदि + का अर्थ ×, × का अर्थ −, − का अर्थ ÷, तथा ÷ का अर्थ + हो तो समीकरण $20 \div 40 - 4 \times 5 + 6$ का मान क्या होगा?
(a) 8 (b) 0 (c) 6 (d) 10

16. यदि Δ का अर्थ +, □ का अर्थ ×, ▭ का अर्थ ÷ तथा ○ का अर्थ − हो तो समीकरण 64 ▭ 8 Δ 16 □ 4 ○ 3 का मान क्या होगा?
(a) 75 (b) 69 (c) 70 (d) 72

17. यदि ▭ = 12, △ = 15, □ = 6, ◇ = 4, ○ = 3 हो तब व्यंजक △ + ○ − □ का मान क्या होगा?
(a) 6 (b) 8 (c) 5 (d) 4

18. यदि P = 6, J = 4, L = 8 तथा M = 24 हो तो समीकरण $M \times J \div L + P$ का मान क्या होगा?
(a) 16 (b) 15 (c) 17 (d) 18

19. यदि □ का अर्थ ÷, ⊟ का अर्थ ×, ⊕ का अर्थ + ▭ का अर्थ – हो तो समीकरण 92 □ 4 ⊕ 9 ⊟ 12 ▭ 2 का मान क्या होगा?
(a) –18 (b) 16
(c) 8 (d) 20

20. यदि ⊖ का अर्थ +, ⊞ का अर्थ ÷, ▭ का अर्थ × तथा Δ का अर्थ – हो तो समीकरण 8 ⊖ 7 ▭ 9 ⊞ 3 Δ 5 का मान क्या होगा?
(a) 24 (b) 26 (c) –24 (d) 20

उत्तरमाला

1	(d)	2	(c)	3	(a)	4	(b)	5	(c)	6	(a)	7	(d)	8	(b)	9	(c)	10	(b)
11	(d)	12	(b)	13	(a)	14	(d)	15	(b)	16	(b)	17	(a)	18	(d)	19	(c)	20	(a)

सॉल्यूशन्स

1. (d) समीकरण = 7 A 8 B 2 C 5 D 4
चिन्ह बदलने पर, $7 \times 8 \div 2 + 5 - 4$
BODMAS का प्रयोग करने पर,
$= 7 \times 4 + 5 - 4 = 28 + 5 - 4 = 33 - 4 = 29$
अत: समीकरण का मान 29 होगा।

2. (c) समीकरण = 9 B 4 D 7 A 12 C 4
चिन्ह बदलने पर, $9 \times 4 + 7 - 12 \div 4$
BODMAS का प्रयोग करने पर,
$= 9 \times 4 + 7 - 3 = 36 + 7 - 3$
$= 43 - 3 = 40$
अत: समीकरण का मान 40 होगा

3. (a) समीकरण = 42 D 3 C 4 B 8 A 10
चिन्ह बदलने पर, $42 \div 3 \times 4 + 8 - 10$
BODMAS का प्रयोग करने पर,
$= 14 \times 4 + 8 - 10 = 56 + 8 - 10$
$= 64 - 10 = 54$
अत: समीकरण का मान 54 होगा।

5. (c) समीकरण = 32 P 2 Q 12 R 2 S 16
चिन्ह बदलने पर, $32 \times 2 - 12 \div 2 + 16$
BODMAS का प्रयोग करने पर,
$= 32 \times 2 - 6 + 16$
$= 64 - 6 + 16 \Rightarrow 80 - 6 = 74$
अत: समीकरण का मान 74 होगा।

6. (a) समीकरण = 18 Q 20P 4 R 5 S 6
चिन्ह बदलने पर, $18 \times 20 \div 4 + 5 - 6$
BODMAS का प्रयोग करने पर,
$= 18 \times 5 + 5 - 6 = 90 + 5 - 6$
$= 95 - 6 = 89$
अत: समीकरण का मान 89 होगा।

9. (c) समीकरण = 40 b 8 a 7 c 8 d 7
चिन्ह बदलने पर = $40 \div 8 \times 7 + 8 - 7$
BODMAS का प्रयोग करने पर,
$= 5 \times 7 + 8 - 7 \Rightarrow 35 + 8 - 7$
$= 43 - 7 = 36$
अत: समीकरण का मान 36 होगा।

10. (b) समीकरण = 10 \$ 5 @ 8 α 26 β 2
चिन्ह बदलने पर, $= 10 + 5 - 8 \times 26 \div 2$
BODMAS का प्रयोग करने पर,
$= 10 + 5 - 8 \times 13$
$= 15 - 104 = -89$
अत: समीकरण का मान – 89 होगा।

11. (d) सीमकरण = 32 ✱ 4 # 16 © 12 ϴ19
चिन्ह बदलने पर, =
$32 \times 4 \div 16 + 12 - 19$
BODMAS का प्रयोग करने पर,
$= 32 \times 4 \times \frac{1}{16} + 12 - 9$
$= 8 + 12 - 19 = 20 - 19 = 1$
अत: समीकरण का मान 1 होगा।

13. (a) समीकरण = $8 + 4 - 6 \div 8 \times 2$
चिन्ह बदलने पर, $8 \times 4 + 6 - 8 \div 2$
BODMAS का प्रयोग करने पर,
$= 8 \times 4 + 6 - 4 \Rightarrow 32 + 6 - 4$
$= 38 - 4 = 34$
अत: समीकरण का मान 34 होगा।

15. (b) समीकरण = $20 \div 40 - 4 \times 5 + 6$
चिन्ह बदलने पर, $20 + 40 \div 4 - 5 \times 6$
BODMAS का प्रयोग करने पर,
$20 + 10 - 30 \Rightarrow 30 - 30 = 0$
अत: समीकरण का मान 0 होगा।

16. (b) समीकरण = 64 ▭ 8Δ16 □ 4 ○ 3
प्रतीकों के मान रखने पर,
$64 \div 8 + 16 \times 4 - 3$
BODMAS का प्रयोग करने पर,
$8 + 16 \times 4 - 3 \Rightarrow 8 + 64 - 3$
$= 72 - 3 = 69$
अत: व्यंजक का मान 69 होगा।

17. (a) व्यंजक = Δ + ○ — ▭
प्रतीको के मान रखने पर, $15 + 3 - 12$
$= 18 - 12 = 6$

अत: समीकरण का मान 6 होगा

19. (c) समीकरण = 92 □ 4 ⊕ 9 ⊟ 12 ▭ 2
प्रतीकों के मान रखने पर,
$92 \div 4 + 9 - 12 \times 2$

BODMAS का प्रयोग करने पर,
$= 23 + 9 - 12 \times 2$
$= 32 - 24 = 8$
अत: समीकरण का मान 8 होगा।

20. (a) समीकरण ⇒ 8⊖ 7 ▭ 9 ⊞ 3 Δ 5
प्रतीको के मान रखने पर, $8 + 7 \times 9 \div 3 - 5$
BODMAS का प्रयोग करने पर,
$= 8 + 7 \times 3 - 5 \Rightarrow 8 + 21 - 5$
$= 29 - 5 = 24$
अत: समीकरण का मान 24 होगा।

अध्याय 10

गणितीय तर्कशक्ति

MATHEMATICAL REASONING

वर्तमान समय में अनेक प्रतियोगी परीक्षाओं में गणितीय तर्कशक्ति (Mathematical Reasoning) पर आधारित प्रश्न पूछे जाते हैं। इसके अन्तर्गत जो प्रश्न पूछे जाते हैं, वे गणितीय नियमों पर ही आधारित होते हैं, जिनका मुख्य उद्देश्य परीक्षार्थियों की सामान्य बौद्धिक क्षमता तथा तार्किक क्षमता का आकलन करना होता है।

गणितीय तर्कशक्ति पर आधारित प्रश्नों को हल करने के लिए गणितीय योग्यता के साथ-साथ तार्किक क्षमता तथा बौद्धिक और व्यावहारिक ज्ञान की भी आवश्यकता होती है। अभ्यर्थियों की गणितीय संकल्पनाओं व नियमों की जानकारी इस प्रकार के प्रश्नों को हल करने में अहम् भूमिका निभाती है।

इस प्रकार के प्रश्नों को निम्नलिखित उदाहरणों द्वारा समझाया गया है। अतः छात्र इन उदाहरणों का ध्यानपूर्वक अध्ययन करें।

उदाहरण 1 कितने समय में एक बन्दर 60 फीट लम्बे पेड़ के शीर्ष पर पहुँच जाएगा, यदि वह एक सेकण्ड में 3 फीट उछलता है और तुरन्त 2 फीट फिसल जाता है?

(a) 60 सेकण्ड (b) 50 सेकण्ड
(c) 58 सेकण्ड (d) 57 सेकण्ड

हल (c) पेड़ की कुल लम्बाई = 60 फीट

बन्दर पहले सेकण्ड में 3 फीट ऊपर जाता है एवं 2 फीट नीचे फिसल जाता है

अर्थात् 1 सेकण्ड में वह केवल $3 - 2 = 1$ फीट ही ऊपर चढ़ पाता है।

$\because$ बन्दर 1 फीट ऊपर चढ़ता है = 1 सेकण्ड में

$\therefore$ 57 फीट चढ़ेगा = 57 सेकण्ड में

तथा शेष 3 फीट वह अगले सेकण्ड में चढ़ेगा।

अतः बन्दर द्वारा पेड़ पर चढ़ने में लिया गया कुल समय

$= 57 + 1$

= 58 सेकण्ड

उदाहरण 2. एक टूर्नामेण्ट में 14 टीमें खेलीं। लीग चरण में, प्रत्येक टीम हर दूसरी टीम से केवल एक ही बार खेली। लीग चरण के बाद, शीर्ष की चार टीमों में दो सेमीफाइनल हुए और अन्ततः सेमीफाइनल के विजेताओं में एक फाइनल मैच हुआ, तो कुल कितने मैच खेले गए?

(a) 108 (b) 94 (c) 81 (d) 78

हल (*b*) प्रश्नानुसार, 14वीं टीम अन्य 13 टीमों के साथ खेलेगी। मैचों की संख्या 14, 13 ....।

अब चूँकि 14वीं व 13वीं टीम एकसाथ खेल चुकी हैं, तो ये दोबारा साथ नहीं खेलेंगी, अब 13वीं टीम के लिए मैचों की संख्या 13, 12.......!

इसी प्रकार क्रम जारी रहेगा।

तब, सभी 14 टीमों द्वारा खेले गए मैचों की संख्या

$$= \frac{n(n+1)}{2} = \frac{13\,(13+1)}{2} = \frac{13 \times 14}{2} = 91$$

$91 + 2$ (मैच सेमीफाइनल) $+ 1$ मैच (फाइनल) $= 94$

उदाहरण 3 उन व्यक्तियों की संख्या कितनी है, जो कोई भी खेल नहीं खेलते?

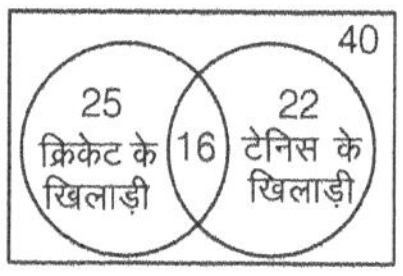

(a) 9 (b) 24 (c) 18 (d) 15

हल (a) कोई-न-कोई खेल खेलने वाले व्यक्तियों की संख्या

$= 25 + 22 - 16 = 31$

$\therefore$ कोई भी खेल न खेलने वाले व्यक्तियों की संख्या

$= 40 - 31 = 9$

✓ अति महत्त्वपूर्ण प्रश्न

1. एक परीक्षा में 5 छात्र A, B, C, D और E उपस्थित हुए। यदि C को B से 5 अंक कम मिले, D को B से 10 अंक अधिक मिले और A से 20 अंक कम मिले एवं E को B से 22 अंक अधिक मिले हों और B को कुल 40 अंक मिले हों, तो A को कितने अंक मिले?

(a) 52 (b) 60 (c) 64 (d) 70

2. 50 छात्रों की एक कक्षा में 18 ने संगीत लिया है, 26 ने कला तथा 2 ने कला और संगीत दोनों लिए हैं। कक्षा में कितने छात्रों ने न संगीत और न कला लिया है?

(a) 6 (b) 8 (c) 16 (d) 24

3. एक पिता ने अपने पुत्र के जन्म दिवस पर कुछ लड़के व लड़कियों को बुलाया। लड़कों की संख्या लड़कियों से 2 कम थी। पिता ने सभी लड़कों को ₹ 10 और सभी लड़कियों को ₹ 20 उपहारस्वरूप दिए। यदि कुल ₹ 280 खर्च हुए, तो लड़कों की संख्या बताओ।

(a) 8 (b) 10 (c) 12 (d) 14

4. एक परीक्षा में, किसी परीक्षार्थी ने केवल 8 प्रश्नों को हल करने का प्रयत्न किया और प्रत्येक प्रश्न में 50% अंक प्राप्त किए। यदि उसने उस परीक्षा में कुल 40% अंक प्राप्त किए और परीक्षा के सभी प्रश्नों के अंक बराबर थे, तब उस परीक्षा में कितने प्रश्न थे?

(a) 8 (b) 10 (c) 15 (d) 16

5. किसी कक्षा की 50 लड़कियों और 70 लड़कों ने मिलकर एक संगीत कार्यक्रम का आयोजन किया। यदि 40% लड़कियों तथा 50% लड़कों ने इसमें भाग लिया, तो लगभग कितने प्रतिशत लोगों ने भाग लिया?

(a) 48% (b) 42% (c) 44% (d) 46%

6. 60 परिवारों में से 30% परिवारों के पास अपनी-अपनी कार हैं। शेष परिवारों के 50% परिवारों के पास अपनी-अपनी मोटरसाइकिल है। शेष परिवारों में प्रत्येक के पास अपनी साइकिल है। कितने परिवारों के पास अपनी साइकिल है?

(a) 12 (b) 21 (c) 18 (d) 42

7. एक खुदरा दुकान में, 54 अलमारियाँ थीं। प्रत्येक अलमारी में 28 रैक बने थे। प्रत्येक रैक में 10 बॉक्स रखे थे। प्रत्येक बॉक्स में 4 कमीजें रखी थीं। एक दिन 500 बॉक्स बेचे गए और 250 खरीदे गए। उस दिन कितनी कमीजें बची?

(a) 60380 (b) 59360
(c) 59580 (d) 59480

8. रमेश को कुछ आम मिले, जिनमें पके हुए आमों की संख्या, कच्चे आमों से तीन गुनी थी। यदि उसे कुल 68 आम मिले, तो उनमें से कितने कच्चे थे?

(a) 17 (b) 16 (c) 34 (d) 18

9. एक मशीन जो एक फीते को 10 मी के टुकड़ों में काटती है, उसे एक बार काटने में 6 सेकण्ड लगते हैं। उसे 3 किमी लम्बा फीता पूरी तरह से टुकड़ों में काटने में कितना समय लगेगा?

(a) 174 सेकण्ड (b) 180 सेकण्ड
(c) 1794 सेकण्ड (d) 1800 सेकण्ड

10. एक क्लब में 19 हॉकी खिलाड़ी हैं। एक विशेष दिन 14 खिलाड़ी निर्धारित खाकी शर्ट पहने हुए थे। उनमें कोई भी बिना खाकी पैण्ट अथवा शर्ट के नहीं था। 11 खिलाड़ी निर्धारित खाकी पैण्ट पहने हुए थे। कितने खिलाड़ी पूरी वर्दी में थे?

(a) 7 (b) 8 (c) 6 (d) 9

11. एक सन्तरे की कीमत ₹ 7 है और एक तरबूज की कीमत ₹ 5 है। श्याम ने दोनों फल ₹ 38 में खरीदे। उसके द्वारा खरीदे गए सन्तरों की संख्या क्या हैं यदि उसने 2 तरबूज खरीदे हो?

(a) 2 (b) 3 (c) 4 (d) 5

12. एक पुस्तक में 300 पृष्ठ हैं और प्रत्येक पृष्ठ पर 10-10 शब्दों की 20 पंक्तियाँ हैं। पुस्तक में कुल कितने शब्द हैं?

(a) 6000 (b) 60000 (c) 66000 (d) 600000

13. एक झुण्ड में कुछ गाय, बैल एवं 45 मुर्गियाँ हैं। प्रति 15 जानवरों पर एक ग्वाला रखवाली करता है। बैलों की संख्या गायों से दोगुनी है। यदि कुल सिरों की संख्या पैरों की संख्या से (ग्वालों सहित) 186 कम है, तो वहाँ कितने ग्वाले हैं?

(a) 6 (b) 8 (c) 10 (d) 12

14. कुछ घोड़े और उतनी ही संख्या में आदमी कहीं जा रहे हैं। आधे आदमी अपने घोड़े पर बैठे हैं, जबकि शेष आदमी अपने घोड़े का नेतृत्व करते हुए पैदल चल रहे हैं। यदि जमीन पर चल रहे पैरों की संख्या 70 हो, तो बताइए कि घोड़ों की संख्या कितनी है?

(a) 10 (b) 12 (c) 14 (d) 16

15. एक मैदान में कुछ बत्तख और बकरे हैं। कुल मिलाकर 77 सिर और 224 पैर हैं। बत्तखों की संख्या कितनी है?

(a) 42 (b) 30 (c) 32 (d) 47

16. एक ईंट के भट्टे में 100 ईंटें थी। तापन प्रक्रिया में उनमें से 1/4 दो टुकड़ों में टूट गई थी और 1/5 के तीन टुकड़े हो गए थे। कितनी पूरी (अखण्डित) ईंटें शेष बचीं?

(a) 40 (b) 45 (c) 55 (d) 56

17. एक कार्यालय में 1/3 कर्मचारी महिलाएँ हैं, महिलाओं में 1/2 विवाहित हैं और विवाहित महिलाओं में से 1/3 के बच्चे हैं। यदि पुरुषों में से 3/4 विवाहित हैं और विवाहित पुरुषों में से 2/3 के बच्चे भी हैं, तो कर्मचारियों का कितना भाग बिना बच्चों के है?

(a) $\frac{5}{18}$ (b) $\frac{4}{7}$ (c) $\frac{11}{18}$ (d) $\frac{17}{36}$

18. तरुण की आयु एक पूर्णांक संख्या का घन है। दो वर्ष पूर्व यह एक अन्य पूर्णांक का वर्ग था। तरुण को कितने वर्ष प्रतीक्षा करनी होगी जब उसकी आयु फिर किसी पूर्णांक का घन हो जाए?
(a) 2 वर्ष (b) 10 वर्ष (c) 37 वर्ष (d) 39 वर्ष

19. एक बन्दर 12 मी ऊँचे चिकने खम्भे पर चढ़ता है। वह पहले मिनट में 2 मी चढ़ता है और अगले मिनट में 1 मी नीचे फिसल जाता है। आगे भी इसी प्रकार का क्रम जारी रहे, तो वह कितने मिनट में खम्भे के शीर्ष पर पहुँच जाएगा?
(a) 21 (b) 15 (c) 10 (d) 20

20. 2 सन्तरे, 3 केले व 4 सेब की कीमत ₹ 15 है। 3 सन्तरे, 2 केले व 1 सेब ₹ 10 में मिलते हैं। अमित 3 सन्तरे, 3 केले व 3 सेब की कितनी कीमत चुकाएगा?
(a) ₹ 10
(b) ₹ 15
(c) ₹ 8
(d) कीमत पता नहीं की जा सकती
(e) उपरोक्त में से कोई नहीं

21. एक बस जब चली, तो उसमें निश्चित संख्या में कुछ यात्री बैठे हुए थे। पहले स्टॉप पर बस से आधे यात्री उतर गए और 35 यात्री बस में चढ़े। दूसरे स्टॉप पर 1/5 यात्री उतर गए और 40 यात्री चढ़े। उसके बाद बस में 80 यात्री थे और वह बिना रुके गन्तव्य स्थल की ओर गई। आरम्भ में बस में कितने यात्री थे?
(a) 25 (b) 30 (c) 40 (d) 50

22. एक बस पुरुषों तथा उनकी आधी संख्या के बराबर महिलाओं को लेकर दिल्ली से चलती है। मेरठ पहुँचने पर दस पुरुष उतर जाते हैं तथा पाँच महिलाएँ सवार हो जाती हैं। अब बस में पुरुषों तथा महिलाओं की संख्या बराबर है। प्रारम्भ में दिल्ली से कुल कितने यात्री बस में सवार हुए थे?
(a) 36 (b) 45 (c) 15 (d) 30

23. कुछ मित्रों ने मिलकर एक पिकनिक पर जाने की सोची तथा खाने पर ₹ 96 खर्च करने का प्लान बनाया, परन्तु इनमें से चार पिकनिक पर नहीं जा सके। परिणामस्वरूप प्रत्येक को ₹ 4 अधिक देने पड़े, तो कितने लोग पिकनिक पर गए?
(a) 8 (b) 16 (c) 12 (d) 24

24. 1 से 50 के बीच में 5 से भाग होने वाली सभी संख्याओं और जिनमें एक अंक 5 आता है हटा दी जाए तो कितनी संख्याएँ शेष रहेंगी?
(a) 38 (b) 41 (c) 40 (d) 42

निर्देश (प्र. सं. 25 और 26) *नीचे दिए गए आरेख का ध्यानपूर्वक अध्ययन कर, इस पर आधारित प्रश्नों के उत्तर दीजिए।*

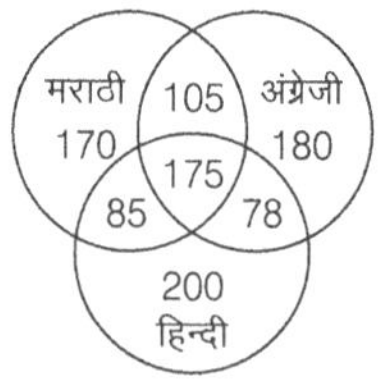

25. आरेख में 1000 व्यक्तियों के उनकी अंग्रेजी, हिन्दी और मराठी की जानकारी के सम्बन्ध में एक नमूना सर्वेक्षण को दर्शाया गया है। कितने लोग सभी भाषाएँ जानते हैं?
(a) 78 (b) 175 (c) 105 (d) 85

26. आरेख में 1000 व्यक्तियों के उनकी अंग्रेजी, हिन्दी और मराठी की जानकारी के सम्बन्ध में एक नमूना सर्वेक्षण को दर्शाया गया है। 105 व्यक्ति कितनी भाषाएँ जानते हैं?
(a) मराठी, हिन्दी
(b) अंग्रेजी, हिन्दी
(c) मराठी, अंग्रेजी
(d) हिन्दी, मराठी, अंग्रेजी

27. सोनू तथा उसका मित्र राहुल खरीदारी के लिए गए। सोनू के पास ₹ 500 थे, जबकि राहुल के पास ₹ 240 थे। सोनू ने खरीदारी पर राहुल की अपेक्षा दोगुना खर्च किया। अब सोनू के पास राहुल की अपेक्षा तीन गुना धन शेष बचा है। सोनू ने कितना धन खर्च किया?
(a) ₹ 220 (b) ₹ 60
(c) ₹ 440 (d) ₹ 120

28. चार बक्सों का वजन क्रमशः 30, 40, 50 और 100 किग्रा है। निम्नलिखित में से बक्सों के किसी भी संयोजन से कुल वजन, किग्रा में कौन-सा नहीं हो सकता है और एक संयोजन में एक बक्सा एक ही बार प्रयोग में लाया जा सकता है?
(a) 190 (b) 180
(c) 160 (d) 140

उत्तरमाला

1.	(d)	2.	(b)	3.	(a)	4.	(b)	5.	(d)	6.	(b)	7.	(d)	8.	(a)	9.	(c)	10.	(c)
11.	(c)	12.	(b)	13.	(a)	14.	(c)	15.	(a)	16.	(c)	17.	(c)	18.	(c)	19.	(a)	20.	(b)
21.	(b)	22.	(b)	23.	(a)	24.	(c)	25.	(b)	26.	(c)	27.	(c)	28.	(c)				

सॉल्यूशन्स

1. (d) प्रश्नानुसार, B = 40

$\therefore$ E = 40 + 22 = 62

D = 40 + 10 = 50

A = 50 + 20 = 70

C = 40 − 5 = 35

अत: A को मिले अंक = 70

2. (b) कुल छात्रों की संख्या = 50

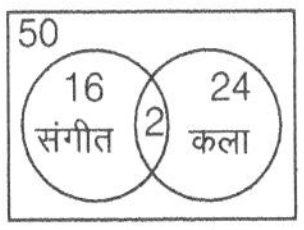

कक्षा में न तो संगीत और न ही कला लेने वाले छात्रों की संख्या= 50 − (18 + 26 − 2) = 50 − 42 = 8

3. (a) माना लड़कों की संख्या = x

तब, लड़कियों की संख्या = $x + 2$

$\therefore\ x \times 10 + (x + 2) \times 20 = 280$

$\Rightarrow\quad 10x + 20x + 40 = 280$

$\Rightarrow\quad 30x = 240 \Rightarrow x = 8$

4. (b) माना प्रत्येक प्रश्न के लिए अंक = x

दिया है, परीक्षा में परीक्षार्थी ने केवल 8 प्रश्न हल किए और $x/2$ अंक प्राप्त किए।

तब, परीक्षार्थी द्वारा प्राप्त किए गए कुल अंक

$= 8\left(\frac{x}{2}\right) = 4x$

चूँकि परीक्षा में परीक्षार्थी 40% अंक प्राप्त करता है।

$\therefore$ परीक्षा में कुल अंक $= \frac{4x}{40} \times 100 = 10x$

अत: परीक्षा में कुल प्रश्नों की संख्या

$= \frac{10x}{x} = 10$

6. (b) कार वाले परिवारों की संख्या

= 60 का 30% = 18

शेष परिवारों की संख्या = 60 − 18 = 42

$\therefore$ मोटरसाइकिल वाले परिवारों की संख्या

= 42 का 50% = 21

$\therefore$ साइकिल वाले परिवारों की संख्या

= 42 − 21 = 21

7. (d) कुल कमीजों की संख्या

= 54 × 28 × 10 × 4 = 60480

बेचे गए बॉक्स = 500

खरीदे गए बॉक्स = 250

अत: 250 बॉक्स कम हुए।

$\therefore$ 250 बॉक्स में कमीजों की संख्या

= 250 × 4 = 1000

अत: उस दिन कुल कमीजों की संख्या

= 60480 − 1000 = 59480

8. (a) माना कच्चे आमों की संख्या = x

तथा पके हुए आमों की संख्या = $3x$

प्रश्नानुसार, $x + 3x = 68$

$\Rightarrow\ 4x = 68 \Rightarrow x = 17$

10. (c)

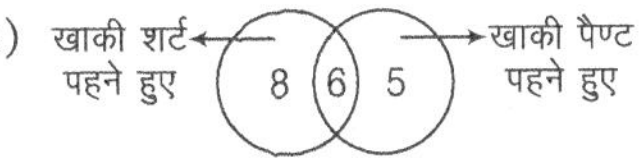

आरेख से ज्ञात होता है कि 6 खिलाड़ी पूरी वर्दी पहने हुए थे।

11. (c) 1 सन्तरे की कीमत = ₹ 7

तथा 1 तरबूज की कीमत = ₹ 5

$\therefore$ ₹ 7 × 4 + ₹ 5 × 2 = ₹ 38

$\Rightarrow$ ₹ 28 + ₹10 = ₹ 38

अत: खरीदे गए सन्तरों की संख्या 4 है।

12. (b) पुस्तक में कुल शब्द

= 10 × 20 × 300

= 60000

14. (c) माना घोड़ों की संख्या = x

तथा आदमियों की संख्या = $x/2$

चूँकि घोड़े के 4 पैर तथा आदमी के 2 पैर होते हैं।

प्रश्नानुसार, $\frac{x}{2} \times 2 + x \times 4 = 70$

$\Rightarrow\quad x + 4x = 70$

$\Rightarrow\quad 5x = 70$

$\therefore\quad x = 14$

अत: घोड़ों की संख्या 14 है।

16. (c) प्रश्नानुसार, अखण्डित ईंटों की संख्या

$= 100 - \left(100 \times \frac{1}{4} + 100 \times \frac{1}{5}\right)$

= 100 − 45 = 55

18. (c) माना तरुण की वर्तमान आयु 27 वर्ष है।

$\therefore$ दो वर्ष पूर्व तरुण की आयु = 25 वर्ष

$\therefore$ 3 से अगली संख्या 4 का घन = 64

$\therefore$ अभीष्ट उत्तर = 64 − 27 = 37 वर्ष

19. (a) खम्भे की ऊँचाई = 12 मी, बन्दर पहले मिनट में 2 मी ऊपर जाता है एवं दूसरे मिनट में 1 मी नीचे फिसल जाता है अर्थात् 2 मिनट में वह केवल 2 − 1 = 1 मी ही ऊपर चढ़ पाता है। चूँकि बन्दर 2 मिनट में 1 मी ऊपर चढ़ता है।

$\therefore$ बन्दर, 12 − 2 = 10 मी ऊपर 10 × 2 = 20 मिनट में चढ़ेगा तथा शेष 2 मी वह अगले मिनट में चढ़ जाएगा।

अत: अभीष्ट समय = 20 + 1 = 21 मिनट

22. (b) माना बस में पुरुषों की संख्या = $2x$

तब, महिलाओं की संख्या = x

प्रश्नानुसार, $x + 5 = 2x - 10$

$\Rightarrow\quad x = 15$

अत: प्रारम्भ में दिल्ली से सवार कुल यात्रियों की संख्या = $2x + x = 3x = 3 \times 15 = 45$

23. (a) माना पिकनिक पर x व्यक्ति गए।

$\therefore\quad \frac{96}{x} - \frac{96}{x+4} = 4$

$\Rightarrow\quad \frac{96(x+4) - 96x}{x(x+4)} = 4$

$\Rightarrow\quad \frac{384}{x^2 + 4x} = 4$

$\Rightarrow\quad x^2 + 4x = 96$

$\Rightarrow\quad x^2 + 4x - 96 = 0$

$\Rightarrow\quad x^2 + 12x - 8x - 96 = 0$

$\Rightarrow\quad x(x + 12) - 8(x + 12) = 0$

$\Rightarrow\quad (x + 12)(x - 8) = 0$

$\therefore\quad x - 8$ [$\because x - -12$ (मान्य नहीं)]

अत: पिकनिक पर गए व्यक्तियों की संख्या = 8

24. (c) 1 से 50 तक की 5 से भाज्य तथा 5 के अंक वाली कुल संख्याएँ

= 5, 10, 15, 20, 25, 30, 35, 40, 45, 50

= 10 संख्याएँ

अत: शेष संख्याएँ = 50 − 10 = 40

25. (b) दिए गए आरेख के अनुसार, 175 लोग सभी भाषाएँ जानते हैं।

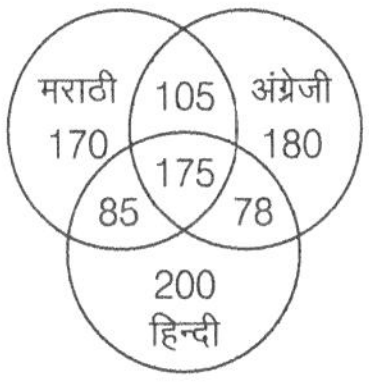

26. (c) 105 लोग मराठी और अंग्रेजी भाषाएँ जानते हैं।

अध्याय 11

लुप्त पदों को भरना

INSERTING THE MISSING CHARACTER

किसी निर्धारित नियम के आधार पर दी गई सारणी में खाली स्थान पर उचित अक्षर या संख्या का चयन करना, लुप्त पदों को भरना कहलाता है। सारणी में अक्षरों या संख्याओं का व्यवस्थिकरण क्रमश: वर्णमाला तथा गणितीय संक्रियाओं पर निर्भर होता है।

वर्णमाला पर आधारित सारणी में लुप्त पद का चयन वर्णमाला में अक्षरों के अक्षरांकों के आधार पर किया जाता है। वर्णमाला में कुल 26 अक्षर होते हैं जिनमें A पहला अक्षर, B दूसरा इसी प्रकार Y पच्चीसवाँ तथा Z छब्बीसवाँ अक्षर होता है। संख्याओं के आधार पर सारणी में लुप्त पद का चयन गणितीय संक्रियाओं के आधार पर किया जाता है जो सामान्यत: जटिल संक्रियाएं होती हैं।

1. वर्णमाला आधारित लुप्त पदों को ज्ञात करना

उदाहरण 1 दी गई सारणी में लुप्त पद के स्थान पर कौन-सा अक्षर आएगा?

D	H	L
I	M	Q
N	?	V

(a) R (b) S (c) Q (d) T

हल (*a*) प्रश्नानुसार,

पंक्ति I में, $D \xrightarrow{+4} H \xrightarrow{+4} L$

पंक्ति II में, $I \xrightarrow{+4} M \xrightarrow{+4} Q$

उसी प्रकार, पंक्ति III में, $N \xrightarrow{+4} \boxed{R} \xrightarrow{+4} V$

अत: लुप्त पद के स्थान पर अक्षर R आएगा।

उदाहरण 2 दी गई सारणी में लुप्त पद के स्थान पर क्या आएगा?

Y	V	S
Q	N	K
T	Q	?

(a) P (b) N (c) O (d) M

हल (*b*) जिस प्रकार, पंक्ति I में,

$Y \xrightarrow{-3} V \xrightarrow{-3} S$

पंक्ति II में, $Q \xrightarrow{-3} N \xrightarrow{-3} K$

उसी प्रकार, पंक्ति III में, $T \xrightarrow{-3} Q \xrightarrow{-3} \boxed{N}$

अत: लुप्त पद के स्थान पर अक्षर N आएगा।

उदाहरण 3 दी गई सारणी में लुप्त पद के स्थान पर क्या आएगा?

T	K	31
R	J	28
D	N	?

(a) 20 (b) 16 (c) 18 (d) 19

हल (*c*) जिस प्रकार,

पंक्ति I में, $T(20) + K(11) \Rightarrow 20 + 11 = 31$

पंक्ति II में, $R(18) + J(10) \Rightarrow 18 + 10 = 28$

उसी प्रकार, पंक्ति III में, $D(4) + N(14) \Rightarrow 4 + 14 = \boxed{18}$

अत: लुप्त पद के स्थान पर संख्या 18 आएगी।

2. संख्या आधारित लुप्त पदों को ज्ञात करना

उदाहरण 4 दी गई सारणी में लुप्त स्थान पर कौन-सी संख्या आएगी।

5	8	39
6	3	17
4	5	?

(a) 21 (b) 18 (c) 20 (d) 19

हल (d) जिस प्रकार,

पंक्ति I में, $5 \times 8 = 40 - 1 = 39$

पंक्ति II में, $6 \times 3 = 18 - 1 = 17$

उसी प्रकार, पंक्ति III में, $4 \times 5 = 20 - 1 = \boxed{19}$

अत: लुप्त पद के स्थान पर संख्या 19 आएगी।

उदाहरण 5 दी गई सारणी में लुप्त स्थान पर कौन-सी संख्या आएगी?

11	5	45
7	6	32
12	5	?

(a) 55 (b) 50 (c) 65 (d) 40

हल (*b*) जिस प्रकार,

पंक्ति I में, $11 \times 5 = 55 - 10 = 45$

पंक्ति II में, $7 \times 6 = 42 - 10 = 32$

उसी प्रकार, पंक्ति III में, $12 \times 5 = 60 - 10 = \boxed{50}$

अतः लुप्त पद के स्थान पर संख्या 50 आएगी।

उदाहरण 6 लुप्त पद के स्थान पर कौन-सी संख्या आएगी?

2	4	8
4	4	20
5	6	?

(a) 30 (b) 31 (c) 28 (d) 32

हल (*b*) जिस प्रकार,

पंक्ति I में, $(2)^2 + 4 = 4 + 4 = 8$

पंक्ति II में, $(4)^2 + 4 = 16 + 4 = 20$

उसी प्रकार, पंक्ति III में, $(5)^2 + 6 = 25 + 6 = \boxed{31}$

अतः लुप्त पद के स्थान पर संख्या 31 आएगी।

उदाहरण 7 लुप्त पद के स्थान पर कौन-सी संख्या आएगी?

2	2	10
3	4	31
4	5	?

(a) 23 (b) 28 (c) 69 (d) 72

हल (*c*) जिस प्रकार,

पंक्ति I में, $(2)^3 + 2 = 8 + 2 = 10$

पंक्ति II में, $(3)^3 + 4 = 27 + 4 = 31$

उसी प्रकार, पंक्ति III में, $(4)^3 + 5 = 64 + 5 = \boxed{69}$

अतः लुप्त पद के स्थान पर संख्या 69 आएगी।

उदाहरण 8 लुप्त पद के स्थान पर कौन-सी संख्या आएगी?

8	5	33
7	7	56
9	6	?

(a) 50 (b) 40 (c) 48 (d) 45

हल (*d*) जिस प्रकार,

पंक्ति I में, $8 + (5)^2 = 8 + 25 = 33$

पंक्ति II में, $7 + (7)^2 = 7 + 49 = 56$

उसी प्रकार, पंक्ति III में,

$9 + (6)^2 = 9 + 36 = \boxed{45}$

अतः लुप्त पद के स्थान पर संख्या 45 आएगी।

✓ अति महत्त्वपूर्ण प्रश्न

निर्देश (प्र.सं. 1-5) *दी गई सारणी में खाली स्थान पर कौन-सा पद आएगा?*

1.

D	I	N
G	L	Q
L	Q	

(a) V (b) W (c) T (d) X

2.

O	D	S
R	F	Q
R	E	

(a) V (b) W (c) U (d) Y

3.

T	F	N
W	L	K
R	J	

(a) J (b) I (c) H (d) K

4.

W	S	O
R	M	H
X	R	

(a) K (b) M (c) N (d) L

5.

I	J	19
N	I	23
L		19

(a) H (b) I (c) G (d) F

निर्देश (प्र.सं. 6-25) *नीचे दी गई आकृतियों में प्रश्नवाचक चिह्न के स्थान पर कौन-सी संख्या आएगी?*

6.

8	15	22
18	25	32
6	13	?

(a) 18 (b) 19 (c) 22 (d) 20

7.

28	24	20
32	27	22
39	33	?

(a) 29 (b) 28
(c) 27 (d) 30

8.

18	13	25
9	7	4
8	12	?

(a) 16 (b) 12 (c) 18 (d) 20

9.

2	4	20
7	3	58
5	4	?

(a) 44 (b) 40 (c) 45 (d) 41

10.

20	15	5	25
20	13	7	49
20	11	?	81

(a) 11 (b) 7 (c) 9 (d) 12

11.

5	3	12	3
8	4	20	12
7	3	17	?

(a) 12 (b) 6 (c) 16 (d) 4

12.

2	3	8	14
4	5	10	30
7	5	?	50

(a) 15 (b) 16 (c) 19 (d) 20

13.

2	3	4	24
4	5	1	20
8	3	4	?

(a) 90 (b) 96 (c) 80 (d) 45

14.

9	8	4
5	2	7
2	5	?
90	80	56

(a) 4 (b) 6 (c) 2 (d) 8

15.

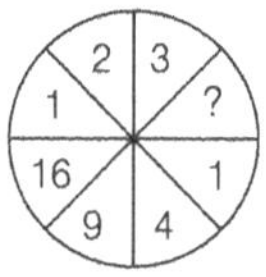

(a) 2 (b) 5 (c) 8 (d) 4

16.

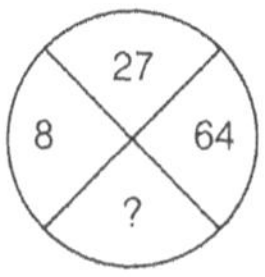

(a) 120 (b) 216 (c) 125 (d) 81

17.

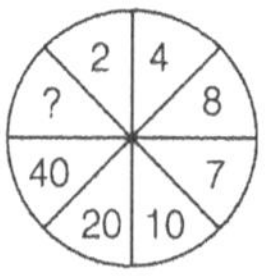

(a) 30 (b) 35 (c) 25 (d) 45

18.

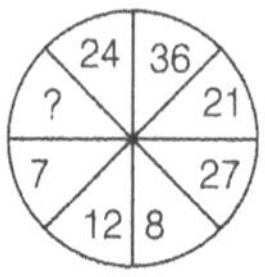

(a) 8 (b) 12 (c) 9 (d) 10

19.

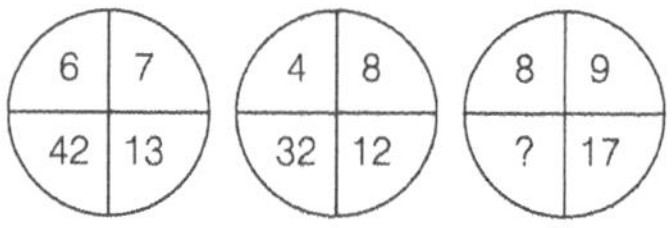

(a) 70 (b) 80 (c) 68 (d) 72

20.

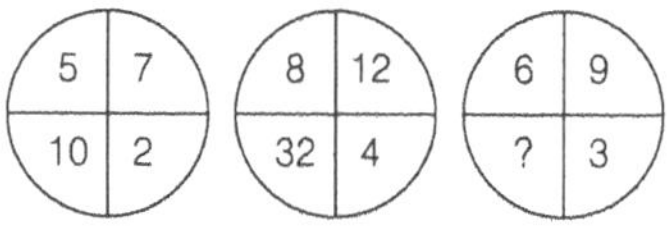

(a) 18 (b) 20 (c) 21 (d) 27

उत्तरमाला

1. (a)	2. (b)	3. (c)	4. (d)	5. (c)	6. (d)	7. (c)	8. (a)	9. (d)	10. (c)
11. (d)	12. (a)	13. (b)	14. (c)	15. (d)	16. (c)	17. (b)	18. (c)	19. (d)	20. (a)

सॉल्यूशन्स

1. (a) जिस प्रकार,
पंक्ति I में,
$$D \xrightarrow{+5} I \xrightarrow{+5} N$$
पंक्ति II में,
$$G \xrightarrow{+5} L \xrightarrow{+5} Q$$
उसी प्रकार, पंक्ति III में,
$$L \xrightarrow{+5} Q \xrightarrow{+5} \boxed{V}$$
अत: लुप्त पद के स्थान पर अक्षर V आएगा।

2. (b) जिस प्रकार,
पंक्ति I में, $O(15) + D(4) = 15 + 4 = 19(S)$
पंक्ति II में,
$K(11) + F(6) = 11 + 6 = 17(Q)$
उसी प्रकार, पंक्ति III में,
$$R(18) + E(5) = 18 + 5 = 23(W)$$
अत: लुप्त पद के स्थान पर अक्षर W आएगा।

3. (c) जिस प्रकार,
पंक्ति I में,
$$T(20) - F(6) = 20 - 6 = 14 \ (N)$$
पंक्ति II में,
$$W(23) - L(12) = 23 - 12 = 11(K)$$
उसी प्रकार, पंक्ति III में,
$$R(18) - J(10) = 18 - 10 = 8(H)$$
अत: लुप्त पद के स्थान पर अक्षर H आएगा।

4. (d) जिस प्रकार,
पंक्ति I में,
$$W \xrightarrow{-4} S \xrightarrow{-4} O$$
पंक्ति II में,
$$R \xrightarrow{-5} M \xrightarrow{-5} H$$
उसी प्रकार, पंक्ति III में,
$$X \xrightarrow{-6} R \xrightarrow{-6} \boxed{L}$$
अत: लुप्त पद के स्थान पर अक्षर L आएगा।

5. (c) जिस प्रकार,
पंक्ति I में, $I(9) + J(10) = 10 + 9 = 19$
पंक्ति II में,
$$N(14) + I(9) = 14 + 9 = 23$$
उसी प्रकार, पंक्ति III में,
$$19 + L\ (12) = 19 - 12 = 7 = G$$
अत: लुप्त पद के स्थान पर अक्षर G आएगा।

6. (d) जिस प्रकार,
पंक्ति I में,
$$8 \xrightarrow{+7} 15 \xrightarrow{+7} 22$$
पंक्ति II में,
$$18 \xrightarrow{+7} 25 \xrightarrow{+7} 32$$
उसी प्रकार, पंक्ति III में,
$$6 \xrightarrow{+7} 13 \xrightarrow{+7} \boxed{20}$$
अत: प्रश्नवाचक चिह्न के स्थान पर संख्या 20 आएगी।

7. (c) जिस प्रकार,
पंक्ति I में,
$$28 \xrightarrow{-4} 24 \xrightarrow{-4} 20$$
पंक्ति II में,
$$32 \xrightarrow{-5} 27 \xrightarrow{-5} 22$$
उसी प्रकार, पंक्ति III में,
$$39 \xrightarrow{-6} 33 \xrightarrow{-6} \boxed{27}$$
अत: प्रश्नवाचक चिह्न के स्थान पर संख्या 27 आएगी।

8. (a) जिस प्रकार,
पंक्ति I में,
$$18 - 13 = (5)^2 = 25$$
पंक्ति II में,
$$9 - 7 = (2)^2 = 4$$
उसी प्रकार, पंक्ति III में,
$$12 - 8 = (4)^2 = 16$$
अत: प्रश्नवाचक चिह्न के स्थान पर संख्या 16 आएगी।

9. (d) जिस प्रकार,
पंक्ति I में,
$$(2)^2 + (4)^2 = 4 + 16 = 20$$
पंक्ति II में,
$$(7)^2 + (3)^2 = 49 + 9 = 58$$
उसी प्रकार, पंक्ति III में,
$$(5)^2 + (4)^2 = 25 + 16 = \boxed{41}$$
अत: प्रश्नवाचक चिह्न के स्थान पर संख्या 41 आएगी।

10. (c) जिस प्रकार,
पंक्ति I में, $20 - 15 = (5)^2 = 25$
पंक्ति II में,
$$20 - 13 = (7)^2 = 49$$
उसी प्रकार, पंक्ति III में,
$$20 - 11 = (x)^2 = 81$$
$$x = \sqrt{81} = 9$$
अत: प्रश्नवाचक चिह्न के स्थान पर संख्या 9 आएगी।

11. (d) जिस प्रकार,
पंक्ति I में,
$$5 \times 3 = 15 - 12 = 3$$
पंक्ति II में,
$$8 \times 4 = 32 - 20 = 12$$
उसी प्रकार, पंक्ति III में,
$$7 \times 3 = 21 - 17 = \boxed{4}$$
अत: प्रश्नवाचक चिह्न के स्थान पर संख्या 4 आएगी।

12. (a) जिस प्रकार,
पंक्ति I में,
$$2 \times 3 = 6 + 8 = 14$$
पंक्ति II में,
$$4 \times 5 = 20 + 10 = 30$$
उसी प्रकार, पंक्ति III में,
$$7 \times 5 = 35 + x = 50$$
$$x = 50 - 35$$
$$x = \boxed{15}$$
अत: प्रश्नवाचक चिह्न के स्थान पर संख्या 15 आएगी।

13. (b) जिस प्रकार,
पंक्ति I में,
$$2 \times 3 = 6 \times 4 = 24$$
पंक्ति II में,
$$4 \times 5 = 20 \times 1 = 20$$
उसी प्रकार, पंक्ति III में,
$$8 \times 3 = 24 \times 4 = \boxed{96}$$
अत: प्रश्नवाचक चिह्न के स्थान पर संख्या 96 आएगी।

14. (c) जिस प्रकार,
स्तम्भ I में,
$$9 \times 5 = 45 \times 2 = 90$$
स्तम्भ II में,
$$8 \times 2 = 16 \times 5 = 80$$
उसी प्रकार, स्तम्भ III में,

$4 \times 7 = 28 \times x = 56$

$x = \frac{56}{28}$

$x = 2$

अत: प्रश्नवाचक चिह्न के स्थान पर संख्या 2 आएगी।

15. (d) जिस प्रकार,

$1^2 = 1$, $2^2 = 4$ तथा $3^2 = 9$, उसी प्रकार $4^2 = 16$

अत: प्रश्नवाचक चिह्न के स्थान पर संख्या 4 आएगी।

16. (c) जिस प्रकार,

$(2)^3 = 8$

$(3)^3 = 27$

तथा, $(4)^3 = 64$

उसी प्रकार, $(5)^3 = 125$

अत: प्रश्नवाचक चिह्न के स्थान पर संख्या 125 आएगी।

17. (b) जिस प्रकार,

$2 \times 5 = 10$

$4 \times 5 = 20$

तथा $8 \times 5 = 40$

उसी प्रकार, $7 \times 5 = \boxed{35}$

अत: प्रश्नवाचक चिह्न के स्थान पर संख्या 35 आएगी।

18. (c) जिस प्रकार,

$24 \div 3 = 8$

$36 \div 3 = 12$

तथा $21 \div 3 = 7$

उसी प्रकार, $27 \div 3 = \boxed{9}$

अत: प्रश्नवाचक चिह्न के स्थान पर संख्या 9 आएगी।

19. (d) जिस प्रकार,

प्रथम आकृति में,

$6 + 7 = 13, 6 \times 7 = 42$

द्वितीय आकृति में,

$4 + 8 = 12, 4 \times 8 = \boxed{32}$

उसी प्रकार, तृतीय आकृति में,

$8 + 9 = 17, 8 \times 9 = \boxed{72}$

अत: प्रश्नवाचक चिह्न के स्थान पर संख्या 72 आएगी।

20. (a) जिस प्रकार,

प्रथम आकृति में,

$7 - 5 = 2, 2 \times 5 = 10$

द्वितीय आकृति में,

$12 - 8 = 4, 4 \times 8 = 32$

उसी प्रकार, तृतीय आकृति में,

$9 - 6 = 3, 3 \times 6 = \boxed{18}$

अत: प्रश्नवाचक चिह्न के स्थान पर संख्या 18 आएगी।

अध्याय 12

शब्दों का तार्किक क्रम

LOGICAL ORDER OF WORDS

शब्दों का वह क्रम जो वास्तविकता तथा सत्यता पर आधारित होता है। शब्दों का तार्किक क्रम कहलाता है। सामान्य शब्दों में यह कह सकते हैं कि शब्दों को उस क्रम में व्यवस्थित करना होता है जो सर्वमान्य तथा प्रकृति के नियम व सिद्धान्तों के अनुरूप हो।

इस प्रकार के प्रश्नों में शब्दों का एक समूह दिया होता है जिसे शब्दों के मध्य के व्यवहार को समझकर तुलनात्मक रूप से एक क्रम में व्यवस्थित करना होता है। शब्दों के मध्य तुलनात्मक व्यवस्थिकरण आकार, आरोही या अवरोही, दिनचर्या, जीवन चक्र पर निर्भर हो सकता है। शब्दों को इन्ही सम्बन्धों के आधार पर सुव्यवस्थित करना होता है।

शब्दों के तार्किक क्रम पर आधारित प्रश्नों को दो भागों में समझा जा सकता है।

1. **सामान्य जानकारी पर आधारित** इस प्रकार के प्रश्नों में सम्बन्धित शब्दों को उनके मध्य निहित सम्बन्ध के आधार पर व्यवस्थित करना होता है।

उदाहरण 1 दिए गए शब्दों का तर्कसंगत क्रम चुनिए।

1. नवम्बर 2. फरवरी 3. अगस्त 4. जनवरी

(a) 4, 3, 2, 1 (b) 4, 2, 1, 3
(c) 4, 2, 3, 1 (d) 4, 3, 1, 2

हल (c) शब्दों का सार्थक क्रम निम्नवत् है

जनवरी → फरवरी → अगस्त → नवम्बर
(4) (2) (3) (1)

अत: सार्थक क्रम → 4, 2, 3, 1

उदाहरण 2 दिए गए शब्दों का तर्कसंगत क्रम चुनिए।

1. परीक्षा 2. आवेदन 3. नियुक्ति 4. चयन

(a) 2, 1, 4, 3 (b) 2, 1, 3, 4
(c) 4, 3, 1, 2 (d) 2, 4, 1, 3

हल (a) शब्दों का सार्थक क्रम इस प्रकार है

आवेदन → परीक्षा → चयन → नियुक्ति
(2) (1) (4) (3)

2. **शब्दकोश पर आधारित** इस प्रकार के प्रश्नों में अंग्रेजी के शब्द दिए जाते है, जिन्हें वर्णमाला के अनुसार व्यवस्थित करना होता है।

उदाहरण 3 दिए गए शब्दों का सार्थक क्रम क्या होगा?

1. Power 2. Scissor
3. Borrow 4. Cheque

(a) 3, 4, 1, 2 (b) 3, 4, 2, 1
(c) 3, 1, 2, 4 (d) 3, 2, 4, 1

हल (a) शब्दों का शब्दकोश के अनुसार क्रम निम्नवत् है

Borrow → Cheque → Power → Scissor
(3) (4) (1) (2)

उदाहरण 4 दिए गए शब्दों का सार्थक क्रम क्या होगा?

1. Daily 2. Diary
3. Dwell 4. Decide

(a) 1, 3, 2, 4 (b) 1, 4, 2, 3
(c) 1, 4, 3, 2 (d) 1, 3, 4, 2

हल (b) शब्दों का शब्दकोश के अनुसार क्रम निम्नवत् है

Daily → Decide → Diary → Dwell
(1) (4) (2) (3)

उदाहरण 5 दिए गए शब्दों में से कौन-सा शब्द शब्दकोश के अनुसार दूसरे स्थान पर आएगा?

(a) Tool (b) Town
(c) Twist (d) Type
(e) Trinity

हल (b) शब्दों का शब्दकोश के अनुसार क्रम निम्नवत् है

Tool → Town → Trinity → Twist → Type
(a) (b) (e) (c) (d)

अत: शब्दकोश के अनुसार दूसरा शब्द Town है।

✓ अति महत्त्वपूर्ण प्रश्न

निर्देश (प्र.सं. 1–10) *निम्नलिखित शब्दों का तर्कसंगत क्रम नीचे दिए गए विकल्पों में से कौन-सा होगा?*

1. 1. चाभी 2. दरवाजा 3. ताला 4. कमरा 5. पंखा चलाना
(a) 5, 1, 2, 4, 3 (b) 4, 2, 1, 5, 3
(c) 1, 3, 2, 4, 5 (d) 1, 2, 3, 5, 4

2. 1. शब्द 2. अनुच्छेद 3. वाक्य 4. वर्ण 5. मुहावरा
(a) 4, 1, 5, 2, 3 (b) 4, 1, 3, 5, 2
(c) 4, 2, 5, 1, 3 (d) 4, 1, 5, 3, 2

3. 1. पत्ती 2. फल 3. तना 4. जड़ 5. फूल
(a) 3, 4, 5, 1, 2 (b) 4, 3, 1, 5, 2
(c) 4, 1, 3, 5, 2 (d) 4, 3, 1, 2, 5

4. 1. देश 2. गाँव 3. शहर 4. जिला 5. राज्य
(a) 2, 3, 4, 5, 1 (b) 2, 3, 4, 1, 5
(c) 1, 3, 5, 4, 2 (d) 1, 2, 3, 4, 5

5. 1. काटना 2. पहनना 3. चिन्हित करना 4. माप 5. सिलाई
(a) 3, 1, 5, 4, 2 (b) 2, 4, 3, 1, 5
(c) 1, 3, 2, 4, 5 (d) 4, 3, 1, 5, 2

6. 1. घर 2. गली 3. कमरा 4. कस्बा 5. जिला
(a) 3, 2, 1, 4, 5 (b) 3, 1, 4, 2, 5
(c) 3, 1, 2, 4, 5 (d) 3, 1, 2, 5, 4

7. 1. दीवार 2. गारा 3. घर 4. कमरा 5. ईंट
(a) 5, 2, 1, 4, 3 (b) 2, 5, 4, 1, 3
(c) 2, 5, 1, 4, 3 (d) 1, 2, 3, 4, 5

8. 1. गाय 2. बिल्ली 3. चिड़िया 4. कुत्ता 5. हाथी
(a) 5, 3, 1, 2, 4 (b) 3, 2, 4, 1, 5
(c) 1, 3, 5, 4, 2 (d) 2, 5, 1, 4, 3

9. 1. धागा 2. पौधा 3. साड़ी 4. रूई (कपास) 5. कपड़ा
(a) 2, 4, 5, 1, 3 (b) 2, 4, 3, 5, 1
(c) 2, 4, 1, 5, 3 (d)2, 4, 5, 3, 1

10. 1. सांप 2. घास 3. चील 4. मेढ़क 5. टिड्ढा
(a) 3, 2, 1, 4, 5 (b) 5, 2, 1, 4, 3
(c) 2, 5, 4, 1, 3 (d) 2, 4, 5, 3, 1

निर्देश (प्र.सं. 11–18) *निम्नलिखित प्रश्नों में शब्दों को शब्दकोश के अनुसार व्यवस्थित कीजिए।*

11. 1. Science 2. Scrutiny 3. Scripture 4. Scramble 5. Script
(a) 1, 4, 3, 5, 2 (b) 1, 4, 2, 5, 3
(c) 1, 4, 5, 3, 2 (d) 2, 4, 5, 3, 1

12. 1. Wasp 2. Waste 3. War 4. Wrinkle 5. Wrist
(a) 3, 1, 2, 5, 4 (b) 3, 1, 2, 4, 5
(c) 3, 1, 5, 2, 4 (d) 3, 2, 5, 4, 1

13. 1. Intense 2. Intellect 3. Intend 4. Intelligent 5. Interrogate
(a) 2, 4, 1, 3, 5 (b) 2, 4, 5, 3, 1
(c) 2, 4, 1, 5, 3 (d) 2, 4, 3, 1, 5

14. 1. Nature 2. Native 3. Narrate 4. Nascent 5. Naughty
(a) 3, 4, 2, 1, 5 (b) 3, 4, 5, 1, 2
(c) 3, 4, 5, 2, 1 (d) 3, 5, 4, 2, 1

15. 1. Dictate 2. Diastole 3. Dictum 4. Didactic 5. Dictionary
(a) 2, 1, 5, 4, 3 (b) 2, 1, 3, 4, 5
(c) 2, 1, 5, 3, 4 (d) 2, 1, 4, 3, 5

16. 1. Animate 2. Ankle 3. Announce 4. Animosity 5. Anguish
(a) 5, 1, 3, 4, 2 (b) 5, 1, 2, 3, 4
(c) 5, 1, 2, 4, 3 (d) 5, 1, 4, 2, 3

17. 1. Probate 2. Problem 3. Proceed 4. Proclaim 5. Probe
(a) 1, 5, 4, 2, 3 (b) 1, 5, 2, 3, 4
(c) 1, 5, 4, 3, 2 (d) 5, 1, 3, 4, 2

18. 1. Group 2. Groan 3. Guard 4. Guarantee 5. Grass
(a) 5, 2, 1, 4, 3 (b) 5, 2, 3, 4, 1
(c) 1, 5, 3, 1, 4 (d) 1, 5, 4, 1, 3

उत्तरमाला

1 (c)	2 (d)	3 (b)	4 (a)	5 (d)	6 (c)	7 (c)	8 (b)	9 (c)	10 (c)
11 (c)	12 (b)	13 (d)	14 (a)	15 (c)	16 (d)	17 (b)	18 (a)		

अध्याय 13

क्रम व्यवस्थिकरण

SEQUENCE TEST

''व्यक्तियों या वस्तुओं को उनकी भौतिक स्थिति के आधार पर व्यवस्थित करने के क्रम को 'क्रम व्यवस्थिकरण' कहते हैं।''

व्यक्तियों या वस्तुओं का उनकी भौतिक स्थिति के आधार पर अध्ययन उनके मध्य तुलनात्मक स्थिति तथा बाएँ या दाएँ से वास्तविक स्थिति के आधार पर किया जाता है।

क्रम व्यवस्थिकरण पर आधारित प्रश्नों को निम्न दो प्रकार से अध्ययन किया जा सकता है

1. तुलनात्मक व्यवस्थिकरण
2. स्थानक्रम व्यवस्थिकरण

तुलनात्मक व्यवस्थिकरण

इस प्रकार के व्यवस्थिकरण में व्यक्तियों या वस्तुओं का लम्बवत तथा क्षैतिज व्यवस्थिकरण उनकी स्थितियों को ध्यान में रखकर किया जाता है। आइए इनका विस्तार से अध्ययन करते हैं

(a) **लम्बवत् व्यवस्थिकरण** इस प्रकार के प्रश्नों में व्यक्तियों तथा वस्तुओं की लम्बाई तथा ऊँचाई के मध्य तुलनात्मक विवरण दिया जाता है। तुलनात्मक विवरण से आशय व्यक्तियों तथा वस्तुओं की लम्बाई, ऊँचाई तथा आयु से है जिसमें किसी वस्तु के लिए वह कहा जा सकता है कि वस्तु A, वस्तु B से लम्बी है तथा व्यक्ति P, व्यक्ति Q से आयु में बड़ा है। इस प्रकार के प्रश्नों को हल करते समय प्रश्न में दिए गए कथनों के आधार पर प्रथक-प्रथक तुलनात्मक स्थिति तैयार कर, अन्त में सभी स्थितियों को एक साथ जोड़कर अन्तिम उत्तर कर पंहुचा जा सकता है।

इस प्रकार के प्रश्नों को हल करने के लिए नीचे दी गई विधियों को ध्यान पूर्वक अध्ययन करें—

निम्नलिखित विधियाँ वस्तुओं तथा व्यक्तियों के अन्तिम व्यवस्थिकरण पर आधारित हैं।

(i) A, B **से लम्बा है** यहाँ जो व्यक्ति लम्बा होता है उसकी स्थिति लम्बवत लम्बी तथा जो व्यक्ति छोटा होता है उसकी स्थिति लम्बवत छोटी होती है।

यह स्पष्ट किया गया है कि A की स्थिति लम्बी है तथा B की स्थिति लम्बवत छोटी है अत: इनकी स्थिति को इस प्रकार व्यवस्थित कर सकते हैं।

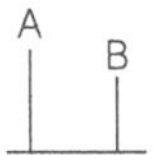

(ii) **रूद्र, गर्वित से कम ऊँचा है** यहाँ दो व्यक्तियों के मध्य उनकी ऊँचाई के आधार पर व्यवस्थिकरण किया गया है। स्पष्ट है कि रूद्र ऊँचाई में गर्वित से कम ऊँचा है। यहाँ हम कह सकते हैं कि गर्वित रूद्र से अधिक ऊँचा है। अत: दोनों की स्थिति को इस प्रकार व्यवस्थित कर सकते हैं।

उदाहरण 1 **L, M से लम्बा है लेकिन N से नाटा है। V, R से लम्बा है। M,V से लम्बा है। बताइए इनमें सबसे लम्बा कौन है?**

(a) N (b) M (c) R (d) V

हल (*a*) प्रश्नानुसार, तुलनात्मक अध्ययन करने पर, शर्त (i) से,

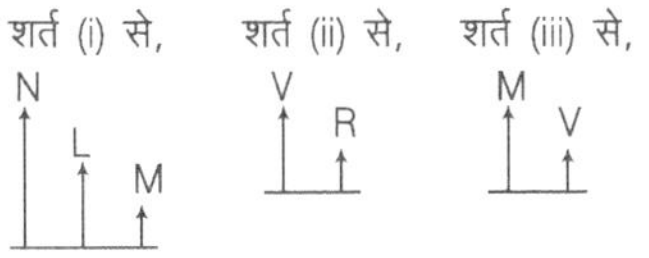

सभी शर्तों को एकसाथ रखने पर,

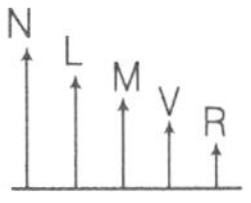

अत: आरेख से स्पष्ट है कि N सबसे लम्बा है।

नोट प्रश्न में प्रयुक्त शब्द "लेकिन" के सन्दर्भ में शर्त $\Rightarrow$ L,M से लम्बा है लेकिन N से नाटा है।

लेकिन = पहला व्यक्ति

जिस शर्त में लेकिन शब्द का प्रयोग किया जाता है, वहाँ, लेकिन के साथ वाली शर्त को पहले कर्ता के सापेक्ष प्रयोग किया जाता है। यहाँ शर्त-लेकिन N से नाटा है का अर्थ है कि L (पहला कर्त्ता), N से नाटा है।

उदाहरण 2 रवि, हार्दिक से लम्बा है जोकि सुशील से नाटा है। नमन, हेमू से लम्बा है लेकिन हार्दिक से नाटा है। सुशील, रवि से नाटा है। बताइये सबसे नाटा कौन है।

(a) नमन (b) हेमू (c) रवि (d) सुशील

हल (*b*) प्रश्नानुसार, तुलनात्मक अध्ययन करने पर,

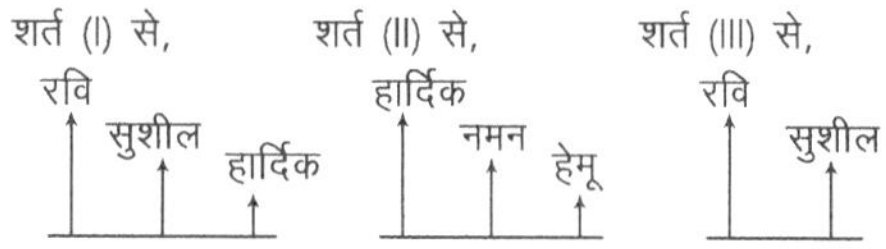

सभी शर्तों को एक साथ रखने पर,

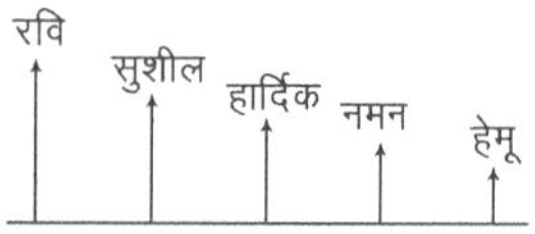

अब: आरेख से स्पष्ट है कि हेमू सबसे नाटा है।

नोट प्रश्न में प्रयुक्त शब्द "जो कि" के सन्दर्भ में शर्त $\Rightarrow$ रवि, हार्दिक से लम्बा है जो कि सुशील से नाटा है।

जोकि = दूसरा व्यक्ति

जिस शर्त में 'जोकि' शब्द का प्रयोग किया जाता है वहाँ जोकि के साथ वाली शर्त को दूसरे कर्ता के सापेक्ष प्रयोग किया जाता है। यहाँ शर्त-जोकि सुशील से नाटा है का अर्थ है कि हार्दिक, (दूसरा कर्ता) सुशील से नाटा है।

(b) **क्षैतिज व्यवस्थिकरण** इस प्रकार के व्यवस्थिकरण में दो या दो से अधिक व्यक्ति या वस्तुओं के मध्य उनकी आयु, भार, योग्यता, कम-अधिक, पहले-बाद में के आधार पर अध्ययन किया जाता है। इस प्रकार के प्रश्नों को हल करने के लिए निम्न दो संकेतों का प्रयोग किया जाता है, यथा $>$ और $<$ आइए इनका प्रयोग समझते हैं,

(i) $A > B \Rightarrow$ A, B से बड़ा है।
A, B से भारी है।
A, B से अधिक योग्य है
A, B से पहले विद्यालय पहुँचता है।

(ii) $A < B \Rightarrow$ B, A से बड़ा है
B, A से भारी है
B, A से अधिक योग्य है
B, A से पहले विद्यालय पहुँचता है।

उदाहरण 3 S, A से भारी है लेकिन R जितना भारी नहीं है। A, J से भारी है। K, S से भारी है लेकिन R से हल्का है। इनमें से सबसे हल्का कौन है?

(a) R (b) S (c) J (d) A

हल (*c*) प्रश्नानुसार, तुलनात्मक अध्ययन करने पर,

शर्त (i) से, $R > S > A$

शर्त (ii) से, $A > J$

शर्त (iii) से, $R > K > S$

सभी शर्तों को एकसाथ रखने पर,

भारी $R > K > S > A > J$ हल्का

अतः उपरोक्त व्यवस्था से स्पष्ट है कि J सबसे हल्का है।

उदाहरण 4 एक परीक्षा में पवन ने राहुल से अधिक अंक अर्जित किए। योगी ने दिलीप के समान अंक अर्जित किए। लोकेश ने मनोज से कम अंक अर्जित किए। राहुल ने योगी से अधिक अंक अर्जित किए। मनोज ने दिलीप से कम अंक अर्जित किए। सबसे कम अंक कौन प्राप्त करता है?

(a) मनोज (b) योगी (c) दिलीप (d) लोकेश

हल (*d*) प्रश्नानुसार, तुलनात्मक अध्ययन करने पर,

शर्त (i) से $\Rightarrow$ पवन > राहुल

शर्त (ii) से $\Rightarrow$ योगी = दिलीप

शर्त (iii) से $\Rightarrow$ मनोज > लौकेश

शर्त (iv) से $\Rightarrow$ राहुल > योगी

शर्त (v) से $\Rightarrow$ दिलीप > मनोज

सभी शर्तों को एकसाथ रखने पर,

(अधिक) पवन > राहुल > योगी = दिलीप > मनोज > लोकेश (कम)

अतः उपरोक्त व्यवस्था से स्पष्ट है कि लोकेश सबसे कम अंक अर्जित करता है।

स्थान क्रम व्यवस्थिकरण

इस प्रकार के व्यवस्थिकरण में व्यक्तियों तथा वस्तुओं की स्थिति एक पंक्ति में बाईं तथा दाईं ओर से दी जाती है। तत्पश्चात सम्बन्धित प्रश्न पूछे जाते है। स्थान क्रम व्यवस्थिकरण के अन्तर्गत निम्न प्रकार के प्रश्न पूछे जाते हैं।

(a) **व्यक्ति/वस्तुओं की कुल संख्या** इस प्रकार के प्रश्नों में व्यक्तियों या वस्तुओं की संख्या बाएँ ओर दाएँ से दी जाती है तथा कुल संख्या से सम्बन्धित प्रश्न पूछे जाते हैं।

व्यक्ति/वस्तुओं की कुल संख्या = (बाएँ से व्यक्ति/वस्तु का क्रम + दाएँ से व्यक्ति/वस्तु का क्रम) − 1

= (ऊपर से व्यक्ति/वस्तु का क्रम + नीचे से व्यक्ति/वस्तु का क्रम) − 1

नोट कुल संख्या ज्ञात करने के लिए आवश्यक है किसी एक व्यक्ति/वस्तु की स्थिति दोनों और (बाएँ और दाएँ/ऊपर और नीचे) से ज्ञात हो।

उदाहरण 5 छात्रों की एक पंक्ति में आदर्श बाएँ से 38 वाँ तथा दाएँ से 47 वाँ है। पंक्ति में कुल कितने छात्र हैं?

(a) 85 (b) 84 (c) 83 (d) 86

हल (*b*) प्रश्नानुसार,

छात्रों की कुल संख्या $\Rightarrow$ (आदर्श का बाईं ओर से क्रम + आदर्श का दाईं और से क्रम) − 1

$= (38+47)-1 = 84$

अतः पंक्ति में कुल 84 छात्र हैं।

उदाहरण 6 छात्रों की एक कक्षा में आयूष दाएँ से 32 वाँ तथा बाएँ से 39 वें स्थान पर बैठे पियूष के दाएँ 7वाँ है। कक्षा में छात्रों की कुल संख्या क्या है?

(a) 75 (b) 78 (c) 77 (d) 70

हल (*c*) प्रश्नानुसार,

आयूष की दाईं ओर से स्थिति = 32 वीं

आयूष की बाईं ओर से स्थिति $= 39 + 7 = 46$वीं

कुल छात्र $\Rightarrow$ (आयूष का दाएँ से क्रम + आयूष का बाएँ से क्रम) − 1

$= (32+46)-1 = 78-1 = 77$

अतः कक्षा में कुल 77 छात्र हैं।

(b) **व्यक्ति/वस्तुओं का एक ओर** (end) **से क्रम** इस प्रकार के प्रश्नों में छात्रों या वस्तुओं की कुल संख्या के साथ किसी एक ओर से स्थिति के बारे में बताया जाता है। तथा दूसरे ओर से स्थिति के बारे में प्रश्न किए जाते हैं।

एक ओर से स्थिति $\Rightarrow$ (कुल संख्या − एक ओर से स्थिति) + 1

उदाहरण 7 75 **छात्रों की एक कक्षा में सुशील का क्रम ऊपर से** 48 **वां है। तब उसकी स्थिति नीचे से कौन सी होगी?**

(a) 28 (b) 29
(c) 27 (d) 26

हल (*a*) प्रश्नानुसार,

सुशील की नीचे से स्थिति = (कुल छात्र − सुशील की ऊपर से स्थिति) + 1

$= (75-48)+1$

$= 27+1 = 28$

अत: सुशील की नीचे से स्थिति 28 वीं है।

उदाहरण 8 घरों की एक कतार में, घर P बाईं ओर से 29वाँ है जबकि घर S, घर R के बाईं ओर 5 वाँ है। घर S की दाईं ओर से क्या स्थिति होगी यदि कतार में कुल 40 घर हों?

(a) 17 (b) 15
(c) 16 (d) 18

हल (*a*) प्रश्नानुसार,

घर R की बाईं ओर से स्थिति = 29 वीं

घर S की बाईं ओर से स्थिति = 29 − 5 = 24 वीं

घर S की दाएँ से स्थिति = (कुल घर − घर S की बाएँ से स्थिति) + 1

$= (40-24)+1 = 16+1 = 17$

अत: घर S की दाएँ से 17वीं स्थिति है।

(c) **प्रतिस्थापित स्थिति क्रम** इस प्रकार के प्रश्नों में व्यक्ति या वस्तु एक दूसरे से परस्पर स्थान परिवर्तन कर लेते हैं, तत्पश्चात बाएँ या दाएँ से सम्बन्धित प्रश्न पूछे जाते हैं।

उदाहरण 9 छात्रों की एक पंक्ति में वैभव बाएँ से 37 वां तथा श्रेयांस दाएँ से 27वां है। जब ये दोनों एक दूसरे से परस्पर स्थान बदल लेते हैं। तब श्रेयांस दाएँ से 35 वां हो जाता है। बताइए पंक्ति में कुल कितने छात्र हैं?

(a) 70 (b) 71
(c) 72 (d) 73

हल (*b*) प्रश्नानुसार,

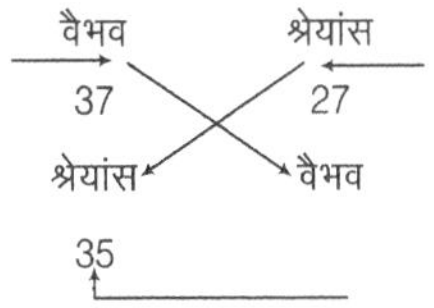

छात्रों की कुल संख्या = वैभव की बाएँ से प्रारम्भिक स्थिति + श्रेयांस की परिवर्तित स्थिति) − 1 = (37 + 35) − 1 = 72 − 1 = 71

अत: पंक्ति में छात्रों की कुल संख्या 71 है।

उदाहरण 10 छात्रों की एक पंक्ति में प्रीत बाएँ से 29 वाँ तथा तन्विक दाएँ से 27 वाँ है, जब प्रीत तथा तन्विक एक दूसरे से परस्पर स्थान बदल लेते हैं, तब प्रीत बाएँ से 42 वाँ हो जाता है, बताइए दोनों के मध्य कितने छात्र हैं?

(a) 13 (b) 11
(c) 10 (d) 12

हल (*d*) प्रश्नानुसार,

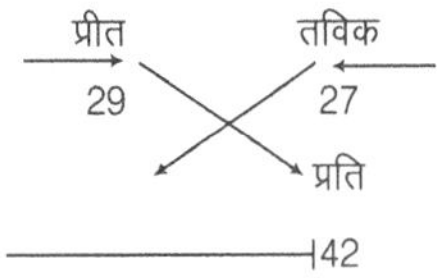

परिवर्तन के बाद दोनों के मध्य छात्र

= (परिवर्तित क्रमांक − प्रारम्भिक क्रमांक) − 1

= (42 − 29) − 1 = 13 − 1 = 12

अत: दोनों के मध्य 12 छात्र हैं।

ओवर लैपिंग (Overlaping) स्थिति क्रम

इस प्रकार के प्रश्नों में व्यक्ति या वस्तुओं की बाएँ या दाएँ की स्थिति का योग दिए गए कुल योग से अधिक हो जाता है तब दोनों के मध्य में छात्रों की संख्या से सम्बन्धित प्रश्न पूछे जाते हैं।

दो व्यक्तियों के मध्य छात्र = [(बाईं स्थिति + दाईं स्थिति)] − 2

उदाहरण 11 75 **छात्रों की कक्षा में कुशल बाएँ से** 52 **वाँ तथा जूली दाएँ से** 29 **वीं है। बताइए दोनों के मध्य कितने छात्र हैं?**

(a) 3 (b) 5 (c) 4 (d) 6

हल (c) प्रश्नानुसार,

दो व्यक्तियों के मध्य छात्र = [(बाईं स्थिति + दाईं स्थिति)] − 2

= [(52 + 29) − 75] − 2 = (81 − 75) − 2

= 6 − 2 = 4

अत: दोनों के मध्य 4 छात्र हैं।

✓ अति महत्त्वपूर्ण प्रश्न

1. जानवरों के एक समूह में शेर की आयु चीता की आयु से अधिक है। हाथी की आयु, गाय की आयु से अधिक है। यदि गाय की आयु शेर की आयु से अधिक हो तो बताइए सबसे कम आयु का जानवर कौन-सा है?

(a) चीता (b) गाय (c) शेर (d) हाथी

2. अमन, राहुल से बड़ा किन्तु कपिल से छोटा है। नमन, सुशील से बड़ा किन्तु रवि से छोटा है। यदि कपिल, सुशील से छोटा हो तो बताइए कि इन सभी में सबसे अधिक आयु वाला व्यक्ति कौन है?

(a) रवि (b) नमन (c) सुशील (d) कपिल

3. किसी परीक्षा में आरती को गौरांगी से तथा ज्योति को सपना से अधिक अंक मिले। ज्योति को गौरांगी से कम अंक मिले। सबसे अधिक अंक किस लड़की को मिले। ?

(a) गौरागी (b) ज्योति (c) आरती (d) सपना

4. चार व्यक्ति S, H, K और R ने किसी परीक्षा में भाग लिया। R, K से अधिक योग्य है। S, H से कम लेकिन K से अधिक योग्य है। R, S से कम योग्य है। उपरोक्त जानकारी के आधार पर कौन सा कथन सही है।

(a) R, H से अधिक योग्य नहीं है
(b) R, H से अधिक योग्य है
(c) K, S से अधिक योग्य है
(d) S सबसे अधिक योग्य है

5. हेमन्त, सुनील से लम्बा किन्तु अमर से नाटा है। सुभाष, विपिन से नाटा है। अमर सुभाष से नाटा है। यदि सभी व्यक्तियों को उनकी लम्बाई के अनुसार बढ़ते हुए क्रम (आरोही क्रम) में व्यवस्थित किया जाए तो सबसे लम्बा कौन होगा ?

(a) सुनील (b) हेमन्त (c) विपिन (d) अमर

6. कुशल, सुमन से लम्बा लेकिन मनोज से नाटा है। सचिन, विनोद से नाटा है। विनोद, सुमन से नाटा है। यदि इन सभी को लम्बाई के अनुसार अवरोंही क्रम में व्यवस्थित किया जाए तो सबसे पहले (लम्बा) कौन खडा होगा।

(a) विनोद (b) सचिन (c) सुमन (d) मनोज

7. छ: व्यक्ति A, B, C, D, E और F एक पंक्ति में एक दूसरे के पीछे निम्न प्रकार खड़े हैं कि B, C के पीछे है लेकिन C, F का पड़ोसी नहीं है। D एक सिरे पर है तथा C से तीन स्थान दूर है। A, E व F के मध्य खड़ा है। बताइए C किन दो व्यक्तियों के मध्य खड़ा है।

(a) B व F के (b) A व B के (c) B व D के (d) E व B के

8. चार व्यक्ति A, B, C और D के पास भिन्न-भिन्न धन है। यदि C के पास केवल E, B और A से अधिक धन है तो सबसे अधिक धन किसके पास है।

(a) D (b) C (c) B (d) A

9. यदि आलोक, अर्पित से लम्बा है लेकिन आशीष से नाटा है। रवि उतना ही लम्बा है जितना कि आलोक, लेकिन हरीश से लम्बा है तो हरीश होगा,

(a) आशीष से लम्बा
(b) आलोक से नाटा
(c) अर्पित से नाटा
(d) उतना ही लम्बा जितना कि आलोक

10. P Q R S और T पाँच अलग-अलग टॉवर है जिनकी ऊँचाई भिन्न-भिन्न है। टावर Q केवल टावर T से छोटा है। टावर S टावर P और Q से छोटा है। बताइए सबसे छोटा टावर कौन-सा है।

(a) P (b) R
(c) S (d) आँकड़े अपर्याप्त

11. दक्ष, मुकुल से लम्बा लेकिन रोहन जितना लम्बा नहीं है। स्पर्श दक्ष से नाटा है लेकिन अयान से लम्बा है। मुकुल और स्पर्श लम्बाई में समान हैं कौन सबसे नाटा है?

(a) स्पर्श (b) रोहन
(c) अयान (d) आँकड़े अपर्याप्त

निर्देश (प्र. सं. 12 और 13) *निम्नलिखित जानकारी का अध्ययन कर नीचे दिए गए प्रश्नों के उत्तर दीजिए।*

पाँच खम्भे। P Q R S और T हैं। जिनकी ऊँचाई अलग-अलग है P की ऊँचाई Q की दोगुनी है। Q की ऊँचाई R की ऊँचाई की 4.5 गुनी है। R की ऊँचाई S की आँधी है तथा S की ऊँचाई T की आँधी है। T की ऊँचाई P से कम तथा R से अधिक है।

12. सबसे बड़े खम्भे की उँचाई, सबसे छोटे खम्भे की ऊँचाई का कितना गुना है।

(a) $4\frac{1}{2}$ गुना (b) 6 गुना
(c) 9 गुना (d) $7\frac{1}{2}$ गुना

13. मध्य में आने वाले खम्भे की ऊँचाई कितनी होगी यदि सबसे छोटे खम्भे की ऊँचाई 10 फिट हो?

(a) 45 फिट (b) 40 फिट (c) 20 फिट (d) 30 फिट

निर्देश (प्र. सं. 14 और 15) *निम्नलिखित जानकारी का ध्यानपूर्वक अध्ययन कर प्रश्नों के उत्तर दीजिए।*

पाँच सड़क L, M, N, O और P हैं जिनकी लम्बाई अलग-अलग है। O तीसरी सबसे छोटी सड़क नहीं है। सड़क N केवल सड़क P से अधिक लम्बी है। सड़क L केवल एक सड़क से छोटी है। सबसे कम लम्बी सड़क की ऊँचाई 70 मी है तथा दूसरी सबसे लम्बी सड़क की ऊँचाई 120 मी है।

14. सड़क M की लम्बाई क्या हो सकती है?

(a) 125 मी (b) 140 मी
(c) 100 मी (d) 120 मी

15. यदि सड़क O की लम्बाई 130 मी तथा सडक N जो सड़क P से 15 मी अधिक लम्बी है तो सड़क O और सड़क N की लम्बाई में कितना अन्तर होगा?
(a) 40 मी (b) 50 मी
(c) 60 मी (d) 55 मी

निर्देश (प्र. सं. 16-18) *निम्नलिखित जानकारी का ध्यान पूर्वक अध्ययन कर दिए गए प्रश्नों के उत्तर दीजिए।*
एक परिवार में रामू, गणेश, सुशील, उमेश, और रमेश पाँच भाई हैं। गणेश, रामू से 6 वर्ष तथा रमेश से 5 वर्ष छोटा है। रामू का जन्म सन् 1995 में हुआ था। रामू, सुशील से 4 वर्ष छोटा तथा उमेश से 3 वर्ष बड़ा है।

16. पाँचो भाइयों में कौन सबसे बड़ा है?
(a) सुशील (b) रमेश (c) उमेश (d) गणेश

17. उमेश का जन्म किस वर्ष हुआ था।
(a) 1991 (b) 1994 (c) 1992 (d) 1994

18. परिवार में सबसे बड़े व्यक्ति का जन्म किस वर्ष हुआ था।
(a) 1999 (b) 1995 (c) 2000 (d) 1997

19. निम्नलिखित कथनों पर विचार कर नीचे दिए गए प्रश्न का उत्तर ज्ञात करें।
(i) A या तो B से बड़ा या बराबर है।
(ii) D या तो C से बड़ा या बराबर है।
(iii) B, C से बड़ा है।
उपरोक्त कथनों से निम्न में से कौन सा निष्कर्ष निकाला जा सकता है।
(a) B और D समान आयु के हैं (b) D, C से बड़ा है
(c) A, C से बड़ा है (d) A, B से बड़ा है

20. P, Q, R, S और T पाँच वक्ता हैं जिन्हें किसी एक दिन व्याख्यान देना है R न तो पहला और अन्तिम वक्ता है। S के बाद तीन वक्ता है। T के पहले तीन वक्ता है। P, Q के बाद व्याख्यान देता है। सबसे अन्त में व्याख्यान कौन देता है।?
(a) P (b) Q (c) R (d) T

21. कारों की एक गैराज में लाल रंग की कार बाएँ से 17 वीं तथा दाएँ से 21 वीं है। गैराज में कुल कितनी कार है।
(a) 36 (b) 35 (c) 37 (d) 38

22. खिलौनों के एक व्यवस्थिकरण में छोटा भीम का खिलौना बाएँ से गिनने पर 37 वाँ तथा दाएँ से गिनने पर 22 वाँ है। तब उस व्यवस्थिकरण में कुल कितने खिलौने हैं?
(a) 58 (b) 59
(c) 57 (d) 56

23. छात्रों की एक पंक्ति में विपिन बाएँ से 28 वाँ तथा दाएँ से 24 वाँ है। पंक्ति में कुल कितने छात्र हैं।
(a) 49 (b) 50 (c) 51 (d) 52

24. छात्रों की एक पंक्ति में दिवाकर बाएँ से 27 वाँ तथा दाएँ से 19 वाँ है। यदि कक्षा में छात्रों की संख्या 53 करनी हो तो कितने और छात्र शामिल करने होंगे।
(a) 8 (b) 7 (c) 6 (d) 9

25. विद्यार्थियों की एक पंक्ति में ललित दाएँ से 36 वाँ तथा बाएँ से 26 वाँ है। यदि कक्षा में छात्रों की संख्या 50 रखनी हो तो कितने छात्र कम किए जाए।
(a) 10 (b) 11 (c) 12 (d) 9

26. छात्रों की एक पंक्ति में मृदुल दाएँ से 24 वाँ तथा बाएँ से 27 वें स्थान पर बैठे तन्मय के दाएँ 8 वाँ है पंक्ति में कुल कितने छात्र हैं।
(a) 59 (b) 58 (c) 56 (d) 57

27. खेतों के एक व्यवस्थिकरण में राम का खेत बाएँ से 19 वाँ है तथा दाएँ से 31 वें स्थान पर गोपाल के खेत के दाएँ 6 वाँ है बताइए खेतों के व्यवस्थिकरण में कुल कितने खेत हैं।
(a) 41 (b) 42 (c) 43 (d) 44

28. छात्रों की एक पंक्ति में रमन बाएँ से 44 वाँ है यदि छात्रों की कुल संख्या 72 हो। तब रमन का दाएँ से स्थान क्या होगा?
(a) 27 (b) 29 (c) 28 (d) 26

29. छात्रों की एक कक्षा में त्रिदेव दाएँ से 38 वाँ है। यदि छात्रों की कुल संख्या 63 हो तब त्रिदेव की बाएँ से स्थिति क्या होगी?
(a) 24 (b) 25 (c) 27 (d) 26

30. 65 छात्रो की कक्षा में चमन बाएँ से 42 वाँ है यदि अमन, चमन के बाएँ 8 वाँ है तब अमन का दाएँ से स्थान क्या होगा ?
(a) 32 (b) 30 (c) 31 (d) 33

31. एक पंक्ति में 21 लड़कियाँ हैं। यदि मोनिका को उसके चार स्थान दाएँ खिसका दिया जाए, तो वह बाएँ से 12 वीं हो जाती है पंक्ति के दाएँ से मोनिका का प्रारम्भिक स्थान क्या होगा?
(a) 14 (b) 12 (c) 13 (d) 11

32. मनोज बाएँ से 24 वे स्थान पर तथा रोहन के दाएँ छठा है, जो दाएँ से 33 वाँ है। यदि रोहन, मनोज और सोहन के मध्य में बैठा है तो बताइए सोहन का बाएँ से कौन-सा स्थान होगा।
(a) 10 (b) 12
(c) 14 (d) 11

उत्तरमाला

1	(a)	2	(a)	3	(c)	4	(a)	5	(c)	6	(d)	7	(d)	8	(a)	9	(b)	10	(d)
11	(c)	12	(c)	13	(b)	14	(c)	15	(b)	16	(a)	17	(c)	18	(a)	19	(c)	20	(a)
21	(c)	22	(a)	23	(c)	24	(a)	25	(b)	26	(b)	27	(c)	28	(b)	29	(d)	30	(a)
31	(a)	32	(b)																

सॉल्यूशन्स

1. (a) प्रश्नानुसार, तुलनात्मक अध्ययन करने पर,
शर्त I से, शेर > चीता
शर्त II से, हाथी > गाय
शर्त III से, गाय > शेर
सभी शर्तों को एक साथ रखने पर,
(अधिक) हाथी > गाय > शेर > चीता (कम)
अत: उपरोक्त व्यवस्थिकरण से स्पष्ट है कि सबसे कम आयु चीता की है।

2. (a) प्रश्नानुसार तुलनात्मक अध्ययन करने पर,
शर्त I से, कपिल > अमन > राहुल
शर्त II से, रवि > नमन > सुशील
शर्त III से, सुशील > कपिल
सभी शर्तों को एक साथ रखने पर,
(बड़ा) रवि > नमन > सुशील > कपिल > अमन > राहुल (छोटा)
अत: उपरोक्त व्यवस्थिकरण से स्पष्ट है कि सबसे अधिक आयु रवि की है।

4. (a) प्रश्नानुसार, तुलनात्मक अध्ययन करने पर,
शर्त I से, R > K
शर्त II से, H > S > K
शर्त III से, S > R
सभी शर्तों को एक साथ रखने पर,
H > S > R > K
अत: उपरोक्त व्यवस्थिकरण से स्पष्ट है कि R, H से अधिक योग्य नहीं है।

6. (d) प्रश्नानुसार तुलनात्मक अध्ययन करने पर,
शर्त I से, शर्त II से, शर्त III से,

सभी शर्तों को एक साथ रखने पर,

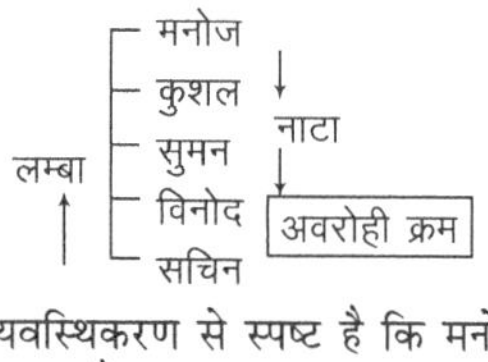

अत: व्यवस्थिकरण से स्पष्ट है कि मनोज सबसे लम्बा है।

8. (a) प्रश्नानुसार, तुलनात्मक अध्ययन करने पर,
शर्त I से, C > E/B/A ∴ D > C > E/B/A
अत: उपरोक्त व्यवस्थिकरण से स्पष्ट है कि D के पास सबसे अधिक धन है।

9. (b) प्रश्नानुसार, तुलनात्मक अध्ययन करने पर
शर्त I से, शर्त II से,

दोनों शर्तों को एक साथ रखने पर,

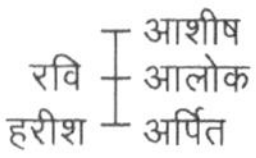

उपरोक्त आरेख से स्पष्ट है कि हरीश, आलोक से नाटा है।

10. (d) प्रश्नानुसार, तुलनात्मक अध्ययन करने पर
शर्त I से, शर्त II से,

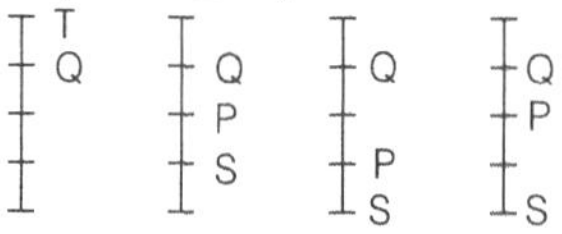

दोनों शर्तों को एक साथ रखने पर,

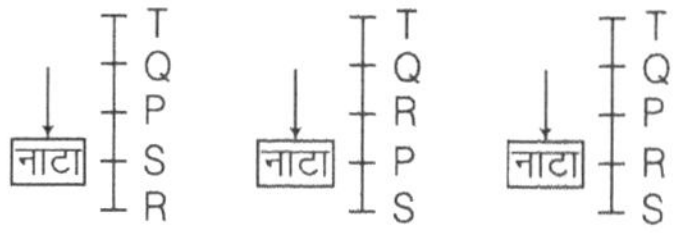

सभी शर्तों को एक साथ रखकर अन्त तक यह स्पष्ट नहीं हो रहा है कि सबसे छोटा कौन है क्योंकि R के सन्दर्भ में कोई जानकारी नहीं है अत: आँकड़े अपर्याप्त हैं।

हल (प्रश्न संख्या 12 और 13) *प्रश्नानुसार, तुलनात्मक अध्ययन करने पर,*
शर्त I से, शर्त II से, शर्त III से,

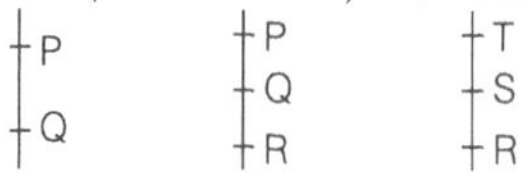

सभी शर्तों को एक साथ रखने पर,
(माना खम्भा R की ऊँचाई 10 फिट है।)

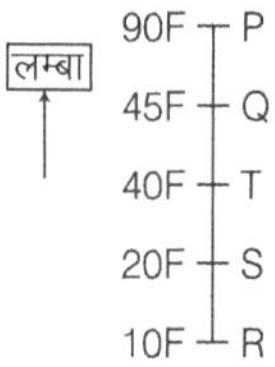

12. (c) सबसे बड़े खम्भे (P) की ऊँचाई, सबसे छोटे खम्भे (R) की ऊँचाई की 9 गुनी है।

13. (b) यदि सबसे छोटे खम्भे की ऊँचाई 10 फिट हो तो मध्य में आने वाले खम्भे (T) की ऊँचाई 40 फिट होगी।

हल (प्र. सं. 14 और 15) *प्रश्नानुसार, तुलनात्मक अध्ययन करने पर,*
शर्त I से, शर्त II से, शर्त III से, शर्त IV से,

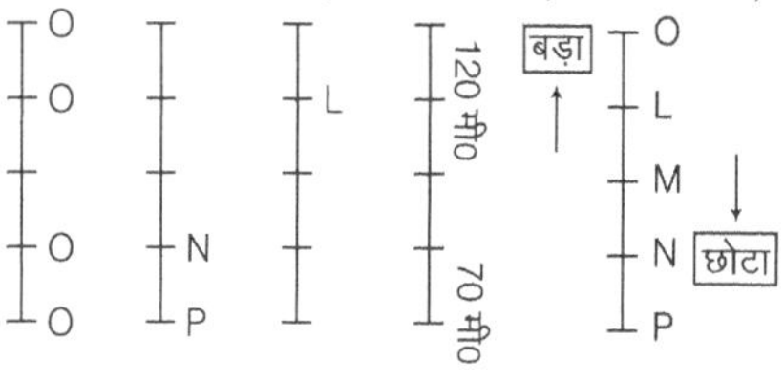

14. (c) सड़क M की लम्बाई 120 मी से कम तथा 70 मी से अधिक होगी। विकल्पों से स्पष्ट है कि सड़क M लम्बाई 100 मी हो सकती है।

15. (b) सड़क N की लम्बाई = सड़क P की लम्बाई + 15 = 70 + 15 = 85 मी
सड़क O की लम्बाई = 135 मी
अत: सडक O तथा सड़क N में अन्तर = 50 मी

हल (प्र. सं. 16 और 18) *प्रश्नानुसार, सभी शर्तों का अध्ययन करने पर,*
शर्त I से, रामू > रमेश > गणेश
शर्त II से, रामू = 1995
शर्त III से, सुशील > रामू > उमेश
(1999) (1995) (1992)
सभी शर्तों को एक साथ रखने पर
सुशील > रामू > रमेश > उमेश > गणेश
(1999) (1995) (1994) (1992) (1989)

16. (a) पाँचो भाइयों में सुशील सबसे बड़ा है

17. (c) उमेश का जन्म वर्ष 1992 में हुआ था।

18. (a) परिवार में सबसे बड़े व्यक्ति, सुशील का जन्म वर्ष 1999 में हुआ था।

19. (c) प्रश्नानुसार कथनों पर विचार करने पर,
शर्त I से, A ≥ B
शर्त II से, D ≥ C
शर्त III से, B > C
सभी शर्तों को एक साथ रखने पर,
A ≥ B > C; D ≥ C
उपरोक्त के आधार पर यह निष्कर्ष निकाला जा सकता है कि A, C से बड़ा है।

21. (c) प्रश्नानुसार, कारों की संख्या
= (बाईं स्थिति + दाईं स्थिति) – 1
= (17 + 21) – 1 = 38 – 1 = 37
अत: गैराज में कुल 37 कार हैं।

22. (a) प्रश्नानुसार,
खिलौनों की संख्या = (बाईं स्थिति + दाईं स्थिति) – 1 = (37 + 22) – 1 = 59 – 1 = 58

23. (c) प्रश्नानुसार,
छात्रों की कुल संख्या
= (बाईं स्थिति + दाईं स्थिति) – 1
= (28 + 24) – 1 = 52 – 1 = 51
अत: पंक्ति में छात्रों की कुल संख्या 51 है।

अध्याय 14

बैठने की व्यवस्था

SITTING ARRANGEMENT

अध्याय के नाम से ही यह स्पष्ट हो जाता है कि इसमें समाहित प्रश्नों की प्रकृति बैठने की व्यवस्था से ही सम्बन्धित है। बैठक व्यवस्था एक पंक्ति अथवा दो पंक्ति, मेज के चारों ओर, बेंच पर, आयताकार या गोलाकार, मैदान में सम्भव हो सकती है। प्रश्नानुसार बायाँ या दायाँ पक्ष आपके बैठने के अनुसार ही होता है। अपने बाएँ हाथ और दाएँ हाथ के अनुसार ही बायाँ व दायाँ पक्ष सुनिश्चित करें।

निम्नलिखित दिशा सूचक को ध्यान में रखें।

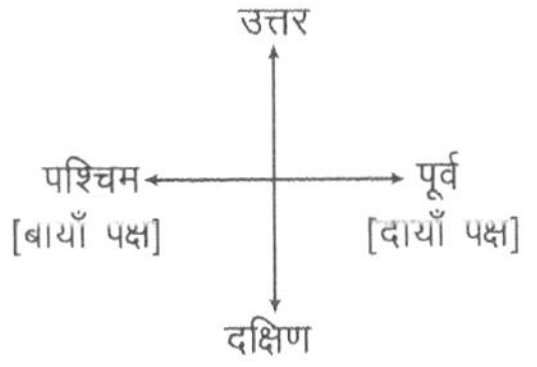

प्रश्न में दी गई प्रत्येक जानकारी को ध्यानपूर्वक पढ़ें और समझें। कोई पूर्वधारणा अथवा अनुमान लगाने की कोशिश न करें।

प्रश्न को हल करते रेखाओं, वृत्त, आयत, वर्ग, षट्भुज आदि आकृतियों का निर्माण आवश्यकतानुसार अवश्य करें। इससे आपके समय की बचत होगी। प्रश्नों के कथनों में छिपे हुए प्रत्येक तथ्य को ध्यान में रखें। पूर्वाग्रसित न हो। इस अध्याय में निम्न प्रकार के प्रश्नों का समावेश होता है।

रेखीय क्रम में बैठने पर आधारित प्रश्न

इस व्यवस्था में बैठे हुए व्यक्ति एक पंक्ति (Row) के रूप में बैठे होते हैं। जैसे—

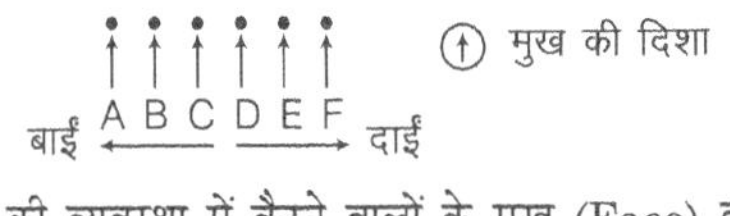

इस प्रकार की व्यवस्था में बैठने वालों के मुख (Face) की दिशा हम अपने मुख की दिशा मानकर प्रश्न को हल करते हैं।

जैसे–उपरोक्त व्यवस्था में A, B के बाएँ है और E, B के दाईं ओर तीसरे स्थान पर है।

निर्देश (प्र. सं. 1-3 तक) *अधोलिखित जानकारी का ध्यानपूर्वक अध्ययन कीजिए और प्रश्नों के उत्तर दीजिए।*

एक खेल के मैदान पर विवेक, रविन्द्र, राजेन्द्र, विक्की और प्रतिभा उत्तर की ओर मुँह करके बताए गए क्रमानुसार बैठे हैं।

(i) विक्की, राजेन्द्र के बाएँ दूसरे स्थान पर बैठा है।
(ii) प्रतिभा ठीक मध्य में नहीं है।
(iii) रविन्द्र किसी एक छोर पर बैठा है।
(iv) विवेक राजेन्द्र के ठीक बाएँ बैठा है।

उदाहरण 1 मध्य में कौन बैठा है?

(a) विक्की (b) विवेक
(c) रविन्द्र (d) राजेन्द्र

उदाहरण 2 दाएँ छोर पर कौन बैठा है?

(a) रविन्द्र (b) विवेक
(c) राजेन्द्र (d) प्रतिभा

उदाहरण 3 रविन्द्र और विक्की के मध्य कौन बैठा है?

(a) प्रतिभा (b) विक्की
(c) विवेक (d) राजेन्द्र

हल (प्र. सं. 1-3)

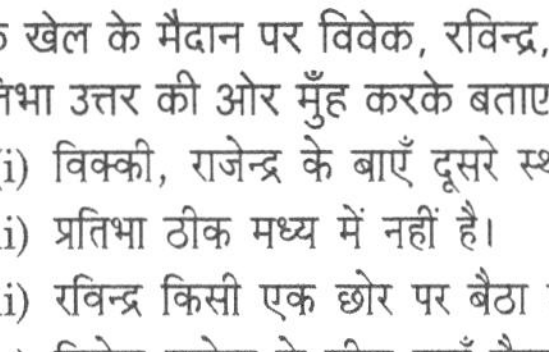

1. (a) मध्य में विक्की बैठा है।
2. (c) दाएँ छोर पर राजेन्द्र बैठा है।
3. (a) रविन्द्र और विक्की के मध्य प्रतिभा बैठी है।

किनारों/वृत्तीय रूप में बैठने पर आधारित प्रश्न

इस व्यवस्था में कुछ व्यक्तियों/वस्तुओं को किनारों वाली आकृतियों जैसे-चतुर्भुज, पंचभुज आदि किनारों/भुजाओं के मध्य या किसी वृत्त के चारों ओर बैठाया या रखा जाता है।

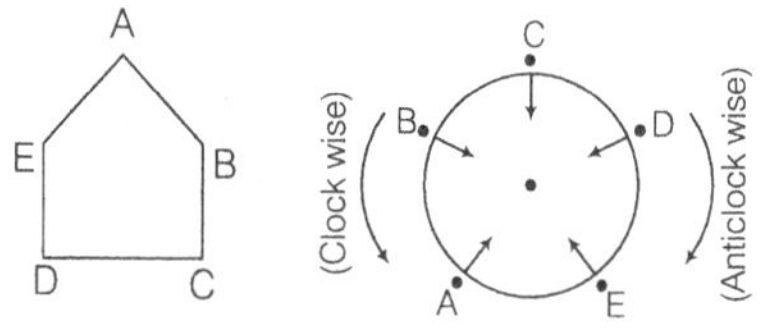

उदाहरण 4 A, B, C, D एवं E एक वृत्ताकार मेज के चारों ओर बैठे हैं। 'C', 'A' के दाईं ओर है एवं D से बाएँ दूसरे स्थान पर है 'E', 'A' एवं D के मध्य नहीं है। C के बाएँ तरफ दूसरे स्थान पर कौन है।

(a) A (b) D (c) B (d) E

हल (c)

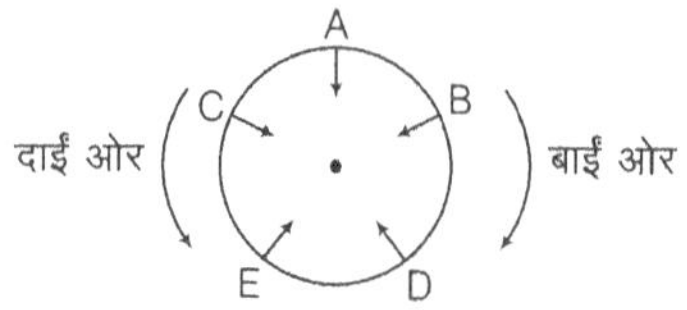

अतः C के बाएँ दूसरे स्थान पर B बैठा है।

उदाहरण 5 एक वर्गाकार मेज के चारों ओर चार भाई केन्द्रोन्मुख होकर इस प्रकार बैठते हैं कि गोलू, सोमू के ठीक दाएँ बैठा है दीपू, सोमू के बाएँ दूसरे स्थान पर बैठा है। इस प्रकार बैठक व्यवस्था में सनी के ठीक सामने कौन बैठा है?

(a) ज्ञात नहीं कर सकते (b) गोलू
(c) दीपू (d) सोमू

हल (b) बैठने की व्यवस्था इस प्रकार है,

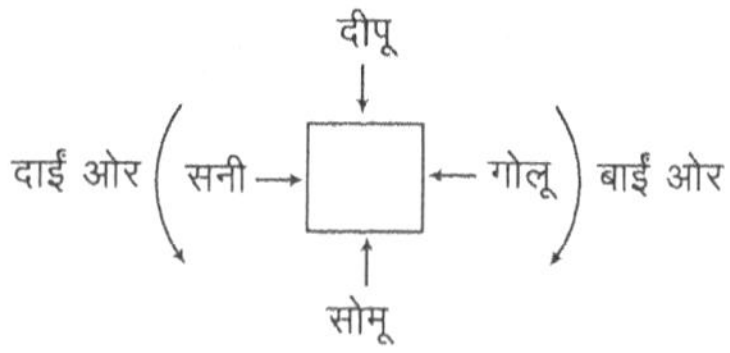

अतः सनी के ठीक सामने गोलू बैठता है।

✓ अति महत्त्वपूर्ण प्रश्न

निर्देश (प्र. सं. 1-3) *निम्नलिखित जानकारी को ध्यानपूर्वक पढ़िए, तत्पश्चात् नीचे दिए प्रश्नों के उत्तर दीजिए।*

छः दोस्त A, B, C, D, E और F एक पंक्ति में उत्तर दिशा की ओर मुख करके बैठे हुए हैं। C, A तथा E के बीच बैठे हुए है। D अन्तिम छोर पर नहीं है। B, E के तुरन्त दाएँ है। F दाएँ छोर पर नहीं है।

1. दाएँ छोर पर कौन बैठा है?
(a) D (b) E या A (c) B (d) A

2. D के दाएँ कितने व्यक्ति बैठे हैं।
(a) 3 (b) 2 (c) 4 (d) 1

3. C के तुरन्त बाएँ कौन बैठा है?
(a) E (b) A (c) B (d) C

निर्देश (प्र. सं. 4-6) *नीचे दी गई जानकारी का ध्यानपूर्वक अध्ययन कीजिए, तत्पश्चात् प्रश्नों के उत्तर दीजिए।*

(i) पाँच दोस्त हैं।
(ii) वे सभी दक्षिण की ओर मुँह करके एक पंक्ति में खड़े हैं।
(iii) जयदीप, आरव के ठीक दाईं ओर है।
(iv) प्रदीप, भास्कर और सुनन्दा के बीच में है।
(v) सुनन्दा, जयदीप और प्रदीप के बीच में है

4. सबसे बाईं छोर पर कौन है?
(a) सुनन्दा (b) आरव (c) भास्कर (d) जयदीप

5. मध्य (बीच) में कौन है?
(a) सुनन्दा (b) आरव (c) भास्कर (d) जयदीप

6. उपरोक्त दोनों प्रश्नों के उत्तर जानने के लिए दिए गए कौन-से कथन के बिना काम चल सकता है?
(a) केवल (iii) (b) केवल (iv) (c) केवल (i) (d) केवल (ii)

7. छः व्यक्ति K, L, M, N, O तथा P मेज के इर्द-गिर्द बैठे हैं।
- K तथा L एक-दूसरे के विपरीत हैं।
- K के बाईं ओर M है।
- O तथा N एक-दूसरे के विपरीत हैं।
- N के दाईं ओर P है।
- L के बाईं ओर कौन है?

(a) M (b) P (c) O (d) N

8. पाँच विद्यार्थी A, B, C, D और E एक वृत्ताकार में एक-दूसरे के आमने-सामने बैठे हुए हैं। यदि A और D के बीच E है औ;र B के दाईं ओर A है, तब B के बाईं ओर कौन बैठा है ?
(a) A (b) B (c) C (d) E

9. छः मित्र एक घेरे में बैठे हैं और ताश खेल रहे हैं। कैनी, डैनी के बाईं ओर है। बॉबी और जॉनी के बीच में माइकल है। कैनी और बॉबी के बीच में रॉजर है। माइकल के दाईं ओर कौन बैठा है?
(a) डैनी (b) जॉनी (c) कैनी (d) बॉबी

10. A, B, C, D, E और F केन्द्र की ओर मुँह करके एक वृत्त में बैठे हैं। F, A के दूसरे बाएँ ओर है। B, A के दूसरे दाएँ ओर है। A, D का बायाँ पड़ोसी है। C, F और B के बीच बैठा है। A का बायाँ पड़ोसी E है। F का पड़ोसी कौन है?
(a) A, B (b) E, D (c) C, E (d) C, D

11. A, B, C, D, E और F इसी क्रम में आवश्यक नहीं, एक गोल मेज के चारों ओर व्यवस्थित रूप से रखी हुई 6 कुर्सियों पर बैठे हैं। यह देखा गया है कि A, D और F के बीच में है। C, D के सामने है। D तथा E समीपवर्ती कुर्सियों पर नहीं हैं। निम्नलिखित में से कौन-सा एक युग्म समीपवर्ती कुर्सियों पर बैठा हुआ है?
(a) A और B (b) C और E (c) B और F (d) A और C

12. किसी पैनल में पाँच सदस्य एक गोले के अन्दर की तरफ मुँह करके बैठे हैं। A, B और E के मध्य में बैठा है। D, E के दाएँ बैठा है, जिसके बाएँ C है। पैनल में B का स्थान ज्ञात कीजिए।
(a) A और E के बाएँ (b) D के दाएँ
(c) A के दाएँ (d) C के दाएँ

13. राधा, शीला, महिमा और सीता एक मेज के गिर्द बैठी हैं। राधा, शीला के दाईं ओर बैठी है। महिमा, सीता के बाईं ओर बैठी है। दिए गए विकल्पों में से बताइए कि कौन-सी जोड़ी एक-दूसरे के सामने बैठी है?
(a) शीला-सीता (b) राधा-सीता
(c) राधा-शीला (d) महिमा-राधा

14. पाँच बच्चे A, B, C, D और E एक पंचभुजाकार मेज के कोनों पर केन्द्र की ओर मुख करके बैठे हैं। B, E और C के बीच में है। D, E के दाईं ओर है। C के बाईं ओर कौन है?
(a) B (b) A
(c) D (d) C

उत्तरमाला

1 (c)	2 (c)	3 (b)	4 (b)	5 (a)	6 (c)	7 (b)	8 (c)	9 (d)	10 (c)
11 (b)	12 (a)	13 (b)	14 (b)						

सॉल्यूशन्स

हल (प्र. सं. 1-3)

1. (c) दाएँ छोर पर B बैठा है।
2. (c) D के दाएँ चार व्यक्ति बैठे हैं।
3. (b) के तुरन्त बाद बाएँ A बैठा है।

हल (प्र. सं. 4-6)

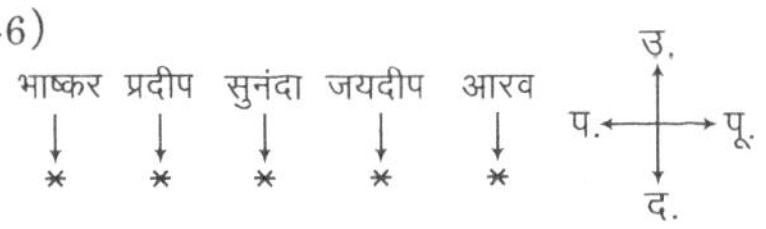

4. (b) सबसे बाएँ छोर पर आरव बैठा है।
5. (a) सुनन्दा बीच में है।
6. (c) कथन (i)
7. (b) प्रश्नानुसार, K, L, M, N, O, P के बैठने का क्रम निम्न है

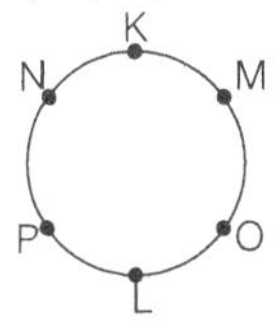

अत: L के बाईं ओर P बैठा है।

9. (d) प्रश्नानुसार, छ: मित्रों के बैठने का क्रम निम्नवत् है

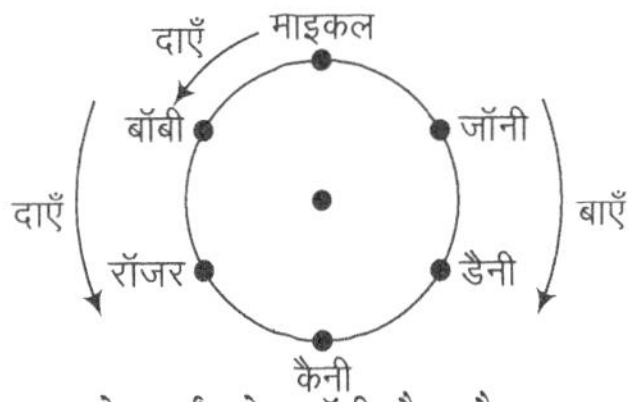

अत: माइकल के दाईं ओर बॉबी बैठा है।

10. (c) प्रश्नानुसार, व्यवस्थित करने पर

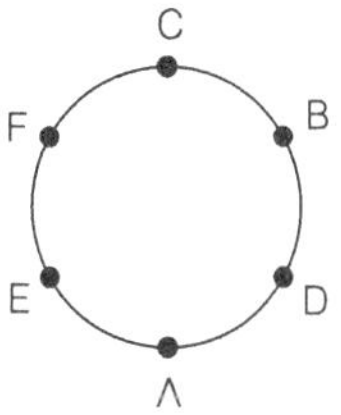

अत: F के पड़ोसी C और E हैं।

12. (a) प्रश्नानुसार, पाँचों सदस्यों के बैठने का क्रम निम्नवत् है

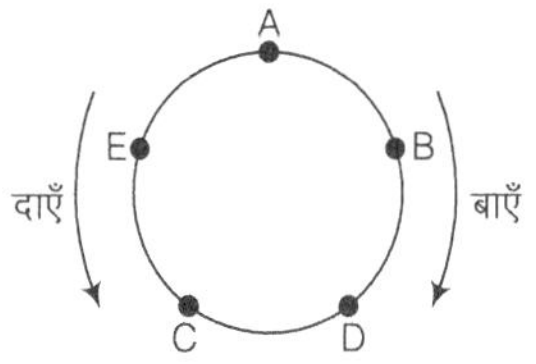

अत: B, A और E के बाएँ बैठा है।

13. (b) प्रश्नानुसार, चारों के बैठने का क्रम निम्नवत् है

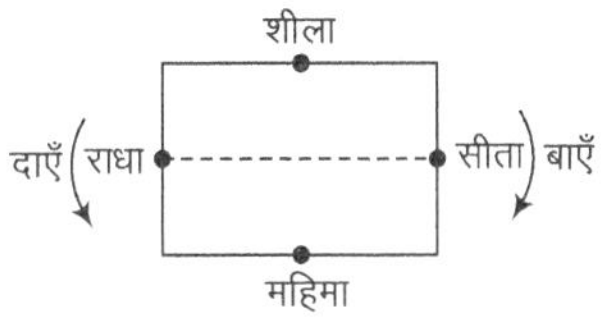

अत: राधा और सीता एक एक -दूसरे के सामने बैठी हैं।

अध्याय 15

समस्या को सुलझाना
PROBLEM SOLVING

समस्या को सुलझाना के अन्तर्गत प्रश्न में कुछ जानकारियाँ दी गई होती हैं। आपको इन्हीं जानकारियों को क्रमबद्ध या तालिकाबद्ध या तार्किक दृष्टिकोण से निरूपित करते हुए दी गई जानकारियों पर आधारित प्रश्नों का उत्तर ज्ञात करना होता है।

निर्देश (उदा. सं. 1-5) *निम्नलिखित जानकारी का ध्यानपूर्वक अध्ययन करके इस पर आधारित प्रश्नों के उत्तर दीजिए।*

सात सदस्य L, H, K, T, F, J और R अलग-अलग देशों USA, चीन कोरिया, फ्रांस, रूस, ऑस्ट्रेलिया और जापान का ओलम्पिक्स में प्रतिनिधित्व करते हैं। हर एक अलग खेल का प्रतियोगी है यथा वालीबॉल, तीरंदाजी, राइफल शूटिंग, टेनिस, मुक्केबाजी, एथलेटिक्स और फुटबॉल। व्यक्तियों, देशों और खेलों का क्रम जरूरी नहीं कि यही है।

K तीरंदाजी के लिए चीन का प्रतिनिधित्व करते हैं। T, USA का प्रतिनिधि है लेकिन वालीबॉल या राइफल शूटिंग के लिए नहीं। जो जापान का प्रतिनिधित्व करता है, मुक्केबाजी का प्रतियोगी है। F वालीबॉल का प्रतियोगी है पर कोरिया के लिए नहीं। L एथलेटिक्स के लिए ऑस्ट्रेलिया का प्रतिनिधित्व करता है। जो रूस का प्रतिनिधित्व करता है, वह टेनिस की प्रतिस्पर्धा में है। J कोरिया या जापान का प्रतिनिधित्व नहीं करता है। R राइफल शूटिंग का प्रतियोगी है।

1. निम्नलिखित में से कौन-सा संयोजन सही है?

(a) J-टेनिस-फ्रांस (b) R-टेनिस-रूस
(c) R-टेनिस-फ्रांस (d) J-टेनिस-रूस

2. जापान का प्रतिनिधित्व कौन करता है?

(a) F (b) R (c) J (d) H

3. F किस देश का प्रतिनिधित्व करता है?

(a) फ्रांस (b) रूस (c) जापान (d) कोरिया

4. जो राइफल शूटिंग का प्रतियोगी है, वह किस देश का प्रतिनिधित्व करता है?

(a) फ्रांस (b) कोरिया
(c) जापान (d) USA

5. T किस खेल का प्रतियोगी है?

(a) मुक्केबाजी (b) फुटबॉल
(c) टेनिस (d) इनमें से कोई नहीं

हल (उदा. सं. 1-5)

सदस्य	देश	खेल
L	ऑस्ट्रेलिया	एथलेटिक्स
H	जापान	मुक्केबाजी
K	चीन	तीरंदाजी
T	USA	फुटबॉल
F	फ्रांस	वालीबॉल
J	रूस	टेनिस
R	कोरिया	राइफल शूटिंग

1. *(d)* J-टेनिस-रूस का संयोजन सही है।

2. *(d)* H व्यक्ति जापान का प्रतिनिधित्व करता है।

3. *(a)* F फ्रांस देश का प्रतिनिधित्व करता है।

4. *(b)* कोरिया राइफल शूटिंग का प्रतिनिधित्व करता है।

5. *(b)* T फुटबाल खेल का प्रतिभागी है।

✓ अति महत्त्वपूर्ण प्रश्न

निर्देश (प्र.सं. 1-5) *निम्नलिखित जानकारी का ध्यानपूर्वक अध्ययन करके इस पर आधारित प्रश्न का उत्तर दीजिए।*

पाँच छात्र अजित, अर्जुन, चन्द्रीमा, देबू तथा शशि के पास भौतिकी, रसायन शास्त्र, गणित, जीव विज्ञान तथा सांख्यिकी की कुल पाँच किताब हैं, जो लेखकों गोयल, कपूर, हंसा, सेन तथा बासु द्वारा लिखी गई हैं। प्रत्येक छात्र के पास पाँच विषयों में से किसी एक विषय की केवल एक किताब है तथा प्रत्येक लेखक केवल एक ही किताब लिख सकता है। गोयल भौतिकी के किताब का लेखक है जोकि शशि या अजित के पास नहीं है। देबू के पास बासु द्वारा लिखित किताब है। चन्द्रीमा के पास गणित की किताब है। शशि के पास सांख्यिकी की किताब है जो कपूर के द्वारा नहीं लिखी गई है। जीव विज्ञान की किताब सेन के द्वारा लिखी गई है।

1. रसायन शास्त्र की किताब किसके पास है?
(a) देबू (b) अर्जुन
(c) अजित (d) देबू या अर्जुन

2. गणित का किताब किसके द्वारा लिखी गई है?
(a) हंसा (b) कपूर
(c) बासु (d) तथ्य अपर्याप्त है

3. हंसा द्वारा लिखित किताब किसके पास है?
(a) अर्जुन (b) शशि (c) अजित (d) चन्द्रीमा

4. विषय तथा लेखक का सही सम्बन्ध है
(a) रसायन शास्त्र - बासु (b) सांख्यिकी - सेन
(c) गणित - बासु (d) रसायन शास्त्र - कपूर

5. विषय, छात्र तथा लेखक का गलत सम्बन्ध है
(a) जीव विज्ञान - अजित-सेन (b) सांख्यिकी - शशि-हंसा
(c) भौतिकी - अर्जून-गोयल (d) गणित-चन्द्रीमा-हंसा

निर्देश (प्र.सं. 6-9) *नीचे दी गई जानकारी के आधार पर इन प्रश्नों के उत्तर दीजिए।*

(i) किसी क्लब के छः सदस्य A, B, C, D, E एवं F दोस्तों का एक समूह बनाते हैं।
(ii) समूह में दो गृहणियाँ हैं, एक प्राध्यापक, एक वास्तुकार, एक लेखाकार और एक वकील है?
(iii) समूह में दो विवाहित दम्पत्ति हैं।
(iv) D जोकि एक गृहिणी है, वकील से विवाहित है।
(v) समूह में कोई भी स्त्री वास्तुकार या लेखाकार नहीं है।
(vi) C लेखाकार है तथा F से विवाहित हैं जो एक प्राध्यापक हैं।
(vii) A से D विवाहित हैं तथा E एक गृहिणी नहीं हैं।

6. इस समूह के कितने सदस्य पुरुष हैं?
(a) निश्चित नहीं किया जा सकता है (b) 2
(c) 3 (d) 4

7. B का C से क्या सम्बन्ध है?
(a) भाई या बहन (b) भाई
(c) बहन (d) निश्चित नहीं किया जा सकता

8. E का व्यवसाय क्या है
(a) वकील (b) वास्तुकार
(c) प्राध्यापक (d) लेखाकार

9. निम्न में से कौन-सा एक विवाहित जोड़ा है?
(a) BA (b) AE
(c) CE (d) इनमें से कोई नहीं

निर्देश (प्र.सं. 10-13) *निम्नलिखित जानकारी को पढ़कर इस पर आधारित प्रश्नों के उत्तर दीजिए।*

ABCD और E पाँच विद्यार्थियों में से दो पढ़ाई में अच्छे हैं। एक मध्यम है और दो कमजोर हैं। उनमें से चार वॉलीबाल खेलते हैं और इन सभी में दो टेनिस भी खेलते हैं। एक विद्यार्थी चार प्रकार के खेल खेलता है और एक केवल क्रिकेट तथा बाकी लोग प्रत्येक दो-दो खेल खेलते हैं। एक जो चारों खेल खेलता है पढ़ाई में कमजोर है जबकि अन्य जो टेनिस तथा वॉलीबॉल खेलते हैं। पढ़ाई में मध्यम है। A पढ़ाई में अच्छा है और फुटबॉल तथा वॉलीबाल खेलता है जबकि E केवल एक खेल खेलता है, पढ़ाई में कमजोर है। C हॉकी और वॉलीबॉल खेलता है और B केवल दो प्रकार के खेल खेलता है।
अब उपरोक्त कथन के आधार पर निम्नलिखित प्रश्नों के उत्तर दीजिए।

10. D कौन-सा खेल नहीं खेलता?
(a) क्रिकेट (b) फुटबॉल
(c) हॉकी (d) टेनिस

11. B कौन-से खेल खेलता है?
(a) क्रिकेट, टेनिस (b) क्रिकेट, वॉलीबॉल
(c) वॉलीबॉल, टेनिस (d) हॉकी, टेनिस

12. A के अतिरिक्त पढ़ाई में और कौन अच्छा है?
(a) B (b) C
(c) D (d) E

13. E कौन-सा खेल खेलता है?
(a) क्रिकेट (b) हॉकी (c) टेनिस (d) वॉलीबॉल

निर्देश (प्र.सं. 14 और 15) *निम्नलिखित सूचनाओं को ध्यान से पढ़िए।*

(i) सोम, संजीव और राजू हॉकी खेलते हैं।
(ii) संजीव और स्वीटी पोलों खेलते हैं।
(iii) सोम और राजू बिलियर्ड्स खेलते हैं।
(iv) राजू चेस (शतरंज) खेलता है।
(v) स्वीटी, राजू सॉकर खेलते हैं।

14. निम्न में से कौन सॉकर, बिलियर्ड्स तथा हॉकी खेलते हैं?
(a) राजू (b) स्वीटी
(c) संजीव (d) सोम

15. निम्न में से कितने लोग कम-से-कम दो खेल खेलते हैं?
(a) दो (b) तीन
(c) चार (d) एक

उत्तरमाला

1	(a)	2	(b)	3	(b)	4	(a)	5	(d)	6	(c)	7	(d)	8	(b)	9	(d)	10	(a)
11	(c)	12	(b)	13	(a)	14	(a)	15	(a)										

सॉल्यूशन्स

हल (प्र. सं. 1-5)

छात्र	विषय	लेखक
अजित	जीव विज्ञान	सेन
अर्जुन	भौतिकी	गोयल
चन्द्रीमा	गणित	कपूर
देबू	रसायन शास्त्र	बासु
शशि	सांख्यिकी	हंसा

1. (a) रसायन शास्त्र की किताब देबू के पास है।

2. (b) गणित की किताब कपूर द्वारा लिखी गई है।

3. (b) हंसा द्वारा लिखित किताब शशि के पास है।

4. रसायन शास्त्र की कितबा बासु द्वारा लिखी गई है।

5. (d) गणित की पुस्तक चन्द्रीमा के पास है लेकिन वह हंसा के बजाय कपूर द्वारा लिखी गई है। अत: विकल्प (d) का सम्बन्ध गलत है।

हल (प्र.सं. 6-9)

सदस्य	व्यवसाय	लिंग
A	वकील	पुरुष
B	गृहिणी	महिला
C	लेखाकार	पुरुष
D	गृहिणी	महिला
E	वास्तुकार	पुरुष
F	प्राध्यापक	महिला

6. (c) समूह में तीन पुरुष सदस्य (A, C, E) है।

7. (d) B का C से क्या सम्बन्ध है, निश्चित नहीं किया जा सकता?

8. (b) E वास्तुकार है।

9. (d) इनमें से कोई नहीं

हल (प्र.सं. 10-13)

विद्यार्थी	पढ़ाई का स्तर	खेल
A	अच्छा	फुटबॉल, वॉलीबाल
B	मध्यम	टेनिस, वॉलीबॉल
C	अच्छा	हॉकी तथा वॉलीबाल
D	कमजोर	उपरोक्त सभी
E	कमजोर	क्रिकेट

10. (a) D क्रिकेट को छोड़कर अन्य सभी खेल खेलता है।

11. (c) B वॉलीबॉल तथा टेनिस खेलता है।

12. (b) A के अतिरिक्त C पढ़ाई में अच्छा है।

13. (a) E क्रिकेट खेलता है।

हल (प्र.सं. 14 और 15)

व्यक्ति	खेल				
	हॉकी	पोलो	बिलियर्ड्स	चेस	सॉकर
सोम	✓		✓		
संजीव	✓	✓			
राजू	✓		✓	✓	✓
स्वीटी		✓			✓

14. (a) राजू, सॉकर बिलियर्ड्स तथा हॉकी खेलता है।

15. (a) सोम, संजीव, राजू और स्वीटी कम-से-कम दो खेल खेलते हैं।

अध्याय 16

घन एवं पासा

CUBE AND DICE

घन एवं पासा दोनों ही त्रिआयामी (3-D) आकृति होती हैं, जिनकी लम्बाई, चौड़ाई तथा ऊँचाई समान होती है, जैसे—लूडो का पासा। आइए दोनों आकृतियों का पृथक्-पृथक् अध्ययन करते हैं

घन

ऐसी त्रिआयामी (3-D) आकृति जिसकी लम्बाई, चौड़ाई तथा ऊँचाई समान होती है घन कहलाती है। एक घन आकृति में सदैव होते हैं

12 **किनारे** एक घन आकृति में सदैव 12 किनारे होते हैं, जिसमें एक समय में 9 किनारे दिखाई देते हैं तथा 3 किनारे छिपे रहते हैं अर्थात् सभी 12 किनारों को एक-साथ नहीं देखा जा सकता है।

8 **कौने** एक घन आकृति में सदैव 8 कौने होते है, जिसमें एक समय में 7 कौने दिखाई देते हैं तथा 1 कौना छिपा रहता है अर्थात् सभी 8 कौनों को एक-साथ नहीं देखा जा सकता है।

6 **सतह** एक घन आकृति में सदैव 6 सतह होती हैं, जिसमें एक समय में केवल 3 सतहें देखी जा सकती हैं तथा शेष 3 सतह छिपी रहती हैं अर्थात् एक समय में सभी छ: सतह एक-साथ नहीं देखी जा सकती हैं।

बड़े घन के छोटे घनों में काटना

इस अध्याय के अन्तर्गत बड़े घन को छोटे घनों में काटने के उपरान्त छोटे घनों की स्थिति से सम्बन्धित प्रश्न पूछे जाते हैं। एक बड़े घन को छोटे-छोटे घनों में काटने के बाद उसके विभिन्न भागों पर स्थित घनों की पहचान निम्न प्रकार से की जा सकती है।

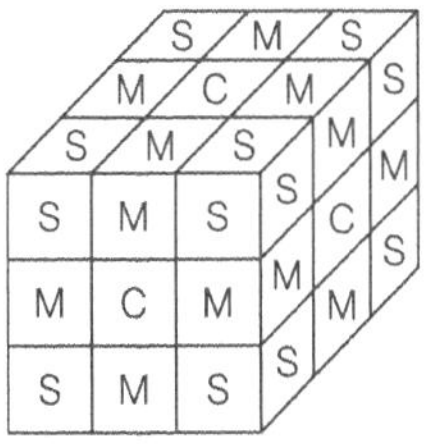

यहाँ, C = केन्द्रीय घन; M = मध्य घन; S = शीर्ष घन

एक बड़े घन को छोटे घनों में विभक्त करने के बाद निम्न प्रकार के घन प्राप्त होते हैं

1. **शीर्ष घन** शीर्ष घन प्रत्येक कौने पर स्थित होते हैं छोटे या बड़े घन के लिए इनकी संख्या सदैव 8 होती है। उपरोक्त घन में इन्हें S के माध्यम से दर्शाया गया है।

   शीर्ष घन = 8

   ⇒ शीर्ष घनों को तीन सतह रंगीन घन भी कहा जाता है।

2. **मध्य घन** मध्य घन प्रत्येक किनारे के ठीक मध्य में स्थित होते हैं। उपरोक्त घन में इन्हें M के द्वारा दर्शाया गया है। बड़े घन को छोटे घनों में काटने के बाद

   मध्य घनों की संख्या $= 12\,(n-2)$

   ⇒ मध्य घनों को दो सतह रंगीन घन भी कहा जाता है,

3. **केन्द्रीय घन** केन्द्रीय घन प्रत्येक फलक के ठीक मध्य में स्थित होते हैं। उपरोक्त घन में इन्हें C के द्वारा दर्शाया गया है। बड़े घन को छोटे घन में काटने के बाद,

   केन्द्रीय घनों की संख्या $= 6\,(n-2)^2$

   ⇒ केन्द्रीय घनों को एक सतह रंगीन घन भी कहा जाता है।

4. **अन्त: केन्द्रीय घन** केन्द्रीय घन प्रत्येक फलक के केन्द्रीय घन के अन्दर की ओर मध्य में स्थित होते हैं। एक बड़े घन को छोटे घनों में काटने के बाद

   अन्त: केन्द्रीय घनों की संख्या $= (n-2)^3$

   ⇒ अन्त: केन्द्रीय घनों को रंगहीन घन भी कहा जाता है।

5. **छोटे घन** बड़े घन को छोटे-छोटे टुकड़ों में काटने के बाद प्राप्त घनों को छोटे घन कहा जाता है, 1 बड़े घन को छोटे घनों में काटने के बाद,

   छोटे घनों की संख्या $= (n)^3$

   यहाँ $n = \dfrac{\text{घन की बड़ी भुजा}}{\text{घन की छोटे भुजा}}$

उदाहरण 1 एक बड़े घन को 216 छोटे घनों में विभाजित किया जाता है तथा छोटे घन की एक भुजा की माप 2 सेमी है तो बड़े घन की एक भुजा की माप क्या होगी?

(a) 6 सेमी (b) 24 सेमी (c) 16 सेमी (d) 12 सेमी

हल (*d*) छोटे घनों की संख्या = 216

$\Rightarrow \quad (n)^3 = 216$

$\Rightarrow \quad n = \sqrt{216}$

$\therefore \quad \boxed{n = 6}$

बड़े घन की भुजा = $n \times$ छोटे घन की भुजा = $6 \times 2 = 12$ सेमी

अत: बड़े घन की भुजा 12 सेमी होगी।

उदाहरण 2 यदि 4 सेमी भुजा वाले बड़े घन को 1 सेमी भुजावाले छोटे घनों में विभाजित किया जाता है, तो प्राप्त छोटे घनों की संख्या क्या होगी?

(a) 16 (b) 64 (c) 125 (d) 27

हल (*b*) बड़ी भुजा के टुकड़े $(n) = \frac{\text{बड़ी भुजा}}{\text{छोटी भुजा}} = \frac{4}{1} = 4$

छोटे घनों की संख्या = $(n)^3 = (4)^3 = 64$

अत: चार सेमी भुजा वाले बड़े घन को 1 सेमी के छोटे घनों में विभाजित करने पर 64 छोटे घन प्राप्त होंगे।

उदाहरण 3 यदि 3 सेमी भुजा वाले एक रंगीन घन को 1 सेमी भुजा वाले छोटे घनों में विभाजित किया जाता है, तब दो सतह रंगीन घनों की संख्या कितनी होगी?

(a) 8 (b) 6 (c) 12 (d) 24

हल (*c*) 2 सतह रंगीन घनों की संख्या = $12\,(n-2)$

$= 12\,(3-2) = 12\,(1) = 12$

$\because \quad n = \frac{\text{बड़ी भुजा}}{\text{छोटी भुजा}} = \frac{3}{1} = 3$

अत: दो सतह रंगीन घनों की संख्या 12 होगी।

पासा

ऐसी त्रिआयामी (3 D) आकृति जिसकी लम्बाई, चौड़ाई तथा ऊँचाई समान होती है वह पासा कहलाती है। एक पासे में सदैव 12 किनारे, 8 कौनें तथा 6 सतह होती हैं। सामान्यत: पासा पर आधारित प्रश्नों का अध्ययन सतहों को माध्यम बनाकर किया जाता है।

फलक/सतह एक पासा में छ: फलक/सतह होती हैं। जिसमें एक समय में केवल तीन सतह ही एक-साथ देखी जा सकती हैं तथा शेष तीन सतह छिपी रहती हैं। अत: सभी छ: सतहों को पासे की एक स्थिति में नहीं देखा जा सकता है अर्थात् पासे की छ: सतहों को देखने के लिए कम-से-कम पासे की दो स्थितियों का होना आवश्यक है।

पासे दो प्रकार के होते हैं

1. **मानक पासा** ऐसा पासा जिसकी दो पड़ोसी सतहों का योग 7 न हो, तब दो विपरीत सतहों का योग 7 होता है तथा ऐसे पासे को मानक पासा कहा जाता है। जैसे—

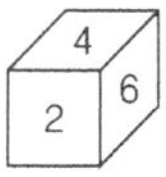

यहाँ, $4+2=6 \neq 7$

$2+6=8 \neq 7$

$6+4=10 \neq 7$

अर्थात् उपरोक्त पासे में दो पड़ोसी सतहों का योग 7 नहीं है, तब उस स्थिति में पासे की दो विपरीत सतहों पर अंकित अंकों का योग 7 होता है।जैसे—

अंक 2 का विपरीत $= 5 \Rightarrow 2+5=7$

अंक 4 का विपरीत $= 3 \Rightarrow 4+3=7$

अंक 6 का विपरीत $= 1 \Rightarrow 6+1=7$

अंक 1 का विपरीत $= 6 \Rightarrow 1+6=7$

अंक 3 का विपरीत $= 4 \Rightarrow 3+4=7$

अंक 5 का विपरीत $= 2 \Rightarrow 5+2=7$

2. **साधारण पासा** ऐसा पासा जिसके कोई दो पड़ोसी सतहों पर अंकित अंकों का योग 7 हो, साधारण पासा कहलाता है। जैसे—

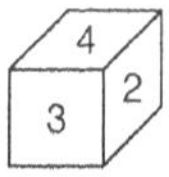

यहाँ दो पड़ोसी सतहों पर अंकित अंकों का योग 7 प्राप्त हो रहा है, यथा, $4+3=7$

साधारण पासा में,

अंक 1 का पड़ोसी सतह $= 6 \Rightarrow 1+6=7$

अंक 2 का पड़ोसी सतह $= 5 \Rightarrow 2+5=7$

अंक 3 का पड़ोसी सतह $= 4 \Rightarrow 3+4=7$

अंक 4 का पड़ोसी सतह $= 3 \Rightarrow 4+3=7$

अंक 5 का पड़ोसी सतह $= 2 \Rightarrow 5+2=7$

अंक 6 का पड़ोसी सतह $= 1 \Rightarrow 6+1=7$

उदाहरण 4 नीचे एक पासे की एक स्थिति दी गई है। अंक 3 के विपरीत कौन-सा अंक होगा?

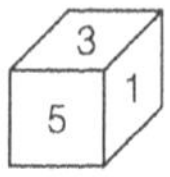

(a) 2 (b) 6 (c) 5 (d) 4

हल (*d*) चूँकि उपरोक्त पासा मानक पासा है क्योंकि पड़ोसी सतहों पर अंकित अंकों का योग 7 नहीं है।

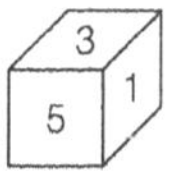

$3+1=4 \neq 7$

$1+5=6 \neq 7$

$5+3=8 \neq 7$

मानक पासा में जब पड़ोसी सतहों पर अंकित अंकों का योग 7 न हो, तब विपरीत सतहों पर अंकित अंकों का योग 7 होता है।

अत: अंक 3 के विपरीत सतह पर अंक $= 7-3 = 4\ (3+4=7)$

अंक 3 के विपरीत सतह पर अंकित अंक 4 होगा।

उदाहरण 5 नीचे एक पासे की एक स्थिति दी गई है। अंक 5 के विपरीत कौन-सा अंक होगा?

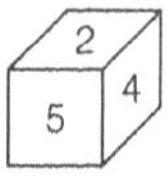

(a) 3 या 6 या 1 (b) 3 या 4 या 1

(c) 1 (d) 6

हल (*a*) चूँकि उपरोक्त पासा साधारण पासा है, क्योंकि दो पड़ोसी सतहों पर अंकित अंकों का योग 7 (2 + 5) है। अत: पासे में दिखाए गए अंकों के अतिरिक्त वह अंक जो 5 के साथ मिलकर योग 7 न बनाए, वह अंक 5 के विपरीत अंक हो सकते हैं। यथा अंक 5 के विपरीत सतह पर अंकित अंक 3 या 6 या 1 हो सकते है।

उदाहरण 6 नीचे एक पासे की दो स्थितियाँ दी गई है, अंक 4 के विपरीत कौन-सा अंक होगा?

(a) 3 (b) 1
(c) 5 (d) 2

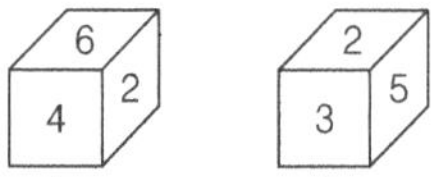

I II

हल (*c*) पासे की दोनों स्थितियों में समान अंक के आधार पर दक्षिणावर्त घूमने पर

पासा I से, 2 → [4] → 6

पासा II से, 2 → [5] → 3

अत: अंक 4 के विपरीत अंक 5 होगा।

✓ अति महत्त्वपूर्ण प्रश्न

1 एक घन/पासा में सदैव होते हैं

(a) 6 फलक (b) 12 किनारे
(c) 8 कौने (d) ये सभी

2 5 सेमी के ठोस घन से यदि 1 सेमी के छोटे घन बनाए जाएँ, तो कुल कितने घन बनाए जाएँगे?

(a) 50 (b) 64
(c) 125 (d) 25

3 यदि एक 9 सेमी भुजावाले घन को बराबर आयतन के 27 छोटे घनों में विभाजित किया जाता है तो प्रत्येक छोटे घन की भुजा की माप क्या होगी?

(a) 4 सेमी (b) 3 सेमी
(c) 6 सेमी (d) 2 सेमी

4 यदि 3 सेमी भुजा वाले किसी ठोस घन को 1 सेमी भुजा वाले छोटे घनों में विभाजित किया जाता है, तो छोटे घनों की संख्या क्या होगी?

(a) 27 (b) 26 (c) 20 (d) 25

5 यदि चार सेमी भुजा वाले किसी ठोस घन को 1 सेमी भुजा वाले छोटे घनों में विभाजित किया जाए, तो शीर्ष घनों की संख्या क्या होगी?

(a) 12 (b) 8 (c) 9 (d) 16

6 यदि पाँच सेमी भुजा वाले किसी ठोस घन को एक सेमी भुजा वाले छोटे घनों में विभाजित किया जाए, तो मध्य घनों की संख्या क्या होगी?

(a) 125 (b) 25 (c) 24 (d) 36

7 यदि पाँच सेमी भुजा वाले किसी ठोस घन को 1 सेमी भुजा वाले छोटे घनों में विभाजित किया जाता है, तो केन्द्रीय घनों की संख्या क्या होगी?

(a) 54 (b) 60 (c) 125 (d) 64

8 यदि 3 सेमी भुजा वाले किसी ठोस घन को 1 सेमी भुजा वाले छोटे घनों में विभाजित किया जाए, तो अन्त: केन्द्रीय घनों की संख्या क्या होगी?

(a) 9 (b) 3 (c) 6 (d) 1

निर्देश (प्र.सं. 9-13) *निम्नलिखित जानकारी का ध्यानपूर्वक अध्ययन कर प्रश्नों के उत्तर दीजिए। यदि चार सेमी भुजा वाले घन की सभी सतहों को लाल रंग से रंगा गया है तथा इसे 1 सेमी भुजा वाले छोटे घनों में काटा जाता है।*

9 प्राप्त छोटे घनों की संख्या क्या होगी?

(a) 125 (b) 64 (c) 16 (d) 48

10 एक सतह रंगीन घनों की संख्या क्या होगी?

(a) 48 (b) 36 (c) 24 (d) 30

11 दो सतह रंगीन घनों की संख्या क्या होगी?

(a) 48 (b) 8 (c) 24 (d) 12

12 तीन सतह रंगीन घनों की संख्या क्या होगी?

(a) 8 (b) 12 (c) 6 (d) 24

13 रंगहीन घनों की संख्या क्या होगी?

(a) 12 (b) 8 (c) 6 (d) 24

14 दिए गए पासे में अंक 4 के विपरीत फलक पर कौन-सा अंक होगा?

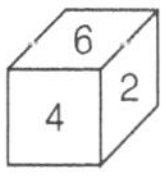

(a) 3 (b) 2 (c) 5 (d) 1

15 नीचे एक पासे की दो स्थितियों को दर्शाया गया है। दर्शाए गए पासे में अंक 1 के विपरीत फलक पर कौन-सा अंक होगा?

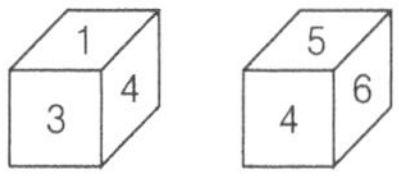

(a) 2 (b) 3 (c) 6 (d) 5

16 नीचे पासे की दो स्थितियाँ दी गई हैं यदि अंक 2 ऊपर की सतह पर हो, तो निचली सतह पर कौन-सा अंक होगा?

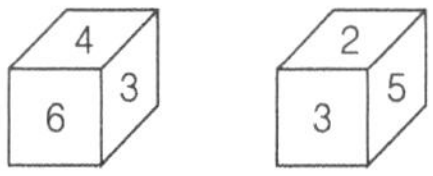

(a) 3 (b) 4 (c) 1 (d) 6

17 नीचे पासे की दो स्थितियाँ दी गई है यदि अंक 4 सामने की सतह पर हो तो पिछली सतह पर कौन-सा अंक होगा?

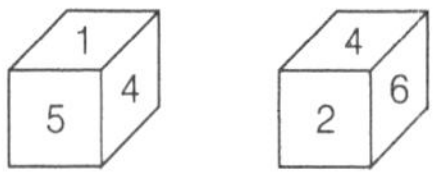

(a) 5 (b) 4
(c) 3 (d) 1

18 नीचे एक ही पासे की दो स्थितियाँ दी गई हैं यदि अंक 5 निचली सतह पर हो, तो ऊपरी सतह पर कौन-सा अंक होगा?

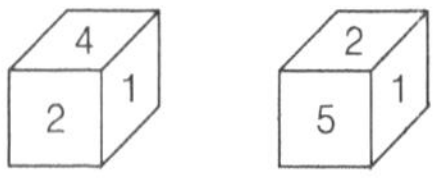

(a) 4 (b) 1
(c) 3 (d) 6

19 नीचे एक ही पासे की तीन स्थितियों को दर्शाया गया है। एक बिन्दु वाले फलक के विपरीत फलक पर बिन्दुओं की संख्या क्या होगी?

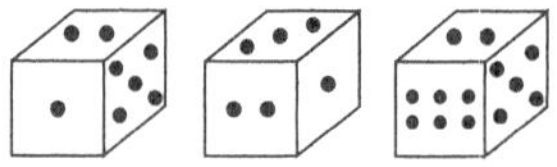

(a) 4 (b) 3 (c) 2 (d) 6

20 नीचे एक ही पासे की तीन स्थितियाँ दर्शायी गई हैं। तीन बिन्दु वाले फलक के सामने वाले फलक पर बिन्दुओं की संख्या क्या होगी?

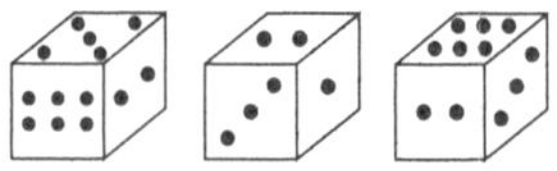

(a) 4 (b) 5
(c) 1 (d) 6

21 नीचे एक ही पासे की चार स्थितियाँ दर्शायी गई हैं, अंक 6 के सामने वाले फलक पर कौन-सी संख्या होगी?

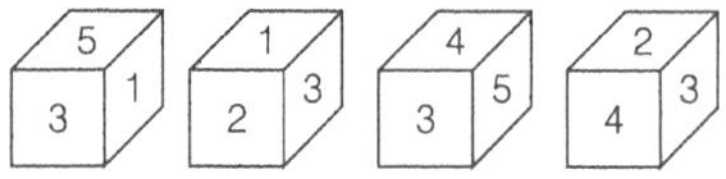

(a) 3 (b) 1
(c) 2 (d) 5

22 नीचे एक ही पासे की चार स्थितियाँ दी गई हैं इस पासा में चिन्ह $ के विपरीत फलक पर अंकित चिन्ह कौन-सा होगा?

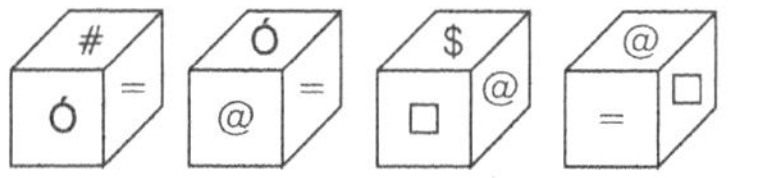

(a) © (b) =
(c) @ (d) □

23 नीचे एक ही पासे की चार स्थितियाँ दी गई हैं। इस पासे में चिन्ह ⊕ के सामने कौन-सा चिन्ह होगा?

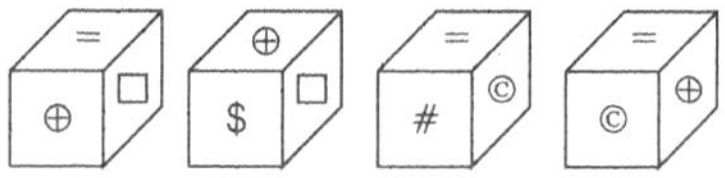

(a) $ (b) ©
(c) # (d) □

24 नीचे एक ही पासे में चार स्थितियाँ दर्शायी गई हैं। इस पासे में अक्षर I के विपरीत फलक पर कौन-सा अंक होगा?

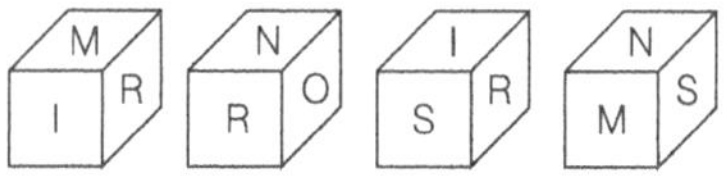

(a) M (b) S
(c) R (d) N

उत्तरमाला

1	(d)	2	(c)	3.	(b)	4	(a)	5	(b)	6	(d)	7	(a)	8	(d)	9	(b)	10	(c)
11	(c)	12	(a)	13	(b)	14	(a)	15	(c)	16	(d)	17	(c)	18	(a)	19	(d)	20	(b)
21	(a)	22	(b)	23	(c)	24	(d)												

अध्याय 17

घड़ी एवं केलेण्डर

CLOCK AND CALENDAR

आधुनिक समय में मानव अपनी दैनिक दिनचर्या को एक निश्चित समय-सीमा के आधार पर सम्पन्न करता है। निश्चित समय-सीमा के लिए वह घड़ी एवं कलैण्डर को आधार बनाकर उनका प्रयोग करता है। किसी निश्चित तिथि तथा दिन के लिए वह कलैण्डर का प्रयोग करता है। तथा समय (Time) के लिए घड़ी का प्रयोग करता है। घड़ी तथा कलैण्डर को पृथक-पृथक निम्न प्रकार समझ सकते है,

घड़ी

ऐसा माध्यम जो घण्टा, मिनट तथा सेकेण्ड के अनुसार समय को व्यक्त करता हो, घड़ी कहलाता है।

घड़ी के मुख्यत: चार अवयव होते हैं।

1. डायल
2. घण्टे की सूई
3. मिनट की सूई
4. सेकेण्ड की सूई

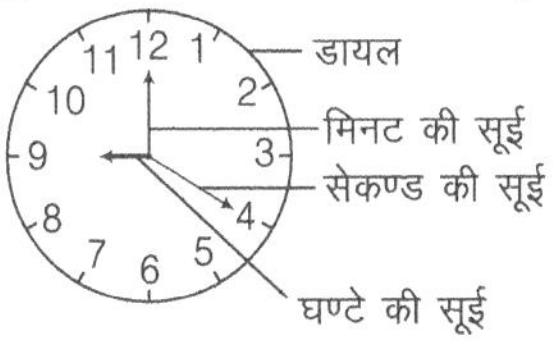

उपरोक्त घड़ी आकृति में गोल आकृति डायल कहलाती है। घण्टे की सूई सबसे मोटी तथा छोटी होती है। मिनट की सूई घण्टे की सूई से पतली तथा लम्बी होती है। सेकण्ड की सूई सबसे पतली तथा सबसे लम्बी होती है। उपरोक्त आकृति में घण्टे वाली सूई 9 पर, मिनट वाली सूई 12 पर तथा सेकण्ड वाली सूई 4 पर है, जो इस बात का द्योतक है कि घड़ी में 9 बजकर 20 सेकण्ड का समय हो रहा है।

सूईयों के मध्य कोण

जब कोई सूई एक चक्कर पूरा करती है तो यह 60 खानों को पार करती है अर्थात् पूरे एक चक्कर में 360° का कोण तय करती है।

$\therefore$ 60 खाना $= 360°$ $\therefore$ 1 खाना $= \frac{360}{60} = 6°$

$\Rightarrow$ $\boxed{1 \text{ खाना} = 6°}$

घण्टे की सुई घण्टे की सूई 12 घण्टे में एक चक्कर पूरा लगाती है।

$\because$ 12 घण्टा $= 360°$ $\therefore$ 1 घण्टा $= \frac{360}{12}$

$\Rightarrow$ $\boxed{1 \text{ घण्टा} = 30°}$

हम जानते हैं कि 1 घण्टा = 60 मिनट

$\because$ 60 मिनट $= 30°$ $\therefore$ 1 मिनट $= \frac{30}{60} = \frac{1°}{2}$

अर्थात् घण्टे की सूई 1 मिनट में $\frac{1°}{2}$ कोण तय करती है।

मिनट की सूई मिनट की सूई 60 मिनट में एक चक्कर पूरा करती है।

$\because$ 60 मिनट $= 360°$ $\therefore$ 1 मिनट $= \frac{360}{60}$ $\Rightarrow$ $\boxed{1 \text{ मिनट} = 6°}$

अर्थात् मिनट की सूई 1 मिनट में 6° कोण तय करती है।

सूइयों के मध्य कोण का निर्धारण एक निश्चित समय पर घण्टे और मिनट की सूई के मध्य निम्नलिखित दो स्थितियों में कोण का निर्धारण किया जा सकता है

(a) जब घण्टे की सूई आगे हो, $\boxed{30h - \frac{11}{2}m}$

(b) जब मिनट की सूई आगे हो, $\boxed{\frac{11}{2}m - 30h}$

[यहाँ, h = घण्टा; m = मिनट]

समय का निर्धारण एक निश्चित घण्टे के मध्य विशेष समय का निर्धारण निम्न प्रकार से किया जाता है

आरम्भिक समय (मिनट की सूई की स्थिति × 5) $\times \frac{12}{11}$

घड़ी का दर्पण प्रतिबिम्ब दर्पण प्रतिबिम्ब में वस्तु का प्रतिबिम्ब पलटा हुआ दिखाई पड़ता है अर्थात् वस्तु का बायाँ भाग दाईं ओर तथा दायाँ भाग बाईं ओर प्रतीत होता है।

लम्बवत् प्रतिबिम्ब निम्न विधियों से ज्ञान किया जाता है

⇒ घड़ी का समय = 11:60 – प्रतिबिम्ब का समय

⇒ प्रतिबिम्ब का समय = 11:60 – घड़ी का समय

लम्बवत् प्रतिबिम्ब तथा समय को इस प्रकार सारणीबद्ध किया जा सकता है

घड़ी का समय	1	2	3	4	5	6	7	8	9	10	11	12
प्रतिबिम्बित समय	11	10	9	8	7	6	5	4	3	2	1	12

अति महत्त्वपूर्ण प्वॉइण्टस एवं फॉर्मूले

- प्रत्येक घण्टे, दोनो सूइयाँ (घण्टा तथा मिनट) 1 बार आपस मे मिलती हैं, अर्थात्, 12 घण्टे = 11 बार ⇒ 24 घण्टे = 22 बार
- प्रत्येक घण्टे दोनों सूइयाँ (घण्टा तथा मिनट) 1 बार एक दूसरे के विपरीत होती है, अर्थात, 12 घण्टे = 11 बार ⇒ 24 घण्टे = 22 बार
- प्रत्येक घण्टे, दोनों सूइयाँ (घण्टा तथा मिनट) 2 बार समकोण की स्थिति बनाती हैं अर्थात्, 12 घण्टे = 22 बार ⇒ 24 घण्टे = 44 बार
- प्रत्येक घण्टे, दोनों सूइयाँ (घण्टा तथा मिनट) 2 बार सीधी रेखा (आपस में मिलना तथा विपरीत) बनाती हैं अर्थात्, 12 घण्टे = 22 बार ⇒ 24 घण्टे = 44 बार

उदाहरण 1 4 बजकर 10 मिनट पर घण्टे और मिनट की सूई के मध्य कितने अंश का कोण होगा?

(a) 75° (b) 80° (c) 60° (d) 65°

हल (*d*) प्रश्नानुसार,

∵ जब घण्टे की सूई आगे हो,

$$\theta = 30h - \frac{11}{2}m \quad [\text{यहाँ, } h = 4 \text{ तथा } m = 10]$$

$$= 30 \times 4 - \frac{11}{2} \times 10 = 120 - 55 = 65^\circ$$

अत: 4 बजकर 10 मिनट पर घण्टे और मिनट की सूई के मध्य 65° का कोण होगा।

उदाहरण 2 5 बजकर 40 मिनट पर घण्टे और मिनट की सूई के मध्य कितने अंश का कोण होगा?

(a) 75° (b) 70°

(c) 80° (d) 90°

हल (*b*) प्रश्नानुसार,

∵ जब मिनट की सूई आगे हो,

$$Q = \frac{11}{2}m - 30h,$$

$$\left[\text{यहाँ} \begin{array}{l} m = 40 \\ h = 5 \end{array}\right]$$

$$= \frac{11}{2} \times 40 - 30 \times 5 = 220 - 150 = 70^\circ$$

अत: 5 बजकर 40 मिनट पर घण्टे और मिनट की सूई के मध्य 70° का कोण होगा।

उदाहरण 3 4 से 5 बजे के मध्य दोनों सूइयों के मध्य समकोण की स्थिति कब होगी?

(a) 4 बजकर $38\frac{2}{11}$ मिनट (b) 4 बजकर $5\frac{5}{11}$ मिनट

(c) 4 बजकर 35 मिनट (d) 'a' और 'b' दोनों

हल (*d*) प्रश्नानुसार,

प्रथम स्थिति,

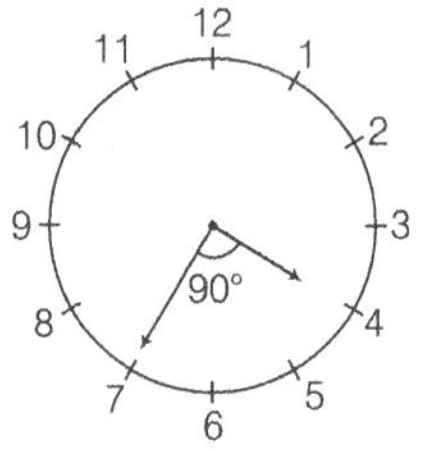

समय = (आरम्भिक समय: मिनट की सूई की स्थिति × 5) $\times \frac{12}{11}$

[यहाँ आरम्भिक समय = 4 मिनट की सूई की स्थिति = 7 × 5 = 35]

$$= (4 : 7 \times 5) \times \frac{12}{11}$$

$$= 4 : 35 \times \frac{12}{11} = 4 : 38\frac{2}{11} \text{ मिनट}$$

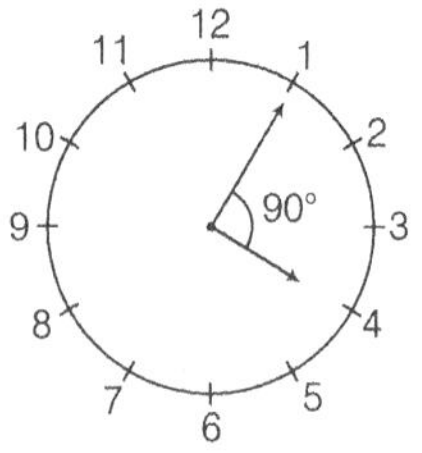

समय = [आरम्भिक समय : मिनट की सूई की स्थिति × 5] $\times \frac{12}{11}$

$$= (4 : 1 \times 5) \times \frac{12}{11} = 4 : 5 \times \frac{12}{11} = 4 : 5\frac{5}{11} \text{ मिनट}$$

अत: उपरोक्त के आधार पर समकोण की दो स्थितियाँ बनेंगी।

कलैण्डर

ऐसा माध्यम जो माह, सप्ताह, तिथि और दिनों के मध्य सम्बन्ध को प्रदर्शित करता है, कलैण्डर कहलाता है।

कलैण्डर के मुख्यत: पाँच अवयव होते हैं

1. **दिन** 24 घण्टे की अवधि को एक दिन कहा जाता है।
2. **सप्ताह** 7 दिनों के समूह को सप्ताह कहा जाता है। सप्ताह के क्रमागत 7 दिन निम्नवत् हैं,

1	2	3	4	5	6	7
रविवार	सोमवार	मंगलवार	बुधवार	गुरूवार	शुक्रवार	शनिवार

नोट किसी सप्ताह का पहला दिन रविवार होता है।

3. **तिथि** एक वर्ष के 365 वें / 366 वे भाग को तिथि कहते है।
4. **माह** एक वर्ष के 12 वे भाग को माह कहते है। एक माह में 28/29/30/31 दिन होते हैं। महीनों में दिनों की संख्या निम्नवत हैं

माह	जनवरी	फरवरी		मार्च	अप्रैल	मई	जून	जुलाई	अगस्त	सितम्बर	अक्टूबर	नवम्बर	दिसम्बर
दिनों की संख्या	31	साधारण वर्ष 28	अधिवर्ष 29	31	30	31	30	31	31	30	31	30	31

5. **वर्ष** 12 माह की संयुक्त अवधि को वर्ष कहते है। वर्ष मुख्यत: दो प्रकार के होते हैं

(i) **साधारण वर्ष** (General Year) (a) ऐसे वर्ष जो 4 से पूर्णत: विभाजित नहीं होते, साधारण वर्ष कहलाते हैं। साधारण वर्ष में कुल 365 दिन होते हैं। जैसे—2010, 2011, 2013, 2014, 2015, 2017, 2018, 2019, 2021 आदि।

(b) ऐसे शताब्दी वर्ष जो 400 से पूर्णत: विभाजित नहीं होते साधारण वर्ष कहलाते हैं। जैसे— 1100, 1300, 1400, 1500, 1700, 1800, 1900, 2100 आदि।

(i) **अधिवर्ष** (a) ऐसे वर्ष जो 4 से पूर्णत: विभाजित होते हैं, अधिवर्ष कहलाते हैं। अधिवर्ष में कुल 366 दिन होते हैं। जैसे, 2004, 2008, 2012, 2016, 2020, 2024, 2028 आदि।

(b) ऐसे शताब्दी वर्ष जो 400 से पूर्णत: विभाजित होते हैं। शताब्दी अधिवर्ष कहलाते हैं। जैसे, 400, 800, 1200, 1600, 2000, 2400, 2800, 3200 आदि।

विषम दिन (Odd Days) कलैण्डर के अन्तर्गत दिनों का निर्धारण करने के लिए विषम दिनों की आवश्यकता होती है। सप्ताह के समूह से अतिरिक्त दिनों को विषम दिन कहा जाता है अर्थात् दिनों के समूह में 7 से भाग देने पर जो भागफल बचता है, विषम दिन कहलाता है।

नोट विषम दिनों की संख्या 6 से अधिक नहीं हो सकती है।

महीनों में विषम दिनों की संख्या

माह	जनवरी	फरवरी साधारण वर्ष	फरवरी अधिवर्ष	मार्च	अप्रैल	मई	जून	जुलाई	अगस्त	सितम्बर	अक्टूबर	नवम्बर	दिसम्बर
विषम दिन	3	0	1	3	2	3	2	3	3	2	3	2	3

दिन ज्ञात करने की संक्षिप्त विधि दिन ज्ञात करने के लिए निम्नलिखित संक्षिप्त विधि का प्रयोग किया जाता है

चरण I तारीख लिखें **चरण II** माह का कोड लिखें

माह के कोड निम्नवत् हैं

माह	जनवरी	फरवरी	मार्च	अप्रैल	मई	जून	जुलाई	अगस्त	सितम्बर	अक्टूबर	नवम्बर	दिसम्बर
साधारण वर्ष	0	3	3	6	1	4	6	2	5	0	3	5
अधिवर्ष	6	2	3	6	1	4	6	2	5	0	3	5

चरण I वर्ष गें दहाई की संख्या लें,

जैसे—वर्ष $=1900=10, 1905=15, 1920=20, 1950=50, 1970=70, 1980=80, 1990=90, 1999=99$,

वर्ष, $2000=100, 2001=101, 2005=105, 2010=110, 2015=115, 2016=116, 2017=117, 2020=120$

नोट 1999 तक के वर्षों के लिए केवल दहाई की संख्या तथा 2000 तथा इससे बाद के वर्षों के लिए सैकड़ा की संख्या ली जाती है।

चरण III दहाई या सैकडा की संख्या में 4 से भाग देकर बिना दशमलव के भागफल लेंगे।

चरण IV सभी का योग कर 7 से भाग देंगे।

चरण V शेषफल के आधार पर दिन निर्धारित करेंगे।

दिनों के कोड निम्नवत् हैं,

दिन	सोमवार	मंगलवार	बुधवार	गुरूवार	शुक्रवार	शनिवार	रविवार
कोड	1	2	3	4	5	6	0

अति महत्त्वपूर्ण प्वॉइण्टस एवं फॉर्मूले

- एक साधारण वर्ष में 365 दिन होते हैं।
- एक अधिवर्ष में 366 दिन होते हैं।
- साधारण वर्ष का प्रथम दिन और अन्तिम दिन समान होता है।
- अधिवर्ष का अन्तिम दिन प्रथम दिन की तुलना में एक दिन आगे बढ़ जाता है।
- शताब्दी वर्षों को छोड़कर प्रत्येक चौथा वर्ष अधिवर्ष होता है।
- प्रत्येक चौथा शताब्दी वर्ष अधिवर्ष होता है।
- सप्ताह का प्रथम दिन रविवार तथा अन्तिम दिन शनिवार होता है।
- विषम दिन ज्ञात करने के लिए कुल दिनों में 7 से भाग देते हैं।
- विषम दिनों की संख्या 6 से अधिक नहीं हो सकती है।
- अधिवर्ष में फरवरी माह 29 दिन का होता है।
- जिन महीनों के कोड समान होते हैं उन महीनों के प्रथम दिन समान होते हैं।

उदाहरण 4 26 मई 1986 को कौन-सा दिन था?

(a) सोमवार (b) मंगलवार (c) बुधवार (d) गुरूवार

हल (a) सूत्रानुसार,

$$\frac{\text{तारीख} + \text{माह कोड} + \text{वर्ष में दहाई की संख्या} + \frac{\text{वर्ष}}{4}}{7}$$

$$= \frac{26+1+86+21}{7} = \frac{134}{7} = 1 \text{ शेष} = \text{सोमवार}$$

अत: 26 मई 1986 को सोमवार था।

उदाहरण 5 यदि परसो सोमवार था तो अगले कल के ठीक बाद कौन-सा दिन होगा?

(a) रविवार (b) मंगलवार (c) गुरूवार (d) शनिवार

हल (*d*) प्रश्नानुसार,

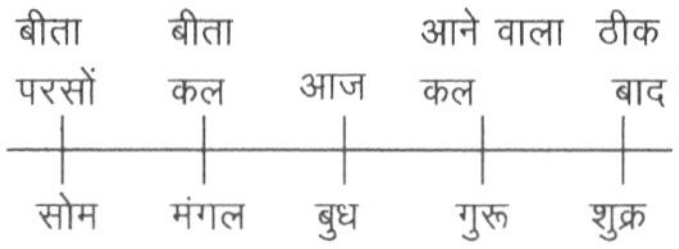

आरेख से स्पष्ट है कि अगले कल के ठीक बाद शनिवार होगा।

उदाहरण 6 अनुपम को याद है कि वह 21 मई के बाद तथा 25 मई से पहले गंगास्नान गया था जबकि उसके मित्र राहुल के अनुसार वह 23 मई के बाद तथा 26 मई से पहले गंगास्नान गया था। बताइए वह गंगास्नान कब गया था?

(a) 25 मई (b) 24 मई
(c) 24 या 25 मई (d) 26 मई

हल (*b*) प्रश्नानुसार,

अनुपम के अनुसार $\Rightarrow$ 22, 23, (24)

राहुल के अनुसार $\Rightarrow$ (24), 25

अत: अनुपम 24 मई को गंगास्नान गया था।

उदाहरण 7 यदि 20 सितम्बर 2016 को रविवार था तो 30 दिसम्बर 2016 को कौन-सा दिन था?

(a) सोमवार (b) रविवार
(c) मंगलवार (d) शनिवार

हल (*c*) प्रश्नानुसार,

20 सितम्बर के बाद से 30 दिसम्बर तक विषम दिनों की संख्या

सितम्बर $\Rightarrow$ 30 $\Rightarrow$ अक्टूबर $\Rightarrow$ 31 $\Rightarrow$ नवम्बर $\Rightarrow$ 30 $\Rightarrow$ दिसम्बर $\Rightarrow$ 30

कुल विषम दिन $= 30+31+30+30$

$$= \frac{121}{7} = 2 \text{ विषम दिन}$$

$\therefore$ रविवार $+ 2 =$ मंगलवार

अत: 30 सितम्बर 2016 को मंगलवार था।

✓ अति महत्त्वपूर्ण प्रश्न

1. 2 मिनट 30 सेकण्ड में सेकण्ड की सूई द्वारा बनाया गया कोण होगा?

(a) 90° (b) 180° (c) 120° (d) 40°

2. 2 घण्टा 20 मिनट में मिनट की सूई द्वारा बनाए गए कोण की माप क्या होगी?

(a) 120° (b) 20° (c) 102° (d) 100°

3. 15 मिनट में घण्टे की सूई द्वारा बनाए गए कोण की माप क्या होगी?

(a) 15° (b) $17\frac{1}{2}°$ (c) 8° (d) $7\frac{1}{2}°$

4. 8 बजकर 20 मिनट पर घण्टे और मिनट की सूई के बीच कोण की माप क्या होगी?

(a) 120° (b) 125° (c) 130° (d) 140°

5. 4 बजकर 40 मिनट पर घण्टे और मिनट की सूई के मध्य कोण की माप क्या होगी?

(a) 90° (b) 100° (c) 105° (d) 120°

6. 10 बजकर 10 मिनट पर घण्टे और मिनट की सूई के मध्य बने कोण की माप क्या होगी?

(a) 105° (b) 125° (c) 115° (d) 120°

7. 11 बजकर 20 मिनट पर घण्टे और मिनट की सूई के मध्य बने कोण की माप क्या होगी?

(a) 180° (b) 220° (c) 120° (d) 140°

8. 8 और 9 बजे में मध्य घण्टे तथा मिनट की सूइयाँ कब आपस में मिलेंगी?

(a) $8{:}53\frac{7}{11}$ मिनट (b) $8{:}43\frac{7}{11}$ मिनट
(c) $8{:}48\frac{7}{11}$ मिनट (d) $8{:}42\frac{7}{11}$ मिनट

9. 5 और 6 बजे के मध्य कब घण्टे और मिनट की सूइयाँ समकोण की स्थिति बनाएँगी?

(a) 5 बजकर $10\frac{10}{11}$ मिनट (b) 5 बजकर $43\frac{7}{11}$ मिनट
(c) 5 बजकर $54\frac{6}{11}$ मिनट (d) 'a' और 'b' दोनों

10. 1 से 2 बजे के मध्य किसी घड़ी की सूइयाँ कितने बजे विपरीत दिशा में होंगी?

(a) 1 बजकर $35\frac{6}{11}$ मिनट (b) 1 बजकर $38\frac{2}{11}$ मिनट
(c) 1 बजकर 40 मिनट (d) 1 बजकर 35 मिनट

11. यदि वास्तविक समय 8 बजकर 20 मिनट हो तो प्रतिबिम्बित समय क्या होगा?

(a) 10:10 मिनट (b) 10 : 20 मिनट
(c) 3 : 35 मिनट (d) 3 : 40 मिनट

12. यदि प्रतिबिम्बित समय 4 बजकर 45 मिनट हो रहा हो, तो वास्तविक समय क्या होगा?
(a) 7 : 15 मिनट (b) 7 : 20 मिनट
(c) 8 : 15 मिनट (d) 9 : 15 मिनट

13. निम्न लिखित में से कौन-सा अधिवर्ष है?
(a) 1700 (b) 1800 (c) 1996 (d) 1999

14. किसी सप्ताह का अन्तिम दिन कौन-सा होता है?
(a) रविवार (b) शुक्रवार (c) शनिवार (d) गुरूवार

15. 18 अप्रैल 1995 को कौन-सा दिन था?
(a) मंगलवार (b) बुधवार (c) शनिवार (d) सोमवार

16. 29 दिसम्बर 2017 को कौन-सा दिन था?
(a) शनिवार (b) शुक्रवार
(c) मंगलवार (d) रविवार

17. यदि बीते कल को रविवार था तो आने वाले कल के दूसरा दिन कौन-सा दिन होगा?
(a) शनिवार (b) सोमवार
(c) रविवार (d) गुरुवार

18. यदि आने वाले कल के ठीक बाद में बुधवार हो तो बीते कल से 2 दिन पहले कौन-सा दिन था?
(a) शनिवार (b) मंगलवार (c) शुक्रवार (d) गुरूवार

उत्तरमाला

1 (b)	2 (a)	3 (d)	4 (c)	5 (b)	6 (c)	7 (d)	8 (b)	9 (d)	10 (b)
11 (d)	12 (a)	13 (c)	14 (c)	15 (a)	16 (b)	17 (d)	18 (c)		

सॉल्यूशन्स

1. (b) प्रश्नानुसार,
$\because$ सेकण्ड वाली सूई 1 सेकण्ड में चलती है $= 6°$
$\therefore$ 30 सेकण्ड में बना कोण $= 30 \times 6 = 180°$

2. (a) अभीष्ट कोण $= 20 \times 6 = 120°$

3. (d) प्रश्नानुसार, 1 घण्टे में घण्टे वाली सूई द्वारा बनाया गया कोण $= 30°$
$\because$ 60 मिनट $= 30°$
$\therefore$ 15 मिनट $= \frac{30 \times 15}{60} = 7\frac{1}{2}°$
अत: घण्टे वाली सूई 15 मिनट में $7\frac{1}{2}°$ का कोण बनाएगी।

4. (c) प्रश्नानुसार,
$\theta = 30h - \frac{11}{2}m$ [$\because h = 8, m = 20$]
$= 30 \times 8 - \frac{11}{2} \times 20 = 240 - 110 = 130°$
अत: 8 बजकर 20 मिनट पर घण्टे और मिनट की सूई के मध्य 130° का कोण होगा।

5. (b) प्रश्नानुसार,
$\theta = \frac{11}{2}m - 30h$ [यहाँ, $h = 4, m = 40$]
$= \frac{11}{2} \times 40 - 30 \times 4 = 220 - 120$
$\therefore \theta = 100°$

6. (c) प्रश्नानुसार,
$\theta = 30h - \frac{11}{2}m$ [यहाँ, $h = 10, m = 10$]
$= 30 \times 10 - \frac{11}{2} \times 10 = 300 - 55 = 245°$
$\because 245° > 180°$, तब कोण की माप को 360 से घटा देते हैं।
$\therefore 360 - 245 \Rightarrow \theta = 115°$
अत: 10 बजकर 10 मिनट पर 115° का कोण होगा।

7. (d) प्रश्नानुसार,
$\theta = 30h - \frac{11}{2}m$ [यहाँ, $h = 11, m = 20$]
$= 30 \times 11 - \frac{11}{2} \times 20 = 330 - 110 = 220°$
$\because 220 > 180$
$\therefore 360 - 220$
$\theta = 140°$
अत: 11 बजकर 20 मिनट पर घण्टे और मिनट की सूई के मध्य 140° की माप होगी।

8. (b) प्रश्नानुसार, प्रारम्भिक समय :
(मिनट की सूई की स्थिति × 5) $\times \frac{12}{11}$
$= 8:8 \times 5 \times \frac{12}{11} = 8:40 \times \frac{12}{11}$
$= 8:43\frac{7}{11}$ मिनट
अत: 8 और 9 बजे के मध्य सूइयाँ 8 बजकर $43\frac{7}{11}$ मिनट पर आपस में मिलेगी।

11. (d) प्रश्नानुसार,
प्रतिबिम्बित समय = 11:60 − वास्तविक समय
$= 11:60 - 8:20 = 3:40$
अत: 8 बजकर 20 मिनट का दर्पण प्रतिबिम्ब 3:40 मिनट होगा।

12. (a) प्रश्नानुसार,
वास्तविक समय = 11:60 − प्रतिबिम्बित समय
$= 11:60 - 4:45 = 7:15$
अत: प्रतिबिम्बित समय 4 बजकर 45 मिनट का तथा वास्तविक समय 7 बजकर 15 मिनट होगा।

13. (c) ऐसे शताब्दी वर्ष जो 400 से विभाजित नहीं होते, साधारण वर्ष कहलाते हैं तथा ऐसे गैर-शताब्दी वर्ष जो 4 से पूर्ण रूप से विभाजित हो जाते हैं अधिवर्ष कहलाते हैं।
$\Rightarrow \frac{1996}{4} = 499$
अत: वर्ष 1996 अधिवर्ष है।

14. (c) किसी सप्ताह का प्रथम दिन रविवार तथा अन्तिम दिन शनिवार होता है।

16. (b) प्रश्नानुसार,
$\frac{\text{तारीख} + \text{माह कोड} + \text{वर्ष} + \frac{\text{वर्ष}}{4}}{7}$
$= \frac{29 + 5 + 117 + \frac{117}{4}}{7}$
$= \frac{29 + 5 + 117 + 29}{7} = 5$ शेष
5 का कोड = शुक्रवार
अत: 29 दिसम्बर 2017 को शुक्रवार था।

अध्याय 18

तार्किक आरेख

VENN DIAGRAM

दो या दो से अधिक मदों के मध्य के आपसी सम्बन्ध को वृत्त तथा ज्यामितीय आकृतियों के माध्यम से प्रस्तुत करने की प्रक्रिया ''तार्किक आरेख'' कहलाती है।

तार्किक आरेख पर आधारित प्रश्नों को दो प्रकार से समझा जा सकता है,

1. वेन आरेख
2. ज्यामितीय विश्लेषण

तार्किक आरेख को समझने के लिए आइए दोनों प्रकारों का ध्यानपूर्वक अध्ययन करते हैं।

प्रकार

वेन आरेख

दो या दो से अधिक वस्तुओं/स्थानों/मदों के मध्य उनकी विशेषता, गुण, धर्म के आधार पर सम्बन्ध का आपसी निर्धारण वेन आरेख कहलाता है।

वेन आरेख के अन्तर्गत दो या दो से अधिक वस्तुओं/स्थानों/मदों के मध्य के सम्बन्ध को एक वृत्त आकृति के द्वारा प्रदर्शित किया जाता है। वेन आरेख के अन्तर्गत प्रत्येक मद के लिए अलग-अलग वृत्त का निर्माण किया जाता है। अन्त में सभी वृत्त आकृतियों को एक साथ सम्बन्ध बनाकर प्रस्तुत करना होता है।

प्रश्न में वस्तुओं/स्थानों/मदों के मध्य निम्न प्रकार के सम्बन्ध हो सकते हैं,

(a) **जब एक मद दूसरे मद में तथा दूसरी मद तीसरी मद में पूर्णरूप से समाहित हो,**

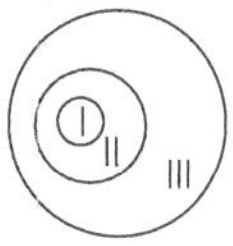

उदाहरण 1 **खिड़की, कमरा, घर के मध्य सम्बन्ध का निर्धारण करें**

(a)  (b)  (c) 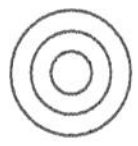 (d) 

हल (c) हम जानते हैं कि घर के अन्दर कमरा होता है तथा कमरे में खिड़की होती है। अत: तीनों मदों के मध्य सम्बन्ध इस प्रकार निर्धारित किया जा सकता है।

(b) **जब तीनों मद अलग-अलग हो अर्थात् उनमें कोई सम्बन्ध न हो,**

उदाहरण 2 **शेर, घर तथा फूल के मध्य सम्बन्ध का निर्धारण करें?**

(a)  (b) 

(c)  (d) 

हल (*d*) शेर, घर तथा फूल तीनों ही विजातीय हैं अर्थात् इनमें कोई समान विशेषता नहीं है। अत: तीनों की वृत्त आकृति अलग-अलग होगी।

(c) **जब एक मद दूसरे मद में पूर्णरूप से समाहित हो तथा तीसरा मद पूर्णरूप से अलग अस्तित्व में हो,**

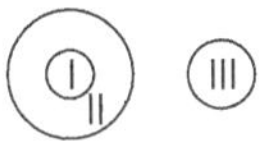

उदाहरण 3 तालाब, घर तथा कमरा के मध्य सम्बन्ध का निर्धारण करें?

(a)  (b)  (c)  (d) 

हल (*d*) कमरा, घर के अन्दर होता है तथा तालाब विजातीय है, अत: सम्बन्ध इस प्रकार होगा।

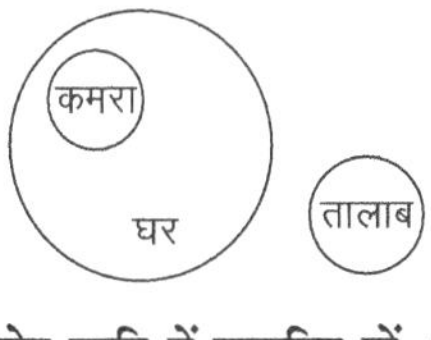

(d) **जब दो मद एक विशेष जाति में समाहित हों, परन्तु दोनों का आपस में कोई सम्बन्ध न हो,**

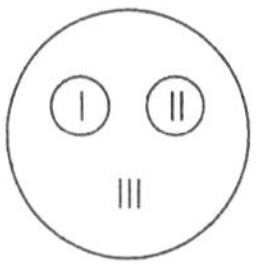

उदाहरण 4 मन्दिर, गिरिजाघर, पूजा स्थल के मध्य सम्बन्ध का निर्धारण करें।

(a) 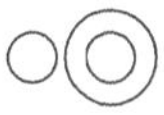 (b) 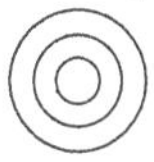 (c) 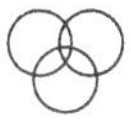 (d) 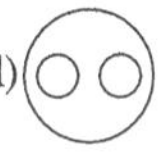

हल (*d*) मन्दिर तथा गिरिजाघर दोनों ही पूजा स्थल हैं, किन्तु दोनों पूजा स्थल अलग-अलग समुदाय से सम्बान्धित है। मन्दिर हिन्दुओं का पूजास्थल तथा गिरिजाघर ईसाइयों का पूजा स्थल होता है। अत: सम्बन्ध इस प्रकार होगा

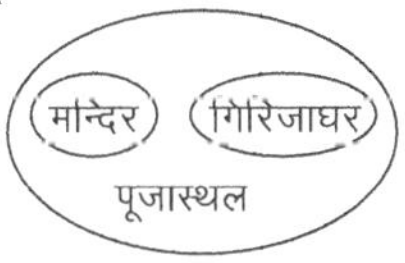

(e) **जब तीनों मद एक दूसरे से अंशतः समाहित हो,**

उदाहरण 5 पुरुष, कवि, डॉक्टर के मध्य सम्बन्ध का निर्धारण करें?

(a)  (b) 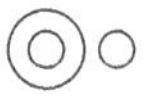 (c)  (d) 

हल (*c*) कुछ पुरूष, कवि तथा डॉक्टर हो सकते हैं
कुछ कवि, पुरूष तथा डाक्टर हो सकते हैं
कुछ डॉक्टर, कवि तथा पुरूष हो सकते हैं

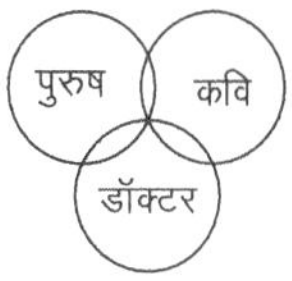

अत: उपयुक्त आरेख इस प्रकार है

इसके अतिरिक्त मदों के मध्य अन्य सम्बन्ध भी होते हैं जिन्हें प्रश्नावली में दिखाया गया है।

प्रकार

ज्यामितीय विश्लेषण

दो या दो से अधिक वस्तुओं के मध्य के सम्बन्ध को विभिन्न ज्यामितीय आरेखों के माध्यम से निरूपित करने की प्रक्रिया ज्यामितीय विश्लेषण कहलाती है। ज्यामितीय विश्लेषण के अन्तर्गत विभिन्न प्रकार की आकृतियों का प्रयोग किया जाता है जिनमें से त्रिभुज, वर्ग, आयत, वृत्त प्रमुख हैं।

ज्यामितीय विश्लेषण के अन्तर्गत आकृतियों के मध्य भिन्न-भिन्न अक्षर या संख्याएँ दर्शाई जाती हैं। प्रश्न में दी गई आकृतियाँ अलग-अलग वर्गों को प्रदर्शित करती हैं। संख्याओं या अक्षरों को उनकी विशेषता के आधार पर वर्गीकृत किया जाता है। परीक्षार्थियों को आकृतियों के अन्दर दी गई संख्याओं या अक्षरों के माध्यम से किसी विशेष वर्ग में आने वाली वस्तुओं की संख्या या किसी विशेष संख्या के अन्तर्गत आने वाली वस्तुओं को ज्ञात करना होता है।

उदाहरण 6 निम्नलिखित आरेख द्वारा तीन गाँवों की स्थिति दर्शाई गई है। उन व्यक्तियों की संख्या बताइए जो तीनों गाँवों से सम्बन्ध रखते हैं?

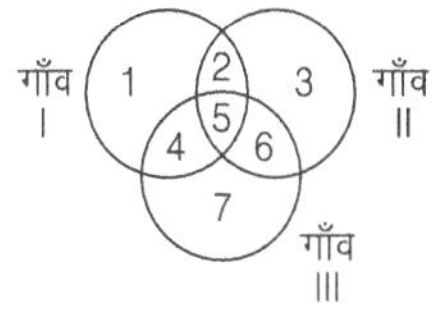

(a) 7 (b) 17
(c) 12 (d) 5

हल (*d*) आरेख से स्पष्ट है कि 5 व्यक्ति ही ऐसे हैं जो तीनों गाँवों से सम्बन्ध रखते हैं क्योंकि संख्या 5 तीनों गाँवो की आकृति में उभयनिष्ठ है।

उदाहरण 7 निम्नलिखित आरेख का अध्ययन कर उन महिलाओं की संख्या बताइए जो केवल छात्र हैं?

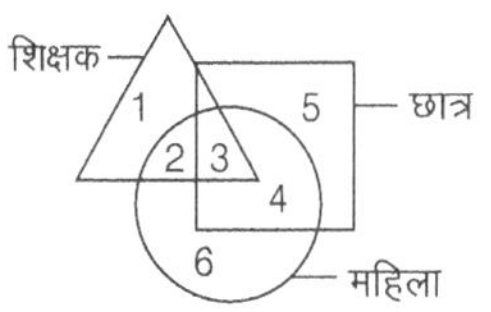

(a) 4 (b) 5
(c) 3 (d) 7

हल (*a*) आरेख से स्पष्ट है कि संख्या 4 वृत्त तथा वर्ग दोनों आकृतियों में उभयनिष्ठ है जो क्रमश: महिला तथा छात्रों के मध्य सम्बन्ध को दर्शाता है।

✓ अति महत्त्वपूर्ण प्रश्न

1 दी गई आकृतियों में से कौन-सी आकृति फूल, कमल, चमेली को प्रदर्शित करती है?

2 दी गई आकृतियों में से कौन-सी आकृति पक्षी, कौवा तथा भालू के मध्य सम्बन्ध को दर्शाती है?

3 दी गई आकृतियों में से कौन-सी आकृति लड़की, बच्चे तथा लडकों के मध्य सम्बन्ध को दर्शाती है।

4 दी गई आकृतियों में से कौन-सी आकृति सेब, गोभी तथा फल के मध्य सम्बन्ध को दर्शाती है?

5 दी गई आकृतियों में से कौन-सी आकृति पिता, अविवाहित तथा कृषक के मध्य सम्बन्ध को दर्शाती है?

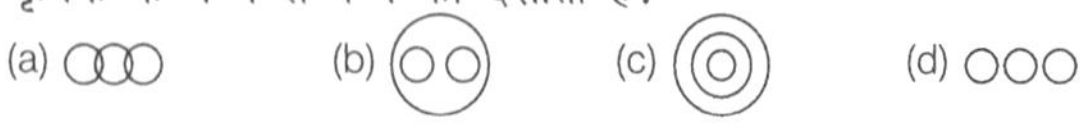

6 दी गई आकृतियों में से कौन-सी आकृति तिथि, माह तथा सप्ताह के मध्य सम्बन्ध को दर्शाती है?

7 दी गई आकृति में से कौन सी आकृति महिला, माँ तथा वकील के मध्य सम्बन्ध को दर्शाती है?

8 दी गई आकृति में से कौन सी आकृति माँ, बहन तथा महिला के मध्य सम्बन्ध को प्रदर्शित करती है?

9. दी गई आकृतियों में से कौन-सी आकृति कुत्ता, बिल्ली, जंगली जानवर के मध्य सम्बन्ध को प्रदर्शित करती है।

10. दी गई आकृतियों में से कौन-सी आकृति गरीब, अशिक्षित तथा बेरोजगार के मध्य सम्बन्ध को दर्शाती है?

11. दी गई आकृतियों में से कौन-सी आकृति संतरा, विटामिन डी तथा विटामिन सी के मध्य सम्बन्ध को दर्शाती है?

12. दी गई आकृतियों में से कौन-सी आकृति जल, तरल पदार्थ तथा पेट्रोल के मध्य सम्बन्ध को प्रदर्शित करती है?

13. दी गई आकृतियों में से कौन-सी आकृति सांप, पानी में रहने वाले जीव तथा जमीन में रहने वाले जीव के मध्य सम्बन्ध को दर्शाती है?

14. दी गई आकृतियों में से कौन-सी आकृति घर, महिला तथा अध्यापक के मध्य सम्बन्ध को प्रदर्शित करती है।

15. दी गई आकृतियों में से कौन-सी आकृति फर्नीचर, कुर्सी तथा मेज के मध्य सम्बन्ध को प्रदर्शित करती है?

16. आकृति का अध्ययन कर उन लड़कियों की संख्या बताइए जो खिलाड़ी हैं लेकिन कोच नहीं हैं?

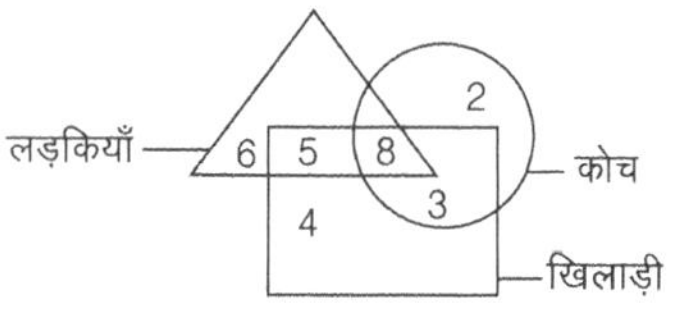

(a) 6 (b) 5 (c) 8 (d) 3

17. आकृति का अध्ययन कर उन महिलाओं की संख्या बताए जो सर्जन एवं कवि हैं?

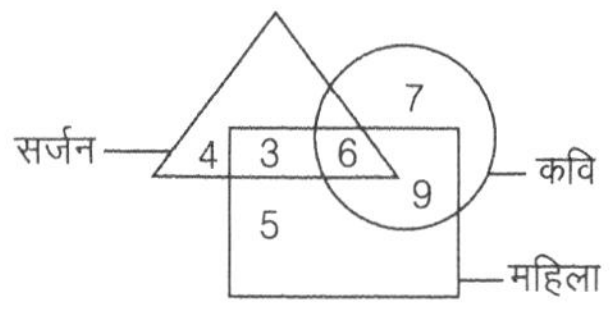

(a) 6 (b) 3 (c) 5 (d) 9

18. आकृति का अध्ययन कर उस अक्षर को ज्ञात करो जो उन पुरुषों को दर्शाता है जो स्वस्थ है किन्तु वृद्ध नहीं हैं?

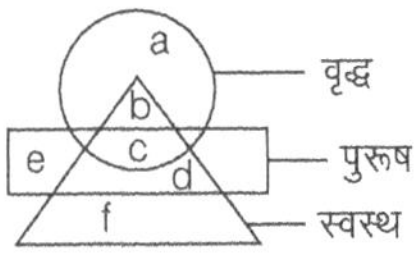

(a) b (b) a (c) d (d) f

निर्देश (प्र. सं. 19 और 20) *निम्नलिखित जानकारी का ध्यानपूर्वक अध्ययन कर प्रश्नों के उत्तर दीजिए!*

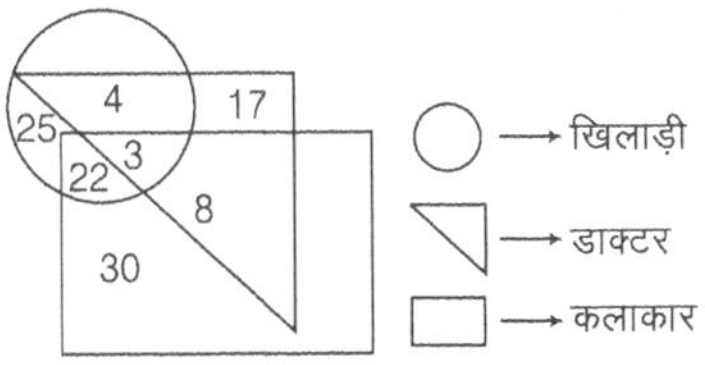

19. ऐसे कितने डॉक्टर हैं जो न तो खिलाड़ी हैं न कलाकार हैं?
(a) 4 (b) 22 (c) 17 (d) 8

20. ऐसे कितने कलाकार हैं, जो खिलाड़ी तो हैं किन्तु डॉक्टर नहीं हैं?
(a) 25 (b) 11 (c) 22 (d) 30

निर्देश (प्र. सं. 21 और 22) *निम्नलिखित जानकारी का ध्यानपूर्वक अध्ययन कर प्रश्नों के उत्तर दीजिए।*

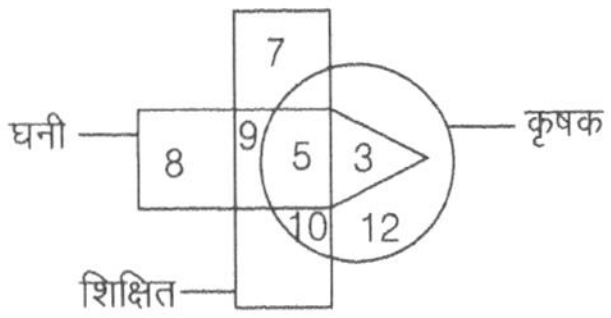

21. उन कृषकों की संख्या बताइए जो धनी हैं किन्तु शिक्षित नहीं है?
(a) 5 (b) 9
(c) 3 (d)7

22. उन शिक्षित लोगों की संख्या बताइए जो कृषक तो हैं किन्तु धनी नहीं हैं?
(a) 15 (b) 5
(c) 7 (d) 10

निर्देश (प्र. सं. 23-25) *निम्नलिखित जानकारी का ध्यानपूर्वक अध्ययन कर प्रश्नों के उत्तर दीजिए।*

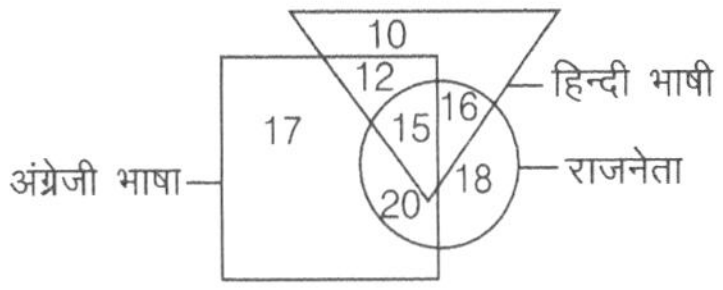

23. उन राजनेताओं की संख्या बताइए जो हिन्दी भाषी हैं?
(a) 20 (b) 15
(c) 12 (d) 16

24. उन हिन्दी भाषी व्यक्तियों की संख्या बताइए जो अंग्रेजी भाषी भी हैं?
(a) 12 (b) 15
(c) 16 (d) 20

25. उन राजनेताओं की संख्या बताइए जो हिन्दी भाषी तथा अंग्रेजी भाषी भी हैं?
(a) 18 (b) 15
(c) 20 (d) 12

उत्तरमाला

1 (d)	2 (a)	3. (b)	4 (d)	5 (a)	6 (a)	7 (b)	8 (b)	9 (c)	10 (d)
11 (b)	12 (a)	13 (d)	14 (a)	15 (b)	16 (b)	17 (a)	18 (c)	19 (c)	20 (c)
21 (c)	22 (d)	23 (d)	24 (a)	25 (b)					

अध्याय 19

न्याय निगमन

SYLLOGISM

न्याय का अर्थ

तर्कशक्ति का ऐसा प्रकार जिसमें दो कथनों से कोई निष्कर्ष निकाला जाता है।

न्याय निगमन का अर्थ तर्कशक्ति का एक प्रकार जिसमें दो पदों के बीच एक निष्कर्ष द्वारा सम्बन्ध स्थापित किया जाता है तथा ये दोनों पद किसी तीसरे पद के साथ समान रूप से सम्बन्धित होते हैं जिसमें दिए गए दो या दो से अधिक कथनों या आधार वाक्यों के आधार पर तर्कसंगत निष्कर्ष निकाला जा सकता है। जैसे–

कथन

I. कुछ कप प्लेटें हैं।

II. सभी प्लेट चम्मच हैं।

वैध निष्कर्ष कुछ कप चम्मच हैं।

आइए वेन आरेख (Venn Diagram) द्वारा निष्कर्ष किस प्रकार निकालते है, उसके सम्भावित नियम इस प्रकार समझते हैं

1. दो कथन एक निष्कर्ष
2. दो कथन/दो निष्कर्ष
3. दो कथन/तीन निष्कर्ष
4. तीन कथन/चार निष्कर्ष

A. सभी L, M हैं।

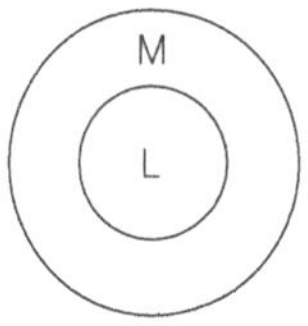

E. **कथन** कोई L, M नहीं हैं।

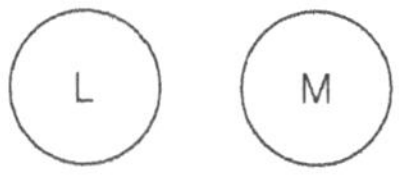

I. **कथन** (1) कुछ L, M हैं।

(2) कुछ L, M हैं।

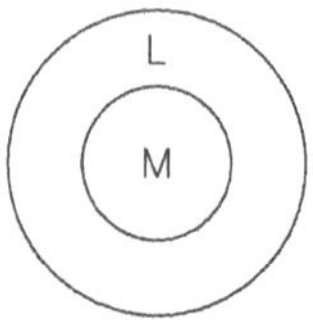

(3) कुछ M, L हैं।

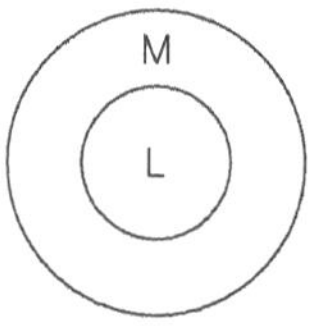

प्रश्नों को वेन आरेख द्वारा हल करते समय निम्न बातों का ध्यान रखें

(i) दोनों कथनों के लिए अलग-अलग सभी सम्भव आरेख बनाएँ।

(ii) सभी आरेखों के सम्भावित हिस्सों को एक-एक संयोजित करने का प्रयास करें।

(iii) अब दूसरे चरण से प्राप्त होने वाले मिश्रित आरेखों का अर्थ निकालने की कोशिश करें।

अब निम्नलिखित उदाहरणों से समझें

निर्देश (उदा. सं. 1-4) *निम्नलिखित प्रश्न में एक या एक से अधिक वक्तव्य दिए गए हैं जिसके आगे दो निष्कर्ष/ मान्यताएँ, I और II उल्लेखित हैं। आपको मानना है कि वक्तव्य सत्य ही है चाहे वह सामान्यतः ज्ञात तथ्यों से भिन्न प्रतीत होता है। आपको तय करना है कि दिए गए वक्तव्य में से कौन-से निष्कर्ष / मान्यताएँ निश्चित रूप से सही हैं। अपने को निर्दिष्ट कीजिए। उत्तर दीजिए यदि*

(a) केवल निष्कर्ष I सही है (b) केवल निष्कर्ष II सही है
(c) या तो निष्कर्ष I या II सही है (d) न तो निष्कर्ष I न II सही है

उदाहरण 1 कथन 1. सभी अंक अक्षर हैं।
2. कोई अक्षर वर्ण हैं।

निष्कर्ष I. सभी अंक वर्ण हैं।
II. कोई अक्षर अंक नहीं हैं।

हल (a)

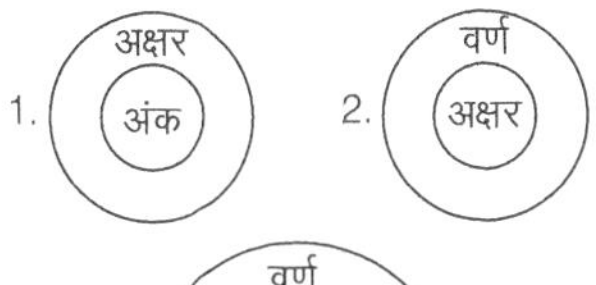

अब,

अत: स्पष्ट है कि "सभी अंक वर्ण हैं"
अत: निष्कर्ष I वैध है।

उदाहरण 2 कथन 1. सभी चाबी लॉकर हैं।
2. सभी लॉकर बैंक हैं।

निष्कर्ष I. सभी बैंक चाबी हैं।
II. कुछ लॉकर चाबी हैं।

हल (b)

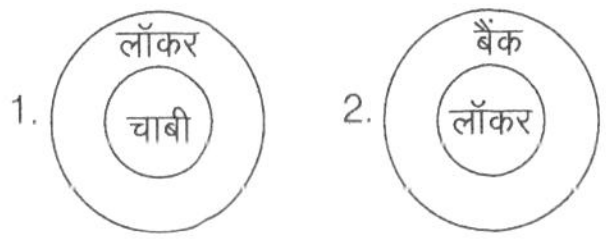

अब

अत: स्पष्ट है कि "कुछ लॉकर चाबी हैं"
अत: निष्कर्ष II वैध है।

उदाहरण 3 कथन 1. सभी पायल पानी हैं।
2. कुछ पानी जूस हैं।

निष्कर्ष I. कुछ पायल जूस हैं।
II. कोई पायल जूस नहीं है।

हल (c)

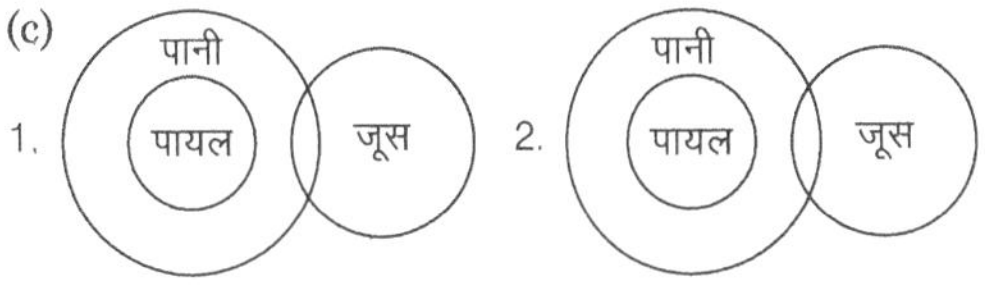

अत: स्पष्ट है कि "कोइ पायल जूस नहीं है" या "कुछ पायल जूस हैं"
अत: या तो निष्कर्ष I या निष्कर्ष II वैध हैं।

उदाहरण 4 कथन 1. कुछ बाजार सुन्दर हैं।
2. कुछ सुन्दर नमक हैं।

निष्कर्ष I. कुछ नमक बाजार हैं।
II. कुछ बाजार नमक हैं।

हल (d)

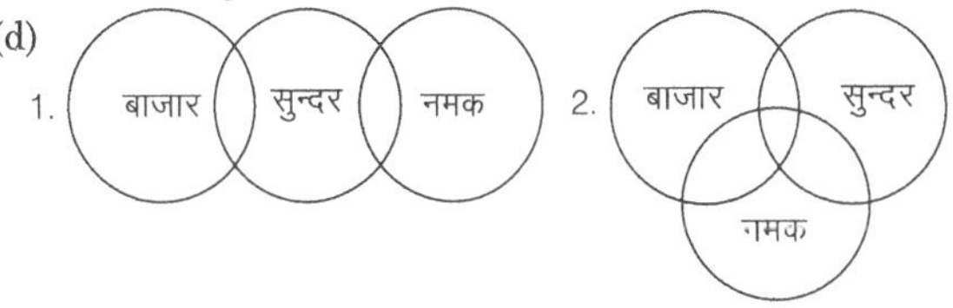

अत: स्पष्ट है कि "कुछ नमक बाजार हैं" तथा "कुछ बाजार नमक हैं" दोनों वैध निष्कर्ष नहीं है। अत: न तो निष्कर्ष I न निष्कर्ष II वैध है।

✓ अति महत्त्वपूर्ण प्रश्न

1. निम्नलिखित प्रश्न में एक या एक से अधिक वक्तव्य दिए गए हैं जिसके आगे दो निष्कर्ष/ मान्यताएँ, I और II उल्लेखित हैं। आपको मानना है कि वक्तव्य सत्य ही है चाहे वह सामान्यत: ज्ञात तथ्यों से भिन्न प्रतीत होता हो।

आपकों तय करना है कि दिए गए वक्तव्य में से कौन-से निष्कर्ष/ मान्यताएँ निश्चित रूप से सही हैं। अपने उत्तर को निर्दिष्ट कीजिए।

कथन 1. कुछ राजा रानियाँ हैं।
2. सभी रानियाँ सुन्दर हैं।

निष्कर्ष I. सभी राजा सुन्दर हैं।
II. सभी रानियाँ राजा हैं।

(a) केवल निष्कर्ष I सही है
(b) केवल निष्कर्ष II सही है
(c) या तो निष्कर्ष I या II सही है
(d) न तो निष्कर्ष I न II सही है

2. निम्नलिखित प्रश्न में एक या एक से अधिक वक्तव्य दिए गए हैं।

जिसके आगे दो निष्कर्ष / मान्यताएँ, I और II उल्लेखित हैं। आपकों मानना है कि वक्तव्य सत्य ही है चाहे वह सामान्यत: ज्ञात तथ्यों से भिन्न प्रतीत होता है। आपको तय करना है कि दिए गए वक्तव्य में से कौन-से निष्कर्ष/ मान्यताएँ निश्चित रूप से सही हैं। अपने उत्तर को निर्दिष्ट कीजिए।

कथन 1. सभी लड़के बन्दर हैं।
2. कुछ पौधे बन्दर हैं।

निष्कर्ष I. कुछ बन्दर लड़के हैं।
II. सभी पौधे लड़के हैं।

(a) केवल निष्कर्ष I सही है
(b) केवल निष्कर्ष II सही है
(c) या तो निष्कर्ष I या II सही है
(d) न तो निष्कर्ष I न II सही है

3. निम्नलिखित प्रश्न में एक या एक से अधिक वक्तव्य दिए गए हैं। जिसके आगे दो निष्कर्ष/ मान्यताएँ, I और II उल्लेखित हैं। आपको मानना है कि वक्तव्य सत्य ही है चाहे वह सामान्यत: ज्ञात तथ्यों से भिन्न प्रतीत होता हो। आपको तय करना है कि दिए गए वक्तव्य में से कौन-से निष्कर्ष/मान्यताएँ निश्चित रूप से सही हैं। अपने उत्तर को निर्दिष्ट कीजिए।

कथन 1. कोई आदमी बन्दर नहीं है।
2. हरि आदमी है।

निष्कर्ष I. हरि बन्दर नहीं है।
II. सभी आदमी हरि नहीं है।

(a) केवल निष्कर्ष I सही है
(b) केवल निष्कर्ष II सही है
(c) या तो निष्कर्ष I या II सही है
(d) न तो निष्कर्ष I न II सही है

निर्देश (प्र. सं. 4 और 5) *निम्नलिखित प्रश्नों में एक या एक से अधिक वक्तव्य दिए गए हैं जिसके आगे दो निष्कर्ष/ मान्यताएँ, I और II उल्लेखित हैं आपको मानना है कि वक्तव्य सत्य ही है चाहे वह सामान्यतः ज्ञात तथ्यों से भिन्न प्रतीत होता हो। आपको तय करना है कि दिए गए वक्तव्य में से कौन-से निष्कर्ष / मान्यताएँ निश्चित रूप से सही हैं। अपने उत्तर को निर्दिष्ट कीजिए। उत्तर दीजिए यदि*

(a) केवल निष्कर्ष I सही है।
(b) केवल निष्कर्ष II सही है।
(c) या तो निष्कर्ष I या II सही है।
(d) न तो निष्कर्ष I न II सही है।

4. कथन 1. सभी स्नातक एक पुरूष है।
2. यह चोर स्नातक है।

निष्कर्ष I. वह चोर एक पुरूष नहीं है।
II. कुछ पुरूष चोर हैं।

5. कथन 1. कोई भी व्यक्ति गधा नहीं है।
2. राहुल एक व्यक्ति है।

निष्कर्ष I. राहुल गधा नहीं है।
II. कोई व्यक्ति राहुल नहीं हैं।

निर्देश (प्र. सं. 6-8) *निम्नलिखित प्रश्नों में एक या एक से अधिक वक्तव्य दिए गए हैं जिसके आगे दो निष्कर्ष/ मान्यताएँ, I और II उल्लेखित हैं। आपकों मानना है कि वक्तव्य सत्य ही है चाहे वह सामान्यतः ज्ञात तथ्यों से भिन्न प्रतीत होता हो। आपको तय करना है कि दिए गए वक्तव्य में से कौन-से निष्कर्ष/ मान्यताएँ निश्चित रूप से सही हैं। अपने उत्तर को निर्दिष्ट कीजिए। उत्तर दीजिए यदि*

(a) केवल निष्कर्ष I सही है
(b) केवल निष्कर्ष II सही है
(c) या तो निष्कर्ष I या II सही है
(d) न तो निष्कर्ष I न II सही है

6. कथन 1. सभी पुरूष कैदी हैं।
2. कोई कैदी शिक्षित नहीं है।

निष्कर्ष I. सभी कैदी शिक्षित हैं।
II. कोई पुरूष शिक्षित नहीं है।

7. कथन 1. कोई स्त्री, वोट नहीं दे सकती।
2. कुछ स्त्रियाँ, राजनीतिज्ञ हैं।

निष्कर्ष
I. पुरूष राजनीतिज्ञ वोट दे सकते हैं।
II. कुछ राजनीतिज्ञ वोट दे सकते हैं।

8. कथन 1. सभी प्रथम श्रेणी वालों को प्रवेश दिया गया है।
2. राम प्रथम श्रेणी वाला है।

निष्कर्ष
I. राम को प्रवेश दिया गया है।
II. राम को प्रवेश नहीं दिया गया है।

निर्देश (प्र. सं. 9-11) *निम्नलिखित प्रश्नों में एक या एक से अधिक वक्तव्य दिए गए हैं जिसके आगे दो निष्कर्ष / मान्यताएँ, I और II उल्लेखित हैं। आपको मानना है कि वक्तव्य सत्य ही है चाहे वह सामान्यतः ज्ञात तथ्यों से भिन्न प्रतीत होता हो। आपकों तय करना है कि दिए गए वक्तव्य में से कौन-से निष्कर्ष/ मान्यताएँ निश्चित रूप से सही हैं। अपने उत्तर को निर्दिष्ट कीजिए। उत्तर दीजिए यदि*

(a) केवल निष्कर्ष I सही है
(b) केवल निष्कर्ष II सही है
(c) या तो निष्कर्ष I या II सही है
(d) न तो निष्कर्ष I न II सही है

9. कथन 1. सभी ताले चाबियाँ हैं।
2. सभी चाबियाँ हैंडल हैं।

निष्कर्ष I. सभी ताले हैंडल हैं।
II. सभी हैंडल चाबियाँ हैं।

10. कथन 1. कुछ कुर्सियाँ मेज हैं।
2. सभी फर्नीचर मेज हैं।

निष्कर्ष I. कुछ फर्नीचर कुर्सी हैं।
II. सभी मेज फर्नीचर हैं।

11. कथन 1. सभी खेल आउटडोर हैं।
2. सभी आउटडोर इंडोर हैं।

निष्कर्ष I. सभी खेल इंडोर हैं।
II. सभी इंडोर आउटडोर हैं।

निर्देश (प्र.सं. 12-14) *निम्नलिखित प्रश्नों में एक या एक से अधिक वक्तव्य दिए गए हैं जिसके आगे दो निष्कर्ष/ मान्यताएँ, I और II उल्लेखित हैं। आपकों मानना है कि वक्तव्य सत्य ही है चाहे वह सामान्यतः ज्ञात तथ्यों से भिन्न प्रतीत होता हो। आपकों तय करना है कि दिए गए वक्तव्य में से कौन-से निष्कर्ष/ मान्यताएँ निश्चित रूप से सही हैं। अपने उत्तर को निर्दिष्ट कीजिए। उत्तर दीजिए यदि*

(a) केवल निष्कर्ष I सही है
(b) केवल निष्कर्ष II सही है
(c) या तो निष्कर्ष I या II सही है
(d) न तो निष्कर्ष I न II सही है

12. कथन 1. सभी दरवाजे खिड़कियाँ हैं।
2. सभी खिड़कियाँ हत्थे हैं।

निष्कर्ष I. सभी दरवाजे हत्थे हैं।
II. सभी खिड़कियाँ दरवाजे हैं।

13. कथन 1. सभी कुत्ते बिल्ली हैं।
2. कुछ बिल्ली चूहे हैं।

निष्कर्ष I. कुछ कुत्ते चूहे हैं।
II. चूहें जो बिल्ली हैं कुत्ते नहीं हैं।

14. कथन 1. सभी शेर पशु हैं।
2. सभी बाघ पशु हैं।

निष्कर्ष I. सभी बाघ शेर हैं।
II. कोई पशु बाघ नहीं हैं।

उत्तरमाला

1 (d)	2 (a)	3. (a)	4 (b)	5 (a)	6 (b)	7 (d)	8 (a)	9 (a)	10 (d)
11 (a)	12 (a)	13 (d)	14 (d)						

सॉल्यूशन्स

1. (d)

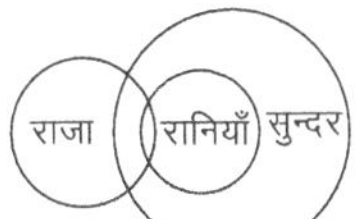

अत: न तो निष्कर्ष I न II सही है।

2. (a)

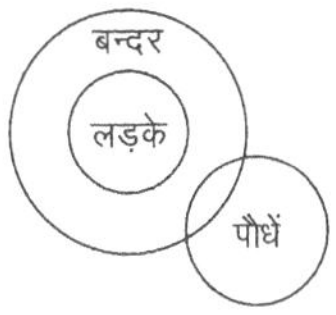

अत: केवल निष्कर्ष I निकलता है।

3. (a)

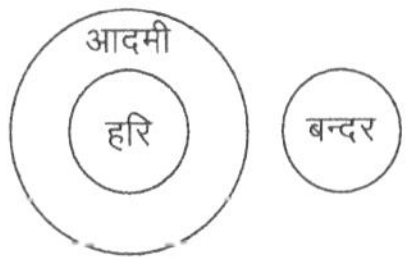

अत: केवल निष्कर्ष I निकलता है।

4. (b) कथनानुसार

अत: स्पष्ट रूप से निष्कर्ष II निकलता हैं।

5. (a) स्पष्ट रूप से निष्कर्ष निकलता है कि "राहुल गधा नहीं है।"

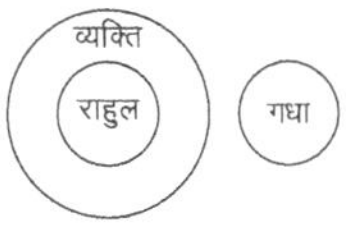

6. (b)

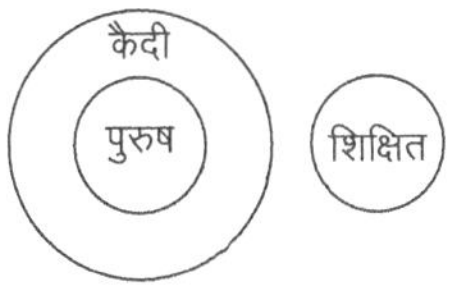

अत: केवल निष्कर्ष II निकलता है।

7. (d)

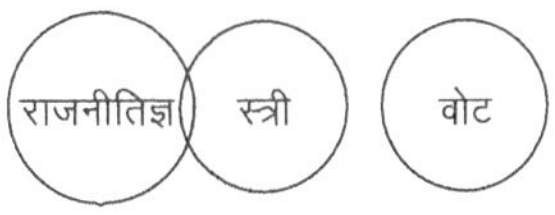

अत: निष्कर्ष I और II दोनों नहीं निकलते हैं।

8. (a) स्पष्ट: केवल निष्कर्ष I निकलता है।
सभी प्रथम श्रेणी वालों को प्रवेश दिया गया है तथा राम प्रथम श्रेणी वाला है।
अत: राम को प्रवेश दिया जाएगा। राम के अलावा अन्य छात्रों को भी प्रथम श्रेणी मिला होगा।

9. (a)

अत: केवल निष्कर्ष I अनुसरण करता है।

10. (d)

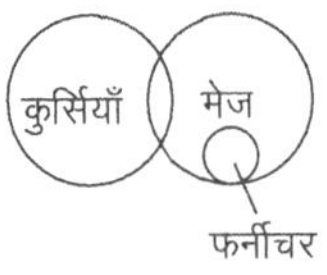

अत: न तो निष्कर्ष I न II अनुसरण करता है।

11. (a)

अत: केवल निष्कर्ष I निकलता है।

12. (a)

अत: केवल I अनुसरण करता है।

13. (d)

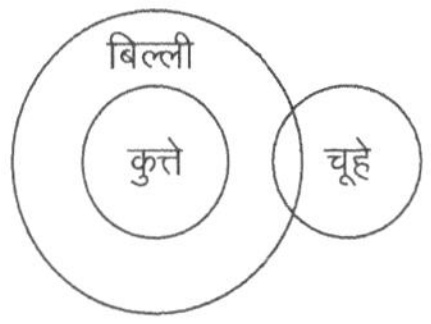

अत: न तो निष्कर्ष I न II अनुसरण करता है।

14. (d)

अत: न तो निष्कर्ष I न II अनुसरण करता है।

अध्याय 20

आलोचनात्मक तर्कशक्ति

Critical Reasoning

कथन एवं निष्कर्ष

किसी भी विषय से सम्बन्धित दी गई जानकारी को कथन (Statement) कहते हैं। कथन के आधार पर अनुमान के द्वारा जो तथ्य स्थापित किए जाते हैं, उन्हें निष्कर्ष (Conclusions) कहा जाता है।

इस प्रकरण के अन्तर्गत पूछे जाने वाले प्रश्नों में सर्वप्रथम एक कथन दिया गया होता है, फिर इसके नीचे इस पर आधारित दो या दो से अधिक निष्कर्ष दिए गए होते हैं। अभ्यर्थियों को कथन के सभी तथ्यों को सही मानते हुए चाहे वह सर्वमान्य मान्यताओं के विपरीत ही क्यों न हो, उन्हें सत्य मानना है अर्थात् इसमें किसी भी तरह के पूर्वानुमान का सहारा लिए बिना यह ज्ञात करना होता है कि दिए गए निष्कर्षों में कौन-सा निष्कर्ष तार्किक रूप से सत्य है।

निर्देश (उदाहरण 1 और 2) *नीचे दिए गए कथनों के आगे दो निष्कर्ष I व II दिए गए हैं। आप सामान्य तथ्यों में अन्तर होने पर भी दोनों वाक्यों की पड़ताल, सत्य समझकर करें। आप तय करें कि दिए गए निष्कर्षों में से कौन-सा निष्कर्ष उस कथन के आधार पर निश्चित रूप से निकाला जा सकता है?*

उत्तर दीजिए

(a) यदि केवल निष्कर्ष I निकलता है
(b) यदि केवल निष्कर्ष II निकलता है
(c) यदि निष्कर्ष I तथा II दोनों निकलते हैं
(d) यदि न तो निष्कर्ष I और न ही निष्कर्ष II निकलता है

उदाहरण 1. कथन चमगादड़ अण्डे नहीं देते हैं इसलिए चमगादड़ पक्षी नहीं है।

निष्कर्ष I. सभी पक्षी अण्डे देते हैं।
II. केवल पक्षी अण्डे देते हैं।

हल (a) प्रश्नानुसार, कथन में यह स्पष्ट रूप से कहा गया है कि जो अण्डे नहीं देते, वे पक्षी नहीं हैं। अत: यह निष्कर्ष निकलता है कि सभी पक्षी अण्डे देते हैं। इसलिए केवल निष्कर्ष I निकलता है।

उदाहरण 2. कथन जिन लोगों ने स्वयं दहेज लिया है, वही दहेज के विरोध में अधिक बोलते हैं।

निष्कर्ष I. कथनी से करनी कठिन होती है।
II. लोगों के दोहरे आदर्श हैं।

हल (c) दिए गए कथन से स्पष्ट होता है कि कुछ करने से कहना सरल है और लोग जो कहते हैं, उससे अलग ही करते हैं। इसलिए निष्कर्ष I और II दोनों निकलते हैं।

कथन एवं पूर्वधारणाएँ

अप्रत्यक्ष रूप से परिकल्पित अवधारणा जो किसी 'कथन' में सन्निहित 'तथ्य' को दर्शाती है, उसे पूर्वधारणा (Assumption) कहा जाता है।

इस प्रकरण के अन्तर्गत पूछे जाने वाले प्रश्नों में एक कथन दिया गया होता है तथा इसके बाद दो या तीन पूर्वधारणाएँ दी गई होती हैं, आपको दिए गए कथन पर विचार करते हुए यह ज्ञात करना होता है कि दी गई पूर्वधारणाओं में कौन-सी पूर्वधारणा दिए गए कथन में छिपी हुई है।

उदाहरण 3. कथन यदि पूरे महीने बारिश नहीं होती है, तो अधिकतर किसान संकट में पड़ जाएँगे।

पूर्वधारणाएँ I. समय से बारिश होना खेती के लिए अनिवार्य है।
II. सामान्यत: अधिकतर किसान बारिश पर निर्भर होते हैं।

(a) केवल I
(b) केवल II
(c) I और II दोनों
(d) इनमें से कोई नहीं

हल (c) पूर्वधारणाएँ I और II दोनों ही कथन में अन्तर्निहित हैं, क्योंकि समय से बारिश खेती के लिए अनिवार्य है और यदि बारिश नहीं हुई, तो यह संकट की स्थिति पैदा करेगी तथा साथ ही अधिकतर किसान बारिश पर ही निर्भर होते हैं।

निर्देश (उदाहरण 4-5) *नीचे प्रश्न में पहले एक कथन है और उसके नीचे दो पूर्वधारणाएँ क्रमशः I और II दी गई हैं। आपको कथन पर विचार करके तय करना है कि कौन-सी पूर्वधारणा कथन में अन्तर्निहित है?*

उदाहरण 4. कथन जो उम्मीदवार सभी पात्रता मानदण्डों को पूरा नहीं करते अथवा जिन्होंने अन्तिम तिथि के पहले आवेदन-पत्रों को जमा नहीं किया, उनके आवेदन-पत्रों को परीक्षा आयोजित करने के पहले सरकारी तौर पर नामंजूर कर दिया गया।

पूर्वधारणाएँ

I. जिन्हें परीक्षा के लिए बुलाया गया, उन सभी के द्वारा पात्रता मानदण्डों को पूरा किया गया है।

II. जिन्हें परीक्षा के लिए नहीं बुलाया गया, उन्होंने आवेदन-पत्र समय-सीमा के बाद जमा किए हैं।

(a) यदि पूर्वधारणा I प्रभावशाली है
(b) यदि पूर्वधारणा II प्रभावशाली है
(c) यदि दोनों ही पूर्वधारणाएँ प्रभावशाली हैं
(d) यदि कोई भी पूर्वधारणा प्रभावशाली नहीं है

हल (a) कथनानुसार स्पष्ट है कि केवल पूर्वधारणा I प्रभावशाली/अन्तर्निहित है।

कथन एवं तर्क

अप्रत्यक्ष रूप से परिकल्पित ऐसा तथ्य, जो किसी कथन के सम्भावित परिणामों को दर्शाता है, तर्क (Argument) कहलाता है।

इस प्रकरण के अन्तर्गत पूछे जाने वाले प्रश्नों के दो भाग होते हैं, 'कथन और तर्क'। सर्वप्रथम, प्रश्न में एक कथन दिया होता है, इसके बाद तर्क दिए जाते हैं जोकि दो या तीन होते हैं। ये तर्क सकारात्मक या नकारात्मक दोनों प्रकार के हो सकते हैं।

आपको प्रश्न में दिए गए कथन और तर्कों पर विचार करते हुए यह निर्णय करना होता है कि दिए गए कथन के पक्ष या विपक्ष में दिए गए तर्कों में से कौन-सा तर्क प्रबल (ठोस) है। इन प्रश्नों का उद्देश्य अभ्यर्थियों की तर्क-वितर्क की क्षमता की जाँच करना है। प्रश्नों के माध्यम से यह तय किया जाता है कि कौन-सा तर्क प्रबल (ठोस) है तथा कौन-सा निर्बल। प्रबल तर्क सीधे कथन से सम्बन्धित होते हैं, जबकि निर्बल तर्क सीधे कथन से सम्बन्धित नहीं होते हैं।

महत्त्वपूर्ण प्रश्नों के बारे में निर्णय करते समय ठोस और कमजोर तर्क में प्रभेद कर सकना वांछनीय होता है। ठोस तर्क महत्त्वपूर्ण और प्रश्न से सीधे सम्बन्धित होता है। कमजोर तर्क कम महत्त्वपूर्ण होते हैं और प्रश्न से सीधे सम्बन्धित नहीं भी हो सकते हैं या फिर प्रश्न के किसी नगण्य पहलू से सम्बन्धित हो सकते हैं।

निर्देश (उदाहरण 5-6) *दिए गए प्रश्नों में कथन के बाद कुछ तर्क दिए गए हैं। कथन के आधार पर कौन-सा तर्क प्रबल है, उसी के अनुसार उत्तर विकल्प का चयन कीजिए।*

उदाहरण 5. कथन क्या न्यायपालिका और पुलिस में त्वरित सुधार करने चाहिए?

तर्क

I. हाँ, इससे शीघ्र न्याय मिलेगा और समाज पर अच्छा प्रभाव पड़ेगा।

II. नहीं, और भी मुद्दे हैं जिनको उच्च प्राथमिकता देनी है।

(a) केवल तर्क I प्रबल है
(b) केवल तर्क II प्रबल है
(c) न तो तर्क I और न ही तर्क II प्रबल है
(d) तर्क I और II दोनों प्रबल हैं

हल (a) न्यायपालिका और पुलिस में त्वरित सुधार करने से किसी भी व्यक्ति को शीघ्र ही न्याय मिलेगा। जिसके फलस्वरूप समाज पर इसका एक अच्छा प्रभाव पड़ेगा। अत: केवल तर्क I प्रबल है।

उदाहरण 6. कथन क्या भारत के प्रत्येक परिवार से कम-से-कम एक सदस्य को सरकारी नौकरी दी जानी चाहिए?

तर्क

I. हाँ, इससे अल्प सुविधा प्राप्त वर्ग की आर्थिक स्थिति में काफी ज्यादा सुधार आएगा।

II. नहीं, बहुत-से परिवारों की आय वैसे ही काफी ज्यादा है, इसलिए ऐसे परिवारों को ऐसी योजना के दायरे से बाहर रखा जाना चाहिए।

(a) केवल तर्क I प्रबल है
(b) केवल तर्क II प्रबल है
(c) न तो I और न ही II प्रबल है
(d) तर्क I और II दोनों प्रबल हैं

हल (d) तर्क I और II दोनों प्रबल हैं। गरीबी को दूर करने के ओर भी कई तरीके हैं। यदि सरकार, परिवार के एक सदस्य को नौकरी देगी, तो वह इसके लायक हो भी या नहीं भी हो सकता है। अत: तर्क I प्रबल नहीं है, परन्तु ऐसी परियोजनाओं से अन्य सुविधा प्राप्त वर्ग की आर्थिक स्थितियों में सुधार अवश्य आ जाएगा। जिन परिवारों की आय अधिक है, तो उन परिवारों को ऐसी परियोजनाओं से कोई लाभ नहीं होगा। उनको ऐसी योजनाओं के दायरे से बाहर रखना चाहिए।

✓ अति महत्त्वपूर्ण प्रश्न

निर्देश (प्र.सं. 1-8) *नीचे दिए गए प्रत्येक प्रश्न में पहले कथन दिए गए है और उसके बाद दो निष्कर्ष I और II दिए गए हैं। आपको कथन में दी गई सभी बातों को समझना है और फिर उस पर आधारित दोनों निष्कर्षों पर विचार करना है और तय करना है कि कौन-सा निष्कर्ष उस कथन के आधार पर निश्चित रूप से निकाला जा सकता है?*

(a) यदि केवल निष्कर्ष I निकलता है
(b) यदि केवल निष्कर्ष II निकलता है
(c) यदि न तो निष्कर्ष I और न ही निष्कर्ष II निकलता है
(d) यदि निष्कर्ष I और II दोनों निकलते हैं

1. कथन अधिकांश भारतीय जानते हैं कि उनके पास एक महान् विरासत है किन्तु कुछ इसमें विज्ञान को शामिल करते हैं।

निष्कर्ष I. अनेक भारतीय मानते हैं कि विज्ञान ने भारतीय विरासत को महान् बनाया है।
II. अनेक भारतीय नहीं जानते हैं कि भारत के पास महान् वैज्ञानिक विरासत है।

2. कथन नेता मनुष्य होते हैं।
सभी मनुष्यों को विश्राम की आवश्यकता होती है।

निष्कर्ष I. सभी मनुष्य नेता नहीं होते।
II. नेताओं को विश्राम की आवश्यकता होती है।

3. कथन भारतीय संग्रहालयों की सुरक्षा केन्द्र सरकार का दायित्व है।
विक्टोरिया मेमोरियल कक्ष राष्ट्रीय सम्पत्ति है।

निष्कर्ष I. भारतीय संग्रहालय राष्ट्रीय सम्पत्ति है।
II. राष्ट्र की ऐतिहासिक सम्पत्ति का संरक्षण केन्द्र सरकार द्वारा किया जाता है।

4. कथन शिक्षा आलोकित करने की एक प्रक्रिया है। मस्तिष्क के ज्ञानात्मक पहलू के मर्म के प्रबोधन के लिए प्रकाश की आवश्यकता होती है।

निष्कर्ष I. शिक्षा एक प्रकाश है, जो मस्तिष्क के अन्धकार को दूर करता है।
II. शिक्षा मस्तिष्क के लिए एक स्थिर प्रक्रिया है।

5. कथन हमारे राष्ट्र की बढ़ती हुई जनसंख्या बहुत-से मौलिक साधनों को क्षीणता की ओर ले जाएगी।

निष्कर्ष I. हमारे राष्ट्र की जनसंख्या को नियन्त्रित किया जा सकता है।
II. राष्ट्र अपने नागरिकों को एक शालीन जीवन निर्वाह नहीं प्रदान कर पाएगा।

6. कथन हो सकता है कि आप अपने अधिकारी के प्रति निष्ठावान न हों, परन्तु आप उसके प्रति निष्ठावान होने का अहसास तो करा ही सकते हैं।

निष्कर्ष I. अधिकारी के प्रति निष्ठा महत्त्वपूर्ण मानी जाती है।
II. कुछ लोग अपने अधिकारी को खुश करने के लिए किसी भी हद तक जा सकते हैं।

7. कथन प्रसाधनों का उपयोग जोखिम भरा है।

निष्कर्ष I. प्रसाधनों के सहवर्ती प्रभाव पड़ते हैं।
II. प्रसाधन महँगे नहीं होते हैं।

8. कथन जहाँ तक जनसंख्या विकास की दर का सम्बन्ध है, गुजरात और बिहार राज्यों में शायद ही कोई फर्क होगा, पर अशिक्षितों के प्रतिशत के मामले में एक-दूसरे से आगे हैं।

निष्कर्ष I. गुजरात की जनसंख्या बिहार से अधिक है।
II. बिहार में अशिक्षित गुजरात से अधिक हैं।

9. यदि 'कोई वैज्ञानिक दार्शनिक नहीं है', तो निम्न तर्कवाक्यों में से कौन-सा सही है?
(a) कोई अदार्शनिक वैज्ञानिक नहीं है
(b) सभी वैज्ञानिक अदार्शनिक हैं
(c) कुछ दार्शनिक वैज्ञानिक हैं
(d) कुछ वैज्ञानिक दार्शनिक हैं

10. एक कक्षा के अधिकांश छात्र बुद्धिमान हैं। उक्त कथन से निर्गत होने वाले निम्नांकित विकल्पों में सही विकल्प कौन-सा है?
(a) कुछ ऐसे छात्र हैं, जो बुद्धिमान नहीं हैं
(b) कोई भी ऐसा छात्र नहीं है, जो बुद्धिमान न हो
(c) सभी छात्र बुद्धिमान हैं
(d) कुछ छात्र बुद्धिमान हैं

निर्देश (प्र. सं. 11-20) *नीचे दिए गए प्रत्येक प्रश्न में एक कथन दिया गया है और उसके नीचे दो पूर्वधारणाएँ दी गई हैं, जिन्हें क्रमांक I और II से दिखाया गया है। आप दिए गए कथन और दी हुई पूर्वधारणाओं को ध्यान में लेकर उन दोनों पूर्वधारणाओं में से कौन-सी कथन में अन्तर्निहित है, इसका निर्णय कीजिए।*
(a) केवल पूर्वधारणा I अन्तर्निहित हो
(b) केवल पूर्वधारणा II अन्तर्निहित हो
(c) न तो पूर्वधारणा I और न ही पूर्वधारणा II अन्तर्निहित हो
(d) पूर्वधारणाएँ I और II दोनों अन्तर्निहित हों

11. कथन यद्यपि भारत में चीनी फैक्ट्रियों की संख्या तीव्र गति से बढ़ रही है, लेकिन हम अभी भी दूसरे देशों से इसका आयात किए जा रहे हैं।

पूर्वधारणाएँ
I. हो सकता है फैक्ट्रियों की बढ़ी हुई संख्या भारत में चीनी की माँग को पूरा न करें।
II. चीनी की माँग में भविष्य में बहुत वृद्धि हो सकती है।

12. कथन 'मुम्बई से औरंगाबाद जल्दी पहुँचने के लिए विमान से जाइए'।

पूर्वधारणाएँ
I. मुम्बई और औरंगाबाद विमान सेवा से जुड़े हैं।
II. मुम्बई से औरंगाबाद जाने के लिए और कोई साधन नहीं है।

13. कथन 'साफ वर्ण के लिए रिया कोल्ड क्रीम इस्तेमाल कीजिए'—एक विज्ञापन।

पूर्वधारणाएँ
I. लोग साफ वर्ण के लिए क्रीम का इस्तेमाल करना पसन्द करते हैं।
II. लोग विज्ञापनों के प्रति अनुक्रिया दर्शाते हैं।

14. कथन कपास के बीजों की उन्नत किस्म देने के बाद भी कपास की फसल अच्छी न होना जारी है।

पूर्वधारणाएँ
I. उन्नत किस्म के बीज देने के बाद कपास की उपज में बढ़ोतरी सम्भावित थी।
II. उन्नत किस्म के बीजों को देने से पहले कपास की उपज पर्याप्त थी।

15. कथन 'सिगरेट पीना स्वास्थ्य के लिए हानिकारक है'—वैधानिक चेतावनी

पूर्वधारणाएँ
I. सिगरेट नहीं पीने से स्वास्थ्य में वृद्धि होती है।
II. वास्तव में इस चेतावनी की कोई जरूरत नहीं है।

16. कथन XYZ टीवी देखिए आपकी सर्वोत्तम पसन्द।

पूर्वधारणाएँ
I. उपलब्ध टीवी कार्यक्रमों के बीच लोग लगातार हमेशा एक ही विकल्प चुनेंगे।
II. लोग, जो XYZ टीवी के कार्यक्रम बनाते हैं, जानते हैं कि वे किसे सर्वोत्तम मानते हैं।

17. कथन सभी विषयों में मैं हमेशा समाजशास्त्र पढ़ने को वरीयता देता हूँ।

पूर्वधारणाएँ

I. समाजशास्त्र बहुत रुचिकर है।
II. अन्य विषय पढ़ने लायक नहीं हैं।

18. कथन 'X' कोचिंग कक्षाओं में भर्ती हों, हम आपकी सफलता की गारण्टी देते हैं।

पूर्वधारणाएँ

I. ऐसी कोचिंग कक्षाएँ अच्छी तरह से सुसज्जित हैं।
II. कोचिंग कक्षाओं में जाने वाले छात्र सफलता की आशा करते हैं।

19. कथन सरकारी सहायता प्राप्त स्कूलों में विविध फीस लेने में एकरूपता होनी चाहिए।

पूर्वधारणाएँ

I. सरकारी सब्सिडी, लोगों से टैक्स द्वारा धन इकट्ठा करने से आती है।
II. सब्सिडी देने के समय सरकार ने फीस के बारे में एकरूपता रखने सम्बन्धी कुछ शर्तें लागू की होंगी।

20. कथन 'मन्त्री जी ने कानपुर में अपने समस्त कार्यक्रम रद्द कर दिए और वे वायु मार्ग से राजधानी चले गए'—एक समाचार।

पूर्वधारणाएँ

I. ऐसे समाचार हमेशा मुख्य शीर्षक होते हैं।
II. कानपुर और राजधानी के बीच वायु सम्पर्क है।

निर्देश (प्र. सं. 21-30) *नीचे दिए गए प्रत्येक प्रश्न में दो तर्क दिए गए हैं जिन्हें I और II क्रमांक दिया गया है। आपको यह तय करना है कि इनमें से कौन-सा तर्क 'प्रबल' तर्क है और कौन-सा 'निर्बल'?*

उत्तर दीजिए

(a) केवल तर्क I प्रबल है (b) केवल तर्क II प्रबल है
(c) न तो तर्क I और न ही II प्रबल है (d) तर्क I और II दोनों प्रबल हैं

21. क्या हमें स्कूलों में यौन शिक्षा देनी चाहिए?

I. हाँ, निश्चित ही। सभी प्रगतिशील देश ऐसा करते हैं।
II. नहीं, कम-से-कम सहशिक्षा वाले स्कूलों में नहीं।

22. क्या उत्पादनों के विज्ञापनों पर रोक लगा देनी चाहिए?

I. नहीं, यह तो विज्ञापनों का जमाना है। जब तक आपके विज्ञापन आपके प्रतिर्स्पद्धियों के विज्ञापनों से बेहतर न हों, उत्पादों की बिक्री नहीं होगी।
II. हाँ, विज्ञापनों पर खर्च किया गया धन काफी भारी होता है और यह उत्पादन की लागत बढ़ाता है।

23. कथन क्या विद्यालय में शिक्षा के लिए सभी को आर्थिक सहायता देनी चाहिए?

तर्क

I. इससे बड़ी संख्या में लोगों को सहायता मिलेगी क्योंकि जनसंख्या का बड़ा हिस्सा मध्यम और निचले वर्ग से आता है।
II. नहीं, इससे नकद से निर्बद्ध राजकोष पर बड़ा बोझ पड़ेगा।

24. क्या सरकार को कृषि आय पर भी टैक्स लगाना चाहिए?

I. हाँ, सरकारी खजाने में बढ़ोत्तरी करने का यही एक तरीका है।
II. नहीं, हमारी 80% जनता ग्रामीण क्षेत्रों में रहती है।

25. क्या भारत में वर्तमान बड़े राज्यों में से कुछ और राज्य बना लेने चाहिए?

I. हाँ, इससे प्रशासनिक सुविधा हो जाएगी।
II. नहीं, यह राष्ट्रीय एकात्मकता के लिए खतरा होगा।

26. भारत में जीवनकाल की दीर्घता को ध्यान में रखते हुए क्या सरकारी सेवा में सेवानिवृत्ति की आयु सीमा को बढ़ाया जाना चाहिए?

I. हाँ, दूसरे देशों ने पहले ही ऐसा निर्णय ले लिया है।
II. हाँ, यह लाखों कर्मचारियों की यथार्थ माँग है।

27. क्या सभी सरकारी स्वामित्व वाले शिक्षा संस्थानों को निजी संस्थानों को सौंप दिया जाना चाहिए?

I. हाँ, इन संस्थानों के शिक्षा स्तर में सुधार होगा।
II. नहीं, इन संस्थानों में शिक्षा का स्तर गिरेगा।

28. क्या सरकार को अन्तर्राष्ट्रीय खेलों पर भारी धन का खर्च बन्द कर देना चाहिए?

I. हाँ, इस धन का उपयोग गरीबों के उन्नयन में किया जा सकता है।
II. नहीं, खिलाड़ी इससे कुण्ठित हो जाएँगे और उन्हें अन्तर्राष्ट्रीय एक्सपोजर नहीं मिलेगा।

29. क्या भारत में पटाखों के उत्पादन पर पूर्णतया प्रतिबन्ध होना चाहिए?

I. नहीं, यह हजारों श्रमिकों को रोजगार रहित कर देगा।
II. हाँ, पटाखा निर्माता बड़े पैमाने पर बाल श्रमिकों का इस्तेमाल करते हैं।

30. क्या माँसाहारी भोजनों पर पूरी तरह से प्रतिबन्ध लगा देना चाहिए?

I. हाँ, यह बहुत महँगा होता है और इसीलिए हमारे देश के अधिकतर लोगों की पहुँच से बाहर रहता है।
II. नहीं, हमारे जैसे प्रजातान्त्रिक देश में किसी चीज पर प्रतिबन्ध नहीं लगाना चाहिए।

उत्तरमाला

1	(a)	2	(b)	3	(c)	4	(d)	5	(b)	6	(a)	7	(a)	8	(c)	9	(b)	10	(a)
11	(a)	12	(a)	13	(d)	14	(a)	15	(c)	16	(c)	17	(a)	18	(b)	19	(c)	20	(c)
21	(c)	22	(d)	23	(a)	24	(c)	25	(a)	26	(c)	27	(a)	28	(b)	29	(a)	30	(b)

सॉल्यूशन्स

1. (a) दिए गए कथन के आधार पर ज्ञात होता है कि विज्ञान की सहायता से ही दुनिया के लोगों ने भारत की महान् विरासत को जाना है। अत: केवल निष्कर्ष I निकलता है।

2. (b) दिए गए कथन से, नेता मनुष्य होते हैं और सभी मनुष्यों को विश्राम की आवश्यकता होती है। अत: नेताओं को विश्राम की आवश्यकता होती है, अत: केवल निष्कर्ष II निकलता है।

3. (c) दिए गए कथनों से कोई भी निष्कर्ष नहीं निकलता।

4. (d) दिए गए कथनों से दोनों निष्कर्ष निकलते हैं।

5. (b) बढ़ती हुई जनसंख्या के कारण राष्ट्र अपने नागरिकों को एक शालीन जीवन निर्वाह नहीं प्रदान कर पाएगा।

6. (a) कथन से यह स्पष्ट है कि अधिकारी के प्रति निष्ठा महत्त्वपूर्ण मानी जाती है।

7. (a) प्रसाधनों के उपयोग में जोखिम तो है लेकिन इसका प्रभाव भी सहवर्ती होता है।

8. (c) दिए गए कथन से न तो निष्कर्ष I और न ही निष्कर्ष II निकलता है।

9. (b) कथनानुसार, 'कोई वैज्ञानिक दार्शनिक नहीं है' इसका अर्थ यह है कि सभी वैज्ञानिक अदार्शनिक हैं।

10. (a) कथनानुसार, कक्षा के अधिकांश छात्र बुद्धिमान हैं लेकिन सभी नहीं अर्थात् हम कह सकते हैं कि कुछ छात्र ऐसे हैं जो बुद्धिमान नहीं हैं।

11. (a) केवल पूर्वधारणा I अन्तर्निहित है, क्योंकि फैक्ट्रियों की बढ़ी हुई संख्या भारत में चीनी की माँग को पूरा करने में शायद समर्थ न हो।

12. (a) कथन में मुम्बई से औरंगाबाद विमान से जाने के लिए कहा गया है। अत: यह स्पष्ट है कि मुम्बई और औरंगाबाद विमान सेवा से जुड़े हैं, लेकिन यह कहना असंगत होगा कि मुम्बई से औरंगाबाद जाने के लिए और कोई साधन नहीं है।

अत: केवल पूर्वधारणा I ही कथन में अन्तर्निहित है।

13. (d) विज्ञापन से पहले की धारणा भी यही होगी कि लोग साफ वर्ण के लिए क्रीम का इस्तेमाल करना पसन्द करते हैं और साथ ही यह भी कि लोग विज्ञापनों के प्रति अनुक्रिया दर्शाते हैं इसलिए ऐसा विज्ञापन दिया गया अर्थात् दोनों पूर्वधारणाएँ I एवं II कथन में अन्तर्निहित हैं।

14. (a) उन्नत बीजों को देने से पहले कपास की उपज पर्याप्त नहीं थी इसलिए उन्नत किस्म के बीजों को दिया गया था। अत: पूर्वधारणा II बिल्कुल ही असंगत है, लेकिन यह बिल्कुल स्पष्ट है कि उन्नत किस्म के बीज देने के बाद कपास की उपज में बढ़ोतरी सम्भावित थी। अत: पूर्वधारणा I कथन में अन्तर्निहित है।

15. (c) पूर्वधारणाएँ I एवं II दोनों ही गलत हैं, क्योंकि सिगरेट नहीं पीने से स्वास्थ्य में वृद्धि या कमी होती है, इन बातों का कथन से कोई मतलब नहीं है। साथ ही कोई भी चेतावनी तभी दी जाती है, जबकि उसकी जरूरत महसूस होती है।

16. (c) चूँकि सभी लोगों की अपनी पसन्द होती है, अत: यह कहना असंगत है कि हमेशा लोग एक ही विकल्प चुनेंगे, जबकि जो कार्यक्रम बनाते हैं, वे सर्वोत्तम का फैसला नहीं करते हैं, बल्कि दर्शक इसका फैसला करते हैं कि कौन सर्वोत्तम है।

अत: दोनों ही पूर्वधारणाएँ असंगत हैं।

17. (a) कथन में कहा गया है कि मैं हमेशा समाजशास्त्र को पढ़ने में वरीयता देता हूँ, अत: सम्भवत: यही पूर्वधारणा होगी कि समाजशास्त्र बहुत रुचिकर है। अत: पूर्वधारणा I कथन में अन्तर्निहित है, जबकि पूर्वधारणा II असंगत है, क्योंकि इसमें तुलनात्मकता का बोध होता है।

18. (b) हम आपकी सफलता की गारण्टी देते हैं। ऐसा विज्ञापन से स्पष्ट है कि विद्यार्थी सफलता की आशा करते हैं इसलिए कोचिंग ने सफलता की गारण्टी देने का विज्ञापन कराया है।

अत: केवल पूर्वधारणा II ही कथनानुसार तर्कसंगत है।

19. (c) चूँकि दोनों में से कोई भी पूर्वधारणा कथन से सम्बन्धित नहीं है, न ही कथन में कोई टैक्स की चर्चा है और न ही किन्हीं शर्तों की। अत: न तो पूर्वधारणा I और न ही पूर्वधारणा II कथन में अन्तर्निहित होगी।

20. (c) 'मन्त्री जी कानपुर में अपने समस्त कार्यक्रम रद्द कर वायुमार्ग से राजधानी गए हैं' इस कथन के निष्कर्ष के रूप में यह कहा जा सकता है कि कानपुर और राजधानी के बीच वायुमार्ग है, लेकिन निष्कर्ष, पूर्वधारणा नहीं हो सकता। जबकि पूर्वधारणा I का कथन से कोई सम्बन्ध नहीं है। अत: न तो पूर्वधारणा I और न ही पूर्वधारणा II कथन में अन्तर्निहित है।

21. (c) दोनों ही तर्क I एवं II निर्बल हैं। तर्क I में दूसरे देशों से तुलना की गई है तथा तर्क II में यौन शिक्षा सहशिक्षा वाले स्कूलों में न देने की बात की गई है, जबकि वास्तविकता यह है कि यौन शिक्षा लड़के तथा लड़कियों दोनों के लिए आवश्यक है।

22. (d) स्पष्टत: यह विज्ञापन ही जिससे ग्राहक को उत्पाद के गुणों के विषय में पता चलता है और वह इसे खरीदने के लिए तैयार हो जाता है। इसलिए तर्क I वैद्य है। लेकिन आजकल विज्ञापन पर बहुत खर्च आता है और इसका खर्च उत्पाद के मूल्य में ही जोड़ दिया जाता है। इसलिए तर्क II भी प्रबल है।

23. (a) विद्यालय में सभी को शिक्षा के लिए सरकार द्वारा आर्थिक सहायता मिलनी ही चाहिए, क्योंकि जनसंख्या का एक बड़ा हिस्सा निचले और मध्यम वर्ग से सम्बन्धित है। ऐसा करने से बड़ी संख्या में लोगों को सहायता मिलेगी। अत: केवल तर्क I प्रभावशाली है।

24. (c) दोनों तर्क असंगत हैं। तर्क I में कहा गया है कि सरकारी खजाने में बढ़ोत्तरी करने का यही एक तरीका है, जबकि खजाने में बढ़ोत्तरी करने के कई अन्य तरीके भी होते हैं तथा तर्क II में यह वर्णित है कि इससे 80% जनता प्रभावित होगी।

25. (a) तर्क I प्रबल है क्योंकि कई और राज्य बनाने से प्रशासनिक सुविधा हो जाएगी। छोटे राज्यों में प्रशासन का दायरा घट जाएगा और बहुत-सी प्रशासनिक सुविधाओं में वृद्धि होगी।

27. (a) तर्क II निर्बल है क्योंकि निजी संस्थानों को सौंपने से सरकारी स्वामित्व वाले शिक्षा संस्थानों के शिक्षा का स्तर बढ़ेगा न कि गिरेगा।

28. (b) तर्क I असंगत है क्योंकि खेलों पर खर्च बन्द कर देने मात्र से गरीबों का उत्थान नहीं हो सकता। इसके लिए अन्य उपाय सम्भव है, जबकि खेलों पर खर्च बन्द होने से खिलाड़ी कुण्ठित हो जाएँगे।

29. (a) केवल तर्क I ठोस है क्योंकि पटाखों के उत्पादन पर प्रतिबन्ध लगाने पर यह हजारों श्रमिकों को रोजगार रहित कर देगा, जबकि यह पूर्णत: सत्य नहीं है कि पटाखा निर्माता बड़े पैमाने पर बाल श्रमिकों का इस्तेमाल ही करते हैं।

30. (b) तर्क II ठोस है, जबकि तर्क I निर्बल है।

अध्याय 21

आकृति सादृश्यता

FIGURE ANALOGY

किसी आकृति का किसी अन्य आकृति से किसी भी प्रकार से निहित समानता ही आकृति सादृश्यता कहलाती है। आकृति सादृश्यता दरअसल दो आकृतियों या अवयवों की समानता है। इसकी सहायता से आकृतियों की असमानता का पता भी लग जाता है। बुद्धि परीक्षण के लिए यह अध्याय अति महत्त्वपूर्ण है। इस प्रकार के प्रश्नों में प्रश्न के बाईं ओर समस्या या प्रश्न आकृतियों की दो इकाइयाँ दी जाती हैं, जिनमें से प्रथम इकाई के दो खण्ड होते हैं और प्रत्येक खण्ड में एक या एक से अधिक आकृति या आकृतियाँ दी गईं होती हैं तथा दूसरी इकाई के प्रथम खण्ड में एक या एक से अधिक आकृतियाँ दी गईं रहती हैं, जबकि दूसरे खण्ड मे प्रश्नवाचक चिन्ह (?) बना होता है। प्रथम दो समस्या आकृतियों में किसी-ने-किसी प्रकार का आपसी सम्बन्ध अवश्य होता है। अभ्यर्थी को इसी सम्बन्ध को पहचान कर प्रश्नवाचक चिन्ह (?) वाले स्थान के लिए उत्तर-आकृतियों में से उपयुक्त आकृति का चयन करना होता है।
आकृतियों के बीच सम्बन्द्धता निम्न प्रकार से हो सकती है

1. आकृति की संख्या में वद्धि/कमी
2. भुजाओं की संख्या में वृद्धि/कमी
3. आकार के आधार पर
4. दर्पण प्रतिबिम्ब के आधार पर/जल प्रतिबिम्ब
5. आकृतियों के घूर्णन के आधार पर

प्रकार 1 आकृतियों के बीच आकार का राम्बन्ध

उदाहरण 1 प्रश्न आकृतियाँ

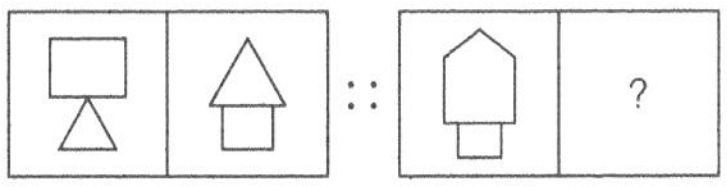

(i) (ii) (iii) (iv)

उत्तर आकृतियाँ

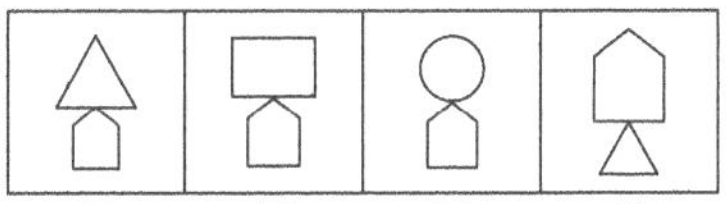

(a) (b) (c) (d)

हल (b) पहली से दूसरी आकृति में बड़ा चतुर्भुज छोटा होकर नीचे जुड़ जाता है और नीचे का छोटा त्रिभुज आकृति दो में ऊपर बड़ा हो रहा है। इसी प्रकार आकृति तीन से चौथी में पंचभुज छोटा होकर नीचे जाएगा तथा चतुर्भुज ऊपर बड़ा होगा, जैसा कि विकल्प (b) में प्रदर्शित है।

प्रकार 2 आकृतियों के बीच भुजाओं के घटने व बढ़ने का सम्बन्ध

उदाहरण 2 प्रश्न आकृतियाँ

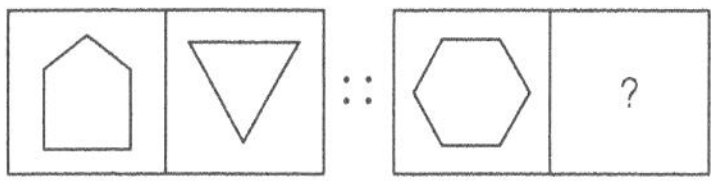

(i) (ii) (iii) (iv)

उत्तर आकृतियाँ

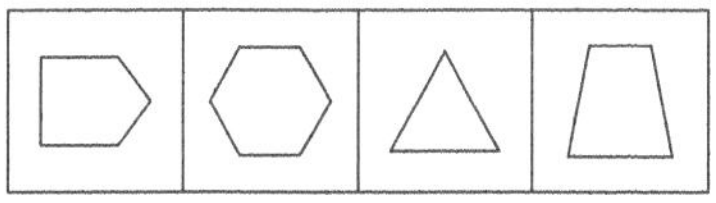

(a) (b) (c) (d)

हल (d) प्रश्न आकृति के पहले भाग की पहली आकृति में पाँच भुजाएँ हैं, जबकि दूसरी आकृति में तीन। स्पष्ट है कि दो भुजाओं की कमी हो रही है। इसी प्रकार दूसरे भाग की पहली आकृति में छः भुजाएँ हैं। अत: प्रश्नवाचक चिन्ह (?) के स्थान पर उत्तर आकृति (d) आएगी।

प्रकार 4 दर्पण अथवा जल प्रतिबिम्ब के अनुसार परिवर्तन

उदाहरण 4 प्रश्न आकृतियाँ

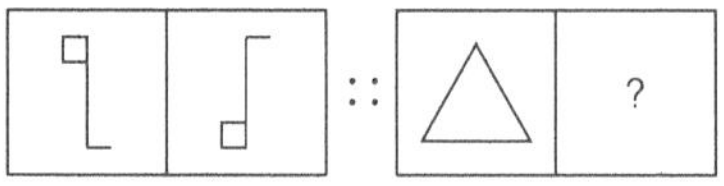

(i) (ii) (iii) (iv)

उत्तर आकृतियाँ

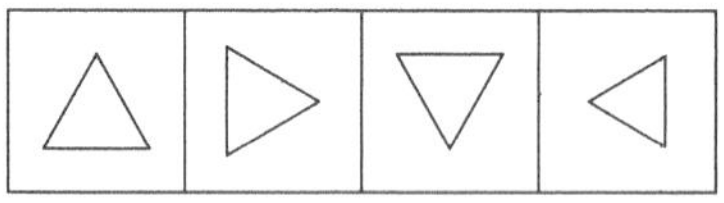

(a) (b) (c) (d)

हल (c) पहले भाग की पहली आकृति का जल प्रतिबिम्ब दूसरी आकृति है। इसी प्रकार दूसरे भाग की पहली आकृति का जल प्रतिबिम्ब विकल (c) में स्थित है।

प्रकार 5 आकृतियों के बीच कटाव एवं जुड़ाव का सम्बन्ध

उदाहरण 5 प्रश्न आकृतियाँ

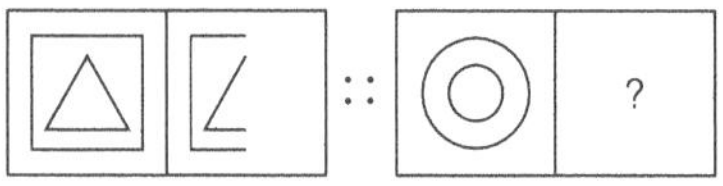

(i) (ii) (iii) (iv)

उत्तर आकृतियाँ

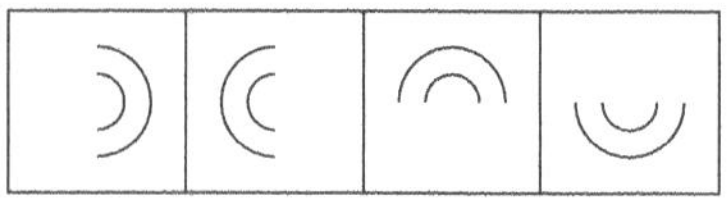

(a) (b) (c) (d)

हल (b) पहले भाग की पहली आकृति दाईं ओर से आधी कटकर नया रूप लेती है। इसी प्रकार दूसरी भाग की पहली आकृति दाईं ओर से आधी कटने के पश्चात् विकल्प (b) में स्थित आकृति के समान हो जाएगी।

प्रकार 3 आकृतियों में दोगुनी आकृति का सम्बन्ध

उदाहरण 3 प्रश्न आकृतियाँ

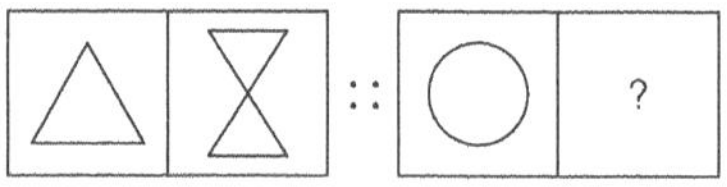

(i) (ii) (iii) (iv)

उत्तर आकृतियाँ

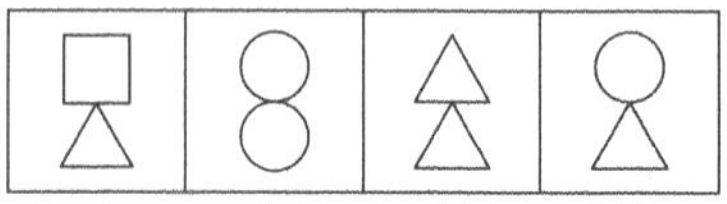

(a) (b) (c) (d)

हल (b) पहले भाग की पहली आकृति का त्रिभुज दूसरी आकृति में दोगुना हो जाता है। इसी प्रकार दूसरे भाग की पहली आकृति का वृत्त दूसरी आकृति में दोगुना हो जाएगा।

✓ अति महत्त्वपूर्ण प्रश्न

निर्देश (प्र. सं. 1-12) *निम्नलिखित आकृतियों में प्रश्नवाचक चिह्न (?) के स्थान पर आने वाली आकृति का दिए गए विकल्पों से उचित चयन कीजिए।*

1. प्रश्न आकृतियाँ

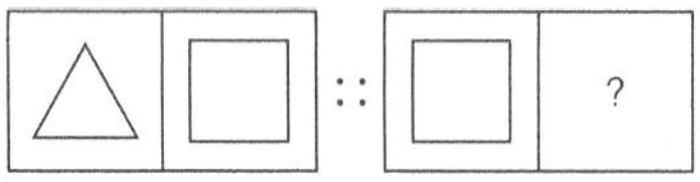

(i) (ii) (iii) (iv)

उत्तर आकृतियाँ

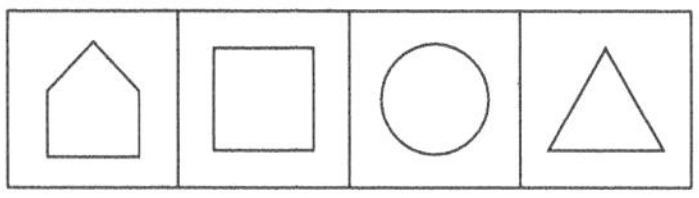

(a) (b) (c) (d)

2. प्रश्न आकृतियाँ

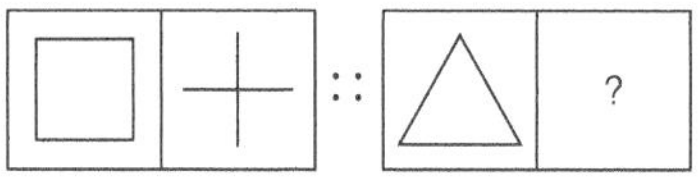

(i) (ii) (iii) (iv)

उत्तर आकृतियाँ

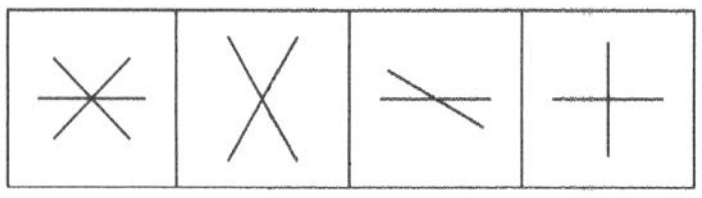

(a) (b) (c) (d)

3. प्रश्न आकृतियाँ

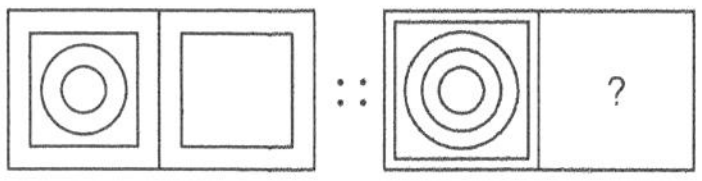

(i) (ii) (iii) (iv)

उत्तर आकृतियाँ

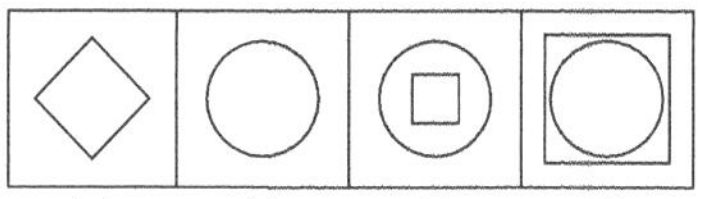

(a) (b) (c) (d)

4. प्रश्न आकृतियाँ

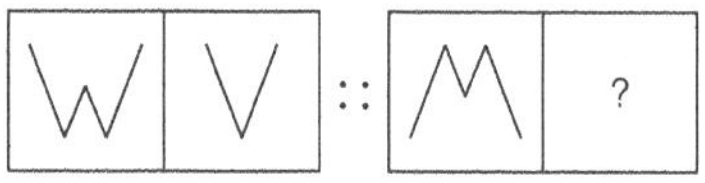

(i) (ii) (iii) (iv)

उत्तर आकृतियाँ

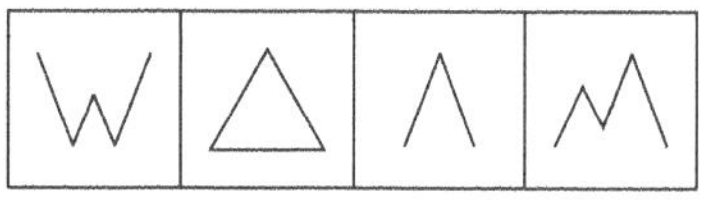

(a) (b) (c) (d)

5. प्रश्न आकृतियाँ

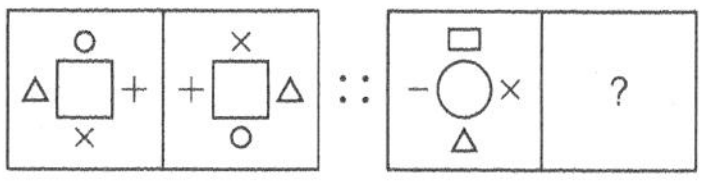

(i) (ii) (iii) (iv)

उत्तर आकृतियाँ

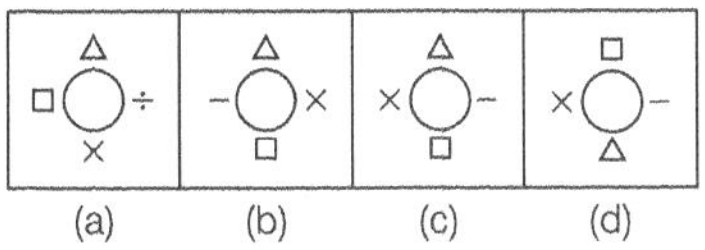

6. प्रश्न आकृतियाँ

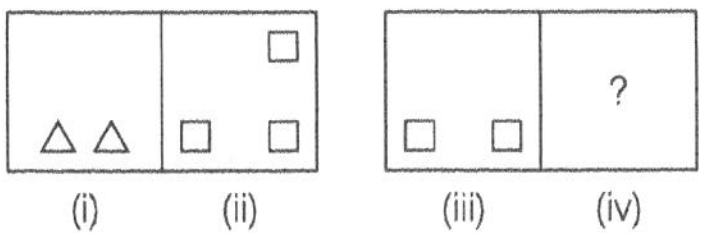

उत्तर आकृतियाँ

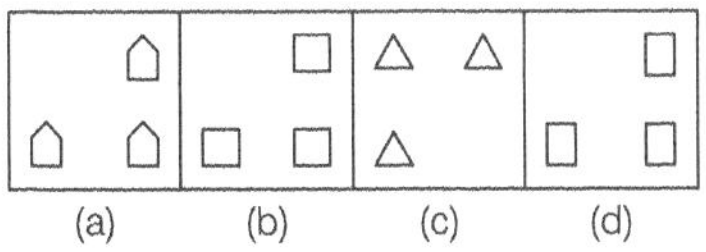

7. प्रश्न आकृतियाँ

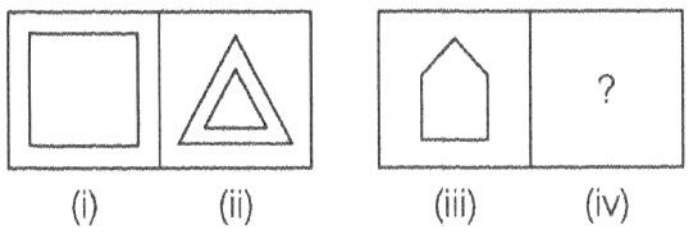

उत्तर आकृतियाँ

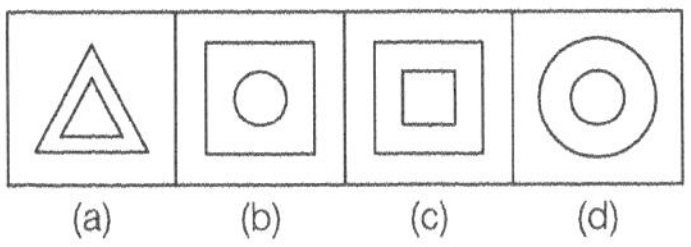

8. प्रश्न आकृतियाँ

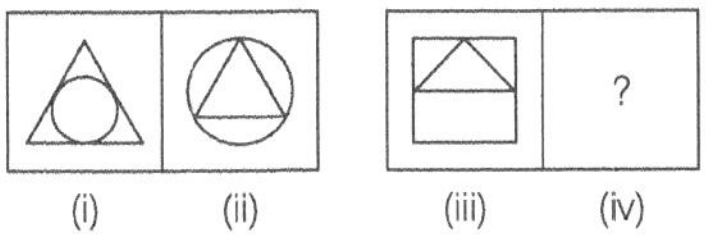

उत्तर आकृतियाँ

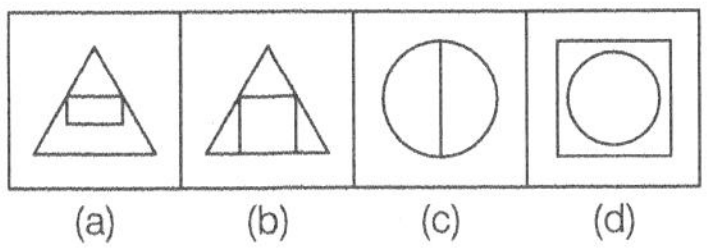

9. प्रश्न आकृतियाँ

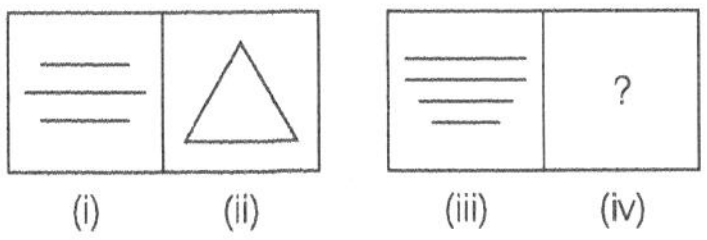

उत्तर आकृतियाँ

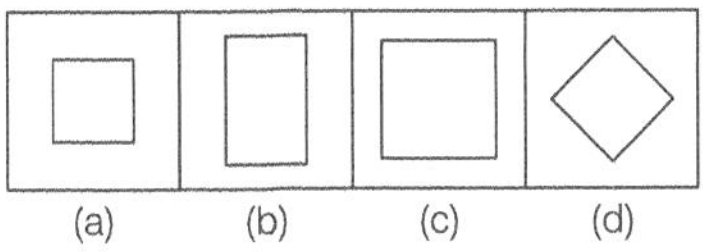

10. प्रश्न आकृतियाँ

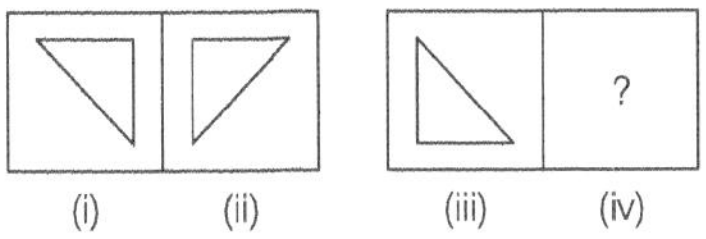

उत्तर आकृतियाँ

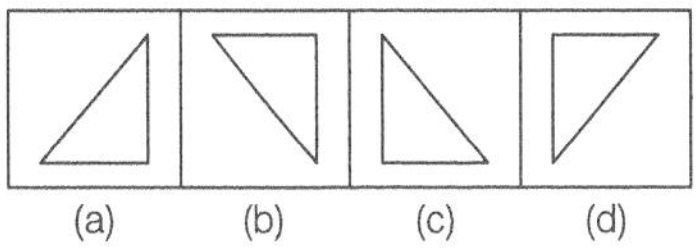

11. प्रश्न आकृतियाँ

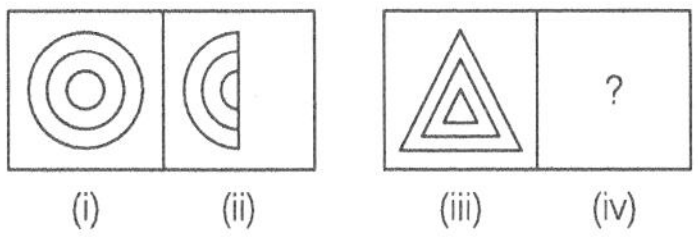

उत्तर आकृतियाँ

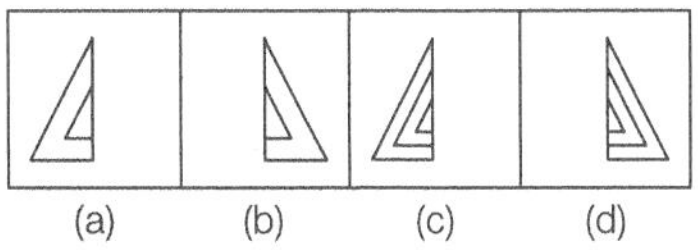

12. प्रश्न आकृतियाँ

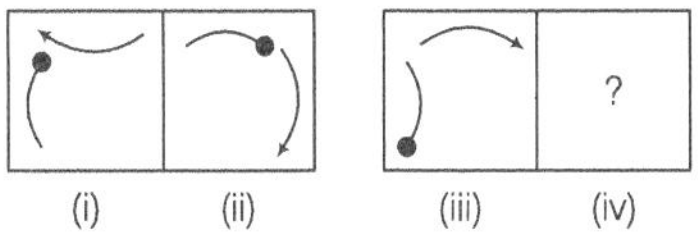

उत्तर आकृतियाँ

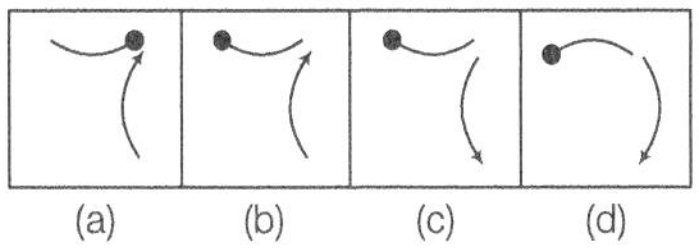

उत्तरमाला

1 (a)	2 (a)	3 (d)	4 (c)	5 (c)	6 (a)	7 (c)	8 (b)	9 (b)	10 (a)
11 (c)	12 (b)								

अध्याय 22

आकृति वर्गीकरण

FIGURE CLASSIFICATION

प्रस्तुत अध्याय के अन्तर्गत आने वाले प्रश्नों में अभ्यर्थी को चार-चार आकृतियाँ दी गई हैं, जिनमें से तीन आकृतियों में बने हुए चित्र किसी-न-किसी प्रकार से एक-दूसरे से सम्बन्धित हैं तथा एक चित्र उन तीनों से भिन्न है। अभ्यर्थी को इसी भिन्न आकृति का पता लगाना है, यही भिन्न आकृति आपके प्रश्न का उत्तर है। अभ्यर्थी की सुविधा हेतु कुछ उदाहरण और अभ्यास प्रश्न दिए जा रहे हैं। इनका ध्यानपूर्वक अध्ययन कीजिए, तत्पश्चात प्रश्नों के उत्तर दीजिए।

उदाहरण 1 विषम चुनें

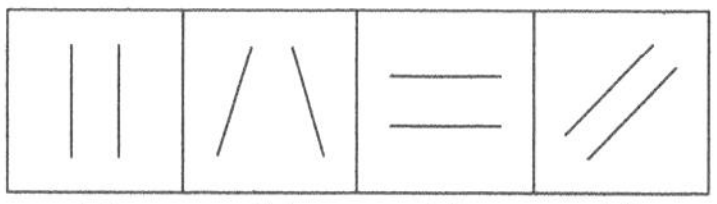

(a) (b) (c) (d)

हल (b) चारों आकृतियों में से विकल्प (b) के अतिरिक्त शेष आकृतियों में दोनों रेखाएँ समान्तर हैं जबकि आकृति (b) इससे सम्बन्धित नहीं है।

उदाहरण 2 भिन्न को छाँटिए

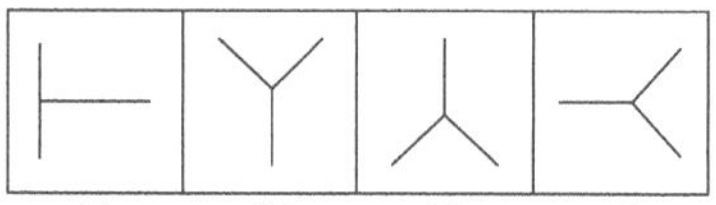

(a) (b) (c) (d)

हल (a) शेष आकृतियों में रेखाएँ समान कोण पर बनती हैं जबकि आकृति (a) में ऐसा नहीं है।

आकृतियों के बीच वर्गीकरण निम्न आधार पर होते हैं

1. रेखाओं या भुजाओं के आधार पर
2. आकृतियों की संख्या के आधार पर
3. आकृतियों के घूर्णन के आधार पर
4. बन्द एवं खुली आकृति के आधार पर
5. आकृतियों के विभाजन के आधार पर

उदाहरण 3 उस आकृति को चुनिए जो अन्य तीन से भिन्न है

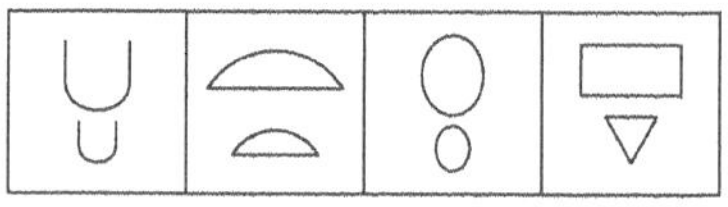

(a) (b) (c) (d)

हल (d) शेष अन्य तीन आकृतियों में दोनों अवयव (छोटा और बड़ा) समान रूप में स्थित है जबकि आकृति (d) में अवयव भिन्न हैं।

उदाहरण 4 उस आकृति को चुनिए जो अन्य तीन से भिन्न है

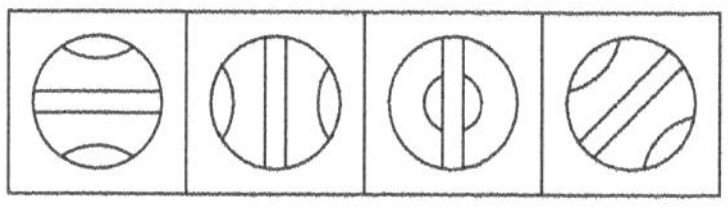

(a) (b) (c) (d)

हल (c) आकृति a, b और d में अर्द्धवृत्त रेखाओं के विपरीत बनते हैं जबकि आकृति (c) में समान दिशा में बनते हैं।

✓ अति महत्त्वपूर्ण प्रश्न

निर्देश (प्र. सं. 1-12) *अधोलिखित प्रश्नों में चार आकृतियाँ a, b, c और d के रूप में दी गईं हैं। इन चार आकृतियों में से तीन आकृतियाँ किसी प्रकार से समान हैं और एक भिन्न है। आपको उस भिन्न आकृति का चयन करना है।*

1.

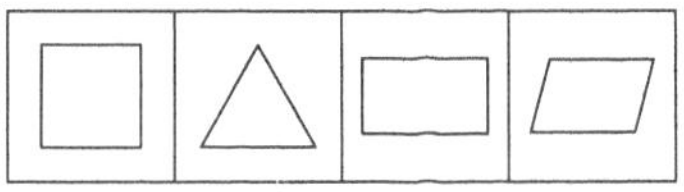

(a) (b) (c) (d)

2.

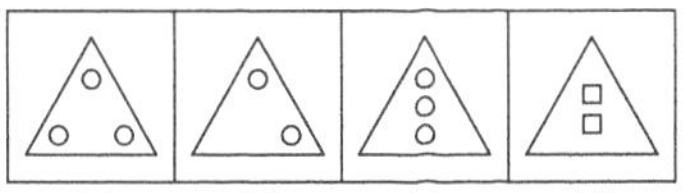

(a) (b) (c) (d)

3.

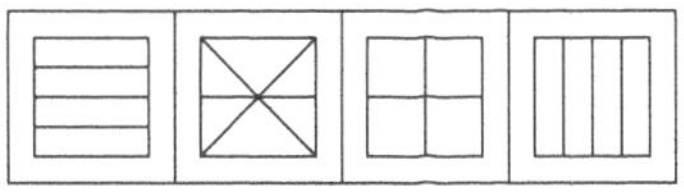

(a) (b) (c) (d)

4.

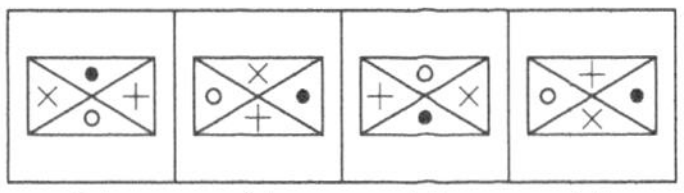

(a) (b) (c) (d)

5.

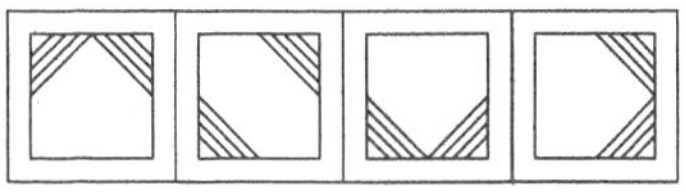

(a) (b) (c) (d)

6.

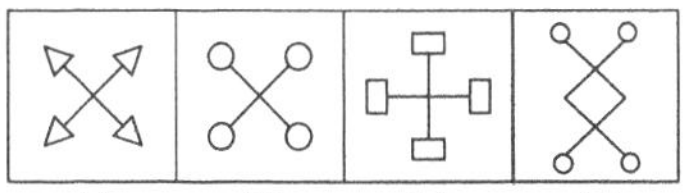

(a) (b) (c) (d)

7.

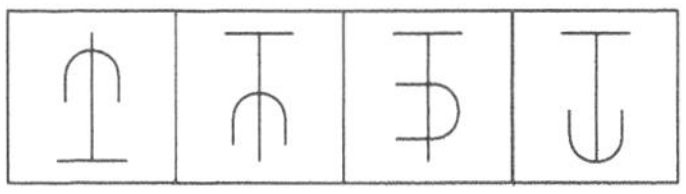

(a) (b) (c) (d)

8.

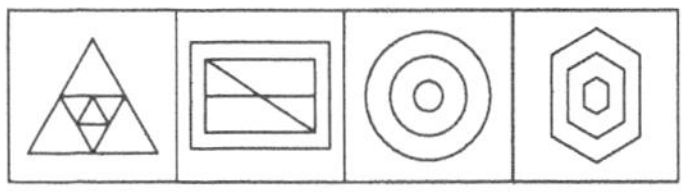

(a) (b) (c) (d)

9.

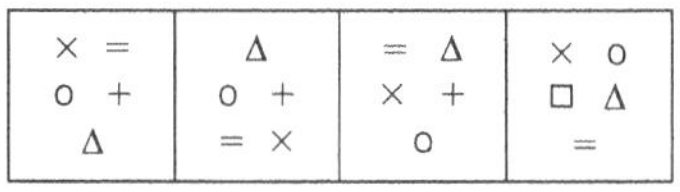

(a) (b) (c) (d)

10.

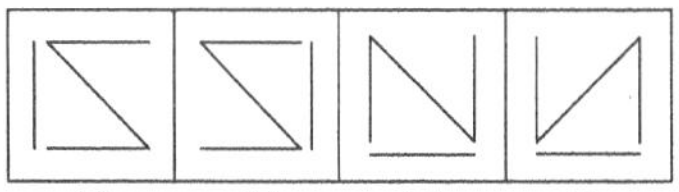

(a) (b) (c) (d)

11.

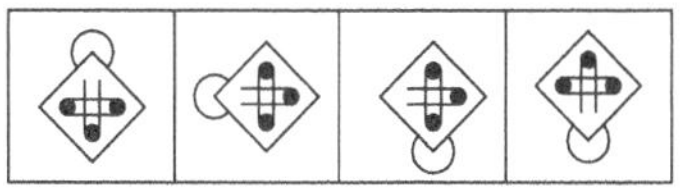

(a) (b) (c) (d)

12.

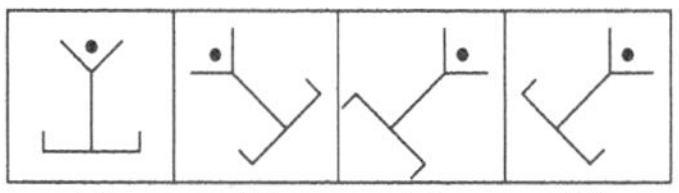

(a) (b) (c) (d)

उत्तरमाला

1 (b)	2 (d)	3 (c)	4 (d)	5 (b)	6 (d)	7 (d)	8 (b)	9 (d)	10 (c)
11 (c)	12 (c)								

अध्याय 23

आकृति शृंखला

FIGURE SERIES

इस अध्याय में पूछे गए प्रश्नों में दो प्रकार की आकृतियाँ दी गई रहती है। एक प्रश्न आकृति (Problem Figure) और दूसरी उत्तर आकृति (Answer figure) इस प्रकार के प्रश्नों में आकृतियों की एक शृंखला दी जाती है। इस शृंखला में आकृतियों का स्वरूप एक निश्चित नियम के अनुसार बदलता है। अभ्यार्थियों को परिवर्तन के इसी नियम का पता लगाना होता है। इस नियम के अनुरूप ही आकृतियों में वांछित परिवर्तन करके शृंखला की आकृति का पता लगाना होता है। शृंखला में पूछे गये प्रश्न कई प्रकार के हो सकते हैं जिनमें से कुछ प्रमुख निम्नलिखित हैं

प्रकार 1
संख्या के आधार पर

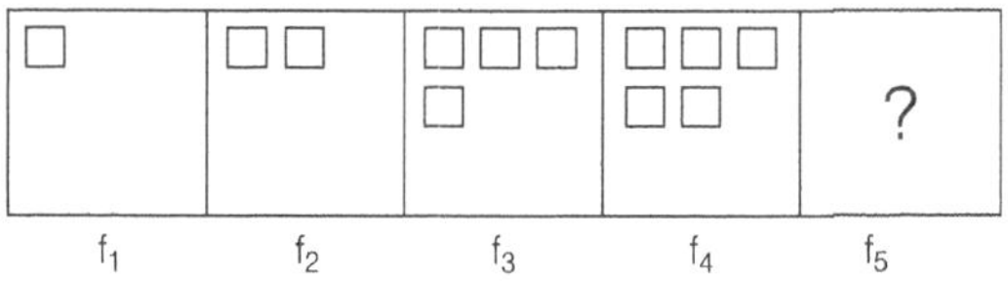

उपरोक्त शृंखला में

f_1 से f_2 में आकृतियों की संख्या में वृद्धि – 1

f_2 से f_3 में आकृतियों की संख्या में वृद्धि – 2

f_3 से f_4 में आकृतियों की संख्या में वृद्धि – 1

$\therefore f_4$ से f_5 में आकृतियों की संख्या में वृद्धि – 2 →

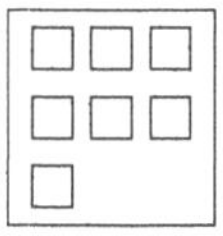

प्रकार 2
आकृतियों के रूप एवं आकार के आधार पर

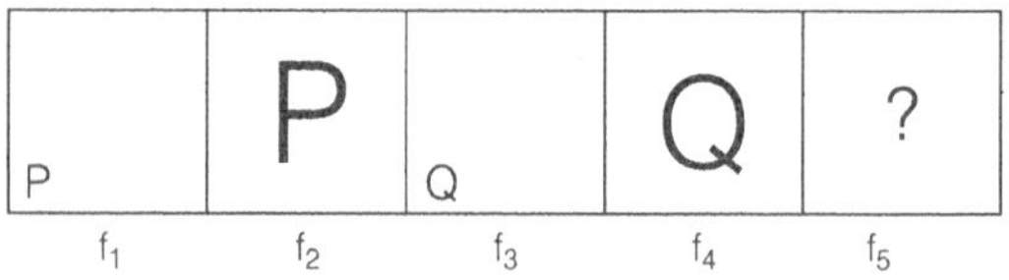

उपरोक्त शृंखला में f_1 से f_2 में छोटी आकृति बड़ी हो जाती है। इसी प्रकार f_3 से f_4 में छोटी से बड़ी हो रही है। अब इसी प्रकार f_5 में आने वाली आकृति छोटे आकार की होगी अर्थात् $\longrightarrow f_5 \longrightarrow R$

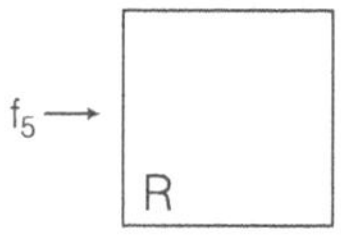

प्रकार 3
घूर्णन के आधार पर

शृंखला पर आधारित आकृतियों मे घूर्णन घड़ी की दिशा में (Clockwise Direction) अथवा घड़ी की विपरीत दिशा में (Anti–Clockwise Direction) दोनों दिशाओं में हो सकता है।

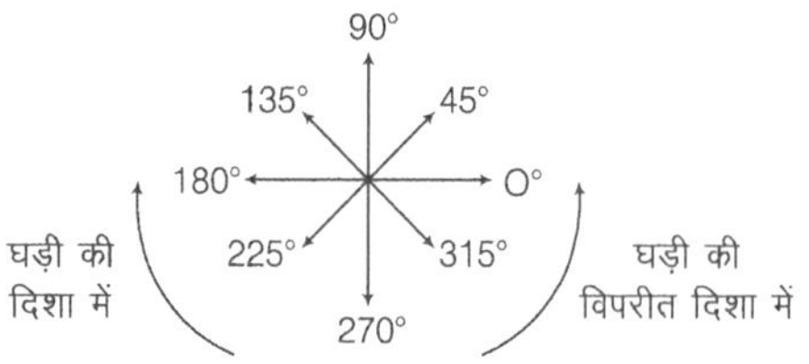

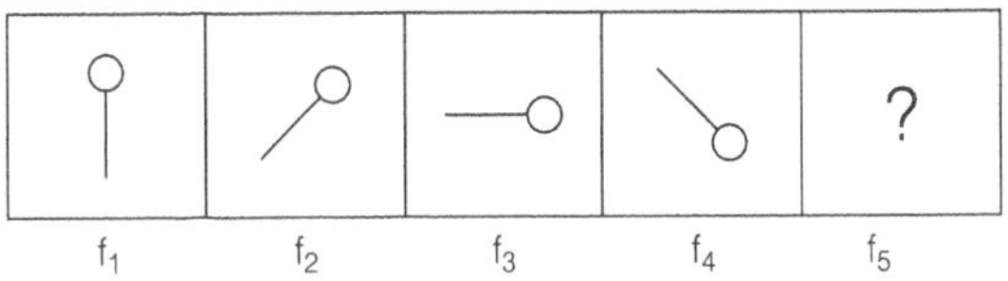

उपरोक्त श्रृंखला में आकृति घड़ी की दिशा में 45° से बढ़ रही है।
अत:

$f_5 \rightarrow$

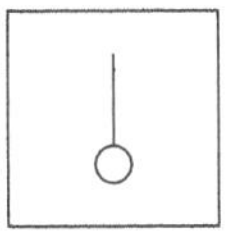

प्रकार 4

श्रृंखला की आकृतियों के जुड़ाव या विखण्डन के आधार पर

इस प्रकार की श्रृंखला की आकृतियों में कभी अवयवों में वृद्धि अथवा कमी होती है, कभी-कभी ऐसा एक साथ भी हो सकता है।

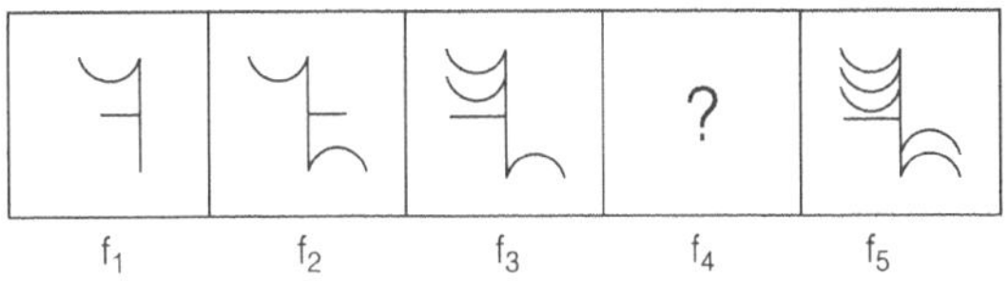

उपरोक्त श्रृंखला में आकृतियों की पंखुड़ियों में एक-एक वृद्धि हो रही है और '–' रेखा बाएँ-दाएँ, बाएँ-दाएँ खिसकती रहती है। अत:

$f_4 =$

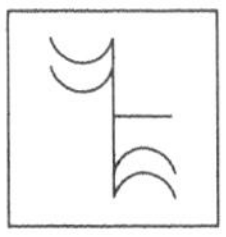

✓ अति महत्त्वपूर्ण प्रश्न

निर्देश (प्र.सं. 1-15) *अधोलिखित प्रत्येक प्रश्न में बाईं ओर समस्या आकृति/ प्रश्नाकृति दी गई हैं और दाईं ओर उत्तर आकृतियाँ दी गई है। शृंखला के पैटर्न को पहचानकर प्रश्नवाचक चिह्न (?) के स्थान पर आने वाली सही आकृति को विकल्पों से / उत्तर आकृतियों से चुनिए।*

1. समस्या आकृतियाँ

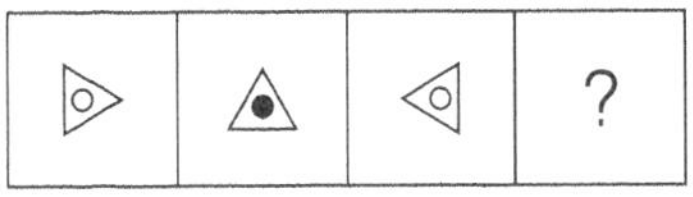

उत्तर आकृतियाँ

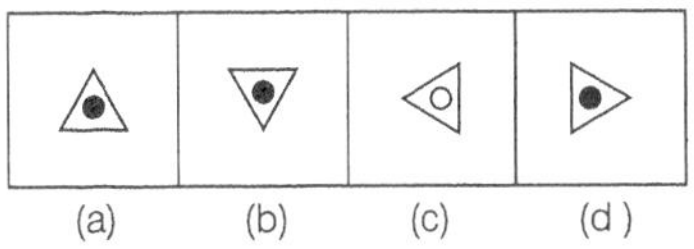

2. समस्या आकृतियाँ

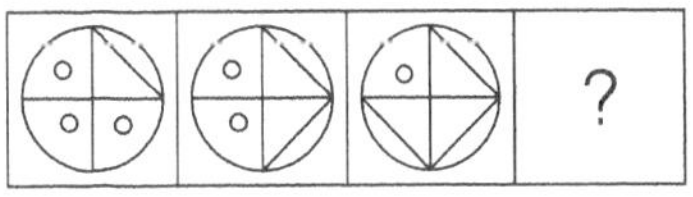

उत्तर आकृतियाँ

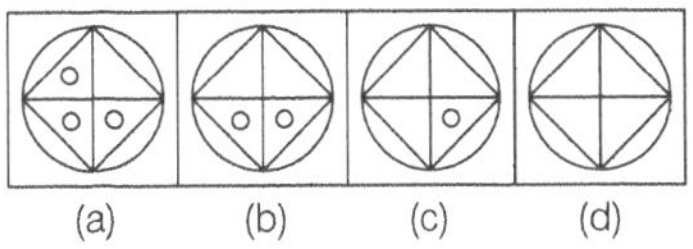

3. समस्या आकृतियाँ

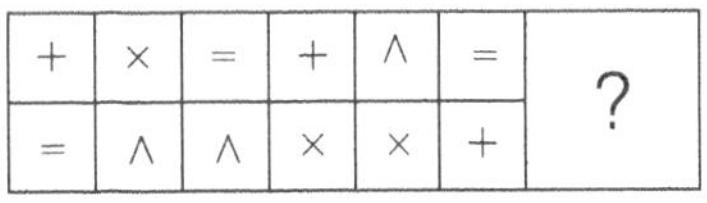

उत्तर आकृतियाँ

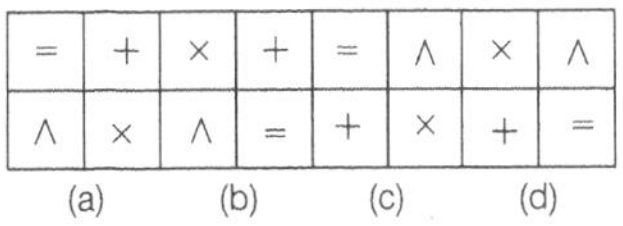

4. समस्या आकृतियाँ

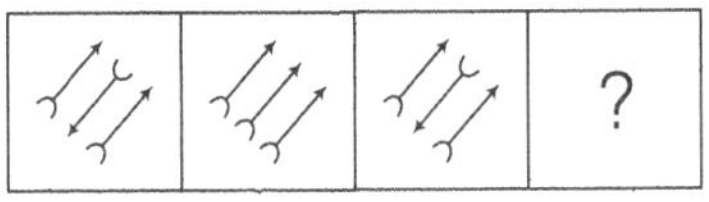

उत्तर आकृतियाँ

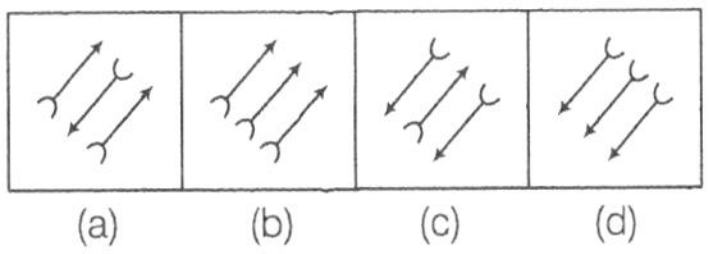

5. समस्या आकृतियाँ

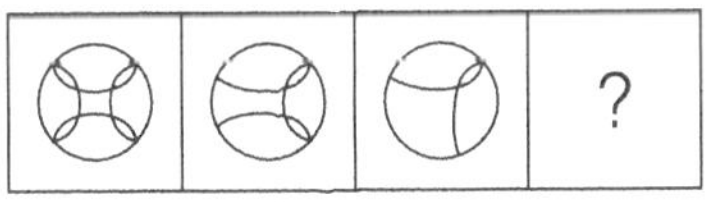

उत्तर आकृतियाँ

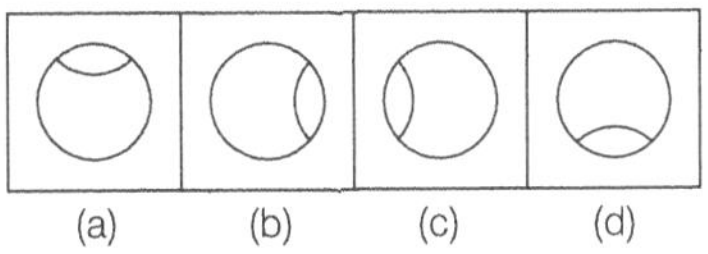

6. समस्या आकृतियाँ

STORM	SOTMR	TOSRM	?

उत्तर आकृतियाँ

(a)	(b)	(c)	(d)
STMOR	OSTMR	OTSMR	ORSTM

7. समस्या आकृतियाँ

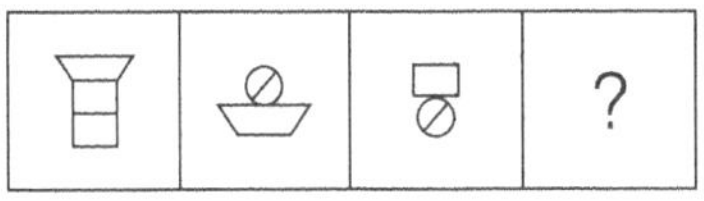

उत्तर आकृतियाँ

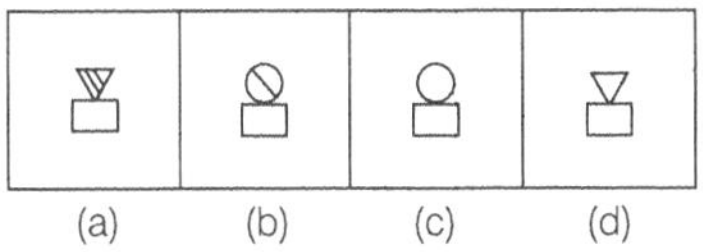

8. समस्या आकृतियाँ

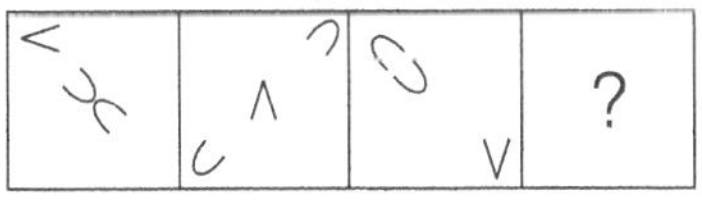

उत्तर आकृतियाँ

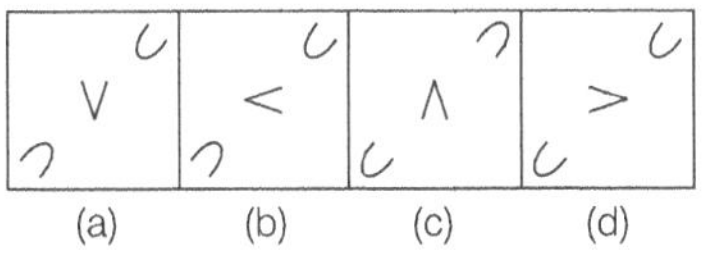

9. समस्या आकृतियाँ

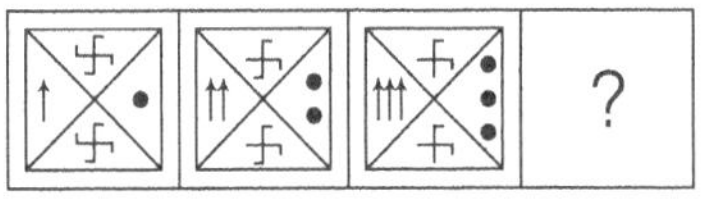

उत्तर आकृतियाँ

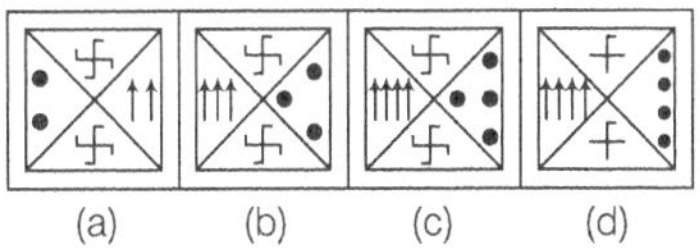

10. समस्या आकृतियाँ

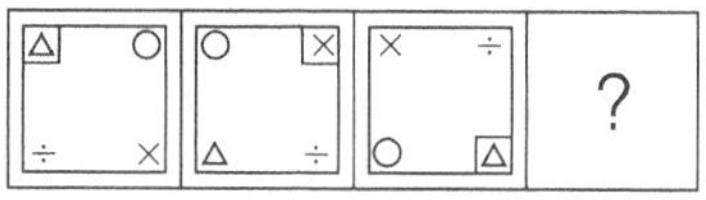

उत्तर आकृतियाँ

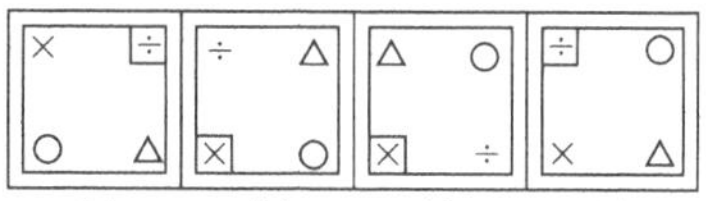

(a) (b) (c) (d)

11. समस्या आकृतियाँ

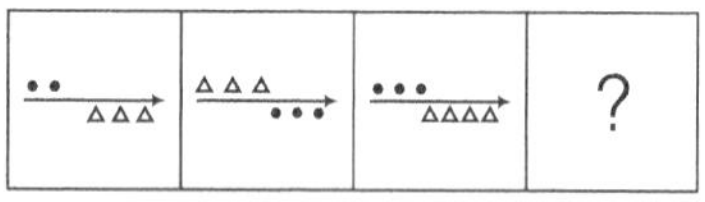

उत्तर आकृतियाँ

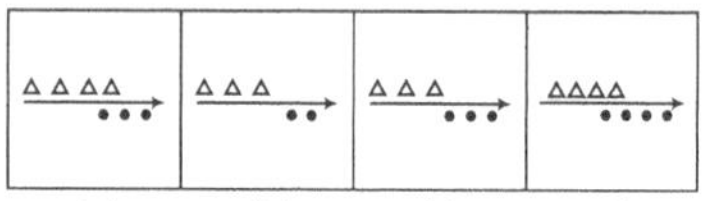

(a) (b) (c) (d)

12. समस्या आकृतियाँ

उत्तर आकृतियाँ

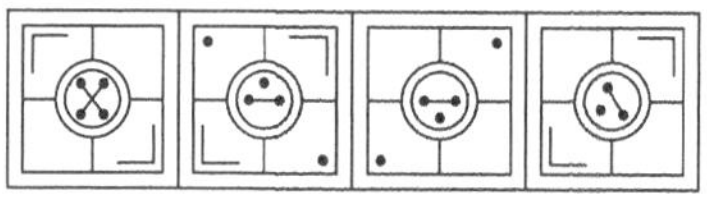

(a) (b) (c) (d)

13. समस्या आकृतियाँ

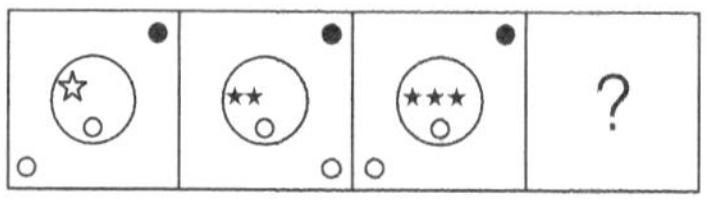

उत्तर आकृतियाँ

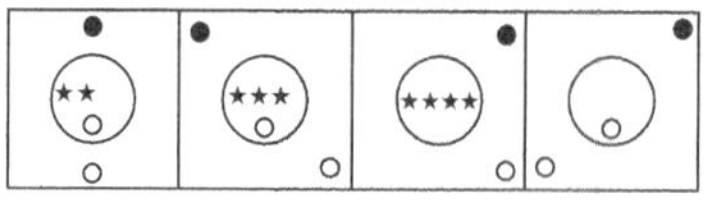

(a) (b) (c) (d)

14. समस्या आकृतियाँ

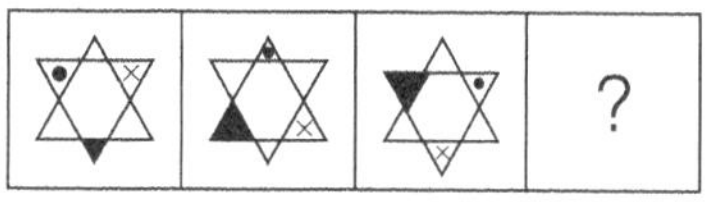

उत्तर आकृतियाँ

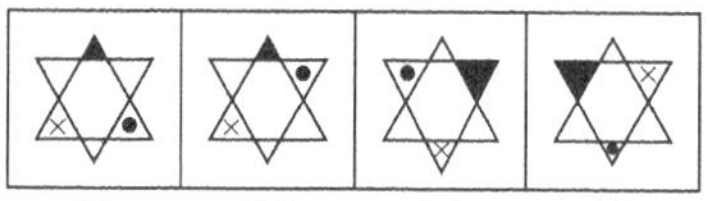

(a) (b) (c) (d)

15. समस्या आकृतियाँ

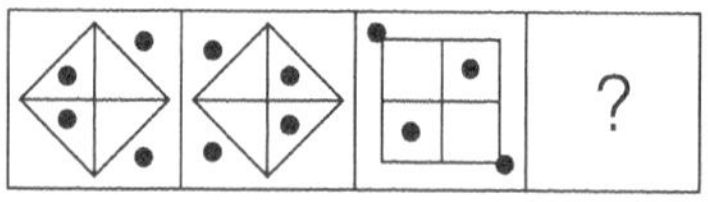

उत्तर आकृतियाँ

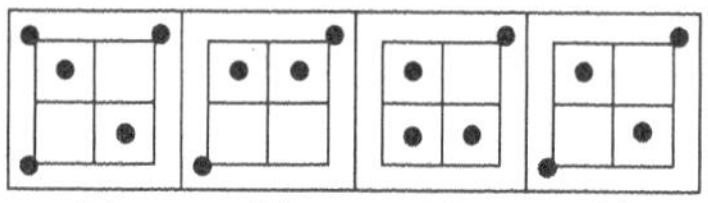

(a) (b) (c) (d)

उत्तरमाला

1 (b)	2 (d)	3 (d)	4 (b)	5 (a)	6 (c)	7 (a)	8 (b)	9 (d)	10 (b)
11 (d)	12 (d)	13 (c)	14 (a)	15 (d)					

अध्याय 24

दर्पण और जल प्रतिबिम्ब

MIRROR AND WATER IMAGE

दर्पण प्रतिबिम्ब (Mirror Image) किसी वस्तु या व्यक्ति का दर्पण में जो प्रतिबिम्ब दिखाई देता है, वह उसका दर्पण प्रतिबिम्ब कहलाता है। इस प्रकार के प्रतिबिम्बों में वस्तु का दायाँ भाग बाईं ओर दिखाई देता है और वस्तु का बायाँ भाग दाहिनी ओर। इस प्रकार का दर्पण प्रतिबिम्ब पार्श्वीय व्युत्क्रम भी कहलाता है।

जल प्रतिबिम्ब (Water Image) इसी प्रकार किसी वस्तु या व्यक्ति का पानी में जो किसी वस्तु या व्यक्ति का प्रतिबिम्ब दिखाई देता है, उसे हम वस्तु का जल प्रतिबिम्ब कहते हैं। हम किसी वस्तु को शीर्ष से तल तक 180° घुमाने पर भी जल प्रतिबिम्ब प्राप्त कर सकते हैं।

जल प्रतिबिम्ब में वस्तु के दाएँ या बाएँ भाग में कोई परिवर्तन नहीं होता है। यह स्थिर रहता है। इस प्रकार के प्रतिबिम्ब शीर्ष का भाग तल और तल का भाग शीर्ष में बदल जाता है। ऐसा प्रतिबिम्ब लम्बरूप व्युत्क्रम कहलाता है।

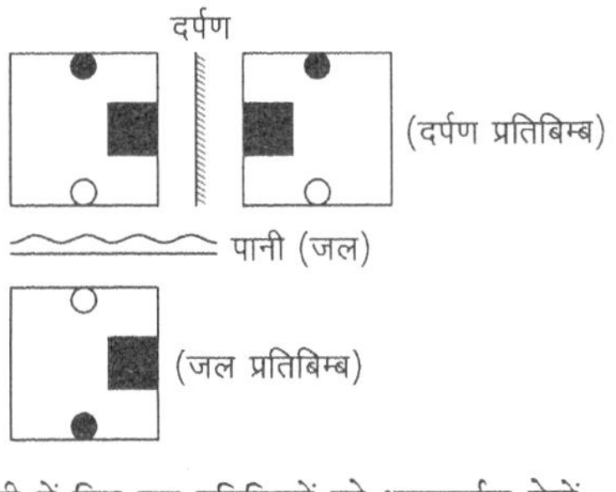

आगे सारणी में दिए गए प्रतिबिम्बों को ध्यानपूर्वक देखें

सारणी 1

संख्या	अंग्रेजी वर्णमाला के छोटे वर्ण	प्रतिबिम्ब की स्थिति	
		दर्पण में	जल में
1.	A	A	∀
2.	B	ꓭ	B
3.	C	Ɔ	C
4.	D	ᗡ	D
5.	E	Ǝ	E
6.	F	ꟻ	ᖷ
7.	G	Ә	⅁
8.	H	H	H
9.	I	I	I
10.	J	ᒐ	ᒉ
11.	K	ꓘ	K
12.	L	⅃	Γ
13.	M	M	W
14.	N	И	И
15.	O	O	O
16.	P	ꟼ	b
17.	Q	Ọ	Ό
18.	R	Я	ᴚ
19.	S	Ƨ	Ƨ
20.	T	T	⊥
21.	U	U	∩
22.	V	V	Λ
23.	W	W	M
24.	X	X	X
25.	Y	Y	⅄
26.	Z	Ƹ	Ƹ

सारणी 2

संख्याएँ	दर्पण	जल प्रतिबिम्ब
0	0	0
1	1	ꞁ
2	Ƨ	Z
3	Ɛ	3
4	ᔨ	ᔭ
5	ꙅ	ꙅ
6	ɘ	e
7	٢	ㄥ
8	8	8
9	e	ə

उदाहरण 1 नीचे दी गई आकृति का सही दर्पण प्रतिबिम्ब चुनिए।

प्रश्न आकृति **उत्तर आकृतियाँ**

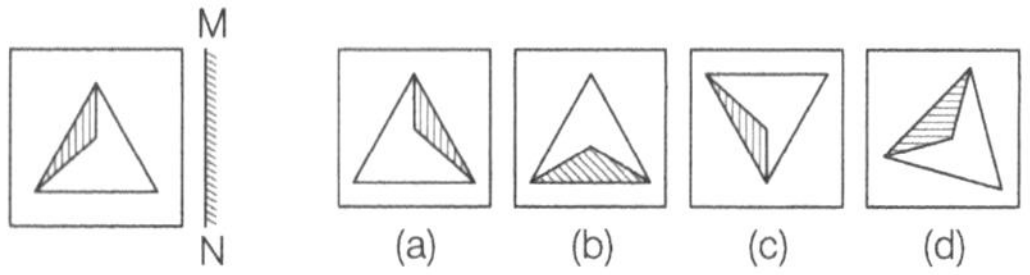

हल (a)

स्पष्ट है कि त्रिभुज का बायाँ रेखांकित भाग विकल्प (a) में दाईं ओर चला जाता है।

उदाहरण 2 नीचे दी गई आकृति का उचित दर्पण प्रतिबिम्ब चुनिए।

प्रश्न आकृति **उत्तर आकृतियाँ**

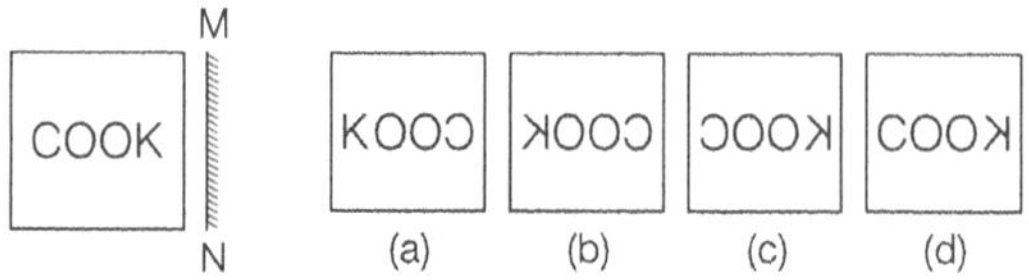

हल (b)

स्पष्ट है कि अंग्रेजी वर्णमाला के अक्षर बाएँ से दाएँ पलट जाते हैं।

उदाहरण 3 नीचे दी गई आकृति का सही जल प्रतिबिम्ब चुनिए।

प्रश्न आकृति **उत्तर आकृतियाँ**

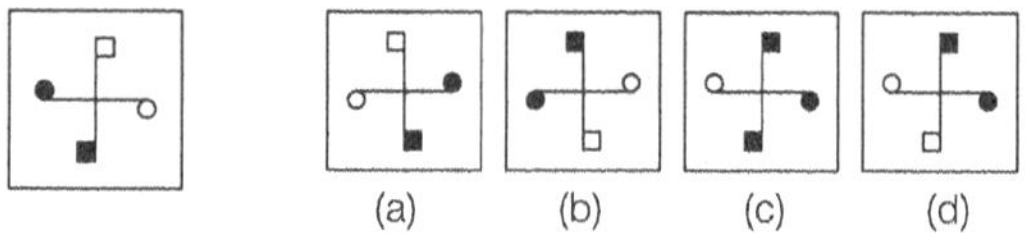

हल (b) उत्तर आकृति (b) प्रश्न आकृति का सही जल प्रतिबिम्ब है

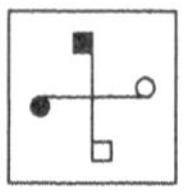

✓ अति महत्त्वपूर्ण प्रश्न

निर्देश (प्र. सं. 1-12) *यदि एक दर्पण को MN रेखा पर रखा जाए तो दी गई उत्तर आकृतियों में से कौन-सी आकृति प्रश्न आकृति की सही प्रतिबिम्ब होगी?*

1. प्रश्न आकृति

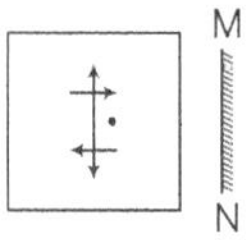

उत्तर आकृतियाँ

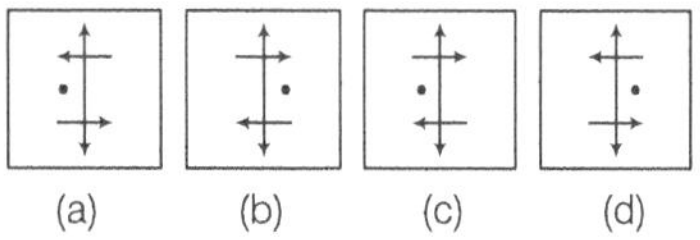

2. प्रश्न आकृति

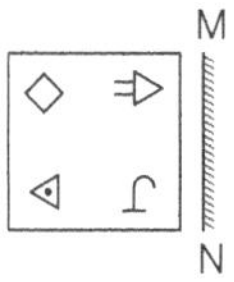

उत्तर आकृतियाँ

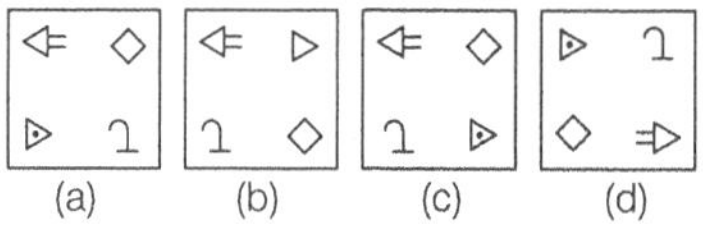

3. प्रश्न आकृति

उत्तर आकृतियाँ

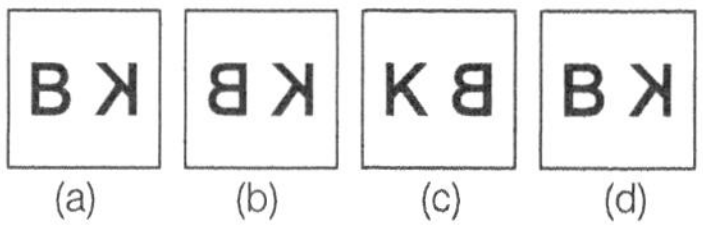

4. प्रश्न आकृति

उत्तर आकृतियाँ

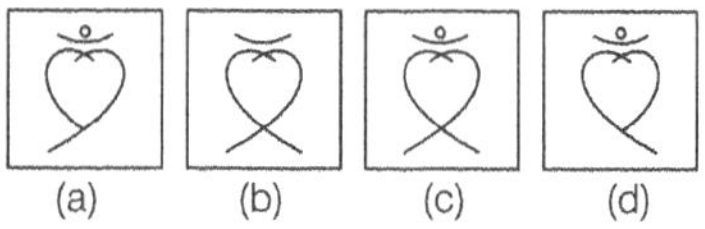

5. प्रश्न आकृति

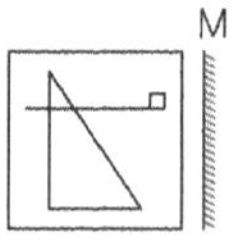

उत्तर आकृतियाँ

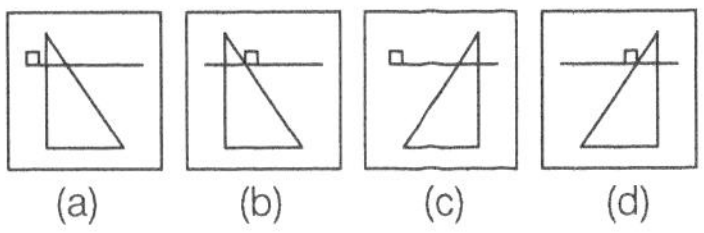

6. प्रश्न आकृति

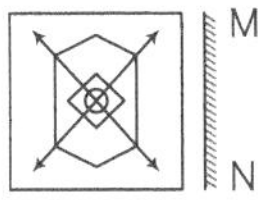

उत्तर आकृति

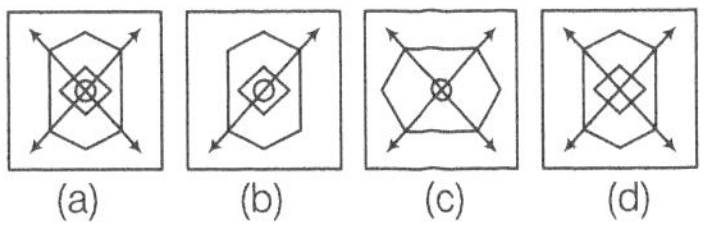

7. प्रश्न आकृति

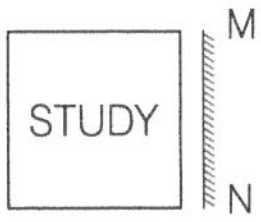

उत्तर आकृतियाँ

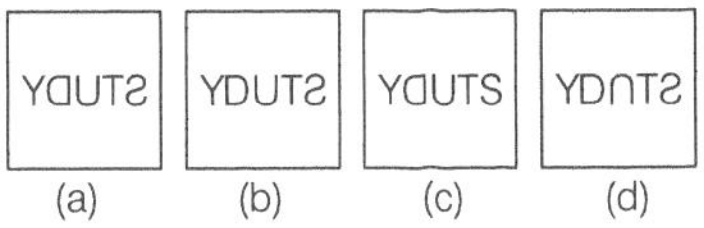

8. प्रश्न आकृति

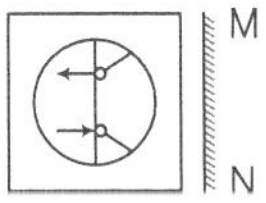

उत्तर आकृतियाँ

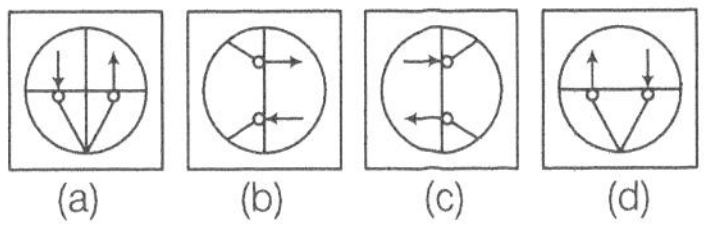

9. प्रश्न आकृति

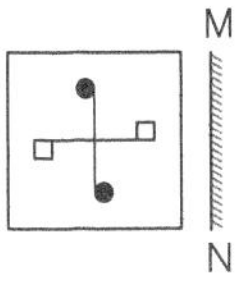

उत्तर आकृति

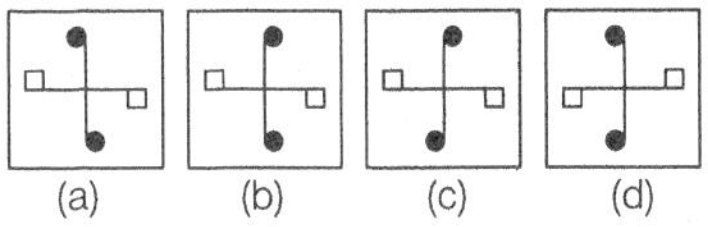

10. प्रश्न आकृति

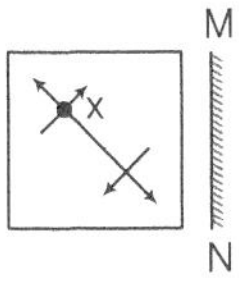

उत्तर आकृतियाँ

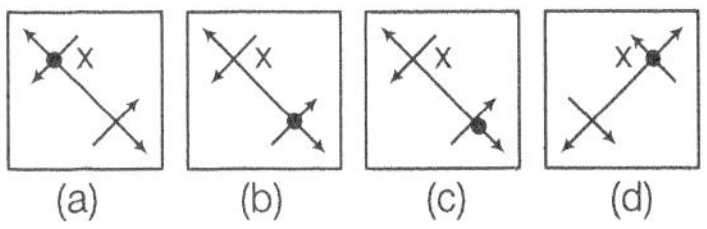

11. प्रश्न आकृति

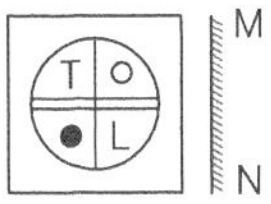

उत्तर आकृति

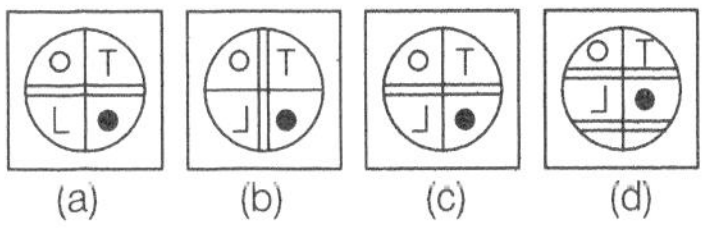

12. प्रश्न आकृति

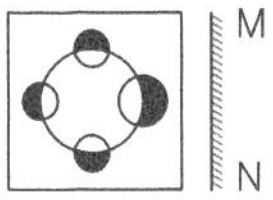

उत्तर आकृतियाँ

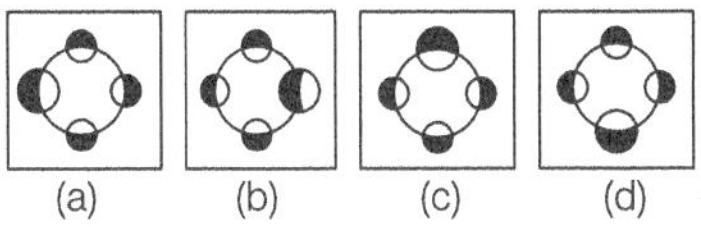

निर्देश (प्र. सं. 13-15) *नीचे दी गई प्रश्न आकृति का दिए गए विकल्पों में से सही 'जल' प्रतिबिम्ब चुनिए।*

13. प्रश्न आकृति

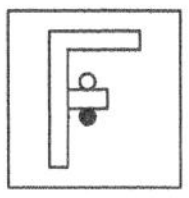

उत्तर आकृतियाँ

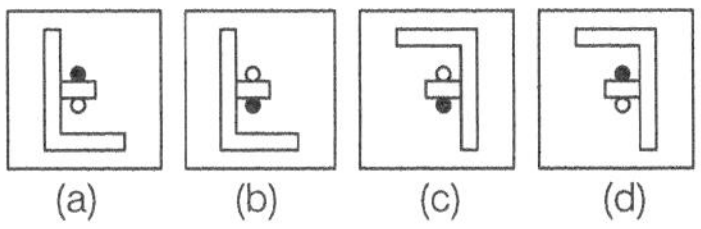

14. प्रश्न आकृति

उत्तर आकृतियाँ

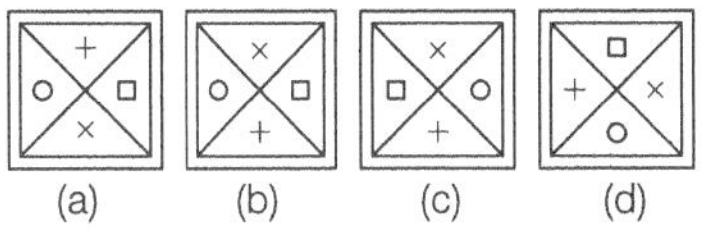

15. प्रश्न आकृति

उत्तर आकृतियाँ

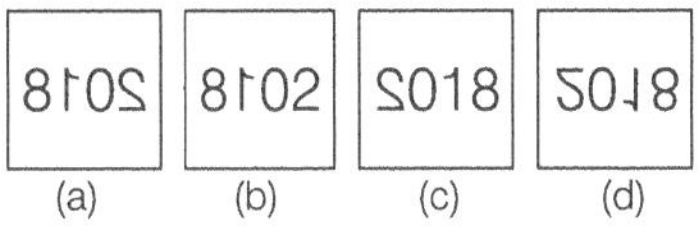

उत्तरमाला

1 (a)	2 (c)	3 (b)	4 (d)	5 (c)	6 (a)	7 (a)	8 (b)	9 (c)	10 (d)
11 (c)	12 (a)	13 (a)	14 (c)	15 (d)					

अध्याय 25

आकृति पूर्ति

FIGURE COMPLETION

जब दी गई प्रश्नाकृति का एक-चौथाई भाग लुप्त रहता है, तब किसी विशेष नियमानुसार उस लुप्त भाग को ज्ञात करके दी गई आकृति को पूर्ण करने की प्रक्रिया आकृति पूर्ति (Figure Completion) कहलाती हैं।

इस अध्याय के अन्तर्गत आने वाले प्रश्न प्राय: दो भागों प्रश्न आकृति तथा उत्तर आकृति में विभक्त रहते हैं। प्रश्न आकृति में एक आकृति दी गई होती है जिसका सामान्यत: एक-चौथाई भाग नहीं दिया गया होता है अर्थात् वह भाग लुप्त रहता है। इस रिक्त एक-चौथाई भाग में प्रश्नवाचक चिन्ह (?) दिया गया होता है।

दी गई आकृति को पूर्ण करने के लिए उत्तर विकल्पों के रूप में चार आकृतियाँ दी गई होती हैं। इन्हीं चार आकृतियों में से एक आकृति रिक्त एक-चौथाई भाग के लिए उपयुक्त होती है। अभ्यर्थी को यह ज्ञात करना होता है कि उत्तर आकृतियों में दिए गए चारों विकल्पों में से किस विकल्प की आकृति को रिक्त स्थान पर रखने से प्रश्न आकृति में दी गई आकृति पूरी हो जाएगी।

रिक्त स्थान की आकृति ज्ञात करने के लिए अभ्यर्थियों को रिक्त स्थान की विपरीत दिशा के अनुरूप उत्तर आकृति को दिए गए विकल्पों में से ज्ञात करना चाहिए।

निर्देश (उदाहरण 1 और 2) *निम्नलिखित प्रश्नों में कौन-सी उत्तर आकृति प्रश्न आकृति के प्रतिरूप को पूरा करेगी?*

उदाहरण 1. प्रश्न आकृति

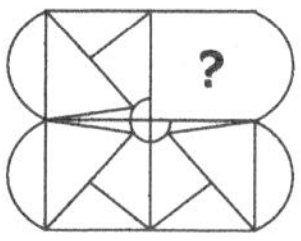

उत्तर आकृतियाँ

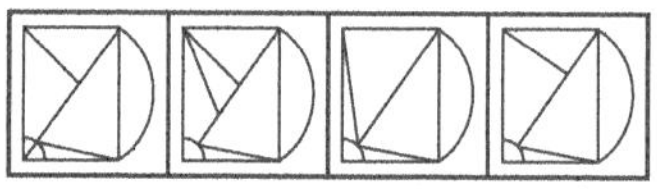

(a) (b) (c) (d)

हल (d) विकल्प *(d)* की आकृति को प्रश्नवाचक चिह्न (?) के स्थान पर रखने पर, आकृति पूरी हो जाती है।

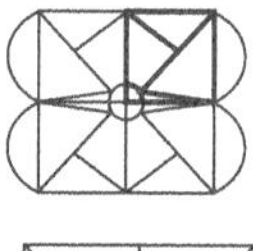

उदाहरण 2. प्रश्न आकृति

उत्तर आकृतियाँ

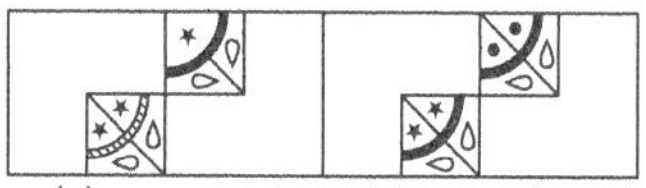

(a) (b) (c) (d)

हल (c) विकल्प *(c)* की आकृति को प्रश्नवाचक चिह्न (?) के स्थान पर रखने पर, आकृति पूरी हो जाती है।

✓ अति महत्त्वपूर्ण प्रश्न

निर्देश (प्र.सं. 1-15) *निम्नलिखित प्रश्नों में कौन-सी उत्तर आकृति प्रश्न आकृति के प्रतिरूप को पूरा करेगी?*

1. प्रश्न आकृति

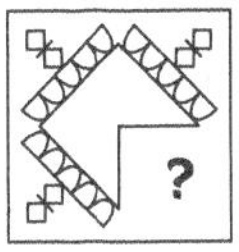

उत्तर आकृतियाँ

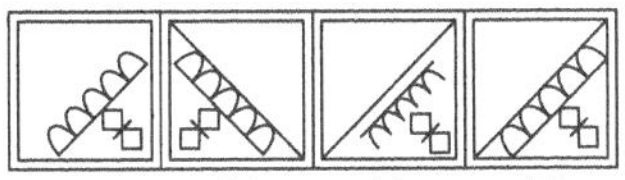

(a) (b) (c) (d)

2. प्रश्न आकृति

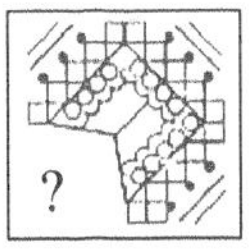

उत्तर आकृतियाँ

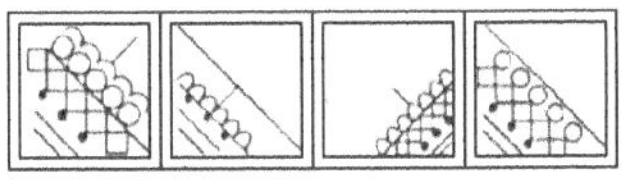

(a) (b) (c) (d)

3. प्रश्न आकृति

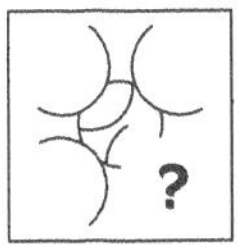

उत्तर आकृतियाँ

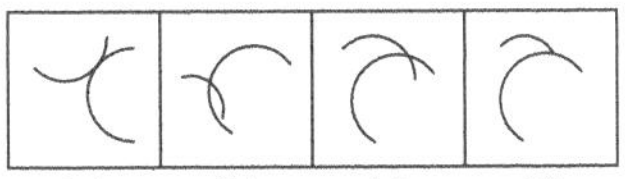

(a) (b) (c) (d)

4. प्रश्न आकृति

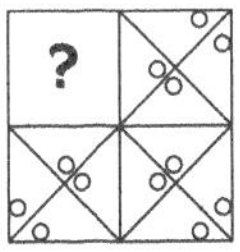

उत्तर आकृतियाँ

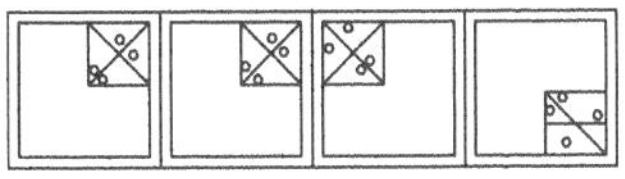

(a) (b) (c) (d)

5. प्रश्न आकृति

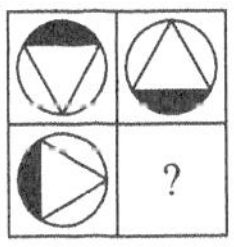

उत्तर आकृतियाँ

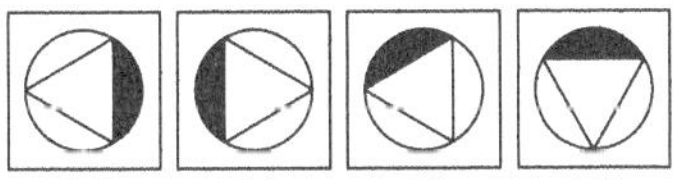

(a) (b) (c) (d)

6. प्रश्न आकृति

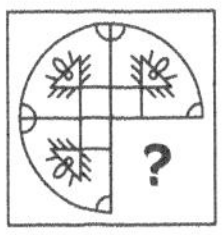

उत्तर आकृतियाँ

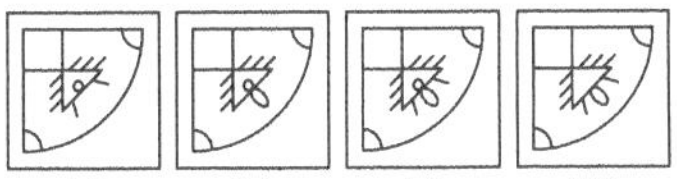

(a) (b) (c) (d)

7. प्रश्न आकृति

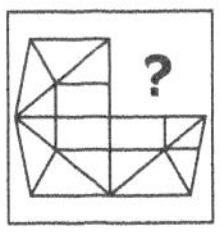

उत्तर आकृतियाँ

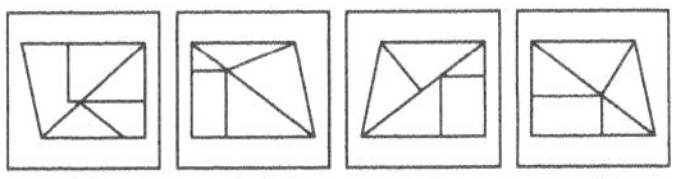

(a) (b) (c) (d)

8. प्रश्न आकृति

उत्तर आकृतियाँ

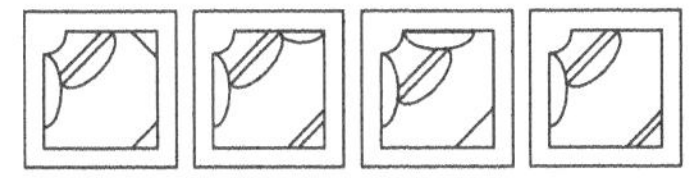

(a) (b) (c) (d)

9. प्रश्न आकृति

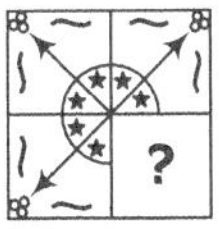

उत्तर आकृतियाँ

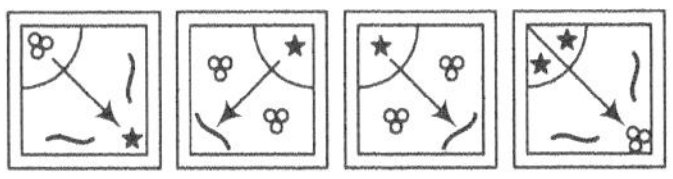

(a) (b) (c) (d)

10. प्रश्न आकृति

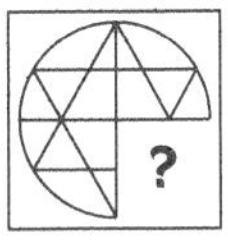

उत्तर आकृतियाँ

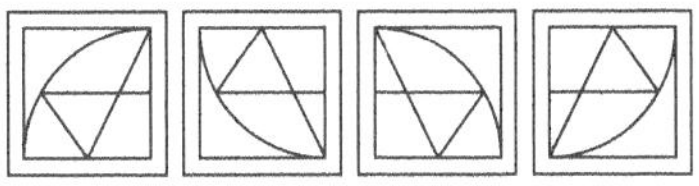

(a) (b) (c) (d)

11. प्रश्न आकृति

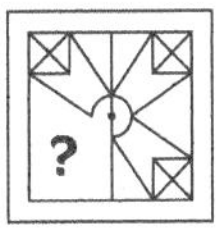

उत्तर आकृतियाँ

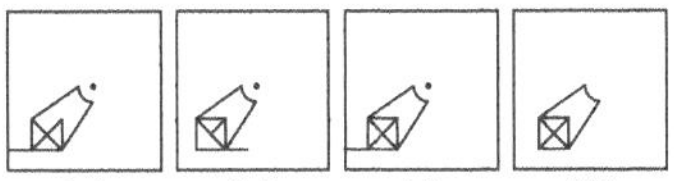

(a) (b) (c) (d)

12. प्रश्न आकृति

उत्तर आकृतियाँ

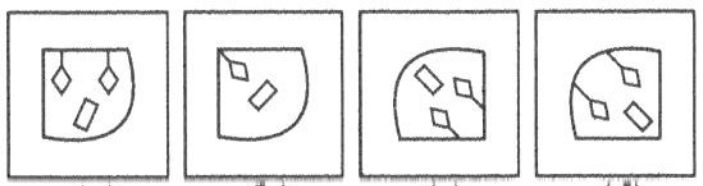

(a) (b) (c) (d)

13. प्रश्न आकृति

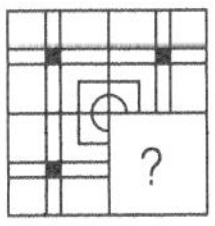

उत्तर आकृतियाँ

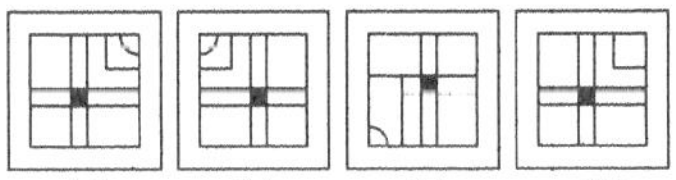

(a) (b) (c) (d)

14. प्रश्न आकृति

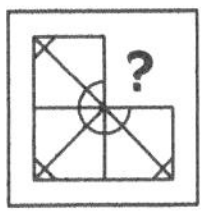

उत्तर आकृतियाँ

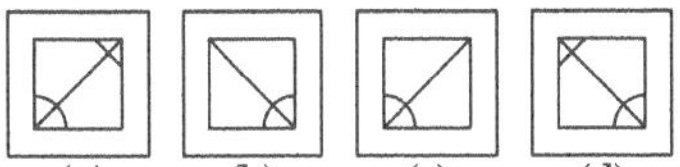

(a) (b) (c) (d)

15. प्रश्न आकृति

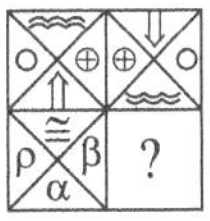

उत्तर आकृतियाँ

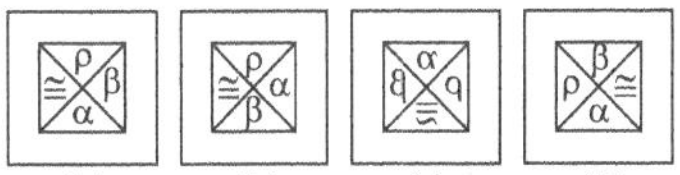

(a) (b) (c) (d)

उत्तरमाला

1	(d)	2	(a)	3	(d)	4	(c)	5	(a)	6	(c)	7	(d)	8	(c)	9	(d)	10	(d)
11	(d)	12	(d)	13	(b)	14	(a)	15	(c)										

अध्याय 26

आकृतियों की गिनती

COUNTING OF FIGURES

जब दी गई प्रश्नाकृति में कई ज्यामितीय आकृतियाँ दी गई होती हैं, तब अभ्यर्थियों को प्रश्न में पूछी गई ज्यामितीय आकृतियों को गिनकर उनकी संख्या ज्ञात करनी होती है। इस प्रकार, यह अध्याय आकृतियों की गिनती (Counting of figures) कहलाता है।

इस अध्याय के अन्तर्गत आने वाले प्रश्नों में एक आकृति दी गई होती है दी गई आकृति में से पूछी गई ज्यामितीय आकृतियों को (यथा—वृत्त, त्रिभुज, वर्ग, सरल रेखाएँ, आयत, समान्तर चतुर्भुज इत्यादि) पहचानकर उनकी कुल संख्या को ज्ञात करना होता है।

यदि दी गई प्रश्न आकृति में सरल रेखाओं को गिनने के लिए कहा जाए, तो इन रेखाओं को गिनने के लिए इन्हें तीन भागों में बाँटकर अर्थात् तीनों को अलग-अलग गिनकर उनका योग करने पर प्राप्त संख्या ही कुल सरल रेखाओं की संख्या होगी। सरल रेखाओं को तीन भागों—क्षैतिज रेखा, लम्बवत् रेखा तथा तिरछी रेखा में बाँटकर गिना जाना चाहिए। त्रिभुजों की कुल संख्या को गिनने के लिए सबसे पहले छोटे त्रिभुजों की संख्या की गिनती उसके बाद दो, तीन, चार, ... इकाइयों से बनी त्रिभुजों की संख्या ज्ञात कर इनका योगफल ज्ञात करना चाहिए। यथासम्भव अन्य आकृतियों की गिनती के लिए भी यही तरीका अपनाना चाहिए।

उदाहरण 1. निम्नलिखित आकृति में कितने त्रिभुज हैं?

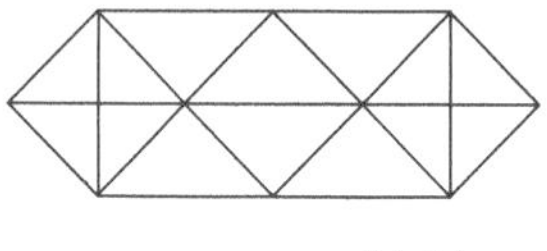

(a) 24 (b) 14

(c) 28 (d) 20

हल *(c)* दी गई आकृति में बिन्दुओं के नाम देने पर,

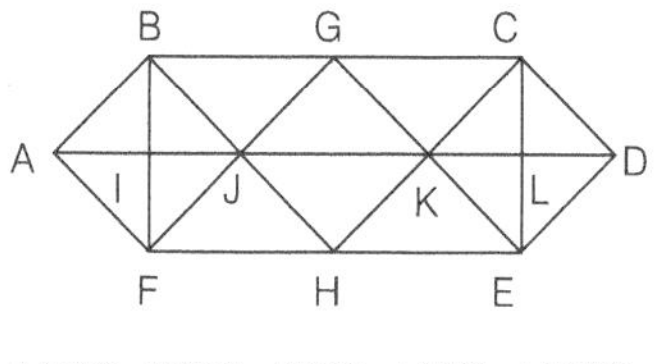

त्रिभुज = ΔABI, ΔBIJ, ΔIJF, ΔAIF, ΔBJG, ΔFJH, ΔGCK, ΔHKE, ΔKCL, ΔCLD, ΔLDE, ΔKLE, ΔGJK, ΔJKH, ΔABF, ΔABJ, ΔBJF, ΔAJF, ΔKCD, ΔCDE, ΔDEK, ΔEKC, ΔBGF, ΔBFH, ΔCEH, ΔGCE, ΔFGE, Δ BHC = 28

अत: आकृति में कुल 28 त्रिभुज हैं।

उदाहरण 2. नीचे दी गई आकृति में कितने आयत हैं?

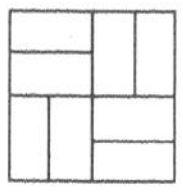

(a) 15 (b) 16 (c) 12 (d) 14

हल *(b)* दी गई आकृति में बिन्दुओं के नाम देने पर,

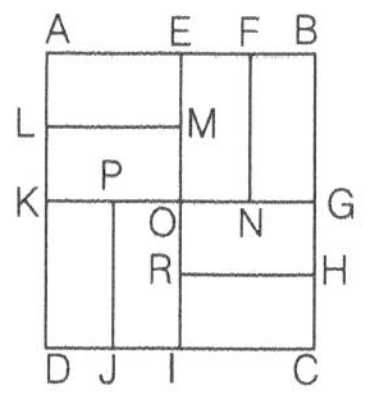

आयत = □ AEID, □ BEIC, □ ABGK, □ KGCD,

□ AEML,

□ LMOK, □ KPJD, □ POIJ, □ EFNO,

□ BGNF, □ ORHG, □ HCIR, □ AFNK,

□ BERH, □ PGCJ, □ LMID = 16

अत: आकृति में कुल 16 आयत हैं।

✓ अति महत्त्वपूर्ण प्रश्न

1. प्रश्न आकृति में कितने आयत हैं?

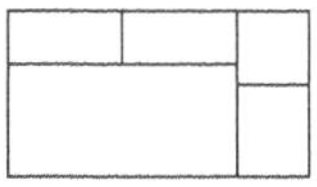

(a) 6 (b) 7 (c) 8 (d) 9

2. नीचे दिए गए चित्र में कितने त्रिभुज हैं?

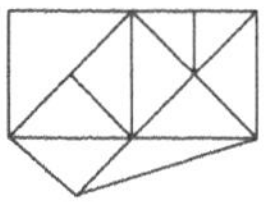

(a) 19 या अधिक (b) 10
(c) 16 (d) 18

3. दी गई आकृति में कितने त्रिभुज हैं?

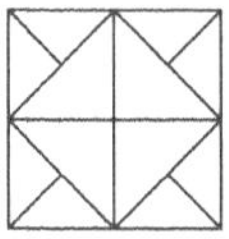

(a) 18 (b) 20 या अधिक
(c) 12 (d) 16

4. निम्नलिखित वर्ग में कितने त्रिभुज हैं?

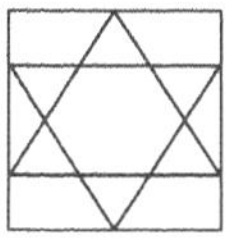

(a) 6 (b) 18 (c) 9 (d) 7

5. निम्नलिखित आकृति में कितने वृत्त हैं?

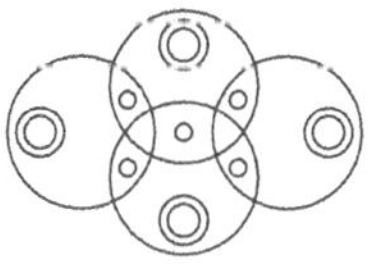

(a) 13 (b) 16
(c) 17 (d) 22

6. नीचे दी गई आकृति में कुल कितने त्रिभुज हैं?

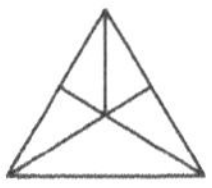

(a) 9 (b) 10 (c) 12 (d) 7

7. नीचे दिए गए चित्र में कितने त्रिभुज हैं?

(a) 6 (b) 10 (c) 11 (d) 12

8. नीचे दी गई आकृति में त्रिभुजों की कुल संख्या कितनी है?

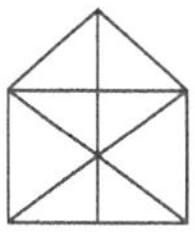

(a) 10 (b) 16
(c) 19 (d) 17

9. निम्नलिखित आकृति में कितने आयत हैं?

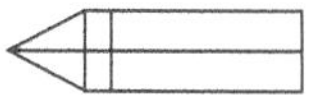

(a) 7 (b) 12
(c) 8 (d) 9

10. नीचे दिए गए चित्र में आयतों तथा वर्गों का योग कितना होगा?

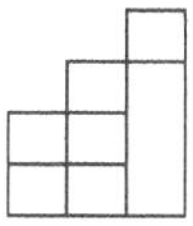

(a) 16 (b) 13 (c) 12 (d) 10

11. नीचे दी गई आकृति में कितने त्रिभुज हैं?

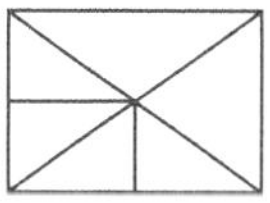

(a) 12 (b) 8 (c) 16 (d) 15

12. नीचे दी गई आकृति में कुल कितने त्रिभुज हैं?

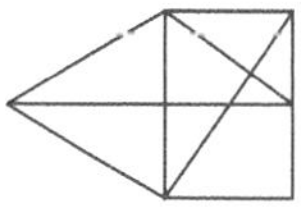

(a) 12 (b) 13 (c) 14 (d) 15

13. दी गई आकृति में त्रिभुजों की संख्या ज्ञात कीजिए।

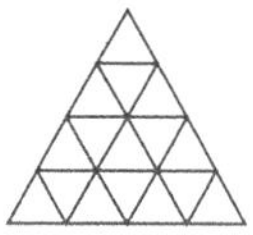

(a) 23 (b) 27 (c) 28 (d) 29

14. निम्न आकृति में वृत्तों की संख्या ज्ञात कीजिए।

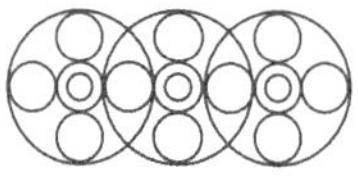

(a) 18 *(b)* 20 (c) 16 (d) 19

15. नीचे दिए गए आरेख में कितने आयत हैं?

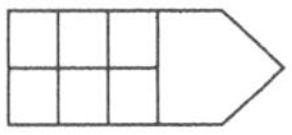

(a) 4 (b) 7
(c) 9 (d) 18

16. निम्नलिखित आकृति में कितने वर्ग हैं?

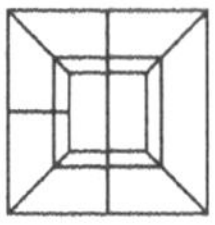

(a) 5 (b) 9 (c) 6 (d) 3

उत्तरमाला

1	(d)	2	(a)	3	(b)	4	(b)	5	(c)	6	(c)	7	(d)	8	(d)	9	(d)	10	(a)
11	(a)	12	(d)	13	(b)	14	(d)	15	(d)	16	(d)								

सेक्शन टेस्ट 1

जाँचें अपनी विषयवार परफॉर्मेंस

(प्र.सं. 1-3) *दिए गए विकल्पों से सम्बन्धित शब्द/अक्षर/संख्या को चुनिए।*

1. फल : केला :: स्तनधारी : ?
(a) गाय (b) साँप
(c) मछली (d) गोरैया

2. LOM : NMK :: PKI : ?
(a) RIH (b) SHG (c) RIG (d) RHG

3. 25 : 37 :: 49 : ?
(a) 41 (b) 56 (c) 60 (d) 65

(प्र.सं. 4-6) *निम्नलिखित में से उसे चुनिए जो अन्य तीन विकल्पों से भिन्न है।*

4. (a) BFE (b) HLK
(c) DHG (d) JNR

5. (a) 18 - 45 (b) 16 - 40
(c) 14 - 28 (d) 8 - 20

6. (a) नारियल (b) कमल
(c) कुमुदिनी (d) गुलाब

7. यदि निम्नलिखित शब्दों को शब्दकोष के क्रम में व्यवस्थित किया जाए, तो इनमें से कौन-सा शब्द तीसरे स्थान पर आएगा?
(a) Delude (b) Delirium
(c) Defer (d) Delete

8. नीचे दी गई अंक श्रृंखला में ऐसे कितने '7' हैं जिनके ठीक पहले '5' है लेकिन ठीक बाद में 8 नही है?
5 7 8 6 7 8 5 7 6 3 5 7 4 1 5 9 7 8 4 5 7 6 9 5 3 7
(a) एक (b) दो
(c) तीन (d) चार

9. दिए गए विकल्पों में से कौन-सा विकल्प नीचे दिए हुए शब्दों का सार्थक क्रम दर्शाता है?
1. फल 2. जड़ें
3. तना 4. पत्तियाँ
5. फूल 6. शाखाएँ
(a) 2, 3, 6, 4, 5, 1 (b) 3, 2, 5, 1, 6, 4
(c) 1, 3, 6, 4, 2, 5 (d) 2, 3, 6, 1, 4, 5

10. यदि '+' का अर्थ × है, '–' का अर्थ + है, '×' का अर्थ ÷ है, और '÷' का अर्थ – है, तो $10 + 5 \times 10 \div 2 - 5$ का मान होगा
(a) 35 (b) 45 (c) 30 (d) 8

11. यदि '+' भाग के लिए, '÷' गुणा के लिए है, '×' योग के लिए है, तो नीचे दिए गए समीकरणों में से कौन-सा सही है?
(a) $10 \div 5 + 4 = 6$ (b) $10 - 4 \div 2 = 6$
(c) $10 + 2 - 5 = 6$ (d) $10 + 2 \times 1 = 6$

12. दिए गए समीकरण को सन्तुलित करने तथा * चिह्नों के स्थान पर प्रतिस्थापित करने के लिए गणितीय चिह्नों का सही क्रम समूह चुनिए।
8 * 8 * 1 * 11 * 11
(a) + = ÷ – (b) × + = ÷
(c) ÷ × + = (d) – + = ÷

13. प्रियेश 10 मी सामने की ओर और 10 मी दाईं ओर चलता है। इसके बाद वह प्रत्येक बार अपनी बाईं ओर मुड़ते हुए क्रमश: 5, 15 और 15 मी दूरी तय करता हैं। बताइए कि वह अभी अपने प्रारम्भिक स्थान से कितनी दूरी पर है?
(a) 6 मी (b) 10 मी
(c) 15 मी (d) 5 मी

14. मयंक के स्कूल की बस जब उसके स्कूल पहुँचती है, तो उसका मुँह उत्तर की ओर होता है। मयंक के घर से चलने के बाद वह दो बार दाईं ओर तथा स्कूल पहुँचने से पहले बाईं ओर मुड़ती है। बताएँ कि मयंक के घर के सामने जब बस रुकी थी, तो बस का मुँह किस दिशा की ओर था?
(a) पूर्व (b) दक्षिण (c) उत्तर (d) पश्चिम

(प्र. सं. 15) दिए गए प्रश्न में तीन कथन और उसके बाद दो निष्कर्ष I और II दिए गए हैं। प्रश्न में दिए गए कथन को सही मानते हुए यह निर्णय दें, कि कौन-सा निष्कर्ष, सामान्य जानकारी वाले तथ्यों को नकारते हुए तर्कयुक्त है?

15. **कथन** सभी पेन कागज हैं।
कुछ कागज ब्लेड हैं।
सभी ब्लेड चाकू हैं।
निष्कर्ष
I. कुछ चाकू कागज हैं।
II. कुछ ब्लेड पेन हैं।
(a) केवल निष्कर्ष I सही है
(b) केवल निष्कर्ष II सही है
(c) न तो निष्कर्ष I और न ही निष्कर्ष II सही है
(d) I और II दोनों निष्कर्ष सही हैं

16. एक वक्तव्य दिया गया है, जिसके आगे दो निष्कर्ष I और II निकाले गए हैं। आपको विचार करना है कि वक्तव्य सत्य है चाहे वह सामान्यत: ज्ञात तथ्यों से भिन्न प्रतीत होता हो। आपको निर्णय करना है कि दिए गए वक्तव्य से कौन-सा निश्चित रूप से सही निष्कर्ष निकाला जा सकता है? अपने उत्तर को निर्दिष्ट कीजिए।
वक्तव्य प्रसाधनों का उपयोग जोखिम भरा है।
निष्कर्ष
I. प्रराधनों के राहवर्ती प्रभाव पड़ते हैं।
II. प्रसाधन महँगे नहीं होते।
(a) केवल निष्कर्ष I निकलता है
(b) केवल निष्कर्ष II निकलता है
(c) निष्कर्ष I और निष्कर्ष II दोनों निकलते हैं
(d) न निष्कर्ष I और न निष्कर्ष II निकलता है

17. सात सदस्यों का एक समूह एक पंक्ति में बैठा है। X की स्थिति Y के बाईं ओर है पर वह O के दाईं ओर है। P की स्थिति Y के दाईं ओर है परन्तु N के बाईं ओर है और M की स्थिति Z के बाईं ओर है जो O के बाईं ओर है। बिल्कुल मध्य में कौन-सा सदस्य बैठा है?
(a) Z (b) P (c) X (d) O

18. आयु में सीता स्वपना से बड़ी है। लावन्या स्वपना से बड़ी है लेकिन सीता से छोटी है सुवर्णा, हरि और स्वपना दोनों से छोटी है स्वपना, हरि से बड़ी है। सबसे छोटी कौन है?
(a) सीता (b) लावन्या
(c) सुवर्णा (d) हरि

19. लड़कियों की एक पंक्ति में कमला बाईं ओर से 9वीं है ओर वीना दाईं ओर से 16वीं। यदि वे अपने स्थानों की अदला-बदली कर लें, तो कमला बाईं ओर से 25वीं हो जाती है। पंक्ति में कुल कितनी लड़कियाँ हैं?
(a) 34 (b) 36
(c) 40 (d) 41

20. एक घड़ी पहले घण्टे के दौरान एक मिनट, दूसरे घण्टे के अन्त में दो मिनट, तीसरे घण्टे के अन्त में 4 मिनट, चौथे घण्टे के अन्त में 8 मिनट तेज हो जाती है। इस प्रकार यह सिलसिला चलता है। यह बताइए कि किस घण्टे के अन्त में घड़ी ठीक 60 मिनट से अधिक तेज हो जाएगी?
(a) पाँचवाँ (b) छठा
(c) सातवाँ (d) आठवाँ

21. यदि परसों बृहस्पतिवार था, तो कल के चार दिन बाद कौन-सा दिन होगा?
(a) सोमवार (b) बृहस्पतिवार
(c) रविवार (d) बुधवार

22. एक पीले रंग के घन को 125 बराबर भागों में विभाजित किया गया है। ऐसे घनों की संख्या क्या होगी जिनकी दो सतहें रंगीन होंगी?
(a) 42 (b) 36
(c) 40 (d) 32

23. नीचे एक पासे की तीन स्थितियों को दर्शाया गया है। संख्या 6 वाले फलक के विपरीत फलक की संख्या ज्ञात करें।

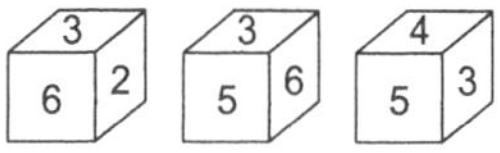

(a) 1 (b) 4
(c) 5 (d) 7

(प्र.सं. 24-30) *निम्नलिखित प्रश्नों में दिए गए विकल्पों में से लुप्त संख्या/अक्षर ज्ञात कीजिए।*

24. ZS, WO, TK, OG, ?
(a) NC (b) OC (c) ND (d) OD

25. 121, 225, 361, ?
(a) 529 (b) 484 (c) 441 (d) 729

26.

	36			9			25	
49	26	64	81	21	25	64	?	144
	25			16			36	

(a) 19 (b) 23 (c) 25 (d) 31

27. 27, 45, 9, 15, 3, 5, ?
(a) 1 (b) 3 (c) 2 (d) 4

28. $8 \times 4 = 42$; $6 \times 6 = 33$; $2 \times 2 = 11$
$4 \times 6 = 23$; $2 \times 8 = ?$
(a) 14 (b) 49 (c) 55 (d) 63

29.

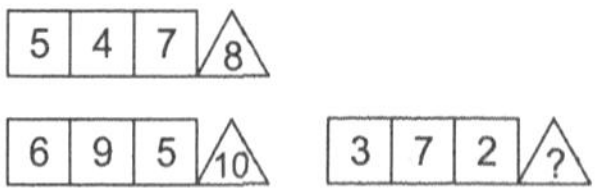

(a) 1 (b) 3 (c) 4 (d) 6

30. 2, 3, 5, ?, 17, 33
(a) 10 (b) 15 (c) 9 (d) 12

31. विजय कहता है, "आनन्द की माता मेरी माता की एकमात्र पुत्री है।" आनन्द विजय से किस प्रकार सम्बन्धित है?
(a) भाई (b) पिता (c) भांजा (d) दादा

32. A, B का भाई है, C, A की माँ है D, C का पिता है, F, A का पुत्र है। यह बताइए कि F का D से क्या सम्बन्ध है?
(a) पुत्र (b) पौत्र (c) प्रपौत्र (d) पौत्री

33. निम्नांकित आकृतियों में से किसके द्वारा कमीजें, चादरें और तौलिए प्रदर्शित किए गए हैं?

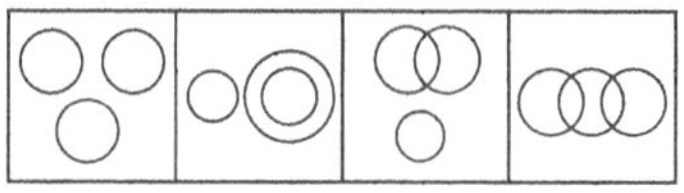

(a) (b) (c) (d)

34. यहाँ एक गेंद और एक आयताकार जार है। उन्हें सन्तुलित रखने के लिए चार स्थितियाँ दर्शाई गई हैं। निम्नलिखित में से, कौन-सी आकृति आसानी से सन्तुलित नहीं होगी?

प्रश्न आकृतियाँ

उत्तर आकृतियाँ

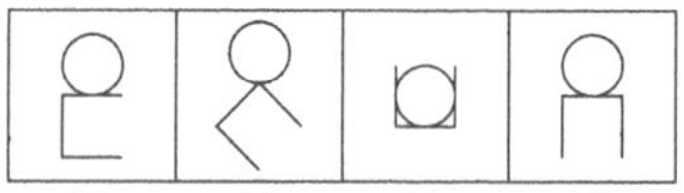

(a) (b) (c) (d)

35. प्रश्न आकृति कि उत्तर आकृतियों में निहित है-

प्रश्न आकृति

उत्तर आकृतियाँ

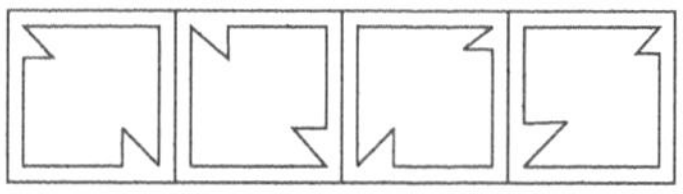

(a) (b) (c) (d)

उत्तरमाला

1. (a)	**2.** (c)	**3.** (d)	**4.** (d)	**5.** (c)	**6.** (a)	**7.** (b)	**8.** (c)	**9.** (a)	**10.** (d)
11. (d)	**12.** (d)	**13.** (d)	**14.** (d)	**15.** (a)	**16.** (a)	**17.** (c)	**18.** (c)	**19.** (c)	**20.** (c)
21. (b)	**22.** (b)	**23.** (b)	**24.** (a)	**25.** (a)	**26.** (d)	**27.** (a)	**28.** (a)	**29.** (d)	**30.** (c)
31. (c)	**32.** (c)	**33.** (a)	**34.** (b)	**35.** (b)					

सेक्शन टेस्ट 2

जाँचें अपनी विषयवार परफॉर्मेंस

निर्देश (प्र.सं. 1-3) *दिए गए विकल्पों में से सम्बन्धित शब्द/अक्षर/संख्या को चुनिए।*

1. दबाव : पास्कल : : ? : रेडियन
(a) प्रतिरोध (b) प्रदीप्ति
(c) विभवान्तर (d) कोण

2. BIRD : WIRY : : RAIN : ?
(a) YRIW (b) NIAR
(c) MRZI (d) GAIM

3. 7 : 56 : : 9 : ?
(a) 63 (b) 81
(c) 90 (d) 99

निर्देश (प्र.सं. 4-6) *निम्नलिखित में से उसे चुनिए जो अन्य तीन विकल्पों से भिन्न है।*

4. (a) कलम (b) पेन्सिल
(c) स्टेप्लर (d) ड्रॉअर

5. (a) 7-18 (b) 9-26.
(c) 11-36 (d) 13-42

6. (a) QT (b) MN (c) HK (d) CF

7. अजीत उत्तर की ओर मुँह करके 20 किमी चलता है, फिर वह अपनी दाईं ओर घूमा और 20 किमी चलता है, फिर 10 किमी उत्तर-पूर्व की दिशा में चलता है, फिर वह अपनी दाईं ओर घूमा और 20 किमी चलता है, वह फिर अपनी दाईं ओर घूमा और 20 किमी चलता है और फिर वह अपनी दाईं ओर घूमा और 20 किमी चलता है। अब अजीत का मुँह किस दिशा की ओर है?
(a) दक्षिण-पूर्व (b) उत्तर-पूर्व
(c) दक्षिण-पश्चिम (d) उत्तर-पश्चिम

8. एक बालक अपने पिता को ढूँढ रहा है वह 90 मी पूर्व को जाकर दाएँ घूमता है। वह 20 मी चलकर फिर दाएं मुड़कर अपने पिता को ढूँढता हुआ अपने चाचा के घर 30 मी चलकर पहुँचा। उसके पिता वहाँ नहीं मिले। यहाँ से 100 मी दूर उत्तर दिशा में चलकर उसे अपने पिता एक गली में मिले। आरम्भिक स्थान से कितनी दूरी पर उसे अपने पिता मिले?
(a) 80 मी (b) 100 मी
(c) 260 मी (d) 140 मी

9. निम्नलिखित क्रम में ऐसे कितने '7' हैं जिनके ठीक पहले '4' है लेकिन ठीक बाद में '2' नहीं है?
4 7 2 7 2 3 5 9 7 4 7 5 5 2 4 7 9 4 7 8 4 7 1
(a) 4 (b) 3 (c) 1 (d) 2

10. नीचे एक कथन दिया गया है, जिसके आगे दो निष्कर्ष I और II निकाले गए हैं। आपको विचार करना है कि कथन सत्य है चाहे वह सामान्यत: तथ्यों से भिन्न प्रतीत होता है। आपको निर्णय करना है कि दिए गए कथन में से कौन-सा निश्चित रूप से सही निष्कर्ष निकाला जा सकता है। अपने उत्तर को निर्दिष्ट कीजिए।
कथन अच्छे स्वास्थ्य के लिए शारीरिक व्यायाम आवश्यक है।
निष्कर्ष
I. अजय 72 वर्ष की आयु में टेनिस खेलता है।
II. अनियमित आदतों वाले व्यक्तियों को अस्पताल जाना पड़ता है।
(a) केवल निष्कर्ष I निकलता है।
(b) केवल निष्कर्ष II निकलता है
(c) न निष्कर्ष I न II निकलता है
(d) निष्कर्ष I और II दोनों निकलते हैं

निर्देश (प्र.सं. 20-22) *नीचे दिए गए प्रश्नों में लुप्त संख्या ज्ञात कीजिए।*

11. a = 12(175) 15
b = 14 (219) 16
c = 17 (?) 14
(a) 223 (b) 233
(c) 224 (d) 230

12.

8	6	4
8	10	12
4	2	?
256	120	192

(a) 0 (b) 2 (c) 4 (d) 8

13.
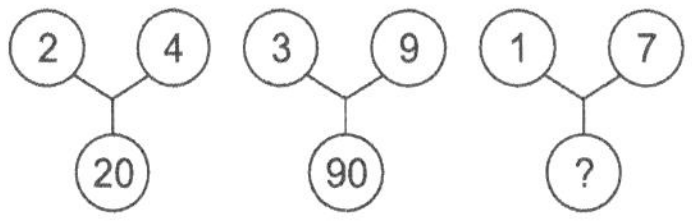

(a) 40 (b) 60 (c) 50 (d) 90

14. यदि एक कूटलिपि में 'MERCURY' को 'FGIECAB' लिखा जाता है, तो 'CURE' को उस कूटलिपि में किस प्रकार लिखा जा सकता है?
(a) GCFI (b) ECAB (c) ECAG (d) EAGC

15. यदि किसी कूट भाषा में 'EDITION' को 3891965 लिखा जाता है, तो उसी कूट भाषा में 'TIDE' को किस प्रकार लिखा जाएगा?
(a) 3819 (b) 1983 (c) 1839 (d) 1586

16. यदि A = 1, PAT = 37, तो TAP का मान है
(a) 73 (b) 37 (c) 36 (d) 38

17. निम्नलिखित में से कौन-सी आकृति चावल, गेहूँ और अनाज को प्रकट करती है?
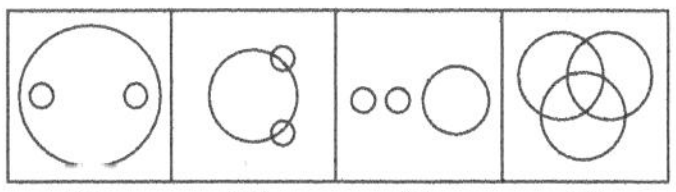
(a) (b) (c) (d)

18. निम्नलिखित आरेख को ध्यान से पढ़िए और उन लोगों को ज्ञात कीजिए जो केवल एक भाषा बोलते हैं।
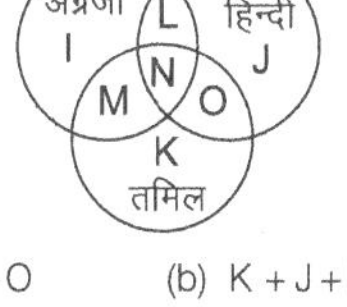

(a) L + M + O (b) K + J + I
(c) K (d) I

निर्देश (प्र.सं. 19-22) *निम्नलिखित प्रश्नों में एक अनुक्रम दिया है, जिसमें एक पद लुप्त है। दिए गए विकल्पों में से वह सही विकल्प चुनिए जो अनुक्रम को पूरा करे।*

19. A, C, F, J, ?, U
(a) P (b) Q (c) O (d) N

20. BYW, DUX, FQY, ?
(a) HMZ (b) GNA (c) GMZ (d) HMV

21. 9, 16, 30, 58, ?
(a) 104 (b) 114 (c) 118 (d) 116

22. 6, 13, 28, ?, 122, 249
(a) 59 (b) 65 (c) 70 (d) 48

23. नीचे एक पासे की दो स्थितियाँ दर्शाई गई हैं

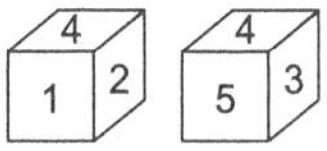

यदि नीचे 3 है, तो ऊपर कौन-सी संख्या होगी?
(a) 4 (b) 5 (c) 2 (d) 1

24. 4 इंच आकार के एक ठोस घन के विपरीत फलकों के जोड़े लाल, हरे और काले रंगे हैं। इसे एक इंच के घनों में काटा गया है। कितने घनों का केवल एक फलक रंगा हुआ है?
(a) 4 (b) 8 (c) 16 (d) 24

25. A, P, R, X, S तथा Z एक पंक्ति में बैठे हैं। उनमें S तथा Z मध्य में बैठे हैं और A तथा P सिरों पर हैं। R, A के बाईं ओर बैठा है, तब P के दाईं ओर कौन बैठा है?
(a) A (b) X (c) S (d) Z

26. अधिक भारी सिक्के अधिक मूल्य के होते हैं। राम का सिक्का, मोहन के सिक्के से भारी और रमेश के सिक्के से अधिक मूल्यवान है। नरेश का सिक्का, राम के सिक्के से अधिक मूल्यवान लेकिन योगेश के सिक्के से हल्का है। रमेश का सिक्का, मोहन के सिक्के से महँगा है, तो सबसे मूल्यवान सिक्का किसके पास है?
(a) राम (b) रमेश (c) योगेश (d) नरेश

27. दी गई समीकरण को सन्तुलित करने तथा * चिह्नों को प्रतिस्थापित करने के लिए गणितीय चिह्नों का सही क्रम समूह चुनिए।

16 * 4 * 3 * 4 * 13

(a) ÷ × − = (b) × − + =
(c) + = ÷ × (d) − × ÷ =

28. चिह्नों या संख्याओं के किस अदल-बदल से निम्नलिखित समीकरण सही हो जाएगा?

$(7 + 2) \times 3 \times 4 - 1 = 20$

(a) 2 और 3 (b) × और −
(c) 7 और 3 (d) + और ×

29. दिए गए वैकल्पिक शब्दों में से उस शब्द को चुनिए जो दिए गए शब्द के अक्षरों के प्रयोग द्वारा नहीं लिखा जा सकता है।

PRESIDENTIAL

(a) SLEEP
(b) DENTAL
(c) ARDENT
(d) DIGITAL

30. मंगलवार को किसी गोष्ठी स्थान में सुबह 08:30 बजे से 15 मिनट पहले पहुँचकर मैंने जाना कि जो व्यक्ति 40 मिनट देर से आया था उससे मैं आधे घण्टे पूर्व ही पहुँच गया हूँ। वस्तुत: गोष्ठी का निर्धारित समय क्या था?
(a) प्रातः 08:00 बजे
(b) प्रातः 08:05 बजे
(c) प्रातः 08:15 बजे
(d) प्रातः 08:45 बजे

31. निम्नलिखित विकल्पों में से कौन-सा विकल्प नीचे दिए गए शब्दों का सार्थक क्रम दर्शाएगा?
1. नींव रखना
2. पलस्तर करना
3. निर्माण करना
4. पेण्ट करना

(a) 1, 2, 3, 4 (b) 1, 3, 2, 4
(c) 3, 1, 2, 4 (d) 3, 1, 4, 2

32. दी गई जन्म तिथियों को अवरोही कालक्रम में लिखिए।
1. 15.04.1950
2. 14.05.1960
3. 14.06.1960
4. 20.04.1950
5. 25.05.1960

(a) 1,5,2,3, 4 (b) 1,3,2,4, 5
(c) 1,4,2,5,3 (d) 1,2,4,5,3

33.

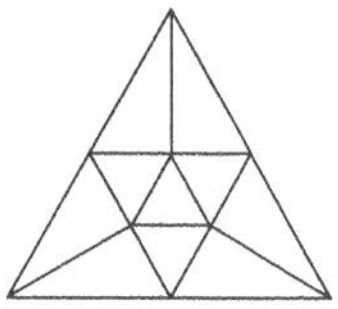

उपरोक्त चित्र में कितने त्रिभुज हैं?
(a) 16 (b) 15
(c) 14 (d) 13

34. कौन-सी उत्तर आकृति प्रश्न आकृति के पैटर्न को पूरा करेगी?

प्रश्न आकृति

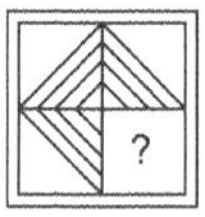

उत्तर आकृतियाँ

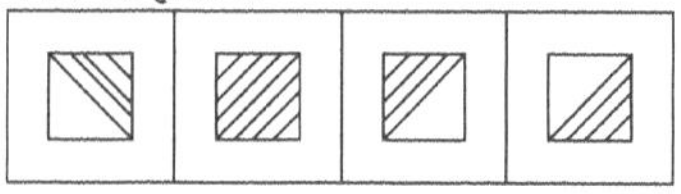

(a) (b) (c) (d)

35. दी गई उत्तर आकृतियों में से कौन-सी बिल्कुल सही दर्पण प्रतिकृति होगी, जब दर्पण AB पर रखा हो?

प्रश्न आकृति

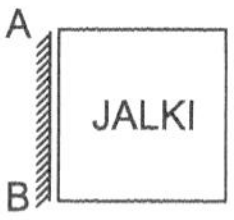

उत्तर आकृतियाँ

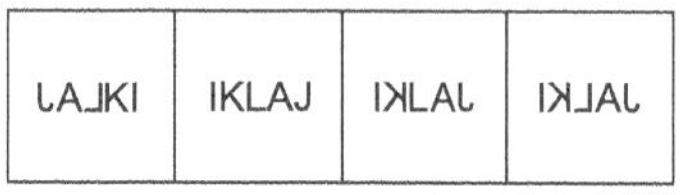

(a) (b) (c) (d)

उत्तरमाला

1. (d)	2. (c)	3. (c)	4. (d)	5. (c)	6. (b)	7. (d)	8. (b)	9. (a)	10. (c)
11. (b)	12. (c)	13. (c)	14. (c)	15. (b)	16. (b)	17. (a)	18. (b)	19. (c)	20. (a)
21. (b)	22. (a)	23. (c)	24. (d)	25. (b)	26. (c)	27. (d)	28. (d)	29. (d)	30. (b)
31. (b)	32. (c)	33. (b)	34. (c)	35. (d)					

RPF/RPSF

प्रैक्टिस सेट्स

प्रैक्टिस सेट 1

कम्प्यूटर बेस्ड टेस्ट पैटर्न

INSTRUCTIONS

- इस प्रैक्टिस सेट में कुल 120 प्रश्न हैं।
- इस प्रैक्टिस सेट में तीन भाग है। भाग I सामान्य जागरूकता (50 प्रश्न), भाग II अंकगणित (35 प्रश्न) और भाग III सामान्य बुद्धिमत्ता एवं तर्कशक्ति (35 प्रश्न)।
- प्रत्येक प्रश्न 1 अंक का है।

भाग I सामान्य जागरूकता

1. बरसात के दिनों में जल से भरे गिलास की बाहरी सतह पर जल की बूँदे क्यों नजर आती हैं?
(a) उच्च वायुमण्डलीय आर्द्रता के कारण
(b) निम्न वायुमण्डलीय आर्द्रता के कारण
(c) उच्च तापमान के कारण
(d) गिलास से जल के विसरण के कारण

2. नमक और सल्फर का मिश्रण किस प्रकार के विलयन का उदाहरण है?
(a) तिषमांगी तिलगन (b) समांगी तिलगन
(c) कोलॉइड विलयन (d) निलम्बन

3. परमाणु पदार्थ का सूक्ष्मतम कण है जिसका रासायनिक अभिक्रिया में
(a) सृजन होता है
(b) विनाश होता है
(c) न तो सृजन होता है और न ही विनाश
(d) सृजन होता है पर विनाश नहीं

4. किसी भी रासायनिक अभिक्रिया में अभिकारकों एवं उत्पादों के द्रव्यमानों का योग होता है
(a) परिवर्तनीय
(b) अपरिवर्तनीय
(c) कुछ भी हो सकता है
(d) अभिकारकों के द्रव्यमान का आधा

5. क्यूरी बिन्दु तापमान पर निम्नलिखित में से क्या होता है?
(a) द्रव्य रेडियोएक्टिव हो जाता है
(b) धातु का चुम्बकीय गुण समाप्त हो जाता है
(c) धातु की चालकता समाप्त हो जाती है
(d) धातु में तत्वान्तरण हो जाता है

6. विषुवत् रेखा पर गुरुत्व के कारण त्वरण
(a) ध्रुवों पर त्वरण की अपेक्षा कम है
(b) ध्रुवों पर त्वरण की अपेक्षा अधिक है
(c) ध्रुवों पर त्वरण के बराबर है
(d) पृथ्वी के अभिकेन्द्री त्वरण पर निर्भर नहीं करता

7. किसी त्वरित वस्तु के वेग में परिवर्तन किस कारण होता है?
(a) वेग के परिमाण की दिशा में परिवर्तन के कारण
(b) गति की दिशा में परिवर्तन के कारण
(c) उपरोक्त दोनों
(d) उपरोक्त में से कोई नहीं

8. फोटोग्राफिक प्लेटों में सिल्वर हैलाइड का प्रयोग किया जाता है क्योंकि वे
(a) वायु में ऑक्सीकृत होती हैं
(b) हाइपो-सॉल्यूशन में विलेय होती हैं
(c) प्रकाश में रूपान्तरित हो जाती हैं
(d) बिल्कुल रंगविहीन होती हैं

9. कार्क की पतली काट में मधुमक्खी के छत्ते के समान छोटे-छोटे प्रकोष्ठ (कोशिका) का पता किसने लगाया था?
(a) एम स्लीडन (b) टी स्वान
(c) रॉबर्ट हुक (d) रॉबर्ट क्रुक

10. मांसपेशियों को अस्थियों से जोड़ने वाला संयोजी ऊतक है
(a) स्नायु (b) कण्डरा
(c) उपास्थि (d) एरिओलर

11. एककोशिकीय, यूकैरियोटी जीव किस वर्ग के अन्तर्गत आते हैं?
(a) मोनेरा (b) फन्जाई
(c) प्रोटिस्टा (d) जिम्नोस्पर्म

12. पीयूष ग्रन्थि शरीर में किस स्थान पर होती है?
(a) हृदय के आधार में
(b) मस्तिष्क के आधार में
(c) गर्दन में
(d) उदर में

13. मानव शरीर में संक्रमण को रोकने में मदद करने वाला विटामिन है
(a) विटामिन A (b) विटामिन B
(c) विटामिन C (d) विटामिन D

14. निम्नलिखित में से कौन-सा जीव वायु प्रदूषण के सूचक का कार्य करता है?
(a) शैवाल (b) कवक
(c) लाइकेन (d) फफूँद

15. निम्नलिखित में से कौन-सी क्रिया बहिर्जनित बल द्वारा उत्पन्न नहीं होती है?
(a) अपरदन (b) निक्षेपण
(c) भू-स्खलन (d) समुद्री तरंग

16. वे सुरक्षित वन क्षेत्र जिनमें प्राकृतिक पादप व जन्तु समुदाय को मानव हस्तक्षेप के बिना प्राकृतिक रूप से फलने-फूलने का अवसर मिलता है, कहलाते हैं
(a) बायोस्फियर रिजर्व
(b) वन्यजीव अभयारण्य
(c) राष्ट्रीय उद्यान
(d) हॉट स्पॉट

17. HTML डॉक्यूमेन्ट बनाने में निम्न में से किसकी जरूरत होती है?
(a) ब्राउजर (b) इन्टरनेट
(c) टेक्स्ट एडिटर (d) सर्च इंजन

18. उत्पादन सामाजिक दृष्टि से आदर्श स्तर पर होता है
(a) एकाधिकारी प्रतियोगिता के अन्तर्गत
(b) एकाधिकार के अन्तर्गत
(c) अल्पाधिकारी प्रतियोगिता के अन्तर्गत
(d) पूर्ण प्रतियोगिता के अन्तर्गत

19. निम्नलिखित में से कौन-सा औद्योगिक अस्वस्थता का तात्कालिक संकेत नहीं है?
(a) लाभ में कमी
(b) बाजार साख का संकुचन
(c) श्रमिक अशान्ति
(d) बाजार भाग में कमी

20. कराधान का कौन-सा पहलू आदर्शात्मक अर्थशास्त्र से सम्बन्धित है?
(a) कर का अन्तिम भुगतान
(b) कर का काम करने की प्रेरणा पर प्रभाव
(c) कर का औचित्य (d) उपरोक्त सभी

21. निम्नलिखित में से कौन राजकोषीय नीति का उपकरण नहीं है?
(a) ब्याज दर (b) करारोपण
(c) सार्वजनिक व्यय (d) सार्वजनिक ऋण

22. निम्न में से कौन-सा नजदीकी-मुद्रा का उदाहरण है?
(a) सिक्का (b) माँग जमाएँ
(c) विनिमय बिल (d) साज-सामान

23. ईस्ट इण्डिया कम्पनी ने बंगाल की दीवानी कब प्राप्त की?
(a) 1765 ई. में (b) 1865 ई. में
(c) 1757 ई. में (d) 1857 ई. में

24. 1857 ई. के विद्रोह के समय उत्तर प्रदेश के बड़ौत परगना में विद्रोह का नेतृत्व किसने किया था?
(a) मौलवी अहमदुल्ला शाह
(b) शाहमल
(c) नाना साहेब
(d) बिजरिश कादिर

25. 6 अप्रैल, 1930 को महात्मा गाँधी ने क्या किया?
(a) असहयोग आन्दोलन की शुरुआत
(b) हरिजनोत्थान का कार्य
(c) नमक कर सम्बन्धी कानून को तोड़ा
(d) भारत छोड़ो आन्दोलन का प्रारम्भ

26. चोलों के समय दी जाने वाली वह भूमि जो विद्यालय के रख-रखाव के लिए प्रदान की जाती थी, वह थी
(a) ब्रह्मदेय (b) शालाभोग
(c) पल्लिच्चन्दय (d) देवदान

27. निम्नलिखित में से उन सुल्तानों की पहचान कीजिए, जिन्होंने कृषकों से भूमिकर के रूप में 50% कर वसूला।
1. इल्तुतमिश
2. अलाउद्दीन खिलजी
3. फिरोजशाह तुगलक
4. बलबन
5. मोहम्मद-बिन-तुगलक
कूट द्वारा सही कथन का चयन कीजिए।
(a) 1, 2 (b) 1, 2, 3 (c) 2, 5 (d) 3, 4, 5

28. हड़प्पा सभ्यता में प्रयोग की जाने वाली ईंटों की लम्बाई, चौड़ाई तथा ऊँचाई का अनुपात क्रमश: क्या था?
(a) 4 : 2 : 1 (b) 1 : 2 : 4
(c) 2 : 1 : 4 (d) 1 : 4 : 2

29. निम्नलिखित में से कौन-सा समवर्ती सूची का विषय नहीं है?
(a) मजदूर संघ (b) वन
(c) शिक्षा (d) कृषि और सिंचाई

30. भारत में यहाँ महिलाओं के लिए आरक्षण की व्यवस्था है
(a) लोकसभा में (b) विधानसभा में
(c) मन्त्रिमण्डल में
(d) पंचायती राज संस्थाओं में

31. विधानसभा सदस्यता हेतु चुनाव लड़ने के लिए आपकी आयु कितनी होनी चाहिए?
(a) 30 वर्ष (b) 35 वर्ष
(c) 25 वर्ष (d) 18 वर्ष

32. निम्नलिखित में से लोकतान्त्रिक व्यवस्थाओं के अनुरूप कौन-सा नहीं है?
(a) व्यक्ति की गरिमा
(b) स्वतन्त्र एवं निष्पक्ष चुनाव
(c) बहुसंख्यकों का शासन
(d) कानून के समक्ष समानता

33. मौलिक अधिकारों के हनन सम्बन्धी अपील की जा सकती है
(a) सर्वोच्च न्यायालय में
(b) उच्च न्यायालय में
(c) (a) और (b) दोनों में (d) संसद में

34. निम्नलिखित में से कौन भू-गर्भ की जानकारी का प्रत्यक्ष साधन है?
(a) गुरुत्वाकर्षण बल (b) भूकम्पीय तरंगें
(c) पृथ्वी का चुम्बकत्व (d) ज्वालामुखी

35. निम्न में से कौन-सी शैल अवसादी नहीं है?
(a) ब्रेशिया (b) टायलाइट
(c) संगमरमर (d) बोरेक्स

36. हार्न या गिरिश्रृंग का निर्माण किस स्थलाकृति द्वारा किया जाता है?
(a) नदी द्वारा (b) हिमनद द्वारा
(c) समुद्री तरंग द्वारा (d) पवन द्वारा

37. कर्क रेखा, भारत के किस राज्य से नहीं गुजरती है?
(a) ओडिशा (b) राजस्थान
(c) छत्तीसगढ़ (d) त्रिपुरा

38. पूर्वी घाट का सर्वोच्च शिखर कौन-सा है?
(a) खासी (b) कंचनजंगा
(c) अनाईमुड़ी (d) महेन्द्रगिरि

39. निम्नलिखित में से कौन-सी लवणीय जल वाली झील है?
(a) वूलर (b) साम्भर
(c) गोविन्द सागर (d) डल

40. नीलगिरि जैवमण्डल रिजर्व का विस्तार है
(a) केरल में (b) कर्नाटक में
(c) तमिलनाडु में (d) इन सभी में

41. 'तास' (TASS) कहाँ की समाचार एजेन्सी है?
(a) रूस (b) अमेरिका
(c) भारत (d) ब्रिटेन

42. 'INSAT' का पूर्ण रूप बताइए
(a) इण्डियन नेशनल सैटेलाइट टाइम
(b) इण्डियन नेशनल सैटेलाइट सिस्टम
(c) इण्डियन नेशनल साइन्स ट्रांसमिशन
(d) इण्डियन नेशनल सोलर ट्रांसमिशन

43. देश में खेलों को बढ़ावा देने के लिए किस कार्यक्रम को आरम्भ किया गया?
(a) बढ़ो इंडिया (b) खेलो इंडिया
(c) उड़ान (d) खेलो कूदो

44. हमारे राष्ट्रध्वज में स्थित 'चक्र' किसका प्रतीक है?
(a) शान्ति का (b) प्रगति का
(c) न्याय का (d) समृद्धि का

45. एम्सटर्डम कहाँ की राजधानी है?
(a) नीदरलैण्ड (b) न्यूजीलैण्ड
(c) नाइजीरिया (d) नॉर्वे

46. आई पी एल 2018 का खिताब किसने जीता?
(a) के के आर
(b) मुम्बई इंडियंस
(c) चेन्नई सुपर किंग्स
(d) सनराइजर्स हैदराबाद

47. वर्ष 2013 में किस वैज्ञानिक को 'भारत रत्न' प्रदान किया गया है?
(a) प्रो सी एन आर राव
(b) एस सी राघवन
(c) यमुना कृष्णन (d) विक्रमजीत बोस

48. कॉमनवेल्थ गेम्स 2018 का आयोजन कहाँ किया गया?
(a) न्यूजीलैण्ड (b) आस्ट्रेलिया
(c) जापान (d) चीन

49. 'ए सेन्चुरी नॉट इनफ' किसकी कृति है?
(a) कपिल देव (b) हर्शल जिल्स
(c) सौरव गांगुली (d) महेन्द्र सिंह धोनी

50. सरदार पटेल की 182 मी ऊँची बनने वाली प्रतिमा को क्या नाम दिया गया है?
(a) स्टैच्यू ऑफ इण्डिया
(b) स्टैच्यू ऑफ यूनिटी
(c) स्टैच्यू ऑफ गुजरात
(d) स्टैच्यू ऑफ लिबर्टी

भाग II अंकगणित

51. किसी कार्य को करने में B को, A तथा C के एकसाथ कार्य करने की तुलना में तीन गुना समय लगता है और C को, A तथा B के एकसाथ कार्य करने की तुलना में दोगुना समय लगता है तद्नुसार, यदि तीनों व्यक्ति एकसाथ उस कार्य को 10 दिनों में पूरा कर देते हों, तो अकेले A को वह कार्य पूरा करने में कितने दिन लगेंगे?
(a) 22 (b) 24 (c) 30 (d) 20

52. किसी त्रिभुजाकार खेत, जिसकी भुजाएँ 26 मी, 28 मी तथा 30 मी हैं, के प्रत्येक कोने पर एक घोड़ा 7 मी लम्बी रस्सी से बाँधा गया है। तद्नुसार, उन तीनों घोड़ों के चरने से बचे हुए खेत का क्षेत्रफल कितने वर्ग मी होगा?
(a) 336 (b) 259 (c) 154 (d) 77

53. एक दुकानदार अपने अंकित मूल्य पर 23% छूट देकर भी 10% लाभ कमा लेता है। यदि एक वस्तु पर उसका लाभ ₹ 56 रहा हो, तो उस वस्तु का अंकित मूल्य कितने रुपये रहा होगा?
(a) 820 (b) 780 (c) 790 (d) 800

54. A तथा B की आय का अनुपात 2 : 3 है और उनके व्यय का अनुपात 1 : 2 है। यदि उनमें से प्रत्येक की बचत ₹ 24000 हो, तो A की आय क्या होगी?
(a) ₹ 24000 (b) ₹ 72000
(c) ₹ 19000 (d) ₹ 48000

55. 25 लीटर के एक मिश्रण में अम्ल और पानी का अनुपात 4 : 1 है। उस मिश्रण में 3 लीटर अतिरिक्त पानी मिला दिया जाता है। तद्नुसार, अम्ल और पानी का नये मिश्रण में अनुपात क्या होगा?
(a) 5 : 2 (b) 2 : 5
(c) 3 : 5 (d) 5 :

56. A और B एकसाथ कार्य करते हुए एक कार्य $4\frac{1}{2}$ घण्टों में पूरा कर सकते हैं। उसी कार्य को B और C मिलकर 3 घण्टों में तथा C और A मिलकर $2\frac{1}{4}$ घण्टों में कर सकते हैं। यदि वही कार्य तीनों एकसाथ आरम्भ कर दें, तो ज्ञात कीजिए कि वह कार्य कितने समय में पूरा हो जाएगा?
(a) 3 घण्टे (b) 2 घण्टे
(c) 4 घण्टे (d) 5 घण्टे

57. यदि $\cos 1° \cos 2° \cos 3° \ldots \cos 177° \cos 178° \cos 179°$ का मान है
(a) 0 (b) 1 (c) $\frac{1}{\sqrt{2}}$ (d) $\frac{\sqrt{3}}{2}$

58. दिए गए ΔABC में, $AB = BC, \angle B - X$ और $\angle A = 2X - 20°$ है, तो $\angle B$ का मान क्या होगा?

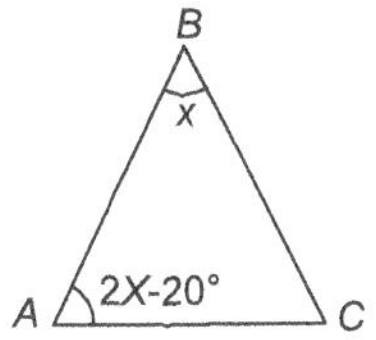

(a) 30° (b) 40°
(c) 44° (d) 64°

59. दिए गए ΔABC में, $\angle A = 40°$, BP और CP क्रमश: $\angle B$ एवं $\angle C$ के समविभाजक हैं। $\angle BPC$ का मान क्या होगा?

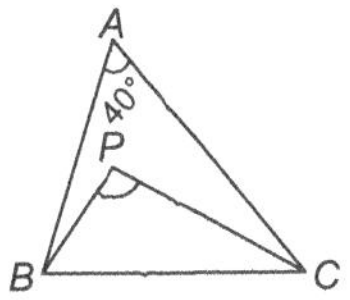

(a) 90° (b) 110°
(c) 120° (d) 140°

60. दिए गए चित्र में, O वृत्त का केन्द्र बिन्दु है। यदि $PA = 12$ सेमी, $PC = 15$ सेमी तथा $CD = 7$ सेमी, तो AB का मान क्या होगा?

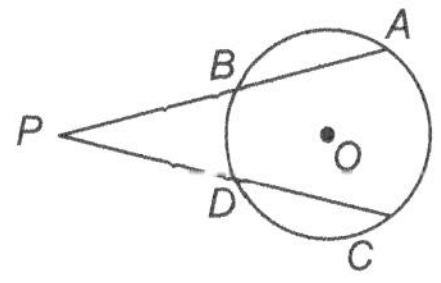

(a) 5 सेमी (b) 10 सेमी
(c) 2 सेमी (d) 9 सेमी

61. किसी पिरामिड का आधार समषष्ठभुजाकार है जिसकी प्रत्येक भुजा $2a$ है तथा इसकी तिर्यक ऊँचाई $\frac{5a}{2}$ हो, तो उसका आयतन कितना घन इकाई होगा?
(a) $3a^{32}$ (b) $3a^3\sqrt{2}$
(c) $3\sqrt{3}a^3$ (d) $6a^3$

62. $11\frac{1}{9}$ मिनट का समय तय करने में घड़ी की घण्टे वाली सुई कितना कोण घूमेगी?
(a) 11°33′40″ (b) 8°20′30″
(c) 5°33′30″ (d) 6°33′20″

63. एक इमारत की परछाईं की लम्बाई उसकी ऊँचाई की $3\sqrt{3}$ गुना हो, तो सूर्य का उन्नयन कोण क्या होगा?
(a) 60° (b) 30°
(c) $\tan^{-1}\frac{1}{3}$ (d) $\tan^{-1}\frac{\sqrt{3}}{9}$

64. 100 एवं 300 के बीच कितनी ऐसी प्राकृतिक संख्याएँ हैं, जो 13 से विभाज्य हैं?
(a) 15 (b) 16 (c) 18 (d) 20

65. 1000 से कम वह कौन-सी संख्या है, जिससे 43521 में गुणा करने पर गुणनफल के दाईं ओर स्थित अन्तिम तीन अंक 791 होंगे?
(a) 870 (b) 880 (c) 871 (d) 860

66. भिन्न $\frac{3}{4}, \frac{7}{8}, \frac{11}{12}$ का म.स. क्या होगा?
(a) $\frac{4}{12}$ (b) 12 (c) $\frac{1}{24}$ (d) $\frac{4}{231}$

67. वह सबसे बड़ी संख्या, जिसे 5834 में से घटाने पर प्राप्त संख्या 20, 28, 32 तथा 35 में से प्रत्येक से पूर्णत: विभाजित होती है, वह संख्या क्या होगी?
(a) 1120 (b) 4714
(c) 5200 (d) 5600

68. $\frac{\tan^2 60° - 2\tan^2 45° + \sec^2 30°}{3\sin^2 45° \sin 90° + \cos^2 60° \cos^3 0°}$ का मान क्या होगा?
(a) $\frac{49}{12}$ (b) $\frac{7}{3}$
(c) $\frac{14}{9}$ (d) $\frac{4}{3}$

69. $\frac{\cot A + \tan B}{\cot B + \tan A}$ का मान निम्नलिखित में से क्या होगा?
(a) $\cot B \cdot \tan B$
(b) $\cot A \cdot \tan B$
(c) $\cot B \cdot \tan A$
(d) उत्तर निकालना सम्भव नहीं है

70. चित्र में प्रदर्शित 10 सेमी व्यास वाले तीन वृत्त एक रबड़ बैण्ड से जोड़ दिए गए हैं।

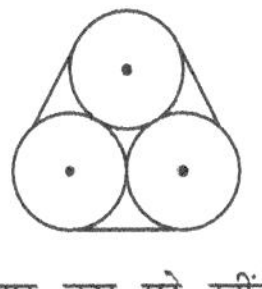

दिखाए अनुसार उस पूरे खींचे हुए रबड़ बैण्ड की लम्बाई कितने सेमी है?
(a) 30 (b) $30 + 10\pi$
(c) 10π (d) $60 + 20\pi$

71. दो समद्विबाहु त्रिभुजों, जिनका शीर्ष कोण (अर्थात् समान भुजाओं के बीच का कोण) एकसमान है, उनके क्षेत्रफलों का अनुपात 1 : 4 है। तद्नुसार, उनकी ऊँचाई का अनुपात क्या होगा?
(a) 1 : 4 (b) 2 : 5
(c) 1 : 2 (d) 3 : 4

72. यदि 16 सेमी लम्बी एक जीवा अपने वृत्त के केन्द्र से 15 सेमी की दूरी पर है, तो उसी वृत्त की उस जीवा की लम्बाई क्या होगी, यदि उनके केन्द्रों के बीच की दूरी 8 सेमी है?

(a) 10 सेमी (b) 20 सेमी
(c) 30 सेमी (d) 40 सेमी

73. वह सबसे बड़ी संख्या क्या है, जो 140, 176, 264 को क्रमशः 4, 6 और 9 शेष छोड़कर विभाजित कर सकती है?

(a) 17 (b) 2
(c) 85 (d) 34

74. एक समान्तर श्रेणी में 4 पद हैं। दोनों मध्य पदों का योगफल 110 है और बाह्य पदों का गुणनफल 2125 है। तीसरा पद है

(a) 55 (b) 45
(c) 65 (d) 75

75. एक रेलगाड़ी 50 मी लम्बे प्लेटफॉर्म को 14 सेकण्ड में पार कर लेती है और प्लेटफॉर्म पर खड़े एक आदमी को 10 सेकण्ड में पार कर जाती है। रेलगाड़ी की चाल क्या होगी?

(a) 24 किमी/घण्टा (b) 36 किमी/घण्टा
(c) 40 किमी/घण्टा (d) 45 किमी/घण्टा

76. ₹ 10000 का 4% वार्षिक चक्रवृद्धि ब्याज की दर पर, यदि ब्याज हर छः महीने बाद जोड़ा जाए, तो 2 वर्षों बाद ब्याज क्या होगा?

(a) ₹ 636.80 (b) ₹ 824.32
(c) ₹ 912.86 (d) ₹ 828.82

77. एक पतलून के अंकित मूल्य पर 40% छूट के फलस्वरूप सोहन ने ₹ 320 मूल्य की एक कमीज भी क्रय कर ली। पतलून के लिए सोहन ने कितना भुगतान किया?

(a) ₹ 480 (b) ₹ 540
(c) ₹ 800 (d) ₹ 400

78. 40 लीटर मिश्रण में एल्कोहॉल और जल का अनुपात 5 : 3 है। 8 लीटर मिश्रण निकाल कर उसकी जगह जल डाल दिया गया। अब परिणामी मिश्रण में एल्कोहॉल और जल का अनुपात क्या होगा?

(a) 1 : 2 (b) 1 : 1
(c) 2 : 1 (d) 1 : 3

79. मोहन का व्यय और बचत 3 : 2 के अनुपात में है। उसकी आय में 10% की वृद्धि होती है और उसका व्यय भी 12% बढ़ जाता है। उसकी बचत में कितनी वृद्धि होती है?

(a) 7% (b) 10% (c) 9% (d) 13%

80. 10 वर्ष पूर्व, P और Q की औसत आयु 20 वर्ष थी। अब, P, Q और R की औसत आयु 30 वर्ष है। 10 वर्ष बाद, R की आयु क्या होगी?

(a) 35 वर्ष (b) 40 वर्ष
(c) 30 वर्ष (d) 45 वर्ष

निर्देश (प्र.सं. 81-85) *आयत-चित्र में एक कक्षा के 45 छात्रों के अंकों को दर्शाया गया है। इस आयत-चित्र का अध्ययन करके प्रश्नों के उत्तर दीजिए।*

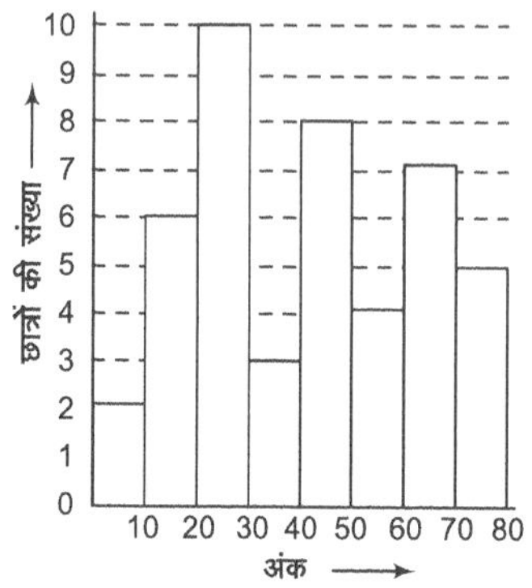

81. कितने छात्र ऐसे हैं, जिन्हें 50 या उससे भी ज्यादा अंक मिले हैं?

(a) 9 (b) 10 (c) 11 (d) 16

82. यदि उत्तीर्ण होने के लिए 30 अंक निर्धारित हों, तो अनुत्तीर्ण छात्रों की संख्या कितनी होगी?

(a) 2 (b) 6 (c) 18 (d) 20

83. यदि उत्तीर्ण होने के लिए न्यूनतम अंक 30 हों, तो उत्तीर्ण हुए छात्रों का प्रतिशत कितना होगा?

(a) 75 (b) 60 (c) 50 (d) 40

84. कुल कितने छात्रों को 10 अंकों से भी कम अंक मिले हैं?

(a) 2 (b) 10 (c) 1 (d) 4

85. कितने छात्रों को 30 से अधिक किन्तु 40 से कम अंक प्राप्त हुए हैं?

(a) 3 (b) 4 (c) 5 (d) 6

भाग III सामान्य बुद्धिमत्ता एवं तर्कशक्ति

निर्देश (प्र.सं. 86-88) *दिए गए विकल्पों में से सम्बन्धित शब्द/अक्षर/संख्या को चुनिए।*

86. नाटक : मंच :: टेनिस : ?

(a) प्रतियोगिता (b) जाल
(c) कोर्ट (d) रैकेट

87. DWH : WDS :: FUL : ?

(a) UFO (b) OFU (c) FOU (d) ELV

88. 9 : 25 :: 49 : ?

(a) 63 (b) 36 (c) 64 (d) 81

निर्देश (प्र.सं. 89-91) *निम्नलिखित में से उसे चुनिए जो अन्य तीन विकल्पों से भिन्न है।*

89. (a) 41 (b) 49
(c) 132 (d) 154

90. (a) हथौड़ा-पेचकस (b) बढ़ई-औजार
(c) तलवार-बन्दूक (d) बन्दूक-गोली

91. (a) DFCE (b) NPMO
(c) XZWY (d) HIGJ

निर्देश (प्र.सं. 92) *निम्न विकल्पों में से कौन-सा विकल्प नीचे दिए हुए शब्दों का सार्थक क्रम दर्शाता है?*

92. 1. काटना 2. व्यंजन 3. सब्जी
4. बाजार 5. पकाना

(a) 1,2,4,5,3 (b) 4,3,1,5,2
(c) 4,1,3,5,2 (d) 4,2,1,5,3

93. यदि × का अर्थ है −, − का अर्थ है ×, + का अर्थ है ÷ और ÷ का अर्थ + हो, तो $(15-10) \div (130+10) \times 50$ का मान है

(a) 1800 (b) 113 (c) 2000 (d) 123

94. निम्नलिखित समीकरण में ★ के स्थान पर रखे जाने वाले गणितीय चिह्नों के सही समूह को चुनिए।

16 ★ 4 ★ 5 ★ 14 ★ 6

(a) + − = × (b) − × + =
(c) ÷ × = + (d) ÷ + = −

95. ÷ तथा =, 2 तथा 3 का स्थान परस्पर बदलने पर निम्नलिखित में से कौन-सा सही है?

(a) 15 = 2 ÷ 3 (b) 5 ÷ 15 = 2
(c) 2 = 15 ÷ 3 (d) 3 = 2 ÷ 15

96. यदि 'STOVE' शब्द को 'FNBLK' के रूप में लिखा जा सकता है, तो उसी कूट में 'VOTES' शब्द को कैसे लिखा जाएगा?

(a) LBNKF (b) LNBKF
(c) LKNBF (d) FLKBN

97. यदि 'PAPER' शब्द को 'OZODQ' के रूप में लिखा जाता है, तो उसी कूट में 'PENCIL' शब्द को कैसे लिखा जाएगा?

(a) QFODJM (b) OFOBHM
(c) ODMDJM (d) ODMBHK

98. एक शब्द बड़े अक्षरों में लिखा गया है। इसके बाद चार शब्द लिखे गए हैं। इनमें से तीन शब्द बड़े अक्षरों वाले शब्द के अक्षरों द्वारा नहीं बनाए जा सकते हैं। उस शब्द को पहचानें जो बड़े अक्षरों में लिखे शब्द के अक्षरों द्वारा लिखा जा सकता है

NEWSPAPER

(a) SWEET (b) REPEAT
(c) SOUR (d) WASP

निर्देश (प्र.सं. 99-103) *दिए गए विकल्पों में से लुप्त संख्या/अक्षर ज्ञात कीजिए।*

99.

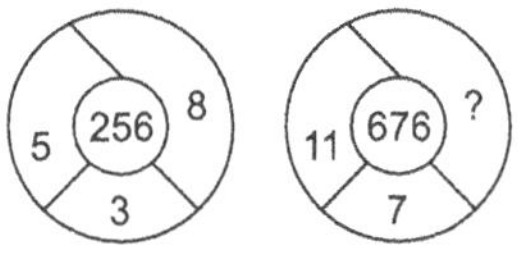

(a) 10 (b) 8 (c) 7 (d) 19

100.

16	210	14
14	156	12
12	?	10

(a) 90 (b) 100 (c) 110 (d) 36

101. YEB, WFD, UHG, SKI, ?
(a) QOL (b) QNL (c) QGL (d) TOL

102. QW, OA, LG, HO, CY, ?
(a) WK (b) KW (c) KV (d) WJ

103. 30, 29, 27, 24, 20, ?
(a) 18 (b) 14 (c) 16 (d) 15

104. अक्षरों का कौन-सा समूह स्थानों पर क्रमवार रखने से दी गई अक्षर श्रृंखला को पूरा करेगा?

acc_bc_a_ccbbcc_

(a) aabb (b) abab (c) bcaa (d) aabc

105. निम्न श्रृंखला में गलत संख्या ज्ञात कीजिए।
1, 4, 8, 6, 9, 12, 16, 14, 17, 23, 24, 22
(a) 17 (b) 23 (c) 24 (d) 22

106. 6 व्यक्ति A, B, C, D, E, और F दो पंक्तियों में बैठे हैं, प्रत्येक में 3। यदि E किसी सिरे पर नहीं है, D, F के बाएँ को दूसरा है, C, E का पड़ोसी है और D के विकर्णत: सामने बैठा है और B, F का पड़ोसी है, तो B के सामने कौन होगा?
(a) A (b) E (c) C (d) D

107. एक दिन सूर्योदय के बाद मयंक और जतिन एक-दूसरे के आमने-सामने खड़े होकर बातें कर रहे थे। अगर जतिन की छाया मयंक के ठीक दाईं ओर पड़ रही थी, तो जतिन का मुख किस ओर था?
(a) पूर्व (b) पश्चिम (c) उत्तर (d) दक्षिण

108. आलोक किसी बिन्दु P से दक्षिण की ओर 10 मी जाता है। इसके बाद वह 20 मी पश्चिम की ओर जाता है। इसके बाद वह 10 मी दक्षिण की ओर जाता है। इसके बाद वह 20 मी पूर्व की ओर जाता है और इसके बाद अन्त में वह 5 मी उत्तर की ओर चलकर बिन्दु Q पर पहुँच जाता है, बताइए कि बिन्दु P से बिन्दु Q तक की सीधी दूरी कितनी है?
(a) 15 मी (b) 10 मी (c) 5 मी (d) 20 मी

109. हरि की आयु जॉनी की आयु से दोगुनी है, जो राहुल से तीन वर्ष बड़ा है। यदि हरि की आयु राहुल की आयु से पाँच गुना हो, तो जॉनी की आयु कितनी है?
(a) 2 वर्ष (b) 4 वर्ष (c) 5 वर्ष (d) 8 वर्ष

110. निम्नलिखित में से कौन-सा रंग हरे रंग के विपरीत है?

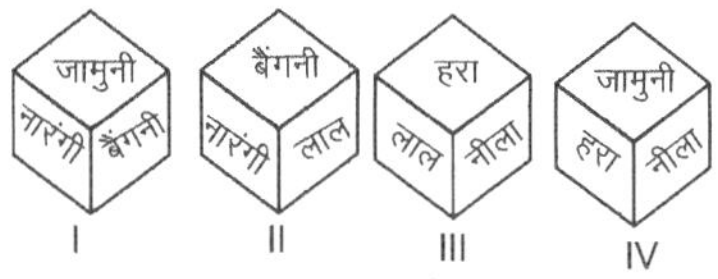

(a) जामुनी (b) नीला
(c) बैंगनी (d) नारंगी

111. शीला, रवि की भाभी है। राम, रवि का भाई है और राम की पत्नी शीला है। दीपा, रवि की बहन है। दीपा की माँ, शान्ति है। तद्नुसार, शीला का शान्ति से क्या सम्बन्ध है?
(a) सास (b) पुत्रवधू
(c) पोती (d) पुत्री

निर्देश (प्र.सं. 112) *निम्नलिखित प्रश्न में एक कथन दिया गया है और उनके बाद दो पूर्वानुमान I और II दिए गए हैं। यह बताइए कि कौन-सा पूर्वानुमान कथन में निहित (से मान्य) है? नीचे दिए गए चार विकल्पों में से अपना उत्तर चुनिए।*

112. कथन यदि सरकार ही भ्रष्टाचार को समाप्त करने के लिए कार्यवाही करेगी तभी हमारा देश समृद्धि की ओर बढ़ेगा।

पूर्वानुमान
I. सरकार भ्रष्ट लोगों के विरुद्ध कड़ी कार्यवाही करने के लिए प्रतिबद्ध है।
II. भ्रष्टाचार देश को समृद्धि की ओर बढ़ने में बाधा डालता है।

(a) केवल I ही निहित है
(b) केवल II ही निहित है
(c) I और II दोनों निहित हैं
(d) न तो I और न ही II निहित है

निर्देश (प्र.सं. 113) *निम्नलिखित प्रत्येक प्रश्न में दो कथन के आगे चार निष्कर्ष I, II, III व IV दिए गए हैं। आप सामान्य ज्ञात तथ्यों में अन्तर होने पर भी कथनों की पड़ताल, सत्य समझ कर करें। आप तय करें कि दिए गए निष्कर्षों में से कौन-सा, यदि कोई हो, दिए गए कथनों से निकलता है?*

113. कथन
सभी बेंचें मेज हैं।
कोई मेज कुर्सी नहीं है।

निष्कर्ष
I. सभी बेंचें कुर्सियाँ हैं।
II. सभी मेजें बेंचें हैं।
III. कोई मेज बेंच नहीं है।
IV. कोई बेंच, कुर्सी नहीं है।

(a) केवल निष्कर्ष II ठीक है
(b) केवल निष्कर्ष III ठीक है
(c) केवल निष्कर्ष IV ठीक है
(d) केवल निष्कर्ष I ठीक है

निर्देश (प्र.सं. 114 और 115) *कौन-सी उत्तर आकृति प्रश्न आकृति को पूरा करेगी?*

114. प्रश्न आकृति

उत्तर आकृतियाँ

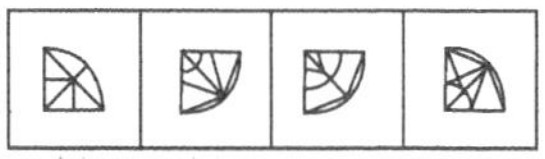

(a) (b) (c) (d)

115. प्रश्न आकृति

उत्तर आकृतियाँ

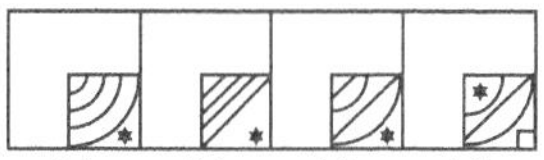

(a) (b) (c) (d)

116. दी गई आकृति का दर्पण में बनने वाला सही प्रतिबिम्ब चुनिए, जब दर्पण AB पर रखा हो

प्रश्न आकृति

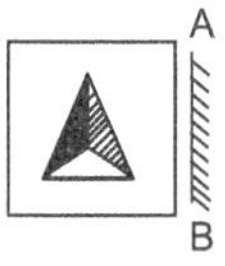

उत्तर आकृतियाँ

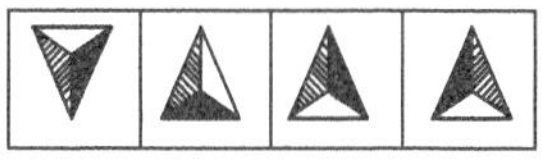

(a) (b) (c) (d)

117. आव्यूह को पूरा करने के लिए उत्तर आकृति की पहचान कीजिए।

प्रश्न आकृति

उत्तर आकृतियाँ

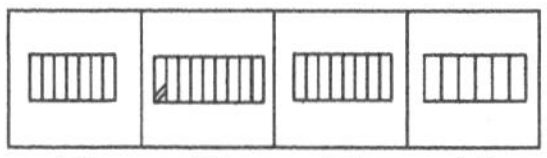

(a) (b) (c) (d)

118. नीचे आकृतियों का अनुक्रम दिया गया है जिनका वर्गों में समूहीकरण किया जा सकता है। उस समूह को चुनिए जिसमें आकृतियों को वर्गीकृत किया जा सकता है।

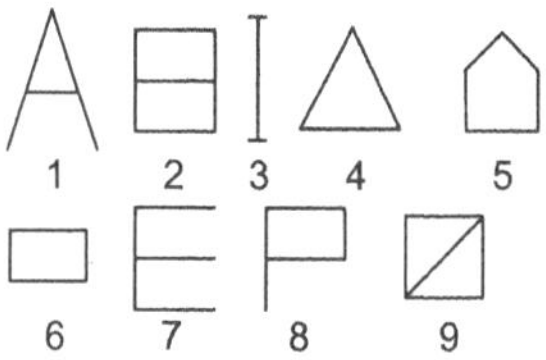

(a) 1, 3, 4
2, 5, 9
6, 7, 8

(b) 1, 2, 3
4, 5, 6
7, 8, 9

(c) 1, 5, 9
2, 4, 7
3, 6, 8

(d) 3, 7, 8
1, 6, 5
4, 2, 9

निर्देश (प्र.सं. 119-120) *दी गई शृंखला में लुप्त संख्या ज्ञात कीजिए।*

119. 3, 19, 41, 71, 111, ?
(a) 156
(b) 158
(c) 163
(d) 167

120. 2, 3, 4, 9, 16, 54, 96, ?
(a) 324
(b) 768
(c) 560
(d) 486

उत्तरमाला

1.	(a)	2.	(a)	3.	(c)	4.	(b)	5.	(b)	6.	(a)	7.	(c)	8.	(c)	9.	(c)	10.	(b)
11.	(c)	12.	(b)	13.	(a)	14.	(c)	15.	(c)	16.	(a)	17.	(c)	18.	(c)	19.	(c)	20.	(d)
21.	(a)	22.	(b)	23.	(c)	24.	(b)	25.	(c)	26.	(b)	27.	(c)	28.	(a)	29.	(d)	30.	(d)
31.	(c)	32.	(c)	33.	(c)	34.	(b)	35.	(c)	36.	(b)	37.	(a)	38.	(d)	39.	(b)	40.	(d)
41.	(a)	42.	(b)	43.	(b)	44.	(b)	45.	(a)	46.	(c)	47.	(a)	48.	(b)	49.	(c)	50.	(b)
51.	(b)	52.	(b)	53.	(d)	54.	(d)	55.	(a)	56.	(b)	57.	(a)	58.	(c)	59.	(b)	60.	(c)
61.	(c)	62.	(c)	63.	(d)	64.	(b)	65.	(c)	66.	(c)	67.	(b)	68.	(d)	69.	(b)	70.	(b)
71.	(c)	72.	(c)	73.	(a)	74.	(c)	75.	(d)	76.	(b)	77.	(a)	78.	(b)	79.	(a)	80.	(b)
81.	(d)	82.	(c)	83.	(b)	84.	(a)	85.	(a)	86.	(c)	87.	(a)	88.	(d)	89.	(a)	90.	(b)
91.	(d)	92.	(b)	93.	(b)	94.	(c)	95.	(b)	96.	(a)	97.	(d)	98.	(d)	99.	(b)	100.	(c)
101.	(a)	102.	(a)	103.	(d)	104.	(c)	105.	(b)	106.	(b)	107.	(c)	108.	(a)	109.	(c)	110.	(d)
111.	(b)	112.	(c)	113.	(c)	114.	(b)	115.	(c)	116.	(c)	117.	(b)	118.	(a)	119.	(c)	120.	(d)

सॉल्यूशन्स

51. यदि B उस कार्य को $3x$ दिन में करे, तो $(A+C)$ उस कार्य को x दिन में पूरा करेंगे। यदि C उस कार्य को $2y$ दिन में करें, तो $(A+B)$ उस कार्य को y दिन में पूरा करेंगे।

$\therefore \quad \frac{1}{x}+\frac{1}{3x}=\frac{1}{10}$

$\Rightarrow \frac{4}{3x}=\frac{1}{10} \Rightarrow 3x=40 \Rightarrow x=\frac{40}{3}$

पुनः, $\frac{1}{y}+\frac{1}{2y}=\frac{1}{10}$

$\Rightarrow \frac{3}{2y}=\frac{1}{10} \Rightarrow y=15$

$\therefore$ $(A+B+C)$ का 1 दिन का कार्य $=\frac{1}{10}$

$\Rightarrow \frac{1}{A}+\frac{1}{40}+\frac{1}{30}=\frac{1}{10}$

$\Rightarrow \frac{1}{A}=\frac{1}{10}-\frac{1}{40}-\frac{1}{30}$

$=\frac{12-3-4}{120}=\frac{5}{120}=\frac{1}{24}$

$\therefore$ A अकेले 24 दिन में कार्य पूरा करेगा।

52. घोड़ों द्वारा चरा गया क्षेत्र

$=\frac{180°}{360°}\pi r^2=\frac{\pi r^2}{2}$

(यहाँ 180° त्रिभुज के तीनो कोणों का योग है)

$=\frac{1}{2}\times\frac{22}{7}\times 7\times 7=77$ वर्ग मी

त्रिभुजाकार खेत का अर्द्धपरिमाप

$(s)=\frac{a+b+c}{2}$

$=\frac{26+28+30}{2}=42$ मी

$\therefore$ खेत का क्षेत्रफल

$=\sqrt{s(s-a)(s-b)(s-c)}$

$=\sqrt{42(42-26)(42-28)(42-30)}$

$=\sqrt{42\times16\times14\times12}=336$ वर्ग मी

$\therefore$ शेष खेत का क्षेत्रफल $=336-77$

$=259$ वर्ग मी

53. माना वस्तु का अंकित मूल्य = ₹ x

विक्रय मूल्य = अंकित मूल्य $\times\frac{100-\text{छूट प्रतिशत}}{100}$

$\therefore$ विक्रय मूल्य = ₹ $\frac{77x}{100}$

$\therefore$ क्रय मूल्य = ₹ $\left(\frac{77x}{100}-56\right)$

$\therefore \frac{77x-5600}{100}\times\frac{110}{100}=\frac{77x}{100}$

$\Rightarrow \frac{77x-5600}{100}=\frac{77x}{110}=\frac{7x}{10}$

$\Rightarrow 77x-5600=70x$

$\Rightarrow 7x=5600 \Rightarrow x=$ ₹ 800

54. माना A एवं B की आय क्रमशः ₹ $2x$ एवं ₹ $3x$ तथा उनका व्यय क्रमशः ₹ y एवं $2y$ है।

$\therefore \quad 2x-y=24000 \quad$ ...(i)

एवं $3x-2y=24000 \quad$ ...(ii)

समी (i) में 2 से गुणा करके समी (ii) में से घटाने पर,

$4x - 2y - 3x + 2y = 24000$

$\Rightarrow \quad x = 24000$

$\therefore$ A की आय $= 2 \times 24000$

$= ₹\ 48000$

55. 25 लीटर मिश्रण में,

अम्ल की मात्रा $= \frac{4}{5} \times 25 = 20$ लीटर

पानी की मात्रा $= 25 - 20 = 5$ लीटर

$\because$ अतिरिक्त पानी $= 3$ लीटर

अतः पानी नई मात्रा $= 5 + 3 = 8$ लीटर

$\therefore$ नया अनुपात $= 20 : 8 = 5 : 2$

56. $(A + B)$ का 1 घण्टे का कार्य $= \frac{2}{9}$ ...(i)

$(B + C)$ का 1 घण्टे का कार्य $= \frac{1}{3}$ ...(ii)

$(C + A)$ का 1 घण्टे का कार्य $= \frac{4}{9}$ ...(iii)

तीनों समीकरणों को जोड़ने पर,

$2(A + B + C)$ द्वारा 1 घण्टे में किया गया कार्य

$= \frac{2}{9} + \frac{1}{3} + \frac{4}{9} = \frac{2 + 3 + 4}{9} = 1$

$\therefore (A + B + C)$ मिलकर 2 घण्टे में कार्य पूरा करेंगे।

57. $\because \cos 90° = 0$

अतः व्यंजक का कुल मान भी शून्य (0) होगा।

58.

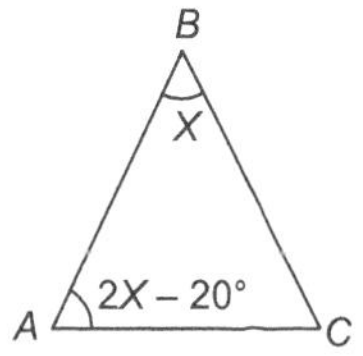

$\because$ दिया है भुजा $AB = BC$

$\therefore \quad \angle BAC = \angle BCA$

$\because \angle BCA = \angle BAC = 2X - 20°$; $\angle ABC = X$

[$\because$ त्रिभुज के तीनों कोणों का मान 180° होता है।]

प्रश्नानुसार,

$2X - 20° + 2X - 20° + X = 180°$

$5X - 40° = 180°$

$5X = 180° + 40°$

$X = \frac{220°}{5°}$; $X = 44°$

59. ΔABC में,

$\angle A = 40°$

$\angle ABC + \angle ACB = 180° - 40° = 140°$

$\frac{\angle ABC}{2} + \frac{\angle ACB}{2} = \frac{140°}{2} = 70°$

अब ΔBPC में,

$\angle BPC = 180° - 70° = 110°$

60. $PA = 12$ सेमी, $PC = 15$ सेमी

$CD = 7$ सेमी, $AB = ?$

$PD = (PC - CD) = 15 - 7 = 8$ सेमी

अथवा $PA \times PB = PC \times PD$

$12 \times PB = 15 \times 8$

$PB = \frac{15 \times 8}{12} = 10$ सेमी

$AB = PA - PB = 12 - 10 = 2$ सेमी

61. पिरामिड की ऊँचाई $= \sqrt{l^2 - a^2}$

जब आधार समषष्ठभुजाकार है, तो

$l = \sqrt{a^2 + h^2} = \sqrt{\left(\frac{5a}{2}\right)^2 - (2a)^2}$

$= \sqrt{6.25a^2 - 4a^2} = \sqrt{2.25a^2} = 1.5a$

अभीष्ट आयतन $= \frac{1}{3} \times \frac{6\sqrt{3}}{4}(2a)^2 \times \frac{15a}{10}$

$= 3\sqrt{3}a^3$ घन इकाई

62. घण्टे की सुई 60 मिनट में 30° का कोण बनाती है।

$\therefore$ अभीष्ट कोण $= \frac{100}{9} \times \frac{1}{2} = \frac{50°}{9} = 5\frac{5°}{9}$

$= 5° \left(\frac{5}{9} \times 60\right)' = 5°33'30''$

63.

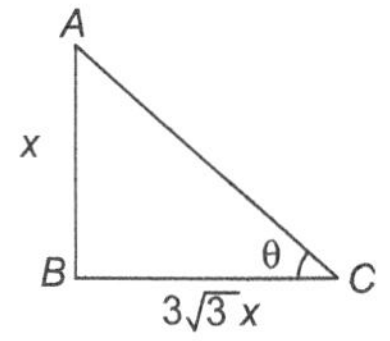

माना $AB(x)$ इमारत और BC परछाईं है।

माना उन्नयन कोण $= \angle C = \theta$

$\therefore \quad \tan\theta = \frac{AB}{BC} = \frac{x}{3\sqrt{3}x}$

$= \frac{1}{3\sqrt{3}} = \frac{\sqrt{3}}{9}$

$\therefore \quad \theta = \tan^{-1}\frac{\sqrt{3}}{9}$

64. 100 तक 13 से विभाजित होने वाली संख्याओं की संख्या $= 7$, क्योंकि $100 = 7 \times 13 + 9$

इसी तरह, 300 तक 13 से विभाजित होने वाली संख्याओं की संख्या $= 23$,

क्योंकि $300 = 23 \times 13 + 1$

$\therefore$ अभीष्ट संख्या $= 23 - 7 = 16$

65. गुणनखण्ड का आखिरी अंक 1 है। इसलिए गुणक का आखिरी अंक भी 1 होगा। माना गुणक का दूसरा अंक x है; तब गुणा के नियम के अनुसार (गुणनखण्ड एवं गुणक के अन्तिम दो अंकों के बीच वज्र-गुणनफल)

```
43521
   x1
  791
```

$1 \times 2 + 1 \times x = 9$

$\therefore \quad x = 7$

अब गुणक की तीसरी संख्या प्राप्त करने के लिए,

```
43521
  x71
  791
```

$5 \times 1 + 2 \times 7 + 1 \times x = -7$

या $19 + x = -7$

$x = 8$

अतः पहली संख्या $= 1$

दूसरी संख्या $= 7$

तीसरी संख्या $= 8$

$\therefore$ तीनों अंकों वाली अभीष्ट संख्या $= 871$

66. अभीष्ट म.स. $= \frac{3, 7, 11 \text{ का म.स.}}{4, 8, 12 \text{ का ल.स.}} = \frac{1}{24}$

67. दी गई संख्याओं का ल. स.

2	20, 28, 32, 35
2	10, 14, 16, 35
5	5, 7, 8, 35
7	1, 7, 8, 7
	1, 1, 8, 1

$\because$ ल.स. $= 2 \times 2 \times 5 \times 7 \times 8 = 1120$

$\therefore$ अभीष्ट संख्या $= 5834 - 1120 = 4714$

68. $\frac{\tan^2 60° - 2\tan^2 45° + \sec^2 30°}{3\sin^2 45° \sin 90° + \cos^2 60° \cos^3 0°}$

$= \frac{(\sqrt{3})^2 - 2(1)^2 + (2/\sqrt{3})^2}{3(1/\sqrt{2})^2(1) + (1/2)^2(1)^3}$

$= \frac{3 - 2 + \frac{4}{3}}{\frac{3}{2} + \frac{1}{4}} = \frac{1 + \frac{4}{3}}{\frac{3}{2} + \frac{1}{4}}$

$= \frac{\frac{3+4}{3}}{\frac{6+1}{4}} = \frac{7}{3} \times \frac{4}{7} = \frac{4}{3}$

69. $\frac{\cot A + \tan B}{\cot B + \tan A} = \frac{\frac{1}{\tan A} + \tan B}{\frac{1}{\tan B} + \tan A}$

$= \frac{\frac{1 + \tan A \cdot \tan B}{\tan A}}{\frac{1 + \tan A \cdot \tan B}{\tan B}} = \frac{\tan B}{\tan A} = \cot A \cdot \tan B$

70. रबड़ बैण्ड की लम्बाई

$= 3d + 2\pi r$

$= (30 + 10\pi)$ सेमी

71. दोनों त्रिभुज समकोणीय हैं।

$\therefore$ ये त्रिभुज समरूप हैं।

अतः इनकी ऊँचाई का अनुपात

= उनके क्षेत्रफलों के अनुपात का वर्गमूल

$= 1 : 2$

72. वृत्त के केन्द्र से नजदीक की जीवा बड़ी होती है।

$\therefore \quad \frac{15}{8} = \frac{x}{16}$

$\Rightarrow \quad x = \frac{15 \times 16}{8} = 30$ सेमी

73. अभीष्ट संख्या $= 140 - 4 = 136;$

$176 - 6 = 170$

एवं $264 - 9 = 255$ का म.स. $= 17$

74. माना समान्तर श्रेणी की संख्याएँ

$a - 3d, a - d, a + d$ एवं $a + 3d$ हैं।

$\therefore \quad a - d + a + d = 110$

$\Rightarrow \quad 2a = 110$

$\therefore \quad a = 55$

पुनः, $(a - 3d)(a + 3d) = 2125$

$\Rightarrow (55 - 3d)(55 + 3d) = 2125$

(a का मान रखने पर)

$\Rightarrow \quad 3025 - 9d^2 = 2125$

$\Rightarrow \quad 3025 - 2125 = 9d^2 \Rightarrow 9d^2 = 900$

$\Rightarrow \quad d^2 = 100 \Rightarrow d = 10$

$\therefore$ तीसरा पद $= a + d = 55 + 10 = 65$

75. प्लेटफॉर्म की लम्बाई = 50 मी

समय = 14 सेकण्ड

रेलगाड़ी की गति = ?

माना रेलगाड़ी की लम्बाई = x मी

$$\frac{x}{10} = \frac{x + 50}{14}$$

$\Rightarrow \quad 14x - 10x = 500$

$\Rightarrow x = \frac{500}{4}$ मी $= 125$ मी

रेलगाड़ी की चाल $= \frac{\text{दूरी}}{\text{समय}}$

$\therefore$ रेलगाड़ी की गति $= \frac{125}{10} \times \frac{18}{5}$

= 45 किमी/घण्टा

76. मूलधन = ₹ 10000, दर = 4%, समय = 2 वर्ष

ब्याज छमाही संयोजित होने पर,

दर = 2%

समय = 4 वर्ष

चक्रवृद्धि मिश्रधन $= 10000\left(1 + \frac{2}{100}\right)^4$

$= 10000 \times \frac{102}{100} \times \frac{102}{100} \times \frac{102}{100} \times \frac{102}{100}$

= ₹ 10824.321

अभीष्ट ब्याज $= 10824.32 - 10000.00$

= ₹ 824.32

77. यदि पतलून का अंकित मूल्य = ₹ x हो, तो

$\frac{x \times 40}{100} = 320 \Rightarrow x = \frac{320 \times 100}{40} =$ ₹ 800

$\therefore$ पतलून का विक्रय मूल्य

= अंकित मूल्य $\times \frac{100 - \text{छूट}}{100}$

$= \frac{800 \times 60}{100} =$ ₹ 480

78. 40 लीटर मिश्रण में एल्कोहॉल व जल का अनुपात = 5 : 3

मिश्रण में एल्कोहॉल की मात्रा

$= \frac{40 \times 5}{8} = 25$ लीटर

मिश्रण में जल की मात्रा $= \frac{40 \times 3}{8} = 15$ लीटर

8 लीटर मिश्रण निकालने पर शेष 32 लीटर मिश्रण में एल्कोहॉल व पानी की मात्रा क्रमशः

एल्कोहॉल की मात्रा $= \frac{5}{8} \times 32 = 20$ लीटर

पानी की मात्रा $= \frac{3}{8} \times 32 = 12$ लीटर

मिलाए गए पानी की मात्रा = 8 लीटर

पानी की नये मिश्रण में कुल मात्रा

$= 12 + 8 = 20$ लीटर

अतः नये मिश्रण में एल्कोहॉल व पानी का अनुपात $= 20 : 20 = 1 : 1$

79. मोहन का व्यय = ₹ $3x$

बचत = ₹ $2x$

नई आय $= \frac{5x \times 110}{100} =$ ₹ $\frac{11x}{2}$

व्यय $= \frac{3x \times 112}{100} =$ ₹ $\frac{336x}{100}$

बचत $= \frac{11x}{2} - \frac{336x}{100}$

$= \frac{550x - 336x}{100} =$ ₹ $214x$

बचत में वृद्धि $= \frac{214x}{100} - 2x = \frac{14x}{100}$

$\therefore$ प्रतिशत वृद्धि $= \frac{14x}{200x} \times 100 = 7\%$

80. $(P + Q)$ की वर्तमान आयु $= 40 + 20 = 60$ वर्ष

$(P + Q + R)$ की वर्तमान आयु = 90 वर्ष

R की वर्तमान आयु $= 90 - 60 = 30$ वर्ष

10 वर्ष बाद, R की आयु $= 30 + 10 = 40$ वर्ष

81. छात्रों की अभीष्ट संख्या

$= 4 + 7 + 5 = 16$

82. अनुत्तीर्ण छात्रों की संख्या

$= 2 + 6 + 10 = 18$

83. उत्तीर्ण छात्रों की संख्या $= 45 - 18 = 27$

$\therefore$ अभीष्ट प्रतिशत $= \frac{27}{45} \times 100 = 60\%$

84. आयत चित्र से स्पष्ट है कि 2 छात्रों को 10 अंकों से भी कम अंक मिले।

85. वर्ग अन्तराल 30 – 40 के आयत से स्पष्ट है कि 3 छात्रों को 30 से अधिक व 40 से कम अंक प्राप्त हुए।

86. जिस प्रकार, 'नाटक', 'मंच' पर खेला जाता है। उसी प्रकार, 'टेनिस', 'कोर्ट' पर खेला जाता है।

87. जिस प्रकार,

D W H

(D ↔ W क्रॉस; H ↓ विपरीत अक्षर)

W D S

उसी प्रकार,

F U L

(F ↔ U क्रॉस; L ↓ विपरीत अक्षर)

U F O

88. जिस प्रकार,

9 : 25

↑ ↑

3^2 $(3+2)^2$

उसी प्रकार,

49 : 81

↑ ↑

$(7)^2$ $(7+2)^2$

89. केवल 41 एक अभाज्य संख्या है, (जो संख्याएँ स्वयं तथा केवल 1 से विभाज्य हों, अभाज्य संख्याएँ होती हैं।)

90. अन्य सभी जोड़ों में दोनों शब्द निर्जीव का बोध कराते हैं, जबकि विकल्प (b) में शब्द 'बढ़ई' सजीव का बोध कराता है।

91. अन्य सभी समूह में दूसरा अक्षर का वर्णमाला क्रमांकिक मान पहले अक्षर से दो, चौथा अक्षर का वर्णमाला क्रमांकिक मान तीसरे अक्षर से 'दो' अधिक है, जबकि विकल्प (d) में दूसरा अक्षर का वर्णमाला क्रमांकिक मान पहले अक्षर से 'एक' अधिक तथा चौथे अक्षर का मान तीसरे अक्षर से 'तीन' अधिक है।

92. शब्दों का सार्थक क्रम निम्नवत् है

बाजार (4) → सब्जी (3) → काटना (1) → पकाना (5) → व्यंजन (2)

नोट *आदमी बाजार जाता है, वहाँ से सब्जी खरीदता है, घर लाकर उसे काटता है, फिर बर्तन में रखकर पकाता है जिससे व्यंजन (खाना) तैयार होता है।*

93. $(15 - 10) \div (130 + 10) \times 50$

प्रश्नानुसार,

चिह्न परिवर्तन के बाद,

$= (15 \times 10) + (130 \div 10) - 50$

$= (150) + (13) - 50 = 163 - 50$

$= \boxed{113}$

94. 16 ★ 4 ★ 5 ★ 14 ★ 6

विकल्प (c) रखने पर,

$16 \div 4 \times 5 = 14 + 6$

$4 \times 5 = 20$

$20 = \boxed{20}$

95. विकल्प (b) से,

$5 = 15 \div 3 \Rightarrow 5 = 5$

96. जिस प्रकार,

S	T	O	V	E
↓	↓	↓	↓	↓
F	N	B	L	K

उसी प्रकार,

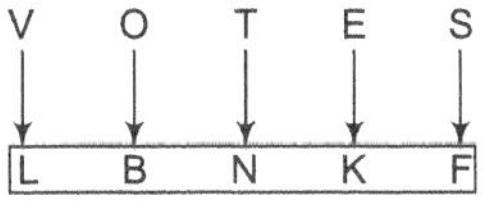

97. जिस प्रकार,

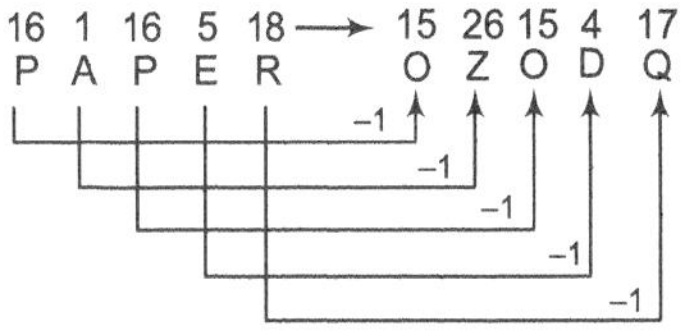

उसी प्रकार,

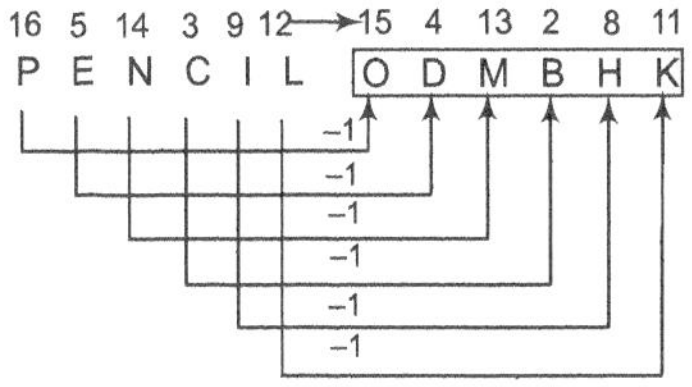

अक्षरों को (–1) के रूप में कूटबद्ध किया गया है।

98. दिए गए मूल शब्द से WASP शब्द बनाया जा सकता है, क्योंकि इसके सभी अक्षर मूल शब्द में मौजूद हैं।

99. पहली आकृति में, $5+3+8=(16)^2=256$

दूसरी आकृति में,

$$11+7+\boxed{8}=(26)^2=676$$

100. पहली पंक्ति में, $16\times14-14=210$

दूसरी पंक्ति में, $14\times12-12=156$

तीसरी पंक्ति में, $12\times10-10=\boxed{110}$

101. श्रृंखला का क्रम निम्नवत् है

25 Y $\xrightarrow{-2}$ 23 W $\xrightarrow{-2}$ 21 U $\xrightarrow{-2}$ 19 S $\xrightarrow{-2}$ 17 Q

5 E $\xrightarrow{+1}$ 6 F $\xrightarrow{+2}$ 8 H $\xrightarrow{+3}$ 11 K $\xrightarrow{+4}$ 15 O

2 B $\xrightarrow{+2}$ 4 D $\xrightarrow{+3}$ 7 G $\xrightarrow{+2}$ 9 I $\xrightarrow{+3}$ 12 L

102. श्रृंखला का क्रम निम्नवत् है

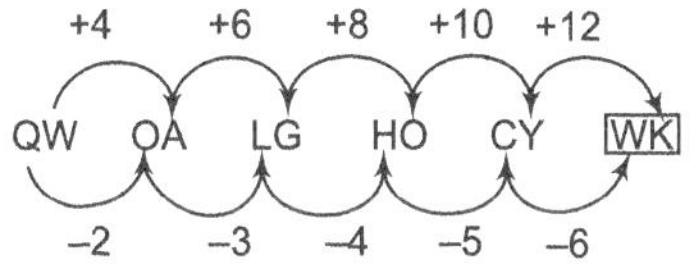

103. श्रृंखला का क्रम निम्नवत् है

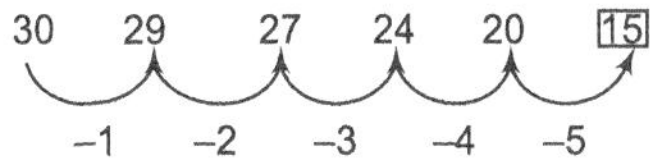

104. accb/bcca/accb/bcca.

⇒bcaa

105. श्रृंखला का क्रम निम्नवत् है

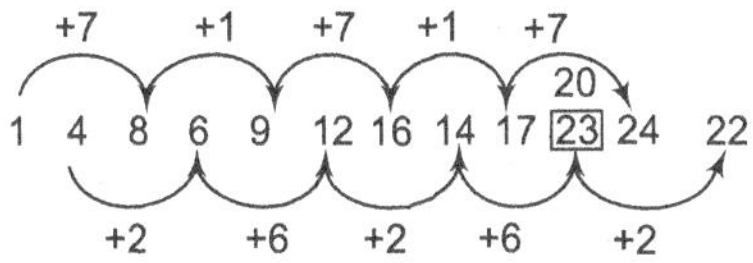

अतः उपरोक्त श्रृंखला में $14+6=20$ होना चाहिए। अतः संख्या '23' गलत है।

106. छः व्यक्तियों के बैठने का क्रम निम्नवत् है

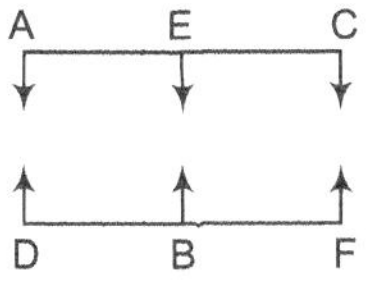

अतः B के सामने E बैठा है।

107.

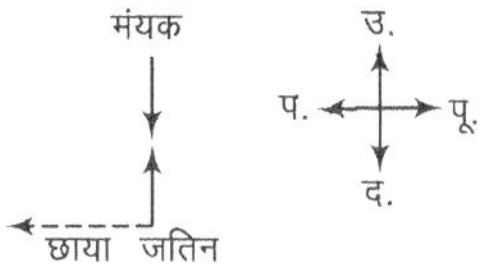

अतः जतिन का मुख उत्तर दिशा की ओर है।

108. आलोक के चलने का क्रम निम्नवत् है

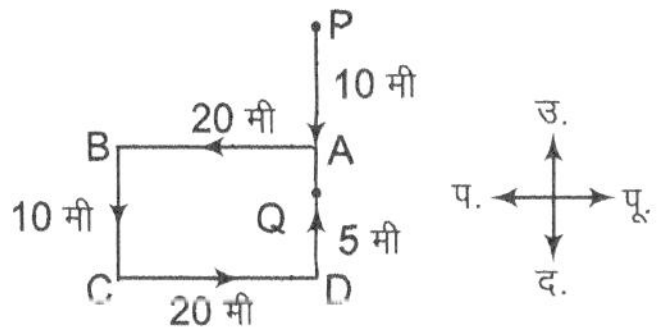

PA = 10 मी, AB = 20 मी

BC = AD = 10 मी, CD = 20 मी

DQ = 5 मी

AQ = BC – DQ

AQ = (10 – 5)]मी

AQ = 5 मी

अतः अभीष्ट दूरी

(PQ) = PA + AQ

= 10 + 5 मी = 15 मी

109. माना जॉनी की आयु x वर्ष है तथा राहुल की आयु y वर्ष है।

हरि की आयु, $2x=5y$

$\Rightarrow\ 2x-5y=0$ ...(i)

तथा $x=3+y$

$x-y=3$ ...(ii)

समी (i) एवं (ii) को हल करने पर,

$y=2$

$\therefore$ जॉनी की आयु $=3+y=3+2$

= 5 वर्ष

110. चित्र II तथा III से,

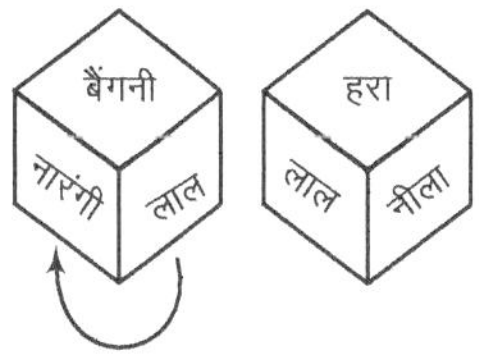

इस तरह से,

नीले के विपरीत → बैंगनी

लाल के विपरीत → जामुनी

तथा हरे के विपरीत → नारंगी

111. रवि, राम एवं दीपा की माता शान्ति है। शीला, राम की पत्नी है।

अतः शीला पुत्रवधू है शान्ति की।

112. स्पष्टतः दोनों पूर्वानुमान कथन में निहित हैं। भ्रष्ट लोगों के विरुद्ध सरकार ही कार्यवाही कर सकती है। भ्रष्टाचार से प्रगति बाधित होती है।

113. कथनानुसार, आरेख निम्नवत् है

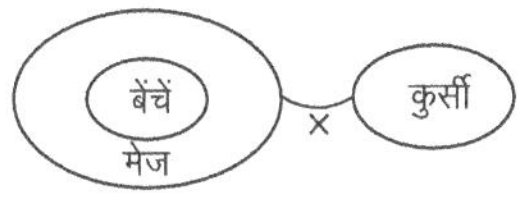

निष्कर्ष

I. ✗ II. ✗ III. ✗ IV. ✓

अतः केवल निष्कर्ष IV ठीक है।

114.

अतः उत्तर आकृति (b) प्रश्न आकृति को पूरा करेगी।

115.

अतः उत्तर आकृति (c) प्रश्न आकृति को पूरा करेगी।

116.

अतः उत्तर आकृति (c) प्रश्न आकृति का सही दर्पण प्रतिबिम्ब होगी।

117. पहले स्तम्भ में आयतों की संख्या एक-एक बढ़ रही है, दूसरे स्तम्भ में आयतों की संख्या दो-दो बढ़ रही है तथा तीसरे स्तम्भ से आयतों की संख्या तीन-तीन बढ़ रही है। हमें तीसरे स्तम्भ की तीसरी आकृति ज्ञात करनी है। इसलिए क्रमानुसार हम यह कह सकते हैं कि इसकी आकृति में तीन आयत बढ़ाकर तीसरी आकृति बनेगी।

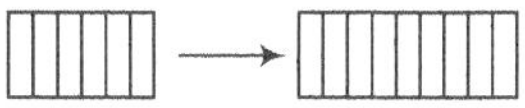

अतः उत्तर (b) होगा।

प्रैक्टिस सेट 2

कम्प्यूटर बेस्ड टेस्ट पैटर्न

INSTRUCTIONS

- इस प्रैक्टिस सेट में कुल 120 प्रश्न हैं।
- इस प्रैक्टिस सेट में तीन भाग है। भाग I सामान्य जागरूकता (50 प्रश्न), भाग II अंकगणित (35 प्रश्न) और भाग III सामान्य बुद्धिमत्ता एवं तर्कशक्ति (35 प्रश्न)।
- प्रत्येक प्रश्न 1 अंक का है।

भाग I सामान्य जागरूकता

निर्देश (प्र.सं. 1-3) *दिए गए विकल्पों में से सम्बन्धित शब्द/अक्षर/संख्या को चुनिए।*

1. खाना बनाते समय यदि बर्तन की तली बाहर से काली हो रही है, तो इसका मतलब है कि
(a) भोजन पूरी तरह नहीं पका है
(b) ईंधन पूरी तरह से नहीं जल रहा है
(c) ईंधन आर्द्र है
(d) ईंधन पूरी तरह से जल रहा है

2. ब्यूटेनॉन चर्तु-कार्बन यौगिक है जिसका प्रकार्यात्मक समूह है
(a) कार्बोक्सिलिक अम्ल (b) ऐल्डिहाइड
(c) कीटोन (d) एल्कोहॉल

3. खाद्य पदार्थ के डिब्बों पर जिंक की बजाय टिन का लेप होता है, क्योंकि
(a) टिन की अपेक्षा जिंक महँगा है
(b) टिन की अपेक्षा जिंक का गलनांक अधिक है
(c) टिन की अपेक्षा जिंक अधिक अभिक्रियाशील है
(d) टिन की अपेक्षा जिंक कम क्रियाशील है

4. कोई विलयन लाल लिटमस पेपर को नीला कर देता है इसका pH सम्भवत: क्या होगा?
(a) 1 (b) 4 (c) 5 (d) 10

5. वैद्युत आवेश को भण्डारित करने के लिए प्रयुक्त उपकरण को कहते हैं
(a) प्रेरक (b) संधारित्र
(c) परिणामित्र (d) ट्रांजिस्टर

6. किसी वस्तु की गति और दिशा दोनों को साथ-साथ व्यक्त करने के लिए कौन-सी राशि का प्रयोग किया जाता है?
(a) चाल (b) त्वरण
(c) वेग (d) संवेग

7. किसी वस्तु के द्रव्यमान और वेग का गुणनफल होता है
(a) बल (b) त्वरण (c) जड़त्व (d) संवेग

8. उत्तल लेन्स की क्षमता व फोकस दूरी होती है
(a) ऋणात्मक (b) धनात्मक
(c) शून्य (d) इनमें से कोई नहीं

9. किसी चालक के तार को खींचकर उसकी लम्बाई बढ़ा देने पर
(a) उसका प्रतिरोध अपरिवर्तित रहता है
(b) उसका विशिष्ट प्रतिरोध बदल जाता है
(c) उसका प्रतिरोध बदल जाता है परन्तु विशिष्ट प्रतिरोध अपरिवर्तित रहता है
(d) (a) व (b)

10. निम्नलिखित में से कौन-सा ऑपरेटिंग सिस्टम है?
(a) MS विण्डोज (b) मैक
(c) विण्डोज NT (d) MS विस्टा

11. निम्नलिखित में से किस सरीसृप में चार कक्षीय हृदय पाया जाता है?
(a) साँप (b) छिपकली
(c) मगरमच्छ (d) कछुआ

12. जीवों की द्विपद-नाम पद्धति में दूसरा नाम किसे इंगित करता है?
(a) जीनस (b) स्पीशीज
(c) वर्ग (d) पीढ़ी

13. पौधों के वृद्धि वाले भागों में पाए जाने वाले ऊतक कहलाते हैं
(a) विभज्योतक ऊतक
(b) स्थायी ऊतक
(c) सरल स्थायी ऊतक
(d) जटिल स्थायी ऊतक

14. पादप कोशिकाओं में स्थित रंगहीन प्लैस्टिड कहलाते हैं
(a) क्रोमोप्लास्ट (b) क्लोरोप्लास्ट
(c) ल्यूकोप्लास्ट (d) राइबोसोम

15. ऑस्टियोपोरोसिस रोग किस हॉर्मोन की अधिकता के कारण होता है?
(a) पैराथॉरमोन (b) थाइरॉक्सिन
(c) एड्रीनेलीन (c) प्रोलैक्टिन

16. निम्नलिखित में कौन-सा द्वितीयक प्रदूषक नहीं है?
(a) ओजोन
(b) फॉर्मेल्डिहाइड
(c) पेरॉक्सीऐसीटाइल नाइट्रेट (PAN)
(d) सल्फर डाइऑक्साइड

17. वर्ष 1971 में सम्पन्न रामसर कन्वेन्शन के प्रस्तावों को किस वर्ष लागू किया गया?
(a) 1972 में (b) 1973 में
(c) 1974 में (d) 1975 में

18. प्रत्येक जाति या उपजाति के निश्चित स्थानीय क्षेत्र से तात्पर्य है
(a) जीवोम से
(b) पारिस्थितिकी निकेत से
(c) पारितन्त्र से
(d) हॉट स्पॉट से

19. जब व्यक्ति को किसी वस्तु को छोड़ने के बजाय उसके लिए अधिक कीमत अदा करनी पड़ती है, तो उसे क्या कहते हैं?
(a) कीमत
(b) उत्पादक का अधिशेष
(c) उपभोक्ता का अधिशेष
(d) लाभ

20. मुद्रास्फीति के दौरान कर की दरों में निम्नलिखित में से क्या होगा?
(a) वृद्धि (b) कमी
(c) स्थिर बने रहना (d) कमी या वृद्धि कुछ भी

21. पूँजीवादी अर्थव्यवस्था में कीमत निर्धारण किसके द्वारा होता है?
(a) माँग और पूर्ति (b) सरकारी प्राधिकारी
(c) बाजार में क्रेता (d) बाजार में विक्रेता

22. किसी देश के अनुकूल व्यापार शेष का आशय है
(a) निर्यात की अपेक्षा आयात अधिक है
(b) आयात की अपेक्षा निर्यात अधिक है
(c) आयात और निर्यात बराबर है
(d) आयात बढ़ रहा है और निर्यात कम हो रहा है

23. भारत में सार्वजनिक क्षेत्र में घाटे का प्रमुख कारण माना जाता है
(a) अनुपयुक्त मूल्य नीति
(b) प्रबन्ध-श्रम सम्बन्ध अच्छे न होना
(c) प्रोत्साहन का अभाव
(d) प्रोजेक्ट के क्रियान्वयन में विलम्ब तथा लागत में वृद्धि

24. चोलों के समय लिया जाने वाला 'वेट्टी' किस प्रकार का कर था?
(a) नकद कर (b) जबरन श्रम
(c) भूमिकर (d) युद्ध में लूट का भाग

25. निम्नलिखित में से कौन-सी महिला कहीं की शासिका नहीं थी?
(a) रानी दिद्दा (b) रजिया
(c) रुद्म्मा देवी (d) लोकमहादेवी

26. किस मुगल शासक ने अहमदनगर को अपने राज्य में मिलाया तथा बीजापुर से सन्धि की?
(a) अकबर (b) शाहजहाँ
(c) औरंगजेब (d) जहाँगीर

27. वह गुप्त शासक कौन था, जिसकी तुलना कुबेर, यम, इन्द्र तथा वरुण जैसे देवताओं से की गई थी?
(a) चन्द्रगुप्त द्वितीय (b) कुमारगुप्त प्रथम
(c) समुद्रगुप्त (d) स्कन्दगुप्त

28. सहायक सन्धि के विषय में कौन-सा कथन गलत है?
(a) इसकी शुरुआत लॉर्ड वेलेजली ने की थी
(b) अंग्रेज सैन्य टुकड़ी का रख-रखाव स्वयं करेंगे
(c) सन्धिकर्ता राज्य में ब्रिटिश सैन्य टुकड़ी तैनात रहेगी
(d) सन्धिकर्ता राज्य अंग्रेजों की अनुमति से ही कोई सन्धि या युद्ध कर सकेगा

29. 'लाल बाल पाल' में निम्नलिखित में से कौन-सा नेता शामिल नहीं था?
(a) लाला लाजपत राय
(b) विपिनचन्द्र पाल
(c) बाल गंगाधर तिलक
(d) लाला हंसराज

30. भारत का एकमात्र सक्रिय ज्वालामुखी अवस्थित है
(a) अण्डमान द्वीप पर (b) निकोबार द्वीप पर
(c) बैरन द्वीप पर
(d) लिटिल अण्डमान द्वीप पर

31. निम्नलिखित में से किस बल के कारण पवनें उत्तरी गोलार्द्ध में दाईं ओर तथा दक्षिणी गोलार्द्ध में बाईं ओर विक्षेपित हो जाती हैं?
(a) गुरुत्वाकर्षण बल (b) कोरिआलिस बल
(c) घूर्णन बल (d) आकर्षण बल

32. निम्नलिखित में कौन-सी भारत में शीत ऋतु की विशेषता है?
(a) गर्म रातें एवं गर्म दिन
(b) ठण्डा दिन एवं ठण्डी रातें
(c) ठण्डा दिन एवं गर्म रातें
(d) गर्म दिन एवं ठण्डी रातें

33. भारतीय शेरों का प्राकृतिक वास स्थल कौन-सा है?
(a) गिर, गुजरात (b) सिमलीपाल, ओडिशा
(c) मानस, असोम (d) केवलादेव, राजस्थान

34. जनगणना 2011 के अनुसार, सबसे कम लिंगानुपात वाला केन्द्रशासित प्रदेश कौन-सा है?
(a) दिल्ली (b) दमन एवं दीव
(c) पुदुचेरी (d) चण्डीगढ़

35. वृहत ज्वार आने का क्या कारण है?
(a) सूर्य एवं चन्द्रमा का पृथ्वी पर एक ही दिशा में गुरुत्वाकर्षण बल
(b) सूर्य और चन्द्रमा द्वारा पृथ्वी पर विपरीत दिशा में गुरुत्वाकर्षण बल
(c) तटरेखा का तन्दुरित होना
(d) पृथ्वी का परिक्रमण बल

36. वह वायुमण्डलीय परत जो मानव जीवन के लिए महत्त्वपूर्ण है
(a) आयनमण्डल (b) मध्यमण्डल
(c) क्षोभमण्डल (d) समताप मण्डल

37. संविधान निर्माण में इन नेताओं और उनकी भूमिका में मेल बैठाएँ

A.	मोतीलाल नेहरू	1.	संविधान सभा के अध्यक्ष
B.	बी आर अम्बेडकर	2.	संविधान सभा के सदस्य
C.	राजेन्द्र प्रसाद	3.	प्रारूप कमेटी के अध्यक्ष
D.	सरोजिनी नायडू	4.	वर्ष 1928 में भारत का संविधान बनाया

कूट

	A	B	C	D		A	B	C	D
(a)	3	4	1	2	(b)	4	3	1	2
(c)	1	2	3	4	(d)	2	1	4	3

38. संसद के दो सदनों में 'अपर हाउस' की संज्ञा किसे दी जाती है?
(a) लोकसभा को
(b) राज्यसभा को
(c) लोकसभा एवं राज्यसभा दोनों को
(d) उपरोक्त में से किसी को नहीं

39. यदि आधे से अधिक लोकसभा सदस्य यह कह दें कि उन्हें मन्त्रिपरिषद् पर 'विश्वास' नहीं है, तो
(a) प्रधानमन्त्री समेत सभी मन्त्रियों को पद छोड़ना होगा
(b) सिर्फ प्रधानमन्त्री को त्याग-पत्र देना होगा
(c) मन्त्रिमण्डल समस्त कार्य का संचालन करेगी
(d) लोकसभा मन्त्रिपरिषद् को नियन्त्रित करती है

40. राज्य की व्यवस्थापिका में कौन शामिल नहीं होता?
(a) राज्यपाल (b) विधानसभा
(c) विधान परिषद् (d) राष्ट्रपति

41. 'दल-बदल' निरोध सम्बन्धी प्रावधान संविधान की किस अनुसूची में उपबन्धित है?
(a) सातवीं (b) ग्यारहवीं
(c) दसवीं (d) नौवीं

42. भारत का जी एस टी किस देश के मॉडल पर आधारित है?
(a) फ्रांस (b) कनाड़ा
(c) अमेरिका (d) जर्मनी

43. 'नार्कोपोलिस' किसकी कृति है?
(a) उदय प्रकाश (b) अमर्त्य सेन
(c) पण्डित रविशंकर (d) जीत थयाल

44. संयुक्त राष्ट्र पर्यावरण कोष (UNEP) का मुख्यालय अवस्थित है
(a) जेनेवा में (b) नैरोबी में
(c) रोम में (d) न्यूयॉर्क में

45. शिखा टण्डन किससे सम्बन्ध रखती है?
(a) निशानेबाजी (b) टेनिस
(c) तैराकी (d) शतरंज

46. निम्नलिखित में से कौन तबला वादक है?
(a) अल्ला रक्खा (b) हरिप्रसाद चौरसिया
(c) पण्डित रविशंकर (d) एस बालचन्द्रन

47. भारत द्वारा प्रक्षेपित पहले 'रक्षा उपग्रह' का नाम क्या है?
(a) जी सैट-8 (b) जी सैट-7
(c) कोर्टोसैट (d) मैटसैट

48. भारत की वह पहली रेलगाड़ी जिसमें 'वाई-फाई इण्टरनेट सेवा' शुरू की गई है, वह है
(a) दिल्ली-हावड़ा राजधानी एक्सप्रेस
(b) संगम एक्सप्रेस
(c) कालका मेल (d) विवेक एक्सप्रेस

49. हाल ही में किस लैटिन अमेरिकी देश को नाटो का सदस्य बनाया गया है?
(a) कोलंबिया (b) ब्राजील
(c) अर्जेन्टिना (d) फ्रांस

50. भारत ने किस देश में अपना दूसरा आई टी कॉरिडोर बनाया है?
(a) श्रीलंका (b) चीन
(c) इण्डोनेशिया (d) वियतनाम

भाग II परिमाणात्मक अभिरुचि

51. यदि $\tan 2\theta \cdot \tan 4\theta = 1$ हो, तो $\tan 3\theta$ का मान निम्नलिखित में से क्या होगा?

(a) $\sqrt{3}$ (b) 0 (c) 1 (d) $\frac{1}{\sqrt{3}}$

52. एक बेलनाकार स्तम्भ का वक्रपृष्ठ 264 मी^{2} है और उसका आयतन 924 मी^{3} है। इसके व्यास का इसकी ऊँचाई से अनुपात क्या होगा? $\left(\pi = \frac{22}{7}\right.$ का प्रयोग कीजिए$\left.\right)$

(a) 7 : 6 (b) 6 : 7 (c) 3 : 7 (d) 7 : 3

53. A और B अकेले एक कार्य को क्रमशः 12 दिन और 15 दिन में कर सकते हैं। A कार्य शुरू करता है और 6 दिन बाद B भी कार्य को मिलकर समाप्त करने के लिए आ जाता है। कार्य पर B ने वस्तुतः कितने दिन कार्य पूर्ण किया?

(a) $3\frac{1}{3}$ (b) $9\frac{1}{3}$ (c) $5\frac{2}{3}$ (d) $6\frac{3}{8}$

54. सूर्या का व्यय और बचत 5 : 1 के अनुपात में है। उसका वेतन 25% बढ़ा दिया जाए और बचत 15%, उसके व्यय में प्रतिशत वृद्धि है

(a) 18 (b) 27 (c) 28 (d) 32

55. तीन संख्याओं का ल.स. 210 है। निम्नलिखित में से कौन-सी संख्या उनका म. स. नहीं हो सकती है?

(a) 15 (b) 21 (c) 35 (d) 24

56. किसी शहर की 5000 लोगों की कुल आबादी में पुरुष 10% बढ़े और महिलाएँ 15%। इससे 1 वर्ष में कुल आबादी 5600 हो गई। शहर में मूलतः महिलाओं की आबादी क्या थी?

(a) 2000 (b) 3000 (c) 4000 (d) 3500

57. एक वर्ग और एक आयत के क्षेत्रफल बराबर हैं। आयत की लम्बाई वर्ग की एक भुजा की लम्बाई से 5 सेमी अधिक है और उसकी चौड़ाई वर्ग की भुजा की लम्बाई से 3 सेमी कम है। आयत का परिमाप क्या होगा?

(a) 40 सेमी (b) 30 सेमी
(c) 34 सेमी (d) 45 सेमी

58. दी गई आकृति में AB वृत्त का व्यास है तथा C एवं D परिधि पर स्थित बिन्दु हैं। यदि $\angle CAD = 30°$ तथा $\angle CBA = 70°$ हो, तो $\angle ACD$ का मान होगा?

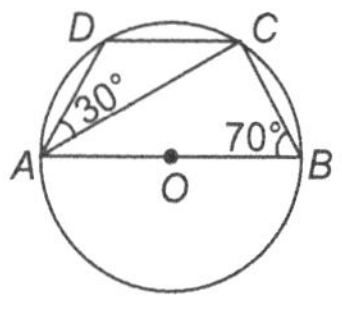

(a) 40° (b) 50° (c) 35° (d) 90°

59. एक लम्ब प्रिज्म का आयतन 6 सेमी भुजा वाला समबाहु त्रिभुज है। यदि प्रिज्म का आयतन $108\sqrt{3}$ सेमी^{3} है, तो उसकी ऊँचाई क्या होगी?

(a) 9 सेमी (b) 10 सेमी
(c) 11 सेमी (d) 12 सेमी

60. एक खम्भा 100 मी ऊँचा है। यदि इसकी छाया की लम्बाई $100\sqrt{3}$ मी हो, तो सूर्य का उन्नतांश कोण क्या होगा?

(a) 15° (b) 45°
(c) 60° (d) 30°

61. दी गई आकृति में $\angle ABC = 90°$ तथा BM एक माध्यिका $AB = 8$ सेमी तथा $BC = 6$ सेमी। BM की लम्बाई क्या होगी?

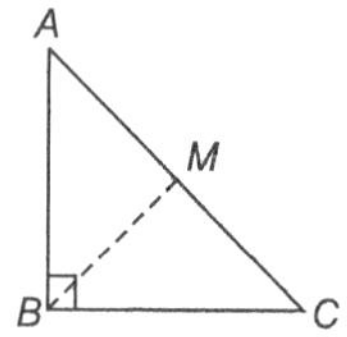

(a) 3 सेमी (b) 4 सेमी
(c) 5 सेमी (d) 6 सेमी

62. यदि $9\sqrt{x} = \sqrt{12} + \sqrt{147}$ हो, तो x का मान निम्नलिखित में से क्या होगा?

(a) 2 (b) 3
(c) 4 (d) 5

63. O और C एक न्यून-कोणीय त्रिभुज PQR के क्रमशः : लम्ब केन्द्र और परिकेन्द्र हैं। बिन्दु P तथा O को मिलाकर बढ़ाया गया है, जो भुजा QR को S पर मिलता है। यदि $\angle PQS = 60°$ और $\angle QCR = 130°$ हो, तो $\angle RPS$ का मान होगा

(a) 30° (b) 35°
(c) 100° (d) 60°

64. किसी समान्तर श्रेणी का प्रथम पद 6 तथा सर्वान्तर 5 है, इसका 11वाँ पद क्या होगा?

(a) 50 (b) 66
(c) 60 (d) 56

65. वह धनराशि कितनी होगी, जिस पर 8% वार्षिक दर पर 2 वर्षों के लिए साधारण ब्याज और चक्रवृद्धि ब्याज का अन्तर ₹8 के बराबर होगा?

(a) ₹ 1200 (b) ₹ 1250
(c) ₹ 1300 (d) ₹ 1350

66. 0.2 सेमी मोटे 1.5 सेमी व्यास वाले कितने सिक्कों से 4.5 सेमी व्यास का 10 सेमी ऊँचा लम्बवृत्तीय बेलन बनाया जा सकता है?

(a) 550 (b) 450
(c) 350 (d) 650

67. एक रेलगाड़ी और एक प्लेटफॉर्म की लम्बाई परस्पर बराबर हैं। यदि 90 किमी/घण्टा की रफ्तार से रेलगाड़ी 1 मिनट में पूरा प्लेटफॉर्म पार कर लेती है, तो रेलगाड़ी की लम्बाई (मी में) क्या है?

(a) 500 (b) 600
(c) 750 (d) 900

68. किसी कम्पनी में काम करने वालों का $\frac{1}{3}$ भाग स्त्रियाँ हैं। आधी स्त्रियाँ विवाहित हैं तथा विवाहित स्त्रियों का $\frac{1}{3}$ भाग स्त्रियाँ, बच्चों वाली हैं। यदि पुरुषों की संख्या का $\frac{3}{4}$ भाग विवाहित है तथा विवाहित पुरुषों का $\frac{2}{3}$ भाग पुरुष, बच्चों वाले हैं, तो काम करने वालों का कितना भाग निःसन्तान है?

(a) $\frac{11}{18}$ भाग (b) $\frac{11}{17}$ भाग
(c) $\frac{22}{37}$ भाग (d) $\frac{9}{16}$ भाग

69. संलग्न चित्र में PQ, बिन्दु C से एक स्पर्श रेखा खींची गई है। यदि BD व्यास तथा $\angle DCQ = 40°$ व $\angle ABD = 60°$ हो, तो $\angle BDC$ का मान क्या होगा?

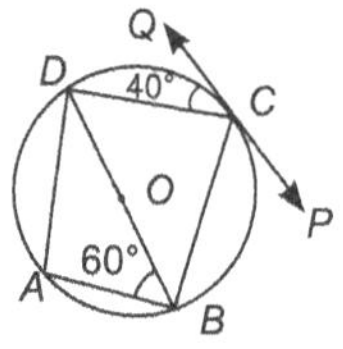

(a) 30° (b) 50°
(c) 40° (d) 60

70. किसी छावनी में 200 सैनिकों के लिए 31 दिन के लिए पर्याप्त आहार था। 27 दिन के बाद, 120 सैनिक छावनी को छोड़ गए। शेष सैनिकों के लिए बाकी आहार कितने और अधिक दिन तक चलेगा?

(a) 4 (b) 12
(c) 10 (d) 6

71. निम्न में वह सबसे छोटी संख्या कौन-सी है, जिसे 5, 6, 7, 8 से विभाजित करने पर शेषफल 3 प्राप्त होता है, लेकिन वह 9 द्वारा विभाज्य भी है?

(a) 1463 (b) 1573
(c) 1683 (d) 1793

72. यदि $\frac{\sin(x+y)}{\sin(x-y)} = \frac{a+b}{a-b}$ है, तो $\frac{\tan x}{\tan y}$ का मान निम्नलिखित में से क्या होगा?

(a) $\frac{a}{b}$ (b) $\frac{b}{a}$
(c) ab (d) $\frac{a-b}{a+b}$

73. दो एकसमान ऊँचाई और क्रमशः r_1 तथा r_2 त्रिज्याओं वाले ठोस शंकु पिघलाकर R त्रिज्या वाले एक ठोस गोले में बदल दिए जाते हैं। तद्नुसार, उन शंकुओं की ऊँचाई क्या थी?
(a) $\frac{4R^2}{r_1^2+r_2^2}$ (b) $\frac{4R}{r_1+r_2}$
(c) $\frac{4R^3}{r_1^2+r_2^2}$ (d) $\frac{R^2}{r_1^2+r_2^2}$

74. कोई धनराशि चक्रवृद्धि ब्याज से 6 वर्ष में दोगुनी हो जाती है। उसी ब्याज की दर से वह धनराशि अपने से आठ गुनी कितने समय में होगी?
(a) 15 वर्ष (b) 12 वर्ष
(c) 18 वर्ष (d) 10 वर्ष

75. किन्हीं 25 प्रेक्षणों का औसत 13 है। बाद में पता चला कि एक प्रेक्षण को 73 की बजाय 48 के रूप में शामिल कर लिया गया था। तद्नुसार, नया औसत क्या होगा?
(a) 12.6 (b) 14
(c) 15 (d) 13.8

76. किसी समत्रिबाहु त्रिभुज की प्रत्येक भुजा 6 सेमी है, तद्नुसार समत्रिबाहु का क्षेत्रफल क्या होगा?
(a) $9\sqrt{3}$ वर्ग सेमी (b) $6\sqrt{3}$ वर्ग सेमी
(c) $4\sqrt{3}$ वर्ग सेमी (d) $8\sqrt{3}$ वर्ग सेमी

77. दो वृत्तों की त्रिज्याएँ 5 सेमी तथा 3 सेमी हैं और उनके केन्द्रों के बीच की दूरी 24 सेमी है तद्नुसार, उनकी अनुप्रस्थ उभयनिष्ठ स्पर्श रेखा की लम्बाई कितनी होगी?
(a) 16 सेमी (b) $15\sqrt{2}$ सेमी
(c) $16\sqrt{2}$ सेमी (d) 15 सेमी

78. 120 सेमी लम्बे एक रोलर का व्यास 84 सेमी हैं। एक खेल के मैदान को समतल करने के लिए यदि इसे पूरे 1000 चक्कर लगाने पड़ते है, तो समतल करने के लिए 90 पैसे प्रति मी^{2} की दर से आने वाली कुल लागत क्या होगी?
($\pi = \frac{22}{7}$ का प्रयोग कीजिए)
(a) ₹ 2700 (b) ₹ 3800
(c) ₹ 2800 (d) ₹ 2851

79. किसी आयत $ABCD$ के भीतर कोई बिन्दु O लिया गया है कि $OA = 5$ सेमी, $OB = 11$ सेमी, $OC = 12$ सेमी, तो OD का मान ज्ञात करो यदि आयत की भुजाएँ 6 सेमी व 10 सेमी हैं
(a) 6 सेमी (b) 18 सेमी
(c) $3\sqrt{4}$ सेमी (d) $4\sqrt{3}$ सेमी

80. किसी समबहुभुज का प्रत्येक आन्तरिक कोण उसके बाह्य कोण का तीन गुना है। तद्नुसार, उस समबहुभुज की भुजाएँ कितनी हैं?
(a) 9 (b) 8
(c) 10 (d) 7

निर्देश (प्र.सं. 81-85) *नीचे दिए गए दण्ड आरेख एक कम्पनी से माँग (टन में) तथा कम्पनी द्वारा उत्पादन (टन में) दर्शाया गया है आरेख का अध्ययन कर निम्नलिखित प्रश्नों के उत्तर दें।*

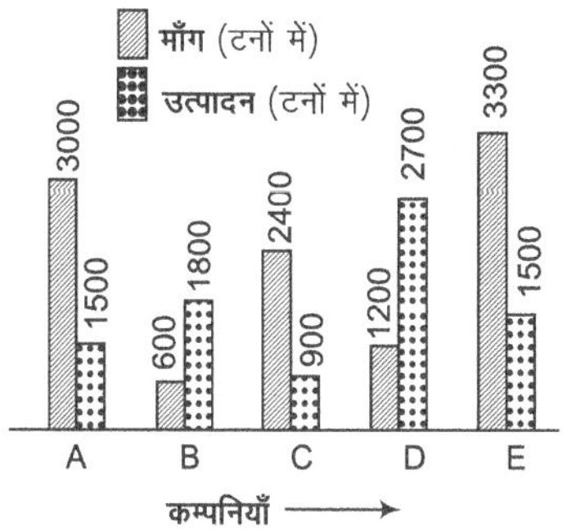

81. उत्पादन से अधिक माँग तथा माँग से अधिक उत्पादन वाली कम्पनियों की संख्या का पारस्परिक अनुपात कितना है?
(a) 2 : 3 (b) 4 : 1
(c) 3 : 2 (d) 1 : 4

82. पाँचों कम्पनियों की समेकित औसत माँग और समेकित औसत उत्पादन का अन्तर (टनों में) कितना है?
(a) 320 (b) 420
(c) 2100 (d) 1050

83. कम्पनी D का उत्पादन, कम्पनी A के उत्पादन का कितने गुना है?
(a) 1.8 (b) 1.5
(c) 0.5 (d) 0. 4

84. कम्पनी B की माँग, कम्पनी C की माँग के कितने प्रतिशत है?
(a) 1.5 (b) 2.5 (c) 25 (d) 30

85. कम्पनी E की माँग उसके उत्पादन से कितने प्रतिशत कम है?
(a) 52 (b) 54
(c) 54.54 (d) 52.50

भाग III सामान्य बुद्धिमत्ता एवं तर्कशक्ति

निर्देश (प्र.सं. 86-88) *दिए गए विकल्पों में से सम्बन्धित शब्द/अक्षर/संख्या को चुनिए।*

86. बाढ़ : पानी : : तूफान : ?
(a) मिट्टी (b) गति
(c) हवा (d) प्रकाश

87. KORT : PJWO : : FINR : ?
(a) KDSM (b) JSMR
(c) KCSM (d) JCRN

88. 1 : 1 : : 25 : ?
(a) 26 (b) 125
(c) 240 (d) 625

निर्देश (प्र.सं. 89-91) *निम्नलिखित में से उसे चुनिए जो अन्य तीन विकल्पों से भिन्न है।*

89. (a) 10-20 (b) 30-40
(c) 40-50 (d) 50-60

90. (a) MP (b) AD (c) IL (d) FJ

91. यदि बीते कल से पहले दिन शुक्रवार था, तो आने वाले दिन से अगले दिन के दो दिन बाद कौन-सा दिन होगा?
(a) शनिवार (b) गुरुवार
(c) शुक्रवार (d) रविवार

92. हरि को याद है कि उसके पिता का जन्मदिन 13 और 16 जून के बीच में पड़ता है जबकि उसकी बहन को याद आता है कि उनके पिता का जन्मदिन 14 और 18 जून के बीच पड़ता है। उनके पिता का जन्मदिन किस दिन होगा जिस पर दोनों सहमत हों?
(a) 14 जून (b) 15 जून
(c) 16 जून (d) 17 जून

93. प्रशान्त सीधा बिन्दु E से F तक 5 किमी दूर गया। F से वह बाएँ मुड़कर 6 किमी दूर बिन्दु G तक पहुँचा, वहाँ बाएँ मुड़कर 5 किमी दूर बिन्दु H तक गया। वह फिर बाएँ मुड़ा और 2 किमी चलकर बिन्दु I पर पहुँचा। अब वह प्रारम्भिक बिन्दु से कितनी दूर है?
(a) 3 किमी (b) 4 किमी
(c) 5 किमी (d) 7 किमी

94. राहुल ने पश्चिम की ओर 5 किमी की यात्रा की, बाईं ओर घूमकर 3 किमी की यात्रा की, और दाईं ओर घूमकर 9 किमी की यात्रा की।

वह फिर उत्तर की ओर 3 किमी गया। वह प्रारम्भिक स्थान से कितनी दूर है?

(a) 5 किमी (b) 3 किमी
(c) 6 किमी (d) 14 किमी

95. सीमा उत्तर की ओर चलना प्रारम्भ करती है और कुछ समय बाद वह अपने दाईं ओर मुड़ती है। कुछ दूर जाने के पश्चात् वह अपने बाईं ओर मुड़ती है और 1 किमी की दूरी तक जाती हैं। वह फिर अपने बाईं ओर मुड़ती है। अब वह किस दिशा की ओर जा रही है?

(a) उत्तर (b) पश्चिम
(c) पूर्व (d) दक्षिण

96. संगीता, कंचन से लम्बी है। अनीता, पुष्पा से लम्बी है, लेकिन वह उतनी लम्बी नहीं है। जितना कि कंचन है। प्रभा, संगीता से लम्बी है। बताइए कि इनमें सबसे छोटी कौन है?

(a) प्रभा (b) पुष्पा
(c) कंचन (d) संगीता

97. एक कक्षा में पाँच पंक्तियाँ हैं जिनमें पाँच बच्चे A, B, C, D और E एक-दूसरे के पीछे अलग-अलग पाँच पंक्ति में निम्नलिखित प्रकार से बैठे हैं।

A बैठा है C के पीछे, लेकिन B के आगे।
C बैठा है E के पीछे। D बैठा है E के आगे।
पहली पंक्ति से अन्तिम पंक्ति तक वे किस क्रम में बैठे हैं?

(a) DECAB (b) BACED
(c) ACBDE (d) ABEDC

98. निम्नलिखित आकृतियों में एक घन के विभिन्न दृश्य दिखाए गए हैं। हर फलक पर कोई संख्या है, किन्तु घन 4 में एक फलक खाली है। उत्तर विकल्पों में से वह संख्या चुनिए जो खाली स्थान में होनी चाहिए।

प्रश्न आकृतियाँ

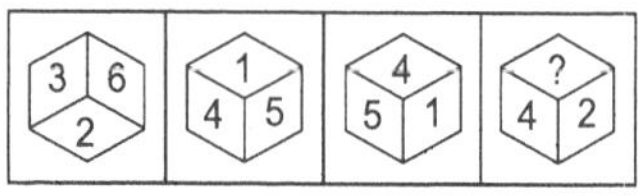

(a) 1 (b) 5
(c) 6 (d) 3

99. निम्नलिखित में से कौन-सी आकृति ऐसी है जो परिवार, पुत्रों और पुत्रियों का प्रतिनिधित्व करती है।

(a) 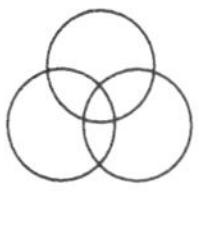
(b) 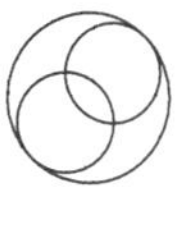
(c) 
(d) 

100. निम्न में से कौन-सी संख्या, वर्ग, दीर्घवृत्त और त्रिभुज में आती है?

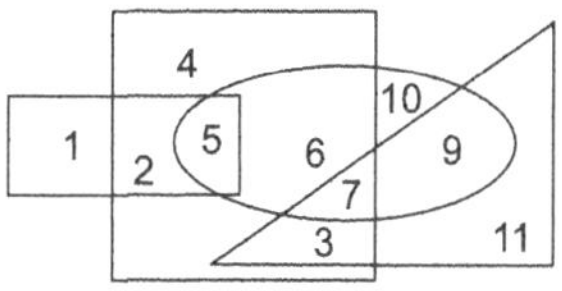

(a) 1 (b) 5
(c) 6 (d) 7

निर्देश (प्र.सं. 101 और 103) *निम्नलिखित प्रश्नों में दिए गए विकल्पों में से लुप्त संख्या ज्ञात कीजिए।*

101.

27	42	27
4 (13) 16	13 (11) 65	8 (?) 72
3	7	9

(a) 9 (b) 18 (c) 12 (d) 6

102.

26	18	10
11	9	7
5	4	1
10	5	?

(a) 4 (b) 2 (c) 5 (d) 6

103. प्रश्नवाचक चिन्ह (?) के स्थान पर क्या आएगा?

89 + 3 = 50
58 + 4 = 51
56 + 5 = 54
54 + 6 = ?

(a) 53 (b) 54
(c) 56 (d) 58

निर्देश (प्र.सं. 104-107) नीचे दिए गए प्रत्येक प्रश्न में एक श्रृंखला दी गई है। प्रश्न वाचक चिन्ह (?) के स्थान पर आने वाली संख्या/अक्षर-समूह चुनिए

104. 2, 7, 11, 8, 13, 17, 14, 19, 23, ?

(a) 18 (b) 20
(c) 25 (d) 24

105. 2, 5, 12, 27, ?

(a) 54 (b) 58
(c) 36 (d) 24

106. APZ CQY ERX GSW ITV ?

(a) KUU (b) KVU
(c) JVK (d) JUV

107. BY IQ NK QG ?

(a) TF (b) RE
(c) SE (d) RF

निर्देश (प्र.सं. 108 और 109) *नीचे दिए गए प्रत्येक प्रश्न में चार कथन और उसके बाद चार निष्कर्ष* I, II, III *और* IV *दिए गए हैं। आपको दिए गए कथनों को सत्य मानना है, भले ही वे सर्वज्ञात तथ्यों से भिन्न प्रतीत होते हों। सभी निष्कर्षों को पढ़िए और फिर तय कीजिए कि दिया गया कौन-सा निष्कर्ष दिए गए कथनों का तार्किक रूप से अनुसरण करता है, भले ही सर्वज्ञात तथ्य कुछ भी हों?*

108. कथन

सभी कुर्सियाँ मेज हैं।
सभी मेज पेड़ हैं।
कुछ पेड़ ताल हैं।
कुछ ताल तकिए हैं।

निष्कर्ष

I. कुछ मेज कुर्सियाँ हैं।
II. सभी मेज ताल हैं।
III. सभी कुर्सियाँ पेड़ हैं।
IV. कुछ तकिए पेड़ हैं।

(a) I और III अनुसरण करते हैं
(b) I व IV अनुसरण करते हैं
(c) केवल I अनुसरण करता है
(d) केवल III अनुसरण करता है

109. कथन

सभी रिंग फोन हैं।
सभी फोन चम्मच हैं।
कुछ चम्मच फाइलें हैं।
सभी फाइलें कवर हैं।

निष्कर्ष

I. कुछ फाइलें रिंग हैं।
II. कुछ कवर चम्मच हैं।
III. कुछ चम्मच फोन हैं।
IV. कुछ रिंग कवर हैं।

(a) I और IV अनुसरण करते हैं
(b) I, II व III अनुसरण करते हैं
(c) I और II अनुसरण करते हैं
(d) II व III अनुसरण करते हैं

110. नीचे दी गई श्रृंखला में से ऐसे प्रत्येक '5' की गिनती कीजिए जिसके ठीक पहले '3' नहीं है लेकिन जिसके ठीक बाद में '7' है।

1 5 7 3 5 7 4 3 3 7 2 5 6 5 7 5 7 4 5 6 3 5 7

(a) 3 (b) 5 (c) 2 (d) 1

111. निम्नलिखित शब्दों को शब्दकोष के अनुसार, व्यवस्थित कीजिए।

1. Inventory 2. Involuntary
3. Invisible 4. Invariable
5. Investigate

(a) 4, 2, 5, 3, 1 (b) 4, 5, 1, 3, 2
(c) 2, 5, 4, 1, 3 (d) 4, 1, 5, 3,2

112. निम्नलिखित विकल्पों में से कौन-सा विकल्प नीचे दिए गए शब्दों का सार्थक क्रम दर्शाएगा?

1. काटना 2. पहनना
3. सिलाई करना 4. नापना
5. चॉक से निशान लगाना

(a) 4, 5, 1, 3, 2 (b) 5, 4, 1, 2, 3
(c) 1, 2, 3, 4, 5 (d) 4, 5, 3, 1, 2

113. निम्नलिखित विकल्पों में से वह शब्द चुनिए जो दिए गए शब्द के अक्षरों का प्रयोग करके नहीं बनाया जा सकता।

REMEMBRANCE

(a) NUMBER (b) EMBRACE
(c) REMEMBER (d) MEMBRANE

114. एक पिता की आयु अपने बेटे की आयु से दोगुनी है। 30 वर्ष पहले उस पिता की आयु अपने बेटे की आयु से चार गुनी थी, तो इस समय बेटे की आयु क्या है?

(a) 35 वर्ष (b) 38 वर्ष
(c) 40 वर्ष (d) 45 वर्ष

115. कोई पिता अपने पाँच पुत्रों को अधोप्रदत्त रीति से द्रव्य देते हैं। वे अपने सबसे छोटे पुत्र को कितना देते हैं?

I	II	III	IV	V
₹ 145	₹ 100	₹ 64	₹ 37	?

(a) ₹ 29 (b) ₹ 25 (c) ₹ 22 (d) ₹ 19

116. यदि एक कूट भाषा में PATTERN को NRETTAP लिखा जाता है, तो उसी कूट भाषा में MENTION को किस प्रकार लिखा जा सकता है?

(a) NOITMEN (b) NMOEINT
(c) NOITNEM (d) NOTIMEN

117. एक विशेष प्रकार से STAG शब्द को HGZT, HORN को SLIM लिखा (कोड) किया गया है। उसी कोड का प्रयोग कर NORTH को किस प्रकार लिखा जा सकता है?

(a) NLGMI (b) MLIGS
(c) MGLIS (d) NLGIS

118. कुछ अक्षरों का समूह दिया गया है जिनमें से प्रत्येक अक्षर का एक अंक निर्धारित किया गया है। इन अक्षरों को इस प्रकार व्यवस्थित करें कि उससे एक अर्थपूर्ण शब्द बन जाए और उनके अंकों के सही क्रम को दिए गए विकल्पों में से दर्शाएँ।

A R K H S
1 2 3 4 5

(a) 5 2 1 4 3 (b) 5 3 1 2 4
(c) 5 4 1 2 3 (d) 5 4 2 1 3

निर्देश (प्र.सं. 119 और 120) *दिए गए विकल्पों में से उस उत्तर आकृति को चुनिए, जिसमें प्रश्न आकृति निहित है।*

119. प्रश्न आकृति

उत्तर आकृतियाँ

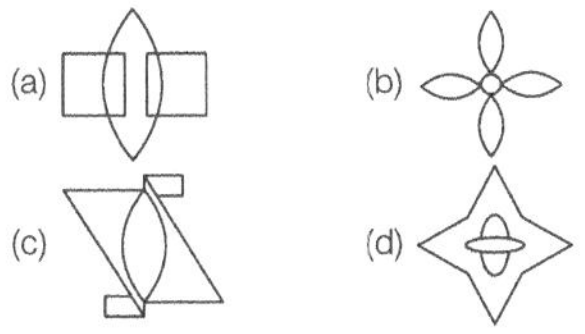

120. यदि एक दर्पण को MN रेखा पर रखा जाए, तो दी गई उत्तर आकृतियों में से कौन-सी आकृति प्रश्न आकृति का सही दर्पण प्रतिबिम्ब होगी?

प्रश्न आकृति

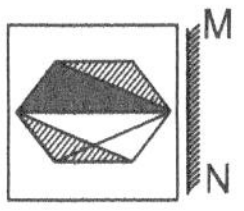

उत्तर आकृतियाँ

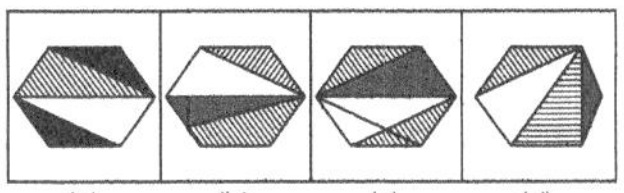

(a) (b) (c) (d)

उत्तरमाला

1. (b)	2 (c)	3 (c)	4 (d)	5 (b)	6 (c)	7 (d)	8 (b)	9 (c)	10 (d)
11 (c)	12 (b)	13 (a)	14 (c)	15 (a)	16 (d)	17 (d)	18 (d)	19 (b)	20 (a)
21 (a)	22 (b)	23 (a)	24 (b)	25 (d)	26 (b)	27 (c)	28 (b)	29 (d)	30 (c)
31 (b)	32 (d)	33 (a)	34 (b)	35 (a)	36 (c)	37 (b)	38 (b)	39 (a)	40 (d)
41 (c)	42 (b)	43 (d)	44 (b)	45 (c)	46 (a)	47 (b)	48 (a)	49 (a)	50 (b)
51 (c)	52 (d)	53 (a)	54 (b)	55 (d)	56 (a)	57 (c)	58 (a)	59 (d)	60 (d)
61 (c)	62 (b)	63 (b)	64 (d)	65 (b)	66 (b)	67 (c)	68 (a)	69 (b)	70 (c)
71 (c)	72 (a)	73 (c)	74 (c)	75 (b)	76 (a)	77 (c)	78 (d)	79 (d)	80 (b)
81 (c)	82 (b)	83 (a)	84 (c)	85 (c)	86 (c)	87 (a)	88 (d)	89 (a)	90 (d)
91 (b)	92 (b)	93 (b)	94 (d)	95 (b)	96 (b)	97 (a)	98 (d)	99 (c)	100 (d)
101 (c)	102 (b)	103 (a)	104 (b)	105 (b)	106 (a)	107 (b)	108 (a)	109 (d)	110 (a)
111 (d)	112 (a)	113 (a)	114 (d)	115 (d)	116 (c)	117 (b)	118 (c)	119 (c)	120 (c)

सॉल्यूशन्स

51. $\tan 2\theta \cdot \tan 4\theta = 1$

$\tan 4\theta = \frac{1}{\tan 2\theta}$; $\tan 4\theta = \cot 2\theta$

$\therefore \quad 4\theta = 90° - 2\theta$; $6\theta = 90°$; $\theta = 15°$

$\therefore \tan 3\theta = \tan 45° = 1$

52. माना बेलनाकार स्तम्भ के आधार की त्रिज्या r है तथा ऊँचाई h है।

$2\pi rh = 264 \quad ...(i)$

एवं $\quad \pi r^2 h = 924 \quad ...(ii)$

समी (ii) को समी (i) से भाग देने पर,

$\frac{\pi r^2 h}{2\pi rh} = \frac{924}{264} \Rightarrow r = \frac{2 \times 924}{264} = 7$

समी (i) से,

$2\pi \times 7 \times h = 264 \Rightarrow h = \frac{264 \times 7}{2 \times 22 \times 7} = 6$

$\therefore$ अभीष्ट अनुपात $= 2 \times 7 : 6 = 7 : 3$

53. $\because$ पहले A ने 6 दिन तक कार्य किया।

$\therefore$ A का 6 दिन का कार्य $= \frac{1}{12} \times 6 = \frac{1}{2}$ भाग

अब A और B दोनों मिलकर उस शेष कार्य को करते हैं।

$\therefore \quad A + B$ का 1 दिन का कार्य

$= \frac{1}{12} + \frac{1}{15} = \frac{9}{60} = \frac{3}{20}$ भाग

अर्थात् दोनों मिलकर उस कार्य को $\frac{20}{3}$ दिन में कर लेंगे।

अब, चूँकि $\frac{1}{2}$ कार्य A पहले कर चुका है।

अतः B ने उस कार्य को

$\frac{1}{2} \times \frac{20}{3} = \frac{10}{3} = 3\frac{1}{3}$ दिन में पूरा किया।

54. व्यय = ₹ $5x$

बचत = ₹ x

आय = ₹ $6x$

नई आय = ₹ $7.5x$

बचत = ₹ $1.15x$

व्यय = ₹ $6.35x$

$\therefore$ प्रतिशत वृद्धि $= \frac{1.35x}{5x} \times 100 = 27\%$

55. $\because$ 24, 210 को पूर्णतः विभाजित नहीं करती है।

$\therefore$ (दो संख्याओं का म.स., इनके ल.स. को सदैव विभक्त करता है।)

56. माना महिलाओं की मूल संख्या $= x$

प्रश्नानुसार,

$(5000 - x) \times \frac{110}{100} + \frac{x \times 115}{100} = 5600$

$\Rightarrow \quad 550000 - 110x + 115x = 560000$

$\Rightarrow \quad 5x = 10000 \Rightarrow x = 2000$

57. माना वर्ग की भुजा x सेमी है।

$\therefore$ आयत की लम्बाई $= (x + 5)$ सेमी

आयत की चौड़ाई $= (x - 3)$ सेमी

प्रश्नानुसार

$(x + 5)(x - 3) = x^2$

$\Rightarrow \quad x^2 + 5x - 3x - 15 = x^2 \Rightarrow 2x = 15$

$\therefore$ आयत की परिमिति

$= 2(x + 5 + x - 3) = 2(2x + 2)$

$= 2(15 + 2) = 34$ सेमी

58. चक्रीय चतुर्भुज $ABCD$ में,

$\angle ADC + \angle ABC = 180°$

$\angle ADC + 70° = 180°$

$\angle ADC = 180° - 70° = 110°$

ΔADC में,

$\angle DAC + \angle DCA + \angle ADC = 180°$

$30° + \angle ACD + 110° = 180°$

$\therefore \quad \angle ACD = 180° - 140° = 40°$

59. माना प्रिज्म की ऊँचाई $= h$ सेमी

प्रिज्म का आयतन = आधार का क्षेत्रफल $\times h$

$108\sqrt{3} = \frac{\sqrt{3}}{4}(6)^2 \times h$

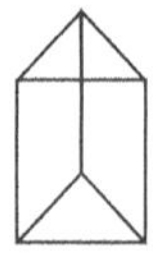

$h = \frac{108\sqrt{3} \times 4}{\sqrt{3} \times 6 \times 6} = 12$ सेमी

60. प्रश्नानुसार

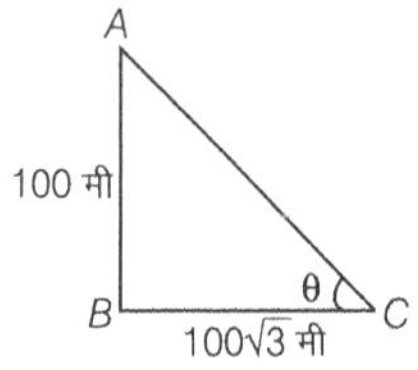

माना AB खम्भा, BC छाया और सूर्य का उन्नतांश θ है।

$\because \quad \tan\theta = \frac{AB}{BC} = \frac{100}{100\sqrt{3}} = \frac{1}{\sqrt{3}} = \tan 30°$

$\therefore \quad \theta = 30°$

61. $AC = \sqrt{8^2 + 6^2} = \sqrt{100} = 10$ सेमी

अतः $\quad AM = MC = 5$ सेमी

कोण का मध्य बिन्दु शीर्ष से समान दूरी पर स्थित है।

$BM = AM = MC = 5$ सेमी

62. $9\sqrt{x} = \sqrt{3 \times 2 \times 2} + \sqrt{3 \times 7 \times 7}$

$\Rightarrow 9\sqrt{x} = 2\sqrt{3} + 7\sqrt{3} = 9\sqrt{3} \quad \therefore \quad x = 3$

63. प्रश्नानुसार,

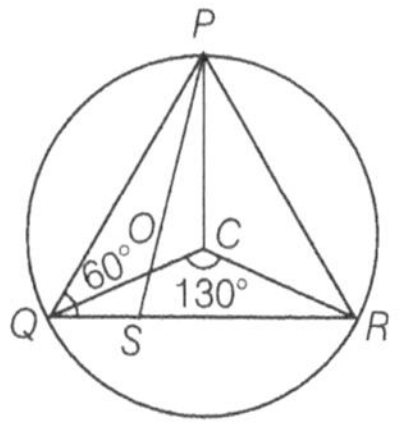

$\because \quad \angle QCR = 130°$

$\therefore \quad \angle QPR = \frac{1}{2} \times 130° = 65°$

$\Rightarrow \quad \angle QPR = 180° - 60° - 65° = 55°$

ΔQCR में

$QC = CR$ (वृत्त की त्रिज्याएँ)

$\therefore \quad \angle CQR = \angle CRQ = 25°$

$\angle CPR = 30°$

$\therefore \quad \angle RPS = 35°$

64. प्रथम पद $a = 6$

अन्तर $\quad d = 5$

$t_n = a + (n - 1)d$

$t_{11} = 6 + (11 - 1) \times 5$

$= 6 + 10 \times 5 = 56$

65. अन्तर $= \frac{P \times r^2}{10000} \Rightarrow 8 = \frac{P \times 8 \times 8}{10000}$

$\Rightarrow \quad P = \frac{10000}{8} =$ ₹ 1250

66. प्रत्येक बेलनाकार सिक्के की त्रिज्या

$= \frac{1.5}{2} = 0.75$ सेमी

तथा ऊँचाई = 0.2 सेमी

इस प्रकार, सिक्के का आयतन

$= [\pi \times (0.75)^2 \times 0.2]$ सेमी^{2}

बेलन का आयतन $= [\pi (2.25)^2 \times 10]$ सेमी^{3}

सिक्कों की अभीष्ट संख्या

$= \frac{\text{बेलन का आयतन}}{\text{सिक्के का आयतन}}$

$= \frac{\pi \times (2.25)^2 \times 10}{\pi \times (0.75)^2 \times 0.2}$

$= \frac{2.25 \times 2.25 \times 10}{0.75 \times 0.75 \times 0.2}$

$= 3 \times 3 \times 50 = 450$

67. रेलगाड़ी की चाल (मी/से) $= \frac{90 \times 5}{18} = 25$ मी/से

$\therefore$ 1 मिनट में तय की गई दूरी

= रेलगाड़ी की लम्बाई

+ प्लेटफॉर्म की लम्बाई

$= 2 \times$ रेलगाड़ी की लम्बाई

$\therefore 2 \times$ रेलगाड़ी की लम्बाई

$= 25 \times 60 = 1500$ मी

अतः रेलगाड़ी की अभीष्ट लम्बाई $= \dfrac{1500}{2}$

$= 750$ मी

68. माना कम्पनी में काम करने वालों की कुल संख्या x है।

$\therefore$ स्त्रियों की कुल संख्या $= \dfrac{1}{3} \times x = \dfrac{x}{3}$

विवाहित स्त्रियों की संख्या = कुल का आधा

$= \dfrac{x}{3} \times \dfrac{1}{2} = \dfrac{x}{6}$

बच्चों वाली स्त्रियों की संख्या

= विवाहित स्त्रियों का $\dfrac{1}{3}$

$= \dfrac{x}{6} \times \dfrac{1}{3} = \dfrac{x}{18}$ ...(i)

अब पुरुषों की संख्या $= x - \dfrac{x}{3} = \dfrac{2x}{3}$

$\therefore$ विवाहित पुरुषों की संख्या = पुरुषों की कुल संख्या का $\dfrac{3}{4} = \dfrac{2x}{3} \times \dfrac{3}{4} = \dfrac{x}{2}$

$\because$ बच्चों वाले पुरुषों की संख्या = विवाहित पुरुषों की संख्या $\times \dfrac{2}{3} = \dfrac{x}{2} \times \dfrac{2}{3} = \dfrac{x}{3}$ ...(ii)

$\therefore$ बच्चों वाले पुरुषों और स्त्रियों की कुल संख्या $= \dfrac{x}{18} + \dfrac{x}{3} = \dfrac{x + 6x}{18} = \dfrac{7x}{18}$

अतः निःसन्तान पुरुष और स्त्रियों की कुल संख्या

$= x - \dfrac{7x}{18} = \dfrac{18x - 7x}{18}$

$= \dfrac{11x}{18} = \dfrac{11}{18}$ भाग

69. $\because BD$ एक व्यास है,

तब अर्द्धवृत्त पर बना कोण $= \angle BCD = 90°$

$\angle BDC = 180° - (\angle DBC + \angle BCD)$

[$\because \angle DCQ$ और $\angle DBC$ एकान्तर वृत्तखण्ड के कोण हैं।]

$= 180° - (\angle DCQ + \angle BCD)$

$= 180° - (40° + 90°) = 180° - 130° = 50$

70. $\because$ छावनी में 200 सैनिकों के लिए 4 दिन का आहार था।

$\therefore 1$ सैनिक के लिए 200×4 दिन का आहार था।

अतः 80 सैनिकों के लिए $\dfrac{200 \times 4}{80} = 10$ दिन का आहार था।

71. 5, 6, 7, 8 का ल.स.

2	5, 6, 7, 8
2	5, 3, 7, 4
2	5, 3, 7, 2
3	5, 3, 7, 1
5	5, 1, 7, 1
7	1, 1, 7, 1
	1, 1, 1, 1

$2 \times 2 \times 2 \times 3 \times 5 \times 7 = 35 \times 24 = 840$

$\therefore$ अभीष्ट संख्या $= 840k + 3$ जो 9 से विभाज्य है।

$k = 2$ के लिए संख्या 9 से विभाज्य है।

$\therefore$ अभीष्ट संख्या $= 840k + 3$

$= 840 \times 2 + 3 = 1683$

72. $\dfrac{\sin(x+y)}{\sin(x-y)} = \dfrac{a+b}{a-b}$

$\therefore \dfrac{\sin(x+y) + \sin(x-y)}{\sin(x+y) - \sin(x-y)} = \dfrac{a+b+a-b}{a-b-a+b}$

(योगान्तरानुपात नियम द्वारा)

$\therefore \dfrac{\sin x \cos y + \cos x \sin y + \sin x \cos y - \cos x \sin y}{\sin x \cos y + \cos x \sin y - \sin x \cos y + \cos x \sin y} = \dfrac{2a}{2b}$

$\Rightarrow \dfrac{2 \sin x \cos y}{2 \cos x \sin y} = \dfrac{2a}{2b} \Rightarrow \dfrac{\tan x}{\tan y} = \dfrac{a}{b}$

73. माना ऊँचाई $= h$ इकाई

$\therefore \dfrac{1}{3}\pi h (r_1^2 + r_2^2) = \dfrac{4}{3}\pi R^3$

$\Rightarrow h(r_1^2 + r_2^2) = 4R^3 \Rightarrow h = \dfrac{4R^3}{r_1^2 + r_2^2}$

74. माना राशि ₹ x है।

$2x = x\left(1 + \dfrac{r}{100}\right)^6 \Rightarrow 2 = \left(1 + \dfrac{r}{100}\right)^6$

दोनों तरफ का घन करने पर,

$8 = \left\{\left(1 + \dfrac{r}{100}\right)^6\right\}^3 \Rightarrow 8 = \left(1 + \dfrac{r}{100}\right)^{18}$

$\Rightarrow \quad 8x = x\left(1 + \dfrac{r}{100}\right)^{18}$

अतः 18 वर्ष में राशि 8 गुनी हो जाएगी।

75. दो प्रेक्षणों का अन्तर $= 73 - 48 = 25$

$\therefore$ नया औसत $= 13 + \dfrac{25}{25} = 14$

76. समबाहु त्रिभुज का क्षेत्रफल $= \dfrac{\sqrt{3}}{4} \times$ भुजा^{2}

$= \dfrac{\sqrt{3}}{4} \times 6 \times 6 = 9\sqrt{3}$ वर्ग सेमी

77. अनुप्रस्थ उभयनिष्ठ स्पर्श रेखा

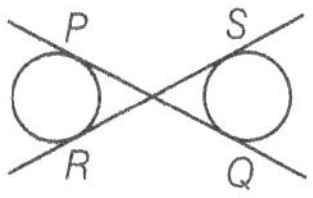

$= \sqrt{d^2 - (r_1 + r_2)^2}$

$= \sqrt{(24)^2 - (5+3)^2}$

$= \sqrt{576 - 64} = \sqrt{512} = 16\sqrt{2}$ सेमी

78. रोलर की त्रिज्या $= \dfrac{84}{2} = 42$ सेमी

रोलर की लम्बाई $= 120$ सेमी

$\therefore$ रोलर के पृष्ठ का क्षेत्रफल $= 2\pi rl$

$= 2 \times \dfrac{22}{7} \times 42 \times 120 = 31680$ सेमी^{2}

रोलर के एक चक्कर द्वारा समतल किया गया क्षेत्र $= 31680$ वर्ग सेमी

कुल चक्कर $= 1000$

$\therefore$ मैदान का क्षेत्रफल $= 31680 \times 1000$ सेमी^{2}

$= \dfrac{31680 \times 1000}{10000}$ मी^{2} $= 3168$ मी^{2}

$\therefore$ अभीष्ट लागत $= 3168 \times 90$ पैसे

या $\dfrac{3168 \times 90}{100} =$ ₹ 2851.20 $\simeq$ ₹ 2851

79. प्रश्नानुसार,

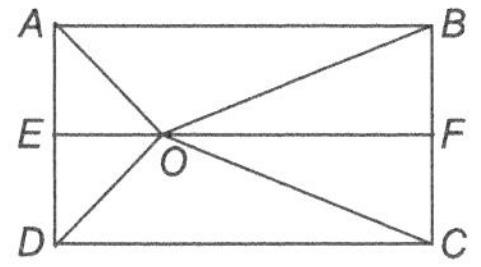

O से AB व CD के समान्तर रेखा EF खींची।

तब, $OA^2 = OE^2 + EA^2$

$OB^2 = OF^2 + FB^2 = OF^2 + EA^2$

[$\because EA = FB$]

$OC^2 = OF^2 + FC^2$

$OD^2 = OE^2 + ED^2 = OE^2 + FC^2$

[$\because ED = FC$]

$\Rightarrow OA^2 + OC^2$

$= (OE^2 + EA^2) + (OF^2 + FC^2)$

$= (OE^2 + FC^2) + (OF^2 + EA^2)$

[पुनः व्यवस्थित करने पर]

$OA^2 + OC^2 = OD^2 + OB^2$

अब दिया है $OA = 5$ सेमी, $OB = 11$ सेमी, $OC = 12$ सेमी

$\Rightarrow OD^2 = 5^2 + 12^2 - 11^2$

$= 25 + 144 - 121 = 48$

$\Rightarrow \quad OD = \sqrt{48} = 4\sqrt{3}$ सेमी

80. माना समबहुभुज की भुजाओं की संख्या $= n$ हो, तो $\dfrac{(2n-4)\,90°}{n} = \dfrac{360°}{n} \times 3$

$\Rightarrow \quad 2n - 4 = 4 \times 3$

$\Rightarrow \quad 2n = 12 + 4 = 16 \; \therefore \; n = 8$

81. अभीष्ट अनुपात $= 3 : 2$

82. अभीष्ट अन्तर

$= \left(\dfrac{3000 + 600 + 2400 + 1200 + 3300}{5}\right) - \left(\dfrac{1500 + 1800 + 900 + 2700 + 1500}{5}\right)$

$= 2100 - 1680 = 420$ टन

83. अभीष्ट गुना $= \dfrac{2700}{1500} = 1.8$

84. अभीष्ट प्रतिशत $= \dfrac{600}{2400} \times 100 = 25\%$

85. माँग $= 3300$

उत्पादन $= 1500$

प्रतिशत कमी $= \dfrac{1800 \times 100}{3300} = 54.54\%$

86. जिस प्रकार 'बाढ़', 'पानी' के कारण आती है, उसी प्रकार 'तूफान' 'हवा' के कारण आता है।

87. जिस प्रकार,

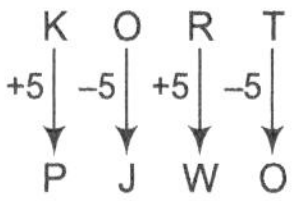

उसी प्रकार,

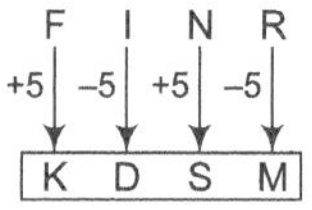

88. जिस प्रकार,

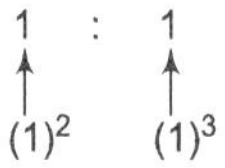

उसी प्रकार,

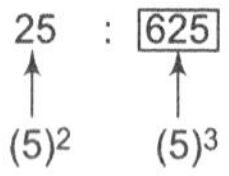

89. केवल (10 – 20) जोड़े में पहली संख्या की दोगुनी दूसरी संख्या है।

90.

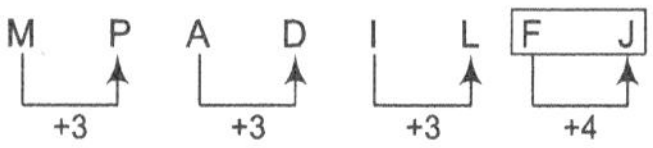

अतः FJ अन्य सभी से भिन्न है।

91. आज शुक्रवार +2 अर्थात् रविवार है। आने वाला दिन सोमवार होगा। आने वाले दिन का अगला दिन मंगलवार होगा तथा उसके दो दिन बाद गुरुवार होगा।

92. हरि के अनुसार, पिता का जन्मदिन 14 या 15 जून को था। हरि की बहन के अनुसार, पिता का जन्मदिन 15 ,16 या 17 जून को था। चूँकि उभयनिष्ठ तारीख 15 जून है।
अतः पिता का जन्मदिन 15 जून को होगा।

93. प्रशान्त के चलने का क्रम निम्नवत् है

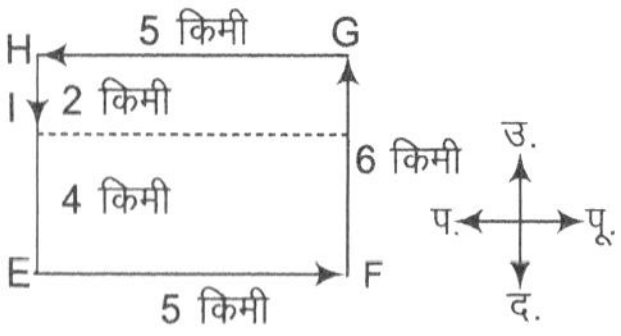

अतः अभीष्ट दूरी (EI) = 6 – 2 = 4 किमी

94. राहुल के चलने का क्रम निम्नवत् है

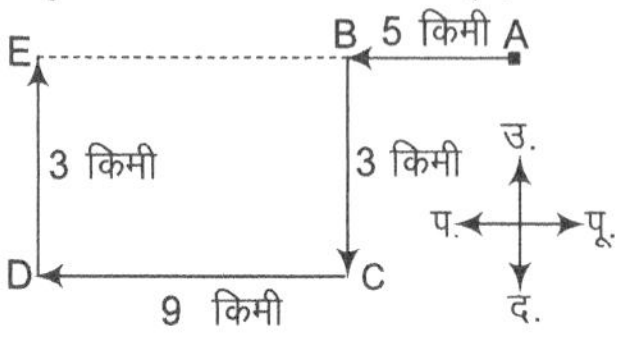

अतः अभीष्ट दूरी (AE) = AB + BE
= (5 + 9) किमी = 14 किमी

95. सीमा के चलने का क्रम निम्नवत् है

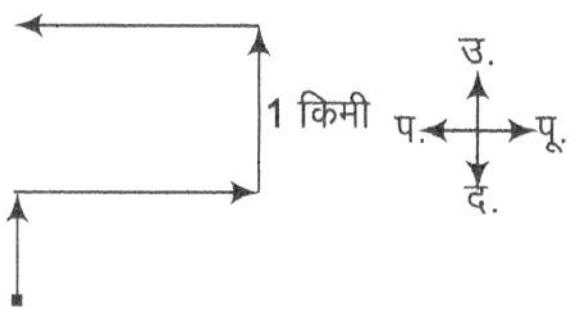

अतः अब सीमा पश्चिम दिशा की ओर जा रही है।

96. प्रश्नानुसार, लम्बाई के क्रमानुसार व्यवस्थित करने पर,
प्रभा > संगीता > कंचन > अनिता > पुष्पा
अतः सबसे छोटी पुष्पा है।

97. पहली पंक्ति ⇒ D
दूसरी पंक्ति ⇒ E
तीसरी पंक्ति ⇒ C
चौथी पंक्ति ⇒ A
पाँचवीं पंक्ति ⇒ B
अतः सही क्रम है DECAB

98. प्रसार चित्र से पासा 1 तथा 4 से,

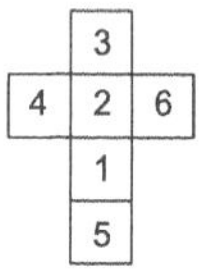

1 के विपरीत 3
2 के विपरीत 5
4 के विपरीत 6
अतः प्रश्नवाचक चिह्न के स्थान पर 3 होगा।

99. पुत्र, पुत्री से अलग है, परन्तु दोनों परिवार के अन्तर्गत आते हैं।

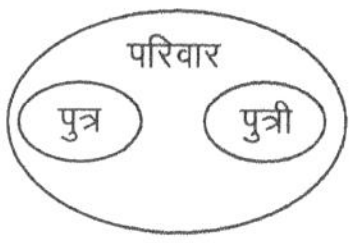

100. आकृति से स्पष्ट है कि संख्या '7' वर्ग, दीर्घवृत्त और त्रिभुज में मौजूद है, परन्तु आयत से बाहर है।

101. जिस प्रकार, 27 / 3 + 16 / 4 = 9 + 4 = 13
तथा 42 / 7 + 65 / 13 = 6 + 5 = 11
उसी प्रकार, 27 / 9 + 72 / 8 = 3 + 9 = 12

102. जिस प्रकार,
26 – (11 + 5) = 10;
18 – (9 + 4) = 5
उसी प्रकार, 10 – (7 + 1) = 2

103. जिस प्रकार,
$(8+9)\times 3-1=50;$
$(5+8)\times 4-1=51$
$(5+6)\times 5-1=54$
उसी प्रकार, $(5+4)\times 6-1=$ 53

104. शृंखला का क्रम निम्नवत् है

105. शृंखला का क्रम निम्नवत् है

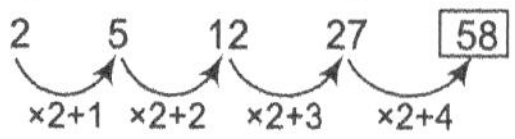

106. शृंखला का क्रम निम्नवत् है

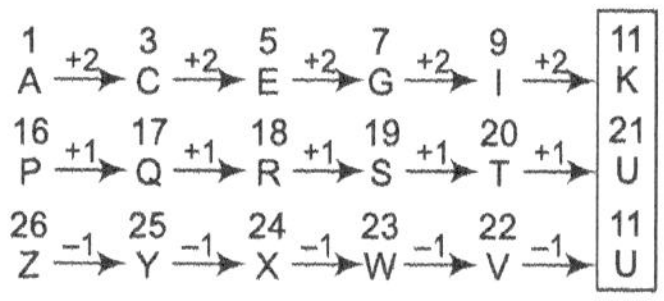

∴ ? = KUV

107. शृंखला का क्रम निम्नवत् है

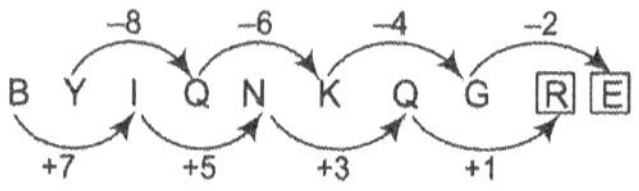

∴ ? = RE

108. कथनानुसार, वेन आरेख निम्नवत् है

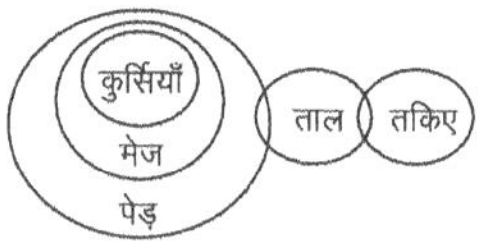

निष्कर्ष
I. ✓ II. ✗
III. ✓ IV. ✗
अतः वेन आरेख के अनुसार, निष्कर्ष I और III कथन का अनुसरण करते हैं।

109. कथनानुसार, वेन आरेख निम्नवत् है

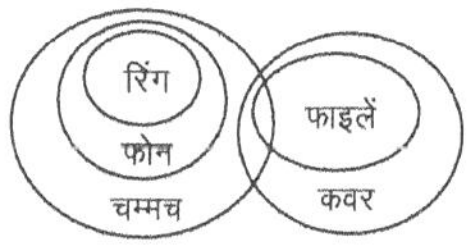

निष्कर्ष
I. ✗ II. ✓ III. ✓ IV. ✗
अतः वेन आरेख के अनुसार, निष्कर्ष II और III कथन का अनुसरण करते हैं।

110. दी गई शृंखला 1 5 7 3 5 7 4 3 3
7 2 5 6 5 7 5 7 4 5 6 3 5 7
अतः उपरोक्त शृंखला में ऐसे केवल तीन '5' हैं, जिनके ठीक पहले '3' नहीं हैं लेकिन ठीक बाद में '7' हैं।

111. शब्दकोष के अनुसार, शब्दों का क्रम निम्नवत् है

4. Invariable
↓
1. Inventory
↓
5. Investigate
↓
3. Invisible
↓
2. Involuntary

112. शब्दों का सार्थक क्रम निम्नवत है

नापना ⇒ चॉक से निशान लगाना ⇒ काटना
(4) (5) (1)
⇒ सिलाई करना ⇒ पहनना
(3) (2)

पहले किसी कपड़े को नापा जाता है, फिर चॉक से निशान बनाया जाता है, उसके बाद काटा जाता है, फिर उसकी सिलाई की जाती है तथा अन्त में उसे पहना जाता है।

113. दिए गए मूल शब्द में U अक्षर नहीं है। अतः NUMBER शब्द नहीं बनाया जा सकता।

114. माना पुत्र की वर्तमान आयु $= x$ वर्ष

तब, पिता की वर्तमान आयु $= 2x$ वर्ष

प्रश्नानुसार,

$$2x - 30 = 4(x - 30)$$

$$\Rightarrow \quad 2x - 30 = 4x - 120$$

$$\Rightarrow \quad 4x - 2x = 120 - 30$$

$$\therefore \quad x = \frac{90}{2} = 45 \text{ वर्ष}$$

115.

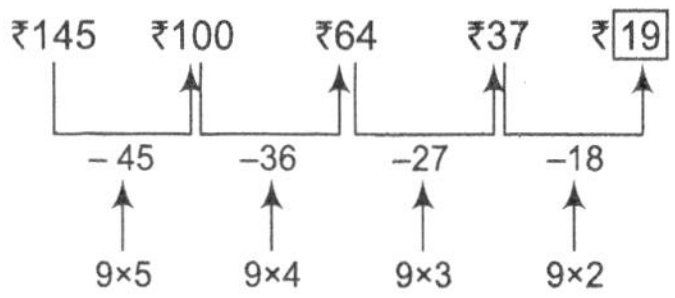

116. जिस प्रकार, PATTERN ⇒ NRETTAP

उसी प्रकार, MENTION ⇒ NOITNEM

कोड में अक्षरों को विपरीत क्रम में लिखा गया है।

117. जिस प्रकार,

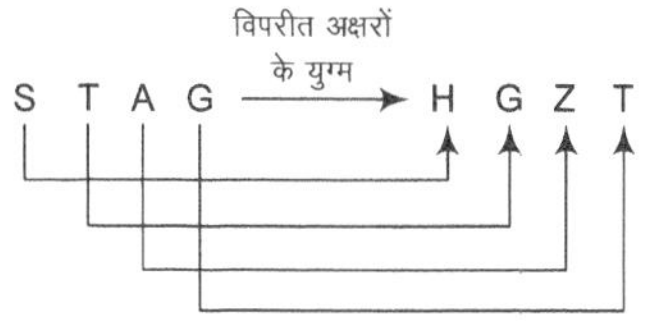

तथा

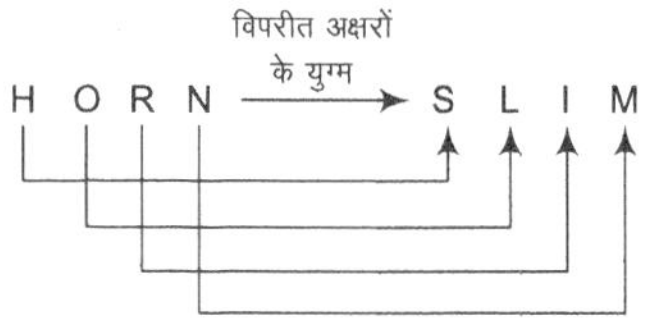

उसी प्रकार,

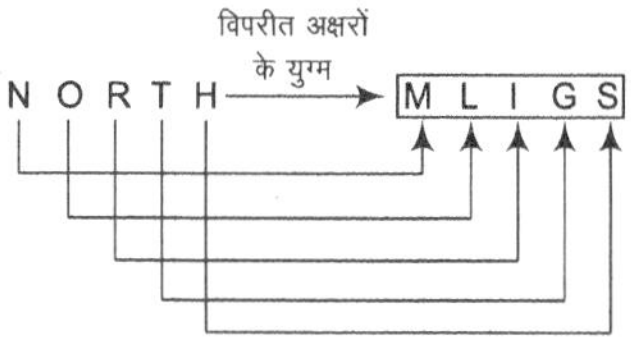

118. S H A R K

↓ ↓ ↓ ↓ ↓

5 4 1 2 3

नोट *शार्क, मछली का रूप होती है।*

119.

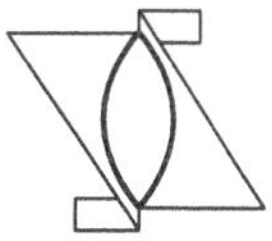

अतः उत्तर आकृति (c) में प्रश्न आकृति निहित है।

120.

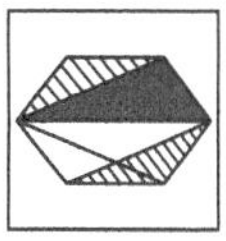

अतः उत्तर आकृति (c) प्रश्न आकृति का सही दर्पण प्रतिबिम्ब होगी।

प्रैक्टिस सेट 3

कम्प्यूटर बेस्ड टेस्ट पैटर्न

INSTRUCTIONS

- इस प्रैक्टिस सेट में कुल 120 प्रश्न हैं।
- इस प्रैक्टिस सेट में तीन भाग है। भाग I सामान्य जागरूकता (50 प्रश्न), भाग II अंकगणित (35 प्रश्न) और भाग III सामान्य बुद्धिमत्ता एवं तर्कशक्ति (35 प्रश्न)।
- प्रत्येक प्रश्न 1 अंक का है।

भाग I सामान्य जागरूकता

1. पानी के किसी द्रव्यमान को 0° C से 10° C तक गर्म करने से उसके आयतन में
(a) अनुक्रमिक वृद्धि होगी
(b) अनुक्रमिक कमी आएगी
(c) बढ़ने के बाद कमी होने लगेगी
(d) घटने के बाद वृद्धि होने लगेगी

2. निम्नलिखित में से किसका प्रयोग बन्द चूल्हे (अवन) में किया जाता है?
(a) एक्स किरणें (b) पराबैंगनी किरणें
(c) सूक्ष्म तरंगें (d) रेडियो तरंगें

3. मधुमेह के रोगियों द्वारा प्रयोग में लाए जाने वाले 'स्वीटेक्स' में कितनी ऊर्जा होती है?
(a) 5 कैलोरी (b) 10 कैलोरी
(c) 0 कैलोरी (d) 50 कैलोरी

4. जब बर्फ के दो घनों (क्यूब) को एक-दूसरे के ऊपर दबाया जाता है, तो उनके मिलकर एक हो जाने का कारण क्या है?
(a) वॉण्डरवाल बल
(b) द्वि-ध्रुवीय आघूर्ण
(c) हाइड्रोजन आबन्ध
(d) सह संयोजक आकर्षण

5. निम्नलिखित में से किसका प्रयोग नियन्त्रित विद्युत प्रदाय करने के लिए किया जाता है?
(a) जेनर डायोड (b) जंक्शन डायोड
(c) टनेल डायोड (d) गन डायोड

6. अवटु (थायरॉइड) ग्रन्थि के कम काम करने का कारण हो सकता है
(a) आयोडीन की कमी
(b) लोहे की कमी
(c) कैल्शियम की कमी
(d) विटामिन 'सी' की कमी

7. निम्न रुधिर कोशिकाओं में से कौन-सी एक रक्त स्कन्दन के लिए अनिवार्य है?
(a) प्लेट्लेटस (b) आर बी सी
(c) लिम्फोसाइट (d) डब्ल्यू बी सी

8. विषाणु (वायरस) में उपस्थित होता है
(a) प्रोटीन और लिपिड
(b) न्यूक्लिक एसिड और प्रोटीन
(c) लिपिड और कार्बोहाइड्रेट
(d) कार्बोहाइड्रेट और न्यूक्लिक एसिड

9. पौधों में जल का परिवहन किसके माध्यम से होता है?
(a) फ्लोएम
(b) जाइलम
(c) कैमबियन
(d) इपीडर्मिस

10. सीसा संचायक सेल में किस अम्ल का प्रयोग किया जाता है?
(a) फॉस्फोरिक अम्ल
(b) नाइट्रिक अम्ल
(c) सल्फ्यूरिक अम्ल
(d) हाइड्रोक्लोरिक अम्ल

11. सभी खनिज तेल किस कार्बनिक यौगिक के नाम से जाने जाते हैं?
(a) कार्बोहाइड्रेट (b) एस्टर
(c) हाइड्रोकार्बन (d) प्रोटीन

12. 'अमनियोसेण्टेसिस' किसकी विधि का नाम है?
(a) अमीनो अम्ल अनुक्रम का पता लगाने की
(b) गर्भ में स्वास्थ्य की दशाओं का पता लगाने की
(c) गर्भपात प्रेरित करने की
(d) कृत्रिम गर्भाधान की

13. पी सी में प्रयुक्त होने वाले एकीकृत परिपथ (एण्टीग्रेटेड सर्किट) प्रौद्योगिकी विकास के लिए किसको नोबेल पुरस्कार दिया गया था?
(a) रॉबर्ट एफ फर्शगोट्ट
(b) हॉर्स्ट एल स्टॉर्मर
(c) जॉन ए पोपल
(d) जैक किल्बी

14. कम्प्यूटर में मौलिक प्रयोज्यता के लिए एण्ड गेट (AND Gate) का प्रयोग किसलिए करते हैं?
(a) जोड़ने (b) भाग देने
(c) गुणा करने (d) घटाने

15. किस जीव की जल में उपस्थिति से जल की शुद्धता का पता चलता है?
(a) कछुआ (b) मेढक
(c) डॉल्फिन (d) घड़ियाल

16. फ्लाई ऐश एक पर्यावरणीय प्रदूषक है, जो उत्पन्न होती है
(a) तापीय शक्ति संयन्त्रों द्वारा
(b) तेल शोधक कारखानों द्वारा
(c) उर्वरक संयन्त्रों द्वारा
(d) स्ट्रिप माइनिंग द्वारा

17. पारितन्त्रों की घटती उत्पादकता के क्रम में उनका निम्नलिखित में से कौन-सा अनुक्रम सही है?
(a) महासागर, झील, घासस्थल, मैंग्रोव
(b) मैंग्रोव, महासागर, घासस्थल, झील
(c) मैंग्रोव, घासस्थल, झील, महासागर
(d) महासागर, मैंग्रोव, झील, घासस्थल

18. 'न्यूनतम आवश्यकताओं' की संकल्पना निम्नलिखित पंचवर्षीय योजनाओं में से किस एक का नवोत्पाद था?
(a) तीसरी (b) चौथी
(c) पाँचवीं (d) छठी

19. भारत में असंगठित क्षेत्र के लोगों को पेन्शन देने के लिए निम्नलिखित में से कौन-सी योजना शुरू की गई है?
(a) जीवन धारा (b) स्वाभिमान
(c) जीवन आशा (d) आशा

20. परिवर्तनीयता के सन्दर्भ में क्या गलत है?
(a) माँग व आपूर्ति के अनुसार मुद्रा की विनिमय दर निर्धारित होनी चाहिए
(b) अर्थव्यवस्था की सुदृढ़ता विनिमय दर से परिलक्षित होनी चाहिए
(c) इसके द्वारा काला-बाजार के लेन-देन को हतोत्साहित होना चाहिए
(d) भारतीय रिजर्व बैंक को प्रत्यक्षतः कार्य करना होगा न कि अप्रत्यक्ष तौर पर

21. निम्नलिखित में कौन मुद्रा आपूर्ति नियन्त्रण में सहायक नहीं है?
(a) मुक्त बाजार नीति
(b) मुद्रा आरक्षित अनुपात
(c) बैंक दर नीति
(d) मार्जिन आवश्यकता में परिवर्तन

22. द्रव्य की पूर्ति यथावत् रहने पर द्रव्य की माँग में वृद्धि होती है, तो
(a) कीमत-स्तर में गिरावट आ जाएगी
(b) ब्याज की दर में वृद्धि हो जाएगी
(c) ब्याज की दर में कमी हो जाएगी
(d) आय और रोजगार स्तर में वृद्धि हो जाएगी

23. विधवा पुनर्विवाह अधिनियम किसके परिश्रम का परिणाम था?
(a) राजा राममोहन राय
(b) ईश्वरचन्द्र विद्यासागर
(c) केशवचन्द्र सेन
(d) बी एम मालाबारी

24. डचों द्वारा स्थापित 'गुस्तावु फोर्ट' किस किले का नाम था?
(a) हुगली (b) गोवा
(c) चिनसुरा (d) मसूलीपट्टनम

25. उस आन्दोलन का नाम क्या था, जो तुर्की के आन्दोलन के समर्थन में चलाया गया था?
(a) स्वदेशी आन्दोलन
(b) खिलाफत आन्दोलन
(c) असहयोग आन्दोलन
(d) भारत छोड़ो आन्दोलन

26. चोलो के अधीन प्रचलित स्थानीय स्वशासन में 'समिति' के सदस्यों की क्या योग्यताएँ थी?
(a) आयु सम्बन्धी
(b) भूमि के स्वामित्व सम्बन्धी
(c) शिक्षा सम्बन्धी
(d) उपरोक्त सभी

27. सम्राट अशोक के अभिलेख कहाँ से प्राप्त नहीं हुए हैं?
(a) उत्तराखण्ड से (b) कर्नाटक से
(c) असोम से (d) ओडिशा से

28. 'जम्बवती कल्याण' तथा 'ऊषापरिणयम्' किसकी रचनाएँ हैं?
(a) कृष्णदेव राय (b) हरिहर और बुक्का
(c) देवराय द्वितीय (d) कुलोतुंग प्रथम

29. यदि भारतीय मानक समय (IST) पर सुबह के 5 : 00 बजे हों, तो 90° पूर्वी देशान्तर पर स्थित 'थिम्पू' का समय क्या होगा?
(a) 5 : 24 मिनट प्रातः (b) 5 : 24 मिनट सायं
(c) 5 : 30 मिनट प्रातः (d) 5 : 30 मिनट सायं

30. पूर्वी घाट का दक्षिणी भाग किस नाम से जाना जाता है?
(a) मालाबार तट (b) कोरोमण्डल तट
(c) कोंकण तट (d) उत्तरी सरकार तट

31. यूरोप और एशिया की सीमा बनाने वाला पर्वत कौन-सा है?
(a) हिमालय (b) आल्पस
(c) यूराल (d) एण्डीज

32. निम्नलिखित में से कौन भारतीय मानसून को प्रभावित नहीं करता है?
(a) गल्फस्ट्रीम (b) एलनिनो
(c) जेटस्ट्रीम (d) तिब्बत का पठार

33. छत्तीसगढ़ की 'डल्ली राजहरा पहाड़ी' किसके उत्पादन के लिए प्रसिद्ध है?
(a) ताँबा (b) मैंगनीज
(c) कोयला (d) लौह अयस्क

34. निम्नलिखित में से कौन-सा गैर-परम्परागत ऊर्जा का स्रोत नहीं है?
(a) सौर ऊर्जा (b) भू-तापीग ऊर्जा
(c) बायोमॉस (d) पेट्रोलियम ऊर्जा

35. आकार के अनुसार सौरमण्डल में पृथ्वी का कौन-सा क्रम है?
(a) तीसरा (b) पाँचवाँ
(c) चौथा (d) दूसरा

36. निर्वाचन आयोग निम्नलिखित में से किसका चुनाव सम्पन्न कराता है?
(a) राष्ट्रपति का
(b) उपराष्ट्रपति का
(c) लोकसभा एवं राज्यसभा का
(d) उपरोक्त सभी का

37. संविधान के किस अनुच्छेद के अनुसार संघ की राजभाषा हिन्दी तथा लिपि देवनागरी है?
(a) अनुच्छेद 243
(b) अनुच्छेद 343
(c) अनुच्छेद 143
(d) इनमें से कोई नहीं

38. निम्नलिखित को सुमेलित कीजिए।

सूची I (शब्द)	सूची II (अर्थ)
A. सम्प्रभु	1. सरकार किसी धर्म के निर्देशों के अनुसार काम नहीं करेगी
B. गणतन्त्र	2. फैसला लेने का सर्वोच्च अधिकार लोगों के पास है
C. बन्धुत्व	3. शासन प्रमुख एक चुना हुआ व्यक्ति है
D. धर्मनिरपेक्ष	4. लोगों को आपस में परिवार की तरह रहना चाहिए

कूट
A B C D A B C D
(a) 2 3 4 1 (b) 3 2 4 1
(c) 1 2 3 4 (d) 2 1 4 3

39. राज्यों की शासन व्यवस्था का 'वास्तविक प्रमुख' कौन होता है?
(a) मुख्यमन्त्री
(b) राज्यपाल
(c) राष्ट्रपति
(d) उच्च न्यायालय का मुख्य न्यायाधीश

40. निम्नलिखित में से किसे न्यायालय द्वारा लागू नहीं किया जा सकता है?
(a) समता का अधिकार
(b) नीति-निदेशक तत्व
(c) संवैधानिक उपचारों का अधिकार
(d) शोषण के विरुद्ध अधिकार

41. 'विश्व साक्षरता दिवस' कब मनाया जाता है?
(a) 5 सितम्बर (b) 10 सितम्बर
(c) 18 सितम्बर (d) 8 सितम्बर

42. 'फूलों वालों की सैर' नामक त्योहार कहाँ मनाया जाता है?
(a) उत्तर प्रदेश में (b) दिल्ली में
(c) केरल में (d) जम्मू और कश्मीर में

43. 'युवा तुर्क' के उपनाम से कौन जाना जाता था?
(a) शेख अब्दुल्ला
(b) काजी नजरुल इस्लाम
(c) कर्पूरी ठाकुर
(d) चन्द्रशेखर

44. निम्नलिखित में से कौन संयुक्त राष्ट्र संघ का महासचिव नहीं रहा?
(a) डैग हैमर शोल्ड (b) कॉफी अन्नान
(c) बान की मून (d) आर के पचौरी

45. 'इण्डिया 2020 ए विजन फॉर द न्यू मिलेनियम' किसकी कृति है?
(a) राजेन्द्र प्रसाद की
(b) ए पी जे अब्दुल कलाम की
(c) खुशवन्त सिंह की
(d) सलमान रुश्दी की

46. 'IPL ट्वेण्टी-ट्वेण्टी टूर्नामेंट 2018' का खिताब चैन्नई सुपर किंग ने किसे पराजित करके जीता?
(a) सनराइजर्स हैदराबाद
(b) कोलकाता नाइट राइडर्स
(c) रॉयल चैलेंजर्स बंगलुरु
(d) पुणे वॉरियर्स

47. वर्तमान में विश्व का 'सबसे तेज सुपर कम्प्यूटर' कौन-सा है?
(a) टाइटन (b) तियान्हे-2
(c) के कम्प्यूटर
(d) मीरा

48. 2018 यूरोपियन गोल्डन शू किस फुटबॉलर ने जीता है?
(a) लियोनेल मेसी
(b) मोहम्मद सालाह
(c) क्रिस्टयानो रोनाल्डो
(d) बाइचुंग भूटिया

49. वाइब्रेंट नार्थ ईस्ट 2018 का आयोजन किस शहर में हुआ है?
(a) नई दिल्ली (b) गुवाहटी
(c) शिलांग (d) अगरतला

50. वर्ष 2017 का 'साहित्य का नोबेल' किसे मिला?
(a) काजुओ इशिगो (b) मार्टिन मुनरो
(c) थॉमस मुनरो (d) जैकलिन मुनरो

भाग II परिमाणात्मक अभिरूचि

51. एक लम्बवृत्तीय बेलन, एक अर्द्धगोला और एक लम्बवृत्तीय शंकु एक ही आधार पर स्थित हैं और उनकी ऊँचाई बराबर है। उनके आयतन का अनुपात क्या होगा?
(a) 3 : 6 : 1 (b) 3 : 4 : 1
(c) 3 : 2 : 1 (d) 4 : 3 : 1

52. दूध के भाव में 20% की कमी हो गई है। अब एक व्यक्ति ₹ 36 में 500 ग्राम अधिक दूध खरीद सकता है। दूध का प्रति किलोग्राम प्रारम्भिक भाव क्या था?
(a) ₹ 14.40 (b) ₹ 18
(c) ₹ 15.60 (d) ₹ 16.50

53. एक व्यक्ति ने दो स्कूटरों को ₹ 4200 में खरीदा। वह एक स्कूटर को 15% लाभ पर तथा दूसरे स्कूटर को 10% की हानि पर बेचता है। परन्तु, इस व्यवसाय में उसे न लाभ होता है न हानि, तो पहले स्कूटर का क्रय मूल्य क्या होगा?
(a) ₹ 2520 (b) ₹ 1680
(c) ₹ 2000 (d) ₹ 2500

54. रेखा अपनी साइकिल से 10 किमी की दूरी 12 किमी/घण्टा की गति से तय करती है तथा फिर 12 किमी की दूरी 10 किमी/घण्टा की गति से तय करती है। पूरी यात्रा में उसकी औसत गति लगभग क्या होगी?
(a) 10.4 किमी/घण्टा
(b) 10.8 किमी/घण्टा
(c) 11.0 किमी/घण्टा
(d) 12.2 किमी/घण्टा

55. किसी चतुर्भुज का क्षेत्रफल 120 सेमी^{2} है। यदि इसके विकर्ण की लम्बाई 10 सेमी है, तब इसकी एक भुजा की लम्बाई क्या होगी?
(a) 12 सेमी (b) 13 सेमी
(c) 24 सेमी (d) $2\sqrt{30}$ सेमी

56. किन्हीं दो संख्याओं का योग 36 है तथा उनका म.स. 4 है। इस प्रकार की संख्याओं के कितने युग्म सम्भव हैं?
(a) 1 (b) 2
(c) 3 (d) 4

57. एक साइकिल का पहिया एक सेकण्ड में 3.5 बार घूर्णन करता है। पहिया कोण के 55 रेडियन घूर्णन करने में कितना समय (सेकण्ड में) लेता है?
(a) 1.5 (b) 2.5 (c) 3.5 (d) 4.5

58. यदि 45 सेमी ऊँची किसी शंक्वाकार बाल्टी के वृत्ताकार छोरों की त्रिज्याएँ 28 सेमी तथा 7 सेमी हैं, तो बाल्टी की धारिता (घन सेमी में) क्या होगी? ($\pi = \frac{22}{7}$ प्रयोग करें)
(a) 48510 (b) 45810
(c) 48150 (d) 48051

59. ΔABC में, P और Q क्रमशः भुजाओं AB तथा AC के मध्य बिन्दु हैं। R एक बिन्दु है खण्ड PQ पर और $PR : RQ = 1:2$। यदि $PR = 2$ सेमी, तो BC की लम्बाई क्या होगी?
(a) 4 सेमी (b) 2 सेमी
(c) 12 सेमी (d) 6 सेमी

60. एक त्रिभुज की तीन भुजाएँ क्रमशः 6 सेमी, 13 सेमी और x सेमी हैं, यदि x एक पूर्णांक है और इसका मान 17 सेमी से अधिक है, तो x का (सेमी में) मान क्या होगा?
(a) 18 (b) 19 (c) 21 (d) 22

61. अंकित तथा रवि द्वारा एक कार्य 12 दिनों में पूरा कर लिया जाता है और रवि तथा सूर्य द्वारा 15 दिनों में तथा सूर्य और अंकित द्वारा 20 दिनों में। तद्नुसार, अकेला अंकित उसे कितने दिनों में पूरा कर सकता है?
(a) 10 (b) 20 (c) 30 (d) 60

62. दी गई आकृति में, ROQ वृत्त का व्यास है। यदि $\angle POR = 130°$ है, तो $\angle QPO$ का मान क्या होगा?

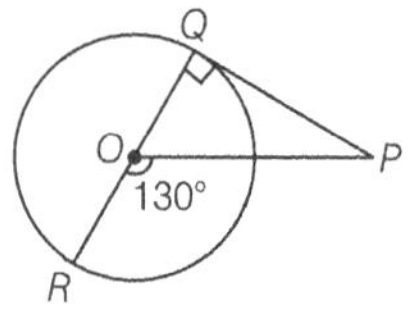

(a) 40° (b) 35° (c) 60° (d) 75°

63. किसी बहुभुज में विकर्णों की संख्या 54 है, तो बहुभुज की भुजाओं की संख्या क्या होगी?
(a) 10 (b) 11 (c) 13 (d) 12

64. एक रेलगाड़ी एक खम्भे को 15 सेकण्ड तथा एक 100 मी लम्बाई वाले प्लेटफॉर्म को 25 सेकण्ड में पार करती है। रेलगाड़ी की लम्बाई क्या होगी?
(a) 125 मी (b) 130 मी
(c) 150 मी (d) 175 मी

65. एक दुकानदार कुछ सन्तरे ₹ 1 में 12 के भाव तथा उतने ही सन्तरे ₹ 1 में 8 के भाव से खरीदता है। यदि वह दोनों प्रकार के सन्तरों को मिलाकर ₹ 1 में 10 के भाव से बेच देता हो, तो उसका प्रतिशत लाभ अथवा हानि क्या होगी?
(a) 4% हानि (b) 4% लाभ
(c) 8% लाभ (d) 8% हानि

66. किसी परीक्षा में, एक विद्यार्थी को प्रत्येक सही उत्तर के लिए 4 अंक मिलते हैं तथा प्रत्येक गलत उत्तर के लिए उसके अंकों में से 1 अंक कम कर दिया जाता है। एक विद्यार्थी ने सभी 200 प्रश्नों के उत्तर दिए तथा उसे कुल 200 अंक प्राप्त हुए। उसने जिन प्रश्नों के सही उत्तर दिए, उनकी संख्या क्या थी?
(a) 82 (b) 80 (c) 68 (d) 60

67. $8\sin\theta\cos\theta + 4\cos 2\theta$ के अधिकतम एवं न्यूनतम मान क्या होंगे?
(a) 16, – 16 (b) $\sqrt{2}, -\sqrt{2}$
(c) 4, – 4 (d) $4\sqrt{2}, -4\sqrt{2}$

68. एक ठोस प्रिज्म का आधार त्रिभुजाकार है। यदि त्रिभुज की भुजाएँ 3 सेमी, 4 सेमी तथा 5 सेमी हों तथा प्रिज्म की ऊँचाई 8 सेमी हो, तो इसका सम्पूर्ण पृष्ठीय क्षेत्रफल क्या होगा?
(a) 96 वर्ग सेमी (b) 108 वर्ग सेमी
(c) 72 वर्ग सेमी (d) 110 वर्ग सेमी

69. एक गुणोत्तर श्रेणी का चौथा पद 54 तथा 9वाँ पद 13122 है। इसका 7वाँ पद क्या होगा?
(a) 1400 (b) 1458
(c) 1450 (d) 1500

70. निम्न आकृति में $AD \parallel BC$ एवं $\angle A$ तथा $\angle B$ के अन्त: समद्विभाजक O पर मिलते हैं, तो $\angle AOB$ की माप अंशों में क्या होगी?

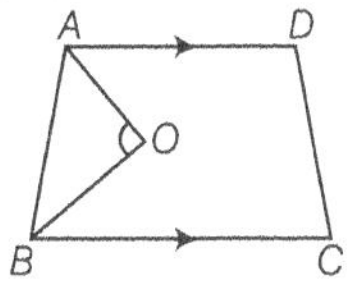

(a) 90 (b) 105 (c) 120 (d) 140

71. एक क्रिकेट खिलाड़ी की 40 पारियों के लिए बैटिंग औसत 50 रन है। उसका अधिकतम स्कोर उसके न्यूनतम स्कोर से 172 रन अधिक है। यदि इन दो पारियों को निकाल दिया जाए, तो शेष 38 पारियों का औसत 48 रन है। खिलाड़ी का अधिकतम स्कोर क्या है?
(a) 185 रन (b) 190 रन
(c) 170 रन (d) 174 रन

72. एक गोलार्द्ध और एक लम्बवृत्तीय बेलन की ऊँचाई और आयतन बराबर हैं, तो उनकी त्रिज्याओं का अनुपात क्या होगा?
(a) $\sqrt{2}:\sqrt{3}$ (b) $\sqrt{3}:1$
(c) $\sqrt{3}:\sqrt{2}$ (d) $2:\sqrt{3}$

73. किसी धनराशि पर 20% वार्षिक दर पर दो वर्षों के साधारण ब्याज और चक्रवृद्धि ब्याज का अन्तर ₹ 48 है। तद्नुसार, वह धनराशि क्या होगी?
(a) ₹ 1000 (b) ₹ 1200
(c) ₹ 1500 (d) ₹ 2000

74. पानी का एक ड्रम $\frac{3}{4}$ भाग भरा हुआ है। उसमें से 30 लीटर पानी निकालने पर यह $\frac{7}{12}$ भाग भरा रह जाता है। ड्रम की धारिता क्या होगी?
(a) 120 लीटर (b) 135 लीटर
(c) 150 लीटर (d) 180 लीटर

75. यदि किसी आयताकार मैदान की लम्बाई एवं चौड़ाई क्रमश: 20 मी व 10 मी हो एवं इसके अन्दर चारों ओर 5 मी समरूप चौड़ाई का रास्ता हो, तो रास्ते का क्षेत्रफल क्या होगा?
(a) 100 मी^{2} (b) 200 मी^{2}
(c) 150 मी^{2} (d) 140 मी^{2}

76. 4 वर्ष में 5% वार्षिक साधारण ब्याज की दर से देय ₹ 6450 के ऋण के निपटारे के लिए कितना वार्षिक भुगतान करना होगा?
(a) ₹ 1400 (b) ₹ 1500
(c) ₹ 1550 (d) ₹ 1600

77. ABC एक त्रिभुज है तथा AB पर बिन्दु P इस प्रकार है कि $\angle ACP = \angle ABC$। यदि $AC = 9$ सेमी तथा $CP = 12$ सेमी तथा $BC = 15$ सेमी है, तब AP का मान क्या होगा?
(a) 11.2 सेमी (b) 10.2 सेमी
(c) 8.0 सेमी (d) 7.2 सेमी

78. एक जहाज का उन्नयन कोण जमीन पर एक बिन्दु P से 60° है। 15 सेकण्ड की उड़ान के बाद जहाज का उन्नयन कोण 30° हो जाता है। यदि जहाज $1500\sqrt{3}$ मी की समान ऊँचाई पर उड़ रहा है, तो जहाज की गति क्या होगी?
(a) 100 मी/से
(b) 188 मी/से
(c) 198 मी/से
(d) इनमें से कोई नहीं

79. एक लम्बवृत्तीय शंकु की ऊँचाई और व्यास का अनुपात 3 : 2 है और आयतन 1078 घन सेमी है, तो उसकी ऊँचाई क्या होगी? ($\pi = \frac{22}{7}$ प्रयोग करें)
(a) 7 सेमी (b) 14 सेमी
(c) 21 सेमी (d) 28 सेमी

80. पानी तथा ग्लिसरीन के 240 सेमी^{3} के मिश्रण में उनके आयतनों का अनुपात 1 : 3 है। तद्नुसार, उस मिश्रण में कितना पानी (सेमी^{3} में) और मिलाया जाए कि उससे पानी तथा ग्लिसरीन के आयतनों का नया अनुपात 2 : 3 हो जाए?
(a) 55 (b) 60 (c) 62.5 (d) 64

81. यदि किसी समबाहु त्रिभुज की भुजाओं में क्रमश: 20%, 30% तथा 50% की वृद्धि करके एक नया त्रिभुज बनाया गया हो, तो समबाहु त्रिभुज के परिमाप में कितनी वृद्धि होगी?
(a) 25% (b) $33\frac{1}{3}$%
(c) 75% (d) 100%

82. अनुपात 7 : 11 के प्रत्येक पद में किस संख्या को जोड़ने पर अनुपात 3 : 4 के बराबर होगा?
(a) 8 (b) 7.5 (c) 6.5 (d) 5

निर्देश (प्र.सं. 83-85) *नीचे दिए गए पाई चित्रों का ध्यानपूर्वक अध्ययन करके उनके नीचे लिखे प्रश्नों के उत्तर दीजिए।*

साक्षात्कार में भाग लेने वाले व्यक्तियों की संख्या = 25000

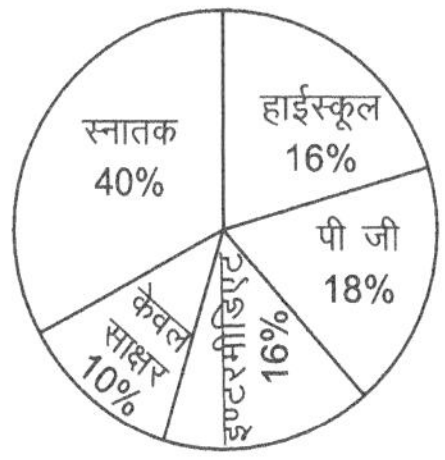

साक्षात्कार के बाद चुने गए व्यक्तियों की संख्या = 10000

83. हाईस्कूल पास साक्षात्कार में बैठे व्यक्तियों के कितने प्रतिशत व्यक्ति साक्षात्कार के बाद चुने गए?
(a) 8 (b) 16
(c) 20 (d) 25

84. साक्षात्कार में भाग लेने वाले स्नातक व्यक्तियों का तथा साक्षात्कार के बाद चुने गए व्यक्तियों से क्या अनुपात रहा?
(a) 45 : 26 (b) 25 : 6
(c) 20 : 11 (d) 5 : 1

85. हाईस्कूल से अधिक योग्यता रखने वाले साक्षात्कार में उपस्थित व्यक्तियों तथा इन्हीं योग्यताओं को रखने वाले वे व्यक्ति जो साक्षात्कार में चुने गए , के मध्य कितना अन्तर रहा?
(a) 12500 (b) 11300
(c) 13200 (c) 12700

भाग III सामान्य बुद्धिमत्ता एवं तर्कशक्ति

निर्देश (प्र.सं 86-88) *दिए गए विकल्पों में से सम्बन्धित शब्द/अक्षर/संख्या को चुनिए।*

86. महासागर : प्रशान्त : : द्वीप : ?
(a) बोर्नियो (b) मकालु
(c) विक्टोरिया (d) ग्रीनलैण्ड

87. ACE : FHJ : : OQS : ?
(a) PRT (b) RTU (c) TVX (d) UWY

88. 14 : 9 : : 26 : ?
(a) 12 (b) 13 (c) 15 (d) 31

निर्देश (प्र.सं. 89-91) *निम्नलिखित में से उसे चुनिए जो अन्य तीन विकल्पों से भिन्न है।*

89. (a) जापान (b) जर्मनी
(c) इंग्लैण्ड (d) पोलैण्ड

90. (a) BOT (b) CPA
(c) REB (d) TIW

91. (a) 9-28 (b) 12-37
(c) 15-46 (d) 8-53

92. निम्नलिखित शब्दों को शब्दकोष व्यवस्था के अनुसार क्रमबद्ध करें
1. Wound 2. Writer
3. Whiter 4. Worst
5. Worked
(a) 5, 3, 2, 1, 4 (b) 1, 4, 3, 5, 2
(c) 3, 5, 4, 1, 2 (d) 2, 1, 3, 4, 5

निर्देश (प्र.सं. 93 और 94) *निम्नलिखित प्रत्येक प्रश्न में चार विकल्पों में से कौन-सा विकल्प नीचे दिए गए शब्दों का सार्थक क्रम दर्शाएगा?*

93. 1. आय 2. शोहरत
3. शिक्षा 4. रोजगार
(a) 1, 2, 3, 4 (b) 3, 4, 1, 2
(c) 3, 4, 2, 1 (d) 4, 3, 2, 1

94. 1. पौधा 2. पेड़
3. मिट्टी 4. फल
5. बीज
(a) 3, 4, 1, 2, 5 (b) 3, 5, 1, 2, 4
(c) 3, 2, 5, 4, 1 (d) 5, 2, 1, 4, 3

95. निम्नलिखित आरेखों में से किसमें धूम्रपान करने वाले, वकील और धूम्रपान न करने वाले प्रदर्शित हैं?

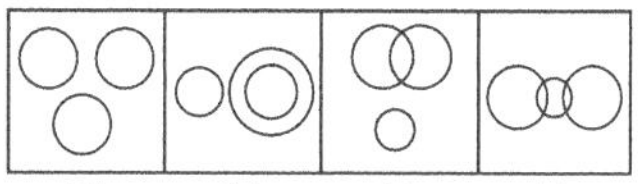

(a) (b) (c) (d)

96. वह कौन-सी संख्या है जो सभी ज्यामितीय आकृतियों में मौजूद है?

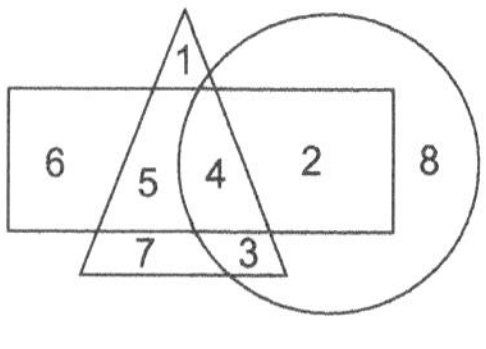

(a) 8 (b) 3 (c) 4 (d) 5

97. नीचे एक घन के चार दृश्य दिए गए हैं। घन के छहों फलक संख्यांकित हैं। चित्र III में संख्या 3 वाले फलक के सामने कौन-सी संख्या होगी?

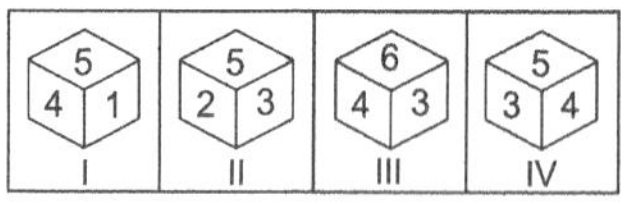

(a) 1 (b) 2 (c) 5 (d) 6

98. A, B, C, D, E, F और G एक ही पंक्ति में 'पूर्व' की तरफ मुँह करके बैठे हैं। C, D के एकदम दाएँ बैठा है। B पंक्ति के एकदम बाएँ छोर पर बैठा है और उसके पास E बैठा है। G, E और F के बीच में बैठा है। D दक्षिणी सिरे से तीसरे नम्बर पर बैठा है। वे व्यक्ति कौन हैं जो एकदम छोर पर बैठे हुए हैं?
(a) A और E (b) A और B
(c) F और B (d) C और D

99. 'प्रीति' दीपक से अधिक अंक प्राप्त करती है। 'उपासना' उतने ही अंक प्राप्त करती है जितने कि 'दिव्या' प्राप्त करती है। 'रेखा' मंजू से कम अंक प्राप्त करती है। 'दीपक', उपासना से अधिक अंक प्राप्त करता है। 'मंजू', दिव्या से कम अंक प्राप्त करती है। बताएँ कि इनमें से सबसे कम अंक कौन प्राप्त करता/करती है?
(a) दीपक (b) रेखा
(c) मंजू (d) उपासना

निर्देश (प्र.सं. 100-103) *निम्नलिखित प्रश्नों में एक अनुक्रम दिया है, जिसमें एक पद लुप्त है। दिए गए विकल्पों में से वह सही विकल्प चुनिए जो अनुक्रम को पूरा करे।*

100. 1, 8, 27, ?
(a) 66 (b) 46 (c) 57 (d) 37

101. 5, 4, 15, 7, 23, 11, 29, 16, 33, ?
(a) 22 (b) 11
(c) 34 (d) 29

102. NT, QR, TP, WN, ?
(a) LZ (b) MZ
(c) ZL (d) ZM

103. GTZ, FSY, ERX, DQW, ?
(a) VPC (b) VCP
(c) CPV (d) CVP

104. निम्न शृंखला में गलत संख्या ज्ञात कीजिए।
7, 8, 12, 20, 37, 62
(a) 12 (b) 62
(c) 20 (d) 37

105. अक्षरों का कौन-सा समूह स्थानों पर क्रमवार रखने से दी गई अक्षर शृंखला को पूरा करेगा?
ac_cab_baca_aba_acac
(a) bbbc (b) aacb
(c) babb (d) bcbb

106. मैं 3 किमी दक्षिण की ओर गया, इसके बाद दाईं ओर मुड़कर 5 किमी चला। पुन: दाईं ओर मुड़कर 7 किमी चला। अन्त में मैं किस दिशा की ओर चल रहा था?
(a) पश्चिम (b) उत्तर
(c) दक्षिण (d) पूर्व

107. प्रशान्त किसी बिन्दु P से दक्षिण की ओर 10 मी जाता है। इसके बाद वह 20 मी पश्चिम की ओर जाता है। इसके बाद वह 10 मी दक्षिण की ओर जाता है। इसके बाद वह 20 मी पूर्व की ओर जाता है और इसके बाद अन्त में वह 5 मी उत्तर की ओर चलकर बिन्दु Q पर पहुँच जाता है। बताएँ कि बिन्दु P से बिन्दु Q तक की सीधी दूरी कितनी है?
(a) 15 मी (b) 5 मी (c) 20 मी (d) 10 मी

108. यदि LOVE को कूट भाषा में 27 लिखा जाए, तो COME को कैसे लिखा जाएगा?
(a) 38 (b) 18 (c) 28 (d) 8

109. किसी संकेत भाषा के अनुसार CAT को CNANT लिखा जाता है, तो GOD को उसी भाषा में कैसे लिखा जाएगा।
(a) GODN (b) GNOND
(c) GOND (d) NGOD

110. कुछ अक्षरों का समूह दिया गया है जिनमें से प्रत्येक अक्षर को एक अंक निर्धारित किया गया है। इन अक्षरों को इस प्रकार व्यवस्थित करें कि उससे एक अर्थपूर्ण शब्द बन जाए और उनके अंकों के सही क्रम को दिए गए विकल्पों में से दर्शाएँ।

U	M	E	R	N	B
1	2	3	4	5	6

(a) 5, 1, 2, 6, 3, 4 (b) 2, 3, 4, 5, 1, 6
(c) 3, 4, 2, 5, 6, 1 (d) 5, 6, 1, 3, 4, 2

111. यदि 15 सितम्बर, 2013 को शुक्रवार है, तो 15 सितम्बर, 2014 को कौन-सा दिन होगा?
(a) शुक्रवार (b) शनिवार
(c) बृहस्पतिवार (d) रविवार

निर्देश (प्र.सं. 112 और 117) *लुप्त संख्या ज्ञात कीजिए।*

112.

9	8	6
8	7	5
6	5	?
4	3	1

(a) 1 (b) 2
(c) 3 (d) 4

113.

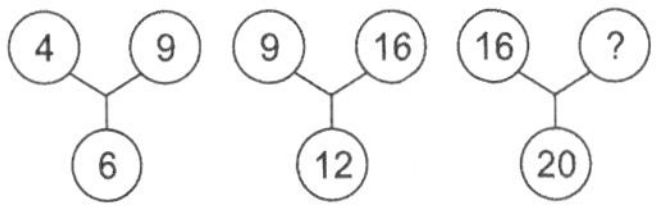

(a) 21 (b) 25
(c) 50 (d) 60

114. यदि $> = \div, \vee = \times, < = +, \wedge = -, + = =, \times = <, - = >$ हो, तो कौन-सा समीकरण सही है?
(a) $6 < 2 > 3 \wedge 8 \vee 4 + 13$
(b) $6 \wedge 2 < 3 > 8 < 4 - 13$
(c) $6 \vee 2 < 3 \wedge 8 > 4 \times 13$
(d) $6 > 2 \vee 3 < 8 \wedge 4 + 13$

115. नीचे दिए गए समीकरणों में ÷ और +, 12 और 18 को एक-दूसरे के स्थान पर रखने के पश्चात् निम्नलिखित में से कौन-सा समीकरण सही हो जाएगा?
(a) $(90 \times 18) + 18 = 60$
(b) $(18 + 6) \div 12 = 2$
(c) $(72 \div 18) \times 18 = 72$
(d) $(12 + 6) \times 18 = 36$

116. दी गई समीकरण को सन्तुलित करने तथा * चिह्नों को प्रतिस्थापित करने के लिए गणितीय चिह्नों का सही क्रम समूह चुनिए।

18 * 6 * 3 * 12 * 24

(a) ÷ − = × (b) × + − =
(c) + ÷ × = (d) × = ÷ +

117. एक कैदी ने उससे मिलने आए लड़के का जेलर से परिचय कराते हुए कहा, "मेरा कोई भाई या बहन तो है नहीं, यह लड़का मेरे पिता के पुत्र का पुत्र है" लड़का उसका कौन है?
(a) भतीजा (b) पुत्र
(c) चचेरा भाई (d) चाचा

निर्देश (प्र.सं. 118 और 119) *दो/एक कथनों/कथन के आगे दो निष्कर्ष* I *व* II *दिए गए हैं। आप सामान्य ज्ञात तथ्यों में अन्तर होने पर भी दोनों/एक कथनों/कथन की पड़ताल, सत्य समझ कर करें। आप तय करें कि दिए गए निष्कर्षों में से कौन-सा यदि कोई हो, दिए गए कथनों/कथन से निकलता है?*

118. **कथन**
कुछ दयालु प्राणी देवदूत हैं।
सभी चिकित्सक देवदूत हैं।
निष्कर्ष
I. कुछ दयालु प्राणी चिकित्सक हैं।
II. कुछ चिकित्सक दयालु प्राणी हैं।
(a) केवल निष्कर्ष I लागू है
(b) केवल निष्कर्ष II लागू है
(c) निष्कर्ष I और II दोनों लागू हैं
(d) निष्कर्ष I और II कोई भी लागू नहीं है

119. **कथन** एक समूह के सामने भाषण देते समय अनेक लोग घबराहट महसूस करते हैं।
निष्कर्ष
I. अनेक लोग एक समूह के सामने आत्मविश्वास के साथ भाषण दे सकते हैं।
II. बहुत ही कम लोग एक समूह के सामने आत्मविश्वास के साथ भाषण दे सकते हैं।
(a) केवल निष्कर्ष I निकलता है
(b) केवल निष्कर्ष II निकलता है
(c) I या II कोई निष्कर्ष नहीं निकलता है
(d) I तथा II दोनों निष्कर्ष निकलते हैं

120. दी गई उत्तर रेखाकृतियों में से कौन-सी बिल्कुल सही दर्पण प्रतिकृति होगी जबकि दर्पण MN रेखा पर रखा हो।

प्रश्न आकृति

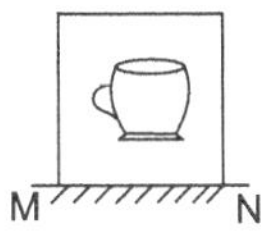

उत्तर आकृतियाँ

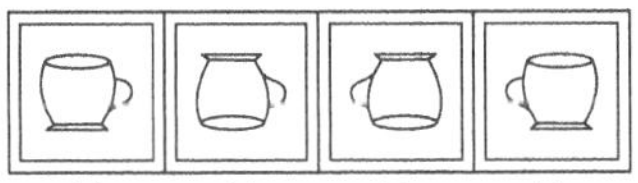

(a) (b) (c) (d)

उत्तरमाला

1	(d)	2	(c)	3	(c)	4	(d)	5	(b)	6	(a)	7	(a)	8	(b)	9	(b)	10	(c)
11	(c)	12	(c)	13	(b)	14	(c)	15	(c)	16	(a)	17	(b)	18	(c)	19	(b)	20	(d)
21	(a)	22	(a)	23	(b)	24	(c)	25	(b)	26	(b)	27	(c)	28	(a)	29	(c)	30	(b)
31	(c)	32	(a)	33	(d)	34	(d)	35	(b)	36	(d)	37	(b)	38	(a)	39	(a)	40	(b)
41	(d)	42	(b)	43	(d)	44	(d)	45	(b)	46	(a)	47	(b)	48	(a)	49	(b)	50	(a)
51	(c)	52	(b)	53	(b)	54	(b)	55	(b)	56	(c)	57	(b)	58	(a)	59	(c)	60	(a)
61	(c)	62	(a)	63	(d)	64	(c)	65	(a)	66	(b)	67	(d)	68	(b)	69	(b)	70	(a)
71	(d)	72	(c)	73	(b)	74	(d)	75	(b)	76	(b)	77	(d)	78	(d)	79	(c)	80	(b)
81	(b)	82	(d)	83	(c)	84	(b)	85	(b)	86	(d)	87	(c)	88	(c)	89	(a)	90	(b)
91	(d)	92	(c)	93	(b)	94	(b)	95	(d)	96	(c)	97	(a)	98	(b)	99	(b)	100	(b)
101	(a)	102	(c)	103	(c)	104	(c)	105	(b)	106	(b)	107	(a)	108	(b)	109	(b)	110	(a)
111	(b)	112	(c)	113	(b)	114	(d)	115	(d)	116	(b)	117	(b)	118	(d)	119	(c)	120	(c)

सॉल्यूशन्स

51. यदि अर्द्धगोले की त्रिज्या $= r$ इकाई हो, तो बेलन एवं शंकु की ऊँचाई $= r$ इकाई

बेलन का आयतन $= \pi r^2 h$

अर्द्धगोले का आयतन $= \frac{2}{3}\pi r^3$

शंकु का आयतन $= \frac{1}{3}\pi r^2 h$

$\therefore$ अभीष्ट अनुपात $= \pi r^2 h : \frac{2}{3}\pi r^3 : \frac{1}{3}\pi r^2 h$

$= \pi r^3 : \frac{2}{3}\pi r^3 : \frac{1}{3}\pi r^3$

$= 3 : 2 : 1$

52. माना दूध का प्रारम्भिक भाव = ₹ x प्रति किग्रा

दूध का घटा हुआ मूल्य $= x$ का 80%

$= \frac{x \times 80}{100} =$ ₹ $\frac{4x}{5}$ प्रति किग्रा

$\therefore \frac{36}{\frac{4x}{5}} - \frac{36}{x} = \frac{1}{2} \Rightarrow \frac{45}{x} - \frac{36}{x} = \frac{1}{2}$

$\Rightarrow \quad \frac{9}{x} = \frac{1}{2}$

$\therefore \quad x = 9 \times 2 =$ ₹ 18 प्रति किग्रा

53. माना एक स्कूटर का क्रय मूल्य ₹ x तथा दूसरे स्कूटर का क्रय मूल्य ₹ $(4200 - x)$ है।

प्रश्नानुसार,

$x \times \frac{115}{100} + (4200 - x) \times \frac{90}{100} = 4200$

$\frac{115x + 4200 \times 90 - 90x}{100} = 4200$

$\Rightarrow \quad 25x = 42000 \therefore \; x =$ ₹ 1680

54. कुल दूरी $= 10 + 12 = 22$ किमी

कुल समय $= \frac{10}{12} + \frac{12}{10} = \frac{244}{120}$ घण्टा

अतः अभीष्ट औसत चाल

$= \frac{\text{कुल दूरी}}{\text{कुल समय}} = \frac{22}{\frac{244}{120}}$

$= \frac{22}{244} \times 120 = 10.8$ किमी/घण्टा

55. प्रश्नानुसार,

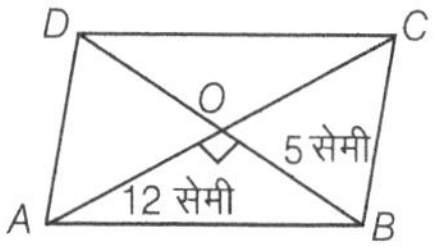

$\therefore$ समचतुर्भुज का क्षेत्रफल $= \frac{1}{2} \times$ विकर्णों का गुणनफल

$\therefore \quad 120 = \frac{1}{2} \times 10 \times$ दूसरा विकर्ण

दूसरा विकर्ण = 24 सेमी

चित्रानुसार, $AB = \sqrt{12^2 + 5^2}$

$= \sqrt{169} = 13$ सेमी

56. माना संख्याएँ $4x$ व $4y$ हैं अतः $4x + 4y = 36$

($\because$ संख्याओं का म.स., उनके ल.स. को सदैव विभक्त करता है।)

$\therefore x + y = 9$

$\therefore (x, y) = (1, 8), (2, 7), (4, 5)$ अर्थात् कुल 3 युग्म सम्भव हैं। (याद रहे कि $x = 3, y = 6$ नहीं होगा क्योंकि 3 व 6 सह-अभाज्य संख्याएँ नहीं हैं)

57. एक घूर्णन में बना कोण $= 2\pi$

$\therefore$ 55 रेडियन के लिए घूर्णनों की संख्या

$= \frac{55}{2\pi} = \frac{55}{2 \times \frac{22}{7}}$

$= \frac{55 \times 7}{2 \times 22} = \frac{35}{4}$ घूर्णन

$\therefore$ अभीष्ट समय $= \frac{35}{4 \times 3.5} = \frac{10}{4} = 2.5$ सेकण्ड

58. बाल्टी का आयतन $= \frac{1}{3}\pi h (r_1^2 + r_2^2 + r_1 r_2)$

$= \frac{1}{3} \times \frac{22}{7} \times 45 \, (28^2 + 7^2 + 28 \times 7)$

$= \frac{1}{3} \times \frac{22}{7} \times 45 \, (784 + 49 + 196)$

$= \frac{1}{3} \times \frac{22}{7} \times 45 \times 1029$

$= 48510$ घन सेमी

59. प्रश्नानुसार

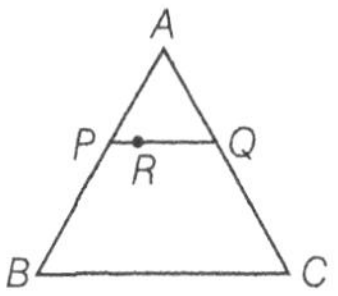

$\frac{PR}{RQ} = \frac{1}{2} \Rightarrow \frac{2}{RQ} = \frac{1}{2}$

$\therefore RQ = 4$ सेमी

$\therefore PQ = PR + RQ = 2 + 4 = 6$ सेमी

त्रिभुज की दो भुजाओं के मध्य बिन्दुओं को मिलाने वाली रेखा तीसरी भुजा के समान्तर एवं आधी होती है।

$\therefore BC = 2PQ = 2 \times 6 = 12$ सेमी

60. $\because$ त्रिभुज की दो भुजाओं का योग तीसरी भुजा से बड़ा होता है एवं दिया है, कि $x > 17$ सेमी

$\therefore 6 + 13$ (क्रमशः दो छोटी भुजाओं का योग) $6 + 13 > x$ जब $x = 18$, तो समीकरण सन्तुष्ट हो जाती है।

61. (अंकित + रवि) द्वारा 1 दिन में किया गया कार्य

$= \frac{1}{12}$ ...(i)

(रवि + सूर्य) द्वारा 1 दिन में किया गया कार्य

$= \frac{1}{15}$ ...(ii)

(सूर्य + अंकित) द्वारा 1 दिन में किया गया कार्य

$= \frac{1}{20}$ ...(iii)

तीनों समीकरणों को जोड़ने पर,

2 (अंकित + रवि + सूर्य) द्वारा 1 दिन में किया गया कार्य

$= \frac{1}{12} + \frac{1}{15} + \frac{1}{20} = \frac{5 + 4 + 3}{60}$

$= \frac{12}{60} = \frac{1}{5}$

$\therefore$ (अंकित + रवि + सूर्य) द्वारा 1 दिन में किया गया कार्य

$= \frac{1}{10}$ ...(iv)

$\therefore$ अंकित द्वारा 1 दिन में किया गया कार्य

$= \frac{1}{10} - \frac{1}{15} = \frac{3 - 2}{30} = \frac{1}{30}$ [समी (ii) व (iv) से]

$\therefore$ अंकित अकेले उस कार्य को 30 दिन में पूरा करेगा।

62. $\angle QOP = (180° - 130°) = 50°$

$\angle PQO = 90°$

$\therefore \angle QPO = 180° - (50° + 90°) = 40°$

63. माना बहुभुज में भुजाओं की संख्या n है।

$\therefore$ विकर्णों की संख्या $= \frac{n(n-1)}{2} - n$

प्रश्नानुसार,

$\Rightarrow \quad 54 = \frac{n(n-1) - 2n}{2}$

$\Rightarrow \quad 108 = n^2 - n - 2n$

$\Rightarrow \quad 108 = n^2 - 3n$

$\Rightarrow \quad n^2 - 3n - 108 = 0$

$\Rightarrow \quad n^2 - 12n + 9n - 108 = 0$

$\Rightarrow n(n - 12) + 9(n - 12) = 0$

$\Rightarrow \quad (n - 12)(n + 9) = 0$

$\therefore \quad n = 12$ या -9

$\because$ भुजा की संख्या ऋणात्मक सम्भव नहीं है।

$\therefore \quad n = 12$

64. माना रेलगाड़ी की लम्बाई $= x$ मी

जब रेलगाड़ी खम्भे को पार करती है, तब रेलगाड़ी की चाल $= \frac{x}{15}$ ...(i)

जब रेलगाड़ी प्लेटफॉर्म को पार करती है, तब रेलगाड़ी की चाल

$= \frac{\text{(प्लेटफॉर्म + रेलगाड़ी) की लम्बाई}}{\text{समय}}$

$= \frac{100 + x}{25}$ ...(ii)

समी (i) एवं (ii) से,

$\frac{x}{15} = \frac{100 + x}{25}$

$\Rightarrow \quad \frac{x}{3} = \frac{100 + x}{5}$

$\Rightarrow \quad 5x = 300 + 3x \Rightarrow 2x = 300$

$\therefore \quad x = \frac{300}{2} = 150$ मी

65. प्रतिशत हानि $= \left(\frac{a-b}{a+b}\right)^2 \times 100$

$= \left(\frac{12-8}{12+8}\right)^2 \times 100 = 4\%$

66. यदि सही उत्तर वाले प्रश्नों की संख्या $= x$ हो, तो
प्रश्नानुसार,
$x \times 4 - (200 - x) \times 1 = 200$
$\Rightarrow \quad 4x - 200 + x = 200$
$\Rightarrow \quad 5x = 400 \therefore x = \frac{400}{5} = 80$

67. यहाँ, $8\sin\theta \cdot \cos\theta + 4\cos 2\theta$
$= 4\sin 2\theta + 4\cos 2\theta$
$\because$ अधिकतम मान $= \sqrt{4^2 + 4^2} = 4\sqrt{2}$
तथा न्यूनतम मान $= -\sqrt{4^2 + 4^2} = -4\sqrt{2}$

68. यहाँ, $a = 3, b = 4, c = 5$ तथा $h = 8$ है।
$\because \quad 3^2 + 4^2 = 5^2$
अतः त्रिभुजाकार आधार एक समकोण त्रिभुज है।
प्रिज्म के सम्पूर्ण पृष्ठ का क्षेत्रफल
$= 2 \times$ त्रिभुज का क्षेत्रफल + पार्श्व पृष्ठ
$= 2 \times \frac{1}{2} \times a \times b + (a + b + c) \times h$
$= 2 \times \frac{1}{2} \times 3 \times 4 + (3 + 4 + 5) \times 8 = 108$ सेमी^{2}

69. चौथा पद = 54
nवाँ पद $(t_n) = a \cdot r^{n-1}$
$54 = a \cdot r^{4-1}$
$a \cdot r^3 = 54 \quad \ldots(i)$
नौवाँ पद $(t_n) = a \cdot r^{n-1}$
$13122 = a \cdot r^{9-1}$
$13122 = a \cdot r^8$
$\therefore \quad a \cdot r^8 = 13122 \quad \ldots(ii)$
समी (ii) में समी (i) से भाग देने पर,
$\frac{ar^8}{ar^3} = \frac{13122}{54}$
$\Rightarrow \quad r^5 = 243 \Rightarrow r^5 = 3^5$
$\therefore \quad r = 3$
समी (i) से,
$\Rightarrow \quad a \cdot 3^3 = 54 \Rightarrow a \times 27 = 54$
$\therefore \quad a = 2$
$\therefore$ 7वाँ पद $= a \cdot r^{n-1} = 2 \cdot 3^{7-1}$
$= 2 \times 3^6$
$= 2 \times 729 = 1458$

70. $\because AD \| BC \therefore \angle C + \angle D = 180°$
$\Rightarrow \quad \angle AOB = \frac{1}{2}(\angle C + \angle D)$
$= \frac{1}{2} \times 180° = 90°$

71. माना अधिकतम स्कोर $= x$ रन
$\therefore$ न्यूनतम स्कोर $= x - 172$
प्रश्नानुसार,
$x + x - 172 = 40 \times 50 - 38 \times 48$
$2x - 172 = 2000 - 1824 = 176$
$\Rightarrow \quad 2x = 176 + 172 = 348$
$\therefore \quad x = \frac{348}{2} = 174$ रन

72. गोलार्द्ध की त्रिज्या = बेलन की ऊँचाई
$\therefore r = h$
गोलार्द्ध का आयतन $= \frac{2}{3}\pi r^3$
बेलन का आयतन $= \pi r_1^2 h$
प्रश्नानुसार, $\frac{\text{गोलार्द्ध का आयतन}}{\text{बेलन का आयतन}} = 1$
$\Rightarrow \quad \frac{\frac{2}{3}\pi r^3}{\pi r_1^2 r} = 1 \quad [\because h = r]$
$\Rightarrow \quad \frac{r^2}{r_1^2} = \frac{3}{2} \Rightarrow \frac{r}{r_1} = \frac{\sqrt{3}}{\sqrt{2}}$

73. दो वर्षों का अन्तर $= P\left(\frac{r^2}{10000}\right)$
$\Rightarrow \quad 48 = P\left(\frac{400}{10000}\right) \Rightarrow 48 = \frac{P}{25}$
$\therefore \quad P = 48 \times 25 =$ ₹ 1200

74. माना ड्रम की धारिता $= x$ लीटर
प्रश्नानुसार, $\frac{3x}{4} - 30 = \frac{7x}{12}$
$\Rightarrow \quad \frac{3x}{4} - \frac{7x}{12} = 30 \Rightarrow \frac{9x - 7x}{12} = 30$
$\Rightarrow \quad \frac{x}{6} = 30 \therefore x = 6 \times 30 = 180$ लीटर

75. सूत्र रास्ते का क्षेत्रफल $= 2 \times w(l + b - 2w)$ से, (जहाँ, w रास्ते की चौडाई तथा l व b मैदान की लम्बाई व चौडाई हैं)
$= 2 \times 5(20 + 10 - 2 \times 5)$
$= 10 \times 20 = 200$ मी^{2}

76. माना वार्षिक किस्त = ₹ x
प्रश्नानुसार,
$\left(x + \frac{x \times 3 \times 5}{100}\right) + \left(x + \frac{x \times 2 \times 5}{100}\right)$
$+ \left(x + \frac{x \times 1 \times 5}{100}\right) + x = 6450$
$\Rightarrow \frac{115x}{100} + \frac{110x}{100} + \frac{105x}{100} + x = 6450$
$\Rightarrow \quad 115x + 110x + 105x + 100x$
$= 6450 \times 100$
$\Rightarrow 430x = 6450 \times 100$
$\therefore \quad x = \frac{6450 \times 100}{430} =$ ₹ 1500

77. ΔAPC व ΔABC में,
$\angle ACP = \angle ABC, \angle A = \angle A$ (उभयनिष्ठ)
$\therefore \Delta APC$ तथा ΔBPC समरूप त्रिभुज हैं।
$\therefore \quad \frac{AP}{AC} = \frac{PC}{BC}$
$\Rightarrow \quad \frac{AP}{9} = \frac{12}{15}$
$\therefore \quad AP = \frac{12 \times 9}{15} = 7.2$ सेमी

78. माना पूर्व में जहाज A पर है जहाँ P बिन्दु के साथ उसका उन्नयन कोण 60° है तथा 15 सेकण्ड के बाद जहाज B बिन्दु पर पहुँच जाता है जहाँ बिन्दु P से इसका उन्नयन कोण 30° है।

ΔADP से, $\frac{AD}{PD} = \tan 60°$
$\Rightarrow \quad \sqrt{3} \cdot PD = AD$
$\therefore \quad PD = 1500 \quad \ldots(i)$
$\because \quad AD = 1500\sqrt{3}$
ΔBCP से,
$\frac{BC}{PC} = \tan 30°$
$\Rightarrow \quad \frac{1500\sqrt{3}}{PD + DC} = \frac{1}{\sqrt{3}}$
$\Rightarrow \quad 4500 = PD + DC$
$\Rightarrow \quad 4500 = 1500 + DC$
$\therefore \quad DC = 3000$ मी
$\therefore$ जहाज की चाल $= \frac{\text{दूरी}}{\text{समय}}$
$= \frac{AB}{15} = \frac{3000}{15} \quad [\because AB = DC]$
$= 200$ मी/से

79. माना शंकु की ऊँचाई $= 3x$ सेमी एवं व्यास $= 2x$ सेमी
$\therefore \quad$ त्रिज्या $= x$ सेमी
प्रश्नानुसार,
आयतन $= \frac{1}{3}\pi r^2 h$
$1078 = \frac{1}{3} \times \frac{22}{7} \times x^2 \times 3x$
$\Rightarrow \quad 1078 = \frac{22}{7}x^3$
$\Rightarrow \quad x^3 = \frac{1078 \times 7}{22} = 343$
$\therefore \quad x = \sqrt[3]{343} = 7$
$\therefore \quad$ ऊँचाई $= 3 \times 7 = 21$ सेमी

80. आरम्भिक मिश्रण में,
पानी $= 60$ सेमी^{3}
ग्लिसरीन $= 180$ सेमी^{3}
माना x सेमी^{3} पानी मिलाया जाता है।
प्रश्नानुसार,
$\frac{60 + x}{180} = \frac{2}{3}$
$\Rightarrow 180 + 3x = 360$
$\Rightarrow \quad 3x = 360 - 180 = 180$
$\therefore \quad x = \frac{180}{3} = 60$ सेमी^{3}

81. माना समबाहु त्रिभुज की प्रत्येक भुजा $= x$ इकाई
$\therefore$ परिमाप $= 3x$ इकाई
भुजाओं में वृद्धि के पश्चात् परिमाप
$= 1.2x + 1.3x + 1.5x = 4x$ इकाई
वृद्धि $= 4x - 3x = x$ इकाई
प्रतिशत वृद्धि $= \frac{x}{3x} \times 100 = \frac{100}{3} = 33\frac{1}{3}\%$

82. माना अभीष्ट संख्या $= x$
प्रश्नानुसार,
$\frac{7 + x}{11 + x} = \frac{3}{4}$
$\Rightarrow \quad 28 + 4x = 33 + 3x$
$\therefore \quad x = 33 - 28 = 5$

83. हाईस्कूल पास व्यक्तियों की संख्या = 25000 का 16%

$= \frac{25000 \times 16}{100}$

$= 4000$

साक्षात्कार में चुने गए व्यक्ति

$= 10000$ का 8%

$= \frac{10000 \times 8}{100}$

$= 800$

$\therefore$ अभीष्ट प्रतिशत $= \frac{800 \times 100}{4000} = 20\%$

84. साक्षात्कार में भाग लेने वाले स्नातक व्यक्ति

$= 25000$ का 40%

$= \frac{25000 \times 40}{100} = 10000$

साक्षात्कार में चुने गए स्नातक व्यक्ति

$= 10000$ का 24%

$= \frac{10000 \times 24}{100}$

$= 2400$

$\therefore$ अभीष्ट अनुपात $= 10000 : 2400$

$= 25 : 6$

85. अभीष्ट अन्तर = 25000 का $(16 + 40 + 18)\%$ − 10000 का $(22 + 24 + 26)\%$

$= \frac{25000 \times 74}{100} - \frac{10000 \times 72}{100}$

$= 18500 - 7200$

$= 11300$

86. जिस प्रकार, 'महासागरों' में सबसे बड़ा 'प्रशान्त महासागर' है। उसी प्रकार, 'द्वीपों' में सबसे बड़ा 'ग्रीनलैण्ड' द्वीप है।

नोट *सबसे बड़ा डेल्टा सुन्दरवन तथा सबसे बड़ा महाद्वीप एशिया है।*

87. जिस प्रकार,

A → (+5) → F, C → (+5) → H, E → (+5) → J

उसी प्रकार,

O → (+5) → T, Q → (+5) → V, S → (+5) → X

| T | V | X |

88. जिस प्रकार, 14 : 9

$9 \times 2 - 4$ → 14, 9 → 9

उसी प्रकार, 26 : 15

$15 \times 2 - 4$ → 26, 15 → 15

89. जापान को छोड़कर अन्य सभी यूरोपीय देश हैं।

90. CPA को छोड़कर अन्य सभी अक्षरों के जोड़ों में बीच वाला अक्षर स्वर है। स्वर अक्षर → A, E, I, O, U

91. (8 − 53) को छोड़कर अन्य सभी संख्याएँ

⇒ दूसरी संख्या = पहली संख्या $\times 3 + 1$

⇒ $46 = 15 \times 3 + 1$

92. अंग्रेजी शब्दकोष के अनुसार शब्दों का क्रम निम्नवत् है

3. Whiter
↓
5. Worked
↓
4. Worst
↓
1. Wound
↓
2. Writer
↓
⇒ 3, 5, 4, 1, 2

93. शब्दों का सार्थक क्रम निम्नवत् है

शिक्षा → रोजगार → आय → शोहरत

(3) (4) (1) (2)

94. शब्दों का सार्थक क्रम निम्नवत् है

मिट्टी → बीज → पौधा → पेड़ → फल

(3) (5) (1) (2) (4)

95. धूम्रपान करने वाले, धूम्रपान न करने वाले से सर्वथा अलग हैं। अतः दोनों को दो अलग-अलग वृत्तों द्वारा दर्शाया जाएगा। कुछ वकील धूम्रपान करने वाले हो भी सकते हैं। और नहीं भी।

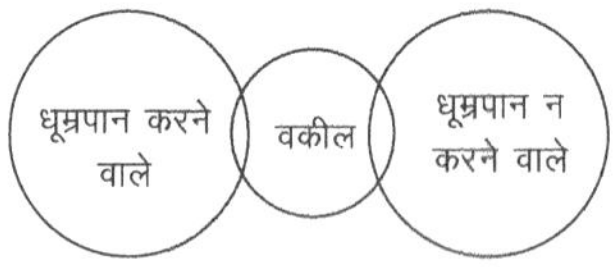

96. त्रिभुज में → 1, 4, 5, 3, 7

वृत्त में → 2, 4, 3, 8

आयत में → 2, 4, 5, 6

अतः संख्या 4 सभी तीनों ज्यामितीय आकृतियों में मौजूद है।

97. संख्या 3 वाले फलक के आसन्न फलकों पर संख्याएँ 2, 4, 5 एवं 6 हैं। अतः 3 के विपरीत फलक पर 1 होगा।

अतः 5 के विपरीत 6, 2 के विपरीत 4 तथा 3 के विपरीत 1 है।

98.

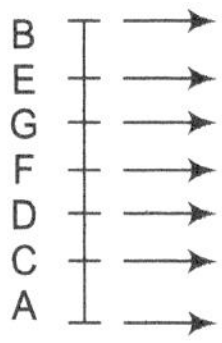

अतः A और B व्यक्ति एकदम छोर पर बैठे हुए हैं।

99. अंक प्राप्ति का क्रम निम्नवत् है

प्रीति > दीपक, उपासना = दिव्या, मंजू > रेखा, दीपक > उपासना, दिव्या > मंजू

सभी को एकसाथ व्यवस्थित करने पर,

प्रीति > दीपक > उपासना > मंजू > रेखा
                  ↳ दिव्या

अतः सबसे कम अंक 'रेखा' प्राप्त करती है।

100. शृंखला का क्रम निम्नवत् है

1	8	27	46
$1^2 + 0$	$3^2 - 1$	$5^2 + 2$	$7^2 - 3$

101. शृंखला का क्रम निम्नवत् है

5 4 15 7 23 11 29 16 33 22

(+10, +8, +6, +4 ; +3, +4, +5, +6)

102. शृंखला का क्रम निम्नवत् है

NT QR TP WN ZL

(−2, −2, −2, −2 ; +3, +3, +3, +3)

नोट *शृंखला एकान्तर क्रम में +3 तथा −2 के रूप में आगे बढ़ती है।*

103. शृंखला का क्रम निम्नवत् है

7 G →(−1)→ 6 F →(−1)→ 5 E →(−1)→ 4 D →(−1)→ 3 C

20 T →(−1)→ 19 S →(−1)→ 18 R →(−1)→ 17 Q →(−1)→ 16 P

26 Z →(−1)→ 25 Y →(−1)→ 24 X →(−1)→ 23 W →(−1)→ 22 V

नोट *शृंखला −1 के क्रम में आगे बढ़ती है।*

104. 7 8 12 20 (21) 37 62

($+1^2$, $+2^2$, $+3^2$, $+4^2$, $+5^2$)

अतः उपरोक्त शृंखला में '12' के बाद '21' होना चाहिए। अतः संख्या '20' गलत है।

105. acac/abab/acac/abab/acac ⇒ aacb

106. मेरे जाने का क्रम निम्नवत् है

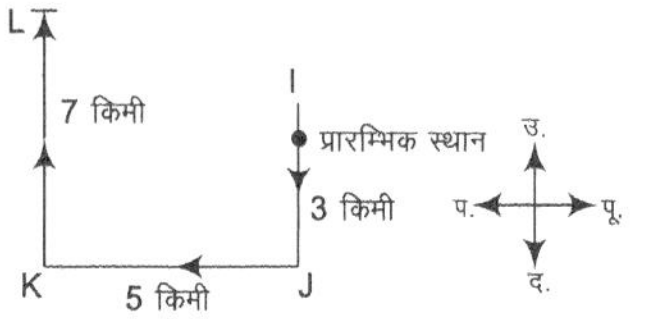

अतः उपरोक्त आरेख से बिल्कुल स्पष्ट है कि K से L उत्तर की ओर है। अर्थात् मैं उत्तर की ओर चल रहा था।

107. प्रशान्त के चलने का क्रम निम्नवत् है

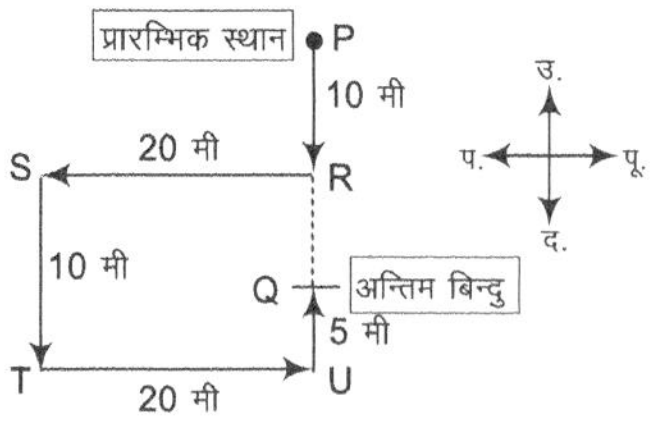

$\because$ ST = 10 मी और ST = RU

$\therefore$ RU = 10 मी

$\because$ RU = 10 मी और QU = 5 मी

∴ RQ = RU − QU = 10 − 5 = 5 मी
∵ PR = 10 मी और RQ = 5 मी
∴ PQ = PR + RQ = 10 + 5 = 15 मी
अत: बिन्दु P से बिन्दु Q तक की सीधी दूरी 15 मी है।

108. L O V E
↓ ↓ ↓ ↓
12 + 15 + 22 + 5 = 54
$\frac{54}{2} = 27$
उसी प्रकार,
C O M E
↓ ↓ ↓ ↓
3 + 15 + 13 + 5 = 36
$\frac{36}{2} = \boxed{18}$

109. पहले और दूसरे अक्षर के बाद N जोड़ दिया गया है।
जिस प्रकार,

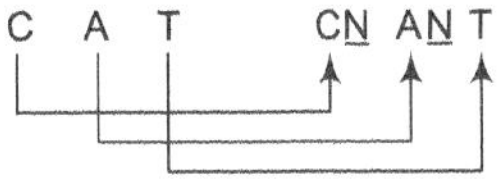

उसी प्रकार,

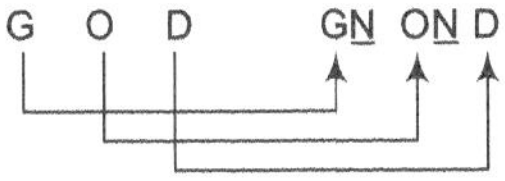

110. N U M B E R
↓↓ ↓ ↓ ↓ ↓
5 1 2 6 3 4
NUMBER का अर्थ संख्या है।

111. 15 सितम्बर, 2013 से 15 सितम्बर, 2014 तक दिनों की संख्या
= 365 + 1 (जबकि वर्ष 2013 लीप वर्ष नहीं है)
= 366
अत: वर्ष 2014 में फरवरी, 28 दिन की होगी।
अत: 15 सितम्बर, 2014 को शनिवार होगा,

112. $9 \xrightarrow{-1} 8 \xrightarrow{-2} 6$ (पहली पंक्ति)
$8 \xrightarrow{-1} 7 \xrightarrow{-2} 5$ (दूसरी पंक्ति)
$6 \xrightarrow{-1} 5 \xrightarrow{-2} 3$ (तीसरी पंक्ति)
$4 \xrightarrow{-1} 3 \xrightarrow{-2} 1$ (चौथी पंक्ति)

113. जिस प्रकार, $4 \times 9 = 36 \Rightarrow \sqrt{36} = 6$
$9 \times 16 = 144 \Rightarrow \sqrt{144} = 12$
उसी प्रकार, $16 \times 25 = 400 \Rightarrow \sqrt{400} = 20$

114.

$> \Rightarrow \div$	$\vee \Rightarrow \times$	$< \Rightarrow +$	$\wedge \Rightarrow -$

विकल्प (d) से,
$6 > 2 \vee 3 < 8 \wedge 4 + 13$
$\Rightarrow\ 6 \div 2 \times 3 + 8 - 4 = 13$
$\Rightarrow\ 3 \times 3 + 8 - 4 = 13$
$\Rightarrow\ 9 + 8 - 4 = 13$
$\Rightarrow\ 13 = 13$

115. विकल्प (d) से,
$(12 + 6) \times 18 = 36$
$\Rightarrow\ (18 \div 6) \times 12 = 36$
$\Rightarrow\ 3 \times 12 = 36$
$\Rightarrow\ 36 = 36$

116. विकल्प (b) से,
$18 \times 6 \div 3 - 12 = 24$
$\Rightarrow\ 18 \times 2 - 12 = 24$
$\Rightarrow\ 36 - 12 = 24$
$\Rightarrow\ 24 = 24$

117. कैदी के पिता का पुत्र स्वयं कैदी हुआ। अत: वह लड़का कैदी का पुत्र है।

118. कथनानुसार, वेन आरेख निम्नवत् है

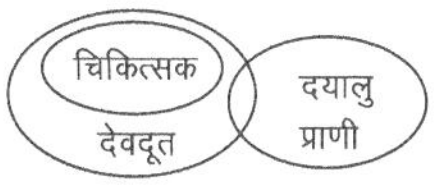

निष्कर्ष
I. ✗
II. ✗

अत: कोई भी निष्कर्ष सही नहीं है।

119. न तो निष्कर्ष I न ही II अनुसरण करता है।

120.

∵ दर्पण MN रेखा पर नीचे रखा गया है
अत: प्रतिबिम्ब नीचे से ऊपर हो जाएगा।
अत: उत्तर आकृति (c) प्रश्न आकृति का सही दर्पण प्रतिबिम्ब होगी।